国家级企业管理创新成果

（第二十一届）

全国企业管理现代化创新成果审定委员会
中国企业联合会管理现代化工作委员会　编

企业管理出版社

图书在版编目(CIP)数据

国家级企业管理创新成果. 第二十一届 / 全国企业管理现代化创新成果审定委员会,中国企业联合会管理现代化工作委员会编 .—北京:企业管理出版社,2015.3

ISBN 978-7-5164-1033-2

Ⅰ.①国… Ⅱ.①全… Ⅲ.①企业管理-经验-中国 Ⅳ.①F279.23

中国版本图书馆 CIP 数据核字(2015)第 053412 号

书　　名:国家级企业管理创新成果(第二十一届)

作　　者:全国企业管理现代化创新成果审定委员会
中国企业联合会管理现代化工作委员会　编

责任编辑:刘　刚　周　蕊

书　　号:ISBN 978-7-5164-1033-2

出版发行:企业管理出版社

地　　址:北京市海淀区紫竹院南路 17 号　邮编:100048

网　　址:http://www.emph.cn

电　　话:总编室(010)68701719　发行部(010)68414644
编辑部(010)68701661

电子信箱:80147@sina.com　zbs@emph.cn

印　　刷:北京联兴盛业印刷股份有限公司

经　　销:新华书店

规　　格:787 毫米×1092 毫米　16 开　89.5 印张　2250 千字

版　　次:2015 年 3 月第 1 版　2015 年 3 月第 1 次印刷

定　　价:300.00 元(上、下册)

在全面深化改革中进一步加强企业管理创新

中国企业联合会
中国企业家协会 会长 王忠禹

在全国上下深入贯彻落实党的十八届三中全会精神和全国“两会”的各项战略部署之际,2014 年全国企业管理创新大会在这里隆重召开。我代表中国企业联合会,向荣获第二十届全国企业管理现代化创新成果的企业和创造者表示衷心的祝贺!

这次会议围绕全面深化改革中的企业创新发展问题这个主题,参加会议的政府部门领导将就当前经济形势、企业面临的形势和任务、企业创新发展等问题发表讲话,专家、学者和企业家将就国有企业改革、混合所有制经济发展、政府职能转变和民营企业发展等问题作专题发言,会议中还将进行经验交流。借此机会,我就全面深化改革中进一步加强企业管理创新及相关问题谈几点意见。

一、以全面深化改革为契机,进一步增强对管理创新重要性的认识

党的十八届三中全会,站在新的历史起点上,提出了全面深化改革的方向、指导思想、原则和重点任务,描绘了全面深化改革的新蓝图、新愿景、新目标,形成了改革理论、政策和实践的一系列重大突破。刚刚闭幕的全国人民代表大会和中国人民政治协商会议,对全面深化改革的各项目标、措施进行了新的部署和动员。我国改革开放以来的实践证明,国家每启动一轮大范围的改革,都会为企业注入新的发展动力,同时也对企业管理创新提出更高的要求。在 30 多年的改革开放过程中,中国企业从学习、模仿中起步,在探索、创新中发展,有些企业的管理水平已接近或赶上世界先进企业,但不少企业管理粗放的问题还没有从根本上得到解决。在 3 月 19 日的国务院常务会议上,李克强总理在布置 2014 年政府工作重点任务时再次强调并明确提出,要推动科技创新和管理创新,促进产业升级。广大企业要充分把握当前的战略机遇期,在全面深化改革的新形势下,进一步提高对管理创新重要性的认识,不断加强管理理念、机制、制度和方法上的创新,在创新中实现新的飞跃。要以问题为导向,切实解决管理中的突出问题。当前重要的是,要重视把信息化、网络化等先进技术手段引入企业管理中,提升管理效率和水平;要着力推进商业模式创新,通过创新自己的产品,特别是服务方式,创造新的价值,形成企业新的竞争优势。

二、以市场起决定性作用为指引,着力提高企业市场竞争能力

党的十一届三中全会以来,我国经济体制改革一直是围绕调整政府和市场关系进行,从计划经济到有计划的商品经济,再到社会主义市场经济,市场的力量逐步得到释放。党的十八届三中全会《决定》将市场在资源配置中的作用,由基础性作用改为决定性作用,是对市场规律认识的升华。《决定》进一步提出实行负面清单准入管理方式、完善全国统一市场、建设法治化营商环境、健全优胜劣汰的市场化退出机制等重要举措。加快形成统一开放、竞争有序的市场体系,是使市场在资源配置中起决定性作用的基础。

广大企业要以市场在资源配置中起决定性作用为指引，坚持按规律办事，遵循价值规律、供求规律、竞争规律等，推动建立企业自主经营、公平竞争，消费者自由选择、自主消费，商品和要素自由流动、平等交换的现代市场体系。国有企业要以完善公司法人制度为基础，以产权明晰、权责明确、政企分开、管理科学为基本要求，以规范经营决策、资产保值增值、公平参与竞争、提高企业效率、增强企业活力、承担社会责任为重点，进一步完善现代企业制度。民营企业虽然根植于市场，但也有不少民营企业仍面临由家族企业向现代企业制度转变的任务，要改革高度集中的产权结构，从产权多元化、建立外部董事制度、引进职业经理人、逐步规范内部管理制度等方面着手，进一步提高市场化竞争能力和水平。

三、以技术创新为重点，大力实施创新驱动发展战略

改革开放30多年来，中国经济高速发展，民生改善前所未有，国家和人民的面貌发生了历史性变化，都与我们注重以科技创新来引领和促进经济社会发展有密切的关系。一方面，新一轮科技革命和产业革命在孕育兴起，世界性变革突破的能量在不断累积，与我国加快转变经济发展方式形成了历史性交汇，时代已经把中国推到了创新竞赛的大门前。另一方面，中国经济总量已是世界第二，赶超跟随的时代已经过去，也不能再走简单模仿的路子，必须更多地依靠自身科技和人才，而不是消耗物质资源、损耗生态环境来发展经济，必须更多地依靠科技创新和制度创新，而不是靠廉价人力成本、超优惠条件来促进增长。党的十八届三中全会强调，要建立健全鼓励原始创新、集成创新、引进消化吸收再创新的体制机制，健全技术创新市场导向机制，发挥市场对技术研发方向、路线选择、要素价格、各类创新要素配置的导向作用，强化企业在技术创新中的主体地位，建设国家创新体系。这既是党中央对企业技术创新的高度重视，也是为企业加强技术创新指明了方向。广大企业要坚持以科学发展观为指导，贯彻落实“自主创新、重点跨越、支撑发展、引领未来”的方针，以自主创新能力建设为中心，以体制机制创新为保障，以国家创新工程为依托，大力实施科技创新战略。要瞄准国际创新发展趋势和特点，提高自主创新能力；要将优势资源整合聚集到战略目标上，力求在重点领域、关键技术上取得重大突破；要注重多种模式的创新，既在优势领域进行原始创新，也需要对现有技术进行集成创新。

四、以环境治理和大气污染防治为抓手，推进生态文明建设

随着中国经济的持续快速发展，能源消费的不断攀升，发达国家历经近百年出现的环境问题在我国近二三十年集中出现，以工业污染和生态环境破坏为重要特征的第一代环境问题尚未得到有效治理，以全球气候变化和生态多样性破坏为特征的第二代环境问题又迫在眉睫，特别是近年出现的大范围雾霾天气，已成为制约中国经济发展和民生改善的重大问题。党的十八届三中全会强调建立系统完整的生态文明制度体系，用制度保护生态环境。国务院也相继出台了一系列化解产能过剩、加强大气和水污染治理、发展节能环保产业的政策措施。广大企业要积极响应党中央、国务院的号召，顺应时代潮流，进一步增强责任感和自觉性，切实转变发展理念，创新发展方式，以绿色发展作为可持续发展的根本要求，采取更加有力的措施，把资源消耗、环境损害、生态效益纳入企业发展评价体系，加快形成资源节约、环境友好的生产方式，努力在转变发展方式上取得突破性进展。

当前，认真做好大气污染防治工作，是每个企业的重要工作、义不容辞的责任。政府工作报告强调要坚决向污染宣战并明确了今年的大气污染防治的硬任务。广大企业要积极行动起来，采取切实措施，深入实施大气污染防治行动计划，加大技术改造和技术创新力度，大力发展和运用能够大幅减少能源消耗和直接温室气体排放的新低碳技术，建设以低排放为特征的企业生产体系。特别是能源、运输、冶金等碳排放密集行业的企业，更要大力采用低碳技术。大型企业以及上游企业，要通过制定标准等措施，带动供应链及行业内企业提高低碳生产技术水平，促进供应链和行业共同参与大气治理行动。

五、以可持续发展为目标，不断增强企业社会责任

当今世界，企业社会责任已经成为重要的时代潮流和商业规范，成为企业提高竞争力的有效途径。党的十八届三中全会《决定》进一步强调企业要承担社会责任，这不仅是对国有企业的更高要求，也是对所有类型企业的号召。按照国际通行的理解，企业社会责任就是企业为其决策和活动对社会和环境的影响要承担责任，从而最大限度地为可持续发展做出贡献。为此，企业必须用可持续发展的理念梳理企业的使命、愿景和价值观，审视企业发展战略、经营模式和业务流程，将企业对促进社会发展和保护环境的责任纳入企业管理系统。实践表明，建立健全公司治理层面社会责任工作的领导体制，是企业履行社会责任的组织基础；深化社会责任理念和议题，是企业社会责任创新的核心；完善社会责任管理体系，是企业社会责任管理与实践的长效机制；强化社会责任与企业经营的有机结合，是履行社会责任的关键。广大企业要充分认识增强企业社会责任的重要性，结合企业实际进一步明确社会责任理念，制定社会责任战略，建立健全社会责任管理体系。要在全面理解和把握社会责任管理的内涵和主要内容的基础上，协调各方、统筹推进，将社会责任理念、标准、要求融入现有管理体系，处理好社会责任管理与战略管理、决策管理、流程管理、运营管理和其他专业管理的关系，同时在组织、人员、资金等方面给予必要的保证和支持，确保社会责任管理的各项工作真正落到实处。

（在 2014 年全国企业管理创新大会上的讲话）

从《决定》出发，推动企业改革创新

中国企业联合会、中国企业家协会顾问
全国企业管理现代化创新成果审定委员会主任 蒋黔贵

党的十八届三中全会是我国在全面建成小康社会的关键时期召开的一次具有里程碑意义的重要会议，部署了到2020年全面深化改革的各项目标任务，标志着我国再次迈上改革新征程。广大企业对此欢欣鼓舞，认为即将迎来又一个发展的“春天”。但也有部分企业对全面深化改革带来的挑战准备不足，观望等待，不知从何入手。因此，深入分析企业面临的形势和任务，对于贯彻落实党的十八届三中全会精神，推动企业改革创新具有重要意义。

一、坚持市场化配置资源的改革方向

《决定》提出“经济体制改革是全面深化改革的重点，核心问题是处理好政府和市场的关系，使市场在资源配置中起决定性作用和更好发挥政府作用”，这是继十四大提出“使市场在社会主义国家宏观调控下对资源配置起基础性作用”的论断以来，又一次理论上的重大突破，抓住了当前我国经济体制改革中最深层次的问题，回应了近年来有关“市场与政府关系”的争论，具有鲜明的时代特征，为今后改革指明了方向，同时也表明了党中央完善社会主义市场经济体制的坚定决心，是对全国人民今后十年改革的庄严承诺。可以说，我国未来改革成功不成功就看这一条坚持得怎么样。广大企业必须认清这一大方向，不管愿意也好，不愿意也好，都必须坚定不移地往这个方向走。

让市场在资源配置中起决定性作用的关键是政府要起到应该有的作用，不越位，不缺位。《决定》在政府管理方面首次提出了“负面清单”模式。对于企业法无禁止即可为，对于政府法无授权不可为，体现了政府管理经济方式的重要转变，必将真正解开套在市场这只“看不见的手”上的种种不当束缚，还权于市场，还权于企业，从根本上激发广大企业活力。在2013年广泛关注的“微信收费”事件中，工信部明确表示互联网和移动互联网等新业务是否收费由市场决定，政府部门不会干预。随后，工信部又给两批次民营企业颁发了虚拟运营商牌照，进一步推动移动通信行业竞争，让市场来决定移动通信行业的资源配置，让客户自主选择、自由消费。工信部的正确表态，维护了公平竞争秩序，政府这样作为，创新者就有动力，有希望。一方面，支持了以腾讯为首的一大批互联网企业和移动互联网企业的创新、创业。微信从2011年1月诞生以来平均半年发布一个新版本，目前已升级到5.0版本。国内注册用户呈现几何级增长，到2013年10月24日已超过6亿，海外用户已突破1个亿，并在多个海外地区成为当地应用软件下载排名第一。另一方面，对中国通信行业起到了非常好的“鲇鱼效应”，让三大通信运营商第一次真正感受到了传统业务被蚕食的压力，纷纷开始思改思变。中国移动提出了“到2020年现代服务与流量业务、话音与短信业务各占企业收入的1/3，实现再造一个中国移动”的战略转型目标，通过“集中化”发挥规模优势，通过“扁平化”提升各业务模块的市场响应速度和运营效率，通过“市场化”增强各业务板块间以用户为中心的横向协调和市场反应，加快新业务培育和新市场拓展。更为重要的是，政府的公正表态，进一步推动了三大运营商与新兴互联网企业的合作。2013 年 7 月，广东联通联合腾讯公司推出了微信沃卡，开创了运营商与互联网企业合作的先例。8 月 19 日，中国电信与网易宣布成立合资公司，发布移动即时通信软件易信，支持全网通信，标志着传统电信运营商和互联网公司进入联合开发运营和资本合作的新阶段。截止到 2013 年底，中国电信、中国联通已分别与 16 家、14 家民营企业达成合作意向并签署商业合同。中国移动也确定了合作伙伴，进入了合同签署阶段。这充分说明市场对资源配置起决定性作用和政府发挥了应有的作用后，优胜劣汰的市场机制将真正发挥作用，广大消费者通过自主选择、自由消费将有效推动企业创新和行业发展。

二、企业要努力成为三个真正的主体

市场在资源配置中起决定性作用，就意味着企业要在市场中起主体作用，这是我们在过去 30 多年的艰苦探索中才逐渐形成的共识，可以说来之不易。《决定》多处提到要确立和强化企业主体地位。一是市场主体。《决定》提出“实行统一的市场准入制度，在制定负面清单基础上，各类市场主体可依法平等进入清单之外的领域”。其实早在党的十四届三中全会就提出要使企业成为自主经营、自负盈亏、自我发展、自我约束的法人实体和市场竞争主体。但 20 多年过去了，仍然有许多企业市场化转型还没有完成，“发展找市长”、“跑部钱进”、依靠行政资源、各种垄断和优惠政策生存发展的现象在一些行业还广泛存在。为此，《决定》提出了许多实质性改革举措。比如实行统一的市场监管，清理和废除妨碍全国统一市场和公平竞争的各种规定和做法；凡是能由市场形成价格的都交给市场，政府不进行不当干预；市场机制能有效调节的经济活动，一律取消审批等。这意味着一些企业赖以生存的那些或明或暗的地方保护、分割市场、限制公平竞争的“土政策”和潜规则将消失，企业发展将真正依靠市场，而不再是“市长”，企业的地位不再由行政级别决定，而由市场地位决定，哪些企业胜出，哪些企业出局，不再由政府说了算，而是市场和客户说了算。

二是创新主体。《决定》提出“健全技术创新市场导向机制，发挥市场对技术研发方向、路线选择、要素价格、各类创新要素配置的导向作用。建立产学研协同创新机制，强化企业在技术创新中的主体地位”。这是中央再次强调创新的市场导向和企业创新主体作用。企业为主体关键是企业为主动，主动寻求与高等学校、科研机构、上下游等外部组织的创新合作，有条件、有实力的企业，特别是大企业，要使企业的创新战略和国家大战略相契合，将资源更多地投入到产业核心技术、关键技术的研发上，实现从创新追随者到创新引领者的转变。2004 年以来，国家电网公司根据我国中部东部电力需求持续增长、西部北部发电资源十分丰富的基本国情，以市场为导向，充分发挥用户端的拉动作用，主动承担起特高压输电工程创新发起者、组织者和管理者的职责，吸引和调动了国内 100 多家相关机构加入进来，打通了从基础研究、工程设计、设备研制、试验验证、系统集成到工程应用的创新全过程，用不到 4 年的时间在世界上率先实现了特高压交流输电从理论研究到工程实践的全面突破，实现了“中国创造”和“中国引领”。

三是投资主体。投资是资源配置的重要手段。落实企业的投资主体地位，是使市场在资源配置中起决定性作用的重要体现。2004 年 7 月国务院批准的《投资体制改革决定》，就明确提出要确立企业的投资主体地位，减少政府对绝大多数企业投资活动的干预。但从近十年的实践来看，投资审核权更多是在政府部门间“横向转移”和中央与地方间“上下让渡”，行政力量仍然不同程度地干预企业投资。为此，《决定》提出“深化投资体制改革，确立企业投资主体地位。企业投资项目，除关系国家安全和生态安全、涉及全国重大生产力布局、战略性资源开发和重大公共利益等项目外的，一律由企业依法依规自主决策，政府不再审批”。此外，在构建开放型经济新体制部分，也提出“扩大企业及个人对外投资，确立企业及个人对外投资主体地位”。这些都表明了国家确立企业投资主体地位的坚定决心。政府将投资决策权还给了企业，而广大企业是否具备承担主体责任的能力呢？长期以来，许多企业已经习惯于“政府审批、企业执行”的投资管理模式，投资随机性强、决策分析能力弱、风险意识淡薄。如何增强投资决策的科学化水平、提升投资管理能力是许多企业当前亟须弥补的管理短板。2005 年以来，中海油在总结了多次海外投资经验和教训的基础上，将海外并购策略从机会导向转为战略导向，从随机等待转变为主动谋划，着眼于公司未来十年甚至几十年的发展方向，确立海外并购五大原则，从“资源、回报和风险”三个维度筛选海外并购目标，建立一整套科学有效的并购目标筛选工作流程和实施预案。经过 7 年的持续跟踪和关注，中海油于 2013 年 2 月 26 日成功收购尼克森公司，总对价约为 151 亿美元，成为迄今为止中国企业最大的海外并购案。

三、充分认识和发挥混合所有制在改革中的桥梁作用

《决定》在基本经济制度方面实现了两个重要突破：一是明确指出“公有制经济和非公有制经济都是社会主义市场经济的重要组成部分，都是我国经济社会发展的重要基础”。这在党的文件中还是首次，过去我们将个体经济、私营经济作为补充，后来承认是社会主义市场经济的重要组成部分，但加了“在法律规定范围内”的前提。十五大把非公有制经济作为社会主义市场经济的重要组成部分，但没有与公有制经济放在一起讲。这次放在一起讲都是重要组成部分，态度十分鲜明，那就是公有制经济、非公有制经济不再有老大、老二之分，所有企业不管是什么所有制，都要在公平的环境下竞争。二是提出了“国有资本、集体资本、非公有资本等交叉持股、相互融合的混合所有制经济，是基本经济制度的重要实现形式”的新论断，并明确列出“三个允许”，即“允许更多国有经济和其他所有制经济发展成为混合所有制经济。国有资本投资项目允许非国有资本参股。允许混合所有制经济实行企业员工持股，形成资本所有者和劳动者利益共同体”。我们知道，十五大首次提出了“公有制实现形式可以而且应当多样化”，实现了我国所有制理论上的一个重大突破。《决定》进一步提出混合所有制经济是基本经济制度的重要实现形式，在理论上打破了过去非公有即私有的二分法，淡化了所有制的界限，有利于消除多年来“国进民退”、“国退民进”的争论，解除长期困扰国有企业的体制束缚，搭起国有企业与其他所有制企业融合发展的桥梁，将推动国有经济与非公有制经济在更大范围、更广领域形成“你中有我、我中有你”的新局面。目前，一些企业已经开始积极探索。2013 年 12 月 9 日，阿里巴巴宣布投入 28.22 亿港元入股海尔电器，拟借助海尔电器旗下的日日顺物流在全国建立的 1.7 万多家服务商、7600 多家县级专卖店、2800 多个县级物流配送站、2.6 万个乡镇专卖店和 19 万个村级联络站，提高电子商务业务在县级城市、甚至乡镇的渗

透，弥补大件品类物流的最后一公里短板。而海尔则通过此次合作，成功对接全球最大的电子商务平台，获得了资金、客户和经验等宝贵资源。可以说这是一次双方利用各自优势发展混合所有制经济，实现资源高效配置的有益尝试。

员工持股在20世纪90年代的国有企业改革中进行过一些探索，但由于种种原因，后来被陆续取消。《决定》明确提出允许混合所有制经济实行企业员工持股，可以说是一次思想上的解放，从国家层面认可了人力资本可以像物质资本一样，共同分享企业发展成果。这将从根本上激发劳动、知识、技术、管理等人力资本的活力和创造力。南京康尼公司是由高校、投资公司和一批自然人于2000年10月发起设立的混合所有制企业。自成立以来，始终倡导个人价值与企业价值的融合，持续推进经理层与各类骨干员工的股权期权激励，最大限度地调动员工主观能动性和创造力，短短几年时间在轨道车辆门系统方面发明了三大原创技术，自主探索了一个全新技术路线，突破了阿尔斯通、西门子、庞巴迪等跨国公司上百年的技术封锁和市场垄断，国内市场份额连续7年超过50%，并出口到纽约、巴黎、多伦多等十多个海外城市，在地铁车辆门系统细分市场的份额更是跃升至世界第一。

四、企业要主动进行战略性结构调整

当前，我国经济发展的主要矛盾已不是总量和速度，而是结构性矛盾，其中最突出的问题是产能过剩。这一轮产能过剩程度大、影响深、覆盖面广、持续时间长。2013年以来国家统计局统计的6万余户大中型企业产能综合利用率低于80%，部分行业产能利用率不到75%，其中钢铁、水泥、电解铝等行业过剩甚至是长期性的，这是改革开放30多年从来没有碰到过的。严峻的产能过剩正在对行业带来灾难性伤害，企业经营困难，效益大幅下降，有些行业全行业亏损，甚至出现了“逆向淘汰”状况，即劣质企业淘汰大企业、好企业。可以说，产能过剩正在倒逼我国进入到痛苦的结构转型期。是迎难而上主动调整，还是走“被迫”调整的老路，等着被行政力量调整或被市场淘汰，成为摆在每一个企业面前尖锐的问题。20世纪90年代末那次国有经济结构调整，一些企业消极等待，最后滑入破产边缘“被迫”调整，仅仅中央管理的国有企业就有1/3被兼并破产。因此，广大企业要吸取教训，一方面做好过紧日子、渡难关的充分准备，另一方面要趋利避害、主动调整。正如2013年底中央经济工作会议指出的那样，化解产能过剩的根本出路是创新，包括技术创新、产品创新、组织创新、商业模式创新、市场创新。这就是当前企业结构调整的努力方向。长期以来，我们习惯用一二三次产业的比例、新兴产业占比来衡量产业结构合理性和水平高低，其实这是一个误区。产业没有朝阳产业和夕阳产业之分，产业竞争力的核心取决于产品附加值的高低，农业可以带来高附加值，新兴产业也可能是低附加值。要提高产品附加价值，只有通过创新。当前尤其要将创新的视角从企业内部拓展到整个产业上，围绕产业链来布局创新链，根据自身优势，从产前、产中、产后等多个环节寻找创新突破点，提高产品附加价值，从而推动产业结构调整和升级。大唐电信从上游的研发端开始做原创性开发，形成企业自己的TD－CDMA核心技术专利池，并通过产业联盟、专利许可/授权、技术转让、技术入股等方式，吸引、培育大批下游研发、设计、制造、加工企业，在较短的时间内形成了我国自主的TD－CDMA高端产业链。而陕鼓、杭氧等中间设备制造商在对关键技术和关联技术进行高强度研发的基础上，从产品制造商向系统集成和服务商转变，与重点客户形成战略联盟获取稳定市场资源，与重点配套商合作研发，与金融机构合作开展供应链金融服务，有效整合上下游企业，提升整个产业附加值。

五、从引进来到走出去，迈上出口高端产品新台阶

《决定》提出"推动对内对外开放相互促进、引进来和走出去更好结合，促进国际国内要素有序自由流动、资源高效配置、市场深度融合，加快培育参与和引领国际经济合作竞争新优势"，这是中央适应经济全球化新形势在对外经济体制方面做出的新部署，体现了当前我国企业发展的新阶段和新特点。改革开放以来，我国企业成长进步的主要方式是引进消化吸收再创新。经过 30 多年的艰苦努力，我国企业迈出了重要步伐，上了新台阶，企业的技术能力、制造能力显著提升，综合实力大幅提高。越来越多的企业正在从模仿创新转为原始创新，从技术引进者转变为技术转让者。2013 年彭博社对全球 215 个国家和地区的评价显示，中国制造能力名列全球第一。过去我国严重依赖进口的资本技术密集型产品和高端装备，如今不仅实现了部分替代进口，而且正在越来越多地输出国外。2004 年以来中国高铁把"引进次高技术、自创最高技术"作为实现后来居上的创新战略，在引进国外时速 200～250 公里动车组技术基础上，成功研制出具有自主知识产权的时速 380 公里新一代动车组，创造了 486.1 公里的世界铁路运营最高时速和 605 公里的国内实验室最高试验时速。并依托国内巨大市场，开展了大规模商业化运营实践，目前已运营的高速铁路超过 1 万公里，在建高速铁路大约 1.2 万公里。可以说，我们用短短几年时间走过了国外企业 30 多年的发展道路，成为世界上高速铁路发展最快、系统技术最全、集成能力最强、在建规模最大、运营里程最长、运营速度最高、产品性价比最优的国家。2013 年 11 月，中国先后与罗马尼亚、匈牙利和塞尔维亚达成合作意向，共同建设罗马尼亚高铁和匈塞高铁，正式进入了长期被西方企业垄断的欧洲市场，实现了从产品和部件出口到高铁系统全产业链输出，从出口发展中国家到发达国家的新突破。上世纪 80 年代初中国核电开始引进欧洲核电技术，经过 30 多年的消化、吸收和再创新，成功实现了百万千瓦级核电站的自主设计、自主制造、自主建设和自主运营，掌握了关键核心技术，实现了从一砖一瓦全套引进到自主掌握核心关键技术，形成完整核电产业链的历史性跨越。目前已建成 17 台核电机组、在建 29 台核电机组，成为全球在建核电规模最大、民用核电发展最快的国家。2013 年 10 月 17 日，中广核与法国电力公司就合作投资建设英国核电项目签署战略合作协议；11 月 25 日，又与罗马尼亚国家核电公司签署建设切尔纳沃德核电站 3、4 号机组的合作意向书，标志着中国核电这个曾经的"学生"正式进入了欧洲这个"老师"的传统市场。可以说，近年来越来越多的中国企业正在从大规模"引进来"转变为主动"走出去"。正如《经济学人》杂志指出的那样，中国现在迎来了第二波走出去浪潮，主要驱动原因是品牌、技术和利润。许多企业追求竞争力的来源正在发生质的变化，过去局限在国内，现在是放眼全球，主动把高端技术、装备、产品输出海外，获取海外市场、技术、人才等战略性资源，把研发中心、设计中心、资讯中心等设在美日欧等发达地区，与世界前沿保持同步，在巩固"中国加工"、"中国制造"地位的同时，努力形成"中国营销"和"中国创造"。

六、实现企业治理结构和能力现代化

《决定》提出"全面深化改革的总目标是完善和发展中国特色社会主义制度，推进国家治理体系和治理能力现代化"。这是一个崭新的提法，赋予了现代化新的内涵。长期以来我们主要是从生产力层面提出建设现代化，20世纪是指农业现代化、工业现代化、科学技术现代化和国防现代化，十八大进一步发展为经济、政治、社会、文化和生态文明"五位一体"总布局，提出了工业化、信息化、城镇化、农业现代化"新四化"。这次从生产关系和上层建筑层面提出了国家治理体系和治理能力现代化，有专家认为这是"四个现代化"之后的"第五个现代化"，使我们对什么是现代化、如何建设现代化有了新的更加全面的认识。

国家治理包括政治、经济、社会、人文和环境等多个方面的内容，需要党、政、社会、企业、个人等各方共同努力。企业治理是国家治理的重要基础和有机组成部分。作为企业界，我们更应该思考企业治理该如何率先现代化。因为早在党的十四届三中全会上，就提出了建立"产权清晰、权责明确、政企分开、管理科学"的现代企业制度是国有企业改革的方向。党的十五届四中全会更是明确提出"公司法人治理结构是公司制的核心。要明确股东会、董事会、监事会和经理层的职责，形成各负其责、协调运转、有效制衡的公司法人治理结构"。然而20多年过去了，虽然取得了不少进展，但总体上来说并不理想。不少企业只是套上了现代公司的"外壳"，从形式上完成了公司化改制，搭建了公司法人治理结构的框架，但并没有真正发挥作用。原因有多方面，但根子在产权。为此，《决定》提出了"归属清晰、权责明确、保护严格、流转顺畅"的十六字现代产权制度，与党的十四届三中全会提出的十六字现代企业制度相呼应，是现代企业制度的深化和发展，再加上鼓励积极发展混合所有制经济，可以说抓住了当前制约企业治理现代化的关键和核心，为企业实现产权多元化、建立起真正有效的现代企业制度和治理结构奠定了基础。

企业治理能力现代化，首先要制度现代化。从"管理"到"治理"，更多强调的是主体的多元化、方式的民主化和理念、制度的法治化。要打破传统的家长制和"一言堂"管理模式，更多地依靠股东、经理人、员工以及其他利益相关者共同来治理企业，实行参与式、互动式的民主管理。要树立法治观念，既要懂得市场竞争、商业智慧，更要熟悉契约规则、法治精神，真正做到"精商明法"。甚至有专家提出了法商管理的概念，认为要从"法商思维"的视角形成新的企业发展观和制度体系。其次是人员素质的现代化。只有把企业各类人员，包括经营管理人员、技术人员、一线员工等的思想素质、文化素养、工作本领、工作能力提高起来，创造性、积极性充分发挥出来，企业治理能力才有可能提高。尤其在当前我国劳动力已经从无限供给转变到有限供给的新形势下，如何突破"用工慌"、"招工难"，如何培养、建设一支适应企业创新发展和治理现代化要求的高素质人才队伍，是摆在广大企业面前的一个现实而紧迫的问题。

七、在深化改革中要以"两化融合"为核心强化企业管理

管理是企业永恒的主题，尤其在深化改革的时候，更要重视管理。过去的实践证明，改革能为管理创造有利条件，但不能代替管理。在改革过程中加强管理，可以促进各项改革顺利进行，巩固改革成果；相反，削弱管理，甚至"以改代管"，则改革目标往往很难落

实，甚至导致改革失败。因此，管理是基础，基础不牢，地动山摇。当前，信息化、网络化正在成为时代潮流，成为企业夯实管理基础、提升竞争力最有效的抓手。与发达国家先工业化后信息化不同，我们在工业化过程中迎来了信息化。如果两化并举、深度融合，就有可能发挥后发优势，缩短甚至赶超国外的先进技术和管理。两化融合的基础在企业，结合点也在企业。只有千千万万企业实现了深度融合，整个国家的两化融合才是有源之水、有本之木。企业两化融合，不仅涉及技术的融合，更是管理的变革，是技术、管理持续优化和改进的过程。为此，工信部 2013 年牵头组织包括中国企联在内的十多家研究机构、高等院校、社会团体和企业，参考 ISO 质量管理体系的成功经验，开始建设推广一套企业两化融合管理体系国家标准，以引导广大企业在当前工业化和信息化同步推进的时代背景下，通过发挥工业技术、信息技术等各类技术的牵引作用，推动业务流程、组织结构和管理制度的同步优化变革，建立适应信息时代、网络时代要求的新型管理模式。河南开祥化工是一家中等规模的煤化工企业。2009 年以来以战略目标化、目标作业化、作业制度化、制度流程化、流程表单化、表单信息化为目标，深入推进两化融合，有效整合现有的办公、业务管控、生产控制、监控等各类信息系统，并同步开展流程、组织、制度和工作方式的变革调整，构建了一套基于网络平台的流程型管理模式，大幅提高了管理效率、经济效益和产品竞争力。这充分说明，深入推进企业两化融合，提升管理水平，不在于企业规模多大，信息系统有多先进、多昂贵，关键是要有一套行之有效的管理方法。要改变企业信息化就仅仅是上系统、买软件的片面认识，从技术、组织、管理、制度等多个层面统筹考虑、同步推进，真正实现信息化建设与企业变革创新相互融合、相互促进，培育形成企业在信息化、网络化环境下的新型能力和竞争优势。

（在 2014 年全国企业管理创新大会上的讲话）

在 2014 年全国企业管理创新大会上的讲话

全国人民代表大会财政经济委员会副主任委员
全国企业管理现代化创新成果审定委员会主任 邵 宁

在 2013 年略微错综复杂的国内外形势中，全国上下按照稳中求进的工作基调要求，稳增长、调结构、促改革，实现了预期的发展结果。全年国内生产总值增长 7.7%，居民消费价格上涨 2.6%，城镇新增就业 1310 万人，这个增长数据的组合是相当令人满意的，这反映出政府宏观调控水平的提高。对 2014 年中国经济社会的发展，也做出了一个合理的安排，国内生产总值预期增长 7.5% 左右，居民消费价格涨幅控制在 3.5%，城镇新增就业 1000 万人以上，同时对节能减排和环境保护提出了更高的要求。应该说如果上述经济社会发展目标得以实现，2014 年国民经济仍然会是一个平稳、协调发展的局面。

当前宏观经济数据所反映出的国民经济运行状态与我们很多企业切身感受有一定的差距，相当一部分企业反映，市场需求不振、成本上升过快、企业经营难度越来越大，这种反差更多地反映出我国经济发展的阶段性背景变化带来的影响。

在刚刚结束的全国人代会十二届二次会议上，李克强总理在《政府工作报告》中有这样一段话，我国支撑发展的要素条件也在发生深刻变化，深层次矛盾凸显，正处于结构调整镇痛期，增长速度换档期，到了爬坡、过槛的紧要关头，经济下行压力依然较大。这句话是很重要的一句话，实质上描绘了我们经济阶段的变化，我们需要研究清楚的是，我们国家哪些要素条件正在发生变化，我国经济社会发展需要换什么档？在爬什么坡？过什么槛？

改革开放以来，中国经济持续高速增长已经有 30 年，这么大的经济体，实现了 30 年年均 10%的高增长，是世界经济发展史上的一个奇迹，除改革开放本身，解放生产力最根本的原因之外，低要素成本和外部的技术来源都是促成高增长的主要因素。低的生产成本是中国产业和企业的传统优势，这主要是基于低的人工成本和环境成本。低成本使中国的产业和企业具有一种先天性的竞争优势，我们的竞争对手既难以模仿，也难以抗衡，所以前些年，中国企业靠低成本、低价格打遍天下，所向披靡，表现出很强的市场竞争力，其他的国家不得不利用贸易壁垒来限制中国企业的发展，同时低制造成本对外资有很强的吸引力，把生产基地放在中国，是一个合理的选择，从而使中国成为世界工厂，外资的大量进入也是经济增长的助推器。

国外的技术来源是中国经济高速增长的另外一个重要因素。前些年，中国经济发展技术起点比较低，中国产业发展所需要的技术大都是国外成熟的技术，甚至是过时的技术，在中国也适用，所以从国外购买技术相对来说比较容易，中国的新产业发展从 20 世纪 80 年代的家电产业，到现在的汽车产业，几乎完全建立在国外技术的基础之上。能够很方便地从外部得到技术，使中国的产业结构升级和企业的产品结构升级相对比较容易和快捷。使我们不必经历自主研发的过程，也不用承担自主研发的风险。通过引进、购买国外现成的技术，使中国前一个时期产业结构升级非常快，新产业的发展非常快，这就直接支撑了中国经济的高速增长。

如果我们仔细分析一下，中国 30 年高速增长的过程就会发现，我们充分利用了低收入国家所具有的后发优势和赶超效应，引进国外技术形成自己的产业，利用低成本优势开拓国内国际市场，实现产业和企业的扩张，从而成就了国民经济的持续高速增长。

中国这一个时期的发展无疑是一个成功的案例，但在分析这一经济发展的时候，也必须清醒地看到，这时期中国经济发展的方式具有明显的阶段性特点，在一个特定的发展阶段是可以的，但却是不可持续，这种不可持续性主要在于，这种发展方式过度地依靠低成本，过度地依靠国外技术，而随着居民收入水平和环境要求的提高，我们不可能永远拥有低成本的优势，而且作为一个大国，我们也不可能靠别人的技术实现自己的现代化。

经过 30 年国民经济的快速发展之后，支撑我国经济增长内外部因素正在发生变化：

一方面要素成本在快速上升。目前我国经济社会发展遇到两个重要的拐点。一是人工成本的拐点。人工成本变化有一个特点，供过于求时可以长时间压住不动，一旦供求平衡或者供不应求就会大幅度上升，我们现在已经过了这个拐点。二是环境成本的拐点。长时间的污染，没有得到有效地处置，已经积累到一个令人窒息的程度，迫使我们不得不投入巨额的资金进行治理。同时，这几年能源、农产品、土地成本都在上升，我国的成本优势已经被大大削弱，成本优势下降对我国经济发展的影响非常直接，所有靠成本取得优势的企业和产业竞争力都在下降，有些产业还要退出，转移到综合成本更低的地方。

另一方面技术来源已经开始出现问题。前 30 年我国产业结构升级主要是靠引进技术，那个时期我们与国外产业差距比较大，国外企业把成熟的甚至是过时的技术卖给中国企业，对他们自己没有什么影响，但是经过 30 年的高增长，中外的产业差距已经大大缩小，中国企业现在需要购买的技术往往已经是国外企业正在使用的技术。国外企业要是把自己正在使用的技术卖出去，自己就很难生存，购买国外技术难的问题在中央企业反映很突出。因为，中央企业是行业的排头兵，与国外企业技术差距最小，早在前几年很多中央企业就反映，购买国外技术越来越困难，对方往往也很坦率，我把技术卖给你，我怎么办？国外技术来源出现问题，对我国今后的精细发展影响会非常大，我们国家产业结构的进一步升级，新产业的发展将遇到困难，现在国内资金不少，但是大家普遍反映没有好项目，没有好项目的后面是没有新技术。

上述两个方面的变化是实质性的、不可逆的，标志着中国经济发展已经从低收入国家赶超型的经济形态转变为中等收入国家成熟的经济形态。这种经济发展的阶段性变化，不但意味着中国经济增长合理区间将逐渐下降，而且制约中国经济发展和中国企业发展的突出矛盾也将出现变化。

在今后一个时期，中国经济整体和中国企业将面对着两个方向上的重大挑战。其一，发展的核心问题是产业结构的进一步升级的问题。在外部技术来源逐步减少的情况下，我们能否通过自主的技术创新实现今后若干年进一步的产业升级，从而保证国民经济和企业的持续稳定发展，尽管速度会低一些。其二，当前的挑战主要是制造业在目前产业层次上的生产能力过剩的问题。制造业是我国经济的主体部分，前些年由于我们有成本优势，所以中国制造业的规模发展得非常大，而且原先就存在着非常突出的重复建设的问题，随着成本上升和对应的市场需求减少，生产能力过剩的问题会越来越突出。

其引发的过度竞争会造成大面积的企业困难，所以中国经济新的发展阶段把创新问题非常突出地摆在我们面前。从国民经济整体讲，创新就能够促成产业结构的进一步升级，国民经济就可以获得新的发展空间，从而实现可持续的发展。创新不足，结构升级不力，国民经济发展就有可能出现停滞，从而进入所谓的中等收入陷阱。所谓中等收入陷井的产业内涵应该是，产业结构升级的停滞导致经济增长的停滞。当然，政府在经济增长速度偏低的时候，会一次再一次地刺激提升经济增长速度，但是扩大内需并不能代替产业升级，更不能实现产业升级。从企业的角度来讲，创新就能够进入新的市场，从而避开现有产业层次上的恶性竞争，获得新的增长空间。创新不力，企业就只能停在现有的产业层次上，就会长时间地被过度竞争所煎熬。

面对这些重大的挑战，我国政府和企业都应该做出应对。政府层面的应对主要是三个方面，一是运用好财政金融杠杆和基础设施建设投资手段，稳定经济发展，防止过度减速，实际上现在我们的经济增长速度已经包含政府启动内需的一部分的因素。二是动用一切资源和手段，促进产业升级、促进自主创新，尤其是要优化促进创新的体制和环境。比如，知识产权如果得不到有效的保护，没有人会愿意投资于创新。三是妥善处理好制造业生产能力过剩的问题。让该退出的落后产能能够尽快退出。要解决好这三个方面的重大问题，涉及很多的具体工作，甚至是一些大的体制和制度建设，需要进行系统地研究和规划。

企业的应对可能是三个层面。第一个层面就短期而言，防范风险、提高企业的抗市场冲击能力是最为紧迫的。一是要及时调整企业的经营策略，强化企业的投资和并购管理。在全社会生产能力过剩的背景下，企业的生产能力有多大，规模有多大，已经没有什么意义。以扩大规模为目的的投资和并购都应该停止，所有的投资和并购都应该转向技术升级、产业升级和商业模式的创新，同时要控制好企业的资产负债，在财务上留出大一点的空间。二是加强现金管理，巩固资金链条。要细化资金预算管理，留足资金头寸，强化存货和应收账款的管理，减少拖欠，经济形势不好的时候，各类企业的风险都在上升，这个时候我们不但要关注自己的风险，而且要关注客户供应商的风险。三是严格各项管理，努力降低成本。这一点对国有企业特别重要，一般来讲，国有企业很难把成本压到民营企业的水平。在经济扩张时期，成本高低是挣多挣少的问题，在经济紧缩时期，成本高低则是企业的生死问题。有那么一些企业在困难的时候，下决心改机制、抓管理、降成本，取得很明显的效果，一般来说企业困难的时候，往往也是职工承受力最强的时候，此时下决心推动企业的机制的转换和管理到位，既可以有效地提升企业抗市场冲击的能力，也可以为企业的长期发展打好机制和管理的基础。

第二个层面就中期而言，要通过技术、产品和商业模式创新重新构造企业竞争力的基础，通过升级进入新的市场。一是全力促进企业的自主创新。目前我们也许还可以通过某些机会或者方式购买到一些国外的技术，但是我们必须心中有数，这条路是走不长的，从现在起就必须下大的决心建立自主的研发体系，恶补自主创新这堂课，使自己在技术上真正强大起来，对大企业尤其如此，大企业靠别人的技术是不可能长期生存和发展的。那么具体的工作可能包括下决心增加研发投入，完善研发管理体系，提高研发经费的使用效率，改革体制机制，尤其是分配制度，提高研发人员的积极性和创造性。二是努力提升商业模式。中国企业生产制造能力是非常强的，相当多的企业是给别人做配套的，利润非常薄，这样的企业尤其是制造企业，如果从产品制造商转型为项目承包商，针对当前成套设备交钥匙工程、系统解决方案之内的需求，既提高产品质量又提供服务，商业模式就可以转变，利润空间就会大大提升，在这方面我们很多企业已经有了成功的案例。除此之外，把传统的业务模式和高速发展的信息技术相结合，也是改造传统的商业模式创造新的商业模式的重要途径，比如说网上货物、互联网金融等。三是加强品牌建设。目前很多中国企业是给国外公司做代工的，没有自己的品牌，本身利润很薄，成本一上升，利润就被吃光了，这样的企业要长期生存和发展唯一的办法是自有品牌建设。这些年我们一些有远见的企业在这个方面进行了有价值的探索，这些企业把制造环节完全外包出去，自己专注于设计、营销和品牌管理，当然企业的品牌建设和培育需要一个相当长的过程。

第三个层面就体制而言，要加强企业的战略和决策体制建设，今后企业偏紧的外部经济环境会给企业带来另外一个问题，就是企业面临的风险会增加。在这种经济环境下，从体制的角度，特别需要强调企业的战略问题和决策体制建设问题。企业的发展必须有战略方向和战略的意识，我们发现一些企业不大愿意受战略和规划的约束，总是希望在市场上抓住机会，能够放手一搏，实际上这种思维方式对大企业的发展是不利的，因为大企业一定要靠战略导向，大企业一定不能靠抓市场机会发展，如果一个大企业靠抓市场机会发展，今天抓一个、明天抓一个，几年之后，企业的定位是什么，核心竞争力是什么，发展方向是什么？就都不清楚了。科学的决策体制具体来讲就是规范的董事会建设，这实际上是体制方面的创新。前几年中央企业董事会建设还是比较有成效的，尤其是在科学决策方面。在建立规范的董事会之前，中央企业领导体制都是一把手负责制，在一把手负责制的体制下，企业重大决策是靠内部团队运作的。虽然我们有关部门发了很多的文件，要求大家民主决策、科学决策，企业内部团队来做有两个很难解决的问题。一是内部团队有上下级关系，一把手想做的事情，副手即使有不同的意见也不好发表反对的看法。二是内部团队有分工，你分管的事情我不好过问，我分管的事情你也不好过问。由于企业内部有错综复杂的利益关系和人际关系，做重大决策的时候很难做到民主决策和科学决策。很多人有不同的意见，也不敢提、不便提、不想提。那么大家都不好说话，怎么谈得上科学决策呢？所以，前一段国资委在进行董事会试点的时候，派外部董事进入董事会，并且占到全体成员的一半以上，选聘的外部董事基本上都是老资格的专家和企业家，他们和企业内部人没有利益的关系，就可以比较客观坦率发表自己的意见。一个决策团队中大部分人能够说真话，决策的科学性必然能够提高，出现重大决策失误的可能性必然会降低。总之，中国经济发展正在进入大转折的时期，进入中等收入国家的发展阶段之后，国家经济发展和企业发展的环境、条件以及面临的矛盾和问题与低收入阶段会有很大的不同。创新是今后一个时期中国经济发展和中国企业发展的核心问题，我们的企业必须认真研究、把握这种变化，顺应适应这种变化，以恰当的应对和自身的努力求得长期持续的发展。

（在 2014 年全国企业管理创新大会上的讲话）

在 2014 年全国企业管理创新大会上的讲话

工业和信息化部党组成员、总工程师
全国企业管理现代化创新成果审定委员会主任 朱宏任

近年来，我国企业发展取得了明显成绩，实力持续增强，但面临问题和挑战也日益凸显。从国际看，发达国家企业占据了产业链高端环节和高端市场，并不断扩大竞争优势，我国企业不够大，更不够强，缺乏与国际一流企业竞争的能力。比如，我国企业创新能力不强，大中型工业企业研发投入强度约为跨国公司平均水平的 1/4，申请国际专利合约数量仅相当于美国的 1/3；同时，新兴经济体企业依靠资源、劳动力等比较优势加速发展，我国企业传统竞争优势有所削弱，面临着前有阻击，后有追兵的双重挤压。从国内看，我国经济正处于增长速度换挡和结构调整阵痛的叠加期，能源资源、土地、劳动力等生产要素成本快速上升，生态环境约束趋紧，企业盈利能力和水平依然偏低，2013 年规模以上工业企业主营活动利润率仅为 6%，较去年同期下降 0.5 个百分点。

要解决这些问题，积极应对挑战，必须深化改革，增强企业创新能力，既要充分发挥市场配置资源的决定性作用，也要发挥好政府的作用。企业是创新的主体，政府主要在创造环境上下功夫。党的十八届三中全会对此已做了全面的部署，通过全面深化改革，释放改革红利，不断增强企业发展的活力和动力。工业和信息化部认真落实中央的决策部署，积极推进和参与重要领域、关键环节改革，强化创新驱动，在这方面，2014 年我们将重点抓好以下工作：

第一，简政放权，创新管理方式。继续清理现有行政审批事项，到 2014 年年底，我部行政审批项目要比 2013 年初减少 1/3 以上，完善行政审批事项目录清单并向社会公开。积极探索和创新管理方式，提高监管水平，进一步规范行业准入和公告管理，引导行业自律，支持行业协会积极开展行业管理基础性工作。

第二，强化创新驱动，提升产业核心竞争力。推动落实促进企业创新的政策措施，优化企业创新政策环境。实施工业强基工程，支持突破一批共性关键技术。组织实施重大创新发展工程和应用示范工程，培育发展战略性新兴产业及其新兴业态。进一步完善技术标准体系。

第三，化解产能过剩，促进产业升级。注重在增量和存量上双管齐下，强化节能节地节水、环境、技术、安全等市场准入标准，积极化解部分行业产能严重过剩矛盾，加大淘汰落后产能工作力度，引导鼓励企业兼并重组，加强工业节能减排，推进产业转移和产业集聚，在结构优化升级上取得新进展。

第四，支持非公经济健康发展，加大小微企业扶持力度。继续清理废除对非公有制经济各种形式的不合理规定，鼓励非公企业参与国有企业改革，鼓励发展非公有资本控股的混合所有制企业。加强政策协调和公共服务，以扶持小微企业为重点，激发市场活力，切实减轻企业负担，着力缓解小微企业融资难问题，提高中小企业公共服务水平。

第五，推进两化深度融合，改造提升传统产业。推广企业两化融合管理体系标准，促进信息技术与制造业融合创新，建设重点领域智能监测监管体系，全面落实“宽带中国”战略，推进宽带网络基础设施建设，增强信息产业核心竞争力。

推进企业创新发展，不仅需要政府的努力，关键还要依靠企业自身，企业要把创新摆在突出位置，不断地向创新要效益、要发展。借此机会，我再提出三点建议，供大家参考：

一是加强资源整合协同，不断夯实创新的基础。党的十八大提出要“更加注重协同创新”。过去很多企业搞的是“封闭式创新”，企业独立投入创新资源，独享创新成果，随着创新速度和复杂性的提高，创新越来越体现出开放性、跨领域、多元化、网络化等特征，单个主体越来越难以胜任艰巨的创新任务，需要多主体协同创新。企业要积极与高等院校、科研院所等共建产学研联合创新平台，共享创新资源，在科技攻关、技术转让和培训等方面开展紧密合作。要加强与产业链上下游企业的分工与协作，发挥各自优势，加快构建产业链协同创新网络。

二是探索商业新模式，不断拓展创新的领域。企业商业模式创新实质上是对企业价值创造机制和利润实现机制的变革。在现代市场条件下，特别是互联网时代，商业模式创新已成为企业创新的制高点，应该说苹果、沃尔玛等公司正是依靠商业模式创新赢得了前所未有的成功，国内微信、阿里巴巴的火爆也与商业模式创新密不可分。企业应认真研究内外部环境的变化，对商业价值创造体系的各个环节进行系统设计和再造，从而创造出独特的商业模式。

三是重视组织和管理，不断提升创新的持续性。创新是企业发展的源泉和动力，但仅有创新还不够，还必须高度重视对创新的组织和管理，没有组织管理保障的创新是不可持续的。企业要不断加强创新机制的建设，建立起科学规范的创新运营管理体系，健全创新投入资金保障制度，构建科学的创新风险评估机制，加强创新人才储备和激励，不断完善适应创新需要的组织结构。

全面深化改革、促进企业创新发展是一件长期而艰巨的任务，需要政府、中介机构和广大企业共同努力，中国企业联合会搭建了一个很好的平台，做了大量卓有成效的工作，我们将继续加强沟通交流，进一步深化改革创新，努力为企业创新发展营造更好的环境，为产业结构调整和经济持续健康发展做出新的贡献。

（在2014年全国企业管理创新大会上的讲话）

深化企业改革　创新企业管理

国务院国有资产监督管理委员会副秘书长
全国企业管理现代化创新成果审定委员会主任　郭建新

党的十八届三中全会拉开了全面深化改革的大幕，企业作为市场经济的主体，改革的热情高涨，改革的主动性不断增强。可以预见，全面深化改革将进一步革除长期束缚企业生产力发展的体制机制性障碍，激发各类生产要素的活力，为企业创新发展提供动力。在此大背景下，进一步推进企业创新发展，将为全面深化改革各项目标的实现提供更多有效的方法和手段。因此，各行各业的企业，特别是国有企业要抓住这次历史性的改革机遇期，革除旧弊、革故鼎新，进一步地解放生产力，提升市场竞争力。

从 2012 年 3 月起，国务院国资委在中央企业全面开展了为期两年的管理提升活动。两年来，按照管理提升活动的总体部署，中央企业结合自身实际，创造性地开展工作：通过全方位对标，找准了自身差距和提升方向；通过集中攻坚，有效消除了管理短板和瓶颈问题；通过标准化和制度化，一大批活动成果得到了固化推广；通过健全机构和有效的激励引导，管理提升理念不断深入人心，管理提升的长效机制逐步形成，有效促进了企业转型发展。应该说，管理提升活动达到了预期目的，收到了实实在在的效果。一是形成了重视管理、狠抓提升的良好氛围。中央企业抓管理、增效益、创一流的氛围愈来愈浓，管理能力普遍得到加强，管理水平进一步提升。二是解决了一批管理短板和瓶颈问题。中央企业确定的 467 个重点提升领域中有 397 个领域实现有效突破。三是进一步夯实了发展基础。通过强化基础管理和开展管理诊断下基层活动，中央企业普遍加强了基层和基础管理工作，整体运营效能得到提高。四是为完成年度经营目标提供了有力保障。各中央企业以活动为载体，狠抓降本增效、严控各项费用、加快处置低效无效资产、从严从紧控制投资、加强风险管控，抓管理促效益提升超千亿元。

当前活动已如期结束，但提升仍在路上。国资委已经决定要建立管理提升的长效机制，推动中央企业不断提升管理水平。

中央关于改革和发展的大政方针已经明确，国务院对 2014 年的政府工作也有了具体部署。要把这些大政方针和工作部署真正落到实处，实现既定目标，必须付出极大的努力，其中关键的一点是一定要在加强管理上下功夫，因此，我建议企业管理创新的重点可以关注以下几个方面：

一是进一步转变管理方式，提高管理效率。站在全球视野审视中国企业，就能发现我们在管理思想和管理手段上还比较落后，管理方式不适应市场经济要求的情况还存在。所以，建立完善现代企业制度，加强企业管理首先要做好管理方式的转变。企业要由以往以实物为中心的管理向以价值为中心的管理转变，由被动型的管理向主动型的管理转变，由单纯对物的管理向对人和物管理的结合转变。要以提高市场竞争力为核心，不断采用适应市场需求的新的管理方式、方法，以人为本，有效运用企业资源，把管理创新与技术创新和制度创新有机结合起来，不断提高管理的效率。

二是持续对标，努力打造一流企业。实践证明，开展对标特别是与一流企业对标，是企业明确自身存在差距、确定提升方向重要而有效的举措。要合理选择对标标杆，科学制定量化、具有挑战性的改进目标；既要注重与标杆硬实力的对比，也要注重软实力对标；既要注重具体数据的对比，还要注重指标背后的理念、方法、组织流程的对标。要敢于否定自我，敢于变革体制，善于消化吸收，善于融会贯通，真正做到博采众长、融合提炼、自成一家。

三是依托信息技术，促进管理升级。要充分发挥信息技术对提升企业管理效率的重要作用，加快重点领域的信息系统建设，促进信息技术与经营管理、产品研发、供应链优化等的深度整合，进一步消除管理活动中人为因素的干扰，确保各项管理活动责任落实、执行有效。在推进过程中，应坚持总体规划、分步实施，业务主导、先试点后推广，避免走弯路，提高一次成功率。

四是构建抓管理的长效机制。加强企业管理不能仅仅挂在口头上，印在文件里，写在标语上，要体现在实际的工作中。而且不能抓抓停停，必须突出长效机制，防止"短期行为"和"走形式、做样子"。要在加强制度、完善机制、强化考核方面下功夫，突出长效建设。中央企业管理提升活动结束后，国资委将通过健全委内工作机制，建立对标工作制度，搭建以"企业讲习所"为主的经验交流平台等方式继续推动中央企业管理提升工作。

管理是企业永恒的话题，企业发展的不同阶段，管理的内容、形式和重点也不尽相同。全面深化改革为我们加强和改善企业管理提供了难得的历史机遇，需要我们抓住有利时机，坚持以改革为动力，以加强管理和管理创新为基础，促进企业持续健康发展。

（在 2014 年全国企业管理创新大会上的讲话）

第二十届全国企业管理现代化创新成果主要特点

全国企业管理现代化创新成果审定委员会执行副主任　胡新欣

第二十届管理创新成果内容符合国家对企业创新发展的要求，紧扣当前经济发展中的热点、难点问题，全面反映了企业各项管理工作的新进展，代表了我国企业管理的先进水平和发展趋势，体现了2013年年初全国审委会提出的申报重点。本届成果涉及企业管理的各主要领域，突出反映了企业经营管理的综合性、融合性和时代性特征。其主要特点可以概括为以下八个方面：

一、依托重大工程、突破关键技术，企业开始成为创新链的主导者

2014年成果最大的特点是已经开始由企业打通创新链，一部分企业开始成为创新链的主导力量，例如中国航天科技集团的北斗二代导航系统、国家电网特高压输电工程、辽河油田的稠油技术、鞍钢矿业的五品联动，以及航天五院、湖北三环、中国飞行试验研究院、平高集团等企业创造的成果。大家都知道，我们国家关于创新体系有一个基本的表述，就是以市场为导向、以企业为主体、产学研结合，企业应该是投资的主体、研发的主体、科技成果转化的主体。但是我们回顾一下，改革开放30多年以来，相当长的一段时间里企业没能有效成为创新链的主体，没能主导创新链。原因有两个：一是企业方面的原因，二是体制方面的原因。从企业来讲，主要是缺乏核心的技术能力，或者是总体的装备能力，同时缺乏核心的管理能力，这两个是不能或缺的。两个要同时有，首先要有核心的技术能力，对于装备企业来说，就是总装能力，此外还要能打通创新链，把产业链上相关的企业协调起来。从体制原因来讲，过去的创新主要是通过由上而下的直线分工来开展的。一个重大的项目由政府交给相关的科研机构研发，研发到一定的程度之后，设计机构再交给制造企业，制造企业生产后再交给用户。这个过程当中有一些弊端企业无法克服，如国家电网公司总结出这种单向的传统创新方式会遇到四大难题，一是资金的难题，政府把钱给科研机构，往下运行的时候，要一个环节一个环节对应，因此，很容易就形成所谓“跑步前进”的情况；二是容易形成创新的孤岛，在项目推进过程当中，每个环节都是独立的或者是主要靠自己解决相关的难题，每个创新点之间的协调缺乏统一的部署，所以容易形成创新孤岛；三是成果难以转化，过去经常讲到这个问题，科研机构和企业脱离以后，成果难以市场化；四是重大装备首台套的问题。

最近四五年来，创新成果提供了企业主导创新链的三种路径：第一种路径是产业链上游企业通过标准打通创新链。如大唐电信就是通过科研企业牵头将相关的产业联合起来，依靠政府的推动，自身作为运作的平台，把产业联盟建设起来，从而实现了第三代移动通信技术的突破。第二种路径是产业链中游的企业，即制造企业，通过掌握产业链的核心产品或为相关企业提供配套服务（如融资担保）来协调整个产业链。如由陕鼓牵头，把鼓风机主导产品上下游相关200多家企业整合起来，为最终的用户（如宝钢）提供交钥匙工程。南车、北车的高铁总成技术，也是把上下游几百家企业的产品整合起来。第三种路径就是用户主导的创新过程，如国家电网的特高压交流输电工程。在特高压工程创新联合体当中，国家电网处在中心的位置，把科研单位、设计单位、建设单位、设备厂家以及政府有关支持部门整合在一起。其中，国家电网扮演了多重角色：创新链的发起者，创新目标的提出者，创新过程的决策者、组织者、参与者，创新资源的保证者（特别是在资金方面），创新成果首台套的使用者，创新成果大规模商业化的推动者。

这些成果经验带给我们三个启示：一是政府和企业要各司其职，各就其位，企业和政府的界限、功能定位要清楚，政府定位清楚，企业才能成为创新的主体和市场的主体。二是企业要打通创新链，必须具备当链主的资源优势和核心能力。三是在整个创新过程当中，协同创新是打通创新链的主要的方式。过去我们讲引进消化创新、集成创新，十八大报告提出协同创新，实际上多少年以前企业已经开始协同创新了，现在已经成为创新非常主流的方式。

二、信息技术全面融入管理，企业已经开始积极探索互联网时代的管理新模式

在2014年的成果中，上海大众、江苏电力、河南开祥化工、工商银行、中国移动、航天科工第三总体设计部、淮矿现代物流、山东泰丰矿业、光明食品、中建五局广东公司等企业，在全面融入信息化并且改造传统管理模式方面都做出了非常好的成绩。例如，江苏电力以流程为基础的"五位一体"管理体系将最核心的基础性管理的对象和范畴全面放到管理信息化的平台上。在这个过程当中，流程的穿越是前提。过去传统管理是以岗位的管理为中心，在一个部门或者一个车间里开展制度标准的建设，流程的穿越是把责任制和岗位制分解为若干节点，以节点为中心整合标准制度、责任考评和风险控制。这个过程一完成，实际上企业全面的管理制度就完成了。在这个基础上，把大量日常的、前台的管理活动后台化，把大量的管理活动放到网上或者运行平台上加以处理。还有一些成果，虽然不是以信息化的专题申报的，但在实践过程中，也高度依赖了信息化技术。

三、以战略导向引领走出去，提高国际化经营水平

中海油、水利水电建设公司、中石油海外勘探公司、华能香港公司、武钢、中油国际、中石化上海工程、奥康鞋业、中国路桥、中石油川庆钻探、中石化国际勘探开发公司等，在国际化的过程当中形成了自己的经验，基本的趋势是由低端或者是中低端向中高端或者高端发展。

中海油在对外投资并购中从机遇导向转向战略导向，确立价值驱动的海外并购策略，将"资源、回报、风险"三个维度作为并购决策的核心考量要素，明确海外并购五原则。通过建立一整套跨国并购决策管理体系，成功完成我国迄今为止最大的海外并购案，具有重要的标志性意义。

水利水电建设公司在海外业务发展过程中，从企业战略高度出发，依靠创新驱动，实施集团化协同经营，组织引领各子公司有序参与国际市场竞争。通过构建国内外业务资源的统一配置平台，共享战略、技术、管理、信息、资金、经验，解决人才、资金、资质、网络等国际化经营资源不足的问题。以集中管控为主导，打造中国水电总部和子公司的利益共同体，在中国水电品牌下聚焦稀缺资源，参与海外高端水电工程市场竞争。

以战略为导向积极践行"走出去"的重要标志是更加注重防范国际风险。中石油海外勘探开发分公司十分重视海外投资与运营的风险管理，将国际同行风险管理的最佳实践与中国石油海外投资业务的特点相融合，注重风险管理的“顶层设计”，注重提高风险管理的匹配度，注重公司内部风险的防控，注重风险管理的信息化，成功为海外投资与运营保驾护航。

四、聚焦细分市场，走专业化发展的道路

在这一方面，中小企业的成果数量比较多，如南京康尼机电的知识产权战略管理，湖北人福医药的以细分市场领导者为目标的战略实施，浙江洁丽雅的多品牌建设。这些成果非常有特点，以南京康尼机电为例。首先，走高精专特之路是中小高科技企业谋求发展的不二法门。企业必须心无旁骛，静下心来，一心一意开拓自己的核心能力，包括技术能力、管理能力。在某个领域要做到高，或者是专，或者是精，或者是特，也可以是高精专特都占，但是一定要至少某一方面比别人做得好，这是中小企业特别是中小高科技企业最重要的发展原则。其次，要想在国际同行当中做出成绩必须绕开壁垒，另辟蹊径，在核心技术领域要养育出“自己的孩子”。这一点是打破国外同行技术垄断的根本的出路。上午的时候企业的同志发言说，一个轨道交通门，国外三家企业申请了700多项专利，形成了专利池。在这种情况下不可能用人家的技术，用也可以，高价。南京康尼机电另辟蹊径，走出了一条技术路线。在这个过程当中，非常重要的就是要尊重知识产权创新的规律，要尊重知识产权创新者的奉献以及基于这种奉献的制度性权益安排，这是技术创新、管理创新要取得成功的关键。最后，要建立起知识产权战略及与之相匹配的一整套制度、标准、责任、流程、办法，要保护好自己的知识产权，在专利这个领域按照国际规矩办。这经验对于高新、高科技的中小企业非常值得思考和借鉴。

五、依据战略定位整合优势资源，推动企业转型升级

国有企业尤其是央企，包括中国机械集团、北京能源投资集团、中国五矿等，为我们提供了丰富的经验。为什么我们的国企在资源整合方面这些年出了很多的成果呢？我认为这是国有企业，包括央企由过去相对具有行政色彩的公司走向市场化过程的一种变革。这几家大型的国有企业资源整合为我们提供了怎样的启示呢？

第一，大型国企成功整合资源的前提是企业必须成为市场的主体、资源配置的主体，否则根本谈不上自己有权力配置这些资源，要去行政化。第二，战略引领。一个企业要整合资源，首先有一个清晰的战略，这个战略对企业未来的业务定位要特别准确，否则资源整合会失去方向。第三，在资源整合过程当中，企业内部业务以及子公司撤、并、转、卖，和外部企业并购结合起来，可以收到资源优化和高效配置的良好效果。是否具有资源整合的战略远见和整合的管理协同能力，是大型国企主要领导人能否由行政性官员转变为企业家的一道主要门槛。我们过去经常讲国有企业家要转变身份，其中一道门槛就是是否整合资源，整合资源过程当中能否有效整合方方面面要素，这是能力的考验。

六、强化管理人员及新生代员工队伍建设

长虹电器、重庆轨道交通集团、中国海油、中航综合技术研究所、南阳二机石油装备公司，这些成果虽然都是员工培训、员工教育、员工能力的开发，但是对象是不一样的，这里有管理人员，也有新生代的员工，也有技能型的员工，也有知识型的员工等。所以这里面我们就要总结出一些规律性的东西，就是企业的不同员工是有差异性的，不同的企业员工群体要用不同的方式去启发热情，管理一线员工、农民工和知识员工有很大的区别，管理的理念、工具、方法等都是不一样的。现代管理关于企业员工管理的工具非常多，手段也是很多的，要因人而异，要有针对性。

七、聚焦关键问题，带动管理全面提升

大亚湾核电运营公司、神华集团、重庆长安、宝钢、中国核工业集团、北京市电力公司、湖北卫东控股等企业在抓住企业关键问题以后，用一个管理的模式和一套办法把管理关键问题解决以后，全面提升和带动企业水平。大亚湾核电运营管理公司是一家专业化的核电运营企业，围绕安全质量、发电效能、应急与风险管理、成本控制等核电运营的关键环节开展管理提升，并在此基础上建立卓越运营管理体系，开展持续不断的改进和创新工作，运营指标整体达到了世界一流水平。大亚湾是我们国家建立的第一个核电站，全部采用法国的技术，经过几十年不断的成长和优化，在法国主导评价体系当中已经超过了法国本土的企业。除了三大对标体系以外还有 3＋X，即在与 WANO 指标、INPO（美国核电运行研究所）综合指数和 EDF（法国电力公司）安全挑战赛指标三类国际权威指标开展对标的同时，根据实际需求，多领域、动态选择多家行业标杆企业（X）开展相关专题领域的对标。

八、践行社会责任、实现多方共赢

深圳高新投集团、娃哈哈集团、浙江邮政、北新建材、太原钢铁、齐齐哈尔轨道交通装备公司、贵州轮胎、华北油田二连分公司等，要么在节能减排方面，要么在生态保护方面，要么在和当地的社区、社会、城市共存共融方面，总结出自己独特的经验，这些经验应该说完全符合国家倡导的大方向，在相关的领域和行业里做出了成绩。

八个方面的成绩不一定完全概括出所有 190 多项成果的方方面面，大家有兴趣的话，还可以更多翻看成果的集子，那里有更加详细的介绍。下面说一说 2014 年成果申报的几个重点：

第一，深化改革、引领创新的经验。比如企业如何在市场经济条件下成为资源配置的主体、创新的主体。国有企业如何深化改革，民营企业如何抓住新的机遇，企业混合所有制的形成机制和实现途径。前几年实际上也有这类成果，今年要进一步挖掘。还有企业治理结构的市场化、现代化，员工、管理者持股的方案和实施等，这些都是我们 2014 年特别提倡的重点。

第二，信息化、互联网全面融入企业管理的经验。这是这么多年一直坚持和倡导企业要申报的领域。从 2013 年开始，中企联配合工信部在做一个项目，即企业两化融合标准化体系建设。这方面有大量的实践，现在需要的是总结。在哪些方面总结呢？如信息化、互联网怎么样催生新的商业模式，信息化、互联网如何以流程为基础高效整合企业运营等。

第三，技术创新能力建设的经验。特别希望企业能够提供类似国家电网、航天科技成果的经验，比如怎么样由企业主导打通产业链形成产业联盟，包括研发模式的创新，关键技术、核心技术的突破，技术联盟的打造、并购等。

第四，企业员工管理的经验。不同的员工可能有不同的管理工具和方法，希望大家提供一线员工和知识员工管理的经验，以及管理者能力评价的经验。

第五，贯彻国家重大社会、经济发展政策的经验。包括生态文明建设，按照国家的部署，处于产能过剩行业的企业怎样进行战略转型，如钢铁企业、造船企业都遇到这个问题；处于国家战略性新兴产业领域的企业怎么样进行制高点的建设；国际领先企业怎么样从追随者到领跑者的转型，像华为这样的企业从追随者变成了先进者，怎么样从先进者变成整个行业甚至国际行业领域的领跑者，这是企业面临新的命题；还有国家级重大工程建设和管理的经验，都是非常值得提倡的。

第六，探索中国式或中国特色管理模式。我们非常欢迎中国式管理或者中国特色的管理模式，特别是中国传统文化价值观在现代管理当中的运用，包括新中国成立以后，中国共产党的管理思想、红色文化在现代管理中的运用，融东西方管理思想于一家的管理模式建设，特别是中国企业家独创的管理体系和方法等，都是非常值得总结的。

（在2014年全国企业管理创新大会上的讲话）

关于发布和推广第二十一届全国企业管理现代化创新成果的通知

国管审【2015】1号

各省、自治区、直辖市、计划单列市国资委、工业和信息化主管部门、中小企业主管部门、企业联合会,各全国性行业协会,中央企业和中国500强企业,各成果创造企业:

根据国管审[2014]2号《关于组织申报第二十一届全国企业管理现代化创新成果的通知》,由中国企业联合会、国务院国资委企业改革局、工业和信息化部产业政策司和中小企业司共同主办,全国企业管理现代化创新成果审定委员会(简称全国审委会)负责组织开展了第二十一届全国企业管理现代化创新成果的申报、推荐与审定工作,共收到并受理企业申报成果441项。经组织高等院校、科研机构、企业团体有关专家初审、预审,在媒体进行公示,并由全国审委会会议终审,有186项成果被审定为“国家级企业管理现代化创新成果”,其中一等29项、二等157项,现予公布(名单详见附件)。

本届成果反映了我国各类型企业认真贯彻党的十八大和十八届三中、四中全会精神,在深化改革、创新驱动和管理提升方面的最新实践,涵盖企业经营管理的各个主要领域,体现了当前我国企业管理现代化的发展趋势。这些成果不仅显著提高了成果创造企业的经营管理水平和市场竞争能力,也为其他企业提供了可供借鉴的成功经验,为我国企业管理科学研究与教学提供了现实案例。全国审委会近期将把本届成果汇编出版,提供给广大企业和社会各界参考借鉴。

现就本届成果的宣传推广和奖励工作,提出以下意见:

一、全国审委会将于2015年3月底在北京组织召开“2015年全国企业管理创新大会”,发布和宣传推广本届成果,并将围绕“经济新常态下的企业管理变革”主题进行经验交流和研讨。会议具体时间和地点另行通知。

二、按照国务院国有资产监督管理委员会《关于进一步组织做好全国企业管理现代化创新成果有关工作的通知》(国资改革函[2003]62号)、国家发展和改革委员会《关于组织中小企业参加全国企业管理现代化创新成果推荐申报工作的通知》要求,各成果创造单位可参照《国家科学技术奖励条例》(国务院2003年第396号令)和《国家科学技术奖励条例实施细则》(科学技术部1999年第1号令),结合各地区、各部门及企业制订的奖励办法,对成果创造者给予适当奖励。落实有关中小企业扶持政策和具体项目时,对获得国家级企业管理现代化创新成果的单位予以优先安排,以促进中小企业不断提升管理水平。

三、全国企业管理现代化创新成果审定和推广活动主办单位将与各推荐单位和成果创造企业合作,围绕当前企业改革创新面临的重点问题,组织开展各种形式的成果交流推广活动,以充分发挥成果的示范作用。各成果推荐单位要进一步做好国家级企业管理现代化创新成果的申报、推荐和推广工作，持续提高本地区、本行业和本企业的企业管理现代化水平。广大企业要结合成果审定和推广活动，加强相互交流和学习，建立和完善推进企业管理创新的体制机制，激发企业活力和创造力。

附件：第二十一届国家级企业管理现代化创新成果名单

2015年1月9日

附件

第二十一届国家级企业管理现代化创新成果名单

等级	成果名称	申报单位	主要创造人	参与创造人
一等	依托核电工程的企业技术能力建设	中广核工程有限公司	束国刚 黄学清	孙　奇、林　海、上官斌、李　靖、禹　阳、高　峰、咸春宇、毛　庆、付成军、缪　鹏
一等	制造企业集团以内外协同为目标的信息化整体提升	徐州工程机械集团有限公司	王　民 张启亮	孙建忠、李忠福、付思敏、徐莉萍、许建全、王新宝、王　武、孙长山、刘世状、单长森
一等	大型商业银行基于信息化平台的外部欺诈风险管控体系建设	中国工商银行股份有限公司	刘立宪	靳晓鹏、朱菲菲、马旭东、黄克捷、宗　喆、王晓锦、徐　鑫、马　军、翟　亮、顾丹铭
一等	以提升整体科技创新能力为目标的三大技术平台建设	中国南车集团公司	郑昌泓 唐克林	王　军、张新宁、陈　笃、赵小刚、刘化龙、朱龙驹、王全乐、汤旭祥
一等	网络化战略下按单聚散的人力资源管理	海尔集团公司	谭丽霞 王筱楠	纪婷琪、宋尚义、任　华、张　颖、张俊玲、蔡　静、韩海良、贾春娟
一等	特大型电网企业以“三集五大”为核心的管理变革	国家电网公司	刘振亚 曹志安	贾福清、张　宁、丁广鑫、张智刚、王风雷、苏胜新、杜宝增、李荣华、李桂生、朱　峰

等级	成果名称	申报单位	主要创造人	参与创造人
一等	国有通信企业即时通信业务的混合所有制改造	中国电信股份有限公司	王晓初 杨小伟	卢耀辉、李安民、顾荣太、张　伟、王淑春、叶丽春、黄优刚、陈勇胜、王　翔、胡　勇
一等	大型企业集团内部诊断服务管理	中国石油化工股份有限公司	凌逸群	叶晓东、李　涛、赵晓敏、郑文刚、谢小华、王建军、曹东学、伊光明、任　刚
一等	综合能源企业基于信息化平台的煤炭产运销一体化调运管理	神华集团有限责任公司	郝　贵 金志刚	马　军、解春生、刘长春、兰　力、李　宁、白志军、马　俊、徐化雨、李韩英、张　强
一等	家电制造企业基于综合信息平台的生产物料闭环管理	珠海格力电器股份有限公司	董明珠	张　伟、黄　辉、杨　升、王　博、张俊杰、董红英、徐海鹏、李润静、杨　曦、李　静
一等	军用航空发动机维修中的关键零部件再制造工程管理	中国人民解放军第五七一九工厂	向　巧	郑四德、宁喜钰、胡惠芳、王　兵、李整建、王　良、何　勇、钟　杰、唐民锋、胡　兵
一等	国有大型企业集团基于统一平台的企业文化建设	中国建筑工程总公司	刘　杰 陈　莹	郭景阳、丁文龙
一等	综合能源集团一体化管控体系建设	中国电力投资集团公司	陆启洲	邹正平、吴姜宏、李治明、张振平、陈来红、夏　刚、王　岩

等级	成果名称	申报单位	主要创造人	参与创造人
一等	现代钢铁企业“三流一态”能源价值管理	宝山钢铁股份有限公司	桂其林 钱　峰	李　丹、汤晓帆、王　红、蔡震纲、张　帆、顾艳云、姜　峰、陈忠平、于自泳、赵　缨
一等	中外合资轿车企业零部件的精敏供应链管理	上海大众汽车有限公司	陈贤章 Dr. C. Vollmer	许青桥、钱军华、顾正炯、周辰尔、潘荣胜、张　伟、周　洲、姜军俊、杨海燕、陈　芳
一等	医药上市公司以打造利益共同体为目标的员工持股管理	吉林敖东药业集团股份有限公司	李秀林	朱　雁、郭淑芹、陈永丰、杨　凯、王振宇、张传国、张海涛、傅冬梅、姜　维、许东林
一等	新能源电池企业以可持续发展为目标的环境、健康、安全一体化管理	天能集团	张天任	陈敏如、周建中、李百英、蒋玉良、李明钧、张旭东。
一等	以打造世界一流企业为目标的智能型炼化工厂建设	中国石油化工股份有限公司镇海炼化分公司	江正洪	张玉明、寿东华、熊晓洋、孙敏杰、金登峰、乔伟新、王增伟
一等	轨道交通装备企业突破发展瓶颈的创新驱动战略实施	南车株洲电力机车有限公司	周清和 罗崇甫	马克湘、黄正良、陈志新、曾春来、李　林、罗庆辉、卢雄文、刘荣耀、李静静、张　辉
一等	轨道交通企业产业化协同创新管理	重庆市轨道交通（集团）有限公司	仲建华 范金富	林　莉、吴焕君、胡　静、李　恒、何希和、刘昌萍、付　平、陈　舸、汪　宁、赖　力

等级	成果名称	申报单位	主要创造人	参与创造人
一等	钢铁企业实现岗位、技能与绩效有机结合的薪酬体系构建与实施	鞍钢集团公司	张广宁 张晓刚	于万源、孙光辉、王殿贺、刘　杰、计　岩、吕文福、张绪凯、李学佳、王家策、王　涛
一等	多元股权结构下的母子公司分类治理	东风鸿泰控股集团有限公司	沈　立 袁　纲	廖圣寿、郑国俭、朱永红、周　炜、吴文生、李　丽、孙公洛、胡少金、杨长翱、唐志成
一等	通信企业以内部结算为核心的市场化契约机制建设	中国移动通信集团广东有限公司	禄　杰 陈广宇	许　琦、潘宇丽、刘云霞、朱　炜、唐　懿、谭兆祥、张勇涛、罗　振、王齐元、杨积雪
一等	城市商业银行员工“五有”价值观的推进体系建设	重庆银行股份有限公司	甘为民	冉海陵、黄常胜、陈继红、朱　英、黄　宁、丁　晓、张　天、秦　菁、邓艳明、周伟锋
一等	促进分布式光伏并网的服务管理体系建设	国网浙江省电力公司嘉兴供电公司	孔繁钢 韩志军	朱　炯、王坚敏、王文华、张海春、黄　颖、厉　俊、王　广、曾建梁、陈国恩、沈欢庆
一等	发电企业基于一体化信息平台的在线经营管理	华能山东发电有限公司	王文宗	刘鲁清
一等	城市公交企业实现方便、快捷、安全、优质服务的智能化管理体系建设	无锡市公共交通股份有限公司	张保国 陈国富	张　欣、巫昌文、唐熠来、华志新、王　寅、朱建国、魏晓燕、高强飞

等级	成果名称	申报单位	主要创造人	参与创造人
一等	国有产业投资企业“四位一体”城镇新区综合开发管理	四川省铁路产业投资集团有限责任公司	孙　云 方　跃	张　锋、武文涛、刘　平、赵彬兴、王韦玮
一等	装备制造企业基于全面信息化的精准管理	河北冀凯实业集团有限公司	冯春保 赵盘胜	陶永首、盛效和、魏二宏、乔贵彩、李小胜、王朋超、赵　昌
二等	邮政企业信息化引领的战略转型	浙江省邮政公司	鞠　勇	王　玮、李金良、张俊晓、顾忠民、陈胜达、俞　亥、金　聚、郑守祥
二等	海洋石油企业支撑可持续发展的矿权经营与管理	中国海洋石油总公司	朱伟林 蔡东升	王　彦、韦子亮、许　红、董本松、黄志洁、牛林田、王理荣、陆　清、胡　斐、邓汉南
二等	大型装备制造企业海外并购管理	潍柴动力股份有限公司	谭旭光 江　奎	董　平、徐新玉、孙少军、戴立新、郝庆贵、屈重洋、张正强
二等	提升核心制造能力的示范工厂模型构建与实施	四川长虹电子集团有限公司	阳　丹 寇化梦	潘晓勇、何心坦、田晓刚、汤宇峰、赖　冬、王国峰、况龙威、邹佩良、贺　羽、朱建华
二等	总体设计企业主导的预警机出口跨行业、跨国协同管理	中国电子科技集团公司电子科学研究院	陆　军 李金茂	丁贤澄、曹　剑、张　鹏、史红英、叶海军、杨晓光、陈竹梅、黄星月、程　烜、徐益平

等级	成果名称	申报单位	主要创造人	参与创造人
二等	基于战略导向的效绩目标考核体系建设	中国北方机车车辆工业集团公司	崔殿国 奚国华	张　臣、王　健、那利明、赵光兴、孙　锴、高　志、魏　岩
二等	乳品企业基于可持续发展的奶源管理	内蒙古蒙牛乳业（集团）股份有限公司	孙伊萍 白　瑛	郭小岑、王艳松、翟　嵋、付旺盛、尹艳霞、吴福顺、田　茂、周国学、于晓庆、刘高飞
二等	世界级跨海大桥岛隧墩施工建设中的技术创新管理	中交第一航务工程局有限公司	毛元平 吴利科	李一勇、郭琪云、李　刚、彭　瑞、刘宝河、陈冲海、韩志强、迟善利、孟凡利、叶建州
二等	以重大科技专项为载体的石油炼化技术协同创新管理	中国石油天然气股份有限公司	蔺爱国 何盛宝	吴冠京、于建宁、马　安、刘志红、胡徐腾、付兴国、钱锦华、魏志平、张来勇、李胜山
二等	实现港口功能与内陆物流服务有效融合的无水港建设与管理	天津港物流发展有限公司	刘学良 赵　明	张友明、马全胜、孙　彬、刘重清、陆有宝、寇成阳、王培伟、杨　毅、张雅文、宋竹青
二等	大型钢铁企业能源精益化管理	马鞍山钢铁股份有限公司	丁　毅	严　华、王卫东、史德明、曹曲泉、田　俊、罗武龙、李　博、许　石、程黄根
二等	大型钢铁企业基于模拟市场经营的全面目标管理	鞍钢股份有限公司鲅鱼圈钢铁分公司	徐世帅 张厚良	王　英、张克玉、于　峰、李洪宇、时立宝、魏继刚、秦　伟、刘　虹、朱大鹏、付文涛

等级	成果名称	申报单位	主要创造人	参与创造人
二等	基于BOT模式的境外大型水电站建设与运营管理	华能澜沧江水电有限公司·瑞丽江一级水电有限公司	王永祥 马立鹏	袁湘华、黄光明、孙　卫、彭詠军、赵　明、杨立成、陈燕和、陈碧辉、吕绍平、敖兴波
二等	大型企业集团总部职能的质量管理体系建设	中国中化集团公司	刘德树 韩根生	杨　林、李　强、张兴华、姚利明、江　霈、张宝红、宋玉增、陈爱华、邓小军
二等	国有石油企业引入民间资本的油气勘探开发项目合作机制创建	中国石油化工股份有限公司中原油田分公司	孔凡群 焦大庆	石书灿、明柱平、李双泉、陈　雨、董会立、张润疆、张东方、许永胜、杨福涛、刘献功
二等	电信运营商实现业务与财务信息集中的管理变革	中国联合网络通信集团有限公司	孔繁华 陈　沛	李福申、李张挺、孟　猛、冯　宁、曹春蕾、马　磊、王　喆、陈一瀚、刘振忠、韩　晋
二等	基于全生命周期的冶金装备再制造产业化发展	马钢(集团)控股有限公司	丁　毅	严　华、田　俊、王晓光、朱广宏、程　红、黄加坤、吴海彤、陈黎明、曹志勇、龚胜辉
二等	大型非公有制企业以战略为导向的混合所有制设计与实施	天津贻成集团有限公司	邱万华 齐聪山	赵和龙、张　政、郭　毅、李　华、申桂玲、张学亮、付国俍、王秀明、李　华、陈　静
二等	复杂环境下跨多国大型管道项目的筹融资管理	中石油中亚天然气管道有限公司	曹亚明 张少峰	罗　强、李　平、姜保军、张羽波、刘万余、余建录、胡纯钰、章　闪、尚　鑫、戚荣汉

等级	成果名称	申报单位	主要创造人	参与创造人
二等	大型民营企业竞争与激励双驱动的人力资源开发管理	杭州娃哈哈集团有限公司	宗庆后 李凤媛	刘卿琳、杨永彪、林　剑、李祎晨、张晓峰、徐琪方
二等	装备企业以用户为中心的“四位一体”协同发展	徐州徐工基础工程机械有限公司	李锁云 孔庆华	胡玉美、张忠海、张世伟、张　锐、陈以田、张丽娜、何经纬、周祥华
二等	海外中资公司以“三联机制”为依托的社会责任管理	中国石油拉美(厄瓜多尔)公司	张　兴 赵新军	何　彬、赵　颖、陆如泉、郝卫东、曾务升、纪春库、汪长永、胡　泉、崔　勇、曹民权
二等	管道工程企业以项目建设为重点的内控测试管理	中国石油天然气管道局	沈庚民 闵云鹤	钟国华、徐德才、王　喆、齐　蒙、刘瑞莲、燕朝鹏、任洪芳、殷蜀敏、张兆倩、王　磊
二等	基于城市大气污染防治的能源清洁化发展战略实施	北京能源投资(集团)有限公司	陆海军 郭明星	孟文涛、唐鑫炳、葛青峰、张　玫、王永志
二等	以建设质量效益一流铁矿山为目标的精益管理	鞍钢集团矿业公司齐大山铁矿	邵安林 王志忠	李之奇、刘炳宇、吕凤柱、张丽珍、秦文博、王永增、崔维刚、许洪刚、梁　军、陶贵立
二等	以快速响应、高效配套为导向的润滑油企业与大客户协同研发管理	中国石化润滑油有限公司	李万英 水　琳	王向阳、陈惠卿、朱和菊、隋秀华、雷　凌、夏　鹏、朱　珠、耿立波、张国茹、胡　刚

等级	成果名称	申报单位	主要创造人	参与创造人
二等	以至高无上为核心理念的核安全管理	中核建中核燃料元件有限公司	丁建波 肖　林	华月强、孙毓宝、李朝端、李　羽、张　兵、权　泉、周海兵、张国芳、张文庆
二等	基于专业产品集成的宇航系统研制管理	中国航天科技集团公司	雷凡培 吴燕生	袁　洁、赵小津、王卫东、杨之浩、李　罡、赵立军、周海京、杜　刚、夏晓春、王喜奎
二等	民营工程咨询企业提升服务能力的全程在线管理	胜利油田森诺胜利工程有限公司	姜传胜	吴风柱、张洪臣、张建荣、于忠国
二等	大型石油企业面向国际化经营的人力资源管理	中国石油天然气股份有限公司海外勘探开发分公司	王仲才 武军利	戴瑞祥、李　杜、刘玉娟、张兆敏、王滨成、朱泽徐、严　瑾、付智霄、孟　艳、唐厚昌
二等	施工企业大型复杂工程的总项目部管理	中交第一公路工程局有限公司总承包经营分公司	吴传贤	高怀鹏、李志辉、高婧玮、曾　珠
二等	充分利用清洁能源的电能交易管理	国网重庆市电力公司	孟庆强 吕跃春	马　超、王俊梅、郭　琳、赵志强、汤洪海、张文哲、赵　蕾、蒋振涌、田　京、徐　亮
二等	大型钢铁企业立体式风险管理体系建设	河北钢铁集团有限公司	于　勇 王洪仁	李毅仁、李红宴、张迎秋、刘志刚、谢文华、史晓斌、李鹏伟、冯　靖

等级	成果名称	申报单位	主要创造人	参与创造人
二等	石化企业以信息化为手段的 HSE 管理体系建设	中国石油化工股份有限公司青岛安全工程研究院	牟善军 王廷春	王秀香、蒋　涛、穆　波、施红勋、张亚丽、李千登、董平军、常庆涛、吴瑞青、刘华炜
二等	电信运营商适应移动互联网的战略转型	中国电信集团公司	王晓初 杨　杰	陶　萍、肖金学、郑奇宝、马　杉、张建斌、秦　健、蔡　翔、陈仕俊、陈显才、冯彦松
二等	航空制造企业基于全价值链的目标价格管理	江西洪都航空工业集团有限责任公司	陈逢春 胡焰辉	饶国辉、邱洪涛、王　訢、祝美霞、郑再光、李　劼、吴刚茂、易多奇、宋伟军、邱朝敏
二等	以均衡生产为导向的航空零件制造执行管理	沈阳飞机工业(集团)有限公司	李长强 袁　立	苗玉华、徐黎明、薛艳会、张绍卓、栾　军、孟宪龙、范荣岭、王洪波、兰　海、陈永阁
二等	通信企业基于信息化平台的促销资源管理	中国电信股份有限公司湖北分公司	李洪波 杨　峰	杨　华、刘跃涟、陶代金、肖　艳、石　磊、戴　敏、孟　晖、欧阳波
二等	航空科研院所适应技术和业务发展要求的流程优化管理	中国直升机设计研究所	禹彬彬 江云飞	洪　蛟、赵伟华、李文星、戚春明、周景翔、韩志忠、夏薇萍、欧阳圣旺、艾晓玲、王胜军
二等	电信运营商基于 B2B 的业务开拓	中国联合网络通信有限公司广西壮族自治区分公司	鲁东亮 郑　勇	梁亚平、李　珩、杨蕙榕、梁家醒、黄　滟、李沁璇、高　平

等级	成果名称	申报单位	主要创造人	参与创造人
二等	特高压输电线路的运维管理	安徽送变电工程公司	彭发水 潘业斌	曹　俐、操松元、丁光正、段海庭、刘　华、孟　令、林世忠、吴继伟、晏节晋
二等	电信运营商面向下一代互联网的带宽资源开发利用管理	中国联合网络通信有限公司北京市分公司	汪世昌 杨力凡	秦吉波、王学毅、刘鸿胜、伊　力、李　涛、张迎春、张　敬、秦壮壮
二等	咨询投资企业促进绿色发展的服务创新管理	中国通用咨询投资有限公司	刘　昆	张　建、周　庆、邵　林、李　宏、贾　宏、陈胜清
二等	以建设国际物流枢纽岛为目标的“一体两翼”战略实施	舟山港股份有限公司	孙大庆 张振兴	石焕挺、杨成军、董　平、朱幼苗
二等	大型制造企业面向全球协同的数字化开发管理	重庆长安汽车股份有限公司	唐湘民 胡朝晖	胡林海、余元源、谢　欢、刘惊涛、庄德升、王丽娟、余小燕、王会菲、王　爽、朋　湖
二等	基于世界级制造理论的食品工厂管理变革	光明乳业股份有限公司	郭本恒 孙克杰	陆　洪、陆骏飞、谢朋军、李伟刚、龚良军、史晶晶、刘彩妹
二等	基层油气田企业的刚性安全管理	中国石油天然气股份有限公司西南油气田分公司川西北气矿	徐光田	赵　军、黄　桢、杜　强、李　建、李清英、赵　俊、康正坤、何　理、张　政

等级	成果名称	申报单位	主要创造人	参与创造人
二等	大型能源化工企业基于混合所有制的转型升级	陕西煤业化工集团有限责任公司	杨照乾	华　炜、严广劳、尤西蒂、杜　平、袁景民、崔敏强、郭阮鹰、郝　静、徐　嘉
二等	通信企业全面支撑运营的数据集中化管理	中国移动通信集团江苏有限公司	王　建 关懿珉	赵　雨、杨　林、冯建飞、马晓明、许兴盛、郑建兵、孙　凯、顾　强、刘　波、王建军
二等	军工企业特种产品面向成本的精益化设计管理	重庆长安工业(集团)有限责任公司	李　毅 秦光泉	谢仁奇、李海阁、杨和先、张芙蓉、赵　倩、龚　勇、余学瑞、蒲颜贵、林　海
二等	中外合资汽车企业供应链风险管理	神龙汽车有限公司	邱现东	周晓伏、周永春、马磊民、程　丽、陈　凯、马俊杰、胡锐锋、韩昌宏、汤　婷
二等	通信运营商基于大数据和客户事件的全触点实时营销管理	中国移动通信集团山东有限公司	颜永庆 陈文跃	陈丕海、赵建福、程　进、杨仕荣、王新印、顾建华、朱祥磊、王海峰、范鹏翔、许玲玲
二等	国际油公司勘探开发一体化管理机制的构建	中国石化集团国际石油勘探开发有限公司 Addax 公司	张　毅 徐传会	马　强、刘文波、周航辉、李卫忠、徐高年、赵金生、陈永红、董贤勇、吴新民、王　川
二等	以便捷和安全服务为目的长途汽车联程客运管理	山东省交通运输集团有限公司济南长途汽车总站	赵宪勇	韩　杰、李　奇、韩红军、张新亮、张传满、毕冬梅、杨　锐、张　俊

等级	成果名称	申报单位	主要创造人	参与创造人
二等	电信运营企业装维服务的产品化管理	中国电信股份有限公司江苏分公司	高同庆 肖金学	孙维平、陈国忠、赵艳梅、曹小忠、汪　平、吴定平、宗润梁、沈才良、罗　勇、卜延军
二等	制造型企业内部市场体系的构建	三环集团公司	舒　健	梅汉生、丁周炎、柳正强、秦晏兵、黄　洁
二等	水电开发企业的多项目物资供应链管理	雅砻江流域水电开发有限公司	陈云华 张肇刚	王兆成、钟卫华、马东伟、何胜明、陈　晞、刘振元、宁晓龙、王为华、陈　曦
二等	民营企业以全方位整车安全为导向的全面安全管理体系建设	浙江吉利控股集团有限公司	冯擎峰	吴成明、刘卫国、刘　巍、李宏华、门永新、陈文强、周大永
二等	自主品牌乘用车企业提高产品质量的现场管理	东风汽车集团股份有限公司乘用车公司	于占渤 徐　斌	李宏伟、许建芬、陈尚禹、王俊峰、王润升、石　云、江　林、金成军、阳　念、王智勇
二等	服务“三农”和小微企业的普惠金融业务开发	中国邮政储蓄银行股份有限公司	李国华	徐学明、赵志刚、刘志军、韩四喜、刘存亮、谷楠楠
二等	石油钻探企业以文化为引领的安全生产管理	中国石油集团渤海钻探工程有限公司	秦永和 范先祥	王福国、吴朝明、李连锁、刘荣军、张庆昌、刘德如、石丰甫、章天文、马　强

等级	成果名称	申报单位	主要创造人	参与创造人
二等	电子企业基于信息技术的内部控制体系建设	安徽博微长安电子有限公司	余　健 章　军	曹　生、吴在东、瞿　磊、熊五球、邵　蕴、陈　琴、阳　玲、张胡周、孙兆民、刘俊英
二等	企业集团财务公司客户信用评级体系建设	中国石化财务有限责任公司	张保龙	高中元、张育红、贾春亮、柴　颖、张道权、张旭东、宋　雷、陈旭玲、侯文懿、王　进
二等	大型铁矿山企业以提质增效为中心的管理提升	河北钢铁集团矿业有限公司	黄笃学 张永坤	齐国志、田志云、朱华明、胡志魁、陈　忠、邹正勤、刘炳智、康　杰、李学峰、王宏剑
二等	航空主机所提高生产研发效率的精益计划管理	中国航空工业集团公司成都飞机设计研究所	季晓光 许　泽	傅　刚、陈裕兰、许媛媛、周　永、周四磊、李　沛、何俊林、李嘉骏、周　钰、彭　刚
二等	建筑企业以战略为导向的技术创新管理	中国一冶集团有限公司工业炉工程公司	徐　超 田红云	李国庆、张伟山、金国祥、夏　春
二等	市政施工企业基于大数据挖掘的工程管理	重庆建工市政交通工程有限责任公司	郭宝林 康　庄	杨　翔、谢永辉、翟旭茹、张志飞、马英富
二等	装备制造企业研发信息化建设	中国北车集团大连机车车辆有限公司	闵　兴 刘会岩	郭福林、袁　勇、邹晓光、孙德磊、贾同凯、王玉庭、安　涛、李　蒙、方　伟、苏自强

等级	成果名称	申报单位	主要创造人	参与创造人
二等	制造企业项目化的精益改善管理	湖北三环锻造有限公司	张运军	杨诗江、蒋德超、常继成、梁文奎、杨　娟、沈道理、胡月帮、彭雪峰
二等	茧丝绸企业提升核心竞争力的产业化经营管理	鑫缘茧丝绸集团股份有限公司	储呈平 陈忠立	孙道权、孙宁苓、杨俊峰
二等	大型化工企业基于落袋价格分析的销售管理	中国石化化工销售有限公司	李成峰 赵起超	李锁山、郑　伟、陈永凯、罗　武、张小伟、薛敬芝、罗淇元
二等	以标准箱为核心的城际城市物流体系建设	山东高速物流集团有限公司	刘日辉 亓传代	冯宪阳、魏现立、赵延飞、郝士杰、郑晓燕、孙海云、张　锋、贾向南
二等	供电企业项目全过程精益预算管理	国网山东省电力公司	商其德 毛育冬	蒋文祥、王端瑞、孙希珍、潘树怡、姜传雷、马　林、程　畅、吕　鹏、佟瑞刚、王云霞
二等	民营企业提升盈利能力的轻管理	东营嘉扬精密金属有限公司	丁雪峰 吕福通	戴建峰
二等	水泥设计企业以技术装备与工程管理为驱动的走出去战略实施	天津水泥工业设计研究院有限公司	徐培涛	王芳协、孙金亮、俞为民、玄立峰、王兆明、李蔚光、孙海泉、吴芝堃、常　斌

等级	成果名称	申报单位	主要创造人	参与创造人
二等	航天电子产品静电防护管理体系的构建与实施	北京东方计量测试研究所	徐思伟 张书锋	季启政、刘　民、李　虎、王志勇、朱建华、杜国江、刘志宏、马志毅、路润喜、高志良
二等	石油企业以可持续发展为目标的战略评估与调整	中国石油天然气股份有限公司华北油田分公司	黄　刚 姜立增	高联益、陈兴德、黄　金、胡可上、杨　光、王　青、董少华、刘俊英、路婉瑶、翟金生
二等	以增值型内部审计为目标的审计整改跟进体系建设	中国移动通信集团北京有限公司	陈晓曦	杨晓范、夏　军、张之娴、屈　虹、张　蕾、于清阳、顾怀恩
二等	基于移动互联网圈群的跨界精准营销	中国电信股份有限公司广东分公司	钟　平 杨小丰	王湘江、谢　崴、陆玮仑、高建森、吴　宇、王艺霏、陈　虹、杜莹莹、王　俊、陈　峻
二等	钢铁企业基于全信息化的业务流程优化与组织变革	河北钢铁股份有限公司承德分公司	王竹民 魏洪如	郭晋宏、金树成、张玉玺、赵建东、石小艳、董东涛、王丽英、吴兴东、李小娟、邱洪涛
二等	地方电力企业提高服务保障能力的集约化经营管理	四川省水电投资经营集团有限公司	张志远 罗　毅	段兴普、曾　勇、吴建文、熊　林、陈　涛、刘　华、徐国兴、罗　莉、王　韬、周　任
二等	化肥企业推拉结合的供应链管理	中化化肥有限公司	陆坊斌	罗启耀、李晨松、李　源

等级	成果名称	申报单位	主要创造人	参与创造人
二等	大型钢铁企业海外市场拓展	唐山钢铁集团有限责任公司	于　勇 王兰玉	田　欣、李一栋、赵丽树、王亚光、谭文振、张爱民、崔喜元、王东林、王　静
二等	供电企业促进员工职业发展的薪酬激励管理	国网湖南省电力公司	李维建 谌家良	林　盾、文力红、刘成刚、唐剑东、莫松河、戴宏斌、唐　平、易　知、廖承友、成　彭
二等	森工企业以生态建设为中心的绿色转型	中国内蒙古森工集团根河森林工业有限公司	高希明 于海俊	王连成、杨建民、陈金平、冉令凯、韩文胜、敖立伟、郭海涛、高帅婷、张丽云、吴　迪
二等	中小企业信用担保业务的开发与管理	深圳市中小企业信用融资担保集团有限公司	胡泽恩 黄倬炜	张亦文、匡　萱、汤　琪、李　明、高晓慧、张杰清
二等	中小合资企业打造核心竞争力的精益管理	神马博列麦（平顶山）气囊丝制造有限公司	马　源 王安乐	李树安、乔　琨、李发阳、董天升、摆向宇、贾四朋、王生健、武　冰、王　凌、田麓莉
二等	采油企业基于数据信息深度挖掘的油水井管理	中国石油天然气股份有限公司华北油田分公司第五采油厂	严建奇 郭志强	王琳芳、周景昆、杨　兵、刘建平、史　威、刘军杰、古秋蓉、王建英、罗明江、李冬青
二等	通信企业基于横向融通和纵向贯穿的服务型数据管理	中国联合网络通信有限公司山东省分公司	霍海峰	柳尧杰、吕红梅、马国珣、罗淑环、董　锋、张　宁、林　明、孙玉梅、孙　琦、程　越

等级	成果名称	申报单位	主要创造人	参与创造人
二等	区域勘察设计企业多元业务转型管理	湖南省交通规划勘察设计院	彭建国 胡建华	王跃明、刘义虎、罗　宁、王　维、彭　立、许第慧、向建军、马　慧、詹　燕、邓　勇
二等	能源企业提升市场竞争力的全产业链成本管理	中海石油气电集团有限责任公司	蒋鹏俊	韩广忠、金淑萍、苗玉军、龙希强
二等	通信企业适应移动互联网竞争的新媒体客服体系建设	信元公众信息发展有限责任公司	朱正武 叶利生	齐力焕、胡静余、赵涤尘、黄智敏、陈银星、荣　蓉、赵铁山、赵玉栋
二等	供电企业以提高运营效率为目标的流动资产精益管理	国网四川省电力公司广安供电公司	何俱熊 谭书云	陈　艾、张维华、张燕平、张绍军、张　丹、朱　莎、胡　倩
二等	供电企业以价值创造为核心的EVA计算与评价体系建设	广东电网有限责任公司中山供电局	欧安杰 邓智明	黄超嫦、叶华艺、杨　蓉、孙红岩、刘　莉、刘义先、黄梅英、李国春
二等	家电配套企业基于流程优化的生产管理提升	四川长虹模塑科技有限公司	郑光清 李修平	靳卫卫、宋宏春、张生建、沈宏玲、潘秋华、杜旭东、杨　红、巫　江、周　萍、邹佩良
二等	建设世界一流高速铁路桥梁的设计技术管理	中铁第四勘察设计院集团有限公司	姚汉文 谢维鎏	王传素、金福海、文望青、严爱国、潘茂盛、陈　勇、王德志、黄　卫、张文侠、王建党

等级	成果名称	申报单位	主要创造人	参与创造人
二等	工程公司海外雇员属地化管理	中国路桥工程有限责任公司	文　岗 张建初	卢　山、申　展、王　辉、张　瑢、莫　坤、李　菲、刘英祥
二等	供电企业以青工为主体的多维人才培养	国网河南省电力公司安阳供电公司	陈红军 陈　军	牛元立、李建国、常福顺、张　亮、姬中勋、张　飞、张　楠、张志平
二等	传统煤炭企业打造能源综合解决服务商的转型升级	山东能源集团有限公司	卜昌森 王　勇	李正明、朱　昊、崔振浩、李会战
二等	水务企业提升城镇污水处理效率的运营管理	厦门水务中环污水处理有限公司	谢小青	胡彦田、黄珍艺、施　君、彭育蓉、戴兰华、吴琪璞、郑琦琳、卢光辉、王鲁闽、张荣清
二等	煤炭企业以降本增效为目标的标杆管理	新汶矿业集团有限责任公司	张　文 葛茂新	朱　昊、王　涛、张丽华、巩克朋、薛允华、张　磊、谭永新、顾　超
二等	航天企业定量化创新评价指标体系构建	中国运载火箭技术研究院	梁小虹 彭小波	宓　佳、代　坤、李天祥、钟　培、蒋先旺、曾　东、康磊晶、吕淮北、王颖昕、唐塞丽
二等	大型油气工程企业提升服务能力的“科研生产一体化”运作管理	中国石油集团川庆钻探工程有限公司地质勘探开发研究院	戴　勇 彭景云	程绪彬、李香华、张森林、陈开明、吴大奎、欧阳诚、杜　刚、李永健、李　壮、徐剑良

等级	成果名称	申报单位	主要创造人	参与创造人
二等	供电企业基于胜任力模型的少数民族员工双语培训管理	国网新疆电力公司	刘劲松 赵青山	温　刚、贾　涛、阎铁军、吾甫尔、武晓龙、汤新虎、冯　蓓、开　塞、阿曼古丽
二等	民营化纤企业基于物联网的节能减排管理	浙江红剑集团有限公司	周凤剑	朱金潮、徐少白、华伟芬、俞晓晶、俞生君
二等	造币企业以产品专业化为方向的印制专用机械生产流程再造	南京造币有限公司	史仲敏 陆慧峰	谈红卫、刘世洪、吴金平、田学龙、吴宝康、马维西、周国军、徐明亮、马　瑛、薛　国
二等	供电企业全流程客户满意度评价体系的构建与实施	国网福建省电力有限公司	张　磊 王　凌	陈卫中、熊益红、许志永、闫晓天、林女贵、叶　强、黄　婷、莫桑比、柯镇亭、吴国耀
二等	医药企业提升综合竞争力的一体化战略性整合	广州医药集团有限公司	李楚源 陈　矛	黄巧华、黎月雯
二等	区域发电企业基于工程监理的监察审计	华电能源股份有限公司	霍　利 崔玉果	宁俊举、曹沛庆、于春潮、高　岩、孔祥增
二等	大型玻纤企业“增收、节支、降耗”项目制管理	巨石集团有限公司	张毓强	周森林、杨国明、曹国荣、陈纪明、廖信林、顾桂江

等级	成果名称	申报单位	主要创造人	参与创造人
二等	分散式接入风电项目的开发建设和运行管理	华能定边新能源发电有限公司	张晓朝	丁　坤、董宇鹏、石祥宇、常　英、李洪旭、徐　峰、王　东、董兆民
二等	基于一体化成长战略的特色优质烟叶开发管理	中国烟草总公司安徽省公司	问　武	董建江、王新胜、邵伏文、王道支、王　辉、朱训伟、张　宁、汪海生、薛宝燕
二等	供电企业基于岗位能级量化的人力资源优化配置	国网湖北省电力公司	尹正民 侯　春	郑　港、刘秋萍、樊玉萍、谢海红、高　梅、李　近、张　健、陈　程
二等	奥运公园区域被拆迁人员安置体系建设	北京新奥集团有限公司	郭再斌 赵　劲	王晓伟、邓秀云、方　凯、那国强、暴　伟、高柳海、李子洪、张　华
二等	大型建筑企业项目施工成本管理优化	中石化第十建设有限公司	樊继贤	赵德源、董克学、赵厚安、曾兆伟、申建国、王任远、苏公良、李　群、李冬蕊
二等	以员工职业能力开发为核心的任职资格体系建设	陕西宝成航空仪表有限责任公司	龙　平 亓世英	王宏兵、邢　雷、魏　亮、苏文忠、张有翼、梁金奎、张金英、陈名垣、黄敏津、霍启亮
二等	供电企业基于GPS的车辆集约管理	国网青海省电力公司	祁太元 张智民	徐志峰、李增业、范新科、沈永林、张永进、石英慧、宋小兰

等级	成果名称	申报单位	主要创造人	参与创造人
二等	高速公路建设运营企业提高员工素质的和谐劳动关系管理	北京市首都公路发展集团有限公司	张恒利 徐术通	谷　卫、王京竹、谢　宇
二等	以提高执行力为目标的制度管理长效机制建设	中国北车集团沈阳机车车辆有限责任公司	房志坚 孙英俊	于长胜、张　平、刘文俊、魏学刚、王翠华、刘宝斌、徐　健、王　飞
二等	与环境和谐共生的绿色工厂建设与管理	浙江中烟工业有限责任公司杭州卷烟厂	倪雄军	张思荣、汪炎平、楼卫东、黄卫忠、朱立明、喻允迅、叶文军、王荣文、郎春叶
二等	以提升供电可靠性为导向的区域智能电网建设	国网辽宁省电力有限公司大连供电公司	于晓辉 宋文峰	司　艳、李春平、杨万清、张葆刚、于　宙、王跃东、牛明珠、于　鹏、宫海峰、范　洁
二等	航修企业基于岗位胜任力的员工职业发展规划	中国人民解放军第五七二〇工厂	袁先明	刘和侠、邓阳春、张家华、丁　冬、徐艺辉
二等	煤炭企业的绿色矿山建设与管理	内蒙古平庄能源股份有限公司西露天煤矿	张　学 陈凤阳	张　志、杨向斌、赵　宏、徐晓惠、于清波、赵晓东、苗　国、贾相生、张相林、田　宇
二等	采油厂以源头消减和全程控制为主的清洁生产管理	中国石油辽河油田曙光采油厂	张　波 武俊宪	许林祥、柳庆新、许　艳、赵万君、尚　兵、韩　杰、刘晶洁、许　鑫、窦继红、于海娇

等级	成果名称	申报单位	主要创造人	参与创造人
二等	供电企业基于云平台的社区服务管理	江苏省电力公司苏州供电公司	吴英姿	李敏蕾、文　锐、刘　珊、席　斌、韩克勤、马晓东、孙　洁、郭　健
二等	大型施工企业内部控制体系构建	中交第四公路工程局有限公司	赵　云	杨　毅、毛昌锋、张丽芬、姚　熙
二等	促进钢铁企业健康发展的廉洁文化建设	攀钢集团有限公司	胡乃民 李　波	汤永祥、陈　勇、付渝军、王　闯、王化南、刘晗光、荣　涛
二等	中小企业实现跨越式发展的市场开拓	息烽开磷塑料包装有限责任公司	丁兰琴 李开屏	彭维龙、邹玉蓉、涂　华、常有娣、谢帅军、鲍　雨、王朝晖、张天坤、乔占寿、周　璇
二等	通信企业大数据驱动的营销管理变革	中国联合网络通信有限公司天津市分公司	韦海波 许德祥	吕瑞新、姚　民、张　晖、许　剑、常　亮、王天阳、滕　悦、王彦峻、冯　松、王　健
二等	边远采油企业关爱员工管理	中国石油华北油田公司二连分公司	高贵民 孙学信	范志良、宝力道、薛继远、李　栋、黄新本、常　红、周会得、刘　东、张　萍、周　洋
二等	传统服装批发市场适应行业变革的转型升级	广州白马服装市场有限公司	程九洲	张　劲、黄秋权

等级	成果名称	申报单位	主要创造人	参与创造人
二等	提高制造水平的节点管理	河南中烟工业有限责任公司漯河卷烟厂	吕　飞 丁恒杰	牛社民、赵群发、李建勋、孟振伟、周　冰、张国平、徐　铭、谢英杰
二等	国有钢铁企业基于全员经营的组织变革	宁波宝新不锈钢有限公司	何汝迎	华丁生、路　平、沈　东、李　杰、颜灵明、杨步明、柯可力、林　炜、许云东、饶志雄
二等	以实现重大活动“四强三零”为目标的供电保障管理	江苏省电力公司南京供电公司	李作锋	姜　宁、胡　宏、沈培锋、杨建萍、甘海庆、汪　超、汪自虎、常　飞、刘政生、陈　迪
二等	基于综合管理信息平台的“五化”管理	湖北中烟工业有限责任公司	倪　华	戚新平、闵　京、程　晖、李洪涛、骆　嵩、严胜强、卢永增、杨　晖、吴小超、熊俊龙
二等	水电工程建设的生态环保管理	华能澜沧江水电有限公司乌弄龙·里底水电工程建设管理局	沈　洁	段立新、邵国辉、毛　华、杨　壹、丁世华、葛晓飞
二等	成品油销售企业增强归属感的基层员工自主管理	中国石油化工股份有限公司浙江温州石油分公司	冯东明	李荣锋、杨昭桐、张慧琼、林晓彬、冯若曦
二等	航天企业多型号研制与批产交叉并行的生产管理	湖北三江航天江河化工科技有限公司	何宜丰 韩志远	李方朔、陈永钊、何前明、潘云武、曾楚宁、马良科、喻成山、冉真权

等级	成果名称	申报单位	主要创造人	参与创造人
二等	以客户需求为牵引的供电服务管理	国网山东省电力公司淄博供电公司	李建鹏 胡朝贞	亓晓华、王先明、翟　建、王　强、季素云、孟　成、李　东、薛中洲
二等	钢铁企业提升价值创造能力的管理诊断	宝钢集团新疆八一钢铁有限公司	肖国栋 李兴隆	张　云、唐珲娟、王玉红、邢　晶、宁向军、王爱民、薛录雨、曹志刚、杜小文、肖新春
二等	省级供电企业继电保护业务集约管理	国网河北省电力公司	邢　晨 赵自刚	赵春雷、曹树江、董彦军、孙利强、萧　彦
二等	出租车企业适应员工分散流动特点的班组建设	重庆市出租汽车有限责任公司	刘　忠 雷　霆	熊　劲、黄　云、宁应洪、童　樑
二等	以“三统一”为核心的港口引航调度管理	大连港引航站	王　健	徐伟成、王晓伟、薛邦斌、赵英伟、姜　玉、初开元
二等	县级供电企业基于智能电网的营配调管理优化	国网浙江宁波市鄞州区供电公司	葛军凯 王吉庆	王　谊、李光军、吴设军、燕俞波、陈小平、郑坤力、周　俊、俞沛宙、王　超、袁　丹
二等	交通建设项目业主主导的民工工资管理	江西赣粤高速公路股份有限公司	谭生光 刘木根	牛志明、刘水生、张伟联、孙福刚、唐志强

等级	成果名称	申报单位	主要创造人	参与创造人
二等	中小型仪器仪表企业基于产品细分的流程管理	秦川机床集团宝鸡仪表有限公司	陆　强	吴征团、谢五一、张　鑫、张桂玲、郝铭洁、王拴柱、杨亚平、崔建萍、冯　霞、张世杰
二等	提升效能的生产设备维护管理	江西中烟工业有限责任公司南昌卷烟厂	张胜健	华　刚、涂晓春、邹　炜、邱　宏、梁秀凤
二等	以住宅产业化为导向的国家级绿色康居示范小区开发建设	新疆华源实业（集团）有限公司	李　俊	彭　军、黄　磊、夏岚亭、齐保才、张洪涛、白云峰、李　洁、于　朋
二等	以岗位品牌为特色的岗位精细化管理	黄陵矿业集团有限责任公司	宋老虎 范京道	师永贵、梅方义、房云锋、卫庆华
二等	建筑施工企业以“超英精神”为核心的廉洁文化建设	中国建筑第五工程局有限公司	周　勇	江　森、肖运文、赵伯足、刘晓春
二等	港口物流企业提高战略执行力的精益管理	珠海港控股集团有限公司	欧辉生 梁学敏	杨廷安、李少汕、黄文峰、高春光、王　朔、陈泽敏
二等	民营科技型企业以市场为导向的创业管理	山东天海科技股份有限公司	刘立江 刘立河	华闻霞、刘建勇、刘建铭、周英晖、袁书宝、华建新、李　超、岳秀云、刘敬文、王　栋

等级	成果名称	申报单位	主要创造人	参与创造人
二等	铜加工企业提高执行力的班组管理	中色奥博特铜铝业有限公司	刘占海 时玉华	王士杰、马云才、田秀山、张建华、陈　宾、赵艳秋
二等	以两化融合为导向的现代化采油厂建设	中国石油天然气股份有限公司长庆油田分公司第二采油厂	周志平 李永春	修利军、李科华、韩永林、潘宏文、赵江涛、喻良斌、袁中虎、卢延军、刘雅妮、周维东
二等	施工企业基于招标的劳务分包全过程管理	中交四公局第一工程有限公司	冷铁松	曹雪燕、毛选龙、孙晓娟、王浩然、付　研、张淑恩、毛昌锋、张丽芬、姚　熙
二等	军工企业以结构调整为中心的转型升级	内蒙古第一机械集团有限公司	白晓光 王　彤	赵　耀、李金奎、陈　谦、陈静宇、邢　凯、秦海军、李文华、杜畅畅、李　红、王　丽
二等	地方国企以快速发展为目标的资本运作管理	福建漳龙实业有限公司	庄文海	林奋勉、张毅宾、潘培红、周泽辉、吴坤洪、张广宇、谢志平

目　　录

技术能力建设与协同创新

工业化与信息化融合管理

组织变革与混合所有制探索

集团管控与转型升级

市场营销与服务创新

风险控制与财务管理

人力资源与企业绩效管理

企业文化建设与社会责任管理

企业内部诊断与精益管理

生产运营与供应链管理

技术能力建设与协同创新

依托核电工程的企业技术能力建设

中广核工程有限公司

成果主创人:公司总经理束国刚

中广核工程有限公司(以下简称“工程公司”)成立于2004年,是中国第一家专业化的核电工程管理公司,是中国广核集团有限公司(以下简称“中国广核”)的全资子公司,其前身是广东核电合营有限公司工程部(1985至1995年,负责大亚湾核电站工程建设)、岭澳核电有限公司工程部(1996至2003年,负责岭澳一期核电站工程建设),注册资本12.86亿元。2013年年底,拥有总资产约215亿元,净资产约24亿元,员工6388人。工程公司致力于为核电站的建设提供从厂址选择、设计、设备采购与成套、施工管理、调试启动到在役退役等核电站全生命周期的专业化技术能力服务,目前同时承担了13台核电机组的建设任务,总装机容量达到1550万千瓦,在建机组数量和装机容量连续5年位居世界第一。

一、依托核电工程的企业技术能力建设背景

(一)成功建设、运营国内首座大型商用核电站的需要

1978年,中国决定向法国购买两座核电站设备。1985年,我国第一个大型商用核电站广东大亚湾核电站开工建设。大型商用核电站从无到有的建设过程中,面临着技术能力不足、建设经验缺乏、“质量、进度、投资”管理难度大等一系列问题。为此,大亚湾核电站按照党中央、国务院确定的“借贷建设、售电还贷、合资经营”的模式,坚持高起点起步,引进国外资金、技术和管理。一是高起点引进当时是全球先进的M310核电堆型;二是投入大,大亚湾核电站设备全部进口总投入约40亿美金,在当时国家财政十分困难的情况下属于巨额投入;三是工程建设管理负责人全部由国外专家担任,确保核电站工程建设质量。为解决国内大型商用核电从无到有的发展,广东大亚湾核电站引进法国核岛技术和英国常规岛技术,并由一家美国公司提供质量保证。但我国要真正实现核电站建设运营的自主化,必须掌握自己的全套技术能力和管理能力。为此,从大亚湾核电站开始,中国广核和工程公司不断摸索和创新,注重大型商用核电站的工程技术能力、运营技术能力的培养,逐步突破瓶颈技术、关键技术和核心技术。

(二)实现核电技术国产化、发展我国自主核电产业的需要

在大亚湾核电站建设之前,我国国内核电产业几乎为零。大亚湾核电站建设以来,我国核电产业开始缓慢发展,但核电产业配套能力仍然十分薄弱。中广核在20多年的发展过程中深切感受到:没有自己的核电技术和自主的核电产业,我国的核电发展将长期受制于人,无法实现可持续发展。一是引进成本高。1984年从法国引进的M310核电

技术，技术转让费用20亿元，建设费用350亿元；2007年台山核电站从法国引进的EPR1750(三代)核电技术，技术转让费用30亿元，建设费用600亿元；同年从美国引进的AP1000(三代)核电技术，技术转让费用50亿元，建设费用450亿元。而我国自主设计的CPR1000型核电技术，建设费用仅为280亿元，技术转让费用为零。二是引进的核电设备造价高。在核电工程中，装备要占总投资的50%左右，核电装备自主化制造将对降低工程造价产生至关重要的作用。以百万千瓦核电机组为例，按同口径汇率，岭澳二期核电站工程造价相比于大亚湾核电站降低了30%，而红沿河、宁德和阳江项目工程造价有望降低0%甚至更低。三是工程建设和运营维护受到制约。由于总体技术和关键设备依靠进口，使得工程建设进度往往受到国与国之间的政治、经济、外交关系等影响，不确定因素多。中国广核及其工程公司作为国内核电领域的骨干企业，有责任有义务也有能力抓住我国核电快速发展的历史机遇，以核电工程项目为依托，掌握核电站研发、设计、核电设备、施工、安装、调试等各个环节的技术能力，积极推进核电设备自主化、国产化。

(三)抓住我国商用核电规模化发展机遇、做强企业的需要

改革开放以来，随着我国经济社会的高速发展，能源需求与供给的矛盾日益突出。核电作为清洁能源，在国际社会越来越重视温室气体排放、气候变暖的形势下，积极推进核电建设，成为我国能源建设的一项重要政策。2003年新一届政府决定将“适度发展核电”调整为“积极发展核电”，决定启动一批新的核电项目。2007年，国务院颁布《核电中长期发展规划(2005—2020年)》，提出到2020年，我国核电占全部电力装机容量的比重从2005年的不到2%提高到4%，核电年发电量达到2600～2800亿千瓦时。核电运行装机容量争取达到4000万千瓦。在2011年国家核电发展会议上进一步提出到2020年实现核电总装机容量达到7000万千瓦，核电占能源总体比重达到5.9%的目标。但与此同时，2004年7月25日《国务院关于投资体制改革的决定》正式对外发布，将核电的审批制更改为核准制，政府从核电主要投资方转化成监管者的角色，核电行业开始走向市场化发展的道路，行业竞争格局发生了根本变化。2007年，国家引入三代AP1000和EPR电站，使得国内核电技术路线竞争和核电建设行业竞争变得激烈和复杂。因此，要在日益激烈的核电市场竞争中保持优势，必须加快形成中国广核和工程公司自身的核电技术能力。

二、依托核电工程的企业技术能力建设内涵和主要做法

工程公司以打造国际一流AE公司为目标，以发展核电、造福人类和创建核电自主品牌为动力，在高起点引进法国核电技术的基础上，依托核电站建设项目，着力推进以设计建造一体化能力为核心，工程设计、设备采购与成套、施工管理和调试启动四大业务领域配套的技术能力建设，快速实现了设计、设备采购与成套、施工管理和调试启动技术自主化，综合技术能力达到了国际先进水平，显著提升了企

反应堆厂房穹顶吊装

业自主创新能力和市场竞争力。主要做法如下：

(一)以企业战略为指导，作好技术能力建设总体部署

工程公司明确“成为国内最优、具备国际竞争力的核电 AE 公司”的战略愿景，以自主化战略、专业化战略、集约化战略、市场化战略和国际化战略五大战略为引导，不断加强科技创新能力、工程设计能力、市场经营能力、项目管理能力、工程采购与设备监造能力、施工管理能力和调试启动能力等七大核心专业能力建设。以企业发展战略为指引，确立企业技术能力建设总体部署。

1. 基本思路

立足于专业化 AE 公司的定位，以市场和客户需求为导向，围绕核电工程业绩创优和自主技术品牌研发两大目标，协同全产业链资源，在高起点引进国外先进技术基础上，依托不同规模、不同类型核电站建设项目，以逆向创新的方式，由易到难逐步掌握调试启动、工程施工、设备采购与成套和工程设计四大业务技术能力的基础上，逐步培育核电站设计建造一体化核心技术能力，积极推动设计与制造、建造、工程管理的高度结合，致力于全面掌握核电建造技术，提升总体工程管理能力，为客户安全优质高效建造核电站，并提供专项技术服务。

2. 主要原则

一是循序渐进原则。核电站作为复杂系统产品，专业门类多，技术复杂，尤其是各个子系统之间的接口构成极为复杂。根据国外核电企业技术能力成长规律，工程公司的技术能力成长必须遵照循序渐进原则。在高起点引进法国核电技术的基础上，遵从核电站技术经济规律，先消化吸收掌握法国核电技术，在此基础上逐步根据中国国情进行适应性改进，最后形成自主的核电技术，走向国际。二是“干中学”的原则。核电站的设计建造等技术能力必须经过实践检验，因此，工程公司的技术能力成长必须依托各种类型的在建核电站项目，采取“干中学”的原则，紧紧抓住我国规模化建设核电站的历史机遇，在各类核电站的设计、建设过程中发现问题、解决问题，提高技术能力，逐步掌握各子系统技术，最后掌握核电站的总体技术。三是安全原则。核安全是核电工程建设的生命线，也是工程公司推进技术能力建设遵守的第一理念，所有技术改进、创新和探索工作必须确保核电站的安全和质量。四是国际化原则。工程公司的技术能力建设要在高起点引进基础上，对标国际先进水平，符合世界核电技术发展方向和潮流，甚至引领国际核电技术发展方向。

3. 成长阶段和目标

中国广核及其工程公司过去近三十年的技术能力建设，大体经历引进消化、自主化与局部创新和再创新三个发展阶段。

在引进消化阶段，通过高起点引进国际已经成熟的核电堆型(M310)，以实现引进为目标，通过学习核电建设的技术，掌握核电建造成本，全面了解二代核电技术，依托大亚湾核电站和岭澳一期核电站的建设，成功实现国际成熟核电技术在国内的首次移植。

在自主化与局部创新阶段，以自主再现为目标，通过掌握相关核电元件技术和实施局部改进，全面掌握二代核电总体技术能力，依托岭澳二期核电站和阳江 1～4 号机组的

建设，成功实现“自主设计、自主制造、自主建设和自主运营”，核电国产化率逐步提高，核电建造成本有效降低。

在争创国际一流先进技术阶段，工程公司以研发先进自主核电堆型走出去为目标，在全面掌握各环节技术及其之间关系的基础上，通过研发具有自主知识产权的核电先进堆型，依托阳江5、6号机组和防城港3、4号机组的建设，形成先进核电设计建造总体技术能力，核电工程技术达到国际领先水平，安全性和经济性显著提高，为我国核电技术走出去奠定基础。

（二）优化科技管理和核电技术人才培育机制，为企业技术能力建设提供有效支撑

1. 不断完善科技管理体系

工程公司的技术创新能力建设，离不开科技管理组织优化。在法国M310核电技术引消吸阶段，工程公司科技管理组织比较单一，隶属公司规划经营部下面的科技管理处，管理人员较少，科技研发活动主要源于在建核电项目需求，是一种机械型的科技管理组织模式。2008年以后，为了适应工程应用研发与核电新技术开发管理，工程公司成立科技管理部，下设科技研发体系建设与管理、技术控制体系建设与管理、综合支持体系建设与管理三个模块，人员编制达50多人。

2. 建立多层次的核电技术人才培育机制

工程公司建立系统的专业技术人才培养发展路径，从新员工入职开始到初中级技术岗位、高级技术岗位建立全套的“培训－考核－授权－上岗”制度，为公司技术人员的发展提供全方位的综合保障，为掌握核电技术能力提供有效支撑。

工程公司建立多层次、多维度的科技绩效评价与激励机制。通过宏观和微观科研绩效评价模式的探索，创立独特的科技投入产出绩效评价机制，构建多维科研绩效评价体系，并将评价体系与薪酬制度有效结合，形成职工薪酬与科研绩效联动的激励机制。同时，建立以成果为导向，“个人＋组织”的科技激励机制。

工程公司从大亚湾核电站建设开始，就把人才培养和人力资源开发放在突出位置。借鉴国外经验，建立培训管理体系，全员实行严格的授权上岗、定期复核、终身培训制度，为核电技术人员培养创造良好的环境。通过工程培训、管理培训和校企联合培养等构成培训体系，实行全员上岗授权培训。目前已培育5000多人的工程设计、管理和技术研发队伍。同时发挥“技术基地、人才摇篮”的作用，为国内其他核电业主开展持照操作人员培训，并为国内设计、制造、施工和服务单位培养了大批技术人才。

（三）推进调试技术能力建设，为掌握核电工程总体技术奠定基础

核电站调试的主要目的是验证核电站设备和系统的功能及性能是否符合设计要求，电站总的性能是否符合合同规定的要求，以及核电站的安全性能是否符合国家核安全局规定的民用核设施的安全要求。核电调试启动技术能力主要包括：系统调试能力（核岛系统、常规岛系统、电站配套设施及辅助系统）、机组启动能力（冷态功能试验、安全壳性能试验、热态功能试验、汽轮发电机组蒸汽冲转试验、堆芯物理实验、功率提升试验等）、文件编制能力（调试大纲、调试程序、试验程序）、调试仿真与集成能力、调试进度与接口管理能力、调试科研与创新能力（实验室、调试工具、标准）等。

1. 依托大亚湾核电站、岭澳一期工程消化吸收法国的调试技术，形成调试文件编制能力和电站配套设施及核辅助系统调试能力

大亚湾核电站是国内引进法国M310首个百万千瓦级大型商用核电站，工程设计、工程建设(包括工程建造、调试启动)和供货全部由法方负责。作为业主方的工程部人员为了掌握核电调试启动技术，选派20名技术骨干，在完成法语和基本理论课程培训后，远赴法国参与EDF所属核电厂学习调试技术和管理，开展核电调试启动技术的“影子培训”——法国调试专家一对一教学。在完成一年多的法国学习后，首批20名培训人员回国参加了大亚湾核电站的调试。岭澳一期，调试工作仍然由法方为主负责，中方人员在以“法方为主、我方参与”的指导思想下，参与核电厂机组调试大纲、系统调试大纲、调试导则、调试程序和试验程序等方面的调试文件编制，并顺利完成电站配套设施及核辅助系统调试任务，为形成最终的调试启动技术能力打下基础。通过参与岭澳一期系统调试，工程公司实现了调试启动技术能力零的突破。

2. 依托岭澳二期工程自主化和局部改进调试技术，形成调试进度与接口管理能力、核岛系统全面调试能力和机组启动能力

从大亚湾、岭澳一期到岭澳二期，调试组织由外方负责逐渐过渡到工程公司全面负责。依托岭澳二期项目，工程公司建立一套通用的、行之有效并全面覆盖核电工程调试期间的安全、质量、进度控制等方面、适用于调试总承包模式下标准化管理体系，依托调试管理信息系统，搭建一套科学、合理、可行的移交接口管理体系。在后续CPR1000系列核电机组上不断推陈出新、统筹兼顾，通过向上下游延伸工作管理流程，全力推进移交接产标准化；在现有3T管理流程的基础上建立移交接产内控管理体系，进一步优化移交接产信息管理平台，以实现调试自主隔离为目标，提升调试接口工程师的移交接口管理能力。通过编写调试文件和试验程序、开展全范围模拟机调试试验模拟和验证、对岭澳二期工程绝大部分主要系统开展自主化调试(主回路系统调试除外)等方式，培养全面的核岛系统调试能力和机组启动能力。

通过岭澳二期调试工程实践和调试经验总结，培养形成CPR1000八大调试核心能力。工程公司在引进消化大亚湾、岭澳一期调试文件和调试程序基础上，通过编写系统调试文件和程序，依托岭澳二期主控室验证平台和岭澳二期调试实践，基本掌握CPR1000八大调试核心技术，即：CPR1000反应堆堆芯启动物理试验技术、CPR1000安全壳结构性能综合评价技术、CPR1000核岛性能试验技术、半速汽轮发电机整体启动与联调试验技术、核电厂电源切换试验(BAS)技术、核电厂仪控系统失电试验(COC)技术、CPR1000机组DCS调试技术和CPR1000机组反应堆专用控制系统调试技术，实现CPR1000核电机组“以我为主”的自主化调试目标。

3. 依托宁德核电站一期工程等12台核电机组工程建设，培育调试仿真与集成能力、调试科研与创新能力

在已有调试平台的基础上，工程公司组建DCS工程调试与测试模拟实验室、振动工程实验室、热力性能实验室以及堆芯物理等实验室，依托红沿河、阳江、防城港核电站等项目，围绕调试开展一系列科研创新项目；在已有信息化基础上，根据调试工作与上游板块接口关系结合业务实际打造调试智能化，从而逐步培养调试仿真能力，实现重大调试试验的模拟演练与预验证、远程专家的在线诊断等。

国家能源局依托工程公司正式挂牌成立国家核电工程建设技术研发中心调试技术研究所，开展大量的调试技术创新研究。在充分掌握调试启动技术的基础上，通过阳江、宁德核电工程实践，制定调试技术研发计划，以大型、联调试验等的模拟演练和预验证为目标推进调试技术创新。工程公司自主开发大型、联调试验为主的智能化专家系统“BAS/COC/一回路冷态功能试验等智能化专家系统”，通过调试全业务信息化覆盖，实现调试智能化以及调试技术的再创新。

(四)推进施工技术能力建设，提升企业核电资源掌控能力

核电工程施工管理是一项庞大的、承上启下的系统工程，包括土石方开挖、海工建设、主体土建、系统设备安装等多个阶段。核电站施工技术能力包括施工组织设计编制与审查、施工技术文件标准化、关键施工技术掌控、施工组织及现场集成能力(施工资源调配、批量建设)、施工设备和工具工艺技术创新等。

1. 依托岭澳一期工程，培养施工组织设计编制与审查能力，实现核岛安装自主化和穹顶整体吊装

一是通过协助承包商完成核岛施工组织设计编制与审查，共同提升施工组织设计编制与审查能力。工程建设期间，在核岛施工承包商经验不足情况下，岭澳公司工程部主动协助承包商完成《核岛安装施工组织设计》，包括《综合工程管理》《技术管理》《质量管理》《典型施工方法》《大型设备吊装运输》等5卷，共计46章约180万字，通过国内核电主管部门和相关设计单位参加的施工组织设计审查，培养起施工组织设计编制与审查能力。

二是首次实现大型商用核电站核岛安装自主化。在岭澳一期建设期间，为推进施工自主化的需要，核岛安装承包商承担核岛除主回路范围以外的核岛安装任务，并由法马通公司提供必要的技术支持。在工程实施过程中，岭澳公司工程部制定高标准的工程目标，编制完整的工作程序，制定严谨的施工组织设计和计划体系，实施严格的质量控制标准和体系，建立动态的工程协调机制，最终顺利实现核岛安装按计划向下游移交，高质量完成安全、技术、质量、进度和投资五大控制任务。

三是核岛主回路系统的自主安装。在大亚湾和岭澳一期核电项目，主回路安装由经验丰富的法国法马通公司总包。为实现岭澳二期主回路安装自主化，工程公司统筹安排由安装承包商承担，并协同施工单位，通过消化和吸收岭澳一期相关资料和技术，组织施工前的精心策划和准备，积极开展核岛主系统施工技术培训和模拟演练，并分析和优化安装施工工艺，梳理专项施工接口，加强施工组织及质量安全管理措施，编制专项施工计划和专项施工方案，摸索并建立一整套关键施工技术文件、管理程序和工序工艺，打破国外施工承包商的技术壁垒，顺利完成主回路自主安装，实现核岛安装的自主化目标。

四是成功实施穹顶整体吊装。反应堆穹顶吊装与对接，是核电工程施工中的关键项目之一。岭澳公司工程部于1998年1月正式提出实行穹顶整体吊装与对接的方案。穹顶直径37米，高11米，整体起吊重量160吨。经过精心组织、周密布置，1999年4月9日首次整体吊装一次成功，历时仅1小时47分钟。经现场测量，周长误差为5毫米，精度相当于万分之零点四。采用穹顶整体吊装，缩短了在高空的焊接时间，实现环吊提前可用的目标。

2. 依托岭澳二期，培养关键施工技术掌控能力、施工技术文件标准化能力

一是在关键施工技术方面。工程公司依托岭澳二期工程，自主掌握主回路重型设备

安装技术、堆内构件安装技术、安全壳穹顶吊装技术以及反应堆顶盖开关盖技术等。由于外方的技术封锁，主回路系统安装和役前检查技术未能自主实施；通过提前收集和消化核岛主回路安装及役前检查相关施工技术文件和标准，采取模拟演练等措施，逐渐掌握其核心技术，并通过岭澳二期工程实践首次成功实现核岛主回路自主安装及役前检查，从而全面实现百万千瓦级核电工程施工自主化。

二是在施工技术标准化方面。为提升行业施工标准化水平，工程公司在收集、整理和分析以往工程资料的基础上，总结以往核电工程施工经验，组织编写各专项施工工序、核心技术实施方案和关键施工工艺的标准化文件包，包括：标准化工序、程序、专项施工方案及质量计划。出版 111 份施工专用技术规范。在技术文件标准化方面，主要实现关键施工工序标准化、作业程序标准化、专项施工方案标准化以及质量计划文本标准化等。自 2010 年起，工程公司承担能源局核电行业以上级施工标准 79 项，编制企业标准 12 项，逐步形成标准化的企业核电施工管理体系。

3. 依托宁德二期等工程建设，掌握一批施工核心、关键技术

在掌握关键施工技术的基础上，工程公司结合当代前沿科技和三代核电技术，通过现场实践摸索，对现有项目施工技术进行认真分析、研究和攻关，形成一批科技创新成果，例如大厚壁主管道窄间隙自动焊技术、大体积混凝土整体浇筑技术、自密实混凝土施工技术等。同时，通过与施工单位协同创新，发明多项施工工法，取得 27 项施工发明专利。

（五）推进设备成套技术能力建设，提升我国核电装备国产化水平

从岭澳一期工程建设以来，工程公司充分发挥总体优势，以核电站项目为依托，以国产化为目标，培育核电站设备采购与成套技术能力，帮助国内相关装备制造企业提升核电设备制造和研发能力，带动整个产业链 5400 多家高校、科研院所、制造和施工企业共同发展。

1. 培育设备监造能力

在以大亚湾和岭澳核电站一期项目为标志的引进消化阶段，为掌握以我为主的自主设备采购与成套核心能力，核岛、常规岛设备均选择国外企业供应商供货。同时，工程公司采用“跟随、学习”策略，学习关键技术、移植管理体系，并积极向国内设备供应商提供资料，积极培育相关能力。在岭澳一期建设阶段，工程公司积极引入法国 EDF 监造理念和基本方法，通过对核电监造能力的培育，建立完整的 CPR1000 监造技术文件体系。通过编制监督导则和专用监督计划，形成完整的核电机组监造技术文件体系，指导监造工作有序开展。依托岭澳二期项目，通过开发应用监造系统平台、应用移动终端于设备监造工作，提升监造工作效率。通过引入质量指数（到货设备的不符合项数量与到货批次量的比值），监控设备整体质量水平，开展风险分析和提前预警，实现精细化设备监造。针对关键设备，出厂前通过专业检测公司提前介入的联合检查方式，提升设备监造的有效性。通过组建重大重发，重大共模，重大延误预防小组，全面分析风险活动的潜在风险因素，制定防范措施，有效控制设备质量风险，从而建立具有工程公司特色的风险指引型设备监造体系，形成独立的设备监造能力。

2. 以国产化联合研发中心为载体，培育国内企业设备研制能力

在以岭澳二期、阳江 1～4 号等机组为代表的自主化与局部改进阶段，为顺利推进核

电工程建设，培育自主核电产业，工程公司打造较完整的国产化设备供应链。2009 年年初，工程公司联合 58 家国内重要设备制造企业组建中广核核电设备国产化联合研发中心，2011 年成员扩大到 63 家，2013 年达到 74 家。研发中心通过技术融合、联合研发等形式，促进工艺设计、设备设计、设备制造、设备鉴定、材料评定等环节的协同创新，推进我国核电国产化。以岭澳二期为例，机组设备国产化率已超过 60%，先后实现蒸汽发生器、汽水分离再热器、反应堆压力容器等重大核心部件的国产化供货，标志着我国百万千瓦级核电站核岛主设备的首次自主化。部分设备和部件的制造水平和工艺达到国际先进水平。通过 CPR1000 系列机组的批量建设，工程公司借助核电设备国产化联合研发中心，逐步提升新建机组的设备国产化率，实现自主设备采购与成套能力。

3. 向上游设计和下游施工延伸，提升核电工程设备整体自主能力

工程公司在再创新过程中，主动将上游设计能力、下游核电施工能力引入设备采购专业中，将设备采购与成套专业打造成设备国产化的主战场，实现核电总体架构内部的协作创新。在以 ACPR1000＋、华龙 1 号为代表的再创新阶段，工程公司打造满足更高安全性和经济性、拥有自主知识产权、具备走出去条件的三代核电机组。以华龙 1 号三代堆型研发为例，针对型号自主化需求，与设备供应商开展技术交流，支持厂商开展制造工艺研究、相关材料的研发和一些专项技术攻关，签订合作协议，实现包括汽轮机、压力容器、稳压器等国产化供货。针对国内具备制造能力但无设计能力的设备，如蒸汽发生器、14 英尺燃料组件，牵头组织外方与国内意向厂商的交流，启动国产化承接工作，将国内厂商的制造技转与集团项目利益捆绑。针对国内尚未实现国产化（不具备制造能力）的设备，签署联合研发协议，并在研发协议中明确成果的归属及利益分享。通过三代自主堆型研发实践，积极带动相关设备厂商开展技术研发和升级，形成自主先进核电堆型产业链。

（六）推进核电工程设计能力建设，掌握核电关键、核心技术

核电工程设计主要包括工程设计和设备设计，其中设计自主化是工程建设与设备国产化的前提。掌握核电工程设计技术是核电站技术能力建设的关键。核电站设计技术能力主要包括：核电站总体设计能力（包括初步设计、详细设计、自主化核电工程模块化设计等）、核岛系统及设备设计能力（包括主设备设计、堆芯设计等）、常规岛系统及设备设计能力（汽轮机组、发电机组等）、电站配套设施及辅助系统设计能力（循环水泵房等）、新技术研发和应用能力（ACPR1000、ACPR1000＋）等。

1. 依托大亚湾核电站、岭澳一期工程，培育核岛土建设计能力和电站配套设施及辅助系统设计能力

大亚湾核电站作为技术引进电站，工程公司前身工程部主要是派技术人员参与设计审查和熟悉常规岛主机设计。大亚湾合营公司派出多批核岛和常规岛人员共 16 人，每批为时半年，直接参与法国设计院的设计审查，以了解和学习法国设计院对设计审查是如何进行的，并与法方技术人员交流审查中的意见；先后派出 6 人次去 GEC 熟悉和了解主机的设计。通过开展工程设计“影子培训”、了解和学习核电工程设计技术，工程公司实现法国 M310 核电技术的设计原理，实现大型商用核电站设计技术“零”的突破。

岭澳一期时，核岛设计方面主要还是以法方为主，工程部参与设计管理；核岛土建设计和电站配套设施设计由国内设计院完成，工程部在参与设计审查过程中初步掌握核岛土建设计和电站配套设施设计能力。通过组建设计队伍开展工程模拟设计和翻版设计，建立起全过程的技术跟踪体系、技术转让渠道、适用于工程设计的设计信息管理平台以及设计接口的管理平台；通过开展大范围的技术培训，局部开展技术溯源性分析研究、参与设计审查、模拟设计等方式，形成核电站核岛土建设计和电站配套设施及辅助系统基本设计能力。

2. 依托岭澳二期工程，培育核岛系统及设备设计能力和常规岛系统设计能力

岭澳二期工程期间，因工程公司设计能力还未完全掌握，为抢占市场先机和资源，在原有岭澳一期工程技术部的基础上，2005 年 12 月工程公司与广东电力设计院联合成立深圳中广核工程设计有限公司（简称“工程公司设计院”），获得电力设计资质，作为设计总体院全面参与岭澳二期项目工程设计。同时，组建由原核工业第二研究设计院、中国核动力研究设计院、广东省电力设计研究院和工程公司设计院等国内一流设计院组成的核电工程设计与技术研发团队，搭建“自主设计”协同平台。

在核岛系统及设备设计能力方面，通过充分引消吸和自主设计，采取科研攻关、法规标准梳理、企标体系建设、工程设计文件体系梳理及建版和现场技术问题处理建版等措施，提升工程公司核岛设备设计能力，依托 ACPR1000＋、HL1000 等项目，建立按正向设计流程完成各类设备设计和研发的体系和平台；依托福岛事故后设计改进以及自主型号研发，不断培养核岛系统总体设计能力，并以此带动下游设备、布置、力学等相关专业；取得核安全机械设备设计资质以来，通过设计流程梳理、标准文件体系建立、设计手册编制、设备性能分析及结构完整性评价、自主创新能力建设以及有针对性的科研、培训、国内外技术交流等工作，培养核岛系统及设备设计能力。

在常规岛系统设计能力方面，针对项目设计中的技术难点和关键问题，通过设计标准化平台建设、规范常规岛系统和设备的设计方法、设计流程、设计方案、计算工具和文件模板等措施，集中技术力量开展课题研究和技术攻关，掌握二回路的优化与诊断技术、汽轮机冷端参数优化技术、常规岛系统瞬态计算技术、常规岛三维布置设计技术、汽水管道的力学分析技术等，最终快速掌握常规岛系统设计能力。

3. 依托阳江核电站二期工程，培育自主研发设计技术能力

通过宁德一期、红沿河一期的工程设计能力的不断提升，核电安全设计得到不断改进；到宁德二期，实现核岛一回路及核厂房的自主设计，并取得国家核安全局核发的民用核安全机械设备设计许可证（核 1、2、3 级）和民用核安全电气设备设计许可证（1E 级），核电工程设计能力已完全自主掌握，工程公司设计能力获得跨越式发展。福岛核事故后，工程公司首先提出应对福岛核事故的 31 条改进措施，通过提高抗震能力，提高堆芯损坏频率 CDF 和大量放射性释放频率 LRF 值等技术措施，研发出具有三代核电技术特征的 ACPR1000 技术方案。经过国内同行专家严格评审和国家相关部门确认，ACPR1000 在满足国家最新法规要求的前提下，作为福岛核事故后第一个获得批准的核电技术方案在阳江核电站 5、6 号机组开工建设。

2009 年，工程公司在 ACPR1000 基础上开始研发具有自主知识产权华龙 1 号技术。

目前总体技术方案已通过国家能源局、国家核安全局组织的专家评审。华龙 1 号技术融合"能动与非能动"先进设计理念，主要技术指标和安全指标满足我国和全球最新安全要求，具有完全自主知识产权。在华龙 1 号研发过程中，开展核电关键设备的国产化研发。同时，开展适应新型号需求的燃料组件研发，真正实现燃料设计的国产化，为华龙 1 号新技术走出国门铺平道路。

通过开展 ACPR1000、ACPR1000＋与华龙 1 号型号研发，遵循研发逻辑，从顶层设计入手，通过对电厂总体功能要求的分解来确定构筑物、系统、设备的功能要求，通过迭代设计实现性能匹配，系统性地提升型号的安全性、可靠性；实现由翻版设计向正向设计转变，按正向工程逻辑开展建设，发挥设计的先行和引导作用以及技术支撑作用，培养新技术研发和应用能力。

(七)推进设计建造一体化能力建设，培育企业核心竞争力

工程公司以"大工程理念"为指导，积极培育和打造设计建造一体化能力。设计建造一体化技术能力就是通过各业务板块技术的有效集成，形成自主建造核电工程的总体能力，以确保最终产品整体性能最优。

1. 强化各专业技术集成和协同，快速推进工程建设

核电工程建设是按专业设计、按设备采购、按区域施工、按系统调试，各个专业技术板块在遇到重大技术问题时，需要从"大工程"视野，注重核电工程设计、采购、施工、调试的协调与匹配问题，提出工程建造最优的解决方案。在工程设计阶段，设备采购与成套人员、施工人员和调试人员参与相关设计工作，确保设计成果的可建造性、可实施性、可运维性。

2. 以核电新堆型研发为突破口，系统提升设计建造一体化能力

工程公司建立以项目负责制为核心的"矩阵型"研发模式，结合公司之前已经较成熟的"职能型"研发模式，形成适应核电工程特点的"矩阵＋职能"型的研发组织管理体系，如图 1 所示，开展核电工程领域重大创新研究，提升设计建造一体化技术能力。

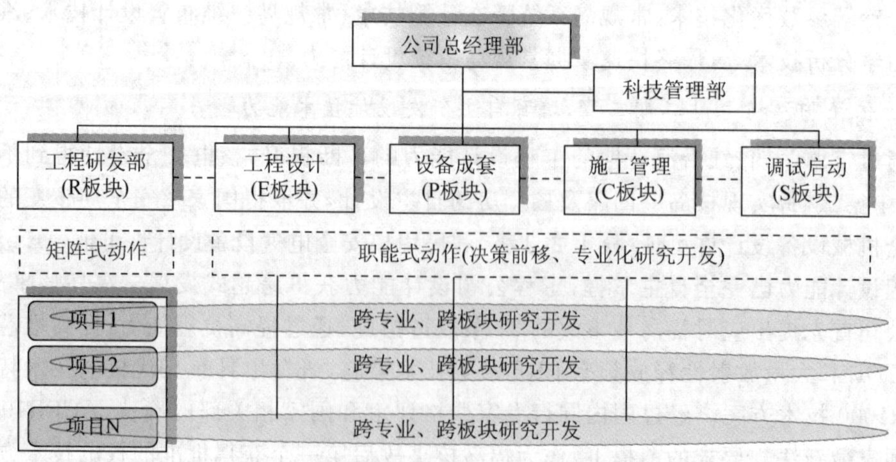

图 1 "矩阵＋职能"型的研发组织管理体系

(八)推进信息化、智能化,促进企业技术能力提升

1. 建立全球三维异地协同设计平台

从2005年起,工程公司先后配置三维设计系统(PDMS)等先进软件,并以此为基础搭建具有公司业务和管理特色的信息化平台。以设计平台为例,工程公司以PDMS为核心,以大亚湾和岭澳一期工程建设时期的工程文件为基础信息,搭建核电三维协同设计生产与控制平台。该平台不仅涵盖工程公司设计院各个专业所及上海分院,同时还覆盖法国阿海珐总部、成都核一院、武汉719所等全球各地多家核电站设计单位,平台规模和覆盖范围位居国内第一,达到世界先进水平。该平台的应用为核电各项目的设计标准化提供先进的信息化手段,实现了总体院与分包院的异地协同和信息共享,减少互提资料与设计接口,保证了设计数据的统一性、唯一性和一致性。

2. 搭建全流程的项目管理在线平台

2008年,工程公司建立覆盖设计、采购、建安、调试各板块,集成技术、进度、成本、资金、物资、安全、质量、环境等全范围、全方位业务数据的项目管理平台。通过项目管理平台,实现了多项目、多基地信息与经验的共享,提高了资源利用率,提升了多项目管理能力。

3. 推进智能核电工程建设

一是通过搭建核电工程业务流程平台,赋予数以万计的业务单元上下游逻辑,将各元件技术之间的逻辑关系显性化、电子化,进而实现核电工程海量业务、数据、人员的自动交互。二是以现有设计工具平台为基础,搭建满足各设计专业协同、工程建造下游数据需求的设计平台。三是在实现核电工程业务全面信息化的基础上,推进设备成套精细化、施工可视化、调试智能化。搭建面向核电站全寿期的分布式智能推演引擎,在底层数字电站的"大数据"环境和"云技术"软硬件构架的支持下,在顶层仿真标准规范、流程的体系构架下,开展几何仿真、功能仿真与性能仿真。以信息化手段为基础,通过与业务流程的结合,实现知识伴随业务的智能推送,为工程公司技术能力的创新提供有力保障。

三、依托核电工程的企业技术能力建设效果

(一)显著增强了企业自主创新能力,核电机组安全水平得到明显提升

企业科技自主创新能力不断提升,工程设计、设备采购与成套、施工管理和调试启动四大技术能力均已达到国际先进水平。在岭澳一期核电项目中,自主实施了37项重大技术改进。在我国核电自主化示范工程岭澳二期核电项目中,实施了15项重大设计改进和44项一般设计改进。在随后的17台核电机组的工程中不断改进机组设计。累计获得省部级科技奖项共计53项,知识产权申请共计725项,其中专利项530项,软件著作权135项,文字著作权60项。工程公司还承担了《国家能源局压水堆核电厂标准体系项目表》842项核电行业标准中的466项标准编制任务。

福岛核电站核泄漏事故后,工程公司快速响应,实施31项改进,设计出具备三代核电技术特性的ACPR1000,经专家论证和核安全当局审批,该堆型作为福岛核事故后国内首个获批项目在阳江核电站三期项目开工建设。工程公司研发的拥有自主知识产权、安全性和经济性等方面都达到了世界三代核电技术水平的华龙1号核电新堆型已获得

国家批准，成为目前国内可以自主出口的核电机型。华龙 1 号堆型各项安全性指标达到国际先进三代核电技术水平。

(二)增强了企业市场竞争能力

通过技术能力建设，工程公司已具备工程设计甲级资质(甲 A144008121)、民用核安全机械设备设计许可证(核安全 1、2、3 级)、承装(修、试)电力设施许可证承试类一级资质、电力工程调试单位电源工程类特级资质等十多项专业资质，形成了核电工程设计、设备采购与成套、施工管理与核电调试启动的整体核心能力。相比于岭澳一期项目，岭澳二期工程单位造价降低到 1550 美元/千瓦，节约项目投资约 3 亿美元。CPR1000 机组批量建造工期从 64 个月缩短到 58 个月，间接经济效益超过 18 亿元(单台百万千核电机组)。目前，工程公司同时承担 13 台百万千瓦级核电机组建设任务，总装机容量达到 1550 万千瓦，在建机组数量和装机容量均位居世界第一。在国际合作方面，中国广核与英国政府能源部门签订战略合作框架协议，承担罗马尼亚 ernavoda 核电站项目建设，为核电工程建设走出国门迈出了坚实的一步。

(三)推动了国内核电站产业链快速成长

工程公司积极推动产学研协同创新及成果转化平台建设，成立了由 74 家成员组成的产学研协同创新平台“中广核核电设备国产化联合研发中心”，建成国家能源核电工程建设技术研发中心，组建了行业内首个核材料及服役安全联合实验室。同时，工程公司积极参与核电高科技产业园的建设工作，主导建设的广东省台山产业园、深圳宝龙工业园、广州南沙工业园吸引了众多国内外大型企业，形成了核电装备产业链集群，为有效提升地方经济活力做出了巨大贡献。实现了反应堆压力容器、蒸汽发生器、控制棒驱动机构、水压试验泵电源系统、反应堆厂房环吊、主管道等重大核心部件的国产化。随着国内核电产业链快速成长，工程公司核电站项目国产化率也得以快速提高，由大亚湾核电站 1%、岭澳一期 30%、岭澳二期 64%、福建宁德一期 80%，到阳江核电工程国产化率已高达 85%。

(成果创造人：束国刚、黄学清、孙　奇、林　海、上官斌、李　靖、禹　阳、高　峰、咸春宇、毛　庆、付成军、缪　鹏)

以提升整体科技创新能力为目标的三大技术平台建设

中国南车集团公司

成果主创人：公司董事长郑昌泓

中国南车集团公司（以下简称“中国南车”）是经国务院批准，由原中国铁路机车车辆工业总公司与铁道部脱钩，于 2000 年 9 月组建的国有独资大型集团公司，2008 年成立中国南车股份有限公司实现 A＋H 股上市，是全球最大的轨道交通装备制造商和全面解决方案供应商之一。中国南车是科技部、国资委、中华全国总工会等联合命名的“创新型企业”，2011 年获评“全国十大创新型企业”，是国资委确定的 15 家科技创新重点联系企业之一、10 家“做强做优，培育具有国际竞争力的世界一流企业”重点联系企业之一。

一、以提升整体科技创新能力为目标的三大技术平台建设背景

（一）整合全集团科技资源、发挥科技创新协同效应的需要

中国南车在组建后按市场化运作的要求，进行了体制、机制和组织机构改革，取得了显著成效。但由于成立时间短，短期内无法迅速摆脱原有体制机制的束缚和影响，有的子公司却有上百年历史，在各自的专业领域积累了丰富的技术和管理经验。作为集团公司，当时的中国南车还没有将各子公司的管理理念、专业技术、企业文化进行有机结合，科技资源分散、科研重复投入、科技管理粗放、科技创新基础薄弱，缺乏统一的流程、工具、平台、方法，没有充分发挥整体协同的效应，严重制约了自主创新能力的进一步提升，影响了企业的核心竞争力。这就需要通过技术平台建设，将各子公司的企业文化、管理、技术进行有机融合，形成具有中国南车特色、与国际先进水平相当的科技创新管理模式。

（二）筑高核心技术优势、打造国际一流企业的需要

在计划经济条件下，中国南车由于长期缺少对外交流，生存发展压力较小，致使市场和发展意识、科技创新能力、产品研发制造水平、企业经营管理机制与国际先进企业相比还处于落后状态，无论是企业科技创新能力还是经营规模、效益，中国南车同国际一流企业的差距比较明显，尤其是接轨世界一流的核心技术、核心产品、核心人才的缺失，成为制约中国南车生存发展的重大瓶颈。当前，我国轨道交通装备制造业进入战略机遇期。能否以此为契机，通过技术引进消化吸收和再创新，不再重复“落后—引进—落后—再引

进”的道路，迅速提升科技创新能力，全面掌握核心技术、打造核心产品、培育核心人才，实现中国轨道交通装备制造业的转型升级，发展成为轨道交通装备业国际一流企业，成为摆在中国南车面前亟待破解的一大难题。

（三）抓住国际市场复苏的机遇，实施“走出去”战略的需要

随着全球经济复苏和城市化进程的不断加快，新技术的快速发展和国际能源供需矛盾的不断扩大，轨道交通以其高安全、低能耗、节省土地占用、绿色环保等突出优势，越来越多地受到各国政府的青睐，国际轨道交通装备市场也在“十一五”期间开始复苏。加之很多国家的轨道交通装备陆续到达更新期，新一轮采购热潮正在到来。国内外干线铁路和城市轨道交通的高速发展，大大拓展了轨道交通装备业的发展空间，为中国南车强力实施“走出去”战略提供了可能和机遇。但另一方面，中国加入 WTO 后，国内竞争趋于国际化，中国南车必须与国际轨道装备行业巨头在国内市场上“同台共舞”，迫切需要按照国际市场准则，增强在国际标准、知识产权等领域的话语权，为市场提供高性价比的产品，这些都对中国南车的科技创新管理提出了更高要求。

基于如上原因，中国南车在 2007 年全面启动建设国际先进水平的“设计、制造、产品”三大技术平台系统工程。

二、以提升整体科技创新能力为目标的三大技术平台建设内涵与主要做法

中国南车按照国务院“引进先进技术，联合设计生产，打造中国品牌”的总体要求，以进军世界轨道交通装备制造业三强为战略目标，着力整合内外部科技资源，构建开放式创新体系，以科研流程优化、科技创新平台搭建、研发手段提升为工作载体，着力打造具有国际先进水平的“设计、制造、技术”三大技术平台，创建可复制、可移植、可传承的科技创新模式，全面提升企业科技整体能力和可持续创新能力，有效支撑中国南车建设世界一流企业的战略目标。主要做法如下：

（一）明确三大技术平台建设的思路、目标和重点任务

1. 以国际领先企业为标杆，明确三大技术平台建设是企业整体科技创新能力提升的方向

在工作策划阶段，中国南车立足百年企业深厚的技术底蕴，确定“瞄准国际行业领先企业，全面对标找差距，自主创新与引进消化吸收再创新相结合，系统提升创新能力”的总体思路，确定以德国西门子公司大功率交流传动电力机车、美国 GE 公司大功率交流传动内燃机车、日本川崎公司时速 200 公里动车组、德国西门子和法国阿尔斯通公司的城轨车辆等产品所代表的技术平台为标杆，高标准、高起点、高要求，从设计开发、制造、采购、技术管理、技术标准、知识产权、产品型谱等全面开展调研、分析，系统查找存在的差距和不足，并将这些创新行为归集为设计技术、制造技

高速动车组生产现场

术和产品技术，确立通过实施中国南车的设计、制造、产品技术平台建设，大力提升产品质量水平，确保中国南车制造产品的高可靠性和高安全性，全面提升企业核心竞争力的发展策略。

2. 系统策划三大技术平台建设的重点任务

第一，设计技术平台。紧密围绕设计技术能力的建设和提升，主要内容有：一是优化设计控制程序，明确各阶段的划分、细化输入输出要求；二是提升设计手段，全面推行三维设计，建设协同仿真设计平台；三是系统建设先进和完善的试验验证体系，拥有和掌握完善的试验验证手段、设施和装备；四是建立全寿命周期的产品数据管理(PDM)系统；五是建立外部软、硬件设计资源的战略合作体系。

第二，制造技术平台。紧密围绕制造技术能力的建设和提升，主要内容有：一是优化制造控制程序，明确细化制造过程的管控要求；二是建立和完善工艺设计、验证和数据管理，优化工艺流程和布局；三是加快改善制造装备，配置充分的检验测量手段；四是建立先进的采购和物流管理控制程序；五是大力推进精益生产模式，全面执行整理、整顿、清扫、清洁、素养(5S)管理，推行全面生产性管理；六是建立外部软、硬件制造资源的战略合作体系。

第三，产品技术平台。在产品先进性、经济性、可靠性、成熟性和发展性的基础上，充分满足全球市场要求，实现产品的标准化、模块化、系列化、信息化，其性能、质量、可靠性达到国际水平或国际先进水平，以技术特征为主线，体现在完善产品技术标准、相关领域前沿技术的发展动态和市场需求研究、产品技术的科学合理规划、产品模块化和产品家族的研究、标杆产品的专有技术研究、主机产品与重大系统和关键部件的接口和内在技术联系的研究等。

三大技术平台建设融合国际铁路行业标准(IRIS)的要求，强化技术标准体系和质量管理体系建设，以及设计、制造、质量等专业技术人才队伍的培养，建立外部软件、硬件研发和制造资源的战略合作体系。

3. 将三大技术平台建设纳入企业中长期规划

为系统提升科技创新能力，加快构建与国际接轨的科技创新管理新模式，中国南车把三大技术平台建设作为前瞻未来、应对挑战的战略举措，作为“承前启后”、走向世界的重要纽带，作为提升企业文化和管理能力的有效途径，使之成为中国南车科技创新的工作主线和重要载体，将其提升到决定中国南车未来发展的重大科技创新战略的高度大力推进。

4. 以项目管理方式统筹稳步推进三大技术平台建设

一是建立领导组织机构。2007 年成立三大技术平台建设项目领导小组和工作组，负责项目的总体策划和资源配置，从人力、物力、财力等方面加大投入力度，并制定明确的工作思路和计划。项目领导小组下设项目办公室，具体负责详细策划、沟通、协调、检查和组织评估验收工作。成立咨询专家组，由中国南车技术专家委员会组织行业内、外部专家开展指导、评价等工作。按照三大技术平台建设确定的目标和任务，导入项目管理模式，组织策划、编制《中国南车三大技术平台建设项目计划书》，通过项目领导小组评审后正式发布。建立项目例会制度，定期召开工作组会议，检查、监督、协调项目进展，讨论解决存在的问题，并以项目工作简报方式进行通报。各子项目建立月度例会制度检查推进项目的实施。

二是开展工作试点。2008 年，将在技术引进过程中承担主机和关键系统国产化任务的子公司作为工作试点单位，确定 8 家子公司正式启动 12 个子项目的建设工作。组建强有力的项目管理团队，直接参与项目工作的技术、管理人员超过 1000 人。同时按产品类别成立各子项目组，使之成为自上而下、由面到点的系统工程，既有统一的高标准要求，又有项目自身的个性化特征。各下属公司组建子项目团队，设立项目考核目标，建立责任主管监管制度和各子项目的月报制度，将每个项目落实到人，细化到每个节点，有计划推进任务分解、阶段总结、集体评审、成果发布、考核奖励等过程，实现项目的跟踪管理和闭环管理。中国南车根据各子公司项目推进情况，加强综合评价和考核，形成项目专项推进工作报告和验收报告，为深化三大平台建设提供依据。

三是分解工作任务。2008 年，中国南车三大技术平台建设工作全面展开。各建设单位的主要负责人和总工程师积极贯彻落实三大技术平台建设有关工作要求，把三大技术平台建设纳入到各自的年度重点工作中去部署、检查、落实；广大科技人员和项目管理人员严格按照中国南车三大技术平台建设项目计划书的要求，认真细致地抓好项目策划、计划编制、组织实施、总结提高、评审验收等一系列建设环节。

四是专项推进重点工作。一方面由项目工作组牵头，组织内部专家成立试验验证体系建设、协同仿真设计中心建设、中国南车 17 项工艺管理标准编制、中国南车三维标注标准编制等重点项目课题组，负责开展专项研究和实施；另一方面由项目办公室组织成立专项推进工作组，对所有试点单位逐个进行工作评价、检查、推进和指导，先后开展设计和开发管理流程优化、中国南车 17 项工艺管理标准贯彻、可靠性(RAMS)管理、供应商管理、协同仿真设计、三维设计等 12 个重点项目的推进，有力推进各项工作的开展。

五是建设成果平移和推广。为加快科技管理工作成果和经验的总结，并在所有子公司得到全面推广和应用，实现中国南车科技管理整体水平的提升，中国南车确定三大技术平台建设成果平移和共享工作计划，先后组织编制《设计和开发管理工作手册》《可靠性(RAMS)管理工作手册》《项目管理工作手册》，实施协同仿真设计模板开发等项目，总结相关子公司在三大技术平台建设过程中的先进经验、有效的管理方法，上升为中国南车统一的管理标准和规范，按照管理标准化、标准表单化、表单信息化的总体要求，组织进行平移和转化培训，按照“规定动作做到位、自选动作有特色”的思路，督促子公司将这些管理成果与原有管理体系有机融合。

六是建立量化考核评价体系。2010 年初，借鉴和参考 IRIS 标准的评价模式，将项目计划书确定的工作任务和目标进行量化，按照“KO(否决项，不设分)项、封闭项[是(2 分)或否(0 分)]、可选项”三种类型，将可选项分解成“部分满足(1 分)、满足(2 分)、优秀(3 分)、持续改进(4 分)”四个档级，为每个试点单位设定阀值(最低合格线)，在此基础上编制和发布《中国南车三大技术平台建设项目验收大纲(A 版)》和《中国南车三大技术平台建设项目验收细则》，一方面可以为试点单位提供科学的评价依据，另一方面也可以作为试点单位工作改进的目标指引。2010 年年底，中国南车组织专家组对 8 家子公司承担的

12个子项目进行验收，形成三大技术平台建设项目验收报告，全面完成三大技术平台初期建设任务。

（二）着力推进设计技术平台建设，提升整体研发能力

1. 构建统一的产品设计和开发流程，规范设计过程

中国南车着力解决长期以来主要依靠广大设计人员的经验开展产品开发和设计，产品设计流程不清晰、不规范等问题。在统一部署下，各子企业结合国际铁路行业（IRIS）标准，理顺产品开发控制流程，制订产品设计规范标准，建立设计开发控制程序和实施环节，部分子公司实施并颁布与设计过程有关的变更、评审等多个支持性文件。

2. 建设产品数据流程管理（PDM）系统，加强研发过程控制和数据管理

中国南车建立支持三维设计的PDM系统，固化设计流程，有效管理设计过程和设计数据，实现设计文档的电子签审，大大提高设计效率、质量和规范性。相关子公司在系统中开发项目管理功能，在所有新品开发项目上，全面实现产品立项、方案设计、技术设计、工程图设计、试验验证等全过程的设计管理。将产品数据管理与工艺设计和管理系统进行集成，将工艺文件纳入到系统管理，做到设计与工艺并行，提高设计数据与工艺数据的集成度。直接从系统中输出技术文件指导生产，提高设计变更效率，进一步强化PDM系统作为产品技术数据中心的地位。

3. 全面推进产品三维设计，提升研发效率和研发质量

在中国南车的主导和推进下，各子公司广泛采用CATIA、UG、PRO/E等三维设计软件，循序渐进地开展三维设计规范制定，三维标准件、通用件、外购件三维模型的建立，已建立各类三维模型49148个。在整车和关键部件产品设计过程中，逐步实现全三维设计与仿真平台的有机结合。采用“自顶向下”的工程设计方法，完成三维数字样机设计并推广应用，实现三维和二维的关联，三维设计的广泛采用对于缩短产品设计周期、提升产品设计质量都起到了明显效果。

4. 建设协同仿真设计中心，实现仿真资源和研发经验共享

中国南车以高速动车组、大功率交流传动电力和内燃机车、货车等主导产品为对象建设4个协同仿真设计中心，开展仿真设计分析研究，建立各学科的仿真分析模板。按照统一要求，加快协同仿真公共服务平台建设，已建立仿真软件学科导航项目，开展仿真分析结果与试验验证数据的对比分析，实现在协同仿真平台上对所有仿真数据、仿真流程的集中管理，以建立高性能计算中心站为依托实现远程仿真资源的共享和利用。如四方股份公司在新一代高速动车组项目中大量应用仿真技术，特别是在头型设计中，基于20个概念设计头型，比选得出10个头型，又通过数据仿真分析与试验验证数据的对比，最终选出5个备选头型，并从中确立CRH380A新一代高速动车组的头型，缩短了设计开发周期，降低了研发成本。

5. 加强技术标准体系建设

中国南车投入大量人力、物力开展与国际、国外标准的对标分析，从“目标、范围、编制原则、技术组织及职责、工作内容及要求、工作程序、过程控制”等方面对标准体系进行

重新构建，搭建中国南车大功率机车、高速动车组等 25 个技术标准体系，构建以产品质量形成过程为顺序的技术标准和能源、安全、职业健康、环境、信息等技术标准体系，实现与国际先进标准体系的完全接轨。中国南车各子企业将大量的产品设计和工艺标准、规范和模板引入到信息化平台中，实现内部人员的共享和利用，不仅减少资源的重复投入，而且大大提升产品的设计效率和设计水平，起到一举多赢的效果。

(三)着力推进产品技术平台建设，提升新产品开发速度和水平

1. 加快产品模块化研究，提升快速响应市场的能力

中国南车引导各子企业广泛开展产品模块化研究，实现产品零部件模块化设计和制造，不断丰富产品种类，缩短设计和制造周期。其中，内燃机车已形成 9 大模块、6 个层级的产品模块化体系，模块总数达到 114 个。货车产品提出开展“通用模块设计”和“专用模块设计”的设想，对制动、转向架及车钩缓冲装置采用“通用模块设计”，在敞、平、棚、罐等需实现不同功能的车体结构采用“专用模块设计”，模块化设计工作得到一定程度的运用。

2. 大力开展产品家族建设，快速满足市场用户需求

中国南车结合自身实际开展产品家族型谱化分析，明确各子公司的中长期产品发展规划，对市场产品需求进行提前预测分析，着力建立起产品家族谱系，提供多种方案或组合方案供用户选择，甚至在某些方面主动引导用户消费。动车组形成不同速度级别的家族系列产品。电力机车按轴式和功率，建立起大功率交流传动电力机车新体系。内燃机车按照功率等级，搭建起 2000 马力等级、4000 马力等级、6000 马力等级的产品家族，满足铁路运输对各型机车的需求。货车按轴重和用途，构建既有通用线(25～27 轴重)、既有专线(30 轴重)、新建线(32.5～35 轴重)、新建重载专线(35～40 轴重)的重载铁路货车产品平台，形成敞车、平车、棚车、罐车、漏斗车等系列产品。

3. 建设三级试验验证体系，提升新产品质量和水平

按照“系统规划、定点建设、资源共享”的建设思路，组织编制《中国南车试验验证体系建设纲要》，确定三级试验验证体系建设的原则，其中：一级试验验证是指各一级子公司日常生产经营所必需的试验验证项目；二级试验验证是指由中国南车总部统筹规划、定点建设、资源共享的试验验证项目；三级试验验证是指投资规模大、技术安全性能等级低的可委托外部企业或高校、研究所承担的试验验证项目。按照建设纲要，一方面加快与高等院校、科研机构的合作，争取外部资源为我所用，有效提升中国南车试验验证能力。另一方面加快内部定点建设步伐，围绕提升高速动车组、大功率机车、客车、货车、城轨车辆等产品试验验证能力，建成一批代表行业先进水平的试验验证项目，初步形成布局合理、体系完善、资源共享、水平先进的三级试验验证体系，有效提高整车和关键部件试验验证能力。

4. 导入可靠性管理，为产品全寿命周期提供保障

中国南车将可靠性工作融入企业质量管理体系，通过建立安全分析、RAMS 分析流程，完善相关制度，建立起以可靠性为核心的质量管理体系，并在动车组、大功率机车、城

轨车辆等产品和项目中全面开展可靠性分析和设计工作。在建立产品全寿命周期成本(LCC)管理相关程序方面开展有益的探索和尝试,为产品设计改进提供相关信息,通过对产品的持续改进,不断提高产品的可靠性。建立故障报告分析及纠正措施系统(FRA-CAS),开展质量故障的收集、统计、分析、处置。通过引入可靠性管理,有效提升企业的质量管理水平,实现粗放式管理向精细管理转变,经验管理向科学管理转变,为提升产品质量,确保交通运输安全提供可靠保证。

(四)着力推进制造技术平台建设,打造轨道交通装备精品

1. 结合国际标准,完善和优化制造控制流程

按照国际铁路行业标准(IRIS)的要求制定工艺设计、工艺变更、关键特殊工序控制、设备和工艺装备控制等程序文件,从产品设计开发阶段工艺就同步参与设计评审、工艺试验等工作,细化工艺策划、工艺评审、工艺设计、工艺验证等阶段的管理要求。

2. 不断健全完善工艺技术标准

实施所有子公司工艺管理的标准化、统一化,结合轨道交通装备制造业特点,以强化总体策划、过程管控、效果验证为关注点,组织内部工艺管理专家制订17项工艺管理标准,作为所有子公司工艺管理的基础准则,并结合子公司业务类型、产品结构特点等进行平移、转化、细化,完善工艺管理体系,把工艺管理标准的要求表单化、信息化。组织专家对标准的落实开展督导检查,加大执行过程的监督和考核,确保工艺管理、工艺设计输入和输出的充分性、完整性、有效性,大力提升工艺管理工作水平,确保制造过程的产品质量。

3. 大力推进工业化改造,提升制造装备水平

中国南车大力推进高速动车组、大功率机车、城轨地铁、核心和关键系统和零部件的产业化能力建设,先后投资数百亿元用于技术改造和基地建设,制造、检测和试验等装备水平得到快速提升,关键设备及工艺装备达到国际先进水平。先后建成技术领先的高速动车组、电力机车、大功率内燃机车、铁路客车研发制造基地,拥有三个城轨地铁车辆研发制造基地以及铁路货车研发制造基地。随着现代化的研发制造基地建设和产业化能力提升,关键产品和重要工序实现加工数控化、检测自动化、过程管理信息化。

4. 大力推行精益生产

全面导入精益生产模式,遵循精益生产的理念,结合轨道交通装备产品的生产实际,初步构建以工位制节拍化生产为核心的新型作业平台,并以精益生产示范区(线)为实施载体,以四项基础管理为支撑,辅以组织机制保障,持续改善,不断优化。编制《工位制节拍化生产工作指南》,提出构建工位制节拍化生产的“八大步骤、七大支撑、四大要点”的基本框架。扎实抓好5S、TPM、班组建设和改善提案等四项基础管理,提升现场基础管理水平。以建设精益生产示范区(线)为工作载体,普及工位制节拍化生产,构建《精益生产示范区(线)“7化22条”评价标准》并每年组织开展申报、评价、授星及奖励工作。

5. 培育供应商技术和管理能力,提升产业链整体技术水平

中国南车将设计、质量、售后等控制延伸到供应链管理,形成质量可靠、技术同步、支

撑力强、布点合理的供应链。一是以项目为载体,将核心供应商纳入项目团队,组织供应商开展核心技术联合研究和攻关,实现技术优势互补和有效融合。二是将技术和管理延伸到供应商制造过程,派出大量技术人员对供应商进行技术指导、技术交底,在新产品试制过程中,派出技术和质量人员到供应商现场进行监造,帮助供应商提高过程质量控制能力,提前发现和解决质量问题,提升质量保障水平。三是开展供应商培育,建立具有自身特色的供应商管理模式,覆盖供应商培育、选择、评价、考核、清退等全寿命周期的管理,提升供应商管理水平。四是将核心供应商纳入一体化售后服务体系,实现售后服务技术、质量、配件等统一规划方案、统一配置资源、统一调度行动,建立快速响应、保障有力、服务全面的售后服务机制。通过供应商技术和管理能力的培育,实现由过去单纯关注企业内部设计制造环节,到关注源头采购、产品生产、售后服务全过程的转变。

(五)加强保障条件和人才队伍建设,为三大技术平台建设和运行提供有效支撑

1. 加大资金和项目支持

一是建立多元化科技投入长效管控机制,科技投入保持快速持续增长,年均增长率30%以上,占年销售收入比例达到5%以上,确保项目资金需求。二是将三大技术平台建设列入试点单位的年度科技创新工作重点任务,并给予一定的项目资金支持,用于重点课题的研究、技术培训、技术咨询、项目评价等。三是将协同仿真设计中心、试验验证体系、三维设计软件和产品数据管理系统等列入企业重大技术改造项目,确保项目建设资金及时到位。加强实施过程的重点管控,对项目的前期策划、过程监督、实施效果等阶段分别进行评价、考核。

2. 建设统一的信息系统和数据库

中国南车建立覆盖南车范围内常用国际国内技术标准的、总部与各子公司自动同步更新的数据库,以《中国南车标准化信息系统管理办法》保障数据库及时有效地维护,实现各子公司的标准资源共享。株机公司、株洲所公司、四方股份公司等相继建立和实施《知识管理程序》,将各公司内部散落在技术、工艺、管理等各条线上的各类标准、规范和模块进行彻底梳理、规范和完善,同时建立标准化信息库(平台),实现资源有效共享。

3. 加强科技人才队伍建设和激励

一是打造核心技术团队。实施《中国南车万名核心人才队伍建设实施纲要》和“科研人才储备行动计划”,启动“悉心打造万名核心骨干”工程,打造一批具有行业影响力的拔尖人才和领军人物。大力引进海外高层次科技人才,积极推进本土人才国际化。通过“人才+项目”管理模式,创新人才发展机制、分配机制、激励机制。中国南车已拥有一支包括2名行业仅有的中国工程院院士、9名国家级中青年专家、134名享受政府津贴专家在内的,总数超过1.5万名的人才队伍。

二是强化创新激励机制。设立中国南车三大技术平台建设“卓越奖”、“优秀奖”等奖项,评选和奖励对项目做出突出贡献的单位和个人。设立集团科技进步奖,每两年评选一次;对获得上级部门科技进步奖的项目给予配套奖励。对制定国际标准和获得授权专利的科技人员给予重奖。在技术专家、核心技术人才中推行股权激励等政策。

三、以提升整体科技创新能力为目标的三大技术平台建设效果

(一)显著提升了企业在轨道交通领域的核心技术能力

一是形成一大批国际领先的科技创新成果。坚持自主创新和引进消化吸收再创新相结合,系统掌握了高速动车组、大功率机车、城轨地铁车辆等产品的核心技术,形成了国际领先的技术优势。CRH380A 型高速动车组成为国家名片,是中国“高铁外交”大力推荐的产品。HXD1 型机车成功牵引 3 万吨运煤专列,CRH6 型城际动车组填补了国内空白,自主研制的中低速磁悬浮列车进入商业化运用。自主化地铁车辆牵引变流系统打破了国外企业的技术和市场垄断。紧盯世界轨道交通技术发展前沿,积极展开前瞻性、储备性研发,开展关键技术研究,打造轨道交通成套解决方案的供应商,实现项目总包能力的突破。

二是形成产品和技术领先优势。中国南车基于系统和关键部件标准化、模块化、系列化的商业化产品平台,形成时速 200～250、300～350、380 公里速度等级的动车组产品平台;建立起 6 轴 7200 千瓦、9600 千瓦和 8 轴 9600 千瓦大功率电力机车新平台;构建了城轨地铁车辆自主研发平台,研制了 80～200 公里不同速度等级的 A、B 型城轨地铁车辆和城际列车产品。注重技术积累和知识沉淀,推进技术专利化,专利标准化,中国南车作为国际电工委员会(IEC/TC9)的中国技术归口单位,2012 年首次成功主持制订并发布 2 项国际标准。2013 年主持或参与起草、修订国际标准 50 项、国家标准 98 项、行业标准 153 项,获得专利授权 1748 件。

(二)形成了具有中国南车特色和国际竞争力的科技管理体系

较以往的科技管理主要体现在九个方面的重大转变。一是通过规范信息化的产品设计控制流程,实现从依靠经验管理到通过产品数据流程管理的转变。二是通过先进设计手段的广泛运用,实现以三维设计提升设计质量和水平的转变。三是通过协同仿真设计中心的建设,实现由主要依赖现场实物试验向仿真模拟试验与现场实物试验相结合的转变。四是通过加强供应商延伸管理,实现从关注内部设计制造环节质量到关注全供应链质量管理的转变。五是通过建立产品设计和工艺标准、规范和模板,实现知识管理由零星分散到集中、由隐性到显性、由独有到共享管理的转变。六是通过导入先进质量管理理念,实现产品可靠性(RAMS/LCC)管理工作从无到有的转变。七是通过优化和配置资源,实现试验验证体系由布局分散、能力不足、各自为政到系统规划、全面提升、资源共享的转变。八是通过丰富产品家族,满足市场个性化需求,实现从注重单一产品研发到注重建立产品技术平台的转变。九是通过项目的整体策划和推进,实现由传统管理向项目管理的转变。

(三)促进了战略性新兴产业发展和“走出去”

一是战略性新兴产业快速发展。中国南车将多年来在轨道交通装备制造业积累的技术、管理经验移植到新兴产业领域,大力拓展专有技术延伸产业,在轨道工程机械、风力发电整机、新能源汽车、工程机械、工业发电机、复合材料等战略性新兴产业领域建立了相对优势。中国南车是国内唯一自主掌握 IGBT 芯片研发、模块封装、系统应用于一体的企业,国内首条、世界第二条 8 英寸 IGBT 芯片生产线于 6 月正式投产。借助在该领

域的核心技术优势，成功跨入大功率输变电、光伏发电、电动汽车、风力发电等多个行业。中国南车研制了国际上最大功率的超级电容器，成功应用于世界首台以超级电容为动力的100％低地板有轨电车，并获得国内多个城市的订单。借助于在轨道交通非金属材料行业的技术领先优势，实现在桥梁、汽车、军工装备等领域的跨行业全面应用。

二是国际化发展持续提速。依靠核心技术和质量成本优势，积极落实国家“走出去”战略，实现由国内市场为主向国内外并重的转变、由提供单一产品为主向提供“产品＋技术＋服务”成套解决方案的转变、由发展中国家和地区向欧美高端市场的转变。自主创新的CRH380A型高速动车组首次出口广深港高铁；签订的21亿美元南非电力机车大单，是我国高端轨道交通装备整车最大的出口订单。在海外建立子公司、维保基地、办事处等23家机构，向用户提供融产品、技术、服务于一体的“4S”店一站式服务。通过兼并、收购、联合在美国、英国等设立海外研发中心。联合建设单位向海外推广中国的高铁标准，积极推动“中国创造”走向世界。

(四)市场开拓能力和品牌影响力大幅提升

2013年中国南车实现销售收入1004亿元，经营规模成功跻身世界行业前茅；产品在国内的市场份额长期保持在50％以上，出口市场由2000年的26个国家和地区、销售不足5亿元增长到2013年的80多个国家和地区、销售近100亿元，其中高端产品占整车出口的70％。近两年来，中国南车出口签约额均在20亿美元以上，整机高端产品逐步成为出口主流，并进入越来越多的发达国家和地区市场。在2014年世界品牌实验室(WBL)发布的《中国500最具价值品牌》排行榜上，中国南车列第52位，机械行业第一位，品牌影响力为世界性，蝉联中国最具价值机械行业品牌。2012年，德国著名咨询机构SCI Verkehr发布的2010年世界轨道交通装备制造商新造领域十强中，中国南车跃居第一。

(成果创造人：郑昌泓、唐克林、王 军、张新宁、陈 笃、赵小刚、刘化龙、朱龙驹、王全乐、汤旭祥)

军用航空发动机维修中的关键零部件再制造工程管理

中国人民解放军第五七一九工厂

成果主创人：厂长向巧

中国人民解放军第五七一九工厂（以下简称“5719厂”）始建于1970年，是国家投资、军队管理的军民融合型国有高新技术企业，主要从事军用航空发动机维修、航空产品研制和高端机电装备制造。2013年，总资产近45亿元，实现营业收入19.19亿元、利润1.44亿元。拥有“国家认定企业技术中心”、“国家级工程实践教育中心”“国家校准检测实验室”和“四川省院士工作站”。

一、军用航空发动机维修中的关键零部件再制造工程管理背景

（一）持续提升军用航空发动机维修保障能力的需要

军用航空发动机是作战飞机的动力装置，是空军战斗力和国防建设的重要物质基础。为保持技战术性能和确保可靠性，军用航空发动机使用到一定时期，就必须按照工艺技术文件要求维修，恢复主要性能。军用航空发动机总寿命2/3以上靠维修保障。关键零部件仅占军用航空发动机零部件总数的5%左右，但对技战术性能和可靠性有决定性影响。由于军用航空发动机要满足作战飞机飞行机动（如过失速机动）、超音速飞行（如超音速巡航）、低可探测性（如雷达、红外隐身）等复杂的作战和训练需求，关键零部件由于长期在高温、高压、高转速条件下工作，导致损伤或到寿而报废。我国由于工业化时间短，军用航空发动机科研基础差、底子薄，维修模式总体上仍以传统的笼统维修、换件维修、经验维修、故障维修、定时维修为主，由于传统维修模式中不包括关键零部件再制造工程，无法修复报废的关键零部件，只能直接更换新品。20世纪90年代，随着我国引进的第三代军用航空发动机陆续投入维修，传统维修模式的弊端愈发凸显，仅单台更换新品关键零部件成本就曾高达近500万元，且采购新品关键零部件程序繁琐、周期长，处处受制于人，造成大量该型军用航空发动机由于无法修复而停用，严重影响部队战斗力。

军用航空发动机维修中的关键零部件再制造工程，是以报废的关键零部件为再制造毛坯，运用再制造专业技术和产业化生产手段使其恢复性能，且质量特性不低于原型新品，成本远低于新品价格的一系列技术与管理活动的总和。关键零部件再制造工程打破传统维修的“禁区”，使报废的关键零部件焕发新的生命，是维修发展的高级阶段。随着进入维修期的军用航空发动机数量逐年增加，用户对再制造后的关键零部件需求在今后一个较长时期内呈稳步上升趋势，研发掌握具有完全自主知识产权的再制造核心技术对

建设强大国防具有重要意义。

5719 厂作为多型军用航空发动机的用户指定维修保障基地，必须通过实施军用航空发动机维修中的关键零部件再制造工程管理，实现传统落后的维修模式到先进维修模式的变革，提升军用航空发动机维修保障能力，解决引进军用航空发动机“高价买、天价修”，国产军用航空发动机“造得了、修不好”的问题，贡献强大国防。

（二）打破国外封锁、突破军用航空发动机维修核心技术的需要

传统的军用航空发动机维修技术主要包括清洗、挫修、研磨、喷丸、喷涂、焊接等，这些技术仅能满足可修复的关键零部件的维修需要。对报废的关键零部件，实现恢复其性能、保持可靠性且成本较低的修复目标，必须在传统维修技术的基础上，研发运用包括前处理、“增材”制造、性能及形变恢复、原始缺陷判别及修正、寿命预测评价及考核验证等在内的再制造技术。与传统的维修技术相比，再制造技术具有学科交叉、过程复杂、新技术密集、自主研发难度大且风险高的特点。随着新技术、新材料、新工艺在关键零部件的应用日益广泛，报废关键零部件的修复难度愈来愈高。由于关键零部件再制造技术仅有少数国家的少数企业掌握，且严密封锁、概不转让，其研发与工程化应用更加受制于人。5719 厂必须通过实施军用航空发动机维修中的关键零部件再制造工程管理，强化技术创新，掌握具有完全自主知识产权的关键零部件再制造技术并实现工程化应用，才能打破封锁垄断，摆脱受制于人的局面。

（三）提升企业综合效益、引领行业持续发展的需要

关键零部件价格昂贵，如某型军用航空发动机某关键零部件新品价格近 200 万元人民币，使用达到一个寿命周期后的报废率达 45.5%，如果不进行再制造，就只能购买新品来更换，大幅增加该型军用航空发动机的维修总成本。

5719 厂作为我国航空发动机产业的重要组成，始终把发挥自身在军用航空发动机维修保障行业的龙头作用，促进我国航空发动机产业整体进步作为履行社会责任、创造社会效益的主要目标。军用航空发动机由于各种原因造成的关键零部件设计、制造缺陷，给飞行安全造成很大的隐患，通过实施军用航空发动机维修中的关键零部件再制造工程管理，5719 厂在攻克、解决关键零部件设计、制造缺陷的同时，能够将有关成果同步反馈产业链上游的设计、制造单位，从全寿命周期管理的前端提升军用航空发动机的技术性能和可靠性、可维修性，在引领我国军用航空发动维修保障行业发展的同时，带动航空发动机产业整体进步。

员工们聚精会神地工作

1999 年以来，5719 厂在国内率先将关键零部件再制造工程管理应用于军用航空发动机维修，在关键零部件再制造工程管理战略导向的指引下，逐步完善再制造工程管理体系，全面变革技术研发、生产、质量、成本、服务、人力资源等各项管理，取得显著成绩。

二、军用航空发动机维修中的关键零部件再制造工程管理内涵和主要做法

5719 厂以再制造工程理念为指导，以研发突破关键零部件再制造技术并实现工程化应用为核心，以再制造产业化柔性生产为关键，以工步控制和质量身份证管理实现再制造质量的全程可控，设立微型利润中心，完善预算、核算与考核体系精细控制再制造成本，以星级服务提升用户对再制造的认可度，设立技能大师工作室创新再制造人才选拔培养，最终实现自主、优质、高效的再制造工程目标。主要做法如下：

（一）明确关键零部件再制造工程管理战略导向，设计再制造工程管理体系

5719 厂在认真研究国家相关政策法规、分析我国军用航空发动机关键零部件再制造需求的基础上，充分识别、利用自身优势，明确军用航空发动机维修中的关键零部件再制造工程管理的战略导向，即坚持“成为飞机心脏顶级服务者”的企业愿景，履行“给飞机心脏创造新的生命，为航空发展贡献不竭动力”的企业使命，以“自主、优质、高效”为总目标，研发掌握具有完全自主知识产权和国际领先水平的军用航空发动机关键零部件再制造技术，再造生产运作、成本管理、质量管理，缩短再制造生产周期、提升效益，实现再制造技术的工程化、产业化、规模化应用；明确战略目标，即到 2025 年，研发掌握 30 项关键零部件再制造关键技术并实现工程化应用，年创产值 4 亿元，军用航空发动机关键零部件再制造市场占有率全国第一，同型号关键零部件再制造生产周期全国最短，因再制造后的关键零部件质量问题造成的飞行等级事故和地面事故为零。

遵循上述战略导向，5719 厂经过十余年积极探索，逐步建立和完善军用航空发动机维修中的关键零部件再制造工程管理体系，即以组织体系为保证，涵盖研发、生产、质量、成本、市场和服务管理五大核心关键管理领域，以人力资源管理为支持，国内和国外合作为两翼，内部协同、对外开放的管理体系（见图 1）。

关键零部件再制造工程管理的组织体系纵向分为两个层次。一是由战略文化发展研究中心负责从企业整体层面制定关键零部件再制造工程管理战略导向，调整组织结构，成立企业技术中心、再制造事业部和再制造技术及增材制造技术研究所（挂靠在再制造事业部），设立再制造专业总师、系统工程师等岗位；二是由再制造事业部负责对再制造技术研发和生产过程的专业化管理，建立并完善再制造组织体系，为落实战略导向提供组织保证，具体包括：再制造技术研发、应用，开展质量管理、成本管理，进行再制造技术、管理成果的反馈转化和再制造的关键零部件发展前景评估；此外，由品质保证部开展市场和服务管理，人力资源部提供人力资源支持。

紧密围绕再制造技术研发、生产过程，逐步明确关键零部件再制造工程的五大核心管理领域的主要任务：研发管理，建立科学高效的关键零部件再制造技术研发流程，保证关键零部件再制造技术研发顺畅、风险可控，自主研发一批具有自主知识产权的再制造技术与工艺；生产组织管理，以故障检查为中心组织再制造生产，实施柔性生产并完善供应链，实现关键零部件再制造产业化生产；质量管理，运用以工步为中心的关键零部件再制造生产过程质量控制和质量身份证管理，保证再制造的关键零部件质量不低于新品；成本管理，建立微型利润中心，保证再制造的关键零部件的经济合理性；市场和服务管理，通过打造关键零部件再制造服务品牌，提升用户忠诚度，保持并不断开拓再制造市

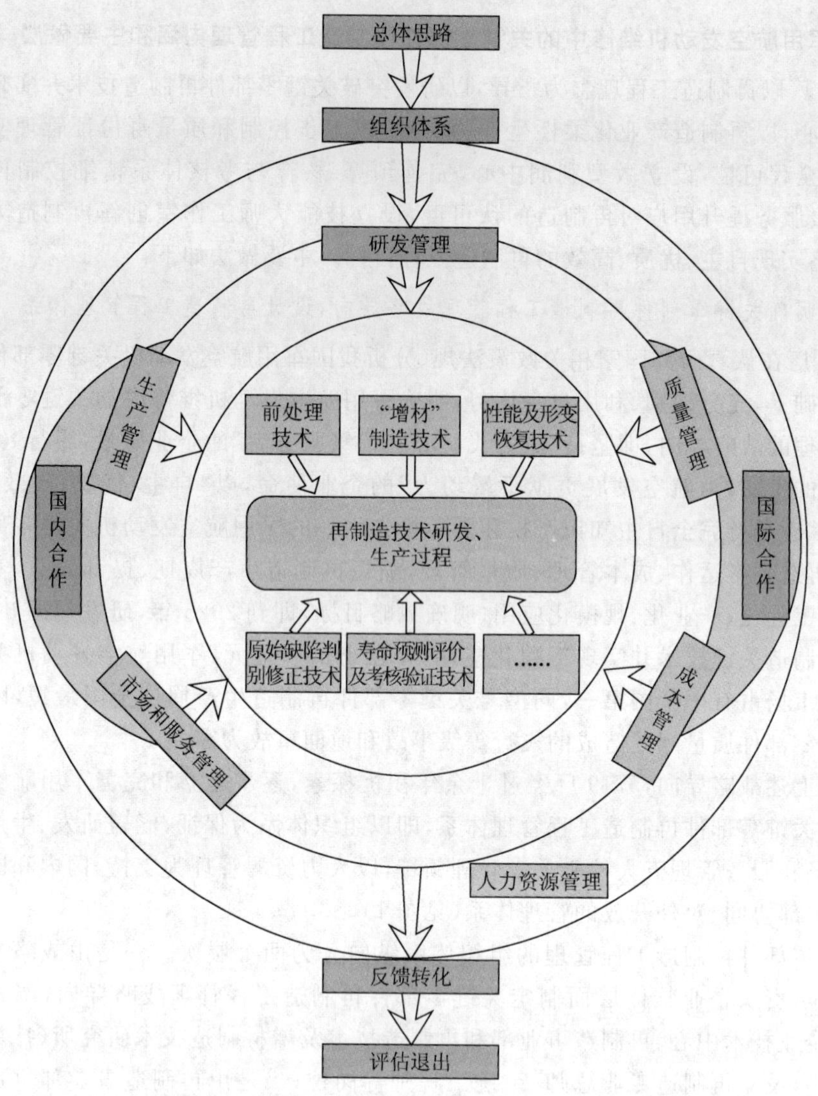

图 1　军用航空发动机维修中的关键零部件再制造工程管理体系

场。五大核心管理是直接面向技术研发和生产过程的管理工作，要千方百计为技术研发和生产过程提供服务，是管理体系的基本要素，缺一不可，并不断强化。

为保障上述工作的顺利开展，5719 厂在改进和强化内部管理的同时，以关键零部件再制造技术交流合作为重点，逐步发展和完善对外合作的管理，促进关键零部件再制造技术研发和管理进步，同时注重再制造人才的培育，提供人力资源保障。

对关键零部件再制造工程管理成果，通过技术成熟度和管理成熟度评估，将达到最高成熟度的技术、管理成果分别转化为企业技术标准和管理标准，并通过参与新型军用航空发动机维修性和可靠性设计，将再制造技术成果反馈应用到设计制造中。同时，再制造事业部结合季度绩效分析会，从生命周期、再制造经济性、用户需求三个维度逐型号对再制造的关键零部件进行发展前景综合评估，将已处于生命周期末端、再制造经济性差、基本无用户需求的关键零部件退出再制造生产。

（二）规范研发流程，突破再制造关键技术

5719厂在国内率先提出并逐步完善军用航空发动机维修中的关键零部件再制造技术研发流程（见图2），实现关键零部件再制造技术研发的系统化、规范化，推动技术攻关。

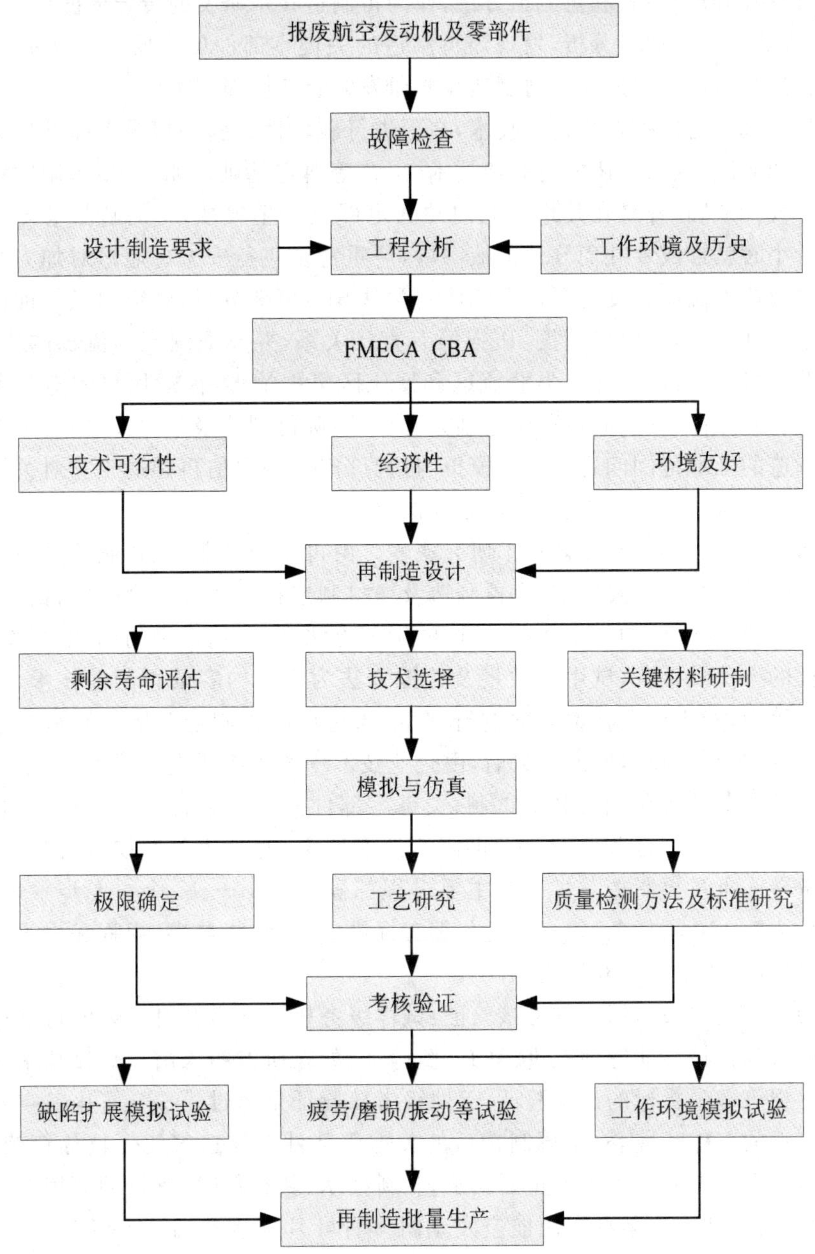

图2 军用航空发动机维修中的关键零部件再制造技术研发流程
（注：FMECA CBA表示故障模式成本与收益风险分析）

工程分析。由企业技术中心建立再制造工程分析体系，分别针对燃烧室等热端系统关键零部件，风扇叶片等冷端系统关键零部件和主副燃油总管等燃油系统关键零部件，识别变形、打伤、裂纹、烧蚀等不同故障模式，综合考虑不同型号关键零部件的不同材质特性，确定可再制造的关键零部件范围；从零部件水平、子系统水平、军用航空发动机系统水平三个层次分析各种故障模式可能造成的影响，按可能造成的最严重影响确定严重度类别；提出探测故障模式和再制造方法，作为再制造技术研发的指导依据。

成本/收益分析。通过分析，发现当再制造的关键零部件价格低于新品价格的70%时，容易获得用户接受，以此作为再制造技术研发的经济性限制条件。

模拟与仿真。运用模拟与仿真技术，在不进行破坏性试验的情况下即准确掌握故障的形成过程和原因，从而为研发再制造技术、工艺等奠定基础。如，某型军用航空发动机加力泵由于设计缺陷，容易在其蜗壳腔内的固定部位发生气蚀，有的新品甚至装机使用仅几十飞行小时就形成穿孔而导致油液渗漏，严重危及飞行安全。通过对加力泵工作状况以及泵内液体的湍流强度进行计算流体力学(CFD)模拟分析，确定蜗壳气蚀由气液混合物的物理特性引起，与流体速度、压强等有直接关系，并掌握蜗壳内流场的流速、压力分布等情况，验证气蚀部位存在强湍流区和低压区集中情形，为运用再制造技术进行流场整形扰流、彻底解决气蚀故障奠定基础。此外，明确再制造极限定义，即确定关键零部件可以再制造的区域范围问题。通过模拟与仿真分析，预评估再制造工艺对关键零部件性能的影响，为正确调整再制造工艺参数提供保证。

工艺研究。设计再制造工艺技术研究流程。由再制造事业部、企业技术中心根据用户需求提出再制造技术研发需求，由再制造及增材制造技术研究所牵头执行再制造技术研发，制定以关键零部件的技术状况、采取的工艺方法和手段、达到的标准、可靠性分析、试验和验证的方法及手段、试用的数量及监控方法为主要内容的再制造技术方案；由企业技术中心组织，对再制造技术方案进行评审，通过后向再制造及增材制造技术研究所下达科研指令；再制造技术研发完成后，由企业技术中心组织进行技术鉴定，通过后可开展关键零部件的首件或首批再制造试制；关键零部件的首件或首批再制造试制完成后，由企业技术中心组织进行首件或首批再制造技术鉴定，通过后下发技术通知，由再制造事业部负责转入批量再制造。每一个主要过程都被分为10～15个主要步骤来定义，每个步骤又分为5～10项任务，每一个任务都有标准的模板、指导书、规程和出入口准则的定义，还可以进一步细分为开发活动。

考核验证。按三级组织实施考核验证：试样级考核验证是针对具体的再制造技术或工艺试样的常温机械性能等性能进行的试验验证，如在研发粉末冶金焊接技术时进行的合金元素耗损等多项指标的试验验证；部件级考核验证是通过模拟与军用航空发动机实际使用相接近的工作环境，检验再制造后的关键零部件在高速气流下抗热疲劳等性能；整机级考核验证是再制造中采取重要新工艺、新技术、新材料时，进行的军用航空发动机整机级验证考核，如完成某型军用航空发动机多种叶片再制造后，将其装在该型发动机上，进行地面长期试车考核，验证其可靠性和工艺质量。

在技术研发的过程中，注重广泛开展技术合作，利用企业内外部智力资源。从国际国内两个方面广泛开展军用航空发动机关键零部件再制造技术合作：国际方面，5719厂与国外某再制造技术领先企业联合开展再制造技术研发、技术培训，充分学习借鉴国际最先进再制造技术成果；国内方面，与中航工业沈阳发动机设计研究所、黎明公司等多家院所企业开展多型军用航空发动机关键零部件再制造技术研发合作;与东汽公司、中航工业成发公司等多家企业开展多型燃气轮机叶片再制造合作。先后承办航空修理系统"航空发动机零部件制造与再制造交流会"、全国"燃气轮机及航空发动机零部件再制造技术交流会",推动国内航空发动机、燃气轮机关键零部件再制造技术研发合作与产业发展。

(三)梳理再制造流程,开展柔性生产

关键零部件再制造生产是实现再制造工程目标的关键过程。5719 厂通过优化再制造生产过程,实施再制造柔性生产,完善再制造供应链管理,形成效率较高的再制造生产组织管理,实现关键零部件再制造的产业化生产。

1. 设计再制造生产流程

由于再制造生产过程的对象——再制造毛坯是报废的关键零部件,使得再制造生产过程中对再制造毛坯状态的判断具有特别重要的意义,是所有再制造生产活动的基础。5719 厂以精益思想为指导,运用价值流图对再制造生产过程进行价值流分析,绘制再制造生产作业现状图,学习国际领先再制造企业的生产管理经验,对现状图进行分析,绘制未来状态图,确定"故障检查(处方)",判定报废的关键零部件的缺陷或故障,有针对性地制定个性化工卡,进行再制造生产。

2. 组建柔性作业单元

关键零部件再制造的生产涉及不同型号、不同故障、不同材质的关键零部件,具有"多品种、小批量"的特点,如果按传统生产组织管理方法,对每种型号的关键零部件都建立相应的再制造生产线,成本、效率、资源等都将无法满足实现再制造工程目标的要求。为解决这一问题,5719 厂将柔性生产运用于关键零部件再制造,具体做法是:梳理所有型号关键零部件再制造的共性生产环节,将其按工艺文件划分为清洗、钳工、特种加工、热喷涂、焊接等若干个不同作业单元,配置相应的工装设备和技术、技能员工;为适应柔性再制造生产的需要,对员工进行培训,使其掌握针对不同型号关键零部件再制造生产所必需的专项技能;所有投入再制造的关键零部件,都根据再制造技术员编制的可视化再制造工卡,在不同作业单元之间流转,最终完成再制造作业。传统的再制造生产线为"单线单型",即一条再制造生产线只能完成一种类型的关键零部件再制造;与之相比,柔性化再制造生产线实现"单线多型",在保证质量的前提下有效降低成本,减少工装设备和人力资源的浪费,提升生产效率。

3. 完善再制造物料管理

5719 厂以建立再制造精益供应链为中心,完善再制造供应链管理,具体做法是:在再制造事业部成立再制造配送中心,该中心与工厂物资保障管理部门共同建立再制造工装设备与原辅材料需求预测模型,以此为指导制定采购计划,提高计划的准确性和物资保障的及时性;建立合格供应商名录,将再制造物资供应商纳入合格供应商名录管理,确保再制造工装设备与原辅材料供应的质量;依托 ERP 系统,通过 VMI(联合库存管理),实现原辅材料请领信息化,提高配送效率与精度;在维修作业单元建立报废关键零部件存放区,统一存放报废的关键零部件,通过 ERP 系统向再制造配送中心提出回收要求,由其上门回收；维修作业单元根据维修作业需要，通过 ERP 系统向再制造配送中心提出对再制造后的关键零部件需求，由其上门配送。

(四)严格质量控制，确保质量状态可控、可追溯

由于再制造关键零部件品种多、批量小，5719 厂以可靠性为中心，实施以工步为中心的关键零部件再制造生产过程质量控制和数字质量身份证管理，确保再制造生产过程中质量状态可控和可追溯，再制造后的关键零部件质量不低于新品。

1. 实行以工步为中心的再制造生产过程质量控制

将每种关键零部件再制造生产过程按工艺细分为若干具体工步，再将工步按所涉及的专业逐项定义再制造方法和参数控制范围，作为每个工步必须达到的质量标准纳入再制造工艺文件，成为技术标准；关键零部件再制造生产过程中，主要运用自动化检测设备，完成每个工步后都要进行相关参数的测量，自动与数据库中储存的质量标准进行对比，不达标的一律不流入下一个工步，从而实现对再制造生产过程质量的有效控制。

2. 开展质量身份证管理

质量身份证是记录军用航空发动机关键零部件再制造过程中产生的相关质量信息的载体。5719 厂运用信息化技术，建立再制造数字质量身份证，将关键零部件的再制造过程及产品的物理性质、性能参数以数字化方式进行存储，使每个关键零部件拥有唯一的条码标识，建立关键零部件再制造全过程的质量安全数据库，可通过条码迅速查询到该关键零部件的相关信息。具体做法是：建立关键零部件的代码编制规则，对待修品进行拍照以存储其原始状态，将各部分按其规则进行条码化，此后的数据输入以条码作为零部件的唯一标识；建立产品的三维数字模型，明确产品所处的状态和物理特性参数，同时附带产品故障信息，以数据库方式进行存储；将产品经历的再制造作业过程的主要参数、换件和代用等特殊修理过程进行记录；将再制造完毕的试验过程数据、试验结果和质量证明材料等信息进行数字化存储；将关键零部件装配成型后的三维数字模型、试验过程数据和试验结果等具体数据，质量证明材料和交付信息等进行数字化存储。通过以上步骤的实施，可使每一件关键零部件都对应一份数字质量信息记录和相应实物照片，记录故障信息、产品各种状态下的特性参数、加工过程和产品性能参数等内容，只需通过扫描条码便可实现信息查询，产品信息查询结果如人的身份证一般独一无二。数字质量身份证为同型号关键零部件再制造提供重要技术参考，其详尽的物理参数、性能参数和试验数据也为装机使用的再制造后关键零部件质量溯源提供便利。

(五)加强成本管理，确保再制造的经济合理性

在保证性能与质量的前提下，再制造关键零部件的成本应当控制在新品价格的 70%以下，为此，5719 厂通过完善关键零部件再制造成本预算、核算体系，推行微型利润中心管理，降低关键零部件再制造成本。

1. 推行“三维”成本预算管理，维修成本预算“精确到件”

由于关键零部件再制造生产“多品种、小批量”的特点，且每种型号、甚至每件关键零部件的再制造工艺、消耗的原辅材料可能都不相同，使得其预算管理必须由维修成本预

算的“精确到批”转变为“精确到件”，才能提高预算管理的准确性。5719厂建立关键零部件再制造“三维”成本预算管理方式，具体做法是：建立“型号维”清单，包括所有可再制造的关键零部件的型号、故障模式、材质；建立“工艺维”清单，对再制造生产的清洗、钳工、特种工艺加工等所有工艺与“型号维”清单中所有型号的关键零部件建立一一对应关系；建立“消耗维”清单，对“工艺维”清单的所有工艺逐项确定材料、燃料、人工、折旧等所有成本；三个维度相组合，依托ERP系统建立“三维”成本预算数据库，迅速、准确地生成所有关键零部件再制造的成本预算，极大提升效率和准确性。

2. 精细成本核算

以单件关键零部件再制造成本核算为中心，综合运用分批法、分步法和作业成本法，按作业消耗进行成本收集分配，适应关键零部件再制造生产的特点，提高成本核算的合理性、准确性和及时性，具体做法是：由再制造事业部会计按再制造生产令号建立再制造生产作业台账归集成本，逐个令号归集再制造生产作业所有工艺的成本，再将各种间接费用按一定比例摊入所有令号，既较为准确地核算再制造生产的直接成本，也较为合理地核算间接成本。

3. 推行微型利润中心管理

5719厂将再制造事业部内部的各再制造作业单元作为微型利润中心，由再制造事业部对各作业单元成本进行独立核算；作业单元收入由两部分组成，一部分是作业单元按照规定的时间和质量标准完成再制造作业而获得的任务报酬；另一部分根据作业成本基准进行核算，将节约额度的30%作为作业单元的成本节约报酬；赋予作业单元内部分配权，使员工薪酬收入直接与完成任务、节约成本挂钩；执行相同工艺的各作业单元之间平时为竞争关系，效率越高、质量越好、成本越低的作业单元，就能够多占有待再制造的关键零部件，将员工从被动地接受生产任务改变为主动地“抢订单”，主动节约成本，实现相互间的“比、学、赶、帮、超”。

(六)开展星级服务，提升用户对关键零部件再制造的认可度

用户服务是保证再制造后的关键零部件装机使用可靠性、安全性的重要环节，也是提升用户对再制造工程成果的认可度，保持并拓展再制造市场的重要手段。5719厂遵循“专业、快速、专心、真诚”的服务理念和“情系蓝天、星级服务”的服务准则，打造星级服务模式，不断优化关键零部件再制造工程的用户服务。星级服务模式中，“三星级”为标准化、规范化的解决问题服务；“四星级”为满足个性化需求的信息增值服务；“五星级”为满足潜在需求、提供增值服务和使用户得到意外惊喜的创造感动服务。具体措施包括：

一站式跟踪服务。在用户驻地建立外场服务站，选拔技术技能精、作风纪律严的员工驻站保障，优化工装配置，预先储备再制造后的关键零部件，第一时间响应用户需求，“零时间、零距离”靠前服务，同步掌握用户关于再制造的需求，及时回传。

遥控式会诊服务。建立以用户服务“金牌员工”罗卓红命名的“老罗热线”，由专人24小时值守接听，随时接收用户服务要求。对再制造后的关键零部件装机使用后发生的技术问题，由再制造技术专家在厂内利用远程保障支援系统指导外场服务站驻站员工解决，极大提升工作效率。

分忧式担当服务。主动了解掌握用户执行重大任务的保障需求，针对用户需求准确预测需要再制造的关键零部件的型号、数量并做好储备，根据用户任务进度和变化及时调整，灵活满足需求。

流动式培训服务。充分利用专业的培训师队伍，上门为用户提供军用航空发动机维护和再制造等方面的知识、技能培训，既保证用户正确使用、维护再制造后的关键零部件，也以生动直观的形式有效扩大再制造成果的影响，促进用户对再制造工程的认同。

预防式售前服务。再制造事业部会同品质保证部，将再制造后的关键零部件装机使用后的维护要点、注意事项以及常见技术问题的原因、机理、排除办法等定期汇编成册，作为技术资料赠送给用户，帮助用户预先了解掌握再制造后的关键零部件的性能与特点，还每年安排由主要领导带队赴用户进行质量走访，听取用户的意见建议，了解用户对于再制造的需求，更好地指导再制造工程管理。

(七)培养再制造人才，提供智力资源保障

关键零部件再制造技术研发与生产过程具有手工作业与高技术设备工程化应用密切结合、员工技术技能培养和业务素质养成周期较长的特点，要求5719厂不断完善再制造人力资源管理，培养造就高素质的再制造人才队伍，满足实现再制造工程目标的需要。

1. 完善再制造人才的外部引进与内部选拔

成立厂级人力资源专家委员会，改变传统的只看重学历和资历的人才引进与选拔方式，依据再制造相关岗位的从业资质要求和岗位任职资格能力标准，对拟从外部引进和内部选拔的再制造人才逐一进行岗位胜任能力甄别，综合考察学历、资历、工作实绩、技术(技能)攻关、质量记录、经验传授、身体和心理素质等各方面的情况，确保充实到再制造岗位的人才的适用性。近年来，5719厂共从外部引进人才13人，从内部选拔3名工人高级技师充实到再制造技术研发和生产操作岗位，满足需求。

2. 完善再制造岗位员工职业生涯发展通道

针对外部引进和内部选拔的再制造岗位员工综合素质较强、职业生涯起点较高的特点，分别完善以助理技师岗位为起点的再制造技能人才职业生涯通道、以助理技术员为起点的再制造技术人才职业生涯通道、以项目(业务)主管为起点的再制造管理人才职业生涯通道；每条通道序列长度为若干晋升梯级，职业发展速度为每3～5年有一次晋升机会，对于在再制造技术研发、攻关、解决重大难题等方面做出突出贡献的员工，予以提前晋升；在薪酬设计上，技术、技能人才职业生涯通道的职务梯级平均薪酬水平要略高于相对应的管理人才职务梯级，从而保证技术、技能人才队伍稳定性；同时，根据工作需要、员工个人职业生涯发展愿望与工作实绩，再制造岗位员工既可以在一个职业生涯通道内持续向上发展，也可以在不同职业生涯通道之间有序换岗发展，从而为再制造岗位员工提供横向多能发展、纵向专业等级或行政等级发展通道等多条职业生涯发展通道，有效地激发再制造人才队伍的活力。

3. 成立技能大师工作室

5719厂针对再制造生产操作大量依靠手工作业完成，对技能要求高的特点，在再制造事业部成立由全国航空邮电系统成才能手、成都市文明市民、企业一级技术专家张永光牵头并命名的“张永光技能大师工作室”，选拔5名优秀青年技能人才进入工作室工作；主要参与再制造核心技术和工艺的研发、应用与改进，开展再制造技术和工艺难题攻关，对再制造技术、技能操作人员进行培训，促进隐性知识显性化和绝招绝技传承。

三、军用航空发动机维修中的关键零部件再制造工程管理效果

(一)有效解决技术难题，取得了多项技术创新成果

解决涡轮叶片和导向器叶片铝硅渗层清除、燃油总管感应钎焊等17项重点技术难题；研发构建军用航空发动机关键零部件再制造技术体系，涵盖变形等8种失效模式，自动微弧等离子焊、激光焊接等28种再制造技术，钛合金等7种不同材料；能够再制造承修的军用航空发动机60%的关键零部件；“军用航空发动机零部件再制造技术及其应用”获国家科技进步二等奖；我国首个航空发动机再制造技术应用研发中心在5719厂落户；2项再制造技术获国防专利；将再制造技术成果反馈应用到设计制造中，11项建议被国内外研制部门采用；5719厂是2项再制造国家标准的主要编制单位之一，是国军标《航空发动机部(零)件再制造技术通用要求》第一编制单位；促进我国民航深度修理能力生成，民航有关管理部门在关于5719厂民航叶片深度修理(再制造)适航认证的受理意见中指出，“该项目对中国民航深度修理能力形成有巨大的推动作用”；为增材制造(3D打印)提供理论和应用支撑，与成都市政府合作，以5719厂为主体建成成都市增材制造(3D打印)产业创新联盟和工程技术研究中心；2013年，国务院领导在视察西博会“3D打印”展区5719厂成果展台时指出，“形式很好，技术很好，科学研究的方向也很好，今后必定会对国家的发展有重大作用”。

(二)维修能力显著提升，为国防建设做出贡献

促进5719厂维修模式向分类维修、深度维修、科学维修、预防维修的转变，维修能力显著提升。与1999年相比，5719厂在员工总数增长不到10%的情况下，承修的军用航空发动机型号增加1倍，变单型号单线维修为多型号同时并线维修。1999年以来，再制造按引进标准不能修复的4万余件叶片等关键零部件，使其性能恢复、可靠性增长、寿命提升3倍，突破国外对关键零部件的垄断封锁；在某型三代引进军用航空发动机延寿项目中发挥关键作用，单台增加寿命70%以上；维修的军用航空发动机故障率同行最低；维修的某型三代引进军用航空发动机故障率远低于新机；维修的三大系列军用航空发动机维修周期分别仅为用户规定维修周期的59%、81%、80%，均优于国际、国内标杆企业水平。多项军用航空发动机关键零部件再制造技术和发明专利已推广应用于中航工业黎明公司，中国人民解放军第5701工厂、5713工厂等多个制造和维修企业，促进我国军用航空发动机自主维修保障能力的整体提升，为保持和提升空军部队战斗力、建设强大国防做出贡献。

(三)巩固了维修行业龙头地位，保障了企业的稳定发展

1999年至今，5719厂在承修的多型军用航空发动机维修价格没有增加，且仅为同行价格60%～80%的情况下，销售收入和利税总额分别增长739%和622%，员工收入增长617%，创造显著的经济效益；军用航空发动机维修中的关键零部件再制造工程管理的成果受到国际肯定，5719厂主要领导向联合国教科文组织提出将再制造工程纳入工程学科

领域的建议，被联合国教科文组织“奥尔堡工程科学与可持续问题研究中心”邀请担任咨询委员会首届委员，创造显著的社会效益；以航空维修行业唯一专家代表身份，受邀参加中国工程院重大战略咨询项目“制造强国战略研究”，并独立承担机械再制造质量强国战略的研究工作。

5719 厂已发展成为我国维修型号最先进、品种最多、掌握核心技术最全面、集中度最大的军用航空发动机维修基地，与世界最大的航空发动机独立维修服务商 MTU 维修集团相比，在员工人数仅为 MTU 维修集团 60%的情况下，在维修发动机总台数、1999 年以来承修发动机型号数、外场服务站数量等方面领先，在军用航空发动机维修行业中的龙头地位更加巩固。

（成果创造人：向　巧、郑四德、宁喜钰、胡惠芳、王　兵、
李整建、王　良、何　勇、钟　杰、唐民锋、胡　兵）

轨道交通装备企业突破发展瓶颈的创新驱动战略实施

南车株洲电力机车有限公司

成果主创人：公司董事长、总经理周清和

南车株洲电力机车有限公司(以下简称“株机公司”)始建于1936年，是中国南车股份有限公司旗下核心企业，中国电力机车主要研制基地、国家城轨车辆国产化定点企业、湖南省十大标志性企业、湖南省千亿轨道交通产业集群龙头企业。株机公司注册资本42亿元，资产总额180余亿元，员工近1万人，产品覆盖大功率交流电力机车、城轨车辆、城际动车组、现代有轨电车、无轨电车、中低速磁浮等全系列绿色轨道交通产品体系，并发展了以维保、总包等为代表的服务产业，以超级电容为代表的专有技术延伸产业。2013年营业收入突破200亿元，实现利税23亿元。

一、轨道交通装备企业突破发展瓶颈的创新驱动战略实施背景

(一)应对国家铁路宏观政策调整，保持企业健康发展的需要

2010年以来，铁路新的体制机制开始全面运行，逐步实行铁路政企分离，更加注重发展的质量和可持续性，国家压缩了铁路投资建设规模，暂停了新铁路建设项目的审批。轨道交通装备制造业面临巨大挑战。首先，铁路建设投资骤减，国家及地方政府订单需求急剧下降，株机公司的部分子企业、部分产品、部分工序面临停产息工。其次，铁路管理及投融资体制改革不断推进，铁路局逐步发挥市场主体作用，株机公司的产品采购、技术研发、市场营销、售后服务等开始面对市场化的巨大压力。此外，铁路发展重心由速度为主转向质量为主，质量追究和召回力度不断加大，新的发展环境对企业治理和突发事件处置能力提出更高要求，株机公司产品质量和运行安全受到更加严峻的考验。为此，株机公司需要积极面对国家铁路宏观政策及市场环境的急剧变化，通过实施创新驱动战略，从技术研发、产品质量、市场营销等方面全面突破，努力提升企业核心竞争力，推动企业逆势发展和持续经营。

(二)应对激烈的城轨市场竞争，提升企业行业地位的需要

在国内市场，城市轨道交通装备市场紧缩，企业间的竞争异常激烈。一些地方开始探讨融资租赁模式，力推“市场换投资”方式，使企业处于高投入、低回报甚至亏损的状态。在国外市场，西门子、庞巴迪以及阿尔斯通等跨国企业在金融危机的背景下，大幅降低报价与国内企业争夺市场；国际轨道交通装备领先企业加大前瞻性技术研发，构建以“绿色、智能”为核心的轨道交通产品体系，株机公司以“高速、重载”为核心的产品体系面

临挑战。激烈的竞争形势要求株机公司必须加速新产品研发力度，加强企业运营效率，持续提升产品的质量安全及盈利水平。因此，株机公司大力实施创新驱动战略，向创新要质量、要效益、要发展，是激发企业创新发展的动力源泉，是赢得市场竞争主动权、促进企业做优做强的强力引擎，是提升并巩固企业在轨道交通装备领域的领先地位，在未来激烈的市场竞争中保持企业竞争优势的必由之路。

（三）克服自身发展瓶颈，实现企业做强做优的需要

2009 年，株机公司营业收入首次突破百亿元大关，如何在百亿元平台上突破发展瓶颈，增强企业持续经营能力，是株机公司亟待解决的重要课题。在技术研发方面，株机公司的跨越式发展主要是以“引进消化吸收”为主，自主创新能力不足，新产品开发力度不够，出口产品面临严重的知识产权障碍。在业务发展方面，株机公司以资产经营为主，产品结构相对单一，主营业务过度集中在国铁和城轨领域，不能有效规避需求波动的风险，难以实现均衡经营。在质量效益方面，株机公司多为粗放式生产模式，库存积压高，物流配送准时性较低，企业制造及运营成本压力大，销售收入虽然连年增长，但利润率却逐年下降，存在投资量大、回收期长、资金周转率慢等诸多问题。此外，供应商质量问题以及企业内部质量管控不到位导致产品返工较为频繁，产品整体质量有待提升。在国际经营方面，国际市场销售额占比低于 10%，跨国经营指数不到 3%，相比西门子等国际龙头企业存在较大差距，而且产品出口主要依赖代理商，出口产品以电力机车为主，城轨产品尚未实现出口，国际化人才也极度缺乏。在基础管理方面，株机公司任职资格体系较为模糊，绩效与目标管理的有效性和系统性有待强化，员工的积极性和工作热情尚未充分挖掘。企业信息化建设较为滞后，各事业部的管理和项目运作模式需要优化，内部管理机制对企业市场竞争的适应性需要改进。

面对诸多发展瓶颈，株机公司必须全面实施创新驱动战略，通过注重制度设计、风险管控、技术进步、基础夯实、市场开拓和人才培养等各项工作，集聚一切有利于提升企业核心竞争力的各要素，提升企业持续经营能力，将株机公司培育成为国家创财富、为员工谋福祉、为社会添和谐的企业。

二、轨道交通装备企业突破发展瓶颈的创新驱动战略实施内涵与主要做法

株机公司以创新驱动战略为导向，做好顶层设计工作；增强自主创新力，推进技术及产品换代升级；创新经营发展模式，提升业务链价值和可持续发展能力；实施精品工程，提升产品质量和精益制造能力；优化市场结构，全力拓展海外市场；推动机制变革，增强企业创新驱动动力，积极推动企业由制造向创造、由卖产品向树品牌、从引进来向走出去、由全球价值链低端制造向高端创新、由本土化企业向世界级企业的转型升级，全面突破企业发展瓶颈，把企业打造成最具社会责任的行业先锋、与时俱进的时代企业和跨国经营的国际公司。主要做法如下：

（一）以创新驱动战略为导向，切实做好顶层设计

1. 以对标管理为手段，重塑企业发展战略体系

株机公司以对标西门子为切入口，通过不断地立标、对标、达标、创标，确定企业短板和瓶颈，选择在商业模式创新、供应链管理、设计验证能力建设、资本运营、工艺管理提

升、信息化、项目管理等八个方面取得重大突破。

在业绩对标体系方面，株机公司从涵盖企业业绩“外在”表现的价值创造力、市场领导力、全球影响力，以及涵盖企业业绩“内在”表现的资源运筹力、产品创新力、环境持续力等六个维度制定详细的衡量内容、主要指标以及发展目标（如表1所示）。

表1　业绩对标体系

序号	维度	衡量内容	指标举例
1	价值创造力	■　是否能为股东创造持续高于市场平均的价值	■　股东整体价值回报（TRS）及分解 ■　投入资本回报率（ROIC）及分解
2	市场领导力	■　是否在相应市场确立了领先地位	■　市场份额（包括销量、销售额、利润等） ■　销售量、销售额、利润额的占有率
3	全球影响力	■　是否已经在国际上具有一定的影响力	■　境外收入、境外资产、境外员工、外籍高管、国际资本金所占比例
4	资源运筹力	■　是否最大程度发挥了现有资源和资产的能力	■　产品/服务的质量，如清客率、机坡率、临修理、返工率、最终产品次品率等 ■　成本/效率，比如员工生产效率和资本运营效率等
5	产品创新力	■　新产品是否能为公司带来持续的价值	■　新产品贡献率：新产品的销售收入占总收入的比重 ■　新产品的盈利率：新产品的盈利能力 ■　新产品后续增长力度：正在开发中的产品的潜在价值
6	环境持续力	■　在获取商业利益时是否保持对环境的友好	■　资源利用效率：水、能源等资源的利用效率 ■　污染排放强度：温室气体、有害气体、固体垃圾等

在健康对标体系方面，株机公司根据战略导向（方向、领导力、文化和氛围），执行能力（职责、协调与控制、激励、能力）和进取活力（外部导向、创新与学习）三个类别中的九个元素，明确理想的组织健康模式，对标发现自身“不够健康”的元素或者薄弱环节，有针对性地实施相应的追赶和改善举措。

通过对标管理，株机公司从技术、管理、市场等各角度总结归纳出原始创新能力薄弱、业务发展模式单一、精益制造能力缺乏、国际化经营程度低、内部管理水平滞后等瓶颈制约因素，明确建设安全型、创新型、效益型企业的整体发展目标和重点分项指标。比如在产业结构方面，降低企业对电力机车产业的依赖性，新产业所占比重提升到10%以上，维保等服务业务达到15%以上；在技术研发方面，研发投入占销售额比例达到4%以上，在超级电容及磁悬浮等新产业领域实现技术突破；在市场结构方面，大力开展国际化经营，海外业务占比达到25%以上。

2. 树立永续经营观，建立合适的经营发展体系

一是建立“3＋X”产业结构及“1＋Y”区域布局。株机公司充分发挥既有资源、技术、

人才的优势，进行产业链的前伸后延，逐步培育"主业突出、适度多元、体系协同、产融结合"的"3＋X"产业格局，在发展三大主营业务外，全力培育中低速磁悬浮、储能式有轨/无轨电车、通勤动车组、大轴重电力机车、超级电容、煤矿无人综采面等高新技术产品；同时，学习借鉴西门子进入中国市场的模式，立足株洲田心本部，通过投资并购、合资合作、技术输出等方式，在广州、昆明、郑州、宁波等地建立产业基地和研发中心，在马来西亚、土耳其、南非等国家投资设厂建立海外根据地，形成"1＋Y"区域布局。

二是实施人无我有、人有我优的差异竞争策略。从客户需求出发，在客户的价值链中寻找没有被满足的缝隙，开拓能够带来增值的服务业务。一是积极走进客户的价值链，了解客户对产品的需求、功能期望、使用习惯、性能知晓程度、维保检修的适应情况等，针对客户价值链的每个环节提供增值服务，创造不可替代性价值。二是充分挖掘"微笑曲线"两端价值，在制造前端，超前设计产品并提供系统解决方案，确保在同类产品中脱颖而出。在制造后端，坚持"产品卖到哪里，服务就跟到哪里"的理念，在过程维保、专业化零部件供应等业务上充分借鉴汽车4S店的服务模式，为客户提供全寿命周期的保姆式（或管家式）维保服务。

（二）进一步增强自主创新能力，推动技术和产品升级

株机公司将掌握技术创新作为立身之本，提出"超前谋划、自主创新、系统集成、突破关键"的发展思路，通过"先人一步"的产品创新策略，赢得抢占市场的"高度"；通过"资源整合"的协同创新策略，大幅提升技术创新的"速度"；通过构建技术创新平台，推进研发、工艺和制造一体化，实现技术及产品的升级。

1."先人一步"的产品创新策略，抢占技术的制高点

在轨道交通装备板块，株机公司超前对产品进行顶层设计、系统谋划，持续推进数字化企业平台产品的开发，并通过"设计、制造、产品"三大技术平台和电力牵引系统集成工程实验室建设，开发制造运行管理系统（MOM），构建"生产一代、预研一代、储备一代"的技术创新研发体系，推动技术研发从单一的产品研制向构建新的技术平台转变。比如，在未获得国内城际动车组市场资质的情况下，株机公司以120公里/小时速度等级马来西亚城际动车组平台为基础，开展160公里/小时、200公里/小时速度等级城际动车组产品平台的研究，形成时速160公里至250公里产品系列，用较短时间走完了发达国家轨道交通装备企业近40年的技术发展之路。

新技术产品研发方面，株机公司通过对社会发展形势以及国家政策的深入分析，瞄准市场前沿，选定超级电容、能源管理系统、中低速磁悬浮列车等绿色智能产品，作为企业"十二五"期间的重点研发内容，抢占技术制高点。在磁悬浮领域，株机公司调整组织结构，成立磁浮系统研究所，与西南交大、中国南车株洲电力机车研究所和中铁二院等国内顶尖轨道交通研发科研机构协作攻关，组建项目小组专职研发试制并于2013年率先研制出中低速磁浮列车，2014年在长沙获得国内首条商业运营示范线项目。在超级电容领域，株机公司成立宁波南车新能源科技有限公司，建立超级电容研究所，集聚国内外顶级专家，对超级电容开展前瞻性、基础性和创新性研究。

2."资源整合"的协同创新策略，提升系统集成技术

株机公司以市场为纽带，整合各方资源，构建开放式的技术创新体系，最大限度地提

高资源利用效率。首先，与外部科研院所建立合作实体机构，搭建产学研用创新联盟。与轨道交通院校，如同济大学，联合成立同济—南车株机轨道车辆技术研发中心，专门进行信息传输技术、模拟仿真技术和软件技术研发，提升公司在电子信息领域的能力。与地方政府下属企事业单位合资成立研究机构，如与广州地铁合资设立广州南车现代轨道交通研究院有限公司，主要对现代有轨电车最新技术进行研发孵化，并参与广东省高端装备制造产业战略规划的制定，为后续可能形成的新产品做坚实铺垫。与国际领先企业建立产研联盟，如与西门子公司成立株洲牵引技术公司，进行转向架技术、低地板轻轨车技术的合作。

3. 构建技术创新平台，推进研发、工艺和制造一体化

一是持续优化改进 PDM 系统。株机公司原 CAD 系统无法与 CAPP、ERP 等系统实现有机共享，未能真正实现信息化管理。株机公司实施 PDM 系统项目，优化系统功能，实现职能组和产品项目工作组两种管理模式同步开展设计；以产品结构 BOM 为中心组建产品设计数据库，实现工艺文件与产品零部件关联；统一文档和流程模板，实行电子审核圈阅和图文档集中管理；完成 PDM 与 CAD、CAPP、ERP 软件系统无缝集成，建立适合企业产品开发的工艺与设计并行设计模式，实现相关文档电子化自动流转以及研发、工艺和制造一体化。

二是加大投入三维工程化建设。株机公司在设计部门，工艺部门和制造部门统一开展三维工程化建设，开展以 NX6 为主的三维产品设计和以 UG 为主的三维工艺工装设计。逐步开展产品、装备、工艺工装以及重要零部件的仿真建模，形成标准件模型数据库。2012 年，株机公司完成了 UG 三维标准件模型平移工作，向集团公司提供了 180 余项三维标准模型库及其使用说明。

（三）创新业务发展模式，提升业务链价值和可持续发展能力

为创造更高的资本回报率和持续增长的公司价值，株机公司将目光聚焦到品牌、渠道、技术、上游资源控制力等层面，从产业链角度思考业务发展模式落后的破解之道，借助商业模式创新手段进行全球资源整合，推动株机公司从“点对点”竞争发展到“链条对链条”的竞争，实现“产品＋服务”、“产业经营＋资本运营”的发展模式。

1. 重新定义产品与服务的边界，打出“P & S”组合拳

服务经济是企业重要的增值领域，把握需求链是实现企业盈利的关键。株机公司摆脱纯粹产品创新模式（即 P＋P 模式）和纯粹服务创新模式（即 S＋S 模式），重新定义产品与服务的界限，在“产品、技术、服务、资本”等多领域进行创新，创造出产品附加服务创新模式（即 P＋S 模式）和服务附加产品创新模式（即 S＋P 模式）。

一是实践产品附加服务创新模式（P＋S 模式）。株机公司打出“服务牌”，逐步形成“以产品为核心、以服务赚利润”的新模式。一方面瞄准产业链高价值点，专门成立维保服务分公司，在马来西亚、昆明、黄骅港等地设立维保基地，向业主提供全方位、高品质的维保检修服务；另一方面升华绿色智能公共交通理念，联合设计院在广州、宁波、长沙等地提供以公共交通为导向的城市发展模式（TOD 模式）咨询服务和线路车辆选型咨询服务，迈入行业的高盈利区域。

二是实践服务附加产品创新模式(即 S+P 模式)。株机公司通过为客户提供与产品相关的服务,更加准确地把握客户新需求,提高客户对产品的忠诚度。一方面加强与基建、信号、金融等单位的战略合作与项目对接,积极探索 PMC、EPC、BT、BOT 等业务,以实现从“供应产品”向以总包设计、集成制造、受托经营、终生服务为主的“系统解决方案供应商”的转型。另一方面整合中国南车租赁公司、财务公司等资源资金优势,创新融资租赁服务,向昆明、宁波等业主提供车辆段机电设备、信号设备以及车辆的融资租赁业务。

2. 走“产业经营+资本运营”之路,创新企业经营发展新模式

以资源置换为纽带实现技术与资本双向转化。一是采取“资本换技术”的方式,与北京集星公司联合组建宁波南车新能源科技有限公司,快速掌握世界领先的超级电容、储能式轻轨车等技术并实现产业化;二是采取“技术输出”的方式,以技术入股与广州地铁公司成立广州南车现代研究院,通过示范工程研究积累现代有轨交通系统运营经验,实现技术资本化。

以资本为平台整合优质改制和关联企业资源。一是拆分重组原株洲九方制动公司的制动设备业务,组建株机公司制动分公司,全力研发以 DK2 为代表的制动系统,实现关键部件进口替代;二是收购宁波和荣电器公司自然人股权,控股关键电器零部件企业。

以兼并收购手段快速进入新产业市场。2012 年,株机公司成功并购河南金马重型机械制造有限公司,以 1 亿元的资金投入获得近 10 亿元规模企业的实际控制权;通过并购国外先进煤机业务,引进智能化掘进机研发团队,研制煤机综采智能化无人操作平台,实现煤机产品向成套化、智能化、高端化、国际化方向高速发展。

(四)大力实施精品工程,提升产品质量和精益制造能力

轨道交通装备制造业的迅速发展不仅给制造企业创造了机遇,同时也给客户提供了更多选择空间,在买方市场背景下,各地客户表达出对高质量、高可靠性但又相对廉价的精品轨道交通装备的强烈渴求。株机公司从提高产品质量、增加生产效率、降低制造成本三方面入手,实现产品的全面升级,为客户提供世界级的轨道交通行业精品装备。

1. 提升产品质量,塑造高端品牌形象

一是推行“三全”质量管控模式。株机公司按照“不接受、不制造、不流出不合格品”的“三不”原则,深入推广“全员、全方位、全过程”的“三全”质量管理模式,从公司高管到基层员工,从产品质量到服务质量,再到环境质量和工作质量,从原材料采购到每一道生产工序,到终端产品使用服务与客户维护,都实行质量把关,将责任落实到每个岗位每个环节,并通过定期发布质量白皮书、专项活动、案例培训、客户走访等形式,培养“产品如人品,动手即负责”的质量文化。

二是完善质量管理体系。株机公司紧紧围绕提高质量管理体系运行的有效性开展工作。通过编制质量管理体系质量手册、开展文件执行情况自查自纠等活动,优化质量管理体系文件,完善规章制度,建立完善的动态质量管理体系;深入推行国际铁路行业通用标准,IRIS 和 EN15085 体系持续保持国内行业领先水平。株机公司将计量理化等专业体系的建设和完善作为质量管理体系建设的子系统和重要支撑,不断完善计量检测体系和理化计量认证体系。

三是加强全过程的质量管控。株机公司将质量管控从内部向产业链上下游延伸，并突出其在供应链管理体系上的重要性。向上提出“与供应商共生共荣”的质量管理理念，从质保、技术、采购等单位抽出精兵强将组成质量小组，通过现场指导、产品监造、技术攻关等方式，将先进的质量管理模式和经验“移植”给上游厂家，提升供应商质量管理水平，保证产品供应的合格率；向下则加强质保、维保服务质量管理，通过提高检修质量和效率保证车辆最佳运营状态，建立质量闭环控制体系，使现场搜集的运营数据可以迅速反馈到设计及制造环节并加以改进。

2. 提升生产效率，建设国际领先的精益高效企业

一是全面推进“6621运营管理平台”建设工作。“6621”是指：“六个管理平台”，即市场、人力、安全环境、资产、信息、售后平台；“六条管理线”，即设计、工艺、采购、生产计划、质量、成本管理线；“两条模拟线”，即模拟生产线与模拟配送线；“一个生产线”，即一条稳定有序的工位制节拍化流水生产线。株机公司以机车事业部总成车间等生产现场作为试点，第一步，建立工位制生产形式，实施平准化生产、标准化作业，建立准时化的物流配送模式，完善异常处理机制，确定相关职能部门（项目、设计、工艺、采购、物流、人资）进行改善；第二步，强化所有职能部门对现场的支撑作用，通过消除生产现场异常，建立并完善各职能部门的现场问题管理机制并固化，最终以标准工位、精益班组为落脚点，提升生产现场的整体精益管理水平。

二是推行“虚拟工位”式的制造平台。株机公司主要以“虚拟工位制管理”为基础，以EAS系统为支撑，通过建设模拟生产线和模拟配送线，将生产七大任务（安全环境、质量、生产、成本、TPM、人事、信息管理）和标准化作业管理（节拍时间、作业内容顺序、标准在制品）全部在工位上得到落实和控制，确保管理线（管理平台）和生产线都有明确的节拍要求，努力提高节拍兑现率。比如，城轨事业部通过“虚拟工位”式组装流水线建设，使计划实施准确性提高66.7%，车间现场库存较之前降低75%，车辆总装效率提高20%。

3. 降低企业成本，提升产品的盈利能力

株机公司不仅建立了一套完整的以项目为单元的成本核算体系、精益成本体系与费用结算体系，保障企业降本增效工作的有序推进，而且实施多项措施降低成本，提升产品的市场竞争力。

一是实施项目全流程成本管控。株机公司实施精益成本核算管理，覆盖市场投标、设计研发、物流采购、生产制造、售后服务等各个环节，追求达到“一日报表”。在项目设计成本管理阶段，采取价格引导的成本计算方式，核定设计目标成本，然后在满足合同和确保质量安全情况下，按系统分部件分解成本，并对系统或部件方案设计成本进行预演。在项目采购成本管理阶段，根据设计方案、采购订货条件等因素编制项目采购目标成本并细化分解，编制采购计划；然后通过捆绑销售、联合采购、物料替代等方式制定采购目标成本管理预案。在项目制造成本管理阶段，同样优先编制项目制造成本指标，并通过严格的制造计划控制、物料定额控制、工艺流程优化、质量标准控制等方式综合平衡进度、质量、成本三者关系。

二是强化内部交易与中心结算制度。企业各生产单位之间产品流转时，其生产成本

也需通过财务部的结算中心进行流转，结算中心定期对各部门的财务成本进行汇总分析并形成报告，在年末根据年初定下的降本指标进行考核，对降本增效表现突出的单位进行奖励，对超出年度指标成本的单位提出整改。此外，中心结算制度的建立发展了企业资金池，改善了企业资金管理现状，整体降低了企业运营成本，财务费用为负。

（五）优化市场结构，全力拓展海外市场

株机公司以“客户价值、产业链价值、资源整合和全球化”等内容，替代“市场占有率、产能规模和集团化”等指标，建立“战略营销＋全员营销”的市场拓展体系，并通过实施国际化经营模式，推进企业优化市场结构，大幅提升国际市场销售份额，破解市场结构单一的瓶颈。

1. 推行“全员营销”，围绕市场配备优势资源

株机公司倡导“一切为了市场、一切服务于市场”的理念，构建“市场是一线、生产是基础、管理是保障”的全员营销体系，依靠成熟的核心技术、可靠的产品、优质的服务，为客户提供系统解决方案。

一是企业运营管理以顾客需求为导向，以市场营销为中心，建立基于客户价值链的流水线式营销模式，为顾客创造最大的让渡价值，研发、生产、财务、物流等部门都按照“下道工序就是用户”的观念谋划工作，并统一服务支撑于营销部门，所有员工关注或参加企业整个营销活动的分析、规划和控制。

二是“区位负责制”的营销模式，将国内外市场划分成六大重点区域，每位高管负责一块区域，并进行 A、B 角补位营销，对企业的产品、价格、渠道、促销（4P）和需求、成本、便利、服务（4C）等可控因素进行协调配合，使“外部市场竞争效应内部化”，最大程度的提高营销力。

2. 实施“战略营销”，抢占未来发展先机

一是抢先破除进入欧美市场的壁垒。株机公司在国内率先启动有关评审评级工作，在原有国际铁路行业标准（IRIS）质量管理体系认证及 EN 15085 焊接体系标准认证的基础上，2012 年聘请穆迪投资服务公司对企业进行第三方认证，获得穆迪投资服务公司授予的“Baa3”发行人评级，是国内轨道交通装备行业唯一获得此评级的企业，跻身世界轨道交通装备行业信用等级第一方阵，大幅提升企业在行业中的地位及知名度。2014 年株机公司在国内通过欧盟铁路标准 TSI 认证，为产品出口欧洲及中东市场提前创造了必要条件。

二是实施战略性长期市场策略。在国际市场，以驻外办事机构为载体，迅速建立自主运行的国际营销网络，加快解决过于依赖代理中介的问题。在国内市场，以技术创新为基础，以盈利为导向，通过推出新产品、新商业模式，培育引导客户的市场影响力，不断增强市场话语权。同时，株机公司以战略合作为纽带，积极促成中国南车与没有设立子公司的云南、广西、湖北、宁波等省市签订战略合作协议，积极融入地方经济建设，实现企业与政府良性互动，完成十余个省市的战略布局。

3. 采取国际化运作模式，全力进军国际市场

一是重点区域实施“阵地战”。株机公司改变以往国际营销“游击战”的方式，通过合资合作等轻资产运作方式，在市场需求较大的地区，与当地实力强大的企业合资合作建

立"海外根据地",推行"阵地战",深耕细作当地市场。以马来西亚市场为例,基于本地化投资的优势,株机公司过去5年先后在马来西亚市场获得近100亿元订单,市场占有率高达73.2%,遥遥领先西门子等竞争对手。

二是推出体验式营销模式。在一些市场容量较大、竞争较激烈,但客户缺乏相应购置资金及使用经验的地区,如南非、中亚等,株机公司从业主需求及当地环境出发,设计出性价比高的产品,免费供给客户试用。客户通过免费的体验,对产品的性能及品质留下良好的印象,主动与株机公司进一步交流产品的改进升级,从而为获取该市场的订单奠定坚实的基础。

(六)积极推动企业机制变革,增强企业创新驱动动力

1. 实行全员任职资格认证,构建双向人才发展通道

一是将国家职业资格认证与株机公司内部资格认证相结合,通过建立员工任职资格标准体系、任职资格认证机制、任职资格认证结果运用规范,系统构建全员任职资格体系。《株机公司岗位任职资格实施方案》要求所有人员在2~3年内获取相应职业资格证书,每位管理人员至少要通过3个以上相关部门的资格认证考试并取得证书,辅之定岗定编、全员应知应会等配套措施营造全员学习氛围。

二是采用"可进可出"的方法,打通员工职业横向发展通道,通过技术层级、管理层级评定,满足不同阶段、不同水平的人才流动要求,逐步实现职位、能力和职业发展的三位一体管理,帮助员工实现自我价值(见表2)。例如,株机公司每年根据自愿原则开展岗位交流活动,横跨研发、工艺、专业管理等诸多领域,通过对不同工作岗位的切身体验,帮助员工挖掘兴趣特长,激发工作热情。

表2 员工职业生涯发展通道设置

<table>
<tr><td>序号</td><td>一</td><td>二</td><td>三</td><td colspan="3">四</td><td>五</td></tr>
<tr><td rowspan="3">通道类型</td><td rowspan="2">经营管理通道</td><td rowspan="2">专业管理通道</td><td rowspan="2">市场营销通道</td><td colspan="3">工程技术通道</td><td rowspan="2">技能操作通道</td></tr>
<tr><td>研发技术通道</td><td>工艺技术通道</td><td>支持技术通道</td></tr>
<tr><td colspan="3">行政管理通道</td><td colspan="4">专业技能通道</td></tr>
</table>

2. 构建基于战略的目标任务制全员绩效管理体系

构建基于战略的目标任务制全员绩效管理体系,以发展战略为导向,从关键绩效指标(KPI)、重点工作指标(GS)、责任指标以及执规指标等四个维度对组织绩效体系进行重构。通过对经营目标层层分解、量化、传递,建立KPI指标库、GS标准库以及责任执规考核细则,构建全方位、立体式的评价激励系统,涵盖公司42个管理部门、业务单元的目标任务指标体系和评价标准,并通过典型案例发布、定期召开绩效发布会、现场警示教育会等形式推动工作改善和管理提升,推动各业务单元在职责履行的基础上,积极作为,敢于承担,激发工作改善的活力。

新的绩效管理体系改变了原绩效体系考核单一、面窄的情况,将经营压力下移,以经营目标为导向,层层分解,落实到具体单位和个人,同时加大考核力度,强化组织绩效结果的运用,并通过组织绩效强化个人绩效提升,个人绩效与员工收入、培训、晋升等激励

措施充分挂钩，有效激发员工积极性。

三、轨道交通装备企业突破发展瓶颈的创新驱动战略实施效果

（一）有效突破发展瓶颈，保持了企业持续健康发展

一是技术水平获得长足进步，高层次人才大量涌现。四年间，株机公司自主研制了我国首台商用中低速磁浮列车，世界首列超级电容100%低地板有轨电车和全球容量最大超级电容(9500F)；参与国际级标准修订13项，组织、参与863项目4项，专利申请520项，取得40多项重大创新成果，被工信部、财政部授予"国家技术创新示范企业"和"国家火炬计划重点高新技术企业"；先后有6人获得"詹天佑铁道科学技术奖"，2名员工先后在国际焊接技能大赛、国际数控机床大赛夺得冠军，4名员工被国资委授予"中央企业技术能手"和"中央企业青年岗位能手"称号，1名员工获国家"发明创业奖"特别奖并被授予"当代发明家"称号。

二是业务发展模式日益丰富，内部管理成效显著。4年来，株机公司通过资本运作的手段快速进军高端煤矿机械及无轨电车等新兴产业并取得快速发展，储能式无轨/有轨电车研制后就获得近50亿元订单，与马来西亚、昆明等多国家和地区签订维保业务合同，企业净利润等指标年均增长近5%。项目执行能力和质量管控能力显著提升，2013年获得的安卡拉地铁项目创造了从中标到首列车交付只用8个月的奇迹，固定资产平均周转率近8次，人均利润率近20万元。

（二）大幅提升企业竞争力，行业地位进一步巩固

一是企业规模效益倍数增长。2013年，株机公司销售收入突破200亿元，同比增长32.2%，实现净利润10.6亿元，同比增长58.7%。企业人均产值7年内增长将近5倍。二是国内外市场份额保持领先。国内市场中，株机公司电力机车产品在国铁市场占有率超过45%、路外市场为100%；城轨车辆产品占据全国25%以上的市场份额，其中郑州、宁波等地市场占有率为100%，广州、上海等地市场占有率超过70%。海外市场中，株机公司的技术标准和服务质量已经达到世界先进水平，累计订单总金额超过300亿元，在东南亚的市场份额达到40%左右，2013年出口额占比超过20%。

（三）显著增强企业品牌效益，获得社会各界高度肯定

一是品牌影响力日益增强。2014年获得南非554台150多亿元电力机车订单，创我国轨道交通装备出口之最；获得马其顿6列内燃电动车组购销合同，这是中国动车组整车产品首次进入欧洲市场。二是产业带动力明显增强。株机公司的发展带动了株洲时代、联诚集团、九方装备等20多家规模以上企业的转型升级，本地配套化率达到70%以上，其中大功率交流机车本地化采购率超过90%，带动机电、电子元器件、化工等20多个配套产业发展，有力助推了湖南省千亿轨道交通产业集群和株洲市GDP实现过千亿的发展目标，推动中国铁路进步并跨入世界一流轨道交通装备行列。

（成果创造人：周清和、罗崇甫、马克湘、黄正良、陈志新、曾春来、李　林、罗庆辉、卢雄文、刘荣耀、李静静、张　辉）

轨道交通企业产业化协同创新管理

重庆市轨道交通(集团)有限公司

成果主创人:公司董事长仲建华

重庆市轨道交通(集团)有限公司(以下简称"重庆轨道集团")创建于 1992 年,是重庆市承担城市轨道交通建设、运营和沿线资源开发一体化经营的大型国有企业,现有总资产 680 亿元、员工 11300 人。重庆轨道集团目前已成功建成并投运四条轨道交通线路,其中包括国内首条跨座式单轨示范线和世界上最长的跨座式单轨交通线路。联合多家单位完成了国家科技支撑计划重点项目"跨座式单轨交通装备关键技术研发及产业化",国产化率已达 93%,并拥有自主知识产权,总体达到国际先进水平,核心技术达到国际领先水平。同时,已在重庆孵化出目前世界上最大的跨座式单轨交通产业基地,形成完整的跨座式单轨交通产业链。

一、轨道交通企业产业化协同创新管理的背景

跨座式单轨交通(简称"单轨交通")是指车辆骑跨于轨道梁的上方,车辆除底部的走行轮外,在车体的两侧下垂部分尚有水平安装的导向轮和稳定轮,夹行于轨道梁的两侧,可保证车辆沿轨道安全平稳地行驶。其具有占用土地少,行驶速度快、运量适中,转弯半径小、爬坡能力强、能适应复杂地形要求,建设工期短、造价低,维修保养容易,运营维护费用省,能确保运营安全等特点。

(一)突破跨座式单轨交通关键技术难题,加快实现产业化发展的需要

重庆轨道集团根据重庆城市的特点,1999 年从国外引进跨座式单轨交通系统,在引进、消化、吸收核心技术和装备的基础上,于 2005 年在重庆建成跨座式单轨交通 2 号线示范工程并开通试运营。2007 年重庆准备建设跨座式单轨交通 3 号线,重庆轨道集团认识到,跨座式单轨交通 3 号线不能仅仅完成工程项目建设,而需要通过关键技术研发和产业化应用,实现重大工程项目建设带动产业发展。跨座式单轨交通产业包括规划设计、装备制造、建设施工、调试试验、运营维护、资源开发等诸多方面,其中轨道梁、道岔、转向架、牵引、制动、信号等是关键技术。但当时国内的装备制造商、科研和设计单位以及业主或用户单位,都由于自身的局限,难以独立完成覆盖整个产业链的创新任务。作为跨座式单轨交通系统的引进者、项目建设业主和装备用户,重庆轨道集团既有协调配置科研、设计、制造、建设和运营维护资源的能力,又有建设跨座式单轨交通 2 号线示范工程的经验,这为有效整合创新资源、攻克关键技术难题,促进产业化发展奠定了基础。

（二）实施创新驱动战略，确保企业可持续发展的需要

重庆轨道集团作为轨道交通建设和运营的业主，一方面负有筹措40％的项目建设资金，并确保轨道交通安全、高效、长周期运营的责任；另一面，轨道交通作为公益性公用事业，运营票价由政府制定，企业难以仅靠票务收入实现盈利。重庆轨道集团必须实施创新驱动战略，通过主导跨座式单轨交通协同创新，掌握关键技术并推进产业化应用，进一步降低跨座式单轨交通的建设成本和运维成本；同时，对外输出相应的技术和管理，获得新的利润增长点，确保企业可持续发展。

（三）促进产业结构调整，带动地方经济社会科学发展的需要

轨道交通装备制造业属于要加快培育和发展的战略性新兴产业，在重庆轨道交通发展初期，重庆市尚无轨道交通装备制造业，重庆市政府就明确指示重庆轨道集团要依托轨道交通工程建设，大力发展轨道交通产业，以促进重庆产业结构调整。跨座式单轨交通涉及产业集群规模巨大，包含机车车辆、工程及养路机械、通信信号、牵引供电、安全保障、运营管理等众多关键装备，以及规划设计、标准制定、技术研发、土建施工、装备制造、系统集成、运营维护等环节，每个环节都对促进地区经济社会的发展具有重要作用。在重庆轨道集团主导下，通过科学规划、重点布局、健全机制等手段，对整个产业链核心技术进行协同创新并促进产业化发展，有利于扩大单轨交通的市场份额，有利于地方政府培育支柱产业，扩大优质税源，创造就业机会。

二、轨道交通企业产业化协同创新管理的内涵与主要做法

重庆轨道集团将突破关键技术难题与技术创新成果产业化相结合，将跨座式单轨交通协同创新与企业可持续发展和带动地方经济社会发展相联系，制定以“促进产业化，实现走出去”为目标的创新驱动战略，采取“由业主主导、靠自主创新、政产学研用结合、大项目带动大产业”等战略措施，走“以产业化发展规划为引导、以关键项目协同创新为重点、以产业化发展的标准规范为基准、以加快协同创新成果产业化为主线”的实施路径，强化协同创新组织，形成以业主为主导、产业链企业为主体、政产学研用协同创新的工作机制，达到加快跨座式单轨交通产业化进程，实现项目“走出去”，取得显著经济、社会效益的目标。主要做法如下：

（一）制定促进产业化发展的创新驱动战略

为促进跨座式单轨交通产业化发展，确保企业可持续发展，重庆轨道集团充分发挥“身为产业项目业主方在规划、建设、运营上的带动力，作为用户方的市场需求牵引力，作为经营方的产业推动力”的作用，聘请行业专家学者，对跨座式单轨交通产业链与价值链进行深入分析和研判，并对国内外产业化成功案例进行深入细致的剖析，立足重庆跨座式单轨交通发展实际，通过整合技术和管理创新优势促进跨座式单轨交通产业化发展。

产业基地控制室

1. 坚持业主主导

跨座式单轨交通产业链长，具有多主体、多专业、规模大、关系复杂的特点，上下游产业环节之间互动与交互影响十分明显，以往重大项目由政府交给相关科研机构进行研发，到一定程度后交给设计机构，设计机构再交给制造企业，制造企业再交给业主，整个过程存在缺乏统一部署、资金保障不足、成果转化缓慢、首次应用困难等问题。重庆轨道集团充分发挥业主方的职能，在实现产业化的创新过程中打破常规的分阶段多主体串行模式，采用并行的方式由业主主导创新全过程。充分发挥业主在规划设计、工程建设、系统集成、运营维护等方面的优势，运用"业主需求、市场订单"的牵引作用，带动跨座式单轨交通产业化发展，建立产业链上下游协同机制，形成协同利益，持续增强各方参与协同创新的积极性。

2. 依靠自主创新

国家规定"城市轨道交通项目，其全部轨道车辆和机电设备的平均国产化率要确保不低于70%"。单轨交通关键核心技术不能再走以往国外研发、国内引进的路子。重庆轨道集团立足自主创新，将技术创新与管理创新相结合，加快发展跨座式单轨交通产业，改变以往在创新工作中"重技术、轻产业、轻市场"的状况，将重庆轨道交通3号线作为依托工程，强调以市场需求为出发点和落脚点来促进产业化，积极探索核心技术扩散机制和途径，推动跨座式单轨交通产业升级和跨越式发展。

3. 政产学研用结合

重庆轨道集团在政府支持下建立政产学研用协同创新工作机制，依靠政策确保产学研用围绕成果应用和价值实现密切合作，并广泛吸引国内外同行、研究机构、制造厂商等加入到协同体系中，从技术、管理、组织等各方面协作和互动，加强技术交流合作、关键共性技术协同攻关，充分发挥国内科研、设计、制造、施工、试验、运营、高校和专家团队的优势，弥补各单位研究开发时创新能力的不足。同时，重庆轨道集团以跨座式单轨系统核心技术为引领，协同产业链内企业，以共同走向国内、国际市场为目标，以利益共享为纽带，促进政产学研用各方相互协作。

4. 大项目带动大产业

跨座式单轨交通作为城市公共交通的一部分，是重庆市市政基础设施建设重点项目，使用的社会公共财政支出巨大。重庆轨道集团深刻认识到其关键核心技术不能长久受制于人，所需的关键装备必须实现国产化。在2005年2号线即将建成之际，重庆轨道集团受重庆市发改委委托，编制跨座式单轨交通产业化发展规划并组织实施。同时，在实施过程中，充分发挥技术创新和管理创新的双轮驱动作用，促进技术创新成果产业化。

(二)编制跨座式单轨交通产业化发展规划

重庆轨道集团由下属子公司——重庆市轨道交通设计研究院牵头，在了解产业链上下游各环节构成情况及资源配套环境的基础上，开展跨座式单轨交通产业化发展规划的研究，先后组织考察法国、英国、俄罗斯、日本等国家以及北京、上海、广州、南京、长春、沈阳等城市的轨道交通建设及产业发展情况，与国内外著名轨道交通厂家进行技术交流，到重庆机电控股集团、西南铝业集团、重庆船舶工业公司、重庆钢铁集团、中国四联重庆川仪总厂、重庆单轨交通工程公司等重庆大型装备制造和工程建设企业以及重庆市轨道交通1、2、3号线参建单位进行调研，取得大量基础资料，制定出跨座式单轨交通产业化发展规划。

1. 规划产业链分布格局

重庆轨道集团通过政府的规划引导、政策支持和协调服务，根据产业化发展的需求，结合项目业主的职能，对所涉及的工程建设产业链、车辆系统产业链、通信信号产业链、牵引供电产业链、车场设备产业链、增值业务产业链等进行科学系统的价值链分析，遵循“优势互补、分工合作、利益共享、风险共担”的原则，加强产业化发展的顶层设计，合理进行产业链条划分，规划好分布格局，为下一步资源配置做好准备，(如表1所示)。

表1　跨座式单轨交通产业链分布格局表

产业环节	规划设计	技术研发	装备制造	建筑施工	单轨运营	单轨经营
业务类型	线网规划、建设规划、勘察设计	装备研发工程研发	车辆系统 信号系统 牵引供电系统 车站设备系统	土建施工 机电安装	线路运营 运营维护	物业经营 资源经营 增值服务
核心主体	重庆轨道集团、重庆轨道交通设计研究院（控股）	重庆轨道交通设计研究院(重庆市轨道交通工程技术中心)、重庆大学、重庆交通大学、重庆汽车研究所、长春轨道客车股份有限公司	长春轨道客车股份有限公司、中国汽车工程研究院股份有限公司、青岛四方车辆研究所有限公司、重庆华渝电气集团有限公司、北京大成通号轨道交通设备有限公司	重庆单轨交通工程公司(参股)	重庆轨道集团	重庆轨道集团、重庆市轨道交通设计研究院(控股)、重庆捷尚轨道交通科技发展有限公司(全资)、重庆快捷广告公司(全资)、重庆捷运工程设备公司(全资)

(备注:括号内所注全资、控股、参股的主体均为重庆轨道集团。)

重庆轨道集团利用在跨座式单轨产业链上占有“建设、运营、经营三位一体”的优势，充分发挥自身作为业主方、用户方、经营方的作用，获得对产业链其他环节的资源协同与整合的杠杆效应，使自身发展成为产业链的主导者，并获得由产业化发展所带来的利润和转移价值。

2. 规划产业集群建设

重庆轨道集团遵照跨座式单轨交通产业化发展规划提出的“以工程带装备、整车带零部件”的思路，采用高度专业化分工、内部紧密型协作的产业组织模式，形成以重庆轨道集团、重庆长客公司等为核心，重庆市内骨干企业参与分级配套的卫星围绕模式产业基地格局。

重庆轨道集团为实现跨座式单轨交通产业化，以单轨工程建设为依托，利用本地装备制造优势，发挥西南铝业集团有限责任公司和重庆钢铁（集团）有限责任公司车体材料优势，自主生产单轨车体；发挥重庆市机械制造业优势，鼓励中国汽车工程研究院股份有限公司、重庆长征重工有限责任公司等企业生产车辆转向架体、转向架传动部件和基础制动器等；围绕整车，鼓励汽车配套企业重庆长安汽车股份有限公司等利用已有技术优势和资源进行车内设备如座椅、空调、内饰件的研发与生产，促进产业集群形成。

3. 重点制定装备国产化规划及实施方案

重庆轨道集团针对装备国产化技术难度大、投资大的实际，选择以装备制造国产化为突破口，重点制定其规划及实施方案。在规划制定过程中，重庆轨道集团通过多次与有关车辆制造商探讨，结合国内车辆及部件生产厂商的能力和技术水平，从实际出发，经过反复论证，制定“从无到有、逐步推进、渐次增加、循序渐进”的国产化思路，制定“引进整车学习实践-车体及其内装饰国产化-转向架国产化-牵引控制系统国产化”的四步走实施方案。

在引进整车学习实践阶段，在重庆轨道集团主导下，与车辆制造商一道，通过设计联络、技术交底等形式，了解外方的设计思路、设计标准及对零部件制造的要求，并参与外方的整车设计全过程。重庆轨道集团利用人力资源共享的方式，将车辆制造商人员作为用户使用人员，共同在外方整车制造工厂接受培训，为下一步国内制造做好人才准备。同时，按照外方提供的图纸，在国内寻找到合适的厂家，试制大断面铝合金型材、超薄型空调机组等部件，实现用户与制造厂商的共赢。

在车体及其内装饰国产化阶段，重庆轨道集团通过提供前期模具费、研制费等方式，实现车体材料及车体制造、裙板、司机室设备、车内设备、空调机组、客室和司机室内装等国产化。

在转向架国产化阶段，鉴于单轨车辆采用类似汽车的充气走行轮胎以及为更换轮胎方便而采用特殊的悬臂式轮轴系统，重庆轨道集团通过“以市场换技术”的方式，将转向架上传动装置和走行装置的国产化工作委托给中国汽车工程研究院股份有限公司，实现用户与科研机构的共赢。

在牵引控制系统国产化阶段，重庆轨道集团在政府大力支持下，通过与国内高等院校和国内牵引电机龙头企业间的技术合作，提升国内企业技术水平，为单轨车辆牵引控制系统进一步国产化打下良好基础。

（三）强化协同创新组织

1. 推进业主内部组织协同

为适应产业化发展的需要，重庆轨道集团在跨座式单轨交通“引进建设—国产化—量产化—走出去”的产业化过程中，不断实施内部组织变革，先后成立“单轨交通国产化应用办公室”“工程技术开发、中试、成果转化及产业化平台”“轨道交通产业协调管理办公室”等组织机构，逐步形成覆盖科研、设计、建设、运营、产业推广的内部业务链协作机制。

2. 开展产业链企业间协同

为加快推进单轨交通产业化,打造完整的单轨交通产业链,促进单轨产业尽快成熟,重庆轨道集团在国内率先发起并联合规划设计单位、设备制造商、施工单位、研究院所、高等院校等40余家单位,共同成立重庆轨道交通产业技术创新战略联盟(以下简称“产业联盟”),进而成立重庆(国际)单轨协会(以下简称“单轨协会”),将单轨交通规划设计、建设与装备制造、运营管理的企业及相关单位聚集起来。

在产业联盟和单轨协会内,鼓励企业间开展互信合作,突破产业发展的核心难题,提升产业技术自主创新能力,促进协同创新体系建设和产业规模的扩大。同时,产业联盟为各联盟成员单位建立良好的公共技术平台,实现创新资源的有效分配与合理共享,遵循知识产权共享原则,鼓励联盟内企业通过商谈,进行专利许可和授权,加速科技成果的转化。在产业发展过程中,产业联盟创造性地推动产业链上下游由传统的串行开发方式转变为并行开发,以工作组的方式实现各环节的同步开发,解决各环节的互联互通问题,减少产业发展初期各企业之间的内耗和企业间内部交易成本,加快促进完整产业链的形成。

同时,以重庆轨道集团所属“重庆市城市单轨交通工程技术研究中心”为基础,由重庆市轨道交通设计研究院有限责任公司、重庆机电装备技术研究院合作成立“重庆轨道交通装备技术研究院”,主要致力于轨道交通装备产业化的工作;联合重庆烽火广合信息技术有限公司成立“重庆轨道交通通信装备产业联合实验室”,主要致力于车地无线通信综合接入平台系统的产业化发展、成果转化、技术应用及推广,包括行业技术标准制定、产品开发、工程总承包、通信信号系统集成技术及工程化平台开发及应用等。

3. 构建外围协同网络

为加快产业化进程,重庆轨道集团积极与国内外厂商、高校及研究院所展开广泛合作,合作伙伴不仅包括产业联盟和单轨协会内的企业,也包括未加入产业联盟和单轨协会的国内外企业。如在重庆市政府支持下,2011年年底中国北车在重庆投资建设中国北车西南产业基地并签订相关战略合作协议,打造跨座式单轨交通产业链;中国汽车工程研究院股份有限公司、重庆华渝电气仪表总厂、重庆川仪总厂有限公司等相关企业都成为单轨交通产业发展的配套企业;与北京交通大学合作开发城市轨道交通列车信号控制系统,并成功应用于重庆单轨交通3号线,又促成这项技术的产业化公司——北京交控科技有限公司重庆分公司成立。

(四)实施关键项目协同创新

重庆轨道集团从一开始就特别重视跨座式单轨交通技术研发及科技创新成果转化应用,采用政产学研用结合的协同创新工作机制,组织重庆交通大学、株洲南车时代电气股份有限公司、中国汽车工程研究院股份有限公司、长春轨道客车股份有限公司等单位,发挥科研、设计、制造、施工、试验、运营单位各自优势,最大程度集中资源和力量,突破跨座式单轨交通系统关键技术难题。

在深入调研国内外跨座式单轨交通和城市轨道交通技术基础上,围绕跨座式单轨交通技术特征,重庆轨道集团研究制定出关键技术研究框架,组织规划、设计、系统、设备、施工等单位开展覆盖跨座式单轨交通产业链的科研攻关,将其中“跨座式单轨交通装备关键技术研发及产业化”10 个课题列入国家科技支撑计划重点项目，在进行关键技术攻关的同时解决产业化发展问题。

1. 打通协同创新技术链

重庆轨道集团为解决产业化发展过程中的关键技术难题，协同重庆交通大学、株洲南车时代电气股份有限公司、中国汽车工程研究院股份有限公司、长春轨道客车股份有限公司等单位，围绕车辆装备制造和跨座式单轨交通系统集成，进行深入研究，采取技术合作、技术共有、联合研发、共建实验室、开放式课题等形式，建立利益共享和科技合作机制，吸引产业链内各创新主体协同研发，在国内首次完成单轨列车总体设计和研发项目。针对跨座式单轨交通系统车辆移动实时视频监控系统国内缺乏完整现行标准的状况，于 2005 年年初委托重庆市轨道交通设计研究院有限责任公司及烽火通信科技股份有限公司进行战略合作，共同承担“跨座式单轨交通系统车辆移动实时视频监控系统研发及应用”项目的相关可行性论证试验，通过组建联合攻关团队、博士后工作站、共建人才培养基地等方式，与参与单位进行紧密协作，攻克多项科技难题，总结并编制出城市轨道交通系统车辆移动实时视频传输系统设计规范、设备制造标准、系统接口标准及安装实施工艺标准。

2. 打通协同创新工程链

重庆轨道集团为提高单轨道岔的适用性和降低建设维护成本，打通单轨道岔协同创新的工程链，遵循市场经济规律，积极探索科技与经济相结合的途径，充分发挥自身作为业主和用户的主体作用，将研发设计机构、制造厂商、工程建设单位组织起来，进行新型道岔关键技术研发及工程应用，在国际上首次研制出平移式道岔和道岔线性检测技术，并应用于重庆跨座式单轨交通工程，使可挠道岔的挠曲控制精度、可靠性及结构安全性得到保证，大大缩短成果转化周期。

3. 打通协同创新产品链

重庆轨道集团按照“以工程带装备、整车带零部件”的思路，打通跨座式单轨交通车辆装备协同创新产品链，发挥自身作为用户的优势、重庆长客轨道车辆有限公司作为装备集成商的能力，组织中国汽车工程研究院股份有限公司、青岛四方车辆研究所有限公司、大连电力牵引研发中心有限公司等相关单位实现车辆关键系统(牵引、制动、列车网络控制等)及转向架关键部件的自主化研发，掌握跨座式单轨车辆的整车研发核心技术。

4. 打通协同创新资金链

跨座式单轨车辆的走行轮胎是单轨车辆重要的消耗材料，每个转向架上有 4 条走行轮胎，每列车共 32 条，每条轮胎的安全走行距离约 10 万公里，正常使用寿命约 1 年，非正常情况则更短。但进口轮胎价格昂贵，如不进行国产化，仅重庆轨道交通 2 号线 21 列车每年光走行轮胎就要多支出 400 万～500 万元，无形中运营成本有较大增加。为早日实现国产化，重庆轨道集团配备专人负责此项工作。为激发协同厂家的研发动力，消除其对研发资金缺失和产品销路不确定的担心，重庆轨道集团采用由业主提供前期研发资金、日后从订购产品购货款中扣除的合作方式，解决走行轮胎国产化的难题。同时，为解决产业“走出去”发展的资金难题，推进产业发展与资本运作相结合，在重庆市委、市政府的支持下，组织重庆市进出口银行对跨座式单轨交通产业进行调研考察，形成重庆跨座式单轨交通已经具备"走出去"条件的认识，使之决定设立面向重庆轨道交通产业的100亿元出口信贷。同时，为加大对跨座式单轨交通"走出去"的金融支撑，重庆轨道集团着手建立单轨产业发展基金。

（五）加快协同创新成果产业化

1. 制定产业化发展的技术标准与规范

重庆轨道集团经调研国际上单轨交通标准建立情况，发现尚缺少成熟的跨座式单轨交通国际标准，即使是较早建设单轨交通的法国、德国和日本，至今也还没有建立成熟的国家或行业标准。作为业主，重庆轨道集团具有规划设计、工程建设、系统集成、运营维护等全过程的技术和管理经验，在2005年2号线即将建成时，决定全面总结2号线成功经验，针对跨座式单轨交通设计、建设、装备制造、系统集成等缺乏标准的情况，制定促进产业化发展的单轨交通标准体系（见图1），为加快跨座式单轨交通协同创新成果产业化奠定基础。

重庆轨道集团在标准规范制定过程中，遵循"科研攻关、工程建设和标准化工作协同推进"的思路，牵头组织十余家科研单位、高等院校、制造厂商等创新联合体，依靠单轨交通装备集成和单轨车辆整车集成技术支撑，从单轨交通设计规范、施工及验收规范、车辆通用技术条件等国家标准，单轨交通系统施工质量验收评定等地方标准，以及转向架、道岔、支座、指形板等企业标准来建立单轨交通产业化的标准体系。通过政产学研用合作，主导研究编制出跨座式单轨交通设计规范、施工及验收规范和车辆通用技术条件等国家、行业标准和地方标准，在我国率先建立起跨座式单轨交通技术标准体系，统一跨座式单轨交通产业化的技术导向。自2005年以来，重庆轨道集团累计培育出产品中试线7条，编制并发布国家标准2项，行业及地方标准2项，企业标准32项，申报和获得专利35个（其中发明专利8项），形成新产品63个。

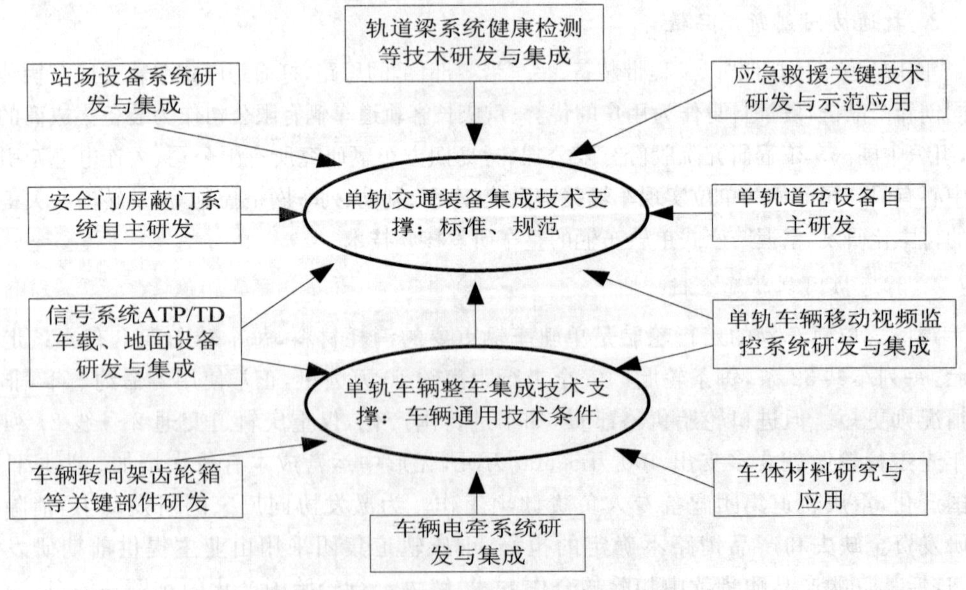

图1 跨座式单轨交通产业化的标准体系

2. 促进协同创新成果产业化应用

为解决科技创新成果转化难题，由重庆轨道集团主导、政产学研用结合，将拥有的专利技术与国内外标准相对照，建立产业化的基础和标准；将技术创新、管理创新与产业化推进相结合，制定推动成果转化的激励措施。重庆轨道集团强调以产业化实现和市场需求为出发点，运用产业联盟、专利许可/授权、技术转让、技术入股等方式，加快协同创新成果产业化（如表2所示）。

表2 协同创新成果产业化及应用

项目	协同创新成果	产业化及应用
国家科技支撑计划：跨座式单轨车辆整车集成技术及应用（2007BAG06B00）	研制开发造型美观的大流线型单轨列车。车头采用薄壁聚酯玻璃钢蒙皮，轻量化铝合金焊接骨架结构，解决单轨车辆复杂的司机室电气系统、机械结构及各个系统之间的接口。研制简洁、美观、流畅的车辆内饰设计，符合现代轨道交通车辆时尚要求。	在重庆市江北区东部新城鱼嘴组团，项目占地约550亩，一期新建厂房8.2万平方米，另外预留规划厂房面积3.688万平方米。目前已形成年产500辆轨道车辆、年维修能力100辆轨道车辆及其零部件总成的生产能力
国家科技支撑计划：跨座式单轨交通车辆转向架系统关键技术研发及产业化（2007BAG06B01）	研发出单轨列车减速传动装置、走行系统、单轨列车导向稳定装置、基础制动装置、轮胎气压检测装置关键技术，并进行转向架集成试验，实现该项产品在重庆的本地化和产业化	转向架关键零部件具备年生产1000台套轨道车辆齿轮箱总成和基础制动装置的能力
国家科技支撑计划：跨座式单轨列车ATP与位置检测控制技术研发及产业化（2007BAG06B08）	基于时频转换技术、冗余、容错和频域安全识别技术，提出强干扰环境下跨座式单轨交通信号精确识别方法，开发车载ATP防护软件（2009SRBJ8308）和ATP信号信息精确识别软件（2009SR018267），融合ATP接收天线和列车位置检测天线分离设计技术、ATP及TD的RAMS和模块化设计技术，研制出单轨列车信号速度防护系统设备（ATP）和位置检测设备（TD）	研制出用于跨座式单轨交通车辆的VVVF两点式逆变器。研制出专用于跨座式单轨交通车辆的高性能电传动控制装置。已投入批量生产。2009年至今，信号ATO/TD已获得经济效益0.82亿元

项目	协同创新成果	产业化及应用
国家科技支撑计划：跨座式单轨交通新型道岔关键技术研发及产业化(2007BAG06B07)	建立了跨座式单轨车辆—道岔耦合动力学模型和道岔结构强度分析模型，国际上首次发明和研制平移式道岔(ZL201010598456.4)，发明道岔线性检测技术(ZL200910103530.8)，形成单轨可挠道岔和平移式道岔的结构设计、控制系统设计和系统动静态试验检测方法；研发可挠道岔挠曲面板和挠曲梁体加工及走行面涂覆技术，解决挠曲控制精度难题，提高可挠道岔可靠性及结构安全性	自主研发跨座式单轨道岔，完全掌握可挠道岔设计方法和控制系统关键技术，并实现产业化和工程应用；开创性研制出平移道岔，此创新成果属国际首创。已成功在重庆轨道交通2、3号线工程得到应用。2007年至今单轨道岔获得经济效益0.935亿元，2009年至今平移道岔获得经济效益1870万元
国家科技支撑计划：跨座式单轨交通车辆移动实时视频监控系统研发及应用(2007BAG06B09)	基于改进的COFDM高速移动状态下大容量数据无线传输技术、数据专用网络组网及网络管理技术、双码流视频编码数据信号传输及控制技术，发明跨座式单轨交通车辆移动实时视频监控系统(ZL200910103851.8)，减少频谱的占用率，实现同向列车同频小功率发射、多点接收，以及无线收发功率动态可调，确保沿线覆盖，避免同频干扰	已成功在重庆轨道交通2、3号线工程得到应用。2008年至今获得经济效益0.95亿元。
建设部标准计划：跨座式单轨交通技术规范(建标函【2005】84号)	国内外跨座式单轨交通技术标准处于空白状态，影响制式推广。本项目在研究、分析、总结国内外单轨交通技术的基础上，研究并形成GB50458－2008《跨座式单轨交通设计规范》、GB50614－2010《跨座式单轨交通施工及验收规范》、CJ/T287－2008《跨座式单轨交通车辆通用技术条件》、重庆市跨座式单轨交通系统设备工程施工质量验收评定办法等国家、行业和地方标准，建立我国单轨交通技术标准体系，为在我国推广、应用和建设跨座式单轨交通提供技术体系支撑	已在重庆轨道交通2、3号线，北京、贵阳单轨线路工程中得到应用

项目	协同创新成果	产业化及应用
重庆市重点计划项目：跨座式单轨交通系统安全保障关键技术研究(CSPC2007IB6021)	针对跨座式单轨交通线路高架区间长、离地高、接近性差等特征，在深入研究运营安全保障、公共安全保障和防灾消防应急救援管理等三大系统的基础上，首次自主研制单轨安全巡检车(ZL200910103827.4)、工作车占用检测(TD)车载设备、锚杆快速更换、锚杆和轨道梁支座健康检测、疏散检修通道和车辆换轮机等关键技术装备，开发三维灭火预案系统、CDMA远程图像传输系统、基于GIS的火警处置系统和公安警务闭路电视监视系统，提出单轨安全保障装备配置方案和《单轨运营突发事件应急处置预案》，构建跨座式单轨交通安全保障体系，建成我国单轨交通安全保障科技示范工程。单轨系统运营五年来，稳定可靠，未发生安全事故	该成果已在重庆3号线一期工程、二期工程、南延工程、北延工程，重庆2号线南延工程中获得应用，带来巨大经济效益

三、轨道交通企业产业化协同创新管理的效果

(一)实现跨座式单轨交通产业化发展

由于重庆轨道集团主导的协同创新管理的实施，跨座式单轨交通系统国产化率已达93%，并拥有自主知识产权，总体达到国际先进水平，核心技术达到国际领先水平。同时，已在重庆孵化出目前世界上最大的跨座式单轨交通产业基地，形成完整的跨座式单轨交通产业链。跨座式单轨交通产业化成果正逐步得到推广，已应用于韩国大邱单轨项目，并有北京、贵阳及印尼万隆等城市开始建设，更有青岛、承德、太原、三亚、哈尔滨等国内城市和泰国、印尼、越南、印度、伊朗、巴西、南非等国家陆续来重庆考察单轨交通，寻求工程总承包或技术合作。北京、重庆、贵阳三地新建工程线路共83公里，可以为车辆和机电设备相关生产企业带来200多亿元的设备供货合同。

(二)确保企业可持续发展

跨座式单轨交通从规划设计、建设施工、装备制造到线路运维产业化的实现，其建设、运营成本得到有效控制，如单轨装备价格显著降低，车辆单价可由进口车的1250万元降至国产车的880万元，按重庆轨道集团已采购的526辆车计算节省投资19.5亿元。跨座式单轨交通整体投资比地铁可省30%～50%，土建造价只为地铁造价的1/3～1/2，机电设备维护费比地铁低5%，仅车辆制造和运行维护费就可节约20%以上，此外，车辆单车比国外车辆减轻2～3吨，使列车运行能耗同比降低8%，有效节省城市轨道交通投资，显著降低建设和运维成本，为企业减轻巨大资金负担。同时，重庆轨道集团将跨座式单轨交通推向国内外市场，为企业寻找到新的利润增长点，确保企业可持续发展。

(三)促进地方经济社会的持续、协调发展

跨座式单轨交通产业化的成功实践,促进了轨道交通装备制造、相关配套生产厂商、建筑施工等相关产业的共同发展,单轨技术和装备保障了单轨交通工程建设与运营,拉动单轨工程建设投资 273.5 亿元,在重庆已建成自主化的单轨装备制造业基地,实现年销售收入 150 亿元,利税 15 亿元。重庆长客轨道交通车辆有限公司已形成年产 500 辆轨道车辆、年维修 100 辆轨道车辆及其零部件总成的生产能力,近三年实现销售收入 23.98 亿元。中国汽车工程研究院股份有限公司已具备年生产 1000 台套轨道车辆齿轮箱总成和基础制动装置的能力,近三年实现销售收入 10.86 亿元。重庆华渝电气仪表总厂具备承担单轨交通关节型道岔的生产能力,近三年实现销售收入 0.96 亿元。重庆已建成的包括 2 号、3 号跨座式单轨交通线路在内的城市轨道交通系统,日均客运量已超过 130 万人次,年客运量已超过 4 亿人次,其中,单轨交通的客运量占 63.1%,有效缓解了重庆交通压力,促进了交通畅通。工程建设与运营还直接解决了 1.3 万余人的就业,有力促进了当地经济社会的持续、协调发展。

(成果创造人:仲建华、范金富、林 莉、吴焕君、胡 静、李 恒、
何希和、刘昌萍、付 平、陈 舸、汪 宁、赖 力)

总体设计企业主导的预警机出口跨行业、跨国协同管理

中国电子科技集团公司电子科学研究院

电科院外景

中国电子科技集团公司电子科学研究院（以下简称“电科院”）始建于1984年，固定资产逾10亿元，员工900余人，现有中国工程院院士3人。拥有国家级系统电磁效能测评中心，是国内唯一大型综合电子信息系统总体设计单位、国内唯一预警机系统总体设计单位、空军装备一级承制单位，能同时为各军兵种全方位提供信息化武器装备，是从事电子信息技术发展战略研究、大型信息系统顶层设计、工程总体研发及综合集成的国家级电子信息系统研发基地。

一、总体设计企业主导的预警机出口跨行业、跨国协同管理背景

（一）有效克服预警机出口项目管理难题的需要

电科院作为ZDK03型预警机项目的“单总师”单位，除了需要完成以往国内预警机体制下的任务电子系统科研生产试验试飞外，还需要组织飞机承制单位和飞机试飞单位完成飞机的改装设计、载机的科研生产、试验试飞等工作，同时还需要开展国外用户所要求的软件定制、国外某电台集成和预警机与巴基斯坦防空网络集成等跨国实施工作，项目的实施具有高技术性和高风险性。在合同严格要求之下，需要在科研生产、培训、集成联试、验收交付、售后服务等环节高度交叉的情况下，实现跨专业、跨行业、跨国多主体计划、技术、质量等协同，以实现项目的如期交付。

（二）提升企业对外合作能力、进军国际市场的需要

进入二十一世纪后，许多第三世界国家对国防体系建设提出了新的要求，特别是对预警机的需求。电科院在集团公司的领导下，在“十一五”期间就瞄准国际市场，旨在打造成为国际一流的电子信息系统总体供应商，全面提升企业的对外合作能力，重点推进预警机系统等系统级产品和服务的出口。

（三）履行军工企业使命、支持国家对外战略的需要

作为电子信息化武器装备的核心和战略性武器，预警机出口符合我国现实战略发展需要。首先，通过向友好邻邦出口预警机，有利于继续巩固两国两军的友好关系，维持地区格局和战略平衡，增强中国的国际影响力。其次，预警机出口对于我国信息化装备整体建设水平的提高具有十分重要的技术和军事意义。最后，通过以复杂大系统带动装备

的出口方式，引领用户建立以我方预警机为核心的信息化武器装备体系，实现中国军贸产品的大规模出口和军事全面渗透，并产生经济效益。

二、总体设计企业主导的预警机出口跨行业、跨国协同管理内涵与主要做法

电科院通过顶层规划，组建总体设计企业主导的多主体参与联合管理架构，统筹实施项目总体协同；实行以交付计划为牵引、集中式的计划管理，确保任务与进度的计划协同；实施“三线、三库”管理方式，实现技术状态动态管理协同；创建产品设计鉴定体系，实现设计定型与技术状态和质量管理协同；建立跨行业质量管理体系强化航空产品质量管理，实现电子航空质量管理高效协同；以客户为中心，实现项目跨国实施过程中的计划、技术、质量管理协同；引领分系统统一规划，实施全寿命周期优质服务协同，解决预警机出口项目产品实现难、组织管理难、计划管理难、过程监控难、沟通协调难的难题，成功实现预警机按时保质交付，打造预警机出口项目管理精品工程，创造世界预警机出口史上首次按时交付的纪录。主要做法如下：

（一）针对预警机复杂巨系统管理难点，确定协同管理总体指导思想

预警机出口项目在跨行业、跨国实施过程中主要面临复杂程度高、产品实现难，参研单位多、组织管理难，时间周期紧、计划管理难，质量要求高、过程监控难，用户要求多，沟通协调难等难题。为此，电科院从顶层进行项目统筹规划，明确必须通过电科院主导实施与国外用户、国内配套分系统的计划协同，确保合同按时交付；必须通过一体化设计全面满足合同的技术指标要求并成功与巴基斯坦防空系统集成；必须通过多维的质量监督方式，加强对产品质量，尤其是跨行业的载机质量进行监管；必须着眼未来，考虑后续预警机向其他国家出口时技术状态、质量标准的一致性，开展军贸产品的设计定型工作；必须将产品设计、产品保障纳入项目全生命周期进行统筹规划，在确保商保期任务成功率的基础上，树立品牌形象，并不断通过服务保障争取新项目、新合同等五大指导思想。

电科院作为总体设计企业在项目实施过程中以“统筹引领、内外一致、集中管理、协同推进”为核心，发挥在计划、技术、质量等方面的管理牵引和主导协同作用。结合项目特点确定项目的运行机制：在借鉴国内军品型号已有的计划、技术和质量管理机制基础上，综合运用市场机制，按照国际标准实施全周期合同制管理，并在实施过程中从技术上、管理上学习国外先进的技术和管理经验，攻克技术难题，全面提升我方技术和管理水平。

中方打造的第一个外籍预警机军团

（二）组建总体设计企业主导、多主体参与的联合管理组织架构，统筹实施项目总体协同

第一，成立中国电科集团任组长单位和中航工业集团公司任副组长单位的跨行业主体参与的项目领导小组和领导小组成员单位，从组织的顶层设计上保证项目的跨行业实施。第二，建立跨行业的行政指

挥系统、总师系统和总质量师系统的三师系统，电科院任总师单位，在项目管理中起主导作用，强化项目的计划、技术和质量管理。第三，引入以中航工业飞机公司（载机承研单位的上级主管单位）为牵头单位的飞机质量监督代表系统，对载机研制生产过程进行控制。第四，创立出口型预警机鉴定系统，规范产品的设计及研制生产过程，对全系统产品进行定型管理。第五，构建由中方任组长的中巴项目联合体，统筹项目内外安排，加强项目沟通的效率和准确率，降低合同执行风险。

在此组织架构基础上，电科院综合运用协同管理理论，采用项目组合管理的方法，实现行政指挥系统、总设计师系统、总质量师系统、第三方监造系统、鉴定委员会、中巴项目联合体“六个主体”之间项目计划、技术状态、设计定型、质量保证、客户关系的一体化协同管理，实现科研计划管理、技术状态管理、质量监督管理、用户需求管理的相互协同，解决多单位协调、多环节高度交叉的管理难题，为预警机出口项目顺利开展奠定基础。

（三）实行以交付计划为牵引、集中式的计划管理，确保任务与进度的计划协同

1. 顶层规划、系统思考，确保计划科学性和可行性

针对出口型预警机的产品组成和项目特点，电科院开展项目顶层策划，编制《预警指挥机产品策划与工作说明》对项目的 WBS 和 WRS 进行详细分解，并结合 SWOT 风险分析模型以及计划风险控制理论进行系统思考，确保计划的科学性和可行性。

2. 统一计划管理部门，以交付计划牵引，确保内外计划协同统一

电科院成立预警机出口专项办公室，集中主导负责科研生产、产品鉴定、验收交付、国外集成、售后服务等工作，实现项目管理过程中技术管理活动、质量管理活动、对外协调、产品交付活动的计划统一协同和管理。此外，为确保国内和国外计划以及总体单位与分系统科研生产、质量管理和设计鉴定工作计划的一致性，在充分考虑项目计划风险的基础上，以项目交付计划为牵引，协同国外用户，以项目 0 级和 1 级计划为基础，协同内部承制单位的一体化计划管理。通过集中统一调配资源、协调安排载机平台任务、任务电子系统集成计划、专用保障车辆计划、地面支持系统（与巴防空网络的集成）计划等重点工作，有效地保障计划的统一协调性。

3. 针对关键任务，实施矩阵化多任务协同的攻关模式

针对关键任务，在项目组中抽调关键负责人临时组建专项工作组，由电科院项目人员牵头，按照项目关键路径进行集中攻关，形成矩阵化的多任务协同专项工作组攻关模式，既不影响项目总体进度，又加强关键任务的攻关力度。

4. 加强里程碑节点控制，形成计划预警机制和监督机制，减少计划偏离

以“对内计划紧缩、对外计划确保”为原则，加强里程碑节点控制，并对每个重要的里程碑设置预警机制，提前采取措施进行促进或调整，避免项目计划“短板”。在日常工作中坚持月度例会和周例会制度，实施年计划月检查、月计划周检查的监督机制。通过里程碑节点控制以及预警和监督机制的实施，有效地减少计划的偏离，保证项目计划紧扣项目合同要求。

(四)实施"三线、三库"管理方式,实现技术状态动态管理协同

1. 紧扣项目技术状态树,构建预警机技术状态三大基线

为确保技术状态受控,研制初期编制《出口型预警机技术状态管理办法》,协同所有参研分系统的技术状态管理接口,确定技术状态管理项目,保证各阶段产品技术状态管理接口清晰、状态受控。具体做法如下:一是电科院根据合同标的开展系统总体方案论证,形成项目的功能基线;二是电科院按照所要求的功能基线,组织开展分系统详细设计,经评审通过后,与分系统签署产品研制合同书和技术协议书,形成分配基线;三是分系统根据设计开发和生产直至产品交付、设计定型而形成产品基线。

在研发过程中,采用硬件单机技术状态管理方式,保证研制架次、生产架次和交付架次硬件技术状态清晰。在"开发库、受控库、产品库"三库管理的基础上,对系统软件确定试飞版、批产版、交付版,并随着研制工作的进程,开展迭代升级。通过软件、硬件不同的阶段控制方式,动态调整实施。

由于设计鉴定工作在结束前,同时存在已交付架次和批产产品。因此,针对已交付的产品,按照与用户制定的《技术服务通报管理办法》,以贯彻技术服务通报的形式进行技术状态控制。针对批产机,按照《技术状态管理》办法中更改控制程序和要求,实施工程更改,最终保证交付用户的产品技术状态与鉴定状态的一致性。

2. 结合国际过程惯例,规范技术状态动态管理

根据国际工程项目惯例,与用户之间建立一套标准的变更工作程序,规范所协调的相关内容,为按照既定的共识开展相应工作提供指导,在工程实施过程中减少因大量计划性、技术性协调所带来的系统功能、性能、产品技术状态偏离和超差。对国内分承制单位实施技术协调机制,及时将用户需求变更进行传递,保证分配基线与功能基线的协调统一和动态管理。

在技术状态控制实施过程中,所有的技术状态变更都纳入项目的计划管理、质量管理、鉴定管理和用户合同中进行集中评估和审核,通过开展技术状态动态管理,保证所有的技术状态变更能满足合同条件、进度和质量控制要求,在成功实现技术状态控制的同时,很好的满足技术状态控制和计划管理、质量管理的有效协同。

(五)创建产品设计鉴定体系,实现设计定型与技术状态和质量管理协同

1. 借鉴军品定型管理制度,创建军贸出口产品设计鉴定体系

针对预警机出口属于军贸性质不需要定型的实际情况,电科院在军贸产品鉴定机构不健全的情况下,坚持合同要求与国家军用考核标准相结合,在借鉴军品设计定型制度的基础上,首创由集团公司牵头的出口型预警机鉴定委员会。委员会成员包括中国电科、中航工业集团质量部门人员,军方相关部门人员,承制单位和承试单位负责人,技术专家和质量管理专家组成。

2. 基于合同和未来市场需求,建立设计鉴定工作标准和规范

在满足合同要求的前提下,借鉴军品设计定型相关制度和考核标准,从设计鉴定管理、设计鉴定程序、工作标准以及产品考核要求等方面制定 115 项制度和标准,保证设计

鉴定工作规范运行。

3. 压缩分类级别，实行扁平化管理

区别于国内军品鉴定级别分为四级，压缩分类级别，按照出口型预警机设计鉴定的专有复杂性，将设计鉴定级别分为A、B、C三类，实行扁平化矩阵式管理，但鉴定的实施工作为一级管理，这种管理模式减少层级之间的沟通管理环节，进一步提高设计鉴定工作效率。

4. 设计鉴定技术审查前沿后伸，科研过程和结果审查并重

充分利用科研试验结果和数据，减少部分试验科目的重复实施，特别是复杂度高的试验项目。针对鉴定时间周期不足的问题，设计鉴定审查工作从科研前期即开始介入，按照关键节点、关键项目完成一项、审查一项的工作原则，在保证设计鉴定工作独立开展的情况下，及早将审查中发现的问题反馈给设计师系统。鉴定技术组针对各项专项评审提出了近600条建议和意见，其中80%意见得到研制部门的采纳。

通过鉴定管理工作的实施，固化产品的状态标准，强化产品质量，缩短产品鉴定试验周期，仅科研鉴定试飞一项的试验周期就压缩1/3，试验经费也得到控制。同时为出口型预警机的后续批产奠定基础。

（六）建立跨行业质量管理体系，实现电子航空质量管理高效协同

1. 突破行业管理壁垒，实现一体化质量监督管理

依据用户需求和工程质量管理需求，电科院紧紧围绕“超越用户需求，实现产品交付一次成功”的质量目标，坚持“质量安全第一、关键过程控制加严、多种模式协同工作”的原则，充分识别研制生产过程组成，依托原有体系开展产品生产过程质量监督管理工作，编制一系列顶层规章制度、规范。

2. 引入军贸质量监督代表系统，独立于承制单位开展载机军贸质量监督工作

电科院引入以中航工业飞机公司（载机承研单位的上级主管单位）为牵头单位的飞机质量监督代表系统，在载机承研单位内部质量管理之外独立开展质量监督工作。质量监督代表系统成员由长期从事航空产品质量监督工程人员以及各专业质量监督管理专家组成。按照“做好顶层策划、严格监督控制”的原则，质量监督代表系统在研制、生产过程中发现大量质量问题，并落实整改，实现电子和航空产品的质量协同管理，保证交付产品的质量。

3. 多方协同，全方位开展质量管理监督工作

总质量师系统、质量监督代表系统、设计鉴定系统、用户四者之间建立良好的沟通机制，紧紧围绕科研生产计划和验收交付计划，坚持执行层面工作独立开展、质量管理监督结果信息充分共享、技术质量问题跟踪闭环齐抓共管的原则，确保质量信息的流通顺畅，消除质量监督管理死角，保证研制生产中质量问题得到最大限度的解决和规避。

（七）实施中方主导的客户关系管理，实现项目跨国合作中的计划、技术、质量管理协同

1. 建立中方主导的中巴联合体，提高工作效率

预警机出口过程中，除国内预警机研制生产管理常规化的工作外，还存在大量与国

外用户沟通协调以及联合开发的工作，传统的传真、信函等协调方式大大地影响了项目的沟通效率和准确率。在此背景下，电科院成立由中方任组长、巴方任副组长的中巴项目联合体(JWG：JOINT WORKING GROUP)，代表总体单位、巴基斯坦空军负责对需双方联合开发和协同开展的工作进行集中协调。中巴项目联合体的建立主要有如下四个重要作用：一是形成统一信息接口，避免多头协调问题；二是降低协调成本，协调时间从7～10天的缩短为2～3天，提高工作效率；三是统一双方文档，提高文件输入和输出的准确性；四是增进双方理解，实现总体单位集中管理，促进项目的统筹安排。

2. 组建专项工作组，实行总体设计企业主导的并行管理

组建包括C2/MPS/DLI界面定义工作组、DLI－ICD定义联合工作组、EGWSS界面定义联合工作组、RS电台测试工作组、地面集成联合工作组等八大专项工作组。专项工作组虽然作为分系统的一个子工作项，但具体工作由总体单位统一主导和指挥，负责在中巴项目联合体统筹安排下实施各项工作，实现分系统对外协调计划以及相应资源的集中管控和并行管理，避免因某个专项的拖期而影响系统研制生产进度的现象。专项工作组在预警机出口过程中的重要作用是：一是工作目标和内容专注，利于技术状态管理和控制；二是联合工作、集中办公，利于沟通协调、明确需求；三是计划集中而独立，利于计划模块化并行管理；四是双方责任明确，利于减少项目实施过程中的责任纠纷。

3. 构建评估机制，确保技术和计划可控

针对该出口合同中部分技术内容需在合同生效后由中巴双方在科研生产过程中逐步明确的特点，以及中巴双方在作战使用方式和综合保障习惯等方面存在的差异，结合预警机复杂的科研生产过程，为减少在产品验收交付过程中因达不到巴方要求而造成的时间和经费浪费，电科院建立一套双方均认可的评估机制，对已完成的科研生产活动进行评估。在预警机出口过程中创建的由中方主导、外方参与的评估机制主要包括：项目管理评估机制(PMR：PROJECT MANAGEMENT REVIEW)、集成设计评估机制(IDR：INTEGRATION DESIGN REVIEW)、里程碑节点评估机制(MR：MILESTONE REVIEW)、首飞评估机制(FIFR：FIRST INSTALLATION FLIGHT REVIEW)、项目中期评估机制(MPR：MID PROGRAM REVIEW)。

通过创立中巴项目联合体，形成相关工作程序和评估机制，双方实现项目信息的及时交互，确保各类技术状态在重大节点完成前计划、技术可控，减少产品验收交付过程的难度，为每架预警机一次性成功交付奠定基础，有效节约项目执行时间和经费成本。

(八)引领分系统统一规划，实施全寿命周期优质服务协同

电科院在项目策划阶段就以确保预警机交付巴方后保持系统的战备完好性为出发点，按照“提供一套完备的保障系统，建立一套出口型信息系统的综合保障体系，指导后续类似产品综合保障工作的开展”的总体思路，将预警机交付后的全周期综合保障纳入一体化管理，进行体系建设思考。通过制定《预警机出口综合保障大纲》，从全系统保障过程中的维修方式和维修级别、备件的级别和数量需求、售后服务保障规划等方面对预警机综合保障工作进行详细规划，结合产品应用分析和装备四性分析，制定预警机交付后的装备完好率、出勤率、任务成功率等综合保障实施和考核目标。截至2014年5月，

预警机交付巴方后出勤率始终保证在75%以上，任务成功率保持在80%以上，极好地满足了用户使用要求。

三、总体设计企业主导的预警机出口跨行业、跨国协同管理效果

（一）攻克了技术上的难题，对预警机发展具有十分重要的借鉴意义

预警机出口项目成功在国产运八载机平台上采用并实现了国际上主流预警机采用的“双支架背驮式圆罩”架构。载机改装通过采取加装尾翼端板等，措施，解决了运八飞机背负巨型天线罩体航向稳定性下降60%问题，全方位、远距离空中预警探测、信息综合、信息分发和指挥控制等能力与基于150吨平台波音707的E－3C预警指挥机相当。解决了预警机与德国R&S电台，巴基斯坦地面网和指挥所的集成问题；采用国产计算机、操作系统和数据库等，实现了任务系统核心设备和软件国产化。攻克了机载有限空间的密集设备电磁兼容和人员电磁防护难题，全机500多台套设备协调一致工作；开创了预警指挥机的试验和试飞技术，全面严格考核了预警机性能，用比国外同类装备短得多的时间完成了试验和考核。

（二）成功探索了跨行业、跨国的协同管理体系，为国际市场开发奠定了基础

中国电科历时近10年时间完成了预警机出口项目从产品推销、原型机演示验证试飞、合同签署、4架定型机交付的整个过程。在10年时间里，中国电科通过实施该项目的科研生产全过程管理，构建并完善了预警机出口项目中的组织管理体系、计划管理体系、质量管理体系、鉴定管理体系、军贸出口管理体系，为后续的预警机和特种机技术发展和市场开拓奠定了基础。

（三）树立了中国高新技术军工产品品牌形象，为扩大国际影响力做出了重要贡献

此次预警机出口巴基斯坦，无论是飞机还是电子设备，都采用中国独立自主的技术，完全做到了国产化。通过预警机出口巴基斯坦，实现我国从当年购买预警机被人“卡脖子”，到预警机出口的华丽转身，是中国预警机自力更生走向世界的一次伟大壮举。另一方面，通过预警机出口，扩大了我国在世界上的外交影响力。同时可以加强我国与他国的军事交流与合作，深入了解外军预警机装备的技术和能力，取长补短，推进我国预警机技术发展。

（成果创造人：陆　军、李金茂、丁贤澄、曹　剑、张　鹏、史红英、叶海军、杨晓光、陈竹梅、黄星月、程　烜、徐益平）

世界级跨海大桥岛隧墩施工建设中的技术创新管理

中交第一航务工程局有限公司

成果主创人:公司总经理毛元平

中交第一航务工程局有限公司(以下简称“中交一航局”)创建于1945年,是世界500强企业中国交通建设股份有限公司的全资子公司,是以港口工程施工为主,多元经营、跨行业、跨地区的国有特大型骨干施工企业。近年来,中交一航局营业额、合同额连创新高,2013年分别达到380亿元和478亿元。承建的工程先后荣获国家优质工程金奖和银奖37项、鲁班奖13项、詹天佑大奖19项、中国市政工程金杯奖8项,多项技术成果达到国内领先、国际先进水平。

一、世界级跨海大桥岛隧墩施工建设中的技术创新管理背景

港珠澳大桥是我国继三峡工程、青藏铁路、南水北调、西气东输、京沪高铁之后又一项超级工程。大桥东连香港,西接珠海、澳门,是集桥、岛、隧为一体的超大型跨海通道,于2009年12月15日正式动工。大桥全长接近50公里,主体工程长度约35公里,设计寿命为120年,预计于2016年完工。大桥落成后,将会是世界上最长的六线行车沉管隧道,及世界上跨海距离最长的桥隧组合公路,将形成“三小时生活圈”,缩减穿越三地的时间。

2010年,中国交通建设股份有限公司联合体中标港珠澳大桥岛隧工程,工程由沉管隧道、东西人工岛三大部分组成,是大桥工程的施工控制性工程。其中,西人工岛工程、东人工岛钢圆筒及副格振沉、东西人工岛之间沉管隧道基础的基床抛石夯平等施工任务由中交一航局承担,一航局一公司具体组织施工。2011年,一航局又承建了港珠澳大桥桥梁工程CB03标合同段墩台预制、海上运输、安装等施工任务,成为全国唯一参与了工程技术难度最大、最核心的岛、隧、桥全面施工的企业。

(一)满足世界级跨海大桥工程建设的必然选择

港珠澳大桥是当今世界上规模最大、施工标准最高、应用技术最先进、最具挑战性的超大型“世界级跨海通道”集群工程,由粤港澳三方共建,融三地文化为一体,是一个大型的复杂系统工程,被誉为创新驱动发展战略的杰出代表。整个项目的实施几乎都是创造性工作,没有成熟的经验可以借鉴,其设计和施工难度在世界范围内屈指可数,一大批关键技术问题急需解决。紧迫的工期要求、全新的技术难度、超高的设计标准,以及白海豚保护区、复杂的通航环境等限制条件和社会关注度高、三地政府共建共管等特点,都对工程实施形成了极大挑战。应对这些挑战,保证大桥建设顺利推进,必须要用创新的理念和思维来谋划整个项目的实施,以技术创新为手段解决工程建设的关键难题,才能推动工程建设顺利实施。

（二）落实岛隧墩项目施工建设目标的重要途径

确保港珠澳大桥工程建设优质高效、安全推进，把大桥建设成为设计使用寿命达到120年、世界一流的、融合“一国两制三地”经济文化的跨海集成工程的典范，成为地标性建筑，是大桥建设的目标，也是全体参建单位的首要责任。从所承建的西人工岛来说，大直径钢圆筒振动下沉工艺及设备、海上挤密砂桩施工工艺、深水基床抛石夯实工艺及设备等的开发与应用，都必须超越现有的工程技术和施工设备局限；对作为桥梁主体工程的桥墩预制施工，如何控制混凝土耐久性，满足120年使用寿命要求，如何攻克桥墩施工的新技术、新工艺和关键难题，如何实现工期进度、质量安全及成本效益的协同共进，都需要通过实施技术创新，采用新技术、新工艺、新方法，突破工程建设中的各个难题，推动实现工程建设的各个目标。

（三）提高企业技术创新水平和能力的客观需要

当前，国家基础建设越来越朝向大型化、规模化、海洋化发展，施工项目越来越复杂，难度越来越大，对尖端技术的需求越来越高，管理目标呈现复杂化和多元化，这对新技术、新工艺、新设备、新材料的研发和应用，对企业的技术创新水平和能力都提出了更高的要求。中交一航局作为一家国有特大型施工企业，尽管已经在施工技术水平上取得了长足发展，在行业内具有较高知名度和影响力，但面对港珠澳大桥这个世界级工程的诸多尖端技术工艺、施工难题，所有的技术和经验都面临着新的考验和挑战。以参与世界级跨海大桥工程建设为契机，大力开展技术创新，培育一批大型跨海通道工程建设的核心技术、先进工艺、领先设备，占领施工技术高地，对于提升企业核心竞争力，推动企业实现转型升级发展，具有积极的促进作用。

鉴于上述原因，中交一航局在港珠澳大桥工程建设中，积极开展世界级跨海大桥岛隧墩施工的技术创新管理实践与探索，推动实现大桥建设目标，提升企业核心竞争能力。

二、世界级跨海大桥岛隧墩施工建设中的技术创新管理内涵和主要做法

中交一航局在港珠澳大桥岛隧墩工程实践中，以解决工程建设中的技术工艺难题、提升企业技术创新水平为指导思想，立足工程项目实际，整合企业内外部优势资源，着力构建产学研有效结合的、开放的技术创新体系，打造适应项目特点的行业技术研发平台，大力开展技术创新活动，成功攻克关键技术工艺难题，研发和创造了一批具有行业领先水平和自主知识产权的跨海通道施工技术，提高了企业的创新能力，保证了项目履约，有效提高了企业在跨海通道施工方面的国际竞争力。主要做法如下：

预制墩台海上运输作业

（一）分析把握工程特征，高目标引领技术创新工作

1. 分析把握工程项目特征

深刻理解工程特点和难点是实施技术创新的基础。港珠澳大桥工程是目前

世界范围内同类型工程中综合难度和规模最大的，其设计思路是开放性的，技术难度也是世界级的，必须超越现有的工程技术和施工设备局限。以墩台预制工程施工为例：墩身承台一体预制在国内属于首创，所涉及的施工工艺均需提前研发，没有先例，120 年耐久性要求、H/3000 的墩台垂直度控制、严格的混凝土浇筑龄期差控制等，都对施工提出严峻的挑战。

港珠澳大桥岛隧墩工程特点决定了其技术创新与传统项目的不同。一是设备与施工方案同时研发。港珠澳工程多项设计方案、施工方案和设备方案需要同时研究确定，例如钢圆筒与振动锤、先铺法与整平船、挤密砂桩复合地基与挤密砂桩船等。二是技术与设备二位一体。对施工来说，设备是技术的载体，技术开发要落实到装备研制。同设计单位联合开发新结构新技术，并按需研发新工艺和新型装备，这种模式是实施本项目必须具有的能力。

2. 明确技术创新工作目标

一是全面完成中交一航局承担的由国家科技部立项的国家科技支撑计划课题“港珠澳大桥跨海集群工程建设关键技术研究与示范”中的两个子课题“外海厚软基桥隧转换人工岛设计与施工关键技术”和“跨海集群工程混凝土结构 120 年使用寿命保障关键技术”的研究任务，攻克世界级跨海大桥岛隧墩施工的技术工艺难关，促进行业技术水平和能力的提升。

二是围绕这两个子课题进行细分，制定并完成公司科技立项 23 项，研发一批具有自主知识产权的技术、工艺和设备，填补国内空白，推动大桥建设，落实工程目标，并为同类工程施工提供经验和借鉴。

三是通过实施技术创新管理，构建产学研有效结合的、开放的技术创新体系，打造行业技术研发平台，不断提升企业的技术创新水平，提高企业核心竞争力；同时，培养一批具有国际一流水平的行业技术研发人才和技术管理人才，塑造一支具有创新能力的项目管理团队。

（二）突破传统组织架构，建立刚柔相济的技术创新体系

1. 静态与动态组织相结合

为实施港珠澳大桥岛隧墩工程，中交一航局在原有的公司、子公司和项目部三级科技管理静态组织基础上，重新调整科技委员会，构建公司决策层直接参与科技决策的机制，组建技术专家委员会，对技术创新管理进行监督和引领，使决策效率和执行力大大加强（见图 1）。同时为推动技术创新管理的实施，构建以一航局技术专家委员会下设专家组为技术指导，以参建子公司技术管理部门、港珠澳大桥工程项目部为主体，外部高等院校和科研机构为支撑，业主、相关供应商协同参与的开放的、多维一体、“产学研”相结合的技术创新动态组织机构，集各参与方为一体，协同共进。

2. 明确界定组织职责权利

在技术创新组织机构中，一航局技术专家委员会设立分管人工岛和桥墩预制技术研发的专家组，实行项目专家组组长负责制。专家组主要由公司及参建子公司总工程师、内部专家、各系统专业精湛技术人员组成，负责技术创新管理的策划、实施，提供技术指

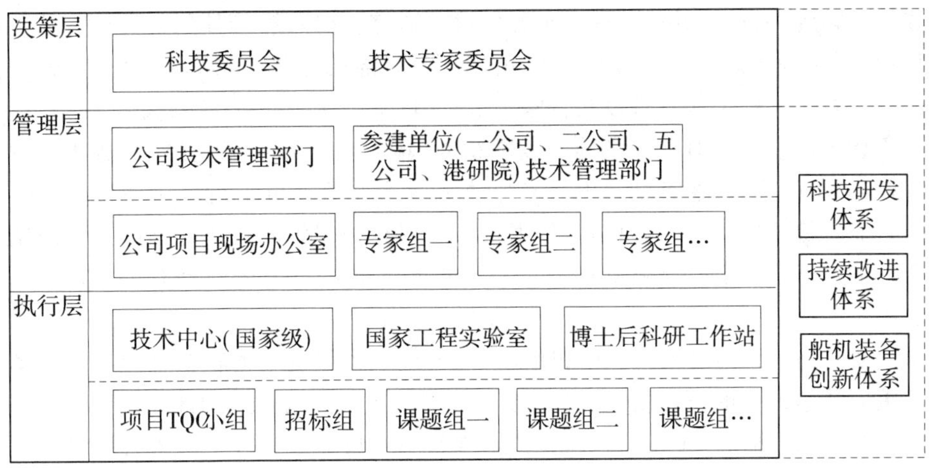

图 1　组织保障体系

导和帮助,负责重大技术创新课题的设立、攻关及初步方案的确定。公司国家级技术中心、工程实验室、博士后科研工作站是科研开发与合作交流的协同创新平台,负责开展重点课题和产学研相结合课题研究,检验、鉴定技术创新课题实施效果。岛隧墩工程各项目部是具体的执行层,由项目总工程师负责,组建课题组,结合工程实际,针对上级确定的研发课题、重大课题的子课题和有关新技术、新工艺,开展具体的创新攻关活动,包括方案研讨、方案细化、组织试验、施工实践和持续改进等。此外,在项目部层面,依据施工内容,组建若干个技术创新 TQC 小组,负责专项攻关。同时,成立"青年创新工作室",着重发挥广大青年员工在技术创新中的积极作用。

3. 纵向搭建三个专业体系

中交一航局按照岛隧墩工程设备与施工方案同时研发、技术与设备二位一体的特点建立三个科技创新"专业体系",即以公司技术中心为主体、所属各单位广泛参与的科技研发体系,重点负责基础理论研究和施工关键技术攻关;以工程项目为依托,以工程技术和岗位操作人员为主体的持续改进体系,重点围绕工程质量、施工工艺提高进行技术革新、工艺改进;以船机装备技术人员为主体的船机装备创新体系,重点按照施工方案围绕船机装备研发、改造、功效提高开展技术创新。

4. 集成外部合作组织优势

积极发挥外部合作组织作用,推进协同合作和知识共享,通过签订合同、开会研讨等紧密型与松散型相结合的形式实现合作开发。一是加强与业主的沟通交流。业主对工程建设工期、质量、安全的要求,是实施技术创新管理的出发点。二是广泛引进高等院校、境内外研究机构和专业机构的力量,通过开展委托攻关、合作攻关、共同研讨等方式,积极发挥外脑作用。三是积极与国内外顶级材料、设备供应商合作,在引入先进设备和技术的同时,引导他们积极参与企业技术研发,通过长期供应关系的确立,使之向有利于企业技术创新的供给方式转变,提高供应商的创新能力。

5. 建立适应性的运行机制

课题攻关制。技术创新管理采取课题攻关制,涉及全局性和重大技术课题由一航局和参建子公司统一设立，并组建课题组开展攻关研究；支撑重大课题的子课题，及工程实施过程中的新技术、新工艺等相关课题，由工程项目部设立并组织实施。此外，各个技术创新小组和青年创新工作室可以结合施工节点，自主设立课题，自主攻关。

监督检查制。加强对项目实施的监督检查，增强专家在课题立项、评估和验收中的作用，落实对中间成果、送审结果的咨询审查和评审验收制度。对科研项目合同的执行情况实行监督检查，对重大科研项目依据科研项目合同规定实行监理制度。合同期不超过6个月的科研项目，实行双月检查制；合同期6个月以上的科研项目，实行季度检查制。

工艺研讨制。通过开展工艺研讨活动，集中组织各级技术创新课题的攻关活动。全局性和重大技术课题的研讨由一航局专家组组织实施。一般性或项目部层面的，由项目部总工程师组织开展；自主性课题由各技术创新小组或单项工程负责人自行组织。通过定期研讨，学习和研究新技术、新工艺，确立实施方案。

工艺试验制。组织新技术和新工艺的首次应用试验，验证方案的可行性，发现问题，持续改进。一般在方案确定以后，由公司国家实验室或工程项目部具体负责工艺试验的实施、数据采集、试验总结、上报，并在公司审核、提出意见后，对方案进行优化完善。

专家评审制。邀请和组织专家对新技术、新工艺方案进行评审，检验合理性并提出优化建议。主要是对首次应用的技术和工艺进行评审，如首件预制施工方案、首件整体式桥墩运输、竖向干接缝匹配预制工艺等。通过专家评审，检验实施方案的可行性，提出优化建议，并进行改进，再应用到生产中去。

项目招标制。主要是针对大型新设备引进、材料供应商选择及重大技术难题的攻关，通过招标，引进技术创新能力强、资源优势突出的供应商，便于技术创新管理的开展。

（三）针对不同类型技术，采用差别化创新策略

在前期策划基础上，按照重点突破与全面推进相结合、自主创新与集成应用相结合、引进与消化吸收再创新相结合的原则，针对不同类型技术，采用不同创新策略，保证又快又好地实现技术创新目标。

1. 规范引入成熟技术

中交一航局注重发挥先进技术和设备对工程建设的先导作用，优先引入国内外同行先进成熟且价格合理的技术、工艺、材料和设备，合理使用，开展消化吸收再创新。以引进挤密砂桩工艺为例，挤密砂桩工艺国内尚没有工程使用过，一切都需要从试验、掌握挤密砂桩专用船开始。在引进砂桩6号专用船后，项目部邀请日本专家进行工艺培训和操作指导，同时，通过进行试桩和典型施工的摸索尝试，对用砂量、回打深度等参数设置有了一定的掌握，并根据地质条件对参数进行相应调整，逐步掌握挤密砂桩工艺，并创下单日施打64根的最高纪录。

2. 自主创新关键技术

对于岛隧墩施工的大部分关键新技术、新工艺和对提升企业技术创新水平、增强技术实力相关的技术，以及部分引入成本较高的技术，主要采取自主研发模式。以快速成岛施工方案和“天下第一锤”设备方案的同时开发研究为例，针对港珠澳大桥岛隧工程关

键技术，中交一航局成立专家组，在长期的工艺研究和实践基础上，多次召开专家研讨会，最终大直径钢圆筒成为“岛壁结构与基坑围护结构结合”的全面优化方案，然后组织多方论证会对方案进行论证、优化、改进，适时到现场指导推进，不定期进行检查督导，为项目研发提供指导和帮助。在组织大直径钢圆筒振动下沉工艺研究的同时，经过全面的理论测算，明确振沉系统的性能要求，并向全球招标。通过对美国 APE、荷兰 ICE、美国 ICE、上海振中等四家振沉设备生产供应商的方案进行多次专题审查和反复验证，最终选定美国 APE 公司的产品 APE600 液压振动锤，并成功研制世界最大的八锤联动同步振动系统，成为快速成岛的核心装备。相比传统工艺，钢圆筒这一快速成岛工艺具有速度快、质量高、成本低的突出特点，这也得到工程实践的证明。

3. 集成创新配套技术

中交一航局在推进各项新工艺实施过程中，加大对单项技术的集成应用再创新，研发大量专项配套技术。重点是通过集成各专业化的技术、工艺，解决影响大型设备的专业技术组合难题。例如，满足钢筋整体吊装对接工艺的钢筋绑扎平台整体平移装置、多功能钢筋绑扎平台、大型钢筋笼整体吊装系统等。

4. 广泛开展工艺改进

中交一航局建立完善的组织沟通机制和信息反馈机制，加强组织内部的上下沟通和横向学习交流，促进项目加强技术革新、工艺改进。公司专家组密切与工程项目部的联系，及时传递决策指令、传达方案信息，项目部在消化吸收上级方案信息的基础上，结合施工实际，进一步细化方案、组织工艺试验，并将收集到的数据和试验效果反馈给公司专家组，在这样的反复沟通、持续优化中确保技术方案的合理性，并持续改进，达到最优状态。如针对超深排水板的打设，中交一航局与项目部经过反复研讨最终选择液压式插板机，通过一个多月的反复试验、改进及与设计的反复沟通，改用“通板”，有效解决了问题，施工效率大大提高，穿沙打设超深排水板工艺得到成功改进。

（四）加强基于目标管理的过程控制，高效率推进技术创新实施

1. 分解目标，动态管控

对工程技术研发项目实行可分解的目标管理，科学界定科研项目的总体目标，并将总目标分解为多级子目标，按照公司、子公司、项目部，构建层次分明的技术研发项目目标管理体系，通过合同管理的形式进行目标控制，并促进科研项目承担单位进行“自我控制”的目标管理。结合工程节点加强过程控制，在工程项目建设过程中，充分调动各级管理和参研人员的积极性，对选题、立项、组织实施、验收（或鉴定）、应用和报奖全过程加强管控。

2. 科学实行技术创新前期策划

中交一航局注重项目实施的前瞻性，进行科学的前期策划。工程开工前就多次组织技术专家对岛隧墩施工的技术创新管理进行科学策划，编制《项目策划书》，对项目实施的全过程和技术创新的任务进行精心安排，并在实施过程中不断调整优化，满足技术创新的需要。策划突出技术创新管理，对技术创新的组织、策略、体系、流程、保证及激励措施等进行全面规划，为技术创新管理的实施提供指导。

3. 完善技术研发流程

结合港珠澳大桥岛隧墩工程实际和技术创新组织机构体系，明确技术研发管理流程和研发实施工作流程。各个参与方按照管理流程，有序推进技术创新工作的实施；按照研发实施工作流程，结合工程实施节点，根据各自的职责和任务开展技术创新的攻关活动。研发实施工作流程包括：课题研讨—确立方案—组织试验—首件实施—首件评审—持续改进。

课题研讨：依据工艺研讨制度，不同的课题由不同的参与方来组织研讨和攻关。

确立方案：通过研讨确立课题方案。对于重大课题的方案，首先公司专家组制定方向性方案，项目部结合施工要求和节点进度，对方案进行细化，并上报公司专家组进行审核，提出修改意见，项目部按照意见进行改进优化后，上报公司专家组评审。

组织试验：课题方案最终确定后，由项目部组织进行工艺试验，收集施工数据、检验方案的可行性和合理性，并在操作中查找方案存在的问题；试验完成后，将试验效果材料上报专家组，专家组针对试验情况对方案进行再评估，最终决定是否实施。

首件实施：专家组将经试验验证的可行方案，下发项目部，项目部按照确定的方案，组织首件施工，在首件施工中，进一步发现方案在操作中存在的不足，结合施工过程收集可改进的建议。

首件评审：首件完成后，在具备条件的情况下，由专家组组织召开首件评审会或首件施工交流会，总结分析首件施工情况，针对存在不足制定改进措施，在对方案进行优化改进后，再应用到批量生产中。

持续改进：在批量生产中，不断结合施工实际和技术人员对方案的再认识及操作人员的施工经验，持续对方案进行改进，使之达到效率最高、质量最优、投入最小，促进工程建设顺利开展和企业效益提升。

4. 统一编制技术管理标准

中交一航局认真实践港珠澳大桥“大型化、标准化、工厂化、装配化”的施工理念，大力推进标准化管理，以标杆管理发挥技术管理优势。组织编制《项目管理标准化手册》以及《施工技术及工程质量管理标准》等，明确标准，严格流程，指导、规范施工技术和质量管理，推进施工工艺标准化、技术研发标准化、过程控制标准化，提高项目技术质量管控水平。

5. 竭力营造技术创新氛围

一是大力培育创新文化，在全员中弘扬技术创新的理念，使开展技术创新成为全员的普遍价值观。二是通过开展新技术、新工艺、新知识的培训教育，开设职工书屋、东江夜话讲坛，组织技术创新和提升创新能力的专利讲座等，培养全员的创新能力和素质。三是积极鼓励技术创新，营造技术创新的良好氛围。引导全员敢于创新，乐于创新，积极培育“不允许不创新，允许失败”的创新文化氛围。

（五）建立健全资源保障，大力推动技术创新开展

1. 健全科研生产基地

中交一航局拥有国家级企业技术中心和港口水工建筑技术国家工程实验室，所属参

建单位港研院成功跻身“国家高新技术企业”，拥有世界一流的岩土工程实验室、海岸工程水动力实验室以及博士后科研工作站，科技研发水平取得国家和行业的充分认可。

此外，为满足超大型墩台预制施工和组织新技术、新工艺的实施，中交一航局在东莞建设一座占地10万平方米的“大型化、工厂化、标准化、装配化”的专业预制场。预制场配套设施完善，建设标准高，所有设备设施均按照“国际领先，国内一流，行业最优”的原则进行配置。

2. 完善资金投入保障

在当前建筑施工企业成本日益紧张、港珠澳大桥工程资金缺口较大的情况下，中交一航局仍然持续加大技术创新投入力度，千方百计筹措资金，保证技术创新资金投入，仅中交一航局总部投入港珠澳的科研经费就达2760万元。同时，通过建立适应项目特点的科研经费管理制度，加强科研经费使用的监督和绩效评估，提高科研经费的使用效率和水平，严格保障项目科研资金做到专款专用。据统计，在桥墩预制工程中，在技术创新、工艺研发、新设备引进及科技开发费用等方面累计投入达3000万元以上，约占合同额度的8%，为实施技术创新提供有力的资金保障。

3. 加强人力资源保障

一是集成内部人才优势。中交一航局技术专家组由多位具有多年施工经验的老专家组成，专家组成员全部为高级工程师或教授级高级工程师；在港珠澳大桥工程中标之初，一航局就认识到该工程创新性的特征，在项目部人员配置上充分考虑技术创新能力，在全公司范围内选拔筛选参与过众多大型工程建设、在技术创新和科技开发方面取得突出成绩的青年干部，担任项目总工程师和副总工程师；选拔具有扎实理论基础和创新能力的青年技术人员充实技术力量；选聘具有多年施工经验的老专家在项目部任技术指导，提供人才保障。

二是引入“外脑”力量。在集全公司力量，整合所属港研院、设计院专业优势的基础上，借助产学研平台，积极联合外部专家，引进先进的思维和方法。组织技术人员到外部科研单位、施工兄弟单位，学习交流，启发思路，不断提高技术创新的实效和质量。

（六）完善激励约束机制，不断增强技术创新动力

1. 建立促进技术创新的激励政策

建立完善的管理制度，包括《科技研发项目管理办法》《技术开发费管理暂行办法》《科学技术委员会章程》《专家委员会章程》等一批管理制度，用制度约束和激励技术创新活动的开展。

2. 构建技术创新的考核评价体系

一是考核机制。技术创新管理的实施效果由一航局专家组进行考核评价。评价内容主要包括：方案的可行性、方案的成本性、施工的可操作性以及技术创新成果的推广应用等。

二是奖惩机制。通过考核，对在技术创新中做出突出贡献和课题完成较好的人员和组织，进行物质奖励，并在奖金分配上给予倾斜，对职责和责任落实不到位或不作为的关键岗位人员进行经济处罚或岗位调整。此外，采取目标激励、荣誉激励、政治激励及岗位

晋升等手段，鼓励开展技术创新；定期召开鉴定会、评审会、表彰会进行奖励，调动全体人员和各组织群体开展技术创新的积极性。

三是退出机制。在开展技术创新的过程中，严格加强过程管控和动态监督，及时掌握创新活动的推进进程，对存在问题、不易成功的创新活动和课题，随时叫停，避免技术创新的损失，提高创新活动的成功率。

三、世界级跨海大桥岛隧墩施工建设中的技术创新管理效果

（一）成功攻克了岛隧墩施工难题，掌握了跨海大桥建设核心技术

中交一航局在工程建设中创造了深海筑岛的新纪录，创下钢圆筒体量、高度、垂直精度、八锤联动、万吨轮运载、日沉 3 筒等多项建筑工程史上的世界第一和世界纪录，取得了我国岛屿、路桥建设史上集大型化、工厂化、标准化、装配化于一体的重大突破。首创的“大直径钢圆筒振动下沉工艺方法及使用的振动锤系统”获得国家发明专利，“当年动工，当年成岛”的“伶仃洋奇迹”为钢圆筒这一快速成岛工艺做了最好的证明。海上大直径钢圆筒振动下沉工艺及设备的开发与应用，解决了深水、外海风、浪、流等复杂自然条件下大型结构快速施工的技术难题，对我国跨海大桥、港口工程、深水防波堤施工具有很大的促进作用。

同时，通过实施技术创新管理，桥墩预制工程技术研发取得可喜成绩，成功攻克了超大型桥墩预制施工的关键技术工艺难题，其预制施工技术水平和产品质量均已达到世界先进水平。特别是以高性能环氧钢筋涂层保护成套技术、竖向干接缝匹配预制工艺、大直径预应力钢筋及波纹管定位成套技术、钢筋整体吊装对接工艺为代表的一批具有自主知识产权的技术和工艺，标志着中交一航局掌握了世界级跨海大桥超大型桥墩预制施工的核心技术。两年来，研发应用的 26 项新技术、新工艺中，有 14 项技术获得实用新型专利，2 项发明专利通过初审；3 项 QC 成果获得省部级优秀成果奖，1 项 QC 成果获全国工程建设优秀 QC 成果一等奖。这些成果不仅能整体提升我国海底沉管隧道、人工岛和桥梁的设计与施工水平，而且对我国跨海通道工程设计与建造技术水平的提升、跨入世界先进行列具有积极作用。

（二）优质、高效、安全地完成了项目建设目标

世界级跨海大桥岛隧墩技术创新管理的实施，攻克了工程关键技术工艺难题，激励了参建员工“干一流的，做最好的”信心和热情，促进了项目履约，顺利实现了项目目标。大量的新技术、新工艺和新措施在施工管理和产品上得到应用，有效提升了施工技术管理水平和产品质量，为加快施工进度、保证工程质量、促进安全生产提供了技术支撑，确保了工程优质、高效、安全、环保，保障了项目履约。例如，采用大直径钢圆筒围护结构方案比采用抛石斜坡堤围岛方案节省 7.03 亿元，同时提前工期约 1 年；东西两个人工岛 120 个钢圆筒的振沉施工，荣获了美国打桩承包商协会 2012 年工程项目奖，这是国际打桩领域的最高奖项，代表了世界打桩领域的最高水平。

（三）有效提升了企业管理水平

成果的实施促进了中交一航局创新能力的持续提升，在人工岛和桥墩预制关键领域实现了重大技术突破，拥有了自主知识产权和发明专利的核心技术，保证了项目履约，有

效提高了公司在跨海通道施工方面的国际竞争力；同时建立起产学研一体化的创新体系，科研开发成果转化率得到提高。

同时，通过科技项目的研发，培养了具有组织多方合作的国际一流的技术管理人才和行业高级研发人才，增强了全体员工的集成创新意识和能力，塑造了一支具有创新能力的项目管理团队，涌现出以全国交通系统“工人先锋号”，全国海员工会优秀集体、优秀建设者，广东省五一劳动奖章，天津市“青年岗位能手”等为代表的一批先进个人和先进管理团队。

（成果创造人：毛元平、吴利科、李一勇、郭琪云、李　刚、彭　瑞、刘宝河、陈冲海、韩志强、迟善利、孟凡利、叶建州）

以重大科技专项为载体的石油炼化技术协同创新管理

中国石油天然气股份有限公司

成果主创人：公司总工程师蔺爱国

中国石油天然气股份有限公司（以下简称“中国石油”）成立于1999年11月，是中国石油天然气集团公司最大的控股子公司，主要经营石油、天然气勘探、开发、生产、炼制、储运、销售等主营业务，是中国油气行业占主导地位的、最大的油气生产商和销售商。

一、石油炼化技术协同创新管理背景

（一）企业石油炼化技术创新能力薄弱

1998年，按照国务院部署，中国石油天然气集团公司（简称“中国石油”）和中国石油化工集团公司实施上下游一体化重组，中国石油炼油加工能力、化工产品生产能力、汽油柴油销售规模等得到迅速增加，占到国内市场的40%，但炼化技术开发主要力量都保留在中国石油化工集团公司，中国石油炼化创新能力十分薄弱。

中国是未来全球炼化业务发展的重点和热点地区，炼化技术具有广阔的市场应用前景。炼油化工业务作为中国石油的重要组成部分，必须尽快提高自主技术创新能力，弥补炼化技术短板。

（二）传统技术创新机制存在弊端

石油炼化技术的开发要满足确保安全生产、长周期平稳运行、炼化装置大规模应用以及技术的先进性要求，不仅需要科研、设计、工程、应用等单位通力合作，还需要有良好的科研设计基础，以及充足的投入保障。

在传统技术创新体制下，炼化科研项目“散、小、重”情况严重。炼化技术开发的科研、设计、工程、应用等环节割裂在不同单位，组织协调起来十分困难。直属的炼化技术中心没有研究设施，已有的设计单位承担不了大型炼化装置设计建设任务，炼化科技创新能力十分薄弱。中国石油必须采取有效的项目组织形式，有机整合炼化技术开发的各个环节，实现无缝衔接。

（三）石油炼化技术的开发应用需要上下游一体化协同创新

炼化技术开发投入大，安全风险大，涉及的单位多、专业广，组织协调难度极大。开发一项工业化的炼化成套技术，需要内部的科研单位、设计单位、工程建设单位、工业试验单位和技术应用单位，以及外部的科研设计单位等共同协作。知识产权保护要求高，涉及科技、财务、计划、生产、销售、成果等部门的协调。涉及的专业广，不仅需要石油炼制、石油化工、分析检测等专业技术人员，还需要设备管理、安全环保等专业技术人员。必须将上述诸要素统筹起来，探索实施多专业、多部门、多企业协同攻关的创新管理。

2006年以来，中国石油探索实施以重大科技专项为载体的石油炼化技术协同创新管理，取得显著实效，有力支撑了炼化业务快速健康发展。

二、石油炼化技术协同创新管理内涵和主要做法

中国石油遵循炼化技术开发规律，采用顶层设计思路，创建"一体化设计、一体化组织、一体化实施"的协同攻关模式，构建兼容并蓄的"科研、设计、工程、应用"协同创新体系。通过优选重点技术攻关方向，确定重大科技专项，由项目经理进行课题、专题的分解设计，统一组织内外优势技术力量，协同开展应用基础研究、小试探索研究、中试放大研究、工业试验研究、工程化技术集成、工业推广应用研究，快速形成具有国际先进水平和自主知识产权的石油炼化成套技术，及时服务生产经营。主要做法如下：

(一)构建分层次的创新主体，形成完整的炼化科技创新体系

构建第一层次的研究设计机构，牵头承担炼化技术研发设计任务。2006年开始，在炼油化工技术中心的基础上组建石油化工研究院，将中国石油实力最强的兰州化工研究中心、大庆化工研究中心整体划归石油化工研究院，主要承担炼油、化工技术研究开发任务；总体划转寰球设计院，主要承担乙烯成套技术、氮肥成套技术开发任务，把中国石油内部有特长专长的地区炼化企业设计院充实到寰球工程公司；重组中国纺织工业设计院为昆仑工程公司，主要承担精对二甲苯(PTA)、聚酯成套技术开发任务；持续加大对工程建设公司支持力度，安排承担千万吨级炼油成套技术设计开发任务；优选技术力量较强的兰州石化、大庆石化、克拉玛依石化、辽河石化、辽阳石化、吉林石化等作为新技术工业试验和应用的企业。

与此同时，调整地区公司科研机构研究方向，突出各自特色形成第二层次科技创新力量，继续发挥其特长优势，主要承担中国石油新技术推广应用任务和地区炼化公司生产技术服务任务。

通过上述措施，构建形成中国石油"科研、设计、工程、应用一体化"的炼化科技创新体系(见图1)，使得公司级重大科技项目攻关实施、重点实验室和中试基地建设有了统一实施的主体。

(二)瞄准炼化业务发展的技术瓶颈和方向，科学决策重大科技专项

围绕中国石油大型炼化基地建设、劣质重油加工、清洁油品质量升级和高附加值合成树脂新产品生产等技术需求，在全面深入调研国际炼化技术发展趋势的基础上，科技管理部门组织几十名炼化高级技术专家、近百名炼化企业和科研设计单位骨干，调研形成近千份技术需求问卷，通过科学分析、系统归纳，优选出25项重大生产需求和89项主要技术需求。组织国内知

委内瑞拉超重油供氢热裂化工业试验装置

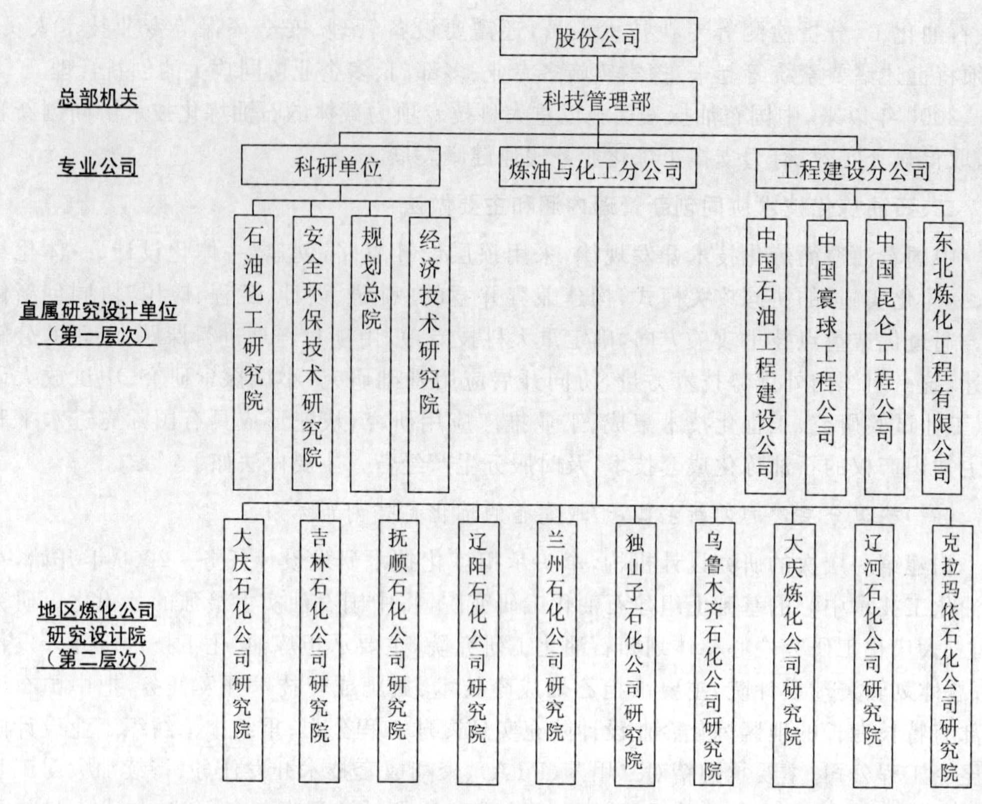

图1　中国石油炼化科技创新体系

名专家进行研讨论证和优化筛选，最终形成需要攻克的12个重点技术领域的68项重大技术问题。在此基础上，科技管理部门根据生产技术需求的紧迫性，结合可集合的全球炼化技术资源，组织炼化领域首席专家和高级技术专家进行重大科技专项的框架设计，编制重大科技专项立项建议。重大科技专项框架设计以技术开发为主线，分课题和专题两个层次。课题任务的目标是开发形成多项主体技术，专题任务的目标是开发形成多项单项技术。

重大科技专项由科技主管领导组织科技、计划、生产、财务等部门以及炼化专业公司、工程建设分公司、海外勘探开发分公司对立项建议和框架设计进行论证审查，项目审查通过后报中国石油总裁批准，列入科技计划及专项预算。

2008年以来，中国石油为应对原油资源劣质化、重质化的发展趋势，支持开发利用海外劣质重油资源，实施“劣质重油轻质化关键技术研究”重大科技专项；为解决炼油催化剂不配套和缺乏大型炼厂建设成套技术的问题，实施“炼油催化剂研制开发与工业应用”、“千万吨级大型炼厂成套技术研究开发与工业应用”重大科技专项等。

（三）建立重大科技专项项目组，赋予“三个一体化”的责任和权力

1. 设计重大科技专项组织体系

重大科技专项实行项目制管理及项目领导小组领导下的项目经理负责制，根据需要成立项目领导小组、项目管理办公室、项目专家组、项目组及项目组办公室。项目领导小

组由股份公司领导，有关部门、专业分公司及主要承担单位的领导组成，主要负责项目的领导、总体协调和重大事宜的决策；专家组由国内知名同行专家组成，主要负责项目技术方案论证审查、项目实施过程中的技术咨询和指导等工作；项目管理办公室由科技管理、计划财务、专业分公司、主要承担单位的管理部门人员组成；项目组由项目经理、项目副经理、课题经理、课题副经理和课题组成员组成，主要负责项目攻关研究工作的实施。

项目经理由承担单位推荐、专家论证或竞聘产生，优先由中国石油高级技术专家担任，中国石油聘用。项目经理须兼任课题经理，必须具备下列条件：经过公司科技项目管理培训，获得相关资格证书；具有较高的理论技术水平和较强的组织协调能力，具有高级以上的专业技术职务；70%以上的精力投入本项目的研究和组织管理工作。

重大科技专项实施以项目组为核心的领导小组、专家组、管理办公室四位一体的组织体系，各司其职，高效决策，有效推进。

2. 明确项目经理职责

项目经理的主要职责是负责重大科技专项的“一体化设计、一体化组织和一体化实施”，具体内容包括：负责组织项目的一体化设计，根据专项的总体目标任务进行分解设计，形成课题（专题）研究任务；负责重大技术的前期调研、小试探索、中试放大、工业试验、工程集成、推广应用全过程的组织协调；负责重大技术工作计划的统筹实施，确保实现总体目标；负责组织项目开题报告、经费预（决）算、计划任务书、进展简报、季度报告、中期评估报告、年度报告、验收总结报告等各种材料的编报；负责在开题论证、中期评估、验收等正式会议上向专家组汇报，定期向项目领导小组报告重大进展和阶段成果；负责项目团队的组建、协调、考核、激励与研究成果的质量控制，有权对项目研究经费的分配及拨款计划提出调整建议，并在财务规定的权限范围内享有物料消耗等直接费用的使用权。

项目经理根据专项总目标分解设计形成课题（专题）研究任务，课题（专题）经理由承担单位推荐产生。课题（专题）经理必须具备下列条件：经过中国石油科技项目管理培训，获得相关资格证书；具有较高的理论技术水平和较强的组织协调能力，具有高级以上的专业技术职务；70%以上的精力投入本项目的研究和组织管理工作。

为充分利用社会化的炼化科技资源，加快炼化技术攻关进程，中国石油要求重大科技专项项目组加大对外合作力度。项目经理根据专项分解的研究任务和设定的攻关目标，比选邀请国内外知名的研究团队参与重大科技专项攻关，与其单位签署对外合作协议（合同），明确合作开发技术的目标、研究内容、实施进度、经费支持、知识产权归属和保密要求等，并纳入重大科技专项实施统一管理。合作研究任务完成后，由项目经理组织专家组进行验收。

3. 规范重大科技专项运行管理

重大科技专项设立项目组办公室，在项目经理的直接领导下开展工作，负责项目运行过程中的日常管理和协调。办公室成员由任务承担单位人员组成，管理内容包括计划进度、经费、质量、人力资源和知识产权等。

重大科技专项实施目标管理，应用专门的统筹计划模板，有序推进阶段重点工作。项目经理制定下达专项课题和专题的季度工作计划，检查落实，协调解决存在的问题。

项目经理组织研究、设计、工程建设和技术应用单位对接进度，安排相关骨干超前介入，做到技术开发过程中的实验室小试、中试放大、工业试验和工业应用的无缝衔接。

项目经理负责定期向领导小组成员发送专项进展月报，报告本月研究进展、下月工作安排和需要协调的事宜，也可以随时报告需要协调解决的重大问题；项目经理根据工作需要，组织专家组成员开展技术咨询和指导。

（四）建立健全项目管理制度，确保重大科技专项高效顺利实施

完善重大科技专项管理制度，包括管理实施细则和16个技术管理规范模板。例如，“劣质重油轻质化关键技术研究”是第一个编制管理实施细则的重大科技专项，共10章30节117页，49748字。明确规定项目组与专家组、项目领导小组、项目管理办公室的工作关系，项目组内部的工作流程和会议制度，项目计划进度、质量、经费、知识产权、保密等细则。

专项项目组制定技术资料流转、保密协议签署和信息披露审查的管理要求，确保专项秘密受控有效。实行信息共享机制，实施严格的等级控制管理。项目组办公室建立计算机局域网络系统（信息平台），配置防火墙、服务器和存储设备，项目人员分权限可随时随地共享管理、技术信息资源。专项文件与资料控制管理贯穿项目运行全过程。文件资料包括合同、协议、报批文件、传真、信函、会议记录、备忘录以及在项目运行中形成的全部文字、图表、声像等各种载体的文件资料等。文件控制工程师负责上述文件和资料的存档、借阅、出版、提交和发放等工作。专项秘密信息保护遵循“谁主管谁负责，谁使用谁负责”的原则，所有参加人均为保密责任人，个人必须与任务承担单位签署保密协议。项目经理是本项目保密工作的第一责任人，课题经理是所承担课题保密工作的第一责任人，项目组办公室负责保密管理规定的制定和保密工作的日常管理。

专项项目组结合中国石油科技经费管理暂行办法要求，编制经费使用管理办法，设置经费管理工程师负责经费的使用管理。各参加单位设立专门台账对经费实行专项管理，做到专款专用，课题（专题）经理审查入账。

专项项目组建立责任到人的知识产权保护流程，实施专利、技术秘密、方法和标准的全方位深层次保护。知识产权管理范畴包括重大科技专项实施过程中产生的专利、技术秘密、标准、软件、著作权、数据库以及其他需要保护的来自知识活动的成果。项目组办公室设知识产权管理工程师，各课题和专题设兼职的知识产权管理工程师，负责知识产权的管理工作。重大科技专项运行过程中取得的知识产权归中国石油所有。对于涉及协作单位的研究课题中有必要和可能形成知识产权的成果，须通过中国石油办理相关申请手续，并在项目组办公室备案存档，中国石油为第一申请人。

项目经理负责专项单项技术的梳理、集成，形成重大科技专项的技术树，推动技术有形化，促进商业化应用。

项目经理组织开展后评价，总结重大科技专项管理的经验和不足，完善管理措施，提升管理水平。后评价内容包括项目概况、前期工作评价 、组织实施评价 、研究进展评价 、经费投入与效益评价、影响与持续性评价、后评价工作结论等。

（五）大力建设人才队伍和科研创新硬件体系，为重大科技专项提供强力支撑

投资近十亿元新建重质油加工、清洁燃料、合成树脂、全球原油评价、催化和润滑油等6个重点实验室，以及催化裂化催化剂与制备工艺、聚烯烃催化剂与工艺工程、合成橡

胶、加氢催化剂与工艺工程等4个中试基地。每个重点实验室和中试基地均建立由国内外知名专家组成的学术委员会，负责审定重点实验室和中试基地的研究方向，审查重点科研项目的立项和咨询评估。例如，重油加工重点实验室聚集石油化工研究院、中国石油大学和加拿大重油加工知名教授，主要负责催化裂化催化剂的开发及制备工艺、催化裂化工艺技术及催化新材料的应用研究。

按照国际一流标准，在北京建成8万平方米的石油化工研究院北京新院区，充分发挥北京聚智的优势，引进国际国内专家，实施协同创新，促进“产学研管用”结合，成为中国石油炼化新技术开发、人才培养、咨询服务的主要平台。

依托重大科技专项攻关平台，采取多种措施聚智集智，加大“千人计划”专家和高级技术人才引进力度，强化年轻骨干在职岗位培养。重大科技专项的课题经理，可以优先竞聘集团公司、地区公司高级技术专家，发放岗位技术津贴，极大地调动技术骨干开展科技创新活动的积极性和主动性。例如，石油化工研究院在2010年和2011年引进了王婷、辛世煊两位“千人计划”专家，实现了“千人计划”人才引进零的突破。

根据在研的科研项目、技术攻关项目和决策咨询的需要，鼓励科技骨干公开竞聘高级技术专家岗位。成功竞聘的专家，由中国石油集团公司党组颁发专家证书，并给予每月特殊津贴。

三、石油炼化技术协同创新管理效果

（一）科技创新管理水平显著提升，协同创新能力明显增强

通过成果的实施，中国石油形成了完整的炼化技术创新体系，技术队伍结构得以优化，2012年炼化科技人员数量达到7075人，较2007年增长33%，2012年炼化领域高级技术专家达122人，是2007年的4.5倍，形成了一支专业配套、结构合理、实力较强的炼化科技队伍。重大科技专项组织实施严密高效，得到公司内外单位、管理部门和科技骨干的普遍认同。引进公司外部有实力的研究设计单位加盟重大科技专项进行协同攻关，聘请国际知名专家参与项目研发和重点实验室、中试基地建设，中国石油站在更高的起点上，拓宽了视野和思路，加快了研发速度，提升了研究水平。

（二）核心技术取得重大突破，有力支撑炼化业务快速发展

中国石油通过实施重大科技专项攻关，开发出一批具有自主知识产权和国际竞争力的石油炼化成套技术，取得了重大经济社会效益。2008年至2012年五年期间，中国石油在劣质重油加工、润滑油及添加剂新产品开发、聚合物研制等领域获得国家科技进步奖6项、技术发明奖1项、专利金奖1项，特别是2011年“环烷基稠油生产高端产品技术开发与工业化应用”获国家科技进步一等奖，标志着中国石油重油加工技术水平跨入国际先进前列，实现了中国石油炼油技术创新的历史性突破，有力支撑了炼化业务快速发展。

（成果创造人：蔺爱国、何盛宝、吴冠京、于建宁、马　安、刘志红、胡徐腾、付兴国、钱锦华、魏志平、张来勇、李胜山）

基于全生命周期的冶金装备再制造产业化发展

马钢(集团)控股有限公司

成果主创人:公司总经理丁毅

马钢(集团)控股有限公司(以下简称"马钢")具有50多年的发展历史,是我国特大型钢铁联合企业。2013年总资产921亿元,职工人数5.4万人,实现营业收入821亿元。近年来,马钢加快实施"做强钢铁主业,发展非钢产业,建立现代企业制度"发展战略。"十五"和"十一五"期间总投资400多亿元完成钢铁主业结构调整,目前拥有世界先进水平的冷热薄板、镀锌板、彩涂板、硅钢、H型钢、高速线棒、车轮轮箍和特钢生产线,形成独具特色的"板、型、线、轮、特"产品结构,具备1800万吨钢的配套生产能力。

一、基于全生命周期的冶金装备再制造产业化发展背景

(一)适应全球再制造发展趋势和国家发展循环经济的需要

目前全球再制造产业规模已超过1300亿美元,其中美国再制造产业规模最大,产值超过750亿美元,拥有7万家企业。德国更在产品设计阶段就引入再制造概念,以宝马公司为例,回收后的发动机经再制造后,仅是新发动机成本的50%~80%,94%的零部件被再利用,5.5%被熔化再生,只有0.5%被填埋处理。实践表明,通过采用和研发新的工艺技术手段,再制造产品的性能和质量均能达到甚至超过原品,而成本却只有新品的1/4甚至1/3,节能达到60%以上,节材70%以上,减少排放可达80%,因此,最大限度地挖掘制造业产品的潜在价值,让能源、资源接近"零浪费",这就是发展再制造产业的最大意义所在。

2013年1月,国务院下发《循环经济发展战略及近期行动计划的通知》,对再制造产业化发展提出指导意见和发展目标,拟在全国建设5~10个国家级再自造产业示范基地,推动再制造业集聚发展。随着这些扶持政策的出台,国家产业规划逐步明晰,对再制造产业指导意见更为具体,这种政策导向为国内制造业发展再制造产业,形成新的经济增长点创造了良好的条件。

(二)提升钢铁企业竞争力和实现可持续发展的需要

钢铁生产所使用的大量装备决定了钢铁企业是高消耗的企业,据估算,国内钢铁企业设备类固定资产超过3万亿元以上,每年设备运行检修所消耗的备件材料大约1500亿元以上。在现代社会,资源和能源日趋紧张,生态环境的压力不断增加,特别是当前钢铁企业产能过剩,同质化竞争日趋激励,在盈利能力极低的情况下,钢铁企业从内部运行

过程中挖潜增效，从消耗掉的大量废旧备件材料中变废为宝，循环利用，减少新品消耗，对钢铁企业降低产品成本更加具有重要意义。通过再制造技术可以提高关键部件性能，或改善零部件的薄弱环节，延长其稳定运行寿命，从而保证设备的高精度高效率低成本运行，还能够提高产品合格率，提升企业竞争优势。这也是钢铁企业创建“资源节约型，环境友好型”企业的一条有效途径。

（三）实现马钢战略转型和多元化发展的需要

近年来，马钢加快实施“做强钢铁主业，发展非钢产业，建立现代企业制度”发展战略，在发展钢铁主业的同时，马钢确立“1＋7”的多元化发展思路：在做强主业“1”的同时，坚持发展、延伸发展、多元发展、绿色发展、创新发展、科技发展非钢产业，并在产业链上形成竞争力。冶金装备制造业是马钢旨在重点打造的一个单元，需要将现有的冶金装备制造存量资产与装备再制造的扩张需求结合起来，从而提升马钢冶金装备制造业的质量和层次，形成马钢新的经济增长点。发展再制造也进一步丰富了马钢循环经济的内涵，对马钢履行一个国企的社会责任起到有力支持，是达成“绿色马钢、人文马钢”企业愿景的一条有效途径。

二、基于全生命周期的冶金装备再制造产业化发展内涵和主要做法

马钢以国家产业政策为指导，基于内部钢铁生产装备回收平台的基础，以积极引进集成再制造技为支撑，结合马钢自身的装备需求，以增加附加值为目标，创新服务模式，建立全覆盖的服务体系，为钢铁主线产能释放和装备长周期经济运行提供保证，实现产业链共赢；并立足冶金装备市场，逐步拓展，形成马钢冶金装备再制造技术产业，发挥示范引领作用带动地方再制造产业的发展。主要做法如下：

（一）创新理念、系统论证，明确冶金装备再制造产业化目标和战略

在推进初期，以理念导入为主。一是明确再制造不同于废旧物资回收利用，再制造是一个物理过程。同时再制造也不等于一般的原材料循环利用，再制造也具有化学过程的特征。再制造的产品不是“二手货”，而是一种全新的产品。

二是明确再制造的本质是修复，但它不是简单的维修。再制造是维修发展的高级阶段，是对传统维修概念的一种提升和改写。

三是阐明再制造丰富了全寿命周期管理内涵。再制造产业诞生后，产品的寿命周期就不仅要考虑三个阶段，而且在产品设计时就充分考虑产品维护以及采用包括再制造在内的先进技术对报废产品进行修复和再造，从而产品性能和价值得以延续。因而产品的全寿命周期链条就拉长为：产品的制造、使用、报废、再制造、再使用、再报废。

马钢新区

四是倡导通过再制造深化马钢全员规范化生产维护管理中6个零的“零浪费”管理。再制造可以为产品的设计、改造和维修提供信息，最终以最低的成本、最少的能源资源消耗完成产品的全寿命

周期，最大限度地挖掘制造业产品的潜在价值，让能源资源接近“零浪费”。马钢2005年以来推行全员规范化生产维护管理，其中6个零（零缺陷、零库存、零事故、零差错、零故障、零浪费）是管理追求的理想目标，再制造技术无疑是马钢的最佳选择。

马钢再制造技术产业化的目标即“依托马钢现有资源及市场，适度引进国内外先进再制造技术与装备，致力于主线产能释放，质量提升、消耗降低和关键设备备件的长寿化，致力于形成具有马钢特色的再制造技术优势资源，致力打造非钢产业中机械制造产业的特色产品，致力于形成马钢新的经济增长点。”

马钢对当期市场需求及后续市场分析，本着“定位清晰、重点突出；以内为主、外部支撑；系统策划、分段实施、滚动发展；一厂为主、多厂联动”的原则，编制并发布了“3～5年再制造技术推进规划”，部署阶段工作重点，对建立组织支撑、技术支撑、机制支撑进行策划。最终明确规划目标定位，即通过3～5年时间，建成拥有国内一流装备、技术、人才，产品既有宽度又有深度且覆盖马钢内外部市场，具有一定的社会市场及品牌影响，实现年产值4亿元的再制造产业。

（二）调整组织，构建再制造产业化的体制保障

马钢将有一定备件修复经验的二级单位“马钢第二机械厂”改制为全资子公司——马鞍山马钢表面工程技术有限公司，其作为再制造技术应用的主体和产业培育的重要载体之一，定位于拥有中高端表面技术装备、掌握表面工程核心技术、跟踪技术动态发展，突出中高端批量性产品修复及再制造综合服务提供。

将原属动力厂的电气修造车间独立出来改制成为全资子公司马鞍山马钢电气修造公司，作为产业培育的另一重要载体，定位于高效电机、大容量变压器、风机、TRT等能源动力设备的再制造技术应用单元。

把合资公司马钢华阳设备诊断公司作为废旧产品回收后寿命评估和再制造产品性能评估单元。

将修建公司定位于在大型结构件上应用再制造技术，比如转炉烟罩（道）、热交换器、高炉溜槽、弯管水冷件等；将重机公司定位于高炉转鼓、热轧摆动剪等特大型零部件的离线修复再制造。

目前，马钢有近2000人专业从事设备再制造产业，另有相关1500人间接从事设备再制造服务。

（三）加强前端控制，建立再制造的总体流程

马钢制订《备件修复管理办法》，建立完善“回收－分类－评估－拆检－再制造－检验－再使用”的总体流程。

1. 建立回收物流平台

2011年马钢从再制造的前端开始，在公司设备部设立总库将各生产单位的二级仓库全部集中，纳入一体化管理体系，对公司内部重要废旧设备备件实行“以旧换新”并定点集中回收、分类存放。外部再制造业务则由现有市场营销部门开拓和承揽。

2. 实现专业化的评估和检测

马钢华阳设备诊断公司具备检测鉴定旧件主要性能指标的技术手段和能力，由其对

下线废旧设备备件进行状态寿命评估与预测、再制造可行性评估及经济性评估，并确立再制造价值，再制造成品交付前按原型新品国家标准或委托方技术协议标准完成性能检测和合格性判定，逐步形成再制造产品目录（包括可鉴定的旧件清单和可再制造的零部件清单）。再制造实施的关键工艺过程由各再制造产业单元完成。

（四）加大研发与集成创新，突破再制造关键技术

1. 加大研发投入，以市场为导向，立足发现和满足需求

三年来，马钢在再制造技术研发应用方面共立项 28 项，其中属重大研发项目 8 项，累计研发资金投入超过 1000 万元，对获得重大成果的研发项目最高奖励 50 万元，技术转化率 90%以上。如转炉烟罩超音速喷涂的研究与应用、结晶器铜板长寿化研究、TRT 转子叶片激光再制造的研究等一批项目为马钢解决了一系列流程化生产中的重要问题。此外，配置完善的实验室设备和设施，对关键性能指标开展研究和测试，为新产品的研发和质量控制提供坚实的保障条件。

2. 构建产学研用一体化机制，加快新技术的转化与应用

马钢与安徽工业大学、武汉材料保护研究所、北京科技大学等院所开展产品研发和技术合作；同时马钢注重人才引进，自我培养，自我摸索。目前马钢已形成近 30 人左右的再制造技术专业化人才队伍，与外部五家院所的十余名专家教授结成长期聘用合作关系，以马钢内部市场作为新技术转化和应用的主战场，组成包括”供方、用方、管理方”的一体化联动机制，组建若干技术应用与攻关联动小组，为产品试用、改进和快速批量化生产发挥快捷作用。随着马钢在再制造技术应用方面影响力的提升，马钢与国家发改委设立的“国家机械产品再制造工程技术研究中心”签订“共建冶金装备再制造技术产业化示范基地马鞍山”的战略合作，使得“冶金装备再制造产业化示范基地”落户马钢。

3. 跟踪国内外再制造技术的前沿，注重引进、吸收、转化与集成创新

加入中国热喷涂协会、中钢协硬面协会等多个专业组织，跟踪国内技术发展，扩大同业交流。此外，与日本 KOKA 公司、美国普莱克斯等国外公司结成战略合作，跟踪再制造技术的国际最前沿。日本 KOKA 公司就马钢投资的两个再制造产业化项目——结晶器铜板再制造项目和镀锌沉没辊热喷涂项目提供设施选型咨询，促成项目快速建成。为迅速扩大产业规模，加快技术集成与创新，马钢组建工程技术研究中心，编制产品技术标准，开展关键共性技术研究，其中冷连轧工作辊再制造技术已扩展到镀锌线光整机工作辊、连退平整机工作辊，客户也拓展到沙钢等外部单位，成为国内掌握核心技术的两家单位之一。

（五）创新服务模式，构建共赢的再制造服务体系

1. 建立铁前设备再制造服务中心

针对铁前设备体积大、单体价值高、以磨损失效为主的状况，再制造服务主要应用自我积累的高效堆焊等表面技术，产品定位于重载轮式矿车、矿山采掘设备、矿山选矿设备、烧结破碎设备、高炉炉顶设备、高炉开铁口泥炮、鱼雷罐车等体积大的设备的再制造，目前年服务量 1 亿元。

2. 建立炼钢连铸设备再制造服务中心

针对主要炼钢设备转炉烟罩寿命短、检修时间厂、工作量大、对生产组织冲击大的短板，引进苏尔寿美科电弧喷涂技术，对转炉烟罩进行喷涂，提高使用寿命20%以上，突破烟罩对转炉长周期稳定运行的制约瓶颈，且炉役后期焊补时间下降60%，提高转炉作业率2%以上。

针对连铸设备的关键部件结晶器，引进日本KOKA公司三元素涂层制备技术，对连铸设备的核心部件——结晶器铜板进行再制造。以马钢特色产品H型钢专用异型坯连铸机为例，按常规技术修复再制造的结晶器过钢量只有800炉，应用三元素涂层制备技术再制造的结晶器过钢量达到1400炉，有效提升了产能。目前马钢再制造的结晶器外销到武钢、台湾东河等企业，已形成5000万元的产能。

针对体积小、装机量多、寿命短、年消耗量大的连铸辊，引进WA公司明弧焊技术和装备对马钢年消耗5000万元以上的连铸辊进行再制造。

3. 建立大型热轧辊类再制造服务中心

马钢热轧辊类包括φ380～φ1600的工作辊、支撑辊、输送辊、机架辊、助卷辊、夹送辊等十余个大类，年消耗近8000吨，是热轧消耗量最多品类，为此，引进6套大型带加热保温摆弧焊设备，2套辊类专用热处理设备，1套喷沙设备，10余台数控加工设备等，引进激光表面强化技术、喷焊技术，形成年热轧辊类再制造能力5000吨左右专用生产线。热轧辊类再制造服务中心的建成大大减少辊类消耗，如中板工作辊通过再制造工艺实现循环使用，近三年没有采购新辊。

4. 建立高端冷轧设备再制造服务中心

冷轧设备精度高，附加值高，对冷轧板品质影响大，再制造技术难度大。本着占据高端的思路，采取技术引进的方式，引进两期项目。一是对材质为Cr5的冷轧工作辊表面硬化项目，二是热喷涂项目，两期项目总投资近亿元，主要技术引进日本KOKA公司专利技术，主体核心设备引进瑞士苏尔寿美科设备，形成Cr5的冷轧工作辊年再制造8000支，辊涂设备再制造100套的生产能力，装备和技术水平处在国内领先水平。通过再制造工艺，恢复并提高冷轧工作辊的使用性能，过钢量提高到2～3倍，换辊时间的减少不仅提高轧机作业率，而且工作辊表层性能得到强化，反射率提高，从而改善冷轧板材表面的光泽度，提高了马钢冷轧板在市场的竞争力。

5. 建立能源动力设备再制造服务中心

马钢投资3000万元，购置绕线机、涨型机、侧绕机、清洗机、油液检测处理设备、轴瓦浇铸设备、支撑平衡机和其他检测设备设施共近30台套，建立能源动力设备再制造中心。因设施齐全，该中心年产值达到1亿元，不仅产生了良好的经济效益，还对马钢设备运行应急保产发挥了重要作用。

6. 建立在线设备再制造服务中心

马钢现有大型固定式轧机牌坊80余架，大型轧机牌坊运行10多年以后，精度已不能满足高精产品的生产要求，通过合作方式设计研发专用设备应用表面堆焊、激光融覆等再制造技术对轧机牌坊导向面进行修复再制造恢复精度。另外对车轮3000吨到9000吨位的所有大型油压机框架本体进行修复再制造等,年产值1500万元。

在6大中心的服务体系下,采取协议制及功能费用总包的方式获得收入。其中功能费用总包是指对某类产品或生产线根据年度备件消耗情况,在保持备件成本持续降低的前提下,全权负责该备件或区域的备件供应。

(六)渐次拓展,谋求更大更快发展

1. 加大产业投入,深耕冶金装备市场

马钢拟投入3亿元,围绕进口装备,针对燃气轮机高温热部件、精密机床、高效能电机、精密大型油缸、大型锻件支撑辊等附加值更高的目标产品,争取国家配套资金支持,同时更大程度盘活装备制造存量资产,谋求再通过2~3年时间,力争冶金装备再制造产业在国内率先突破10亿元,其中马钢以外的市场份额突破40%以上。

2. 积极向非冶金领域市场拓展

通过共性技术的研究和提炼,开展多种渠道的推介,扩大马钢装备再制造技术产业的知名度,积极向周边水泥、造纸领域拓展,建立定点定品类的回收目录,在客户处现场布点回收废旧产品,开展针对性的定制化服务,让利与客户,尽快建立与省内海螺水泥、山鹰造纸等上市公司深度的合作共赢关系,争取与陕鼓动力等主机厂合作,成为其苏皖区域内产品维修再制造服务的定点合作方,力争在非冶金领域市场份额增长到30%以上。

3. 加快技术升级与储备

马钢重点围绕纳米涂层技术、激光再制造技术,提升技术档次和产品性能,同时进一步加大技术研发投入,积极吸引国内外专家加入研发团队,筹划建立院士工作站和博士后工作站,争取承担国家标准和国际标准的编制工作,努力争取省级科技攻关项目和国家级863科技攻关项目,争取通过国际专业产品认证,产品冲出国门。

此外,进一步整合优化内部再制造产业结构,开展混合所有制试点,吸引产业资本,引入战略投资者,谋求上市。

三、基于全生命周期的冶金装备再制造产业化发展效果

(一)突破关键技术,推动产业快速发展

三年来,在再制造领域马钢获专利授权25项,其中发明专利5项,实用新型专利20项,另有一批专利已申报授理,两项产品被认定省级高新技术产品,两项产品被纳入国家级再制造产品目录,两项产品通过省级科技成果认定,技术支撑体系初步形成,目前马钢在冶金装备再制造领域的工艺技术门类最多,技术集成度最高。一流的装备和人才、规模化的生产、系列化的成熟产品、跨行业专业的技术研发,确立了马钢再制造产业在国内同行业的领先地位,成为马鞍山市再制造产业主力军。

马钢冷轧工作辊的再制造技术目前是国内得到大规模应用的技术之一,以镀锌线为例,经过再制造技术处理的工作辊寿命提高3~5倍,使得换辊周期由每天1次减少到每周1次,有效提高镀锌线作业率,同时工作辊表面质量显著改善,使得轧制后的板带表观

质量也得到明显改善。目前冷轧各主线工序如酸轧、连退等纷纷应用再制造技术处理后的工作辊，并且对汽车板的轧制支撑明显。

(二)节约资源，对企业降本增效做出巨大贡献

据估算，马钢每年回收的废旧设备备件经过再制造恢复性能再进行使用的大约1.5万吨，直接减少能耗1.2万吨标煤。据统计，备件包括机电备件、轧辊及消耗件在内的总消耗，从2010年的19.73亿吨降为2013年的15.28亿吨；修理费同口径计算降幅33%，吨钢修理费由106元降为71.1元，位于全国大型钢铁企业前列。此外，马钢对账龄长的死库存备件采取再制造，通过“修配改”加以盘活，促进利库、降库效果明显，由2010年全部库存16.9亿吨降到2013年15.6亿吨。通过再制造技术的应用，消除主线生产设备寿命的短板，提高生产线的有效作业率，减少非作业时间的能源消耗，也为马钢吨钢能耗的降低做出贡献，从2010年的吨钢能耗721公斤标煤下降到2012年的716公斤标煤。

(三)突破再制造技术集成，推动了非钢产业发展

三年来，马钢再制造产品范围不断扩大，产品质量持续改善，外部市场得到拓展，产值逐年稳步跃升，成为马钢非钢产业的一个重要增益单元，2013年已实现年产值5亿元以上，实现年利税5000万元以上，从规模和效益上推动了马钢非钢产业发展。据统计，再制造技术应用以来，累计为钢铁主线创造的间接效益超过15亿元以上。

(成果创造人：丁　毅、严　华、田　俊、王晓光、朱广宏、程　红、黄加坤、吴海彤、陈黎明、曹志勇、龚胜辉)

以快速响应、高效配套为导向的润滑油企业与大客户协同研发管理

中国石化润滑油有限公司

成果主创人:公司北京研究院院长李万英

中国石化润滑油有限公司(以下简称“润滑油公司”)是中国石化为适应国际化竞争,对所属业务进行重组,于 2002 年 5 月 29 日正式组建的专业公司,所打造的“长城润滑油”品牌在中国润滑油品牌中排名第一。润滑油公司集研发、生产、储运、销售、服务于一体,现生产 21 大类、2000 余个牌号的润滑油脂产品,产能 180 万吨/年,年销售收入逾 200 亿元,拥有 4 个产品研发机构,12 个国家认可实验室。

一、润滑油企业与大客户协同研发管理的背景

为了满足大客户对润滑产品高效配套、快速响应的需求,推进润滑油公司与大客户更深层次的合作,自 2005 年开始,润滑油公司就已开始探索与大客户协同的产品研发管理模式。其中,大客户是在工业市场占有率名列前茅,或者在技术方面处于行业领先地位或在社会上具有广泛影响力的客户。这类客户在发展过程中,具有示范效应,能够带动或促进相关行业技术发展的方向和趋势,其润滑需求具有一定典型性,对润滑油公司开发同行业客户及提升润滑油技术实力具有一定借鉴及指导意义。

(一)提高企业市场竞争能力的需要

大客户用油需求量较大,关注到了大客户需求,也就基本掌握了市场的基本格局。以汽车制造业为例,在中国排名前 10 位的乘用车公司,润滑油使用量达到 70%以上;在工程机械制造业,前 7 家企业占据了工程机械行业约 90%市场份额;宝钢、鞍钢等大型钢铁企业更是钢铁行业的晴雨表。与这些行业龙头企业合作,不仅能促进市场销售,同时也会提升润滑油公司及长城润滑油品牌在相关行业中的影响力,为拓展行业其他客户创造较为有利的条件。

(二)满足大客户专业润滑需求的选择

随着行业竞争日益加剧及管理水平的不断提升,大客户的润滑需求差异化趋势明显,设备润滑管理由粗放式向以满足特色需求为特征的精细化管理方向转变,润滑油油品选择、使用更加专业化。以汽车配套润滑产品发展为例,21 世纪以前,用于汽车发动机的润滑油质量规格从 SE 发展到 SL,各大厂商采纳率达到 90%以上,而到 21 世纪,发动机油从 SL 升级到 SN,几乎每一个汽车制造商都对配套发动机润滑产品提出了特殊性能及指标要求。汽车变速箱油也是同样的,丰田汽车、日产汽车、大众汽车等国际汽车制造

企业均制定了各自的变速箱油产品标准。钢铁等工矿企业客户在自身发展过程中，按照国家产业政策推进国产化的需求，积极提升国产化率，但设备繁杂、工况各异，对润滑产品及服务需求多种多样，越来越专业、越来越苛刻，提高了润滑配套服务门槛。中国航天及高铁等产业快速发展，对主要及辅助设备的润滑苛刻性及同步研发的匹配性也提出更为严格的要求，需要润滑油企业做到快速响应，高效配套。

（三）创新研发模式，与客户共同发展的需要

润滑油大客户消费具有一定特殊性，大客户技术人员对设备情况了解比较多，对配套润滑产品的深入了解相对较少。传统的产品研发及后续市场推广过程中，零部件公司与大客户之间的关系相对独立，双方只通过产品产生关联，容易出现已开发产品与大客户的性能目标之间的差异；同时，润滑油公司与其他竞争对手一同根据性能要求进行润滑油产品的研制，易造成无序竞争；另外，由于对客户规格制订的理解容易存在偏差，造成产品在同步性上滞后。及时了解到客户的需求并参与其中，响应越及时，竞争优势越明显。

因此，润滑油公司作为配套企业，需要加强与客户的沟通、合作，使润滑油产品这一重要配套部件，在最初就逐渐走向设备设计的前端，参与到技术先期设计阶段的协同开发，促进客户产品性能的充分发挥和设计目标的有效达成。与客户协作开发产品的过程中，不仅需要对润滑油有充分的了解，也要对所配套的设备信息、技术现状、材料配合等方面的内容有深刻的把握，以提高润滑油产品的针对性，充分发挥客户设备技术的优势，在设备运行服务过程中，也能为客户提供更为全面的服务支撑与技术保障。

二、润滑油企业与大客户协同研发管理的内涵和主要做法

润滑油公司为了实现与大客户的专业分工、协同发展，建立起双方基于开发全流程的密切合作关系，以快速响应、高效配套为工作导向，与大客户协同开展以“联合设计—同步开发—共同评价—合作推广—持续改进、同步升级”为主要内容的新产品研发工作（简称“五步法”），实现润滑油产品研发密切配合大客户设备开发的目的，高效满足大客户需求，提高产品市场占有率。主要做法如下：

（一）联合设计，确立协作方案

联合设计阶段是产品开发的计划阶段，合作双方以大客户设备开发计划为基础，对润滑油新产品的技术要求进行讨论和确定，并最终确认新润滑油产品的性能要求等，形成润滑油、设备性能相匹配的协作方案。

公司技术人员与大客户
共同探讨产品性能评价方案

联合设计与大客户的设备立项阶段同步。在该阶段工作中，润滑油公司与大客户一起针对即将研发的新设备进行技术分析，主要沟通确认设备技术目标下各种可能的机械方案，以及润滑油产品在该

方案下的技术性能和匹配性要求。通过对不同技术匹配方案的可行性分析、目标达成难度掌控、达成目标双方所需的人力物力时间投入、产品市场前景等多方面的平衡，合作双方共同确认新产品开发的必要性、设备技术匹配方案、性能要求，并同时确认后期所需进行的性能评价方案。

在该阶段，双方技术人员跨越公司边界，针对开发目标组建项目组，充分利用各自公司的经验、设备，共同开展后续的工作。例如，在润滑油公司与某汽车企业就其新车型用油的合作中，在车型的最初计划阶段，双方共同就润滑油产品的技术目标和适用方案进行联合设计。通过对车型市场定位、技术方案、成本控制等多方面的沟通和讨论，共同确定润滑剂产品的选用和开发计划。对全套车用润滑产品是否引用已有开发成果、是否有必要引入新产品、新产品的技术目标设定等问题进行明确的界定，最终确认部分润滑油使用已有合作开发成果，部分产品需要针对新设备部件协同开发，并确定技术目标及设备匹配技术方案。润滑油新产品开发项目组同时建立，双方各有一名关键人员充当项目组长，共同促进新品后续的协同开发。

（二）同步开发，强化匹配过程

同步开发是指根据已确立的设计目标，由双方协同展开润滑油新产品开发，并以相对成熟的样品参与设备开发。同步开发阶段中，润滑油公司作为润滑油新产品开发的实施主体开展工作，大客户作为重要的参与者和监督者全程参与。其中，润滑油公司有效分解开发目标，制定开发程序，大客户提供反馈意见、确认目标；针对大客户的各种意见和信息分享，润滑油公司快速响应，进行润滑油新产品阶段目标的修订，及时调整工作安排。项目组在双方信息充分共享的前提下，参考已有经验，有计划有步骤地进行产品的开发，共同为产品的成功开发负责。

该阶段工作主要根据润滑油公司的技术能力及相关经验展开，在特定的开发阶段节点，如原材料选择、关键基础性能评价等阶段，协同开发的项目组共同判断并确认阶段成果。润滑油公司依据自身技术及经验，向大客户分享现阶段性能表现与开发目标的一致性，并针对差异说明对设备匹配的可能影响，同时快速响应大客户的各种需求及意见；大客户则依据设备开发状态确认润滑油新产品开发目标，并在需要的情况下及时沟通阶段目标的准确性，共同讨论开发目标修订的必要性。

同步开发要求大客户新设备开发完成的同时，所需配套的润滑油产品也完成开发。但作为零部件产品，润滑油产品的开发要早于设备开发，在设备样机初期的测试前，完成润滑油公司内部相对独立的性能评价。由于润滑油零部件产品的同步开发和共同评价交错进行，同步开发阶段以完成并通过共同评价作为产品成功开发的标识。

作为产品开发的实施主体，润滑油公司依据汽车工业大力推行的 TS16949 中的产品质量先期策划 APQP（Advanced Product Quality Planning），详细开展产品开发工作。在以 APQP 为核心理念的产品开发中，大客户的需求和各种信息反馈被充分地记录和使用。利用其中的产品失效模式分析 FEMA（Potential Failure Mode and Effects Analysis）工具，对大客户需求的新产品进行充分的功能展开，并对可能出现的失效情况进行分析并在设计阶段加以弥补，从而确保所开发的产品能够满足大客户的性能需求。

(三)共同评价,验证设计目标

共同评价是润滑油公司与大客户以验证新产品设计目标为目的,共同展开的试验评价工作,并以该阶段的顺利完成、评价通过作为同步开发的完成标识。在共同评价中,项目组共同进行试验方案的设计、试验内容的实施、试验进程的跟踪,以及最终试验结果的分析。双方根据各自公司实验能力,为评价试验提供原料或试验平台。评价形式包括:由润滑油公司提供试验油样,在大客户处展开设备实机性能匹配测试;或由大客户提供零配件,在润滑油公司开展新产品使用模拟性能测试。该阶段工作也可单独运作,仅针对零部件公司已有的产品在大客户既定设备上的适应性进行协同合作,并追踪后续必要的同步开发内容,直至评价通过,开发完成。

设备实机性能匹配测试中,润滑油公司通过对评价方案、试验过程的充分了解,全面分析试验结果产生的原因,对大客户的产品开发要求形成更为准确的理解。在必要的情况下,进一步改进开发的新产品,改进方案由项目组确认。项目组利用大客户充分的测试经验和润滑油公司的产品开发经验,共同判断下一次评价通过的可能性,避免盲目返回到开发阶段的弯路。例如,在润滑油公司与国内高铁、动车研究单位的合作中,针对动车、高铁进口齿轮箱的润滑油产品使用性能表现,双方协同展开大量的零部件适应性试验、整机台架试验、行车试验,持续跟踪评价试验,共同分析,对所开发产品进行不断改进,最终达到满足设备使用需求的开发目标,可完全替代原机进口变速箱油。

润滑油公司开展的性能模拟测试,主要针对大客户重点关注的性能要求,共同设计试验进行评价。例如,在润滑油公司与国内某汽车公司就润滑油产品的共同评价中,针对大客户重点关注的性能,双方共同设计针对该大客户相关设备部件的模拟试验。针对试验结果,双方多次讨论,通过数据对比、设备部件工作环境分析、润滑油性能分析等,最终确定评价结论,并进入下一阶段工作。

针对大客户设备的不同状态,双方成员均可依据各自经验进行试验结果分析和沟通合作。在设备及新产品未定型的测试阶段,评价结果用来验证设计目标的制定是否准确,双方依此共同确定后续润滑油及设备的性能改进及相互匹配方案;在成熟设备的润滑油新产品测试中,共同评价可以避免单纯以试验结果做评价结论的合作误区,合理看待试验结果,双方共同确定异常状态的产生原因,共同制定后续协同开发的工作计划。

(四)合作推广,拓展应用成果

合作推广是润滑油公司与大客户共同针对所开发的新产品进行各自领域的技术推广工作,具体包括三种推广方式。

一是提高终端设备使用客户对所开发润滑油新品的认可度,在客户需要更换润滑油时提高所开发产品的候选概率。例如,润滑油公司与国内排名前列的多家合资品牌汽车公司共同组织4S店销售、服务人员培训,针对合作开发的润滑油产品的性能优势、问题应对等内容开展介绍和交流,使4S店销售和服务人员面向终端客户时的产品推广更有针对性、更有效率,最终在提高车主返店率、提升售后服务业绩的同时,一同增加润滑油公司新产品的销售。

二是在装载着润滑油新品的设备进入下一级设备之前,润滑油公司与大客户共同向下一级客户提供包括设备和润滑油新品在内的推广和服务，在协助拓展大客户设备使用范围的同时，一同拓展所开发润滑油新品的使用范围。

三是依靠润滑油公司自身的销售渠道，向大客户设备的最终使用者进行新产品的推广和销售，主要应用于大客户通常对其设备的售后市场不做要求或无法严格要求的行业，如工程机械领域或工业生产领域。润滑油公司将从大客户处获得的认可证书、设备说明书或产品推荐证明等技术成果快速、准确、翔实地传递给公司销售部门，并对销售人员进行培训，从而有针对性地开拓相应的目标客户。与此同时，机械设备制造商的下游客户会根据设备说明书或设备操作手册的指导主动选用已开发的新产品。

（五）持续改进、同步升级，发掘潜在合作

持续改进、同步升级是指合作双方在完成产品开发和技术推广工作后，针对所开发产品使用表现，或相关设备领域需求更新等情况所开展的持续跟踪和技术应对工作。在此阶段中，合作双方共同承担新产品使用中各种问题，并就各自行业领域的市场趋势、技术前沿、法规动态等可能引发潜在合作的信息进行共享。例如，与国内某知名自主品牌汽车公司共同建立车用材料联合开发中心，与国际某技术领先汽车企业建立定期会议分享信息、促进合作。

（六）建立保障措施，确保研发效果

1. 合理选择大客户，合理设计协作方式

润滑油公司大客户的选择方式较多。一是选择中国石化集团公司层面的战略合作伙伴，比如钢铁行业的宝钢、工程机械行业的徐工等，依托集团的合作伙伴关系，双方共同谋求在润滑油领域的合作。二是选择与掌握尖端科技、需求的高端润滑油大客户合作，比如高铁、航天航空等。三是与汽车、船舶领域等具有影响力的、市场占有率高、示范作用大的润滑油应用行业大客户合作，比如通用、丰田、神龙、中远等。四是依靠自身行业地位，吸引使用节能环保高端润滑油的大客户，共同开发润滑油领域前沿产品，比如为食品加工领域的大客户开发食品级的润滑油等。

润滑油公司与大客户合作时，项目起步阶段也依据客户特点确定。合作双方根据需要选择从“五步法”的某个阶段开始。比如，针对大客户已有设备的润滑需求，协同研发将从产品的开发阶段开始，而不用从联合设计开始。

2. 完善保障措施

一是人力资源的保障。成立由多学科、多层次人员组成的项目组。合作方根据项目的内容、大小及难易程度等，合理配置人员数量和构成，保证项目组人员覆盖相关专业领域，每一领域配备不同水平或不同层级的人员，在保证项目完成的同时，培养后备人员，促进知识共享。

二是采取多种形式保障科研经费。比如，在与某大客户的合作中，科研经费主要涉及油品开发中研制油品的理化性能分析费用、研制油品的台架建立及评定费用、研制油品行车试验费用、试验油品费用。经商定，双方各自充分发挥自身的试验装备优势，大客户承担发动机台架试验和行车试验车辆的相关费用，润滑油公司承担试验油品费用和性能分析费用，达成协议后，通过合作框架协议固定。

三是合作项目的保密管理与成果管理。制定合作项目的保密协议，书面约定合作的保密范围、人员、时间等。根据合作各方对项目的贡献程度等，协商并约定成果归属与开发利用事项，并通过合作或协议的形式固定下来。

三、润滑油企业与大客户协同研发管理的效果

截至2013年年底，润滑油公司与国内80%以上的知名汽车制造商(OEM)以及机械制造商建立了长期的技术合作关系。开发的产品获得了奔驰、宝马、大众、丰田等全球知名汽车制造商的技术认证，占据了汽车OEM市场65%的市场份额，成为主流车企的共同选择。与国内外130家大客户建立了长期、稳定的合作关系，为中国的航天、军工、汽车、钢铁、水泥、工程机械、新能源等行业提供了完善的润滑保障和优质技术服务。例如，润滑油公司40多个产品用于中国航天七大系统，航空发动机油已经进入国产某军机的配套油品名单；长城船用系列润滑油为“雪龙号”配套开发并取得成功应用；长城VT 75W/90全合成变速箱齿轮油已经在“和谐号”机车上成功应用等。

经过多年的努力，润滑油公司的市场份额不断提升，打破了进口品牌垄断高端产品的局面。以钢铁行业的某大型钢铁公司为例，在配套长城润滑油以前，其工业润滑产品80%需要进口，润滑油公司为其进行产品配套后，国产润滑产品比例升至80%，降低其润滑油采购成本20%以上，在该企业的示范下，其他钢厂纷纷效仿，钢铁行业的整体效益获得了提升。润滑油公司品牌影响力也获得了前有未有的发展。长城润滑油成为中国润滑油行业领导品牌，品牌价值达到230亿元。

(成果创造人：李万英、水　琳、王向阳、陈惠卿、朱和菊、隋秀华、雷　凌、夏　鹏、朱　珠、耿立波、张国茹、胡　刚)

基于专业产品集成的宇航系统研制管理

中国航天科技集团公司

中国航天科技集团公司(以下简称“航天科技集团”)自成立以来相继突破一系列重大航天技术,载人航天工程、探月工程、二代导航系统、高分辨率对地观测系统和新一代运载火箭等为代表的一大批重大工程陆续实施,在我国战略高技术领域拥有“神舟”“长征”等自主知识产权和著名品牌。航天科技集团下辖八个大型科研生产联合体(研究院)和14家专业公司、9家境内外上市公司以及若干家直属单位。研发和产业基地遍及北京、上海、西安、成都、天津、内蒙古、深圳、香港、海南等地。截至2013年年底资产总额超过2500亿元,其中,2013年营业收入约1440亿元,利润总额约112亿元。从业人员17余万人,其中,中国科学院、中国工程院院士32名,国家级专家100余名。

一、基于专业产品集成的宇航系统研制管理背景

(一)适应航天大国向航天强国的发展需求

航天科技肩负着提高一个国家国防实力、科技实力、综合国力和国际竞争力的重要使命,成为世界主要国家争夺的重要制高点和衡量大国、强国的标志之一。在轨航天器数量、年均发射数量、发射成功率、年均出厂火箭与卫星的能力是航天强国的重要指标。航天科技集团提出到2020年,在轨航天器数量超过200颗,占全球在轨航天器总数的15%左右,居世界第二;年均发射数量达到25次左右,发射成功率不低于99%;运载火箭年出厂能力30发左右,卫星出厂能力达到40颗左右,在线研制能力达到100颗左右的强国目标。宇航系统研制工作需要在完成科研生产任务的同时更多地关注研制周期、成本、效率、服务和经济效益等因素,基于专业产品集成的宇航系统研制管理适应发展需求,通过推动技术升级、产品升级和产业升级,促进我国航天工业走上创新驱动、内生增长的集约式发展道路、实现科学发展。

(二)提高航天科技集团竞争力,推进国际一流大型航天企业集团建设的需要

航天科技集团作为我国航天科技工业的主导力量,在火箭运载能力、单次发射入轨航天器个数、卫星的寿命与可靠性方面,同美、俄的航天企业还存在一定的差距。为建设国际一流大型航天企业集团,航天科技集团需要进一步对标国际,快速提升宇航产品成熟度,努力实现稳定、持续、大量地提供成熟的“货架产品”,建立完善基于专业产品集成的宇航系统研制模式,提高卫星与火箭的产品质量效益,实现宇航系统产业化规模化发展,提高航天科技集团竞争力。

(三)满足当前宇航业务高密度发射、高质量要求的形势需求

自2008年以来,我国宇航业务迈进任务高峰期、发展机遇期、能力增长期和严峻挑战期。各方用户对宇航型号的研制周期、技术性能和质量可靠性等方面也提出更高要求。宇航任务面临着高密度发射、高质量要求的新形势。传统的宇航系统研制模式愈发暴露出其不适应性,在充分利用成熟产品与技术,降低研制风险、提高质量和工作效率方面存在差距。传统的宇航

系统研制以型号任务为牵引,自上而下逐级分解要求,然后再自下而上逐级开展设计、分析、生产、试验、考核、验收、交付等工作,占用大量研制资源。由于缺乏系统、全面的整体推进组织机制,以及具体、可操作的实施方案和手段方法,从而造成成熟的产品和技术不能得到及时固化、定型和相互借鉴使用,相近产品重复研制,通用化程度低等现状。并由此带来型号研制技术风险大、研制周期长、研制成本高,提升型号质量和缩短研制周期之间的矛盾等一系列问题。为满足和适应新的任务形势,航天科技集团需要改变传统模式,建立完善基于专业产品集成的宇航系统研制模式,大幅提升航天装备任务的成功率和服务能力;需要稳定、一致的过程控制能力和更高的产能,以满足高密度发射的需求。

二、基于专业产品集成的宇航系统研制管理内涵和主要做法

从 2008 年起,航天科技面向单机及以下类别的宇航关键通用产品,基于产品工程的理论方法,提高其产品成熟度,形成大量成熟的"货架产品"。在型号研制中,单机及以下类别的宇航关键通用产品不再重新研发,而是施行采购制,从"货架产品"中选用集成,并辅以必要的其他产品研发工作,将宇航关键通用产品的研发活动从单一型号研制中剥离,大幅简化型号研制流程,缩短研制周期。主要做法如下:

(一)明确基于专业产品集成的宇航系统研制管理的指导思想

航天科技集团明确基于专业产品集成的宇航系统研制管理的指导思想为"产品化模式、产业化发展"。产品化模式是指对于宇航系统的主要构成单机(关键通用单机),按专业建立型谱并有序开展预研、工程研制、成熟度培育、产品定型、型号选用、更新换代与国产化等工作,从而建立形成按专业发展,批量稳定、高质量地提供成熟产品的模式。产业化发展的指导思想是指面向航天强国的建设需求,宇航系统研制更加注重效率、效益与批量化管理。宇航任务从科研试验为主向装备应用为主转变;任务规模从单星、单箭为主,向星座组网运行服务、火箭组批生产为主转变;任务领域从单一领域为主,向满足多个领域需求为主转变。宇航系统研制的重心与创新点集中于系统集成,改变原来型号研制垂直管理、一管到底、占用大量资源的工作模式,逐步向产业化、规模化迈进。

(二)变革宇航系统研制过程

针对传统过程的不足,航天科技集团将宇航系统研制过程从任务牵引向任务牵引与专业推动并重转变,研究设计以任务牵引和专业推动为"双引擎",以保证质量和提升能力为"双核心",并重开展面向任务需求的型号项目工作与面向专业发展的通用产品开发工作,构建基于专业产品集成的宇航系统研制过程,简称"V－W－O"模型。

基于专业产品集成型号的宇航系统研制管理,首先将型谱产品(含卫星公用平台、单机产品等)从型号研制中分离出来,开展产品工程建设,按专业发展,减少由型号需求确定研制技术要求、主导产品研制的方式;其次,改变型号研制自上而下逐级实施的过程,建立新的型号研制过程,建成总体设计、产品选用和补充研发相结合、系统集成的过程。基于专业产品集成的宇航系统研制工程过程由"V""W""O"三个过程组成。其中,"W"代表以产品成熟度提升为核心的产品研制过程,主要由产品初次研制的 V 型过程和产品重复使用的再设计、再分析、再验证的成熟度提升过程和定型升级过程组成,适用于卫星公用平台、现役火箭基本型和宇航通用单机产品。"V"代表新的型号系统工程过程——

以选用货架产品为主要基础，开展新型号的要求分解和系统集成研制，适用于新型号研制。“一”代表型号系统与产品的界面，是指货架式的通用产品体系，是多个产品“W”过程的成果，供多个型号“V”过程选用。“V”是面向型号、面向任务的选用式集成，“W”是面向产品、面向能力的基础与支撑。型号项目管理与产品管理通过“一”建立联系，同时明确职责范围与管理重点，从而促进协调发展。“O”代表研制单位对多型号和多产品的体系以及涉及的共性技术、基础等各方面进行规划、实施、监控、总结、更新升级的循环过程。目前，航天科技集团已建立型号选用产品审查机制，先后完成多个新型号型谱产品选用审查和光纤陀螺组合及扩频应答机的推广应用工作，初步建立多型号选用、采购的研制模式，优化传统的宇航型号研制生产流程。

（三）优化组织体系与分工

伴随着“V－W－O”模式的推进与建设，宇航系统的组织体系也进行相应的调整与重新分工。针对新的“V”过程，优化单型号队伍；针对“W”过程，建立健全产品队伍；针对“O”过程，设立多项目管理队伍。一是在型号队伍方面，随着工程过程的转型，传统的型号队伍将被划分为“面向用户的系统集成型研制主体”和“面向产品体系的专业化研发主体”两部分，并重新明确各自的职责权限。新型的型号队伍将产品队伍从型号队伍中剥离，重点建设适应型号系统集成的项目团队，主要从事系统任务分析和设计、系统集成和交付等工作。分系统、单机研制工作一般由型号队伍提出任务要求，专业单位承制。这其中，关键要做好系统策划与各类产品之间的协调发展工作，包括资源统筹、进度计划的综合管理、经费投入、过程监控和技术指导等。二是在专业产品队伍方面，面向通用产品，建立独立于型号系统的产品研制队伍，按专业规律发展。在产品研制队伍独立型号的同时，为确保产品按专业发展，建立一支自集团总部向下，包括院、厂所在内的产品工程推进队伍，如一院设立由院长任组长的院产品工程建设推进领导小组和产品工程建设两总系统，明确主管处室；五院、八院、九院成立专门的产品化处室等。明确产品管理机构及相关职能，负责在统筹分析型号任务需求的基础上，系统策划，协调处理任务完成与专业发展的相互关系，组织开展专业产品研制、更新换代、批量生产等产品体系建设工作。此外，公用平台队伍也从卫星研制队伍中剥离，独立发展。三是在多项目管理队伍方面，设立多项目并举背景下的高效的组织机构。设立项目集和项目组合管理的组织机构，实施多项目的统筹管理和有序推进，重点抓共性资源、处理共性问题、统一管理标准和要求，抓短线和保障等。长期以来，型号队伍在科研生产中处于强势的地位，多项目管理队伍的建设与强化，有助于建立均衡的矩阵式组织关系。

（四）开展面向专业产品的产品工程建设

针对宇航产品应用需求和技术发展趋势，以宇航型号各级各类关键通用产品（含卫星公用平台、运载火箭基本型、通用单机等）为核心，按照需求分析、型谱规划、产品研发、成熟度培育、产品定型、产品生产、型号应用及升级换代的循环步骤，建立覆盖需求（满足未来需求）、结构合理（涉及各个层次）、经济高效（规格优化、减少重叠浪费）的宇航产品体系。通过不断提升各规格产品的成熟度，为型号提供可选用的“功能完备、性能优良、可靠性高、适应性强、质量稳定、经济性好”的货架产品，提升未来型号研制的效益和效率。

关键通用产品一次定型，可支持多个型号选用，广泛受益，实现从成熟技术继承到定型产品继承的跨越，提高科研生产的效率和能力，降低研制成本。型谱研究和规划是产品工程建设的基础与引领。在型谱建设中不仅仅针对单机产品，对于模块化、系列化的分系统，甚至对于系统级产品如运载火箭、卫星平台，也都纳入型谱体系中，按各个级别进行产品分类和规格梳理。由研制生产单位负责组织实施，并实现系统化、规模化发展。

目前，航天科技集团重点开展宇航产品型谱建设、成熟度提升与定级、生产线建设与认证等工作。型谱方面，发布集团级型谱工作相关标准，发布卫星公用平台、运载火箭、宇航关键通用产品型谱以及相关配置制度文件，各院、专业厂所也分别编制各自级别的专业产品型谱。成熟度方面，成立航天科技集团宇航产品成熟度评价中心，发布集团级成熟度评价标准；组织实施百余型专业产品的成熟度提升和定型准备工作，开展蓄压器、动量轮、星载计算机三类产品六级成熟度认定的试点工作。生产线方面，策划实施数十条宇航产品生产线建设和升级改进，研究院开展生产线认证工作。

（五）构建基于信息化的宇航系统管理平台

一是产品工程信息化是产品工程技术过程和管理过程的信息化保障，是实现产品工程人机交互、提高工程效率和效力的基本条件。产品工程信息化就是要根据产品工程的需求，研究产品研制过程中设计和工艺的技术特性、挖掘信息资源；利用信息网络，实现产品工程中的过程控制和信息共享；整合软硬件工具，实现信息技术在产品工程中的工具集成和全面应用。目前，航天科技集团已初步建立"产品化信息管理平台 1.0"，可有效管理星箭产品型谱信息，星箭通用产品基本信息、产品成熟度评价信息，与星箭产品相关的技术与管理基础规范文件，星箭产品可靠性与产品化专业动态，国外相关宇航产品的技术信息，项目过程管理信息等内容。为适应各类用户需求，平台分为 4 个功能模块、3 个数据包。4 个模块分别为：产品化信息维护模块，产品化信息浏览基础模块，产品化信息浏览专业模块，工程管理信息维护模块与浏览模块。3 个数据包分别为：产品化信息数据包，技术基础管理文件数据包，工程管理数据包。其中每个模块均可独立部署与运行，模块需要与对应的数据包配合使用。该平台经过后续不断的数据积累与完善，还可为型号研制队伍的产品选用提供较为完备的信息服务。

二是数字化工程研制体系。在型号研制中，初步建立基于 AVIDM4.0 的三维协同研制平台，验证完成基于产品结构的三维研制数据技术状态管理，初步形成设计、工艺数据网上共享、审签、受控和分发的协同工作模式。通过型号应用试点，贯通"全三维数字化设计与制造"研制线，实现全三维出图和下厂，电子数据作为唯一数据源的重大技术跨越，标志着型号数字化研制手段的重大跃升。试点型号已实现 10944 个模型受控，62 次电子分发，68 套模型和设计数据电子分发下厂，28 份更改单"已解决"。此外，在计划管理上，通过 AVIDM 系统分别编制下发多级计划，对型号转阶段、出厂、发射、交付等重大节点计划均反映在 AVIDM 系统中。

（六）建立健全并落实相应的工作机制

为保障和促进基于专业产品集成型号的宇航系统研制管理活动，保证"V"、"W"、"O"过程各自的高效运转与相互的协调顺畅，航天科技集团建立健全并落实相应的工作机制,包括产品成熟度提升与评价机制、产品推介机制、产品选用机制、多项目管理机制、产品与型号并重的经费投入机制等。

一是建立产品成熟度提升与评价机制。航天科技集团专门成立产品成熟度评价中心,制定发布《宇航产品成熟度定级管理办法》,在产品研制过程中创建产品成熟度的理论方法,建立以产品成熟度提升为核心的产品过程管理机制,依据产品在方案、初样、正样、一次飞行、多次飞行等不同阶段的性能质量情况与所开展的工作情况,判定其达到的成熟度等级,并以提升成熟度为牵引深化细化过程管理工作。目前,航天科技集团已在近百类产品研制过程中建立成熟度提升与评价工作机制。

二是建立产品推介机制。航天科技集团选取型谱中成熟度较高、国产化替代需求强烈的专业产品,组织产品研制单位、产品应用型号的两总召开产品推介会,推动产品研制与产品应用的对接工作。

三是初步建立产品选用机制。航天科技集团以新研型号为突破口,在型号方案阶段技术状态评审时,对新型号的型谱产品选用进行审查,建立审查原则、审查专家库、审查标准和工作程序,并制订《宇航产品型谱管理办法(试行)》。

四是完善型号项目管理机制,按照新的模式要求,针对型号按领域或系列设置型号项目管理的"两总系统",以及多型号项目管理办公室,研究实施新形势下的型号项目管理模式、方法和工作流程。

五是建立产品与型号并重的经费投入机制。针对产品工程建设投入设立专项经费,以保障产品管理按专业有序发展、避免完全受型号任务牵制。如对于卫星公用平台研发、宇航关键通用产品研发等行业科研生产的通用需求、基础需求单独预留、拨付经费。目前,集团总部及各院每年提取一定的经费支持专业产品的产品工程建设,同时积极争取到总装备部和国家国防科工局的产品化专项经费支持。

(七)建立相应的评估与激励机制

为推动和促进基于专业产品集成的宇航系统研制管理,航天科技集团自上而下发起航天科研生产管理评估活动,按照"统一管理、分级实施"的原则,分别针对型号项目管理、专业产品管理、多项目组织级管理开展项目级管理评估、产品级管理评估和组织级管理评估。项目级管理评估是为了推动基于专业产品集成的宇航系统研制管理的建立与完善,同时更好地将国内外项目管理的先进经验、集团各单位航天项目管理的成功经验向各个项目团队传递,提高"型号两总"系统的项目管理能力,推动模式转型。产品级管理评估是针对当前产品管理相对型号项目管理还存在较大差距的现状,为了提高产品管理水平和受重视程度,促进产品按专业发展,实现产品管理与项目管理并重;同时,推动产品工程在具体产品队伍中的贯彻落实。组织级管理评估是为了考查和促进研究院、厂所的综合管理层在面向多项目管理、多产品管理的任务需求时,履行"组织抓综合"的职能。自 2009 年开始,航天科研生产管理评估活动在集团总部、研究院、厂所,以及各型号队伍、各产品队伍中全面开展,评估结果与对各院、各型号的年度考核相结合,通过量化、持续的激励措施,有效促进基于专业产品集成的宇航系统研制管理的全面、深入推进。

此外,自 2013 年起,航天科技集团每两年开展一次全集团产品工程建设先进集体、先进个人的评选活动,通过评选、表彰一批宇航产品化工作推进有力、结合实际、成效显著的集体和个人，宣传他们的工作思路、模式与方法，调动集体公司各院、各相关人员宇航产品化推进工作的积极性和主动性，增加产品化推进工作的创造活力与创新能力，使之进一步强化、深化、细化。

三、基于专业产品集成的宇航系统研制管理效果

（一）确保高质量地完成型号任务，能力得到大幅提升

自2008年以来，航天科技集团共实施了88次宇航发射，仅失败2次。国家重大工程、高新工程任务都能按期、保质完成。在完成任务的同时，航天科技集团宇航科研生产能力也得到了大幅提升。在运载火箭方面，航天科技集团形成年出厂发射10发任务到20发任务能力的提升，实现长三甲系列火箭由过去年发射2～3发到现在8～10发的能力转变。航天科技集团的长征系列运载火箭在2013年执行了14次发射任务，成功了13次，发射次数与推动模式转型前的2007年相比提升了40%，年发射数量已超越美国，仅次于俄罗斯位居世界第二位。在航天器方面，2012～2013年短短两年的时间就发射航天器49颗，而在前十年时间里也只发射了52颗航天器。

（二）科研生产效率得到明显提高，企业竞争力得到强化

2013年航天科技集团宇航型号计划完成率达96.6%，武器型号计划完成率达97.9%，人均劳动生产率比上年提高近20%，产品化率达到65%。在高效管理的支撑下，航天科技集团每年并行研制的空间飞行器数量从20多颗上升到了近80颗，部分配套基础产品研制效率提高了5倍，东方红三号、CAST2000等平台的卫星型号研制周期由原来的48～60个月缩短至目前的24～33个月，通信卫星的设计寿命从8年提高到15年。此外，航天科技集团各项经济指标实现跃升。营业收入实现年均22%的增长，成本费用率从97%降到93.6%。2013年，航天科技集团营业收入突破1440亿元，利润总额达112亿元。

（三）技术创新取得突破，社会效益与国际影响与日俱增

近年来，航天科技集团各项重大航天工程相继实现了技术突破。主要包括：圆满完成了神舟十号与天宫一号载人交会对接任务，实现了我国首次载人航天应用飞行，成为继美国、俄罗斯之后第3个独立完成空间载人交会对接的国家；嫦娥二号卫星创造了我国空间飞行器最远的深空飞行和探测记录，嫦娥三号月球探测任务首次实现了我国航天器在地外天体表面软着陆和巡视探测；北斗二代导航系统初步建成，实现了区域自主导航定位功能，在交通运输、海洋渔业、森林防火、救灾减灾和国家安全等领域得到广泛应用。近两年，委内瑞拉遥感卫星等4次商业航天发射服务和在轨卫星交付任务圆满完成，实现了航天科技集团遥感卫星出口零的突破；与巴西、巴基斯坦、尼日利亚等国家建立了良好的航天合作关系，知名度和国际化水平显著提高。

（成果创造人：雷凡培、吴燕生、袁　洁、赵小津、王卫东、杨之浩、李　罡、赵立军、周海京、杜　刚、夏晓春、王喜奎）

军工企业特种产品面向成本的精益化设计管理

重庆长安工业(集团)有限责任公司

重庆长安工业(集团)有限责任公司(以下简称“长安工业”),是隶属于中国兵器装备集团的国有特大型军民结合型大型骨干企业。始建于1862年,有着152年的悠久历史,堪称中国机械工业的鼻祖。长安工业是国家现代化的特种产品科研、试制、生产基地,拥有土地2.5万多亩,在册员工1.4万多人,涉及多领域、多平台、多系列特种产品装备的研发、制造能力,总体规模达100多亿元。

一、军工企业特种产品面向成本的精益化设计管理背景

(一)适应特种产品采购体制、机制及改革的需要

党的十八届三中全会决定深化国防和军队改革。目前,总装备部对特种产品采购体制机制进行了改革,特种产品已由先研制后定价机制,转变为先定价后研制机制。在特种产品论证阶段,以性价比最优为目标,开展技术经济评价,确定目标价格。在工程研制阶段,按目标价格进行型号项目研制。在生产订购时,以目标价格审核特种产品的成本,确定订购价格。为适应特种产品定价机制的变化,要求大型军工企业在特种产品研发中,将成本作为产品设计的一个关键参数,产品设计与成本控制同步并行,研制出性能价格比最优的特种产品,追求特种产品全生命周期成本的最小化。

(二)适应国防工业体系改革带来的激烈竞争环境的需要

由于长期受计划经济以及军工企业垄断经营的影响,军工企业的特种产品研发人员在特种产品开发和设计时,普遍只关注产品的战术技术指标和使用性能,追求高性能产品,成本控制意识淡薄,不熟悉成本控制技术和方法,研制的特种产品成本居高不下,装备价格和维护费用普遍比民用产品高出2～10倍,严重影响我军的高新特种产品的大规模装备使用。为推动军民融合的深度发展,健全国防工业体系,完善国防科技协同创新体制,我国正在改革国防科研生产管理,引导优势民营企业进入。民营企业在经营理念、经营成本、市场反应灵活性等方面存在优势,其研制生产的产品质优价廉,对大型军工企业的特种产品科研生产形成较大冲击。此外,特种产品国内订购装备和外贸出口竞争日趋激烈,除产品性能的竞争外,价格竞争也举足轻重。要取得价格竞争优势,就必须降低产品成本。而特种产品70%以上的成本由设计决定,这就要求大型军工企业在特种产品设计开发阶段,必须以成本领先、精益设计为指导思想,采用价值工程、创新思维、计算机仿真、工艺实验等技术,降低产品成本,提高新产品市场竞争力。

(三)实现长安工业中长期发展规划及愿景的需要

根据长安工业战略规划,到2020年,特种产品产值要从目前的20亿元提高到30亿元。但是,长安工业研发的特种产品存在成本居高不下的问题,主要反映为五个不适应,即员工成本意识不适应,没有形成精益化设计的核心理念;研发体系不适应,没有建立精

细化设计的研发体系；工作流程不适应，缺乏实现精益化设计的工作流程；管控机制不适应，没有形成一套有效的评价和考核机制；核心技术不适应，没有总结提炼出适合特种产品面向成本的精益化设计的实用技术。目前，成本领先已在企业高层形成共识。为切实降低产品成本，提高经营效益，加强特种产品面向成本的精益化设计管理，建立面向成本的精益化设计管理体系，寻求有效的成本设计控制方法显得尤为迫切。

二、军工企业特种产品面向成本的精益化设计管理内涵及主要做法

长安工业在特种产品研发过程中，将成本作为设计的关键控制参数，同步运用价值工程、ABC分类法、检核表、专家打分等一系列成本控制技术工具，开展性能及成本的精益化设计；同时打破传统的科研推进管理模式，采用阶段化面向成本的精益化设计、全程面向成本的跟踪评价、实行节点转段控制以及效果评估等管理手段，实现特种产品功能、质量与成本的最佳融合，使产品性价比最大化。主要做法如下：

（一）明确思路，制定面向成本的精益化设计管理规范

1. 明确面向成本的精益化设计管理主要思路

长安工业明确特种产品面向成本的精益化设计管理“1313”主要思路：即以构建“1”套面向成本的精益化设计管理体系为目标，重点开展“3”个阶段（论证阶段、方案阶段、技术设计阶段）面向成本的精益化设计，创新“1”种全过程的面向成本的精益化设计评价方式（同步评价、集中评价、会议评价），采取节点转段控制、搭建比拼平台、有效激励考核等“3”大举措，保障特种产品面向成本设计工作的高效有效推进，全面特种产品降低设计成本，提高产品性价比。

2. 制定面向成本的精益化设计管理规范

为推进特种产品面向成本的精益化设计，长安工业于2010年组建面向成本设计指导手册编写组，着力搭建面向成本设计的顶层体系构架。编写组运用系统论和控制论，将面向成本设计的理论阐述、操作务实、经典案例融于一体。2013年，总结试点和推广面向成本的精益化设计工作的经验后，编写相关制度规范，将长安工业在面向成本的精益化管理体系和工作流程进行固化和规范，使长安工业面向成本的精益化设计工作得以全面推进。

（二）推进阶段化面向成本的设计，打造高性价比产品

根据相关规定，经过综合分析研究，将特种产品面向成本的精益化设计工作分为三个阶段。各阶段按照构建方案、查找影响成本因素及重要零部件、进行改进优化、验证评价改进效果、固化技术状态或技术方案等循环过程推进。

1. 立项论证阶段

长安工业结合特种产品研发特点，规范论证阶段的精益化设计主要任务，即开展特种产品技术经济可行性研究，通过调研、产品分析和产品评价等面向成本的精益化设计工作，提出性能成本最优的初步总体技术方案，并预测特种产品目标成本和价格。

第一，开展性能价格调研。一是部队调研，积极与军方研制主管部门、论证部门和使用部队沟通交流，通过调研产品的军事需求、编配的军种和级别、作战使用方式、作战使用环境等，预测装备订购部门可接受的性能和价格范围。二是总体单位调研，通过到总

体单位调研，了解产品总体性能与目标价格的情况，协商和明确分解到长安工业配套研制的产品的性能指标和目标价格。三是主要配套单位调研，收集配套单位提供产品性能和价格信息，并到主要配套单位调研，进一步了解配套产品的性能和价格情况，协商和明确新产品需要的性能指标和目标价格。四是同类产品信息调研，通过特种产品科技信息情报研究，收集近年来国内外同类产品装备、研制及研究方向、科研成果及其应用情况，统计同类产品的装备性能和价格情况。如有可对标的同类产品，应进一步分析其性能和价格构成体系情况。

第二，初步总体方案构建。长安工业特种产品研发专责组根据对产品性能、功能和价格的调研结果，以及需求论证部门的要求，初步构建功能、性能最低的初步总体方案。

第三，性能成本分析。长安工业特种产品研发专责组以前期构建的初步总体方案为基础，在此基础上进行性能成本分析。对初步总体技术方案进行战术技术指标、总体功能分解到系统和子系统，预测特种产品初步总体方案的目标成本。一是性能量化分析。根据军方论证部门的要求进行特种产品初步总体方案设计，将战术技术指标分解到系统和子系统，同时，将特种产品总体功能分解到系统和子系统，并完成子系统的功能定义和功能整理。二是目标价格分析。在特种产品性能量化分析的基础上，特制目标价格分析表。运用对标管理法，根据特种产品子系统的主要性能指标和功能得到对标数据，寻求基本功能相当的对标特种产品子系统，并根据对标产品的价格分析初步确定特种产品的目标价格。三是目标成本体系分析。运用目标成本法以及长安工业首创的精益化产品目标成本体系分析表，根据对标产品成本构成，各系统、子系统的功能重要度和加工难度，研究各系统、子系统占总成本的比重，列出主要配套件、外协件、主要原材料等费用，初步预测产品的目标成本。同时，运用对标管理法，测算出同类装备产品费用，并进行差异分析评估成本，提出成本优化方案。四是目标成本体系分析。运用目标成本法以及长安工业首创的精益化产品目标成本体系分析表，根据对标产品成本构成，各系统、子系统的功能重要度和加工难度，研究各系统、子系统占总成本的比重，列出主要配套件、外协件、主要原材料等费用。同时，运用对标管理法，测算出同类装备产品费用，并进行差异分析评估成本，提出成本优化方案。

第四，目标成本及目标价格审查。特种产品研发项目组在完成产品研发项目性能成本分析后，组织财务、计划等相关部门对新产品目标成本及目标价格进行审核，审核通过后按程序报出。

2. 方案设计阶段

结合特种产品研发特点，规范方案设计阶段的精益化设计主要任务，即根据《研制总要求》下达的特种产品性能及使用要求，开展特种产品方案设计，并同时开展方案设计阶段的精益化设计工作。

第一，目标成本分析。根据特种产品精益设计方案，运用目标成本法，以产品功能分解为基础，以“目标成本＝售价－利润”为原则，按成本项目分项分析，寻求特种产品各部件成本是否有节余空间，更加细致的测算各系统、子系统和各部件的成本，最终形成特种产品目标成本体系和目标价格。

第二，方案目标成本优化。方案设计完成后，特种产品研发专责组按“重要零件的先做、价值高的零件先做、降价可能性大的零件先做”的原则确定成本优化对象，运用 ABC 分类法，对特种产品进行子系统划分，对每个系统的零部件的成本构成进行逐项统计，将每一种零部件占产品成本的多少从高到低排列，找出少数成本比重大的零部件（A 类零部件）。各子系统在找出 A 类零部件后即可得出整个特种产品的 A 类零部件，降低其成本。特种产品研发专责组根据选定的对象，设计一个要改进的产品或方案，从“有无其他用途、能否借用、能否改变、能否扩大、能否缩小、能否代用、能否重新调整、能否颠倒、能否组合”等九个当面列出一系列的有关问题，并由此产生大量思路，形成检核表，然后根据提出的思路逐个分析讨论，最终确定出最好的设计方案。

第三，修正方案设计成本体系。特种产品研发专责组分析设计方案是否合理，优化产品零件或部件，形成修正方案设计成本体系表。

3. 技术设计阶段

技术设计阶段的精益化设计主要任务是：开展特种产品成本分析，对产品零部件进行标准成本测算，建立特种产品目标成本体系，确定成本优化分析对象，确定改进成本途径和改进措施，并改进和优化设计方案，有效降低特种产品成本，提高产品利润空间。

第一，设计成本分析。在特种产品研发项目组开展技术设计时，遵循特种产品设计的经济功能原则、结构设计的经济制造原则、零件结构的工艺合理原则、选材的经济实用性原则、最合理的质量标准原则，及时与工艺设计、采购、质量、标准化等相关人员进行沟通，尽可能设计出经济可行的技术设计方案。同时，特种产品研发专责组组织设计、工艺、定额、采购、财务等人员，对产品各分系统、子系统、部件和零件进行细致地设计成本分析测算，建立产品零部件的设计成本体系。

第二，设计成本优化。采用 ABC 分类法，按特种产品分系统和子系统，将每一种零部件占产品成本的比重从高到低排列，找出少数成本比重大的占总成本 70% 的 A 类成本零部件，作为分析对象。采用检核表等工具，对 A 类成本零部件进行成本分析，确定改进成本途径和改进措施，提出改进技术设计方案。同时，对采用重大技术、关键新技术、新材料、新工艺开展成本分析。在改进技术设计时，对产品强度、刚度、寿命、可靠性、安全性、节能环保性、可加工性等方面有改动时，还充分利用研发技术中心的仿真分析条件对其可行性进行计算分析和仿真分析，对部分重大改进设计进一步进行验证试验。

第三，修正设计成本体系。在特种产品改进技术设计验证通过后，项目组对改进设计的设计成本进行测算，修正特种产品设计成本体系，测算产品总设计成本。

（三）完善设计评价，发挥专家力量

长安工业根据特种产品研发的不同阶段，制定不同的精益化设计评价内容，具体分为以下三个阶段：

一是同步评价。在项目组开展精益化设计工作过程中，专责组适时向评价组提供特种产品设计资料和面向成本设计技术文件资料，供评价组专家进行适时同步审查，并落实专家提出的意见。评价专家对项目组开展精益化设计工作及所提交的资料各自独立进行审查和评价。评价组各评价专家全程深入项目组了解情况，指导项目组开展精益化设计工作，认真审查并提出建议，将评价内容、存在问题、建议解决措施及整改情况填入专家评价意见表，并最终形成专家评价意见汇总及处置表。

二是集中评价。指评价组成员和专责组同行设计人员对某些问题在同步评价阶段经沟通后不能达成一致，即对专家评价意见有不采纳的；或评价组成员之间就相同问题持不同意见，则集中进行讨论评价。经评价组和专责组沟通协商后能解决的，在集中评价时不再提出。对经讨论后仍不能解决的，可保留意见，由持保留意见者填写精益化设计评价保留意见表，根据集中评价意见、保留意见表以及相关领导安排，确定是否启动会议评价流程或进行转段确定。

三是会议评价。针对专责组和评价组在集中评价阶段的保留问题进行集中讨论决策。由公司领导，特种产品研发部门领导，评价组、专责组、项目组主要成员参会，就集中评价意见进行充分讨论，由公司领导对问题及措施建议进行决策，必要时形成会议纪要，专责组及项目组按决策意见或会议纪要内容执行，填写会议评价意见整改落实情况表，符合要求的进行转段确认。

（四）构建信息管理手段，打造设计比拼平台

1. 建立信息系统

长安工业特种产品零部件种类繁多，并伴随大量标准件、借用件、通用件，同时自制件由于战技指标和作战环境不同对材料、表面处理等有多种要求。为落实精益化设计工作，实时监控精益化设计开展情况，长安工业研发技术中心将精益化设计工作纳入到长安工业集成化协同设计 PDM 系统之中，将信息化系统融合特种产品精益化设计管理工作，以计算机信息系统管理精益化设计工作。

2. 建立精益化设计比拼平台

长安工业坚持务实求效，总结提炼成果，进行精益化设计案例编写。在每季度初，对上一季度遴选出的优秀案例进行发布奖励。在每年的 11～12 月份，对本年度的经典案例进行进一步的提炼总结，分类整理成册归档，并在研发技术人员中发布，为后续研制工作提供借鉴。

（五）提高全员意识，建立精益化设计全过程考核激励机制

长安工业提倡降本增效的特种产品研发模式，从控制成本角度出发，提升全员精益设计意识。几年来，长安工业加强人才培养机制，注重培训提升特种产品研发项目成员在研制特种产品时的成本控制意识。先后组织内部培训 3 次、委外培训 2 次、邀请长安汽车面向成本设计专家培训、向到长安汽车研究院取经等多种培训方式，产品设计人员基本掌握面向成本设计技术工具。

对特种产品项目组、专责组和评价组，在计划、实施、意见反馈、责任落实情况、案例发布、项目评价与转段中的精益化设计工作，依据管理组的考核结果与初步奖惩意见，经研发技术中心领导审查通过后，当月兑现。

三、军工企业特种产品面向成本的精益化设计管理效果

（一）精益化“五个一”目标得以实现

一是构建“一”套管理模式。长安工业建立了指导一系列特种产品开发的面向成本设计管理程序与规范，创新建立“五同时”精益化管理模式。二是创新“一”个评价方式。

长安工业从特种产品重点项目开始试点精益化设计评价工作，创新形成了前期评价、集中评价、会议决策的全过程评价方式，将评价工作全面融于特种产品研发项目中。三是提升"一"批骨干人员精益化设计能力，各个项目团队具备一批掌握精益化设计能力人员。四是务实"一"系列重点项目精益化设计工作。五是编撰"一"套案例汇编。2012 年，长安工业对本年度特种产品研发项目团队发布的经典案例进行提炼总结，重点推进并发布 9 个案例库，共 20 个经典案例，节约、创造价值 44.5 万元；2013 年，重点推进并发布 113 个案例，节约、创造价值 270 万元；2014 年上半年，又推进发布 56 个经典案例，节约、创造价值 296 万元。

（二）重点研发产品成本得以较好控制

几年来，长安工业通过精益化设计工作，在重点产品研发中实现了降成本、增效益。某型 JP 产品通过对摇架本体和座圈下环的铸造结构和焊接结构进行成本优化分析，成功地由铸造结构改为焊接结构，使单 30JP 产品的成本降低 40%，实现了海军装备部要求的 200 万元订购价格要求。某型 FLC 在设计时是按照 150 万元目标价格进行开发的，但是在外贸时，外方可接受的订购价格是 118 万元。为此，项目组开展了某型 FLC 的精益化设计工作，在不改变用户需求的情况下，优化车体防护结构，取消了附加装甲，底盘系统由三类底盘改为四类底盘，有效地降低了产品成本，成功将产品成本控制在了 100 万元以内。某 DP 结合战斗车从项目论证开始就积极开展精益化设计工作，以总装备部预定的目标控制价格为设计红线，对系统、分系统、单体、部件进行成本优化分析，找出影响成本的关键因素，并加以控制。目前，已完成方案设计工作，目标价格和成本达到军方要求。作为军民融合产品的某口径人雨火箭 D 面向民用市场，在进行研发时对成本控制更加注重，通过精益化设计，将有效射高指标控制在 8000 米以内，选用了非金属 DT 材料、优选外协生产厂家，其单发成本控制在了 1500 元以内，远低于市场价格 3000 元，成为具备较强价格竞争优势的产品。

（成果创造人：李　毅、秦光泉、谢仁奇、李海阁、杨和先、张芙蓉、赵　倩、龚　勇、余学瑞、蒲颜贵、林　海）

建筑企业以战略为导向的技术创新管理

中国一冶集团有限公司工业炉工程公司

成果主创人:公司总经理徐超

中国一冶集团有限公司工业炉工程公司(以下简称“工业炉公司”)是中国一冶集团公司下属的专业炉窑公司,创建于1956年,主营大型工业焦炉、干熄焦、高炉、加热炉系统工程,喷涂,工业烟囱、电视塔、跨越塔等高耸构筑物施工,兼营耐酸防腐、路桥、土方等工程及钢结构,工业及民用建筑,环保除尘设备制作、安装等。依托“中冶筑炉工程技术中心”的研发平台,承建国家超大容积环保节能型焦炉15座,是中国一冶集团公司“工业炉窑、深基坑支护、LPG船罐”三大品牌之一,年施工能力10亿元。

一、建筑企业以战略为导向的技术创新管理背景

(一)实现企业战略目标的需要

随着市场化进程的加快和行业的不断发展壮大,建筑市场供大于求现象非常突出,导致建筑企业之间的恶性竞争愈演愈烈,大多数企业从价值链的低端切入,通过规模化的低成本竞争获得成功。“十二五”时期,建筑企业首先要从战略层面改变这种思维定势,向市场和价值链的中端或高端转移,逐步从“低成本战略”向“科技创新战略”转型,培养知识产权的竞争优势,形成独特竞争能力。以传统主业为核心的工业炉公司必须进一步提高自主技术创新能力,拥有自己的知识产权,才能重塑行业的领军者形象,真正参与国际市场竞争。

(二)建筑业可持续发展的必然选择

工业炉公司作为焦化行业建设的主力军,长期在产业链中低端徘徊,技术装备、创新机制和核心技术的掌握均局限于单一的耐火材料砌筑阶段,由于不具备向产业链两端延伸的能力,其利润率始终维持在行业的平均水平。工业炉公司在成立初期,相继完成武钢、鞍钢、沙钢等全国各大钢厂的高炉、热炉、焦炉的耐火材料砌筑的建设任务,但其高消耗、高污染以及对钢铁产业的高依附度特点,越来越不适应市场的需求,特别是国家“两型”社会建设的推进和科技兴国战略的实施,以及《国家中长期科学和技术发展纲要(2006—2020)》和《“十二五”产业技术创新规划》的出台,企业转型升级迫在眉睫。工业炉公司必须转变低成本的竞争策略,从单一的耐材砌筑向焦化系统工程、工程总承包交钥匙工程转变,才能实现“大营销战略”和“工业炉窑”品牌战略。

（三）提升焦化主业整体竞争力的需要

工业炉公司通过与同行对标和趋势分析发现，自身与对标企业在管理模式、经营规模、品牌等方面仍有差距，竞争优势不明显。必须实现关键技术、核心技术、重点主业的突破，特别要实现在焦炉及干熄焦系统工程、加热炉系统工程、高炉及热风炉耐材砌筑领域关键技术的领先水平，才能形成较强的自主创新能力和核心竞争力，从而保持及提高行业竞争力。

二、建筑企业以战略为导向的技术创新管理内涵及主要做法

工业炉公司调整企业战略，明确技术创新的方向与路径，推动企业战略转型；通过集成化创新平台的搭建，整合内外各种资源，实施创新管理流程再造，构建开放型自主创新体系；通过核心技术的突破，带动企业在施工生产各个环节及全生命周期的施工创新能力，打造完整产业链；量化八大考核指标，通过创新激励制度的建设和刚性执行，使创新工作焕发活力；开展高素质技术创新人才队伍建设和创新包容文化提炼，全面提升实现可持续发展的市场竞争能力。主要做法如下：

（一）调整企业发展战略，明确技术创新的方向与路径

工业炉公司在分析外部竞争环境和内部资源状况的基础上，提出要改变过去只从事焦化行业耐火材料砌筑的单一施工模式，确立以焦炉、干熄焦、加热炉三大板块为主，以化产、房建为辅的多元化产业格局，逐步从“低成本战略”向“科技创新战略”转型的战略思路。针对这一战略调整目标，进一步明确技术创新的方向与途径：以掌握关键流程、核心技术为切入点，提高主业板块的市场竞争力，实现战略转型；推进自主创新体系的建设和激励机制的有效落实，搭建创新工作的推动平台，整合资源；构建开放型产学研联合机制，寻求高端技术支撑，破解技术难题，提高市场占有率；立足战略定位，依据创新目标的分解制定科研经费预算和激励机制，辅以包容的创新文化引导，满足主业调整目标需求。

（二）构建产学研结合的集成自主创新平台，建立开放型自主创新体系

1. 建立技术创新组织保障体系

成立以企业主要领导为主任的技术委员会和总工程师为主的专家委员会，负责技术创新能力建设的组织领导。同时，完善机构设置，组建中冶筑炉工程技术中心，下设研发室、技术开发部、信息化管理部和办公室等，投入近20万元资金建成中心实验室，由总工程师具体负责技术创新和技术管理工作。设计研发室的职责是开展工程项目施工所需施工手段的自主研发与设计，开展相关工程设计、建筑和安装施工辅助设计等业务；工程技术开发部的职责是负责日常技术管理，包括新技术的推广应用、技术标准化建设以及工程项目的技术服务、指导和监督。培训中心为技术创新及工程应用提供检测试验和技术培训。针对炉窑行业特点，立足炉窑领域施工进行专业辐射，以品牌建设为立足点，形成行业内部专业人做专业事的营销格局，技术创新与营销成果互为支撑和关联。

2. 构建开放型产学研结合的集成自主创新体系

为理顺创新管理流程，及时发现和认识创新需求，获得政府、专家、上级集团公司政策的支持和帮助，凝聚充足的人财物等基础力量，合理整合内外部资源，着力构建产学研

结合的集成自主创新管理体系。

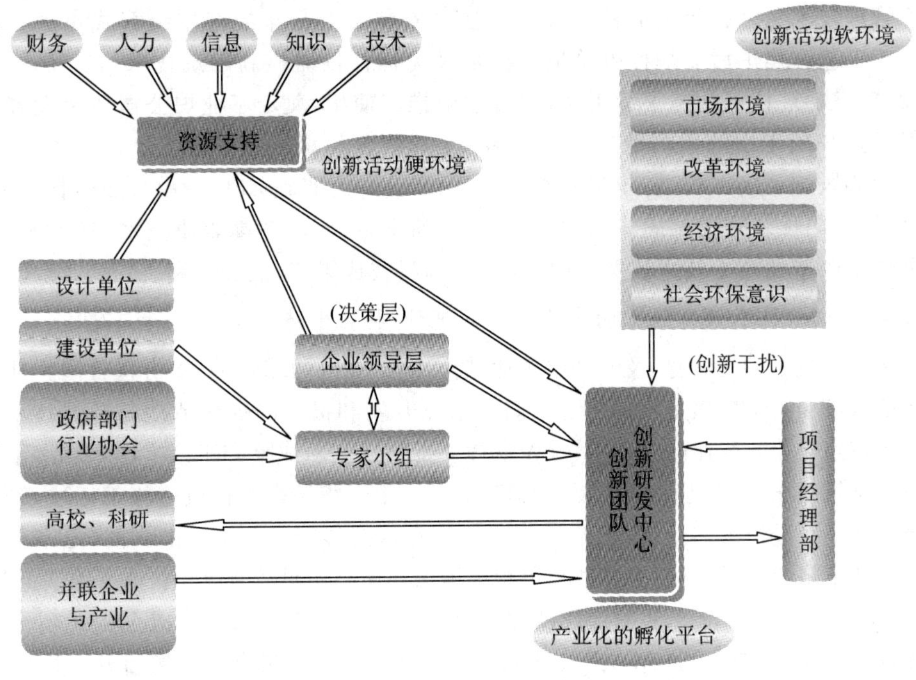

图1 集成自主创新管理体系

3. 产学研结合的创新合作机制

选择知名品牌高校和科研院、设计单位作为战略合作伙伴，以实际科研项目为协作契机，加强沟通联系，建立长期技术合作关系。在进行焦炉维保市场调研时发现，焦炉进行生产后炉门开启频繁，表面温度高、装煤出焦温度变化大，造成炉门内衬材料的使用寿命不长，检修费用昂贵，生产厂家急需寻求一种使用寿命长、维修简便、热稳定性优良的新型炉门内衬耐火材料。与武汉科技大学合作，确立研发"新型炉门耐火浇筑料模块长寿命"的课题，获得高水准的技术支援，为成功进军焦化领域检修市场奠定基础。

(三)开展技术攻关，实现核心技术的突破

1. 引领焦化行业发展

工业炉公司抓住大型炼焦生产企业建设、组建势头强劲的市场先机，全力攻克国家提倡的7米以上超大容积节能环保型高碳化室焦炉施工的核心技术，有针对性地承接邯郸新区7米邯钢新区焦化系统工程A标段炼焦系统工程。该7米焦炉炉型与传统6米焦炉及国外超大容积焦炉的结构完全不同，如焦炉本体蓄热室结构、焦台结构等，对施工工艺提出了全新的要求。两座焦炉同时施工，间隔仅1个月时间，短期内需要砌筑的异型耐火材料制品量达3万吨以上。经过反复论证，总结并应用"焦炉后立炉柱砌筑施工技术"，打破传统的先立炉柱砌筑的施工工艺，实际运用效果较之以往具有缩短工期、节约用料、安全环保等优点；应用"无标杆仪器控制砌筑技术"，根据7米焦炉各个部位的不同特点，充分利用仪器在内部结构或外部结构上打点进行控制，从而确保焦炉的各种尺寸受控。在施工中，形成一套成熟的施工方法，提炼一批科技成果，编制《焦炉群快速成套施工管理技术总结》《焦炉群快速施工工法》《安装带有行车的轻型组合式焦炉大棚的焦炉施工工艺》《焦炉后立炉柱砌筑施工技术》《无标杆仪器控制砌筑技术》，其中《7.63m焦炉砌筑工法》被评审为国家级工法，在行业中推广使用，奠定工业炉公司在超大容积节能环保型焦炉施工中的领军地位。2012 年，工业炉公司承接施工府谷焦化全系统工程、永昌高炉热风炉系统工程、柳州强实水泥厂系统工程，为实施 EPC 总承包战略打下基础。同年，承接普阳顶装式改捣固式焦炉工程，投入研发资金，配备高素质技术、管理人员，实施该种炉型改造的核心技术攻关，并形成一系列科技成果、工法和专利。

2. 利用核心技术领先优势向产业链两端延伸，抢占干熄焦市场

利用核心技术领先优势，及时调整主业结构，向产业链两端延伸，抢占符合国家环保政策的干熄焦市场。干熄焦是我国“十五”期间重点开发和推广的炼焦节能与环保技术。工业炉公司在焦化关联产业的施工中，领先掌握一批科技创新成果和工艺方法，形成《干熄焦耐火材料砌筑工法》、《干熄焦提升装置安装工法》、《干熄焦炉衬大修改造施工工法》等一批省部级工法。经过慎重的分析，工业炉公司确定在保持传统主业市场的同时，抢占干熄焦市场的经营策略，在项目营销阶段就积极跟进国家环保导向明确的地区和重点钢铁企业。

施工过程中，要求每一个参与建设的项目经理部在工程结束后形成至少 1 项干熄焦施工方面的工法、2 项专利技术，上交 1 份技术总结，每半年在施工现场召开一次干熄焦工程技术总结交流大会，会议范围扩大到分包层面，形成一批干熄焦技术、工法、专利和科技成果。

3. 突破核心技术难题，深度拓展加热炉“一揽子”工程建设

随着我国钢铁工业的飞速发展，冶金系统加热炉更趋大型化、高温化、能源介质多元化、操作控制自动化。工业炉公司把握住这一先机，积极适应市场需求，通过突破核心技术难题，《加热炉纤维模块施工工法》《加热炉炉内支撑梁安装及包扎施工工法》《加热炉可塑料施工工法》并获得设计单位——北京凤凰加热炉公司的认可，独家授权并联合成立一冶工业炉武汉分分公司，以此为平台，相继承接承钢 3＃蓄热式加热炉钢、北京凤凰公司与日本新日铁公司联合专利技术的第一座炉型——柳钢 1450 加热炉、第一座退火炉——柳钢中板辊底式热处理炉。施工过程中，不断探索加热炉施工新工艺、新方法，总结出一套完整的有自身特色的加热炉核心技术成果。其中，《步进式加热炉支撑梁包扎用轻型模具》获国家专利技术，《加热炉可塑料施工工法》获部级工法，这些新工艺在相继承建的 30 余座加热炉施工中得到很好的推广和应用。企业市场占有率稳步提升，通过培育核心技术优势，形成焦化系统工程、干熄焦工程和加热炉系统工程并举的三大主业板块的战略格局。

(四)量化八大考核指标，制定科学管理制度和实施办法

1. 量化八大考核指标，保证创新管理工作的执行力

工业炉公司明确八大技术创新量化指标，分别为企业科技研发投入(营业收入 2%)、专利、工法、论文、技术标准、科技成果、新技术应用示范工程、新技术产业化程度，杜绝创新过程中不能进行量化考核，无法保证创新效果的现象。工业炉公司在“三五规划”中明

确科技创新的方向和目标，并逐年分解，形成年度创新成果考核指标体系，每年下达给各单位的年度经济指标中列入技术创新指标，直接纳入各实体、部门和项目部考核兑现。形成的专利在各项目部强力推广使用，提高效率，降低成本，实现节能环保；为进一步获得行业话语权，将形成的核心专利编入行业标准，有 6 部已编入省部级工法；在工程实际的应用中，有 9 项获得省部级以上科技成果。

2. 加强科技研发经费过程控制管理

工业炉公司制定《工业炉公司技术研发费用管理规定》，明确技术研发经费使用范围，并将技术研发经费列入年度预算进行单列管理。一改以往一次拨款到位的方式，采取分期付款进行控制，年度技术研发项目计划所列拨款金额，自生效后支付拨款额的 50%，项目中间验收时，如项目未实施则停止支付，通过中间验收的项目方可继续支付款项。各项技术创新指标占结算费用的比例为：专利指标占 15%，论文指标占 10%，工法指标占 10%，成果指标占 15%，每单项指标内的数目则均分其指标所占比例；在年度技术研发费用总额不变的情况下，将未完成技术创新指标的项目研发费用的扣减额作为超额完成技术创新指标的研发项目的奖励费用。

工业炉公司逐年加大研发投入比例，并建立技术投入与研发费用辅助台账，保证每年用于技术创新基础设施建设和技术基础性研究的经费不低于主营业务收入的 5‰，企业年科技研发投入总量不低于主营业务收入的 3%，同时将享受高新技术企业的所得税减免全部用于补充企业的技术创新投入，技术创新的贡献率超过 60%。

3. 建立创新工作的制度保障

制定《技术创新管理规定》《施工技术管理规定》《研发投入与产出核算管理办法》《知识产权管理办法》《技术奖励管理办法》《职业资格证书和自学取证管理规定》等 14 项技术创新管理制度、8 项技术创新基础标准，确定技术研发项目从调研、立项开始，到实施、鉴定验收、成果转化等全过程的程序化管理。

(五)培养高素质技术创新人才队伍，培育创新包容文化

1. 六大措施保证人才队伍建设

工业炉公司制订科技人才发展规划，采取自主培养、内外合作和外部引进等渠道聚贤揽才，重点抓好科技带头人和专业科研人才队伍的建设，形成以科技带头人为核心的技术专家队伍；畅通人才成长通道，围绕公司发展战略确定技术人才培养计划，针对不同岗位分步实施，并对培训效果进行评价，充分利用重点项目开展实践活动，加快培养一批高水平的技术专家；积极倡导传、帮、带，进一步激发职工对学习型企业、科技型企业建设的认识，培充优秀企业文化和创新精神，实施百对师徒评比活动，两年一次，对于优秀师徒予以奖励；成立优秀技术型人才库、高级专家库，除了予以物质奖励，还与职称评定、后备干部培养进行挂钩；在人员配备上，注重管理与研发人员并重，坚持具备高级职称或研究生学历的准入门槛，部门负责人必须是教授级高工或一冶集团公司的专家；大力改革收分配机制，科学设计专业技术人员的职业生涯规划，加大领军人才和青年拔尖人才的培养力度。

2. 制度化的创新工作激励机制

工业炉公司出台一系列创新管理工作办法，实现从论文、专利、新技术应用示范工程、工法、专利技术产业化等创新全过程的激励，体现技术要素参与分配的理念，其兑现与创新工作同步常态化、日常化，直接纳入年度、月度资金计划，刚性执行。对研究开发和推广应用成果、工法、专利、建筑业新技术应用示范工程有显著贡献的单位或个人，给予表扬或奖励，并作为考核、晋升、职称评定的依据。

三、建筑企业以战略为导向的技术创新管理效果

(一)技术创新后劲儿十足，企业技术创新能力稳步提升

工业炉公司获批为中冶集团"筑炉技术研发基地"，"7.63m 焦炉砌筑工法"获国家级工法。"新型节能环保焦化系统工程施工建造技术"被财政部列为国家重点施工新技术研发项目，并获得财政部拨款 100 万元。《邯钢新区焦化系统工程 A 标段炼焦系统工程》获第三届全国建设工程优秀项目管理成果一等奖。工业炉公司顺利通过中冶集团年度创建创新型企业的验收。截至 2013 年，受理专利 221 项、已授权专利 120 项；制定工法 37 项(含国家级、省部级)；形成科技成果共计 20 项；完成科技论文及论著 34 项。参与制定《工业炉砌筑工程质量验收规范》《工业炉砌筑工程施工及验收规范》两项国家标准。

(二)经济效益大幅提升，企业可持续发展能力得到增强

技术创新管理的有效实施，使工业炉公司产值、利润逐年递增，2009 年完成营业收 8.79 亿元，实现利润 1365 万元；2010 年完成营业收入 8.89 亿元，实现利润 2450 万元；2011 年完成营业 10.5 亿元，实现利润 2700 万元；2012 年完成营业收入 12.98 亿元，实现利润 2520 万元；2013 年完成营业收入 11.22 亿元，实现利润 2910 万元，新签合同额 23.4 亿元。成为一冶集团公司"工业炉窑、深基坑支护、LPG 船罐"的三大品牌之一。

(三)企业竞争力和战略管控力得到增强，品牌效应得到发挥

通过实施以战略为导向的技术创新管理，竞争力和战略管控力得到增加，不仅仅提高了施工生产的规模，实现了某一领域技术性能的改进，而且企业的行业竞争地位发生了根本性改变。"一冶工业炉窑品牌"成为工业炉施工行业的领头羊，从设计开始就进行市场介入，锁定高回报利润率。

(成果创造人：徐　超、田红云、李国庆、张伟山、金国祥、夏　春)

建设世界一流高速铁路桥梁的设计技术管理

中铁第四勘察设计院集团有限公司

成果主创人：公司桥梁处处长姚汉文

中铁第四勘察设计院集团有限公司(以下简称“铁四院”)成立于1953年，总部设在湖北省武汉市，是国家大型综合性勘察设计单位。2003年从铁道部划转中国铁道建筑总公司，2007年随总公司整体上市改制成为世界500强企业——中国铁建股份公司全资子公司。目前拥有工程技术人员4000多人，其中中国勘察设计大师2名，高、中级专业技术人员2600余人，各类执业注册工程师700余人。铁四院是国家铁路投资咨询评估单位，综合实力位居全国勘察设计实力百强前列，被湖北省认定为高新技术企业，先后获得“全国五一劳动奖状”、“中央企业先进集体”、建国六十周年全国勘察设计行业“十佳自主创新企业”称号。桥梁设计取得骄人的业绩，先后完成科研项目100多项；开发辅助设计软件15项；获国家科学技术进步奖2项、国家优质工程奖8项，詹天佑土木工程大奖1项，鲁班奖1项等。

一、建设世界一流高速铁路桥梁的设计技术管理背景

(一)解决高速铁路桥梁设计技术难题的需要

高速铁路的设计和建造在我国乃至世界的历史不长，在其迅猛发展的同时，面临许多复杂的新课题和新技术需求。尤其是高速铁路桥梁设计技术，更加面临着高起点、高标准和高风险。高速铁路桥梁与普通铁路桥梁的主要区别体现在，行车事故的后果、对列车运行控制系统的安全性要求和技术难度、线路平纵断面条件和轨道不平顺性对旅客乘坐舒适度的影响、列车运行对周围环境影响在高速条件下均被放大了。从设计角度而言，普速铁路是以安全为控制条件，而高速铁路则是在确保安全的前提下，以舒适度为控制条件。对桥梁而言，高速列车对桥梁结构的动力作用远大于常规桥梁，桥梁出现较大挠度会直接影响桥上轨道的平顺性，造成结构物承受较大的冲击，影响旅客的舒适度，甚至影响列车安全。

因此桥梁设计面临的关键难题是如何持续长久地保证桥梁结构为轨道提供较小的变形(包括弹性变形和后期永久变形)，并在纵向保证结构具有连续、均匀的刚度。具体而言，桥梁设计必须强调结构的耐久性和良好的动力特性，严格控制纵横向刚度、基频、工后沉降、徐变变形等，进而保持桥上轨道的高平顺性，确保列车运行的安全性、平稳性和舒适性。例如，普通铁路桥梁墩台工后沉降要求不超过80毫米，相邻墩台均匀沉降之

差不超过 40 毫米;而高速铁路桥梁墩台工后沉降要求不超过 20 毫米,相邻墩台均匀沉降之差不超过 5 毫米,沉降控制成为高速铁路桥梁设计的关键技术之一。

另一方面,世界上高速铁路桥梁跨度大于 70 米时,其行车速度一般限制在时速 200 公里以下,而我国的高速铁路设计时速为 350 公里,在跨越大江大河、高速公路及城市主干道时多数跨度要超过 100 米,甚至超过 200 米,如何在大跨度、高速度的条件下确保高速铁路行车的安全和舒适性,可以说是世界性的难题。

(二)提高桥梁设计能力的需要

为适应社会经济发展战略全局的需要,解决铁路运输瓶颈对国民经济发展的制约,2004 年 1 月,国务院批准了《中长期铁路网规划》,2008 年 11 月又进行了调整,要求进一步加快我国"四纵四横"高速铁路网建设,到 2020 年全国铁路营业里程将达到 12 万公里以上,建设客运专线 1.6 万公里以上。基于节约用地的考虑,高速铁路多以高架桥梁通过,桥梁所占线路比重很大,如京沪高速铁路正线全长 1318 公里,桥梁合计 244 座 1059.7 公里长,桥梁长度约占京沪高速铁路正线全长的 80.4%,广珠城际铁路桥梁比重更是高达 94.3%。而普通铁路桥梁所占铁路长度比重仅为 5%~15%。这就引起桥梁设计工作量的剧增,2008 年至 2013 年,铁四院每年设计的各阶段高速铁路桥梁长度平均在 3000 公里以上,累计设计桥梁长度达 25344.5 公里,其中 2008 年和 2010 年仅施工图桥梁设计长度就达到历史最高的 2000 公里。只有建立高效运行机制,完善高速铁路桥梁设计技术管理体系,开展高速铁路桥梁设计技术管理的创新,培养桥梁设计人才,提高设计效率和设计能力,才能确保桥梁设计任务按时完成,满足高速铁路快速发展的需要,取得良好的经济和社会效益。

(三)增强企业核心竞争力的需要

在高速铁路桥梁设计技术方面,铁路行业内各设计院水平基本一致,均缺少经验和积累,缺乏有效的手段,而且随着铁路建设市场由垄断向开放转变,铁路行业外实力雄厚的设计院也必定会参与进来,高速铁路项目必将以竞标方式获得,铁路建设市场竞争将日趋激烈。面对这种形势,只有高度重视和率先实施高速铁路桥梁设计技术发展战略,先期开展高速铁路桥梁关键技术研究,掌握高速铁路桥梁设计核心技术,才能增强核心竞争力,在高速铁路项目竞标中以优秀的技术方案和关键技术优势中标,进而在高速铁路设计市场中占有较大份额。

世界最长桥梁——京沪高速铁路丹阳昆山特大桥(全长 164.85 公里)

二、建设世界一流高速铁路桥梁的设计技术管理内涵和主要做法

铁四院更新技术管理理念,以高速铁路桥梁设计技术创新为核心,构建科学的技术管理体系,优化技术管理流程及人力资源配置,加大创新成果的转化力度,确立企业在高速铁路桥梁设计技术领域的领先地位。主要做法如下:

（一）确立高速铁路桥梁设计技术管理的指导思想、原则和目标

明确高速铁路桥梁设计技术管理的指导思想：以科学发展观为指导，以科技创新为核心，以科技队伍建设为保证，以产学研用结合为纽带，系统提升整体技术水平和管理水平，在高速铁路桥梁设计主要技术领域取得新突破，大力提高设计质量及设计能力，实现科技成果的快速转化，为高速铁路桥梁设计提供支撑。

确定高速铁路桥梁设计技术管理的原则：紧密围绕高速铁路工程建设需要，以市场需求为导向，以内部资源为主体，逐步完善和提高系统配套能力，加大前瞻性技术研究，稳步提升技术水平，引领企业健康持续发展。

确立高速铁路桥梁设计技术管理的目标：通过技术创新，掌握高速铁路桥梁设计的关键技术；利用技术、人才和管理优势抢占高速铁路桥梁设计市场，实现较好的经济和社会效益；打造高速铁路桥梁品牌，依托国家高铁战略，逐步拓展国外高速铁路桥梁设计市场。

（二）构建高速铁路桥梁设计技术管理体系

以自有的普通铁路桥梁设计技术管理体系为基础，以高素质科技人才的培养和高效率的技术审查流程为保障，以后评价体系为手段，以奖励激励机制为动力，构建高效的高速铁路桥梁设计技术管理体系。主要包括质量管理、创新管理、安全管理、人才管理和项目管理五个子系统，各子系统功能之间存在着密切的关联，互相促进，和谐发展，重点开展五个方面的工作：高水准的质量管理、高起点的创新管理、高标准的安全管理、高素质的人才系统管理及高效率的项目管理（如图 1）。

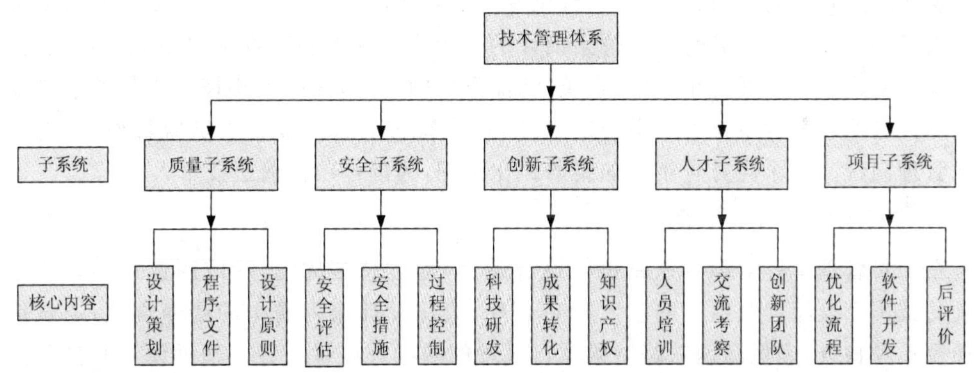

图 1　技术管理体系结构图

1. 实施高水准的质量管理

依据高速铁路桥梁设计规范、施工质量验收标准及维修养护特点，着重制定高速铁路桥梁设计采用的各项参数和设计原则，尤其重视控制墩台沉降的地质参数取值，通过地质钻探、桩基试桩试验进行验证，确保计算结果的准确性，以满足高速铁路对桥梁墩台沉降的要求，进而确保桥梁的行车安全和舒适性；超前安排高速铁路桥梁有关墩台、附属设施的标准设计和业务建设等基础工作，重新编制用于高速铁路桥梁设计的辅助程序，以应对高速铁路桥梁巨大的设计工作量；理顺高速铁路桥梁设计流程，各个环节严格按

设计流程开展工作；重视售后服务工作，加大施工配合、设计回访、技术总结、质量分析力度，把质量管理贯彻到高速铁路桥梁设计、施工的各个环节。经过实践验证，逐渐形成合理高效的、高水准的质量管理系统。

2. 开展高标准的安全管理

安全管理工作主要包括高速铁路桥梁安全保障措施的制定、设计过程安全目标的选用、安全技术的运用及合理的预防措施。为了确保高速铁路桥梁的质量、安全和旅客乘车的舒适性，在桥梁设计过程中，针对桥梁结构的静力、动力、耐久性、高舒适度等方面进行深入的试验研究。从设计、施工、运营的全过程考虑高速铁路桥梁的安全技术，比如在特长桥设计中，每隔 3 公里在桥上增设逃生通道，桥下设安全救援通道等；在跨越大江大河、城市干道处，设置桥墩防撞措施等。

3. 推进高起点的创新管理

针对高速铁路桥梁设计关键技术难题，结合高速铁路桥梁采用的新结构、新技术及新材料，加大科技研发力度，先后开展系杆拱桥、大跨度钢桁梁桥、组合结构桥等多种桥型的研究工作，通过独立开发和合作研发，形成一整套高速铁路桥梁设计关键技术成果。近几年来，铁四院在高速铁路桥梁设计技术科研经费上的投入年平均 1000 万元以上，同时加强加快科研成果的固化转化工作，把科研成果及时转化为技术品牌，进一步扩大竞争的技术品牌优势，仅 2013 年获专利授权达 24 项。

4. 施行高素质的人才系统管理

铁四院是知识高度密集型企业，桥梁专业是其突出代表，目前 35 岁以下的桥梁青年技术人员约占 50%，是高速铁路桥梁设计的主力军。铁四院团委多次组织青年大讲堂，邀请知名专家学者开展青年思想、素质、情操方面的讲座，提高青年技术人员的素质及品德修养。定期开展青年技术人员技能比赛，让有特长的青年技术人员脱颖而出，充实到技术管理岗位。选派优秀青年参加英语强化培训，为国外项目输送技术人才。

5. 实现高效率的项目管理

在项目管理中针对高速铁路桥梁设计特点，通过总结优化，形成高速铁路桥梁项目管理的技术审查流程及缜密的技术接口程序，确保设计输入输出的严谨规范；通过信息反馈及质量检查，确保高速铁路桥梁项目管理的顺畅及质量。开发辅助设计软件提高设计效率，如轨道桥梁辅助设计系统、桥梁勘测一体化、连续梁桥墩设计绘图程序、混凝土箱梁辅助设计及绘图管理系统、桥涵 GPS 测量系统等。采用后评价体系，针对项目设计质量、变更设计及投资控制情况，结合业主的评价意见，对项目管理进行综合评价，出现的问题及时改正提高，为类似项目提供借鉴。

（三）优化设计流程，提高设计效率

1. 优化设计流程

铁四院基于 60 多年来桥梁设计经验，通过改进创新，逐步形成自有的适合高速铁路桥梁的设计流程。主要创新体现在将逐级审查改为交互式审查及会议评审，即技术管理岗位关口前移，项目主管总工程师靠前指导，将设计策划作为技术管理工作的重要内容，由纵向管理改为扁平管理。遇到重大技术问题，通过总工程师例会、专家研讨会等形式解决。改进后的设计流程，提高了高速铁路桥梁设计技术管理效率，减少了大量的反复工作量，提高了设计质量和设计效率。

2. 强化基础工作，提高设计效率

首先，启动高速铁路桥梁业务建设工作。在广泛调研和分析论证基础上，组织有丰富设计经验的技术人员，经过大量烦琐而细致的工作，建立高速铁路桥梁设计标准库，编制各项技术手册，方便设计人员使用和查找。其次，加强高速铁路桥梁标准设计工作。先后完成"时速 250 公里客运专线铁路有碴轨道后张法预应力混凝土组合 T 梁"等多项参考图编制工作，避免每个项目大量的重复工作，保持铁四院统一的设计风格，实现大规模高速铁路桥梁设计的技术储备。

（四）引进先进技术，提高科技创新水平

1. 依托技术交流活动，吸收先进技术

为了加快高速铁路桥梁设计技术创新步伐，加强先进技术的引进工作，从 1990 年代初，着眼于高速铁路桥梁建设的未来发展需要，多批次派遣技术和管理人员赴国外参观考察、参加技术交流、研修等，适时学习和掌握国外高速铁路桥梁设计技术，通过对先进技术的引进、吸收和再创新逐步提高科技创新水平。

2. 构建协同研发模式

高速铁路桥梁设计技术是一项系统工程，桥梁设计受到线路、轨道、地质、环保、牵引供电和列车控制等诸多因素的影响，必须依靠跨部门的团队合作研发，因此，在原有技术研发流程的基础上，设计跨部门协同研发模式。同时，以项目为依托，结合长远规划目标，针对高速铁路桥梁设计中的关键技术，与高校、科研单位合作，开展科研攻关。在吸取其他科研单位先进研发经验及技术管理经验的基础上，借助铁四院博士后工作站平台，进一步提高研发水平，形成良性循环，促使高速铁路桥梁设计技术研发水平的不断进步。

3. 重视科技情报信息，保持科技前沿水平

重视科技情报工作，及时掌握高速铁路桥梁设计技术方面的科技情报，为桥梁科研项目的立项、适时调整研究方向、科技创新及知识产权保护提供决策依据。

（五）坚持引培并举，建设高速铁路桥梁高端设计人才队伍

1. 营造良好的技术人才成长环境

建立和完善有利于调动技术人才积极性、创造性的有效机制，营造人才能进能出、职务能升能降，优者上、平者让、劣者下的用人环境，坚持用事业留人、待遇留人和感情留人，依托工程项目和博士后工作站，促进科技攻关和人才培养，通过选拔专业技术带头人、青年科技拔尖人才等方式，鼓励专业技术人员开展科技创新和工程历练，逐渐形成一支素质较高、数量较多的技术人才队伍。

2. 拓宽人才引进渠道

一是引进高速铁路桥梁前沿技术人才，比如风、车、桥耦合动力分析方面的人才，为

科技创新补充新鲜血液；二是引进项目管理方面的人才，增强技术管理能力；三是结合博士后科研工作站，引进适合高速铁路桥梁关键技术研究的博士后，为掌握高速铁路桥梁核心设计技术创造条件。

3. 丰富人才培训方法

为了适应高速铁路桥梁建设的发展，铁四院非常重视人才的培养，大力开展各种技术交流、参观考察及讲座活动，2008 年至 2013 年，组织技术交流、参观考察和培训活动共计 187 期，组织各类讲座 27 期，累计参加达 5800 多人次。结合不同人员的技术特点，通过导师带徒活动，有意识地培养青年技术人员的发展方向，鼓励立足于岗位成才。重视人才的综合能力，及时把优秀的青年技术人员选拔到各级技术管理岗位上。

4. 完善人才考核激励机制

打破传统分配模式，建立技术岗位及绩效考核制度，在分配上不仅考虑岗位，还要依据业绩。在职称评定方面，对现有专业技术人员职称采取绩效挂钩的措施，对能力强、技术水平高的实行低职高评，对一些急需专业、特殊岗位所需人员实行低职高聘。对做出贡献的专业技术人员，按贡献大小，实行奖励，激发专业技术人员工作的积极性，对有贡献的科技人员及工作者实行重奖重用。建立技术管理干部能上能下和退出制度，用制度管人，用机制激励，盘活人才总量。优化人才队伍结构，进一步扩大技术管理干部选拔任用工作中的民主，加大考试录用、公开选拔、竞争上岗工作力度，在公开选拔、竞争上岗中激励、发现人才，在竞争中优胜劣汰，不断提高人才队伍的素质，充分发挥专业技术带头人、青年科技拔尖人才引领和示范作用。

（六）改进施工工艺，提高施工质量

为适应高速铁路桥梁的新结构、新技术、新材料的应用，首创多种施工工艺，如大吨位简支箱梁制、运、架一体化施工工艺，大吨位特殊结构桥梁转体施工工艺，新型防水层，新型支座等，大大提高施工质量，缩短施工周期，为高速铁路的早日开通运营创造条件。

三、建设世界一流高速铁路桥梁的设计技术管理效果

（一）构建了完善的高速铁路桥梁设计技术管理体系

通过成果的实施，逐步构建了具有铁四院特色和高效的高速铁路桥梁设计技术管理体系，完善了内部管理体制，构建了合理高效的垂直领导、分级管理组织构架，提高了体系整体运行效能。培育了铁四院诸多知名桥梁品牌，提升了核心竞争力，在高速铁路市场占据了较大份额，确保了铁四院在高速铁路桥梁设计技术领域稳居国内领先地位，同时达到了世界一流水平。

（二）取得了一批优秀的设计成果

铁四院高速铁路桥梁设计技术取得巨大进步，尤其是在大跨度钢桥、连续梁桥、梁拱组合结构桥等领域，取得了一大批高水平高速铁路桥梁科研成果，依托高速铁路桥梁科研成果转化应用于桥梁工程建设共获得国家优质工程奖 8 项、省部级优秀设计 39 项，获得专利授权 56 项。其中，“桥建合一及功能可视化立体疏解客流铁路车站设计建造技术（武汉站）”获 2013 年国家科技进步二等奖；甬台温铁路雁荡山大桥、永宁江特大桥获

2011—2012年度国家优质工程奖；京沪高速铁路镇江京杭运河特大桥获2011—2012年度铁道部优秀设计一等奖等等。

（三）支持了我国高速铁路的快速发展，取得了显著经济效益

在全国铁路“四纵四横”1.3万公里骨架网中，铁四院勘察设计或咨询的高速铁路里程达到7780公里，占60%，保障了高速铁路的优质、高效建设。2008—2013年共设计建成高速铁路桥梁4051公里，年均675公里，2013年勘察设计总收入19834万元，年平均增长率为23%。

（成果创造人：姚汉文、谢维鎏、王传素、金福海、文望青、严爱国、潘茂盛、陈　勇、王德志、黄　卫、张文侠、王建党）

航天企业定量化创新评价指标体系构建

中国运载火箭技术研究院

中国运载火箭技术研究院(以下简称“航天一院”),成立于1957年11月16日,隶属中国航天科技集团公司,下属11个中央在编事业单位,3个预算内企业单位,6个院属非法人实体单位,3个院级全资公司,1个上市公司。资产总额约600亿元,从业人员约3万人。航天一院作为中国航天的发祥地,经过50余年发展已成为我国最大的运载火箭研制、试验和生产基地。先后成功研制10种长征系列运载火箭,形成了长征火箭系列型谱,能发射近地轨道、太阳同步轨道、地球同步转移轨道卫星或航天器,实现从常规推进剂到低温推进剂、从串联到捆绑、从一箭单星到一箭多星、从发射卫星到发射载人飞船的技术跨越,培育了中国第一、世界知名、在国际高科技产业具有自主知识产权的长征运载火箭品牌。

一、航天企业定量化创新评价指标体系构建背景

(一)应对复杂多变的国家安全形势的需要

随着全球新军事变革的深入推进,现代战争已经表现出体系对抗、空间对抗、信息对抗、非接触对抗的鲜明特点,国际政治形势和我国周边安全环境基本良好,危机尚存。作为探索开发利用太空资源,维护国家战略安全,推动人类社会文明进步的重要力量,航天技术在国家发展中的战略地位越来越突出。在世界高新技术发展日新月异的形势下,航天一院必须按照国际一流和世界航天强国的标准,围绕满足国防科技发展和武器装备自主研制、建设先进国防科技工业的总体要求,为技术创新工作确立高远目标。《国家中长期科学和技术发展规划纲要(2006—2020年)》明确指出,2020年航天技术要率先达到国际先进水平。为此,必须探索建立与我国大型航天企业发展实际相适应的、引导和提升创新活动及其绩效的管理体系。

(二)应对日趋激烈的航天竞争态势的需要

随着世界航天强国在载人航天、深空探测等领域的快速发展,中国航天企业面临的创新和竞争压力巨大:基础研究和原始创新能力存在诸多不足,未能从根本上改变跟踪研仿的局面,技术能力储备不能满足发展需要,部分核心技术缺失,关键材料和器件依赖进口——制约着中国航天企业参与国际竞争。对航天一院来说,一方面要面对持续高密度发射、科研生产任务繁重和艰巨的局面,又要部署应对战略武器、宇航技术等传统优势领域的主导地位受到挑战的局面,需要快速提升战术武器的整体竞争力并占据空天一体化的新技术领域主导地位。为此,在圆满完成型号任务的同时,系统规划并引导自主创新战略的落地,已成为航天一院面临的重大问题。

(三)提高创新管理绩效的需要

随着国防科技体制的改革不断深化,产业化、规模化、市场化发展的改革要求进一步加强,跨行业、跨部门、跨领域的协同创新进一步加速,对涉及航天技术发展、武器装备研

制以及重点产业领域的不同技术创新活动，如何有效地规划管理资源，统筹协调能力建设，使有限资源释放无限的创新能量，提升管理效率是对航天企业的重大考验。作为集研制、试验、生产、服务为一体的大型科研生产联合体，航天一院内部各单位的业务领域广泛，所面对的市场和所处的竞争环境不同，需要在总体创新战略基础上，针对性地制定资源配置和管控目标。因此，需要在体制机制上寻求突破，构建一个兼顾全局和局部、引导和落实、前瞻和务实的管理体系，通过量化的管理手段，提升各级决策水平，激发各级组织的创新动力和活力，全面提升创新管理绩效。

2010 年以来，在中国航天科技集团公司“构建航天科技工业新体系”的指导下，航天一院加强技术创新体系建设，借鉴先进的创新理论，结合大型航天企业创新主体多元化、创新手段多样化、创新导向多维化的特点，建立系统科学且操作性强的创新评价指标体系和配套管理机制。

二、航天企业定量化创新评价指标体系构建内涵和主要做法

航天一院构建三个层次、34 项指标的“创新指数榜”（简称 ACII）评价体系，开发具有开口和模块化特征的创新管理信息系统，支持常规数据采集和分析，生成技术创新评价及分析报告，并建立相应的配套管理机制，从而实现创新活动与管理绩效的量化、闭环和规范管理，为重大型号研制营造良好的创新氛围。主要做法如下：

（一）明确构建定量化创新评价指标体系的工作原则和思路

1. 确立指标体系建立的原则

航天一院确立构建定量化创新评价指标体系主要遵循以下原则。一是全过程关注。基于航天一院的技术创新活动涵盖多专业、多学科、多技术领域的预先研究、工程研制、生产集成、批产交付等工作，这些工作分布在创新链的不同环节，为兼顾多环节创新工作的差异，指标选取时，要坚持全过程关注的原则。二是多维度评测。构建创新系统模型，梳理技术创新价值链的不同激励要点，兼顾不同创新主体的分工和特色，从多个维度构建测评体系。三是系统化构建。从制度、工具、平台多层面打造技术创新管理与评价系统，包括构建评价指标体系、建立信息管理平台、制定配套管理制度等。四是定量化反馈。为直观、客观、科学指导工作，对创新活动及其管理绩效的考核要量化展现配合定性分析，具体展现形式即“创新指数榜”。五是分类型考核。结合航天一院科研生产、经营开发实际，以及院属单位在技术创新工作中的分工和特点，将院属单位分为 ABC 三类，对不同类型的组织采取不同的标准。

2. 明确工作思路

航天一院确立构建定量化创新评价指标体系的工作思路，一是构建一套评价指标体系，实现量化考核。二是开发一个信息管理平台，支持数据采集、检测、分析和发布，提供信息支撑和决策依据。三是设计一套制度，保障体系的运转，从而提升管理绩效。通过以上三个方面，实现以创新驱动为导向、以量化指导为手段，以评促建，将管理、评价与激励有机结合，实现创新制度建设－实施－评估－反馈－制度改善的精细化闭环管理，具体思路如图 1 所示。

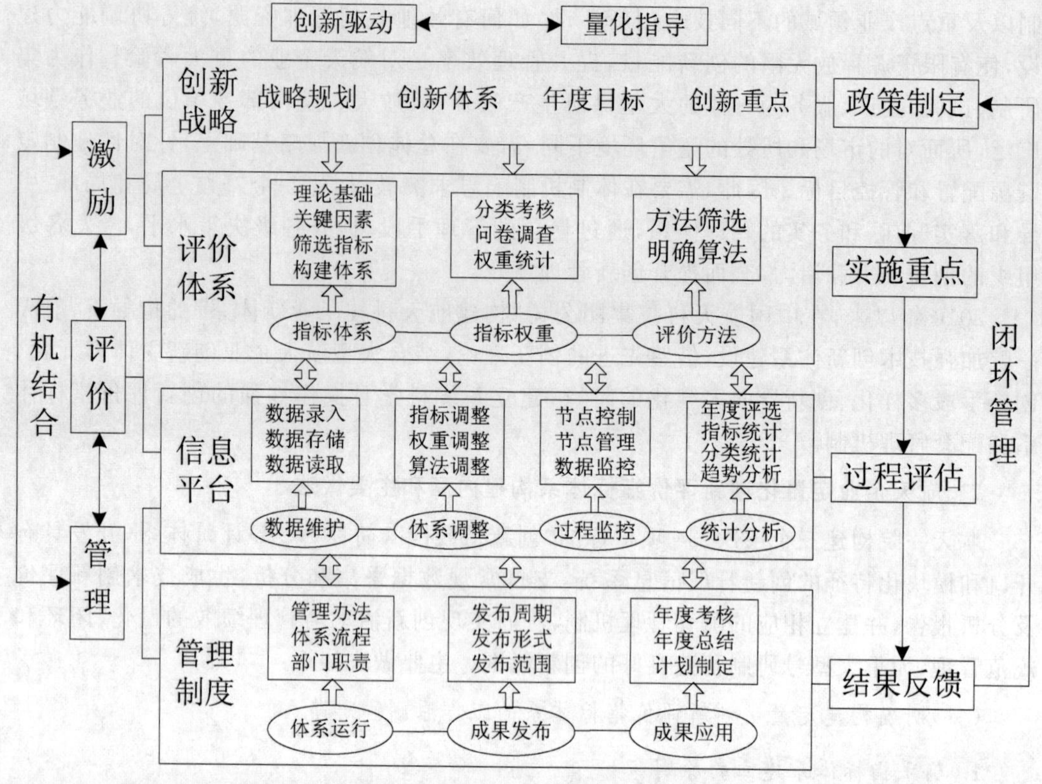

图1 "定量化创新评价"总体思路

(二)构建评价体系,实现量化考核

1. 提取创新工作关键影响因素,确定评价指标体系

在借鉴经济合作与发展组织(OECD)技术变革和技术创新的研究,欧盟委员会的创新指数记分牌,以及中国企业创新发展指数等研究的基础上,针对航天一院集研发、研制、试验、生产于一体的科研生产、经营开发特点,在ACII体系的构建过程中,区分创新价值链上的不同主体,将创新过程分为投入、活动、产出三个阶段,明确不同主体在各个创新阶段的创新工作关键影响因素,并制定工作标准作为考核依据。

ACII评价指标体系构建主要经过以下几个阶段。一是指标库建设:设计团队学习国内外技术创新评价成功案例经验,结合航天一院科研生产、经营开发实践,构建ACII评价指标库。二是指标筛选:通过问卷调查、会议研讨等方式筛选指标,初步形成ACII评价体系。三是实证检验:通过向院属单位发放报表、收集基础数据等方式,对初步构建的ACII评价体系的科学性进行实证检验。四是指标体系建立:结合实证检验结果,对评价体系进行进一步的细化完善,确定ACII评价指标体系并全院发布。所构建的ACII体系标涵盖创新工作开展的全周期,包括创新投入、创新活动、创新产出、创新绩效四个维度,各阶段又细分为不同的考核项,考核项下设具体的考核指标。ACII评价指标体系共包含四个维度、10个一级指标、34项二级指标(评价指标),如表1所示。

表 1 ACII 评价指标体系

考核维度	一级指标	二级指标
1. 创新投入	1.1 人才投入	1.1.1 专职研发人员占员工总数比重
		1.1.2 新接收研发人员占研发人员总数比重
		1.1.3 每百人聘用专家人数(含外聘、返聘)
	1.2 财力投入	1.2.1 每百人研发经费投入金额(万元)
		1.2.2 研发投入占总投入比重
		1.2.3 吸收本单位外项目经费金额(万元)
		1.2.4 吸收本单位外项目经费金额占研发经费比重
	1.3 基础设施	1.3.1 国家或国防重点实验室、工程中心数量
		1.3.2 省部级重点实验室、工程中心数量
		1.3.3 每百人重大科研设备数量(单价 50 万元以上设备)
		1.3.4 每百人新增仿真软件数量
2. 创新活动	2.1 技术获取	2.1.1 每百人拥有专利数量
		2.1.2 每百人拥有科技论文数量
		2.1.3 购买、租用专利数量
	2.2 技术合作	2.2.1 产学研开放创新平台数量
		2.2.2 总体单位对分系统单位的牵引/分系统单位对总体单位的支撑
		2.2.3 平均合作合同规模
		2.2.4 参加学会组织数量(当选理事、会员等)
		2.2.5 参加国际国内技术交流会次数
3. 创新产出	3.1 新增专利	3.1.1 每百人新增专利数量
		3.1.2 新增专利数量占总专利数量比重
	3.2 新增科技论文	3.2.1 每百人新增科技论文数量
		3.2.2 新增科技论文数量占总科技论文数量比重
	3.3 项目/产品	3.3.1 每百人研发项目数量
		3.3.2 新领域开拓项目数量
		3.3.3 飞行演示验证项目完成数量
		3.3.4 计划完成率(含重大型号技术攻关项目)
	3.4 新增奖项	3.4.1 每百人新增国家级及以上科学技术奖项数量
		3.4.2 每百人新增省部级(含集团)科学技术奖项数量
		3.4.3 每百人获院级奖数量

（续表）

考核维度	一级指标	二级指标
4. 创新绩效	4.1 经济效益	4.1.1 总收入(万元)
		4.1.2 成本费用利润率
		4.1.3 净资产收益率
		4.1.4 主营业务收入增长率

2. 确定指标权重和计算方法

ACII 评价体系指标权重的确定和计分方法的选取遵循科学、实用、有效的原则，运用多种在学术和实践领域获得有效应用的统计工具和方法。指标权重的确定采取层次分析法(AHP)，由航天一院主要领导、院士、系列总师、型号两总、院主管部门领导、院属单位主管领导等 36 名专家打分确定。重点考虑管理和技术双要素，考核项权重由院主要领导、院士填写权重系数矩阵确定；评价指标项权重由院系列总师、型号两总等专家，科技委，院机关有关部门和相关单位主管预研工作的领导打分确定。同时，根据分类考核的原则，将院属单位分为 ABC 三类，A 类为院属非独立法人总体单位、B 类为独立军品研制及军民结合单位、C 类为航天技术应用产业单位，对不同类型的单位采用不同的考核权重。

综合得分计算由创新能力得分、创新效率得分、创新指数得分三个部分组成，应用正态分布函数法、线性标准化法、超效率数据包络分析（S－DEA）等方法综合设计评价算法，同时根据航天一院实际，独创动态指数分析法。

一是创新能力得分。通过横向对比院属单位的各项评价指标，计算得出指标项得分，指标项得分加权相加得出考核项得分，考核项得分加权相加最终得出创新能力得分。这一得分反映内部相对创新能力，以获取各单位间创新能力的比较优势评价。

二是创新效率得分。创新效率是对创新投入产出效率的评价，可有效地引导院属单位注重创新工作的投入产出比，以应用、产品和价值为导向开展创新工作。“大型航天企业创新指数榜”选取“研发人员占员工总数比重”“每百人研发经费投入金额”“每百人拥有专利数”“每百人拥有科技论文数”“参加学会组织数”作为投入项，选取“每百人新增专利数量”“每百人新增科技论文数量”“每百人研发项目数”“每百人研发产品数”“新增奖项”作为产出项，采用超效率数据包络分析法作为创新效率的分析工具，得出参评单位的创新效率得分。

三是创新指数得分。ACII 的最终结果以参评单位的创新指数得分进行排序。创新基础能力的提高是创新的先手和重点要素，即首先考虑强化基础，其次考虑资源的有效利用。因此，各单位的创新指数由创新能力和创新效率得分以 70％和 30％的权重加总得出，并随航天一院未来发展适时调整。ACII 的得分排名是以参评单位同一年度的考核指标横向对比经加权相加得出的，为更好地体现院属单位在不同年度得分的排名及进步情况，在 ACII 实施第二年起，加入动态指数得分、即确定基期对比年份，依据基期指标数值对报告期指标数值进行标准化处理，进而计算创新指数得分。动态指数得分主要用以对比院属单位在不同年份的考核结果变动情况，便于各单位更加客观地把握创新工作开展情况。

（三）开发信息管理平台，促进管理效率提升

创建基于评价指标体系的创新指数分析平台，设置数据录入、计算、统计分析、结果查询、保存等功能。该平台以ACII为依据，技术创新战略的落地措施和调整可以较好地反映到平台之中，通过对评价指标和指标权重的动态修订，以及对大型型号任务节点的动态监控，使考核主管部门与被考核院属单位之间实现动态反馈和双向互动，为管理部门的决策提供支撑，提高创新管理效率。

创新指数分析平台便于修改，可移植性强，易于作为管理成果对外输出。模块化的设计方式，使得功能模块的增减变动变得非常简单，程序的管理维护也较为便捷；如果作为管理成果对外输出，应用单位只需要结合自身技术创新工作特点对指标体系进行适应性修改，然后再对应修改相关参数，即可形成一个适应本单位技术创新工作实际的信息化管理平台，易于在集研发、研制、生产、服务一体化的大型企业内推广应用。

（四）配套制度体系，保障技术创新管理工作落地

航天一院在系统学习国内外技术创新评价研究及应用案例的基础上，研究借鉴国资委对央企EVA考核管理办法与实施细则，经反复推敲检验，研究制定《“大型航天企业创新指数榜”实施管理办法》和《“大型航天企业创新指数榜”实施细则》。

《“大型航天企业创新指数榜”实施管理办法》明确“面向创新驱动的技术创新管理与评价体系的研究与实践”工作的指导思想和主要目标，从组织机构及管理职责、实施过程、实施结果、异议及其处理等方面对评选过程进行规范，规范技术创新管理与评价体系的运作流程，明确各部门的职责和具体分工。《“大型航天企业创新指数榜”实施细则》明确ACII评选活动的具体方法和要求，详细介绍ACII的设计原则、评价指标体系的构成、指标含义及统计范围，并规范院属单位数据上报规则、数据核实等内容。两个文件的颁布，全面保障ACII系列活动的有效实施。

《“大型航天企业创新指数榜”实施管理办法》中明确要求依据分析结果编制《一院创新指数分析报告》，以实现技术创新制度制订、实施、评估、反馈的创新管理闭环。《一院创新指数分析报告》以年度考核结果为基础，结合本年度技术创新工作重点，横向对比院属各单位技术创新工作开展情况，纵向对比各单位技术创新工作年度进展，并针对性地对下年度技术创新工作提出改进建议。各院属单位通过分析报告，可以直观的找出自身在技术创新方面存在的不足，统筹规划下一年度创新建设重点。

三、航天企业定量化创新评价指标体系构建效果

（一）促进创新战略落地，助力新领域开发

航天一院利用ACII将顶层创新战略目标进行层层分解，细化指标，使之可量化、可调控，全面、客观、科学地评估院属单位的创新现状和发展潜力，为创新体系建设提供数据支撑，助力新项目立项与新领域开发，为抢占航天技术制高点起到一定促进作用。2011—2013年间，航天一院在专职研发人员数量、年度预研项目总数、专利产出等方面均有较为明显的增长，可见ACII系列评选活动的开展，为航天一院技术创新工作的开展起到了有效的带动和促进作用。2013年航天一院专职研发人员数量、科技人员总数、项目总数、项目年度经费总额（万元）、专利申请数量、专利授权数量比上年增加12.10%、

12.21%、38.16%、17.52%、27.75%、77.46%。

(二)实现了创新战略的整体协同，提升整体竞争力

ACII 评价体系单独设置“总体单位对分系统单位的牵引”、“分系统单位对总体单位的支撑”两项指标，由总体单位与分系统单位相互考核，院主管机关审核，有效提升了创新工作的辐射带动作用。2013 年院属单位间协同情况较 2012 年有显著提升，13 个院属单位得分均有不同程度上涨，大大促进了院属单位间的协作交流，为集中优势资源形成技术合力起到了良好的带动作用。

(三)提供了创新管理支持系统，为创新管理绩效提升提供了量化管理手段

创新评价指标体系覆盖了航天一院技术创新过程中的各项要素以及当前的创新工作重点，实现对同一单位不同指标、同一指标不同单位以及不同时期不同阶段的横纵向交叉对比，可以面向不同类型的企业进行分类比较，实现任务节点控制，成为航天一院通过整体协同落实创新战略的主要手段。对重点项目开展研制进度和研制经费管理，为按时完成重点项目节点计划、保障经费投入、控制研制成本等起到了有效的促进作用。2011—2013 年间，航天一院重大预研项目完成情况以及预算执行情况均达到了上级要求，在严格控制研制成本的同时，按照时间节点要求，圆满完成了各项重大型号工程研制任务。2011 年、2012 年航天一院重大预研项目完成率、预算执行率均为 100%。

(成果创造人：梁小虹、彭小波、宓　佳、代　坤、李天祥、钟　培、蒋先旺、曾　东、康磊晶、吕淮北、王颖昕、唐塞丽)

工业化与信息化融合管理

制造企业集团以内外协同为目标的信息化整体提升

徐州工程机械集团有限公司

成果主创人：公司董事长、总裁、党委书记王民

徐州工程机械集团有限公司（以下简称“徐工集团”）成立于1989年3月，自成立以来始终保持中国工程机械行业排头兵地位，是中国工程机械行业规模最大、产品品种与系列最齐全、最具竞争力和影响力的大型企业集团。徐工集团年营业收入由成立时的3.86亿元，发展到突破1000亿元，保持行业首位。徐工集团主要产品涉及工程起重机械、铲土运输机械、压实机械等系列工程机械主机和基础零部件。目前，9类主机、3类关键基础零部件市场占有率居国内第1位；5类主机出口量和出口总额持续位居国内行业第1位；汽车起重机、大吨位压路机销量全球第1位。

一、制造企业集团以内外协同为目标的信息化整体提升的背景

（一）顺应行业发展趋势、适应市场竞争变化的必然选择

近年来，中国工程机械市场发展迅猛，根据中国工程机械行业协会的预测，到2015年，我国工程机械行业的销售规模将达到9000亿元，年均增长率大约为17%，为工程机械企业创造了巨大的发展机遇。据统计，全球工程机械制造商50强中的39家国外企业中的37家已经进入中国，并构建了完善的业务体系，这既给中国工程机械市场带来繁荣，也加剧市场竞争的压力。随着国内工程机械企业的不断成长壮大，为抢占更多的市场份额，确立自身的龙头地位，各企业间的竞争也日趋白热化。工程机械行业是典型的周期性行业，行业景气度与国内生产总值增速呈正相关关系。2009年国内及国际经济增长面临较大压力，工程机械行业增长面临很大不确定性，在机遇与挑战并存的宏观环境下，徐工集团必须要快速响应多样化的市场需求，提升精细化管理能力，提高产品研发能力，提高科学决策能力，提高产业链上下游协同能力，实现下一轮新的增长。因此，实施以内外协同为目标的信息化整体提升管理，提高企业整体竞争力，是徐工集团顺应行业发展趋势、适应市场竞争变化的必然选择。

（二）适应企业发展战略和管控模式对企业内外协同的要求，发挥信息化管理支撑作用的需要

随着徐工集团的经营模式由战略控股型向战略经营型转变，企业业务领域、业务规模、业务区域同时扩张，业务领域更加广泛，产品配置更丰富，产量更大，产业链关系更加复杂，管理范围进一步国际化，对企业的管理跨度、深度与细度需要进行全面提升，对业务流程整合程度、供应链管理、成本控制、研发能力、设计应市周期、客户服务信息等提出

更高的要求。在未来的20年中，徐工集团要继续保持排头兵地位，必须要进行技术和管理的创新。以内外协同为目标的信息化整体提升管理，在纵向上，支持集团管控模式的转变，提高集团对下属企业和产业链上下游的管理深度，在横向上，各分子公司做到企业核心业务一体化，提高精细化管理的管理细度，是支撑、促进徐工集团技术和管理创新的首要基础工作，是承载徐工集团未来发展的基础性管理工程，是徐工集团实现战略转型和发展战略落地的重要保障。

(三)适应互联网时代新技术，提升信息化管理水平的需要

徐工集团的信息化工作在行业内起步较早，在"八五""九五""十五"期间都走在同行业的前列，奠定了徐工集团良好的信息化基础。但是，由于受当时信息化技术水平、企业认识水平、员工应用水平的限制，徐工集团信息化建设也存在不少问题，具有缺乏统一规划、基础设施不统一、模块独立运行、信息孤岛林立、缺乏综合集成等鲜明的时代特征。原有的信息平台已经不能满足徐工集团战略发展的要求。当前，国家正在大力推进两化深度融合战略，徐工集团通过实施全价值链协同的信息化整体提升管理，突出物联网、云计算、数字化、虚拟化、智能化等新技术、新理念在企业运营层面的推广和普及，以信息化为抓手，支撑公司变革转型和优化重组，支撑公司全球布局，探索出一条独具徐工特色的两化融合创新发展路径，为徐工集团进一步深化信息化建设，打造适应网络化、信息化时代的新型竞争力提供难得机遇。

二、制造企业集团以内外协同为目标的信息化整体提升的内涵和主要做法

徐工集团以价值链理论为指导，围绕企业内部职能以及外部产业链上下游供应商、经销商、客户等全价值链关键主体，打造企业信息化管理提升平台，实现企业内外协同。纵向上，支持徐工向战略经营管控模式转变，提高对下属企业的管理深度；横向上，基于研产供销服和财务一体化的全价值链管理，实现企业核心业务一体化。信息化整体提升从徐工自身的信息化应用向产业链上下游企业的信息化应用延伸，实现了徐工与上游供应商、下游经销商乃至客户的长链条业务协同，整合产业链上下游资源，形成适应企业战略发展的管理机制和新型能力。主要做法如下：

(一)总体设计，制定信息化整体提升规划

1. 基于企业十二五规划，明确向战略经营管控转型的目标

为实现徐工集团"十二五"战略目标，并对标行业领先企业，徐工集团决心向战略经营型企业进行转型，在新管理模式下，徐工集团总部成为战略决策、业务协同、资源协调及财务的中心，并实现从"管理"到"管理＋服务"的观念转变。

数字化生产现场

2. 实施组织变革，明确组织体系责权利

为实现向战略经营型转变，徐工集团首先开展组织变革工作。一是重构总部

组织设计，确保机构精简和责权利划分清晰，同时注重突出战略重点职能以及与基层的接口；二是组建事业部，完成了事业部组织、人事、产能变更；三是持续整合，在事业部内完成营销、研发等职能整合，发挥协同效应。根据未来战略对管控模式的要求，在总部层面主要管控研发平台、营销及服务平台、供应链平台、金融服务平台四大业务平台，重点行使管控、规划管理和行政三大职能。徐工对下属业务板块采用事业部制进行管理，并给予合理且充分的授权。基础/共性研发、采购、物流等职能由总部主导，而产品开发、营销服务则在事业部集中管理，事业部内设立较完整的事业部部门架构，职能在不同层面实现整合，使协同效应和规模效应最大化，并建立相应的组织机构实施经营与管理。为充分发挥协同效应，徐工集团以市场和客户为导向，根据业务板块成立起重机械、铲运机械、混凝土机械、挖掘机械、道路机械、液压零部件、汽车、国际化八大事业部，事业部和分子公司具体承担实际运营和考核指标。

3. 围绕战略目标，做好信息化提升统一规划

徐工集团紧紧围绕转变战略经营型管控模式、做大做强工程机械产业的中心任务，按照“统一设计、统一规划、统一标准和统一流程”的原则，开始制定和实施信息化整体提升规划。

一是明确基本思路和原则。内外协同的信息化整体提升管理，以“一体化 IT 系统”为依托，以支撑徐工集团发展战略管控的落地和业务全价值链管理“两大使命”为导引，构建信息化管理体系、信息化技术创新体系、全球技术架构体系“三大 IT 体系”，搭建主机制造平台、零部件平台、制造服务平台、海外管理平台“四大业务管理平台”，以统一规划、统一标准、统一架构、统一投资、统一管理“五大统一”为信息化整体提升的指导原则开展管理创新。遵循“需求导向，效益驱动”总的指导方针。在实施管理信息系统时采取的原则为：全面规划，分步实施，循序渐进，不断提高。

二是确立信息化整体提升的核心内容。徐工集团实现内外协同的信息化整体提升管理的规划共包含三条线，第一条是集团管控线，主要是通过全面预算和商业智能系统实现集团与下属企业之间的管控模式调整；第二条是业务运营线，以企业 ERP 系统为核心，通过系统接口打通各个职能子系统，包括研发系统 PDM、生产系统 MES、销售服务系统 CRM 等平台，实现内部研、产、供、销和不同产品之间的价值链协同；第三条是供应链协同线，以供应商关系管理系统 SRM、经销商管理系统 DMS、物联网、电子商务为核心，实现徐工集团与上下游企业之间的衔接和协同。徐工集团信息化整体提升管理全景图如图 1 所示。

三是制定总部与事业部分工，通过信息化平台实施落地。在组织变革过程中对总部和事业部及分子公司的职能进行定位，通过信息化手段将两者之间的管控方式得以实施与落地。在整个集团层面，建立包括集团共享、集团标准、板块共享和个性化定制在内的四层信息化管控体系，如图 2 所示。

4. 加强组织领导与基础保障

一是成立专门领导机构。成立信息化领导委员会、编码委员会和项目推进委员会，集团董事长亲自担任信息化领导委员会主任，设立企业首席信息官担任各委员会秘书

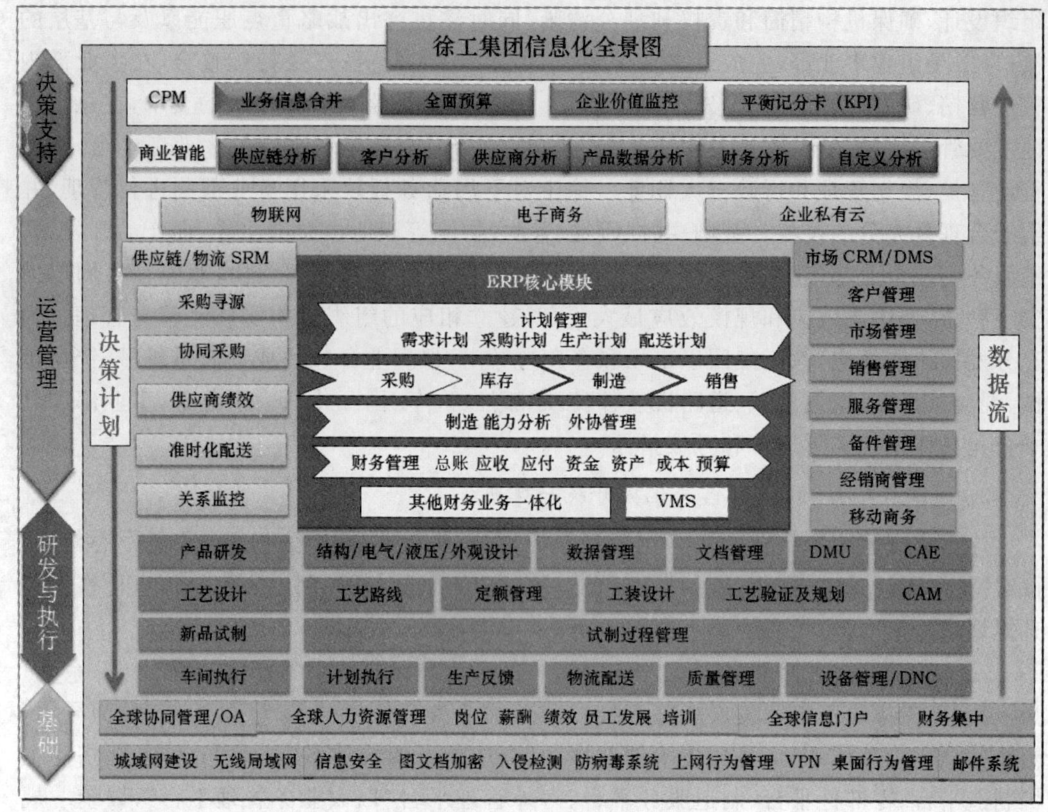

图1　徐工集团信息化整体提升管理全景图

长，为工作推进提供强大的组织保障。在事业部和分子公司层面均设有独立的信息化管理部门，具体负责信息化工作的实施和执行。成立专门的信息化提升推进团队，形成外部顾问团队、总部专家团队和分公司业务团队三级团队模式，保证信息化整体提升管理项目的有效落地。

二是建立信息化专项资金，提供有效的资金保障。徐工集团建立信息化资金预算制度，对信息化资金进行集中管理和统一核算，明确资金投入和使用监管制度，做到前期有规划、过程可管控、效果可追溯，从而实现资金高效、合理地使用。2008 年至今，在企业信息化建设方面累计投入资金达 5 亿元。

三是加大设备设施投入，提升硬件基础。建立覆盖生产、研发、办公等工作场所的集团网络，在徐州建有双路由千兆光纤城域网，形成以徐州为主、上海和德国为辅的三个数据中心，租用 10M 和 2M～8M 的专线保证国内异地和国外研发中心、制造中心互联；配备专业的硬件设备，包括各类小型机、服务器，各类桌面计算机、笔记本、图形工作站，为企业各类信息平台提供了稳定的运行保障。

（二）新建与整合信息系统，构建企业内外一体化信息平台

1. 建立企业集成统一的系统应用平台

通过软件购置和自主开发，徐工集团先后共实施 14 个集团级信息化平台，具体包括

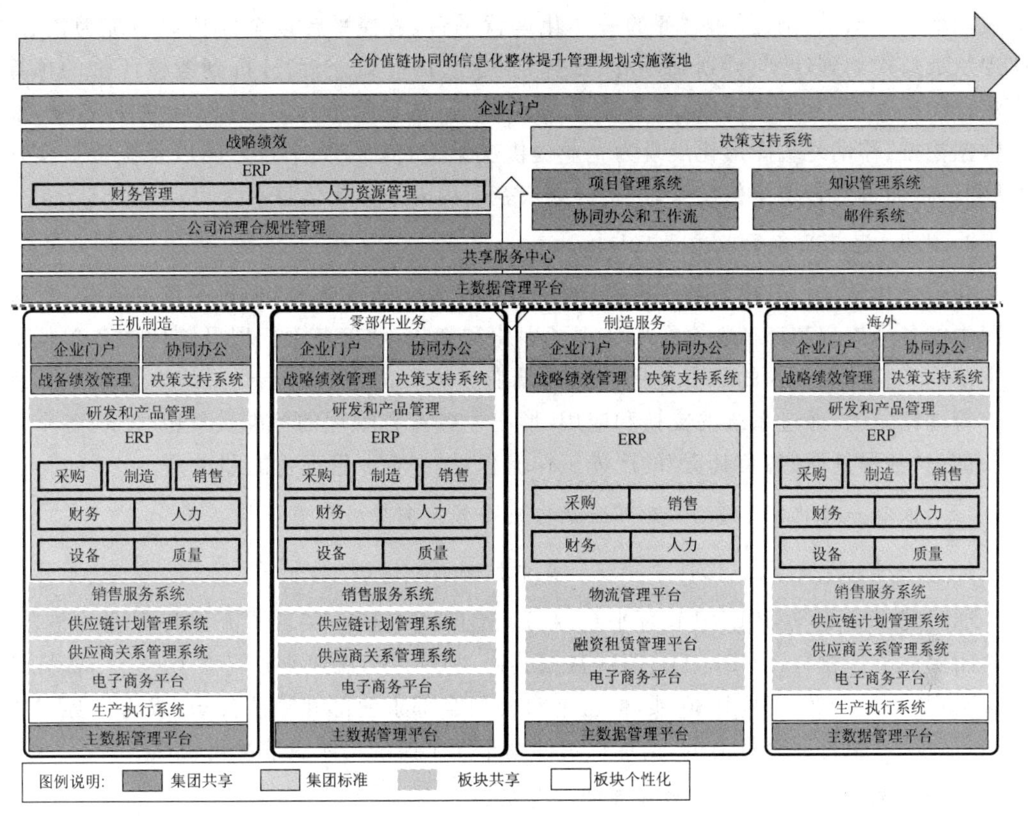

图 2　徐工集团与分子公司的管控分工

企业资源计划(ERP)、客户关系管理系统(CRM)、经销商管理系统(DMS)、供应商关系管理系统(SRM)、精益生产制造系统(MES)、全球协同管理系统(OA)、全面预算信息化系统(EPM)、商业智能分析系统(BI)、物联网系统、全球协同研发系统、全球人力资源系统、电子招标采购系统、融资租赁系统、海外营销服务系统,建设完成涵盖企业研发、生产、供应链、销售、服务和财务的全价值链管控平台,实现对企业核心业务的一体化管控以及与产业链上下游企业的协同,带动企业向精细化、网络化、智能化的方向发展。

统一的应用系统集成平台,实现了徐工集团业务流程的横向一体化以及数据信息的统一维护与实时共享,改变以往各业务部门信息管理系统相互独立割裂的状况,实现企业集团层面的数据共享,避免出现信息孤岛现象;另一方面,提高了业务流程各环节间的连续性与统一性,尤其是各业务流程同财务处理的集成,改变以往业务、财务独立分离管理的模式,基本实现管理流程化的闭环管理模式,协助企业提高管理水平,并为企业实现集约化、精细化的管理目标奠定基础。

2. 集团层面构建三类信息管理平台

徐工集团将信息化系统分为运营平台、管控平台和分析平台三大平台。其中,运营平台以 ERP 系统为核心,重点实现财务、业务一体化,通过企业数据总线、系统集成实现研发系统 PDM、生产系统 MES、供应链系统 SRM、销售系统 CRM 与 DMS、服务系统 CRM 和物联网系统等专业系统直接与 ERP 系统打通,为运营平台提供各类业务支撑,形成涵盖研、产、供、销、服和财务的一体化运营平台；管控平台以全面预算系统为核心，实现从战略规划到计划、计划到预算、预算到执行、执行到分析、分析到考核评价的预算全流程闭环管控；分析平台以商业智能系统为核心，从运营平台和管控平台抽取数据，通过数据挖掘、移动终端图形化展现为企业提供决策支持。三大平台之间以系统接口实现互联互通，通过整合多个信息系统，构建完成企业内外一体化信息平台。

3. 优化、规范业务管理流程及标准

在信息化整体提升中，推动管理流程的标准化和规范化进程，通过系统的支持，管理过程中的各个流程和环节在系统中实现了固化和细化，明确各部门以及部门内各单位的负责范围和相关负责人的职责范围。从前端业务流程的初始起点到最终财务结算处理这一管理链条上，通过系统的支持和应用，形成业务流程管理的标准及规范，实现各个环节及部门"各尽其职、各负其责"的严谨工作流程，提高企业管理效能和水平。

(三)依靠一体化信息平台，支撑企业由战略管控向战略经营管控转型

1. 统一 ERP 平台，强化科学管理和集中控制

通过建成企业 SAP ERP 管理平台，再造企业业务流程，实现了流程与管理的整合，在集团层面整理物料、BOM、工艺路线数据共计 220 万条，梳理业务流程 1068 个，提炼管理 DNA339 个，开发程序 1086 项，覆盖上市公司全部事业部和分子公司，成为世界工程机械行业第一家打通全价值链，信息化延伸到车间工段的集团级信息化管理平台。

2. 建立统一平台，加强人力资源管控与服务

为解决人力资源集中管控，且消除原有人力资源管理各自为政、系统多样的问题，在徐工集团层面通过全球人力资源管理平台建设帮助徐工集团实现对机构岗位信息、人员信息、工资发放等情况的关键管控。一是在徐工集团层面对组织机构层级、组织机构属性、岗位类别、岗位属性等进行清晰化和规范化界定，理清组织机构及岗位之间的上下级汇报和管理关系。二是在集团范围规范和整合各事业部及分子公司的具体发放工资项，实现名称统一、规则统一、属性相同、统计分析口径一致，规范薪酬发放、规范统计分析。三是从集团层面，规范薪资标准普调原则以及特殊业务、特殊人员的计算规则，并梳理个性化和地区化的保险管理。在分析决策上，改变以往向人力资源部门索取各类人事工资报表的方式，高层领导可通过经理自助平台自主、快速地通过灵活报表等方式获取及时、全面、多维度的数据分析和关键指标的图形呈现以用于决策。总部人力资源可借助平台全面、及时掌握业务管理中所关心的人事信息，进行相关审批等工作，并可根据下属人力资源情况更好地安排业务工作的开展，真正实现大人力资源管控。

3. 建立全面预算系统，加强财务一体化管控力度

按照"突出战略重点、强调预算控制"的要求，徐工集团总部通过全面预算管控平台，开展企业经营管理的事前控制、事中监控、事后分析，确保各项预算行动部署落实到位。全面预算管控平台有效实现年度预算与月度预算的无缝对接。

业务管理与财务管理集成方面，实现银企直连，每天下午 4 时各分子公司的资金集中到集团资金池，第二天按需拨付；实现集团内部资金计息管理、借贷管理；彻底解决"A

公司高借贷、B公司高储蓄”的双高困境；实现集团资金科学管理与合理调度，节省集团财务费用，提高资金利用率；通过加强信用额度管理，实施全面信用考核，既能保证ERP系统及时发车又能保证按时回款，有效避免之前出现的到年底集中要账的情况，徐工每天的回款资金流平稳、准确、可预测，实现销售合同与回款、回款与车辆VIN码的一一对应，提高应收账款的管理水平和管理精度；成本核算更加精细化，核算由原来的分厂级到单台成本，通过ERP的物料账管理甚至可以追踪、分析不同批次原材料成本对单台车成本的影响，为产品赢利能力分析提供准确的数据，产品线宽度与深度决策更加科学化。

利用BCS报表合并系统，统一会计核算标准，规范徐工集团各单位财务报表管理工作，实现集团层面的主要报表合并，保障徐工集团ERP系统运用的整体数据质量，提升集团层面报表合并的工作效率，集团合并报表由原来的7天时间缩短为3天内完成。事业部和分子公司根据集团的年度预算要求，通过ERP运营平台落地经营计划，开展具体的业务运营活动，通过PDM、MES、CRM、SRM等专业信息系统运行具体的企业研、产、供、销、服等业务流程。

4. 利用数据挖掘与分析，提升分析决策能力

徐工集团将企业中现有信息系统的数据进行有效的整合，快速准确地提供报表并提出决策依据，帮助企业做出最优的业务经营决策。商业智能分析平台以实现企业价值的增长为导向，基于价值树，深化基于价值链的分析，涵盖企业目标分析、产业链分析、职能目标分析、业务活动分析以及资源分析（如产能、人力资源、资金）等，充分体现决策支持能力。通过信息化，高效、准确、透明地发现问题，解决问题，从而提升各层级的决策能力。利用商业智能提供的分析工具，已实现从盈利、产销、降本、研发、信息化、投资、人力、安全生产、资金、效率等方面分析企业经营现状，并通过产销和资金日报及时监控集团整体经营信息，对预算和实际执行进行分析，确定举措执行过程中的偏差，找出原因并修改举措和制定新举措。

（四）抓住内部价值链关键环节，推进核心业务的协同

1. 研发平台实现资源优化配置，提升研发管理水平

在研发设计上，徐工集团原有的研发活动缺乏与市场信息的充分结合，规划过程缺乏与集团战略的紧密衔接，研发流程标准化程度低，研发流程与前期规划以及后期生产采购流程间接口缺失，研发资源尚未实现高效统一配置。因此信息化建设重点需要以市场为导向开展研发活动，建立完善的研发资源配置和研发分工体系，建立标准化和统一的数据管理，实现人才、技术、物资等资源的协同管理。

根据这些要求，徐工集团建立统一的产品协同研发信息平台，构建集团三维数字化研发体系，加快推进企业技术创新发展。产品协同研发信息平台主要由产品数据管理系统PDM、三维工艺、三维电子发布物三大部分构成，实现“三维CAD＋二维图纸＋设计BOM＋虚拟样机”四位一体的产品研发协同，确保基础数据从创建、维护到支撑跨部门业务、跨公司业务的数据流的统一；实现技术文档、设计BOM和工艺数据流畅的向制造发布；物料数据通过协同研发信息平台贯穿于研产供销服以及财务各个领域。在产品电子数据统一管理的基础上，解决设计效率提升、设计流程优化、设计能力提高的问题。为解

决公司跨国的协同研发，支撑国际化发展战略，未来还将对此平台进行全球化部署，解决全球化研发问题。通过优化产品架构，提供模块化、标准化、自动化设计的支撑环境，进一步降低成本，缩短产品的上市周期。同时建立明确的分工体系与协作机制，实现集团资源共享，以利于集中优势资源实现核心突破，形成协同效应。

2. 加强生产、采购、销售集成与管控，实现产供销协同

徐工集团在生产上主要存在工艺布局、产销协同等生产管理能力参差不齐，产品先分配在各分子公司之间有重复，工艺、技术、成本等协同未能体现，外地生产基地业绩不佳等问题。因此，工厂需要加强生产专业化管理，加强生产环节的信息化建设与提升，在整个集团层面提升精益管理水平。

在生产信息化上，一是加强异地生产企业与母工厂（各事业部在徐州的工厂）之间的生产信息系统对接，确保母工厂对各异地工厂日常运营的监控；二是将母工厂的信息系统在子工厂得到成功复制，确保兼容性，加强运营效率；三是加强生产信息系统与销售、采购、财务等系统的连接，提升价值链之间的沟通效率，保证市场导向的生产运营机制。

在采购上，为了进一步降低采购成本，提升采购反应速度，徐工集团搭建集中采购平台，并与 ERP 的采购模块进行了有效的集成。在每个业务流程中，计算出所需的零件数量及所需的频率，进而向供应商订货，并配合整个生产流程，在必要的时间提供必要的数量，既有效响应客户需求，又紧密配合生产过程，从而大大提升采购质量和响应速度，降低采购成本。

在营销上，由于前期徐工集团未按照目标客户对产品进行组合，相同目标客户的产品分布在不同公司，无论是整机销售还是备件销售，协同效应难以实现。在徐工陆续推进事业部整合和组织变革的过程中，信息化提升重点从 CRM、SRM、ERP、MES 等系统建设出发，实现各系统之间数据自动流转，实现了产供销综合应用集成。用户订单以合同形式进入 CRM 和 ERP，并实现两者间的自动数据同步，在 ERP 中将合同转化为生产指令传递给 MES 制订排产计划，将物料信息传递给集采平台形成供应计划。利用全价值链平台，用户订单可跟踪到物料采购阶段，产品质量可追溯到研发设计阶段。

3. 实施组织变革，增强事业部内部管控与协同

为实现由战略控股到战略经营型管控模式的调整，徐工建立总部职能部门、各事业部/独立子公司的职能机构。事业部内部建立完善的产销协同沟通平台与体系，确保销售、生产、采购、供应链信息输入，提高生产效率，降低生产计划变更频次。目前，徐工各大事业部和分子公司已经实现集团统一的 ERP 系统、OA 协同办公平台、CRM 系统、集中采购平台、生产制造 MES 系统等多项业务系统全覆盖，实现内部研、产、供、销和不同产品之间的价值链协同。

4. 加强事业部间联系与沟通，发挥集团整体协同效用

集团向战略经营型管控模式转变促使原有的独立分子公司在组织上进行重要变革，在集团层面，将产品、客户群体等都具有相似性的企业进行整合或分拆，建立事业部制的管控模式。强化总部的战略管控力度和能力，与事业部职能进行清晰的划分，对事业部有明确而充分的授权。同时加强事业部之间的交流机制与平台，将部分事业部管理、运

营方面的最佳实践在集团内进行全面的总结与推广。

（五）开展外部供应链联动，推进企业外部协同

1. 建设供应商关系管理系统，多方位实现与供应商协同

按照“统一基础信息、统一采购平台、统一工作流程、统一供应商生命周期管理、统一准入体系”的要求，以供应链为主线，建立供应商协同系统，完成涵盖采购、库存、销售、售后服务、财务资金、成本、资产、数据、供应商管理等的信息系统建设。平台将企业的年度、月度计划，批次计划，送货计划与供应商实现全面集成，实现与供应商的协同运作，供应商直接根据采购计划形成自己的生产计划，实现按生产节拍供货和零库存管理。

徐工集团正在筹备围绕上下游产业链发展供应链金融业务。一方面，将资金有效注入处于相对弱势的上下游配套中小企业，解决中小企业融资难和供应链失衡的问题；另一方面，将银行信用融入上下游企业的购销行为，增强其商业信用，促进中小企业与徐工集团建立长期战略协同关系，提升工程机械整个供应链的竞争能力。

2. 建立经销商管理系统，实现与下游经销商的协同

大客户管理协调差，驻外销售机构分散，渠道策略不明确，销售渠道管理不规范，形象不统一，后市场业务开展模式不清晰等现象使徐工集团在营销和售后服务上面临着不协同的问题。

徐工集团从企业营销战略出发，通过建立明确的智能归口，完善大客户筛选、维护机制以及管理流程，整合驻外销售机构、建立区域销售协同中心，在事业部层面进行渠道整合、建立标准化的管理机制与流程等措施完成对下游经销商和客户的协同管理。

针对公司和经销商等不同层面的业务需求，搭建一个成熟完善的经销商协同管理平台 DMS 系统，涵盖销售、服务、备件、信用、资源管理等模块，实现经销商和公司业务系统的对接，最终实现一体化的数据和流程的整合。经销商管理系统分别采用集中式和分布式部署以适应不同地区和不同发展规模的代理商的需要。DMS 系统实现经销商和企业之间的高度协同运作，进一步改善经销商的运营管理现状，提高运作效率，提升管理水平，弥补管理漏洞。徐工集团目前已与 100 余家经销商实现无缝对接，通过规范、优化的业务流程和系统工具，实现经销商业务协同能力和管理能力的提升。

3. 搭建客户服务平台，实现客户服务的高效协同

徐工集团按照“全程打通，快速响应，有效服务，实时监控”的管理目标，建立客户服务平台，加强与客户的沟通，整体提升企业的信息获取能力、应变能力、创新能力、运行效率以及决策的科学性。

目前，徐工集团客户服务平台建设已形成包括客户关系管理系统 CRM、移动 CRM、营销服务门户 Portal、商业智能 BI、呼叫中心 Call Center、二手车网络交易平台在内的立体化、全方位信息系统格局，覆盖市场、销售、服务、备件、二手车等业务功能模块，并在徐工集团总部建成一个全局呼叫中心和一个智能决策中心，实现公司总部、营销中心、客户的多级业务协作和管控，突破传统的营销服务模式，利用手机移动平台，从受理、派工、响应、到位、发件、完工直到回访的整个服务过程，都通过手机移动平台完成，实现“10 分钟响应、2 小时到位、24 小时完工、48 小时回访”，有效改善了客户售前、售中、售后的过程管

理，为客户提供更加全面、主动、及时、有效的服务，大胆创新移动服务模式，服务水平再上新台阶。

4. 打造工程机械物联网主动服务模式

2010 年徐工集团设立国内首家工程机械物联网应用研发中心，开展基于移动通信技术的相关物联网技术应用研究，在车辆位置监控、车辆工作性能检测、健康状态评估、故障诊断与预警、远程维护、主动服务等方面取得了重大突破。2012 年推出新一代物联网智能信息服务平台，突出精细化作业、智能运营、自助平台、可视化管理和零距离服务，提炼客户服务 8 大亮点和 16 项行业特色应用，重点发展高度传感器、故障模型、专家系统和多技术融合等新技术。建设完成物联网客户自助服务平台，客户通过手机可以随时随地查看自有设备的地理位置、工作时间、历史轨迹、当天油耗、健康状况、保养提醒等信息，设备的一切情况尽在掌握，灵活调配设备资源，畅享徐工无所不在的物联网服务。

5. 大力发展电子商务，创新客户营销新模式

徐工集团不断探索创新营销模式，以工程机械产品零部件和二手车为切入点，大力发展电子商务平台。2013 年通过呼叫中心和电子商务平台促成销售 20 亿元，用信息化手段试水“鼠标＋工程机械”，实现线上交流与线下销售相结合的新型营销模式，在中国工程机械领域率先创造新的市场增长点。

6. 成立专业化信息公司，服务产业链协同

为进一步提升信息化水平，徐工集团 2014 年成立专业化信息公司，迈出工程机械行业信息化公司化运作的第一步。信息公司旨在立足徐工内部市场，服务于工程机械行业，以专业化的水准、市场化的运作服务于整个产业链，通过有偿服务，在推动产业链协同的同时也成为集团新的利润增长点。

(六)信息化助力企业国际化，大力发展海外协同

从整个工程机械行业的发展趋势看，海外市场已经成为行业中长期一个非常重要的增长点，国内主要企业已经开始大规模实施海外布局。根据徐工集团的“十二五”规划，在 2015 年年末，徐工海外业务占比为 15%以上。推动技术进步、加速全球化布局、探索新产品新业务以及实施兼并收购是徐工实现国际化的重要战略要求。通过实施国际化战略，徐工收购荷兰和意大利液压零部件制造商，在巴西建设生产基地，收购兼并全球排名第二的混凝土机械制造商 SCHWING。产品多样化和地域国际化发展对集团的管控模式和实现有效协同提出了前所未有的挑战。

在组织上，徐工成立国际事业部，承担规划管理和发展徐工海外业务的重任，通过统筹海外布局、实施海外战略，推进国际化发展。在收购德国施维英集团后，徐工集团成立徐工欧洲采购中心，立足于集团整体采购需求，统筹全球采购布局，深耕全球供应链价值，降低徐工集团全球供应链成本，并开拓海外融资收益渠道，提高徐工集团整体谈判能力。集中采购平台与欧洲采购中心的信息系统进行打通与整合，真正实现以信息化推动徐工集团国际化运营的整体战略的需要。

2014 年，面对行业经济形势的持续低迷，徐工集团借助互联网思维，积极探索，不断创新，11 月 11 日阿里巴巴国际站跨境电子商务平台投入运营，主营徐工全系列整机与备

件产品，依托阿里巴巴国际站面向全球190余个国家销售。

三、制造企业集团以内外协同为目标的信息化整体提升的效果

（一）实现企业内部有效协同，竞争能力大幅提升

徐工集团通过实施以内外协同为目标的信息化整体提升，提升了产品数字化水平，保障了产品制造能力，提高了市场响应速度和客户满意度，提高了企业财务风险管控能力，持续增强了企业协同能力和综合业务处理能力，显著提升了企业整体管理水平和战略管控水平。企业管理水平显著提升，缩短产品设计周期20%，提高产品数据准确率30%；生产计划协同时间由原来的2天缩短为40分钟，装载机典型产品生产周期由18天减少为7天；提高市场快速响应能力30%；应收账款降低7%；财务结账时间由原来的10天缩短为1天完成结账、3天出具财务报表。

（二）显著增强企业外部供应链联动，构建上下游协同发展良好态势

徐工集团作为工程机械行业的龙头企业，拥有上游供应商1214家，拥有下游经销商290家，年交易额以百亿元计。实施以内外协同为目标的信息化整体提升后，徐工集团以领先的企业信息平台和解决方案，在发展和深化企业内部信息系统应用的基础上，解决产业链协同中的关键问题，全面改善供应商和经销商企业的决策和业务流程，实现产业链上企业之间的协同采购、协同销售和决策支持等功能，最终实现零库存供货和订单式生产，促进企业与供应商、经销商、合作伙伴及客户的协同发展。充分发挥龙头企业在产业集群和产业链中的主导作用，运用信息技术推动产业链的深度合作与创新发展，开展跨企业的产业链协同，共享数据与服务，培养优质战略合作伙伴，打造合作共赢的产业链体系，增强行业整体竞争力。通过ERP、SRM等IT技术高效运作，大大提高了采购效率，降低了运营成本，保障生产的及时供应，集采平台上线当年就降低成本2.4亿元，供货及时率有明显提升，交货期从4个月缩短到3个月，交期缩短25%。

（三）企业初步实现两化深度融合，行业示范作用成效明显

徐工集团将以内外协同为目标的信息化整体提升作为基础，主攻高端、高举高打、力促转型，逆势形成一批经营亮点，实现超常规、跨越式的发展，营业收入由2008年的400亿元，增长到2012年已突破1000亿元，成为中国工程机械行业首个千亿级企业，成功创造了连续四年每年规模净增超100亿元的"徐工速度"，夯实了公司综合基础、竞争优势和风险控制力。

徐工集团于2009年和2012年先后被工信部评为"重型机械行业两化融合标杆示范企业"和"国家级两化深度融合示范企业"称号。徐工集团作为行业唯一代表，参与起草了国家两化融合管理体系，并作为专家组长主导制定了行业两化融合评估标准，将徐工集团实现内外协同的信息化整体提升管理的主要做法和经验写入标准，对国家和行业两化融合工作起到了重要的示范引导作用。

（成果创造人：王　民、张启亮、孙建忠、李忠福、付思敏、徐莉萍、
许建全、王新宝、王　武、孙长山、刘世状、单长森）

以打造世界一流企业为目标的智能型炼化工厂建设

中国石油化工股份有限公司镇海炼化分公司

镇海炼化装置全景

中国石油化工股份有限公司镇海炼化分公司(以下简称“镇海炼化”)是目前国内最大的炼化一体化企业,是我国信息化和工业化融合管理体系试点企业。前身是始建于 1975 年的浙江炼油厂,1983 年划归原中国石化总公司。1994 年 12 月,经整体股份制改造在香港联交所上市。根据中国石化战略部署,2006 年 3 月从香港联交所退市。目前拥有 2300 万吨/年炼油、100 万吨/年乙烯、100 万吨/年树脂生产能力,以及 4500 万吨/年码头吞吐能力、超过 350 万立方米仓储能力。2013 年加工原油 2201 万吨,生产乙烯 111 万吨,实现营业收入 1351 亿元,利税 227 亿元。

一、以打造世界一流企业为目标的智能型炼化工厂建设的背景

(一)提高资源利用水平,适应现代大型石油炼化生产特点的需要

炼化企业生产过程具有典型的流程化、连续性、物料关系极其复杂以及高温、高压、易燃、易爆等特点。2006 年,镇海炼化以 100 万吨/年乙烯工程建设为标志,开启从传统炼油向炼化一体化的转型。与传统炼油企业以物理反应为主、资源利用相对粗放的“馏分管理”(即以不同温度区间的蒸馏得到不同组分的管理)模式相比,炼化一体化转为化学反应为主,对资源的利用更加精细,要求按不同的分子结构精确定位资源配置和物料流向,即“分子管理”。从“馏分管理”到“分子管理”的转变,对镇海炼化的智能型工厂建设和精细化管理提出了更高的要求。

(二)迅速提升信息化水平,打造世界一流炼化企业的需要

世界各国正积极应用信息技术、智能技术推动企业快速提升竞争力。美国、德国等都把智能化列入国家战略层面加以研究部署。Shell、BP、ExxonMobil 等世界知名能源化工企业在信息化、智能化建设方面都走在了世界前列。相比之下,镇海炼化的差距主要体现在以下方面:一是生产经营智能化程度不高。在经营决策方面,没有及时、充分的数据支撑全面、动态的绩效监控和分析;在生产优化方面,多装置的区域联合优化尚未普及,导致能源、资源的整体利用率不高。二是大规模设备管理的效能和水平不高。在规模化、大型化的背景下,数量庞大的设备群所产生的海量数据无法有效保存、应用,设备的健康管理和可靠性管理无法实施,设备的总体保障水平不高。因此,利用信息技术、建设智能工厂是镇海炼化迅速提升企业竞争力,赶超世界一流的迫切需要。

（三）建设世界级炼化企业，推进企业管理变革的需要

作为国家级宁波石化经济技术开发区的龙头企业，镇海炼化将在“十三五”新增1500万吨/年炼油和部分下游化工产能，使炼油能力达到4000万吨级。同时努力向精细化工领域拓展，建成世界级规模的特大型炼化企业。而镇海炼化在企业管理上存在内部组织机构定位不清、管理职能交叉重叠、职责划分存在“管理围墙”以及涉及跨部门、跨业务、跨领域的信息传递出现脱节、IT基础薄弱等问题。数据分布“散”，没有形成“就源输入、集成共享”的数据中心；信息系统“乱”，相对独立、功能同质现象比较普遍。如果镇海炼化不把握信息技术革命的机遇大力建设智能炼化工厂并推进相应的管理变革，就根本不可能追赶上国际先进炼化企业，更不用说成为“标志性企业”。

二、以打造世界一流企业为目标的智能型炼化工厂建设的内涵和主要做法

镇海炼化以“集中集成、智能应用”为原则，以安全生产、绿色生产、风险管控的专业智能化为支撑，以设备、管理、IT基础设施的基础智能化为保障，以生产计划、调度指挥、生产操作的生产运行智能化为主体，构建智能型炼化工厂，实现各个层次和环节的智能化，提高劳动生产率，减轻脑力劳动和体力劳动强度，不断增强企业感知能力、预测能力、协同能力和分析优化能力，持续提升企业的竞争力。主要做法如下：

（一）明确智能型炼化工厂建设思路

镇海炼化立足长远发展规划，确立智能工厂建设策略：通过体制机制优化和业务流程再造，并不断采用新技术等变革，采取总体规划、分步实施，建设智能型炼化工厂。第一步，重点开展基础性工作，用3年时间建成智能工厂应用框架；第二步，推广拓展，用5年时间实现重点业务领域智能化；第三步，用8年时间建成具有更加优异的感知、预测、协同和分析优化能力，以及高度自动化、数字化、可视化、模型化和集成化的智能型炼化工厂。

镇海炼化结合自身特点，研究确定智能型炼化工厂建设内容（见图1）。其中：感知能力是指能够识别并采取最佳的措施应对工况的变化，如因原料供应、工艺改变、设备故障等引起的进料变化或装置波动，能够自动监测、识别并调整；预测能力是指通过传感器和智能软件提高设备智能化水平、提高工艺建模和预测生产的能力，感知和分析可以预见的运营和设施变化，业务部门不仅能够对可精确预测的状况进行反应，而且能对一个变化环境中出现的情况进行反应；协同能力是指可以主动感知内部和外部环境的变化，通过流程和系统协同提高响应速度、降低协调成本，达成装置（车间）级和工厂级的多层次和全方位协同；分析优化能力是指提升生产控制手段，优化现有的管理模式，拥有更多的分析手段提高装置和全厂的优化能力，实现全局最优。

（二）推进生产运行智能化

1. 计划优化智能化

计划排产对于流程化、连续性、物料

DCS系统控制的镇海炼化中央控制室

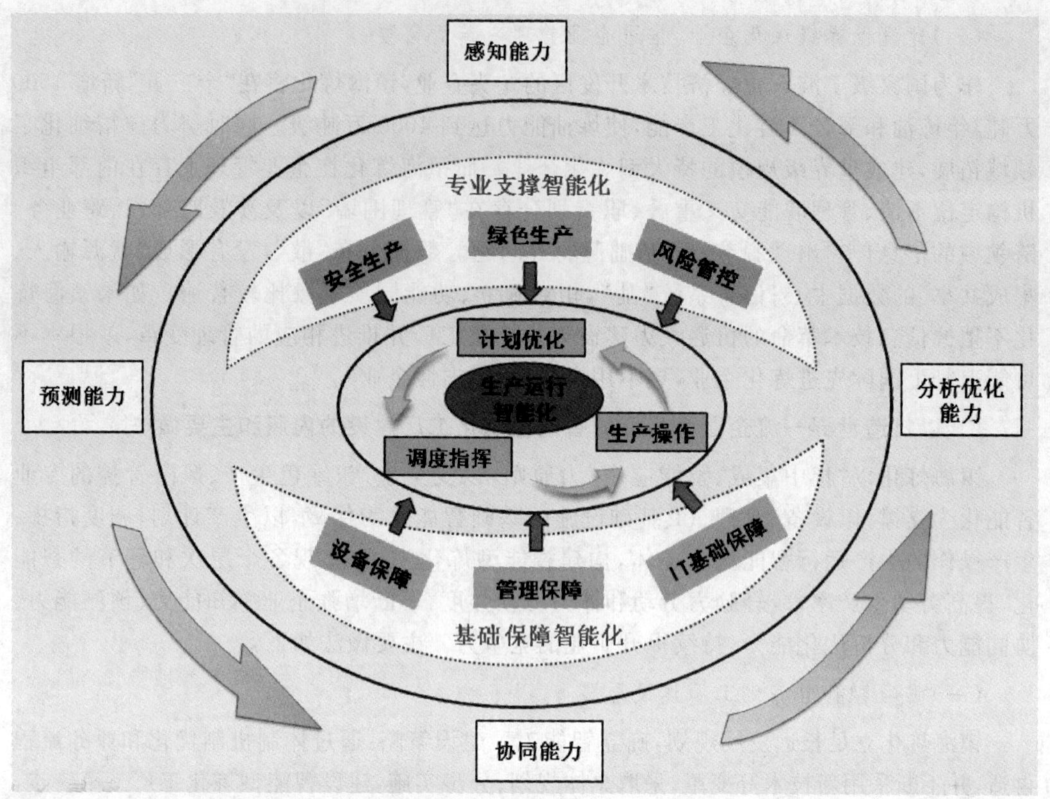

图 1　镇海炼化智能型炼化工厂建设内容

关系极其复杂的炼化企业的意义至关重要。为确保装置、系统在平稳运行下生产最优，实现企业效益最大化，镇海炼化以“分子管理”为指引，以“整体效益最大化”为原则，通过智能化手段按不同的分子结构精确定位物料流向，优化加工流程，提升每个分子的价值和利用效率。

镇海炼化通过在线集成，建立涵盖 33 套化工装置、61 套炼油装置的计划调度一体化模型，包含 90 个子模型，110 多种原油及 16 种精细化加工方案，21 项全流程优化方案和 116 项单装置优化方案。其中，季、月生产计划主要采用工厂计划优化系统（PIMS），综合市场价格因素并结合镇海炼化装置和系统生产能力实现排产优化，即根据市场价格因素并结合镇海炼化装置和系统生产能力，设置多个计划方案，调用一体化模型和基础方案进行测算，对测算结果进行对比分析；如测算结果不符合要求，可重新设置计划方案并重新计算，最终找到最佳计划方案实现排产优化；同时还可根据计划执行情况及时对一体化模型进行校核优化；周、日生产计划主要借助炼厂调度管理系统（ORION），依据 PIMS 计划方案，结合进出厂物流信息、生产装置和罐区物料动态信息，包括原油和物料流向、工艺操作、油品调和、产品出厂等等，管理人员可轻松找到实现资源配置最优的原油加工和产品生产方案；在全流程安排上，利用 RSIM（炼油）、SPYRO（化工）等流程模拟软件，综合市场价格因素，对全厂物料加工流程进行离线优化，快速计算出高附加值产品收率和相应的最优加工流程控制参数，各装置选择相应加工流程和最佳控制参数，实现全流程生产方案和效益最佳。依托上述优化层次，镇海炼化形成协同高效的计划优化管理体系。

2. 调度指挥智能化

镇海炼化对原油进厂、装置生产到产品出厂等，建立调度可视化监控的建模，并集数据采集、生产分析和调度指挥于一体，采用业务集成与应用技术、数据集成与共享技术、信息处理与展示技术，实现信息传递和物料流动的智能化。其中，应用ESB技术在线集成物流信息系统、罐区自动化系统、实时数据库系统、实验室管理系统等相关数据，建成生产运行绩效监控和分析系统（OM），全程监控全公司生产运行，随时掌控装置运行、物料流向、质量分析、系统平衡、产品进出、工艺指标等情况，辅助调度指挥决策；自主开发生产管理系统（MES），通过对调度指令在线发布、调整、跟踪及反馈的闭环管理，实现事前科学预测、事中动态改进、事后全面分析的高效调度指挥；建立调度专家系统，并与工业电视集成，建立精细、主动的生产执行体系，收集、分类、整理调度预案，建立调度知识库，调度预案智能搜索，指导优化原油接卸、装置加工、公用工程平衡，实现科学高效的调度指挥决策。

3. 生产操作智能化

在生产装置全面实现DCS系统控制的基础上，镇海炼化通过实施生产现场智能巡检和装置在线优化，实现生产装置的最优化运行。

一是生产现场智能化。镇海炼化在生产装置现场应用智能巡检仪，并将4G网络应用于物联网技术，实现现场生产数据、图像的采集和实时传输，实现人员定位、作业指导、巡检监管，提升外操巡检操作水平。同时，还投用超过300台在线质量仪表替代化验分析，大幅降低化验人工分析频率。例如100万吨级乙烯裂解装置，总共设置了17642个仪表数据点，8000余个控制点，而负责整个装置生产运行的仅有7名岗位人员。

二是生产控制智能化。应用先进控制技术（APC）与DCS结合，实时检测诊断装置工况，通过内置的功能优化模块，动态自动优化运行参数。目前，镇海炼化已有10多套装置实施了APC，实现了装置运行实时检测和在线智能先进控制，保障装置的最佳运行状态；同时，乙烯裂解装置不仅投用了APC，而且建成了实时在线优化（RTO）系统，能够实时采集装置运行状况、实时计算装置内各个参数应该达到的最佳点，协同装置内各个APC控制器控制装置内各个参数达到目标值，从而时刻确保装置按照效益最大化的方式运行。在原料方面，通过近红外光谱预测计算原油评价数据，在线优化调合4组原油并定向直送常减压装置，极大地提高了装置平稳率，降低了一线劳动强度。同时，应用红外线光谱分析技术进行汽油在线调合，与人工调合相比，可以显著提高汽油调合的质量和效率。

（三）强化专业支撑智能化

镇海炼化的专业支撑智能化是指以安全生产、绿色生产为核心，集成在线监测数据、视频数据、工艺参数及报警等信息，实现全方位在线管理关键装置要害部位，实时动态监控职业危害场所，并支撑事故场景下的资源调配决策。

1. 安全生产智能化

镇海炼化高度重视安全生产智能化的投入。针对炼化企业易燃易爆、有毒有害的特点，镇海炼化在有可能产生有毒气体和可燃气体泄漏的危险源共安装了 2467 台固定式可燃气体报警仪，其中可燃气体报警仪 1957 台，有毒气体报警仪 510 台；在关键生产装置、要害部位安装了工业电视系统，共包含 378 个摄像头，以及红外线等多重监控设施。同时，上述仪表信息整合集成到自动报警管理系统，并配套建设安全联锁控制系统 59 套，联锁回路 10752 个，还加大工业控制系统集成应用，已实现 40 套装置联锁在线管理，实现了事前预警、事中处理、事后分析。另外，镇海炼化还自主开发投用一键停车系统 16 套、DCS 紧急停车辅助系统 28 套，打造了装置在紧急情况下的“安全着陆系统”。

2. 绿色生产智能化

在环保方面，通过环保在线监控系统实时监视各个环境监测点的环境监测数据，为管理人员及时做出相应的决策提供数据支持，提升企业环境监控能力。对污水、烟气排放等污染源实施 24 小时在线监测，监测数据直接与地方环保局和中国石化总部联网，发现异常及时反馈和处理。镇海炼化还应用国际先进的泄漏检测与修复（LDAR）技术，以 200 毫克/立方米作为泄漏认定标准，形成了完备的泄漏检测与修复程序。截至目前，镇海炼化共监测密封点约 50 万个，查漏与修复 3000 多点，减少 VOC 排量 50 多吨，改善了作业环境空气质量。2013 年镇海炼化配置了环境流动监测车，采用当前国际上最先进的离子分子反应质谱技术，分析精度达到 ppb 级，监测因子覆盖石化企业所有污染物，并配备卫星定位系统、气象测试系统和数模系统，可以快速准确锁定污染源。镇海炼化制定了比国家排放标准更为严格的预警标准，环保巡查走出厂界，主动了解周边企业污染物排放情况及大气特征污染物的时空分布，对周边厂界进行常态化巡检，并与地方环保局联动，促进周边区域环境质量的改善。

另外，镇海炼化建立 51 套主要装置的实时能源消耗（能耗）统计平台，可以实时监视所管辖装置的能耗以及每一个操作对装置能耗的影响和装置自身能源消耗的变化趋势。蒸汽管网智能监测模块实现了蒸汽管网工况的全面实时监测优化，给出流程和操作参数的调整方案，保证蒸汽系统安全运行，年效益达 750 万元。燃料气系统平衡、氢气系统平衡、电力平衡等系统不仅保障了企业安全、平稳生产，也为镇海炼化节能减排做出卓越奉献。

3. 风险管控智能化

镇海炼化利用信息技术从关键装置、职业危害场所、环境排放等方面对 HSE 过程风险防范能力进行提升，从应急联动、应急辅助决策、三维事故模拟和虚拟演练等方面进行应急指挥业务的整体提升，有效提高企业 HSE 过程的监管、监控水平和企业应急能力。针对作业风险，开发实施作业风险管控信息化平台，对每周、每日的现场作业进行风险评价和风险预警，规范不同风险等级作业的审核审批，以作业计划性、准确性，提高现场作业风险控制水平。建立 HSE 风险监控系统，实现关键装置要害部位、职业危害场所、环境排放的监控预警和智能分析，提升风险监管水平。为有效提高突发事件的响应速度与处置效率，镇海炼化推进应急管理平台建设，建设以事故主动预警与处置为主线的事故状态下的应急指挥系统，开发短信群呼功能、GPS导航功能、数据集成功能，确保生产、设备、环保监测数据集成，实现智能化物资调配、三维事故模拟、三维虚拟演练、事故扩散模拟以及智能化数据分发的全过程应急指挥，强化事故处置量化决策能力。镇海炼化还拥有大型卫星通信应急指挥车、小型应急指挥车各1辆，各类消防车34辆，具有卫星、3G公网、中石化专网等多种通信方式，可以确保复杂环境下通信信号快速建立，为各级应急指挥中心保持信息畅通，确保有序指挥调度；配备应急救援辅助决策系统，通过现场数据采集分析及事故模拟，为应急指挥中心提供决策依据；增强应对本企业及周边联防区重特大化学事故的应急抢险指挥调度能力，对保障一方平安发挥积极作用。

(四)实施基础保障智能化

1. 强化设备保障智能化

镇海炼化目前拥有25万台各类设备，管理好数量庞大、种类众多的设备是事关企业生产安全平稳的基础性工作。通过集成工厂信息实现设备管理决策，为操作人员与维修人员提供危害与风险应对信息，通过预防性检修和主动式管理，提升检维修决策能力，提高设备运行的本质安全可靠性，降低生命周期成本，提升设备的可用性和生产效益。

一是推进数字工厂建设。镇海炼化利用正逆向建模、三维虚拟现实等技术对作为实物存在的设备、管道等用三维模型的方式进行展现，并以三维模型作为载体，集成工程建设阶段、运行维护数据，形成了“所见即所得”的设备管理平台。通过“虚拟工厂”与“现实工厂”之间的交互，使设备特性参数、工艺参数可视化有机地联系起来，为设备、生产、安全环保的业务三维应用提供数据支撑和可视化环境，改变以往人们对设备信息的检索方式，实现“所见即所得”，信息的查询效率和精度有了质的飞跃，不仅提升了决策效率，还能使方案全景模拟成为可能，极大地推动了设备管理向现代管理模式迈进。同时也可为生产管理、安全管理、培训管理提供最方便、简洁的工具与方法，极大提高装置管理水平。

二是强化设备感知能力建设。应用实时数据库技术监控、采集装置生产数据约14万点，流程监控画面约2400幅，数据包括温度、压力、流量、联锁以及设备振动位移等。镇海炼化拥有智能仪表149639台，智能控制率99.83%；还大量采用智能阀门定位器、智能反馈器等先进设备，应用调节阀FISHER和美卓阀门智能诊断系统，推广使用阀门定位器在线诊断软件，对重要仪表调节阀进行在线诊断，提高了调节阀寿命管理水平。

三是推进设备预知性检维修。应用在线监测技术，自动诊断设备故障，预测设备剩余寿命，智能诊断设备故障，为设备预知性维修提供全面支持。例如，为重要机泵都安装在线监测系统，实时进行状态监控、智能做好故障分析、及时发现隐性故障，做到预知性维修。又如，建设投用设备腐蚀监测系统，选取重要装置关键部位实施在线定点检测腐蚀速率，使管理人员能主动分析腐蚀情况，对腐蚀险情做到早发现、早处理。应用世界先进的RBI、RCM、SIL等可靠性分析工具，对设备风险和可靠性进行分析，并据此编制设备的预防性检修预案，为检修计划的编制、故障的处理提供科学的依据。

2. 加强管理保障

一是重塑机构定位，提供体制保障。镇海炼化在2002年实现了组织机构由三级架构向两级架构的扁平化，但这只是体制上“机构的简单扁平化”，管理流程并没有“扁平化”，同时相关组织机构定位不清，权责界定不明，阻碍了管理标准化。结合现代管理要求，在组织机构定位上分为机关（处室）、机构（业务中心）和基层（运行部）。在这个体制架构内，机关的主要职能是管理，寓服务于管理之中；机构的主要职能是服务，寓管理于服务之中；基层的主要任务是执行，抓好安全，带好队伍，管好现场。按照“三分机构”，镇海炼化对组织架构进行重组，为智能工厂建设提供组织保障。

二是再造业务流程，提供机制保障。在“三项制度”建设过程中，通过业务再梳理、职能再分配、流程再设计，系统解决企业管理中至关重要的“做什么、谁来做、怎么做、能否做”等重大问题。更为重要的是，“三项制度”以“业务”为中心划分职责，摒弃过去以“部门”为中心的传统做法，有效打破部门围墙。对于一项业务，牵头部门做什么，配合部门、执行单位要承担什么责任，都有清晰的界定。“管理制度化、制度流程化”为“流程信息化”、建设智能型工厂扫清制度障碍。

三是推进专业化管理，强化人力资源保障。按照“业务管理专业化”、“运行技术外包”的思路，加强 IT 管理队伍和技术队伍建设，以管理和技术两个轮子驱动智能工厂建设。做精信息化业务“管理团队”；同时按照“业务外包”模式，外包单位成立专门服务于镇海炼化的“技术团队”，“管理团队＋技术团队”共同构成镇海炼化的信息化团队。为提高员工信息化技术和应用能力，持续举办智能工厂宣贯培训班、EM 技术员培训班、MRO 培训班等信息化管理和应用培训班；利用信息安全技术比武平台，开展全方位的岗位练兵，培养一批业务骨干。随着信息技术的不断深化应用，一方面，镇海炼化制定年度培训计划、系统使用培训计划，不断提升人员的 IT 思维和技能，以适应现代甚至未来一定时期的发展需要，为智能工厂建设和运行提供人力资源支撑。

四是推进企业管理信息化，强化执行力保障。作为中国石化首批 4 家 ERP 试点单位之一，镇海炼化在 2002 年成功实施了 SAP ERP 系统。目前，ERP 系统有物资供应（MRO）、生产计划/物料管理（PP/MM）、销售管理（SD）、设备管理（EM）、财务管理（FI/CO/TR）、项目管理（PS）、审计管理（AIS）和人力资源管理（HR）等 11 个模块，实现企业物流、资金流、信息流的“三流合一”。

同时，针对 ERP 系统未能覆盖镇海炼化所有业务、操作界面友好程度不高的实际，按照制度要求全面嵌入系统的思路，自主开发基于 ERP 的 BPM（业务流程管理）系统，将物料领用等使用频率高、涉及范围广的 ERP 流程，以及出差审批等非 ERP 事务性流程纳入这个系统，走出一条拥有“ERP 骨骼、BPM 皮肤、‘三项制度’血肉”的信息化道路，实现企业管理从“人控”到“机控”的转变，确保内部控制要求、规章制度要求的“不可逾越、不可替代、不可或缺”，促进工作效率和管控效能的双提升。同时，建立以“流程”为核心的“督办”系统，实现对各项业务、工作要求的全程在线跟踪监控和动态预警、考核，并与以“制度”为核心的“岗检”系统和以“价值”为核心的“KPI”系统一起，形成价值创造、任务落实和制度执行过程的全面管控体系。

3. 加强 IT 基础保障

一是加强硬件设施建设。镇海炼化持续投资上亿元建成较为完善、高速、安全、可靠的 IT 基础设施，包括总面积近 400 平方米的 IDC 机房，铺设光缆 90 余公里，网络节点 8000 余个，拥有各类服务器 300 余台、办公终端 3700 余台、生产控制终端 2100 余台。同时，将再建设一个800平方米的智能化绿色机房，形成万兆互联的双数据中心。

二是加强数据共享服务中心建设。为进一步提升数据共享和应用能力，按照“就源输入、全局共享”原则构建炼化企业统一工厂数据应用模型，建设数据共享中心(ODS)、数据共享平台(ESB)，对生产运行各项业务进行数据集成、应用集成，实现异构系统、应用、数据源整合，系统之间无缝地共享和交换数据。

三、以打造世界一流企业为目标的智能型炼化工厂建设的效果

(一)智能型炼化工厂建设取得初步成效

镇海炼化通过推进生产运行智能化、设备管理数字化和企业管理信息化，促进了企业信息化和工业化深度融合和经营决策科学化、生产运行最优化、企业管理集约化、经济效益最大化，初步建立了智能型炼化工厂框架，提升了企业智能化水平，代表了国内石化行业的发展方向。

在生产运行方面，镇海炼化变传统炼油的“馏分管理”为“分子管理”，“吃干榨尽”每一滴原油，充分利用每一个分子，实现内涵式循环发展；生产计划和生产优化，由过去的凭经验转变为数据化、模型化；采用智能化的数据挖掘和预测模型建设了绩效管理平台，对生产过程、设备运行、能源消耗、原料和产品市场变化等内容进行全面分析，由过去的事后考核转变为生产、工艺、质量、能源、设备、安全、环保等专项绩效日跟踪、旬评价、月考核。

在设备管理方面，采用有线/无线数据自动交换技术、机泵状态监控技术、加热炉和静设备腐蚀在线检测等使设备健康管理实现了系统自动推送维护策略和预防性维护；采用SIL、RBI、RCM等工具建立的装置长周期评价系统，保障炼化装置的长周期稳定运行。其中，100万吨乙烯工程首个运行周期连续运行时间达到49个月，累计生产乙烯426.6万吨，实现利润116.6亿元，年均投资回报率达到14.6%，创造了首个运行周期的样板。

在企业管理方面，将流程控制点植入信息系统，以“机控”代替“人控”，以一流的信息化能力，一方面确保了制度要求的不可逾越、不可替代、不可或缺，加强了企业风险控制，另一方面实现了“随时随地”高效移动办公，以前业务线下审批至少需要2—3天，现在只要半天就完成了，通过将内控权限、制度要求等刚性要求根植于信息系统，减少了人为因素干扰，极大地提高了执行力和管控效果。

(二)促进企业整体竞争力的提升

自2000年原油加工量在国内首家突破1000万吨大关后，镇海炼化原油加工量一直稳居国内首位。2010年，镇海炼化建成投产100万吨/年乙烯工程，实现了由炼油向炼化一体化的快速转型，并成为国内首家年原油加工量突破2000万吨、年营业收入突破1000亿元的炼化企业；2011年和2012年，原油加工和乙烯产量均超过2000万吨、110万吨，盈利水平在国内炼化企业中遥遥领先；2013年更是创造了国内炼化企业年度利润71.3亿元的新纪录。与此同时，企业总资产从“十一五”期间的190亿元增加到400多亿元，在岗员工人数从8068人减少到2013年的5944人，劳动生产率水平显著提升。

(三)为打造世界一流企业奠定良好基础

通过利用信息技术、智能技术不断提升企业管理水平，镇海炼化有效打破了企业内部的管理围墙和效益围墙，提高了资源优化配置水平和使用效率，使企业的技术经济指

标逐步向国际先进企业看齐。国际著名的所罗门咨询公司绩效评估报告显示，镇海炼化乙烯装置绩效 2011 年就已在国内率先达到世界领先水平；炼油竞争力连续多年居亚太地区炼厂第一群组。2011 年和 2012 年连续两年荣获中国石化“特别贡献奖”；2012 年被中国石化集团公司树为全系统企业发展的导向和管理水平的学习标杆。2013 年，实现炼油综合能耗 44.64 千克标油/吨，乙烯高附能耗 290.51 千克标油/吨，在国内同类型装置中处于领先水平；实现吨油完全费用 97.28 元，吨化工产品完全费用 871.68 元，国内领先；实现吨油新鲜水单耗 0.289 吨，吨油外排污水 0.06 吨，国际领先；EO/EG 装置创造了催化剂运行时间最长、单位体积催化剂累积 EOE 产量最高等 8 项世界纪录。

（成果创造人：江正洪、张玉明、寿东华、熊晓洋、孙敏杰、金登峰、乔伟新、王增伟）

发电企业基于一体化信息平台的在线经营管理

华能山东发电有限公司

成果主创人:公司总经理王文宗

华能山东发电有限公司(以下简称“华能山东公司”)是在原中国华能集团公司山东分公司、华能国际电力股份有限公司山东分公司和德州电厂重组的基础上,由华能集团批准成立的全资区域性发电公司,2008 年正式揭牌运营,主要从事电力、热力、港口等相关产业的开发、投资、建设和经营管理。目前管理着华能集团在山东的 17 个火力发电厂、6 座风电场、1 个上市公司、1 个港口企业和 3 个直属企业,项目分布在山东境内 14 个地市,并担负承包建设运营青海西宁热电有限责任公司的任务。截至 2013 年年底,总资产达 600 多亿元,职工总数达 1.8 万人,发电装机容量达到 1734 万千瓦(其中火电 1707 万千瓦,风电 27 万千瓦),装机容量占华能集团总装机容量的 12%,占山东省统调机组容量的 35%。

一、发电企业基于一体化信息平台的在线经营管理的背景

(一)实现资产整合后集约化管理的需要

华能山东公司是管理 17 家火力发电厂的特大型企业。由于各电厂资产构成复杂、机组容量各异、管理模式和水平参差不齐,各电厂仅考虑各自目标任务,经营管理各行其是,整体缺乏统一高效、科学合理的管理机制,各管理环节缺乏有效的集中控制。如各电厂单独完成各自燃料采购过程中的供应商选择、价格确定、燃料采购和货款支付等环节,甚至形成公司内部电厂间不良竞争,造成公司燃料成本管理粗放,缺乏整体控价能力;电厂各自考虑本厂的发电计划和检修计划,公司难以按照整体效益目标统筹考虑发电计划和检修计划,而且还缺乏对各电厂检修过程、成本和质量的监管。公司无法通过集约化的管理手段有效控制燃料、物资、检修等生产成本,难以根据内部发电生产资源配置统筹考虑发电计划,无法实现总体效益最大化。华能山东公司面临如何快速有效地规范和提升管理,实现统一集中管控的问题。

(二)积极应对市场环境变化、实现扭亏增盈的需要

由于燃料成本占整个火力发电成本的 70%以上,煤炭行业成为发电企业最重要的上游行业,其煤炭价格的波动是公司运营的主要风险之一,因此在燃料的采购和供应环节,管理分散、缺乏监管都将直接影响公司经营状况。发电企业的下游企业主要是电网公司,发电企业在政府主导下采取竞价上网的方式将发电量销售给电网公司,在华能山东

公司管理的 17 家电厂 61 台机组中，还有大量的小容量机组性能参数低、自动化程度低、生产运行成本很高，其发电的计划和分配直接影响到公司整体经营效益。2011 年，华能山东公司持续亏损，完成发电量同比增长 3.52%，实现销售收入同比增长 10.33%，但仍然亏损 28.77 亿元。在燃料成本上涨、财务负担加重、发电量低于预期、增产增收不增效的情况下，华能山东公司面临如何开展“经营提效”的问题，即如何通过集约化管理和经营有效促进“开源节流”，改善经营状况，快速实现扭亏增盈。

（三）积极应对外部竞争、实现管理提效和能力提升的需要

电力体制改革后，“厂网分开”的政策使发电环节从原电力集团中分离出来，形成若干个发电集团，独立的发电企业通过竞价上网方式与电网企业进行发电量交易。在这种情况下，作为区域集团化公司的火电企业在发电本质上没有差异，只有在满足客户需要和保障安全生产的基础上，通过不断降低成本和改进服务实现利润最大化。近年来，山东跨省跨区交易电力电量持续稳步增长，“外电入鲁”等战略的实施一方面为缓解山东省供电压力发挥了关键作用，另一方面也由于较低的落地电价进一步增加了山东区域内发电公司的竞争压力。华能山东公司面临如何开展差异化竞争和内涵式发展，提高管理效率和竞争能力的问题。

二、发电企业基于一体化信息平台的在线经营管理的内涵和主要做法

华能山东公司以促进两化深度融合为指导思想，以打造信息化企业为目标构建一体化信息平台，通过深化信息系统应用，全面实现在线经营管理，推进企业管理规范化、精细化和集约化，促进经营管理体制和机制的转变，有力支撑公司整体利益最大化经营策略的有效实施，实现管理提升、经营提效、发展提质的总体目标，对公司盈利能力、竞争能力和可持续发展能力的提升起到积极促进作用。主要做法如下：

（一）以打造信息化企业为目标，构建一体化信息平台

1. 统一思想认识，强化目标引领，明确信息化发展思路

华能山东公司过去在信息化上投入很大，但往往是信息部门主导的项目脱离业务管理需要，业务部门主导的项目仅仅作为自身业务管理工具，导致信息系统散乱、应用参差不齐，不能有效的支撑和促进管理。为此，华能山东公司致力于打造信息化企业，使企业具备信息化的管理理念、信息化的管理行为和信息化的管理决策。

工程师站

一是将信息化思维融入企业管理理念。华能山东公司明确“以信息化企业建设为依托，促进管理流程再优化，基础管理再加强，体制机制再创新，支撑管理提升、经营提效、发展提质”的工作总基调。

二是用信息化手段支撑企业管理行为。构建全面统一的信息化应用体系，纵向到底，贯穿公司到电厂的管理；横向到

边，覆盖公司全部主要业务，支撑从生产运行监管、日常业务处理，到专项分析活动以及企业例行早会等全部管理行为。

三是用信息化方式支持企业管理决策。通过实现全面的数据集成，建立完整的分析预测模型，帮助决策者明确决策目标，进行问题甄别，实现对公司主要生产经营管理数据的实时掌握、在线分析、动态预测和管控。

2. 构建一体化信息平台，为在线经营管理奠定坚实基础

一是规划建设集中统一的信息平台，包括一套平台、一套指标、一套流程。华能山东公司基于“开发建设和生产经营活动的责任主体”和“利润实现中心”的总体战略定位开展集中式一体化系统设计，兼顾共性和个性需要，既确保涵盖各火电企业的不同经营特点，又避免平台上各管理领域、各生产单位信息系统间出现相互冲突、相互独立的问题，从源头保证系统的适用性和集成性。集中各领域业务骨干，系统梳理统一的区域发电公司指标体系，使所有信息系统在一体化平台上融为统一整体，确保在线经营管理效果。通过 ERP 系统建设，集中梳理和统一优化主要业务流程，清晰界定管理关系和业务控制关键点，保障业务处理的规范可控。

二是科学规划项目实施策略，创新项目建设模式。以“促建设”、“促应用”、“促管理”为主线，明确“三步走”的信息化发展规划。通过“促建设”阶段构建统一的信息化应用体系；通过“促应用”阶段全面深化信息系统应用，发挥系统的管理作用；通过“促管理”阶段推进两化深度融合，提升系统的管理价值。以“总分总”为建设模式，通过集中开展总体设计，分步进行项目试点，总结模板，统一推广，进行一体化信息平台建设。

三是明确建设任务。华能山东公司从规划之初就确定建设一体化的信息化应用体系，包括建设生产实时监管体系，实现所有发电机组实时数据采集展示、运行监管、性能计算和经济性分析，满足安全生产监管和生产过程精益管理的需要；建设 ERP 及专业系统，涵盖预算、燃料、设备、项目、物资、运行、财务、融资、人资等各业务的全过程管理，满足公司及电厂业务管控和协同办公的需要；建设区域数据中心，覆盖管理驾驶舱及财务经营、安全生产、燃料供应、市场营销、物资管理、人力资源等专业分析，满足公司及电厂经营管理决策支持的需要；建设移动应用系统，支持在线办公、数据查询分析、业务处理与审批、现场生产管理等应用，满足随时随地、高效协同管理的需要。

3. 改变信息化工作模式，保障在线经营管理实效

华能山东公司积极尝试信息中心融入企业管理的重新定位。信息中心在全部由 IT 专业人员组成的基础上，吸收业务、财务等专业人员，并在知识转移和项目实践过程中，让 IT 专业人员更加熟悉业务，让业务专业人员更加理解 IT，成为信息技术和业务管理相互融合的管理咨询团队。信息中心承担牵头发起与信息系统相关的管理提升活动的职能，并在项目建设上起到跨部门组织协同、打破专业壁垒的枢纽作用。信息中心从流程的实现者，转变为流程优化的管理者，全面负责公司业务流程的梳理、优化和配置管理。信息中心在项目建设和系统应用过程中，不仅仅是将业务部门的管理诉求转化为信息化的管理行为，还要以 IT 与业务融合的视角，主动引导和促进业务管理手段的完善和价值的提升。信息系统应用积累了大量业务数据，信息中心充分利用大数据挖掘分析技术，

为企业领导和业务部门灵活定制便捷应用,从数据资产的维护者转变为数据增值服务的提供者。在系统建设和应用推广过程中,强化顾问与用户的融合,IT与业务的融合,管理与系统的融合,通过坚持"三个融合"推进"两化融合"。要求顾问做好项目实施要先成为华能人,要求用户用好系统要学会用顾问的视角理解系统体现的管理理念,要求系统的完善要符合管理的规律,要求管理的调整要适应系统的需要,保证项目的实施效果和应用效果。

(二)大力推进"三化"管理,夯实在线经营管理基础

1. 推进规范化管理

一是实现数据标准规范化。在ERP系统内规范了物资、供应商等编码,2089个财务科目、3974个物资详细分类,以及所有机组KKS编码、所有电厂检修标准作业包。在数据中心系统内规范数据指标体系,统一指标和数据的标准定义,形成涵盖10大专业共计2899个指标的区域公司指标体系模板,解决数据来源不唯一、属性不明确的问题。二是实现各业务流程的规范化。通过ERP系统的实施,共梳理和规范了176个电厂业务流程、101个区域公司流程、53个融资贷款流程,实现了业务管理的规范化。

2. 推进精细化管理

实现燃料、设备、项目、物资等主要业务全过程管理,同时,使财务管理渗透到各业务管理中,加快企业财务由核算型财务向管理型财务转变。通过燃料全过程管理体系的搭建,实现燃料计划、合同、库存、暂估、结算和支付的闭环管理;通过项目投资全过程管理,实现从电厂计划申报、公司审批和预算下达、电厂预算分解,到项目执行过程的进度确认、结算、验收、转资等项目实施环节的在线处理和管控,使项目预算和成本核算更加精细;通过统一的设备管理平台,取代原来电厂个体的设备管理系统或手工管理台账,实现设备管理及维修管控精细化;通过统一的物资管理平台,实现物资管理从需求、采购、入库、领用、结算到付款的全过程精细化管理。

3. 推进集约化管理

促进融资、预算费用、资金、燃料等业务的集中管控和资源的统一调配。通过统一集中的融资业务管理平台,有效监控公司总体融资状况;通过融资预算系统,有效监控融资预算的执行情况,并对有限的融资渠道和方式进行合理规划和配置,有效降低融资成本;通过统一集中的燃料业务管控平台,实现燃料渠道、计划、合同、结算的集中管理,有力支撑燃料资源的统一调配,增强燃料的市场信息分析能力、供应执行能力和成本控制能力。

(三)推进在线经营管理,促进经营管理体制、机制转变

1. 完善在线经营分析体系

华能山东公司通过ERP、生产实时监管、数据中心等系统的深化应用,以集成的生产经营数据分析为决策手段,以集成的业务应用为管控手段,通过进一步优化流程,强化业务集成和业务管控,完善在线经营管理分析体系,构建在线经营管理平台,全面支撑主要业务处理和经营管理行为在平台上进行,目标在线确定,过程和结果在线管控,生产、经营态势在线监管,分析、预测、决策在线支持,实现信息化企业的在线经营管理。主要体

现在以下几个方面：

一是满足“领导关注的事能及时把握”，也就是领导能实时监管企业生产经营关键指标要素的状况和趋势，并能够及时决策、高效管控的管理要求。

二是落实以预算管控为龙头，以收入、成本、利润管控为核心，以上网电量、燃料成本、边际贡献管控为重点，对企业整体经营情况做到在线监管的管理思路。

三是完善以精细管控为基础、以经营预测为指导、以绩效考核为重点的管理措施。提高管控频度，以日或实时为单位；细化管控粒度，从电厂级到机组级；加强考核力度，支撑常态与动态相结合、刚性与弹性相结合的绩效管理和考核体系；提高预测能力，通过全面开展经营预测分析提升经营管理决策能力。

四是支撑全面实时把握态势、分析趋势、预测决策的管理活动。全面掌握生产状况，实现燃料量、质、价和进、耗、存日跟踪管理；实现生产指标和电网市场数据实时采集，日汇总、日分析。全面掌握经营状况，在线监控公司、电厂、机组的实时收入、成本、利润以及电量、煤价、煤耗和边际收益等。开展经营预测，通过在线经营管理为企业提供有效的管理决策手段，实现管理决策实时化；通过对电量、燃料等资源要素优化配置的集团化管理模式，促进公司整体利益最大化。

2. 转变企业经营管理体制

华能山东公司通过对关键业务流程进行优化和重组，强化资金、燃料、设备、项目、物资等主要业务从公司到电厂的全过程管理，提高公司层面管理集中度，实现对电厂的管控一体化。在此基础上，通过成立相应的专业管理中心，以及燃料公司和检修公司，完善集约化经营管理体制，从组织上保障在线经营管理实效。以营销部为基础成立经济调度中心，保证效益调电管理和考核措施的落地；以财务部为基础成立资金费用管控中心，强化预算管理和费用控制，并通过集中融资和统一资金调配，控制融资风险，降低融资成本，提高资金使用效率；以燃料部为基础成立燃料成本控制中心，强化以“五统一”（统一计划、统一采购、统一合同、统一调运、统一支付）为核心的燃料全过程管理，控制采购风险，降低采购成本，调配燃料供应，有效开展效益调煤。成立燃料公司，发挥整体控价优势，通过强化供应商动态管理，优化合同条款，整体提升控价、提质和降本力度；协同燃料管理部门在统一调控燃料采购来源的基础上，推行燃料采购“一厂一策”，有效开展效益调煤。成立检修公司，加强设备检修集约化管理，协同生产管理部门，根据公司整体发电生产需要，统筹落实设备检修计划；推行标准化检修，强化检修全过程管理，控制检修过程中的质量和安全风险，进一步提高发电设备健康水平；推行检修定额管理，实施物资联储联备和统一调配，有效降低检修成本；盘活基层企业检修人力资源，整合专业检修力量，控制企业检修外包工作量，进一步降低企业运营成本。

3. 调整企业经营管理机制

华能山东公司紧扣“增强整体管控、资源配置、风险控制和可持续发展四个能力”的企业主旋律，促进“完善动态监管、常态对标和绩效管理三个机制”，进一步提升企业经营管理能力。

一是实现生产经营在线实时监管，促进完善动态监管机制。通过多维度监管，公司以日利润、日成本、日收入为监管主线，除使用传统上的时间和组织等基础管理维度外，对分析对象明确分析度量，扩展分析维度和汇总维度，注重多指标的联合分析和预测分析，并突出在相关指标之间切换的便捷性，从而通过不同的管理视角进行综合分析。通过细粒度监管，对收入、成本、利润的指标分析粒度细化到机组级，按机组等级分类分析发电量比、容量比、容比差、负荷率等，更精细、准确地查找问题原因并采取管理措施。通过实时监管，及时掌握影响利润、收入、成本相关因素指标的日、月累计和年累计值，并对发电量等重点生产指标做到实时监控，对生产经营管理做到及时决策。

在调度计划的实时跟踪方面，系统支持发电生产的日调度、日分析、日对标和月考核，辅助科学安排月度电量计划，提高计划完成率，分析测算内部电量优化转移策略，切实提高大容量、高效益机组的发电比，有效推进效益调电工作。在预算动态管控方面，四项费用等预算通过 ERP 系统逐级分解下达，预算金额由系统管控，并通过与设备、物资和项目管理的业务集成，强化预算事前预控制、事中精确控制和事后预算分析；系统实时获取财务核算与业务处理中预算实际消耗数，对预算执行情况在线监管，有效杜绝费用超支等财务风险，并对预算指标完成情况及影响因素进行预测和分析，实现预算控制过程的实时化和精细化。

二是实现全方位、实时对标，促进完善常态对标机制。通过在线经营管理分析体系应用，规范公司数据指标体系，统一指标和数据的标准定义，进而通过对 ERP、生产实时监管等系统的集成，提供全面、实时、准确的数据，实现全方位、实时对标。基于对标数据采集和分析的实时性，随时可以获得最新的、准确的对标数据，实现公司内部多个电厂间或多台机组间、任意时间段的包括机组性能实时数据在内的各类指标及数据对标，并实现从生产、营销、燃料、财务、物资等多个专业角度进行全方位对标。电厂间对标可以任意选择多个对标电厂，对影响生产经营各方面的指标进行对标分析，并可以直接选择不同电厂的不同机组直接进行对标分析。机组对标分析从供电煤耗开始，分解为锅炉效率、汽轮机热耗、厂用电率，再进行分解直至一次参数，可以清楚地看到对标机组和标杆机组之间的性能和指标差异，进而分析解决问题。

开展燃料管理常态对标。通过燃料管理常态对标，辅助燃煤采购策略调整，如加大进口煤采购和经济煤种掺烧，2013 年多渠道落实有价格优势的进口煤近 400 万吨，节约成本近 7000 万元；与山东能源、兖州煤业、阜新矿业等煤炭企业签订长协合同超过 1000 万吨，巩固了供应主渠道；通过对标分析优化运输方式和供煤区域，开辟铁路运输新通道，着力推进陕西、内蒙古等地有价格优势的外煤入鲁；通过供应商对标分析及时取消重点合同代理商 13 家、清理中间供应商 76 家，优化供煤渠道，进一步发挥华能山东公司整体控价优势，增强市场控制力。

开展机组运行实时对标。通过机组运行实时对标，深化能耗指标创优，强化机组经济调度及备用管理，减少启停次数，优化指标水平，2013 年，华能山东公司通过统一的耗差分析与指标竞赛系统，把耗差分析引入运行指标管理，实现了经济小指标考核“权重可调、动态调整”的管理思路，有效降低机组能耗水平。

三是实现绩效目标的动态调整和动态考核，促进完善绩效管理机制。通过合理设置考评指标，严格规范考核程序，强化考核结果运用，对于各项绩效考核不仅科学量化，而且明确细化。加强日常经济调度，实行日分析、日通报、月考核制度，并相应完善工资绩效挂钩机制。

在效益调电考核中，火电机组按 60 万、30 万、20 万、20 万以下等级分别进行考核，对于单位发电边际贡献介于 0～30 元/千千瓦时、30～50 元/千千瓦时、高于 50 元/千千瓦时的机组，按照比山东省统调公用同类型机组平均利用小时数高出的利用小时数折合的电量，每多发或少发 1 度电，分别实施相应的奖励和扣罚，奖罚额度按月进行调整，保证公司整体电量计划目标的实现。在效益调煤考核中，每月根据外部市场情况，动态调整并下达各电厂采购标煤单价的绩效目标，电厂实际完成采购标煤单价低于或高于绩效目标则实施相应的奖罚措施。在“两个细则”考核中，借助数据中心平台获取相关数据，实现区域内所有机组的两个细则考核分析，通过相关数据分析查找设备问题，完善功能，提高设备的可靠性和机组调节性能，优化机组减低调峰能力，并在线监管运行人员规范运行操作，减少发电计划偏差。

（四）深化在线经营管理应用，促进公司实现整体利益最大化

1. 开展经营预测分析，准确应对内外部环境变化

通过实时掌握生产经营状况，全面开展经营预测分析，支撑管理决策的实时性和预见性。依托在线经营管理平台全面开展旬和月度经营预测分析，按旬和月度对生产经营指标进行滚动测算，自动汇总测算数据，并结合实际完成情况开展对比分析和敏感性分析，以此为依据调整预算数据。依据经营预测结果，一方面及时调整经营策略以应对环境变化，通过进一步完善绩效目标测算，提高预测的及时性和准确性。另一方面确定各电厂后续的经营绩效考核目标，并作为 ERP 系统中预算限值开展预算控制。对于目标限值的设置是弹性的，对于已确定目标限值的管控是刚性的。例如各电厂每月下旬根据下月发电计划及机组检修计划，结合历史数据分析，确定下个月度的经营效益测算，并通过在线经营管理平台上报公司，包括生产、燃料、财务、人资、营销等相关指标，经华能山东公司调整审核后确定为各厂下个月度经营效益考核目标。经营效益测算数据作为 ERP 系统中相关预算控制的依据，通过 ERP 系统对各厂四项费用、财务费用等进行在线控制和预警，并对超出预算的指标制定相应的考核标准。

2. 通过优化资源要素配置，实现整体利益最大化

华能山东公司制定实施了《效益调电与效益调煤考核暂行办法》，效益调电把边际贡献的高低作为衡量发电多少的重要标准，鼓励边际贡献高的机组多发电，边际贡献为负的机组在保证供热和安全的情况下少发或不发，对在电量优化工作中转出电量的电厂给予奖励，效益调煤则围绕提高发电效益，有效控制煤炭采购价格。

借助在线经营管理平台，监控公司全部 61 台发电机组的机组容量、批复电价、发电量、上网电量、负荷率、利用小时等发电相关指标，同时分析标煤采购单价、单位燃料成本、耗用标煤单价等燃料相关指标，实时测算公司整体和每台机组的单位边际贡献。监控单台机组的单位边际贡献和利用小时的关系，作为机组间计划电量调配转移的基础依据，结合各台机组计划电量、检修计划和运行工况效率等内外部多种因素，分析电量转移的可行性，测算电量调整对公司整体边际贡献的影响，判断最佳调电方案。加强整体电

量计划统筹,科学安排计划进度,抓好机组间、厂间电量优化调配,并建立相应的电量转移奖惩机制,鼓励并奖励效益机组多发电,补偿因调电减少发电量的低效机组损失。同时通过在线经营管理平台对采购标煤单价内外部对标、计划兑现跟踪等分析,结合电厂燃料进、耗、存和量、质、价等多种因素的综合分析,在保持各厂合理库存的基础上,发挥燃料公司平台作用,统筹资源和运力,加大经济煤种掺烧,强化公司层面整体煤炭成本控制以及市场控制力,有效降低耗用标煤单价,保障效益机组发电用煤,最终实现华能山东公司效益最大化的目标。

三、发电企业基于一体化信息平台的在线经营管理的效果

(一)在线经营管理实现了企业管控模式的根本转变

在线经营管理实现了公司整个生产经营活动的决策、计划、组织、控制、协调、激励等一系列任务目标,通过信息化手段全面在线、实时开展、动态管控。改变原有事后分析的管理模式,实现在业务管理过程中进行有效、动态控制;改变原有相对孤立的专业管理模式,实现各专业协同一体化管理;改变原有各电厂独立管理模式,实现公司生产经营管控一体化。在线经营管理有效提升了企业对形势变化和市场需求快速灵活响应的能力,强化了对资源要素优化配置和高效管理的能力,有力支撑公司经营模式从电厂个体效益最大化向公司整体利益最大化的转变。

(二)取得了显著的经济效益和环境效益

华能山东公司通过在线经营整合公司资源,实现规模效益,提高管理质量,降低经营成本,"开源"、"节流"相得益彰,取得了显著的经济效益。2012 年,华能山东公司同比减亏增利 43 亿元,实现 EVA 同比增加 40 亿元;2013 年,同比增利 21.84 亿元,实现 EVA 同比增加 23.49 亿元,净资产收益率达到 21.06%,高于考核目标 12.89 个百分点。华能山东公司在取得经济效益的同时,在节能减排、环境保护等方面加大投入力度,积极开展供热改造,大力开发新能源发电,持续优化能耗指标,深入推进环保工作,努力促进经济与环境的和谐发展。

(三)有力促进了企业盈利能力、竞争能力和可持续发展能力的提升

华能山东公司通过经营管理体制和机制的转变,构建价值创造型企业,公司盈利能力大幅提升,反映企业竞争能力、持续发展能力水平的指标呈现倍数增长态势。劳动生产率显著提高,2013 年全员劳动生产率为 113 万元,人均实现利润 20.37 万元。相对 2012 年,2013 年营业利润率由 2.36%增长为 10.09%,资本收益率由 4.62%增长为 14.94%,资本回报率由 1.41%增长为 4.72%。华能山东公司整体经营及发展绩效水平在华能集团居于领先地位。

(成果创造人:王文宗、刘鲁清)

城市公交企业实现方便、快捷、安全、优质服务的智能化管理体系建设

无锡市公共交通股份有限公司

成果主创人:公司董事长张保国(右)、总经理陈国富

无锡市公共交通股份有限公司(以下简称"无锡公交")成立于1956年,是无锡地区最大的从事城市公交客运的大型国有股份制企业,具有日均运客120万人次的服务能力,承担无锡市85%以上的公交客运量。目前经营公交线路159条,营运车辆2200台,从业人员5454名。截至2014年5月底,日均运客94.76万人次,单日最大客流111.8万人次,日均营运班次9600个,日均营运里程35.7万公里。

一、城市公交企业实现方便、快捷、安全、优质服务的智能化管理体系建设的背景

(一)优先发展智能公交系统适应智慧城市建设的需要

2008年以来,无锡市政府连续出台两轮公交优先发展三年行动计划,明确要求公交行业要依托科技手段加快建设公交智能化系统,以解决城市公交发展相对滞后于城市发展进程所带来的城市交通拥堵、环境污染和事故频发等突出问题,并明确要求加大对公交企业开展科技创新、实施智能化建设、打造绿色环保公交的支持力度。通过实施智能公交管理体系解决大、中城市目前普遍存在的交通拥挤、交通事故频繁和环境污染等问题已成为一种共识,是实现城市可持续发展,建设智慧城市的必由之路。

(二)满足市民日益增长的对公交服务质量提升的需要

近年来,随着无锡城市经济的快速发展和城乡一体化进程的加快,市民对公交产品的需求越来越高,并且日益呈现出多样化、具体化的趋势,市民对公交出行质量的要求与公交服务产品的供给能力之间的矛盾逐步凸显。传统的城市公交科技应用不足,管理理念和方式方法陈旧,已无法满足市民乘客新的出行和服务需求,特别是在便捷出行、信息服务、绿色环保等方面的需求。建设城市公交智能化管理体系,推进城市公交技术和管理创新改革,围绕提供更加方便、快捷、安全、优质的公交产品和服务,已逐渐成为城市公交行业的共识,是满足市民乘客日益增长的公交出行需求的必要条件。

(三)提高公交企业的管理水平、实现现代化管理的需要

在现有公交资源下,充分发挥城市公共交通在城市交通系统中的作用,实现资源的最大化利用,是公交经营发展中重点思考的问题。城市公交企业要变革传统的管理方式,努力提升管理水平,实现企业管理的现代化。无锡公交必须加快实施公交智能化管

理系统建设，以“主动服务”、“创新管理”为目标，以提升社会效益和内部管理效能为方向，将智能化系统建设作为核心抓手，充分依托科技的力量提升公交的管理能力、服务能力和资源整合能力，实现对人力、车辆、线路、班次等各种企业内部资源的信息化管理，并在公交企业与广大市民之间架起实用、高效的信息化服务桥梁，有效实现与广大市民公交出行的服务互动，实现以智能化科技应用为主导的企业组织变革、管理革新和效益提升。

二、城市公交企业实现方便、快捷、安全、优质服务的智能化管理体系建设的内涵和主要做法

无锡公交智能化管理体系是基于动态公共交通信息实时调度理论和实时信息发布技术，利用国内物联网领域普遍运用的技术构建的计算机综合管理信息体系。该体系总体分为营运调度平台、ERP 资源管理平台和电子服务信息发布平台三大平台，包含智能调度、场站及车辆视频监控、人资管理、财务管理、机务管理、物资管理、安全管理、服务管理、IC 卡加油管理、OA 办公系统、场站互助查询系统、分析决策管理等 12 个子系统。其中营运调度平台是整个管理体系的基础，ERP 资源管理平台和电子服务信息发布平台分别服务于公交企业管理革新和对外信息服务创新。通过三大核心平台建设，结合城市公交的运行和管理特点，达到有效提高车辆运营效率和效益，提升公交管理能力和服务水平，为乘客提供更加方便、快捷、安全、优质服务的目的，在同行业中起到良好的示范作用，为无锡智慧城市建设做出贡献。主要做法如下：

（一）确立思路目标，多管齐下保障步骤

1. 总体思路目标确认

无锡公交智能化管理体系建设的总体思路和目标是，以主动服务和管理革新为导向，以实用、适用、有效为方针，充分利用国内物联网技术等先进科技手段，在努力争取政府支持的基础上，通过技术革新推动管理创新和服务创新，有效提升公交运营的科学化水平和公交综合管理能力，完成对传统公交管理模式有效变革的同时，实现为乘客提供更加方便、快捷、安全、优质服务的最终目标。

在近期建设目标设定层面，把有效提升公交运营的科学化水平和综合管理能力、实现对传统公交管理模式的有效变革作为目标。具体包括：一是提升优化公交线网决策的科技水平，满足市民日益增长的出行量的需求；二是推进公交内部管理改革，优化公交资源配置；三是有效缩短管理半径，实现组织的扁平化和管理模式、制度、流程的革新。

岛屿式多功能智能站台

在新技术应用和实施层面，创新整合运用 GPS 定位技术、GPRS/CDMA 无线通信技术、GIS 地理信息系统技术、计算机网络和数据库技术、互联网技术、电子控制技术等。为确保数据的可靠采集，无锡公交除采用普遍使用的智能技术外，创新采用射频识别（RFID）、GPS补偿等多种技术手段共同保障，GPS定位精度小于等于15米，在GPS无信号或盲区的情况下自动切换到辅助定位设计，确保数据的准确性和传输的及时性。

2. 总体规划分步实施

从整体上对项目建设进行规划设计，把项目建设分为硬件平台搭建和ERP系统建设两个大的阶段，整体系统建设跨度为三年，分为测试选型、试点运行、全面推广和深入应用四个阶段，并进行多番论证，以确保项目规划的可行性和有效性。项目建设以"实用、适用、有效"为指导方针，按照驾驶员"少"参与、调度员"全"参与、安管人员"标准化"参与、管理人员"数字化"参与的原则组织实施，在建设过程中及时删减不适用、相对复杂的"花架子"。在进行系统设计过程中，围绕无锡公交在运营和管理中的实际情况，切实解决企业面临的一系列生产管理问题，强调系统的可操作性，确保系统的实用性。考虑到公司长远的发展和未来技术的变革，在系统设计的过程中预留接口，为公交信息化管理平台的建设奠定基础，将信息技术嵌入公交服务业，实现智能化和网络化，促使其向现代服务业改造升级。通过对企业运营、维修、管理等业务流程持续不断地改革、调整、提升，实现企业所有资源的最佳规划和运用，使无锡公交经营进入全新的精细化管理时代。

3. 政府支持高层主抓

智能化管理体系建设是建设智慧无锡的重要组成部分。2009年以来，无锡市政府投入专项资金扶持公交智能化管理体系建设，并组织协调交通运管、规划建设、公安交警等多部门支持配合，为无锡公交智能化管理体系项目建设创造良好的环境。同时智能化管理体系是系统工程，必须要建立以企业一把手主抓的组织体系，全员动员发动，统一思想、统一步调，全员参与建设。系统建设和科技化手段的应用对一线操作和二线的管理都提出了新的要求，必须要按照不同的层次进行全员培训。配套智能化项目建设，必须及时建立健全配套管理制度、机制和工作流程，建立完善新框架下的新秩序。

（二）调整组织结构，优化运营制度流程

1. 改革组织结构

无锡公交逐步推进企业内部扁平化管理，缩短管理通道，打通公交点多、面广、分布不均的管理瓶颈，推动企业内部绩效考核、运修分离管理及安全、营运、机务、服务、人力资源、财务等综合管理机制改革，实现科学化发展。公司将原有的总公司－分公司－车队管理的三级组织管理结构，改进为总公司－分公司两级管理结构，取消了车队层级的管理，成立了线区，每个线区负责特定几条公交线路的调度营运，提高了信息传递效率，减少信息损失。车辆调度的计划安排由原先各车队调度员的手工排班，改进为各分公司的总调度员排班，并录入到营运调度系统中，减少因调度员个人因素而出现的排班不合理现象，同时能够及时发现问题，大幅度提高管理效率。在线区组织结构管理改革成功的基础上，公司逐步改革机务管理体系，实施"运修分离"改革，打破原有的一个分公司一个保修厂的组织架构和管理体制，通过内部结算，把营运板块变成维修板块的内部客户，整合维修资源，提升机务保障质量和应急响应能力。

2. 完善相关制度

公司营运、安全、机务等主要职能部门对各项业务管理流程进行梳理再造，相继发布《流程管理手册》，实现对公司经过多年积累形成的各类管理制度和工作流程的修订完善目标，推进智能化项目建设。立足公司管理流程体系，公司拓展公交智能化系统配套功能，保障系统与流程的匹配，系统配套功能的应用在公司安全、服务、营运、人力资源、财务、物资、办公自动化、分析决策等常态管理、精细化管理中发挥积极作用。

3. 核心流程再造

公司对核心的业务流程进行梳理，确立主要业务流程为计划编制、资源管理、实时调度、实时监控和统计分析。其中计划编制主要指根据历史数据和客流分析，确定行车计划的发车时刻表，制定配车指标和发车指标，根据指标制定行车计划，结合每日的可用车辆和人员资源制定当天的配车排班表。资源管理包括劳动力考勤管理、车辆投放管理、班次执行管理等动态资源管理。实时调度包括按照行车计划和配车排班表自动建立发车队列，根据实时获取的车辆、人员状态信息，在必要的情况下调度员调整发车队列，在紧急情况下提供应急调度。实时监控包括利用车辆识别、GPS定位、移动通信、GIS等技术，为实时调度系统提供实时、准确的车辆和线路的营运信息，给调度员提供远程监控和指挥能力。统计分析包括生成各种统计报表，计算和分析各种营运指标，与营运计划指标进行比较，并对报表进行显示和打印，为进一步改进和完善营运管理提供参考。同时，为保证各项核心业务流程高效有序运行，公司编制了配套的支持性流程。

(三)搭建三大平台，构建智能管理体系

1. 公交营运调度管理平台

公交营运调度管理平台由营运调度、营运监控、计划排班等子系统组成，是进行实时监控、运营调度、安全监管、营运分析的管理信息系统，在运营监控、科学调度、应急指挥、运力安排、信息沟通等环节发挥主导作用。公交营运调度管理平台实现了运调管理的自动化，采用计算机快速计划编排、自动汇总统计、集中调度业务模式、远程应急指挥调度、电子站牌发布、车辆实时运行信息等措施，提高劳动效率和工作质量。智能化系统记录所有车次的班次执行数据，并自动进行分类统计，营运调度部门可以利用这些数据进行发车准点率的分析，了解线路每车次运行实际，掌握不同时段客流变化趋势、各站点的客流分布情况等，为科学合理地安排班次提供了可靠的数据支撑。

同时在平台上还可以实时可视化营运指挥，提高运行效率，加强运行监管力度，及时了解各线路班次计划的实施情况；系统有自动违规检测提醒，通过建立驾驶员自我约束机制，提高驾驶员安全行车意识，减少安全隐患；违规行为稽查分析，可以提供考核取证手段，从制度上强化安全管理，同时系统还能自动监测车辆分时分段超速、滞站、越站、早晚点、不规范停车、越线行车、越界行车等各种违规现象，不仅加强了营运过程的监管功能，同时为绩效考核提供了依据。

2. ERP综合业务管理平台

ERP综合业务管理平台包括系统管理、营运管理、票务管理、机务管理、物资管理、人资管理、安全管理、服务管理和报表系统9个模块，分别对各个业务条线进行标准化、流程化管理，并把积累的数据按权限进行分享。高性能实时信息交换平台支持大规模、多用户并发处理，适应营业调度、非营运调度、异常调度等各种复杂的营运业务处理；弹性组织结构满足小到一个线区、大到全公司的管理需要；不同级别、不同部门的用户可有不同的权限，保证业务和数据安全；支持业务扩展（车辆、线路等），满足总体规划、分步实施的需要；软件采用模块化设计，可按需实施更新、升级、优化。

3. 电子信息发布管理平台

公交电子信息发布管理平台主要由公交全网段短信查询系统、公交手机APP软件查询系统、互联网查询系统和电子站牌四个系统组成。查询系统及内容主要包括：利用计算机或智能手机通过公交网站或公交手机APP软件查询公交出行导乘和换乘信息，利用手机短信功能查询公交运营车辆到离站信息，公交电子站牌显示公交车辆实时运营信息以及公交服务热线，提供及时服务信息等。平台的建设充分运用智能手机和互联网快速发展的特点，既整合手机短信和互联网的应用，还融合智能手机等智能设备的应用，将公司智能化应用的成果通过互联网、手机、电子站牌等方式发布，惠及广大市民，倡导低碳绿色公交出行。乘客可通过多种途径获得所乘线路的车辆运行信息、精确站间距等情况，缩短候车时间。在手机查询服务上，无锡公交采用与移动、电信、联通“三网合一”模式，信息覆盖面更广，实现数据信息的共享和交流，清理了数据孤岛，保证使用不同网络供应商的用户都能及时有效地查询到相关的公交信息。手机客户端包括安卓版本和苹果版本，目前系统运行稳定。自2012年投用以来，总查询量已接近10亿人次，日均超过400万次，使用至今未发生一起因公共信息发布平台出错而导致的有责投诉。

（四）实施体系管理，提升管理服务水平

1. 科学运调，实现方便快捷出行

公司对公交线网体系进行综合分析，查找线网覆盖盲点、盲区和薄弱环节，对照城区300米、郊区500米范围站点覆盖要求，不断优化线网设置，形成“快线、干线、支线”三级立体化线网。针对部分小区距离主干道较远的实际，开通小区巴士支线，针对潮汐客流研发“定制公交”系统，推出“定制公交”专线，满足市民乘客“个性化出行”需求。对ERP系统生成的客流分布、营运间隔时间等基础数据进行综合分析，科学制定线路班次排班计划，合理设定高峰平峰、节假日、雨天等不同的班次计划，通过运调系统实时监控线路运营动态，及时调整班次间隔，确保线路均衡运营，提高班次的准班准点率和针对性，满足乘客快捷出行需求。

2. 现场管控，实现安全有序运营

公交智能化管理体系的实施给公交安全管理重心下移、关口前移提供了有效支撑。一是依托车载GPS实行公交限速，同时通过对各线路运营的安全因素进行整体分析评估，在此基础上推行“安全行车五慢项目管理”（即进出站要慢、转弯过程要慢、经过人行横道线要慢、通过路口要慢、遇有情况提前要慢），并通过车载系统对行车速度进行实时控制，运营车辆限速50公里/小时，进出站、转弯、斑马线限速30公里/小时，为安全行车提供保障。二是实施车载视屏监控，实时监督驾驶员的安全操作行为，利用车载设备的自动违规检测提醒功能，对驾驶员超速进行实时提醒，建立驾驶员自我约束机制，使驾驶员瞬间超速总量由原先的日均2500多次压降至日均10次左右。同时利用车载视屏开展反扒、反恐、防暴监控，对极端破坏行为形成震慑，确保公交车辆运行安全有序。三是实施场站、油库等后方安全重点区域视屏联网全天候监控，并在此基础上开发实施"巡更"系统，确保公交运营后方安全。

无锡公交将车辆管理纳入公交智能化ERP系统后，对车辆基础信息、主要部件的使用周期、总成件维修、发动机和轮胎的使用管理、故障报修、维修检验、燃料材料费、轮胎费用消耗及考核等各项作业指标进行动态跟踪管理，实行"一车一档"，实现精细化管理，提升车辆管理的控制水平和能力。同时通过系统的在线监控和速度监控功能及时纠正驾驶员的行车习惯，避免和减少急刹车操作，增强现场管控能力。

3. 信息互动，实现优质高效服务

公司专门组建成立了乘客服务部，扩容公交客服中心，建立起一整套公交服务质量管控和客户服务体系。依托公交智能化信息发布平台，公司建立了服务质量月报制度，定期分析服务缺陷和不足；建立客户投诉处理流程，确保一周内回复乘客诉求；建立服务等级奖考核制度，增加服务考核在驾驶员绩效考核中的比重，同时定期开展服务质量月、免检线路评比等活动。对外，加强与市民乘客的服务互动，广泛开展"公交进社区、进校区、进园区"等活动，大力宣传公交智能化管理体系建设和应用的相关信息，重点倡导和指导市民乘客正确下载和应用相关公交服务信息查询系统或软件，积极引导低碳绿色出行。此外，依托智能化管理体系完善公司"巴士信息服务网"功能，在公交官网上建立公交失物招领和信息发布平台，为市民乘客提供出行增值服务。

（五）加强人才培养，提升从业人员素质

1. 结合智能化要求制定人才战略

无锡公交同步制定《人才队伍建设三年行动计划》，大力开展人才引进和培养工作。每年初制定当年度具体的人才培养计划、方案，组织落实、实施，针对专业管理和重要技术岗位人才，确立"培养一批、引进一批、储备一批"的企业可持续发展人才战略，通过建立重点员工群体的职业生涯规划，促进企业人才的适岗适用和快速成长，为推进公交智能化管理体系建设和应用，提升公交整体科学化管理水平，加快公交企业管理现代化做好人才储备，提供坚实的人才队伍保障。

2. 走出去、请进来并行的岗位轮训

公司对全体管理人员和相关技术人员进行三级岗位轮训。对管理团队的培训侧重于智能化管理体系建设的战略理念和系统知识的培训，重点提升战略思维能力和应对新技术、新手段变革的适应能力，对专业技术人员采取"走出去、请进来"的方式开展相关信息建设、应用技术能力的培训，其中"走出去"主要是组织公司的专业技术骨干到国内外公交智能化应用先进城市、科研院所和公交智能系统研发单位进行学习交流；"请进来"主要是邀请专家到企业开展面对面培训。

3. 强化教育，提高驾驶员综合素质

公司通过ERP综合管理平台对相关营运安全数据进行系统的总结分析、提炼固化，用数据发现安全隐患，用数据总结事故规律，有的放矢地开展驾驶员安全教育，显著提高驾驶员遵章守纪、安全行车的职业意识。公司印制《驾驶员安全手册》，分别在“驾驶员职业道德、安全行车规定、违章管理、交通事故处理、事故案例剖析、常见交通标识、常用电话号码、趣味安全名言”八个方面，有针对性地对公交驾驶员开展教育，同时鼓励员工积极对公司智能化体系在安全管理中的应用提出建议和意见。

公司为缓解一线驾驶员对智能化体系实施、应用中采取实时监控、超速提醒等新的管理手段和措施的紧张、焦虑情绪，采取脱岗轮训的方式对全体驾驶员进行全员培训。一是由公司高层和技术人员介绍和指导车载智能设备和场站机的功效、作用和使用方法，宣讲信息化、科学化管理的意义，打消驾驶员的抵制心理；二是邀请知名心理专家对一线驾驶员进行以“情绪与压力管理”“生活保健知识”等为主题的轮训，培训方式多为开放和互动模式，教学与研讨相结合，强化案例教学、实证引导和现场沟通。通过系统培训，公交一线驾驶员对公司建设和实施智能化体系的认同度、支持度、融入度大幅提高，自身的科技素质明显提升，为智能化管理体系的顺利实施、正确应用提供了坚实保障。

（六）加强文化建设，营造创新管理氛围

1.“报刊网板”结合的文化宣传策略

在公交智能化体系建设、推进过程中，公司十分注重企业文化建设工作，特别是加强创新文化氛围的营造和灌输。公司以“让市民满意、让政府满意、让员工满意”为使命，以“科学化发展、人性化服务、精细化管理”为核心价值观，全力打造“一报一刊一网一板”文化宣传阵地。其中，《无锡公交报》重点报道一线经营管理创新和优质服务举措；《无锡公交文化》期刊重点面向管理团队，宣传公司智能化建设、管理创新和服务创新案例；“巴士信息服务网”是公交对外服务的门户网站，向市民乘客提供公交出行信息服务的同时，打造乘客失物招领平台、公交大数据应用等功能，为市民乘客提供更多更好的公交增值服务；《文化宣传看板》贴近一线生产，重点宣传公司智能化建设动态、方针政策和各类生产生活信息。

2. 依托 OA 系统的安全文化网络平台

公司依托 OA 办公系统精心打造无锡公交《安全文化社区》网络平台。平台融合每个基层单位的安全动态、管理措施，及时发布行业内及国内外重大安全新闻、国家相关法律法规等内容。为提升安全警示和安全教育的实效性，公司及时在平台上传发布各类安全事故的模拟情景演示和事故分析，既可供各级人员随时调阅、浏览，开展交流学习或安全培训，又实现了内部安管人员、驾驶员之间的沟通交流和资源共享。公司制作的“安全就是幸福”系列宣传教育视频深受广大安管人员和驾驶员的好评。

3. 打造智能化体系下的创新管理文化氛围

公司在公交智能化管理体系实施、推进过程中，健全、完善公司员工学校、分校两级培训体系，除在公交智能化实施、应用初期开展大规模、全员化的集中培训外，公司在此后的进程中，着重加强新员工岗前教育和后进员工的强化教育。

公司积极打造基层标准化线区和标准化调度站建设，结合公交智能化的建设和应用，采用软件、硬件并举，科技、人文同步的方式，致力提升员工的综合素质和公司的综合形象。倡导开展“首问式”服务，党员、志愿者“帮助他人、快乐自己”等活动，对“规范进出站”“人性化服务”“摒弃驾驶陋习”等理念进行新的诠释和宣传，开展“我与公交智能化”征文、“有奖合理化建议”等活动，打造智能化体系下的创新管理文化氛围。

三、城市公交企业实现方便、快捷、安全、优质服务的智能化管理体系建设的效果

（一）管理现代化水平得以提升

智能化管理体系的构建与实施，为优化公交线网结构、整合公交线网资源、提升线网的有效覆盖提供了全新的视角和手段。通过智能化系统的数据累积，对公交区域线网和整体线网优化提供了更加科学、精确、及时的决策依据。随着公交智能化系统的深入推进，特别是ERP综合管理系统的深化应用，公交智能化系统已经深入影响公交营运管理的各个方面。系统在营运调度指挥实用性、系统设计理念、ERP功能设计应用、软硬件稳定性、营运系统可操作性、数据分析及配套系统设计等环节取得阶段性成果。ERP综合管理平台已在安全、机务、营运、服务、人力资源、财务、物资管理、办公自动化、分析决策等常态管理和精细化管理中得到全面推广使用。在经营决策上，营运数据资源高度整合，逐步形成有效的数据环链，为公交线网优化、管理创新、决策分析等奠定了科学基础。同时，配套ERP综合管理平台的建设和应用，全面梳理完善各项业务流程、管理机制和管理制度，提升了公司整体科学化管理水平。

（二）运调安全和服务质量成效明显

智能化管理体系的建设，使公交企业安全管理手段得到有效丰富，大幅提升了企业的安全管控效能，通过多手段、多方位、多层次的监督管控，驾驶员的安全意识得到显著增强，违章操作、违章行为、安全隐患等明显下降，企业安全管控效果显著提升。2013年与2009年相比，无锡公交事故频率、事故数量同比下降37%以上，交通事故死亡人数同比下降55%，千车公里事故费用同比下降35%。在此同时，公交智能化系统的运用显著提升了无锡公交的服务质量，市民满意度不断攀升，2013年满意率达到99.8%，2013年被评为无锡市人民满意基层单位，有力提升了无锡旅游城市的形象。

（三）推动智慧城市建设

无锡公交智能化管理体系的构建与实施，促进公交服务业向高级化阶段发展，推动公交服务由传统服务业向现代服务业转型。在公交智能化管理体系建设、实施过程中，无锡公交与交通、公安、信息管理部门联动，公交运营信息和公交服务信息实现共享，受到无锡市委、市政府的高度肯定，无锡市交通运输局、公安局、安全生产监督管理局以及节能监察中心等多家单位给予较高的管理效果评定。2010年以来，已有100多家国内公交行业主管部门和公交企业来无锡公交学习交流智能化系统建设经验，为全国多家城市公交企业提供了有益借鉴。2013年无锡公交获得“全国交通运输节能减排贡献企业”荣誉称号。

（成果创造人：张保国、陈国富、张　欣、巫昌文、唐熠来、
华志新、王　寅、朱建国、魏晓燕、高强飞）

装备制造企业基于全面信息化的精准管理

河北冀凯实业集团有限公司

成果主创人：公司董事长、总经理冯春保

河北冀凯实业集团有限公司(以下简称“冀凯集团”)始建于1992年，总部位于石家庄国家高新技术产业开发区，拥有国内外子公司5家，其中上市公司1家，在澳大利亚和泰国分别设子公司1家。冀凯集团主要从事煤矿机械装备、金刚石制品、大型精密铸件的研发生产和销售。2013年，职工总数1280人，总资产11.7亿元，销售收入9.89亿元，利税2.17亿元，人均收入达到6万元。

一、装备制造企业基于全面信息化的精准管理的背景

(一)应对激烈市场竞争的需要

2013年以来，全国煤炭用量急剧下滑，产能过剩，库存积压严重，煤炭价格大幅下降，很多煤企处于亏损状态，直接影响煤机企业的发展。主要表现为煤机订单大幅减少、价格下降、资金回笼慢，以物抵物现象频繁发生。金刚石工具行业具有投资成本小、进入门槛低的特点，虽然做成出口的技术级别并不容易，但是很多小工厂和小作坊在国内以低廉的价格恶性竞争，而且以赊销和铺货为前提。冀凯集团深刻意识到企业要具备较强的抗风险能力，必须保持较高的利润水平，走质量效益型发展道路，使企业的发展由外生变量转化为内生变量。

(二)改变企业粗放管理的需要

自冀凯集团成立到2002年，一直采用传统的管理手段，随着企业规模的扩大和业务量的增加，企业开始借助信息化手段进行核算，尝试性的购买了某商品化软件的总账系统，后来又陆续购买了进销存模块。为满足企业管理的需要，企业又开发了人员考核模块等多个小模块作为外挂软件。这些信息化系统帮助企业解决了部分问题，但是由于是局部应用，信息化的作用没有显现出来，企业效率始终徘徊不前。

(三)实现企业管理变革的需要

冀凯集团先后购买了ERP(企业资源计划)、PLM(产品生命周期管理)、OA(办公自动化)、MES(制造执行系统)等多个孤立的单纯解决单方面问题的软件。而且还开发了多个外挂软件，各软件之间信息不能共享，影响企业效率，困扰企业发展，企业迫不得已通过招标的方式勉强实现了ERP和PLM简单集成。但是由于受到技术方面的制约，不

同软件之间的接口是通过过渡环节进行的，易用性较差，运行效率仍然不理想，企业一直没有找到更好的技术上的解决方案。于是企业通过多种途径吸引各方面人才，组建了自己的研发团队，经过不懈努力终于开发出实现企业精准化管理的一体化管理软件。

二、装备制造企业基于全面信息化的精准管理的内涵和主要做法

冀凯集团根据“现代化、国际化、高端化”的企业发展目标，结合装备制造企业的特点，以一体化信息平台为支撑，通过梳理整合管理制度、再造业务流程，建立价值核算和分配管理体系，搭建一体化信息管理平台，将企业内所有人员、所有物料、所涉及的每项业务以及每项业务的整个流程都纳入信息化管理范畴，实时反映每个人创造的价值、每件物料所处的状态以及每项业务所处的阶段，通过全面信息化手段实现企业精准化管理的目的。主要做法如下：

（一）明确精准管理体系构建的思路和组织领导

所有业务实现全面信息化：实现横到边，信息化范围要涵盖企业所有业务，所有业务活动均需在信息化系统中留下痕迹；实现竖到底，信息化深度要能支撑管理力度精准化的需求，能实时反映每个人创造的价值；共享一个信息平台，企业的所有数据，要做到“一次录入、全程共享、自动勾稽”，数据在原始信息采集点一次自动采集完成，信息系统自动校验其勾稽平衡关系。所有功能要在一个统一的平台上实现。

管理力度实现精准化：实现价值核算到个人，对每个员工创造的价值，实时进行精准化核算。

实现实物管理到单件：要对每个物料、零件和产品，记录其从进厂到消耗或出厂直到报废的全生命周期的各类管理信息；实现实时出具各类账表，企业外部和内部的所有经济行为，均需实时自动记账，财务账表和内部价值核算账表，要能实时反映企业经营的真实信息，为及时决策提供科学、准确依据；实现事事有人管，对企业所有业务活动，均对应一个流程，并固化到信息系统中，明确流程的各个节点和责任人，责任人不作为系统自动进行考核。

实现企业文化、企业发展战略和企业管理制度三位一体变革。三者相互依存、相互支持、相互促进。实现管理制度和管理软件无缝契合。管理制度规定什么内容，软件就实现什么内容，必须做到制度和软件的一致和同步，通过信息化手段对制度加以固化。实现管理制度的系统化。管理制度自身内容必须前后一致，不能相互矛盾，业务衔接必须通畅，无断点、无死角。

为创建和实施基于全面信息化的精准管理体系（简称体系），冀凯集团成立了专项领导小组，统一协调体系创建和实施过程中存在的各方面问题，制定规划方案，广泛征求各部门意见，集思广益，精益求精。

质检人员正在检测产品

（二）完善基础管理，再造业务流程

1. 梳理、整合管理制度

体系创建和实施专项领导小组的首要任务是收集整理各种文件、规定以及通

知等资料，按照全面信息化精准体系构建的要求重新整理和补充完善。

整理完善产品、物料、固定资产、组织机构和人员信息。专项领导小组首先对产品、物料、固定资产、组织机构和人员制定统一、清晰的编码规则。按照新的编码规则编制形成产品目录、物料供应目录、固定资产目录等。对集团内各公司的各个部门以及每位员工进行编码，明确各类编码的日常管理职责和管理程序。对应产品目录中的每项产品编制质量控制标准、标准工艺、现场作业工艺以及产品工艺定额。对应物料供应目录中的每项物料编制计划采购价格、质量控制标准等信息。

形成制度汇编，实现发展战略和管理制度一体化。经过收集、整理、补充和完善，汇编成册，形成《企业管理制度汇编》（简称汇编），所有管理制度的制定以发展战略为导向，实现发展战略和管理制度的统一，业务范围也更加全面，企业涉及的所有行为都纳入到汇编，真正实现全面、全员和全流程的管控，实现内容前后统一，业务衔接顺畅。

2. 调整组织机构，再造业务流程

将所有制度内容转变成业务流程，确定每个流程中涉及的业务节点，并给出每个业务节点所用的表单，并对每个表单进行编号。除此之外，任何部门、任何人设计的表单均为非法表单，不允许执行。按照重新设计的流程，对现有的组织机构和岗位做了大量调整，各部门之间的工作内容也做了大量调整，明确各个岗位的职责、岗位考核指标以及薪酬方案，完成所有人员的定岗定编工作。

经过业务流程梳理、再造，形成一级业务流程 12 个，每个一级业务流程由若干个二级流程组成，二级业务流程共计 187 个，在企业内部形成一张错综复杂但互不干扰、有序流动的流程网，使信息流和物流在水平方向和垂直方向顺畅流动。各流程融合了业务流、审批流以及权限配置等全部功能。整个流程非常清晰，各节点用到的表单一目了然，流程一旦启动，即纳入受控轨道，按照既定条件流转到执行人。贯通于整个系统的流程驱动和基于流程节点的考核，确保各项业务得以落实。

（三）推动信息系统集成和整合，建立一体化信息平台和软件系统

1. 搭建硬件平台

冀凯集团根据所有业务全面实现信息化、管理力度实现精准化的指导思想，成立了网络中心，新建了计算机机房，铺设了面向各使用终端的线路，为每个岗位配置了电脑，搭建了面向整个企业的局域网络。根据信息系统要实现的功能和目的向计算机硬件生产设备专业化厂家定制了终端操作设备，放置在生产现场操作者便于操作的位置，现场作业人员可以方便地通过终端设备完成各种操作，实时更新系统数据；在质检车间，购置了与信息系统相匹配的自动化检测设备，使检测数据能够直接进入信息系统；在库房和门卫定制了手持终端设备，手持终端与企业局域网通过无线技术实现信息的共享和交换；安装了指纹识别器，方便管理人员在信息系统上审批流程。

2. 构建一体化软件系统

冀凯集团成立软件事业部，组建了一支 40 多人的软件设计队伍，经过模块划分、功能分配、接口设计、运行设计、数据结构设计和出错处理设计等过程，将管理理念和业务流程转化成计算机语言，最终形成符合企业实际需求的一体化软件。该一体化信

息平台在设计之初就以全面信息化为宗旨，具有 ERP、PLM、MES、OA 等传统软件功能，信息可以实现一次录入、自动勾稽、全平台共享，彻底消除了信息孤岛，运行效率大幅提高。

(四)建立基于一体化信息平台的实时价值核算和分配管理体系

1. 建立细化到部门的利润创造和核算体系

按产品的运行轨迹将利润创造过程分成三个阶段，即采购阶段、生产阶段和销售阶段。在采购阶段，公司参考上年度每种物料的实际采购价格规定了每种物料的采购计划价，采购部门实际采购价格低于采购计划价就形成部门利润。同时规定，物料的采购计划价具有相对稳定性，如果公司采购的大宗物料市场价格出现较大波动，严重偏离采购计划价，对部门利润造成严重影响，经论证和严格的审批程序同意后方能进行调整。如果采购部门总是采购质次价低的物料，则不能通过质检部门的检测，重新采购合格产品造成计划延期，同样由采购部门承担延期扣罚；质次价低的物料即使通过了质检部门的检测，经用户使用后出现质量问题不但会由责任人承担造成的损失，还会根据质量事故的大小进行不同程度的扣罚。

在生产阶段，公司根据组成产品的各种物料的计划价和用量，结合公司的工资水平以及各种产品现有的生产工艺技术水平等因素，经科学计算给出每种产品的计划定额成本，生产部门通过技术改进，提高效率、减少浪费，使产品的实际生产成本低于计划定额成本则可实现部门盈利，反之，部门出现亏损。每个人每天的工作任务以及每项任务的紧急状况通过终端信息系统就可以查询，工人可以自主安排工作时间，每项工作做完以后，通过一体化平台的完工汇报功能，可以实时查看该工作的个人收入状况，是否出现延期和质量扣罚，扣罚金额等信息。

生产阶段完成后，产品就处于可销售状态。公司根据企业和产品定位，制定产品的定价规则，在产品计划定额成本的基础上加上企业目标利润就形成产品销售底价，公司目标利润扣除公司应承担的费用，例如职能部门、研发部门、质检部门等部门人员工资以及不能分摊到采购、生产和销售部门的车辆、水电、房屋折旧等费用，就形成公司内部核算利润，这个利润不是公司的最终利润。每项费用在录入一体化信息系统前都要明确承担部门或公司承担，系统会根据预先设定的记账规则自动归集到相应的部门或公司，整个过程完全由系统自动完成，不需要人为干预。产品在销售阶段，只要高于销售底价就是销售部门的利润，产品实际销售价格越高，为部门创造的利润就越多，当然，销售部门的最终利润要扣除部门产生的营销费用。销售的每笔业务在一体化信息系统记账前都要对应具体的销售人员、销售价格以及回款状况，为价值分配做准备。

2. 构建精准到个人的价值分配体系

冀凯集团在信息平台为每个人设立了独立账户记录每个人的收入和支出，核算出每天创造的利润，最终形成部门利润，根据每个人价值创造的多寡实行按劳分配，即实行分利机制，也就是在经营部门内部，由部分或全部员工自愿参与组成本部门的核心管理团队，模拟股东身份，通过自身努力实现部门经营利润最大化，从而创造计划外利润，并按照事先规定的比例以分红的形式分享所创造的额外利润成果，实现员工同企业共享经营成果的目的。参与分利机制的人员每月创造的利润不能全部发放，实行自负盈亏，每个人承担盈亏的比例即具体分配方案在年初需要按照规定进行批准、备案，未分配的空余权重收归公司。年终部门出现盈利，按照一定比例上缴公司后，按事先备案的分配方案进行分配。如果年终部门出现亏损，则不能分配。

(五)以计划管理为牵引，推动各业务管理的精准化、实时化

1. 基于信息系统构建涵盖全业务的计划管理体系

冀凯集团将所有计划分为生产供应链计划、项目管理计划和任务目标计划三大类，按照计划的作用又分成25种具体类型。详细规定了每种计划的应用范围、编号规则、编制方法以及执行程序和考核指标、考核方法，通过计划体系的构建，可以清晰地了解企业内部各种计划的运行脉络、执行进度、所使用的具体表单，而且所有计划全部在信息系统中编制完成，通过系统保障计划的实施。

冀凯集团通过计划体系，充分协调和优化整合企业内部和外部各方面可利用的全部有效资源，以计划为管理手段实现企业现代化、数字化、目标化管理目标，成为评价和考核每个业务部门、每个专业团队及所有工作人员工作方向、工作质量、工作业绩的主要依据，构建起涵盖全业务的精准管理体系。

2. 推进产品研发管理的精准化

确定新的产品定价规则。冀凯集团将传统定价规则改变为：产品售价一企业利润＝产品成本。产品售价由市场决定，单个企业无法改变产品市场价格；企业要实现的利润水平由企业确定，在较长时期内是固定的；产品成本是可变的。因此研发人员需要在产品设计的同时就知道产品的成本。通过一体化信息平台，产品成本可以随着设计的完成而同步完成，新研发产品达不到企业要求的利润水平就不能投产，研发人员必须进一步优化产品设计，不断创新，直到满足企业的利润水平。

确定研发产品的计划定额成本。冀凯集团在编制标准工艺时为各种工艺设定了计算公式，工艺工程师在产品标准工艺编制完成后，对工艺和产品结构进行集成，生成产品计划定额成本表，产品计划定额成本表集成了产品工艺定额和产品结构所有信息，包括所用到的主料、辅料、能源消耗、所涉及的工序、每个工序的工时用量等信息，产品成本随产品的设计完成而同步完成。当产品的设计阶段计划成本超出预期则需要重新优化设计，直到符合目标计划成本。这样便实现了产品成本的事前控制。

确定研发激励机制。冀凯集团为研发部门在信息化平台设立了专用账户，为每个研发项目设立了明细账户，准确核算每个项目的收支，研发项目预测年经济效益的20%作为立项奖由公司拨付研发组，其中12%为研发立项设计人员的立项奖，由项目组根据每个成员在项目中所承担的工作责任和工作量大小，把立项奖分解到人，按人考核，按人奖励。2%为研发立项工艺人员的立项奖，其余6%在扣除应由部门承担的费用后作为研发部门所有人员的年终奖励，年末在部门全体人员范围内根据年初备案分配比例及个人业绩考核结果发放。

3. 推进生产管理的精准化

完善生产精准化管理的基础工作。冀凯集团将组织机构从上到下划分为公司、部

门、二级部门直到最小作业单位，最小作业单位是各项计划任务实施完成的工作主体，一般细化到个人，也可细化为责任及利益划分都预先固化的两个以上人员组成的能够更好完成任务的、固定的、不可分割的最小作业组合；基础工作还包括编写现场作业工艺、生产物流作业指导书，制定更加详细、具体的二次分配方案，技术资料的建档、分发等。

通过信息系统实现生产过程中人、财、物的精确调度和管控。通过生产精准体系的构建，生产一线人员通过登录终端显示系统可以直接查看到自己当天的任务以及每项任务要求的具体完工时间；可以浏览每项任务所对应的图纸、要求的质量控制标准，需要领用的所有原、辅材料以及数量；也可以查看到所用到的工艺等信息；如果生产一线人员在生产现场出现影响工作的问题，可以通过终端系统提交异常反馈，并且针对各类异常给不同的环节设定不同的处理时间，在规定的时间不能得到解决，系统将自动提交到上一级，直至最高领导，使现场出现的异常得到及时解决；生产一线人员完成任务以后，通过信息终端系统提交完工汇报，系统将会根据完工数量和质量情况及备案的计件工资方案，自动统计计算并直接计入该一线人员的应发工资科目，同时，该项任务是否出现延期扣罚或质量扣罚，具体金额是多少，在系统中也会一目了然，每个人干多干少当天就能出结果，彼此之间可以起到激励作用，同时，生产人员第一时间得到扣罚信息，及时纠正错误，减少浪费。生产过程中的所有工作通过终端系统的一个界面完成，清晰地实现生产环节的精准管理。

4. 推进销售管理的精准化

做好销售精准管理的基础工作。一是编制产品供货目录。分情况编制成熟产品、试制产品、订单改制产品、订单定制产品、选装产品、代销产品、备件配件产品的名称、规格型号、图号编码、计量单位、重量、价格体系以及交货期等一系列完整产品信息。二是制定销售价格。根据产品种类、客户类别、销售批量、长期供应合同、付款方式等情况，制定产品价格体系，价格体系包括产品底价、出厂价、公开报价和产品售价浮动基准价，并制定浮动基准价的审批权限。三是制定销售费用考核方案。明确销售费用的来源、计提方法、风险控制、分配使用办法等。四是客户数据管理。主要包括客户目录、客户信用额度和客户编码管理。五是制定产品包装现场作业工艺和发运物流作业指导书。这是指挥和规范销售部门进行产品包装和发运工作的基础性文件。六是制定销售部门薪酬二次考核分配方案。结合部门自身情况制定更加细化的考核分配方案。

分解销售目标。把企业的销售目标细化分解到不同的产品和配件，具体的销售目标包括销售量、销售回款、市场占有率、市场推广率、销售费用水平、资金占用周期等七项指标，并规定了每种指标的具体计算方法。

建立保障体系。销售保障主要是制定和协调完成销售计划、保障产品销售供货以及与保障产品市场供应、实现与销售量目标相关的各项业务服务性工作。包括产品销售供货管理、代储代销管理、销售退货管理、产品售后服务管理、技术支持管理、产品市场宣传策划管理、产品推广管理、产品试用管理、招投标管理以及考勤、培训、用车、接待等日常管理，都要制定详细的措施。

制定销售风险控制方案。主要制定了赊销风险度、信用额度控制方案，同时还加强了销售合同、呆坏账考核、物流风险、货到付款等销售方面的风险控制方案。

加强考核力度。一是增加销售量指标。主要包括销售量年增长率达成率、销售量目标达成率、产品市场占有率达成率、产品推广计划达成率等。二是保障交货期指标。主要包括销售订单达成率、月度生产计划准确率等。三是控制营销风险指标。主要包括产品发货签回单备案及时率、形成呆坏账的责任人月息扣罚等。四是售后问题处理控制指标。售出产品质量问题处理结果客户满意率、退货处理及时率等。

5. 推进质量管理的精准化

完善基础管理。一是根据机械行业的相关分类原则以及各种计量器具和检具的用途、规格等特殊要求,建立计量器具和检具目录,赋予编码,明确责任人,制定配备、验收、领用和日常管理制度。二是制定质量检测设备及工装管理办法,明确设备的维护、保养、检查、维修管理。三是制定质量检测物流作业指导书,规范质量部门所有产品和物料检测物流作业。四是编制质量控制标准和检测工艺。按照先进性、可靠性、可操作性和数字化的原则,编制每种产品和零部件的质量控制标准并制定相应的检测工艺,明确编制、审批流程和奖罚措施。五是明确质量标识码的编码规则。六是制定质量管理目标。包括售出产品合格率目标、产品出库合格率目标、工序合格率目标、一次报检合格率目标以及质量问题反馈处理客户满意度目标等,并明确各项指标的具体计算方法。七是制定薪酬二次考核方案。部门根据自身情况制定更加细化的考核分配方案。

理顺质量检测流程。明确报检、实物接收、下达检测任务、检测任务执行、检测任务处理以及再次到货或完工等整个质量检测过程中各种情况出现后的处理流程、所用表单、责任人等。

制定质量问题责任追究及处理办法。制定质量问题的等级分类、责任划分、处罚标准以及售后产品、在产品、库存产品出现质量问题后的具体处理流程、责任追究办法、处罚金额等内容。

制定质量费用及绩效办法。制定每项产品和零部件的检测费用标准和严格的考核指标,考核指标包括质量考核指标和个人业绩考核指标,对每个岗位均制定相应的考核指标,使质检人员实现按劳分配和多劳多得的目标。

(六)建立实时、定量化的员工考评体系

1. 确定考评体系设计的原则

发展战略导向原则:考评体系设计以发展战略为导向,通过对冀凯集团发展战略的逐级分解,最终落实到考核责任人。

考核指标动态管理原则:为使单位及个人的绩效考核方案及各项绩效考核指标更接近实际、更好地发挥对各项工作目标的推动作用,对所有考核方案及考核指标实行动态管理,允许并提倡各公司各部门在集团管理制度规定的考评体系基础上制定更加先进有效的考核方案和考核指标,并根据客观情况不断适时更新。

2. 确定考评体系的四个层次

考评体系分为公司、部门、二级部门或工段(班组)和个人四个层面。其中对于集团所属各公司层面的指标,最终考核会根据分管业务及指标的重要程度,落实到公司总经理、副总经理、总工程师等;部门层面的指标是考核部门主管、副主管的主要指标;二级部门或工段班组层面指标是考核其负责人的主要指标。

3. 制定考核方案

冀凯集团实行全员动态绩效管理，坚持核算到人、奖罚到人的原则，细化、量化每位员工创造的收入以及所发生的物耗、能耗、费用，计算出每位员工每月创造的价值或盈余，以创造价值或盈余的多少及职责要求的指标综合衡量个人业绩，并同个人收入挂钩，形成贡献越大收入越高、创造价值越多待遇越高的员工绩效数字化评价激励体系。

员工评价一律采用百分制计分，通过在信息化平台建立系统评价考核模块，完整记录和评价每个人的工作情况。其目的：一是改进个人不足提升个人绩效，带动组织绩效的提升和企业目标的完成，二是进行人事排序，淘汰不称职人员和选拔优秀后备人员。

三、装备制造企业基于全面信息化的精准管理的效果

(一)构建了一套适应信息化环境的新型管理体系

冀凯集团将管理理念、方法和信息化手段不断融合并应用到企业实践中，通过自主创新形成一套管理方式。企业内所有人员、所有物料、所涉及的每项业务以及每项业务的整个流程都纳入信息化管理范畴，实时反映每个人创造的价值、每件物料所处的状态以及每项业务所处的阶段，通过全面信息化手段实现企业精准化管理的目的。一体化信息平台贯通企业全局，避免了信息孤岛现象，实现了一次录入，自动勾稽，全程共享，使企业的管理体系思想变得具体、可操作，成为企业管理思想的落地工具。

(二)提升了企业管理的效率、效益，促进了企业健康高质量发展

全信息化的价值管理体系的实施，降低了成本，提高了企业的效能，增强了企业的竞争力。清晰的流程实现了业务工作的标准化，使各业务衔接变得通畅，减少了无效沟通和混乱；同时，全信息化杜绝了原来信息传递的重复性和不准确，使员工的工作变得更加简单、透明。经测算，该系统的实施使新产品开发周期缩短 40%，生产周期缩短 50%，实现质量问题的过程追溯，废品损失降低 80%，平均生产成本降低 15%。

(三)得到社会各界高度肯定和评价

冀凯集团研发的这套体系已在集团内部各子公司成功应用，并在河北晨光生物、秦皇岛秦冶重工、河北中农博远，以及上海强田液压、南阳防爆(苏州)公司等省内外多家企业得到推广，取得良好的使用效果。近两年，冀凯集团受政府有关部门邀请讲授两化融合内容 20 多次，培训企业 1000 多家，培训人员 3000 多人次，成为“国家制造业信息化科技工程应用示范企业”和“国家工业化与信息化融合贯标试点企业”。

(成果创造人：冯春保、赵盘胜、陶永首、盛效和、魏二宏、
赵　昌、乔贵彩、李小胜、王朋超)

电信运营商实现业务与财务信息集中的管理变革

中国联合网络通信集团有限公司

成果主创人:公司财务部副总经理孔繁华(左)与财务部资深经理陈沛

中国联合网络通信集团有限公司(以下简称“中国联通”)是在原中国网通和原中国联通的基础上合并而成的国有控股特大型电信企业,在国内31个省、自治区、直辖市和境外多个国家和地区设有分支机构,是中国唯一一家同时在香港、纽约、上海三地上市的电信运营企业,连续多年入选“世界500强企业”。截至2013年年底,中国联通资产规模达到5733亿元,收入规模达到3047亿元,各类人员33万人,用户总数超过4.3亿户。中国联通收入规模、用户规模及上市公司市值均位居全球电信运营商的前列。

一、电信运营商实现业务与财务信息集中的管理变革背景

(一)应对外部环境变化及行业竞争的需要

随着电信行业改革的深化,全业务运营和3G/4G业务的推出以及监管政策的变化,市场格局和竞争环境更加复杂、激烈和多变。特别是来自产业链的竞争凸显,新服务、新业态层出不穷,移动互联网时代电子商务和OTT业务的发展,日益模糊电信业的概念和边界。由电信运营商主导的产业形态开始转变为电信运营、互联网、终端、应用服务、内容提供多方参与,即时通信、社交平台、微博等新业务不断占据更大的客户价值并对传统通信业务产生替代。为有效应对这些变化,电信运营商必须改变传统管理模式,借助互联网思维,更多依靠系统固化管理流程,增强市场反应能力,提高经营决策水平。

(二)实现企业进一步改革发展的需要

近年来,中国联通不断研究和推进公司管理模式转变,由传统的以我为主、内部管理为导向,以部门职能分工为基础的资源分配型管理模式,转变为以满足客户需求为导向,以专业化管理为基础的资源提供型管理模式,全力推进集中一体化、管理扁平化变革,在面向市场、面向本地网,强化专业化管理方面进行积极的探索和实践。

中国联通改革发展的方向要求必须实现三级架构下集团公司和省分公司共同面向本地网及基层单元的管理,提升各级公司分析决策效率和基础管理工作水平。

(三)企业内部信息管理模式亟待优化

公司外部市场开拓和内部管理服务均离不开各类业务财务信息的有效支撑,但是长期以来,运营商内部管理信息孤岛、各层级管理信息不透明、财务服务支撑效率低下等问题突出,成为制约发展的重要因素。这些问题和情况都迫切要求中国联通突破传统信息

管理模式，建立全新的信息归集和展现体系。

二、电信运营商实现业务与财务信息集中的管理变革的内涵和主要做法

从 2011 年年底开始，中国联通面向专业和本地网管理开展业务（即公司全部经营管理活动）和财务信息集中化管理变革，即“一本账一套表财务管理透视体系”，简称“一本账一套表”。其中，“一本账”是指对公司经营管理活动的业务财务数据进行一体化归集，通过统一规则控制和集中数据管理，涵盖全核算主体、全核算业务、全交易明细和全业务活动数据；“一套表”是指支撑集团和分公司透视各个层级的业务流、资金流和信息流，本着数据来源唯一、数据口径统一的原则，实现多层级、多主体、全专业、多维度报表的汇总合并。中国联通的“一本账一套表”业务财务信息集中管理变革依托一级架构的大 ERP 系统，利用信息技术手段实现业务财务一本账，全集团一本账。建立信息集中管理的相关流程制度，提高报表编报自动化水平，推动跨管理层级、跨部门，多类型报表数据的信息共享和透明展现。借助基础管理的强化和制度保障，推进财务管理模式转型，提升财务服务支撑和价值管理能力。主要做法如下：

（一）明确信息集中管理变革的方向和基本要求

中国联通明确了信息集中管理变革的方向，即利用信息化的方法，实现业务财务一本账，全集团一本账，信息多维度化、报表生成自动化，还原经营管理活动本来面貌，推动运营与管理信息的透明化。

同时，明确了以下基本要求：“一本账一套表”的系统基础是大 ERP 及相关系统，“一本账一套表”的支撑方向是面向专业和本地网管理，“一本账一套表”的数据基础是收支类专业管理核算信息（如集中收入管理和全成本管理核算），“一本账一套表”的展现方式是报表集中编制和推送。变革方向和基本要求在整个项目实施过程中一直作为灵魂和主线，指导着每条具体流程的改进和每项系统功能的优化。

（二）搭建一级架构的大 ERP 系统，以集成化的信息平台提供技术保障

中国联通采用“整体规划，分步实施；管理先行，建设跟进；以点带面，快速见效”的策略，以业务流程及需求为导向，逐步完成大 ERP 体系的建设及全国推广应用。自 2009 年开始启动相关系统的建设工作，2011 年年底基本完成全国各级运营公司的推广实施。中国联通各级组织投入大量的人力、物力，其中直接参与项目建设的人员达数万人，参与培训人数达十几万人次，目前集团总部、直属子公司及 31 个省公司共计有 1139 个分、子公司业务已纳入大 ERP 管理体系。

项目组全体成员讨论项目设计方案

中国联通的大 ERP 系统是对传统意义企业 ERP 系统的扩展，是为满足内部管理而建立的协调统一的、跨专业的制度、流程及系统支撑的体系。大 ERP 系统采用“核心＋延伸”方式构建，围绕以资金流为核心的 ERP 系统、以风险控制为核心的

合同管理系统和以基础审批流为核心的报账平台这三条主线，包括“ERP 核心”“工程项目管理”“合同管理”“采购管理”“财务报账管理”“人力资源管理”“资金管理”“营销物资管理”“预算控制”“主数据管理”十大核心组件。其中核心系统管全，外围系统管细，通过引人 SOA 架构，构建了统一的集成体系，支撑了全部端到端业务流程。

“横向流程贯通、纵向信息穿透”是中国联通大 ERP 系统的建设目标，其核心在于通过制度、规则、流程、信息等的统一规范，实现“流程透明智能、系统高效集成”。在大 ERP 系统实施过程中，同步建立全集团统一的管理规则和流程规范，集团成立了专门的业务组，组织各级公司、各个部门统一梳理业务流程，将中国联通大 ERP 流程划分为工程建设线、网络运维线、市场营收线、日常运营线、人力资源管理线五大横向流程，以及供应链和财务管理两个纵向流程线，共归纳为七大流程，502 个各类末级流程。

在设计业务流程过程中，充分考虑各环节的内控要求设计业务规则。例如工程建设流程系统实施时，设置了缺乏项目编码无法启动项目采购、采购阶段检查项目预算、要货单必须依据合同生成、发票报账必须匹配采购订单和收货、支付申请必须符合合同条款、资金支付信息必须和报账审批与付款凭证一致等控制环节。

中国联通大 ERP 相关系统一级架构的建设原则和三级一体化的应用实践，从系统框架上保证了对“账”与“表”业务财务数据的管理和控制。

（三）进行信息集中管理的体制变革，实现报表集中编制和一点推送

1. 业务财务信息双向闭环管理

通过内嵌于系统及系统间的财务管理规则，将各类业务规程结合会计准则的要求，对系统数据归集逻辑进行固化，实现业务财务一本账，即财务会计集中核算的自动化、系统化、规则化和流程化。

业务财务信息高效生成效率的过程，是从业务到财务的单向数据转换和信息翻译，也是业务财务数据的双向闭环。一方面，将业务活动过程实时、自动的翻译为财务结果，避免人为干预，提高核算效率；另一方面，通过将财务规则内嵌在前端业务流程中，使业务与财务的沟通衔接更加顺畅，“翻译”更加高效。而这种过程转到结果、结果映射过程的效果，既充分体现会计反映和监督的传统功能，也为及时准确定位问题追溯成因提供有效手段。

2. 报表集中编制和一点推送

中国联通在业务财务信息集中透明的基础上，进一步优化 ERP 系统管理和报表工作职责，通过程序自动运转实现系统间数据的提取及传送处理。在 ERP 相关系统统一关账后，即可在集团总部统一从 ERP 核心系统及 DW 数据仓库中抽取、转换、汇总、合并抵销各类财务数据，一点编制多主体、多级次、多专业、多维度报表编制，并集中直接推送至各级管理主体。

报表的编制流程改变了原有自下而上、层层汇总的模式，创新性地实现了自上而下、一点推送，报表的编制质量得到有力保障，完全实现了各主体账表一致。

（四）建立信息集中管理的流程制度，实现管控透明和数据智能生成

1. 以流程化管理为基础，进行公司管理模式转型

新的以流程化管理为基础的资源提供型管理模式需要围绕客户服务导向主动配置

资源，提升资源管控效率，同时，构建面向市场前端的损益表，实现资源消耗和绩效考核挂钩，通过统一的报表体系，支撑网格、地市、省各层级经营管理需求。

2. 梳理业务制度和流程，统一完善核算制度及系统规则

在管理变革推动的同时，中国联通将各个专业管理领域的制度、流程、数据与规则进行了整合，逐步将优化后的内部流程和控制规则固化在系统中，建立起端到端的业务支撑平台体系。业务系统承载经营活动全过程管理，财务系统专门用于会计核算和对外披露。在业务系统和财务系统一体化集成的基础上，通过定义自动会计规则，让系统自动完成从经营活动到财务的翻译工作，自动形成财务的核算凭证。

同时，公司研究制定了多项指导相关业务核算的管理办法，与时俱进的对管理核算工作进行规范及约束。ERP 核心系统的结算数据要求全部来源于全网结算系统，社会渠道成本和支付数据要求全部来源于渠道集中管理系统，移动终端及卡类物资的成本和支付数据要求全部来源于营销物资管理系统，人工成本数据要求全部来源于 HR 系统，成本费用类预提待摊数据要求全部来源于合同系统及报账平台，收入类数据全部来源于收入集中管理系统，全成本管理应用数据也全部来源于前端业务系统、ERP 核心系统及报账平台。通过系统间的关联关系，做到从财务凭证追溯到业务过程的数据可查询、可追溯，还原了业务本来面貌。

3. 上收关账权限，实现集团一点账期管控

公司统一了各类与核算相关外围系统的业务处理规程和时限，上收各级分子公司关账权限，制定集中账期管理业务规范及考核办法，最终实现在集团总部一点进行账期管控。通过明确业务处理规则和系统操作规范，按照统一时限要求实施集团一点统一关账（包括业务账和财务账）。各单位可在集团要求的时限前，申请提前关账，如到时限未提出关账申请，则由集团强制关账。

（五）推进财务管理模式转型，发挥平台支撑和财务服务作用

1. 引导各级财务部门更加关注系统逻辑和过程管理

“一本账一套表”承上启下的关键环节就是结账时点的统一管控。为确保在集团层面最有效地掌控关账的效率和质量，并对各级公司历史期间账务的调整进行高效、直观的监控，将全集团所有主体的 ERP 系统账套设置为由集团一点进行关账处理，对大 ERP 外围系统到 ERP 核心模块的开关账均制定统一严格的管理规程和时限要求。同时，任何账期的特殊情况开启、关闭操作等都需经过集团总部的审批。结合业务财务数据自动处理的系统逻辑安排，从系统控制的角度杜绝各级公司在最后环节人为干预数据结果，进而引导财务视角更多地转向业务系统处理和过程管理，推动财务管理向前端渗透。

2. 引导财务人员转变功能，走出财务

“一本账一套表”实施的过程也是业务财务数据一体化的过程，通过系统规则设置，由前端专业部门和集团总部逐渐取代基层财务人员原来从事的核算及报表编制工作。同时，集团统一指导各级单位将部分财务人员的主要精力转向培训和辅导各专业部门进行相关业务处理和系统操作，并引导财务人员转变功能，走出财务，进入业务、进入系统、

进入数据、进入过程，在更大的领域发挥财务支撑服务作用。

3. 引导财务人员提升价值管理能力

“价值管理”是精细化管理的一种体现，是财务管理发展的必然趋势。财务人员依靠一体化的业务和财务数据，转型为“业务伙伴”。首先从业务和财务系统中攫取大量关联数据，再利用适当的价值分析工具分析问题、发现问题，最后以价值增长为目标提出改善与优化建议。从“人工收集”转变为“自动传递”，从“事后控制”转变为“过程实施控制”，从“事后分析”转变为“智能决策”，使财务人员的价值管理能力得以增强。

4. 引导财务组织流程调整优化

系统实现业务信息按照预先定义的会计科目映射关系，自动产生会计事件，自动产生会计凭证，自动生成财务报表，更多财务人员从繁忙的记账、对数和制表工作中解脱出来，可以聚焦于财务资源配置、过程管控、服务支撑和规范管理。很多单位开始大幅减少会计出纳等传统岗位，新增资产资源支撑、业务收入管理、市场营销支撑、网运成本分析、前台营业支撑等岗位，陆续尝试开展对业务前端的效益和风险分析。在国家推动传统会计职能向管理会计转变的背景下，财务部门主动的组织流程调整和优化尤为重要。

（六）强化基础管理和制度保障，统一管理流程及数据支撑管理

1. 统一各级管理流程和系统

中国联通通过积极推进各级单位的去职能化、去行政化，逐步建立集中化、专业化、扁平化的运营管理体系。与之相配套，业务与财务信息集中化管理变革采用了一级架构部署，在集团建设一套统一的流程和系统，采取一套会计政策、一套核算规则、一套立体科目、一套风险控制体系。同时，实现了财务信息从被动记录到业务系统自动获取、核算规则从主观判断到系统判断、会计凭证由手工录入到自动生成、财务报表由手工编制上报到系统生成推送的转换。这些措施极大地提高了集团总部的集中管理能力，同时也促进了省、地市分公司基础管理水平的同步提升。

2. 统一基层单元数据支撑管理

中国联通搭建了“端到端”纵向穿透的资源动态配置机制，将人力资源、成本费用资源、网络资源、渠道资源充分下沉基层一线，赋予基层责任单元充分的自主管理权，强化效益导向的人工成本激励，将基层责任单元打造成“责权利”统一的经营责任主体。每个基层责任单元对用户、收入、成本费用、渠道、网络资源、人力资源、效能等方面的数据提出了更多要求，“一本账一套表”集中化管理可以提供支撑集团、省、地市、县、基层单元等各级主体应用的运营数据，同时能够确保数据口径的统一和透明，有效促进基层责任单元活力的迸发和价值创造力的提升。

3. 统筹兼顾个性化需求机制

中国联通同步建立了数据需求的提出和解决机制，各级单位如有个性化数据展现要求，可通过统一的需求管理平台进行需求提交，经相关专业管理部门审核后，集团将会对相关需求提供快捷便利的支撑。同时，在统一账期管理的基础上建立了延迟关账审批流程，如发生特殊业务上线、特殊政策执行等情况可能影响某一业务模块的关账时间，经过

总部相关业务部门、信息化部门和财务部的批准,可以给予一定时间的延长,但必须确保每月最终总账按时关闭。

4. 人员及组织机构保障

中国联通设立大 ERP 管理办公室,负责审议大 ERP 项目的规划和持续优化计划、需求确认、跨专业协调等,办公室主任由公司总会计师担任,财务部、信息化部、市场部等部门负责人均为办公室成员。高规格、跨部门的专门机构设置为集中化管理实施奠定基础。

另外,在总部还设置编制 12 人的大 ERP 管理处,负责大 ERP 办公室日常管理及项目方案设计实施等工作。同时,在各省级分公司均设置 2～4 个大 ERP 管理岗位,并在各地市级分公司设置 1～2 个大 ERP 管理岗位,负责需求收集、反馈、落地实施、培训推广等。

为确保全集团报表集中编制和一点推送工作有序开展,在总部设置了编制 12 人的集团财务报表中心,负责编制面向各管理层级、各专业的财务报表。同时,各省、地市分公司设置财务报表人员,主要负责关账检查、数据分析等工作。

三、电信运营商实现业务与财务信息集中的管理变革的效果

(一)业务财务信息联系更加紧密,核算数据规范化程度逐步提高

"一本账一套表"直接涉及集中收入管理系统、集中渠道管理系统、人力资源系统、报账管理系统、资金管理系统、营销物资管理系统、合同系统及 ERP 核心系统等多个业务系统和平台,约 5 万人参与相关业务财务数据的生成、加工和运用。随着大 ERP 系统的不断推进,各专业系统的建设日趋成熟与完善,通过统一规范各项流程、信息、规则、制度,业务财务信息一体化程度不断提高,系统间数据交互衔接关系更加紧密,业务处理流程化程度有效提升,核算自动化程度日益提高,公司总账直接核算的凭证量较三年前减少了 90%。同时,系统功能优化与业务规范进行紧密协同,通过业业映射和业会转换规则设置将业务信息自动转换为会计信息的数据量不断增加,财务复核和稽核环节逐步前移,核算数据质量提高。

(二)实现集团统一编制并集中推送月度报表,提高了管理支撑时效

集团一点编制推送报表的范围涵盖中国联通所有 ERP 系统已上线的各级分子公司。报表内容除传统法定财务报表外,还包括各类专业分析、管理用报表。报表系统数据全部来源于专业系统,实现无人工干预的自动传送,最大程度的实现了全集团数据的口径统一、真实准确、可控可管、透明可靠,降低了公司上下信息不对称的风险,同时也减轻了各分子公司传统编制报表的工作量。集团一点编制推送报表的时间比原逐级上报方式压缩了 3 天,各主体单体报表可实现在 ERP 系统关账后 1 小时完成推送,高效支撑各专业部门和管理层级的分析决策工作。

(三)改变了传统核算和报表作业方式,数据归集和展现工作效率大幅提高

业务财务一体化的推进使总账直接核算处理工作量大幅降低,假设一个业务操作数量的财务人员处理每张总账核算凭证需耗时 5 分钟,以 2013 年总账核算减少的凭证量

345 万张计算，需 1727 万分钟，按每人每天工作 8 小时计算，公司每年可节约人力约 3.6 万人天。

报表由集团一点自动推送，减少了各级财务人员报表编报的工作量，以每个核算主体一个报表人员每月减少 3 天计算，全年可减少报表编报工作量约 8.28 万人天。

各项业务规范均通过系统落实，强化了会计政策的落实效果，通过可穿透的数据体系和系统架构，对各运营主体的核算过程可以实施高效清晰的监控。各类报表均通过系统自动进行传送，报表编制的时效性大幅提升。“一本账一套表”实施后，中国联通上市公司业绩披露时间较以前年度大幅提前约一个月时间，获得资本市场一致肯定。同时，中国联通年度决算编报质量也大幅提升，连续两年被国资委评为“年度财务决算管理先进单位”。

（四）专业管理协同和系统整合同步程度持续提升，价值管理效果日益显化

伴随着业务财务信息透视体系的建设和运行，中国联通各级专业管理和信息化部门协同工作和系统联动的意识不断增强，在公司专业管理、预算管理和全成本管理过程中，业务财务信息支撑“透过现象看本质、通过数据揭问题、穿过结果挖成因”的成效不断显现。目前正在完善、上线和新建的系统，如集中 PRM 系统、营销物资管理系统、集团客户管理系统、预提待摊模块、项目管理系统、内部商城系统、资源资产管理系统、业务活动管理系统等，正在持续扩大业务财务信息透视体系的外延，无不体现着业务财务数据一体化的特点。“一本账一套表”已经成为中国联通推进专业基础数据管理的引擎、系统建设统一语言的抓手，以及财务价值管理的重要手段。

（成果创造人：孔繁华、陈　沛、李福申、李张挺、孟　猛、冯　宁、曹春蕾、马　磊、王　喆、陈一瀚、刘振忠、韩　晋）

民营工程咨询企业提升服务能力的全程在线管理

胜利油田森诺胜利工程有限公司

成果主创人：公司董事长姜传胜

胜利油田森诺胜利工程有限公司（以下简称“森诺胜利”）的前身是胜利石油管理局建设项目经济技术评估咨询公司，成立于1994年，于2004年完成改制，成为员工持股的民营工程咨询企业。目前员工总数316人，年营业收入1.9亿元。拥有国家工程咨询甲级资质、工程设计乙级资质、环境影响评价乙级资质，具备能源审计和清洁生产审核资格，开展油气田勘探开发、工程设计、系统工程、节能工程、环境工程、信息工程等咨询业务，市场范围覆盖中石化全部上游单位。

一、民营工程咨询企业提升服务能力的全程在线管理的背景

（一）工程咨询企业的管理特点

工程咨询企业是典型的智力型服务企业，其有形资产较少，生产过程表现为员工自主性的知识创造，采取“电脑+头脑”的工作方式，工作成果多以“创意、构思”等智力成果形式出现，“人的因素”更加强化。相比于传统行业，工程咨询企业在过程管控中对人员、业务的难度显然远高于传统加工制造业。

（二）企业管理过程存在的问题及难点

森诺胜利于2004年11月完成改制后，经过几次战略调整，确立了“巩固石油市场，面向社会市场；深化工程咨询，发展全程服务”的发展战略，市场领域和业务范围得到快速扩张，企业规模迅速扩大，在管理过程中出现了业务量增长与人工管控难的矛盾，以及人员绩效考核难度加大等问题，各种管理瓶颈的制约开始影响公司的发展。森诺胜利急需开发建设适合自身行业特色的全程在线管理平台。

二、民营工程咨询企业提升服务能力的全程在线管理的内涵和主要做法

森诺胜利以“业务信息化、管理信息化、管理精细化”理念为指导，先通过业务信息化，实现全部咨询项目的在线运行；再通过管理信息化，将全部管理制度嵌入业务流程，穿透各管理部门、业务板块间的体制壁垒；最后通过管理精细化，以信息化促进制度和流程的再完善，强化辅助决策功能，实现“一日成本核算”，最终将企业的业务活动、管理行为、规章制度融入信息系统之中，全面覆盖主营业务的决策、执行、反馈、控制，高效配置人力、财力等生产要素，融合业务操作与价值管理，推动各业务板块、各生产要素、各关键环节的无缝对接，大幅度提升企业咨询服务能力。主要做法如下：

（一）以“三化”为战略，确立全程在线管理的总体思路

森诺胜利在建设全程在线管理平台时，确定了分三步走的总体思路：第一步，实现业务系统信息化；第二步，实现经营管理信息化；第三步，实现在线管理精细化。

1. 业务系统信息化

业务系统信息化是实现所有咨询业务的全过程在线运行。重点是以咨询项目为主体，以业务流程为主线，建立对应的数据体和节点表单，实现“就源录入”，建成项目管理系统，在实现咨询项目流程推送的同时，为各个职能管理系统提供统一的数据接口，实现“数据共享”。

2. 经营管理信息化

经营管理信息化的重点是将企业的各项管理制度进行表单化处理，再通过表单信息化使管理制度嵌入到项目流程节点上，实现指令到节点、管理到人员、业务可协同的目标。各职能管理制度嵌入项目管理系统后，制度就变成刚性的。

3. 在线管理精细化

全程在线管理实现“管理制度化、制度流程化、流程信息化”往复循环，最终深入推进管理精细化。同时，全面实现项目运行模板化；以员工培训为前提，全面实现在线操作流程化；以客户管理系统为基础，全面实现客户沟通常态化；以绩效考核模块为抓手，全面实现激励制度科学化等四个辅助体系，为全面实施“三化”战略提供重要保障。

（二）以项目全程在线运行为核心，全面实现业务系统信息化

1. 建立分类别、多层次、全过程的项目闭环管控体系

首先，实现咨询项目的全程在线运行。森诺胜利对开展的咨询项目进行分类，包括一百多种项目类型。针对每一项目类型，梳理流程节点，编制控制表单，并将表单纳入系统，包括委托登记、项目运行、成果输出等节点，实现咨询项目的全过程在线运行。

其次，将任务分解与责任分解相结合，建立责任分解体系，植入项目管理系统。按项目类型，制定项目任务的分解规范，并植入管理系统。责任体系分为三级，底层是项目组，项目经理对项目整体负责，各专业人员对细分任务负责；中层是业务部门，以部门主任为核心，对本部门的项目运行和效益总况负责；高层是领导班子，以董事长为核心，对整个公司的生产经营总况负责。

2014年新员工入职培训合影

最后，建立项目闭环管控体系。基于项目的全程在线运行和责任分解体系，围绕总体策划和子任务策划，实现流程推送、节点检查，重点做好异常管理，建立项目闭环管控体系。在正常运行情况下，项目经理根据客户要求，组织项目策划，设定工作目标；项目管理系统则按照项目策划要求，推送规定操作，保证项目顺利开

展。如果出现项目的质量、进度、成本与策划不符，系统就会弹出异常报警，并按照内置规则进行分类分级，对应责任分解体系，由各级责任人组织处置。通常情况下，轻度异常通知到项目经理，由其督促处置消除；中度异常通知到部门主任；重度异常则通知到公司领导。至此，建成分类别、多层次、全过程的项目闭环管控体系，变事后总结为实时控制。

2. 记录员工在节点的动作与成果，实现工作留痕

实现全程在线运行后，按照项目管理制度的要求，咨询人员在哪个节点进行什么操作、提交什么成果、达到什么要求，系统都会自动推送、跟踪、记录，实现工作留痕。这项功能不仅满足全面质量管理及外审需要，也为人力资源的深度管理以及动态绩效考核奠定基础。

3. 留存每个项目核心技术文件，实现知识留档

在设计全程在线运行时，重点考虑了项目阶段成果、咨询方法过程的流转分享、可追溯要求。在相应的流程节点，将每个项目的核心技术文件留存下来，有利于知识沉淀和技术共享，为知识管理奠定基础。

（三）以项目目标管理为重点，全面实现经营管理信息化

1. 实时掌握全体项目运行情况

基于项目管理系统，面向企业高中层管理者，经营管理系统提取项目节点数据，可生成日、月、季、年的累计新增项目、累计完成项目、暂停终止项目的数据，以及任意时点的在运行项目情况，提交进度异常、质量异常及处置结果的报表，并与往年同期数据以图表形式进行对比，实时、全面地反映全体项目运行情况。

2. 实现产值与成本的目标管理

一是将收入、成本、利润等财务指标核算到项目。在项目收入核算中，根据委托登记节点的项目合同收入，以及实际到达节点占总进度的比例，核算出项目的进度收入，也就是项目的实时收入。在项目成本核算中，根据工程咨询企业的行业特点，分阶段推行可控成本、人工成本、完全成本的项目核算。在第一阶段，实现可控成本（各项直接费用，包括差旅费、咨询费、印刷费等）到项目的实时核算，随时发生，随时计入。随后，又将人工费用（包括咨询人员、管理人员的薪酬，外部专家的各项费用）核算到项目。最后，实现完全成本（全部成本费用）到项目的核算。根据收入和成本核算，计算出项目的实时效益情况，为效益最大化提供决策支撑。

二是实时监控部门效益。基于项目效益核算，考虑各种业务类型和运行情景，提取、汇总项目财务指标，形成财务分析模块，针对业务部门、项目类型、区域市场，进行成本与收入的实时监控。

三是实现产值与成本的目标管理。通过产值与成本预算机制，按部门、市场分解经营指标，并在系统中下达。根据部门、市场效益的实时监控结果，发现产值与成本偏差，并通报相关责任人，最终实现降本增效。

在降本方面，管理人员实时监控预算执行情况，通过成本分析，采取有效管控措施。比如公司的季度经济活动分析，成本数据都可以不同方式归集出来，一一对比分析，发现

异常，制定措施。

在增效方面，实现项目利润最大化是根本目标。经营管理系统上线之后，在市场承揽时就能根据历史数据分析基本掌握该项目的利润情况，按照取费标准计算预期收入，预计人员投入、项目运作及管理成本，测算单项目的利润情况，如不盈利就自动放弃。

（四）以持续完善制度为核心，全面实现在线管理精细化

通过业务信息化、管理信息化，全程在线管理实现了“管理制度化、制度流程化、流程信息化”的第一轮循环。在系统的运行过程中，不断暴露制度间的不系统、流程运行的不合理、岗位职责的交叉与重叠等问题。管理信息化以后，制度变成流程，具有“刚性”后，矛盾也就显现出来。要解决这些前进中的问题，全程在线管理建设进入了第三阶段，实现管理精细化。

2012 年以来，在精细化管理过程中，森诺胜利基于信息化过程中发现的管理盲区和交叉矛盾，反过来推动制度、流程、表单的完善提高。先后修改完善制度 45 项，新建制度 25 项，优化流程 95 个，整改工作表单 490 张，涉及 5500 余个数据项；以业务管控为中心，重新划分 15 个部门的组织分工，划分 81 个工作岗位，明确职责、权限和资格；调整各流程节点的工作标准，修改 33 个作业文件，对流程中每个工作节点的输入、输出重新建立标准。

（五）以知识资源系统为手段，全面实现项目运行模板化

知识资源系统建设采取三个步骤：第一步，告别手工记录和纸张文档，实现信息资源电子化；第二步，利用表单、软件等各种手段挖掘信息资源，实现隐性知识显性化；第三步，传播显性知识，将个人经验转化为集体能力。

知识资源系统采取四项措施。一是按项目类型编制咨询成果表单，实现咨询成果显性化。二是按项目记录编制咨询流程表单，实现咨询历程显性化。三是将成熟方法和模板软件化，实现咨询方法显性化。四是针对隐性知识的不可穷尽性，建立公司专家地图，实现隐性知识载体的显性化。

知识资源系统通过查询检索、分类导航、下载使用，传播显性化的咨询成果和咨询历程知识；通过专业软件，传播成熟的咨询方法；通过专家地图导航，为员工提供专家问询向导。

在信息化实现中，将该系统嵌入项目流程节点，挖掘项目管理系统的“知识留档”功能，提取项目编码、项目成果、流程跟踪等信息，开发专业软件和专家信息库，购买外部信息资源，实现咨询成果、历程、方法、载体的显性化，并提供外部资源支持。该系统是技能标准化的另一重要支撑，也是咨询企业可持续发展的根本保障。

（六）以员工培训为前提，全面实现在线操作流程化

全程在线管理平台上线后，加强员工培训，强化全体员工“提供超值服务”的意识，全程在线管理正是这种服务意识的体现和保障。同时，按照咨询人员与管理人员在系统中的角色定位，进行针对性操作指导，显著提升在线操作能力。

（七）以客户管理系统为基础，全面实现客户沟通常态化

客户管理系统包括三部分：一是建设客户信息库，实现客户信息的动态维护和网上共享；二是建立客户网上服务模块，实现重点客户、重点项目网上跟踪服务，为顾客提供

网上交流和投诉渠道，在网上收集顾客满意度信息；三是开发客户数据分析功能，通过项目成本、合同信息、细分市场的组合查询，实现针对特定客户的经营分析，为挖掘客户潜力、明确营销方向提供依据。

在三部分中，客户网上服务模块是难点和重点。通过将客户网上服务模块嵌入项目流程节点，实时提取项目编码、客户信息、运行状态等数据，研究客户编码、客户权限、信息安全等操作规则，实现客户信息共享、在线服务功能，向客户提供在线委托项目、查询已委托项目运行情况、下载成果文档、提交意见和建议等服务。

客户管理系统上线后，客户经过授权认证，就可以登录客户服务系统，查询其委托项目的进展情况。如果有指导意见和改进建议，还可以通过网上提交，从而实现与客户的深度沟通，大幅提高营销力度和水平，有力支撑市场竞争战略。

（八）以绩效考核模块为抓手，全面实现激励制度科学化

一是将绩效考核模块作为人力资源系统的核心。该模块以绩效工资考核办法和项目类型工作量标准为制度依据。通过将绩效考核模块嵌入项目流程节点，挖掘项目管理系统的“工作留痕”功能，提取项目运行信息，将每一个员工的绩效考核与其参与的每一个项目运行动态联系起来，将考核得分与项目工作量、项目质量、项目进度、项目难度紧密挂钩，实现考核工作的定量化、动态化、制度化，为发现人才和激励人才奠定基础。

二是实现动态档案功能。基于项目管理系统的项目编码、项目动态、工时比例等信息支撑，人力资源系统不仅记录员工的基本信息，还会跟踪员工参与项目的动态信息，包括优秀项目、异常项目记录，动态反映员工岗位履职。

三是落实绩效激励制度，建立“三位一体”人才激励模式。森诺胜利建立“三位一体”人才激励模式：薪酬分配、影子股份、“V”字型人才成长通道。其中，薪酬分配是一种短期激励制度，影子股份是一种长效的产权激励制度，“V”字型人才成长通道则是职业生涯安排制度。通过“三位一体”人才激励模式，森诺胜利承认并尊重人力资本，让它体现于当期激励与长期增值，提供宽阔的成长通道，从而发现人力、激励人才，从核心资源供给上，确保咨询服务能力提升。

三、民营工程咨询企业提升服务能力的全程在线管理的效果

（一）提高了企业运行效率，咨询服务能力得到快速提升

通过全程在线管理，建立了覆盖全面、流程清晰、可操作的管理体系，森诺胜利变“人管”为“机管”，制度走出纸头，落到实际操作中，切实加强了企业执行力，提高了运行效率，提升了咨询服务能力。凭借全程在线管理，使“短、平、快”的项目运行特点得到充分发挥，为客户提供超值服务的能力得到快速提升，可承接的业务量大幅增加，市场范围迅速扩大，已经覆盖中国石化的全部企业，进入了中国石油、中海油、中国石化、振华石油等新拓市场。项目运行能力得到加强，目前在运行项目达到了 1200 多个，人均劳动生产率较 2009 年提高 32％。

（二）实现企业管理创新，科学管理水平得到全面提高

全程在线管理平台将职能管理垂直嵌入底层业务，将特定的管理规则嵌入特定的流程节点，实现最小业务单元的降本增效，对人力资源进行了深度管理，促进与客户的深度

沟通，推行知识共享与流转，实现指令到节点、管理到业务、专业可协同，让职能管理变得更加高效，切实提高了企业管理水平。

全程在线管理平台搭建了一个流程化的协同工作环境，不论是出差、报销等一般事务办理，还是报告网上校审，设计图档在网上绘制和提交等业务工作，需要谁处理，信息就会自动流转过去，待办催办，自动推送，在规定时间内处理不完就自动触发异常。工作配合不会因为信息不共享或跨部门跨专业而产生障碍，从而建立良好协同工作环境，消除部室间、专业间的组织边界，发挥团队协同效力，工作效率和执行力得到大幅提高。

全程在线管理平台将各类数据集中管理，通过对数据的运用以及各种关联性分析，为量化管理提供了充分依据，并辅助管理决策，使得管理工作简单高效，减少决策失误。近年来，森诺胜利驶入了快车道，人员规模不断扩大，2014 年比 2009 年人员增加了两倍，而管理人员却实现零增长，完全得益于全程在线管理的有效运行。

（成果创造人：姜传胜、吴风柱、张洪臣、张建荣、于忠国）

大型制造企业面向全球协同的数字化开发管理

重庆长安汽车股份有限公司

成果主创人、长安汽车数字化开发与信息技术总工程师唐湘民指导团队

重庆长安汽车股份有限公司(以下简称“长安汽车”)已发展成为总资产 820 亿元,员工近 6.5 万人的大型国有控股上市企业集团,在重庆、北京、河北、江苏、江西、浙江、广东、安徽建立八大国内生产基地,三大海外生产基地,27 个整车及发动机工厂,年产汽车 230 万辆、发动机 230 万台,已形成轿车、SUV、MPV、微车、客车、卡车等多品种、宽系列的产品谱系。长安汽车坚持走“以我为主,自主创新”的正向开发道路,在意大利都灵、英国诺丁汉、美国底特律、日本横滨以及中国重庆、上海、北京,建立各有侧重、24 小时不间断的全球研发体系;拥有专业研发人员 6000 余人,高级专家 200 余人,外籍人才 300 余人,先后有 12 人入选国家“千人计划”。

一、大型制造企业面向全球协同的数字化开发管理的背景

(一)实现“长安愿景——打造世界一流汽车企业”的需要

长安汽车累计为全球消费者提供了 1000 万辆长安品牌汽车,成为中国汽车行业最重要成员之一。站在新的起点,长安汽车秉承“科技创新,关爱永恒”的核心价值,以用户为中心,以产品、技术为核心,以服务为支撑,以移动互联和大数据等为新手段,以体系力和活力为根本实现战略转型,制定了面向 2025 年的事业领先计划,致力于通过十年的努力,实现 2025 年产销汽车 645 万辆,用科技推动引领企业发展,不断为全球消费者提供“节能环保、安全时尚、经济适用”的经典产品,充分利用“五国九地”的研发资源,全面建成技术、质量、品牌和规模一流的汽车企业,为实现 2025 年愿景“打造世界一流汽车企业”而努力奋斗。

(二)打造中国最强且持续领先的研发能力的需要

长安汽车一直坚持正向开发,其“自主研发、自主品牌、自主管理”的三位一体模式被称为“长安模式”。但随着国外先进技术和经验的引入,长安汽车的研发活动也日益朝着国际化、全球化的方向发展,已逐渐形成“五国九地、各有侧重”的研发格局,建立了全球协同设计网络基础平台,拥有近百个在研车/机型、6000 人的研发团队、近 1000 家的配套体系,全球同步协同研发成了制约长安汽车自主研发快速发展的瓶颈,其数据源分散、地域广、团队庞大、耦合度高的特点对高效协同精益研发提出了巨大的挑战。为更好地支撑“长安模式”,打造持续领先的自主品牌研发能力,需要进一步做好面向全球的数字化协同研发。

二、大型制造企业面向全球协同的数字化开发管理的内涵和主要做法

长安汽车实施面向全球协同的数字化开发模式，通过打造稳定的全球分布式协同研发平台，建立全球一体化在线研发工作机制，形成高效的全球协同研发管理体系；全面应用数字化前沿技术，持续支撑研发实力提升；基于在线协同研发，加强对研发数据的全面应用与管控，实现数据管理从研发向生产基地及合作伙伴拓展，保证数据实时、准确、唯一；通过将知识文件体系与信息化相结合，体现产品分解、任务分解、工作分解，保证质量、进度、成本的透明化和可视化。主要做法如下：

（一）建立全球协同研发管理体系，支撑全球研发战略

长安汽车充分利用全球资源进行协同开发，在美洲、欧洲、亚洲等地都建立研发中心，引入国际大型制造企业以 PDM 做为唯一协同平台的先进的协同管理理念，制定适应长安汽车全球协同研发模式的一体化在线研发管理机制，真正实现全球 24 小时不间断在线协同研发。

1. 打造稳定的全球分布式协同研发平台，为全球资源管理提供支撑

长安汽车协同研发主要依靠文件服务器，而文件服务器无法实现专业数据共享与异地数据的自动同步，其协同研发效率亟待提高，因此依托信息化手段打造稳定的协同研发平台以支撑 24 小时不间断的实时协同研发管理显得尤为重要。

搭建全球分布式协同架构，实现基于 PDM 系统的数据同步管理。长安汽车对异地协同网络架构进行了优化和完善。重庆的 PDM 主数据库服务器和主文件服务器中存储管理整个网络用户的账号、权限等，并控制所有的工程数据，在异地研究院各副本站点上建立 PDM 从服务器，存储异地研发机构相关的工程数据，这些系统利用路由器、防火墙设备、VPN 或专线网络，通过加密、认证和访问控制等方法实现网络安全连通。

协同研发平台性能优化，为在线研发保驾护航。PDM 系统是实现全球协同在线研发的基石，为保证在线研发工作的顺利推进，需对 PDM 系统进行调优，提升系统的稳定性及整体性能，确保设计研发工作的正常进行。

长安汽车首先通过在线研发试点发现问题，然后再通过系统性能优化和提升解决问题，整体性能提升 5～60 倍，从而为在线研发的实施提供稳定的系统保障。

实施负载均衡架构，保证协同研发平台具有高可用性。为保证在线研发的正常进行，对 PDM 系统架构的稳定性、高可用性、高质量的数据保护水平提出了较高的要求。因此，PDM 系统通过“负载均衡＋双机热备＋备份优化＋存储扩容”等手段，提升了系统的高可用性，解决了系统堵塞及长安汽车员工长期畏惧系统崩溃的老大难问题，从而保障了全面协同在线研发的顺利开展。

2. 制定全球一体化在线协同研发模式管理机制，为全球协同提供制度保障

长安汽车通过对在线研发模式的研究，引入先进的管理理念，对标国际一流汽车企业实践经验，在深入研究研发专业业务特点及全球数据同步机制后，制定并发布了《在线研发工作机制》《轻量化数据生成和管理规范》《PDM 系统研发项目方案数据管理规范》《PDM 系统研发产品数据查看下载及更新规范》《研发数据存储及传输管理规范》《项目文件服务器数据管理程序》等一系列公司级在线研发标准和规范，其中的纲领性文件《在

线研发工作机制》,为一体化在线研发的全面开展提供了指导依据,对协同研发整个过程进行了规范管理和要求:要求数据一产生,就上载到产品数据管理系统中,发布前和发布后的任何改动都必须通过 PDM 的检入及检出完成,以保证数据源的唯一,以及基于该数据源的团队间的协同;各设计部门均在 PDM 中进行在线设计,性能、工艺等其他部门通过 PDM 系统中的最新数据进行性能分析、工艺分析等相关工作,从而实现研发的高效协同;通过 PDM 系统的预订功能,设计人员可对需要关注的数据进行预订,当数据发生变化后,PDM 系统会自动发送邮件给预订人员,通知协同人员实时查询最新数据,从而实现数据的高效传递;同时利用 PDM 系统中基线等工具的功能,有效记录研发过程中各阶段的数据版本,从而实现有效的跟踪记录。

(二)应用数字化前沿技术,有力支撑研发实力

1. 全面应用数字化前沿技术进行高效、精准开发,巩固领先的研发实力

在产品造型设计、虚拟现实、工程设计、分析仿真、工艺规划等新产品设计开发整个过程中,全面采用先进的数字化技术。目前长安使用的数字化软件将近 50 多种 1000 多套。

在造型设计阶段,分布在全球各地的设计团队采用先进的虚拟现实评价系统,在概念设计阶段就能对产品进行体验和评价;在工程设计阶段,采用统一的工程设计软件,统一版本,统一数据格式、统一的数据规范标准,建立统一的数字化 DMU 样机,保证数据的一致性和连续性,为后续仿真分析、工艺规划提供统一、一致的数据源,保证设计质量。

长安汽车在产品设计过程中大量采用虚拟仿真分析技术,从结构强度、模态刚度、疲劳可靠性到碰撞安全、振动噪声、流体 CFD、机构动力、制造成型等几乎所有领域都开展了相关的仿真分析。

此外,长安汽车大量开展数字化工具软件二次开发工作,通过二次开发、模板定制等将设计方法、标准和规范集成、融合到数字化工具软件中,规范设计过程,提高设计效率,沉淀企业知识。

2. 建立高性能计算系统,提供强有力的虚拟仿真能力,实现多地域、多任务的合理调度和管理

高性能计算系统的发展与长安 CAE 仿真分析能力的提升是相辅相成的,随着 CAE 分析项的增加,长安高性能计算系统一方面不断增加支持的 CAE 软件的种类,支持的软件从最初的四种扩展到目前的十几种,计算任务的规模也从每个任务数十万个单元扩展到目前的千万单元以上;另一方面,通过多种优化技术,如扩大服务领域、升级系统版本、进行二次开发、提供现场支持等提升计算效率,除刚强度分析、碰撞分析、多体动力学仿真等基本计算项以外,整车外流场分析、发动机外流场分析、空调系统分析等对产品品质提升起重要作用的大型计算析项,都使用高性能计算系统完成方案计算与优化。

在分析和评估网络情况后,长安汽车各异地研究院也通过远程访问的方式实现高性能计算系统的在线应用,其不仅进一步提高了资源的利用率,而且在不增加投资的情况下提高了异地研究院的分析效率,累计完成异地计算任务 1000 余项。

长安汽车高性能计算平台已成为支撑 CAE 领域的重要工具,是继 PDM 之后支持汽

车研发的两大核心 IT 系统之一，其总计算能力高达每秒 9.7 万亿次，仅 2014 年上半年就完成了 1.2 万次计算任务，覆盖刚强度、流体、NVH、多体动力学等多学科多领域，从而为 CAE 计算提供了充足的计算资源，全面支撑着长安汽车 CAE 领域快速跨越式发展。

3. 实施轻量化技术为全球协同提供有效的管理手段

项目研发过程中，能通过计算机实时查看研发车型的可视化模型，从而及时跟踪研发设计进度和了解项目风险，是管理领域亟待解决的问题。但整车及生产线三维数模动辄几十 G 的数据量，普通图站根本无法打开完整的整车数模进行设计检查及生产线仿真。利用轻量化技术产生的模型大小仅有原三维模型的 1/10 或更小，可以实现快速打开三维模型(包括整车/整机等)，便于开展基于轻量化数模的开发进度管理等工作。

通过应用可视化模型，实现了项目进度跟踪、在线评审、异构数据兼容及生产线验证等功能，从而为研发过程中问题的提前暴露提供了手段，使产品问题发现迁移，避免后期高问题率的暴露。

一是轻量化技术与产品开发流程的结合支撑项目过程可视化管控。

长安汽车目前的产品开发流程包含 12 个里程碑节点，通过实施轻量化 DMU 可视化进度管理，在研发的各个阶段都可以快速地实时查看电子样车。在实施可视化进度管理的过程中，长安汽车首先根据自身研发业务特点，详细定义整车整机的 CAD 模板结构，利用轻量化 DMU 的自动转换功能，实现 CAD 数模轻量化自动转换及整车/机轻量化自动组装。

实施轻量化 DMU 功能后，打开整车可视化模型不到 10 分钟，打开整机可视化模型不到 1 分钟，轻量化数模的快速打开，为设计进度实时跟踪和查看提供了基础，项目总监、总师等管理者可以在项目开发的不同阶段，及时快速地查看项目进展。

同时，为保证长安汽车跨部门跨专业跨地域的高耦合协同工作效率，长安汽车以轻量化 DMU 功能为支撑，直接利用可视化的三维数模实现了在线评审、三维标注等可视化管理，通过"面对面"的实时通讯协同，更加形象和直接，极大地提升了研发协同效率。

二是提供可行技术方案消除异构数据机车匹配难的瓶颈问题。

利用轻量化 DMU 技术，长安汽车解决了长期困扰设计人员机车匹配异构数据兼容的问题。由于研发设计涉及 CATIA 和 Pro/E 两类三维软件，在进行机车匹配检查时由于异构数据不兼容，需要通过手工转化实现设计质量检查，工作量繁重。通过轻量化 DMU 功能，可以把 CATIA 和 Pro/E 数据均通过系统自动转换为轻量化数据，从而通过约束实现轻量化的数据的装配和检查，大大提升工作效率。

(三)以产品开发流程为依托，实现研发数据的全面应用与管控

1. 基于产品开发流程，实现唯一数据源的实时在线协同研发的数据管理

长安汽车通过在线研发模式的推行与应用，数据集中于协同平台，消除了文件服务器、个人机等多数据源头，从而使研发数据的实时性、有效性和准确性都得到有效的保证。

在线研发模式推行过程中，制定以 CA－PDS 流程三个主要阶段为主线的管理要求：

方案阶段的管理要求：零部件设计师在 WGM CATIA 或 PRO/E 中进行设计，设计过程中随时将数据保存到 PDM 系统中的工作空间中。

设计验证阶段的管理要求：当设计完成后，将数据检入对应项目的产品文件夹中；系

统总师对系统进行装配和检查，发现问题后，通过标记功能标注出整改要求；问题零部件设计师在自动接收到整改信息后，将零部件检出到工作空间进行修改；在问题零部件被检出的同时，相关部门工程师可自动获取该检出信息，以便判断相邻零部件或系统是否需要整改，或相关分析是否需要继续；问题零部件修改完成并检入 PDM 后，相关部门工程师可自动获取该检入信息，判断是否下载新数据进行匹配或分析；系统总师重新对系统进行检查，合格后由系统总师发起系统审签流程，对系统所有零件进行发布。

投产阶段的管理要求：从 PDM 中将已发放状态的数据下载到本地，并在此数据的基础上修改出验证数据；将验证数据以文档的形式上传到 PDM 指定文件夹；通过 PDM 提供的通知功能通知相关人员获取验证数据；验证数据确认后，在 PDM 系统中发起变更流程进行设计变更。

2. 基于在线协同研发的数据治理

在线协同推进过程中，各研发项目组均发现 PDM 系统中存在因零件设计不规范，造成无法借用该零件搭建装配结构，或导致搭建的装配不正确，不能进行有效零部件通用化，影响项目组的数据评审、分析工作等问题。在线协同研发推进过程中，针对这些设计不规范的数据提出了治理方案，其整改范围涵盖了汽车四大领域，从而为数据治理提供了重要的管理手段。

同时，针对数据与实物不一致，多用件应用不规范，模型装配死循环，柔性零件作为借用件在不同车/机型间装配，零部件之间的约束不完全等问题造成数据装配错误，准确性降低，不可重复利用等问题，均通过制定相应的操作规范及业务手册得以解决，主要包含《柔性件解决方案》《CAD 模型检入规范》等，其在后续的设计、借用等方面极大地提升了数据的准确率。

3. 覆盖研发、生产基地及合作伙伴的数据管理

长安汽车的数据管理目前已经覆盖了以重庆为中心，辐射北京、上海、美国、英国的全球研发中心，并且随着产品精细化和精益化的不断深入，协同研发涉及的领域也不断拓宽，数据管理正在向生产基地及合作伙伴拓展。

在生产基地研发数据管理方面，通过实施 PDM 分布式站点及数据管控一体化输入，实现对转产车型数据的系统化管控，以保证其数据的准确性和完整性及生产的一致性。

在供应商协同研发数据管理方面，按照与供应商的关系对供应商实行分层次分体系的授权机制，具体分为核心供应商、一般供应商和体系外供应商。其中核心供应商直接访问产品数据管理系统进行数据共享，一般供应商通过供应商发放系统进行数据交换，体系外供应商采用邮件模式进行数据传递。

利用以上手段，长安汽车数据管理系统（PDM 系统、供应商发放系统）对业务的支撑已经覆盖了研发中心（8 所）、生产基地（5 个）、供应商（1000 多家）和合资公司，从而为协同研发、基地转产、产品配套、供应商协同提供了有效的管理手段。

（四）引入先进管理理念，实现研发精益管理

长安汽车在正向自主研发过程中，对项目管理过程中涉及的过程管理及交付管理等进行专项研究，结合 CA－PDS 流程管控的需要，建立了一套可以监管项目全过程的研发精益管理体系。

1. 项目可视化管控

以 CA－PDS 流程为核心的研发管理涵盖五大体系，在研发管理过程中存在信息内容分散、信息传递常易失真等问题。长安汽车利用任务管理系统规范任务管理流程，实现项目过程的在线精益管理，以 CA－PDS 流程为主线，以项目过程管理需求维度为支撑，建立计划管理、费用管理、零部件开发管理、试验管理、性能目标管理、质量管理的在线精益管理体系，通过任务指标分解，对每个工作环节建立过程跟踪，通过合理搭建项目过程的在线精益管理体系框架，将过程标准和管理融为一体，通过制定标准表单、建立操作流程等方式，在保证过程标准准确性的前提下，使过程管理透明、清晰，项目管理人员可以随时随地快速查看可视化模型和结果、优化关键性能指标、定制化报表和报告等，信息通道、操控模式、操作方式和信息利用等方面都有了质的飞跃，信息技术与先进理念相结合的管理手段取得了显著成效。

2. 知识沉淀促进新技术创新

长安汽车根据研发工作自身特点，按业务需求建立了大量的研发专业数据库和开发应用系统，以实现高效、可视化和标准化的管理，并通过二次开发将知识集成到数字化开发工具和系统中，以提升应用软件的专业化程度、简化操作模式、引入自动控制标准，以信息化的工作手段来提升工作效率；同时，用基于知识的智能化开发平台提升研发团队整体能力，以促进自主创新。目前，长安汽车已建立设计成本管理系统、试验管理系统、样车管理系统、长安汽车新技术电子展厅等一系列精益研发管理应用系统，对项目开发进度及费用、知识、新技术等的管理提供了有效的支撑。仅以设计成本管理系统为例，其单车招标定点效率一项每年就节约成本约 360 万元。

三、大型制造企业面向全球协同的数字化开发管理的效果

通过实施面向全球协同的数字化开发管理，长安汽车在协同研发、数字化技术、数据管理、研发精益管理等四个领域都有了很大的提升，从而为提高企业的研发能力和研发效率打下了坚实的基础，也为提升企业的核心竞争力做出了重大贡献。

（一）研发能力提升确保行业领先地位

长安汽车通过协同平台的建立及优化，并利用 PDM 在线协同，确保长安汽车全球发展战略得以有效的落实和执行，促进了自主研发能力进一步提高，进而创造了一大批深受用户喜爱的中国自主品牌汽车。其中 CS35 在第六届“青年态度 · 第六届绿色环保汽车调查”颁奖典礼上荣获 2013 绿色环保年度紧凑型 SUV；CS75 在“2014 年度智能汽车风云榜”中荣获“2014 中国智能汽车大奖”；逸动被业界赞为：“这是一款不仅对长安，甚至对整个本土品牌都有战略意义的车型，它的品质接近甚至达到了同级畅销的合资车型”；致尚 XT 搭载的 1.5GDI＋6AT 的发动机，百公里加速只需 9 秒。截至 2014 年，长安汽车自主品牌累积销量突破 1000 万辆，现在以平均每天新增超过 7000 名用户的速度继续前进，30％用户由合资品牌用户转换而来，展现出中国汽车品牌的活力与自信。

（二）有效促进企业的产销增速

自 2013 年 9 月起，中国自主乘用车市场份额已经“十二连降”，并且又遭遇合资品牌

的持续打压，形势异常严峻，这是15年来自主品牌汽车首次遭遇的尴尬局面，自主品牌汽车已经到了岌岌可危的地步。但长安汽车乘用车却逆势而上，在行业连续12个月下滑的情况下，逆市增长，同比增长43.4%。

2014年前三季度长安汽车继续保持着高速增长态势，1～9月份长安自主品牌汽车销售已达104.9万辆，同比增长21.3%，其中长安自主品牌乘用车销售56.9万辆，同比增长45.8%，增速高于行业37%，继续以高增长彰显品牌魅力。

（成果创造人：唐湘民、胡朝晖、胡林海、余元源、谢　欢、刘惊涛、庄德升、王丽娟、余小燕、王会菲、王　爽、朋　湖）

通信企业全面支撑运营的数据集中化管理

中国移动通信集团江苏有限公司

成果主创人:公司总经理王建

中国移动通信集团江苏有限公司(简称"中国移动江苏公司")是中国移动下属全资子公司,下设13个地市分公司,员工近3万人。截至2013年年底,在网客户数已超过6000万,资产总额超过700亿元,全年运营收入超450亿元,在集团各省公司中排名第二。全年完成投资135亿元,上缴税费52亿元。

一、通信企业全面支撑运营的数据集中化管理的背景

(一)大数据时代移动通信企业面临着多重挑战与全新机遇

移动通信企业掌握用户资源及用户访问互联网的入口,具有丰富的大数据资源。企业内部各类系统中的海量业务运营数据,如通信话单、海量信令、用户行为、位置信息,甚至身体生理数据中蕴藏着无限的商机和价值。利用企业海量数据信息,充分、及时地进行深度数据分析挖掘,不仅可以提升服务质量、提高客户忠诚度、挖掘新商机、增加收入,还可以用于指导优化资源配置、减少浪费,提升企业运营效率,真正实现精益管理。面对大数据的机会和挑战,中国移动江苏公司需要对外拓展业务市场,对内增强自身管理能力,尽快开展集中化数据管理工作。

(二)突破数据管理瓶颈、实现企业进一步发展的需要

面对大数据时代新的要求,中国移动江苏公司原有的数据管理存在企业内部大数据运营组织职能分散、缺乏企业层面的跨部门的数据共享和运营、没有统一的集中化数据管理支撑平台、没有充分发挥数据价值等欠缺,数据爆发性增长后,带来的收入增长并未同步,面临着数据流的附加值被互联网公司赚走的挑战,同时面临沦为管道的尴尬。如何在有限的投资条件下,防止低水平的重复,统一管理数据的采集、分析,利用好掌握的大数据开发出市场价值,提升企业的竞争能力,成为迫切需要解决的问题。

(三)长期积累的信息技术能力为集中化数据管理提供了有利条件

中国移动江苏公司在2011年明确指出,需要进一步深挖数据价值,整合业务、客服、网络等系统资源,打造企业级数据中心,常态化开展业务使用、客户咨询及投诉等方面的数据分析,重点研究互联网用户行为轨迹,支撑精确营销与精准服务。江苏公司的众多系统中拥有大量有价值数据,覆盖用户通信行为、业务产品订购、移动互联网应用内容以

及企业内部运营管理等各方面。海量的数据为开展大数据管理应用提供了内容基础。江苏公司在通信行业内信息技术基础设施完备,同时在长期业务运营工作中也锻炼了一批技术能力较强的支撑人员队伍,为开展大数据管理应用奠定了技术和人员基础。

二、通信企业全面支撑运营的数据集中化管理的内涵和主要做法

中国移动江苏公司大力推进集中化数据管理工作,其核心工作是数据的融合、关联、开放、共享,以及对数据价值的深入挖掘应用。在组织架构上,完善企业内部的大数据团队;在流程机制上,建立一系列管理制度,保障大数据运营工作有序开展;在技术支撑上,建立集中化数据管理支撑平台;在数据应用上,实现企业内部高效决策、面向客户的精确营销和精准服务,以及面向外部客户的数据开放和价值变现。主要做法如下:

(一)根据企业大数据运营要求,明确集中化数据管理的指导思想和原则

2011 年,中国移动江苏公司着手开展集中化数据管理工作,其总体指导思想是使数据参与到企业管理及业务运营活动中,有效发挥数据价值在企业运营中的支撑作用,利用移动通信企业掌握的海量大数据资源以及信息处理技术方面的优势,将数据变成企业资产,推进数据型管理企业的建立。首先要实现企业内部分散数据的融合关联,其次树立数据即资产的管理理念,将数据资产价值应用固化到企业运营的各个领域,发挥其应有效能。

开展集中化数据管理的原则主要包括:一是要发挥企业层面全局力量,做好各部门各专业领域的有效协同;二是要理清企业内部数据管理和应用方面的流程机制,使工作有序开展;三是应用好大数据技术手段,构建坚实的数据支撑能力;四是促进应用,使数据价值应用深入到企业运营的各个领域。

(二)强化顶层设计,建立适应数据集中化管理的组织架构

1. 成立以公司领导为首的大数据运营团队

2012 年,中国移动江苏公司成立跨部门企业数据中心建设运营管理团队,解决跨系统数据沟通和汇聚问题。为更好地发挥大数据价值、厘清各部门职责,2013 年在此基础上,进一步成立大数据管理委员会,负责指导企业全局层面大数据应用的规划、建设和运营工作。战略与法律事务部、规划技术部、信息技术中心负责总体规划工作;信息技术中心负责系统建设工作;市场经营部、数据业务部、财务部、客户服务中心、信息技术中心等部门共同负责日常数据运营应用工作。同时在信息技术中心下正式成立大数据中心,各专业部门派员参加,实施矩阵化管理。大数据中心作为大数据能力建设的具体执行者,统一汇聚和管理全公司的价值数据,面向专业系统平台开放数据共享服务。

2. 培养大数据技术与大数据应用两支队伍

在人才储备方面,同时培养技术部门的大数据技术队伍和各业务部门的大数据应用两支专业队伍。技术部门的大数据技术队伍负责统一的大数据集中化支撑平台的规划、建设和日常维护,以及专业领域的数据规划、数据汇聚、数据质量、

中国移动集团省级创新型企业建设试点研讨会

信息安全管理。针对大数据技术人才,企业提供相应的云计算、大数据等IT技术的专项培训,组织与腾讯、阿里巴巴、IBM、Oracle等先进IT企业开展不定期的技术交流。业务部门的大数据应用队伍负责本专业领域大数据应用场景设计与实践,负责所属领域的数据挖掘和分析应用,并负责相关分析结果向企业数据中心汇聚和共享。对于大数据应用队伍,企业提供数据分析挖掘专项培训,每季度定期开展全省数据应用案例评优与最佳实践分享等活动。

3. 建立数据驱动的团队运作机制

跨部门大数据运营团队建立例会制度,每周由大数据中心组织召开。会议讨论内容主要包括:企业集中化数据支撑平台体系架构、建设内容以及相关的规范流程;各专业领域的数据应用场景与实现方案;各专业系统的数据规划和面向集中化数据支撑平台的数据汇聚、共享需求;大数据技术与应用先进案例分享等等。同时大数据中心每周发布支撑能力通报以及最新的企业数据资产目录,使企业内部各专业部门了解企业全局的数据资产信息,激发新的数据应用需求。另外,大数据中心还每月开展全省范围内的支撑能力电视电话培训,每季度组织一次全省现场路演,营造企业大数据应用氛围,完成从经验直觉到数据做主的转型。

(三)建立集中化数据管理制度,规范企业大数据运营流程

面对企业内部数据分散管理、融合共享不足的现状,制订一系列企业大数据运营管理的制度,规范企业集中化数据管理工作中的各个流程,有序开展大数据运营工作,降低企业内部数据管理应用中各部门间的沟通成本,提高工作效率。发布《中国移动江苏公司企业数据中心数据资产管理办法》《企业数据中心数据源引入流程规范》《企业数据中心源系统数据内容要求》《数据服务流程》《客户标签数据管理办法》5项全省统一的数据管理规范。涉及数据的收集、整理加工、应用等流程,为企业内部有序开展数据管理应用提供制度保障。

1. 建立源数据汇聚流程,实现企业数据集中并保障数据质量

集中化数据管理支撑平台的数据来源于企业内部各部门各专业系统,需要实现各专业系统数据的高效集中汇聚。为规范数据汇聚工作,根据"数据源引入必须以业务为驱动"的原则,中国移动江苏公司制定数据源引入流程规范,实现跨域系统数据汇聚工作的流程化管理。大数据中心首先提交数据源引入需求工单至专业部门,由专业部门进行审核。如果专业系统数据源满足要求,则专业部门与大数据中心相关人员一起制定接口规范并共同评审;根据评审通过的接口规范,进行双方系统接口开发并联调上线。同时规范各源系统数据格式、形态标准、接口交互、质量保证和存储标准,建立数据质量监控、校验机制,保障集中化数据管理支撑平台的源数据质量。

2. 规范数据加工处理流程,提供标准化数据服务能力

制定数据融合加工流程,通过统一数据资产模型管控数据融合加工处理过程。构建数据处理框架和数据管理机制,并通过数据管理流程和数据管理团队予以支撑和规范,实现数据管理各环节的紧密衔接。统一规范源数据处理加工流程,形成可利用的数据资产,面向企业各类数据应用需求提供标准、可靠、及时的对外数据服务能力。

3. 建立数据应用评估体系，确保数据应用价值最大化

通过建立业务运营监控指标体系，分析业务发展情况；制定营销服务效果评估体系，监控市场营销活动执行情况；制定网络规划建设评估标准，通过网络客户分布情况、业务量流向分析、网络使用忙闲评估等，支撑网络规划建设。

(四)创建集中化数据管理支撑平台，充分实现数据融合共享

针对缺乏集中化数据管理支撑平台、海量大数据技术处理能力薄弱的现状，建立统一的企业数据中心系统，作为企业内部统一的集中化数据管理支撑平台。该平台应用先进的大数据处理技术，构建海量结构化、非结构化、实时数据的存储和处理能力，统一汇聚分散在各专业系统中的有价值数据，形成企业内部唯一的数据集中和融合处理共享枢纽。平台的核心功能覆盖跨系统数据汇聚、数据融合加工处理、数据开放共享应用三个层次。通过企业数据中心的数据支撑，实现企业决策、内部评估、业务管理、一线执行等各个专业领域的数据价值应用。

集中化数据管理支撑平台汇聚企业内部业务支撑、网络运营支撑、管理支撑三大系统支撑域以及外部互联网等众多系统的有价值数据，应用大规模并行处理数据库、分布式大数据处理架构、数据封装等新技术，扩充数据源种类和数据支撑范围，实现各系统间的数据聚合和价值共享，根据各专业应用领域的需求开展数据分析与分析挖掘工作。在支撑能力方面，平台提供数据分析报表、数据分析查询、数据提取、数据共享等服务。

1. 应用先进的大数据处理技术，搭建集中化数据管理支撑平台

在体系架构方面，应用 Hadoop、MPP、虚拟化、流数据处理等先进的大数据处理技术，实现对不同类型数据的有效处理。针对不同的服务需求提供相应的支撑功能，在提升服务水平的同时有效降低成本。同时系统架构软件按照模块进行搭建，实现模块的松耦合，通过软件集群实现能力的扩展，系统硬件承载能力支持横向纵向动态调整，共同实现整个集中化数据管理支撑平台的平滑增长。

2. 汇聚企业内外部数据源，提供高标准的数据聚合处理能力

在数据汇聚方面，提供高标准的数据聚合处理能力，汇聚来自中国移动江苏公司内外部的各类型(结构化和非结构化)数据源，包括业务支撑系统、网络支撑系统、业务平台以及互联网内容等数据，支持不同形态的数据采集。同时固化源数据引入流程，通过标准化电子工单，规范企业内部跨部门跨系统数据汇聚工作，实现全流程跟踪管理。

3. 创新搭建统一数据资产加工模型，实现数据资产化管理

在数据加工存储方面，创新搭建统一数据资产加工模型，打破传统分域系统限制，对来源于各系统的数据进行整合加工，使海量的、不同种类的源数据通过融合关联加工形成企业统一的数据资产体系，并对数据资产进行分级存储和集中化管理。

4. 构建标准化数据服务共享架构，实现数据与应用分离

在数据服务开放共享方面，构建标准化数据服务架构，实现数据与应用分离。企业数据中心在数据资产与数据应用之间构建数据服务枢纽。数据服务枢纽是企业数据中心资产服务提供和数据资产服务消费的数据媒介，是整个企业数据中心数据资产与外围

应用、系统之间的数据能力输出枢纽。数据服务枢纽屏蔽了应用对企业数据中心的数据资产的直接访问,对应用层、外部以数据服务形式实现能力的交付。

(五)发挥数据价值,支撑企业内部决策

1. 体系化建设数据分析挖掘模型库

运用数据挖掘算法和数据挖掘工具,开展各类数据分析,提供智慧数据应用服务,重点服务于企业流量经营、存量经营、集客经营、终端营销等市场活动。建立服务于企业市场管理和内部管理的数据模型和数据应用50余种,满足市场经营活动在决策、管理、营销、评估等各个环节的数据需求。重点业务模型包括:楼宇客户价值评估模型(根据客户楼宇位置及通信行为偏好信息及网络使用日志,分析识别客户,应用于楼宇WLAN覆盖提醒、集团网目标客户推荐等)、校园客户识别模型(根据客户区域位置信息及通信交往圈,识别校园客户,应用于校园集团网推荐提醒,校园客户保有等)、渠道违规监控(根据渠道业务发展情况与新增客户质量,识别渠道违规行为,评估渠道运营态势,应用于渠道新增质量监控,套利识别等)、四网协同分析模型(根据网络配置及客户四网使用数据,识别2G双高小区、3G锁网用户、WLAN潜在客户,应用于2G锁网用户解锁、2G双高区域网优化等业务领域)等。

2. 在IT系统中固化数据分析应用成果

运用融合数据分析挖掘,识别有用信息,通过数据应用打通决策层、管理层、执行层之间的数据鸿沟。将数据分析应用成果与系统平台相结合,使其有效转化为各类IT系统平台中的支撑功能,为企业决策、内部评估、业务管理、网络规划运维等提供精细化的管理手段。

(六)加强大数据深度挖掘,提高面向客户的精确营销和精准服务能力

1. 建立客户标签库,实现对客户的精确洞察和细分

通过集中化数据分析,建立企业统一的客户标签库。客户标签库涵盖个人客户、集团客户、家庭客户等各业务条线,从跨系统融合关联数据中归纳出客户画像信息,将客户特性和业务属性等系统抽象数据予以加工提炼,并用业务语言描述,使业务人员可以方便地获取及使用,从而降低数据使用门槛,更加高效地开展针对性营销。如选择客户标签"大学新生客户",系统自动确定客户品牌为动感地带、职业为学生、参加过本年度新生营销活动的目标客户群。

2. 实现客户标签库与统一营销系统的集成

建立客户标签与企业业务产品间的匹配矩阵,如面向大学新生客户推荐"两城一家"、"定向长途"等业务产品,实现目标客户群在营销服务活动中的灵活配置应用,对营销目标客户群进行统一管理,支持目标客户群数据的组合筛选与导入,目前全省精确营销服务目标客户群的筛选和导入已全部通过客户标签库实现。

3. 建立效果闭环评估分析流程,不断提高营销服务活动效率

通过建立营销服务效能评估模型,对营销与客户服务活动产生的效果进行综合总结分析。通过评估,获取对营销与客户服务活动实施效果的全面评价信息,并沉淀营销服

务活动评估结果，丰富知识库，为策划新的营销与客户服务活动提供优化依据。

(七)拓展数据应用领域，为企业客户提供数据服务，实现数据价值变现

1. 发布标准化行业数据应用产品

2013年，中国移动江苏公司基于集中化数据管理支撑平台，开发了“智慧洞察”对外数据服务应用，发布4个标准化行业数据应用产品，并为多个行业客户提供定制化解决方案，覆盖政府、旅游、医疗、零售等。基于内部的集中化数据管理，同时引入外部行业数据，建立跨行业的数据集市，以开放服务平台的方式提供数据分析能力与工具，便于客户基于PAAS平台快速生成行业大数据应用，外部客户无须额外投入软硬件资源便可分享大数据带来的价值。

2. 规范数据外部共享工作

为保证面向第三方合作伙伴与行业客户提供对外数据服务应用工作有序推进，中国移动江苏公司制定了对外数据产品服务流程，明确企业内相关部门对企业数据中心对外产品的分工职责，将数据产品推向市场，建立产品的需求、开发、上线、推广、使用、计费、运维、客服流程完整过程。标准化类产品用户通过登录中国移动江苏公司动力100网站自助订购和付费，定制化解决方案用户可通过网站、客户经理等各种渠道申请受理，后台通过标准流程完成服务。

三、通信企业全面支撑运营的数据集中化管理的效果

(一)数据管理方面，实现了企业分散数据的高效集中与融合关联

中国移动江苏公司通过集中化数据管理支撑平台建设，汇聚分散在企业各个专业系统平台的有价值数据，实现数据高效处理，融合关联形成企业统一的数据资产体系，使数据资产成为人、财、物外的第四大生产要素。通过集中化数据管理工作，使集中化数据管理支撑平台成为中国移动江苏公司各专业系统间的数据汇聚、融合关联加工处理与数据开放共享的枢纽。通过集中化数据管理支撑平台集中数据处理能力，大大提高了数据融合关联处理效率。截至2013年年底，已实现8个部门33个专业系统、累计1012个数据接口的数据汇聚，每日处理数据量超过4TB。集中数据管理支撑平台发布数据资产171项，客户数据标签796类，数据服务970项，面向企业各个专业部门与专业系统开放数据资产共享。

(二)企业内部管理方面，实现了各专业领域的数据化支撑

通过集中化数据管理，直接支撑企业各专业部门与系统的数据分析与应用需求。汇聚企业内部各系统数据，融合关联加工处理，服务企业管理决策、业务运营分析、市场动态监控、成本效益评估、网络规划运维等各专业领域的数据分析应用。整个数据支撑过程贯通了预测(测算)、事中跟踪优化、事后评估的全流程生命周期管理过程。支撑了企业内部对各专业领域的精确管理，具体包括支撑产品价值评估、结算风险识别、一线员工绩效考核、营业厅单厅核算、营销单元效益评估、营业网点水电、房租管理、营业网点规划、客服热线人员成效评估等工作。

例如在网络优化领域，仅针对2G网络开展的2G双高区域网络优化方面，进行区域

网络分析，识别2G双高（高流量、高收入）小区。依据分析结论，支撑了网络规划的调整和3G基站、WLAN热点等的拆闲补忙。累计补充3G宏基站619个，补充3G室分基站556个，补充2G双高集团楼宇WLAN热点164个。开展2G锁网用户解锁工作，识别2G锁网用户，通过外呼进行解锁辅导。共识别2G锁网用户79万户，成功解锁率18%。

（三）提升了客户精确营销和精准服务，实现了数据共享和价值变现

通过融合数据分析，持续完善客户标签库，实现了在合适的时间、合适的地点，通过合适的渠道，向合适的客户提供合适的产品服务。月均承载营销活动1304个，营销客户8776万人次，平均成功率12.9%，较以往提高47%，提高收入743万元。每月面向家庭、集团、校园、中高端客户开展各类客户关怀、存量维系等关键时刻服务提醒和预警73种。建立客户全生命周期模型，捕捉营销时机，开展精准营销，使手机上网用户普及率迅速提升至68%，人均流量达到108M，流量套餐订购率达73%，支撑自有业务推荐，手机阅读业务点击率提升125%、手机游戏业务点击率提升46%。截至2013年年底，大数据分析产品已签约9个，签约额合计超过200万元；待签约3个，沟通中的商机超过10个，覆盖政府、旅游、零售、医院等。同时对接中国移动江苏公司广告运营平台，月均分析提供潜在目标客户群73个。

（成果创造人：王　建、关懿珉、赵　雨、杨　林、冯建飞、马晓明、许兴盛、郑建兵、孙　凯、顾　强、刘　波、王建军）

市政施工企业基于大数据挖掘的工程管理

重庆建工市政交通工程有限责任公司

重庆建工市政交通工程有限责任公司(以下简称“市政交通公司”)始建于1953年，是重庆建工集团股份有限公司旗下以市政公用工程施工为主业的全资国有企业。企业拥有市政公用、公路、桥梁工程、隧道工程、地灾治理等各类法定资质23项。先后获得国家“市政金杯示范工程奖”、国家建筑工程“鲁班奖”、全国住房城乡建设系统“先进集体”、国家“AAA”级信用施工示范单位、重庆市“重合同守信用企业”、重庆市“国企贡献奖”、重庆市“抗震救灾先进基层党组织”等100余项国家、省部级荣誉。

一、市政施工企业基于大数据挖掘的工程管理的背景

(一)适应企业快速发展、点多面广的需要

2008年以来，市政交通公司实现高速发展，市场分布与管理强度呈现出以下特点：一是工程分布区域广泛，从市内到市外，从国内到国外，点多面广，多点管理、远程管理难度增加；二是单项工程体量越来越大，随着设计水平的大幅度提高，工程技术的复杂程度也越来越高，管控过程形成大量数据，需要对数据进行分析、筛选，以达到精细化管理的要求。企业的高速发展使管理强度明显增加，创新一种适应企业快速发展，降低管理强度、提高企业利润的管理方法已成为必需。

(二)适应企业资源管理集约化和效率提高的需要

随着企业规模日渐扩大，特别是在当前建筑市场竞争激烈的前提下，需要更加精细化的管理，以充分集约企业有效资源，提高资源的利用率，减少企业成本。一是利用网络技术实现系统化、标准化的管理，减少重复劳动，提高工作效率；二是利用大数据资源，快速提高一线人员技术水平，使其熟悉企业管理要求；三是信息时代下，快速、准确、高效的查询可利用信息，对于企业整体管理而言是重要的而且有价值；决策层将有效信息及时、针对性地传递给相关岗位，提高信息传递的准确性及利用率也是企业管理提升所必需的。

(三)形成企业核心竞争力，保障企业战略目标实现的需要

施工企业的核心竞争力主要体现在施工技术的积累与创新、企业施工资源的有效整合、管理路径与方式的优化等方面。市政交通公司在改革与发展中发现，施工单位传统的粗放管理，人员流动性极强，造成技术无法积累，资源过度消耗、浪费大，急需一个能够有效积累技术经验、合理调配企业资源、优化管理流程的平台来解决企业发展中遇到的问题。

二、市政施工企业基于大数据挖掘的工程管理的内涵和主要做法

市政交通公司本着“在大数据信息的引导下，以集约化为核心理念，涵盖工程管理的各个领域，注重过程控制，重在效果评价，狠抓持续改进”的管理思路，遵循“系统化、标准

化”的基本要求，通过构建大数据信息化平台，抓好工程管理科学分类，建立规范化的管理流程，强化现场管理，集约各类资源，建立组织制度及后勤保障体系，形成持续改进的长效机制等系列管理措施，提高企业整体工程管理水平，提升企业核心竞争力，推动企业持续发展，从而实现“国内一流的市政施工企业”的战略愿景。主要做法如下：

(一)树立大数据思维，明确管理思路

1. 树立大数据思维

市政交通公司以往建立了多个独立的系统进行样本数据收集，但随着企业规模的发展壮大，工程类别和其信息种类以及信息量都呈现快速变化的特征；数据属性和分类、庞大数据量和其之间的联系越发密切，企业上下树立了大数据思维：将工程全过程庞大云量级数据(并非只是样本数据)进行归集、分类，然后通过互联网在系统内进行共享和处理，实现思维共享，实现管理体系的系统化、系统运行的流程化、流程控制节点的表单化。用大数据驱动系统建设，用大数据管理推动数据积累，数据传输推动流程化运行，数据的变异推动监管系统的完善。

2. 明确管理思路

市政交通公司为使整个管理有序顺畅的推进，提出了以下管理思路：树立大数据思维，通过信息化平台开展工程管理，以集约化为核心理念，涵盖工程管理的各个领域，强化过程控制，注重效果评价，狠抓持续改进。管理思路中“集约化”主要是对“人、财、物”尤其是对“智力资源”进行集约化整合利用，使之产生最佳的利用效果。

(二)构建基于大数据信息化平台的工程管理体系

大数据思维下强调数据收集的全面性、数据处理的及时性、以及数据可预测性。为了能全面收集数据，市政交通公司采用了手机、平板电脑、移动电脑等终端对数据及时进行采集，同时借助互联网将数据及时上传至信息化平台进行处理。为了能够实现数据的预测，市政交通公司将历年来的经验、数据收集整理，梳理各类数据的控制范围，形成标准模板。同时企业成立信息化工程管理中心，将各类工程管理人员(成本管理人员、质量管理人员、安全管理人员等)纳入到信息化中心，成为整个工程管理的中枢，及时对上传的数据进行处理、分析、预测，实现对项目技术、安全、成本等环节的管理。

市政交通公司建立了基于大数据的信息化平台，为了能够利用信息化平台开展工程管理活动，企业从软、硬件方面都提供了保障。在软件方面，企业成立了两级组织保障体系，建立各项管理制度，集约各类资源；硬件方面，企业更新了原有计算机服务器，增加了网络带宽，并从多个方面同时着手构建基于大数据信息化平台的工程管理体系。

(三)建立基于大数据的信息化平台

明确基本要求：覆盖面广，易于提炼、访问、查询企业现有工程数据；通过信息化手段实现对工程项目的高效管控；硬件设施能满足系统运行以及扩展的需要。

确定主体功能：实现项目质量、安全、进度、成本的动态管理；实现资料标准化、系统化管理；提供咨询服务和培训指导功能；提供即时交流互动平台。

数据积累：将企业历年来在工程管理中形成的各类数据进行收集、分析、整理、积累，同时通过系统运行，将先进知识充实到数据库中，实现对现有数据的更新，确保数据的先进性。

基于信息化与互联网实现资源整合：各类管理人员通过互联网参与管理互动，数据交互及时，有效整合企业资源，使资源利用最大化。

及时交互、反馈，可预警性：通过手机的照相功能，及时将现场的第一手资料上传至管理中心，处理人员利用电脑可在任何地方处理数据，及时进行反馈。数据经过积累、总结形成企业管理经验值，当现场数据超过经验值时，平台能够及时预警。

基于大数据的信息化平台：主要包括大数据库与工程管理系统两部分，相对于现有的工程管理软件，其核心是收集了企业管理经验的数据库，信息平台的开发是工程技术人员主导开发，强化了现场管理的主要控制点，适用性强。大数据库收集了工程管理过程中所形成的各类基础数据，分别建立了技术质量数据、成本管理数据、安全管理数据三个子数据库。

工程管理系统：针对项目而建立，实现对项目进度、质量、成本、安全的过程管控。包括项目综合管理、技术质量管理、成本过程管理、安全生产管理等四个子系统。

平台维护与更新：市政交通公司组建信息化管理中心，负责大数据库及工程管理系统的运行、管理、维护、监控及更新工作。

账号分级设置：账号分为核心账号、企业内部账号和外部账号三种，享有对系统运行、更新和维护的不同权限。内部账号实行实名制管理，采用积分制，设置贡献统计，利于系统稳定和业绩评价。

（四）加强组织与制度保障，确保管理体系有效运行

1. 集约资源，提供有效保障

集约人才资源，提供人力保障。市政交通公司在整合内外人才资源的基础上，调整和优化了人才结构，提高了参与人员的综合素质，保障了管理系统的高效运行。

集约财力资源，提供资金保障。设立专项资金，通过专款专用确保系统的建设、运行和升级。

集约物资，提供后勤保障。配置了专用机房、专用供电保障系统和独立的光纤数据传输系统等硬件设施，并为未来的扩展留下足够空间。编制了《基于“大数据”信息化平台的维护细则》，与网络运营商签署了系统维护协议，确保服务的畅通。项目部实行网络全覆盖，实现手机在线办公，提升管理系统运转效率。

2. 完善组织体系建设

市政交通公司将大数据信息化平台建设纳入中长期战略发展规划，创新性地提出了两级组织保障体系，在公司层面成立了以董事长任组长、总工程师任副组长、各职能部门负责人为组员、信息中心为牵头部门的领导小组，在项目部层面组建了由项目经理负责、技术负责人为主管、对口设置专人进行操作管理的实施小组，进一步明确企业、项目两级对于信息化管理的责任主体及工作流程。

3. 建立制度保障体系，强化系统实施效果

市政交通公司在系统运行过程中，建立了《工程管理信息化制度》《基于“大数据”信

息化平台的管理制度》《影像追踪检查办法》《成本管理规定》《工程技术资料管理办法》《安全信息化管理办法》等管理制度。通过制度创新，重新梳理和完善各项规定及办法，进一步清晰工作流程，强化了工程管理系统运行效果。

（五）优化企业工程管理模式，实现系统化、流程化、表单化管理

1. 工程管理的科学分类

市政交通公司紧紧围绕项目的运行过程，从质量、工期、成本、安全等多个管理方面，按照桥梁、隧道、道路、排水、绿化、交通工程、附属工程等专业属性进行科学分类，便于企业管理人员能够及时、针对性地对项目各项管理活动进行管控。

2、建立规范化的管理流程

市政交通公司决策层依托工程管理系统，在系统中形成企业决策层和管理层、管理层之间、管理层与执行层的良好对接，实现企业管理流程的规范化，解决了以往因分类不清、流程不规范造成的管理混乱和工作效率低的问题。对于具体的工程项目，按照管理主体流程编制相应的实施流程。

3. 通过数据流动，变更管理路径，实现资源整合

通过运用大数据信息化平台管理，使执行层、管理层、决策层间能够实时共享管理数据，提高了数据利用率。利用互联网及信息化平台，管理人员可调用、查询各类数据（人员、物资、技术资源等），实现资源共享。例如，在渝遂立交施工过程中，需要搭设超过30米的高大模板支撑体系，其技术难度大，存在较大安全隐患。按原来管理路径，需要将技术问题反馈至总工程师处，然后由总工程师带领技术团队共同解决问题。利用信息化平台，现场管理人员通过数据库查阅企业既有支架方案，发现有类似施工方案，为确保方案的可行，现场技术人员结合现场实际，通过平台的交流功能组织网络讨论，让企业内大多数技术人员共同参与方案研讨，使方案完善，仅用半天时间就解决了现场技术难题，提高了工作效率，实现技术资源的整合。

4. 整理表单模板，简化管理工作

数据库中存储了各类工作表格，每种表格在何时填报、如何填报，数据库中均有模板或说明，管理人员只需要结合工程实际填写表格，数据交由信息化管理中心进行处理、反馈，大大减少管理中的重复劳动，弱化了对现场管理人员的技术要求，分工更加明确，使管理工作简化。

（六）强化现场技术质量、安全、成本、综合管理

1. 技术质量管理

现场技术质量管理通过大数据信息化平台的应用，使工程的技术管理提前，由过去的被动管理变为主动管理。

方案管理。项目部首先在平台上编制方案计划，提交信息化管理中心审核，中心的技术部门在审核计划的同时，将方案重点与项目进行交底。由于方案计划存储在平台中，技术部门可时刻关注项目方案编制情况，确保工程开工前，方案先行。例如，企业在建的南道高速工程，需编制各类专项方案100余篇，方案内容涵盖隧道、预制桥梁、挂篮

施工等多个专业，以往至少需要配置 5 人以上的技术组耗时半年进行方案编制，而现在有了大数据库，提供了各类方案模板，项目部仅配置 2 名技术人员用时约 3 个月便保质高效地完成了方案编制计划。相对于以前单一的技术人员编制的方案，利用平台广泛整合资源，使方案在经济性及技术可行性方面均为最优。

变更管理。项目部很多时候由于管理水平的不足造成变更后无法计量，例如，某工地施工隧道仰拱，技术资料的混凝土浇筑记录填写不规范、签认不及时，造成最终结算时无法计量，损失约 100 万元。现在，项目将变更上传至平台，预算部门与技术部门均会对变更内容进行审核，确保变更技术可行，能给项目创造利润；同时变更已在平台中备案，相关部门可及时检查变更执行情况，特别是相关技术、经济资料的收集情况，及时给项目部以提醒，确保工程变更最终获得甲方付款。

实验管理。数据库中存储了大量实验数据报表，并在管理系统中建立了实验数据范围值，当项目部收到实验报告后，及时将数据录入平台，当数据失真，或工程存在质量问题造成实验数据超限，平台立即进行报警，技术人员可分析偏差原因，进行纠偏。

质量管理。项目首先要编制质量管理规划，并将规划上传至平台，由质量部门进行审核，部门结合项目部提交的方案计划与质量规划，梳理出项目质量控制关键点，并列入台账，重点进行监控，确保项目的质量控制关键点受控。在日常质量管控中，项目人员通过手机可随时拍摄现场施工活动，将工程实体质量情况及时反馈至平台，部门能够随时掌握，使管理提前。

资料管理。信息化平台增加了资料的存储形式，改变了检查方式。数据库中提供各类资料填写样板，资料人员直接在信息化平台中填写资料，确保资料的可追溯性，部门人员可随时随地检查项目资料的及时性和准确性，提高了管理效率。同时，由于资料管理在信息化平台中将与成本、进度等数据发生交互，使工程管理成为一个系统，如：查阅工程进度时可联系反映该部位工程资料是否完成，以决定是否支付工程款。

2. 安全管理

危险源管理。项目管理人员可根据该系统中提供的危险源清单和识别方法，有效地对现场危险源进行识别，从而减少因识别遗漏或不当而造成的安全事故。

特种设备管理。项目调用数据库模板文本，编制特种设备管理方案，收集特种设备相关管理资料（安、拆单位及人员资质、安装验收记录、备案登记、维护保养记录等），上传管理系统，职能部门审查后反馈审核意见，项目落实整改，资料归入数据库。

操作人员管理。项目调用数据库模板样表，填写特种作业人员登记表（姓名、工龄、工种、证件编号、证书有效期等），上传管理系统，职能部门审查后反馈审核意见，项目落实整改，资料归入数据库。

日常安全检查管理。利用信息化平台，企业在原有影像追踪系统基础上建立了照片传输机制，项目人员可利用手机，随时随地拍摄现场生产情况，上传至平台，安保部门可随时了解现场状况，并监督隐患及时整改，进一步降低安全事故的发生。

3. 成本管理

人、机、材费用管理。一是人工费管理有系统自动生成人工费报表作为支付依据。

二是材料费管理,项目定期进行实物盘存,系统自动生成材料耗用统计报表,与当期成本控制指标比较,超出时自动显红预警。三是机械费管理,项目录入使用记录(入场记录、油卡、台班卡、辅料卡、中间计量表、出场记录等),形成实际消耗机械费,并与当期总成本控制指标比较,超出时系统自动显红预警,同时自动生成各类报表,作为支付依据。

专业分包费用管理。需要专业分包的分部分项工程,实际完成量和分包单价由项目部及时录入系统,经系统管理流程审核后形成报表,作为分包支付依据。

工程结算管理。工程结算审计后,结算信息录入系统,作为收款及支付的最终依据。

4. 综合管理

进度管理。通过填报进度产值报表,平台自动统计月度项目完成量,企业决策层可在平台上及时掌控整个企业的生产情况,根据不同项目生产状况,合理进行资源调配。

分包合同管理。项目部及时将施工合同、内部承包合同、分包合同上传至平台,实时检查合同履约状况。企业合同管理部门可根据项目部上传的内容及时掌握项目合同管理情况,降低企业合同风险。

项目人员管理。平台采用积分制,每人设一个积分账户,获得优秀员工奖励积分,通过积分来实现人员的晋升。每人开展的管理活动均记录在个人履历中,对于人员的调动也更为合适与便利。

(七)不断完善形成持续改进长效机制

1. 大数据库的持续改进机制

对管理过程中形成的成熟数据系统自动分类存入数据库,使大数据库形成自动积累机制;建立数据评价机制,定期组织不同类别的专家对大数据库的数据进行综合分析评价,对有用的更新数据及时补充录入,对不适用的删除清理,使其保持较高水平的使用性能。

2. 工程管理系统的持续改进机制

建立该系统运行效果评价机制,在交流平台广泛征求系统使用人员意见,收集合理化建议,对提出合理化建议的人员予以奖励,定期组织系统运行分析会,针对该系统存在的问题,商讨系统改进方案,使该系统功能完善、操作更加简捷有效,从制度和激励机制上保证该系统持续改进。

坚持“请进来,走出去”的方法,聘请专家对员工进行培训,组织企业员工观摩学习,借鉴先进经验,结合企业实际,总结分析学习经验,用学习成果对工程管理系统进行优化。

三、市政施工企业基于大数据挖掘的工程管理的效果

(一)有效适应了市政工程管理的需要

通过成果的实施,市政交通公司实现了项目技术、质量、安全、进度、成本等多方面信息的及时归集、整理,并通过对外部信息的吸纳,不断完善和丰富企业的技术积淀;利用影像追踪检查、成本预警等综合管理实现了对现场施工的实时监控,实现了人、财、物等资源的合理配置和集约使用。同时,数据库和管理系统之间的便捷互动,使项目初始管理的基础数据、样表等易于生成,数据信息能及时更新与优化,确保了企业管理经验得以

顺利传承，为提升企业核心竞争力奠定了坚实基础。通过技术质量管理系统的运行，方案审批流程清晰、交底及时、监管到位、质量可控，资料编制规范，工程一次性验收合格率由以往的 90%提高到 100%。同时，在主管部门的综合评价中，企业参建的工程项目均得到较高评价，多个项目获得国家级、省部级奖项。

(二)人员素质和企业综合管理水平明显提高

市政交通公司员工通过平台提供的各种相关管理工具、管理手段和专业知识，能够快速地熟悉和掌握管理流程、管理制度和方法，从而提高了员工多专业、多领域解决问题的综合能力。市政交通公司决策层和管理层之间、管理层之间、管理层与执行层之间的沟通渠道更加畅通，并通过网络技术的运用，缩短了管理路径，减少了重复劳动，提高了工作效率。企业销售收入、利润总额和全员劳动生产率稳定增长(表 1 所示)。

表 1 经济效益数据分析表

年份	销售/营业收入/万元	营收环比	利润总额(万元)	利润环比	全员劳动生产率(万元/人·年)
2010	173,725	——	2,533	——	267.27
2011	182,863	5.26%	2,642	4.33%	268.92
2012	207,367	13.40%	2,979	12.74%	288.01
2013	235,839	13.73%	3,444	15.61%	318.70

(三)工程管理得以强化，推动了企业持续发展

成果的实施使工程管理得以强化，促使市政交通公司从传统粗放的管理向标准化、系统化、精细化转变，激发了员工的创新热情，提高了企业技术创新能力，优化了项目的资源配置，减少了生产投入量、废弃物产生量，降低了能耗，获得了良好的生态效益。同时，缩短了管理流程，实现了无纸化办公，减少了车辆和人员等资源的消耗，提升了企业核心竞争力，为推动企业可持续发展奠定了坚实的基础。

(成果创造人：郭宝林、康　庄、杨　翔、谢永辉、翟旭茹、张志飞、马英富)

装备制造企业研发信息化建设

中国北车集团大连机车车辆有限公司

成果主创人:公司董事长、总经理闵兴

中国北车集团大连机车车辆有限公司(以下简称“大连机车”)始建于1899年,是国内唯一能同时研制内燃机车、电力机车、城市轨道车辆及大功率中速柴油机的国家重点大型企业。具有年生产各类机车1000台、城轨车辆500辆、大功率柴油机500台的能力,被誉为“机车摇篮”。2013年,职工总数8734人,总资产达132.2亿元,年签约额148.2亿元,净利润3.75亿元。机车产品覆盖全国所有铁路局。曾先后向缅甸、马来西亚、尼日利亚、新西兰、安哥拉、阿根廷、乌兹别克斯坦等18个国家出口产品;向北京、天津、西安、沈阳、大连等城市批量交付高端城市轨道车辆产品,受到用户普遍赞誉。2011年通过了I-RIS(国际铁路行业标准)体系认证,2010年以来连续实现百亿收入,始终保持持续健康发展。

一、装备制造企业研发信息化建设的背景

(一)行业对市场多元化、个性化的需要

装备制造产品研发具备“客户需求复杂、工作原理复杂、技术基础复杂、结构组成复杂”等特点,往往需要综合多个学科的专业知识、依据多年实践总结的业务流程、运用专业研发工具、遵循专业研发规范、参考计算试验历史数据,进行包括总体方案设计、系统原理设计、详细设计和虚拟样机分析仿真等一系列跨越多个专业的复杂工作,并以此为基础完成设计、仿真、试制、试验、定型、生产、维护等过程,急迫需要先进的产品研发信息化手段。产品研发信息化已成为中国装备制造企业转型的关键,也是中国制造的机遇所在。从“中国制造”到“中国创造”,装备制造企业不仅需要创新的思维,更需要与之相适应的产品研发信息化平台。

(二)全面提升企业研发信息化的需要

大连机车新产品的结构设计虽然都是从PDM系统内开始的,但数据不完整,所以设计数据没有进行电子审批,还是沿用原有的“蜡图归档”形式,电子数据的准确性、可靠性无法保证。相对于企业快速发展的经营管理策略,大连机车的研发信息化水平面临着市场的严峻考验。特别是进入国际市场以来,对产品研发周期、变形设计等对市场的快速反应能力提出了更高的要求。为确保大连机车未来的发展优势,急需改进现有的研发信息化体系,全面提升研发信息化水平,进而全面提升整体创新能力。

（三）提升企业综合管理水平的需要

大连机车是国内机车行业的龙头企业，属于典型的“单件/小批量、多品种”的生产形态，其核心竞争力就在于对相关知识及技能的有效整合。过去企业的信息化存在基础数据准备不够、编码规则不统一等问题，没有能真正实现全三维设计及产品数据的有效管理，所以必须建设先进的研发信息化平台，以提高大连机车研发新产品的创新能力进而提升产品研发管理和企业综合管理水平，更好地整合各项知识和技能，提升企业的核心竞争力、市场竞争力。从 2012 年 10 月开始，大连机车实施研发信息化平台的建设。

二、装备制造企业研发信息化建设的内涵和主要做法

大连机车通过立足现状顶层设计，确定研发信息化平台建设的目标和工作思路；统筹规划构筑企业编码体系，打通研发信息化平台建设运行通道；建立适应企业发展的数据标准平台，打好研发信息化平台建设的基础；统一资源，建立高效协同的研发信息化平台；依托研发信息化平台，提升公司全三维设计水平等做法，全面提高企业研发信息化水平，缩短产品的研发周期，提高产品的质量，加速研发对市场的响应速度，提高企业综合管理水平，进而大幅提升企业核心竞争力。主要做法如下：

（一）立足现状顶层设计，确定研发信息化平台建设的目标和工作思路

大连机车研发信息化平台建设的目标：把研发信息化平台建设成为企业协同工作平台与企业产品数据中心，为各业务部门和下游系统提供准确唯一的源头数据，使大连机车在产品创新、研发质量、研发速度方面取得显著提升，全面提升大连机车核心竞争力，逐步将其建设成为集团级联合设计的协同平台，实现集团内各企业间的设计协同管理。

大连机车研发信息化建设要“统筹规划、突出重点、分步实施”。总体思路：以产品全生命周期管理（PLM）系统为核心进行多系统集成，以科学的编码体系（CS）、数据标准平台（MDM）、产品全三维设计（CREO）作为有效支撑，建设研发信息化平台，通过与工艺辅助设计管理系统（CAPP）、企业资源规划系统（ERP）、制造执行系统（MES）、档案信息化系统的有效集成，实现产品信息流的全线贯通，同时为可靠性管理（RAMS）、故障闭环管理系统（FRACAS）预留接口，逐步实现信息系统的闭环管理，实现将研发信息化平台打造成企业产品数据中心的目标。

（二）统筹规划构筑企业编码体系，打通研发信息化平台建设运行通道

1. 建立编码管理组织

大连机车在公司内部建立覆盖各单位业务的编码管理组，隶属于科技管理部标准化室，明确其职责包括：负责企业各种编码，如物料编码、物料组编码、供应商编码等规则与管理文件的定义与发布、检查；负责进行编码管理流程中的校对、审核及批准等工作；负责协调处理涉及多部门的主数据问题，定期组织会议解决编码

和谐型机车生产现场

相关问题；负责从公司编码体系角度对 PLM、ERP、MES 各系统的蓝图设计提出意见和建议；负责对关键业务流程的编码应用场景、业务蓝图规划进行说明并协助相关实施方进行落地实施。

2. 定义编码标准

鉴于大连机车各种分类规则的专业性和复杂性，在定义编码标准时提出：基于统一 PLM、ERP、MES 系统产品信息描述的需要，建立或完善产品结构分类、位置分类、文档类型分类等分类规则编制的原则，通过《关键属性的定义及其用法》《编码在研发信息化平台的应用》《编码在企业资源规划系统的应用》与《编码在制造执行系统中的应用》等标准的定义，并在 PLM、ERP、MES 中实施落地，把产品结构分类、位置分类有效应用于 PLM、ERP、MES 系统关键业务之中，使异构信息系统能够统一表达产品信息，最终形成符合企业发展的关键编码与分类规则，并贯穿于企业规范中，如《明细表填写规范》《机车产品结构代码规范》《柴油机产品结构代码规范》等。

3. 编码在关键业务流程中的应用

大连机车编码体系复杂，经充分调研与梳理，将编码体系在实际工作中的关键应用流程予以定义，具体在基础工作阶段关键业务流程中的应用，在市场阶段关键业务流程中的应用，在研发阶段的关键业务流程中的应用，在工艺准备阶段关键业务流程中的应用，在制造阶段关键业务流程中的应用，在服务阶段关键业务流程的应用。

物料编码、图号、模型号、文档类型、产品结构分类、技术文档、旧物料号、物料组分类、会计科目、银行编码、供应商编码、客户编码、项目相关编码、序列号及批次号等共计 15 类编码在信息化推进中得到全面应用。

（三）建立数据标准平台，打好研发信息化平台建设的基础

1. 明确范围、整理数据

参照中国北车主数据的标准体系和应用要求，大连机车在各业务部门全面实施集团主数据贯标工作，对大连机车相关存量数据进行整理申码，主要包括：物料、客户、供应商、会计科目、银行、初级成本要素及承诺项目七类主数据。

2. 分析难点、制定策略

大连机车聘请专业数据实施团队进行主数据贯标并指导大连机车的数据整理工作；由副总经理牵头，组织相关业务部门组成专职数据整理组，协助各业务人员进行数据整理工作；通过日例会、周例会及时处理数据整理过程中出现的各种问题；先后 4 次改变整理策略，并从 6 个不同源头开始数据的清理工作；所有设计明细中体现的物料数据编码由设计部门按数据标准申请编码，属性按设计要求体现，原材料数据由物资部门按数据标准申请编码供工艺部门材料定额编制使用，以此保证相关数据的合理性、准确性。

3. 明确方法、分类整理

标准件整理：以原资源管理平台数据为源头，数据组以国标文件核对原始数据相关信息，确认标准代号、大小量纲的书写方式与材质标准等。

通用件整理：以原资源管理平台中 8T 开头和设计部门提供的通用件图纸为源头，设

计师按照数据标准要求，以图纸明细及技术协议为依据将相关属性补充完整。

外购件整理：以原资源管理平台数据为源头，由设计师进行比对确定属性；再以设计数据为源头，按车型进行数据整理属性填写，交由物资部门计划员进行确认。

原材料整理：以原资源管理平台数据为源头，根据数据整理标准，由工艺部门、物资部门完成相关属性的确认、补充，再进行标准确认。

其余五类数据整理：由项目组根据数据标准对客户、供应商、会计科目、银行主数据、初级成本要素五类主数据管理部门进行贯标培训；在原资源管理平台中导出现有数据进行分类整理。

（四）统一资源，建立产品全生命周期管理平台

1. 编制规范流程，实现业务操作流程化、规范化

为提升大连机车业务管理水平和管理规范，全面提升信息化的执行力，最终确保产品全生命周期管理平台建设的持续有序推进，项目实施共编制 41 个规范文件、37 个流程文件，具体规范及流程应用：编制设计规范 25 个，具体指导设计师设计工作的开展；编制工艺规范 16 个，其中《MBOM 结构搭建规范及要求》的编制，为工艺师进行 BOM 转化提供方法与规则，有效提高 MBOM 的编制效率与质量；编制设计流程 24 个，其中《委外标、通、外模型检查、入库流程》《标准件申请入库流程》及《外购件申请入库流程》等流程文件的编制，实现基础数据的流程化管理；编制工艺相关流程 13 个，其中《MBOM 搭建及发布流程》《MBOM 更改及更改发布流程》用以指导 MBOM 配置管理员进行 EBOM 到 MBOM 的转化。

2. 创建基线，实现产品技术状态管理

大连机车产品全生命周期管理平台中，用专门的“基线”对象进行产品数据技术状态的管理。不同设计阶段由产品主任设计师收集各种设计数据，按基线创建规则创建基线，通过基线的创建完善版本管理，系统中确保在同一技术状态下，仅有一个版本有效。通过技术状态管理，大连机车的研发设计效率、设计柔性得到显著提高。

3. 流程控制，实现工程变更的闭环管理

大连机车引入国际技术状态管理协会定义的关于配置管理的完整规范变更管理理念 CMII，制定一整套产品定义以及在整个产品生命周期（从概念设计到报废）内工程变更管理的规范；同时规定不同权限的变更管理职能设置，根据更改的影响度，选择不同类型的变更流程。形成统一的设计更改流程，实现基于更改通知单对已归档的模型、图纸和技术文件的更改，及通过产品技术通知单先执行临时更改，而后通过设计更改流程进行设计数据更改的闭环管理，有效解决更改不及时、不完整、不准确、不闭环造成企业生产资源浪费的问题。

（五）依托研发信息化平台，全面提升公司全三维设计水平

1. 统一环境，实现设计规范化管理

大连机车首先统一机车、城轨、柴油机三大设计板块的三维及二维设计环境，保证所有设计师在完全相同的设计环境中完成设计工作，保证公司研发数据的统一性、标准性和规

范性，为企业未来的多品种、多地区的协同设计奠定设计环境标准化的基础。

2. 数据准备，夯实三维设计基础

通过引进“制造业信息化平台”，聘请专业技术人员完成公司所有通用的标准件、标准紧固件、通用件共7000多三维模型的创建，经设计部门确认后放入服务器存储库供所有设计师调用；由机车、城轨、柴油机分别组成专职人员完成各自所需要的电气管路元器件、外购件等专业基础数据的模型准备工作，并放入各自存储库以供相关设计师使用，提高了设计效率，同时大量减少了零部件种类，降低了产品成本，并在一定程度上提高了产品设计质量，缩短了产品设计周期。

3. 定制开发，提高设计出图效率

大连机车对二维标注进行定制开发。在二维工程图界面进行定制开发，其中包括快速工程图创建；快捷的尺寸标注，常用符号标注等；快速绘图工具可快速将二维图输出为PDF或DWG格式文件；二维图拼图打印可在指定路径下批量将二维图自动拼图并打印。为满足大连机车产品设计的特定要求，又定制了大量符合EN15085标准的焊接符号及表面粗糙度符号；同时开发了技术要求库，将通用中英文技术要求整理固化，方便设计师选用。所有这些功能在充分体现三维软件参数化设计优势、保证三维转二维规范性的同时，大大提高了设计师的出图效率，保证了三维设计的顺利进行。

4. 设计规范，提升三维设计能力

大连机车在全三维推广中，借助柴油机、城轨、机车典型产品的全三维设计过程，通过梳理固化产品设计经验，将经验固化于三维设计过程，形成规范指导后续设计应用。共编写30个三维设计规范及应用方法，涵盖产品设计通用规范和各产品专业设计规范，固化设计流程，深化设计理念，提升设计创新能力，实现设计经验的总结积累，为公司全面实现产品全三维数字化设计作好规范准备。

5. 个性化培训，增强三维设计技能

大连机车为三个研发部门组织了多轮次的三维设计软件的使用应用培训，并根据设计师的应用水平分别设置了基础培训、高级培训及各专业模块培训共十几种培训课程。大连机车还引进“网上教学系统”，将所有培训课件安装到网上教学系统，为不同设计师安排相应的网上教学课程，保证所有设计师都能接收到完整的软件培训课程，并制作大量的常见问题解决方法公布于网上教学系统，方便学员查阅学习。

6. 数字化样机，提高设计创新能力

通过项目实施，大连机车首次实现全三维自顶向下柴油机、城轨、机车数字化样机的搭建，完整的数字化样机，在提高设计手段的同时，全面提高设计质量，模拟装配、干涉检查等使设计师在设计阶段即能随时发现设计误差，同时结合CAE(计算机辅助分析)的大面积应用，变事后处理为事前预警，避免了原来要到实际生产装配才能发现的设计错误，提高了设计质量、提升了设计效率。

大连机车数字化样机提供的高质量的模块化三维设计数据为快速的改型设计、零部件重用提供了数据保障，利用PLM成组技术，采用科学的设计、仿真分析方法，充分发挥设计人员的创造性，加快新产品的开发，提高产品的创新能力，增强产品的市场竞争力。

（六）建立统一的系统工作平台，提升企业的研发能力和综合管理水平

大连机车通过产品全生命周期管理平台为各部门建立一个统一的系统工作平台，实现多专业、多部门的协同工作，有效解决以前设计部门内部、设计部门与工艺部门及设计部门与各职能部门之间信息不流畅引起的各种问题，全面提升研发能力和综合管理水平。

1. 优化研发平台，实现多部门工作协同

研发部门整车的三维设计全过程采用PLM平台进行流程与数据管理，研发部门领导可以通过系统细化本部门的工作任务安排，并随时监控研发任务的完成状况；研发设计人员可以通过系统随时了解自己的任务情况，并最大限度地获取完成任务所必需的资料，通过动态查询设备、工装、材料等状况，确保设计的可加工性。建立预行程的概念，让工艺行程人员在设计阶段就早期介入相应的工艺工作；通过并行工作，物资采购部门可以随时查阅产品结构、产品基础数据；生产车间则可以及时反馈加工工艺，动态查询设计图纸和产品工艺；销售部门可以直接获取产品结构信息，为宣传、推广在开发的新产品提供图文说明，随时获取销售用产品数据；质检部门可以获得产品质量要求信息；编制质量检测文件；对产品质量控制中的设计环节进行监控。

2. 定制分类报表，满足企业业务需求

大连机车产品全生命周期管理平台定制多种报表，包括产品总明细表、分级明细表、外购件汇总表、标准件汇总表、紧固件汇总表、通用件汇总表、关键件汇总表以及借用件汇总表等七大类报表，为产品设计、生产、采购以及成本核算提供最直接最高效的手段，实现对产品零部件进行综合统计和单件统计及跨类的汇总统计；并对企业需要的各种数据（标准件、外购件、自制件等）进行灵活的汇总定义，与Excel软件紧密的集成，通过定制报表模板文件进行报表输出，满足企业的各类汇总统计需求，有效解决过去手工制作报表准确性低、工作量大、无法共享等问题。

3. 多系统集成，实现企业数据的高度共享

利用现代集成信息技术，通过产品全生命周期管理系统与档案信息化系统的无缝集成，将经过流程发布的图纸、技术文件、更改单及通知单等各类文件自动传递，实现电子归档，有效提高档案管理的效率及质量；通过PLM系统与MDM系统的集成、PLM系统与ERP系统的集成、ERP系统与MES系统的集成、PLM系统与档案信息化系统的集成，有效解决企业信息孤岛问题，实现企业产品数据在设计、工艺、生产制造等全过程的有效集成和高度共享。

4. 并行工作，实现业务一体化运作

产品全生命周期管理平台的建立，为大连机车产品设计、工艺、工装、采购、生产、质量、售后服务、客户等在相同的界面下对唯一数据源进行操作提供了可能，为提高企业生产效率和产品创新效能打下基础。通过跨专业协同、跨部门协同、跨区域协同等多种协同方式，实现大连机车研发主要业务的全电子化管理；通过系统运行及流程监控，提高各部门的工作效率，改善部门间的推诿扯皮；同时统一的数据源经过电子审批流程，技术图

纸、更改通知单、工艺文件和各种数据报表在各部门顺利流转，保证产品数据在企业内部流转的准确性、及时性和可靠性。

三、装备制造企业研发信息化建设的效果

（一）提高了企业研发信息化水平

大连机车通过研发信息化平台的建立，实现了包括时速200公里八轴交流传动客运电力机车、时速160公里交流传动客运内燃机车等铁路总公司需要的主型机车产品；时速160公里城际（市域）电动车组，大连地铁1号、2号线等最新研发设计的城轨车辆产品；240系列、265系列柴油机产品以及南非出口机车等各大主营板块在研产品的数字化产品数据的集中存储和管理。

统一的编码规则，大量基础数据的准备、各类标准的制定及全面设计规范和管理规范的健全，使新产品的研发周期明显缩短，变形产品设计效率明显增高，研发对市场的快速反应能力明显提高。

全三维自顶向下设计方法在大连机车的全面应用，实现了跨专业的即时设计协同，在电力机车、内燃机车、城轨、柴油机各板块全面展开应用，全面提升了公司的产品设计手段；全三维转二维设计出图的实现，保证了三维、二维的一致性和有效性；数字化、模块化设计实现完整的机车、城轨、柴油机数字化样机的搭建，全面提升了研发信息化水平，增强了产品设计的创新能力。

（二）提升了企业核心竞争力

大连机车通过研发信息化平台实现了基于研发信息化平台的跨专业、跨部门、跨区域的一体化管理。设计数据、设计过程及工艺数据、工艺过程的一站式管理，真正实现了设计工艺并行化工作，提高产品研发效率40%，缩短产品研发周期40%。

研发信息化平台建设过程中大量基础数据库的准备，包括标准件库、通用件库、外购件库、原材料库等，通过"集中发布，统一使用"的原则，显著提高了新产品中的共用件比例，有效压缩新物料的产生比例、降低了产品的研发和制造成本；从产品全生命周期管理的角度提供快速处理更改以及控制从概念到设计直到制造生产和售后服务整个动态产品开发过程的产品数据管理，保证了从设计、工艺到生产制造更改的准确性、及时性和一致性，保证了产品质量，设计更改量减少10倍，提高了产品可靠性，废品返工率减少80%。

研发信息化平台通过整合企业各项知识和管理技能，全面提升了企业的综合管理水平，进而提升了大连机车的核心竞争力。大连机车先后荣获"全国先进企业"、"全国十佳企业"、"中国企业百花奖"、"国家科学技术进步一等奖"、"国家质量管理奖"等530多个市以上先进荣誉称号。

（成果创造人：闵　兴、刘会岩、郭福林、袁　勇、邹晓光、孙德磊、贾同凯、王玉庭、安　涛、李　蒙、方　伟、苏自强）

采油企业基于数据信息深度挖掘的油水井管理

中国石油天然气股份有限公司华北油田分公司第五采油厂

成果主创人：厂长严建奇

中国石油天然气股份有限公司华北油田分公司第五采油厂（以下简称"采油五厂"）成立于1986年，隶属于中国石油天然气股份有限公司华北油田分公司，是以石油天然气开采为主的中型资源采掘企业，勘探开发主战场集中在冀中南部地区的深县、束鹿和晋县，生产区域分布在石家庄、邢台和衡水市的7个县（市），现有员工1681人，管理境内880口油水井、5座联合站、36座计量站、5座转油注水站、5座采油站、3座转油站、8座单井站以及98.7千米的输油管线，拥有各类主要专业设备3400台（套）。

一、采油企业基于数据信息深度挖掘的油水井管理的背景

随着信息化、自动化以及智慧油田的迅速发展，信息技术已渗透到油田生产经营的各方面，数据信息已经成为采油企业持续发展的战略资源，企业采集、处理、利用数据信息和将数据信息转化为知识财富的能力已被视为保持和增强采油企业竞争优势的关键。

（一）提高油水井发展质量和效益是提升现代化管理水平的关键和基础

油水井是采油五厂的重要资产，也是油田生产效益的主要来源。油水井管理是采油五厂的重要工作内容。随着油田开发规模的不断扩大、油水井数量的逐年增加，传统的生产管理方式已经不适应油田生产发展的需要。为提高采油五厂的发展质量和效益，提升油水井现代化管理水平，走有质量、有效益、可持续发展道路，采油五厂围绕提高油水井自身效率效益，以油水井管理作为企业提质增效的基本单元，以精细化、信息化和自动化建设为依托，通过深度挖掘油水井数据资源，寻找油水井生产管理过程中的瓶颈问题和主要矛盾，拓宽油水井生产潜能、提高油水井生产效益；借助计算机、网络终端等信息化、自动化管理工具，建立油水井数据诊断及问题管理的信息化管理模式，实时监测油水井的生产状况，确保油水井高效运行生产，提高油水井的产量效益和现代化管理水平。2013年，采油五厂提出实施"采油企业基于数据信息深度挖掘的油水井管理"项目。

（二）亟须通过进一步的信息化应用提升油水井管理水平

经过27年的发展，采油五厂的油田生产已经进入中后期深度开发阶段，油田生产经营和油水井管理主要问题突出，包括：油水井赖于生产的地质资源匮乏，储量后劲不足；油田老井多、产量低、综合含水高、低效和无效产量多；油水井生产管理难度大，效益低；油田自然递减加快，油田生产费用以及人工成本持续攀高；对数据信息资源挖掘及深化

数据信息分析应用不够，数据信息资源的有效价值没能得到发挥利用。采油五厂亟须通过进一步的信息化应用管理手段，从油水井管理入手，以油田公司启动建设智慧油田工程项目为契机，采用先进的信息化技术，深度挖掘油水井数据信息资源，广泛应用油田信息化和自动化建设的发展成果，深化油田数据信息分析应用，推进油水井信息化、自动化管理进程，提升油田综合效益水平。

（三）持续多年的信息化应用为油水井管理创新奠定了基础

采油五厂2000年开始实施油田自动化监控系统工程，计算机网络已经覆盖到油田生产经营的各个领域，随着油田自动化监控系统工程的不断深入，油田生产经营管理的各类软件系统开通运行，80%以上的油水井实现了自动化的数据采集传输工作，20%的油水井利用信息化系统工具进行数据信息的采集，仅与油水井相关的日采集存储项高达6.9106万个，实时和非实时采集存储的数据信息体量大、内容丰富，种类繁多，分布广阔，自动化和信息化系统采集存储的数据量正在向大数据方向发展，形成了宝贵的数据信息资源，并存储在油田公司数据中心和采油五厂信息中心，为采油五厂数据信息深化分析应用奠定了坚实的基础。

二、采油企业基于数据信息深度挖掘的油水井管理的内涵和主要做法

采油五厂以深度挖掘和深化数据分析应用为核心，通过建立油水井数据信息深度挖掘和深化分析应用管理平台，利用互联网终端与移动终端等信息化、自动化管理设备，对油水井数据采集、传输、存储、加工、查询、分析、预测、决策等过程进行信息化、自动化管理，增强油水井的综合开发和经营管理能力，提升油水井综合开发效益水平。主要做法如下：

（一）科学设定实施目标，明确实施方向

经过认真分析，设定项目的总体目标：以深化数据分析应用为核心，借助油水井数据信息深度挖掘和分析应用管理平台以及深度挖掘分析应用的专业化管理工具和专家系统分析工具，通过互联网终端和移动终端等自动化设备，实现对油水井数据信息的深化分析应用管理。

在中国石油信息总体规划的框架下，根据采油五厂实际需求，明确规划项目实施方向。一是从油水井管理层面规划。依托互联网和移动终端，借助计算机、网络、手机等自动化办公设备，通过视频、图像、邮件、短信等多种信息化方式，建立油水井数据信息化管理机制，使不同层次的生产及技术管理人员实时感知油水井的生产运行状况，及时发现并解决油水井生产过程中出现的问题，形成油水井信息化的管理模式，实现从数据采集、深化处理分析、问题反馈、现场解决，再进一步优化实施的一体化、信息化管理。二是从实用技术层面规划。以深化数据分析应用为核心，利用

厂长严建奇到生产现场调研

油水井快速反应专业化工具，监测和管理油水井现场问题；采用油水井阶段分析专家系统工具，对油水井进行阶段分析及动态分析，深度挖掘、寻找油水井生产潜能，提出措施建议，辅助油水井管理，增强油水井综合管理效益；搭建油水井数据深化分析应用管理平台形成信息化数据管理指挥中心，通过深化分析、自动搜索、信息推送等手段，推动油水井信息化、自动化管理。

（二）搭建油水井管理平台是数据信息深度挖掘和分析应用的基础

利用先进的数据信息处理技术，在规范整合管理基础数据资源的基础上，以油田公司数据中心为依托，深度挖掘油水井数据信息，搭建采油五厂油水井深化分析应用管理平台，完善各种数据采集工具，丰富数据资源，建立不同层次的油水井深度挖掘和分析应用模型，深化分析处理油水井数据信息资源，开发深化数据分析应用的专业工具和专家系统分析工具，对多年来累积的数据资源进行深度挖掘处理和深化分析应用管理；借助互联网终端与移动终端等自动化管理设备，理顺油水井信息化管理通道，搜索、分析、发现并解决油水井管理中出现的问题，挖掘油水井数据信息的内在潜能，实现数据、信息、知识、资源财富的转化，提升油水井生产效率和综合开发效益。

1. 组建油水井数据深化分析应用管理平台

以深化数据分析应用为核心，以油水井管理为基础单元，依托油田公司数据中心和采油五厂数据资源，按照采集、存储处理、决策分析应用三个层面的系统架构组建油水井数据深化分析应用管理平台，油水井数据深化分析应用管理平台体系架构，按照“设计高起点、建设高标准、运行高效率、管理高效益”的工作标准，在油田公司信息化框架下，有计划、有步骤的完成油水井数据深化分析应用管理平台建设，为数据信息资源进一步挖掘和深化分析应用奠定基础。

2. 应用数据采集完善系统工具

以油水井管理基础数据为主线，在油水井数据深化分析应用管理平台上集成发布数据采集完善等专业化工具，完善采油、注水、输油、作业、测试、设备等与油水井管理相关的数据信息，包括数字、音频、视频等结构和非结构数据，利用专业数据管理工具对数据进行提取、转化、对接及整合，并统一存储到油田公司数据中心和采油五厂数据中心，完成系统采集、存储处理两个层面的工作，丰富数据资源，为油水井数据信息的进一步深度挖掘分析应用奠定资源基础。

3. 应用数据信息分析专业工具和专家系统分析工具

集成发布深化数据分析应用的专业工具和专家系统分析工具。采用油水井快速反应等一批专业化分析工具搜索发现并解决油水井生产过程中出现的工况问题；采用油水井阶段分析等一批专家系统分析软件进行数据的挖掘和深化分析应用，拓展数据信息应用范围，挖掘数据资源价值，寻找数据资源潜能，实现数据资源的应用价值。

（三）深化数据信息分析应用，提升油水井综合管理效能

数据信息是油水井生产的基本要素，数据变换是反映油水井是否科学正常生产的重要依据，利用先进的数据信息处理技术，使用油水井深化数据信息分析应用的专业化工

具和专家系统分析工具，对油水井数据进行深度立体挖掘及对比分析，寻找有效增值潜能，为各级油水井管理人员提供科学依据，促进油水井正常生产，提高油水井生产效益。

1. 实时监测诊断，寻找现场工况问题

深度挖掘分析油井实时生产数据，利用油井快速反应分析应用管理工具，优化油井平衡、调冲等生产参数，发现油井杆断、泵漏、碰泵、供液不足、不出液等异常问题，摸索间开、热洗化防、加药周期等生产规律，辅助油井间开周期及热洗化防管理，减少油井检泵作业次数，降低油井维护工作量和躺井率，延长油井检泵周期。2013 年通过应用快速反应信息化系统管理工具，处理油井生产问题 312 井次，其中调整油井热洗周期 9 口井，优化调整间开周期 22 口井，不仅提升了油井措施管理水平，还节约了作业费用 218 万元，创造了效益。

2. 深度挖掘，寻找油井生产潜能

利用油水井数据阶段分析专家系统工具，深度挖掘、对比分析油水井数据，寻找产量变化不正常的井，查找原因，提出措施建议，寻找油水井生产潜能，增加油水井措施产量。2013 年，各级技术管理人员使用油水井数据阶段分析工具软件发现问题 1500 井次，提出采纳措施建议 26 条，创造效益 732 万元，极大提升了油水井的综合管理效能。

3. 立体分析，辅助生产决策

通过纵向统计挖掘对比分析本旬和上旬油水井生产数据及横向挖掘对比油水井计划统计数据，采用聚类统计分析方法以及时序统计分析方法，分析和预测产量变化趋势，了解各生产单位的生产情况，掌握产量完成状况，帮助决策者快速、准确的做出决策，指导今后的油田生产。

4. 深度挖掘分析，指导新井管理

对新投、转注的油水井数据信息进行深度挖掘分析，实时关注油水井的产量、含水、注水、配注等数据变化情况，及时提出增产稳产措施，提高新井管理效益。

5. 跟踪分析，提高措施井产量

对措施井数据进行深化跟踪分析，通过措施前三个月、措施后产量、目前产量及数据曲线的对比分析，展示措施前后产量及曲线变化情况，了解措施效果，指导措施井生产，提高措施产量。

6. 筛选分析，寻找恢复井

统计搜索分析停产、停注井数据，查找分析停产、停注原因及相关井生产数据，筛选分析恢复油水井，提高油田综合产能。

7. 综合分析，强化管理效益

根据油井日常分析管理的实际要求，有条件挖掘统计分析任意时间段各井重点关注的内容，搜索累计异常变化等关键数据及曲线信息，了解油井生产趋势，指导油井有效生产。

目前，各级技术管理人员使用油水井阶段分析工具进行深化数据分析应用管理已经形成习惯，采油五厂的油水井管理方式正逐渐由“被动”管理模式向信息化“主动”管理模式转变，促进了油田自动化建设的快速发展。

8. 关联分析应用，提升采油系统效率

对自动化系统示功图测试和电参量测试数据进行关联分析，寻找影响系统效率的相关因素，优化采油系统参数，提高系统运行效率。

9. 全程统计分析，监测提高注水系统效率

对注水系统流量、压力、水质等参数数据信息进行挖掘分析，监测参数异常变化情况，优化调整相关参数，提高注水系统效率。

10. 定时自动搜索发现分析问题，提出措施建议

发现并解决油水井生产过程中出现的问题是油水井管理的重要环节，发现及解决问题水平的高低直接影响原油生产任务能否完成。应用“油井快速反应”信息化软件工具对实时数据进行监测诊断，每天定时 2 次自动搜索不正常生产井，发现采油井的电流、载荷、产液量等现场生产的异常问题；利用“油水井数据阶段分析”专家系统分析管理工具。每旬定时 2 次对全厂的 610 口油井进行阶段数据分析对比，挖掘数据潜能，搜索发现产量变化不正常的井，提出措施建议，并把深化分析应用成果以图形、表格、文字等不同信息化方式展示给各级技术管理人员，辅助各级技术管理人员指导油水井生产。

11. 定时自动推送信息，解决生产问题

通过油水井问题流转监测分析工具，建立定时自动搜索发现和成果推送的数据运行管理模式，将数据挖掘和深化处理分析后获取的成果以窗口、邮件和短信等形式推送给指定的油水井技术管理人员。不同层次的技术管理人员借助计算机、邮件、手机等信息化工具组成油水井信息化管理圈，形成油水井信息化管理群。群成员能够按照等级接收问题、提出问题以及处理问题，并行使指挥管理职能，优化问题处理模式，实现问题处理流程透明化，使问题处理情况在网络平台上公示，达到互相监督、互相督促的作用，进而加快问题处理速度，确保油水井正常生产。使从油水井数据深化挖掘、分析处理后的成果及时渗透到油水井的日常生产管理过程中，促进从数据采集、深度挖掘处理分析、问题反馈、现场解决、再进一步优化实施的一体化、信息化管理，提升油水井综合管理效益。

(四)同步跟踪考核，定期总结评价实施效果

1. 实时考核

通过油水井管理平台，按照管理等级接收问题、提出问题以及处理问题，统计分析不同角色用户进行的油水井管理状况，自动记录跟踪油水井生产管理过程中发生的管理活动，形成跟踪记录考核结果，实现问题处理流程透明化，使问题处理情况在网络平台上公示，达到自动监督考核的目的，提升考核管理水平。

2. 定期总结

围绕提高油水井管理效率效益，紧密配合采油五厂全员绩效考核机制，从机关到基层，把油水井管理考核贯穿于油田生产经营活动的始终，对各级油水井管理人员在深化数据分析应用中的实施效果进行月度、季度、年度等定期考核，定期总结反映油水井管理中出现的问题，促进油水井管理提升。

三、采油企业基于数据信息深度挖掘的油水井管理的效果

(一)提高了油水井生产效率

通过实施油水井数据信息的深度挖掘和深化分析应用管理,不同层次的油水井管理人员能够利用油水井快速反应、油水井阶段分析等专业工具和专家系统分析工具,实时监测油水井生产运行状况,及时调整油水井运行参数,减少油井作业次数,降低油井维护工作量和躺井率,延长油井检泵周期,促进了油水井的高效运行生产,确保了采油五厂原油生产任务的顺利完成;通过深度挖掘油水井数据资源,深化数据分析应用,增强数据的立体化对比分析,搜索发现油水井生产中出现的问题,找出原因,提出措施建议,挖掘油水井生产潜能,增加了措施产量,提高了措施效果,实现了从单纯数据到复杂知识成果转化的信息化管理,降低了工作强度,提高了油水井生产效率。

(二)提升了油水井管理水平

各级生产和管理人员利用油水井数据深度挖掘和深化分析应用的管理成果,有效组织指导生产,提高了生产管理决策水平,促进了油水井数据分析处理的自动化管理进程,加强了各部门之间的管理协调和信息沟通能力,使油水井由原来粗放型的生产管理模式向信息化精细化方向转变;利用计算机、网络、邮件、手机等现代化管理工具,自动推送深化数据处理分析后的数据成果,加快了成果流转和处理速度,减少了油水井生产管理环节,大幅度降低了成本,提升了油水井综合管理水平,确保了采油五厂有质量、有效益、可持续发展。

(三)取得了很好的经济和社会效益

"基于数据信息深度挖掘的油水井管理"项目实施后,采油五厂的经济效益和社会效益持续提升,2013 年创造经济效益 950 万元,油田综合效益在华北油田公司所属企业中名次居前,连续四次蝉联河北省"最具成长性企业",并先后荣获河北省明星企业、河北省劳动竞赛工作先进单位等多项荣誉称号,取得了很好的经济和社会效益。

(成果创造人:严建奇、郭志强、王琳芳、周景昆、杨　兵、刘建平、史　威、刘军杰、古秋蓉、王建英、罗明江、李冬青)

通信企业基于横向融通和纵向贯穿的服务型数据管理

中国联合网络通信有限公司山东省分公司

成果主创人：公司总经理、党委书记霍海峰

中国联合网络通信有限公司山东省分公司（以下简称“山东联通”）隶属于中国联合网络通信有限公司，是在融合原山东网通和原山东联通基础上组建的全业务电信运营商。目前，山东联通资产总额418亿元，员工2.5万人，2013年营业收入226.99亿元，利润25.4亿元。下辖17个市级分公司、129个县级分公司，拥有各类用户6100多万户，其中3G用户规模突破1200万户。移动网络容量突破2800万线，本地电话交换总容量突破2100万线；城市实现光缆全覆盖，农村光缆入村率超过90%；宽带网覆盖全省所有市、县、乡和行政村，全面实现了“村村通宽带”。

一、通信企业基于横向融通和纵向贯穿的服务型数据管理的背景

（一）建立融通贯穿的信息系统刻不容缓

各类系统专业性强、相互独立，数据孤立、标准不统一、缺乏共享，是电信运营领域普遍存在的难题，难以适应当前信息通信业专业化运营需要。山东联通整合原山东联通移动网资源和原山东网通固网及数据资源，业务资源复杂，客户规模庞大，更加大了多业务系统整合难度。伴随着企业组织体系和运营模式的持续优化调整，山东联通亟须建立融通贯穿的统一数据管控系统。

（二）缺乏统一规范和专业协同，集中统一迫在眉睫

全省数据管控流程不统一，管控环节缺少相关流程的指导规范，数据报送方式、信息管控过程及人员权限管理等也存在一定的安全隐患。近年来，山东联通持续开展基于体制变革的系统优化管理，以“管理集中化、组织扁平化、运营专业化”为基本原则，撤销区级公司，优化市、县公司架构职责，建设、网运、财务等职责上收市公司，实施网络维护省级集中监控等，确保内部运营管理机制体制能够适应不断变化的内外部环境需要。原有反应滞后、分级分专业的数据管理模式严重制约了企业市场竞争力，成为山东联通可持续创新发展的突出瓶颈因素。山东联通迫切要求建立一体化、集中化IT管理体系，形成以融通贯穿和集中统一为基础的新型数据服务体制，推动企业的可持续健康发展。

（三）数据为企业运营的服务支撑作用亟待加强

伴随业务服务的愈加复杂多样和大数据技术的日臻成熟，通信企业面临数据管控和

信息价值开发、数据清洗等新问题，如何打破信息孤岛，实现企业信息数据共享，建立数据迅速转换为价值的全新服务体系，让数据充分发挥企业核心资源价值，为企业经营决策、产品研发、精细化服务等提供有效的数据支撑，成为通信企业数据服务中的重大课题。山东联通建立以融通贯穿和集中统一为基础的服务型数据管理模式，深度挖掘数据价值，规避和解决各类风险隐患，是实现企业运营能力快速提升的需要。

二、通信企业基于横向融通和纵向贯穿的服务型数据管理的内涵与主要做法

山东联通积极适应大数据时代和市场竞争多样化、白热化等趋势，以数据全生命周期管理为核心，以IT系统及平台支撑为保障，在通信行业率先建立基于"一点审核、集中管控、模式标准"的集中统一数据管控体制，通过融通贯穿式全流程再造，探索构建了数据驱动型企业运营和客户服务新模式，形成符合专业化运营和大数据特点的管理流程、数据秩序和工作规则，强化数据管理的准确性和数据分析应用深度，全面推动企业可持续创新发展。主要做法如下：

（一）深入调研，确定数据管理改革的方向

1. 厘清范围，全面摸底

山东联通对现有数据按照专业属性和应用特点，明确分为市场、财务、网运、综合四大类，分类设定调研表格，详细编订填报说明和范例。按照不同的管理层级，针对不同种类的数据，确定省公司部门间、省市公司间和市公司内部的三类调研范围。经过全面调研，山东联通全省有效数据需求达1578个，包括省公司部门之间95个，市公司上报省公司154个，市公司内部1329个。进一步分析调研的数据，存在如下特点：一是省公司各部门之间数据95个，市场部、运行维护部、财务部、销售部是数据主要需求部门；有94%数据来源于系统，6%数据来源于手工填报，存在一个数据多个系统提供等情况。二是市公司上报省公司数据中，按需求部门统计，有16个部门需要市公司上报；其中，61%数据来源于系统，39%来源于手工收集。三是手工数据存在临时性、变化大、跨越层级多等特点，以往的工作方式难以保证各级手工数据的准确性和报送的及时性。

从数据管理现状看，山东联通运营数据量大、种类繁多，缺少统一规范与专业分类管理，各专业系统缺乏协同，数据分析和数据应用服务能力亟待加强。

2. 明确数据管理改革的方向

公司全程服务的济南12345市长热线入选城市公共服务名片

从管理架构看，通过融通贯穿式全流程再造，从根本上打破信息围墙，破除信息壁垒，解决管理无序、处处信息围墙等问题。从数据价值和服务对象分析，大数据时代背景下，数据管理变革的核心是建立数据驱动型企业运营和客户服务模式，通过实现各类数据的优化和对接，挖掘企业运营各领域业务流程、决策过程和业务服务中数据的潜在价值，全面支撑企业运营发展。从技术支撑看，通过建立全新的

数据管控系统,强化数据信息的全流程管理,纵向贯穿决策层、管理层、执行层,横向穿透市场、运维、网建、财务等各专业领域,切实解决原有系统分立、数据孤立、流程管控缺失等难题,实现数据管理和信息服务的有机结合,确保数据准确性。

3. 明确服务型数据管理的总体思路

针对数据管理变革中管理、服务和系统三个关键维度,山东联通积极适应当前运营环境的新变化和新特点,以数据为核心,以组织优化为保障,以统一数据流程为措施,以IT平台支撑为载体,通过融通贯穿式流程再造、全过程的管控系统建设等逐步推进系统性变革,探索建立以融通贯穿和集中统一为基础的服务型数据管理新模式。

面对内外部发展的复杂形势,山东联通重点从以下方面推进数据管理的系统性变革:一是优化组织架构,缩短管理层级,建立集中统一的数据管理体制。二是深化数据价值挖掘,强化数据服务的准确性和精细化。三是强化信息化支撑,建设全过程的数据管控平台。统一数据规范和接口标准,加强协同合作,尤其涉及不同专业的运营流程,确保企业管理各单元精准协同和高效运行。

(二)实施系统性变革,建立集中统一的数据管理体制

1. 优化组织体制,明确管理职责

改革现有分散的、条块化的数据管理模式,省市公司统一信息化部机构职责,整合全省IT资源,形成新型的一体化、集中化IT管理体系,加强对一线市场运营的系统支撑和数据服务,实现"系统上收,服务下沉"。统一数据管理职责,实现IT支撑重心由功能提供为主向数据服务为主转型。

明确省、市、县管理权限,实现三级贯穿管理。省公司信息化事业部承担全省集中统一的数据管理职责,为各方面提供多层级、多维度、全方位的数据服务。并对数据实行集中化、专业化和标准化管理,实现对所有数据生产全过程的质量管控。市公司信息化服务中心负责落实省公司数据管控要求,承担本市公司数据真实性和本单位各类数据服务需求;县公司及一线各经营单元仅拥有职责范围内的数据使用权限。

2. 实施一点管控、专业审核的管理模式

"一点管控",一是指管理模式上,山东联通信息化事业部是全省统一数据的管控部门;二是指数据的全流程闭环管控,并对数据提供总体情况进行分析、评估、优化、固化以及清理等。

"专业审核",一是指各业务管理部门及系统建设维护部门为统一数据管控的源数据部门,负责及时响应各类数据需求,并将需求部门所需数据提交到公司统一数据分发平台。二是指企业发展部、财务部、市场部、网络公司运行维护部分别负责数据需求的专业审核,确定数据管理权限、真实性和必要性。

3. 优化人员配置,打造纵横结合的立体管控体系

优化人员匹配,建立全省数据管理组织人员体系。省公司信息化事业部按照各运营系统业务域、运营域、管理域等,实行分类管理和专业化支撑服务,对数据提供、审核、审批、利用等各环节实行人工和系统相结合的管理模式,确保运营数据的全过程闭环管理。

省市县各级公司按照管理权限和职责设立数据管理专兼职岗位，负责本单位的数据需求管理等，建立全省融贯统一的服务型数据管理组织机制。

山东联通逐步打造纵横结合的立体管控体系。纵向上，涵盖公司决策层、管理层和执行层；横向上，设置综合、市场、财务、网运四条专业线，覆盖市场、网建、运维、财务、客服等各专业部门各类数据需求。

（三）统一规范，实施数据的全流程管控

1. 规范数据需求、角色和管理权限

规范数据需求。对全省数据需求进行科学管理，减少重复数据需求，对同类需求整合归并，及时清理不需要或不真实数据需求，实现同一数据各专业资源共享，降低数据服务重复工作量。此外，通过在数据提取和上报流程中明确定义数据内涵和审核环节，从源头上对数据质量严格把关，大大提升了数据质量和数据管理效率。

规范角色和管理利用权限。山东联通统一数据管控体系，通过规范系统角色和权限，设置包括数据上报人、审核人、需求人、一点管控人员等多种角色，强化全过程管控，建立了确保企业信息定义及理解统一的信息推动和沟通机制的重要方法。平台各角色各司其职、各负其责，形成职责清晰和相互制约的运作与管理机制，建立全流程的数据管控能力。设定数据质量作为数据管控的管理指标，确保在设定成本下实现数据管控目标。

规范数据管控过程。山东联通建立一点数据管控体系，从任务发起、审批、提醒，到任务上报、审核、查看、使用情况统计等进行全方位的流程管控。从进入系统开始，实施全流程监督。从入口端开始管理，进入系统即保证规范与有效性。若数据不合格，可发回重新报送。通过多层管控，确保数据的准确性，提高数据质量。

2. 强化融通贯穿，实施全流程管控

山东联通以统一数据管控平台为基础，以IT支撑为保障，通过流程系统纵向贯穿省市县三级，横向覆盖网建、运维、市场、财务、客服等各专业部门及各专业系统，实施融通贯穿，固化新体系新流程，加强各项数据工作流的自动化、程序化，实现各专业纵向管理穿透和全流程管控。对统一数据的需求和上报进行全流程闭环管理，设置处理权限、时限和上报规范，减少各基层单元数据填报过程中的随意性，使决策层能获取准确的一线经营数据和网络资源数据。通过融通贯穿式的全流程管控，实现数据提供全过程的规范化、系统化、一体化管理，实现过程跟踪、监控和提醒，实现业务自动生成、过程自动监控、痕迹回查溯源，满足各部门数据从需求到提供直至需求终结的全过程、自动化管理。

针对多方数据源，采取不同方式进行管控。山东联通规范手工数据需求，将手工数据纳入流程管控体系，从任务发起、审批、提醒，到任务上报、审核、查看、使用情况统计等进行全方位的流程管控。所有参与人员均能实时查看数据需求、审批过程、数据提取和利用情况等，实现透明管控、有序管理。

3. 加强专业化管理，建立数据管控审批与上报流程

为实现一体化统一数据管控，山东联通整体设计了两支管理流程：省公司统一数据管控审批流程和省公司统一数据管控上报流程。

省公司统一数据管控审批流程，用于数据需求的审批。在系统中创建这个数据需求的基础任务信息：数据上报起止时间、首次上报时间、数据源提供人、上报周期（或一次性数据上报时间）、上报数据内容、数据查看权限等，并把数据需求任务信息通过 Web Service 接口同步到统一数据管控平台。

省公司统一数据管控上报流程，用于数据上报任务的分派、提醒、监控和确认。系统根据统一数据管控审批流程设置的起止时间、周期性和数据上报信息，自动发起并将数据上报任务推送到相关数据上报人的流程平台待办中，同时通过 Web Service 接口把数据上报信息同步到统一数据管控平台，由上报人从统一数据管控平台上传数据。数据上传完成后，流程会提醒数据需求人确认数据。如数据需求人认为数据不准确，可把流程任务退回到数据上报人，重新上报数据，如数据需求人认可上报数据，则此次流程上报数据流程结束。

（四）统筹推进，建立信息系统支撑与管控平台

1. 系统规划，创新建设系统管控平台

山东联通创新性地提出了跨 DSS 域、MSS 域搭建统一数据管控平台的建设方案。管控平台采用逻辑统一、物理分布的建设原则，分别对山东联通经营分析系统（DSS 域）、流程管理系统（MSS 域）进行同步优化和叠加，并采用 Web Service 接口贯穿两个系统。平台整体架构由“统一数据管理平台系统”、“流程管理系统”两大系统协同完成，实现与多专业系统的接口联系。

规范数据、系统接口标准。系统接口采用标准化的 Web Service 接口，确保系统间数据的顺利交互与同步。数据包括 word、excel、txt、pdf、数据库导出文件等常用的各种格式，也可根据需求部门的特殊需求灵活设定。

实现平台人性化提醒功能，提升服务支撑及时性。统一数据管控平台的审批和上报流程在流程中各环节执行时都会自动短信提醒环节待办人员有数据上报任务。流程每个环节都有规定的办理时限，即将超过规定时限，系统会自动短信提醒待办人，催促办理。统一数据管控人员可以通过流程系统监控到哪些环节出现延迟，以便及时与各环节待办人员取得沟通。通过流程的管控，实现了数据上报过程的全程跟踪、监控和提醒，大大缩短了数据提供时间。

对手工数据，实时主动监控、智能提示。根据短信登录系统完成工作任务。若相关人员未能及时完成任务，当登录平台时，平台将会主动弹出催办信息，提醒其尽快完成工作任务。

2. 有序推进，全面实施

山东联通内部的高度重视和大力支持是数据管控体系建设的重要保障。数据管控涉及大量跨业务、跨部门、跨系统的工作，在数据管控目标和方向正确的前提下，确保相关资源能及时到位、重大冲突或问题能有效协调。为保障全省融贯统一的服务型数据管理工作的有效落实，山东联通对全省数据管理变革进行了全面部署，制定了关键的工作进度。

省公司层面，在完成系统开发和试运行之后，采取分专业线、分部门封闭实施的方式，历时一个多月，稳妥完成了省公司本部各专业线的部署实施。

市公司层面，针对下属 17 个市公司系统架构差异大、运营管理水平高低区别等问

题，采取烟台、泰安公司先行试点、整体推广模式。山东联通完成全省各类数据需求的规范管理、系统衔接、统一数据管控平台全流程管控、价值开发和整合服务。

(五)深化数据服务支撑，全面提升精细化运营水平

1. 提升数据服务能力，实现全业务、全领域无缝覆盖

山东联通融通贯穿和集中统一为基础的服务型数据管理变革，以统一规则为基础、以统一数据采集和整合为手段，实现了数据的集中管控、价值开发和统一发布，在通信行业率先实现了跨平台、跨区域、全流程的集中数据管控体系建设，横向覆盖办公自动化、流程管理、短信网关等多个专业系统，纵向贯穿省市县各级公司、基层单元和员工；不仅超越信息化B域、M域、O域的日常支撑范畴，更涵盖了资产盘活、资金管控、房屋租金等系统外流转数据。目前，系统用户范围达4.9万余人，活跃用户2.2万人，在用流程1840个。其中，市公司自主开发流程300余支，自主修订流程2000余次；2013年全省日均发起数据流程5500个，日均流程处理量2.7万次，凭借高效的数据管控和价值开发，有力地推动了企业的经营发展。

2. 发挥数据价值，助力公司各级经营决策

为决策层提供准确的数据服务。山东联通通过对数据的真实性管控和数据信息整合开发，形成企业统一信息视图，承载相关管理流程，对各管控对象进行实时监控预警、实时状态信息展示和实时动态视图分析及评估优化等，为公司决策层提供直观的决策依据，从而快速发现运营管理中的薄弱环节，分析和确定问题所在，找到行之有效的改进措施。近年来，山东联通通过集中化的数据服务相继发现并着力改善了公司农村市场薄弱、市县管控能力弱、投资建设准确性较低等企业经营管理领域的短板问题。

服务型数据管理以服务支撑为落脚点，通过透明化流程与权限审批，打破地域、层级等条框约束与限制，实现了上对下公司管理运营能力的快速穿透和下对上数据信息的实时传递，以满足需求人要求为最终目标，具备对数据的个性化定制能力，为一线经营单元提供了全方位数据服务支撑。维系经理、渠道经理等一线人员可以通过平台直接获取权限范围内的支撑数据，而不需要层层审批协调。以市场线营销一体化建设为例，通过网格化营销、驻地网营销等，解决了数据有效性与实效性的问题，在第一时间为一线经营人员提供了快捷、准确的数据支撑服务，使各级营销单元、渠道门店和基层员工发展有目标、考核有依据，充分激发了一线经营单元的发展活力。截至2014年7月，山东联通存量用户保有率88%，较目标值高出3.9个百分点，全国排名第5。

三、通信企业基于横向融通和纵向贯穿的服务型数据管理的效果

(一)优化了管理流程，大大提高了数据服务效率

节约了人工劳动量，提高了劳动生产率。通过不断规范和优化各类数据，全省有效手工数据需求由2012年年底的1678个规范为目前的323个，大大提高了数据服务效率。

建立了快速高效的沟通渠道。全省数据服务由无人管控变为统一管控，数据由无序管理变为有序管理，单个数据提供周期由原来平均5天缩短到2天。优化了公司数据岗位组织架构，数据服务人员数量大幅减少，节省了大量人工成本。实施前，数据上报人员

超过 3600 人，实施后统一数据管控平台使用人员仅有 1172 人，其中，数据管控 18 人，数据审核 72 人，建立了高效快速的系统沟通渠道和管控流程。

提升了数据支撑水平。手工收集填报数据由 29％降低到了 3％，手工系统统计由 33％降低到了 12％，市公司系统支撑由 7％减少至 5％，省公司系统支撑由 31％大幅提升到 80％，手工数据比例大幅降低。

（二）规范了数据处理机制，提升了数据安全

山东联通通过融通贯穿式的流程再造，建立通信行业数据信息安全管控和集中支撑服务的新模式，确保了企业运营数据的唯一性、准确性和安全有效服务，确保了公司运营领域及客户信息服务各类珍贵数据资源的安全性。通过建立统一的数据分发与数据审核机制，实现了数据权限管理、价值共享和安全管控；通过规范数据分类、过程管控和长效清理机制，实现了过程自动监控、痕迹回查溯源，大大提高了数据的准确性和分析服务能力，为公司提供了科学准确地数据信息服务。

（三）发挥了数据共享、支撑服务作用，促进了公司发展

山东联通实现了企业信息安全和有效数据的价值开发，全力支撑企业各项运营决策，并通过与数据仓库、数据集市的功能整合、补充，保障了明细级数据向末梢执行人员高效、准确地传递沟通，推动了经营管理的精细化。凭借有效的数据管控、深度的数据价值开发和科学的服务机制，有力地保障了公司长短期和战略的实施。

山东联通以融通贯穿和集中统一为基础的服务型数据管理，积极适应当前信息通信行业转型变革趋势和大数据服务优势，率先探索了通信企业数据有效管控的新途径，尝试建立了数据驱动型企业运营和客户服务新模式，有力地推动了企业整体运营效益的持续领先，创造了显著的经济效益和社会效益。2011 年至 2013 年，山东联通收入市场份额持续领先，主营收入年均增长 7％，利润年均增长 42.9％，收入利润率由 6.9％持续提升至 11.2％；近三年百元投资增收 71 元，列全集团首位。

（成果创造人：霍海峰、柳尧杰、吕红梅、马国珣、罗淑环、董　锋、张　宁、林　明、孙玉梅、孙　琦、程　越）

以提升供电可靠性为导向的区域智能电网建设

国网辽宁省电力有限公司大连供电公司

成果主创人：公司总经理于晓辉

国网辽宁省电力有限公司大连供电公司（以下简称“大连供电”）隶属于国家电网公司，是特大型供电企业，辖区电网包括500千伏变电站5座，管辖220千伏公用变电站32座，66千伏公用变电站203座，承担着大连地区3市1县6区5个先导区的供电任务，供电区域1.26万平方公里，用电客户348万，资产总额107.76亿元。2013年售电量完成261.8亿千瓦时，售电收入151.5亿元，连续九年位居东北地区之首，是全国首批一流供电企业。

一、以提升供电可靠性为导向的区域智能电网建设背景

（一）促进地区经济社会发展的需要

大连作为国家计划单列市及辽宁沿海经济带的核心城市，“十一五”期间地区生产总值年均增长16.1%，2013年实现生产总值7820亿元，约占辽宁地区1/4，占东北三省的15%，在振兴东北的国家战略中居于龙头地位。金普新区成为国家级新区后，大连在国家整体经济发展布局中的重要性愈加突出。经济要发展，电力要先行，随着经济迅猛发展，持续增加的用电需求对大连电网的供电可靠性和供电能力提出了更高的要求，同时国家级的石化、船舶、机车、港口、芯片制造等基地落地大连，对供电可靠性要求极高。因此，推动智能电网建设，提升电网结构优化，提高供电可靠性，是大连经济社会发展的需要，更是国家振兴东北老工业基地的需要。

（二）转变区域电网发展方式的需要

“十一五”期间，大连电网网架薄弱、自动化水平较低等问题突显。与此同时，核电、光伏发电等新能源及电动汽车充电站陆续进入大连，对大连电网的容纳能力和调控能力提出更高的要求。

2009年国务院提出“推进在东北地区开展智能电网建设试点”，同年大连供电编制了《智能电网发展规划纲要》，并积极争取把智能调度、智能变电站改造、配电自动化、电动汽车充电站等国家电网智能电网示范项目落户大连。2010年发布《智能电网发展规划》，大连区域智能电网建设工作就此全面展开。

（三）建成国际一流供电企业的需要

大连供电的智能电网建设与升级是提高供电可靠性的主要依托，是后工业化时代推进第三次工业革命的主要承载，体现了企业满足市场需求的程度，是能够全面反映供电企业从电网结构、装备水平、技术水平、管控能力、调度控制、运维水平、市场营销和社会

服务的综合性指标，是企业管理能力提升的主要体现。2010年，大连供电按照"服务地方工作大局、服务电力客户、服务发电企业、服务经济社会发展"的宗旨，结合企业使命、愿景和发展实际，提出在国内率先建成"电网坚强、资产优良、服务优质、业绩优秀"的国际一流供电企业的战略目标，并提出了"把握全局、争先进取、创新发展、追求卓越"的工作要求。在推进这一战略目标的过程中，大连供电深刻认识到推进区域智能电网建设是管理再上新台阶实现跨越式发展的必然选择，是率先建成国际一流供电企业由必然王国到自然王国的科学践行。

二、以提升供电可靠性为导向的区域智能电网建设的内涵和主要做法

大连供电吸收借鉴管理职能学、决策理论学、系统理论学等现代管理学理论，创新管理模式，以电网整体供电可靠性提升为目标导向，建立全新的管理体系，强化支撑保障体系，统筹谋划发展格局，提高自主研发和协同创新能力，全力推动区域智能电网建设，实现电网的互动化控制、流程化管理、智能化决策；通过优化资源配置，满足市场多样化的电力需求，确保电力供应的安全、可靠和综合效益，为创建国际一流供电企业打下坚实基础。主要做法如下：

（一）明确提升供电可靠性的基本思路

大连供电提出"1234567"的工作思路。"1"是目标明确，即战略定位为实现供电可靠性国内站排头，全面建成国际一流供电企业的目标；"2"是管理提升与技术先导并行的创新方法；"3"是建立领导决策、职能推进、业务实施三级贯通工作机制；"4"是组织结构、业务流程、标准规范、职能管控四个基本要素的互动并行和持续优化；"5"是五个落实，即目标、责任、方法、考核、成效的落实；"6"是发挥六大保障体系的作用，即人才、技术、数据、质量、评价、应急等保障体系。"7"是强化管理七要素（7M）的过程控制，即注重人员、资金、方法、设备、物料、市场及士气的细节管理和节点管控。

（二）构建科学规范的管理体系

1. 完善组织架构体系

大连供电2009年成立了以总经理、书记为组长的智能电网建设领导小组，统筹整体工作，全面制定区域智能电网建设的指导思想、发展目标、工作方针、组织原则及实施策略。对不同时期分别设立的30多个专业机构进行业务重组及职能优化，强化和整合了智能电网办公室、标准化办公室、信息化办公室、应急办、考核办等办事机构的职能，并与三集五大职能部门形成专业联动和业务互动，按照集约化、扁平化的原则进行管理要素重组，将工作划分为公司决策、专业管理、业务实施三个层面，持续优化，不断完善。

成果主创人：公司副总经理宋文峰

2. 优化管理流程，完善标准化体系

按照管理提升，标准先行的原则，梳理和新建各类

适用于全过程管控、新技术推广的工作标准 306 个、技术标准 726 个、管理标准 947 个。制订《智能电网建设指南》《配电系统自动化建设导则》《供电系统可靠性评价细则》等 38 项标准规范和规定，促进标准化升级，强化了供电企业管理的规范性。同时，建立流程架构，形成分工明确、职责清晰、流程顺畅的标准化管理体系。

3. 完善评价考核体系

一是建立了评价系统，对智能电网建设成效进行后评估工作。主要从供电可靠率等 40 项指标对智能电网各个项目、各个阶段的建设水平进行纵向评估评价。二是编制了“关联指标因果图”，把指标之间的联动关系直观展现出来，消除“短板效应”。三是将提升供电可靠性、推进智能电网建设与企业的经营管理目标体系相统一，并将供电可靠性关键指标纳入企业绩效考核体系中，明确责任单位和督办单位，持续对工作成效进行考核评比，找到不足，分析原因，持续改进。

（三）采取行之有效的支撑保障措施

1. 推行人才及技术激励政策

2010 年建立 10 个公司级创新工作室，开展智能电网关键技术研究与应用，出台《科技成果奖励办法》《专家评聘管理及考核办法》《综合绩效考评细则》，建立“人才渐进式培训系统”，形成激励机制；形成以 5 名国网公司级专家、58 名省公司级专家及领军人物、79 名公司级专家为核心的高端人才创新团队，解决制约智能电网建设的关键问题。

2. 多渠道筹措落实建设资金

多渠道筹措建设资金，构建政府、企业、用户共同参与开展智能电网建设的新模式；在变电站移迁、输电线路下地等工程项目中积极争取政府财政支持。至 2013 年，大连供电智能电网建设落实资金共计 95.6 亿元。

3. 优化整合物资仓储资源

建立了现代物资仓储及供应体系。一是完成仓储信息系统与主系统 ERP 的对接，为决策层提供实时依据。二是采用物联网和自动化技术，对物资装卸、进出过程实行智能化管理。三是根据国网 MDM 仓库主数据及 ERP 系统的管理要求，优化整合仓储资源，实施仓库集中统筹管理，有效满足电网物资周转业务需求。

4. 建立生产经营一体化管理平台

建立辅助决策、项目建设、生产经营全过程管理等一体化信息平台，以深化应用为支撑、以两化深度融合为创新手段，使各项工作的集约化、精益化水平得到大幅提高。通过优化生产检修流程和营销管理平台，实现生产营销一体化业务体系建设。

5. 提高技术创新能力

大连供电持续推进技术自主创新与协同创新体系建设，积累六大类 1860 项原始创新，同时紧密依托科研机构及高新企业，在隧道电缆集控、带电诊断及检修、智能巡检等创新示范项目中成效显著。

6. 利用大数据技术提升业务处理能力

大连供电充分发挥经研所、试验所、信通公司等专业部门的支撑作用，建立大数据中心将分散于各个专业的数据进行归集，采用“贝叶斯分类算法”提炼与供电可靠性指标相关的数据，构建决策树模型，进行数据分类，并将数据定性与定量分析相结合，形成的数据分析体系对工作提升起到了很好的指向作用，对提高供电可靠性作用显著。

7. 强化安全质量监督管控措施

在传统的5S基础上融入自检和安全(Self－Criticism、Safety)要素，形成7S管理模式，提高了电网运行质量，至今安全生产已突破2600天。同时推行“0135＋30”项目管理目标模式，即零缺陷移交、1年不检修、3年不扩建、5年不改造和30年寿命周期，坚持工程质量监理制，实行闭环管理；坚持追溯制，对工程质量终身负责。

8. 完善应急管理工作机制

2008年成立应急管理领导小组及应急办，统一领导指挥防台、防汛、防灾、抢险及重大活动供电保障工作。2009年建成具备智能控制功能的应急发电车和卫星通信应急指挥中心和移动指挥车，配合自主研发的66千伏智能移动变电站，在大型社会活动、电网保电及应急处置等方面发挥重要作用。

(四)统筹谋划区域智能电网的发展格局

1. 科学规划智能电网发展目标

2009年编制《智能电网发展规划纲要》，2010年正式出台《智能电网发展规划》，内容包含“十二五”中期规划及“十三五”远景目标，每年对规划进行修订，形成《智能电网三年滚动规划》和《年度实施方案》。至2014年，大连地区智能电网建设的总投资达到128亿元左右，“十二五”末大连地区中压配电网满足N－1线路比例将达到98%以上。

2. 开展智能电网建设典型设计工作

2011年成立专题研究小组，不断跟踪和跟进前沿科技，多次参与国网公司智能设备通用设计及修订工作；完成国家电网公司66千伏典型杆塔通用设计中06B7\06B8两个模块的设计；根据国网公司安排，完成电动汽车换电站典型设计中的S－A－05模块的设计任务。

3. 将智能电网建设列入地方发展规划

2010年大连市政府颁布了《大连市关于加快电网建设规定》；2011年随着普湾新区、金州新区、长兴岛工业区上升为国家战略，智能电网被纳入到大连市《城市智慧化建设总体规划》中，7项智能电网重点项目列为大连市智慧城市示范项目。2012年与市政府签订《电网建设框架协议》，实现项目前期工作属地化管理。

(五)全力推动区域智能电网建设

大连供电按照“示范先行、重点突出；骨干优化、全面升级”的建设方针，2010年完成配电自动化试点及2个智能变电站改造，至2013年年底实现大连市主城区全域配电自动化和32个智能变电站建设。

1. 提升信息通信技术水平，有力支撑智能电网发展

一是建成大规模智能电力通信专网。二是率先在国内开展多介质融合配电通信架

构体系研究。项目取得发明专利 9 项，实用新型专利 25 项，获得省部级科技进步奖，已推广应用于全国电力系统。三是虚拟化技术提升云服务。部署 800 台云终端应用，全面提升信息系统前端数据采集和后台数据处理能力。四是建立运营监测数据中心，采用大数据技术支撑电力运营监测数据分析。

2. 解决骨干网架薄弱问题，提高输电线路智能化水平

一是加快对骨干电网进行升级优化。二是建成国内首条同塔四回 500 千伏送电线路。三是建成东北首条光纤复合海底电缆。四是开拓创新思路，利用人防通道建立主城区电网网架。五是开展电缆、输电线路的监控技术研究工作。

3. 积极开展智能变电装备的研发和应用工作

一是对辖区的 S7 型高耗能变压器进行全面清理，全面提高电网的安全稳定运行水平。二是研发建成具有独立知识产权的国内首台 66 千伏智能移动变电站。三是开展超级电容的储能特性在交直流一体化电源上的运用以及和太阳能并网系统的接入应用。

4. 采用智能技术加快推进配电系统自动化

2010 年，配电系统自动化项目被列为国网公司智能电网试点工程。在系统设计时，充分依靠信息化与配电设备、系统的深度融合，建立覆盖市区的配电调控一体化支撑平台，具有主站的横向隔离、实时调控巡视、双环型光纤通道和现场侧自动采集控制终端共享技术等特点。

5. 构建源端维护、分布应用为核心的调控一体化系统

2010 年成立了集控中心，组建了 16 支操作队，启动 66 千伏及以上变电站无人值守工程。2012 年建设“源端维护、分布应用”为核心的调控一体化系统，实现对电网全域 32 座 220 千伏变电站和 202 座 66 千伏变电站的集中调控管理。

6. 完善需求侧管理，实现用户与电网之间的便捷互动

2010 年，采用光纤复合电缆融合 EPON（无源光网络技术）实现电力光纤到户，在金石滩地区建成东北首个三网融合智能小区示范项目，积极推动新建住宅小区采用光纤复合电缆，主城区采用率达到 100%。2011 年，参与国家现代服务业产业化基地——大连生态科技城的建设工作，建成的小区智能配电系统和用电信息采集系统，成为大连智慧城市典型示范项目。

2013 年与政府、银联机构合作推出“全民付”电费收缴方式，在全市安装 1500 台“全民付”智能终端，方便广大市民就近缴纳电费，查询用电信息。同时安装 2500 台无线售电终端，将智能售电服务延伸到广大偏远乡村，解决农村缴费难、收费难问题。

（六）强化停电管理，全面开展带电诊断及检修工作

1. 为客户服务构建停电管理系统

借鉴国外先进的停电管理系统（OMS）核心理念，结合国内数据管理系统（DMS）和地理信息系统（GIS）中相关功能开发的成功经验，实现停电故障综合分析功能，为客户服务和配网调度提供更先进和实用的工具和手段。

2. 建立国内首家带电状态诊断中心

2012年建立国内首家"带电状态诊断中心",采用红外成像诊断技术,累计发现变压器、断路器、避雷器、互感器、套管电缆终端等设备389项缺陷并及时消除。充分发挥油色谱分析的技术优势,便携式和在线监测式等油色谱分析仪,对17台220千伏变压器全组分油色谱进行实时监测,通过SF6(六氟化硫)分解产物测试方法,及时发现GIS(气体绝缘全封闭组合电器)设备内部异常放电故障,并快速准确定位GIS内部放电气室位置,为全面开展辖区GIS类设备的带电检测、普测工作提供技术保障。

3. 开展500千伏导线上带电作业

2012年在国内率先开展500千伏导线上带电作业新方法研究工作,通过引进航模直升机,结合绝缘软梯改进、研制活动地牛、改造车载绞磨等形成完整的500千伏导线带电作业新方法,为电网带电作业的发展提供了新的思路。

4. 实现变电站智能机器人带电巡检

2013年开展500千伏变电站智能机器人带电巡检研究工作,在500千伏南关岭变电站率先实现智能机器人带电巡检。预计2015年年底,辽宁电网500千伏变电站智能机器人巡检覆盖率将达到100%。

三、以提升供电可靠性为导向的区域智能电网建设的效果

(一)区域智能电网建设显著提升了供电可靠性

大连电网再上新台阶,2010~2013年新建220千伏变电站10座,66千伏变电站33座;2013年完成220千伏电磁解环工程,220千伏电网实现分区运行;500千伏带电诊断及带电检修作业方法得到推广应用,大连骨干电网稳定运行能力大幅提升;地区66千伏变电站实现100%无人值班和远程监控,设备停电检修的频率和时间大幅降低;至2013年末大连全域220千伏全部满足N-1运行要求,主城区中压配电网满足N-1线路比例达到90%以上,互联互带能力显著提升,城区配电自动化率由5.7%大幅提升至80.6%,故障停电时间减少67.5%,故障隔离时间由原来的平均45分钟降低至1分钟,城市电网平均停电时间小于1小时,城市供电综合线损率下降到5.67%,比2009年下降9.57%;综合供电可靠率达到99.99%,在国内重点城市位列前茅。

(二)智能电网有力支撑保障了地方经济社会发展

2009~2013年新增变电容量共计3595万千伏安,有效满足地区电量增长需要。先后圆满完成全运会、夏季达沃斯等保电任务,成功抵御台风"梅花"、"布拉万"侵袭,在承担社会责任的同时,为地区经济发展和社会安全稳定做出突出贡献。

例如在2010年"7.16"大连新港油品库火灾事故中,大连供电应急系统响应,迅速出动卫星应急指挥车和智能移动发电车,接通电源及时关闭了7个储油罐阀门,为成功扑灭大火做出突出贡献,被省政府授予"集体二等功"。

(三)电网容纳能力提升助力地区能源结构优化

大力支持政府"蓝天工程"计划,加快能效服务体系建设,开辟绿色办公通道,通过新能源质效评估及业务受理系统,提高了新能源并网的流程受理效率,推行电能替代"一站

式"服务，有力地促进了节能减排工作。

2011 年 12 月，辽宁首个垃圾焚烧发电厂接入大连电网，每年减少占地约 3 万平方米，为城市提供电力资源 1.6 亿千瓦时/年，年节约标煤约 60 万吨。焚烧产生的高温烟气，经回收利用发电供热率可达 83%。

作为国家 863 计划和"十城千辆"计划第一批试点城市，2011 年启动电动汽车充换电站建设工作，现已建成 10 个大型充换电站，为 580 辆纯电动公交车进行服务，同时建立近 3800 套纯电动汽车充电配套设施，2013 年累计节省汽、柴油等石油消耗近 1000 千万升，在优化能源消费结构、促进替代能源、减少环境污染方面收效明显。预计 2015 年，大连市电动汽车保有量将实现 5000 辆，拉动售电量增长 1 亿千瓦时。

2013 年分布式光伏电站成功投运，目前大连地区已有 75 户并网发电的光伏用户。2013 年，与政府联合启动海洋能源利用计划，计划实施近海潮汐、潮流发电示范项目，进一步优化大连地区绿色能源布局，促进国家能源战略具体落实。

（四）企业经济效益和管理效能得到全面提升

大连供电的经济效益、整体效率和管理效能得到全面提升。在辽宁省内率先实现"低当量"员工为零的目标，人才当量密度连续 7 年位居省公司之首；2011 年荣获中国质量协会"全国实施卓越绩效模式先进企业"称号。

2013 年售电量 261.8 亿千瓦时，比 2009 年增加 34.62%，增加电费收入 60 亿元；综合线损率下降到 5.67%，同比少损电量合计 18615 万千瓦时，多供电量 12786 万千瓦时，增加经济效益 1.95 亿元。2013 年同比节约管理维护成本 3726 万元，投入实施成果费用 1508 万元，产生管理维护效益 2218 万元，累计节支 2.14 亿元。

在社会满意度方面，实现事故抢修到达现场"零超时"，故障工单平均处理时长下降 6.27%，服务承诺兑现率始终保持 100%，客户满意率连续八年保持 100%，在大连市公共服务行业类综合满意度调查中，连续 5 年排名第一，被评为大连市政风行风评议"最佳优胜单位"。获得国家电网公司文明单位、中央精神文明建设指导委员会授予的"全国文明单位"荣誉称号。

国家发改委宏观经济学会主动与大连供电联合开展"智能电网支撑智慧城市发展国家战略实施"课题研究，并于 2014 年 6 月在由国家七部委联合主办的中国软交会 2014"智能电网与第三次工业革命"国际高峰论坛上正式发布《中国智能电网与智慧城市发展研究报告》。2013 年 10 月被国家人力资源和社会保障部、国务院国资委授予"中央企业先进集体"荣誉称号。

（成果创造人：于晓辉、宋文峰、司　艳、李春平、杨万清、张葆刚、于　宙、王跃东、牛明珠、于　鹏、宫海峰、范　洁）

基于综合管理信息平台的“五化”管理

湖北中烟工业有限责任公司

黄鹤楼科技园

湖北中烟工业有限责任公司(以下简称“湖北中烟”)组建于2003年8月,隶属国家烟草专卖局(中国烟草总公司),负责统一管理湖北卷烟工业企业及多元化生产经营企业,下辖武汉、襄阳、三峡、恩施、红安、广水等六个烟厂。经营范围涵盖烟草制品的生产、销售,烟用物资、烟机进口、卷烟出口业务等。主要卷烟品牌为“黄鹤楼”、“红金龙”。湖北中烟有员工6500多人。

一、基于综合管理信息平台的“五化”管理的背景

(一)实施“五化”管理是“卷烟上水平”的重要保障

“卷烟上水平”是当前烟草行业的基本方针和战略任务,推进“卷烟上水平”是行业加快转变发展方式的根本要求,主要指品牌发展、原料保障、技术创新、市场营销、基础管理这五方面上水平。其中基础管理上水平,是实现卷烟上水平的重要保障。近年来,由于宏观经济形势和外部环境的复杂性,烟草行业内外压力日益增大,行业发展挑战与机遇并存,行业面临增长速度回落、工商库存增加、需求拐点逼近、结构空间变窄“四大难题”,沿着“卷烟上水平”所规划的发展路径继续前行,利用现代信息技术手段不断夯实企业发展的管理基础、提升企业管理的效率和效益成为行业内各企业的共同选择。

(二)实施“五化”管理是实现“管理创一流”的有效路径

2003年以来,湖北中烟进入快速发展的“黄金十年”,在创新驱动下,黄鹤楼品牌销量实现大幅度增长,企业核心竞争力得到迅速提升,跻身行业少数关键几个重点品牌行列。在超高速发展的同时,湖北中烟在基础管理方面也暴露出一些问题,如组织结构不合理、职能职责交叉、资源浪费、信息沟通不畅等问题已经成为束缚品牌持续健康发展的瓶颈。因此湖北中烟围绕全行业“管理创一流”活动的工作重点,提出以“管理创一流”为目标,以“五化”管理为路径,推动“一个战略转型”,努力实施“三个转变”的战略部署,即:推动企业由规模效益型向质量效益型发展转型;由粗放型增长向集约型发展转变,由外延扩张向内部挖潜转变,由经验管理向科学管理转变。

(三)信息技术为实现“五化”管理提供了有力支撑

随着社会发展,信息化的重要性日益被人们所认识。多年的实践证明,加强信息化建设是促进烟草行业科学发展、转变发展方式的重要支撑。2012年,湖北中烟进入企业

管理创一流阶段，新阶段对信息化融合企业管理提出更高的要求，湖北中烟对企业管理现状做了全面的梳理，发现主要存在如下问题：缺乏加强管理体系与实际业务结合、提高文件执行率的手段；缺乏手段保障体系管理自身工作高效率、高质量、全面深入的开展；缺乏手段支持体系建设形成持续改进的长效管理机制。针对这些问题，企业需要借助信息化技术手段，在企业已建的信息系统基础上构建企业“综合管理信息平台”，以有效支撑企业“五化”管理。

二、基于综合管理信息平台的“五化”管理的内涵和主要做法

湖北中烟大力推进信息化手段支撑企业管理的创新工作，挖掘创新思路和创新模式，规划企业管理信息系统项目，创造性地构建综合管理信息平台，从企业管理的全局出发，以管理体系为基础，以标准控制、过程控制、提高效率为目标，以流程管理为核心，以过程数据为依据，以体系监测为基础，以绩效考核为手段，集成整合各类已建业务系统信息资源，促进企业内部资源整合与信息互通。主要做法如下：

（一）明确“五化”管理的总体思路和综合管理信息平台总体架构

湖北中烟梳理企业管理工作的流程脉络，优化和固化目标、流程、制度、体系、创新等各项工作流程，并探索企业管理与信息化深度融合的思路和具体做法，深化目标体系化、管理流程化、流程信息化、基础规范化、改进持续化“五化”管理工作，切实用信息手段提高企业管理工作的效率和规范性。通过深入地需求调研和分析，确立综合管理信息平台建设的总体思路，即落实体系目标化、管理流程化、手段信息化、基础规范化、改进持续化“五化目标”；实施从关键流程到一般流程、从主要业务部门到全部职能部门、从四大中心到各烟厂，从重点应用到全面推广、从质量体系到三标合一、从体系管理到企业综合管理“六个维度”体系建设与信息化融合的延伸；实现制度管理、流程管理、体系运行、目标绩效、对标管理、创优管理、管理创新等“七大功能”；促进体系管理信息化向企业管理信息化的提升与转变，构筑更高层次、更高水平的企业基础综合管理智能化平台。

（二）目标体系化

1. 目标管理“五步法”

湖北中烟吸取国内外先进管理思想，以目标管理为抓手，围绕战略、方针，规范年度目标的制订、展开、实施、调整、评价和考核等管理过程，引导、组织和推进目标管理工作，在湖北中烟全面实施以目标为导向的业绩管理。建立和完善质量目标管理机制，加强质量目标的策划、措施实施、测量分析和指标优化提升、目标绩效考核，围绕实现质量目标，配置资源、优化流程、持续改进，通过从目标制订、目标分解、目标审批、目标检查、目标分析五个步骤实现目标全生命周期信息化管理，在系统中设计目标管理五个步骤的功能模块，将每个功能模块的流程步骤设计成相应的界面，固化目标管理“五步法”流程，充分发挥质量目标对体系建立和运行全程策划、全程引领、全程监

武汉卷烟厂车间生产线

控、全面提升的作用。

2. 建立多维度“三标合一”目标指标体系

湖北中烟按照卓越绩效模式的思想，紧紧围绕行业“卷烟上水平”的战略任务，以顾客需求为导向，紧密结合质量方针，立足战略目标，构建了“三层次、三融合、四种类、六聚焦”的目标指标体系。“三层次”是指目标指标体系是“全面覆盖、梯形分解、层级支撑”的层次分明、逻辑严密的三层次目标指标体系结构，第一层次是以公司级目标为引领，第二层次是以部门级目标为核心，第三层次是以岗位级目标为落实；“三融合”是指目标指标体系设置品牌发展、原料保障、市场营销、技术研发、基础管理五个方面的内容，包含国家局关注的关键质量目标指标，是整合质量目标指标、对标指标、创优指标“三标融合”的目标管理体系；“四种类”是指目标指标体系的建立严格按照 SMART 原则，应用平衡计分卡(BSC)方法，从财务、客户、内部运营、学习与成长四个维度将所有目标指标进行科学分类，围绕“大质量”的概念着力构建包括产品质量、服务质量、工作质量和经营性指标在内的多维度指标体系；“六聚焦”是指目标指标建立突出黄鹤楼品牌完成目标的考核，聚焦工作重点，整合企业资源，重点关注市场营销、技术研发、物资采购、生产制造、基础管理、财务管理六个关键过程，从效率、能耗、费用、成本等多个方面对企业重点领域的各项工作完成情况进行量化测评和考核。为实现目标指标在湖北中烟范围内实现共享和统一管理，在信息化平台上建立指标库管理，利用信息化手段系统的搭建起目标、对标、创优“三标合一”综合的指标体系，在内部形成统一的指标定义、计算公式，并形成指标间相互支撑的层级关系。

3. 形成目标绩效管理闭环

目标是从上向下分解，达成是从下向上实现，下级目标是对上级目标的保证。公司级指标的确定依据于公司战略目标的转化，公司级指标确定以后，要把目标任务转化为部门目标，部门再把目标任务落实到具体员工，在分解的过程目标与绩效进行有机结合，用信息化支撑多维度的目标管理与绩效评价的分解与支撑，营造奖罚有度，赏罚分明的公平环境。目标管理与绩效考核有机结合，与各部门、各岗位具体工作紧密联系，监控目标执行，对目标进行动态管理，确保目标不断优化和提高。湖北中烟对各生产点的完成时间进度和阶段性效果，定期进行检查、督促和评估，生产点对各部门的完成时间进度和阶段性成效，也要定期进行检查、督促和评估，部门对各个员工的完成时间进度和阶段性成效，更要定期进行检查、督促和评估，对确实因客观原因造成目标任务难以完成的目标予以请示调整，对因主观原因造成完成不了目标的责任人予以严肃处理，使目标管理顺利进入下一轮良性循环过程。在管理过程中利用信息化手段使整个管理过程数据可查，目标达成情况通过报表与图形方式可视，目标达成与绩效结合使目标完成情况可考。利用数据分析目标偏差、形成改进。

(三)管理流程化

1. 建立“端到端”价值链流程

湖北中烟围绕“产供销”核心业务流程，建立从市场营销、技术研发、物资采购、生产管理、物流运输、质量管理一整条企业核心价值链，并梳理出关键业务流程、关键环节、关键控制点，形成包括一级价值链、二级主要业务流程和三级主要作业环节构成的企业三级流程树模型。

2. 完善信息系统，提升流程固化率

湖北中烟在过程中找出对过程具有关键影响和容易出差错的关键环节、步骤，有效固化、监控这些环节和步骤，并注重流程的连续性，以全流程的观点取代个别部门或个别活动的观点。将传统、单一的管理模式向现代、数字式的集成管理模式转变，实现对业务流程的全面保存、完整记录和“痕迹管理”。湖北中烟加强业务流程化建设，构建统一协调、高效顺畅的四大中心及物流流程体系，并按照“同步规划、同步设计、同步实施、同步改进、同步提升”的五同步原则，进行信息化的规划和建设工作，建设体系文件系统，办公自动化(OA)系统、湖北中烟数据中心等企业管理决策类信息系统，建设ERP系统、综合营销管理系统、生产指挥管理系统、技术研发管理系统、物资采购管理系统四大中心业务系统和物流联合调度管理系统、质量信息管理系统、统一会计核算软件等核心业务系统，将职责细化为可具体操作的工作环节和业务流程，“四个中心”之间通过流程接口进行衔接，成为一个有机整体，实现高效、顺畅运转。通过新的价值链的梳理，查找出信息系统还未覆盖的关键流程环节，并提出改造和优化的要求，协同业务部门的具体需求，对现有信息系统进行升级，主要业务流程固化率由原来的不足50%提高到76%，较好地实现流程固化和接口顺畅化，缩短四大中心的距离。

3. 消除信息孤岛，实现信息互联互通

为消除“信息孤岛”，对业务流程和业务系统按照体系文件的要求进行全面梳理，重点分析各大信息系统间的数据流转需求，列出接口清点。对已打通的接口，用绿色表示，对未打通且急需打通的接口用红色表示，对未打通且暂时无法打通的接口用黄色表示。经过梳理、改造和升级，完善了四大中心业务系统，并打通了各系统间80个接口，促进了“四大中心”的协同运作，有效提升“按订单组织生产”的反应速度和管理效率。

(四)流程信息化

1. 制度文件转化为过程矩阵表

根据制度管理文件，依据流程颗粒细分原则将体系文件中的标准和流程由业务人员进行分解和梳理，对每一个具体步骤分解为信息系统可辨识的过程节点，填入“过程矩阵控制表”中，将非结构化的体系文件转变为结构化的“过程矩阵控制表”进行管理，为系统实现体系与业务的结合以及精细化配置管理，建立前提和基础。在此基础上业务人员可识别出关键流程及关键监控点，设置其监控方法，对存在前后相关性的过程，采用拖拽生成流程图方法设置其关联关系，从而固化业务操作流程，实现对业务流程的管理。同时在事件驱动的流程链基础上，从企业战略和部门职能角度运用价值链分析方法分析过程，编制形成高阶价值链流程，建立完整的企业流程库和全面的企业流程地图。

2. 对流程进行信息编码管理

从体系文件、程序条款到流程、过程节点、过程数据都采用前后相关编码管理。通过编码管理方法，一是对体系运行和管理的全过程进行编码身份标识；二是通过身份标识编码作为内部唯一 ID,实现本系统内部关联控制;三是通过对编码的识别,实现对业务流程节点和体系文件、运行记录的跟踪和监控。同时,对需要打印的体系文件、过程节点、流程表单、记录文件等利用一维条码技术进行打印标注,通过扫描一维条码,实现对体系文件、表单的版本、有效状态、相关信息等基本属性的识别跟踪管理。

3. 设置流程监控规则

每一个流程节点可对应相关的“业务对象”、“指标对象”,通过定义和自动创建业务对象、指标对象对业务建模,建立矩阵表与业务系统的关联模型,从而有效集成整合各业务系统,获取各业务系统中的过程数据作为体系监测依据。由 IT 人员、业务骨干对“业务对象”、“指标对象”属性进行灵活配置,设置其数据属性、业务规则、监控模式、采集模式、取数规则及关联表单内容。这样的做法带来两个好处,一是对流程的梳理,业务人员填写过程矩阵控制表的过程,就是一个很有效的分析和复核,发现体系和实际业务运行差异的过程。二是通过细粒度分解流程并设置监控模式和方法,通过信息系统的配置平台,可实现将其自动翻译生成具体的应用功能和向业务系统取数服务,能有效解决体系流程多、易变化、监控涉及业务系统多、监控点庞大的难题。

4. 对业务流程实现实时监控

通过企业数据中心从相关业务系统抽取业务数据,对比系统里设置的流程监控规则监控流程环节是否正常运行,主要从过程符合性、过程有效性、结果符合度三个方面判断是否正常运行。监控的结果分两方面处理:一是业务流程没有按规范运行,要督促业务部门按体系文件规定操作;二是体系文件不适宜,需修改体系文件。系统对业务流程的监测是从企业管理层面四大中心业务一体化的角度实现监管。系统围绕企业生产的时间周期,监测四大中心、质量、物流等业务系统中的过程痕迹数据。按照业务监控配置进行数据整合、规则比对、符合性判断。从企业管理的角度,拟定业务流程固化率指标、信息系统增值率指标,和流程监控覆盖率指标。从业务流程优化和体系管理持续改进角度,提出体系文件改进容忍度指标,业务流程优化容忍度指标。从岗位绩效角度,提出体系管理符合度指标,并纳入企业目标绩效考核范围及企业管理运行分析范围。

(五)基础规范化

1. 搭建制度文件体系架构

湖北中烟严格按照质量管理体系标准中体系文件策划的要求,对体系文件进行整体规划和策划,在对“端到端”业务流程进行科学系统梳理的前提下,构建以卓越绩效模式为引领,涵盖质量、职业健康安全、环境“三标合一”的综合管理体系,建立包含质量管理手册、程序文件、作业文件、记录文件四层次的文件架构。制度文件根据各部门职能,与企业核心价值链紧密融合,涵盖企业生产经营管理各项业务运作流程,包含市场营销、技术研发、物资采购、生产管理等核心业务流程和财务管理、人力资源管理、物流运输、信息化管理等支持性过程,真正做到“全面覆盖、有机融合”。在各部门制度文件框架构建过程中,湖北中烟也提出制度文件梳理的原则,首先必须根据各部门的职能,全覆盖本部门的所有业务和管理流程;其次各级制度文件之间要形成层级支撑关系,做到互不矛盾、协调统一;最后制度文件里涉及到跨部门业务操作的要理清流程接口,明确职责,做到互补不交叉。目前有效运行的制度文件包含行业标准、国家法律法规共有3066个，其中程序文件27个、中烟部室管理/作业文件162个、烟厂作业文件1757个。

2. 制度文件全生命周期管理

湖北中烟利用信息技术手段实现制度文件的电子化管理，实现制度文件从编制、审批、发布、查询、下载、修改、换版、废弃等环节的全生命周期管理。在信息系统中对所有的制度文件按类别、按部门进行归类管理，按照部门权限进行制度文件查询、下载，指导员工业务操作的标准化和规范化，提高文件查询效率。保留文件修改痕迹，对文件的版本进行控制，新、旧版文件都在文件资讯中，文件变迁历程一目了然，预防了可能引发的丢弃损失，通过下载权限的管理，有效管控打印和复制文件，严防机密标准文件流失。系统通过饼图、柱状图、折线图等综合图形报表，直观展现文件分布、改版等相关趋势信息。

3. 有效识别外来规范性文件

为及时有效识别国家及行业相关规范性文件，系统还实现自动链接国家法律法规、国家及行业标准化网站，通过实时在线抓取获得最新的法律法规和标准文件，经过评审后纳入体系文件范畴统一管理。通过制度文件电子化管理，改变原来文件修订频次低、审批时间长、查询效率低的局面，变为灵活而不失严谨、高效而不失规范的文件管理形式。

(六)改进持续化

1. 系统在线滚动审核

在企业管理信息系统中的流程管理模块中，设置关键流程、关键环节、关键控制点的监控规则，通过数据中心从业务信息系统中取得日常业务数据，对业务数据利用监控规则判断某项业务环节是否规范运行，对没有规范运行的业务环节系统自动进行红灯预警，体系管理员在自己的电脑上每天都可以实时监控哪些业务流程运行出现问题，通过综合分析与判断，即可对不符合要求的业务流程所在责任部门发起滚动审核，变过去传统的现场审核方式为实时的在线审核，提高审核的效率和科学性。

2. 常态化的内部审核

对企业关键业务流程运行情况、企业经营运作各方面情况进行检查、诊断，用专业的手段和理论判断各项业务是否按照规章制度做，做的过程有没有记录依据、做的效率和效果如何，及时发现业务运作中的潜在不符合项和不符合项，进而归纳总结影响企业发展的潜在问题。审核覆盖管理体系覆盖的产品、过程/服务以及湖北中烟卷烟系列产品的设计开发、生产、销售和服务所涉及的质量、环境和职业健康安全管理。审核组严格按照PDCA的管理思路，以对面沟通、系统查看和痕迹资料检查相结合的方式，重点关注过程节点控制情况，对各个关键业务环节进行深入细致的检查。通过检查，审核组对发现的问题出具纠正/预防措施单，要求责任部门认真对待，组织相关部门积极整改。

3. 创新性的管理评审

湖北中烟积极落实行业关于管理评审的要求，注重把握管理评审的实质，与企业的管理方式、方法相结合，将管理评审工作落实到日常的工作会议中，通过召开经理办公会、部长联席会、生产协调会、营销工作会、经济运行会等会议，及时了解和总结生产经营管理和体系运行各方面的情况，对存在问题及时分析研究，提出改进意见，落实改进任务。

综合管理信息系统全面支撑体系运行的全过程，从手工纸制向无纸化迈进，以体系监测为基础，对体系内审、滚动评审、专项审核、管理评审、不符合项的管理、纠正与预防措施的管理等体系常规活动进行创新，提高体系建设的自动化程度和痕迹化管理水平。通过信息化支撑体系建设日常工作的全面展开，从审核计划、审核过程、审核结果三个步骤对体系审核的全过程实现流程固化，不仅可实现痕迹化管理，而且由于信息共享，更有利于全员参与体系建设，从而促进体系运行质量和效率的提升。

三、基于综合管理信息平台的"五化"管理的效果

（一）提升了企业管理的规范性和效率

"五化"管理的实施提升了企业管理的水平，在目标管理、制度管理、流程管理、信息化建设、体系建设、管理创新等基础管理方面获得了质的提升，企业目标更加清晰，管理流程更加优化，制度文件更加规范，信息传递更加顺畅，绩效考核更加严格，"目标体系化、管理流程化、流程信息化、基础规范化、改进持续化"五化目标基本达到，切实发挥了企业基础管理对"卷烟上水平"的支撑作用。

（二）创造了一定的经济效益

在创新推动下，湖北中烟主要经济运行指标连年保持20%以上增长，黄鹤楼品牌销量连年保持30%以上增长，企业步入持续健康发展的轨道。截至2013年，卷烟销售规模达360万箱，相比2003年实现翻番增长。商业批发市值达到965亿元，增幅近5倍。重点品牌黄鹤楼由2003年的5.5万箱上升到2013年的157万箱，增长27倍；品牌价值由2003年的21亿元增加到2013年的732亿元，增长34倍。连续三年产销量、税利、利润等稳步增长，成本费用稳步下降。其中，2010年到2013年，由该成果产生的累计效益额为36051万元，经测算占总效益额的3%左右，随着应用的深入将会产生更大的效益。

（三）带来了良好的社会示范效应

湖北中烟是两化融合的试点单位，也是行业内首个尝试将信息化手段运用于支撑企业管理工作的单位。湖北中烟起草了行业管理信息化标准，引领和推动了烟草行业企业管理与信息化融合工作，为行业"基础管理上水平"树立了标杆，为烟草行业和中国企业管理信息化做出了贡献。

（成果创造人：倪　华、戚新平、闵　京、程　晖、李洪涛、骆　嵩、严胜强、卢永增、杨　晖、吴小超、熊俊龙）

以两化融合为导向的现代化采油厂建设

中国石油天然气股份有限公司长庆油田分公司第二采油厂

成果主创人：厂长周志平

中国石油天然气股份有限公司长庆油田分公司第二采油厂（以下简称“采油二厂”）始建于1971年，是中国石油长庆油田公司下属的一家以原油生产为主、兼有项目管理和技术研究职能的大型石油生产企业。采油二厂工作区域1.03万平方公里，横跨陇东的庆城、华池、合水、环县、西峰四县一区，管理着马岭、华池、南梁、西峰等10个油田、67个开发区块。现有员工5743人，年生产原油271万吨，资产净值103.22亿元，是长庆油田陇东地区原油增储上产的主力单位。2002年以来，采油二厂以西峰油田亿吨整装油田开发建设为契机，深入研究探索传统石油工业与现代信息化融合发展之路，建成以“工业化、信息化”深度融合为主要特征的新型现代化采油厂。

一、以两化融合为导向的现代化采油厂建设的背景

（一）石油工业精细化管理水平持续提升的需要

石油工业经过近百年的沿袭和发展，从地质勘探、油藏评价、开发管理到炼化销售等环节已经发展成熟，在石油能源主导的世界能源体系中，通过世界各大石油公司技术攻关、创新管理、降控成本、提升效益的有效实践和探索，石油能源的科学化、效益化开发已经进入一个较高水平的工业化阶段。以此为基础，国内外石油开采企业积极吸收借鉴先进工业制造企业的管理经验，围绕原油生产价值链上的关键结点，持续推进和深化过程精细管理，从工业化的角度看，石油工业精细化管理的程度日益提高。

（二）深化改革、管理提升的必然选择

“十一五”以来，采油二厂将油田开发建设的重心逐渐向埋藏深、物性差的三叠系转移，三叠系油藏属于典型的“三低”油藏（低渗、低压、低丰度）。传统油田开发管理模式的特点是用工密集，劳动密集，运行环节多，信息传递慢，效率低。油田建设以单井为主，油水井高度分散，管理层级多，运行效率低，技术管理人员大多数精力和时间集中在日常简单重复的资料收集整理、分析处理过程中，没有精力研究油田开发的深层次问题。在这种形势下，只有依靠技术进步和管理创新，深化工业化和信息化的集成融合，标准化设计，规模化建设，才能降低油田开发建设的投入，提高开发管理和整体运行的质量和效益，提升油田可持续发展的能力。

二、以两化融合为导向的现代化采油厂建设的内涵和主要做法

采油二厂将采油工业技术与信息技术相融合，产生新的技术，推动技术创新，将信息技术应用到采油厂企业地质勘探、油藏开发、经营管理、支撑保障等各个环节，推动企业业务创新和管理升级。同时，结合工业化优化升级、结合适用信息化技术、结合原油生产实际，将工业化、信息化两大进程有机融合，吸收和借鉴行业内外部的创新经验和做法，通过消化吸收再创新和持续优化改进，建设和完善升级版的现代化新型采油厂。主要做法如下：

（一）注重融合发展顶层设计，系统规划采油厂发展蓝图

采油二厂从抓好顶层设计入手，应用系统优化的理论和方法，对建设现代化新型采油厂的可行性进行充分分析和论证，对油田信息化建设进行长远和系统的规划，形成《第二采油厂"两化融合"建设方案》。

建设目标：结合采油二厂所管陇东油区的特点，集成、整合现有资源，创新技术和管理理念，建立统一平台、信息共享、多级监视、分散控制的数字化生产管理系统。以提高生产效率、减轻劳动强度，提升安全保障水平、降低安全风险为目标，并通过劳动组织架构和生产组织方式的变革，实现油田现代化管理。

建设思路：坚持"2132"即"两高（高水平、高效率）、一低（低成本）、三优化（优化工艺流程、优化地面设施、优化管理模式）、两提升（提升工艺过程的监控水平、提升生产管理过程智能化水平）"的建设思路，重点面向生产一线，以现场单井、管线、站（库）等基本生产单元为数字化管理的重心和基础。

管理框架：按照生产前端、中端和后端三个层次，形成支撑采油厂业务发展的信息化管理架构，达到业务流与数据流统一、行政管理与业务管理统一的一体化管理。

建设步骤：总体划分为三个步骤。步骤一，对前端技术的引进和消化吸收，关键技术攻关，开展先导性试验。步骤二，结合数字化、信息化技术的发展和升级，建立示范区，逐步形成技术标准和管理规定。步骤三，整体推进，提升应用效果，建立、完善完整的管理配套体系。

（二）推动采油技术优化升级，提升油田效益化开发水平

1. 精细油藏描述，提升老油田可持续开发能力

建立油藏数据库。精细油藏描述需要将油藏的所有动、静态基础资料进行定量和定性的分析，要完成标准井研究、沉积体系研究和测井二次解释等工作，需要使用井位、井斜、测井曲线、地震解释、分层数据等大量基础资料。采油二厂对全部技术基础资料通过计算机进行格式转化处理、输入和核对，通过计算机系统可以实现可视化显示和修改、更新和导出，为建立油藏储层模型建好数据库。

生产基地

建立油藏储层模型。采油二厂充分结合已有地质研究成果，采用计算机插值和人工控制相结合的方式，集成创新油藏

精细描述建模软件，建立研究区域三维构造模型，建立一个能够充分反映油藏非均质性和复杂性，能够满足模拟区域地质特征和不同开发阶段需要的描述构造、储层属性和流体空间分布的三维地质模型，能够计算地质储量。

实现油藏精细描述。采油二厂通过建立精细油藏描述数据库及应用平台，进一步健全数据维护、数据查询、测井图形浏览等3大功能，为制定合理的开发技术政策提供坚实可靠的第一手资料。技术管理部门综合精细油藏描述各部分成果，根据储层模型剩余油分布特征及油藏开发矛盾持续开展指标预测和开发效果评价，不断优化开发方案，实现油藏开发管理价值最大化。

2. 升级开发管理，提升油田建设过程质量

导入水平井基础信息。按照水平井监控与导向信息系统的建模要求，采油二厂将所有水平井相关基础信息，如钻井地质设计、钻井工程设计、水平井相关地质图件，进行分析、整理和录入，建立相应地层模型，对井场(钻井、录井、定向井)原始数据实时进行采集传输，为实施钻探过程监控奠定基础。

水平井钻井过程监控。采油二厂相关技术部门通过水平井监控与导向信息系统实现对全厂生产水平井生产过程和新建水平井建设过程的全面监控，重点监控传输数据的完整性、准确性、及时性和水平井油气层钻遇情况，通过人工分析和随钻导向智能分析，对存在的地质风险进行提示，对钻井施工过程进行优化。

实施过程质量控制。应用三维精细地质建模技术，定量刻画主力贡献层展布规律，优化水平井轨迹设计，精准入窗。应用水平井数字化综合管理系统，实现远程(井场钻、录、测)数据的实时传输，自动判识含油性，及时调整轨迹，为油层钻遇率及快速钻进提供技术保障，平均油层钻遇率达到90%以上。

3. 优化地面工艺，提升油田生产管理效率

首先，建立“一井一法一工艺”管理系统平台。“一井一法一工艺”管理系统主要满足“一井一法一工艺”精细管理的要求，立足单井，通过对“一井一法一工艺”业务流程、技术标准、管理规范综合分析，建立集数据采集、单井问题分析、措施编制、方案优化、实施跟踪、效果评价为一体的综合应用平台；解决采油工艺管理过程中人力资源不足、新手多、数据统计及重复工作量大、管理标准不规范等问题；实现复杂业务简单化、简单业务模块化、模块业务标准化、标准业务流程化、流程业务精细化，提高效率和管理水平。

其次，持续完善系统平台各项功能。包括：

简单化。按照“模块化”设计思路，开发“基础信息、小修作业、日常措施”等8个主体功能模块，将复杂的“一井一法一工艺”管理系统变得简单化。

流程化。按照“流程化”设计思路，结合管理过程，将“资料管理、旬度措施、小修作业、优化方案”等工作进行流程化设计，提高工作效率。

标准化。按照“标准化”设计思路，依照相关规范，采取网页人机交互技术，对数据录入、存储、报表输出、分析方法、分析过程进行标准化设计，规范管理。

精细化。按照“分级分类、共享、互动、实时”设计思路，对单井管理目标、单井优化方案、单井效果评价、旬度生产分析、旬度措施管理进行精细化设计，实现技术、考核、管理

一体化运行。

最后，发挥系统平台模块优势。“一井一法一工艺”管理平台，使油井生产动态监测、措施编制、实施过程监控、效果跟踪网络化、便捷化、实时化，实现了油井管理信息资源共享和技术人员网络办公，有效解决了数据统计工作量大、标准执行不规范等问题，实现了油田精细化管理与员工工作强度不增的和谐统一，有效提高了油田“单井”管理的精细控制程度及油田开发效果。

(三)推进采油管理系统优化，提升采油企业管理效率

1. 三级监控保障原油生产，提升生产组织效率

随着油田生产管理方式由传统经营模式向数字化管理模式转变，原油产量传统手工excel报表管理方式已经不能适应管理需要。采油二厂结合计算机网络技术开发了原油产量三级监控系统，为产量监控提供可靠的支持，更准确地反映油田生产状况，使员工从以往的人工操作中解脱出来，提高管理和运行效率。

首先，搭建原油产量三级监控系统框架。该系统从上游生产数据库提取每天的井口生产数据，与站库运行数据进行对比分析，绘制出生产曲线，准确地反映油田生产状况。厂部对作业区、作业区对班站、拉油点的产量实时监控。以油田内部网络为依托，运用信息技术建立产量信息管理平台，采油厂各个管理层可以通过网络登录该系统对全厂的站库、拉油点、井场、单井进行产量监控，依据高效准确的产量信息进行生产决策和指挥。针对原油产量三级监控的需求进行分析，以采油二厂产量运行状态为基础，进行系统性的设计和规划。分别就原油产量的数据源、数据类型、数据内容、数据采集分类、数据操作单位等方面相互结合，完成对原油产量数据实时、实效的监管控制。

其次，实现生产数据全面监控。产量运行监控：对生产数据集中展示，将原油生产数据进行自动分析处理，以综合日报表、月度曲线的形式展示厂级、作业区级、站库级的各项生产数据。

运行报表生成：遵循分级运行模式，对采油厂、作业区、站库、拉油点均给出产量运行结果。方便分析人员跟踪产量的变化，发现产量变化，查明导致原因，及时采取相应措施。

集输流程监控：动态显示各作业区集输数据，查询显示全厂、作业区集输系统流程图。

曲线查询分析：可观察过去一段时间某生产参数的变化趋势，供管理人员分析该生产单元的稳定性和异常原因。

拉油管理监控：主要对拉油点、卸油台运行情况进行监督，实现原油拉运数据、卸油数据的录入、查询、分析等数据管理功能，提供高效、准确的拉、卸油信息。

最后，发挥生产信息平台作用。产量三级监控系统将油田产量相关数据集成在统一平台上，通过统筹规划、统一设计，解决各生产层面信息资源不能全面共享，数据管理过于分散的问题。该系统投入生产运行后，各个主管生产的部门均通过该系统实行网络化监控管理，极大提高了生产管理的工作效率，为生产决策部门提供高效准确的数据依据，使工作人员从繁琐的工作中解脱出来。

2. 三防四责保证生产安全，推进安全环保发展

打造三道防线。第一道防线即输油泵数字化预警报警和远程紧急停泵防线，在紧急情况下通过站控系统实现远程一键停泵。第二道防线即长输管线截断阀在线监控和远程紧急截断防线，重点完成对阀门本体、阀前、阀后压力的数字化改造和数据的传输，实现实时、连续远程监控。第三道防线即环保预防设施建设防线，主要针对油区主要河流，建设拦油网固定桩，设置环保应急库，关键部位加装摄像头、浮油在线监测装置等基础性设施，借助视频监控，在线监测，及时发现问题，紧急情况下运用固定桩、应急物资，开展抢险、救援。

落实四级防治责任。油田公司、厂处、作业区、生产岗位四个层级按“直线责任、属地管理原则”逐级落实油气泄漏防治，严格落实各个层面职权所属的三道防线的建设与监控，发生油气泄漏时，及时组织进行应急抢险，防止原油进入河流或饮用水源地，组织对作业区隐患进行治理以及应急物资的保管。

搭建“三防四责”体系监控平台。建立相对独立的以视频监控、实时运行、远程控制、自动报警、信息查询为主要内容的“三防四责”数字化监控系统，实现“数字指挥、层级监控、岗位操作、远程控制”的运行管理。将原已具备数字化管理功能的防治设施，直接整合接入防治系统监控平台。同时实现与公司数字化生产指挥中心与防治体系监控平台的兼容、对接和互访，便于系统功能灵活扩充，使油气泄漏监控管理做到“让数字说话，听数字指挥”。

3. 全面深化低成本战略，降低企业计划外支出

一是物资管理精细到井站。采用计算机和互联网技术构建物资管理信息平台，建立厂、作业区、井区三级库存体系，在系统中实现物资的收、发、存，实时地显现材料的实际耗用和库存情况。明确材料的流向，材料消耗对象具体到单站、单井、单车、单台设备和单项工程等基础设施，实现材料的精细化管理。建立各单位之间库存的横向沟通，动态监控各单位库存，实现单位间的物资调剂，使物资的利用达到最大化。建立物资库存紧缺预警和积压预警双向机制，促使库存结构和采购构成向合理性、科学性、准确性的方向发展。广泛使用物资管理办公平台，实现材料管理的网络化、电子化、自动化，有效解除基层物资管理人员的手工劳动，提高工作效率。

二是运力管理精细到单车。采油二厂开发了车辆管理信息系统，对全厂所有运力信息如车辆、驾驶员、道路、风险源、GPS终端安装、拉油点档案进行实时管理，将车辆调派和全过程GPS监控有机结合起来，在保障行车安全的同时，降低了无效和低效里程。按照经过核定的单车标准核定单车工作量，单车费用月度进行核算和结算管理，在油田运输工作量繁重的情况下，确保了运力费用的精细控制。

三是电力管理精细到单井。采油二厂建立电力运行监控管理平台，实现电力计量远程监控分析系统正常、有效运行。系统采用设备模块读取变压器二次侧电表数据，在服务器上完成对数据的调用分析，实现电量发生情况精细管理，彻底改变电工爬杆人工抄表的历史，实时监控区块用电变化情况，便于精确规划预算电费；分类别（生活、注水、采油、集输等）监控用电比例，科学调配电量使用，能够有效控制外供电发生、监控临时措施

用电，等于把电表装到了单井、单台设备，实现了电费的精确管控。

四是修井作业精细到工序。采油二厂针对费用控制难度大的修井作业建立了修井作业信息系统，将修井作业、新投井作业的方案设计与审批完全依托系统平台运行，使历史数据的查询和更新更加便捷，为强化过程管理和费用管理提供了条件。系统根据修井队伍现状和设备设施合理调配队伍和动力，按照经过反复评定的工序作业标准对作业过程进行全程跟踪监督，最终按照监督结果进行作业质量评价，实现了修井作业的标准化管理和标准化结算。

4. 实施年度工作计划IT化管理，提升工作质量效率

首先，编制全厂年度工作计划。将已经形成的部门年度工作目标分解成实现目标的工作策略，将部门年度工作策略进行分解形成部门年度可执行的工作项目，将这些可执行的工作项目汇总起来构成部门的年度工作计划。对工作项目实施过程进行周密严谨的计划，充分分解，确定进度，设置准确清晰的里程碑任务，配置资源、资金，将《任务单》责任到岗位。

其次，实行工作计划过程管控。部门在项目的执行过程中履行项目计划书要求，同时按照工作节点设置，强化项目过程管控。每个部门每月进行项目月度总结，对项目各类会议形成会议纪要，对项目工作过程及时总结，及时改进，使整个工作过程做到历史可追溯、步步有据。

最后，实现年度工作计划IT化管理。采油二厂以年度工作计划管理为基础，组织开发《第二采油厂年度工作计划管理系统》，以月度为周期，重点跟踪和考核工作项目的时间进度、完成质量、里程碑任务数量和难度系数。实现年度经营计划制定、审批、查询、录入、统计、分析、考核等功能，进一步提高年度工作计划运行效率。

（四）强化现代职业团队建设，提升企业文化管理内动力

1. 培训载体信息化

建立在线培训课堂，开展网络在线自助培训。充分利用局域网开设在线培训、网上多媒体课件库、三维动画课件库、在线试题库、疑难解答等栏目，自行开发采油工、集输工、井下作业工、维修电工、消防员等培训教程，发放到员工手中，为员工自助学习创造条件，使员工在工作之余在网上和书本上学习技术技能，并进行自测。同时配套员工能级考评与技能鉴定工作，推动员工自主学习新知识、新技能，为企业持续发展提供人才保障。

2. 知识管理信息化

采油二厂着重建设全厂知识管理体系，制定知识管理战略，建立知识地图和知识库。将厂情厂史、战略规划、年度工作计划、重点工作项目、重点工作模型、管理制度、工作流程、操作标准的修订制度化、模块化、信息化，实现新增修订和挖掘抢救同步进行，实现、总结、简报、技术方案、成果、论文、汇报、交流材料的全过程信息化管理，将采油二厂发展变迁、历史沿革、技术革新、管理创新、重大事件进行全面客观的记录，通过群化、内化、外化和融合，实现隐性知识向显性知识的全面转换，通过内容模块化将维护责任落实到管理部门，实现动态管理。通过知识信息化管理方便员工查阅学习，促进知识共享，培养知

识型员工，打造学习型组织，增进员工的企业文化认同。

3. 能力评价信息化

以岗位为单元建立每个岗位的岗位工作手册（SOP），以岗位为主体，将厂部的愿景、使命、价值观具体到自己的岗位，内容包括涉及本岗位的岗位职责、工作制度、管理流程、工作计划、过程风险和工作表单，使之成为员工适应岗位、开展工作的岗位标准、工作手册和培训教材。在部门工作模块化的基础上，以职业素养点为基本单位，梳理与每个职业素养点相匹配的基础素养、专业素养和管理素养的主要内容，并将每个素养点清晰简洁的描述出来，建立部门能力“素养池”。根据企业组织架构设置与不同职位、不同岗位匹配的职业素养进行量化。建立管理岗位职业素养卡，将职业素养提升与管理岗位培训、职业生涯规划管理和职业晋升紧密结合起来，通过建立量化、公平的能力评估和职业成长体系，促进员工职业素养提升。

4. 组织文化信息化

采油二厂对企业的组织文化实施了充分的量化，通过岗位职责、管理制度、管理流程、企业文化的梳理与建设，将企业的愿景、使命、价值观融入每一名管理人员的工作标准和行为习惯。采油二厂共对全厂 23 个部门的 730 条职责重新进行了“职”与“责”的匹配，梳理了涵盖全厂各部门全部业务层面的 937 个标准化管理流程，对全厂 133 项管理制度进行了系统梳理和修订，着力将战略规划中确定的企业“愿景、使命、价值观”向每个部门进行渗透，把“尽责、人本、务实、严谨”八字团队作风具体成为班子、干部、员工 3 个层面的 44 条标准，建立岗位工作手册，通过对量化结果的全面信息化，使企业文化体现在每一个岗位，体现在员工的具体行为中，通过全员一致的意识、行为和习惯，强化团队素质，塑造企业形象，增强企业文化建设的渗透力，形成上下一致的企业价值导向。

三、以两化融合为导向的现代化采油厂建设的效果

（一）油田效益化开发水平显著提升

通过油田工业化和信息化的有机结合，简化了油田的工艺流程，大大降低了油田建设和日常管理的成本，改变了一线员工的工作方式，大大降低了员工的劳动强度。同时，挖掘用工潜力，盘活人力资源，万吨用人由传统管理模式下的 22 人下降到 10 人，单井综合用人由传统管理模式下的 2.23 人下降到 0.62 人。从老油田挖潜出的熟练员工，补充到新区发展中，有力地保障了新区的发展。2008 年以来，采油二厂实现了快速发展，到 2013 年年底，采油二厂所在的陇东油田年原油生产水平由 2008 年的 260 万吨发展到目前的 637 万吨。

（二）油田本质化安全得到充分保证

油气泄漏防治体系在油气泄漏事件发生时起到预警报警作用，提高了组织抢险能力，提升了集输设施和管道运行的安全性，“三道防线”建设达到了预期效果。多种数字化信息技术的应用，使对油气泄漏的在线监控、远程停泵、远程截断、远程应急指挥真正实现了“听数字说话、让数字指挥”。油气泄漏防治体系的建设促进了安全环保应急长效机制的建立，对油田持续、安全、清洁、平稳发展发挥更加积极的作用，成为油田实现环境

本质安全的基础和应对环境突发事件的强有力保障。

(三)油田科学化管理水平全面提升

采油二厂通过多年持续的管理优化和提升,发展的成果更加凸显。原油产量连续三年实现超产,2011 年重上 200 万吨,2014 年将超越 270 万吨,“十二五”期间能够始终保持每年 20 万吨以上的增幅,产能建设保持每年 80 万吨以上的规模;油田开发形势逐年转好,自然递减、综合递减连年下降,综合递减从 2009 年的 15%下降到现在的 10.6%,全厂油田开发保持Ⅰ类水平;成本控制效果明显,操作成本实现稳步下降,与 2010 年相比操作成本下降 84.76 元/吨,与 2011 年相比下降 61.63 元/吨。在保证油田快速发展的前提下,实现了劳动用工“零增长”,始终保持安全环保形势稳定,全厂工作环境更加宽松,员工队伍的凝聚力进一步增强,做到了“两化”在油田企业生产实践应用中的高度融合,带动了全厂管理质量和效益的全面提升,采油厂可持续发展能力得到切实增强。

(成果创造人:周志平、李永春、修利军、李科华、韩永林、潘宏文、赵江涛、喻良斌、袁中虎、卢延军、刘雅妮、周维东)

组织变革与混合所有制探索

特大型电网企业以“三集五大”为核心的管理变革

国家电网公司

国家电网公司(以下简称“国家电网”)以建设和运营电网为主营业务,经营区域覆盖26个省(自治区、直辖市),覆盖国土面积的88%,供电人口超过11亿人,用工总量超过186万人,在菲律宾、巴西、葡萄牙、澳大利亚、意大利等国家和地区开展业务。2013年,国家电网完成售电量3.52万亿千瓦时,世界企业500强排名保持第7位。

一、特大型电网企业以“三集五大”为核心的管理变革的背景

(一)经济社会快速发展对安全可靠供电提出更高要求

一是我国能源生产和消费呈逆向分布格局,一次能源分布在中西部,电力负荷中心集中在东部,加之东部环境容量严重饱和,需要电网对能源资源进行全国范围的优化配置。而我国现行电网管理模式建立在传统的电力就地平衡方式基础上,管理相对分散,缺乏大范围、大规模配置能源的体制基础。二是我国电网投资一直相对薄弱。为扭转此局面,国家电网公司“十一五”电网投资累计达到1.2万亿元,“十二五”期间年均投资将超过3200亿元,迫切需要统筹全网资源,形成集团合力。三是短缺经济下形成的“生产导向型”的经营理念和生产方式,需要向“服务导向型”转变。特别是农村电网历史欠账较多,随着城镇化和新农村建设,亟须改变城农网二元发展格局和管理体制,实现城乡公共服务均等化。

(二)坚强智能电网要求电网管理体制进行适应性变革

国家电网公司成立以来,在科技创新、大电网建设运营等方面实现了跨越式发展。至“十一五”末,国家电网已经成为特高压交直流混合大电网,对电网运行协调控制和设备管理水平的要求越来越高。同时,2005年以来,智能电网逐步成为全球电网发展新趋势,是有望开启人类未来“智慧生活”的物理载体,需要以“敏捷性”组织、精益化管理和专业化运营作为支撑保障。为运营好、管理好大电网,并在智能电网方面抢占先机,国家电网公司需要以前瞻性视野,主动变革生产关系,为坚强智能电网发展创造良好的制度环境和体制基础。

(三)实现企业创建“世界一流电网、国际一流企业”发展愿景和战略目标的需要

2004年,国家电网公司明确建设“一强三优”(电网坚强、资产优良、服务优质、业绩优秀)的战略目标和“两个转变”(转变电网发展方式、转变公司发展方式)的战略实施路径。“十一五”期间,进一步提出建设“世界一流电网、国际一流企业”的企业愿景。但国家电网行政管理色彩浓厚,治理结构和治理能力离现代企业和国际先进水平仍有较大差距。面向国际市场,国家电网公司必须破除体制机制障碍,提高企业治理水平,从根本上改善效率效益,提高国际竞争力。基于如上原因,国家电网在多年管理提升实践的基础上,从2010年起,开展以“三集五大”为核心的全方位管理变革。

二、特大型电网企业以“三集五大”为核心的管理变革的内涵与主要做法

国家电网遵循电网发展和企业管理客观规律，以集约化、扁平化、专业化为方向，以集团化运作为主线，变革组织架构、创新管理模式、完善运营机制，深化人财物核心资源集约化管理，推进“大规划、大建设、大运行、大检修、大营销”体系及相关机制建设，建设成组织机构扁平、管理集中高效、资源集约共享、业务集成贯通、工作流程顺畅、制度标准统一、综合保障有力的现代电网企业，全面提高管理效率、经济效益和服务水平。主要做法如下：

(一)进行顶层设计，整体规划

“三集五大”体系采用全过程顶层设计和整体规划的方式开展。2010 年，总部层面成立“三集五大”体系建设领导小组，各省、地、县公司全部成立相应组织领导机构。

1. 超前谋划、审慎决策

一是开展大量前瞻性课题研究。二是深入开展全方位调研，为变革实施奠定坚实的实践基础。三是集思广益、民主决策，汇聚国家电网集体智慧，研究变革方向，探索变革思路，寻找变革举措。

2. 明确“集约化、扁平化、专业化”变革方向

大型电网企业集团宜采取战略型经营管控模式。与之相适应，需要强化集约化管理，加强各类资源和核心业务的集中管控，总部层面统筹集团内部资源，推动核心业务管理向上集约，形成生产与组织管理上的规模经济，实现集团整体效率效益最大化。组织架构和业务扁平化，压缩业务链条，归并聚类业务，减少管理层级，规范精简各层级组织机构，构建精干敏捷、简约高效的组织架构，最大限度地提高企业运营效率。实施专业化管理与运作，规范整合主营业务，健全业务实施机构，构建职能管理、业务实施和专业支撑有机融合的运作模式，加大信息化等现代技术手段的应用力度，提高业务运作水平。“集约化、扁平化、专业化”思想贯穿“三集五大”管理变革设计和实施的每个环节。

3. 明确“架构—模式—机制”的管理变革思路

国家电网公司提出“以架构固模式、先体制后机制”的变革总体思路。变革组织架构，适应战略型经营管控模式特点，构建“两级法人、三级管理”的组织架构；按照业务发展的新要求，明确规范各层级机构设置和职责界面，确立架构清晰、权责明确的集团化运作体制。创新管理模式，就是在新型组织架构下，以客户和市场为导向，深化人财物核心资源集约化管理，塑造完善“大规划、大建设、大运行、大检修、大营销”管理体系，强化资源的统筹优化配置和业务的专业化运作。完善运营机制，就是全面优化业务流程，建设统一的制度标准、信息系统和企业文化，实现“一个企业、一套流程、一套标准、一个信息平台”；建立完善“三个中心”(电网调控中心、运营监测中心、客户服务中心)，对电网运行、公司运营、客户服务实现全天候监测与调控，形成持续改进的闭环管理机制。

4. 谋定启动，分阶段分步骤稳妥实施

管理变革分为试点建设、体系构建、全面建设三个阶段，分步骤组织推进。2011 年，选择江苏公司和重庆公司进行试点，验证方案设计的科学性和适应性；2012 年，组织 27

家省公司分两批进行组织机构和管理模式的调整，在国家电网系统构建“三集五大”体系；2013年起，研究部署全面建设的83项重点任务，建立统一规范的业务流程、制度标准，强化业务的横向协同和信息系统的集成融合，狠抓“基层、基础、基本功”建设，推动新体系实现横向到边、纵向到底的全面覆盖。考虑电力供应须臾不可停歇的特点，改革之初，国家电网就确定“先立后破”的基本原则，提出“模拟运行、新模式导入、双轨运行、模式切换”的实施路径，实现业务平稳交接。四年来，未发生一起由“三集五大”体系建设引发的责任事故。

（二）规范优化组织机构

国家电网公司按照“集约、规范、高效”的原则，对原有管理层级和冗余机构进行大幅度精简压缩、统一规范。

1. 构建“两级法人、三级管理”组织架构

国家电网将区域公司调整为总部的区域分部，将县公司的管理职能上收至地（市）公司，法人层级压缩为国网、省电力公司两级，管理层级压缩为国网、省、地公司三级。按照“三级管理”的框架，进一步明确总部的战略决策、资源配置、管理调控中心地位，强化总部对省、地（市）公司的战略型运营管控。充实省公司力量，发挥省公司作为中间管理层和业务组织层的作用，加强“三集五大”的管理与建设。强化地县公司的协同化运作，做好各项业务的具体实施。

2. 统一规范各层级、各单位机构设置

在“两级法人、三级管理”架构下，对27家省公司、328家地（市）公司和1713家县公司的本部内设部门和业务实施机构进行调整规范，统一其机构设置数量、名称、职责和定员标准。规范后，省、地（市）公司本部内设部门统一为21个和11个，业务实施机构不超过8个；县公司内设部门不超过8个，业务实施机构统一为2个。在机构规范基础上，明确单位、部门、岗位三级职责体系，制定供电企业岗位分类标准和标准岗位名录，消除职责、岗位的重复、空白和遗漏现象，实现机构、岗位、定员和职责的统一规范。

3. 撤并部分机构设置，进一步压减管理机构

撤并地（市）公司所属的城区分公司，由地（市）公司直接负责市辖区的业务开展；对业务实施和支撑机构，一般按照分公司设立，减少非必要内设部门；对业务相近的机构，实施合署管理，最大限度的压减管理层级和管理人员，将人员尽量向生产岗位和基层一线转移。

（三）重塑“规划、建设、运行、检修、营销”业务模式

1. 整合核心业务，强化归口管理

按照电网业务价值链，梳理出规划、计划、可研、设计、施工、验收、调度、运行、维护、检修、抢修、营销等关键环节，并将所有环节整合纳入“大规划、大建设、大运行、大检修、大营销”体系，分别由发展、基建、调度、运检、营销部门实施归口职能管理，推动业务管理由“分散型”向“集约型”转变。以电网规划为例，构建大规划体系，就是将各类、各级、各专业规划和计划纳入总体规划和综合计划，由各级发展部门统一实施专业管理和综合协

调，实现“规划一个本、计划一条线，管理一个口、信息一平台”。

2. 完善业务实施和支撑体系

按照“管办分离”原则，组建和调整各级业务实施和支撑机构，提高业务专业化运作水平。组建国网、省、地（市）经研院所，支撑规划、建设、营销等业务；组建省、地（市）检修公司，进行A、B类检修基地建设，承担电网运维检修工作；转变国网、省两级电科院职能，在做好科研工作的基础上，承担运行、检修、营销、物资、信通等业务支撑和实施。为充实业务机构力量，压缩省、地（市）公司本部管理人员岗位，鼓励优秀人才向基层和一线流动。通过业务实施和支撑机构的设立，实现电网规划编制评审、设备工厂化检修等部分核心业务的回归。

3. 优化业务管理重心，推动业务融合

“五大”体系根据业务的特点和功能定位进行管理。纵向上，对业务重心进行适当上移和下放。对规划、调度、检修等业务的管理权限向上集约，突出规划、调度的统一性、权威性，发挥设备、人员的规模优势；对建设项目属地协调、营销窗口服务等业务的实施重心下移，加大属地管理力度，便于贴近客户和市场，提高运营服务效率。横向上，考虑供电业务的同质性，对前后关联性较强的业务实施一体化管理，进一步强化业务聚类，发挥范围经济优势。以调控一体化为例，将原来相对分散的设备监控职能，纳入调控中心统一进行集中监控，有效提升电网运行质量。

4. 推动专业化管理向农电企业穿透

“五大”体系建设中，国家电网公司将电网检修和营销业务的专业管理，从地市公司延伸至全部的1713家县公司和1.9万个乡镇供电所，实现专业管理从公司总部直至乡镇供电所的全面穿透，更好发挥国家电网公司的管理优势和技术优势。努力开展地县调控业务一体化运作，着力解决县公司技术力量薄弱的问题，大幅提升农村电网的安全生产水平。

（四）深化人力资源、财务、物资集约化管理

1. 推进人力资源“六统一”管理

一是强化计划管理。将过去分散的管理权限向上集约，由总部统一制定计划管理指标，并将计划管控范围从全资单位扩展到控股、代管单位和集体企业，从长期职工覆盖到劳务派遣、农电和集体用工，从工资总额扩展到各项人工成本。二是统一机构和人员编制。加强“定编、定岗、定员”管理，总部统一制定《机构设置和人员配置指导方案》，全口径覆盖公司系统各单位；发布供电企业典型岗位名录，将管理颗粒度细化到岗位，落实到定员。三是规范劳动用工管理。按照“六个优先”（主营业务、紧缺急需专业、重点院校、高层次人才、艰苦困难地区、外语水平高原则，严把人员入口，在业务连年增长的同时，实现用工总量逐年下降。建设内部人力资源市场，通过统一供需平台，盘活资源存量，缓解结构性缺员矛盾。四是强化收入分配激励。分类制定工资总额计划，促进各单位严格控制用工总量，提高投入产出效率；深化薪酬分配机制建设，统一岗位绩效工资制度，优化薪酬结构，依法规范福利保障项目，规范工资项目体系，加大薪酬分配向关键、艰苦岗位

和核心、优秀高层次人才倾斜力度。五是强化绩效考核。加大量化考核力度，企业负责人考核全面推行经济增加值(EVA)考核，管理机关推行工作任务制、一线员工推行工作积分制。六是完善人才培训开发机制。由总部人资部门统一组织培训计划管控、课程开发、题库建设、师资管理、人才选拔培养，建设国家电网网络大学，完善四级四类人才选拔培养制度，持续提升队伍素质。

2. 实行财务集约化"六统一、五集中"管理

一是建立健全"六统一"财务政策标准体系(会计政策、会计科目、信息标准、成本标准、业务流程、组织体系)。由总部统筹设计，对会计政策、会计科目进行规范统一，实现同类经济业务的会计科目使用唯一、处理结果一致；建立涵盖供应商、资产分类、银行账户等的主数据标准；建立涵盖电网、产业、金融各业务板块、各层级单位的标准成本体系，降低工程造价近10%，年节支额超过100亿元；制定核算、预算、资产、资金等财务管控标准流程，并对财务组织体系进行统一规范。二是实施核心财务业务"五集中"管理(会计集中核算、资金集中管理、资本集中运作、预算集约调控、风险在线监控)。将地、县公司会计核算集中到省公司层面，账务集中部署系统覆盖全部1445个法人单位，实现会计核算"一本账"、会计报表"一键式"生成；建立集团账户"资金池"管理体系，电费资金及时汇集到省公司；实施统一结算，构建"统一预算、分级支付"管理模式，实现大额资金集中支付；所有融资全部纳入总部融资计划管理范围，累计低成本融资4750亿元，内部资金及低成本资金占融资总额的90%以上；强化资产精益化管控，1.3万亿/元电网资产实现账、卡、物一致，累计重组整合各类资产超过8900亿元；构建公司全面预算闭环管理体系，创新开展零基预算管理、项目储备管理、月度现金流量和月度损益预算管理；推行全面风险管理，健全完善授权体系框架，建立覆盖国家电网全业务、全流程的内部控制体系。

3. 全面实施物资集约化管理

一是构建物力集约化管理体系。以"集中、统一、精益、高效"为目标，建立"一级平台管控、两级集中采购、三级物资供应"运作模式。持续加强规范管理、防控风险，不断完善科学先进、精益高效的电子商务平台，建成大企业集团物力集约化管理体系。二是全力打造公平公正、规范诚信的招标品牌。倡导"质量优先、价格合理、诚信共赢"采购理念，不断强化国网、省公司两级集中采购全覆盖，加强集中采购全过程监督管控，持续优化集中采购策略、积极践行社会责任，确保程序规范、结果公正。三是强化物资供应保障能力建设。深化统一物资调配机制建设，强化物流业务集中管控，构建现代仓储网络，打造"一体化管控、精益化运作、优质化服务、准时制供应"的现代物流体系，为企业生产经营和发展建设提供物资保障。四是加强质量监督及供应商关系管理。加强供应商资质能力核实和绩效评价。持续完善上下联动、横向协同的闭环管控体系，健全物资质量监督网络，强化质量监督与招标采购联动。完善"供应商网上服务大厅"功能，不断提升服务能力。构建诚信共赢的供应商关系，引导供应商诚信、理性投标，公平竞争。

(五)构建"三个中心"实时管控平台

1. 完善电力调度控制中心建设

将变电设备运行集中监控业务纳入电网调度统一管理，将配网抢修指挥业务纳入

地、县调度统一实施，充分发挥调控中心的电网生产运行指挥中枢作用，提升电网的驾驭能力和应急处置效率。优化传统的五级调度管理机构，强化国(分)调一体化、地(县)调一体化运作，构建国(分)、省、地(县)三级调控管理体系(电力调度控制中心)，27 家省调实现标准化建设、同质化管理。全面开展在线安全分析、综合智能告警、日前量化校核及日内滚动计划，推进调度业务在线化、智能化、精益化转型，强化各级电网运行管控，提升电网安全运行能力和水平。

2. 建设运营监测(控)中心

构建国网、省、地(市)公司三级运营监测(控)中心，对企业核心资源、核心业务以及客户服务集中开展全天候、全流程 24 小时全面监测、运营分析、协调控制、全景展示，及时发现和解决各类问题，形成持续改进的闭环管理机制。推动企业运营管理模式从“单一条线、专业化分析”向“全面汇总、企业级预测”的转变，业务管控从“定期汇总报表”向“实时在线计算”转变，业务流程管理由“专业纵向条线管理”向“专业化纵向贯通与企业级横向协同统筹融合”转变。

3. 优化客户服务中心建设

打造国网、省、地、县公司四级客户服务中心，构建集中受理、分级实施、全程督办的营销服务网络，为客户提供 7×24 小时不间断在线服务。在天津、南京设立国网客户服务南、北两中心，承担过去省、地、县公司负责的 95598 电话服务，实现 95598 电话集中受理、客户信息统一查询、工单统一流转、服务流程统一监控，又好又快地满足客户服务需求。

(六)夯实统一规范的管理基础

1. 自上而下构建统一的流程体系

遵循流程地图、流程区域、流程群组、业务流程的四维总体架构，由总部对各级供电企业的业务流程进行统一梳理设计，重点对“五大”企业级流程进行端到端优化，强化流程顶层设计的横向协同。引入比标准岗位颗粒度更细、更灵活的“角色”要素，解决机构和岗位调整后，流程频繁变动的问题，使顶层设计、一贯到底成为可能。构建职责、流程、制度、标准、考核“五位一体”协同机制，引入流程管理平台(ARIS)，在平台上实现五个管理要素的动态匹配和同步调整，实现从职责到考核的动态一体化管理，促进“职能管理”向“职能与流程综合管理”转变。通过“五位一体”系统生成的流程手册、岗位手册，使员工能够及时全面掌握本岗位的职责、流程、制度、标准和考核要求，保障“三集五大”体系高效运转。

2. 建设统一的制度标准体系

按照实际、实用、实效原则，将原有的管理标准和工作标准，全面转化融入管理制度，国家电网制度标准体系简化为管理制度与技术标准。重构管理制度体系，形成以通用制度为主，非通用制度和补充制度为辅的新型制度体系。其中，通用制度和非通用制度均由总部组织制定、一贯到底。考虑各单位的差异性，省公司经总部批准后，可针对通用制度编制差异化条款，针对非通用制度制定实施细则，针对总部未覆盖的业务，允许制定补充制度。推进"立、改、废"工程，全面清理各层级制度标准，删减重复、合并雷同，实现制度管理从粗放到精益、从零散到统一、从层级型向垂直型的转变。

3. 打造一体化的企业级信息平台

按照顶层设计、严格架构管控的原则，相继建成规划计划、基建管理、设备运维精益管理、电能质量在线监测、营销稽查监控等信息系统，开展县级供电企业信息系统延伸覆盖，支撑业务和资源集约化、专业化管理。深化信息系统共享融合和综合利用，统一数据标准，将各专业数据接入公共数据资源池，实现业务数据一次录入、集中存储、分工处理、按需使用；构建覆盖全网的电网资源空间信息服务，维护电网设备 2.25 亿台，实现对电网资源图形数据、拓扑数据的统一管理；建成覆盖 7900 余座变电站、295 余条输电线路、3200 余个营业厅的统一视频监控，实现企业级视频信息的共享利用。

4. 塑造卓越的企业文化

实施企业文化"五统一"，统一价值理念、发展战略、制度标准、行为规范和公司品牌，以"努力超越、追求卓越"的企业精神为核心，持续丰富企业愿景、企业使命、企业宗旨、企业理念等文化要素内涵，国家电网上下的思想凝聚到"一强三优"现代公司战略目标和"三集五大"管理变革上来，以统一的企业文化引导人、激励人、塑造人。推进企业文化"四融入"，全面融入中心工作、企业管理、制度标准和员工行为，实现企业文化与管理变革的和合共进。将文化建设纳入"三集五大"支撑体系，实施企业文化传播、落地、评价"三大工程"，将企业文化纳入业绩考核。

（七）建立健全鼓励变革的激励约束机制

1. 进行全面发动，实施典型引路

一是强化领导责任制。实行党政主要领导为第一责任人、分管领导分片包干负责制，做到"一个专业、一名领导、一套方案、一抓到底"。层层签订责任状，将建设情况与企业负责人年度绩效考核挂钩，形成引导改革的牵引力和推动力。二是健全动员发动机制。分层召开动员大会，全面开展主题宣传教育活动，编印各级各类宣传手册，实现全面发动、全员参与。三是建立典型带动机制。针对改革初期，部分单位对方案能否适应当地企情存在顾虑等情况，选树进度较快的天津公司为典型，用不到半年时间完成新模式导入，极大地鼓舞各单位的建设积极性，体系构建由原定三年时间提前到一年半完成。

2. 强化过程管控，实现闭环管理

一是按项目式管理模式推进。提出"规定动作不走样、自选动作有创新、特殊动作要报批"的硬性要求，制定里程碑明细计划，层层建立信息报告、工作会商、督导检查、风险防控等协调机制，做到每周有小结、每月有检查、定期有考评。各级运监中心边建设、边运行，将任务推进情况纳入实时监控，确保建设进度可控在控。二是健全人岗匹配机制。积极推行岗位竞聘制，部分单位中层干部实现"全体起立，竞争上岗"，推动年富力强的业务骨干走上领导或关键技术岗位；制订"减员不减人、分流不下岗"的调配原则，对富余人员实行培训转岗或向集体企业分流，逐步消化吸收；建立员工帮扶机制，组织干部进行"一对一"服务，帮助职工排忧解难，确保队伍和谐稳定。三是建立问题整改长效机制。

每年的年初和年中，由国家电网公司领导或助理总师带队，赴基层单位进行调研，查找和研究解决各类问题。各单位建立调研常态机制，全面开展中期诊断评估、专项整改提升等活动。推广“干中学”经验，形成最佳实践案例库进行学习推广。四是确保体系高质量建成。按照统一标准、统一流程、一把尺子量到底的原则，组织各层面开展体系构建工作验收和全面建设成效评估，实现对管理变革的闭环管理，确保建设方案执行到位，各项要求全面落实。

三、特大型电网企业以“三集五大”为核心的管理变革的效果

（一）初步建立现代电网企业管控体系

国家电网公司初步建立“两级法人、三级管理”的组织架构，各层级、各单位的机构设置、岗位职责、业务模式实现规范统一，累计精简各级内设机构 8700 余个，精简率 37.2%；精简各级领导职数 1.67 万人，精简率 28.7%，管理更加规范透明。总部的战略决策、资源配置、管理调控中心的地位全面确立，人财物核心资源实现集中管控和统筹配置，五大业务实现专业化管理和协同运作，总部管控的穿透力明显增强，各单位逐步由“自转”向“公转”转变，集团管控实现由分散型向战略型经营管控的跨越。集团化运作的理念深入人心，渗透为国家电网人的思想和文化基因，渗透到经营管理各环节，内化为统一卓越的企业文化，外化为统一优秀的“国家电网”品牌，企业整体面貌焕然一新。建立起统一规范的业务流程体系、制度标准体系和信息系统平台，现代企业的运营机制逐步形成，企业步入自我驱动、持续完善的良性发展新阶段。

（二）取得显著的社会效益

一是供电服务水平大幅提高。通过“三集五大”体系建设，2013 年比变革前的 2009 年，城市和农村年户均停电时间减少 4.65 和 20.77 小时，分别缩短 54.65%和 61.56%，城农网供电可靠率分别达到 99.956%和 99.852%，客户满意度达到 99.8%。

二是助推城乡一体化发展。通过城农网统一规划和专业管理向下延伸，打破长期以来农电封闭发展格局，有效满足农村电量快速增长需求。四年累计解决无电地区 39.7 万户、167 万人通电问题，农村与城市间的年户均停电时间差距从 25.23 小时减少到 9.11 小时。国家电网经营区域基本实现城乡居民生活用电同网同价，每年可减少农民生活用电支出 440 亿元。

三是社会履责水平明显改善。新体系在快速响应和应急抢险资源组织等方面优势明显。2012 年以来，有效应对“苏拉”、“达维”台风、甘肃岷县雹洪泥石流、黑龙江暴雪、四川雅安地震等各类重大自然灾害袭击，得到社会各界高度肯定。圆满完成党的十八大、嫦娥三号发射等重大保电任务，得到政府有关部门表彰。2013 年，“国家电网”品牌蝉联中国 500 最具价值品牌排行榜第二名。

四是节能环保效益显著。通过科学规划和统一管理，有效增强大电网安全运行能力，提高新能源消纳水平。2013 年年底，国家电网并网风电和光伏发电装机分别达到 7037 万千瓦和 1546 万千瓦，年均增长 24%和 360%，全年累计消纳风电、光伏发电 1290 亿千瓦时，相当于节约标准煤 5212 万吨，减排二氧化碳 10127 万吨。

（三）企业能力和效率效益大幅提升

一是能源资源配置能力大幅增强。通过集团内部统筹运作，2013 年，完成国家电网经营区域跨区跨省交易电量 6473 亿千瓦时，比 2009 年增长近 60%，有效缓解东部负荷中心用电紧张、西部能源中心电力富余局面，实现余缺互济。

二是业务能力效率明显提升。大专业体系构建运行后，规划前期工作效率提高 25.7%，110 千伏及以上优质工程率达到 100%，110 千伏及以上变电设备现场检修平均停电时间减少 27%以上，配网故障抢修平均修复时间缩减 9.6%，高压客户业扩报装平均接电时间减少 4.3 天。通过标准成本管理，年节约生产成本 105 亿元。集团资金归集率和物资集中采购率超过 98%，仅集中招标采购一项，累计节约预算资金 1140 亿元。

三是企业整体效益大幅提升。2013 年，国家电网公司营业收入达到 20498 亿元，比 2009 年增长 62.6%；利润总额 705.76 亿元，比 2009 年增加 659.8 亿元；资产总额 25701 亿元，比 2009 年增长 39.5%；资产负债率 57.01%，比 2009 年下降 8.07 个百分点，效益贡献水平和价值创造能力步入央企前列，连续 4 年保持世界 500 强排名第七位，连续 9 年名列中国服务业企业 500 强榜首。标普、穆迪、惠誉三大国际评级机构连续两年授予国家电网公司国家主权信用等级。

（成果创造人：刘振亚、曹志安、贾福清、张　宁、丁广鑫、张智刚、
王风雷、苏胜新、杜宝增、李荣华、李桂生、朱　峰）

国有通信企业即时通信业务的混合所有制改造

中国电信股份有限公司

成果主创人、公司总经理王晓初(左)与网易 CEO 丁磊在易信产品发布会上揭牌

中国电信股份有限公司(以下简称“中国电信”)是中国电信集团公司控股的三家上市公司之一,于 2002 年在香港和美国两地成功上市,其主要资产和业务为全国范围内的移动通信、固定电话及南方 20 省的有线宽带业务,是全球最大的 CDMA 网络运营商和互联网运营商,截至 2013 年年底,共有 1.86 亿移动通信用户、1.56 亿固定电话用户和 1 亿有线宽带用户。2013 年,中国电信实现收入 3216 亿元,总资产 5432 亿元,净资产 2787 亿元,净利润 175 亿元,员工 27.9 万人。

一、国有通信企业即时通信业务的混合所有制改造背景

(一)适应日益激烈的移动互联网竞争的需要

基于移动互联网的 OTT 迅速发展,对传统电信行业带来巨大冲击。通信运营企业的整体收入及移动用户增幅降低,利润率呈递减趋势。受 OTT 业务发展的冲击,传统话音、短信业务量下降趋势明显,与此形成鲜明对比的则是移动互联网业务迅速崛起,最为典型的案例便是即时通信领域的微信。微信在不到 7 个月的时间里用户数就突破了 1500 万用户,目前对外披露国内用户约 5 亿用户,且保持着每个月 2000 万用户的高增长。微信打通了 QQ、腾讯微博以及 QQ 邮箱在内的一系列腾讯产品,又率先推出同步语音、视频通话等创新功能,在用户基础和产品功能等核心层面上非常有竞争力。在用户大量积累的基础上,微信还在移动支付、社会化电商和 O2O 服务等领域全面布局,完成从语音通信工具到移动入口的转变。而传统的通信运营企业面对移动互联网的快速发展,缺乏代表性产品和核心竞争力,必须要努力抓住机遇,开发培育适应移动互联网的新业务。

(二)传统运营商自身发展的需要

为了适应外部形势变化并加快企业发展,中国电信集团公司提出“一去二化新三者”(即去电信化、差异化与市场化和新三者)的深化转型思路。“去电信化”就是适应移动互联网时代的要求,以创新的思维、创新的观念,摒弃不适应发展的东西,更加贴近客户、了解需求,更加关注客户感知。“差异化”就是不断拓展信息化应用,满足各种信息化需求,避免陷入价格战。“市场化”就是运用市场化的机制和手段,充分调动基层管理者和员工的积极性、主动性和创造性,进一步解放和发展生产力,增强企业发展的活力。“新三者”

就是继续深化战略转型，努力成为智能管道的主导者、综合平台的提供者、内容和应用的参与者。2009年，中国电信成立八大基地为整个移动互联网生态产业价值链搭建综合平台。部分基地运营效果良好，已成功实现公司化，其中视讯公司还在2012年获得首轮私募3.8亿元，为协同通信基地公司化提供了良好的示范。但是实践证明仅仅依靠运营商自身的能力发展移动互联网业务，市场竞争力还是有所不足。中国电信的即时通信产品翼聊和微信的差距也越来越大。要破解困境，电信运营企业必须要有所改变，通过加强合作为企业植入互联网基因，真正提升即时通信业务的市场竞争力，在移动互联网大潮中稳固自身的市场地位。

(三)机制体制突破创新的需要

对于电信运营企业而言，通过搭建规范的流程、清晰的公司章程和科学的治理结构设立混合所有制企业，在企业经营管理过程中充分融入民营资本优势，可以较好地刺激传统国有企业的活力释放。但是值得注意的是，在混合所有制改造中，主导合资企业运营管理的必须是在该业务领域中具备更优的机制和能力的一方，才能充分发挥合资企业的优势。早在2010年，中国电信就在工作会上明确提出“合作共赢，借用外力打造巧实力”的目标，并在实践中不断探索混合所有制改革之路，希望以新兴业务领域为突破口，通过植入互联网基因，建立市场化机制，突破现有单一股权机制弊端，为电信运营商互联网业务的重振和崛起，开创了良好的政策环境和条件。

二、国有通信企业即时通信业务的混合所有制改造内涵与主要做法

中国电信响应国家和工信部的政策号召，积极引导优质民间资本参与国有企业改革，创新多元化的投资合作机制。以“一去二化新三者”为指引，成立由多部门构成的合资项目组，基于业务发展定位科学选择合作伙伴，实施规范的资产评估，与网易就业务线、资产、结算规则、股权比例等合资关键事项开展多次谈判，签订战略和业务协议，成立合资公司，创新国资、民资相互融合的混合所有制及“控股不控权”的治理结构，妥善安置合资企业人员，充分发挥合资双方资源优势，提升合资公司运营效率，所打造的易信产品成为微信的有力竞争者，提升了中国电信的市场竞争力。主要做法如下：

(一)明确即时通信业务混合所有制改造指导思想、基本原则和目标

首先，明确即时通信业务混合所有制改造的指导思想，即认真贯彻落实党的十八届三中全会《中共中央关于全面深化改革若干重大问题的决定》和工信部《关于鼓励和引导民间资本进一步进入电信业的实施意见》的精神和要求，以中国电信集团公司“一去二化新三者”战略为引领，推动机制体制创新，加快推进新兴业务发展。同时确立混合所有制改造的四项基本原则，作为后续一切工作开展的依据。

成果主创人：公司副总经理杨小伟

一是确保国有资产保值增值。从资

产评估、股权比例和治理模式等关键点入手加强管控，在发展混合所有制过程中防止国有资产流失。优化完善公司治理结构，明确混合所有制下国有企业董事会的运行规则，建立有效的高层管理人员选拔和激励约束机制，从机制上保证国有董事和非国有董事的行为规范化和长期化，保证国有和非国有资产保值增值。

二是公正规范，循序渐进。整个混合所有制改造过程中始终将规范性摆在首位，改造方案要严格遵照国家各项法律、法规要求，严格按照规定程序完成集团公司和政府主管部门的审批，在混合所有制改革过程中，涉及国有股权转让信息必须公开透明，确保转让价格公平公正。

三是发挥各自优势，实现合作共赢。在混合所有制改造过程中，要从有利于合资企业竞争力和社会总体经济效率的基本原则出发，尽可能突破当前制约非公企业参与国企改革的障碍，采取灵活恰当的体制机制，充分发挥合作方各自的优势，真正形成深化改革和增强市场竞争力的强大动力。

四是资源保障，统筹推进。即时通信业务混合所有制改造是一次系统性、整体性和协同性的改革，需要统筹好试点和规范的关系、渐进和突破的关系。确保给予充足的资源、政策层面的保障，激发混合所有制经济的积极性和主动性，敢于面对改制重组的瓶颈攻坚突破，并在此基础上积累相关经验，为中国电信后续混合所有制改造提供鉴借。

基于上述指导思想和基本原则，明确即时通信业务混合所有制改造的目标：通过引入合适的互联网公司作为战略合作方，组建混合所有制公司，携手共建符合移动互联网运营规律的机制体制。通过公司化运营和治理结构优化，建立自主经营、自负盈亏的市场化运营模式，将互联网基因植入混合所有制企业，充分发挥双方优势实现合作双方的互利共赢，提高中国电信的核心竞争力，确保国有资产保值增值。

（二）制定科学合理的评价标准，确定最佳合作伙伴

明确选择合作伙伴的三个标准：一是有强烈的合作意向，与中国电信有共同利益和愿景；二是具备技术研发和产品运营等方面优势，能降低产品成本、丰富产品内涵和提升客户体验；三是具有丰富的客户资源和推广资源，有助于产品的规模推广和异网拓展。

2012 年 8 月，经过初步筛选，确定网易、新浪、阿里、搜狐和 360 这五个互联网公司为备选的合作对象，开展详细调查和分析，认为网易作为国内四大门户之一，在开发互联网应用、服务及其他技术方面居于业界的领先地位，其业务范围涵盖网站、网络游戏、电子邮件、音乐、新闻、搜索引擎、论坛、虚拟社区等，拥有数亿用户，在互联网和移动互联网领域具有较高影响力和综合实力。更重要的是，网易与中国电信有共同利益和愿景，具有合作意向。

2012 年 10 月 26 日，中国电信创新部、战略部、北京研究院、基地负责人正式与网易公司高层开始接触和沟通。网易公司对中国电信超前的创新思维、发展翼聊的决心、明显的网络优势表示极大的认同。2012 年 11 月至 12 月，双方又进行多次会面，网易公司方详细了解翼聊团队、平台、产品、业务、资费等详细情况，达成初步合作意向。

（三）严谨评估、多轮谈判，设计组建方案

2013 年 3 月，中国电信战略部、市场部、财务部、政企客户事业部、创新业务事业部负

责指导和协调,委托中国电信股份有限公司浙江分公司(以下简称“中国电信浙江公司”)组建推进小组,落实资产评估、谈判沟通等具体任务。

1. 组织规范严谨的资产评估,避免国有资产流失

2013 年 4 月,中国电信浙江公司财务部组织落实,委托集团备选库中的资产评估公司开展资产评估工作。资产评估公司根据有关法律、法规和资产评估准则、资产评估原则,按照必要的评估程序,对协同通信基地相关资产在评估基准日的市场价值进行评估,评估基准日为 2012 年 12 月 31 日。

资产评估公司遵照程序向中国电信浙江公司列出所需资料清单,主要包括管理类资料、成本法资料和收益法资料。中国电信浙江公司根据需求清单对协同通信基地目前有形和无形资产的合同、鉴定文件和档案文件进行细致的搜集和整理,对协同通信基地的财务资料和业务经营资料开展认真的梳理归纳,全部资料汇总整理后提交资产评估公司。资产评估公司根据提交的资料对有关数据进行核实,同时依据评估专业经验进行预测和判断。在基础数据确定基础上,资产评估公司按照资产基础法和收益法分别对协同通信基地的资产进行评估,得出两个评估值,以增值率为标准进行比较,对照比选后,最终选用收益法的评估结果对上述业务获得的收益进行资产估值,形成正式资产评估报告,由中国电信将业务资产估值向国资委备案。

2. 将资产和部分合同权益作价入股,合理设定股权占比

考虑到之后可能引入其他战略投资者,中国电信事先确定在本次合资中股权占比不少于 65%。2013 年 4 月中国电信浙江公司推进小组与网易方启动第一轮谈判,中国电信向网易提供经由第三方资产评估机构评估过的协同通信基地的资产清单,双方探讨对合资公司——浙江翼信科技有限公司(以下简称“翼信公司”)估值的初步设想。随后在第二轮谈判时,网易对中国电信提供的资产清单发表审核意见。双方进一步阐明资源投入计划,就股权占比做初步沟通。后续的谈判进一步明确中国电信委托合资公司独家经营即时通信和协同通信业务,业务范围内的所有产品、品牌和用户都归属中国电信,合资公司作为股份公司相关业务的运营合作伙伴。经过数轮谈判,双方就股权比例达成一致。中国电信以 1600 万元现金和协同通信基地资产出资,占有 73%的股份,网易以 2 亿元现金出资,占有 27%的股份。中国电信拟用于出资的资产价值由国资委、合作各方共同确认其价值;协同通信基地所拥有的知识产权及其他无形资产均作为资产投入。网易以现金的形式入股,满足合资公司的流动资金需求。

双方在持续的谈判中也就合资公司的目标、计划以及合资公司成立的其他具体事宜达成了一致意见,最终落实签署合作备忘录、公司章程、股东投资协议等文件。考虑到翼信公司的日常经营管理与信息沟通的快捷与方便性,以及翼信公司组建的社会影响力,将注册地设在浙江杭州。

(四)优化公司治理结构,合理设置组织架构

为了充分发挥网易公司作为领先的移动互联网企业在机制、创新性等方面的优势,翼信公司采用“控股不控权”的治理模式,在中国电信拥有绝对控股权的基础上,将日常经营权交由网易公司方委派的人员负责,以最大的决心和诚意支持翼信公司做大做强。

按照公司章程，翼信公司采用董事会领导下的总经理负责制，一切重大决策必须提交董事会讨论决定。董事会由3名成员组成，其中中国电信2名、网易公司1名，董事长由中国电信提名的董事担任；总经理负责公司管理团队的管理和日常经营管理，由网易公司方委派，对董事会负责；财务总经理由中国电信委派，确保中国电信母公司的财务会计政策可以得到及时有效的贯彻执行。公司章程规定的需公司董事会和股东会决策事项之外的其他事务，均由总经理带领高管团队决策。其他重要高级管理人员，如产品总经理、市场总经理、人事总经理、财务副总经理均由网易公司委派。翼信公司“控股不控权”的治理结构既可以充分利用中国电信作为运营商的平台和渠道优势，又可让网易公司有较大的自主权采用互联网的方式经营产品，将互联网公司的管理基因植入到翼信公司的日常经营管理中，建立自主经营、自负盈亏的市场化运营模式。

在完善治理结构的基础上，合理设置组织架构，消除传统运营商内部职责不清、扯皮推诿的弊端。根据移动互联网敏捷式开发要求，总经理下设市场部、产品部、政企业务部、人事行政部和财务部，根据部门职责对员工的岗位和职责进行重新设计。产品部作为核心部门，负责产品设计、技术研发、技术支持和能力开发，根据不同的任务调配资源。

（五）平稳转换员工身份，确保妥善安置

翼信公司成立初期，中国电信翼聊基地划转人员为89人，网易公司划转人员为44人，在薪酬方面存在较大差距，翼聊基地员工月平均薪酬为9393.69元，网易公司划转员工月平均薪酬为13646.34元，薪酬差距高达45%。在文化理念方面，翼聊基地作为中国电信八大基地之一，员工带有明显的传统国企特色，工作相对比较被动；而网易公司作为互联网公司，员工工作主动、高效、创新，内部氛围更加积极主动。

翼信公司成立四个月以后，为打破内部壁垒，实现同工同酬，更好地激发员工活力，于2014年1月对人员薪酬结构进行调整，全体员工采用统一的薪酬体系，具体措施如下：一是翼聊基地原派遣制及代管外包员工全部转为合同制员工；二是所有员工包括翼聊基地员工、网易公司员工，在薪酬调整时采用统一政策，包括薪酬结构、薪酬宽带、薪酬调整幅度等。

（六）整合优势资源，扶持合资公司快速发展

在翼信公司成立之前，筹备开展易信业务的前期调试工作。翼信公司成立后，整合旗下优质资源，在资本、人力、产品开发、市场推广等方面深入合作，正式推出易信等产品，真正实现运营商、互联网公司、用户三方共赢。

1. 整合在线资源，打造移动互联网平台入口

近年来，网易公司在新闻资讯、效率工具、互动娱乐、教育等领域全面布局移动互联网，既有网易新闻、有道词典这样移动端用户过亿的领先产品，也有网易邮箱、网易云阅读、网易云音乐、网易公开课等极具特色的优质产品。中国电信基于3G网络也推出爱音乐、爱游戏、天翼视讯和天翼阅读多项创新特色应用。通过推出易信产品，陆续整合中国电信189邮箱、爱音乐、爱游戏和网易邮箱、网易新闻、云音乐等内容及服务，打造差异化的移动互联网精品。

2. 跨界合作,建立综合生活服务平台

易信公众平台以将易信打造为综合生活服务平台为目标,积极开展与各行业的合作,目前有八大重点行业企业账户入驻到易信公众平台,包括物流、航空、电商、商旅、银行、保险、证券和其他快消餐饮等生活服务类企业。例如,与嘉实基金合作,推动创新性理财产品“来钱”与易信支付的结合等。

3. 全方位立体推广,促进用户发展

中国电信将手机预装作为重要发展渠道,同时将短信 push 作为精准接触客户的手段,通过深度挖掘引导目标客户点击短信。营业厅作为最主要的线下实体渠道也积极参与易信的推广,通过开通营业厅易信公共账号、线下营业员推荐和线上热点活动,快速拉动用户发展。网易公司也将充分利用自己多产品的资源优势,全面铺开易信产品的推广,比如通过网易邮箱引导用户使用易信随时接收邮件,把易信的广告同步放在网易门户资源最醒目的位置等手段大力推广易信产品。

三、国有通信企业即时通信业务的混合所有制改造效果

(一)提高了组织效率与业务创新能力

翼信公司权限清晰,职责分明,决策机制以用户需求为导向,决策流程较短,部门在授权范围内拥有较高自主权。混合所有制改造前,一个项目从设计到实施需要经过部门领导、分管副总、公司市场、财务等相关部门审核会签,重要项目还需上报集团审批,耗时较长,容易错失发展先机。成果实施后,项目团队提出方案,在授权范围内只需要部门领导以及财务审核后即可立项,简单高效,项目结束后一个月内还会根据立项目标组织效果后评估,从而进行持续改进。这样的组织结构和决策流程执行力高,响应速度比较快,产品创新性强,让基层员工有更多的自主权和更大的发挥空间,有利于发挥基层员工的积极性和创造性。

(二)即时通信业务得到快速发展

易信自产品发布会后 24 小时内用户数量便一跃突破 100 万户,冲进苹果 App Store 免费榜总榜的前三甲,短短 3 天时间用户数量达到 500 万户,免费短信功能发送次数超过 100 万户。2013 年 10 月 29 日,易信官方发布用户数突破 3000 万户,圆满完成设定的目标。截至 2014 年 7 月,易信用户数已经突破 1 亿户,月活跃用户数高于 30%,日活跃用户超过 1000 万,数据显示学生和白领是主要用户群体。

(三)带动了中国电信相关业务的成长

易信的推出使中国电信把握了移动互联网竞争的主动权,避免了管道化风险。易信在用户产生了使用黏性后,可以作为移动互联网入口发展各种移动互联网业务,对中国电信内部其他业务发展起到良好的拉动作用。

(成果创造人:王晓初、杨小伟、卢耀辉、李安民、顾荣太、张　伟、王淑春、叶丽春、黄优刚、陈勇胜、王　翔、胡　勇)

医药上市公司以打造利益共同体为目标的员工持股管理

吉林敖东药业集团股份有限公司

成果主创人:公司董事长李秀林

吉林敖东药业集团股份有限公司(以下简称“吉林敖东”)地处吉林省延边朝鲜族自治州敦化市境内,前身是1957年成立的国营延边敦化鹿场,1981年组建敖东制药厂,1993年实行股份制改造,1996年在深圳证券交易所上市。2013年年底,吉林敖东总资产121亿元,净资产106亿元,实现营业收入19.60亿元,利润总额11.91亿元,净利润10.60亿元。

一、医药上市公司以打造利益共同体为目标的员工持股管理的背景

(一)转换体制机制,促进企业持续健康发展的需要

吉林敖东是从承包制、厂长(经理)负责制等旧体制走向现代企业制度的。随着我国市场经济的逐步完善,一些旧的体制机制开始束缚、制约吉林敖东的发展。一是去行政化问题。长期以来,企业的主要领导人都是由地方政府主管部门任命的,行政化色彩比较浓,曾一度机构臃肿、人浮于事,致使吉林敖东一度陷入经营危机。减少行政干预,放手放权让企业自主发展,成为企业管理方式变革的迫切需要。二是民主决策问题。吉林敖东改制后相当长的一段时间,国有股权一直占主导地位,“一股独大”弱化了股东大会的决策权,员工参与公司治理的渠道不畅通,民主决策、科学决策机制亟待健全。三是内部治理问题。吉林敖东上市后,内部治理机制缺失。员工、经理层、决策层等利益相关方权力分配和制衡机制不健全,一系列内部制度安排刚性不强,需要通过员工参与共治推进相关制度的有效落实。四是有效监督问题。吉林敖东改制进程中,逐步完成了“新三会”(股东会、董事会、监事会)和“老三会”(党委会、职代会、工会)的制度设置,然而在企业管理实践中仍然存在着监督不到位、监督环节缺位、监督机制不健全等问题。客观上要求公司通过员工监督权能的具体化,促进监督效能的最大化。

(二)转变管理方式,持续提高企业经营效率的需要

随着企业的发展壮大和外部环境的变化,企业管理的一些共性问题和个性问题逐步显露,进一步提升企业经营效率等问题亟待解决。一是资金短缺。改制初期,吉林敖东每年利润仅几百万元,实力弱小,每年除用于购置生产资料、销售费用和员工开支外,几乎没有开发新产品、扩大再生产的资金,融资成为企业发展的迫切需要。二是人才不足,制药专业技术人才急缺。三是权责不清,导致员工积极性不高,管理者责任心不强,企业

经营活力不足，资产利用效率低、投资效益差，影响企业经营目标的实现。实施员工持股可以说是“一石三鸟”，既可以解决资金、人才等资源配置问题，又解决责任缺失问题，增强员工主人翁责任感，从根本上促进企业经营效率的提升。

（三）真正落实员工“主人翁”地位，实现员工和企业共同发展的需要

随着改制的推进，吉林敖东新的问题又制约了发展的活力。一是“小锅饭”式的分配弊端。经营管理团队、技术营销骨干与一般员工之间的收入差距拉不开，难以吸引高素质人才，甚至导致人才流失等现象。二是长期激励匮乏。由于存在短期行为，集团公司先后有41位经营管理人员在市场竞争中陷入困境，给吉林敖东造成较大损失。三是利益共享失衡。利益分配关系缺乏产权基础，所有者、经营者与生产者之间的利益边界不确定，没有形成相互制衡机制，容易导致企业及员工行为的短期化。四是“主人翁”地位不突出。劳动者只是生产者，不是权益分享者，没有参与企业所有权的分配，员工的劳动权益未得到尊重，员工的责任意识和创造潜能很难充分释放。实施员工持股，使员工与资本所有者构成一个利益分享、风险共担的共同体，使员工成为名副其实的主人翁，这是企业和谐发展的内在要求。

二、医药上市公司以打造利益共同体为目标的员工持股管理的内涵与主要做法

吉林敖东以为人类健康服务为使命，以打造利益共同体激发全员活力，全面提升企业核心竞争力，打造百年基业为发展战略，注重以改革创新的精神释放企业发展的内生动力，创造性地将员工持股融入企业资本运营及治理方式转变的进程中。通过以员工持股为核心的资本结构变迁，促进企业管理模式、法人治理结构不断完善，为企业做大、做强、做优提供有效的体制机制保障，形成“员工共治”的良好局面。主要做法如下：

（一）明确员工持股管理的思路和原则

1. 提出基于“员工共治”的管理思路

吉林敖东管理层在实践中认识到，员工持股是体现劳动者参与权益分享，体现劳动者经济地位和管理地位，从而实现共同治理的一种有效形式。员工以持股的方式成为企业治理的主体，与企业所有者、经营者形成利益共同体，共同富裕，共担风险，和谐发展，全面提升企业核心竞争力。

围绕这一思路，吉林敖东进一步提出牢固树立全心全意依靠员工，真心实意服务员工的要求，坚持激发员工最大活力和企业发展动力，充分调动员工的积极性，做到“守正创新”，实施“1＋X 工程”，其中，“1”是守正，就是采用员工持股的形式，坚持打造员工与企业的利益共同体；“X” 就是指创新，在思路、方法、经营模式、体制、机制等方面创新，不断进行人性化改革，改善公司治理水平，推进吉林敖东可持续发展，促进社会和谐进步。

工业园正门

2. 明确员工持股需要遵循的"三公"原则

一是坚持公开自愿、透明发行。严格依照法律法规，制定出台实施方案，以厂务公开的方式进行阳光操作，规范操作程序，公开透明管理，确保员工知情权、参与权及利益分享权；按照市场化原则，透明发行，同股同价，同权同利，鼓励全员参与、自愿购买、机会均等，努力做到全员持股。

二是坚持公平合理、效率优先。实施过程在公平的前提下，最大限度地体现效率优先，在保证管理团队、业务骨干、专业技术人员利益的基础上，按不同岗位科学合理地确定员工持股比例，使人人有其股，人人尽其责，员工与其他股东一样承担风险并享受资本收益，成为名副其实的企业主人。

三是坚持公正守法、规范运作。严格执行《公司法》和证监会各项规定，对员工持股的筹资方式、资金运用、股权行使规范运作。本着对吉林敖东长远发展有利的原则，严格守法自律、规范行为，在资金管理、股份管理以及人员安置等各方面都依法规范运作。

（二）严格遵循国家法律法规，持续探索、实践员工持股管理

按照国家政策规定，经省体改委批准，1993 年，吉林敖东首次实行全员持股，全体员工通过内部职工股认购成为股东。1996 年 10 月 28 日，吉林敖东在深圳证券交易所挂牌交易，面向社会公开发行，内部职工股占用额度与新股一并上市。借助资本市场平台合法合规完成内部职工股的上市流通，员工所持股份从认购到退出都得到有效保障。

按照国家相关部门的政策规定，1999 年，吉林敖东成立了职工持股会，对职工内部持股进行规范管理，并以吉林敖东工会委员会社团法人名义持股，对法人股进行收购，经过股权分置改革，股份性质变更为有限售条件流通股。2006 年和 2007 年，吉林敖东分两次解除限售上市流通，至此，员工认购的法人股也实现了合理变现和合规退出。

2000 年 12 月，国家有关部门认定职工持股会属于单位内部团队，不能成为公司股东。按照这一政策规定，吉林敖东以员工为核心股东注册成立有限责任公司——金诚实业，完成员工持股管理的决策。2002 年，延边州政府决定转让所持有的吉林敖东国有股 3800 万股，退出第一大股东位置，转让吉林敖东的控制权。2002 年 11 月，吉林敖东决定由金诚实业受让延边国有资产经营总公司持有的非流通国有股。随后又通过公开竞价拍卖购入及履行大股东承诺自二级市场增持，增强股权结构的流动性，成为完全通过公开、透明、阳光操作的法定程序并被市场认可的公司股权并购模式。

2010 年 1 月 20 日，吉林省政府对吉林敖东员工持股工作进行核查，确认符合当时的有关法律法规及相关政策规定，同时要求规范持股人数和代持行为。2010 年 12 月 21 日，金诚实业召开临时股东会审议通过《关于减少公司注册资本的议案》《关于部分股东转让公司股权的议案》《关于修改＜公司章程＞相关章节的议案》。以上年底经审计的每单位出资额对应净资产为基准价格，回购注销吉林敖东 1029 名员工持有的公司部分股权，金诚实业向吉林敖东工会支付全部股权转让款。既完成吉林省政府要求的规范人数和代持行为，也保障持股员工的收益权。为增强金诚实业和吉林敖东股权结构的稳定性和管理层的凝聚力，由吉林敖东管理层、技术骨干、销售骨干等 11 名自然人投资成立金源投资公司。2010 年 12 月 21 日，金源投资与金诚实业 11 名自然人股东签署《一致行动人协议》，保证吉林敖东的实际控股权。

受国家政策激励和影响，吉林敖东正积极推进新一轮的员工持股计划，依托金源投资和金诚实业，为员工持股计划的实施提供资金支持，力争全员持股，从而将员工持股制度作为创建“百年敖东”的一项基础性、常态化工作坚持不懈地、合法合规地落实到位。

（三）科学设定员工持股实施方案和流程

吉林敖东1993年股份制改造以来，在资产重组过程中，结合企业实际，先后实施8次员工持股计划，每次持股计划的实施有共性的特点，也有差异化的特征。

1. 采取多种形式设置股权结构与持股比例

一是母子公司及员工复合持股。从1997年开始，吉林敖东先后投资收购、兼并洮南第一制药厂、吉林马应龙制药有限公司等企业。在收购重组过程中，吉林敖东成为控股股东的同时，均按照“公开、公平、公正”的原则向职工发行自然人股。员工不仅持有吉林敖东的股份，也同时持有洮南药业等子公司的自然人股，形成一名员工同时是吉林敖东和多个子公司的股东复合持股的局面。

二是员工持股会购买法人股。1999年，上市公司法人股东在《深圳商报》上刊登消息，拟出售吉林敖东法人股。根据国家及省里的政策规定，吉林敖东成立员工持股会，代表持股职工行使股东权力，进行职工内部持股管理，并以吉林敖东工会社团法人名义承担民事责任。通过资本市场法人股减持，购买上市公司法人股东的吉林敖东法人股2425.8万股。员工持股比例达到12.41%。

三是由员工投资设立的有限责任公司受让部分国有股2002年11月，经国家财政部批准，由1029名吉林敖东员工组成的金诚实业受让了延边国有资产经营总公司持有的3800万非流通的吉林敖东国有股。员工持股比例达到金诚实业总股本的65.07%。

2. 合理确定员工持股范围和股权分配

吉林敖东始终坚持“依法合规、自愿参与、风险自担”的原则推进实施员工持股。同时采取一般性原则和特殊性原则相统一的方式，既考虑公平，保证每位员工的基本权益，又考虑效率，按岗位和贡献大小“各就各位、各行其所”，避免形成新的“小锅饭”现象。

吉林敖东规定，员工持股认购范围包括所有与吉林敖东及控股子公司签订正式劳动合同并工作满一年以上的员工。员工股票分为基本股（占95%）和预留股（占5%）。根据员工工作岗位、职称、学历、工龄和贡献等因素，确定员工认购股份的数额，划分为五个级别，对基本股进行额度分配，对预留股用于奖励对公司有突出贡献的员工和新增员工，解决新员工持股问题，避免新老员工在既得利益方面产生矛盾。预留股所需资金由吉林敖东工会互助基金先行垫付。员工认购股份后不得退股，持有3年后可以在会员间转让。如持股员工退休，职务发生变更，但仍在公司或者控股子公司任职，所持股份不作变更；如持股人死亡，则所持股份不作变更，由其合法继承人继续享有；如因擅自离职、主动提出辞职，被公司或子公司依法解除劳动合同，或因劳动合同到期后在公司或子公司维持或提高劳动合同条件的情形下拒绝续签劳动合同的，自劳动合同解除、终止之日起，取消其持股资格，以其购买股票价格办理退股。

3. 确保员工持股操作流程程序合法

吉林敖东员工持股操作通常分为方案制定和具体执行两个阶段。第一阶段是在充分调查的基础上进行可行性分析。董事会下设的薪酬与考核委员会负责拟定员工持股计划草案，并通过员工代表大会征求员工意见后提交董事会审议。公司监事会负责对持有人名单进行核实，并聘请律师事务所对员工持股计划出具法律意见书，经股东大会审议批准后进入具体执行阶段。第二阶段是确立员工持股主体，设立员工持股会，按照持股方案和入股员工签订持股合同，明确双方权力和责任。

4. 组建专门机构负责员工持股管理

吉林敖东员工持股会会员由员工股东经民主选举产生。员工持股会的会员代表大会是持股会的最高权力机构。员工持股会设理事会，理事会成员由会员代表大会选举产生。理事会是员工持股会的常务办事机构，对会员大会负责，主持持股会日常事务工作，理事会下设办公室，负责办理会员入会、退会手续，收缴会员认购资金，办理会员转让股份、登记造册、档案管理及相关会务等工作。员工持股会设置专门账户，并设置两名专门财务人员负责日常财务管理工作。

(四)建立健全上市公司员工持股价格形成机制

1. 员工认购股票价格的确定

在历次发行员工持有股票的过程中，吉林敖东充分发挥市场的定价功能，保证价格的一致性和公允性，保护员工的权益不受损害。

第一，员工按股票面值认购。吉林敖东首次公开发行上市的内部职工股以及先后进行的几次重大资产重组和并购，都是以 1 元/股的价格向经营管理层和内部职工认购股份，不因身份不同和贡献差异设定股票价格上的优惠或不平等的待遇。

第二，员工按收购股票成本认购。以市场价购买的法人股，按照当时购买的实际价格出售给员工。1999 年，吉林敖东通过资本市场进行法人股减持，集团公司工会受员工委托以 1.80 元/股的价格购买非上市流通法人股 2425.8 万股后，仍然以原价出售给员工，不因二级市场公司股票价格的走高而提升出售价格，维护员工的利益。

第三，员工按代持公司购买股份的均价认购。金诚实业所持吉林敖东股票价格由三种购买方式形成：一是经国家财政部批准的价格；二是通过司法拍卖的竞拍价格；三是通过二级市场竞价确定的价格。员工认购的这部分国有股减持价格是三种价格的平均价。

2. 员工退出持股价格的确定

一是按照市场价格退出。吉林敖东内部职工股在上市流通后，由员工自行决定按市场价格在二级市场退出；法人股由吉林敖东工会持股会研究决定，达成一致认同价格后，在二级市场出售。二是按协议价格退出。参考各子公司最近一个会计年度经审计的每股净资产价格，在充分保证职工股东利益的前提下，先后按照高于每股净资产的价格回购个人股份，保障职工权益。

(五)以员工持股改善公司治理和经营管理

1. 母子公司交叉持股，落实责权利相统一

基于“员工共治”的发展思路，吉林敖东打破旧的“竖井式”组织模式，实行“大集团、小机构”的扁平化管理，通过母子公司交叉持股实现“分权治理、分级控制”，集团与子公

司之间形成“责、权、利”相统一。

集团同各子公司认真厘清职责，做到“管而不死、放而不乱”。总部“集管控和服务于一身”，大幅压缩人员编制，功能定位为“研究型董事会”，即谋划和确定发展战略，理顺运营体制，物色、选拔、培养领军人才。子公司具体管生产和经营，独立承担法律责任。

吉林敖东的组织机构、预算体系、薪金体系、考核体系四板块形成管理体系和激励机制的有效组合，使“管理”变成“活水”。集团总部同核心层企业管理机构建立密切的职能交叉配合的有机组织：一是组织机构的扁平化变革。成立总部直接管理的一部、委托承担部分总部管理职能的延边药业管理的二部，两个部门建立统一的管理办法和经常性沟通机制，做到信息共享、奖惩一致。集团总部建立结算中心，各分子公司现金统一归集管理，按预算规定各自使用，做到统一、高效、责任清楚。二是预算管理的全面导入。管理关系明确到人，使吉林敖东的整体工作全面有效展开，也给“全面管理”提供科学依据。三是薪金体系的科学化设计。依据人力资源的管理层次，以岗位职责到业绩薪金细分，既稳定员工的基本收入，又回馈员工的服务工龄，还突出员工绩效，使员工真正做到“主人身份”和“合理报酬”相统一。四是考核体系的不断完善。集团公司通过委派和考核法人代表，对子公司实施以利润为主的考核模式、激励机制和员工股东的监督机制，完成任务奖励，完不成任务下岗，有效控制寻租现象，形成企业内部无公关的宽松发展环境。

2. 员工持股参与管理，强化全员互动约束和监督

员工持股制度的推行，改变了以往企业内部的监督形式，形成自上而下与自下而上结合的“立体式”监督格局。持股员工代表进入监事会，行使专职监督，并从自身利益着眼主动进行自下而上的监督，同时约束自身行为，始终与企业发展目标保持高度一致。

3. 员工持股参与创新，激发企业创新的原动力

员工持股实现从单一劳动者向产权拥有者的身份转变，产权归属感自觉地激发员工从权益的角度考虑企业技术创新等关键问题。基于调动员工参与创新的能动性，吉林敖东通过明确创新者与创新成果的产权关系来推动创新活动；通过实施股权制度、产权多元化分割给管理层、核心技术人员及关键岗位职工持有部分产权，增强管理层和员工对企业的关切度和共同利益感。在充分保障技术创新所需资金的条件下，企业创新的活力不断增强，创新成果逐步增多。

4. 员工股成为“决策股”，实现员工当家做主

员工认购公司股票，与企业结成利益共同体，以投资者的身份成为企业的主人。同时，员工持股会又以大股东的身份按法定程序参与公司决策，员工股成为名副其实的“决策股”，确立员工真正意义上的主人翁地位。

(六)建立健全员工持股有效实施的保障机制

1. 建立有效力的股权激励机制

吉林敖东以提升企业赢利能力为目标建立市场化的股权激励机制，通过回购法人股和部分国有股，实施股票期股期权制度，根据管理层和员工个人的能力和贡献，按比例获得与之相衡称的股份，建立起按绩效考核定薪、确定持股数量的工作机制。吉林

敖东每年与各子公司签订年度责任状进行考核，考核结果等级越高，各子公司管理层绩效薪金也越高。经过不断探索，绩效考核制度更加完善，通过职代会讨论出台《全员岗位绩效考核管理办法》，对各层级管理人员、业务人员、生产一线工人进行考核，并实施绩效薪酬制度，高管年薪分为基本年薪和绩效奖金，基本年薪与上年度企业在岗职工平均工资挂钩。

2. 建立可执行的惩罚和约束机制

吉林敖东对子公司法定代表人实行红黄牌制度。亏损即红牌，红牌即下岗。经营不善出现重大问题亮黄牌，两张黄牌等于一张红牌。同时，对各层级管理人员、业务人员、生产一线工人进行考核，制定职业经理人七种素质提升和八项原则规定，与各级管理人员签订行为自律准则，对各子公司职业经理人、高中层管理人员的职业行为、工作纪律、对外交往、公众形象等进行约束，促进各级管理人员自律守法、自我约束、自我提升，时刻自省、自律、慎独，形成奋发向上的良好氛围。

3. 建立多元化的权益保障机制

吉林敖东坚持以人为本，在两级法人任用、经营失败者安置、多次上调内退人员工资等方面，都将人本管理制度措施落到实处。通过开展全面质量管理、QC 小组活动、现场 5S 管理等一系列丰富多彩的管理创建活动，激发员工热情，发挥创造潜能，提高员工参与公司管理的水平。建立完善职代会、厂务公开等项制度，拓展员工参与公司管理的渠道，落实员工对公司发展的知情权，激发员工的表达权和建议权，形成员工共治的管理机制。建立劳动保障联席会议制度，定期召开会议，听取员工意见，就员工的合理化建议制定整改措施，强化定期监察，充分保障员工权益。

4. 建立有活力的产融结合机制

吉林敖东始终坚持以效益为中心，创造出“以产为基础，以融为通道”的产融结合发展模式。吉林敖东于 1999 年 10 月投资 2.99 亿元认购广发证券 2.99 亿股，占广发证券总股本的 14.98%。截至目前，吉林敖东持有广发证券 12.5 亿股，持有股票市值达 140 亿元，广发证券累计为敖东带来现金红利超 20 亿元。吉林敖东在投资收购、兼并多家制药企业后，各控股子公司也全部实行员工持股。

5. 建立有吸引力的人才选拔机制

员工持股与健全选人用人机制相辅相成，在实践中形成标准高、吸引力强的选才用人制度设计。坚持以德能配位的标准选人，量才而用，通过分权机制、分享机制、分担机制为各类人才搭建成长发展的良好平台，给每个人提供发展机会。大胆试、用，把品质优良的人选拔上来，经过一定期限的基层锻炼培养，定向轮岗交流，使很多大学生成为公司的技术和管理骨干。注重员工的培训，通过制度建设使培训进入常态化。建立员工“知识账户”，规定管理岗位人员必须在规定时间内考取专业职称和相关执业资格证等，让员工成为“懂技术”“懂专业”“懂经济”“会管理”的“三懂一会”复合型人才。

6. 建立学习型企业的“自组织”常态机制

通过自觉学习和修炼来改变自己，进而建立共同愿景的“自组织”能力。吉林敖东通过员工持股改变全员的心智模式,从"大农场套小农场"体制发展到建立现代企业扁平化管理的"有机组织",管理者的心态从相信权力控制变为承认员工可自主管理,集团总部从扮演权威角色变为研究设计者,基层一线人员逐步树立起自主创新和管理的思想,并从利益共同体出发,自主决策、积极创造性完成所承担的任务。员工同企业一起边学习、边发展,个人目标和企业目标融为一体,与企业共生存、同荣辱。

三、医药上市公司以打造利益共同体为目标的员工持股管理的效果

(一)促进企业发展,提高经济、社会效益

吉林敖东实施员工持股计划20年以来,实现了高速发展,取得了优良的业绩。已连续十年成功跻身中国医药工业百强企业之列,先后获得国家重点高新技术企业、国家火炬计划优秀高新技术企业、国家创新型试点企业、国家农业产业化重点龙头企业、全国"五一劳动奖状"等荣誉。

吉林敖东总市值由上市初期的17亿元增至154亿元,在124家医药制造企业中排名第24位,位列东北地区前列,被选为沪深300指数样本股名单,成为深证成指指数成分股,被中国证监会、深交所列入重点监管的上市公司。多年来吉林敖东从未拖欠员工一分钱工资;从未拖欠社会一分钱保险金;从未拖欠国家一分钱税款;从未拖欠银行利息,没给国家造成一分钱损失。"敖东"品牌价值达49.32亿元,连续11年入选世界品牌实验室发布的"中国最具价值500品牌"。

为贯彻落实国家建设"长吉图开发开放先导区"和振兴东北老工业基地的指导精神,从2011年开始,吉林敖东投资20亿元建设敖东工业园,先后安排数千人就业,有力拉动地方经济发展。吉林敖东同时通过多种形式回报社会,累计捐资上亿元,极大促进了地方各项事业的发展。通过输出管理模式和资金扶持,使被收购、兼并的企业摆脱经营困境,步入正轨,解决地方政府的难题,增加地方财政收入。

(二)增加员工收入,稳定员工队伍

伴随企业的发展,员工的工资和资本收入的双重收益都有大幅提高。目前,吉林敖东员工月平均工资高于本市在岗职工月平均工资49%,与改制前月平均工资同比增长20倍。员工所持股票收益获得成倍、数十倍增值。作为公司股东的员工取得丰厚的资本性收入,共享改革发展成果,直接促进公司的快速发展。

实行员工持股以来,吸引、培养和锻炼了一大批经营管理、营销、研发人才队伍,形成留住优秀人才的有效机制。多年来敖东的核心团队人员离职率不到1%,人才队伍实现了年轻化、知识化、专业化,为吉林敖东进一步发展提供坚实的人才保障。

(三)规范公司治理,完善经营机制

吉林敖东股权结构实现多元化,优化了企业所有权结构。员工持股为员工参与公司决策和管理提供了制度保障,体现了劳动者参与企业所有权分配的原则,形成了资本所有者与企业劳动者共同治理企业的新型公司治理结构。一些企业改制中的难点问题迎刃而解。在处理问题的过程中,所有的争执和矛盾都因员工持股所起到的正能量作用得到有效化解,并通过合法途径圆满解决。

实施员工持股,进一步增强了管理层和员工的大局意识、责任意识和担当意识,企业

与员工利益达到高度融合，形成以打造利益共同体为目标的新的治理方式和经营机制。企业发展需要资金时，全员主动支持入股；企业规范股权结构需回购注销股权时，入股员工都无条件按公司要求放弃股权。

（成果创造人：李秀林、朱　雁、郭淑芹、陈永丰、杨　凯、王振宇、张传国、张海涛、傅冬梅、姜　维、许东林）

通信企业以内部结算为核心的市场化契约机制建设

中国移动通信集团广东有限公司

成果主创人:公司副总经理、总会计师禄杰

中国移动通信集团广东有限公司(以下简称"中国移动广东公司")成立于1998年1月,是中国移动(香港)有限公司在广东设立的全资子公司。1987年11月18日正式开通移动电话业务。目前,中国移动广东公司主要经营移动话音、数据、IP电话、多媒体和企业信息化等业务。2013年,资产规模超过2000亿元,用户超过1亿户,运营收入787亿元,净利润175亿元,纳税约100亿元。

一、通信企业以内部结算为核心的市场化契约机制建设的背景

(一)推动企业战略转型发展的需要

随着通信行业发展,新增空间逐步缩小,通信企业依靠增量客户拉动发展的模式难以为继;移动互联网的兴起也对传统通信业务带来较大冲击,互联网企业对通信行业价值链的侵蚀和挤压不断加大,通信企业经营形势严峻。面对产业变革的挑战,在2013年年初中国移动明确提出要做好战略转型、改革创新、反腐倡廉三篇文章,全面提升网络能力、营销能力、管理能力和队伍能力。在移动互联网时代,通信企业要进行战略转型,必须充分认识到企业之间的竞争已逐步向产业链的竞争演进,开放能力提升成为必然。这一方面要求通信企业将企业动态能力如客户服务能力、网络支撑能力和业务支持能力对外开放;另一方面要求通信企业基于开放能力建立起面向产业链内外各方的服务机制。

(二)提高企业市场竞争能力的需要

为在激烈的市场竞争中保持良好的经营态势,中国移动广东公司迫切需要提升市场竞争力。通信企业的市场竞争能力主要体现在网络质量和服务水平方面,因此必须始终坚持"质量是通信企业的生命线""客户为根、服务为本"理念。而电信网全程全网的作业特点,使通信企业开展的业务服务需通过终端设备、传输链路、交换设备以及相应的信令系统、通信协议和运行支撑系统的共同协作才能完成。针对这些环节建立起来的区域网络集中化的支撑体系,是生产经营的基础,直接决定通信企业的网络质量和服务水平。中国移动广东公司要提升网络质量和服务水平就必须针对企业内部的集中化运营服务建立起对应的品质管理机制,通过内部服务的品质提升确保网络质量和服务水平在区域市场上的竞争优势,必须建立市场标杆库,将内部服务的价格和质量放到市场上比较,改善短板,实现内部服务的物美价廉。

(三)提升企业精细化管理水平的需要

通信企业的发展逐渐从单一的属地化、层级化向集中化、专业化、多元化转变,各类集中化设施基地、增值业务基地、集中化运营部门相继成立。集中化运营部门免费为地市公司提供服务,导致集中化运营部门与地市公司之间的供需矛盾和利益冲突日益显现,主要表现在三个方面。一是由于集中化运营部门提供的服务是免费的,地市公司常常要求高于真实需求的服务数量,而集中化运营部门的成本资源需求受内部服务需求驱动也会盲目扩张。二是在现行管理与被管理的关系下,地市公司只能被动接受服务,无法对服务质量施加影响,内部服务物不美、价不廉的情况时有发生。三是由于无法对集中化运营部门提供的内部服务价值进行量化衡量,对地市公司的考核无法包含耗用的内部服务资源,不能真实衡量地市公司的盈利水平,导致集中化运营部门和地市公司缺乏主动提升资源使用效率的积极性。因此,中国移动广东公司必须创新机制,发挥市场导向作用,在集中化运营部门与地市公司间建立起明确的责权利关系,形成基于数量、价格和质量的内部服务协同机制,中国移动广东公司自 2013 年 4 月开始进行以内部结算为核心的市场化契约机制建设,2013 年 6 月开始正式实施。

二、通信企业以内部结算为核心的市场化契约机制建设的内涵与主要做法

中国移动广东公司以“价值”和“品质”为导向,以“市场化”和“契约化”为核心,按照责权利统一原则,通过搭建高效协同的市场化契约机制建设框架,按照“客户层一产品层一业务层一网络资源层一基础设施层”的分层方法将内部服务划分成标准化的产品,建设成本动因库、在对产品与资源之间逻辑占用关系进行梳理的基础上对内部服务进行准确合理的定价,签订服务契约确保内部协同,建立内部结算预算考核和评估体系,搭建高效便捷的信息化平台等举措在集中化运营部门和地市公司之间建立起市场化的结算关系和契约化的服务关系,实现企业运作机制的市场化。主要做法如下:

(一)搭建高效协同的市场化契约机制建设框架

1. 制定市场化契约机制运行框架图

中国移动广东公司在建设市场化契约机制的过程中以企业内部市场搭建为出发点,围绕“产品”“价格”“质量”等市场关键要素,在服务提供方与服务受益方建立起平等的买卖关系,通过内部市场机制推动运营机制的优化。

2. 制定分步推进的实施路径

中国移动广东公司采取“试点先行、稳妥推进,成熟一个、实施一个”的方式建设以内部结算为核心的市场化契约机制,分三个阶段具体实施。第一阶段是试点期。选取成本规模大、支撑范围广、提供

成果主创人:公司财务部总经理陈广宇

服务标准化程度高且易操作的集中化运营部门(客户服务中心、网络管理中心和业务支持中心)作为试点,制定并实施具体方案,跟踪评估执行效果。根据试点效果,不断调整和优化方案,使方案更加科学、合理和成熟。第二阶段是推广期。总结试点集中化运营部门的实施经验和优秀做法,将市场化契约机制推广到更多集中化运营部门如无线优化中心、客户响应中心等。第三阶段是拓展期。按照成本规模从大到小的顺序,将市场化契约机制推广至省公司所有集中化运营部门,覆盖网络、市场、综合和运营支撑各个线条。

3. 建立高效协同的组织体系

主要包括市场化契约机制实施领导小组和市场化契约机制实施工作小组。其中,以公司领导为首的市场化契约机制实施领导小组着力于市场化契约机制建设目标的纵向落实,主要负责把控市场化契约机制实施的总体方向,对市场化契约机制的实施计划、结算方案和报告等材料进行审议、决策。而由中国移动广东公司财务部、服务提供方、服务受益方和系统支撑方组成的市场化契约机制实施工作小组着力于市场化契约建设责任的横向分解。财务部主要负责提出市场化契约机制实施总体规划并牵头开展内部结算成本的预算考核;服务提供方主要负责提出本单位的市场化契约机制实施方案,定期收集结算数据并将结算结果应用于生产分析,提高集中运营效率;服务受益方主要负责对服务方的业务量需求预测做出反馈,每月对数据进行稽核并将结算结果应用于经营分析,提高经营效率;系统支撑方主要负责协调各业务系统,对服务提供方、服务受益方提出的内部结算系统开发需求进行审核、开发和后续维护。

(二)设计标准化、模块化的内部结算产品体系

相对制造业而言,通信企业设计产品体系的过程更为复杂。一是通信企业的内部服务是无形的、虚拟的,相比制造业更难进行标准化的界定;二是电信网是由电信终端、交换节点和传输链路有机链接起来的,通信企业在提供内部服务的过程中,必然会涉及大量且复杂的网络交互和设备耗用,内部服务难以进行区隔;三是通信企业内部服务的种类繁多、易于变动,且相对制造业而言生命周期波动较大,产品目录需要进行频繁的动态调整。中国移动广东公司为破解上述难题,对通信企业的内部服务按照“客户层一产品层一业务层一网络资源层一基础设施层”进行层次化的梳理,通过解剖产品层与其他层级的关系实现内部服务的标准化界定与区隔,并在此基础上建立三级产品目录体系,逐层细化,易于扩展。

中国移动广东公司产品体系的设计原则为标准化、模块化和开放性。标准化是指在对服务提供方提供的内部服务进行梳理时要清晰界定各内部服务的具体内容并做好相互区隔,能够全面不重复的覆盖服务提供方的业务领域;模块化是指产品目录可分为不同层级,要将服务提供方提供的内部服务分解为不同颗粒度;开放性是指随着服务提供方业务的创新和经营范围的扩展,产品目录可根据实际情况进行扩展、梳理和调整,产品层级可不断细化。

三级产品体系包括服务目录、服务项目和服务单元。一级目录按照服务提供方可提供的内部服务属性,梳理出服务提供方可提供的 16 类服务,如互联网络运行服务等。二

级目录是指每一大类服务中，通常按专业划分的服务项目。如互联网络运行服务可划分为IP承载网运行服务和CMNET运行服务等。三级目录通常对服务项目按其交付方式划分为不同的可独立提供的服务单元，如IP承载网运行服务可划分为IP承载网技术支持服务、IP承载网网络优化服务和IP承载网网络测试服务。

(三)以成本定价，实现资源耗用的"透明化"

成本定价法的核心是合理的成本归集和准确的成本分摊。通信企业在进行成本定价的过程中存在以下难点。一是通信企业具有全程全网和互联互通的特点，在进行全程全网覆盖时需购置安装大批量终端、传输及交换设备，也需要大量的软件支撑，还会涉及后续维护费用。电信业务在开展过程中必然会涉及不同网络之间的相互连通和资源的相互占用。这使得通信企业在界定成本分摊的区域范围时非常困难。比如客户的每一次通话、每一条短信调用的网络和设备均有差异，对资源的占用程度也不同。二是间接成本占比较大，成本动因确定困难。制造业成本动因比较简单，一般为产品的数量，因为在生产过程中涉及的主要成本是直接材料和直接人工，两者的耗费都与产品的生产数量有关，而制造费用又大部分是与生产时间有关的间接费用，按直接人工工时和直接人工工资分配也比较合理。但是在高度密集型的电信服务业中，间接费用如折旧摊销维护占比较大，要对这些间接费用进行准确分摊更为困难。为破解上述难题中国移动广东公司在进行成本定价时，通过对各种成本和成本动因间的分析，将单一标准的分配改为按成本动因的多标准分配，建立起与成本相匹配的成本动因库。

1. 建立与成本相匹配的成本动因库

中国移动广东公司在明晰分摊成本的责任主体的基础上，以业务项目为分摊对象建立起分摊规则动态持续优化机制。明晰分摊成本责任主体是指将服务提供方分摊成本区分为直接成本和公共成本，让服务受益方清楚分摊成本是由哪个部门、哪个项目分摊组成。以业务项目为分摊对象是指改变以往按照会计科目为分摊对象的分摊模式，建立起业务项目、成本预算与受益方或成本驱动方之间的对应联系。分摊规则动态持续优化机制是指按照循序渐进、逐步细化原则，针对分摊类别、分摊动因进行持续优化，逐渐完善分摊规则的合理性和准确性，进一步提高成本分摊的精细度。中国移动广东公司最终形成的成本动因库包含221项分摊类别，66种分摊动因，对每一分摊类别进行标准化定义并确定分摊动因的口径。

2. 成本归集

将纳入结算的成本，按照预算责任部门归集至服务方，计算出服务方总体成本。为确保公平公正，充分发挥内部价格的价值发现和资源配置作用，中国移动广东公司以得到的产品体系为基础，对每一服务单元的资源占用逻辑关系进行梳理，最终划定成本归集的范围。对照既有产品体系，以客户通过10086进行业务办理为例，客户直接接触的资源是10086热线，间接占用的后台资源则包括计费系统、账务系统、营业系统、客户服务系统和综合支撑等。经过梳理形成客户服务中心进行内部结算的成本，主要包括生产运营成本和支撑成本两个大类，其中生产运营成本包括10086、电话营销、电子渠道和12580相关费用，支撑成本包括人员支撑、场地支撑、系统支撑和综合支撑费用。

3. 成本分摊

对照成本动因库，将服务方的各项成本按照合理的动因规则（如资源占用量、业务量办理量、用户数等）先分摊至业务线条，再分摊至产品，结合该业务的业务总量计算出单位业务成本，在此基础上形成结算单价。

在将客户服务中心成本分摊至业务线条时共涉及 8 项业务项目，中国移动广东公司对照成本动因库选择直接归集、人数分摊和 License 占比＋人数分摊三种分摊方法。其中直接归集适用于业务项目可直接对应到业务线条的情况，如电子渠道订单管理平台系统维护费用可直接对应到电子渠道；人数分摊适用于资源占用关系清晰、可直接按人员均摊的情况，如场地、人员及综合支撑费用可直接按人员占比分摊至四大线条；License 占比＋人数分摊适用于系统资源和人员交叉占用的情况，如针对 CSOC 信息化系统维护费用需先按照 License 分出呼入和呼出，进一步按人数区分普通呼入中投诉占比。

将成本由业务线条分摊至产品时则对照成本动因库选择 9 种分摊方法。每一种分摊方法的选择都要求能够真实揭示产品对资源的占用关系。如根据从产品对资源占用的梳理结果来看，电子渠道线条下的服务和营销对资源的占用情况不同，这就要先按照服务量/营销量×对应的资源系数对电子渠道的成本进行明细区分，再按照各个产品的业务量占比，将成本分摊到产品。然后，通过核算当期各线条的业务量，完成内部结算单价的测算，确定结算标准。

（四）签订双向激励与约束的服务契约

基于市场化契约理念，服务双方应建立服务契约，对交易的标的，服务提供方的服务标准和服务受益方的结算标准、结算流程和差异处理机制等内容进行明确，从而实现双向激励与约束，以标准化和规范化来实现内部协同。

1. 签订服务契约

传统上 SLA 应用于 IT 行业居多，SLA 包含对服务有效性的保障，譬如对故障解决时间、服务超时等的保证。随着电信网络服务内容越来越丰富，用户对服务质量的要求也越来越高。中国移动广东公司在实施市场化契约机制过程中为确保内部服务的品质，对不同的服务双方签订差异化的服务契约，服务双方通过服务契约实现对内部服务的价格、数量、质量等的协同。如针对业务支持中心以业务服务目录的形式向地市公司提供业务系统运营支撑服务，针对不同类型的服务项涉及的实施成本，按照不同的结算模型进行成本结算。计价模型公式主要考虑的因素有各子系统服务基础定价（即人天价格）、单个需求所需工作量估算、需求紧急程度、需求中途变更或取消等影响、需求实施质量及周期等。开发类服务定价公式为单个业务活动成本 ＝ 服务基础定价×工作量×（1＋Σ加权系数）×效益指数，开发类的加权系数目前包括需求紧急程度和需求变更。在开发类中，效益指数主要指对需求实现情况的一个评价，综合验收周期和验收后的运行情况给出的系数。配置咨询类服务定价公式为单个业务活动成本＝服务基础定价×工作量×效益指数。在配置和咨询类中，效益指数指完成服务实施后的验收情况。

针对客户服务中心为地市公司提供的服务设置成不同等级，地市公司可自主选择。若服务受益方选择优＋级服务，客户服务中心将集中资源保障其高标准服务的达成，同时对相应业务按高结算系数结算成本。若服务受益方未选择优＋级服务，客户服务中心将按标准服务水平进行保障和结算。

2. 确定结算流程

内部结算在实施过程中有两种方法可供选择，即真实结算和虚拟结算。虚拟结算适用于未注册独立法人，提供的服务无相关经营资质的内部主体。鉴于现有核算模式、对税务影响等因素，中国移动广东公司在进行内部结算过程中采用虚拟结算模式。通过制定内部结算相关流程，明确财务部、服务提供方和服务受益方在内部结算实施过程中的权责，设计数据上报、数据核对及修改、数据运算及下达等内部结算环节，分别对实际业务量、分摊动因量等进行稽核，确保结算数据的准确性与真实性。

3. 成本差异处理机制

中国移动广东公司按照各地市公司使用的业务量，将内部结算成本分摊给各地市公司，服务受益方内部结算金额＝Σ[各业务结算单价（即单位业务量成本）(P)×业务量(Q)]。根据“量价”的分摊方式，服务提供方实际发生的成本等于实际结算单价乘以实际业务量，服务受益方内部结算的预算成本等于标准结算单价乘以预计业务量。服务提供方实际发生的成本与服务受益方内部结算的预算成本之间存在一定的差值。差值中，把实际结算单价与标准结算单价的差值与实际业务量的乘积看作是“价差”，把实际业务量与预计业务量的差值与标准结算单价的乘积看作是“量差”。当线条内总成本超支时，若由“价差”引起，由服务提供方承担；若由“量差”引起，由服务受益方承担。当线条内总成本结余时，若由“价差”引起，优先考虑分配至服务提供方；若由“量差”引起，优先考虑分配至服务受益方。

（五）建立内部结算预算考核与评估体系

中国移动广东公司一方面将内部结算纳入预算管控与经营业绩考核体系，构建起内部结算预算管控与考核机制，另一方面建立前/后向挤压的内部结算评估体系，对服务双方的价值创造与运营效率进行多维度的评价。

1. 预算管控与考核

内部结算预算管控与考核机制明确内部结算预算资源管控模式，建立起从预算编制、预算下达、预算监控、预算调整到预算考核的内部结算预算资源闭环管理机制。

一是预算编制、审核和上报，服务提供方编制内部结算成本预算并报送省公司财务部；二是预算下达，省公司财务部下达预算给服务提供方，并将内部结算成本预算下达给服务受益方；三是预算监控，各服务提供方和服务受益方定期报送内部结算成本监控和预警；四是预算调整，服务受益方申请预算调整时，需要服务提供方和财务部共同核定审批；五是预算考核，省公司财务部考核服务提供方成本预算及服务受益方的内部结算成本预算。对服务提供方，将内部结算纳入部门考核，在相应部门的现有部门考核指标中，新增“内部结算成本完成率”“单价合理性”“运营效率”等指标，根据新的指标体系计算出的部门考核成绩情况，按照原有部门考核的奖惩机制进行奖惩。对服务受益方，将内部结算预算资源的超支或结余与地市公司资源大盘挂钩，纳入经营业绩考核。

2. 内部结算评估体系

内部结算评估体系从成本及成本结构、业务及业务结构、单价、资源利用率、服务质量等多维度建立起内部结算主要指标变动表，通过对趋势、差异值、对标等进行联动分析，对比实施内部结算前后的数据，分析变化原因，合理评价服务双方的价值贡献和运营效率。一方面通过价格监控实现对服务提供方的前向挤压，服务提供方控制资源的配置，其核心是对“价”的控制，内部结算在实施过程中以成本总量、业务单价等数据为依据，分析评价服务提供方的资源配置策略，可从产品生产的前端对服务提供方进行管控，保证服务品质。另一方面通过对业务量的监控实现对服务受益方的后向挤压，服务受益方控制资源的使用，其核心是对“量”的控制，内部结算在实施规程中以成本总量、业务量等数据为依据，可对服务受益方的需求结构进行分析评价，从而引导服务受益方减少盲目需求。

(六)建立高效便捷的内部结算信息化平台

为提升内部结算海量数据高频次收集、跨省市稽核以及大数据运算的效率，同时满足服务双方及时、准确和便捷的内部结算价值信息获取的需求，中国移动广东公司进行内部结算信息化平台建设。旨在借助现有数据交换接口，构建起集数据自动采集与实时比对、平台主动推送稽核待办、自动计算内部结算结果和查询分析及报表输出等功能于一身的高效便捷的信息化支撑平台。

中国移动广东公司为实现内部服务价格与市场标杆的实时比对和动态调整，在对成本分摊范围内的业务项目进行梳理的基础上，建设市场标杆库。现已在对外部供应商服务价格进行分析上，通过科学分类、有效建模和数据分析，明确以人天计价的各类服务的基本内容和价格范围，形成一套标准化价格体系。服务人天标准化价格体系是在对服务价格进行因素分析的基础上，结合实际，通过详细测算得到的标准化成果，包含运营支撑服务、无线支撑服务和系统维护服务三大品类，涉及800个项目，可直接用于业务项目立项、审核批准和项目谈判各个环节，通过业务项目的成本逐优驱动内部服务价格的市场逐优。如针对业务支持中心提供的运维类——数据分析类服务，在服务人天标准化价格体系中对应的国内人天价格区间为619.8～1151.0元/人天，国外人天价格区间为1700.0～3157.1元/人天，这就要求业务支持中心在开展对应的业务项目的过程中必须进行充分的市场价格比对。

三、通信企业以内部结算为核心的市场化契约机制建设的效果

(一)提升了企业精细化管理水平，企业运营效率效益显著提高

2013年，中国移动广东公司实现降本增效9.5亿元，集中化运营部门与地市公司效益意识不断增强，成本管控精细化水平不断提升，资源配置与使用的效率效益显著提高。

一是推动地市公司建立起以市场需求为导向的需求管控机制，地市公司内部服务需求与市场需求的适配度不断提高，集中化运营部门的成本资源需求也不断下降。2013年，地市公司通过需求管控机制对内部服务需求进行事前评估与整合，内部服务需求量同比下降15%，实现成本节约4.5亿元。集中化运营部门实际耗用成本资源同比下降7%，实现成本节约2.3亿元。

二是实现地市公司对集中化运营部门的反向约束，推动业务部门进行内部服务的降

价提质。如网络管理中心通过支撑系统统建统维、备品备件二次利用等手段，挖掘和盘活闲置、低效资产，在提升系统资源利用率基础上节约成本4000万元，实现支撑网络运行服务结算单价同比下降18%。通过建成“数据共享中心”，对地市提供主动服务及统一的应用挖掘支撑，整合省市相似功能系统300多个，节约全省网管建设投资超过3000万元，实现性能管理支撑服务结算单价同比下降13%。业务支持中心通过制定精细的资源分配计划，实现系统开发类服务需求响应时长同比下降20%，需求交付率同步提升5%。

三是完善经营业绩考核体系，充分调动服务双方降本增效，提升资源使用效率效益的积极性。如客户服务中心结合IVR（互动式语音应答）渠道客户基数大、承载能力强且应用成本较低的特点，用IVR自动外呼代替人工外呼，打造降本增效新渠道，在节约5000万人工成本的同时将人工资源释放进行高价值业务外呼。

（二）提高了市场竞争力，为企业持续健康发展提供了保障

从网络质量上看，2013年，中国移动广东公司网络接通率由96.75%提升至97.32%，2G下载速率提升5个百分点，3G下载速率比年初提升20个百分点，中国移动广东公司还推动建立“集中化网络维护管理和属地化服务支撑组合”的运维新模式，大力推进故障、性能、网优三集中，将工单派发至一线维护班组成员，减少故障处理环节，通过最大化预处理和最优化派单实现故障处理效率和系统支撑能力的“双提升”。

从服务水平上看，客户服务30秒接通率达到88.18%，首次问题解决率达到88.7%，同比提升1.02%，万客户广义投诉量197，同比下降8.7%，投诉处理解决率78.6%，同比上升5.1%。中国移动广东公司客户服务中心还正式上线实现手机绑定与直接业务受理的10086微信营业厅，开展3×5自定义菜单的动态运营，截至2013年年底关注客户已超过100万，号码捆绑率超过99%，成为又一突破百万客户的公众账号。

（三）企业对外开放水平明显提高，为企业战略转型发展打下了基础

中国移动广东公司引入市场规则重新划定企业内部边界，实现对企业集中化运营能力的分类封装。通过实施市场化契约机制形成可直接面向外部客户的产品体系、价格体系和服务契约，客户服务能力、网络支撑能力和业务支撑能力等已具备作为成熟产品推向市场的条件。市场化契约机制在实施过程中形成的需求管控机制、品质管理机制等为中国移动广东公司建立面向产业链内外的开放能力服务体系做好了铺垫。这为公司战略转型发展和核心能力提升打下了良好基础，是企业动态能力提升的典型表现。中国移动广东公司针对产业链内外各方的能力开放需求，可在10个工作日内完成相关的系统准备、人员配置和合同签订等工作，既有的客户服务能力、网络支撑能力和业务支撑能力等既可以按产品单元对外提供标准化的接入服务，也可进行模块化组合。中国移动广东公司以内部结算为核心的市场化契约机制建设作为标准范本在全集团范围内推广共享，并受集团公司委托制订全集团范围内市场化契约实施办法和实施指引。

（成果创造人：禄　杰、陈广宇、许　琦、潘宇丽、刘云霞、朱　炜、唐　懿、谭兆祥、张勇涛、罗　振、王齐元、杨积雪）

大型钢铁企业基于模拟市场经营的全面目标管理

鞍钢股份有限公司鲅鱼圈钢铁分公司

成果主创人：公司经理徐世帅

鞍钢股份有限公司鲅鱼圈钢铁分公司（以下简称“鲅鱼圈分公司”）是鞍钢集团钢铁主业上市公司鞍钢股份有限公司的下属企业。鲅鱼圈钢铁产业基地是鞍钢全流程自主设计、集成、施工建设、具有自主知识产权、达到世界先进水平的一座全流程的现代化精品钢材基地，由原料场、烧结、焦化、炼铁等配套设施组成，2008 年 9 月 10 日正式投产运行，工业占地 8.32 平方公里，职工 5672 人，具有年产钢 650 万吨的生产能力。2013 年实现销售收入 174 亿元，净利润 7285 万元，资产负债率 37.3％，综合能耗、产品销售利润率、钢材生产成本等关键技经指标达到国家重点钢铁企业领先水平。

一、大型钢铁企业基于模拟市场经营的全面目标管理背景

（一）有效对接市场，发挥市场竞争机制的客观要求

鞍钢作为老牌国有企业在以财务预算管理为主体的计划成本控制体系下，市场原材料及产成品的价格往往偏离年初计划水平，导致基层单位预算指标虽然全部完成，而利润目标却出现大幅亏损的局面。鲅鱼圈分公司 2008 年开工之初，在全球金融危机的大环境下，特别是国内钢铁行业产能过剩、资源制约、成本增加、市场低迷等不利因素的影响，由于对市场经济发展的客观规律把握和响应不够，生产经营未能与市场有效对接，企业利润空间大幅下滑乃至 2011—2012 年连年大幅亏损。为此鲅鱼圈分公司全面推进以市场为导向的全面目标管理变革，促使企业从生产型向经营型转变。

（二）落实战略目标，建设最具国际竞争力精品基地的迫切需要

鲅鱼圈分公司确立创建技术一流、产品一流、生态一流、管理一流的最具国际竞争力的绿色钢铁样板型企业战略目标。为实现这一多元战略目标，首先必须从企业经营发展整体出发，将企业战略转化为行动纲要、发展规划及年度计划，进而分解落实到各职能部门、事业部门，实现企业发展愿景和战略的落地。其次，必须坚持以人为本，继承发扬“鞍钢宪法”的“两参一改三结合”管理思想，通过全员目标值分解和岗位绩效落实，科学评价岗位贡献，奖优罚劣，真正将企业战略目标变为员工岗位工作指标和行动方向。

（三）健全激励机制，调动全体员工积极性的现实需求

在实施全面目标管理前，鲅鱼圈分公司实施以单位经营绩效考核体系为主体的激励分配机制，突出基层单位经营计划完成水平，员工分配依据偏重于单位与单元经营结果，

与岗位绩效关联度不够。通过引入市场机制及建立全面目标管理体系，树立全心全意依靠广大职工办企业的理念，建立人人面向市场、全员岗位核算管理机制，以市场水准评价经营水平，按经营业绩兑现利益分配，细化核算单元，层层分解落实指标，使各事业部、作业区、班组及员工全面进入市场，岗位员工分配与市场效益及岗位绩效直接挂钩，实现效率、效益最大化目标。

二、大型钢铁企业基于模拟市场经营的全面目标管理内涵和主要做法

鲅鱼圈分公司通过内部模拟市场化运营建立市场对接机制，横向构建焦铁、钢轧、发电、能源、焦化副产和费用创效的五加一模拟经营六个模块，促进企业从生产型向经营型转变；通过构建全员目标管理体系，纵向实施分公司、事业部、作业区、班组、岗位五个层级分解落实企业战略目标，实现目标的落地、统一与全员协同；通过实施计划值等精益控制方式实现过程能力不放空，提升过程控制水平；通过践行鞍钢宪法“两参一改三结合”管理思想内涵，实施班组核算、岗位经营等方式科学评价过程控制水平与岗位贡献，充分实现人与组织共生利益最大化。主要做法如下：

（一）确立全面目标管理总体思路

鲅鱼圈分公司确定全面目标管理总体思路：以企业战略目标为指引，以降本创效为核心，以市场为准则，推行内部运营市场化管理，提高与市场联动速度；以层级目标分解落实为结果责任体系，评价激励各级管理单元经营绩效，提高管理执行力；以计划值管理为测量分析、持续改进工具和手段，实施精益管理、精准控制，实现过程能力不断提高；以班组核算、岗位经营为全员绩效管理核心，通过对过程、结果的双维控制与评价，提高管理单元和岗位绩效评价精准度，激发全员参与管理、创新工作的潜能，实现企业全员全过程控制下的精益管理。同时，确立目标统一、简捷易行、过程控制、动态管理、标准改进、量化评价等六项全面目标管理原则。

（二）搭建模拟市场化运营平台

鲅鱼圈分公司搭建内部市场化运营平台，以市场需求为导向，按市场化价格核算内部经济往来，以市场水准评价经营水平，按经营业绩兑现利益分配，细化核算单元，层层分解落实指标，充分挖掘各级经营单元潜力，实现效率、效益最大化目标。

1. 设立成本利润关联模块

根据各经营单元价值创造属性，设立五加一模拟经营六个模块，作为企业内部模拟市场化经营主体。一是焦铁模块，由炼焦部和炼铁部共同构成焦铁模块，构建市场化经营利益共同体。二是钢轧模块，由炼钢部与热轧部和厚板部共同构成钢轧模块，构建市场化经营利益共同体。三是发电模块，由 TRT、CDQ、CCPP、烧结余热发电、75 吨锅炉发电和风力发电装备共同构成发电模块，构建二次能源经营体

公司 1580mm 热轧生产线现场

系。四是能源模块，由制氧、水、电共同构成能源模块，构建能源经济运行体系，提高液化气体外销，降低外购水、电成本，着力降低能源成本。五是焦化副产模块，由粗笨、粗焦油、硫酸、硫酸铵和焦炉煤气共同构成焦化副产模块，构建副产创效体系，着力提高副产产出率，实现副产增效。六是费用创效模块，由支持部门共同构成费用创效模块，构建管理创效体系。

2. 建立市场化价格核算体系

以市场化价格核算内部经济往来，成立原燃料、中间工序产品、产成品、能源介质市场价格信息调研团队，每周动态公布价格信息，制造管控中心负责收集分析生产需求，每月在充分论证基础上提出原燃料品种、质量与数量需求。一方面，强化与外部市场的联动，积极研判国内外两个原料市场，实施择机采购，使生产基地与市场有效对接，促进生产基地及时根据市场行情，妥善安排采购和生产中的原燃料投入，促进合理安排生产物料计划，降低原燃料成本；另一方面，实施市场价格倒逼，通过按市场价格倒推分解，将市场压力传导到每位员工，通过铁水与成品市场价格双向核定内部工序成本，确定各级经营单元绩效评价指标，以模拟市场成本价格作为各事业部内部核算、外部结算依据，实现市场化核算，提高资源优化配置效率。此外，铁按当期市场价格(剔除 3%利润率)计算，每月选取营口中板、唐山和淄博三个地区的生铁市场不含税价格，剔除 3%利润率后，分别按 40%、35%、25%权重计算平均生铁市场价格。炼钢、热轧、厚板各品种分别以 Q235B 实际成本+e(质量设计成本)计算目标成本；其他消耗按内部价格计算。

3. 建立工序契约签证制度

各利润模块间为市场关系，按市场价格转移工序产品或介质。将事业部、工序间的关系由单纯服务与被服务的关系转变为契约式的客户往来关系，生产链条中的各道工序间以市场价格转移工序成本，落实工序成本责任，下工序事业部对上工序产品进行量质期验收签证。上工序根据下工序反馈信息对产品及服务做出及时调整，上工序造成的质量成本损失由其自行承担，扣减其利润，并冲减下工序成本。

4. 建立市场化评价机制

建立以市场为导向的利益分配机制，按市场水准评价经营业绩，以业绩兑现利益分配。以经营业绩评价团队领导能力，将各事业部盈利水平作为部门及部门领导班子的重要评价依据。按照市场化成本盈利水平核定部门、作业区、班组及员工收入水平，形成事业部多赢多得，员工多劳多得竞争氛围。焦铁模块、钢轧模块、发电模块、能源模块和焦化副产模块按月评价，费用创效模块按季评价。

5. 推行全周期用户服务机制

强化售后服务团队组织建设，成立促销服务小组，打造全员协同营销网络，系统开展客户市场信息的调查收集、合同评审、统计分析、产品研发、售后服务。对用户实行分级管理，提供个性化服务，在机械、造船等重点行业实施客户代表制，设立专兼职客户服务代表，跟踪重点客户产品升级，及时满足客户最新需求。建立常态化客户服务走访机制，通过强化以“服务增值型”盈利模式为主体的直供客户和代理商的沟通。

（三）以市场为导向，构建全面目标管理体系

首先从鲅鱼圈分公司经营发展整体出发，将战略转化为行动纲要、发展规划及年度计划，进而分解落实到各职能部门、事业部门，实现企业发展愿景和战略的落地。同时，引入市场信号，通过采取市场倒逼机制，按生铁及成品市场价格倒逼核定工序成本指标，使鲅鱼圈分公司内部各级经营单元全面对接市场。从结果管理上，设定以市场水平为标准的目标指标，保证各级目标指标贴近市场，从过程管理上，职能部门与事业部门管理各有侧重，职能部门以落实职能战略为中心，强调横向管理与系统优化。事业部门突出过程管控，通过推行计划值管理、班组核算与岗位经营。

1. 优化完善总体目标指标项目

在总体目标分类设定上，以年度生产经营目标为中心，以安全、环境、质量、能源等社会责任目标为约束，以关键技术经济指标为过程评价依据，既突出经济效益核心，又覆盖经营管理的全要素，实现结果管理与过程管理的全受控，总体项目指标项目如表1所示。

表1 总体项目指标项目表

项目	经营效能指标																								社会责任指标									
	能力指标					财务指标						关键技经指标				质量指标						设备指标			安全指标		环保指标			能源指标				
	产量	轧制量	剪切量	缴库量	吨铁发电量	收入	利润	成本	资产负债率	资本保值增值率	流动资金周转率	高炉利用系数	综合焦比	钢铁料消耗	成材率	一级品率	钢坯原品种合格率	原品种成材率	吨钢质量损失	合同执行率	用户满意度	设备可开动率	事故时间	设备维修费用	千人员伤率	火灾事故	COD排放量	SO_2排放量	回废回收利用率	综合能耗	吨钢耗新水	TRT发电量	电发电比率	水循环率
部门（职能室）																																		
作业区																																		
班组																																		
岗位																																		

2. 设定以市场水平为核心的三档经营目标

一是设定三档经营评价目标。一档是预算水平，即依据年度生产经营预算，将指标分解到月，每月可根据上月实际进行调整，在本季度内保持均衡，全年度按照预算水平控制；二档是提升水平，即在一档水平基础上，根据各部门历史最好水平和竞争对手对标数据设定，每月根据各部门成本改善，利润提高情况，予以加倍奖励；三档是市场水平，即按照当期原料、产成品等的市场价格和二档指标水平，核定成本、利润指标，实施市场化评价。另外，对水电实行梯价管理评价。

二是实施四位一体多元评价。在鲅鱼圈分公司层面建立以运营指标为主体、经济对标为提升、专项评价为辅助、专业管理为支撑的四位一体绩效评价体系，全面推动企业绩效持续提升。其中，利润和成本按权重设为工挂指标；设立工序互动效益指标，按权重共

享效益成果;设立多元经营创收指标。产量、质量及合同执行等原则上设为否决指标,评价生产运行质量和市场服务水平,刚性生产管控、稳定产品品质、满足客户需求。

三是实施目标指标四级分解,落实责任。建立部门、作业区(专业室)、班组、岗位四级目标责任落实体系,将经营目标全面分解落实到各级经营单元及岗位员工,做到横向到可控最小模块(单元成本)、纵向到最小核算主体(岗位员工)。鲅鱼圈分公司各职能部门通过 QEO 目标分解、部门经营绩效评价方式明确部门目标指标,部门内部建立覆盖全员的岗位绩效评价体系来全面、科学、公正评价岗位员工绩效。岗位绩效评价指标分为关键绩效指标(KPI)和岗位职责指标(PRI)两类。分公司各事业部门建立部门、作业区(职能室)、班组、岗位四级目标责任落实体系。

(四)以分级授权为责任落实手段,突出经营单元价值创造主体地位

1. 建立一级事业部扁平化组织架构

按照"纵向扁平、横向优化、精干高效、运转协调"原则,以扁平化组织架构为基础,以一级职能管理与一级作业管理为核心,创新建立外部与市场联动、内部快速响应的一级事业部管理体制组织架构(如图 1 所示)。

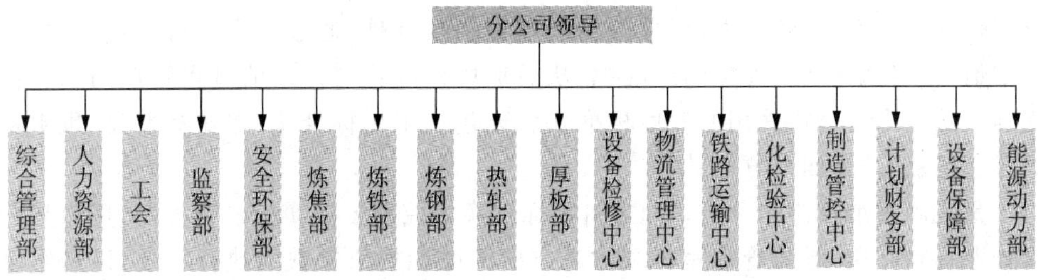

图 1 鲅鱼圈分公司组织架构图

2. 明确事业部市场经营的管理责任

各事业部作为模拟市场经营主体,承担资产保值增值责任。从事业部的准市场化地位出发,赋予事业部原料管理、生产运行、新产品开发、技术质量、成本控制、工序间签证结算、客户服务等自主管理职能,确保事业部市场化功能完整、管理受控。并以各产品制造单元(执行部门)为核心,以职能单元(支持部门)为支撑、保障平台。支持部门评价执行部门创造价值的结果,执行部门评价支持部门对其支撑、保障的过程。

3. 突出事业部价值创造的主体地位

优化专业管理,加强支持部门服务平台职能,突出事业部价值创造的主体地位(成本中心和利润中心)。促使各事业部围绕市场利润目标,充分发挥各事业部优化炉料结构、降低质量成本、调整品种结构、产品开发、市场服务等创造能力。平衡事业部设备费用、效率、功能、寿命管理。能源动力部作为能源介质经营单元,模拟市场化运作,事业部按量签证结算,纳入成本核算。

(五)以精益计划值为工具,实施精准过程控制

1. 确定精益计划值管理思路

从分公司、部门生产经营目标出发,在全面目标管理体系框架内,立足班组岗位最小

经营单元,设计岗位计划值项目,建立反映过程能力,控制到最小可控模块的计划值管理体系。一是通过计划值监控实施过程,提升过程控制能力,保证过程目标的实现。二是将计划值作为班组核算、岗位经营测量基础,对比阶段计划值实际与计划值常数,分析扰动因素,寻求过程改进,动态调整提高计划值常数,提升计划值水平。

2. 设定计划值常数与计划值指标

在将四级承接目标分解确定各级目标指标分解到班组岗位、到可控最小单元基础上,首先以 SMART 为原则,找到目标指标的影响因素,并分解为可控单因子,根据标准规程及现场实际能力赋值,确定计划值常数,然后以计划值常数为基础,参考实际值和经验数据,不留余量,自下而上计算确定各级计划值指标。指标影响单因子是剔除扰动因素,彻底因式分解,不可再分的最小可控因子。其中,钢轧板块按产品品种及现场实际确定计划值常数,焦铁模块按照按焦炭质量、生铁成分及现场实际确定计划值常数。

3. 计划值控制与分析

一是实施深度标准化管理。深度标准化管理是以精益计划值管理为核心,以鲅鱼圈分公司计划(品种结构)、规程标准的基础参数作为计划值设计输入,输出计划值常数、动态班组计划值、生产经营计划,指导现场过程控制与管理,通过过程评价和优化改进,修正计划值,并将优化结果固化到标准中,从而形成标准化与计划值过程管理的相互促进和提高。鲅鱼圈分公司采用的深度标准化管理包括工艺标准化、作业标准化、班组定额标准化、看板标准化四个方面。

二是实施精准控制与分析。通过将指标转换为控制方法实施过程控制,用差异分析揭示作业运行状况,寻找管理短板和改进方向。以计划值常数为执行标准,以班组动态计划值为判断标准。将计划值常数作为过程控制的判断标准,最短周期按过程能力评价分析,快速响应、刚性控制。能直接测量的计划值常数,时时控制、纠偏。不能直接测量的计划值常数,按班对上一级计划值评价、纠偏,并定周期抽测评价、纠偏。

4. 计划值评价与改进

通过对计划值的过程控制与差异(精度)分析和评价计划值与实绩值之间的差异(精度)分析,检查计划值的准确度,以提高计划值的精度,同时检查、评价现场对生产实绩的控制水平,衡量现场绩效。在对计划值进行过程结果双维度评价基础上,针对管理短板实施改进,提高过程控制能力;同时动态修订计划值,优化、提高计划值控制水平。计划值要不断提高,下期计划值等于本期计划值加上提高值。

(六) 以信息化为平台,实施全流程班组核算

1. 建立测量分析信息化平台

鲅鱼圈分公司通过 MES 管理系统等计算机辅助模型的应用,建立目标计划值管理下的班组核算信息平台,实现生产过程数据自动采集,过程结果实绩及效评价结果的即时核算测量。一是确定核算内容,依据核算项目指标建立计划值指标字典,建立事业部计划值指标字典系统,将核定的计划值常数及岗位、班组、作业区、部门计划值指标录入系统。二是设定关键指标的班组岗位影响权重系数数学模型,按影响权重折算当班过程

控制绩效,其他一般指标分摊到班组岗位。三是编制班组核算计算机模型,要实现数据自动采集、过程控制实时核算、班组岗位绩效当班评价。四是在生产一线岗位通过显示屏、看板等方式使相关岗位员工及时了解当班控制结果,展示班组、岗位绩效和指标结果,使管理人员实时了解现场动态,激励广大职工学先进、找差距。五是为班组岗位员工提供分品种、分时间等不同查询路径和统计数据,通过对比找差异,通过分析找改进,满足进一步深化管理需要。六是在管理人员办公处展示现场过程控制结果,便于实时监控与管理,并为管理决策提供及时的量化依据。

2. 实施全流程班组核算

借助计算机信息化平台的数据信息传递,当班过程控制结果即时录入班组核算计算机模型,通过预先设定的核算方式即时核算出当班过程控制绩效,使当班班组可以即时纠偏,提升过程控制效能。由事后反馈控制向事前先期策划转变,由结果评价向过程、结果双维评价转变。通过对班组目标指标影响因素进行分析,确定作业过程控制方式与计划值参数,并使每名岗位员工清楚岗位责任指标、指标影响因素、成本优控因素、指标控制措施四个方面内容,指导班组岗位员工实施精准控制、实现经济生产。

(七)以人为本,全面推进岗位经营

鲅鱼圈分公司建立以班组经营结果绩效为主、以岗位过程绩效为辅、以降本创效为激励的三维岗位绩效评价模型,做到人人有指标、人人知贡献。改进人力资本经营机制,培育优良管理团队与员工队伍。一是深入开展群众工作,激发员工与企业同呼吸、共命运的工作热情;二是在实行管理、技术、生产岗位职业生涯规划基础上,推进"青芒果"人才培养计划和落实全员岗位交流与竞争聘任机制,实施赛马机制,优胜劣汰,打造高素质员工队伍;三是健全完善员工队伍管理机制,以劳动合同制为基础,全面推进岗位管理,打破干部工人队伍界限,实行竞争上岗,全面畅通员工晋升渠道。

三、大型钢铁企业基于模拟市场经营的全面目标管理效果

(一)实现了市场对接与联动

通过建立基于模拟市场经营的全面目标管理,促使企业购销两头对接市场,提高了对上游供应市场的话语权和应变力,提高了对下游顾客需求的满足度。有效克服了原燃料采购价格动荡起伏和稀缺资源高位徘徊的不利影响,2013 年优配降采效果显著,实现配煤降本 9300 万元,配矿降本 2600 万元。通过紧跟市场需求,畅通生产基地与外部市场需求信息的沟通渠道,实施调品增效,效果显著。2013 年独有产品比例达 23%,战略产品比例达 20%,热轧高效材比例提升 11.5%,厚板提升 26.2%,全年出口钢材 36 万吨,产品远销欧亚等 9 个国家和地区,产品售价大幅高于市场价格,调品创效 1.47 亿元。

(二)提高了运营效率和效益

生产成本大幅降低,经济运行质量和管理效能大幅提升。2013 年,鲅鱼圈分公司实现扭亏为盈并获利 7285 万元,资产负债率 37.3%,实现了国资产保值增值,全员劳动生产率达到 29 万元/人年,同比增加 45%。铁水一级品率、产品销售利润率等关键技经指标达到国家重点钢铁企业领先水平,焦化、炼铁、炼钢、热轧等工序加工成本分别创历史

最好水平，达到行业先进水平。

(三)促进了企业战略目标的实现

一是核心技术水平有效提升，2013 年创造发明专利 47 项，认定专有技术 116 项，发表论文 34 篇，其中《鞍钢电磁搅拌和电磁制动冶金工艺的开发与应用》、《鞍钢 260 吨转炉自动化炼钢系统自主开发与应用》项目通过省级鉴定，达到国际领先水平。二是产品开发硕果累累，热轧成功开发生产 1.4 毫米集装箱、1.6 毫米酸洗板等行业最薄热轧产品，实现 1.8 毫米、65Mn 刃具钢等产品国内独家供货。厚板成功开发出 26.4 毫米厚壁大口径高级别管线钢、9Ni 低温压力容器用钢、690Mpa 超高强特厚钢等国内领先产品，顺利进军高端造船业、临氢钢、高端建筑钢、第三代核电钢市场，A709G50T3 等产品成功供货美国韦拉扎诺大桥和国内港珠澳大桥等国家重点项目，产品实物质量及制造技术处于国际领先水平。三是生态建设效果显著，SO_2、COD 等环保指标全部达标，吨钢综合能耗达到行业领先水平，绿化面积达到 260 万平方米，绿化率 43%。四是管理效能大幅提升，2013 年，事故时间和频次环比分别降低 24% 和 31%。

（成果创造人：徐世帅、张厚良、王　英、张克玉、于　峰、李洪宇、
时立宝、魏继刚、秦　伟、刘　虹、朱大鹏、付文涛）

国有石油企业引入民间资本的油气勘探开发项目合作机制创建

中国石油化工股份有限公司中原油田分公司

成果主创人：中原石油勘探局局长、中原油田分公司总经理孔凡群

中国石油化工股份有限公司中原油田分公司（以下简称“中原油田”）是中国石化所属国有大型企业，成立于1975年，主要从事石油天然气勘探开发、炼油化工、油气销售等业务，本部位于河南省濮阳市。拥有东濮凹陷、普光气田和内蒙古探区等三大勘探开发区域，用工总量3.6万人，年产油气当量1300万吨以上。目前，中原油田内蒙探区拥有探矿权区块27个，矿权区域面积5.64万平方公里。

一、国有石油企业引入民间资本的油气勘探开发项目合作机制创建的背景

（一）石油企业提升质量效益的压力日益增大，对探索新的勘探开发合作方式提出了迫切需求

中原油田1988年原油产量达到722万吨的最高峰。由于资源接替不足的矛盾不断加剧，1995年原油产量逐年下降到400万吨。虽然油田在勘探上做了大量工作，但勘探新增加储量难以弥补油田产量递减，2010年原油产量只有272万吨。中原油田的利润主要由普光气田支撑，但普光气田设计稳产期仅有8年，随着气田递减期的临近，油田生产经营形势日益严峻。同时，由于油田新增加的勘探储量普遍存在“小、深、碎、稠”等特点，勘探效益较差；受折旧、人工等固定费用刚性上涨的影响，勘探成本、开发成本、生产成本高位运行，盈利空间不断压缩，迫切需要在效益勘探、投资优化等方面转变发展方式。在这种形势下，创新勘探开发体制机制，引进民间资本，做强油气主业，成为石油企业持续发展的现实选择。

（二）国家鼓励民间资本进入油气勘探开发领域，为油气勘探开发项目合作机制的创建提供了政策依据

2005年2月28日，国务院《关于鼓励支持和引导个体私营等非公有制经济发展的若干意见》第二条规定：允许具备资质的非公有制企业依法平等取得矿产资源的探矿权、采矿权，鼓励非公有资本进行商业性矿产资源的勘查开发。2010年5月，国务院《关于鼓励和引导民间投资健康发展的若干意见（国发〔2010〕13号）》第八条规定：鼓励民间资本参与石油天然气建设。支持民间资本进入油气勘探开发领域，与国有石油企业合作开展油气勘探开发。在此大背景下，石油企业引入民间资本进行合作勘探开发逐步展开。新的形势下，石油企业充分借助国家政策机遇，引入民间资本，创建勘探开发项目合作机制，可以共担勘探风险、实现合作互利，促进勘探开发质量和效益的提升。

（三）中原油田外部勘探区域不断拓展，为引入民间资本创建油气勘探开发项目合作机制提供了实践平台

2006年年底，民营企业陕西榆林康隆能源有限责任公司（以下简称“康隆公司”）希望与中原油田合作开展石油天然气勘探开发，将其拥有的煤层气勘查区块登记为中石化石油天然气勘探勘查区块。2008年，区块石油天然气勘查矿权由中石化登记成功。经多轮谈判，合作双方签订《勘探开发内蒙古东乌旗区块合作合同》。合作区块位于内蒙古东乌珠穆沁旗境内，构造上位于二连盆地乌里雅斯太凹陷中、北洼槽，勘探面积1050平方公里。2010年，中原油田和康隆公司注册合作项目管理机构“中康项目部”，合作项目正式进入勘探实施阶段。在合作过程中，中原油田围绕项目规范运作与持续发展，建立完善油气勘探开发项目合作机制，对于进一步扩大合作勘探开发区域、探索混合所有制在油气田企业的实现途径，具有积极的借鉴意义。

二、国有石油企业引入民间资本的油气勘探开发项目合作机制创建的内涵和主要做法

中原油田借助民企康隆公司的力量，发挥国企优势，在内蒙古探区中康区块，创建民企出资、国企操作的油气勘探开发项目合作机制，确立“一个理念”，即求同存异、依法经营、优势互补、共赢发展的合作理念；建立“一个模式”，即符合中国国情的合作油气勘探开发合同模式；形成“一套体系”，即新型“油公司”管理体制，形成兼顾国企和民企利益，体现合作双方权利义务和权益分配的“决策、执行、监督体系”，促进了合作项目的合规高效运行和油气勘探快速突破。主要做法如下：

（一）明确工作思路，树立油气勘探开发项目合作机制的工作理念

2010年3月，中原油田和康隆公司合作的中康项目正式实施，油气勘探开发项目合作机制创建工作实质性展开。为实现双方机制、理念、文化的有机融合，推进合作项目快速发展，中原油田明确以诚信为前提，以合同为基础，以资源为纽带，以共赢为目的，强化协商沟通，规范操作运行，稳步探索前进，早日实现勘探突破、获得油气商业发现的工作思路。

确立项目合作机制的“四种理念”：一是求同存异理念。“求同”就是在工作中，通过深入沟通与不断磨合，寻找合作双方利益和诉求的共同点，谋求理念上的有机融合、事业上的协同发展，做到“同心、同德、同谋、同享”。“存异”，就是合作双方要尊重对方的体制差异、责权各异和管理特异，坚持“区别对待、分类指导”的管理原则，主动了解合作项目的进展需要，制订创新的、有针对性的管理方式和方法。二是依法经营理念。合作双方严格遵守合作合同条款，履行法律赋予的权利和义务，规范生产经营行为。三是优势互补理念。国有企业在制度、管理、技术、人才、抗风险能力等方面，相对于民营企业具有很多优势；民

东濮凹陷的采油场面

营企业则在市场运用、成本控制、经营决策效率等方面，相对于国有企业有着很多长处。通过对各自优势资源和生产要素的重新整合与配置，使双方的优势得到充分发挥。四是共赢发展理念。双方在合作中相互信任，彼此依赖，形成牢固的利益共同体。同时，通过上缴各种税费、带动地方经济、解决社会就业等形式，使国家、地方、国企、民企多方分享合作勘探的成果。

(二)创建中国特色的合作油气勘探开发合同模式

2008 年中原油田(甲方)和康隆公司(乙方)按照国际惯例签订的原合同约定，勘探期由民企康隆公司提供勘探投资，作为区块的作业者，承担勘探风险；开发生产期由双方共同投资，中原油田为区块的作业者，双方根据投资比例共同承担风险，但中原油田需要根据在开发生产期的投资比例向康隆公司支付探明储量价款。该做法虽然符合国际惯例，但具体到我国的国情，有两点不适应：一是安全环保风险责任主体与作业者异位。区块矿权人为中国石化，康隆公司在该区块从事的油气勘查活动中的安全环保责任，全部由中国石化来承担，不利于康隆公司安全环保管理责任的有效落实。二是进入开发生产期后，如果实际情况与油气储量评估评价情况出入太大，中原油田向康隆公司支付储量价款的规定就不具有可操作性。围绕以上问题，根据国家法律相关规定和项目运行实际，中原油田和康隆公司本着务实双赢的原则，于 2010 年 3 月对合作油气风险勘探开发合同进行具有中国特色的创新性变更。

变更后的合同，将操作者由原来的民企康隆公司变为拥有资源勘查开采权的国企中原油田；由中原油田负责合作区块的油气勘探开发操作，办理相关登记、许可、额度、审批手续和事宜，按照合同约定获得油气产品分成，享有产量指标；民营企业作为投资者，负责合作区块勘探期和开发生产期的投资及成本费用，承担相对应的风险，按照约定享有油气产品分成，即合作区块扣除甲方分成后的全部收益和亏损，并有权对中原油田的操作行为进行全方位监督；产品运输费、管输费和相关税款，由双方分别按比例予以承担。双方签订的合作合同为期 30 年，其中 5 年为勘探期。根据运行需要，可适当申请延长勘探期限。勘探期结束后仍未取得勘探突破的某一区块，乙方康隆公司可从合作区块范围内退出，其他区块则继续合作开发。合同期满后，如合作区内仍有开采价值的石油天然气或其他资源，双方可将合作期限适当延长。

(三)构建合作勘探开发项目“油公司”管理体制

借鉴国内外合作项目管理的先进经验，构建合作项目“集中决策、项目管理、市场化运作、社会化服务”的“油公司”体制机制，实现机构精干、运作高效、监控有力。

1. 构建合作项目“联管”体制

合作双方共同成立项目联管会，由双方各指派三名代表组成，作为项目的决策机构，联管会主席由中原油田首席代表担任，副主席由康隆公司首席代表担任。双方根据需要指派适当人数的顾问列席联管会会议。联管会下设秘书组和专家咨询组，作为常设办事机构。组建的中康项目部作为负责合作项目日常生产经营管理的管理机构和成本、利润中心；管理人员由双方选派，代表双方实施合作项目的管理。中康项目部设立联合账簿，对合作项目进行独立核算。合作项目“联管”体制的构建，形成从决策到执行、由双方共同参与的“联管”共同体。

2. 构建高效决策和联动执行体系

一是建立高效决策机制。联管会作为合作项目管理的最高决策机构，原则上采取协商一致的议事规则，至少每半年召开一次例行会议，实现事项决策常态化；出现紧急事件或需要开展重大工作措施时，随时召开临时会议，促进事项决策快速化；联管会例会邀请专家列席，听取专家的议案和意见建议。重大事项或议题无法达成一致意见时，联管会主席有一票否决权。如果一方同意，上述会议可以电话会议形式或者其他电子通讯方式召开。除合同规定的双方授权联管会的职权外，所有落实合同条款的建议以及合同没有详细规定的事宜，均可由双方中的任何一方提出，并在联管会会议上洽商、讨论、协调。

二是建立三级联动运行机制。三级联动运行机制即“联管会－项目部－承包商”三个层级的联动运行机制。联管会决策以书面形式下达项目部后，由项目部组织执行和落实。项目部全面负责合作项目的生产组织运行、财务核算和各项运行管理；根据合作区块勘探、开发潜力，结合双方意见，拟订中长期勘探开发规划和总投资计划；根据当年勘探、开发生产实际，组织编制年度勘探、开发部署和生产方案，拟订相应的年度投资计划，报联管会批准后执行。采油生产、石油工程及地面配套工程施工、油水井试油试气、原油外销拉运等业务，采取外包或市场化运作，所有施工队伍（承包商），通过招、议标方式公开优选。为确保项目部规范运作，合作双方经过磨合、沟通，制定中康项目部合同、印章、财务等管理制度 26 项，健全生产经营、激励约束、风险管控、安全环保监管控等机制，为项目部的规范运行提供保障。

三是建立多方协调机制。首先，理顺指挥部与联管会、项目部的关系，指挥部代表油田行使操作方的管理权，联管会作为合作项目最高权力机构行使决策权，指挥部的管理指令和建议通过联管会决议、纪要，下达给项目部执行。指挥部机关各部室的日常管理和生产指令通过合作区块管理部，下达项目部。制订《中康合作项目管理暂行规定》，进一步理顺指挥部及机关各部室与中康项目部的业务关系和工作程序。对于一般事项，由项目部直接向指挥部业务分管部室报告，指挥部业务分管部室尽快处理和答复。对于重要事项，按照“上二下一”的原则进行处理和反馈：“上二”，即中康项目部向业务分管部门和合作区块管理部两个部门进行报告；“下一”是指各分管部门对重要事项提出处理意见，报指挥部领导批准后，统一由区块管理部下达项目部执行。其次，明确项目部与地方劳务派遣机构、油田关联单位的关系，项目部以业务外包形式将生产、管理工作量整体承包给劳务派遣公司或油田关联单位。其中采油、集输、注水管理等核心业务整体承包给中原油田采油厂；后勤服务业务承包给社会劳务派遣公司。

3. 构建“三管齐下”的监管体系

操作方监管，由内蒙古探区勘探开发指挥部代表油田行使操作者的管理权，对项目部实行全面监督管理。项目部经理、生产副经理、财务科长等关键管理岗位人员由操作方选派，生产经营计划由指挥部与项目部共同制订，联管会研究确定，确保油田各项规定的落实。油品销售以操作方为主体，双方派员现场监督。安全环保由操作方全权监管，项目建设、重点施工作业由操作方及项目部严格监督检查。对安全环保方面存在的安全隐患和问题，操作方可随时提出整改措施。

投资方监督，参与重大事项、重要制度等顶层设计，对项目运行、重点工作、重点业务、关键节点进行全程监督。主要是参与联管会决策，对重要事项决策、重要制度制订等发表意见；在项目现场派驻专业代表，对项目运行和生产经营过程进行监督；对项目投资、成本使用进行监管，派出管理人员担任项目部经营财务副经理，在财务科派有人员参与联合账薄管理，在不妨碍项目部正常生产经营活动的前提下，投资方有权审计联合账簿和全部会计记录。同时，对油品销售、资金预算等关键节点进行监督。

第三方监管，主要包括国家、中石化和油田审计部门，对项目部注册登记资料、矿权和试采资料、项目部销售收入、合作方资金投入情况、油气产品销售情况、财务会计报表、生产经营关键节点等审计检查，以及地方政府安全监督管理、环境保护、草原监督管理、工商、税务等部门的执法监督检查等。

（四）建立勘探开发一体化运作机制

根据任务和目的的不同，勘探开发工作流程分为区域勘探、圈闭预探、油气田评价勘探、油气田开发评价、产能建设、开发生产等六个阶段。为提高勘探开发专业管理效能和合作项目经济效益，中原油田建立勘探开发“三个一体化”运作机制。

一是组织管理一体化。整合地球物理、油田地质、油藏开发等研究力量，联合组成“中康合作区块地质研究项目组”，信息共享，技术互补。落实项目成员分工，建立激励制度，明确责任，为勘探开发高效运行提供组织和人员保证。

二是综合研究一体化。围绕“立足凹陷整体解剖，统一地层划分、构造解释方案，勘探开发各有侧重，达到宏观演化、微观规律一致”的综合研究思路，协作开展地层划分对比、构造演化、沉积储层分布、油气富集规律、油藏描述、储层构型和剩余油分布等基础研究，强化多学科、多专业认识和成果集成应用，追求地质认识与勘探实践的有机统一。

三是部署实施一体化。坚持“整体部署、分步实施、跟踪分析、优化调整、效益优先”原则，加强勘探与开发、勘探评价与开发评价、探井试油与开发井试采“三个结合”，理顺勘探部署、开发评价、分批实施、优化调整等环节和流程。在运作过程中，开发向前拓展，提前介入对储层的认识；勘探向后延伸，尽可能为开发研究提供准确油藏模型，对开发工艺和方案编制进行指导；开发研究和实施的结果，又反过来印证和促进勘探研究，油田勘探发现到商业开发、实现投资效益回报的时间大大缩短。

三、国有石油企业引入民间资本的油气勘探开发项目合作机制创建的效果

（一）实现了勘探突破，形成了增储增产的接替阵地

2010 年中康合作项目开始实施现场勘探，年底中康 3—1 井获得工业油流，2011 年发现中康油田。随后勘探开发一体化快速推进，提高了勘探质量和效率，做到了当年发现储量、当年建成产能，实现了勘探场面的快速扩大和产能建设规模的快速提升。2011 年以来，证实乌里雅斯太凹陷中、北洼油气资源量约 1.9 亿吨，在中康油田先后发现中康 3 断块区、中康 17 断块区和中康 19 断块区，累计探明油气地质储量 412.87 万吨，控制石油地质储量 643.55 万吨；累计建成产能 10 万吨，年产原油由 2010 年的 1700 吨上升到 2013 年的 7 万吨，累计生产原油 14.1 万吨，成为中原油田增储上产的新阵地。

(二)实现了多方共赢,促进了国企民企的优势互补

一是对国企来说,引入民营资本,共担勘探风险,做大做强主业,拓宽富余人员安置与职工子女就业渠道。二是对民企来说,解决资本行业准入问题,借助国企的管理、技术、人才优势,提升民企的管理水平、投资收益和发展实力。三是有利于国家勘探开发油气资源,保障能源供应和扩大内需,增加税收和就业,促进国民经济增长。中康项目自2010年开展以来,累计投资8.3亿元,销售原油13.596万吨,上缴税费2.5374亿元(含石油特别收益金);康隆公司成功进入油气勘探开发领域,获得阶段性收入回报45570.25万元,派驻员工8人;中原油田实现了增储增产,获得分成6214.1250万元,向中康项目输出员工64人,缓解了企业生产经营压力;项目招聘大学毕业生等社会用工80人次,使用社会劳务派遣公司派遣的劳务工145人次,促进了地方就业和经济发展。

(三)创建了勘探开发项目合作机制,探索了国有石油石化企业持续有效发展的新途径

中康项目围绕打造中石化合作勘探开发样板项目的目标,积极创新实践,对外合作油气勘探体制机制从无到有、持续完善,确立了合作理念,创建形成了符合我国国情的国企民企油气勘探开发项目合作机制。在项目运行中,建立完善了严密配套的国内合作油气勘探制度体系,包括各类制度31项,内容涵盖联管会管理与监督、招投标管理、合同管理、石油工程管理、生产运行管理、计划财务、税收管理以及项目部内部管理制度在内的全部业务系统。油气勘探开发项目合作机制的创新实践证明,对外合作勘探开发是新形势下石油企业增储稳产和持续发展的有效补充,为国内石油石化企业借助民企力量、发展油气主业探索了一条新途径。

(成果创造人:孔凡群、焦大庆、石书灿、明柱平、李双泉、陈　雨、
董会立、张润疆、张东方、许永胜、杨福涛、刘献功)

大型非公有制企业以战略为导向的混合所有制设计与实施

天津贻成集团有限公司

贻成集团办公楼

天津贻成集团有限公司(以下简称"贻成集团")地处天津滨海新区塘沽,1993 年 10 月成立天津贻成房地产公司,2001 年组建天津贻成集团。现在已发展成为以房地产业为主,集船舶制造、港口航运物流、优质物业、专业投资等多领域为一体的大型民营企业集团。目前共有投资企业 55 家。按股权划分,有全资企业 20 家,控股企业 21 家,参股企业 14 家。按照产业划分,主业房地产组建了地产集团,旗下有 16 家企业;船舶制造业企业有 2 家;港口航运物流业企业有 3 家;持有物业企业有 8 家;专业投资企业有 3 家;建筑安装企业有 3 家等。截至 2013 年年底,贻成集团总资产 264 亿元,净资产 106 亿元。

一、大型非公有制企业以战略为导向的混合所有制设计与实施的背景

(一)抓住机遇,做强做大企业的需要

2005 年 2 月国务院发布了《关于鼓励支持和引导个体私营等非公有制经济发展的若干意见》(简称"非公 36 条"),提出"鼓励非公有制经济参与国有经济结构调整和国有企业重组。大力发展国有资本、集体资本和非公有资本等参股的混合所有制经济。鼓励非公有制企业通过并购和控股、参股等多种形式,参与国有企业和集体企业的改组改制改造"。党和国家的一系列政策措施的推出,给国有企业改革改制和非公经济的发展带来了历史性的机遇。贻成集团及时抓这一发展契机,积极寻求实现经济增长的多种所有制形式。民企与国企通过多种形式的合作建立混合所有制企业,可以发挥各自优势,取长补短,优势互补。

(二)建立现代企业制度,完善法人治理的需要

贻成集团经过艰苦的创业期,到 1999 年年底,总资产已超过 1 亿元。随着规模的不断扩大,出现了一系列制约企业发展的瓶颈问题,主要表现在:一是家族式管理模式的弊端越来越突出。同时,人员结构在企业内部形成了近亲繁殖,一定程度上阻碍了先进管理模式、外来优秀人才、优秀文化的融入,不利于企业的长远发展。二是高素质的职业经理人和专业技术人才缺乏,影响企业的进一步提升。三是股权结构单一,一股独大,一人决策,一人管理,形成了团队对决策者个人的依赖性,不利于团队智慧的发挥。通过合资合作建立混合所有制企业,建立现代企业制度,完善法人治理结构。按照市场竞争原则,引入职业经理人和各种专业人才,对生产要素、人力资源重新进行高效配置,成为贻成集团实现新跨越发展的必要选择。

(三)实行产业优化升级,提高企业竞争力的需要

贻成集团是从房地产业起家,依靠房地产业难以支撑企业做强做大。随着滨海新区纳入国家发展战略,一批全国知名的房地产企业如万科、万通、融创进入滨海新区,对贻成集团这样的本地企业来说是一个不小的冲击。这就需要引进先进的地产开发模式和营销手段,提高贻成集团地产的核心竞争力。贻成集团还需要走多元化发展的道路,提高市场占有率,增加抗击市场风险的能力。建立混合所有制经济,无疑是做强做大企业,实现企业可持续发展,打造企业战略的最好方式。

二、大型非公有制企业以战略为导向的混合所有制设计与实施的内涵和主要做法

贻成集团为了实现"企业组织运行的高效率,企业经济运行的高质量,企业投资收益的高效能"的管理目标,围绕"诚信务实做企业,合作共赢谋发展"的经营宗旨,通过参与国有企业的改制、与民营企业强强联合等合资合作形式,实现由家族式企业向现代企业的转变,建立现代企业制度,提升企业管理水平,扩大了业务领域,增强企业竞争能力。主要做法如下:

(一)以企业战略为指导,明确混合所有制发展的思路和原则

1. 提出协同发展,互利共赢的发展思路

贻成集团通过发展混合所有制经济,改进内部股权结构,建立现代企业制度,提高人员素质,推进企业发展。"诚信务实做企业,合作共赢谋发展"是企业做长做久的根本。为此,贻成集团提出协同发展,互利共赢发展混合所有制的思路。

2. 在发展混合所有制的过程中,坚持三个基本原则

一是坚持长期合作,可持续发展的原则。2003 年,贻成集团参与改制的两家国有企业都是传统产业,长期严重亏损,且还背负职工医疗、养老等社会包袱。政府从保护国有资产和维护社会稳定的角度,参与整个改制的过程。贻成集团的决策人看重的是这两家国企都有很长的历史,已经积淀了较深的技术、管理、文化基础。现在企业出现的问题是体制、机制的问题,这些在改制后可以通过内部治理调整过来。实践证明,贻成集团的这种决策是正确的,这两家由国企改制过来的混合制企业经营到现在,企业运行健康有序,企业规模不断扩大,取得了较好的成绩。

二是坚持诚实守信,利益共享的原则。诚实守信是合作的基础。在贻成集团控股的混合所有制企业里,对经济数据的通报、重大的决策、人事任免决议等事项,都要报董事会、监事会审核做出决议。贻成集团认为,在混合制企业里的控股方,只是投入多,承担的责任和风险大,并不是控股方可以超出协议、制度规定,暗箱操作。

集团班子研究企业发展问题

三是坚持公开公正,依法治企的原则。

贻成集团在混合企业里采取分层管理,授权经营,监督考核的管理方式,坚持在股东这个层面,通过合同协议、"三会"治理结构来履行各股东的决策职能;在混合所有制企业内部则通过经营授权管理、目标责任制考核来发挥经营者的作用。在日常管理中,各股东确定具体的责任部门对混合制企业的运行情况进行监控和服务,使出现的问题能得到及时反馈、及时整改。这样各个层面、各环节实现了管理上的无缝对接,信息交流的公开对等。做到公平、公正、公开,使得制度规定得到很好的落实。

(二)积极探索多种形式的混合所有制实现形式,做大做强企业

1. 建立职业经理人制度,为发展混合所有制提供人才支撑

一是选拔优秀的职业经理人走上重要的工作岗位。贻成集团借鉴国有企业和外资企业成熟的选拔、管理、考评领导干部的机制,形成规范的职业经理人管理体系。坚持"德才兼备"原则,既看专业能力,也看思想品德。对内部提拔的优秀人才,需要进行考察和民主测评;对外招聘人员要经过面试和考试;最终要形成考察报告交领导小组讨论后,确定录用人员。

二是为职业经理人提供充分发挥才能的平台。贻成集团对职业经理人给予充分的尊重和信任。双方的权力与义务是在互相沟通协商一致的前提下确定。总经理在授权范围内有人、财、物自主调配使用的权力。在资金的使用上,在授权额度和计划内的资金由总经理直接审批。在人员聘用上,在不突破集团核定的人员编制总额和工资总额的基础上,副职班子成员的聘用由总经理提名,报董事会批准后聘用;中层及以下人员聘用一律由总经理审定。

三是加强对职业经理人的培训,不断提升职业经理人队伍的素质和水平。贻成集团把职业经理人队伍的建设当作重点工作,开展"创建优秀领导班子活动",把"基本素质好、经营业绩好、团结协作好、作风形象好、后备人才好"作为企业领导班子建设的总体目标。总考核期是三年,每年进行总结考核一次。贻成集团还将职业经理人的培训纳入到滨海新区领导干部的年度培训体系里,接受由国内顶级专家、教授讲授的有关企业管理、国家政策、国内国际形势、国学等知识。同时,通过组织职业经理人集体学习、参观、考察的等形式,使职业经理人的培训常规化、制度化。2013 年,根据中央制定 "八项规定",贻成集团也制定"贻成集团的八项规定",使廉洁自律成了任何职业经理人都不能跃过的底线。

四是推行目标管理,实施有效的激励考核。混合所有制企业的经营者是企业管理的第一责任人,也是集团绩效考核的第一责任主体,贻成集团推行经营者授权经营与目标责任制考核机制。每年年初,贻成集团控股的混合所有制企业的经营者要与企业董事会签订《授权经营书》和《年度经营业绩考核及三年任期考核目标责任书》。《授权经营书》明确经营者(总经理)具体的职责范围、权利和义务。签订经营业绩考核目标。年度经营业绩考核内容包括年度经济指标、年度工作指标、年度重大目标等三大项以及属于"一票否决"的重大事项。每年年底,贻成集团安排组织职业经理人进行年终述职和经济目标的考核。考核结果作为奖罚和是否聘用的依据。

2. 通过参与改制重组、合资合作等形式,发展混合所有制企业

一是积极参与国有企业改制。2003 年,贻成集团参与天津船舶工业总公司所属企业

天津新河船厂的改制。改制成立新的混合所有制企业天津新河船舶重工有限公司，总注册资本 1.3866 亿元，贻成集团占 50%的股份，天津船舶工业总公司占 45%的股份。因为涉及国有资产，塘沽国有投资公司代表政府以出资人的身份占 5%的股份。合资后，贻成集团做的第一件事就是将多年来所欠职工的 2200 多万元的费用在 2003 年 11 月 18 日企业正式挂牌前全部还清，体现了合作的诚意和承担的社会责任。改制第二年企业就扭亏为盈，摘掉了连续 18 年亏损的帽子。到 2009 年，企业完成产值突破 13 亿元。2003 年年底，贻成集团参与天津渤海化工集团下属企业天津市化工建设工程公司的改制，成立天津贻成化工建设工程有限公司，贻成占 90%的股份，天津渤海化工集团占 10%的股份。贻成开始进入建筑施工和安装工程行业。2008 年，贻成集团与大型国有企业天津港集团公司合资组建天津滨海基金公司。贻成集团以此为平台，开始涉足金融、基金行业，开辟一个全新的领域。

二是与先进的民营企业合资合作。2006 年，贻成集团与联想集团下属的地产集团融科置地合资组建天津贻成融科置业有限公司，贻成公司占 30%的股份。同一年，贻成集团还与香港昌运东富集团合资组建地产企业天津港通置业有限公司，贻成集团占 60%的股份，贻成集团控股，选派总经理和财务总监，对方选派副总经理。贻成集团以本地资源的优势，加上两个地产股东成熟的地产管理运营模式，至今天津港通置业有限公司在滨海新区已开发近 200 万平方米的项目，创出混合所有制企业自己的品牌。2008 年，贻成集团与本地知名的民营企业世纪集团合资组建天津临港滨海港务公司，贻成集团占 45%股份。通过合资合作，共同进军港口码头业。合资合作改善了贻成集团的产业结构。

三是与个人股东的投资合作。贻成集团与个人股东的合作设立的混合所有制企业，主要分为人个投资和个人债转股两种形式。

3. 实施对混合所有制企业股权不同的监管

截至 2014 年，贻成集团共有 35 家混合所有制企业，其中控股企业 21 家，参股企业 14 家。混合所有制建立的过程实际上就是法人治理结构真正完善的过程。贻成集团以股权为依据，按照贻成控股和参控分类对对混合所有制企业分别实施不同的监管。

一是加强对的控股企业的管理。贻成集团按照股权结构，建立起各企业的股东会、董事会、监事会，企业实行董事会领导下的总经理负责制。董事会的职责主要定位在战略目标确立、战略管理、公司治理和管理监控方面。明确集团监管与混合所有制投资企业之间的关系。集团总部各职能部门代表股东，从监管及考核的角度，围绕其核心管理职能去履行日常的监督、考核、支撑、服务的职能。贻成集团通过建立经营者授权经营以及经济责任目标考核体系来实施。目标考核责任书以董事会的名义由董事长与经营者签订经营授权书和经济目标考核责任书。对经营者进行人、财、物的合理授权，保证目标的一致和实施。到年终，集团各职能部门对照考核责任书内容进行考核。考核结果反馈企业董事会，由董事会形成最终决议进行目标兑现。

贻成集团进行动态的监控。对人员的管理贻成集团管控到企业经营班子。经济运行状况则通过财务、统计、资产月报形式以及现场检查、审核形式进行监控。贻成集团还推行月度投资企业工作汇报制度。每半年贻成集团牵头组织召开董事会、监事会。做到混合所有制度企业的信息及时掌控，及时公布交流，出现问题及时发现、整改。

二是加强对参股混合所有制企业的管理。对与参股企业日常的管理、考核由对方的控股方组织实施，贻成集团派出会计人员或个别岗位的高管参与日常经营，进行监管。集团派出的董事、监事代表贻成集团方行使监督表决权。贻成集团如果发现问题，反馈到控股方股东或在董、监事会上提出，由董、监事会做最后决议。做到不直接干预混合所有制企业的经营活动，监管到位不越位。

三是推行集团总部经济管理模式。集团推行总部经济的管理模式，混合所有制企业不分控股、参股，经济数据信息全部纳入贻成集团经济运行分析系统中。总部经济管理模式的优势表现在：第一，发挥集团的行业优势，进行产业结构的调整。根据混合所有制企业的行业类别进行归类，按照行业板块进行管理和结构的调整。第二，发挥集团资金的优势。重点做好控股混合所有制的资金预算控制、资金流量分析及控制、资金筹划与使用、税务筹划、创新信贷模式等工作。为混合所有制企业的融资、贷款提供担保。第三，发挥集团的人才优势。建立集团系统内人才信息库，由集团统一考核、调配，培养和使用贻成集团的职业经理人、各类专业人才，为混合所有制企业的可持续发展奠定良好基础。

4. 强化风险防控，保证混合所有制企业健康发展

一是加强决策的科学性，防止经营决策失误的风险。为防范决策失误的风险，从2006开始，专门设立企业发展战略委员会和投融资风险防控委员会，对混合所有制企业的发展战略进行研究，对重大投资项目进行论证。使混合所有制企业的投资、融资活动处于可控的区间。二是加强对混合所有制企业运行情况的掌控，防止管理失控造成的风险。贻成集团加强了日报、月报上报制度，每季度要逐一对投资企业经济运行、资产情况进行分析。三是加强对领导及重点岗位人员的管理，防止因用人不当或管理失控造成的风险。对集团派出的董事、监事、外派财务等人员制定管理细则和考核制度，并由集团垂直管理，实行岗位轮换制。四是加强资金的监管，防止现金流断裂或者资金流动偏差出现的风险。预防现金流断裂是财务管理的首要任务。贻成集团对混合所有制企业的各类贷款、应收款项、各种借款、投资借款等进行监控，规范运行秩序。五是加强审计监督，防止管理漏洞和人员失控出现的风险。集团审计部直接由集团董事局管理，直接对集团董事局负责，避免外界对审计的干扰。

5. 加强集团与投资企业的融合，实现各类所有制企业优势互补

一是强化企业价值观和企业文化的融合。贻成集团积极营建"以人为本"的文化氛围，不断丰富和深化贻成企业文化。通过领导班子建设活动、制度建设、廉政建设、文化活动、培训学习等多种形式，形成贻成集团统一的核心价值观，使贻成文化与股东文化、与混合所有制企业文化，企业"一把手"文化与员工文化的更深入、广泛的融合，产生强大的凝聚力和向心力，推进贻成集团和混合所有制企业协调一致向前发展。使领导与领导、领导与员工、员工与员工之间精诚合作，互相学习，共同进步。这种相互尊重、取长补短的文化理念，增强企业的凝聚力、向心力。促进企业目标顺利实现，极大提升了企业的软实力。二是强化管理体制和机制的融合。贻成集团的经营授权管理、目标责任制考核体系、日常监控的管理体系、工作督办制度、审计整改制度等都是在吸收各家的管理长处后形成的规范体系。融合的过程就是学习的过程，学习的过程就是提高的过程。

三、大型非公有制企业以战略为导向的混合所有制设计与实施的效果

(一)混合所有制发展成效显著,有效支撑了企业战略的实现

在贻成集团进行混合所有制经济运营10多年来,投资的35家混合所有企业中没有出现过严重的管理失控、决策失误、资金链断裂、职业经理人违纪违法等重大经营管理等事件,实现了企业平稳较快发展。贻成集团提高了管理水平,优化了资产,实现了合作共赢的目标。2013年贻成集团实现营业收入总额72亿元,比2006年增长2.7倍;总资产达到264亿元,比2006年增长5.8倍;实现纳税总额4.68亿元,比2006年增长3.1倍。在经济效益增长的同时,贻成集团也为社会公益做出自己的贡献,从1993年成立至今贻成集团公益捐款达到1亿多元。2014年,获得“中华慈善突出贡献(单位)奖”。取得了经济效益和社会效益的双丰收。

贻成集团的五大行业实现均衡发展,企业产业升级进展明显。2010年,贻成集团研发的地源热泵与盐碱地绿化改造相结合的绿色地产项目被评为塘沽重大科技创新项目。贻成集团开发建设的贻成豪庭项目获得“2013中国土木工程詹天佑奖优秀住宅小区金奖”。目前,贻成集团正进行地产产业链的延伸,优质物业持有与经营板块已进行整合,将成为贻成集团另一个产业集团。贻成集团其他产业的混合所有制企业也取得了可喜的成绩。到2013年年底,除房地产业以外的其他四大行业实现的营业收入已占集团营业收入总额的33.8%。贻成集团参与改制的国有天津贻成化工建设公司,企业发展平稳,除化工建筑安装工程外,产业延伸到专业的园林景观,在产业细分的道路上取得了进展。贻成集团与民营企业合资组建的天津滨海港务公司,在天津临港工业区从事码头航运业务。临港滨海港务公司的业务已覆盖到东北亚,是贻成集团混合所有制企业里效益最好的企业之一。

(二)实现了不同所有制的优势互补,探索了一条混合所有制发展的成功道路

科学的管控体系,保证了企业的规范、高效的运营,贻成品牌的影响力大大提高。在产业领域,贻成集团由单一的房地产业,拓展到了船舶制造、港口航运物流、专业投资和持有物业的经营与管理,增强了企业的实力,提高了抵御风险的能力。贻成集团经济实力和运营质量逐年提高,在市场竞争中立于不败之地,保证了企业的可持续发展。天津新河重工、天津贻成化建等老国企改制后,由计划经济时期行政式管理的企业转变为了能够独立面对市场竞争的经济实体,考核体系、分配体系,企业创新能力增强。贻成集团培养出了一批懂专业、会管理的职业经理人。贻成集团实现了不同所有制的优势互补,探索了一条混合所有制发展的成功道路。截至2014年,贻成集团已连续十年上榜“中国服务业企业500强”,连续四年荣获“中国房地产企业100强”,连续九年进入“天津企业100强”,连续四年入围“天津私营企业前10强”。

(成果创造人:邱万华、齐聪山、赵和龙、张　政、郭　毅、李　华、
申桂玲、张学亮、付国俍、王秀明、李　华、陈　静)

施工企业大型复杂工程的总项目部管理

中交第一公路工程局有限公司总承包经营分公司

麻竹四标三溪沟2#大桥施工现场

中交第一公路工程局有限公司总承包经营分公司(以下简称“总承包公司”),隶属于国家大型公路工程施工总承包特级企业中交第一公路工程局有限公司(以下简称“中交一公局”),受中交一公局委托承担大型复杂工程(也称大标段)的总项目部(管理任务。现有员工493人,其中拥有中、高级职称的技术人员101人,承建的工程遍及湖北、重庆、陕西等地。

一、施工企业大型复杂工程的总项目部管理背景

(一)适应工程项目标段大型化趋势的需要

大标段项目合同金额一般在20亿元以上,准入门槛高,管理高效,有利于集约化整合资源,集中管理力量,充分发挥团队规模优势,越来越受到投资人或项目业主的青睐。传统的项目组织模式,将整个项目划分为若干个工区施工,各工区在时间和空间上基本不发生关系,各自为政自主生产,势必在工序衔接、质量安全管理、资源集成、宏观调度等重要方面产生种种冲突,极易导致工期延误或质量缺陷,对企业的市场信誉造成负面影响。授权并委托专业项目管理机构成立大标段总项目部,代表中交一公局实施“总部+分部”组织模式下的大型复杂工程管理任务势在必行。

(二)破解大型复杂工程项目管理难题的需要

和传统工程项目相比,大型复杂工程项目规模急剧扩大,施工范围越来越广,资源需求量激增,工序衔接及沿线环境复杂,工期及投资规模要求严格,管理难度及跨度大大提升,项目业主对承包人的企业资质及施工经验提出了严格的规定。为保证大标段顺利实施,客观上要求创新“总部+分部”组织模式,并强化总部在项目群内部管控、与业主及属地政府对外协调等方面的管理手段。

(三)企业具有良好的管理基础

近十几年以来,中交一公局坚持“以人为本、科技兴企”的经营理念,以技术创新、管理创新作为支撑点,以争创一流作为企业可持续发展的新动力,承接了大量的技术含量高、施工难度大、工艺结构复杂的特、难、精、尖的全国重点工程。在各类大型复杂工程项目实施过程中,进行了诸如太中银铁路、京沪高速铁路、沪昆客运专线等大标段管理探索实践,进行了多种组织管理模式尝试,为实施大型复杂工程的总项目部管理奠定了坚实的实践基础。

二、施工企业大型复杂工程的总项目部管理内涵和主要做法

为适应工程项目标段大型化的发展趋势、破解大型复杂工程项目的管理难题，总承包公司推行“总部＋分部”组织模式下的总项目部管理，明确总部职责及“服务、监督、保障、指导”的工作思路，采取“模块化＋专业化”管理方式，强化对重要工程指标的管控、执行“三集中”确保资源集成化，建设信息化管理平台及加强月度综合考评，打造大标段总部管理品牌，实现大型复杂工程项目按期保质低成本竣工。主要做法如下：

(一)明确总部职责，确定工作思路

中交一公局中标大型复杂工程项目后，授权总承包公司成立总项目部(简称总部)，代表其实施“总部＋分部”组织模式下的大标段总部管理任务。一般情况下，将合同总金额按照6亿～10亿元为划分单元，交由分部实施。分部由中交一公局土建施工板块中具有公路工程施工总承包壹级资质的子公司组建。总部经理由中交一公局副总经理担任，并委任总承包公司一名持有一级建造师证书的副总经理担任总部常务副经理，主持日常项目管理工作。分部经理由参建子公司任命，并满足相应从业资质及工作经验要求。

大标段总部、分部的权利和责任划分先责后权，本着集约高效的原则分解落实各项责任，再根据履行责任的需要赋予合理的权利。总部在项目实施全过程中高度介入、深入参与、严格管控，为分部专心实施精细化施工创造有利平台，主要体现为：一是严格执行“三集中”，即大宗材料集中采购、经济合同集中结算、项目资金集中管理；二是总部根据项目业主下达的计划货币工作量，编制劳动竞赛方案，制定节点工期目标，分解货币工作量计划下发给分部，以签订目标责任状的形式约束分部经营管理行为，并对分部的工程实施和资源配置方案提出指导性意见；三是按照上级党委的工作部署，以“管导向、抓班子、带队伍、保发展、促和谐，建立服务型基层党组织”为党建工作主旨，在融合各子公司企业文化的基础上，努力营造“自强奋进、永争第一”的大标段项目管理文化。

总部机构设置严密，在满足项目业主对部门设置的要求并基本涵盖工程技术、安全管理、质量巡检、计划合同、材料设备、协调环保、财务管理、工地试验及综合办公七大职能部门的基础上，成立路基、桥梁、隧道工作专班和进度督导、试验检测、超前地质预报及监控量测等专项工作组，从工程全局角度规划和安排总体工作，整合各方资源，对合同管理、工程变更、大额资金支付、大宗材料采购及劳务工程单价等重大事项，统一规划，集中管控，放权定责。此外，在利用后方公司专家组资源基础上，总部积极拓展社会资源，与国内知名科研院校、社会专业机构建立协作关系，建立“外脑专家库”，提高对分部的技术服务水平。分部对总部负责，在总部的严格管控下完成施工任务和经营指标。

一般情况下，大标段项目实行“总部→分部→专业班组”三级管理体系；如遇工期、安全、质量等重大或突发事件处理等特殊情况，总部可按照“下管两级”的原则，将管理手段直接深入到“专业班组”一级。经过多年探索实践，总承包公司将总项目部管理的工作思路确定为“服务、监

麻竹四标孙家湾大桥从保康县城旁穿过

督、保障、指导”。

（二）采取“模块化＋专业化”管理方式，实现大标段项目管理标准化

总部通过推行“模块化＋专业化”管理模式，统一大标段管理流程及管理制度，整合后形成管理合力，将分部的各项生产经营行为管细管严。总部将大标段项目管理分解为技术管理、施工管理、质量管理、经营管理、安全管理、行政综合管理、设备管理、材料管理、人力资源管理、财务管理等十余个标准化管理模块，每个模块细化为若干个子模块及管理单元。将路基工程、桥梁工程、隧道工程、路面工程分解为若干专业化工序。通过模块单元之间的有效衔接形成规范的管理流程。通过编制专业化工序标准工艺工法和执行专业化工序分包，消除施工现场各类安全质量隐患。

此外，总部在驻地建设、“三场一站”（桥梁预制场、钢筋加工场、小型构件预制场及混凝土拌和站）建设、组织机构及企业文化建设等方面，推行标准化管理，通过统一标识规范、员工道德与行为规范，大力弘扬企业理念，确保总部与各分部之间统一思想、步调一致，形成管理合力。

（三）强化对重要工程指标的管控，保证大标段项目按期保质低成本竣工

1. 加强进度管理

一是制定周密的劳动竞赛方案，开展月度评比及阶段性考核。在工程开工前，总部在细化项目业主对各承包人施工目标考核办法的基础上，编制总部对分部的月度综合考评实施办法，将“分部完成总部下达的月度货币工作量计划（即产值计划）的90%及以上”作为分部取得月度劳动竞赛获奖资格的门槛，充分调动分部优化施工组织及资源配置的积极性和主动性。同时，总部制定诸如桥梁下部结构、路基交验、隧道洞门及洞身开挖等节点目标的阶段性考核办法，完善奖惩机制，激励分部完成各类形象进度。

二是执行总调度制度。总部成立路基、桥梁、隧道工作专班，深入施工现场，每日对分部形象进度完成情况进行统计汇总，形成真实完整的数理统计信息，供总部宏观研究关键线路，制定避免进度滞后的纠正及预防措施。

三是执行集中办公制度。大型复杂工程“零号清单”编制任务繁重，计量程序繁琐，技术变更及费用变更频繁，总部为分部的经营、技术管理人员设专门办公室，实行以总部为统领的计量、变更集中办公制度，缩短计量周期，及时领取工程款项，为保证工程进度提供资金支持。

2. 严格质量管理

一是执行内部监理制，成立由总部质量巡检部、中心试验室组成的联合质量巡检组，配备专业化试验检测仪器，定期检查分部的隐蔽工程、混凝土强度及结构外观质量，向分部及时下达质量隐患及质量问题整改通知书，要求分部限期整改闭合。二是执行首件工程认可制。总部要求路基、桥涵、隧道等单位工程的所有分部工程必须严格执行首件工程认可制，对率先完成首件认可的分部给予适当的奖励；分部未按要求完成首件工程认可而擅自开工的项目，总部不予计量。三是执行样板引路制。总部在日常管理过程中，鼓励分部承办各类质量管理现场观摩交流会，在各分部之间推进以点带面、样板引路。

3. 提升安全管理

工程开工前，总部负责组织项目总体及专项安全风险评估工作，制定各级危险源清单下发给各分部。总部对分部的月度综合考评中，实行安全事故一票否决制。同时，集中组织分部安全管理人员考核培训、知识竞赛，集中策划大型安全事故应急演练等，全面提高参建人员的安全意识及安全技能。此外，总部还成立环保协调部门，组建工作专班，定期开展“路容路貌”专项整治活动，协调沿线防汛备汛、降尘降噪等环境保护与水土保持工作。

（四）执行“三集中”，确保资源集成化

1. 大宗材料集中采购

一是规范管理办法。明确大宗材料的市场调查、采购管理、采购计划、材料供应、进场验收与试验检验、保管与保养、发放领用及使用、成本管理、现场剩余废旧工程材料调剂利用和处理等管理制度，并制定与大宗材料相关的综合考评实施办法。

二是评定合格供应商。由总部负责集中招标采购的主要工程材料供应商，采取准入制。由总部相关职能部门组成市场调查小组，重点关注供应商的注册资金、供应业绩、企业信誉，择优选择资金实力雄厚、抗风险能力强的供应商，形成“合格供应商名录”报总部领导班子审核。

三是强调计划管理。总部督促分部加强材料的现场管理，要求分部每月 20 日前根据施工计划上报下月的材料使用计划。总部根据分部上报的材料计划进行分类汇总，然后将材料使用计划下达给相关供应商，并要求各供应商根据材料使用计划供应材料。对于超出计划的部分，分部必须及时与总部沟通，说明原因，补报计划。经总部核查同意后，方能继续购进材料。

四是及时结算、定期盘点。总部及分部定期联合统计材料进场数量，提供给相关主管领导，便于其及时了解材料进场情况，便于总部每月底办理材料结算，及时将材料结算反馈给分部，要求分部及时记入材料费成本；结算完毕后，总部督促分部对现场材料进行盘存，进行经济活动分析。总部材料设备部负责抽查分部月底盘点工作。

五是执行表格化管理。总部根据大宗材料集中采购的特点，编制“供应商明细表”、“分部材料款情况表”、“材料入账表”等一系列规范、实用的表格，便于总部及分部及时掌握材料的进场情况、应付账款及分部的材料成本。

六是加强沟通。按照“三重一大”管理规定，由总部组织分部材料负责人对符合招标条件的大宗物资进行公开招标。招标结束后，由总部联合分部成立的评标小组对公开招标的材料按照评标办法进行评标，确定中标单位。对于不具备招标条件的材料，总部与相关供应商进行合同谈判，合同签订前，分部参与会签，并及时上报中交一公局及各参建子公司。同时，总部定期、不定期召集分部及相关供应商召开材料工作专题会，及时了解分部遇到的实际问题，集体研究制定解决方案。此外，总部还集中统筹电力供应、民爆物品及保险服务，以达到资源集成、降本增效的效果。

2. 经济合同集中结算

经济合同集中结算是指项目劳务分包、专业分包、材料采购等所有经济合同的结算，都必须经过后方公司的审核和批复，其目的是建立健全合同结算管理体系、有效监控项目实施过程和业务流程、强化成本控制、防范经营风险、增加经济效益。总部以规范分部合同管理为基础，主要从以下几方面保证分部执行经济合同集中结算：

一是分包结算实行限价管制。总部经调研分析，拟定劳务分包限价（指导价）下发给分部遵照执行。执行过程中，总部通过全面预算系统进行全程监控，因特殊情况或不可抗力因素需突破限价的，分部必须提交详细的费用分析，经总部审核批准。

二是总部严查分部是否进行分包商资质审查，各类经济合同是否按照合同范本严谨编制，严惩虚假合同，尽量减少为了结算而补签补充协议，规避后期经营风险。

三是总部每月定期检查分部分包工程的中期结算和最终结算，确保集中结算程序规范，详细掌控分部各类经济合同的执行率，要求凡是达到结算要求的合同必须按月度结算，监督分部是否执行“量价分离、量价双控”，即结算工程量必须是该分包商本月实际完成的工程量、必须是甲方各部门按照内部验收制度进行内部验收合格的实际工程量，结算单价必须是合同批复的单价、该单价所含的内容必须与实际相符。

3. 项目资金集中管理

总部采用集中管理、统一开户、集中审核、集中支付，取代传统的将工程款按照各分部产值全额分配、各分部各自管理、自主支付的资金管理模式。各分部根据施工需要申请使用资金，总部根据相关规定审核审批支付，各款项支付的支持性文件必须完整有效。

（五）建设信息化管理平台

一是制定信息化管理制度，开展“信息化管理年”活动。通过加强总部、分部各业务管理信息系统的推广和应用，进一步完善以合同管理为主线、以预算管理为龙头、以成本控制为核心、以资金管理为抓手的大标段“总部＋分部”组织模式，将所有合同从要约、谈判、订立、执行到结算、资金支付全过程纳入实时监控，从而有效规避和防范经营风险。

二是执行办公自动化。通过文件网络传输及处理、重要信息网上共享、主要控制性工程及重难点工程可视化管理等手段，增加总部与分部之间的协同办公能力，强化决策的一致性。

三是严管分部的信息管理保障硬件建设。针对特长隧道或不良地质隧道，总部负责统一招标，引进专业机构在隧道洞口安装可视化人员信息监控系统。对分部办公驻地未设置专职信息化管理员、网络带宽不足 10M 或网络管理不力造成系统运行不畅通的，要求限期整改，整改不到位的给予经济处罚，直到整改达标为止。

（六）加强月度综合考评

月度综合考评的考核内容分为进度、质量、安全、综合管理四个大项，细化为工程进度、工程管理、质量管理、安全标准化施工、材料设备管理、党建文明创建及廉政建设、财务管理、协调环保管理、行政内业管理九个分项，原则上与项目业主对全线各标段的日常考核内容保持一致，并进行细化。四个大项总分为 100 分，分值权重根据工程进展情况实时调整。一般情况下，为确保项目前期夯实基础管理，“综合管理”在项目前期必须保证一定分值权重，随着基础管理不断优化，该大项分值权重可适当缩减。具体实施措施如下：

一是先定计划、月末考核、及时公布。总部每月初制定并向分部下达月施工计划，月末考核分部的形象进度及完成产值，综合考评结果在总部月末生产调度例会上予以公布。

二是经理牵头、班子带队、部门测评。月度综合考评由总部项目经理牵头、各分管副经理带队、各相关职能部门测评，采取综合评分、月度考核评比的办法进行。

三是一票否决、取消资格、给予处罚。分部出现无等级死亡事故或等级安全事故、一般质量事故及重大质量事故、等级环境事故，或者被项目业主、质监部门全线通报或严重警告的，一律取消评比资格，并给予相应处罚。

四是检查资料、实测实量、内外结合。总部相关职能部门依照考核标准，检查分部的工程技术档案、质量保证资料、安全基础档案、材料设备台账、行政及党建文案等档案资料。依照相关质量检验标准，利用各类现场测量、检测及试验仪器实测实量，做好质量描述，保存影像资料。

五是平衡工点、折算得分、加分减分。综合考评折算得分的计算方法，最大限度地体现公平公正原则。除工程质量外，其他各分项的折算得分计算方法采取月度扣分占总扣分上限的百分比确定得分。工程质量折算得分"按 10 个工点折算扣分"，如：当某分部仅被检查一个工点的实体工程质量时，质量扣分被放大 10 倍；当被检查两个工点时，质量扣分被放大 5 倍；以此类推。此种计算方法可有效避免"被检查工点越多、扣分越多"的考核体系缺陷，最大限度地维护综合考评的公平性及严肃性。

六是制定门槛、进度制胜、激励优先。当某分部考核得分大于等于 90 分、完成产值计划的 90%及以上，且未发生安全、质量、环保、廉政等重大责任事故，未出现违法、违纪、违规、违约问题时，即可取得综合考评奖金获奖资格，并按得分高低评出计奖名次。当某分部考核得分小于 90 分、完成产值计划的不足 90%，则不具备综合考评奖金获奖资格。

七是及时通报反馈、开展奖惩。总部每月将综合考评结果以文件形式抄送各分部后方公司，抄报中交一公局总经理办公室及施工管理部，并对考核名次的前两名、后两名进行情况说明。如某分部连续三次在综合考评中获得第一名，总部将对该分部予以特殊奖励；反之，如某分部连续三次在综合考评中位列末位，总部将向中交一公局及相关后方公司提出更换分部负责人要求。

三、施工企业大型复杂工程的总项目部管理效果

（一）保障了大型复杂工程项目顺利竣工

自 2008 年以来，总承包公司根据市场变化，开展总项目部管理创新，参与或主持的京沪高速铁路、麻竹高速公路等大型复杂工程，进度超前、质量平稳、安全可控、综合管理规范，逐步打造了"业主满意、分部认可"的大标段总部管理品牌。同时，管理的改善促进了农民工合法权益与工程施工沿线环境的保护，有效践行了企业社会责任。

（二）提高了企业的盈利能力

成果的实施推动了企业整体经济效益明显增长。与 2012 年度相比，2013 年度实现了利润额翻番。2014 年上半年，总承包公司顺利完成 2014 年度新签合同额，并实现"时间过半、产值过半"的目标。与此同时，各参建子公司的利润额也得到了提高。

（成果创造人：吴传贤、高怀鹏、李志辉、高婧玮、曾　珠）

大型能源化工企业基于混合所有制的转型升级

陕西煤业化工集团有限责任公司

成果主创人：集团董事长杨照乾

陕西煤业化工集团有限责任公司（以下简称“陕煤化集团”）是陕西省省属特大型能源化工企业，拥有煤炭、煤化工、钢铁等8个产业板块，以及运销、物资、科研、金融、后勤等5个服务性功能平台，2013年资产总额3485亿元，生产原煤1.28亿吨、化工产品1114万吨、粗钢800万吨、发电283亿千瓦时，实现营业收入1508亿元，位列中国企业500强第99位。

一、大型能源化工企业基于混合所有制的转型升级的背景

（一）抓住发展机遇，落实国企改革的需要

2004年2月，陕西省人民政府将原省属的10个煤炭企业联合组建陕西煤业集团有限责任公司。成立之初，正处于煤炭行业十年黄金期，在快速发展态势下，煤炭行业暴露出产业集中低、增长方式粗放、节能环保滞后等一系列问题，为此，国家出台了《煤炭工业“十一五”发展规划》和《煤炭产业政策》，提出构建以依靠科技、促进升级，深度加工、洁净利用为特点的新型煤炭工业体系，并明确了建设大型煤炭基地、培育大型煤炭企业集团等主要任务，当时正处于国企改革的第三阶段，主要目标是通过建立现代企业制度、改造国企产权结构，最终使国有企业成为“产权清晰、权责明确、政企分开、管理科学”的现代企业，而实现以上目标的中心环节就是要解决国有企业的产权问题，其着重点就放在引入外来资本上，实行混合所有制。陕煤化集团抓住这一难得的发展机遇和改革契机，提出以现有煤炭产业为核心，打破地域、行业和所有制界限，以资源、资产为纽带，通过兼并和重组发展成为大型能源企业集团。

（二）实现集团转型升级、跨越发展的需要

陕煤化集团提出“以煤炭开采为基础，煤化工为主导，多元化互补发展”战略思路，推动煤炭工业低碳转型，实现煤炭企业规模化、低碳化、清洁化、集约化发展的基础上，不断延伸产业链，实现煤炭前向一体化，即煤向电转化、煤电向载能工业品转化、煤油气盐向化工产品转化的发展战略，按照“大集团引领、大项目支撑、园区化承载、集群化推进”的发展模式，通过与央企、民企、其他地方国企的强强联合，进一步扩大生产规模，积极开展清洁生产和资源综合利用，同时向优势产业进军，延伸产业链条，实现陕煤化集团成为一流能源化工企业的梦想。

二、大型能源化工企业基于混合所有制的转型升级的内涵和主要做法

陕煤化集团围绕“以煤炭开采为基础，以煤化工为主导，多元互补发展”战略，通过理念创新、体制创新、机制创新，发挥市场在资源配置中的主体作用，发挥国有大型企业在社会经济结构调整中的主体作用，以资本、资源、品牌、技术和市场为纽带，通过增资扩股、合作共建新项目等方式，大力发展与央企、民企和其他地方国企混合所有制企业，有力地促进陕煤化集团获取资源、调整结构、升级产业、布局优势产业、改善机制、提升管理的步伐。主要做法如下：

（一）以发展战略为指导，明确混合所有制改革的方向和原则

陕煤化集团明确混合所有制改革方向：利用集团优势，结合集团战略规划，认真挖掘和组合重组获取的资源要素，在更大范围、更高层次下深度部署发展规划，最大可能地优化新项目工艺路线和资源配置方案，形成更有价值、更有效率的项目方案，用大产业、长链条、集群化、循环化原则打造富有竞争力的产业体系，并且要重点抓好重大项目落实、新增煤炭资源争取，加快企业培育上市步伐。

同时，确定混合所有制发展原则：一是混合所有制并购重组的目的要明确，战略指向要清晰。实现企业战略目标是发展混合经济的前提。合作重组项目要紧紧围绕“发展”这条主线，不以单纯获取存量规模和短期财务指标为目的，更看重对象的成长性、扩展性和与陕煤化集团产业的协同性，一切以是否有利于自身产业长远发展为检验标准。二是不盲目并购重组非相关产业。所有并购重组目标的选择都是围绕煤炭开发和煤化工主业展开，注重相关性、互补性。三是坚持把市场化手段作为发展混合所有制的基础。四是借助混合经济模式，推进产业升级。五是发展混合所有制经济，不能局限于所有制性质，既有不同级次的国有企业，也有民营企业。六是规范混合所有制经济发展，必须注重制度建设。混合经济作为多元资本合作的有效形式，应该按照公司法和现代企业制度建立规范的治理结构，本着契约精神，按照投资合作协议履行有关条款，为长期发展奠定制度基础。与民营企业合作，更要注重依法办事，规范操作，按程序进行。

（二）通过与地方国企、民企合作，充分整合、获取优质煤炭资源

随着国有资产管理体系的理顺，地方各级国有资产投资能力大幅提升，陕煤化集团在各市、县发展新项目时，充分理解各地方政府加快发展、致富百姓的愿望，充分与有投资能力的地方国有资产运营主体合作。先后与地方合作建立红柳林、柠条塔、张家峁等千万吨级先进矿区，获得优质资源近 20 亿吨，同时与民营企业合作重组榆阳、孙家岔、建新、建庄四个煤矿，合计增加煤炭产能 180 多万吨，继续改造扩能合计达到 1000 万吨以上，同时也带动当地煤炭产业升级。

安全节能环保的现代化煤矿

（三）联手央企、中小民企完善产业链，带动产业升级

1. 因地制宜进军聚氯乙烯产业，快速进入盐化工产业

为进一步发挥资源优势，延长产业链，确保企业持续快速发展，陕煤化集团抓住北元化工急需资金、资源和发展的机遇，联合当地 8 个民营企业，引进民营资本 7.3 亿元，相对控股北元化工，控制 PVC 生产能力 10 万吨，重组当年实现销售收入 5.3 亿元。同时，依托北元化工的聚氯乙烯技术、人才和管理优势，充分利用并购重组资本和陕煤化集团的煤炭资源、人才、管理、资金和融资优势，重组当年开工建设 100 万吨聚氯乙烯循环经济项目，打造全国最大的 PVC 产业基地和最具代表性的循环经济集群示范工程。该项目以聚氯乙烯生产为核心，向上下游延伸，形成煤炭—焦粉—电石、盐/煤—焦粉/发电—电石—氯碱的煤盐化工生态产业链，通过煤制兰炭、兰炭制电石、电石生产聚氯乙烯，用余热发电、废渣制水泥等，真正做到“减量、循环、再用”，形成完整的产业循环经济，资源在生产全过程得到高效利用，提高资源附加值。北元化工作为首个与地方优秀民营企业合作项目，因包含多重成功因素，是陕煤化混合所有制发展的典范，并被称之为“北元模式”。

2. 整合社会资本拓展化工领域发展空间，延伸煤化工产业链

陕煤化集团以节能减排和技术升级为切入点，在陕北针对半焦、电石等化工产业，在韩城针对焦化产业，按照市场运作的方式，加强和民营资本合作，通过绝对控股或相对控股的方式并购重组民营企业，共同建设龙门煤化工等大项目，既实现对相关产业项目的整合，又引导民营资本科学确定投资方向。

3. 联手央企强化装备制造领域核心竞争力，跻身国内一流煤机制造行列

陕煤化集团与央企中煤能源合作重组西安煤矿机械厂，拥有采煤机、掘进机等国内一流的煤机制造能力、技术人才和销售网络，重组当年产值 3 亿元，同时并购重组陕西建设机械（集团）公司，拥有工程机械制造能力和一家上市公司，重组当年产值 3 亿元。

（四）通过混合所有制进入新优势产业，快速形成集团竞争新优势

1. 抓住机遇收购燃煤发电资产，快速介入电力产业

从 2012 年开始，陕煤化集团抓住燃煤发电低位运行机遇，与大唐、华电、国电等大型央企合作，重组 13 个电力项目，目前直接管理的控、参股燃煤发电企业 13 家，涉及总装机容量 1694.5 万千瓦，2013 年年底发电量 214.59 亿千瓦时，上网电量 202.46 亿千瓦时，营业收入 88.38 亿元，利润 12.55 亿元，同时还固化 1500 万吨煤炭的销售市场。

2. 瞄准石油储量丰富价格低廉的中亚市场，挺进炼油业

陕煤化集团抓住中央层面明确提出打造新丝绸之路经济带的契机，与石油行业经验丰富的民营企业合作，成立中亚能源有限责任公司，在吉尔吉斯斯坦共和国卡拉巴德市合作开发 80 万吨炼油项目，项目建设全部采用自动化控制。一期项目投资约 2.5 亿美元，投产运行后，每年可生产高品质汽油、柴油、石油液化气等产品 80 余万吨。二期项目计划投资约 4 亿美元，投产后每年可生产各种成品油和石化产品 300 余万吨，是中亚地区目前规模最大的现代化炼油项目。通过这个项目的合作，一方面为陕煤化集团开拓新

的产品和市场，从根本上解决自身煤焦油制油所需直馏油品的供应问题，另一方面又给缺少原油的中国开辟一条高效利用中亚国家丰富石油资源的合作之路。

3. 关注战略性金融资源，涉足金融行业

陕煤化集团为快速积聚具有战略性的金融资源，在充分利用自有资金的同时，积极与地方金融企业合作，建立资产纽带关系，参控股开元证券、咸阳商业银行、幸福人寿保险等金融企业，不但扩大经济规模，而且有效降低外部金融市场的交易成本，规避市场的不确定性，通过产业与金融的协同效应，走出一条产融结合的发展道路。

4. 携手物流企业，形成现代物流产业

陕煤化集团基于自身地处内陆省份、产品远离主要消费市场、运距长的现实，积极与日照港、万寨港、汉口港开展战略合作，“沿海、沿（长）江、沿（运）河”选点建立余家湖港、大丰港等物流集散中心，提高仓储能力，进而提高陕煤化集团产业产品附加值，扩大市场辐射范围，缩短产品进入市场距离和时间。

（五）发展混合所有制获得关键技术与人力资源，促进煤化工产业发展

1. 瞄准关键、先进技术，拓展发展空间

陕煤化集团按照主导、规范、推广、再创新的原则，通过并购重组民营企业天元化工，控制煤焦油加工产能 25 万吨，拥有中高温煤焦油加氢裂化工艺和延迟焦化技术，当年开工建设新的 25 万吨油品生产装置；并购重组民营企业富油科技，拥有中低温煤干馏加氢改质反应等专利技术，开辟粉煤干馏新路线，当年开工建设 120 万吨粉焦和 12 万吨的油品生产装置；并购重组民营企业新兴能源科技，拥有 DMTO 工业化成套技术自主知识产权，并继续研发 DMTOⅡ、MTP 等甲醇下游新兴技术，支撑建设甲醇制低碳烯烃国家重点实验室。把陕煤化集团的资金、人才、管理优势与并购企业的技术、项目相结合，使中低温煤焦油加氢裂化技术进行配套和规范，形成系统成套的知识产权。同时依托新并购重组的天元化工、富油科技，整合成立神木煤化工公司，代表陕煤化集团管理运营神木区域的权属煤干馏企业，并推进相关产业的进一步整合。

2. 合作科研院所，形成创新生成机制

陕煤化集团积极与战略合作者共同构建技术创新体系，营造自主创新生成机制，增强企业技术创新能力。与中科院大连化物所合作，组建陕西煤化工技术工程中心和甲醇制烯烃工程实验室，目前甲醇制烯烃工程实验室已由国家发改委授牌认定为国家级工程实验室。煤化工技术工程中心已由省发改委授牌认定为省级技术工程研究中心。与西北大学、化工六院等单位合作组建的陕西煤业化工技术开发中心，也被认定为省级技术工程研究中心。这些合作为陕煤化集团形成新的核心竞争力奠定基础。

（六）借势中央企业引入先进体制机制，提升管理水平

2008 年，陕煤化集团整合重组煤炭主业优质资产，引入中国长江三峡开发总公司和中国华能集团公司作为战略投资者，共同发起设立以上市为目标的“陕西煤业股份有限公司”，引进入股资金 20 多亿元，通过上市直接融资 100 多亿元，被称为与央企合作的“三峡模式”。而三方企业规模进一步扩大，实现产权的多元化。多赢的结果是，这两家

央企都继续与陕煤化集团进行更深远的合作，中国长江三峡集团公司与陕煤化集团根据双方战略合作协议共同出资设立蒲城清洁能源化工有限责任公司，采用陕煤化集团拥有自主知识产权的DMTOⅡ技术，以陕煤化集团神南矿区烟煤为原料，采用国内首创的长距离煤浆清洁输送技术，生产国内紧缺的烯烃产品。项目一期总投资179亿元，建成年产180万吨甲醇、68万吨烯烃，二、三期项目规划建成500万吨甲醇、200万吨烯烃。同时与华能集团结成煤炭长期供应战略合作伙伴。随着战略合作的推进，陕煤化集团不仅在体制机制上得以优化，而且管理水平也得到全面提升。

（七）强化混合所有制合作风险管理，实现合作的全过程管控

一是完善法人治理结构，夯实混合所有制制度基础。陕煤化集团在进行混合所有制合作的同时，严格按照公司法同步建立规范的新公司治理结构。第一，在公司控股形态上，没有追求绝对控股，避免国有股东一股独大，尽可能采用国有相对控股的组织形式，有利于发挥公司治理的作用，也更有效地促进股东利益最大化与公司价值最大化。第二，在法人治理结构上，避免把董事会和经营层混为一谈，切实做好通过董事会、监事会对以总经理为首的经营层的监督职责，解决好股东干预企业经营、决策层与经营层不分的问题。第三，在高管选聘和考核上，积极发展职业经理人市场。突破体制内选拔管理层的模式，取消国有控股的混合所有制企业高管的行政级别，以贡献来对经理人进行考核，以市场薪酬激励高管，促进其按照市场规则追求利润最大化。同时，在实践中制定《控、参股公司股东会、董事会及监事会重大议题审核管理办法》《非控股企业产权代表及高管人员管理办法》等混合所有制合作制度。

二是加强混合经济体产权代表团队建设，奠定人才基础。从一开始就着手组建派往合作重组对象的团队，及早介入前期工作，参与合作重组的全过程；建立产权代表团队组长制度，便于按国有企业意图统一思想和行为；落实产权代表述职制度，定期报告，定期考评；建立产权和管理团队岗前岗中培训制度，注重复合型人才培养，进行集团发展战略、管控模式和合作主体企业有关情况的培训与学习。

三是依法依规合作，解决好国有资产或国有股权定价问题。发展混合所有制经济，主要采取合资性质的有限责任公司或股份制公司等形式，无论是引入社会投资者还是参股非公经济体，都会涉及国有资产或国有股权定价问题。无论采取何种定价方式，陕煤化集团都坚持遵从行业规律办事，并使各方意见达成一致。

四是强化合作过程管理，有效解决好长期与短期、规范与效率问题。第一，短期效益与长远发展问题。“非公”资本持有人普遍抱有的“短平快”的投资理念，对企业的发展、战略谋划不够，往往与国有大企业的长远战略和可持续发展理念，产生不同的认识，容易影响企业重大决策。为此，陕煤化集团在注重发挥国企战略规划优势的同时，也注意与民企运营高效的优势相结合。第二，规范与效率问题。在推进合作重组的过程中，陕煤化集团在依法合规履行报批程序的同时，不断优化内部流程，提高决策与工作效率，高效推进合作。

五是加强后续跟进和评价，确保合作的有效性，使获得的关键技术资源，尤其是无形资产的管理应用，充分服务于陕煤化集团大发展。对新公司实际运转情况予以关注，确保协议条款、股东意志等在新公司中得到落实，治理结构和管理制度运行通畅顺达；强化跟踪服务和评价，落实专责，持续关注，定期评价考核，及时发现解决问题。

六是强化混合所有制企业的文化融合，达成管理共识。陕煤化集团并购重组后，通过深入调查摸清各方的企业文化基础，求同存异，制定合理的融合方案，选择适当的融合方式，打造优秀的融合团队，建立良好的融合机制，建立顺畅的沟通渠道，用最短的时间达到和谐统一，为企业持续稳定快速协调发展提供强大保障。

三、大型能源化工企业基于混合所有制的转型升级的效果

（一）通过混合所有制改革，实现了产业升级改造

通过并购重组后实施新的转化项目，获得了煤、盐、水、土地等自然资源的配置机会，使陕煤化集团资源实力壮大；通过合作建设新煤矿，增加了陕煤化集团煤炭生产能力；通过合作重组，发挥了陕煤化集团资金、管理和民营企业项目、体制等优势，淘汰落后产能、升级改造和新建项目，延伸了煤炭循环经济，扩展了化工产业。2013 年，陕煤化集团采煤机械化程度、掘进装载机械化程度、综掘机械化程度分别达到 96％、97％、90％，分别比组建初期的 61％、50％、60％提高了 35、47、30 个百分点。建成和储备了一大批项目，为持续发展奠定了基础。目前，已建成的大项目（含改扩建）有 15 个，在建的大项目共有 29 个。陕煤化集团销售规模从 2004 年组建当年的 67 亿元发展到了 2013 年的 1508 亿元，呈现两年翻一番的跨越发展态势。

（二）掌握了一批拥有自主知识产权的、处于领先地位的先进技术

一是通过与民营企业合作重组拥有了新型先进的煤化工技术。合作重组天元化工、富油科技后，陕煤化集团拥有了自主知识产权的中低温煤干馏加氢制轻质油技术，对原有煤焦油加氢装置进行技术升级和扩能改造，煤干馏产能达到 135 万吨，煤焦油加氢产能达到 50 万吨，一举成为国内规模最大、技术等级最高、煤炭转化率最高的中温煤焦油轻质化项目，整体技术达到国内领先水平，开辟了陕煤化集团走煤炭高效清洁利用的新途径。截至目前，陕煤化集团拥有的 5 项专利都是通过混合所有制合作方式获得的，并且这些技术还有继续升级和扩展的空间。二是通过与科研院所合作，一批煤化工领域先进技术不断涌现。陕煤化集团控股研发了 DMTO 技术及其二代技术，启动了 MTP 技术的工业化试验和二甲苯的工程试验，完成了醋酐联产醋酸工业试验。

（三）集合众智、众资，在多赢的基础上实现社会和谐稳定

一是集合各方优势力量，打造更富竞争力的新企业。国有、民营主体合作组建的新企业，其社会地位、影响力和外部环境得到改善，构建一个“1＋1＞2”的合作模式，从而培育了更加突出的竞争优势。合作后的新公司，通过规范的法人治理结构和文化融合，发挥国有企业技术、人才、管理等优势，发挥民营企业精干的管理机制、高效的决策体制和认真的工作作风等优势，使重组合作企业管理效益最大化。二是带动民间资本健康发展，促进社会和谐稳定。截至 2013 年年底，陕煤化集团所属企业中混合所有制企业约 40 家，带动各类投资近 300 亿元。

（成果创造人：杨照乾、华　炜、严广劳、尤西蒂、杜　平、
袁景民、崔敏强、郭阮鹰、郝　静、徐　嘉）

国际油公司勘探开发一体化管理机制的构建

中国石化集团国际石油勘探开发有限公司 Addax 公司

中国石化集团国际石油勘探开发有限公司 Addax 公司(以下简称"Addax 公司")是集油气勘探、开发、生产为一体的国际化油公司,总部位于瑞士日内瓦,油气资产主要分布在西非尼日利亚、加蓬等国家以及英国北海和伊拉克库尔德地区。Addax 公司前身为一家在加拿大和伦敦股票市场的上市公司,2009 年 8 月由中国石化全资收购其 100%股权,从而成为国有独资控股公司。经过五年来的国际化经营,Addax 公司发展为中国石化海外年产千万吨权益油的油气生产平台和高度国际化的油气资产管理和运营的区域中心,固定资产规模达到 150 亿美元。

一、国际油公司勘探开发一体化管理机制的构建背景

(一)实施中国石化"走出去"战略的需要

中国石化作为世界 500 强特大型央企,上游油气勘探开发领域是其短板,原油自给率较低,国内的老油田均进入高含水期开发阶段,主要以保稳产为主,上产难度较大。2009 年中国石化进口原油达 1.38 亿吨,随着国内经济的快速发展,原油进口量也快速增长,2013 年接近 2 亿吨。为保障原油供给安全,按照国家"走出去"战略,自 2001 年起,中国石化加快开展海外油气勘探开发业务的步伐,通过收购、兼并、参股等多种方式在全球 27 个国家和地区获得了一大批油气资产,其中整体收购 Addax 公司就是其中典型案例。但作为国际油气资源市场的后来者,如何适应业界的规则,管理运营好境外的国有资产,实现国有资产的保值增值,是一必须要面对的问题。因此,构建有自身特色的国际油公司勘探开发一体化管理机制,有效地管理运营海外油气资产,不仅是中国石化竞争发展的需要,也是承担国家能源安全责任的需要。

(二)提升中国石化国际化竞争力的需要

中国石化通过收购 Addax 公司,既获得油气资源、人力资源、油气生产设施等核心资产,也有技术、声誉、较为成熟的国际化油气勘探开发管理体系和所在国外部关系网络等无形资产。这些资源的快速获得,使中国石化绕开单独拓展国际资源市场的困难,能集中发挥其管理、技术、资金等方面优势,扩大产能形成集群及协同效益,快速实现中国石化在西非、中东的战略布局。收购后的 Addax 公司作为中西两个管理体系、体制的相融与对接点,一方面,中国石化具备精细的管理理念及科学严谨的内控制度;另一方面,Addax 公司有一套规范的国际油公司管理体系,勘探开发采取集中授权分级管理,并拥有一支综合素质高的国际化管理团队。因此,中西合璧的国际油公司勘探开发一体化的管理机制的构建,为 Addax 公司提高国际竞争力,打造成最具成长性的油公司将提供机制保证。

(三)应对并购后资源优化整合挑战的需要

Addax 公司油气资产跨度大,一是资产跨国分布于五个不同国家和地区,处于不同

的作业环境。二是资产类型以混合所有制为主，具有矿税、产品分成两大类合同类型，以及作业、联合作业和参股三种操作方式，共有25家不同合作伙伴并持有不同比例的权益。三是区块资产处于勘探、开发不同的生命阶段，包括勘探期、评价期和开发生产早中晚期，各类许可剩余年限1～20年不等。四是勘探储备圈闭逐年减少，老油田新层、临块逐步成为剩余资源挖潜的主攻方向。五是作业成本高，资本密集，勘探开发单项工程投资达千万到数亿美元。尽快构建国际油公司勘探开发一体化管理机制是Addax公司整合好、发展好、做强、做优的迫切要求。

二、国际油公司勘探开发一体化管理机制的构建内涵和主要做法

Addax公司通过公司治理结构和内部机构的调整，全球技术支撑体系的重建，业务流程的再造，配套整合相关人力资源、风险管控、储量管理、质量规范、内外协调联络等制度，把勘探、开发两大相对独立的业务板块整体系统地细分为价值链的三个大阶段（勘探、技术评价、工程与建设），五个决策点和十个工作阶段，制定出每个阶段的工作内容、标准、成果和管理程序，进行一体化同步管理，促建国家公司、北京和日内瓦、休斯顿敦的“四地一体”的实时共享平台，建立涵盖地震、地质、油藏、生产、工程服务的大数据中心，提升公司的整体研发能力。主要做法如下：

（一）明确工作思路，优化公司治理结构

1. 确立勘探开发一体化管理机制工作思路

Addax公司以“兼容并蓄、中西并用、精干高效、一体推进”为原则，以“内涵式增长，外延式扩充，360度低成本”为发展战略，以价值创造和价值增长为目标，以保持“合理的勘探开发油气资产组合”为发展方向，以“资源、储量、产量、效益”快速转换为工作内容，以“高效的组织结构和国际运营体系”为支撑，突出勘探开发核心业务，进行业务流程的重设与再造，构建国际油公司勘探开发一体化管理机制。

2. 重整公司治理结构，从顶层设计上保证机制的重新构建

收购完成之后，Addax公司迅速整合新的公司治理结构，成立新的董事会，董事会成员均由中国石化国勘公司委派，由国勘公司总经理任Addax公司董事长，其他利益相关方（债权/债务人、合作伙伴、承包商、政府）维持不变。Addax公司领导层进行重新配置，中方人员担任首席执行官（CEO），首席地质师和首席财务官，留任原西方人员担任首席法律事务官，提任西方管理人员担任首席运营官。同时在Addax公司的中层和各国家公司关键岗位配备部分中方管理人员，作为新构建的勘探开发一体化机制领导力、执行力的中坚力量。在新的公司治理结构下，Addax公司经营管理层对中国石化国勘公司负责，以完成年度既定的生产经营考核指标来保证中国石化作为出资人的利益，而中国石化则提供公司生产经营所需的支持和协助，对Addax拥有最终控制权和剩余分配权。

（二）强化勘探开发一体化组织保障，加强人才队伍建设

1. 加强勘探开发一体化组织保障

一是调整分级授权体系。汲取中国石化内控制度的规范和内部市场的理念，调整公司的分级授权体系，明确部门间的勘探开发业务流程的办事程序和协调工作制度。其核

心是勘探开发业务由日内瓦总部的勘探开发部门集中管理，控制预算，向其他业务支持部门“购买时间”来实现，以“工作时间表”的形式确定。其他业务支持部门则通过服务作为部门的收入来源。二是优化机构配置。新设立运行管理部，以确保勘探开发运营及作业的连续性；新成立全球业务部，进行新项目的勘探开发一体化联合开发；将人力资源管理提升到公司战略层面，由 CEO 直接负责，以加大对勘探开发一体化机制人力资源合理调配；优化调整企业文化部，将原隶属财务部的社会责任和文化交流部合并，由 CEO 直接负责，新的企业文化部从过去侧重年报编制、信息披露、基金管理，向侧重勘探开发的社会责任、社区的活动宣传；在中国石化派驻员工中专门成立中方项目部，成为国内国外两种体制、机制对接的过渡带。三是根据新的勘探开发流程设置对岗位的需要，重新配置部分中层管理人员。通过内部调配和从国际人才市场招聘两种方式，匹配成熟的管理人员，以迅速进入勘探开发业务流。

2. 建立勘探开发一体化的人才队伍

Addax 公司对勘探—开发—生产运行核心团队进行多学科专业配置，勘探开发团队领军人物辅以工程、法律、经济等专业人才，充分体现在业务流程中的主导地位，更有利于专业化探讨、技术协商和方法攻关。一是以资产匹配人员。通过厘清勘探开发资产的分布及合同属性，以作业、非作业项目资产为主线进行人力资源多学科、多专业的合理调配。Addax 公司勘探团队进行重组，组建四个子团队，分别为作业、非作业区块团队、地质服务团队和新领域研究团队。二是开发、勘探团队人员双向流动。专业技术人员可相互流动，以促进勘探开发工作方法、研究思路的一致性。如在某区块发现油田后，Addax 公司会调配相关勘探人员介入到开发团队以促进业务的交接。三是团队建设突出角色认定，不错位，不越位，多补位。每个团队成员对自己的工作成果负责，监控自己的业绩和持续寻求反馈和纠正，积极寻求直线汇报经理的指导和工作确认，并积极地帮助和配合他人开展具体工作。四是人力资源坚持“本土化、国际化、多元化”。国家作业公司员工本土化，体现出最优劳动力价值；勘探开发等管理技术骨干国际化，从全球人才市场上直接获得，体现出核心技术价值。用工多元化，主要为体现出最佳人力组合价值，有长期雇佣制、短期固定合同制、第三方合同制等方式。

（三）建立相应配套制度，实现勘探开发业务流程相互链合

一是确定勘探开发业务的链合段。勘探以获得商业发现为主要目标，开发团队在评价阶段与勘探团队链合，对已发现的 C 级资源进行评价和对已有 P 级储量进行开发，以加快勘探开发评价步伐，实现合同期内价值增值最大化。

二是建立信息沟通扁平化、汇报决策层级化的汇报制度。业务流程的运行阶段和决策点，均能通过实时邮件办公系统、视频会议等保持信息沟通。通过“头脑风暴”形成一致后，按照分级授权程序进行决策和实施，实现即时沟通，即时决策，即时部署，即时落实。在决策过程中，分为三大阶段（勘探、技术评价、工程与建设），五个决策点和十个工作阶段保证技术设计、方案、投资、生产运行的最大优化，实现勘探开发的一体化目标。

三是构建勘探开发研究生产一体化工作程序。阶段一，以勘探团队为主，制定勘探工作计划，负责勘探技术研究和勘探生产管理，负责勘探预算管理，配备少数开发专业人

员，以发现商业资源量为责任目标；阶段二，为工作链合段，以开发评价团队为主，制定评价工作计划，配备少量勘探专业人员，编制开发方案，以获得商业储量为责任目标。阶段三，以生产运营团队为主，开发团队协助，相关勘探专业人员参与，制定油田开发及滚动勘探开发计划，管理开发建设投资和成本控制，以获得更多商业储量和产量为责任目标，实现“储量、产量、效益”的三统一。

（四）创新勘探开发一体化的储量接替策略

Addax公司厘清勘探开发资产的分布及合同属性，按照国际通行的SPE管理准则以及GeoX圈闭评价技术，将勘探、开发工作串联一起。勘探上注重合理的资产组合，以商业油气发现为目的，考量风险因素，以后续开发可行性为原则，明晰探井决策程序，以经济可钻性进行圈闭管理，以价值增值进行储量管理。开发上，以评价、建设、生产、滚动为重点，注重经济可采储量的。作为勘探开发的工作目标——储量，则由第三方独立机构审计后方纳入业务流程，进行经济评价。勘探开发均共享工程资源，充分利用定向斜井和水平井等井筒工艺技术，兼探或者评价主要目的层的周边区块和上下层系的含油气潜力，达到勘探开发投资效益的最大化。

（五）建立勘探开发全球一体化的研究体系

1. 组建四位一体的全球技术支持管理链条

Addax公司组建“横向联合、纵向运行、资源共享、协同共助”研究管理型技术支撑链条。团队员工“一岗双责、一岗双能“，承担管理、研究双重角色。日内瓦技术管理团队，力寻储量发现点，团队人员既是勘探、开发工程项目的设计者又是项目实施的管理者，业务按流程分工而不是按层级分工。休斯敦技术团队，侧重深水近油田、近平台开发研究，培育产量增长点。中国石化研究院Addax技术中心，承担基础课题研究，夯实投资决策点。国家公司本土技术力量，着力解决现场技术难题，挖掘老油田稳产点。在油气田勘探的技术管理中，Addax公司采用GeoX软件系统，实现多指标对勘探资产的经济性进行评估。在油气田开发的技术管理中，Addax公司按照现代油公司经营理念和标准，采用国际通行的油藏研究及评价技术体系，主要采用地震地质三维油藏成像技术、相控油藏描述技术和油藏动态数值模拟及跟踪分析等技术。

2. 攻克钻完井技术难关

一是旋转导向钻井技术。利用其能够在保持钻具连续旋转的情况下，对井眼轨迹进行有效控制及对井筒进行有效清洗的特点，进行复杂及长井段地钻进。解决疏松底层，大位移定向水平井、小井眼的钻井难题。二是引进CAPS完井工具技术。该系统具有价格经济、操作简单、容易打捞等特点，可提高水平井段α/β波充填效果，减少地层出砂，提高产能，延长产油期，保护筛管完井管柱，可旁通桥塞段/不稳定井筒段/井筒冲蚀段，适用于裸眼及套管井弱胶结复杂井段及长井段等优点，可在漏失超过50%的井段确保砾石充填效率。Addax公司通过多口井的应用，下入坐封成功率100%，砾石充填一次成功率100%，大大提高砾石充填成功率，增强了防砂效果，提高了产能，达到了降本增效的目标。另外，还攻克筛管智能完井，裸眼完井等技术解决井漏、高温高压、海域零排放等海上勘探开发等技术问题。

（六）设立勘探开发一体化信息互动共享平台

通过勘探开发资源信息的共享来实现价值创造，完善勘探开发一体化数据库，实现技术人员同步共享。一是建立实时底层基本数据库。Addax公司通过卫星传输系统，第一时间获取现场基础数据，纳入统一管理，技术团队专业人员可随时入库调用数据。二是建立共用专业技术平台。构建多专业协同体在同一数据平台开展同步研究，形成研究、生产、管理、决策的扁平化和流程化。三是建立分级授权的数据库应用界面。每个技术管理人员根据岗位描述和业务分工，受权进入不同的数据库应用界面，既提高效率，也分级保护Addax公司的商业机密。

（七）构建勘探开发一体化内外部协调机制

一是勘探开发跨区域、跨国家进行工程技术服务共享。从招标、评标、授标到后期管理考虑主要作业窗口和技术共享，合理调配、使用资源，进行国家公司间勘探开发合作。例如区域研究成果共用，钻机共享、服务商共用，技术人员互派等。二是定期（每季度）与邻近作业者交流，产生协同效益，以期分担重大作业项目费用，如与英国Glencore公司就某一重点探井的井场挖掘、钻机共享、承包商同用进行合作，节约费用650万美元。三是通过固化与政府合作伙伴的Workshop（专题研讨会）和TCM（技术委员会会议）等制度，增加勘探开发技术的透明度，提高决策效率。确保效益产出，加快投资回收。四是在非作业项目，畅通与作业者的沟通渠道，积极行使股东权利，确保重大投资项目的经济可行性；同时通过技术和资源共享带动合作伙伴发展，提高非作业者区块效益。

（八）实施质量控制标准，强化风险控制机制

1. 严格按照有关国际规范和准则，确保高质量的技术成果

Addax公司为保证油气勘探开发项目的顺利运行，强化风险控制，严格按照有关国际规范和标准，建立控制技术研究成果质量的体系。该体系中最重要的子系统是ADS油气资产开发系统。该系统适用于从勘探成功发现至开发投产的全过程，也适用于开发工程项目从设计到投产的全过程。控制内容包括选用合适的技术、基于现实的计划、充分的项目界定和风险管理、致力于HSSE管理、组建胜任的团队、正确的合同及合同商、有效的QA/QC管理和项目控制、利益相关各方目标达成一致、有效的沟通以及及时决策。ADS系统的应用，可以将勘探与开发的不同阶段有机地结合起来，在同一套控制系统下推进油气项目从成功勘探到投入开发生产的全过程。

ADS系统中非常重要的一个环节是同行审查。在项目运行的关键节点，如勘探井的部署或资产投入开发之前，Addax公司会组织同行业各类资深技术人员对该勘探或开发项目进行同行审查。同行审查的过程中会对项目的风险进行评估，并提出大量意见。同行审查的结果会严重影响项目的前景。

除内部控制系统外，Addax公司还利用与资源国政府、合作伙伴的沟通机制来保证技术成果的高质量。Workshop（专题研讨会）和TCM（技术委员会会议）是和资源国政府及合作伙伴进行沟通、协调的重要手段。Addax公司常就关键议题在公司内部或邀请资源国政府、合作伙伴组织专题研讨会，以达成一致意见并及时发现风险、控制风险。Addax公司也常在与资源国政府、合作伙伴共同进行的技术委员会会议上，对操作者项

目或非操作者项目的技术成果和计划进行研讨，以保证技术成果的质量，控制项目运行的风险。

2. 严格监督工程项目质量标准，施行分级管理

Addax公司作业过程中，各种生产设备的采购、钻完井和海上平台建设及维护等项目都是通过公开招投标的方式选定第三方承包商或服务商来完成。Addax公司制定完善的工程项目运管机制，通过网络版物资供应链管理SCORE、采办管理Proactis、合同管理Sun Supplementary等软件系统规范从工程立项、服务招投标和施工质量评估全过程，确保操作的规范性和可追溯性，权责明晰，避免监管真空。

Addax公司根据承包商资质级别、人员状况、业绩水平和HSSE表现，派出甲方代表监督施工过程和质量，实行绿色、黄色、橙色和红色动态分级监管机制，确保海上工程项目按照设计标准和HSSE要求进行。

3. 实行量化风险管理，促进风险向效益的转变

Addax公司把油公司资产风险量化理论运用到勘探开发一体化机制中，目标是为公司管理层提供透明的业务计划战略布局方案，并在管理层设置战略目标时提示潜在风险。主要通过提供投资决策经济分析、勘探评估和资产排序等工作来支持此项目推进，重点包括：审查业务计划假设和企业风险评估，建立风险影响和关键绩效指标影响模型，以及概率情景模拟，提出降低风险举措。Addax公司在具体实践中，一是识别风险，在技术和商务两方面对各种潜在的风险进行识别定义；二是对识别出的风险进行定进行概率分析，定量计算出这些潜在的风险对公司价值的影响；三是对低、中、高风险实行量化分级管理，提出应对措施并进行防控，比如尼日利亚、加蓬主要生产区块合同即将到期的风险，核心人力资源流失的风险，石油法律变更的风险；油价变动和成本回收的风险以及各种作业风险等，采取针对性措施进行防控，变风险为效益。

4. 积极树立环境友好型、声誉友好型企业形象

Addax公司绝大部分油气资产位于海上，钻完井、工程建设和油气生产活动与海洋生态环境密切相关。Addax公司秉承中国石化“高度负责任、高度受尊敬”的企业发展理念，高度重视建设环境友好型跨国石油公司，制定高标准的HSSE管理规定，与国际通行做法、行业规则和所在国法律规定保持一致，通过实施严格统一的HSE管理体系，并聘请第三方公司，定期进行独立审计，报证HSSE的连续性和一致性。

三、国际油公司勘探开发一体化管理机制的构建效果

（一）企业效益、竞争力和成长性得到了显著提升

截至2013年年底，Addax公司新增权益原油2P储量2.4亿桶（3306万吨），新增权益2C油气资源量4.19亿桶（5771万吨油当量）油当量，累计新建权益原油产能14260桶/日（717万吨/年），累计生产权益油2.86亿桶（3946万吨）。累计实现销售收入232亿美元，累计归还股东贷款28.8亿美元，为中国石化创造了可观的经济效益。2013年，实现净利润2.5亿美元，股东还款8.3亿美元。Addax公司各项生产经营指标持续向好，2C油气资源量发现成本3美元/桶油当量，探井成功率38%，销售收入，净现金流、净

利润同比逐年增长；中方高管在复杂条件下领导好、管理好国际油公司的能力，得到中外员工的普遍认同，公司技术人力资源系数为从 20 人/百万吨年产油，下降到 15 人/百万吨年产油。尼日利亚两个产品分成合同延期分别获得政府批准，加蓬三个油田历史遗留问题得到一揽子解决，喀麦隆 IROKO 区块勘探转开发，获得 20 年开发许可。

（二）为中石化实践“国际化战略”做出了有益的探索

Addax 公司通过勘探开发一体化管理机制的建立，为大型中资企业特别是石油企业“走出去”树立了样板，形成了一套既实用又现代化的适应国际化的油公司核心业务发展的运行机制。突破了专业、地域、组织间的限制，加强了勘探开发、技术支持等“紧密型”国际团队的建设，探索了多专业协同团队“全球一体化”的管理方法，为勇当中国石化建设世界一流的能源化工公司的排头兵建立了机制基础，为中国石化实现国际化进行了有益的探索。

（成果创造人：张　毅、徐传会、马　强、刘文波、周航辉、李卫忠、徐高年、赵金生、陈永红、董贤勇、吴新民、王　川）

制造型企业内部市场体系的构建

三环集团公司

成果主创人：集团董事长、党委书记舒健

三环集团公司（以下简称“三环集团”）是湖北省人民政府国有资产监督管理委员会履行出资人职责的省属大型制造企业，2013 年资产总额 173 亿元，主要从事专用汽车、汽车零部件和数控锻压机床产品的生产和经营，所属子公司分布在武汉、十堰、襄阳等市，高端市场空心充钠气门国内市场占有率已超过 50%，是湖北省属机械汽车行业的龙头企业、中国汽车 30 强企业、国家汽车零部件出口基地企业。

湖北三环气门有限公司（以下简称“三环气门公司”）是三环集团的子公司，一直致力于汽车发动机重要部件“气门驱动”的研发和制造，气门生产技术实现了国内领先，特别是高附加值的空心充纳气门生产技术已达到国际先进水平。

一、制造型企业内部市场体系的构建背景

（一）适应行业变化的需要

伴随国外汽车品牌在国内市场步伐加快，与之配套的汽车发动机零部件企业蜂拥而至，以其技术与管理优势给三环气门公司造成极大的冲击，市场竞争白热化。同时，随着发动机技术的发展，对气门技术提出了更高的要求，新出现的空心充纳气门技术含量高，以其优越的品质日益受到高端市场青睐；而原有的实心气门技术市场竞争激烈，利润摊薄。三环气门公司要适应行业发展，在引进外来先进技术的同时，必须改变固有的企业经营管理模式，才能使先进的管理和先进的技术相互结合，适应企业发展的需要。

（二）企业改革发展的必然要求

2007 年，由于体制僵化、机制不活、技术设备落后，三环气门公司面临艰难的处境，客户大量流失，产品大量积压，必须进行内部管理创新，探索发展新道路。

三环集团经过认真研究决定派出以集团公司总经理为核心的工作组进驻三环气门公司，开展企业整顿、研究方案。通过调研，工作组发现，三环气门公司的内部管理没有与市场接轨，没有适应市场变化，产品成本高于市场平均水平，干部职工没有市场意识。为此，三环集团决定在三环气门公司构建企业内部市场体系，增强企业活力，推进三环气门公司改革脱困。

二、制造型企业内部市场体系的构建内涵和主要做法

三环集团遵循市场经济规律，确定企业内部市场的交易主体和交易对象，切实采取企业内部市场体系的价格制定、计量与结算、评价考核、制度建设、有效调控等措施，推动了三环气门公司的改革与创新发展。主要做法如下：

（一）明确内部市场体系建设的指导思想与基本原则

三环气门公司在保持企业整体性与统一性的前提下，以内部管理体系与外部市场接轨、充分发挥市场的积极作用为指导思想，着眼于提高企业活力，制定科学实用的方案，增强企业竞争力，从而实现企业管理与市场机制的有机融合，使三环气门公司从粗放式管理向“严、细、实”的精细化管理转变。

系统性和开放性是企业内部市场体系构建与运行的基本原则。系统性是把企业视为一个有机整体，内部各个业务单元是若干个子系统，各子系统既相互独立又相互联系，在企业内部市场体系的协调下，各子体系不断完善，从而逐步促进企业整体目标的优化。开放性是指内部市场体系的确立以外部市场为导向，三环气门公司内部市场制造的最终产品，必须得到外部市场的认可，从而增加三环气门公司产品的市场竞争力。此外，外部市场也为企业内部提供所需的各原始要素，这些要素在企业内部转化成企业内部交易的客体。

（二）识别内部市场的交易主体与客体

三环气门公司以市场为导向，对企业的价值链进行梳理，确定关键环节，明确功能定位，建立组织体系，识别企业内部市场交易的主体，以身份转换和职能为依托，建立内部采购市场、内部生产市场和内部服务市场，在各市场内的主体因不同情形在不同市场有着不同的市场角色，但可以使内部市场体系中的交易要素归属于不同组织或个人，便于各种要素在内部市场体系中流动。

1. 划分内部市场的四级主体

三环气门公司建立的内部市场主体体系，涵盖多个层级，包含四级主体，总部的人力资源部门、规划发展部门、财务部门、经营管理部门等职能部门作为一级主体是内部市场的投资中心，制定内部市场运行制度和运行规则，向内部市场提供资金支持。在一级主体下划分内部采购市场、内部生产市场和内部服务市场，把采购部门、生产经营部门、服务部门作为二级市场主体，并逐步划分为以各班组为基础的三级主体，甚至划分到员工个人作为内部市场的四级主体。各分厂直接对总部的投资中心负责，依照总部制定的主体层级划分原则，划分为四个层级，成为内部市场的四级主体。

公司参加法兰克福国际展览会

各主体在内部市场中的角色随着自身功能的不同而转换。在内部市场中主体角色是相对的，例如内部市场的生产主

体，在采购需要原材料时，又是采购主体；内部采购主体在供应采购品时，又是服务主体；内部服务主体，在对服务的原料进行粗略加工时，又成了生产主体。各级主体既相互独立又统一于三环气门公司的内部市场中，并以主体为单位发生相互交易。在明确内部市场主体的基础上，建立健全规章制度，对各内部市场主体的功能进行固化，为企业内部市场体系的建设和运行提供有效的制度保障。

2. 确定内部市场的交易对象

内部市场体系构建与运行必须确定主体之间的交易对象，即交换的采购品、内部服务和半成品。其中，采购品是企业的内部采购市场主体从外部市场或者内部市场采购的物品；内部服务是内部服务市场一级主体与内部市场其他一级主体之间发生市场关系的客体，也是内部服务市场主体各团队与内部服务市场一级主体之间，以及内部服务员工与内部服务团队之间发生市场关系的客体；半成品主要在内部生产市场之间交换，比如生产团队之间或员工与团队之间。

（三）制定内部市场的交易价格

1. 明确内部价格测算依据

成立价格测算工作小组，分别对内部市场要素价格进行价格测算，一要确保企业预算指标的完成，二要保证各内部市场主体总体价格测算基数不超过企业分解的成本或费用指标。在价格测算中，定额是最重要的基础工作，要具有可行性。所以在制定定额时，以对标行业先进水平为主、参照历史数据为辅。为了使内部交易价格发挥市场竞争压力的“传感器”作用，使职工在生产过程中通过提高工作效率、减少废次品、降低物耗等途径来降低成本，增加收入，三环气门公司以价格体系为基础而形成市场化的分配机制。

2. 制定内部市场交易价格

内部价格直接影响着内部交易主体之间的利益。在三环气门公司内部市场的管理中，内部采购品、内部服务以及半成品等内部市场要素都要制定各方可以接受的内部价格。为此，三环气门公司建立一系列内部价格模型，以计算和制定各交易主体所提供交易对象的交易价格，并根据实际情况进行持续改进和调整。

一是采购品价格计算公式。对采购部门实行储备资金占用定额成本考核、质量索赔和误工损失索赔等制度，其服务价格＝定额工资±定额资金利息奖惩±质量索赔－误工索赔±其他奖惩。同时，生产部门作为其用户，如发现市场同类物料质优价低，可申请外购，其价差由采购部门负担。

二是生产价格计算公式。物化劳动消耗价格收入＝计划消耗－实际消耗＝（单位产品物资消耗计划量×单位产品物资消耗计划价）－（单位产品实际消耗量×单位物资消耗计划价）。其中，物化劳动消耗包括以下项目：原材料、辅助材料，低值易耗品（机物料），定额废品损失，工装模具分期摊销，设备中小修理费等。

三是服务价格计算公式。劳动消耗收入＝单位产品定额劳动时间×全厂平均劳动价格×当期劳动量（产量）；单位产品劳动时间＝设备额定产品产量÷（月法定工作日×日法定工作时）；单位劳动时间价格＝预期工资水平总额÷单位产品劳动时间总额。特殊工种及其他法定补贴另行核定。

3. 建立内部交易外部购入评审机制

内部交易主体提供的生产要素质量或者价格过分偏离外部市场提供的同类要素，或者交易方未按照规定交易的，交易方按内部市场制定的规则，可以降价成交，也可以经过结算中心组织评审认可后，转为从外部市场购买生产要素，给企业造成损失的由负责任的交易方承担赔偿责任。

(四)准确及时开展计量和结算

1. 配备相应的计量工具

为保证内部市场交易中各个要素价值的真实性，三环气门公司配备相应的计量工具，成立计量与监督机构，建立完善的计量体系，规范计量管理，为生产、经营核算及内部成本考核提供合法有效的计量数据。各经营主体原始记录和报表计量机构负责向结算中心报送，作为内部市场的结算依据。

2. 设立结算中心

以信息化为基础建立财务电算化系统和ERP系统实现自动归集和结算，及时、准确地反映各交易主体经营(劳动)成果，便于各内部市场主体在结算中心进行结算。

(五)开展评价与考核，兑现奖惩

以人力资源部为核心成立考核委员会，作为内部市场化的考核机构，各交易主体配备专兼职考核人员，实现考核全覆盖，使企业内部市场的管理者和参与者都受到监督考核。对内部市场的管理者，针对其管理的有效性建立考核指标，对内部市场的参与者，针对其关键绩效指标进行考核。对安全生产、产品质量、成本、生产计划完成率、交货率与交货期限等进行责任考核，但安全生产、质量、成本等关键项目起否决作用。其中，在对分厂经营者的考核中，分厂经营者的薪酬考核和对分厂的产品目标成本价格全额结算分开，既使其薪酬与分厂的经营成果挂钩，又从体制上保证其不侵占职工的利益，也不为了分厂的局部利益与三环气门博弈。

(六)完善相关配套制度建设

对已有的制度进行全面的梳理，做好立、改、废工作，废止与企业发展新形势不相适应的制度，研究建立与内部市场化相适应的新的制度，主要包含：一是与内部市场交易结算相关的内部结算计价管理办法、财务管理办法、分厂结算管理办法、分厂权利和义务界定办法等制度；二是与内部考核相关的直属部门考核管理办法、本部对分厂考核管理办法、设备管理考核实施细则等制度；三是与生产经营关键环节相关的内部否决制度、安全生产管理考核细则、质量体系运行考核细则、成本运行考核细则，以及本部对分公司及其负责人考核管理办法等一系列制度。

与此同时，加强制度公开和宣传，推动制度落实。加大监督检查力度，通过自查、抽查、督查等方式，及时发现制度执行中的问题，督促整改落实。进一步畅通信访、网络、电话等监督渠道，实现制度透明化，让制度执行情况受到监督，认真坚决查处违反制度规定的行为。

(七)对内部市场体系的运行进行有效调控

计划调控。为了更好适应市场的发展需求，开展计划调控，主要针对企业发展战略、产品竞争策略、投资者关系处理等方面进行宏观层面的计划调控，保证企业内部市场与外部市场在企业基本发展方向上的一致。

指标调控。当指标测算所依据的基础数据不能反映各内部市场主体正常的成本费用和经营管理要求的水平时，对企业内部市场的指标进行调控。

薪酬调控。当以内部市场化为基础的薪酬结算发生大幅波动．考核委员会可以决定以丰补欠，年终决算。

纠纷仲裁。当企业内部市场主体之间发生纠纷时，各主体可以协商解决，如果不能达成一致的协商解决方案，由公司职能部门仲裁。

结算价格调整。当内部结算价格导致考核结果与财务核算的实际经营成果相差较大时，考核委员会根据成本费用情况以及外部市场价格信息，调整内部结算价格，使企业内部市场主体的交易更加贴近市场。

三、制造型企业内部市场体系的构建效果

成果的实施，得到合作方德国马勒集团认可，推动了企业的持续成长。三环气门公司取得了戴姆勒、宝马、大众等一线汽车品牌的独家配套资格，被东风商用车、重汽、玉柴等国内重点客户评为优秀供应商或开发合作奖。2013 年，累计未分配利润达到 27840.1 万元。

（成果创造人：舒　健、梅汉生、丁周炎、柳正强、秦晏兵、黄　洁）

钢铁企业基于全信息化的业务流程优化与组织变革

河北钢铁股份有限公司承德分公司

成果主创人：公司董事长王竹民

河北钢铁集团承钢公司（以下简称“承钢”）是河北钢铁集团的一级子公司，始建于1954年，拥有世界上最大的钒钛磁铁矿冶炼高炉，是推动中国建筑钢筋更新换代的先导企业和中国东方钒钛产业基地。主要产品有含钒螺纹钢筋，含钒低合金圆钢、带钢、高速线材、热轧卷板等。钒制品产销量占世界产能的近1/3，远销欧美等十余个国家，“燕山牌”螺纹钢应用于三峡大坝、秦山核电站、中央国家大剧院、鸟巢、中央电视台等多项国家重点项目。截至2013年年底，拥有总资产382亿元，在册员工16551人，铁、钢、材产能各900万吨，钒渣26万吨，钒产品2.2万吨，钒产品产量占全国16%、占世界11%。

一、钢铁企业基于全信息化的业务流程优化与组织变革的背景

（一）实施“低成本＋精品＋特色”经营战略的需要

承钢钢铁主业实施“低成本＋精品＋特色”经营战略，充分发挥钒钛资源优势、降低成本、提高产品质量。对原来的业务流程实施优化革新，以信息化为基础实施业务流程优化与组织变革，建立直面市场的体制机制，整合市场、生产、销售、研发等职能，实现产、销、研一体化运行。面对钢铁行业微利运行的新常态，承钢加大非钢产业的发展力度，向上下游产业链延伸，适度发展相关多元产业；拓展非钢产业，更需要改革创新，需要组织的优化变革建立更适宜的体制为之提供保障。

（二）消除各种壁垒，提高运行和管理效率的需要

承钢过去的业务流程设计和组织机构设置，存在较为显著的弊端，直接影响了承钢生产效率和管理效率。特别是组织机构不合理就更加制约生产和管理效率，如钢轧衔接存在相互不协调时而影响生产，在组织机构上将炼钢系统和其对应的轧钢生产线整合为一个生产整体，发挥其整体控制的作用，尤其是将类似的几条轧钢生产线合并，很多备件就可以通用，备件库存将会大大降低，所以机构优化既是提高生产效率的需要，又是提高管理效率的需要。

（三）提高信息化水平，实现两化深度融合的需要

承钢信息化系统经过十余年的不断发展，相继建设开发了ERP系统、能源集控系统、OA系统等30余个信息化系统；目前主业务流程虽然固化在信息系统中，可以实现专

业管理内业务节点管控和专业业务间的数据交换，但不能通过系统做到审批节点向业务延伸性追踪，辅助决策审批功能弱，导致控制节点多，运行和管理效率低的问题。各部门之间、各专业之间多层级的横向协同工作之间没有信息平台支撑，缺少集中集成的平台将业务相关联的系统和数据进行贯穿等问题，难以实现综合管控和整体决策。同时，信息系统的各类业务数据难以形成“大数据”，无法在企业供应链和价值链高度发挥作用。

二、钢铁企业基于全信息化的业务流程优化与组织变革的内涵与主要做法

承钢紧紧围绕“做精钢铁、做强钒钛、多元发展”战略，以市场为导向、以客户为中心，从全业务流程高度统筹规划，打破以往常规的组织优化模式，有针对性地实施流程优化和组织变革，并构建一体化的全流程信息化平台，疏通企业工作流、信息流，消除工序、机构之间的壁垒，提高运行和管理效率，有效支撑承钢发展战略。主要做法如下：

（一）明确指导思想、目标和原则

基于全信息化的业务流程优化与组织变革的指导思想以市场为导向、以客户为中心，从全业务流程高度统筹把握，构建全流程信息化平台，优化组织机构、理顺职能、改善运行机制，提高组织运行和管理效率。基于全信息化的业务流程优化与组织变革目标，即建立协同、高效、低成本、贴近市场、贴近客户的新型运营体系，打造产销研一体化经营管理模式。明确六项基本原则，即战略导向，以市场为导向、以客户为中心，组织机构扁平化，流程精简、高效，信息化支撑。

（二）开展业务流程识别与诊断，查找制约瓶颈

围绕钢铁企业价值链对承钢的全业务流程进行识别、分析，明确各职能部门和单位在价值链上的具体位置，描绘承钢全业务流程框架。按照六项原则通过对承钢全业务流程进行诊断，查找出的主要问题：一是炼钢工序与轧钢工序按专业分置的方式设置组织机构，工序间壁垒和本位思想导致工序衔接不畅、运行效率低，增加了生产组织难度。二是生产厂的职责仅局限于本单位的生产任务，未赋予生产厂参与市场的职责，生产与市场未实现有效对接。三是炼铁厂不负责原料场的管理，无法保证为高炉生产提供性比价最优的原燃料及经济合理的原料配比，不利于高炉的长周期经济稳定运行。四是缺少经营管理归口部门，在钢铁行业进入“新常态”的大形势下，经营管理职责分散于多个部门，难以形成合力，无法承担主导企业经营管理的任务。五是营销模式不能完全适应市场需求，营销人员的薪酬模式需要改革等。

（三）打通产、销、研流程，优化组织机构

承钢热轧卷板事业部 1780 生产线

承钢基于全业务流程对价值链上的职能部门和业务单元组织机构进行优化。一是调整炼铁厂机构，向前延伸。调整炼铁厂机构，向前延伸，将原物流中心原料工段划归至炼铁厂管理。钢轧系统按钢轧一体化思想将三个炼钢系统与七条轧钢生产线按生产流程合并，整合成立三个钢轧厂。二是推进事业部制。推进事业

部制，以钢轧厂为基础，将其与相关部门有关产品研发、销售、市场服务的机构整合设立产品事业部，成立热轧卷板事业部、长材事业一部、长材事业二部、钒钛事业部。三是调整非钢板块组织机构，建立模拟市场运行机制。推进多元创效，整合承钢物流中心、运输部、维检中心、自动化中心、安全生产监督管理部、能源环保部的部分机构，发挥在资源、技术、市场等方面的优势，组建物流公司、工程技术分公司、安全技术服务咨询分公司、能源环保分公司。四是整合经营管理职能，设立经营管理部。以流程为导向，将分散在企业管理部、物资部、采购分公司、财务部等部门的预算管理、对标组织、财务结算等有关经营管理的职责进行整合，设立经营管理部，建立开放、统一采购、销售集中管控体系，实现购销信息支持统一、购销管理统一、预算管理统一、价格管理统一、结算管理统一。五是建立与市场对接的营销模式。建立与市场对接的营销模式，推动企业从生产制造型向市场经营型转变，充实营销机构，扩大营销队伍，成立业务独立运行的“营销中心”，设立8个营销业务机构，实施一体化营销管理模式和快速定价、一级排程、一站式服务的市场快速响应机制，强化周边区域现货和直供直销、网络销售。

（四）合理分配职责，配置直面市场和贴近产线的人力资源

1. 建立铁前系统

铁前向采购市场延伸。将物流中心承担的原燃料外观质量验收等与供应职责全部划归至炼铁厂。在炼铁厂整合设立市场经营科。使炼铁厂职能与市场对接、向原燃料采购与供应环节延伸，强化进厂原燃料的各个管理环节与炼铁工序的有效、顺畅衔接，为高炉经济运行和长周期稳定创造条件。

2. 建立钢轧系统

将炼钢系统和轧钢系统按照工序整合形成钢轧厂，赋予钢轧厂炼钢、轧钢统筹管理的职能，另外，整合过去炼钢厂、轧钢厂工序衔接的交叉重复的岗位，可以减少一半的岗位编制，并且职责更加清晰。

3. 建立产品事业部

对各事业部充分授权，强化其市场经营意识与自主经营能力，对内深度挖掘潜能，降本增效；对外促进生产与市场对接。实现各生产制造单元由成本中心向利润中心转变。明确职责调整原则：充分授权，独立核算，自计盈亏；纵向职能整合，产、销、研一体化运行。

4. 建立营销中心

营销中心制定以市场为导向、以客户为中心的公司营销策略，包括开展市场信息调查，产品定位、定价，销售网络的建立，品牌形象管理、广告促销活动等一切与营销相关的业务，负责市场与生产的衔接，对生产系统的交期质量进行评价。

5. 建立非钢板块

对非钢板块成立的物流、工程技术、能源环保等多个分公司，赋予经营自主权，开展对外经营和服务，实现独立市场化运作，开辟多元创效新的利润增长点。各个分公司职责调整有两个原则，即市场化运作原则和承钢公司专业指导与服务的原则。

6. 加强人力资源配置

各事业部重新定岗定编，精简机关人员、非产线、非市场人员，扩大产线和市场技术人员比例。以产品研发、工艺技术、生产组织、设备管理、营销系统为主线，向产线和市场倾斜配置人力资源。

通过建立全面贴近产线和市场的人力资源配置模式，机关人员精简 37%；非技术岗位精简 30%；作业区产线技术人员增加 27%；配置到产线的技术人员增加 80%；品种研发人员增加 3 倍，品种直销人员增加 3.5 倍。

（五）建立与组织机构、职责相匹配的运行机制

1. 完善优化制度体系

根据组织机构与职责调整，运营改善部及时组织对 OA 系统定置的审批流程和相关信息化系统的相关环节及现行制度文件进行更改与修订。共对所涉及的 43 个流程及 15 个信息化系统的相关环节进行调整，修订制度文件 315 个，新增制度文件 22 个，废止制度文件 21 个。

2. 建立与市场对接的营销模式和激励机制

制定《承钢公司营销模式改革方案》并积极推进落实，通过营销中心，积极培育承钢直接的高端客户群，以客户需求引领产品结构的调整和产品档次的提升，全面提升企业的经营绩效。

同时对营销人员实行“底薪＋提成＋奖金”的激励型薪酬模式，建立“金牌销售员”评价机制，设立专项奖金。建立《承钢公司营销人员激励性薪酬模式管理办法》《承钢公司品种结构创效专项奖励办法》，修订《客户服务控制程序》《销售控制程序》《交货期管理办法》等营销管理制度，有效提升营销人员的工作积极性和主动性。

3. 完善绩效管理体系，推进三项制度改革

一是按照试点先行后续跟进的原则，完善全员绩效考核体系，建立“以利润为中心，模拟法人绩效考核体系”，与承钢预算同步，将预算逐步层层分解，制定内部单位二级、三级绩效考评体系，同时配套完善以利润为中心的核算体系。

二是完善绩效评价机制，以价值创造为引导，实施绩效导向、精准激励。制订《员工绩效管理办法》《科级人员绩效管理办法》《中层干部绩效管理办法》等。调整薪酬分配模式，合理拉开分配差距，建立以全员绩效考核为核心，以岗位绩效工资制为基本模型、多种分配模式并存收入能增能减的薪酬分配制度。究制定多项单项激励制度，包括《多元化经营管理办法》《政策性政府补贴专项奖励办法》《经营管理创效单项奖励办法》等，有效引导广大员工为完成工作任务而努力拼搏。

三是推进干部人事制度改革，规范各级管理（技术）人员选拔、聘用、后备、考核工作，形成管理（技术）人员动态管理体系。制定《中层干部听证问责管理办法》，完善后备干部培养机制，激励在职干部尽心尽力。同时推进内部人力资源市场建设，建立健全公司内部流动机制，充分利用劳动合同管理，疏通“出口”。制定《人力资源市场管理办法》《员工请销假管理办法》，修订《劳动合同管理办法》。

(六)建立覆盖全业务流程的信息化系统和协同工作平台

信息化是承钢公司优化改革的支撑,承钢信息化部门紧紧抓住次流程和机构改革的机遇开展工作,全面整合和优化现有信息化系统,实现承钢业务流程优化和组织变革的全面优化和固化。

1. 以产品为中心,围绕事业部建立产销研一体的制造执行系统

承钢实行事业部制后,对各事业部充分授权,强化其市场经营意识与自主经营能力。信息化部门整合原来炼钢生产系统、轧钢生产系统、客户关系系统、ERP 销售模块、客户模块、质量系统、计量系统、OA 系统技术管理相关模块等资源,建设制造执行系统,系统以研发、销售、生产与信息化支撑的协调统一与高效运行为目标,采用 C/S 模式,ORACLE 关系数据库和 INSQL 实时数据库为基础采用 c#,FORM 等开发工具建设。

承钢以信息化手段整合、优化事业部的生产、销售、研发三大业务功能。这种在信息化系统支撑下的业务部门整合,使生产、销售、研发三大业务部门在事业部统一的架构下进行组织,实现研发成果快速面向客户,按客户需求产生销售订单,生产部门按销售订单组织生产,研发部门跟踪产品技术标准应用过程,客户意见及时反馈给研发部门,通过生产、销售、研发三大功能建设以及完善的质量体系,完成产销研一体化的紧密结合。优化后生产的 1227.28 吨焊瓶钢 HP295 成功交付客户,客户使用中反映良好。焊瓶用钢是国家严控的压力容器材料,实现这一重大突破。正是得益于热轧卷板事业部产销研一体化的架构,正是在制造执行系统从订单、收款、发运等业务处理到对各项性能参数、尺寸的精度控制的全流程支撑下完成的。

2. 以市场为导向,围绕供应商和客户建立电子购销平台

经营是企业生产之外最重要的组成,是企业以供应商和客户为媒介面向市场的核心管理方式,承钢整合采购职能,赋予生产部门更多采购话语权,强调采购部门寻源和合同之外对物流和质量的要求,特别是专门成立营销中心,用以高效协同,快速响应市场和客户,提高营销人员的工作效率。

为适应此变化,承钢领导亲自规划建立以“公开、公正、公平、高效”为宗旨,集内控和对外业务一体、开放的电子购销平台,作为承钢对外统一的电子商务平台。系统整合承钢 ERP 采购模块、供应商模块、客户模块、网上采购等系统或功能,建设以 J2EE 为架构,JAVA 类开发工具的信息化系统。特别是系统是基于互联网的信息化系统,便于位于全国乃至全世界的客户和供应商使用,同时系统与第三方短信进行接口,可以以短信形式与供应商和客户进行互动。

3. 建立业务流程管理系统

承钢建设业务流程管理系统。一是流程梳理支撑。运营改善部组织将梳理出的业务流程进行衔接和分类。梳理出的流程同步导入进业务流程管理系统中,使承钢相关管理人员能够全盘查询公司业务流程地图,为业务流程优化和组织机构变革后的流程调整提供现状模型。二是统一信息门户。承钢为加强信息共享,在业务流程管理系统首页建立综合的信息交互平台,划分为新闻中心、挖潜增效、产线对标、5S 管理、TPM、工作督办、班组建设等模块。三是统一用户认证中心。业务流程管理系统实现统一的组织机构

接口，其组织机构、人员数据来自于人力资源系统的员工数据，同时与其他系统间的用户建立对应关系，实现门户、各应用系统间的单点登录。四是集成任务中心。提供任务接口，负责接收统一流程管理平台和其他业务系统的任务请求，提供查询页面，实现任务待办的集中，提高各级领导审批处理待办任务的效率。五是端到端服务。以OA系统定置的审批流程和相关信息化系统的相关环节为起点，在BPM系统中进行流程的设置和运行，流程间具有明确的上下游关系，为流程办理和审批提供有力的参考依据，不用再靠人工去翻阅上游流程办理情况。六是移动办公系统。开发IOS、Android等手机系统的APP应用和网页应用，用户在任何时间和地点，均可通过手机登录系统并进行业务办理。七是业务系统集成。建立企业服务总线（ESB），业务流程系统与其他业务系统各自发布相关功能的webservice。ESB负责建立穿透服务，将所有系统发布的webservice服务接入，并统一管理，对外发布统一webservice，统一url，统一端口号，方便系统间调用。承钢搭建以业务流程处理为基础，以优化组织结构、规范流程、提升流程效率、降低运营成本为目的的信息平台，大大提升精细化管理水平。

三、钢铁企业基于全信息化的业务流程优化与组织变革效果

（一）建立了新的运营体系，提高了运行和管理效率

构建了以利润为中心的管理体制，通过产销研一体化管理架构的搭建，打破各主体单位与市场隔离的界限。生产厂的职能向市场延伸及成品存储与外发等组织机构的优化，形成特色的产品事业部，实现了承钢的产品研发、生产及销售三个环节有效衔接，推动承钢由"生产型"向"市场型"转变，开发能力得到了明显增强。基于全信息化的业务流程优化与组织变革的实施，特别是原燃料验收、接卸、储存、倒运、混配料与烧结、炼铁工序的整合，使主体生产单位由7个整合为5个，降低了内耗，提升了运行效率。

（二）固化了业务流程，关键绩效指标取得明显进步

承钢信息化紧随流程优化和机构改革的步伐，完成了信息化的大发展，固化流程优化和组织变革的成果，发挥合力，促进了产供销高效衔接，推动企业经营管理的精准化、高效化，提高了企业运行效率和管理效率。2013年，承钢高炉生产稳定，转炉与连铸衔接顺畅，生铁产量同比增长29.17%，钢产量同比增长20.9%，钢材产量同比增长23.07%，钒渣产量同比增长34.15%，钒产品产量同比增长43.54%。铁、钢、材、钒产品等主要产品产量均刷新历史最高纪录。优化产品结构，持续开发新产品和高附加值产品，实现品种增效3.15亿元。

（三）增强了市场开拓能力，取得了良好的经济效益

产、销、研三个环节联动，积极进行新产品研发，开发销售渠道，确保订单充足，强力推进创效产品的合同组织，使创效产品产销占比稳步提升。推进了盘螺100%刻标志生产，巩固了承钢产品的市场地位。在HRB500基础上通过成分和工艺的一系列优化，解决了HRB500E强屈比低的难题，连续供应北京中国尊、武汉绿地、国家核电等重点工程。成功开发澳标D500E四棱盘螺产品，属国内首创。2013年，承钢销售品种钢按同口径比较，已超过五年前的十倍以上。在重点品种上，2013年，500MPa（E）高强及Φ36毫米以上大规格钢筋共销售同比实现翻番，盘圆、带钢、卷板产品品种比例持续提升，实现承钢

产品整体结构优化。2013 年承钢减少外委用工 6008 人，降低费用 2.5 亿元；减少用工造成的损失为 1000 万元；其中成果创造的效益占比 65%；承钢加强过程管控取得的效益 5.78 亿元；其中成果创造的效益占比 15%（另外，质量管理占比 19%、设备管理占比 21%、工艺技术占比 16%、安全生产占比 5%、能源管理占比 13%、环保占比 3%、其他占 8%）。

（成果创造人：王竹民、魏洪如、郭晋宏、金树成、张玉玺、赵建东、石小艳、董东涛、王丽英、吴兴东、李小娟、邱洪涛）

地方电力企业提高服务保障能力的集约化经营管理

四川省水电投资经营集团有限公司

成果主创人：集团党委书记、董事长张志远

四川省水电投资经营集团有限公司(以下简称“四川水电集团”)成立于2004年12月，注册资本28.2818亿元，主要负责投资、经营、管理省级地方电力国有资产，是四川省地方电力建设的省级投资主体、融资载体和经营实体，四川省最大的配电集团公司。2013年，四川水电集团实现营业收入35.8亿元，利润总额4.07亿元，资产规模达到318亿元。

一、地方电力企业提高服务保障能力的集约化经营管理的背景

(一)履行企业使命，加快地电企业发展的需要

长期以来，四川省地电系统企业规模小、资产分散、自身融资能力差、集约化程度低、行业管理松散，市场竞争实力不强；同时面临着部分县级企业改制不规范导致国家农网投入资产流失，还贷资金不能及时上缴归还银行，出现还贷风险等一系列问题。四川水电集团承担投资、经营、管理四川省地方电力国有资产、服务“三农”的使命。为了建设坚强可靠的地方配电网、促进地电企业规范管理、持续健康发展，四川水电集团必须对原先松散的地方电力企业实施集约化经营管理。

(二)推进地方电力专业化、规模化发展的需要

地方电力长期以来推行的“县为实体”的经营模式，导致地方电网和地方电力规模效益低下的不良局面：一是经营规模小，管理小而全，各类资源配置严重失调、不足与大量浪费共存，经营管理效率与效益俱差；二是位置比邻而业务技术交流融合甚远，自成一体、简单重复摸索现象严重；三是融资、议价、市场影响能力极弱，发展能力与“发、配、售”各环节盈利能力均严重不足；四是缺乏网络电力电量调剂能力，各网内电源与市场价值实现严重偏低。四川水电集团亟须通过对地方电力企业在电网规划建设、投融资运作、供电营销、电力调度、资金资产及人力资源统一平台管理等方面实施集约化经营管理。

(三)实施电力普遍服务，保障农村地区电力供应的需要

在西部农村电网还没有改造的地区，电网技术装备落后，输送距离长、损耗大，加上偷漏电严重，农电体制较乱，管理不规范，造成农村电价远高于城市。四川水电集团有必要通过对地方电力集约化管理，加大对农村电网建设和改造的投入力度，改变农村落后的电网结构，降低农村电网的线损，增强供电能力，改善供电质量和供电可靠性，保障农村地区电力供应。

二、地方电力企业提高服务保障能力的集约化经营管理的内涵与主要做法

四川水电集团在集约化经营管理上主要做到集合资金、管控机制、人力资源等要素，在全集团范围内进行统一配置；在集中、统一配置生产要素的过程中，以效率、效益为导向，建立高效，低成本的集约化经营管理模式，进而使四川水电集团集中优势力量，实现高效率、核心竞争力、可持续发展的战略目标，促进西部农村地区的经济快速发展。主要做法如下：

(一)整合资源，强化地方电力企业治理管控能力建设

1、明晰集团总部与下属企业职能

四川水电集团以总部作为集团投资决策中心、资产财务中心、安全技术中心、监督考核中心、对外合作中心、利润中心；各子公司是生产经营主体、投资实施主体、成本控制主体、企业文化建设主体。充分发挥集团战略管控功能，利用总部优势，整合一切资源，统筹运用协同机制，强化治理、管控、服务。集团在公司治理上对子公司做好管控工作；在战略引导上从企业文化理念、发展方向和方式、制度体系输出、审计和风险管理等方面对子公司实施过程控制；在集团管控方面加强预算管理、资金集中管理、统筹资本运作，投资规划等工作。

2. 树立集团顶层设计、制度、管理输出平台的管控理念

四川水电集团先后整合 26 家地方电力公司，通过业务整合和管理整合对所属公司全面加强管控。把集团在不同地域、不同层次、不同发展水平的公司，完成从组织、业务、制度、标准、流程、文化上的整合。四川水电集团基于风险管控制订和设计一整套管控体系，通过在制度建设上的努力形成包括投资、财务、经营、安全等方面的一整套制度体系。

在具体的管控过程中，四川水电集团通过“抓两头，放中间”的做法，实现管理过程简化、高效。一是抓前面的制度输出、战略、计划、预算及外派董事、监事、高管、财务总监管理，二是抓后面的绩效考核和审计。中间过程，如何开展具体的经营管理，尽量地“放”。如果所属公司的经营管理出现问题，四川水电集团就通过审计、监察、纪检来监督检查。

(二)构建统一的集团财务资产管控平台

1. 推进财务会计信息化建设，建立集中统一资金、资产及融资管理平台

四川水电集团通过 EAS 系统统一总部及下属各地方电力企业的会计政策，对资产管理、财务会计处理(包括会计科目、会计凭证、会计账簿和财务会计报告的处理)等工作流程实施严密、高效的信息化系统管理。

集团总部办公大楼

利用系统资产管理模块，建立资产管理平台，对集团的资产分布、资产总量、资产质量情况进行实时监控。通过银企互联的信息技术手段，实行全集团资金集中管理，充分发挥集团资金的规模效应，实现统一资金管理，防范财务、经营风险并达到集团经济效益最大化。利用资产管理平台及资金结算中心，进一步建立集团

统一融资平台，通过集中存量资产，采用多种融资方式，实现融资总额371.86亿元。

2. 建立统一预算管理，实现集团成本管控目标

一是确定合理考核指标。将“净资产收益率”、“成本费用利润率”纳入年度目标任务考核指标，更加关注股东权益的收益水平，用以衡量公司运用自有资本的效率。四川水电集团总部和下属地方电力企业对各成本费用指标分解、量化、细化到各部门和站所，同时实行二级考核，对成本费用实行归口管理。二是加强预算执行过程的控制管理。四川水电集团按季度编制预算执行情况分析报告，对各项指标完成情况进行合理预警，预测可能存在的问题、环境变化的趋势，采取措施预作准备，控制偏差，保证目标任务的实现。三是促进预算工作制度建设。四川水电集团严格按照董事会下达的预算目标控制成本费用率，强化内部管理，将核算与预算合理结合，部分下属公司已建立内部控制制度，规定费用支出和资金支付的审批权限。四是加强部门协作，共同参与全面预算管理。相关部门配合测算和下达年度所属地方电力企业经营业绩目标任务，年底进行绩效考核，并对所属企业的年度预算方案的执行情况进行检查。四川水电集团逐步建立完善预算管理体系，重点对各公司目标任务完成情况及“五项费用”的使用情况，进行动态监控，确保成本管控各项目标实现。

3. 建立财务总监统一委派管理机制

四川水电集团对集团所属全资和控股子公司实行财务总监委派管理，并配套制定《财务总监管理暂行规定》和《财务总监管理实施细则》。通过构建统一的财务资产管控平台，推进四川水电集团财务资产集约化管理体系的深入应用和常态运行，促进财务与具体业务高度协同，增强财务管控能力，提高资金使用效率、成本控制能力、和风险防范能力。

（三）优化人力资源，实施总部集中管控的人力资源管理

一是明确岗位设置。在参照其他标杆企业岗位分类标准和供电企业劳动定员标准的基础上，结合四川水电集团自身实际，完成对电力公司定员定岗。

二是实行员工总量控制。严格控制用工规模，强化各类用工的管控，实现规模和效益的有机结合。“以设备定人数，以结构定需求，以发展定计划”，完成四川水电集团所属供电企业生产一线与管理和辅助性岗位人员冗（缺）员总体平衡，冗员率控制在18%以下。

三是统一员工素质要求。对新录用毕业生严格按照专业对口、按需配置的要求，本科及以上学历毕业生不低于90%，民族地区可适当放宽，优先选择国家全日制普通高等院校重点大学毕业生，确保新进员工质量。

四是完善员工培训体系。加强对员工培训，建立“三级培训”体系，逐步将管理及辅助岗位冗余人员通过转岗培训充实到生产一线，增加一线生产人员储备，逐步减少农电工数量。

五是加强基础管理工作。强化制度建设和信息化建设，夯实业务工作基础，为人力资源管控体系建设提供坚强的支撑平台。逐步实现全集团人力资源基础信息准确率达到100%，并不断开发和建立功能齐全的人力资源管控系统，健全和完善与人力资源集约化管控相配套的各项规章制度。积极探索适应民族地区的用工体制机制，积极争取民族地区用工政策。全员劳动合同规范率达到100%，实现各类用工依法、规范。

(四)建立集中高效的物资管理体系

1. 明确物资管理机构职责

四川水电集团招投标管理部职责为审核各项目实施单位编制的物资材料招标采购计划,负责组织实施集团集中规模招标采购工作,负责设备材料招标后合同签订工作。建设管理部负责集团物资采购工作的归口管理工作,并制订相应的规章制度和办法,负责集团设备监造的归口管理,制订相应的规章和办法,并负责集中招标主要设备、材料的集中监造管理工作,负责供货合同执行过程中相关事务的协调处理,财务资产管理部负责合同价款的支付、货款的结算工作。项目实施单位负责提交项目物资需求计划和需求物资的技术规范书,负责合同的技术谈判和变更协调,负责物资接收、组织验收、资产移交和决算,参与采购、监造、配合开展配送、仓储、现场服务、废旧物资处置等工作。

2. 实施"五统一"农网物资集约化管理

一是统一计划、集中招标,在年度投资计划下达后,各项目实施单位根据设计资料编制年度物资需求计划,报集团招投标管理部进行审核。招集团投标管理部在完成控制价评审等审定流程后,集中组织进行招标,并完成供货合同签订工作。

二是统一管理物资需求订单,各项目实施按照已招标的年度物资材料价格,编制月度材料需求计划,报集团建设管理部审核。建设管理部在完成物资需求订单审定后,报送供货单位组织供货。

三是统一设备材料监造,审查供应商的质量管理体系,确认供应商各监造阶段检验/试验的时间、内容、方法、标准以及检测手段,审核设备制造过程中采用的重大新技术、新材料、新工艺,查验主要原材料和外购组配件的证明文件,监督供应商的生产进度和供货进度。

四是统一出入库管理制度,各项目实施按照集团制定的物质管理办法,进行物资出入库管理,完成出入库流程。

五是统一货款支付,由建设管理部配合财务资产管理部完成到货款项的审核工作,按合同进行各阶段货款支付。

3. 实施集中统一招标

首先,建立统一的招标限价审查造价咨询机构库。通过公开比选,建立农网改造升级工程招标限价审查造价咨询机构库。在招标限价审查时,由集团统一指派造价咨询机构审查招标最高限价,并根据各造价咨询机构的业务水平和人员结构的差异,合理安排,避免咨询机构承担限价审查任务的不均衡性,影响集团招标项目限价审查的情况发生。

其次,按项目所属电压等级划分,分级招标。农网改造升级工程涉及110千伏、35千伏和10千伏及以下等级。按照统一部署,110千伏单项工程,由四川水电集团统一组织公开招标;35千伏单项工程,授权各项目实施单位依法公开招标;10千伏及以下项目,授权各项目实施单位依法招标;10千伏及以下项目的重要设备材料中"三大主材",由四川水电集团统一招标采购。为进一步提高招标工作效率,针对35千伏及以上项目按所属片区划分为两个标段,实行设计施工总承包即EPC招标模式。

(五)统筹规划区域电力建设,提升地方电力保障能力

在实施统筹规划区域性电网建设中,四川水电集团积极争取国家加大对农网改造升

级工程和无电地区电力建设的政策支持，加快农网改造升级，加强无电地区电力建设，统一按照新的建设标准和要求全面改造未经改造的农村电网，升级改造已经改造但可靠性较低的农村电网，改造农业生产供电设施。整体规划建设川南、川东、川北区域内以110千伏线路为骨架，220千伏线路为主干的电网构架，加快建设区域各县接入国家电网、县内骨干网架、县际间的220千伏、110千伏及以上电压联网工程，实现地方电网与国家电网以220千伏、110千伏联网，全面提升地方电网等级。

十二五期间，四川水电集团在其管理的29个县地方电力企业共投入农网改造及无电地区电力建设资金77.75亿元；落实实施110千伏项目49个，35千伏项目104个。在统一管理的29县内，110千伏骨架和县间环网基本完善，以35千伏为高压终端的变电站布点科学，满足区域经济社会发展的用电需求，地方高压网络结构、电压层次趋于合理，发电、输电、配电三环节得到统一结合，中、低压电网得到彻底改造，基本完善农村电网、无电地区电网、藏区电网的建设，解决无电地区县城、重要中心城镇、重要旅游景点、牧民集中聚居点的用电问题。

在统筹电源建设上，“十二五”期间四川水电集团积极开展小水电代燃料工程建设，统一规划建设集团下属电力供区内及附近小水电代燃料工程项目10个，总装机容量8万千瓦，总投资5.5亿元。开发小水电代燃料工程、建设中国特色农村电气化，结合江河治理兴水办电，发挥水资源综合利用的优势和功能，把发电、防洪、灌溉、水保、供水相结合，以水发电，以电兴工促农，以电代燃料和治理水土，统筹协调资源、环境、生态、扶贫和电气化建设。

(六)产融结合，提升地方电力企业投融资能力

四川水电集团的大部分电力投资项目地处边远山区，投资周期长，投资收益低，自身融资功能差，其外部资金的来源几乎全部依赖集团的支持。利用现有资源，紧抓有利时机，集团探索出一条产融结合发展之路。2013年，四川水电集团整合旗下金融业务资源，联合四川省能源投资集团有限责任公司、四川发展(控股)有限责任公司旗下成都聚信汇诚金鼎投资中心(有限合伙)设立注册资本28.8亿元的电力投融资服务平台——四川金鼎产融控股有限公司。通过金鼎公司集合各方资金资源，为四川水电集团所属地方电力企业提供全面的金融融资服务。

四川水电集团通过设立金鼎公司，发挥正向协同效应，从内外部两个方面实现产融结合。一是外部融合，实现金融与实体经济融合发展。充分利用金融综合经营优势，依托四川水电集团主业，组建能源产业基金，以资本为纽带，控制下属地方电力企业周边的电站资源，促使其发电量在地方电网上网供电，以保障地方电网电力供应。二是内部融合，发挥金融业周期短见效快的特点，与四川水电集团其他板块融合发展，充分提高闲置资金使用效率，优化资产配置结构，实现国有资产保值增值，确保集团在电网、电源建设上的资金需求。

(七)规范供电管理，提升地方电力服务能力

1. 分级规范电价管理

四川水电集团制定实施“电价内控管理办法”，对所属电力企业各类电价测算、申报、审批、执行及执行效果进行全过程规范与监管。实行分级管理，上收部分执行电价测定权，在经营管理部设立电价管理专责岗位，常态化处理全集团电价内控管理事务。近几年来，电

价投诉逐步下降；综合与分类用电价格回归正常，保持与政策调价水平的同步增长；购电成本实现控制目标；电价违规、违法现象基本控制；电价执行秩序以至良性发展态势。

2. 全面提升电能量管理水平

四川水电集团针对各公司电能量管理装备水平差、员工素质低、管理不规范、无标准或执行走形式等严重影响电能量值准确性、可靠性等问题，开展与内部达标企业对标和制度、技术、管理输出。利用农网改造升级政策性资金投入，统一招标采购电能计量装置，建设电能量采集信息系统、设置自主密钥以确保量值传递的安全。同时配套制定相关规范制度，使全集团电能量装备、执行、管理水平迅速达到新的高度。

3. 树立市场意识，提升供电服务质量

四川水电集团结合电力监管机构有关“三不指定”、“居民用电服务质量监管专项行动”、“低电压治理”、“两率考核”等旨在规范电力企业市场行为和提升服务质量的要求，制定发布一系列涉及服务制度、规范开展标准化服务窗口建设，建立服务承诺与投诉举报机制，实施售前指导、上门服务、便捷缴费等客户关系管理措施，实现从生产导向向市场导向的转型。

4. 以信息化建设推进供电标准化管理

四川水电集团创新标准化建设模式，以信息化带来的快捷性、时效性、学习性、流程化来提高效率、效益和规范管理。近年来，已陆续建成信息化办公、会议系统，财务、资金管理系统，电能量采集与售电一体化系统，电网资产地理系统，营销试验系统等，均使供电业务的标准化建设管理大大加快了进程。

(八)强化地方电力安全管控能力建设

1. 建立健全集团安全管理制度，推进安全管理标准化建设

四川水电集团不断制定和修改完善各项安全生产管理制度、标准，截至目前，已累计编制印发《四川省水电集团安全生产责任制》等安全管理制度 33 个，形成具有四川水电集团特色，健全的地方电力安全管理制度体系。

同时，加强推进安全标准化建设工作：一是建设完善各类安全生产管理台账；二是制定安全作业标准；三是收集整理汇编国家《安全生产法律法规规章》；四是收集整理汇编国家行业《安全生产规程规范标准》；五是积极有序地开展安全生产标准化达标建设工作。

2. 严格落实安全生产责任

四川水电集团建立健全党政同责、一岗双责、齐抓共管的安全生产责任体系，把安全生产责任落实到部门(生产经营单位)、到岗位、到人头。将年度安全生产工作目标控制指标和任务层层分解，逐级落实到子公司、管理部门、直至班组和一线员工，层层签订安全生产目标责任书。

3. 加强安全文化建设

一是由四川水电集团组织聘请专家，每年开展两次集团级的安全监督管理培训班，近年来已对集团本部及各公司负责人、管理部门(生产经营单位)负责人、安全管理人员和技术专责累计 2000 余人次进行培训和取证工作。二是四川水电集团所属公司进行内训，现累计培训 9600 余人次。三是外送培训，四川水电集团积极派员参加各级单位(部

门)组织的各类安全生产标准化、应急管理、信息网络安全等外部专题培训,累计培训170余人次。目前四川水电集团已有4人已经入选全省电力应急管理专家库。四是开展安全生产事故警示教育,全集团员工观看安全生产事故警示片接受教育人数达80%以上。

四川水电集团还狠抓企业安全文化建设。一是抓好“党员示范岗”建设;二是抓好“工人先锋岗”建设;三是“青年文明号班组”建设;四是开展“安康杯”知识竞赛;五是开展“员工业务技能比武”等活动。

4. 提高统一应急指挥保障能力

一是根据应急管理工作实际需要,编制应急装备采购计划,至今累计已完成600余万元应急物资采购计划的编制,应急电源车等一大批应急装备已陆续采购到位,并在抢险救灾应急保电等应急工作中发挥实际作用。二是编制《四川省水电集团综合应急预案》和《四川省水电集团防地震应急预案》等专项预案,建立健全应急预案体系。三是根据各种可能出现的自然灾害和安全事故,组织开展消防、防汛、防地质灾害等多种类型的应急演练,从而有效地应对“5.12汶川特大地震”“4.20芦山大地震”渠县“9.18”特大自然灾害。

三、地方电力企业提高服务保障能力的集约化经营管理的效果

(一)建成坚强电网,保障了地方供电

四川水电集团通过实施一系列集约化经营管理极大地提升了地方电力供应保障能力;有效解决了不少老少边穷地区无电、缺电、断电问题,改变了四川农民生产生活方式,改善了农村生产生活条件和生态环境。

(二)服务三农,促进了地方经济发展

四川水电集团通过对地方电力的集约化经营管理,加快开展农网完善工程、智能电气化建设、小水电代燃料工程、无电地区电力工程及区域电网建设,统筹调控中小水电资源多上地方电网,就近上网、就近成片供电,服务“三农”、服务新农村建设,服务地方经济发展。以2013年电价为例,四川水电集团下属民族地区地方电力企业综合销售电价平均为0.4192元/千瓦时,远低于集团购电均价。低廉的电价对地方工业及三农用电起到了积极作用,促进了地方经济的发展。

(三)促进企业自身快速发展,增加了地方政府财政收入

通过集约化经营管理的实施,四川水电集团的资产额、利润额、供电量、人均收入等各项经营指标都取得快速增长:从2008年至2013年,四川水电集团总资产从127.2亿元到318.13亿元,增加了150.1%,净资产从39.34亿元到95.8亿元,增加了143.5%;营业收入从6.95亿到35.77亿,增加了414.7%;从2008年到2013年共计实现利润15.44亿元,年平均增长35.9%。供电量从14.94亿度到60.24亿度,增加了303.2%;发电量从6.48亿度到19.16亿度,增加了195.7%。

(成果创造人:张志远、罗　毅、段兴普、曾　勇、吴建文、熊　林、
陈　涛、刘　华、徐国兴、罗　莉、王　韬、周　任)

大型油气工程企业提升服务能力的“科研生产一体化”运作管理

中国石油集团川庆钻探工程有限公司地质勘探开发研究院

成果主创人：公司页岩气勘探开发项目经理部党委书记、副总经理戴勇

中国石油集团川庆钻探工程有限公司地质勘探开发研究院（以下简称“地研院”），属川庆钻探公司二级单位。主要从事油气勘探开发的“综合录井、地质录井、试油录井和试井作业”等工程服务性工作；同时兼有油气勘探开发的地质科研职能，重点开展地质综合评价研究、物探研究、油气田经济评价与开发方案设计研究等多项业务，是集科研生产于一体的大型油气田综合性工程技术服务企业。

一、大型油气工程企业提升服务能力的“科研生产一体化”运作管理背景

（一）适应日趋复杂的勘探开发对象的需要

经过几十年的勘探开发，各老油田已发现的优质“地质目标”大多数已实现有效开发。随着油气开发战略的调整，目前“小目标”“岩性圈闭”“三低”油气、“致密”油气等含油气构造逐渐成为未来勘探开发主要的开采领域。勘探对象的日益复杂要求企业强化科研与生产的紧密结合，加强科研生产一体化的组织管理及生产协调，改变过去工程服务企业一味追求的本位利益思想，以及油田业主采用压低“标价”实现开发目标等做法，使科研与生产有机结合更好破解勘探开发的技术难题。

（二）提升工程技术服务能力的需要

地研院的主打业务是为油气田钻井提供地质录井技术服务。录井作为一门学科，因受多种因素的影响，目前仍存在着不少短板和瑕疵，制约着录井作用的发挥。此外，近年来伴随“水平井”“页岩气井”等新工艺井的广泛推广，对录井工程技术提出了更高的要求。地研院作为一个集科研生产为一体的综合性工程服务企业，仅凭“单一”的录井技术，很难提升服务核心竞争力，难以获得更大的发展。因此，必须以科技为引领，一方面加大录井新技术的研发和投入，改善录井硬件条件，创造出更多高附加值的特色录井技术；另一方面，重视地质科研在录井中的先导作用，充分利用录井一手资料进行跟踪研究，不断加深地质认识，指导勘探开发部署，提升地研院工程技术服务能力。

（三）实现油气合作共赢的需要

近年来，国内外市场竞争日益激烈，油气勘探开发难度及风险日趋增加。传统式的

各专业板块“单打独斗”的运营模式，已无法适应新形势下地质勘探开发与钻井“提速、提效”的要求，需要油田公司(甲方)和工程服务企业(乙方)，共同关注地质效果，实施“局部承包”或“整体总包”的方式，高效、低耗地完成“地质目标”达到综合工程技术服务利润最大化。因此，地研院作为工程服务企业亟待打造“科研生产一体化”的新型服务模式，以从根本上解决制约工程技术服务企业的发展瓶颈问题。

二、大型油气工程企业提升服务能力的“科研生产一体化”运作管理内涵和主要做法

地研院积极整合重组后所有科研技术资源，努力打造国内第一、国际一流的油气勘探开发科研体系；以收编现有录井队伍及装备为依托，变革不适应生产力发展要求的管理方式、生产方式，延伸多种服务类别，开辟多领域油气服务新型技术；坚持科研密切生产，科研人员一改过去单纯的研究方式，凡从事地质、物探、测井、油气藏工程等专业的科研人员，直接参与油气勘探开发现场的工程技术服务、方案制定，跟踪调整工程技术服务过程的偏差；及时掌握现场钻井、录井、地质导向、测井、储层改造与试油、油气井生产动态资料等情况，边参与生产管理，边从事科研工作；与此同时，架起科研与生产、油气公司与工程服务企业的有机互动桥梁，积极探索甲乙双方合作共赢的新型技术服务模式；努力实现以科研为龙头、以提升服务能力为核心”的“科研生产一体化”发展方式。主要做法如下：

(一)明确战略目标，确定“科研生产一体化”发展思路

地研院确立“科研生产一体化”的发展理念，即：紧紧围绕油气勘探开发这个大目标，以提高工程技术服务水平为手段，多学科、多专业相互配合，协同作战，快速、高效开发油气田，实现科研生产有机结合的最佳效果，从而达到破解勘探开发技术难题，降低运营成本，优化工程投资规模，提高劳动生产率，以达到油田公司和工程服务企业整体经济效益的目的。同时，地研院确定“立足川渝、提升能力、面向全国、做强科研、做大录井、走向世界”的战略目标，以及“重塑形象、着力科研、延伸录井、整体推进、科技兴院”的发展思路。

在战略目标和发展思路的指引下，地研院周密组织分步实施。一是在“地质科研领域”重整旗鼓，建立以地质研究为重点、适应国内外油气开发市场需求的研究机构和科研人才队伍，深化油气综合评价技术、强化油气开发技术研究，实现地质、物探、测井、开发等专业技术的集成发展，以“天然气、碳酸盐”勘探开发研究为龙头，立足自主创新，打造“川庆地研”特色技术品牌。二是在录井工程及生产服务领域实施技术创新，加强录井随钻跟踪解释评价系列配套技术的攻关研究，实现录井由地面向地下、由井筒向外围、由数据采集向随钻跟踪解释评价方向发展；测试、油化工艺及分析实验等技术服务种类齐头并进，持续研发实用技术，专利授权年均增长达20%，产值增长10%以上。三是全面提升综合服务能力，首先在科研系统制定承揽项目的全部流程、奖励机制等相关制度要求；其次，在录井技术服务领域制定借助录井地质资料研发新型专利服务技术的计划和措施；再次，推动科研技术服务由“单一”向“多元”转变，工程技术服务由仅有主打的录井生产向“单井跟踪”、“地质导向”等新型技术服务领域延伸。四是以市场为导向，着力打造单井技术服务、区块科研服务、地质工程综合服务三种模式，全面提升企业的核心竞争力，推动多学科、跨国的综合性工程技术服务企业的雏形基本形成。

(二)夯实技术支撑体系,设计三种服务模式

1. 广招贤才,建立地质研究体系

地研院根据市场需求,加大科研投入,采用“三借、四聘”等举措,逐步扩大科研队伍及研发实力,即:以“三借工程”(借脑、借力、借势)发展科研特色技术;以“四聘机制”(从大专院校“外聘”、石油行业“借聘”、退休老专家“返聘”、社会临时“招聘”)等渠道广招贤才,夯实科研基础。集中资源重点对油气开发项目的前期“地震、测井、地质、油藏、地面工程、经济评价”等业务流程,进行方案制定、设计、编制等工作,为国内外油气田甲方提供全方位的地质科研技术支撑。

2. 整合资源,建立录井生产研发体系

地研院借助原四川石油管理局五大录井公司解体的契机,将分布在川渝两地零散的录井技术资源进行全面优化整合,先后于 2006、2010 年及时成立录井研究中心、录井装备中心、地质导向中心等工程类技术服务研究机构,重点对复杂井况下的录井技术进行攻关、装备改造,及时解决生产急难问题。

录井研究中心充分发挥科研指导生产的职能作用,按照“细、深、精”,“线、面、空”的六字方针,对各年度重点探井的录井报告进行深加工,全面提升川渝录井完井报告的编写质量和研究内涵;装备中心结合作业现场实际对录井设备的小型化、集成化进行研发改造,实现以科研促录井、以录井确保安全、优质钻井的良性效果。推动录井作业由“生产型”向“生产科研型”转变,将分层卡层向地质建模、精细分层、地质导向延伸,逐步丰富、扩大录井技术服务的业务范围。

3. 服务国际,建立海外技术服务体系

随着地研院工程服务技术实力的不断增强,以及该院在土库曼斯坦 50 亿元天然气工程中的成功实践,中石油海外天然气勘探开发公司经过多次考察、调研,认定地研院有实力肩负起中石油海外天然气勘探开发技术服务的重任,由此在地研院设立“中国石油海外天然气技术中心”“阿姆河项目勘探开发研究院”和“振华石油成都技术支持中心”等 3 个科研机构。前两者主要负责为中石油在土库曼斯坦、伊拉克、叙利亚、哈萨克、俄罗斯等国家和地区的“天然气、碳酸盐”项目勘探开发,及提供技术支持和技术瓶颈的攻关研究;后者重点为巴基斯坦、缅甸、埃及等油气勘探开发项目提供工程技术服务。在雄厚的技术服务体系支撑下,地研院探索出“科研生产一体化”运作管理三种具体服务模式,即单井技术服务模式、区块科研服务模式、地质工程综合服务模式。

(三)延伸地质一手资料,实施单井技术服务

地研院以提升自身录井服务能力为宗旨,针对过去常规工程录井“手段单一、技术含量不高、地质服务面窄,不能满足钻井新技术发展需要”等现状,及时投入大量研发力量,充分借助录井地质第一手宝贵资源,推行以随钻地质分析及评价为重点内容的油气开发技术服务,单井技术服务适用于油气钻井勘探开发过程中多领域的地质技术服务,主要是对有价值的油气井、重点井进行技术跟踪研究,即对钻井过程进行随钻地质工程跟踪,以及对储层、流体进行随钻解释评价,使之达到最佳的勘探开发效果。按行业类别细分,

单井技术服务主要包含以下三项特色技术服务：

一是单井跟踪技术。以录井资料为基础，及时结合地层对比，以及地震、测井解释资料，跟踪开展储层地质评价、油气水层识别、储层参数解释等工作，提出储层改造和试油建议，供甲方实施采用。

二是单井评价技术。以录井资料、岩心、岩屑常规分析和特殊分析资料为基础，开展测井精细处理解释和“四性”(岩性、电性、物性、含气性)关系研究，有效识别油气水层，并对油气水层的岩性、储集空间类型及成因、储层类型与级别、储层的孔喉结构、渗流特征、非均质性及储产油气能力等进行综合评价，提出试油及油气勘探开发建议，供甲方决策。

三是地质导向技术。充分利用现场录井和LWD/MWD(随钻测量仪器名称)参数，结合地震解释、地质研究与建模成果，研发具有自主知识产权的专业导向软件，进行井轨迹导向，提高钻井的“入靶”准确率和储层的钻遇率。

2010～2014年以来，单井技术服务主要应用于国内苏里格、川中、蜀南地区以及国外哈萨克、叙利亚等油气合作项目的探井、评价井，其应用技术对各实施项目均有重要的技术攻关作用，市场占有率以年15%的速度递增。

(四)发挥科研整体优势，推行区块科研服务

区块科研服务主要适用于国内外油田开发区块项目的前期地质研究、方案设计、井位论证和经济评价等非直接生产性的科研项目。

1. 跨出国门找市场，推动科研技术服务项目逐年增长

广大科研人员充分发挥技术优势，以市场为导向，以质量为根本，推动科研服务业务逐渐增多，每年承担专题研究、方案设计、新项目评价等科研项目110余项，人均科研产值突破100万元。

2. 精心组织技术攻坚，优质完成科研设计项目

对承揽的科研项目统筹组织，在五个“关键环节”精细布局。第一，“早期会诊”。组织各专业技术人员进行前期交流讨论，明确重点和难点。第二，“顶层设计”。由经验丰富的总地质师、老专家或技术骨干编写开题设计，明确技术服务思路和工作研究重点。第三，“组织实施”。在全院各所、中心抽调各专业技术人员组成项目组，实行项目长负责制。第四，“优化提升”。项目运行一段时间后，组织多专业专家团队开展深入讨论，进一步明确关键点和创新点，提升成果研究水平。第五，“合力攻坚”。从各所、研究中心抽调技术人员，成立综合性研究机构，由分管专业的院级领导负责组织实施。

3. 科研人员直达现场，快速解决项目实施难题

将科研人员直接派到项目现场参与生产指导，及时调整设计方案，解决作业技术难题，为现场生产提供强有力的技术支撑，确保科研成果向生产力的高度转化。

(五)获取油气开发最佳效益，实施地质工程综合服务

地质工程综合服务主要是指相关科研人员直接参与油气勘探开发现场的技术管理与跟踪，各工程作业队伍和部分技术人员直接投入现场施工，从而有效提升勘探开发成效、提高储量动用程度、扩大建产规模、缩短建产周期、降低投资风险、实现油气田高效开

发。针对不同性质的油气开发项目，采取两种不同的运作方式，即“协作型”局部承包和“主导型”整体总包。

1.“协作型”局部承包

主要适用于由油田业主（甲方）确定油气区块的开发地质目标及开发方案；而工程服务企业（乙方）具体负责组织人力、物力，实行工程技术服务的“局部承包”项目。在经营方式上，以配套齐全的工程技术服务产业链，为甲方提供优质服务；凭借完成“局部承包”多项小型项目而获取经济效益。在现场操作上，工程及地质人员及时掌握现场录井、地质导向、测井、储层改造与试油、油气井生产动态资料等，一边参与现场生产管理，一边从事地质研究，使地质成果实时服务于现场、指导生产。在相互配合上，工程作业信息及时反馈给相关地质单位，不断进行修正。

2.“主导型”整体总包

“主导型”整体总包，又称交钥匙工程，主要适用于油田业主（甲方）只确定产能目标，不介入项目管理和实施；工程服务企业（乙方）提供从确定油气区块开发地质目标及开发方案到工程技术的一条龙产业服务，全权负责地质决策和工程决策，并通过优化作业流程、提高作业效率和少打井、打高效井，生产出油气交付给甲方使用。具体工作重点包括：

一是整体总包的组织管理。在“塔中400万吨产能建设EPCC项目”中，川庆公司作为总承包商，成立项目协调委员会，下设项目部，负责项目整体协调和筹建。项目部作为川庆公司内部甲方，负责项目管理、实施、监督和考核。川庆公司主要支撑单位（地研院、钻井公司等单位）均为川庆公司内部乙方，与项目部签订技术服务合同，按合同承担项目具体实施任务，受项目部管理。通过构建内部市场管理体系，实现扁平化管理和业务流程再造，充分调动川庆公司各参战单位积极性和主动性。

二是整体总包的生产运作。项目部统一设计规划EPCC项目业务流程和工作界面。地研院和钻采院等科研单位共同组建科研技术支撑组，全方位负责综合地质研究、方案优化、井位部署、钻井跟踪、完井试油、设计、工程技术难题研究等科研工作；钻井、油建等工程实施单位主要负责地面工程施工。同时项目部根据各项业务需要，从科研和工程实施单位中优选优秀技术人才成立科研生产一体化小组，共同优化工程实施设计，共同解决项目实施过程中遇到的技术困难。

（六）结合油气开发实际，大力推进科研生产技术创新

1. 地质研究（科研）技术创新

重点实施对天然气、碳酸盐核心技术的研发。一是开展“碳酸盐岩缝洞预测方法”、“碳酸盐岩油气藏测井流体类型判别”等多项专题研究；二是以碳酸盐岩和天然气油气勘探开发项目为载体，着力解决实际技术难题，形成多种单项配套技术；三是集成国内外先进实用技术，开展“碳酸盐岩油气藏裂缝预测与建模技术”等多项研究，开发碳酸盐岩缝洞预测、复杂碳酸盐岩油气藏地质建模等四大特色技术，以及裂缝（缝洞）碳酸盐岩底水油田滚动勘探开发等五大配套技术，形成集地质、地震、测井、油气藏工程研究及钻采输设计、经济评价等专业于一体的研究体系。

2. 录井、试井(生产)技术创新

第一,针对录井技术含量低、钻井工艺改进和钻井提速对录井提出的新要求,加大录井技术攻关投入,着力研发天然气、碳酸盐岩录井特色技术,着力实施适应钻井新工艺的采集、处理、解释评价配套技术以及录井装备和信息技术;形成以智能技术、欠平衡钻井技术为核心的九大特色录井技术。第二,以严谨的科学态度,积极开展超深、高压、大斜度井试井技术研究。攻克井口压力高、超深井、大斜度井及高产、高硫井作业的技术难关,形成在高压、高硫、超深井、定向井和水平井等井况条件下作业的特色技术。第三,充分应用现代信息技术,实现录井生产科学化的远程管理。自2007年起,地研院瞄准录井生产及管理上水平的前沿方向,一方面积极引进国内外领先的信息技术,另一方面通过科研立项,结合川渝油气钻井、录井生产实际,开始进行井场数据远程传输的先导性实验。经过近三年的探索实践,先后投资2600余万元,建成10个卫星小站和60套井场卫星数据传输系统,并应用于川渝地区的气井和在长庆地区的水平井,全面实现数千里以外井场数据的远程传输。

3. 科研生产(辅助)技术创新

开展以"排水、解堵、套管补贴工艺技术"为重点的技术研究,先后研发出"HY－3型气井泡沫排水剂、HY－15气井有机物解堵剂等5项产品和配套技术,在国内外400多口油气井使用,效果良好。

(七)甲乙双方共同协作,合力提升整体油气开采效益

一是共同参与部署决策。提前介入方案设计和实施全过程,将开发出的新工艺、新产品介绍给甲方,完善开发方案,使油气田开发步伐加快,整体效率得到提高。此外,在增储的同时实现建产,在建产的同时进一步提交储量,做到探井与开发井相互利用,最大限度地减少投资,提高资金回报率。

二是强化科研工作的针对性。集中力量对影响和制约勘探开发、增储上产的技术瓶颈问题,甲乙双方技术人员共同会诊攻关,切实把科研与生产和实践紧密结合起来,

三是多学科、多专业联合协同攻关。对中石油集团公司确定的重点井,甲乙双方定期不定期的召开学术会、技术交流会,共同研讨对策措施,深化不同阶段的地质认识,强化制约地质层位出现的新问题,及时攻关,不断提高勘探开发技术水平,推进各项油气开发项目的顺利实施。

三、大型油气工程企业提升服务能力的"科研生产一体化"运作管理效果

(一)形成了一套适应勘探开发特点的运作模式

实现了勘探开发与科研生产的良性互动,提升了地研院的专业技术服务能力,得到了甲方的充分肯定,为双方创造了巨大的经济效益。例如,在伊拉克大型整装"AHDEB油田"的合作开发中,利用两口评价井和二维地震地质资料,参考编制出水平井注采方案,通过科研生产一体化技术支持介入施工全过程,边钻井边修正地质认识和地质模型,确保新井钻进准确入靶,在十分复杂的地质条件下,3年完成700万立方米原油的产建工程,实现了勘探开发与工程建设的有机统一。

（二）取得了多项科研及生产技术成果

地研院推行科研生产一体化以来，共计完成国内外油气勘探开发科研项目 500 余项，获川庆公司、集团公司级科技进步奖 39 项。在工艺设计、实用新型、方法研究、软件研发等方面成效显著，获得了国家专利及计算机软件著作权共 30 件。此外，在地质科研方面，形成了“碳酸盐岩缝洞预测、复杂碳酸盐岩油气藏地质建模”等四大特色技术；以及“盐下大型碳酸盐岩气区勘探开发、薄层低渗砂岩气田勘探开发”等五大配套技术。在地质工程（生产）方面，一是打造出“PDC 钻井配套及录井技术、智能预报与远程预警技术、欠平衡（气体）钻井配套及录井技术”等九大特色技术；二是测试、油化工艺、分析实验等辅助性工程服务板块取得较快发展，形成了在高压、高硫、超深井、定向井和水平井等复杂井况条件下的油气井有机解堵、化学堵水、大斜度井试井、岩心扫描四大核心技术。为四川乃至国内外油气田的开发建设，提供了可靠的技术保障。

（成果创造人：戴　勇、彭景云、程绪彬、李香华、张森林、陈开明、吴大奎、欧阳诚、杜　刚、李永健、李　壮、徐剑良）

造币企业以产品专业化为方向的印制专用机械生产流程再造

南京造币有限公司

成果主创人：公司董事长史仲敏

南京造币有限公司（以下简称"南币公司"）隶属于中国印钞造币总公司，是集印钞造币专用机械设计制造、流通硬币生产、增值税发票印刷于一体的国家大型一类企业，承担提升印制装备制造能力和水平、为行业提供可靠的装备保障的重要职责。南币公司成立于 1985 年，经过 30 年的发展建设，经济规模不断扩大，生产能力不断提高，科技实力不断增强，具备胶、凹、凸三大系列印制专用设备设计制造和批量生产能力，产品整体水平已接近和达到国际先进水平，行业主要印制设备基本实现国产化。

一、以产品专业化为方向的印制专用机械生产流程再造的背景

（一）实施印钞造币机械生产管理变革，是为央行货币发行提供装备保障的需要

近年来，中国经济快速增长，人民币国际化程度进一步提高。国际金融危机爆发后，为遏制通缩与经济下滑相互强化的潜在风险，政府采取适度宽松货币政策带来货币投放增加。在当前稳健的货币政策下，以兼顾防范金融风险与支持经济增长为前提，也要求保持货币供应量的适度增长。南币公司作为印制行业内唯一的印钞造币专用设备制造基地，其装备生产能力是保障货币印制的关键，而印钞造币机械生产面临着任务重、品种多的形势，这对印钞造币机械生产能力提出了更高的要求。

（二）实施印钞造币机械生产管理变革，是增强企业核心竞争力的需要

由于货币防伪性能的特殊属性，社会进步和技术发展又为产品更新提供了可能，因而印钞造币机械产品的生命周期在变短，设备订货提前期一再缩短；同时，随着全球经济一体化进程的持续推进，经济波动的周期越来越短，货币政策的灵活性越来越强货币发行需求存在着一定的不确定性，又要求印钞造币机械设备交货期的不断缩短。因此，在实现功能、保证质量的前提下，"时间"越来越成为赢得市场竞争的最重要因素，缩短产品制造周期，是南币公司取得竞争优势的迫切需要。

（三）实施印钞造币机械生产管理变革，是提高生产管理水平的需要

印钞机大多属于大型装备，不仅存在胶、凹、凸、检查、印花等多个机种，而且每个品种的零件种类繁多。印机生产具备典型的"多品种、小批量" 离散型制造特点，数万种零

件在不同区域、不同工序间交错进行流转和加工，物料离散地按不同工艺顺序运动，加工路线多样，生产重复程度低，物流路线长，信息传递慢，计划、组织、协调工作复杂。生产管理难度大，造成生产效率低。因此，研究专用印机制造特点，对生产资源进行整合利用，对生产流程进行优化重组，实施生产管理变革势在必行。

二、以产品专业化为方向的印制专用机械生产流程再造的内涵和主要做法

南币公司综合考虑厂房条件、技术装备、物流输送、工艺流程、生产组织、过程控制、技术发展和能力扩充，将"人员、设备、物料"等生产要素进行优化重组，以"成组生产单元"为空间形式布局设备，以"平行顺序移动"和"装配节拍设计"为时间形式调度物流，以"团队小组"为工作方式组织人员，开发生产管理信息系统，建立员工激励约束机制，并从生产组织协调、设备管理、质量保证、工艺优化、物资保障等方面推进生产管理综合配套改革。主要做法如下：

（一）设计生产管理变革的目标原则和总体思路

1. 规划生产管理变革总体方案

南币公司策划设计以对象专业化方向的生产管理变革思路总体方案和实施途径，建立从高层领导到职能处室、生产车间的项目实施多层组织构架，组成企管规划部、生产管理部、技术研发中心、设备管理部、技改基建部、造机各生产车间等多部门分工负责和联动协同机制，建立周沟通、月例会、季推进的协调推进机制，并将每个阶段的工作列入年度责任目标和月度绩效考核，总体方案经反复论证完善后下达执行。

2. 设计生产管理变革目标原则

南币公司结合产品离散型生产特点，将"效率提高"具化为"时间上的连续性"、"空间上的少移动"、"能力上的均衡性"、"保障上的适应性"、"管理上的配套性"五个原则。一是少移动原则，即在空间上消除产品不必要的转序移动，这也为解决时间上的连续性矛盾创造了条件。二是连续性原则，即保持设备和产品处于连续生产状态，要求产品既要在工序内批量顺序作业，又要在工序间单件流动生产，在时间上消除产品和设备不必要的等待。三是均衡性原则，即各个工序都与瓶颈工序同步，保持各工序之间产能比例与产品任务的匹配性，以实现各道工序的均衡生产。四是适应性原则，即提升制造系统的适应性。五是配套性原则，即围绕生产管理模式变革，从生产组织、设备管理、质量管理、工艺优化、物资管理等方面建立可靠的管理保障体系，为新流程的有效运行提供管理保障。

成果主创人、公司总经理陆慧峰（右）陪同中国印钞造币总公司总经理布建臣（中）在南币公司调研

3. 提出生产管理变革总体思路

南币公司提出生产管理变革的总体思路，建立以"流程导向"取代"职能导向"的"对象专业化"生产流程，以"成

组生产单元”为空间形式布局设备，以“平行顺序移动”和“装配节拍设计”为时间形式调度物流，以“团队小组”为工作方式组织人员，并构建生产管理信息系统、员工激励约束机制，推进生产管理综合配套改革。

(二)设计成组生产单元，按“对象专业化”重组生产单位

针对“多品种、小批量”离散型生产特点，采用对象专业化方法建立生产单位，将加工某种产品所需的工艺装备和操作人员布局到一个厂房或一个区域内。在对象专业化生产单位里，集中不同类型的机器设备、不同工种的操作人员，对同类产品进行不同的工艺加工，能独立完成一种或几种产品的全部或部分的工艺过程，而不用跨越其他的生产单位。经过工艺布局和流程调整，机帮类零件粗加工工序集中到同一跨厂房，下道工序操作人员发现上道工序完工后，可以直接将零件吊运到自己的工序进行加工，节约周转等待时间。用对象专业化原则建立的生产单位，可以完成加工对象的全部或大部分加工，连续性强、生产周期短，在制品库存减少、流动资金占用量下降。

根据印钞造币机械零件加工和部件装配的稳定性、规律性，推行成组技术。在零件加工环节，按照零件形状特点和加工方法的相似性把结构、材料、工艺相近或相似的零件组成六个典型零件族，按零件族制定工艺进行加工。在装配作业环节按照部件功能结构的相似性进行划分。

借助“成组技术”对产品零件进行分组后，根据印制专用机械特点，采取“成组生产单元”的空间形式进行设备布局。针对每组零件工艺特点组织相应的机床设备和操作人员，加上与之匹配的辅助工序(包括刀具、工具、检验)，由这些设备和人员构成不同的生产单位。综合考虑厂房条件、技术装备、物流输送、工艺流程、检验测量，将金工生产部分为“非回转体大件加工单元”“非回转体小件加工单元”“回转体加工单元”三大生产单位，将装配生产部分为“进纸部”“印刷部”等六个生产单位。

(三)实施平行顺序移动和装配节拍设计，变革在制品调度方式

采取与“顺序移动”相对的“平行移动”实现对在制品的调度：每个产品(零件/部件)在前道工序生产完毕后，立即转移到后道工序去继续生产，形成前后工序交叉作业，缩短产品生产周期。

针对平行移动的不足，南币公司进一步研究分析在产品制造的运输时间、排队时间、调整准备时间、生产时间、等待运输时间等要素和产品在生产过程中的移动方式。围绕“成组生产单元”的空间形式，采用“平行顺序移动”的生产组织形式。当一批零部件在前道工序上尚未全部生产完毕，就将已完成的部分零部件转到下道工序进行生产，并使下道工序能够连续地生产完该批产品。平行顺序移动方式克服了平行移动方式设备空闲时间多而零碎的不足，实现工序内的“批量上”和工序间的“单件流”，满足工序内和工序间的“连续性原则”。

在装配生产环节，以“装配节拍”的时间组织形式实施装配生产，计算出装配所需工序的工作地数量以及用工人数最少的方案，以适当方式将装配作业中若干个相邻工序合并成一个大工序即“工作地”，并使这些工作地的作业时间接近或等于装配节拍。通过对整机装配周期与交货期进行分析评估，修订与优化装配工时定额，制定详细的装配节拍，

提出物料需求计划，以物料需求为依据制定装配作业计划，并通过可视看板平台强化装配过程节点控制，既合理利用了前端生产能力，也减少了装配等工时间，基本实现准时化装配作业：

一是开展装配工时定额修订与优化。采取实际调研评估和依据部件复杂程度理论测算相结合的形式，对主要机型的工艺定额系数进行评估测算，为装配节拍的设计奠定基础。

二是开展装配节拍设计。以设备部件结构树为依据，以部件为基元进行装配节拍设计，将装配节拍划分为Ⅰ类部件、Ⅱ类部件、Ⅲ类部件共三大节点，为合理制定物料需求和作业计划提供了依据。

三是制定装配物料需求。按照装配节拍提出初步的物料需求清单，对滚筒、机帮等关键零件的加工节点进行细化，对长周期外购件供货时间进行逐个评审，形成需求清单。各生产部门以装配节拍为前提，以来料需求为依据，制订前端生产安排。

四是制定装配作业计划并强化装配质量控制。以产品出厂时间为最终依据，以装配节拍为计划控制点形成装配作业计划。实施装配质量过程控制，对部装自检、部装专检、部门调试检查、部门印刷验收、公司印刷验收、部门综合验收及整改、公司内部验收及整改、出厂验收及整改八个环节进行逐一控制，构建整机质量追溯与质量保证体系。

（四）组建自主管理“团队小组”，实现柔性分工协作

南币公司根据工作设计理论，采取“团队小组”，由生产单元内或生产线上数人组成一个小组，针对某一产品共同负责并完成多道工序的生产。生产车间只需制订月度生产计划，明确每组任务总体进度节点，再把某组任务交给一个相对独立的生产组织单元；“团队小组”在满足车间要求任务及进度的前提下，自行编制作业计划、数控程序，自行调整工艺路线，进行生产调度、质量控制。生产过程中的波动与干扰可由生产单元内部自动调节，使波动与干扰一开始便能调节平衡，不再波及另一个生产单元。

（五）开发生产管理信息系统，提高生产组织与控制能力

围绕新的生产流程和组织模式，在零件加工环节和零件部件装配环节自行开发实施生产管理信息系统，依靠信息化手段，进一步提高生产组织的效率与过程控制的能力。

在零件加工环节，从生产的计划管理、质量的过程监控、配套物料的配送以及信息统计等方面不断完善生产管理信息系统，实现机台和部门在制任务的实时查询、机台及部门总完工时的实时统计、单一产品完工工时及剩余工时的实时统计、各计划实时预警等进程控制。同时对质量过程信息实时监控，加强生产进程控制能力和生产过程中多品种统筹协调能力，缩短零件加工时间，提高整体生产效率。

在零件部件装配环节，开发机械物料信息平台。该系统衔接前端的研发中心产品数据管理机械目录信息和金工生产管理信息系统，具备零件信息查询、生产周期评估与分析、零件生产计划的提交与管理、生产计划完成情况的跟踪查询和预警、外协零件入库、自制零件入库申请、入库申请单接收、零件入库情况查询等功能，系统能按工作令和零件号对入库信息进行查询和统计。

（六）建立健全激励约束机制，充分发挥一线职工潜能

南币公司从以下五个方面加快对员工的培养和激励。

一是推行多技能交叉、主业操作岗兼辅助岗等，在相关工种中实行“大岗位”、“大工种”，培养和储备“精一门、会二门、懂三门”复合技能型高技能人才。在工作单元内部，推进一人操作多台设备多种系统，鼓励高岗兼并低岗；在单元之间，将镗铣单元作为数控人员培养“基地”，向车铣、磨削输出。

二是通过自办培训班、技能讲堂、班组学堂、专业技术讲座、岗位轮换、行业培训、外送培训等形式，做好“四新”（新技术、新工艺、新材料、新设备）和“三化”（自动化、智能化、数字化）培训工作。对新入职大学生和转岗人员，精心选配师傅，实行“双导师制”。充分利用“初级工——高级技师”五层平台，采用“岗位培训＋实践锻炼＋评价激励”相结合的立体培养模式。

三是探索校企合作模式，将技工院校纳入员工培训体系，选取有代表的院校作为长期培训基地。组织生产骨干和班组长参加蓝领工商管理硕士（MBA）培训。

四是充分展示技能和业绩导向，通过提高难件工时单价、设立质量工时、实行关键任务嘉奖等手段，实现“多劳多得、优劳优得”。

五是坚持以技能竞赛为载体，把“培训、鉴定、竞赛”融为一体，以赛促学，以赛促训，以赛促考，促进高技能人才脱颖而出。

（七）跟进综合配套改革，保障生产管理变革顺利实施

在生产组织环节，实施“滚动分层计划、订单拉动管理、中心调度值班、生产现场协调、任务应急机制”组合拳，每月一次的生产工作布置会，每周一次的现场办公会，每天一次的生产协调会，董事会、党委、经理部成员和相关部门负责人深入一线，随时关注重要节点的基本状态，督办生产计划的执行和各项措施的落实情况，发现问题，及时纠偏。

在设备管理环节，采取新的“产品＋设备”的二维生产管理模式，在重视零件进度的同时，加强对设备开动的关注，技术员、材料员、质量员等管理人员定点联系1～2个班组，对零件加工和机台开动状态天天“跟踪”，定期摸排，及时解决各机台生产中出现的问题。

在质量保证环节，建立关键零件金加工的质量追溯与质量保证体系，完善关键零件编码标识体系和整机质量档案，关键零部件的各项尺寸测量数据以及整机装配、整机验收测试等均详尽录入整机质量档案，从设计、工艺、加工、装配、售后等环节实现关键零件的质量追溯与质量保证。通过开展“提高金工零件自检准确率”项目，检验人员对每位操作工交检零件的数量、自检合格数量、专检合格数量进行登记，零件的错检、误检率有明显降低。

在技术工艺环节，工艺技术人员和操作人员在新设备新工艺研究应用、关键零件加工技术提升、零件加工数控化工艺优化、典型零件加工操作规范化等方面进行大小140余项研究和革新，使加工效率与精度得到大幅提升。“三倍径滚筒加工技术提升与改进”项目成果的运用，使原先需要在普车、外磨、大镗、龙铣、大加等多台设备上进行的12道工序，在车铣复合加工中心一台设备上全部完成，工序减至3道，加工效率提升了3～

5倍。

在物资配套保障环节，与供应商及生产商加强磋商，选用空运模式、调试阶段用国产件临时替代等手段，确保需求进度。以提高机械产品外协作供方保障能力、指导外协作供方改进工作、培育战略性外协作供应商和为实施订单拉动式生产管理模式提供外部资源为目的，重新设计机械产品外协作供应商评价体系，评价体系分为业绩评价部分与现场评价两个部分，现场评价从订单处理能力、交付管理能力、设备设施能力、质量保证能力、售后服务能力、生产管理能力、物资供应能力等7个评价纬度，客户需求与识别、原材料供应管理、质量检验管理等12大项97子项逐一建立客观评价标准与细则；业绩评价从产品交验一次合格率、交付周期满足率、缺陷影响损失等指标实施动态评价管理。

三、以产品专业化为方向的印制专用机械生产流程再造的效果

（一）提升了市场竞争力

变革后的生产管理模式，提高了生产效率，缩短了设备制造周期，提高了设备制造能力，较好地满足了行业用户对印制专用设备的需求。以典型的凹印和胶印专用机械为例，同一品种产品在批次台数增加的情况下制造周期缩短2～3个月左右。与国际一流公司相比，南币公司大中型印钞机17个月的制造周期已达到高宝（KBA）等国际一流水平，大中型设备制造能力提高到20台套/年，德国高宝公司为32台套/年，而南币公司从业人数为400人，高宝公司为700人，公司生产率（0.05台/人·年）已超过了高宝公司水平（0.046台/人·年）。

（二）提高了生产管理水平和人才队伍素质

通过设计成组生产单元、实施平行顺序移动和装配节拍设计、开发生产管理信息系统、跟进综合配套改革等措施，提高了生产组织和管理水平，加强了机械生产进程控制，初步建立了适应现代化大生产要求的生产组织模式和管理流程。通过实施"团队小组"、员工培训和激励一系列保障措施，提升了人力资源利用效率，技能人才队伍培养取得了丰硕成果。"一专多能"人才队伍初具规模，目前公司一些技术含量较高的岗位一专多能的人员比例普遍达到50%以上。

（三）具有良好的社会推广价值

南币公司以"对象专业化"为方向对印钞造币机械生产管理实施的系统性变革，是对解决印制机械生产效率问题的积极尝试和成功探索，为国内印刷机械行业首创，也为其他"多品种小批量"的离散型机械制造行业提供了可供借鉴的模式。

（成果创造人：史仲敏、陆慧峰、谈红卫、刘世洪、吴金平、田学龙、吴宝康、马维西、周国军、徐明亮、马　瑛、薛　国）

医药企业提升综合竞争力的一体化战略性整合

广州医药集团有限公司

成果主创人:公司董事长李楚源

广州医药集团有限公司(以下简称“广药集团”)是广州市政府授权经营管理国有资产的国有独资公司,是全国最大的制药企业集团,主要从事中成药及植物药、化学原料药及制剂、生物医药制剂等领域的研究和开发以及制造与经营业务,是广州市重点扶持发展的集科、工、贸于一体的大型企业集团。现拥有“广州白云山医药集团股份有限公司”(香港 H 股、上海 A 股上市)1 家上市公司及成员企业近 30 家。2013 年,广药集团工商销售收入达 545 亿元,位居 2013 年中国企业 500 强第 242 位,连续三年获得国家工信部公布的中国制药工业百强冠军。

一、医药企业提升综合竞争力的一体化战略性整合背景

(一)市场竞争的不断加剧以及企业发展战略的需要,要求企业不断提升一体化动作战略性整合的执行力

经过多年发展,广药集团拥有成员企业近 30 家,业务几乎覆盖了医药行业的各个领域。但是由于受到历史传承以及股权结构等诸多体制上的障碍和制约,广药集团属下各个企业多是各自为政单兵作战,在面对激烈的市场竞争时显得势单力薄。长期以来,由于集而不团而导致一体化运作能力差,致使广药集团内各种资源要素没有得到充分的体现和有效的利用。

广药集团提出 2020 年将实现销售收入超 1500 亿元,进入世界企业 500 强,打造世界级的医药健康综合型企业未来发展目标。要完成上述目标,对于广药集团是机遇与挑战并存的。一方面,得益于中国医疗保健计划的扩大和人口富裕程度的增长,对药品的需求不断增加,未来几年,中国医药健康市场将成为一个最重要的成长型市场。另一方面,随着国际跨国制药公司在中国的加速扩张,国内医药行业的竞争也将日益激烈。与此同时,在目前 CPI 普遍上涨的大环境下,医药行业药价持续下降、基本药物中标率下降、成本上升的局面仍会持续。广药集团只有彻底改变传统的分散运营模式,代之以高效一体化集约运营和战略性整合模式,才能真正提升企业的整体竞争力。

(二)广药集团整体上市顺利完成,要求构建与之相适应的运营模式

2011 年 11 月 7 日,广药集团启动国内首例涉及沪、深、港三地交易所的上市公司资产重组,属下上市公司“广州药业”通过换股、吸收合并广药集团属下另一家上市公司“白

云山 A”的方式，最终实现广药集团整体上市。重组后的上市公司——广州白云山医药集团股份有限公司成为我国医药行业第二家整体上市的综合性医药集团，A 股最大的医药类上市公司之一。接下来，如何做好内部的资源整合，逐渐成为事关广药集团生存发展的重要课题。

（三）必须建立与一体化运作战略性整合相适应的管理机制

随着对外整合的推进以及一系列并购重组举措的更大力度实施，广药集团的情况将变得越来越复杂：一是内部企业不断增加，而内部各企业均有各自为政相互争资源的冲动，使得各种资源要素难以得到有效整合和利用；二是逐步呈现出多产品、多股权、跨地域和多元文化、多元战略并存的现象，力量会受到互相牵扯和抵消；三是重组企业和内部企业出现局部业务重合，导致内部竞争；四是上下职能、权力重叠，管理界限不清。因此，必须从现在开始，下重拳改变粗放的管理状况，特别是企业做大后要避免出现“大企业病”，促进广药集团健康发展。

二、医药企业提升综合竞争力的一体化战略性整合内涵和主要做法

广药集团整合属下各个企业以及各种可以为集团企业所用的资源和力量，通过处理好管控与支撑、战略与经营、集权与分权的关系，优化资源配置，实现优势互补，促进企业运营与管理由粗放型向集约化转变，实现品牌一体化、采购一体化、科技一体化、人才一体化、风控一体化、文化一体化，提高广药集团整体综合竞争力。主要做法如下：

（一）注重顶层设计和长远规划，明确一体化运作战略性整合的指导思想和整体思路

广药集团一体化运作战略性整合的指导思想是：汇全球资源，创国际品牌，做世界广药。具体操作包括以下四个方面：一是满足多产品、多股权、跨地域及专业化的经营要求，使各分子公司都拥有充分的市场主体地位和经营自主性、灵活性；二是确保集团能够统一制定战略规划，使全集团围绕一个战略目标发展，实现战略协同；三是统一资源调配，发挥资源的最大效率，避免内部重复投入和资源浪费；四是统一制度建设，实现集团对分子公司的有效管控，促进文化融合，形成统一企业文化，实现文化引领发展。

成果主创人：公司总经理陈矛

广药集团一体化运作战略性整合的总体目标是：以适应医药健康产业发展要求和推进企业转型升级为指引，根据分子公司多股权、跨地域、专业化的特点，转变 30 个分子公司各自为政的分散型运行模式，形成运作一体化、管理集约化、资源最优化的运作模式。

广药集团制定一体化运作战略性整合“136 工作方案”，即围绕一个目标：实现一体化运作，提高集团整体综合竞争力；完成三个相结合：战略与经营、集权与分权、管控与支撑；完成六个一体化体系建设：品牌一体化、采购一体化、科技一体化、人才一体化、风控一体化、文化一体化。

(二)建立柔性整合与管理模式,推进集团管理的纵向一体化

1. 处理好战略与经营的关系

为理顺集团和分子公司的权责,广药集团以“集团管战略,分子公司管经营”为基本原则,对全集团的经营管理模式重新进行梳理和变革。集团管理部门只负责战略制定、资源配置、机制和制度建设、考核督察及风险管控、文化培育、科研与市场支撑等,对分子公司都不一管到底,有所为有所不为。

广药集团建立与公司统一战略相协同的机制和制度,使分公司和子公司在机制和制度之内实施自我管理。一是建立战略责任管理体系。广药集团每年都会根据市场形势和自身的中长期规划,制定当年的发展战略,并于每年集团经济工作会后,将战略发展责任、专项或重点工作等以文件的形式下达到各分子公司,确保全集团按统一战略意志发展,并不断推进战略执行,实现战略落地。二是建立科学的绩效考核体系,2012 年、2013 年广药集团相继开展全民动员人人参与的“冲击 400 亿百分制”竞赛活动和“500 强 500 亿百分制双达标”竞赛活动,改变以往单纯考核指标的方式,分别从销售收入、利润的进度达标率和增长达标率几方面给分子公司评分,合计得分超过 100 分的单位为竞赛优胜单位。这种竞赛方式有效避免分子公司在淡季因盲目追求达标而大量压货。三是对分子公司经营工作中的重大事项按战略、风险、预算要求由集团总部决策、审批或决策指导。此外,广药集团还充分发挥监事会作用,建立监事会与公司纪检、监察、审计联动办公的大监察格局,保证经营管理工作始终处在良性控制之下,确保各项经营管理工作的安全有效。

2. 处理好集权与分权的关系

为形成全集团一体、快速响应的集约运营体系,广药集团根据集团药品生产经营、保健品与食品生产经营、商业物流三大业务板以及发展电子商务、医疗健康、资本财务三大新业态的需要,在集团层面相应成立大南药板块办公室、大健康块办公室、大商业板块办公室、医疗健康产业办公室,负责对所属板块的分子公司进行统筹管理,通过集权的形式,发挥企业统筹管理的协同优势、整体优势及资源优势,并促进板块内各分子公司的文化融合,形成集团凝聚力。此外,广药集团还组织建立营销精英俱乐部、媒介精英俱乐部、神农博士俱乐部等,每月定期围绕相关领域的热点、难点问题开展沙龙活动,大大促进内部交流。

各板块的分子公司作为经营实体,则按照集团确定的战略发展方向和目标,作为市场竞争主体直接面对市场,立足于当期经营管理,具体负责市场开拓、产品研发、技术质量管理、生产现场管理等,自主经营,自负盈亏,自担风险,自主发展。分子公司之间的业务往来也按市场化机制运行。

3. 处理好管控与支撑的关系

广药集团以各业务板块的优势企业为龙头,建立一体化运作平台,包括以采芝林公司为主体的中药材采购平台、以进出口公司为主体的大宗原辅料和包装材料采购平台、以广药白云山香港公司为主体的进口设备采购平台、以白云山总厂和科技公司为主体的处方药销售平台等八大资源整合平台,逐步推进采购、营销、科研、广告投放等资源的整

合，向着“大采购”“大营销”“大科研”等集约运营模式发展。平台建立后，为分子公司提供相应的业务支撑和服务。分子公司则通过平台的资源整合，实现提高采购的议价能力、降低运营成本，迅速扩张销售网络、提升市场占有率，共享科研资源、增强科研实力等的目的，从而有效提升全集团一体化运作战略性整合的效率。

（三）构建以“六个一“为主体的集约化运营体系，实现集团管理的横向一体化

“六个一”集约化运营体系是指全集团实现品牌一体化、采购一体化、科技一体化、人才一体化、风控一体化、文化一体化。“六个一”涵括广药集团发展的核心模块，构成一个相辅相成的有机整体。

1. 促进品牌资源共享，实现品牌一体化

广药集团制定“大南药、大健康、大商业”品字型发展战略，“大南药”、“大健康”、“大商业”每个板块都相当于一个虚拟的集团公司，将进一步结合企业规模和内外资源特征进行整合，实现“集而成团”的“一体化运作战略性整合”，形成产业链完整的“龙头”级别产业集群。

大南药板块方面，白云山是闻名全国的中国驰名商标，广药集团善用“白云山”的品牌影响力，挺进全国市场。2013 年，广药集团顺利完成旗下两个上市公司的重大资产重组工作，把整合后的上市公司更名为“广州白云山医药集团股份有限公司”，并将 A 股和 H 股股票简称皆变更为“白云山”。同时，广药集团旗下中一、陈李济、敬修堂、潘高寿等 8 家企业都在公司名称前加冠“白云山”，在企业产品上全面启用“白云山”商标。目前全集团一共有 17 家下属企业使用“白云山”品牌。在“白云山”强大的品牌号召力拉动下，广药产品销售得到大幅提升。与此同时，广药集团还积极推进白云山奶牛产品项目，白云山“伟哥研制项目”已进入报产待批阶段。白云山独家新品种抗病毒软胶囊、头孢克洛干混悬剂已于 2014 年顺利上市。白云山制药总厂与钟南山院士领衔的广州市呼吸疾病研究所合作开发的国家一类新药“BYS03”获得中国发明专利授权，目前该项目正加快科研成果的转化。

大健康板块方面，始创于 1828 年的“王老吉”，价值高达 1080 亿元，已成为民族第一品牌。广药集团充分利用“王老吉”的品牌资源，一方面以王老吉凉茶为立足点，通过一系列强有力的营销举措，包括加快渠道下沉、加强餐饮渠道建设和铺市工作等。截至 2014 年 5 月，红罐王老吉终端渠道铺市率达 65%，餐饮渠道整体铺市率达 46.66%，KA 渠道实现整体铺市；王老吉还与腾讯、易迅、京东等互联网顶级名企开展战略合作，打造世界杯最强传播平台；投资 10 亿元，在北京建立北方总部、筹建凉茶始祖王老吉博物馆，形成南北双核布局，联动全国市场等，2013 年王老吉凉茶实现 150 亿元销售；另一方面，广药集团大力发展金罐王老吉绞股蓝饮料、王老吉枇杷口香糖、王老吉龟苓膏、王老吉八宝粥，低糖、无糖型广东凉茶和代糖型王老吉凉茶、固体凉茶等新产品，并整合全集团其他大健康产品，借助王老吉的品牌力和渠道力，迅速提升其他大健康产品销量。2013 年，广药集团又根据王老吉大健康板块要从以王老吉为龙头的生产制造业向健康、养生、医疗等健康产业综合体升级的战略规划，投资 50 亿元进军医疗产业。

大商业板块方面，广药集团借医药商业整合的契机，以“广药”品牌为引领，一方面积

极开展商业并购，实现从区域性龙头向全国性巨头跨越。另一方面积极开拓药房托管业务。广州医药公司实施的广东省第二人民医院智慧药房项目创造了国内同类项目实施最短时间纪录。2014 年，广药又先后与河南新乡、广东清远人民医院签订合作意向书，开展医院药房信息化改造和医药物流延伸服务，共同打造“智慧药房”。

此外，广药集团还将“广药”品牌的影响力延伸到电子商务领域，于 2011 年正式上线的网上药店“广药健民网”经过几年运作目前已经拥有上百万的注册会员，2014 年上半年同比增长 45.65%；采芝林饮片厂的天猫专营店成功上线，促进饮片厂上半年销售同比增长 46.90%。同时，广药集团还密切与腾讯微信团队对接，将正式上线健民生活馆移动电商新平台。

2. 促进采购资源共享，实现采购一体化

为整合采购资源，提高议价能力，降低采购成本，广药集团制定《广药集团中药材以及原料、辅料、包装材料集中归口统一采购实施办法》，要求集团所属全资（或控股）工业企业所需中药材统一由集团属下采芝林药业作为采购平台集中采购，原料、辅料、包装材料统一由集团属下医药进出口公司进行采购。同时还制定集中归口统一采购 136 战略（“1”是指集中归口统一采购，“3”是指集中采购工作的必要性、可操作性和廉洁性，“6”是指“保证质量、降低成本、高效服务、综合协调、层级考核、全程监察”）。成立以董事长为主任的集中采购管理委员会，委员会下设执行工作组和督察巡视组，分别由总经理和党委副书记担任组长，全面推行集中采购。实施集中采购以来，全集团完成 15.51 亿元采购开票金额，其中控股企业采购开票金额 14.2 亿元，剔除客观因素后，基本实现全部归口，有望实现 1 亿元采购成本下降的目标。

3. 促进科研资源共享，实现科技一体化

为建立集团医药科研领先优势，广药集团于 2011 年成立广州医药研究总院，作为集团科研一体化平台，整合、统筹分子公司的科研资源，提升全集团整体科研实力。2010 年，广药集团属下的白云山和黄中药公司成功研发全球首个药用植物基因组框架图。广药集团成立研究总院后，迅速通过将白云山和黄中药首创的“中药基因”科技成果上升到广药集团的层面，并迅速扩大到属下 12 家企业的 12 个产品上。此外，广药集团还设立科技创新体系建设项目组和 13 个重大专项项目组，重大专项采取项目首席执行官负责制，集中政府和企业的资金，研发大项目，解决大问题，在“核心人物—专业团队—执行平台”三个层次上推进科研一体化。2013 年，广药集团又在集团层面成立 1 亿元大南药滚动创新资金用于统筹资助研发大项目。2014 年，广药集团引进翟一帆博士等 7 名高层次人才的“原创 1.1 类靶向个性化抗肿瘤药物开发及产业化创新团队”，与传统抗肿瘤药物及同类已上市或在研药物相比，具有显著的技术优势。

4. 促进人才资源的贡献，实现人才一体化。

广药集团的“人才一体化”就是将各分子公司引进的人才资源上升到集团的层面上进行共享，促进全集团的可持续发展。近年，原各分子公司聘请的刘昌孝、姚开泰、肖培根等 7 位院士，以及来自乌克兰、俄罗斯等 7 位外籍专家，通过“人才一体化”的路径，陆续成为集团双聘院士，在全集团实现科研领军人才共享。2012 年，研究总院又成功聘请

1998 年诺贝尔医学奖得主、“伟哥”之父穆拉德博士担任院长，2014 年又引进翟一帆博士等 7 名高层次人才并入选广东省第四批创新科研团队。目前，广药集团拥有诺贝尔奖得主 1 人，院士 7 人、博士及博士后 53 人、硕士 325 人。

5. 建立全面风控体系，实现风控一体化

广药集团自 2010 年始在全集团建立全面风险控制体系，设置业务单位防线、风险管理单位防线、内审单位防线三道风控防线。在集团层面、上市公司层面建立双重财务监控、双重审计稽查、双重合规内控、双重计划执行、双重高管问责、双重廉政监管机制，形成包括战略风险、财务风险、法律风险、运营风险、市场风险和廉政风险在内的风险防控体系，从思想、组织、制度、队伍、环境等五个方面实施风险控制建设。通过建立全面风险控制体系，广药集团实现事前控制、事中控制和事后控制三个环节，加强对损前目标和损后目标的管理，实现广药集团和上市公司风险控制一体化，实现风险可防、可控。

6. 建立统一的企业文化，实现文化一体化

多年来，广药集团已培育形成以“广药白云山，爱心满人间”为核心理念，以及陈李济的“同心，济世”、王老吉的“诚实、进取”、白云山的“勤奋、创新”企业文化体系。为适应集团一体化运作战略性整合的发展，将上述的理念和价值观进一步融合提升，确立“济世、合作、诚实、奉献、勤劳、创新”的新广药白云山精神作为企业核心价值观，统一实施文化引领和培育，促进文化融合。多年来，广药集团累计捐款捐物已经超过 10 亿元，“广药白云山，爱心满人间”已经成为集团内高度认可的文化内核。广药集团还根据各分子公司多元化特点，推进“尊重不分何种体制，关怀不分何时进入”的融合文化，让企业文化与集团化管理模式协同，让各分子公司在集团统一企业文化的引领下，呈现出各自的个性化特点。

三、医药企业提升综合竞争力的一体化战略性整合的效果

（一）企业效益明显提高，经营成本有效降低

广药集团通过一体化运作战略性整合，整体市场竞争力显著提升，尤其是大南药板块在“白云山”强大的品牌号召力拉动下，产品销售得到大幅提升，2013 年全集团超 3 亿元品种共有 9 个，比 2012 年增加 2 个，销售占整个集团工业销售的 58.86%；超亿元品种有 24 个，比 2012 年增加 3 个，销售占比为 72.80%。广药集团在 2010 年—2013 年用三年时间就实现了销售翻番，销售收入从 2010 年的 270 亿元跃升到 2013 年的 545 亿元。经营成本显著降低，王老吉大健康公司通过整合技术资源、采购资源、拓展铝罐产能、改进工艺和增效降耗，合计节约生产成本 5 亿多元。制药总厂采购成本较上年下降 1100 多万元，万元产值能耗同比下降 5.6%。白云山和黄全年节约销售费用 2782.11 万元。

（二）自主创新能力显著提升，科研大项目明显增加

广药集团内的各种优势科技资源得到优化配置和有效利用，科研大项目显著增加，独家新品种抗病毒软胶囊、头孢克洛干混悬剂顺利上市，“伟哥研制项目”和独家新品种依拉普利非洛地平缓释片已进入报产待批阶段；拜迪公司的治疗性双质粒 HBV DNA 疫苗完成Ⅱ期临床研究，其新型抗肿瘤疫苗也参加了国家发改委战略性新兴产业集聚发展

试点重点项目的立项。白云山制药总厂与钟南山院士领衔的广州市呼吸疾病研究所合作开发的国家一类新药“BYS03”获得中国发明专利授权等。

（三）整体执行力大幅提升，重点任务保证快速高效

一体化运作战略性整合使各部门、各企业之间的衔接更加紧密、协同、高效，广药集团快速反应能力明显提升，保障了重点任务的快速高效完成。2012 年 5 月，广药集团成功收回红罐红瓶王老吉凉茶生产经营权后，在无团队、无渠道、无产能的情况下，一个月不到的时间就快速组建王老吉大健康产业有限公司，制定“王老吉凉茶 136 战略”等经营战略。2012 年仅半年的时间，王老吉凉茶销售突破 60 亿元，2013 年销售突破 150 亿元，用 19 个月时间创造了超越可口可乐单品在华销售的奇迹。

（成果创造人：李楚源、陈　矛、黄巧华、黎月雯）

国有钢铁企业基于全员经营的组织变革

宁波宝新不锈钢有限公司

成果主创人:公司董事长、总经理何汝迎

宁波宝新不锈钢有限公司(以下简称“宁波宝新”)是由宝钢集团有限公司、浙甬钢铁投资(宁波)有限公司和日本日新制钢、三井物产、阪和兴业三家株式会社于1996年3月合资组建的专业生产冷轧不锈钢板、卷和焊管企业。投资总额71.4亿元,注册资本31.88亿元,占地面积约65万平方米,现冷轧不锈钢板、卷年产能达到66万吨,冷轧不锈钢焊管年产能1万吨。宁波宝新产品板形精度、厚度精度控制和表面质量在国内处于领先水平,BA产品、研磨品和薄规格产品在市场上具有质量领先优势。

一、国有钢铁企业基于全员经营的组织变革背景

“微利经营”时代的钢铁行业所处的内外部环境,使得企业对于内部组织体制变革的需求越来越强烈。2008年金融危机以来,宁波宝新经营所面对的环境更加复杂,一是各种要素市场价格呈现快速、大幅波动,经营风险增加。二是同质化产能过剩导致产品盈利能力大幅下降。而在企业内部,依然存在对市场变化和用户需求不敏感,抗市场波动和风险的营销能力不强的问题。

(一)缩短企业组织体制管理链、降低运营成本的需要

宁波宝新原有组织结构形式为传统的直线职能制,面对急剧变化的市场环境,传统组织体制的弊端日趋突出:一是管理链冗长,指令和信息层层上传下达耗时低效、偏差失真。从宁波宝新经营管理层到最基层岗位,至少存在四层信息传递链。二是职能集权,条线分割,忽视“产品”这一经营主体。职能部门更多地从专业角度侧重于完成职能分配的任务和实施职能控制,对经营目标的核心——用户和产品,聚焦不够。三是运营成本较高,资源浪费。每个分厂、每个机组都配置同样专业的技术人员,各自为政地承担着类同的技术工作,不仅人员重复配置,也因人员能力的不同导致解决问题的效果存在差距,同类问题也是重复研究,造成资源浪费,效率低下,亟需变革组织体制。

(二)激励机制绩效指标分解没有完全体现公司经营责任的落实

长期以来,对基层管理者直到作业长赋予“抓好生产、带好队伍、跟踪先进技术”三项主要职能,指标分解也主要是生产任务目标,即使成本指标也就是仅仅是消耗与费用指标,而基层部门掌握使用全部资源配置。指标分解与经营责任存在一定脱节,基层管理者只关注生产任务、指标的完成,全面经营意识不强,难以激发基层的经营活力。职能部

门每年设定指标值，往往年年加码；基层单位为了确保年年都能完成目标而留有余地，“博弈谈判”形成的指标难以有效激发组织潜力的发挥。

（三）实施全员经营组织体制变革具备相应条件

一是宁波宝新员工以大专、本科学历结构为主，特别是80后、90后的年轻员工，他们更倾向于对自己负责、对所做的事负责。二是信息化技术的不断发展，宁波宝新运营信息，甚至每个员工的工作状态，都可以通过信息化平台实时传递和集成，传统的“条”“块”分割逐级汇报机制失去了其存在的必要性。三是宁波宝新传承宝钢现代化管理，通过十多年的运营积累，形成了完整的制度运行体系，构建了流程可控、风险可控的内部控制运营机制，为实施全员经营经组织体制变革创造了条件。

二、国有钢造企业基于全员经营的组织变革内涵和主要做法

全员经营体制是以机组经理制为平台，在宁波宝新统一经营和一体管理下，打破原有厂、部直线职能架构，以市场、盈利为导向，以产品流为中心，以每个机组为最小经营单元，形成全员对产品负责、为现场服务、最终为用户服务的组织架构和运营模式。通过组织体制改革，实现经营责任的有效落实，以“全员参与”的赋权式经营方式，基于关注财务价值创造、经营单元自主成本管控行为、聚焦核心指标的增量绩效、整体利益驱动，进行共同利益协调机制设计，体现“人人都是经营者”，引导宁波宝新上下一心共同经营企业。主要做法如下：

（一）打破直线职能制，精简机构，实行机组经理制

撤销分厂、作业区，划分最小经营单元——机组，以机组经理为最小经营单元的经营者，组建以机组经理为核心、机组工程师和设备机组长共同支撑的机组经营管理团队。在企业内部按市场体制设计，把公司的经营责任有效落实到机组经理和岗位员工。

1. 最小经营单元的划定原则

一是明确主体。按产品工艺路径切分，能够有效支配人、财、物等资源的最基本单元。

二是权利对等。机组经理在宁波宝新内部的“权力”等同于总经理，在全公司范围内有权调动各种资源为机组经营服务。

三是有效设计管理幅度。打破单纯按管理人数和产线数为标准的传统设计方式，依据管理流程和工作关系分析，确定管理关系数目，结合工艺类同、区域相近等条件，厘清管理责任和汇报链，确定合理管理幅度。

公司成品库

2. 机组“三驾马车”虚拟经营团队

机组经理按单职配置，从设备和技术两个纬度配置设备机组长和机组工程师，支撑机组运营。机组经理、设备机组长和

机组工程师“三位一体、责任一体”，在机组生产、质量、成本方面承担共同责任，按照机组经理、设备机组长、机组工程师的“ABC”角色序列，对机组实施管理。机组经理有权对机组工程师、设备机组长提出评价意见。

（二）设计激励机制

一是增量贡献激励机制设计。以“公司增效、员工增收、岗位增值、产品驱动、问题驱动、能效驱动”为核心的增量贡献激励机制。以最小经营单元经营绩效为评价点，倡导“三增三驱动”，通过货币化绩效指标导向，把奖金由“领导给、上级分配”变为“自己努力、自己挣”。

二是机组考核指标货币化，基准指标值设定每年不变。以可切割、最直接、货币化为原则，设立合格产能、机组成本、存货资金占用指标和奖金单价标准，以 2012 年为起始元年，按 2012 年平均绩效水平为基准计算其合格产能、机组成本、存货资金占用三个维度的绩效“增量”。奖金计算透明化，员工自己就能算奖金。奖金上不封顶，引导员工多劳多得、“挣增量”。

三是奖励效益贡献者。实施“真金白银”降本增效项目和技术体系终身制项目激励。只要是为宁波宝新增效做出价值增量贡献的，按不重复奖励原则，奖励效益贡献者。

（三）实施网络式、多角色的虚拟运营组织

1. 搭建矩阵式销售体系

宁波宝新以销售经理为载体，建构以最终用户为中心，从区域、行业两个维度的营销体系来开发用户、聚焦用户、服务用户的销售经理制，某个销售经理既是区域负责人，对所负责区域的所有行业产品负责，又是某一行业的负责人，对所有区域的行业产品负责。

2. 建立以产品为中心的产品经理制

建立产品经理制，对产品实行项目式管理，包括售前用户需求调研、产品质量设计、制定产品标准、生产跟踪和异常处置，到售后技术服务、异议处理等，由专职产品经理负责，在产品管理上整合协调全流程技术，全程负责。

3. 实施网络式的设备管理模式

设备机组长由单一对设备专业管理负责转变为同时对机组经营效益负责。机组长作为网络的核心，身兼双重角色（专业组长和机组设备负责人），既要做好专业管理，又要对责任产线状态负责，同时明确并强化“以机组长（产线负责人）为核心”的工序协同理念，以及其在各专业包括生产制造部门的协调管理职责，促进各专业组以及各生产单元统一目标、相互支撑、相辅相成。

4. 采取技术质量一贯管理

宁波宝新的技术人员全部由技术质量部统一管理，技术管理从单一机组技术管理，转变成一贯制机组技术管理，技术人员的视角从单个机组转向全流程，将行业整合后的六大产品及用户质量要求，结合相应机组的生产特点，进行成本与产线工艺的充分整合和匹配，生产出最合适、最经济的产品，为产品经理在产品制造过程中所涉及的现场技术问题进行“专项＋专业”的支撑。

5. 培育“问题解决专家”的技术体系

围绕技术体系对经营的贡献，整合技术资源，包括工艺技术和装备技术，成立技术中心。按技术问题和技术管理并重、以提供整体解决方案为出发点，构建“问题解决专家”平台。

一是构建“问题解决专家”平台。打破厂与厂的界限，跨地域、跨厂部，把同类机组存在的所有同类技术问题整合到“问题信息”共享系统，形成一个个项目，以项目为载体，这些项目都由该专业解决问题能力最强的技术人员一一对应，由“问题解决专家”对全系统的同类技术问题诊断、攻关，通过专家平台实现内部和外部协同公司间的技术服务。

二是实施项目终身制。为更好发挥技术人员作用，根据提升产能、提高质量、降低成本的问题和方向，确立改善项目，在全公司“招标”，由技术人员“揭榜”攻关，以终身制管理方式推进项目。“项目”问题，终身负责，“项目”成果，终身得益。

6. 构建全天候安全监督系统

取消原厂部安全员设置，加强中、夜班和节假日期间日班安全管控，参照“巡警制”建立24小时安全巡检制和智能化安全监控系统，实施现场全天候巡查监控，变事后分析、处罚为实时排查、实时控制安全隐患，有效遏制生产作业过程中的违章行为。同时，安全管理人员按区域分块服务机组，实施安全指导、安全服务。

三、国有钢铁企业基于全员经营的组织变革效果

(一)产品结构不断优化，资产运营能力得到提升

宁波宝新通过细分行业、强化营销拓展，在传统优势产品销量提升的同时，拓展了新品种的销售，打破了轨道用不锈钢独家垄断的局面，实现了建筑屋面板用不锈钢的进口替代。盈利能力较好的BA、HT、毛面、研磨等高附加值产品的销售量和占比持续提升。价格相对平稳、经营风险低、盈利能力强的铁素体不锈钢销量及占比在波动中呈上升态势。宁波宝新内部不断优化产品结构，实现机组满负荷运转，确保产销平衡。

宁波宝新2009年1月实现扭亏为盈，截至2014年6月宁波宝新实现66个月持续盈利，实现了国有资产的保值增值。在不锈钢行业整体步入微利时代的大背景下，宁波宝新实现经营绩效行业领先。资产负债率从2008年68.52%降至2013年的43.38%，长期偿债能力显著增强。宁波宝新现金流充裕，流动比率、速动比率从2008年的0.57、0.44升至2013年的1.04、0.75，短期偿债能力得到改善。整体财务风险显著降低。总资产周转率从2008年的1.33次增加到2013年的1.49次。资金周转显著加快，资产运营效率明显提高。

(二)提高了作业效率，建设了一支高效人才队伍

一是机组经理、机组工程师、机组长三驾马车，群策群力，提高机组绩效。机组遇到问题，主动寻求三方的内外部资源，力求尽快解决问题。持续提升作业效率。二是制造管理部联合机组经理，采取措施提升作业效率。三是设备部门与机组之间结合地更加紧密，双方能够以机组经营效益最高为目的，共同研究平衡最为有利的生产方案、检修方案，提升生产作业效率。持续推进“切检合一”工作，通过机组长对机组切换检修的统一

协调，将工艺切换和设备检修有机地结合。2010 年至 2012 年，实施“切检合一”89 次、89 次、95 次，节约检修时间 503.54 小时/年、542.96 小时/年和 570.73 小时/年。四是劳动效率提升。人均吨钢从 2008 年的 543 吨/人，到 2013 年 741 吨/人，效率提升 36.5%。

(三)取得良好的经济效益，受到业内广泛好评

2012 年比 2011 年增产 3.15 万吨，综合效益为 2387 万元。2013 年比 2011 年增产 7.38 万吨，综合效益为 12753 万元。根据计算，宁波宝新全面实施全员经营模式的组织体制变革后，近两年取得综合效益累计为 1.1514 万元。

宁波宝新全员经营模式的组织体制变革与实践，受到中国钢铁企业协会、宝钢集团领导充分肯定，先后有天钢集团、宝钢股份有关部门、宝钢国际有关部门、下游合作客户等多家公司来宁波宝新学习，受到了业内的广泛好评。

（成果创造人：何汝迎、华丁生、路　平、沈　东、李　杰、颜灵明、杨步明、柯可力、林　炜、许云东、饶志雄）

省级供电企业继电保护业务集约管理

国网河北省电力公司

调度端远方在线改定值

国网河北省电力公司(以下简称"国网河北电力")是国家电网公司的全资子公司,负责河北南部电网的规划、建设、调度和运营,供电面积8.4万平方公里,服务石家庄、保定、沧州、衡水、邢台、邯郸六市4900余万人口。现有供电、科研、施工、培训等基层单位14个,县级供电企业100个,员工5.2万人。

一、省级供电企业继电保护业务集约管理的背景

(一)巩固电网稳定第一道防线的基本要求

供电企业承担着为社会经济发展和人民生活提供电力能源的重要责任,电网故障不仅会导致用户停电,严重时还会对社会造成巨大影响。国外曾发生过多起大面积停电事故,如2003年美加大停电、2006年欧洲大停电等,均给社会和民众带来了难以估量的损失。分析这些大停电的根源,重要原因之一就是未能建立可靠的电网事故安全防线。而我国由于采用了继电保护、稳定控制、失步解列三道防线,有效避免了类似事故的发生。

作为保障电网稳定运行的第一道防线,继电保护业务的作用是在输电线路、变压器、发电机等设备发生故障时,快速、有选择地将故障设备从运行电网中隔离出来,避免波及完好设备,保障电网稳定可靠供电。适应电网的快速发展,实施继电保护业务管理变革,不断提升继电保护业务管理水平,是充分发挥第一道防线作用的基本要求。

(二)提升继电保护业务管理水平的迫切需求

继电保护业务是调度机构的重要业务之一,定值计算和定值执行管理是继电保护业务的核心子业务,是确保继电保护按照设定的量值和逻辑正确发挥作用的关键。继电保护定值计算需要由专业的工作人员依据电网结构、设备参数和保护装置功能配置进行复杂的分析计算和调整配合,计算得出的定值数据还需要人工设置到变电站内的响应继电保护装置当中。

传统的定值计算业务按五级电网调度机构(国家级、区域级、省级、市级和县级)分级实施管理。长期以来,受县级人员水平、信息化水平等多种因素的影响,县级调度机构的继电保护定值计算业务管理水平和工作效率普遍低下。国网河北电力100个县级调度机构中有100名保护员工,占全网继电保护人员总数的1/4,县级管理水平的高低是关系到全网继电保护专业整体管理水平的大问题,也直接影响到企业的集约化发展和电网的

安全稳定运行。

传统的定值执行业务采用"就地""离线"的模式来管理，需要检修人员、运维人员与调度人员三方配合，在变电站现场（"就地"），将一次设备停电或退出继电保护后（"离线"）进行。该模式耗费大量人力和时间，增加电网运行操作的安全风险，降低了用户的供电可靠性。在无人值守变电站广泛普及的现状下，遇电网故障或异常，需要紧急调整定值时，工作及时性难以保证，需要迫切研究集约式的继电保护业务管理模式。

（三）落实"三集五大"体系建设的必然选择

国家电网公司在"十二五"期间的发展战略中提出"三集五大"体系的建设目标，要求各网、省公司实施人力资源、财务、物资集约化管理，构建大规划、大建设、大运行、大检修、大营销体系，建立科学的电网管理体制和运营机制，提高公司和电网发展质量。作为"大运行"体系建设的一环，要求继电保护业务以"集约化、扁平化、专业化"为方向，加强标准化建设、同质化管理，促进地县专业集约融合，推进业务模式转型，有效提高继电保护业务管理水平。因此，实施继电保护业务集约管理变革，是实现国网河北电力发展战略目标的必然选择。

基于上述原因，继电保护管理变革已迫在眉睫。国网河北电力自 2012 年开始，以定值计算和定值执行两个关键子业务为变革突破口，探索继电保护业务集约管理新思路。

二、省级供电企业继电保护业务集约管理的内涵和主要做法

国网河北电力抓住继电保护业务中定值计算和定值执行两个关键环节，将县域电网继电保护定值计算业务上划至地区供电公司，省地县三级定值计算模式纵向集约为省地两级；实施远程和在线修改继电保护定值，将运行、检修、调度三方职责横向集约为调度和监控两方，从而有效提高专业精益化管理和电网安全运营水平，实现继电保护业务管理的集约化、扁平化、专业化管理。主要做法如下：

（一）转变观念，明确继电保护业务集约管理总体思路

在充分调研基础上，国网河北电力确立如下继电保护业务集约管理思路，并建立相应的管理流程，打造配套管理平台。

一是县域电网继电保护定值计算业务上划，实现管理纵向集约。基于地、县级调度机构定值计算工作性质相通，在人员管理和技术实现上均具备可行性，国网河北电力提出纵向集约、压缩管理层级的思路，将县域电网继电保护定值计算及专业管理业务上划至地区供电公司，将省、地、县三级管理层级压缩为省、地两级。实现继电保护整定业务的同质化、专业化管理。

站端就地在线改定值

二是实行远方和在线修改保护定值业务模式，实现管理横向集约。定值执行人员不必奔赴变电站，也无需将设备停电，而是在远方通过监控机和光纤网络通

信实现定值的修改。同时在管理流程上将原来的运行、检修、调度三方人员角色参与，横向压缩为调度和监控两方。

(二)再造工作流程，调整继电保护业务管理组织

1. 改进组织方式，优化人员配置

一方面取消县级继电保护专业人员配置，另一方面测算地级调度机构人员配置需求，合理增配地级人员。通过调整，定值计算人员从原来地级 16 人、县级 100 人，调整为地级 30 人、县级 0 人，定值计算人员总数由原来的 116 人减少至 30 人。

2. 变革工作流程，完善制度保障

配合远方和在线修改定值变革，再造继电保护定值执行工作流程，涵盖工作票申请、定值执行、定值核对等环节。新流程将原来需要调度员、检修人员和运行人员三方参与的执行过程集约为调度员和监控员两方，同时将就地、离线的执行方式变革为远方和在线修改，使得整个流程更加简洁、经济、高效。

为确保继电保护业务集约变革的顺利进行，制订《定值计算管理规定和地县协同工作管理办法》《继电保护远方和在线修改定值管理规定》，配套制定系列相关技术措施、管理措施。

针对监控和变电站的不同设备现状，采用多制并存管理模式。监控端具备远方在线改定值条件的，实行远方在线改定值模式；不具备远方修改条件，但变电站内设备具备在线修改定值条件的，实行就地在线该定值模式；以上条件均不具备的，按照传统的就地离线模式执行。变革前后继电保护定值计算和定值执行业务工作内容对比如表 1 所示。

表 1 继电保护业务集约前后继电保护工作内容对比表

继电保护工作环节	业务集约前	业务集约后
继电保护定值计算	省、地、县三个层级	省、地两个层级
	地县公司继电保护定值计算人员配置：地级共计 16 人，县级共计 100 人	地级定值计算人员增至 30 人，县级减为 0 人，合计减员 86 人
	需要 6 个地级调度机构定值计算系统和 100 个县级调度机构定值计算系统	只需要 6 个地县合一的定值计算系统
	需要地县两级电网参数、定值交互	不需要地县两级电网和定值交互
继电保护定值执行	检修人员、运行人员、调度员三方人员配合	监控员、调度员两方人员配合
	检修、运行人员驱车奔赴变电站，就地操作	调度控制人员在调度中心远方进行，无须奔赴变电站
	办理工作票和操作票，执行操作、开工、竣工流程	调度员向监控员下令方式
	主设备停电，继电保护退出	主设备不停电，继电保护不退出
	电网故障及异常主网继电保护应急响应在 20 小时以上	电网故障及异常主网继电保护应急响应在 1 小时以内

3. 开展特色培训，适应新管理方式

区分不同层级、不同角色，开展多角度特色培训。针对专业老员工，根据定值计算人员、审批人员、检修人员、运行(监控)员、调度员等不同角色，重点培训业务集约管理变革和改定值作业方式变更后，各自的工作职责变化、系统的使用方法等，从而保证定值从计算到执行的有效运转。针对专业新员工，开展全方位业务培训，培训继电保护基础知识、系统使用、流程规范等。针对县级调度机构兼职联络人，进行定值计算参数资料报送流程、地县公司继电保护协同工作的配合模式培训。针对监控员，重点通过实际操作方式，培训远方和在线改定值操作技术和方法。

4. 改善考核机制，实行专项对标

开展地县公司继电保护专项对标活动。在6个地级、100个县级单位间开展工作竞赛，内容包括县公司继电保护资料移交完成率、计算资料报送流程应用率、典型工作经验等，纳入省、地两级调度运行工作评价内容。考核结果与员工的业绩兑现挂钩，激发员工工作热情，规范工作流程，促进业务集约化。

(三)规范资料移交，夯实继电保护业务集约工作基础

实现地、县业务整合，技术资料交接是一项关键工作，存在移交验收工作量大、准确性不易查验等困难，为此实行“三横三纵推进法”。

一是横向分块。根据保护定值计算过程，将继电保护技术资料分块梳理，分为原始资料、计算派生资料、计算成果资料三部分。原始资料主要包括一次设备参数、保护装置资料等；计算过程派生的资料主要为保护定值计算书、定值单模版、定值整定系统工程图等；计算成果主要以定值单形式体现。然后逐块细化资料项目，逐项明确要求，形成技术资料移交清单及报送模板，做到资料整理规范、完整、准确，验收方便快捷。

二是纵向分段。按照验收过程，分阶段完成资料整理移交任务。主要为县公司自查、预验收、验收三个阶段。自查以地级调度机构下发的技术资料移交清单及报送模板为依据，逐站整理移交资料，全部实现电子化标准资料包；预验收采用地级调度机构检查和县公司互查两种方式相结合，主要利用网络交换意见，既节约时间又能互相检查提高；正式验收以地级调度机构为主，以县为单位现场验收，办理交接手续，完成业务移交。

为使县级定值计算工作能够尽快纳入地级管理的轨道，在进行资料验收交接工作时，地级保护人员不仅注重对电子版文件和纸质资料的验收，同时兼顾各站定值计算软件中的数据是否完整、图形是否正确，对不满足要求的立即进行整改。

(四)系统筹划，稳妥开展远方和在线修改定值

一是论证可行。河北南部电网经历年的设备改造，网内90%以上的继电保护设备已实现微机化；大部分变电站已进行了综合自动化系统改造，初步具备开展远方修改、核对定值的条件；基于光纤通信的数据网络已经全面覆盖110千伏及以上变电站，35kV及以下正在逐步实施中。上述三个条件说明远方和就地在线修改定值所需的基本环境已具备。

二是对比研究。就开展远方操作的方式利用试点进行对比研究，确定以计算机远程桌面技术和电网自动化远动技术作为推广支撑手段，对现有系统和设备功能进行完善和

扩充，最大限度地发挥现有系统的效益，无须追加额外的设备和系统投资。

三是设备改造。对 5 家主流继电保护设备制造商的 247 种型号装置开展深入调研和测试工作，摸清继电保护装置整定的机制、流程、步骤和风险，确定可以进行在线改定值的型号共计 224 种。进而依据整定机制、流程等不同，对各类装置分类编制操作卡。

四是技术防误。明确对继电保护装置及监控系统的要求，提出"双条件确认"(操作过程正确性的确认和装置反应正确的确认）的方案和实现方式，并对涉及的设备进行技术整改和验收。

针对误整定可能造成误出口跳闸的问题制定如下防范措施：定值项较少的装置可直接在定值的运行区修改，核对定值、确认正确后再固化，风险较小；定值项较多的装置在非运行区修改、固化，再切换至运行区，或者在非运行区修改定值、直接固化至运行区；定值项较多又仅能在运行区修改的需要认真核对、确认无误后再固化定值。

对于误整定可能造成误闭锁风险，制定防范措施，主要包括：对于整定后定值出现逻辑性错误、装置判为非法定值而闭锁的情况，在非运行区修改定值的可立即切回原来定值区；直接在运行区修改的，定值项较多的装置可事先在非运行区备份一套原定值以备回切使用。

（五）开发软件，建设继电保护业务管理信息平台

为适应电网发展和管理体系改革，打造先进、高效的继电保护业务管理信息平台，包括省地县一体化参数报送、定值计算、远方在线修改定值、定值在线校核等子系统。

省地县一体化参数报送系统实现图纸、参数等定值计算所需资料的电子化报送，代替原有的人工纸质报送。省、地、县三级部署统一软件，启动流程后，参数报送人员将电子图纸、参数按要求导入系统中，审核提交上级单位。

省地县一体化定值计算系统实现规范统一的定值计算和流转模式。各地县安装统一的计算软件和网络化定值流转程序，以电子化手段取代纸质定值的审核流转。程序覆盖定值计算、文档编制、现场执行、调度核对等各环节，实现定值整定管理的全流程和全环节的在线管控，形成统一的计算原则，固化到计算软件程序中，达到专家经验统一共享。

远方在线修改定值系统实现定值执行环节的程序化。将定值计算系统的电子化定值发布给执行人后，执行人通过该系统实现定值的远方执行，同时定值的执行情况又经该系统收集、反馈给执行人，进行正确性校核。

定值在线校核系统根据电网的变化实现对定值适应性的实时在线校核。出现定值不适应情况，启动新一轮的参数报送、定值计算及远方在线修改定值流程。

上述子系统各自独立又互相配合，将继电保护业务各环节的管理规范固化于程序之中，确保集约管理流程、制度的贯彻执行。

（六）试点先行，逐步推广

为积累变革经验，国网河北电力的继电保护业务集约管理遵循试点先行、积累经验、修改方案、广泛应用的推进流程。

2012 年，在县域整定业务上划变革之初，选择省会城市所在的石家庄供电公司做为

试点单位。因为河北南网只有石家庄供电公司所辖的18个县公司为直管县，其他5个供电公司所辖82个县公司均为趸售县，从项目投资和产权归属等方面考虑适合作为试点开展集约管理。在石家庄试点阶段发现技术和管理方面的诸多问题，如定值导入速度慢、模板不全、县级定值档案混乱、定值流转模式与当前管理模式不符等。2013年1月起，国网河北电力所辖全部100个县级调度机构的定值计算业务已经全部上划至6个地级调度机构，运行一年多来取得卓越成效，达到预期目标。

远方和在线修改定值工作2012年首先选取邯郸地区1座新建220千伏变电站作为试点，成功实施继电保护远方修改定值操作。2013年，调组织各地区选取十几个220千伏和110千伏变电站作为试点深入开展保护远方和在线修改定值测试研究，在此过程中发现诸多技术问题，及时督促设备制造商解决，同时根据试点经验，有出台相关管理规定，明确职责分工、操作步骤、风险防范措施和异常处置方法，为以后更大范围的推广奠定了基础。2013年上半年，继电保护装置定值就地在线修改工作在河北南网各电压等级得以广泛推广。

三、省级供电企业继电保护业务集约管理的效果

(一)有效提升电网供电可靠性和安全水平

国网河北电力的继电保护业务集约管理有效提高了继电保护装置运行率，避免了设备停电，大大提升了电网安全运行和可靠供电水平。同时电网故障及异常情况下继电保护的应急响应更加快捷，恶劣气象和偏远变电站情况下的工作效率和安全保障更为显著。据统计，每年河北南网可减少110千伏线路倒供操作400余次，城市配网减少1200余次倒供，农网减少2800余次停电，主网设备失去保护下的应急响应时间从20小时减少为1小时，充分发挥了继电保护作为电网稳定运行第一道防线的作用，产生了显著的安全效益和社会效益。避免设备停电和供电量损失，减少人员奔赴变电站操作，每年可增加直接经济效益5600万元、间接经济效益8400万元。

(二)促进了继电保护专业管理水平和工作效率的提高

成果实施后减少了专业管理层级，增加了高水平专业人员比例，地县级调度机构继电保护专业人员由116人精减为30人，定值计算工期缩短76%，县域电网定值计算工作“集约化、专业化、扁平化”管理水平大幅提升。以石家庄供电公司为例，实施继电保护业务集约管理后，6名定值计算专责就完成了原来需要20个人才能完成的定值计算工作。在工作量不减的情况下，县域设备保护定值生成时间减少1周以上，而且定值计算工作质量和标准化水平都有明显提升。通过实行继电保护整定计算及专业管理纵向集约，减少系统建设费用约600万元，后续每年度节约人力成本和物力费用近900万元/年。

（成果创造人：邢　晨、赵自刚、赵春雷、曹树江、董彦军、孙利强、萧　彦）

民营科技型企业以市场为导向的创业管理

山东天海科技股份有限公司

成果主创人：公司董事长刘立江

山东天海科技股份有限公司（以下简称"山东天海科技"）位于聊城市高唐县，成立于2001年，现有员工171人，是一家集汽车电子类产品研发、生产、销售为一体的民营科技型企业，主要产品包括车用导航记录仪、北斗车联网监控系统、新能源汽车整车控制器、新能源汽车电动助力转向系统产品等。2013年，销售收入达到18582万元，实现利润2214万元，利税总额2444万元，资产总额达到15382万元。

一、民营科技型企业以市场为导向的创业管理背景

近年来，我国汽车产业发展迅猛，汽车年产销量均处于全球首位。快速发展的汽车产业为汽车电子产品提供了广阔的应用市场，也吸引了各方资金的踊跃加入，行业竞争激烈。作为民营科技型企业，山东天海科技直面竞争，多次面临发展困境。例如，2001年刚起步时，主要产品是农用车尾灯等塑料制品，产品技术含量低、行业依赖性强；在积累发展阶段，研发、市场、人才、资金各方面实力相对较弱，管理模式也相对落后等等。因此，必须紧扣市场需求变化导向，不断提升自身科研水平和经营能力，才能实现良好发展。

二、民营科技型企业以市场为导向的创业管理内涵和主要做法

山东天海科技坚持以市场为导向，依据"树理念、抓机遇、防风险、造优势、聚资源"的工作思路，在始终坚持科技创业发展的基础上，时刻紧盯市场需求变化，对照自身基础条件，不断调整阶段目标，保持企业健康、持续发展。主要做法如下：

（一）坚持不断创业的理念，及时捕捉创业发展机遇

山东天海科技坚持"以市场为导向，以管理创效益"，树立"不断创业"的理念，长期持续地紧抓市场需求，推动企业持续发展，主要采取三方面措施。一是加强市场需求分析机制建设。由董事长和总经理负责，定期召开市场需求信息分析会，以及各销售成员和部分客户的碰头会，及时分析用户意见，分析产品质量，交流原材料及产品市场动态。依据意见反馈和需求信息分析，及时更新产品和提高产品质量。二是拓展市场需求信息采集渠道。除了销售部定期采集、分析市场需求信息外，鼓励全体员工关注市场信息和竞争对手信息，并设立有效信息专项奖励。同时，要求研发团队、产品策划小组、产品行销小组、销售团队针对市场需求和同行竞争，定期开展工作特色分析。三是提升市场需求

信息梳理、筛选、分析利用的效率。及时调整组织架构，密切关注客户反馈意见，以客户满意度作为工作效率和筛选市场需求的重要标准。

（二）稳步前进，逐步拓展发展空间

制定“稳步前进、不贪多求快”的战略指导思想，要求各部门和全体员工戒骄戒躁，坚定“若要做大、必先做好”的思想，在狠抓内部基础素质锻炼和资源积累的基础上，注重已有资源和发展机遇的匹配。

1. 充分利用自身资源，顺利实现创业起步

2001年，山东天海科技的主要产品是农用车尾灯等塑料制品，生产技术门槛低，品牌认可度和竞争力不足，同时受到本地和外地竞争者威胁，致使企业市场份额下降、产品价格降低、利润空间不断被压缩，企业发展濒临破产。在这种形势下，山东天海科技确定“先易后难”的原则，详细梳理自身资源，挖掘机遇：一是山东省农用车在2001年前后迎来销售新高峰，衍生出巨大的农用车电子产品市场需求。而线束总成技术虽已经在汽车、家用电器等产品上广泛应用，但在农用车上还未得到应用。二是在国内农用车市场具有较大影响力的时风集团就在高唐县境内，山东天海科技与之有长期业务合作，关系良好。

以此为契机，山东天海科技在行业内率先提出线束总成技术在农用车领域的使用推广方案。首先，发挥与时风集团的合作优势顺利达成合作协议。其次，经过多方考察和论证，选定河南天海集团作为技术和品牌合作单位，双方签订品牌与产品双向合作的协议，成立山东天海电装有限公司，开始合资经营，充分发挥河南天海集团作为全国最大的标准接插件和汽车线束总成生产厂家的技术与市场优势。合资公司成立后，产品技术过硬、管理运营通畅、市场定位准确，很快走上了正轨。在此基础上，山东天海科技总结经验，开始培养自身科研能力，从2001年至2009年期间，先后自主开发新型农用车、收割机等农业机械、家用电器、客车、载重汽车的线束总成产品，成为中通客车、中国重汽、雷沃重工、时风集团等大型企业的重要供货商之一。

2. 坚持市场深挖，逐步开发丰富汽车电子产品

2005年下半年，随着我国企业电子产品行业发展，单一的线速总成业务已经不能保证企业发展需求。山东天海科技面临严峻挑战：一方面农用车线速总成产品属于低端产品，并且区域市场需求已经接近饱和，而企业其他产品还没有形成规模。另一方面，自身自主研发力量仍不足，企业品牌影响力也局限于汽车电子类产品，无法突破跨行业发展的障碍。针对这两个问题，山东天海科技确定以产促研、继续深挖汽车电子产品业务的发展方向。2006年，山东天海科技与航天科技有限公司建立合作关系，确定共同开发生产汽车电子商品的目标。通过合作，山东天海科技产品从汽车仪表拓展到汽车行驶记录仪和北斗卫星定位导航车载终端，并为山东省北斗车

全国工商联新能源商会合影

联网项目提供服务产品。

3. 实施双向 OEM,谨慎拓展经营范围

到 2008 年,随着我国汽车电子产品市场的激烈竞争,山东天海科技的发展面临新的制约:一是企业技术和资金力量相对薄弱,投资建设新项目时,新技术设备要经历设备安装、员工培训、生产调试、正式生产、质量检测和市场反馈等环节,投入过大,给企业带来沉重负担。第二,线束总成市场竞争激烈,需要进一步降低成本,巩固和扩大主导产品市场。因此,传统的单向 OEM 模式已经不适应于山东天海科技的进一步发展。为了更好地满足市场需求、稳步发展企业,山东天海科技借助已经具备的较好知名度,以及在生产技术、生产设备、员工技能以及产品研发等方面形成的特色,确定双向 OEM 业务拓展模式,具体包括三种方式。

一是以己方作为对方的 OEM 厂家。对于自身有生产优势、地域优势和营销优势,合作方具有产品优势、技术优势和品牌优势的产品,采用本地生产,代工生产的方式,以对方的品牌利用自己的销售渠道进行市场推广。该种方式由对方负责提供技术和关键零部件,山东天海科技负责生产设备和生产场地,按对方技术和工艺要求进行组装、检验、销售及售后服务。同时协议中规定合作开发新产品的条款,新产品产权归属山东天海科技所有,并使用山东天海科技品牌。

二是以合作方为 OEM 厂家。该模式主要针对自身具有技术研发优势和产品优势,但由于条件受限或生产成本较高,不具有地域优势的产品。经过十余年的积累,山东天海科技已拥有各种专利 35 项,通过鉴定的科技成果 11 项,新产品 6 项。这些成果如全部由山东天海科技生产,其资金投入过大,风险过高。因此,山东天海科技对部分产品采用由合作方代工生产的方式,由合作方负责生产,对方或双方负责产品销售。这种合作方式有利于节约投资,降低生产成本,迅速将研发成果转化为现实产品推向市场。

三是直接贴牌方式。对于自身具有销售渠道、客户有需求,而且市场和技术已经成熟的产品,在不涉及知识产权的前提下,将合作方的合格产品直接使用山东天海科技商标贴牌,由对方负责生产,山东天海科技负责销售。通过自身成熟的销售渠道,迅速提升合作方优势产品的区域销售数量。

(三)培育技术与管理优势,塑造企业竞争力

1. 保证科研投入,掌握先进科技

在创业初期,山东天海科技面临三个方面问题:第一资金短缺,第二产品短缺,第三市场短缺。面对此困境,山东天海科技确定“以技促产、以产促研”的发展策略,将有限资金投入到新技术、新产品的引入和研发中。经过最初阶段的艰苦经营,到 2005 年,山东天海科技决心改变简单依靠“拿来主义”的经营方式,将其他企业先进的技术引进后,进行学习和创新,形成自有技术,不断紧扣市场需求开发新产品。具体措施包括:

一是由山东天海科技董事长和总经理负责,组成企业技术中心,并先后建立山东省北斗卫星应用与车联网产业联盟山东省汽车电子控制产业技术创新战略联盟、等研发机构,一方面学习、掌握、创新引进的先进技术,使之迅速转化为企业利润。另一方面,积极培育企业自主创新力量。二是保持科研投入。自 2001 年开始,山东天海科技每年至少将利润的 10%作为研发投入,至 2013 年,科技创新投入已经达到 1170 万元。一方面确

保企业自主创新项目的顺利实施和迅速转化；另一方面也保证对科研人员的有效激励，提升研发人员的工作积极性，并吸引行业内专家和技术人员加入企业。通过引进和培养，到 2013 年，中专科学历或中级职称以上技术人员 72 人。

2. 改进考核管理

首先，优化考核组织及职责。山东天海科技的考核组织包括考核管理组织、考核执行组织和自评管理组织三类。山东天海科技考核管理组织是“四清”办公室，主要负责考核标准制定、考核办法设计、考核资源总协调。考核执行组织是办公室和人事科，办公室负责统计考核信息、抽查复核、受理反馈、起草考核标准和办法等，人事科负责绩效激励兑现。考核自评管理组织是各部门负责人，负责对部门整体绩效和所属员工自我考核与业务指导应用等工作。

其次，建立考核指标和标准。山东天海科技秉承“服务社会、多方共赢”的理念，以提升企业对各类利益相关者的服务质量为目标，将产量和利润作为统一挂靠指标，以促使各部门、各岗位高度关注企业生产和盈利能力。同时，为实施有效考核，将考核指标分为公司级、部门级、岗位级 3 层考核，按照工作性质，分为业务考核和内管考核两大类。其中，将业务指标分为研发、采购、生产、销售和运输 5 类。内管考核分为办公室、后勤保障和其他内勤工作的考核。

再次，建立考核流程。第一步，各岗位针对自身工作，对应月度考核表，填写自评成绩。第二步，各部门负责人对所属员工自评成绩复核，并形成部门自评成绩，上交办公室。第三步，办公室对自评成绩进行汇总，并对存疑信息进行复核。第四步，办公室将复核后考核成绩进行公示，并开始受理申诉反馈。第五步，最终考核结果确定后，由人事科发放激励，由各部门落实改进措施。

最后，完善考核激励制度。依据考核结果，发放绩效工资，兑现物质奖励。实施整改督导制度，对整改不及时或不到位的责任方，加倍处罚。同时，采用多种宣传方式，对优秀部门或员工进行正面宣传，兑现精神激励。

3. 建立 ERP 管理系统

引入 ERP 管理系统，逐步建成以财务为核心、以产品数据管理为基础、以计划为龙头，以生产过程中物流、资金流的控制为关键环节的计算机应用体系。至 2013 年 4 月，实施四大流程再造：

一是计划流程再造。采取订单配套销售的方式，以客户订单指导生产。销售订单由市场运营处录入并同步发送至生产、总装、仓储和运输等部门。生产部门即时向不同车间分配生产任务，物管部门按生产计划组织物料配送，运输部门提前安排接运计划。所有物料都由物管员按生产计划配送至工位，从第一道工序开始，每台车都对应具体的客户，车辆总装下线，立即装车发运。当班生产结束，做到物清、线清、车清。

二是生产流程再造。对销售计划和线束车型、品种进行科学系统分析后，生产处根据线束的车型种类、数量将销售计划输入计算机网络，经系统分析后，对各主要零部件进行分解和统计，然后将生产任务下达至总成车间并及时监控和调节在制品的库存，保证生产的稳定和连续。

三是仓储流程再造。加强物料的全面管理，实现物料全流动流程的动态监控，从而加强物料消耗、损耗、库存等方面的管理，实现降低库存占用资金，加速库存资金周转的目的。供应商相关数据自动汇总到财务处，形成应付账款，根据办款比例和客户余额，自动登记办款，生成凭证。

四是供需流程再造。施行网络化供需流程，通过网上竞价采购模块、网上询比价采购模块等，保证采购标的谈判定价的公平、公正、公开，实现控制成本、规范采购流程、全程监督的目标。

4. 开展“四清”管理

策划实施精益管理，并梳理出实施要点：从领导层至一线员工思想统一，全力支持工作流程再造；确定精益管理方向，并通过职工大会公开征集意见，对内部管理进行改进；定期组织所有管理人员学习普及信息化管理知识，结合自身的管理职责，按现代化管理要求进行系统培训。为顺利实施精益管理，提炼形成“四清”管理方法：问题清单，确定必须突破的战略方向；条件清单，确定最需整合的资源；执行清单，确定目标实现的路径；提升清单，确定创新提效的方法，如图 1 所示。

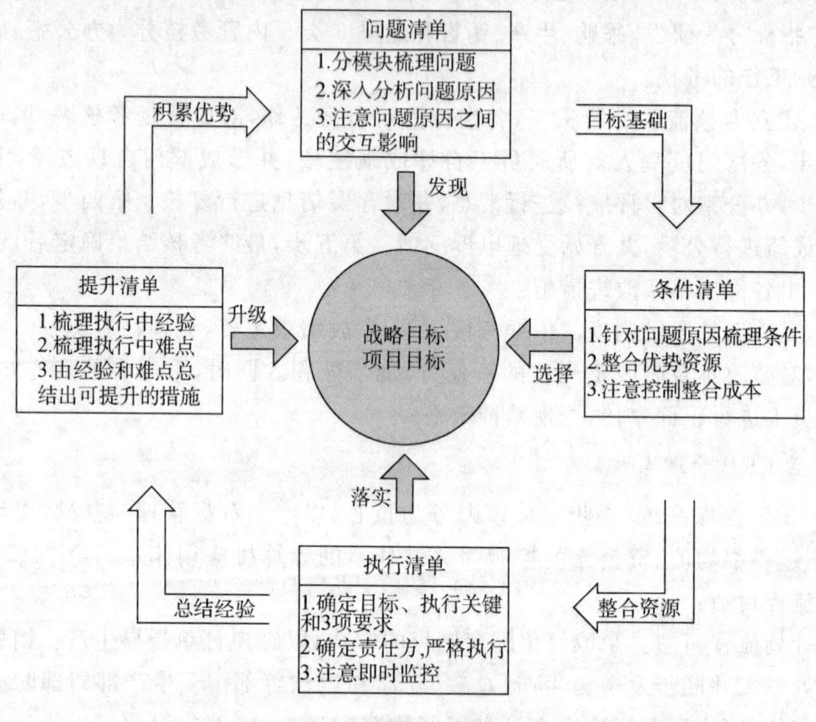

图 1　“四清”管理

（四）采取多种形式，整合内外资源

作为民营中小科技企业，山东天海科技针对市场需求和自身不足，积极开展多种形式合作，迅速积累紧抓市场机遇、有效防范风险、持续打造竞争优势的必备资源。

首先，与业务伙伴积极开展多方合作，汲取其经营优势，转变为自身经营资源。例如，在与航天科技有限公司的合作中，山东天海科技有意识地加强培养自身科研力量，并通过三项具体合作方式，实现这一目标。一是对于山东天海科技生产的航天科技有限公司拥有专有技术的产品，由航天科技有限公司负责提供技术资料、技术指导、技术培训、技术服务和关键零部件，并视合作进展情况进行必要的技术转让，山东天海科技负责生产、组装、检验、销售、安装和售后服务。二是双方共同研发的产品以及山东天海科技委托航天科技有限公司研发的产品，其知识产权归山东天海科技。三是航天科技有限公司在山东省及其周边地区市场销售的产品，由山东天海科技负责销售、安装及售后服务，航天科技有限公司负责提供技术保障和技术服务，其产品可使用“航天风华”商标。合约规定双方合作到期终止后，如不续约，山东天海科技有权继续使用航天科技有限公司已提供的专有技术和技术资料，有权设计、制造和销售合同产品。

其次，积极开展产学研长效合作，汲取先进技术和管理方法。山东天海科技先后与清华大学、北京航空航天大学、山东大学等单位签订产学研合作协议，建立全面战略合作关系。这些合作方式主要有：一是根据市场需求确定新产品开发或产品技术项目储备的需要，进一步与大专院校和科研院所进行合作，由其承担科研开发项目。二是通过签订长期合作协议，要求合作的大专院校、科研院所定期向企业提供市场发展动态与趋势分析报告，并对企业技术创新、重大项目的实施进行技术指导和服务。三是积极开展双向交流活动，增强企业的技术创新能力。高等院校为企业技术人员提供技术理论培训，按照山东天海科技要求进行人才的定向培养，优先推荐优秀毕业生到企业工作。同时，建立高等院校学生就业实习基地，以优惠条件吸引和聘用高端技术人才参与技术创新活动。

三、民营科技型企业以市场为导向的创业管理效果

山东天海科技经过13年的积累和发展，实现了市场业务的稳步拓展，与中通客车、中国重汽、北汽福田等20余家国有大型企业，建立了长期稳定的配套合作关系。已形成汽车线束产品和汽车电子产品两大系列核心产品，其中车用导航记录仪、北斗车联网监控系统、新能源汽车整车控制器、新能源汽车电动助力转向系统产品已具备较强行业影响力，销往河南、天津、安徽、黑龙江等诸多省份。2011年，卫星导航车载终端监控系统获得国家火炬计划证书；2012年，新能源汽车总线控制系统被列入国家火炬计划。

山东天海科技技术实力进一步增强。至2013年，专科学历或中级职称以上技术人员72人，形成了一支精干高效的研发管理队伍，建立了省级企业技术中心。多年来，共获得省级科技成果11项，省级新产品6项；申报项专利66项，取得授权发明专利1项，实用新型专利33项，外观设计1项，软件著作权5项；获得省部级科技进步奖6项。

（成果创造人：刘立江、刘立河、华闻霞、刘建勇、刘建铭、周英晖、袁书宝、华建新、李　超、岳秀云、刘敬文、王　栋）

集团管控与转型升级

综合能源集团一体化管控体系建设

中国电力投资集团公司

成果主创人：公司党组书记、总经理陆启洲

中国电力投资集团公司(以下简称“中电投集团”)组建于2002年12月29日，注册资本金120亿元，是国内五大发电集团之一、国家三大核电开发建设运营商之一，在全国唯一同时拥有水电、火电、核电、新能源资产。截至2013年年底，中电投集团电力装机接近9000万千瓦，煤炭产能7410万吨，电解铝产能289万吨，实现营业收入1900亿元，利润总额111.56亿元，经济增加值44.6亿元。

一、综合能源集团一体化管控体系建设的背景

(一)应对能源行业形势变化的现实选择

自2002年年年底我国电力体制改革实施厂网分开以来，发电企业间实现了充分竞争，有力地推进了电源结构调整和产业布局优化。但是电煤市场化改革打破了原有的供需平衡，在电力体制改革停滞的情况下，自2008年起发电行业受到上下游产业的双重挤压，煤电价格严重倒挂，整个发电行业出现较大亏损。在这种情况下，各发电集团在巩固扩大电力板块的同时，积极向产业链上下游延伸，并加大了资源的整合力度，整个市场竞争更趋激烈。其他发电集团在改革初期资产总量大、布局好、结构优，在市场竞争中处于有利位置，而中电投集团组建初期资产规模小(且没给配置前期项目)、分布差(在电力市场发达地区资产少)、质量差(老小机组多)，在市场竞争中处于劣势。随着电力体制改革的深化以及发电项目建设速度的放缓，电力市场已经由供不应求发展为供求关系相对平衡，企业竞争方式由规模竞争转为效益竞争，外延式发展转变为内涵式发展。而中电投集团固有的管控方式是由单一的发电产业沿袭而来，这种分段式、切块式的管控模式，一定程度上阻隔了各类资源要素的协同，产业间、企业间优势不能互补，规模效应得不到发挥，降低了应对市场变化的反应力，削弱了抵抗市场冲击的能力。

在这种情况下，要保持又好又快发展，必须突破传统管控模式障碍，对管理关系进行科学、合理的优化和调整，构建与企业发展战略相适应的管控体系，减少不同主体间的利益冲突，提高集团化管理控制水平，使规模效益得到充分发挥。

（二）实现一流集团战略目标的科学选择

中电投集团自成立以来，经过坚持不懈的努力，资产规模迅速增长，产业领域不断扩大。为了推进企业在更高的层面上发展，2008 年，确立了“电为核心，煤为基础，产业一体化协同发展”的战略发展方向，旨在实现从单一的发电集团向综合性能源集团的转变，并确定了以产业结构调整、转变发展方式为核心的“三步走”战略，明确提出到 2020 年实现控股装机容量 1.4 亿千瓦，煤炭产能 1.4 亿吨，清洁能源比重达到 50％，成为整体实力突出、海内外可持续发展能力显著的国际一流能源集团。到 2010 年第一步的目标全面实现，业务已经涵盖电、煤、铝、铁路、港口、金融、环保等产业。就电力本身来讲，已经从过去传统的煤电、水电为主转变成集常规电、核电、新能源于一体的综合体系。然而，企业的管控能力却没有同步跟进。作为多元化的产业集团，资产形成上既有行政划拨的，也有自主建设的，还有资产重组的，管理体制上以母子公司、总分公司为主，上市公司、分公司、全资公司、控股公司和参股公司并存。这种复杂的产权股权关系，造成了同一区域的产业间、企业间资源配置的隔离，比如同一区域市场内，一方面是严重亏损的企业资金链濒临断裂，另一方面是盈利企业形成资金沉淀，资金不能互补协同，降低了中电投集团预期效益的实现。必须对原有的管理体制和关系进行优化完善，使之与战略发展阶段相适应。

（三）全面提升管控能力和效率的必然选择

中电投集团是在电力体制改革中采用行政性办法组建的，在市场化并不充分的电力行业中，其组织结构更多地倾向行政化，造成基层机构臃肿，管理层级过多，管理关系复杂，上下职责不清，横向配合不够，纵向响应不力。中电投集团与所属企业之间的权责界面划分不清，集团总部各职能部门之间的职能重复或缺失，造成了在出现问题时互相推诿、无人承担责任的现象。集团资源难以得到优化配置，总部难以发挥管理职能，而下属企业发展的积极性和主动性受到限制，整体的运营效率受到影响。只有通过不断优化组织体系，理顺集团总部与二三级单位、产业集群、分子公司、上市公司之间的管理关系，使各单位、各区域、各产业在集团战略规划下统一行动，实现管理水平的大提升，提高企业的竞争力。

基于上述原因，中电投集团自 2010 年起，经过充分调研、科学论证，决定彻底打破电力行业传统的管理体系，在国内同类型企业中率先组织开展一体化管控体系建设工作，激发企业内在活力，推动改革发展双突破、质量效益双增长。

管控一体化暨体制改革工作会议

二、综合能源集团一体化管控体系建设的内涵和主要做法

中电投集团以推进集团战略目标为统领，以构建结构合理、权责明确、治理科学、运营高效的集团化管控体系为目标，以标准化、专业化、信息化为支撑，通过理

顺产权关系、优化组织结构、厘清事权界面、统筹资源配置，推进产业组织创新、运营模式创新和管理机制创新，着力实现管理体制集团化、管理架构板块化、管理制度标准化、管理手段信息化、资源配置协同化、运营模式集约化、经济效益最大化，为建设国际一流综合能源集团打下坚实的管控基础。主要做法如下：

（一）确定集团化管控目标，明晰一体化管控思路

为确保一体化管控体系建设有序推进，中电投集团高度重视，专门成立领导小组和办事机构，抽调骨干人员广泛深入地开展工作调研，并聘请国际著名咨询公司提供相关服务，经过多次会议研究探讨，最终形成总体方案，确定明晰的工作目标：

一是围绕着提高管控能力和效率，优化和重构管理体制和组织体系。通过产权结构的调整，解决多级法人主体间的利益冲突问题，将二级单位打造成利润中心、三级单位打造成成本控制中心，提高归属母公司净利润。通过重构三级组织体系，明确各级管理职能，厘清各级管理界面，理顺各级管理关系，实现管控能力和管理水平的大提升。

二是最大限度地实现各类资源要素的集约协同。完善战略规划、人力资源、财务管理与监督控制、生产要素配置、信息系统、基础标准、企业文化等重要资源要素的一体化管理机制，降低运营成本，提高运营效率。

三是实现产业链条的专业化管理。强化专业化管理职能，加强电源、煤炭、铝业等产业专业化管理，完善金融、工程、铝业、物资、物流等专业化服务平台建设，提高资源转化效率，发挥规模效益优势。

四是建设支持性服务体系。根据战略发展需要，逐步建立人才、技术、信息等支持性服务体系。为确保一体化管控体系建设的顺利推进，确立以下原则：坚持服务战略、推动发展的原则，形成符合现代企业制度要求，与建设国际一流能源集团相适应的管控体系；坚持依法依规、科学调整的原则，根据《公司法》《国有资产法》及其他相关法律、法规确定的基本原则，推进一体化优化调整工作；坚持三级管控、责权利对等的原则，建立并完善责权利相匹配的管控机制；坚持运转顺畅、精干高效的原则，规范设置组织机构，明晰管理界面，理顺管理关系，完善管理机制，优化管理流程；坚持产业协同、价值最大化的原则，实施产业链协同管理，重要资源要素集约化管理，实现价值最大化；坚持因地制宜、因企制宜的原则，根据产业发展的不同阶段和企业的不同情况采取不同的管控模式，不搞一刀切。

（二）优化产权股权结构，搭建资产保值增值体系

以提升经济增加值为目标，把中电投集团成立以来通过行政划拨、投资建设和重组并购形成的资产进行全面梳理，开展财务型资产重组。

一是按照归属于母公司净利润最大化原则，以提升经济增加值为目标，开展财务型资产重组。根据需要把经营业绩好、现金流充足的子公司改为分公司，增强集团公司获利能力；把经营预期亏损、现金流不足的分公司改为子公司，引入投资者，降低经营风险。

二是按照二级单位利润中心定位，调整与三级管理定位不一致的股权结构，清理消耗资源、不创造价值的股权；保留盈利符合预期的主业参股股权和对企业发展具有战略意义的上下游产业参股股权；中电投集团全资或完全由集团内部企业交叉持股的三级单

位股权划转至相应二级单位。

三是调整与三级管理定位不一致的股权结构，处置低效无效资产、清理四级及以下公司、清理三级单位对外投资、清理辅业企业，解决“一厂多制、一厂多公司”问题，逐步实现“一厂一制”，解决高成本的体制障碍，减少关联交易，降低交易成本。

通过产权结构优化，中电投集团共注销公司 60 家，重组公司和项目 9 个，有 10 家公司完成资产对外转让，有 17 家公司和 3 家项目单位完成资产划转；所属大部分三级单位完成了对外投资的清理工作；涉及辅业的单位完成了相关业务清理工作，减少关联交易 10 亿元，总体降低成本 1.5 亿元。有效解决了多级法人主体间利益冲突问题，为实现大型综合能源集团价值最大化创造了条件。

（三）明确管理职能定位，构建扁平高效组织关系

为加强集团管控体系的控制力、传导力、响应力，使管理体系更加适合产业发展的需要，中电投集团经过系统分析研究，确定实行“两级法人，三级管理”的组织架构，对各级管理主体进行重新定位，总部的主要职能是“四个主体”、“两个中心”，即“战略规划主体、产业投资主体、资本运作主体、监督考核主体”和“战略决策中心和管理控制中心”，二级单位定位为“利润中心”，三级单位定位为“成本控制中心”。并据此逐级确定、调整、完善组织体系。

1. 立足于“做强”，优化总部管理机构

作为全集团的管控核心，为了保证总部层面的控制力和支配力，发挥好龙头作用，中电投集团根据产业发展实际情况，按照集约化、专业化的总要求，在总部实行“综合管理＋专业管理”模式（见图 1）。在充分继承职能制管理优势的基础上，吸收事业部制的管理特点，强化产业协同基础上的专业化管理。按照“综合管理＋专业管理”模式，把总部职能部门划分为综合管理、专业管理和监督保障三类部门。重点强化综合部门战略、资源协同作业，强化产业全过程专业化管理，建立专业化服务平台，提高管控能力。以推进“七统一”集约化管理为核心，强化战略协同管理，统筹业务板块和区域公司管理，有效保证战略目标和价值目标在不同业务板块和不同组织层级之间进行科学分配。

一是进一步完善总体规划的统一管理、分类分级编制、系统集成的管理机制，提升战略规划能力。二是完善资源开发、要素配置、重组并购及市场退出机制，提升资源管理能力。三是把风险控制纳入业务流程和管理流程，使审计监督、法律监督、纪检监察监督贯穿业务活动全过程，提升风险控制能力。四是针对管理过程中需要协调和解决的重大事项，建立投资、预算、定价等职能管理的协调会议制度，提升运营协调能力。五是组建科学技术研究院、信息中心，依托二级单位组建产业技术中心，整合和优化系统内科技研发、技术资源，提升共享服务能力。

2. 立足于“做实”，充实完善二级单位机构

按照“省为实体”的原则，中电投集团在有存量资产管理任务的省份设立全资（控股）子公司，仅开展增量开发前期工作的省份，根据情况可设立全资（控股）子公司，或先组建分公司。在一个省有多个投资主体的，除专业性公司和归属上市公司管理的投资主体外，根据发展需要进行资源整合。同时，明确区域公司（不含上市公司）按照集团公司的授权负责区域内未设省公司省份的产业发展、存量资产管理和公共关系。区域内所有省

集团总部

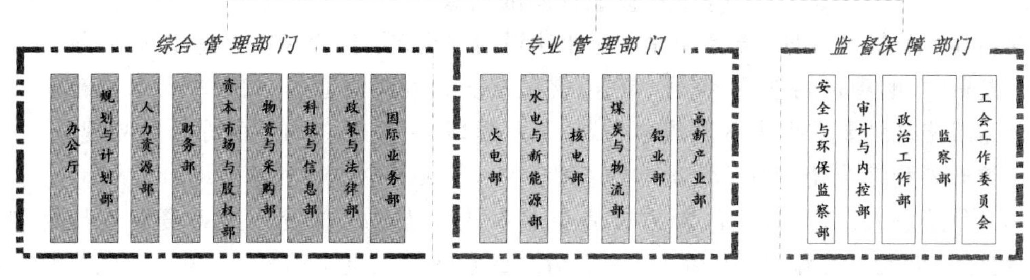

图1 “综合管理＋专业管理”

份全部设立省公司的注销区域公司，区域公司（不含上市公司）管理的资产划入相应省公司，或委托相应省公司管理。在此基础上，根据产业板块差异，逐家确定调整组织机构。

对于产业集群的二级单位，根据产业链建设需要，采取“综合管理＋专业管理”等符合实际的组织模式，并按照选择的组织模式和不同的核心产业，设计确定具体部门。对于单一产业二级单位采取职能制组织模式，包括综合管理、生产管理、监督保障三类部门。原则上相同业务的二级单位机构设置相同，实行统一规范。对于专业性经营公司和前期项目公司采取职能制组织模式，根据公司规模和管理需要设置部门。同时，按照责、权、利对等的原则，把该下放的权利充分授权，确保二级单位作为利润中心的自主经营：

一是明确建立并完善与二级单位利润中心管理定位相匹配的责权体系，强化职能管理；二是按照总部战略管控要求，明确二级单位负责区域规划的制订、调整和实施，全面管控企业资源，集中决策、专业管理、规模经营、服务共享；三是按照重要资源要素集约化管理要求，明确二级单位“七统一”管理范围，提高管理的集中度，规范、整合管理流程体系；四是按照利润中心建设要求，明确二级单位对三级单位实施运营管控，通过刚性执行综合计划和财务预算，严格生产要素管理，提高获利能力。

3. 立足于“做优”，精简调整三级单位组织机构

三级单位是整个集团的经济基础，是对市场变化敏感度最高的组织层级，为了发挥好其成本中心作用，主要是立足于“做优”，强化安全生产、经济运行、成本核算和队伍稳定的主体责任。对三级单位采取直线职能制组织模式，根据不同产业的管理特点划分职能，按照精简高效的原则设置综合管理、安全管理、生产管理等部门。原则上相同产业、相同类型、相同规模的三级单位机构设置相同，实行统一规范。三级单位组织体系调整是整个一体化管控体系建设过程中的难点，因为长期以来形成了管理部门多、管理人员多，如何有效安置好改革后的富余管理人员，事关一体化管控体化建设的成败。为此，从总部到二级单位加强工作调研，制订工作方案，寻找安置途径，做好应急预案，加强宣传引导，做好沟通协调，及时化解矛盾。二级单位共撤销三级单位职能部门 322 个，2791 人得到妥善分流安置，实现了改革前后职能有序衔接、管理平稳过渡，未发生由于改革影响

安全生产和职工队伍稳定的问题，保证了良好的经营秩序。

(四)集约各类资源要素，推动一体化协同运作

中电投集团实施以“七统一”为主要内容的集约化管理，推动资源要素得到更科学、更合理、更高效的配置，落实各级主体责任，提升整体管控效率。

一是统一战略规划管理，提升整个集团战略管控力。总部集成、主导“二级三类”战略规划和年度综合计划，统筹管理规划和计划的制定、实施、控制、调整和评估，统一限额以上投资、并购项目的立项、编号、审查、上报核准和后评估管理；二级单位和总部各部门按总体战略规划要求提出区域战略规划、专业规划、专项规划和年度综合计划建议，并加强各类规划和综合计划执行情况的检查和反馈；三级单位执行和落实综合计划。

二是统一人力资源配置，着力打造企业人才优势。总部统一人力资源规划计划管理，构建三级人力资源规划体系；统一机构设置原则与人员定编标准，规范三级责任主体的机构设置、岗位序列和员工数量；统一绩效管理标准和薪酬制度，建立以价值创造为导向、结构统一规范的绩效管理和薪酬制度体系；统一用工管理制度，实现各类用工总量全面控制。二级单位严格执行人力资源规划计划，履行人力资源开发与配置责任，落实组织、用工、绩效和薪酬管理制度，按照定员定编标准设置三级单位组织机构。

三是统一财务体系管理，发挥资金规模优势。以全面预算管理体系和资金管理体系建设为核心，以会计核算体系建设为基础，总部统一财务决策、财务制度、预算管理、核算管理、价格管理、资金管理、税务管理和业绩评价考核管理，加强产权管理，强化财务监督。二级单位重点实施预算控制、资金监管、会计核算和税收筹划。三级单位区别不同的企业组织形式、业务和区域特点，将部分财务职能上划二级单位，保留基本会计职能和必要的财务管理职能。

四是统一生产要素配置，提升系统整体效益水平。从物资、电煤、科技和服务等四个方面，建立生产要素统一配置模式。统一物资和服务管理，建立包括集团公司物资采购策略、寻源和物料管理、采购执行以及供应商管理等内容的物资管理体系。建立两级招标体系，总部制定采购策略，管理物资品类，负责主要设备、主要材料、主体工程施工和重要服务的集中采购招标和供应商管理；二级单位负责审批三级单位的物资采购需求计划，进行权限范围内的集中采购招标。统一电煤管理，总部通过建立物流贸易平台，实施电煤跨区域配置；二级单位负责区域内电煤配置，统一计划、统一采购、统一调运、统一结算；三级单位负责燃料收、耗、存管理。统一科技管理，总部优化整合系统内外科技资源，建立重点产业技术研究平台，健全技术创新体系，完善科技成果转化、科技资源共享和科技人才开发机制，负责科技项目审批。二级单位负责相关产业的科技进步管理和技术改造工作，推广应用先进科技创新成果。

五是统一信息系统建设，提升信息化管理水平。按照管理制度化、制度流程化、流程信息化的要求，以 ERP 系统、电子商务系统和决策支持系统为核心，建设集团信息系统体系。总部统一信息系统规划、建设标准、软件平台、管理制度和系统实施，二级单位按集团规划制定实施本单位信息系统建设方案，三级单位落实信息系统建设工作安排，按要求规范使用信息系统。几年来信息化建设投入 15 亿元，建成 20 余项信息化应用系统，信息化水上升到中央企业 A 级。

六是统一基础标准建设，实现企业标准化管理。针对资产属性造成的管理标准不一致问题，中电投集团按产业和业务类别建立并完善管理标准体系、技术标准体系和工作标准体系，统一同一产业、同类企业经济技术指标体系、管理流程和作业规程。统一通用基础标准，确定适用的国际标准、国家标准、行业标准中的基础标准。统一技术基础标准，制定电力（含火电、核电、水电、风电、光伏发电）、煤炭、铝业三大产业的技术基础标准。按照岗位工作要求，组织制定全员工作标准，规范员工岗位工作。

七是统一企业文化建设，增强企业整体凝聚力。针对中电投集团由于并购整合造成的企业文化不统一问题，以建设具有中电投集团特色的综合能源集团文化为目标，进一步统一价值理念，统一 VI 标识，按产业、专业、岗位特点细化行为规范，严格执行并形成行为习惯。

（五）全面推进专业化管理，提升产业板块竞争能力

传统的产业管理是一种分段式、划块式的管理，彼此之间缺乏有效的衔接，比如项目前期、工程建设、生产运营截然分开，分属于计划、工程、生产三个部门，各专业部门只负责职责内的任务，很少去考虑产业的全寿命周期，影响了项目的整体效益。这根本不能适应火电、水电、核电、风电、太阳能发电、煤炭、铝业、铁路、港口、煤化工等产业较多的企业集团的管控要求，针对这种情况，中电投集团实施各产业的条线式、全段式专业化管理，并搭建专业化服务平台，提高资源转化效率，发挥规模效益优势。

为在纵向上实现项目资源获取、前期可研、工程建设和生产运营的一体化管理，中电投集团对电源产业、煤炭产业、铝业产业、物流产业、高新产业等专业板块实施全寿命周期的专业化管理。在总部层面设立火电部、水电新能源部、核电部、煤炭物流部、铝业部、高新产业部等六个专业化的管理部门，分别负责指导协调相关专业板块的项目前期、工程建设、安全生产、节能环保、燃料管理、市场营销、电价执行和科技进步等全段工作。从而理顺管理关系，强化主体责任，各专业部门在开始阶段就会考虑项目的全寿命周期的管理，实现各个节点的无缝对接，资源开发力度大幅提升，项目经济效益明显改善。

在横向上为实现优势互补和规模效应，中电投集团进一步完善资源配置方式，建立五个专业化服务平台，实施对重要资源要素的集约化管理。

一是金融服务平台。金融控股公司对所属信托、期货、银行、保险、基金、租赁等金融企业实行专业化、市场化管理。建立健全金融平台协同运作机制，实现金融资源的有效配置。建立健全金融平台风险控制体系，实现不同市场、不同行业和不同制度环境企业之间的风险隔离。2013 年，资金集中度达到 95％以上，帮助集团成员单位融资 900 亿元，降低财务费用 10 亿多元，实现利润 17 亿元。二是工程服务平台。将集团系统内所有工程建设逐步纳入工程公司，培育市场竞争所需的工程设计、咨询、建设和监理等专业化服务能力，为集团工程管理技术标准的优化、协同提供支持。工程服务平台，已经具备火电、新能源、核电常规岛总承包等业务能力，通过专业化管理，大幅降低工程造价，火电决算平均单位造价在五大发电集团排名第二。三是铝业贸易平台。整合集团铝业贸易资源，将涉铝二级单位现货和期货业务逐步纳入铝业贸易平台，积极推动铝业贸易发展。四是物资装备平台。物资装备分公司根据物资采购策略和物资品类管理标准，落实物资采购计划，在组织基建大宗物资等集中采购的基础上，逐步扩大集中采购范围。五是物流贸易平台。物流贸易公司是集团物流贸易平台的运营主体，负责中电投集团铁路、港

口等物流资产的管理和运营，建设采购、销售、仓储、运输和配送一体化现代物流服务体系。在保证集团内部电煤跨区域配置的基础上，按市场规则开展煤炭贸易和物资运输业务。初步形成对中电投集团相关物流资产的管控能力。

(六)完善支持保障体系，确保集团平稳有序运营

1. 建立科技研发支持体系

在总部层面建立科研院和信息技术中心，通过集约化、专业化、市场化运作，不断增强科技研发能力、技术支持能力、成果转化能力和咨询服务能力，逐步提高科技创新服务水平，逐步开发集团以外科学技术服务市场，提升中电投集团支撑发展、引领未来的科技创新能力。。依托二级单位组建教育培训中心、发电技术中心、核电技术中心、铝业技术中心、煤化工技术中心、环境工程技术中心、多晶硅技术中心和瓦斯防治技术中心。加强技术问题研究，为集团持续发展提供智力支持。

2. 加强风险防范体系建设

一是加强审计监督，坚持"上审下"和"两级审计"原则，完善"垂直集中、统一运作"的审计监督体系。二是加强法律监督，确保企业规章制度、经济合同和重要决策的法律审核把关率达到100%。三是加强纪检监察监督，围绕"三重一大"等权力运行的重要领域和关键环节，推进惩防体系建设。四是加强内控机制建设，把风险控制贯穿各项业务活动全过程，强化风险内控评价，促进企业规范管理。

3. 完善激励考核机制

根据管控模式调整后的管理界面、职责界面确定考核界面，完善考核机制，保证集约化和专业化管理调整到位，一体化管控各项措施落实到位。通过构建关键业绩指标体系，形成各层级的综合业绩考评体系。对市场化程度较好的产业，积极探索市场化的激励约束机制。

4. 抓好制度流程体系建设

坚持以标准和制度体系固化一体化管控成果，不断夯实管理基础。总部层面制修订涉及综合管理、专业管理、监督保障的规章制度226项，发布标准47个，组织参与制修订国家、行业标准40余项，梳理流程413个；二三级单位层面制修订制度6246项，发布标准2040个，梳理流程3430个。

三、综合能源集团一体化管控体系建设的效果

通过一体化管控模式的构建，中电投集团从根本上解决了管控模式与发展需求不相适应以及一些长期困扰企业发展的历史遗留问题，实现了管控面貌大转变、管理水平大提升、效率效益大增长，为中电投集团持续健康发展提供了有力的保证。

(一)构建了科学的管控模式

经过三年多的持续推进，总部层面实现了项目全寿命周期一体化管理，突出了专业管理的责任主体；二级单位层面，实现了同一区域内不同市场主体的一体化运作；三级单位层面，煤、电、铝板块实现运管维合一，所属31家企业完成"一厂多制多公司"规范调整，清理四五级公司69家，共划转安置5638人。总部、二级单位本部及三级单位完成定

编、定员、定岗、选聘工作。基本建立了适应企业发展的集团化管控体系,组织结构更加优化,管理机制更加灵活,管理界面更加清晰,管理关系更加顺畅,资源要素更加集中,集团总部的控制力、影响力显著增强,基层单位的响应力、执行力全面提高,夯实了现代企业治理结构的基础。

(二)提升了企业整体管理水平

通过一体化管控模式建设,在管理方面实现了"五个转变":生产管理从单纯生产型向生产经营型转变,基建管理从单纯质量型向质量效益型转变,专业管理从分段式管理向一体化管理转变,综合管理从具体事务的管理向制度机制管理转变,监督保障管理从结果管理向既注重结果又注重过程转变。

各产业板块基本指标达标率和先进指标达标率分别由2011年的85.2%、66.2%上升至2013年的99.30%和88.20%;供电煤耗下降18.25克/千瓦时,节约成本30多亿元,处于五大发电集团较好水平;电解铝综合交流电耗下降400千瓦时/吨,节约成本近6亿元,在行业中排名靠前;吨煤成本费用实现较大幅度降低,处于行业前列。

(三)保障了企业持续快速发展

一体化管控模式促进了集团总部与基层单位协同作用的发挥,实现项目全寿命周期一体化管控,项目管理关口前移,以高水平的寻源、设计、基建管理保证项目收益水平。几年来,资源开发力度大幅提升,发电项目核准和新增产能分别达到2950万千瓦、2572万千瓦,保持了较快增长。与一体化管控体系建设前的2011年年初相比,发电装机容量净增近2000万千瓦,煤炭产能净增200万千瓦,电解铝产能净增80万千瓦,资产总额净增1770亿元,清洁能源比重达到34.2%,在五大发电集团中比例最高。

(四)实现了经营绩效持续提升

一体化管控模式有效地整合了资源要素,各产业资源要素协同作用充分发挥,各成本费要素得到很好控制,企业生产经营成本逐年降低,在总体资产并不占优的情况下,中电投集团归属母公司净利润、归属于母公司净资产收益率、经济增加值、供电煤耗、厂用电率等都排在相关集团较好位置。到目前为止,上缴的国有资本收益在五大发电集团中最多。与2011年比,2013年净资产收益率由0.72%上升到7.85%,成本费用利润率由1.62%上升到6.11%,利润总额由26.03亿上升到111.56亿元。归属母公司净利润由-7.68亿元上升到28.89亿元,经济增加值由15.5亿元上升到44.6亿元。连续三年超额完成保增长目标和国资委考核任务目标,实现国资委对中央企业的综合绩效考核由B级上升到A级。

中电投集团一体化管控模式建设取得了预期的成效,得到职工群众的高度认同和拥护,改革满意度测评达到95%。同时,在行业内也引起广泛关注,得到国家有关部委的充分肯定,并被其他发电集团学习借鉴。

(成果创造人:陆启洲、邹正平、吴姜宏、李治明、张振平、陈来红、夏 刚、王 岩)

多元股权结构下的母子公司分类治理

东风鸿泰控股集团有限公司

成果主创人:公司总经理沈立

东风鸿泰控股集团有限公司(以下简称“东风鸿泰”)成立于2006年8月,注册资本金5.0153亿元,业务范围涵盖汽车零部件制造与装配、物流与工业服务、汽车销售与水平事业等三大领域,股东投资比例分别为:东风汽车公司87.24%,武汉经开投资有限公司9.95%,东风汽车工业进出口有限公司2.81%,东风鸿泰下属有2家分公司、5家全资子公司、5家控股子公司、6家双向控制公司、3家参股子公司。2013年,资产总额5.73亿元,销售收入81.95亿元,员工总数5600余人。

一、多元股权结构下的母子公司分类治理背景

(一)母子公司分类治理是实现集团跨越式发展的需要

东风鸿泰成立之初,作为大股东,在对子公司的决策上习惯于行政命令为主,董事会处于被动地位,在董事会中各方股东并没有形成有效对话;子公司股东会、董事会和监事会以及经营层职能划分不清、管控边界不明,大股东过多介入子公司的日常经营活动,信息渠道不畅;在制度建设方面,法人治理的制度体系缺失,三会的召开和运行均比较随意,没有形成会议计划和标准的会议资料模版,决策流程不清晰,决策项出现遗漏。迫切需要对子公司股东会、董事会、监事会、经营层在决策的内容、权力和顺序上进行规范和界定,通过董监事的派驻对子公司实施有效监控管理,建立健全子公司法人治理制度体系,探索多元股权结构集团母子公司治理的新方法,减少决策风险。

(二)母子公司分类治理是实现集团战略目标的需要

2007年,东风鸿泰提出了“打造东风旗下永续发展的优势企业,成为知名整车企业的优秀供应商”战略目标。通过对内外部环境进行SWOT分析,通过对外合资、与整车厂、高等院校、科研机构的合作,以汽车零部件板块为主线,整合资源,扩大优势,推动东风鸿泰结构调整和产品转型升级,形成汽车零部件、工业服务、分装物流、汽车销售四大业务板块。随着东风鸿泰后续业务整合、结构转型,东风鸿泰子公司股权多元的特征日益明显,子公司还受到股东间权力争夺、决策成本高、管理效率低等困扰。必须通过股东大会/董事会等会议制度,为集团战略协同建立一个科学决策和良性沟通平台;同时基于子公司股权结构多元的特点,针对各股东的不同诉求实施分类治理,以打破下属子公司的管控壁垒,通过规范子公司治理结构制及优化集团管控模式,通过战略管理流程的输出

来提升战略执行力，形成合作合力，确保集团战略目标的实现。

（三）母子公司分类治理是有效降低子公司内部人控制风险的需要

2007年，东风鸿泰建立了干部个人绩效考核体系。由于考核指标比较单一、指标与市场变动情况的结合度较弱、财务指标占考核指标权重较大，导致考核体系缺乏对子公司业绩动因的衡量，对派驻干部的考核过于依赖经营结果，缺乏对子公司经营过程进行客观的评价和动态监控，从而导致部分经理人过于强调任期内业绩而忽略公司长远发展，在对公司未来发展有重大影响的项目和市场开拓上趋于保守，错过公司发展重大机遇。为此，东风鸿泰通过董监事的派驻，对子公司日常经营予以监督指导，确保股东对子公司的重大决策的决定权、参与权、监督权，降低子公司内部人控制风险。

二、多元股权结构下的母子公司分类治理的内涵和主要做法

东风鸿泰按照分类治理，治管结合的原则，通过对不同股权结构股东诉求的分析，依法通过章程界定、高效董事会构建等手段，设计不同的治理流程和维度来提升治理效率；将顶层设计（法人治理）和子公司经营过程管控（东风鸿泰管控）相结合，从股东资产保值及战略管理这两个交叉点入手，在子公司分类治理的基础上，东风鸿泰各职能部门通过计划、组织、指挥、协调、控制等职能要素加强对子公司人、财、物、技术、信息等资源的管控，达到东风鸿泰综合效益最大化目的。主要做法如下：

（一）依法规范子公司法人治理体系，优化东风鸿泰组织架构

1. 按照现代企业制度要求，依法建立起法人治理的框架体系

东风鸿泰以《公司法》为依据，按照现代企业制度要求，出台了《公司股东会议事规则》《公司董事会议事规则》《公司监事会议事规则》，从制度建设与结构设计两个方面确保“三会”职能的实施，并在此基础上下发了《分子公司管理办法》，起草了《子公司重大事项上报制度》，以及系列公司内部管理制度，通过公司治理规定了子公司运作的基本制度框架。

重点规范子公司董事会制度，实行了董事会“集体决策董事负责”的决策机制，强调董事会的独立性，强化董事的个人责任，同时设置三大决策委员会，辅助董事会战略决策功能。优化制度环境，建立健全有效的监督机制。为确保东风鸿泰层面和子公司层面两级“三会”职能的实施，通过专业制度和流程的设立，建立了会前、会中、会后管理流程，实行了“三会”的PDCA循环。

会前管理。每年年初东风鸿泰经营管理部会根据各子公司《章程》及上报信息下发本年度子公司《年度会议计划》，并将计划报东风鸿泰公司办纳入东风鸿泰年度会议管理体系。按照计划，经营管理建立了子公司董事会的议题征集（会前一个月）——资料编制（会前20天）——沟通审核（会前15天）的审核机制，各子公司按照制度规定时限进行议题征集、会议

公司办公大楼

通知发布、组织资料审核。议题征集有标准的议题库，统一所有议题的标准提纲、文本、模板，统一了股东方的“书面语言”。

会中管理。在各方股东同意的前提下，东风鸿泰经营管理部门派代表列席子公司“三会”，入会股东代表、董事在“三会”上充分交流、表达，董秘在会议过程中完成会议纪要、会议决议的起草。要求各子公司股东会决议的签署必须执行东风鸿泰行政审批流程，报东风鸿泰总经理审核。

会后管理。在年度会议计划完成后，经营管理部会启动决议跟踪执行流程、重大信息上报流程，会定期向派驻董监事、东风鸿泰领导反馈各子公司决议执行情况。对于会议决议未及时执行或执行有偏差的子公司进行重点监控并制定整改计划，经营管理部定期编制《子公司董事会/监事会季度报告》，对决议执行情况予以通报，同时介绍各子公司董事会/监事会工作的好经验和好做法。

2. 积极构建高效的董事会、监事会

东风鸿泰积极优化子公司监事会管理，保证监事会独立性，赋予监事会更多的权限，从而有效发挥监事会对董事、经理层在财务、业务上的监督。东风鸿泰按照现代公司治理标准，建立了各子公司派驻监事的推荐和考核机制，在子公司监事人选上，强调专业素质，对派驻监事的工作效能制定考核指标予以监控，确保监事正常履职；要求子公司董事会、经营班子要全方位支持监事会工作，确保其独立性、权威性、专业性和有效性；积极完善子公司监事会工作的制度建设，制定了监事会议事规则、保密制度、责任追究制度等制度办法和实施细则，做到监事履职有法可依，有据可查。

3. 充分发挥国有企业党委的“中国优势”，对“三重一大”决策风险实施管控

东风鸿泰以“强东风”为主题，认真做好创建“五星”级“四强”党委工作，促进两级班子自身建设，贯彻执行“三重一大”集体决策制度，进一步规范权力运行机制。通过“双向进入、交叉任职”的体制，即公司党委书记和党委其他成员通过法定程序进入到子公司董事会或经营班子，对涉及子公司重大决策、人事任免以及涉及职工重大切身利益的问题，党组织会认真研究讨论，通过党委成员在子公司董事会或总经理办公会上提出建议，使党组织的主张得以体现。同时，东风鸿泰在职能划分时将党群工作和企业文化密切结合，进行文化和价值观的宣贯，通过党组织的监督管理，由从严治党支持从严治企，确保子公司经营层廉洁从业，促进企业健康发展。

东风鸿泰将董事会职能放在决策和监控上面，建立了对组织和个人（高管、派驻董监事）的 KPI 绩效管理与评价考核机制，强化东风鸿泰和子公司董事会对高级管理人员“选、用、育、留”，保证了子公司经营管理的稳定持续发展。建立子公司董事会对高级管理人员选拔、使用、管理流程，努力探索党管干部原则和市场化、法制化原则的有效结合方式，在认真贯彻党管干部的基本原则上，由董事会通过股东推荐及人才竞聘相结合的方式选拔下属公司高级管理人员，保证了下属子公司经营管理的稳定持续发展。

（二）立足东风鸿泰战略，分析子公司股权结构和股东诉求，构建四种治理类型

东风鸿泰将子公司治理类型分为单向治理模式（全资子公司/控股子公司）、双向治

理模式(共同控制公司)、多向治理模式(相对控股公司)、弱治理模式(参股公司)。对不同的治理类型设计不同的治理流程和管理维度(如表1所示)。

表1 东风鸿泰子公司分类治理模型

<table>
<tr><th>序号</th><th>公司(单位)名称</th><th>所占股比(%)</th><th>股权结构</th><th>公司类型</th><th>股东诉求</th><th>治理类型</th></tr>
<tr><td>1</td><td>商务咨询公司</td><td>100</td><td>东风鸿泰全资</td><td rowspan="5">全资子公司</td><td rowspan="5">绝对所有权和强控制权,能全面执行东风鸿泰东风鸿泰战略,股东决策为导向,治理重点为代理人风险防范</td><td rowspan="5">单向治理</td></tr>
<tr><td>2</td><td>汽车销售公司</td><td>100</td><td>东风鸿泰全资</td></tr>
<tr><td>3</td><td>汽车资源循环利用公司</td><td>100</td><td>东风鸿泰全资</td></tr>
<tr><td>4</td><td>神光模塑公司</td><td>100</td><td>东风鸿泰全资</td></tr>
<tr><td>5</td><td>神龙汽车塑胶件制造公司</td><td>100</td><td>东风鸿泰全资</td></tr>
<tr><td>6</td><td>东风鸿泰投资管理公司</td><td>85</td><td>另一股东为金融公司</td><td rowspan="4">控股子公司</td><td rowspan="4">集中的所有权和强控制权,在兼顾小股东利益的基础上能较大程度执行东风鸿泰东风鸿泰战略,控股股东决策为导向,治理难点为大股东诉求与小股东利益保护的协调</td><td rowspan="4">单向治理</td></tr>
<tr><td>7</td><td>华龙物资回收再生公司</td><td>60</td><td>另一股东为集体所有制企业</td></tr>
<tr><td>8</td><td>捷富凯武汉物流公司</td><td>51</td><td>另一股东为外资企业</td></tr>
<tr><td>9</td><td>富康洁能汽车改装公司</td><td>51</td><td>另一股东为民营企业</td></tr>
<tr><td>10</td><td>锦龙油品销售公司</td><td>50</td><td>另一股东为垄断央企</td><td rowspan="6">共同控制公司</td><td rowspan="6">所有权和控制权均分,必须协同股东双方战略,双方股东磋商后决策为导向,治理难点为股东双方权利争夺</td><td rowspan="6">双向治理</td></tr>
<tr><td>11</td><td>东风彼欧汽车外饰系统公司</td><td>50</td><td>另一股东为外资企业</td></tr>
<tr><td>12</td><td>东风江森汽车座椅公司</td><td>50</td><td>另一股东为外资企业</td></tr>
<tr><td>13</td><td>东风模具冲压技术公司</td><td>50</td><td>另一股东为东风系企业</td></tr>
<tr><td>14</td><td>武汉燎原模塑公司</td><td>50</td><td>另一股东为外资企业</td></tr>
<tr><td>15</td><td>武汉亚普汽车塑料件公司</td><td>50</td><td>另一股东为外资企业</td></tr>
<tr><td>16</td><td>十堰橡塑制品公司</td><td>40</td><td>21%股权为职工持股</td><td>并列第一大股东(相对控股公司)</td><td>分散的所有权和强控制权,能全面执行东风鸿泰东风鸿泰战略,职代会参与决策,治理核心为多方股东诉求协调</td><td>多向治理</td></tr>
</table>

(三)通过治理纬度的差异化,妥善解决股东、董事、经理人三个核心角色的矛盾和冲突

1. 规范大股东行为,通过章程规定股东权利、有效平衡股东间的利益

对于单向治理为主的全资子公司及控股子公司,东风鸿泰在公司章程重点对股东投资收益权进行约定,在自治文件中即设立了东风鸿泰派驻 CEO 必须为子公司董事,财务经理必须有东风鸿泰派驻等硬性条款,也依据《公司法》设置了了小股东的临时提案制度、临时股东会制度、关联交易管理细则,有效保障了双方股东的权益。

东风鸿泰充分利用合资合同及公司章程的法律效力,每次重大谈判均由东风鸿泰各职能部门成立 CFT 小组,小组成员通过细致的分析和讨论,充分把握在本次合资合作中可能面临的各种风险和问题,将解决办法和思路通过公司章程予以固化,针对东风鸿泰的治理需求及权利保障,做出书面约定,同时通过对子公司知情权制度的确立,明确了东风鸿泰拥有对子公司重要文件、会计报告经营情况等的查询权利和重大信息的质询权。如武汉亚普公司、武汉燎原公司等,其将董事会预备会明确写入其公司章程,并对会议参加人员、会议召开、会议议题做了明确,以避免出现股东权利失衡导致的对其他方股东利益的损害。

对于多向治理的相对控股的子公司,东风鸿泰主要在章程中重点关注各股东方在子公司董事会及经营层的派驻约定,合理章定职工股东的决策权和控制权,同时充分发挥职代会和工会的功效。对于参股子公司,东风鸿泰与其仅为投资关系,以获取投资收益为主,未参与其公司经营管控事务。

2. 强化“三会”操作流程上的差异化,导入“会前会”的形式解决股东间博弈问题

对于单向治理类型的子公司,东风鸿泰在其战略决策、年度预算、年度投资等方面,主要以东风鸿泰战略为主要导向,将其战略通过子公司股东会做出决策后,由东风鸿泰派驻董监事及经营团队予以实施,东风鸿泰总部通过预算管理/投资管理等职能对其进行监控。

对于双向治理公司,东风鸿泰特别建立了股东会/董事会会前会制度,双方股东代表通过会前会,对双方股东在子公司战略和重大经营事项方面的分歧进行磋商协调,会前会一般由股东双方总经理担任股东代表,主要职能部门部长列席,对会议待决议事项进行充分的讨论和交流,双方股东代表在约定时间以邮件、视频、电话会议、面谈会等形式举行会前会,对议题决策进行最终确认,将审核意见反馈给子公司董秘,对相关问题的议题资料进行修改、完善,并签署会前会会议纪要以备查。通过会前股东双方的良性沟通提升决策效率,实现双赢。经股东会最终批准的公司战略,由股东双方派驻的董监事和经营层双向落实。

多向治理模式下的相对控股子公司,其战略主要承接东风鸿泰战略,但基于其员工持股占有一定比例,重点完善职代会及工会职责,完善董事会及监事会中的职工代表制。

对于弱治理模式中的参股子公司,作为小股东,东风鸿泰主要强调派驻董监事在其三会中的话语权,重点关注该类公司投资收益的保障,在其战略方面以不损害东风鸿泰战略为原则。

(四)加强监事会的独立性和监督有效性

东风鸿泰在子公司治理模式的持续优化中,重点强调了外派监事的独立性、合法性和时效性的三个特征,使得其在公司法人治理结构中能够发挥更加强力的制衡作用,使经营者不能随意滥用经营权或损害公司利益或谋取私利。东风鸿泰合理界定监事会的议事规

则，不因监督工作削弱企业的经营自主权，影响经营者的创新精神，降低企业的活力和盈利能力。要求外派监事会的监督工作既要在尊重和保障经营权，又要对其形成制监督。

（五）完善股东会对董事会的考核机制

东风鸿泰尝试将董事会考核由子公司股东会委托监事会进行，由子公司监事会对董事会和董事建立考核标准，并将股东对董事会的要求予以反馈，每年评估一次，在此基础上，建立对董事的业绩考评体系如表 2 所示：

表 2　子公司董事会考核指标

考核体系	一级指标	二级指标	说明
董事会绩效评价体系	董事会内部评价指标	对公司目标、战备的规划能力	董事会内部流程和机制的改善
		对管理层的监督和控制能力	
		为管理层提供建议和咨询的次数	
		董事会的责任感	
		董事会会议的规范程度	
		董事会决策的效率性	
		公司管理层对董事会成员行为的评价	
	董事的创新和学习评价指标	董事的满意程度	提高董事的素质，培育学习型董事会
		董事的职位适合度	
		董事获取信息的及时性比率	
		董事参与度	
		对管理层的选拨和培养	
	财务评价指标	公司价值增加额	利益相关者价值最大化
		公司利润增加额	
		经济附加值增加额	
		资产报酬率	
		现金净流量	
	董事会外部评价指标	媒体正面报道率	利益相关者的监督
		社会公众正面评价优良率	
		公司违规违纪事件率	
		利益相关者参与指数	
		利益相关者满意指数	

（六）强化派驻董监事及经理人考核体系，尝试探讨经理人股权激励机制

作为东风鸿泰公司，派驻人员快速有效执行股东意志是东风鸿泰管控体系发挥作用的重要“载体”。东风鸿泰人力资源部率先进行了制度构建，先后出台了《外派董事监事管理办法》《外派子公司高管绩效考核办法》等一系列体系文件，在考核对象、考核程序、

考核方式、考核频次、考核内容、考核等级、考核结果运用、考核纪律等方面进行了明确的规定和阐述。

2012 年，东风鸿泰进一步修订、完善了 KPI 管理体系，发布了修订后的《绩效考核管理办法》，通过考核指标确认—绩效评估—绩效面谈—指标监控—考核申述—考核结果落实等业务流程，将子公司各项业务管理、部门职责、公司战略有机地结合在一起，从而确保了子公司与东风鸿泰战略的高度协同。

2013 年，公司人力资源部启动了差异化考核体系建设工作，根据不同业务领域、不同经营业绩、不同生产销售组织形式的差异，加强对激励的敏感性差异，对子公司经理人合理分权，主动授权，在激励总量管控的前提下，创新差异化激励模式，调动各事业板块、各生产单元持续发展的活力。

东风鸿泰通过完善公司治理的制度、董事会对经理人的授权、强化经理人的 KPI 考核机制、建立长效激励机制、外部审计制度等手段，达到对经理人的约束和监控，有效降低了"内部控制人"风险。

（七）系统分析公司治理、公司管理、东风鸿泰管控的差异点，寻求治、管、控的协同

公司治理、公司管理和东风鸿泰管控是相辅相成的关系，公司治理规定了整个企业的运作框架，而公司管理是公司经理人通过一系列监管措施和经营行为完成公司的经营目标，东风鸿泰管控则是母公司在这个基本框架中，通过职能管控体系，监控公司实现目标。2008～2013 年，东风鸿泰步入了发展的快车道，东风鸿泰三次滚动修订了战略目标，当期目标均得以顺利实施。东风鸿泰战略目标的快速增长，得益于东风鸿泰建立的强大战略管理体系，该体系通过战略分析、战略制定、战略实施来保障东风鸿泰战略的完美落地。2009～2012 年连续进行的组织架构和职能的优化，为东风鸿泰战略落地在流程和组织上提供了组织保障。高效有力的东风鸿泰管控模式使公司治理更据可操作性，为东风鸿泰战略目标的实现提供了有力的体系保障。

1. 进行东风鸿泰优化组织架构，以法人治理为基础确立管理层级

2011 年，东风鸿泰业务呈现相关多元化的特点，东风鸿泰公司对业务做了进一步梳理，将总部组织架构直线职能制转化为事业部制，设立了汽车销售、工业服务、分装物流三大事业部，将全部汽车零部件制造子公司审理未东风鸿泰垂直管理，并据此将 23 家分子公司进行了事业部归口管理，对子公司法人管理层级进行了调整，形成了总部一级、事业部二级、子公司三级的管理体系。东风鸿泰总部负责战略及决策，事业部建立所属单位管理报表，以业务分类为单元，结合市场因素，推动事业部所属子公司在战略执行过程的协同。

2. 分清公司管理和公司治理不同定位，将管理手段从行政型向法理型转变

东风鸿泰通过将公司治理和公司管理的融合，从股东资产保值及战略管理着两个交叉点入手，通过两个方面的双向努力，对子公司进行有效的管控治理，实现创造价值的总目标。例如，对待子公司，东风鸿泰在治理模式上改变了传统的"自上而下"的行政治理模式，以子公司现有的制度为基础，合理配置子公司内部决策权，规范委托（股东和董事间）、聘任（董事会和总经理）关系，将决策过程科学化，以实现股东资产的保值增值为治理目标。

3. 强化二者之间的相同点，寻求二者之间协同

东风鸿泰强化董事会对经理人的考核体系，并通过经理人在年度董事会对其经营结

果的汇报及质询，达到监管其管理效果的作用；与此相匹配的，就是在东风鸿泰管控的内部控制体系中建立了子公司财务管理、资产管理体系，东风鸿泰公司也积极运用自身的资源优势、品牌优势为分子公司创造附加价值。

东风鸿泰在2008年导入了战略管理体系，在2009年颁布的《分子公司管理办法》中，明确强调了子公司董事会负责公司战略的制定、控制监督、实施效果评价，而公司管理则在其中承担战略实施的过程管理。东风鸿泰根据事业发展计划(MTP)，每年制定滚动发展计划，计划周期为5年，同时针对"东风鸿泰"的13MTP战略目标，确定战略课题。

通过法人治理机制、内部控制制度及体系(向下授权体系、向上汇报体系、内控审计体系)、管理流程、风险监控系统(环境风险、流程风险、决策信息风险)来实现对子公司的风险管理与控制，子公司董事会为内部控制的核心。东风鸿泰还建立了机构审核和经营层、董监事委派机制，即总部对分子公司的组织结构调整由东风鸿泰经营管理部实行监管，职能审批完成后报资子公司董事会批准，东风鸿泰人力资源部建立了完善的董监事委派和考核流程，为东风鸿泰的管控体系提供了有力的组织保障。

4. 构建东风鸿泰分类管控模型

东风鸿泰公司建立起适合东风鸿泰特点的管控体系，在兼顾其他股东利益的基础上，东风鸿泰根据子公司不同治理类型构建不同的管控路径，实施分类管控模型，即：按治理类型设立不同性质子公司的管理权限，并通过建立管控制度、管控流程、委托代理关系的充分授权等手段得以实施，从横向(职能管理)、纵向(法人分层治理)来完善对子公司的分类治理结构。

对于单向治理的全资和控股子公司采取操作型管控模式，东风鸿泰对其战略规划、投资、预算、财务、运营、人事、综合等方面实施全面管理。对于双向治理的共同控制公司采取战略管控模式，东风鸿泰对其发展战略进行重点管理，并要求其在财务、运营、人事、审计等方面接受东风鸿泰监管的管控类型。对于弱治理的参股子公司采取收益管控型模式，东风鸿泰对其以强化资产投资收益、追求投入资本回报为主要目标。在此基础上，东风鸿泰三大子系统根据法人治理的要求，对子公司的管控流程进行区别，形成东风鸿泰7大核心管控模块和15项流程。截至2013年12月，东风鸿泰遵循上述原则和路径，优化了子公司三会管理流程，各机构明确自身主要权责，做到所有权、决策权、监督权三权分立。

三、多元股权结构下的母子公司分类治理效果

多元股权结构下的母子公司分类治理有效解决了子公司治理模式中股东、董事、经理人三个核心治理角色的对立统一、平衡了股东间的利益博弈、化解了董事会上的权力争夺、规避了经理人"内部人控制风险，大大提升了子公司的运营效率。

(一)子公司法人治理效率快速提升，治理效果日益凸显

2013年，东风鸿泰子公司三会计划完成率100%，全年共召开股东会/董事会45次，共形成投资决策、财务决策、人事决策共计360项，会议决议执行率100%；召开子公司董事会事务专项研讨会2次，组织子公司董秘及机关职能部门就起草的《东风鸿泰股权监控日常管理办法》进行了研讨，在信息系统建立了相关的审批模块，设定了子公司董事会

管理文件修改更新计划，形成了9项改善方策并逐一落实；对12家子公司董事会秘书进行了子公司董事会事务专题培训1场次。

(二)业务结构持续优化，重点项目有序推进，事业升级版初步形成

自2010年后，公司业务从五大板块向三大业务聚集。2013年，公司零部件制造业务有力推动了公司整体业务结构向模块化、技术密集型、高附加值的转型升级；公司汽车后市场及水平业务的发展取得重要突破，为东风公司相关业务开展做出了积极探索和有效尝试。

保险杠业务项目(东风彼欧公司)与汽车座椅项目(东风江森公司)分别于2013年3月18日和4月26日先后建成投产，两个项目从立项到建成投产克服多种困难，速度快、效率高，为抢抓市场机遇创造了有利条件。其中东风江森实现了当年投产当年盈利的良好开端，东风彼欧实现超过预期的收入、利润指标，两个公司在较短的时间里实现了较大的市场突破。东风亚普二工厂及研发中心于2013年11月20日奠基；零部件集成工业园的改造工程于2013年10月1日启动，进一步提高工业园使用效率、加快零部件模块化分装发展步伐，为分装物流事业从量变到质变奠定了良好的基础。2013年4月，由商务咨询公司运营的东风雪铁龙天猫平台正式上线。汽车资源循环利用业务整合项目正在抓紧推进之中。

(三)经营业绩创历史新高，市场开拓取得新突破

2013年，公司实现营业收入101亿元，同比增长近40%，创历史新高。自2008年起连续5年复合增长率超过了35%，收益性保持在较好水平，全面超额完成了董事会下达的年度经营目标和东风鸿泰公司股东下达的年度考核指标。

汽车零部件业务板块的东风模冲、东风亚普、东风燎原、东风江森、东风彼欧、神光模塑、神龙塑胶在稳固神龙、东风乘用车和东风本田等主机厂市场的基础上，积极开拓市场，东风裕隆、东风雷诺、通用武汉工厂、长安标致等新整车客户项目顺利获得。东风柳汽、福州奔驰、陕汽重卡等其他市场也在积极洽谈之中。

分装物流业务板块：东风捷富凯取货项目2013年度已成功启动17家供应商，成功实现物流价值链上的业务延伸。工服分公司提出打造工服“汉十服务走廊”市场开拓目标，与武钢江北建立起常态化业务合作关系。

销售业务板块：销售公司2013年增加6网点，现共有4S店14家，区域优势已经形成；商务咨询通过直复营销手段，2013年度累计为经销网点提供了超过13万条销售线索，成功促进超过4000台车辆成交；富康洁能2013年新增6000台公交气瓶拆装检验业务，并陆续打开黄石、鄂州、孝感、仙桃等地市场。

(成果创造人：沈　立、袁　纲、廖圣寿、郑国俭、朱永红、周　炜、吴文生、李　丽、孙公洛、胡少金、杨长翱、唐志成)

国有产业投资企业"四位一体"城镇新区综合开发管理

四川省铁路产业投资集团有限责任公司

成果主创人:公司董事长、党委书记孙云

四川省铁路产业投资集团有限责任公司(以下简称"四川铁投集团")是四川省委、省政府批准设立的特大型国有投资集团,于2009年由路桥集团、川铁集团(原地方铁路局)和上市公司四川路桥组建而成,主要从事国家重点铁路、地方铁路及公路项目的投资建设和运营管理,同时开展水电能源、矿产资源开发、油料销售等多元业务,目前年营业收入达500亿元,资产总额达1500亿元。

一、国有产业投资企业"四位一体"城镇新区综合开发管理的背景

(一)企业拓展市场空间加快转型升级的迫切需要

按照四川省委、省政府对四川铁投集团"打造西部综合交通枢纽、建设西部经济发展高地"的功能定位,四川铁投集团代表省方,通过自主融资和自有资金进行国家合资铁路和地方铁路项目的投资建设。铁路项目属于公共产品,经营管理主导权在国家铁路总公司,资金投入大,短期内无明显收益,由此造成了三大问题,严重制约企业可持续发展。

一是融资压力巨大。根据西部综合交通枢纽建设规划,四川铁投集团在建和拟开工建设的国家铁路项目和地方铁路项目共18个,省内总投资3436亿元,需承担省本级资本金约300亿元。到2020年,四川省铁路项目省本级资本金每年缺口约30亿元。如果不改变传统的投入模式,资产负债率将长期高位运行,按照银监会的规定,资产负债率超过70%将纳入政府性融资平台管理,无法再融资,将严重影响企业的日常经营。二是还本付息负担重。四川铁投集团主要依靠银行贷款投资铁路,需要按期偿还高额贷款和利息,财务费用居高不下,缺少利润来源补充,导致企业经营压力突出。从2010年起,需年均偿还银行贷款30亿元,年均付息8亿元。三是盈利渠道少。四川铁投集团营业收入和利润绝大部分来自路桥施工运营业务,但路桥建设市场竞争激烈,受国家固定投资影响大;水电、矿产等多元产业尚在培育期,投资回报还需时日,面临着整体收入急剧下滑和长期潜亏的风险。

为破解发展困境,四川铁投集团亟须通过生产经营、资本运营和投融资模式创新,进一步扩大经营范围,拓展市场空间,加快实施产业结构调整推进转型升级,为可持续发展开辟有效途径。

(二)响应新型城镇化建设的政策要求、把握市场机遇的需要

作为四川基础设施产业领域的龙头企业,四川铁投集团将新型城镇化建设作为重点

战略方向之一，主要基于以下两点认识：

一是国家和地区城镇化进程加快推进。改革开放以来，我国城镇化速度明显加快，2011 年城镇化率达 51.27%，近 10 年间大量人口涌入城镇，极大地推动了基础设施行业企业的发展。从四川的情况来看，作为我国西部大省，“人口多、底子薄、不平衡、欠发达”的基本省情长期存在，城镇化水平低于全国平均水平 9 个百分点。为同步建成小康社会，四川省委、省政府近年来将“两化”互动、城乡统筹作为三大发展战略之一，各地市州新型城镇化建设市场空间广阔。根据相关预测分析，2017 年前，四川预计每年将新增城镇居民 100 万人，大量的城镇化居民必然带来城市基础设施的庞大需求。

二是创新城市基础设施建设模式势在必行。长期以来，我国城市基础设施存在总量不足、标准不高、运行管理粗放等问题，在建设方式上过度依赖政府举债、平台融资、土地财政等单一融资方式。随着市场经济主体地位的不断加强，政府加快职能转变，开放原来由政府包揽的大多数领域交由市场运作，以实现城市基础设施的高效投资建设。现行《建筑法》也提倡对建筑工程实行总承包，工程的发包单位可以将建筑工程勘察、设计、施工、设备采购的一项或者多项发包给一个工程总承包单位。在此背景下，一批资金实力雄厚、管理水平突出、技术手段先进的建筑业企业加快转型发展，通过政企合作、带资承包、特许经营等方式，广泛参与到城市综合开发建设领域，推动了基建产业融合发展。

（三）企业具备参与城镇新区综合开发管理的资源和能力

通过研判行业形势，客观分析企业的资源特点和竞争优势，四川铁投集团认为城市基础设施投资建设业务和现有产业关联程度高，能迅速集聚形成规模优势，产生协同效应，同时，四川铁投集团参与城市基础设施综合开发已经具备了相应的条件。

品牌资质影响力。四川铁投集团内部具备工程总承包特级资质企业和相关特种资质，在铁路、公路、桥梁、隧道等交通建设领域具备强大的技术实力，工程业绩在国内同行业中享有较高声誉。

施工产业一体化能力。下属四川路桥集团是国内路桥行业领先的施工企业，在交通、市政、房建等领域具备了设计、施工、运营等全产业链能力。

产业结构合理。四川铁投集团主业优势突出，油料销售、房地产、水电、矿藏等多元产业协调发展，形成了主辅互动、产融结合的良好格局。

公司与中国航油成立合资公司共同推进铁路、公路沿线资源综合开发

融资平台优势。四川铁投集团营业收入稳定，资产规模雄厚，信用基础良好，能够得到银团和其他金融机构的有效资金支持。

较强的资源整合能力。作为四川省属大型国有企业，四川铁投集团和省内各地政府保持良好合作，同时具备了跨行业、跨地区、跨领域资源整合能力。

基于上述原因，2010 年以来，四川铁投集团抢抓新型城镇化建设机遇，将城镇新区综合开发作为战略结构调整和转型升级发展的重大契机，积极探索如何利用现有资源，更好地把城市资源、政府信用、社会资金和市场要素有效结合起来，达成业务总量的提升、开发模式的转型和经营领域的扩张，加快从单一投资建设到跨行业复合经营转变，由传统工程总承包商向城市综合开发运营商转变，力争成为新型城镇化建设的重要推动力量。

二、国有产业投资企业“四位一体”城镇新区综合开发管理的内涵和主要做法

四川铁投集团抢抓新型城镇化建设的契机，以TOD① 开发理念为引导，运用PPP② 特许经营方式，对城镇新区的交通设施、土地资源等实施“参与规划、多元融资、优质建造、自主运营”(DFBO)③四位一体整合开发和一条龙服务，推进产业结构调整和业务增长模式转型，形成“政府主导、市场主体、社会运作”的投资建设新模式，实现经济效益、社会效益和环境效益的统一，更好地推进城镇化进程和社会经济发展。主要做法如下：

(一)借鉴经验，确立“四位一体”综合开发思路

2003年，四川铁投集团尚未组建之时，四川路桥集团就在达州、平昌、成都等地开展了一系列的城市基础设施建设和房地产开发业务，虽然取得了不错的收益，但这类以传统模式开发的项目主要存在三大弊端。一是资金投入压力大、融资渠道有限。二是项目体量小而分散，前期规划和后期运营参与有限。三是项目实施风险大，持续盈利能力不足。

针对上述项目实践中存在的问题，四川铁投集团对国内外城市基础设施投资建设模式进行了深入研究，重点借鉴三个方面的经验。一是城市经营理念。根据项目区分理论，城市基础设施分为非经营性项目、准经营性项目和经营性项目三大类。在德国、法国，对非经营性项目如城市道路、公用绿地、卫生设施等完全由政府财政预算投入，对经营性项目，如供水、供电等行业，有明确的市场收费机制，通过市场运营可以收回投资成本。在城市经营理念的影响下，国内各地政府开始鼓励市场投资主体在一定区域内将不同经营性质的城市基础设施建设进行“打包”式的投入。二是PPP项目投融资模式。PPP公私合营模式以特许经营制度为基础，注重发挥政府职能和市场机制的双重作用，促进投资主体和融资渠道多元化，更加强调合作过程中的风险分担和项目资金价值最大化，在实现高效分工协作的同时有效保障各自权益。三是TOD引导土地综合开发。TOD基于交通引导土地利用开发，可促进城市空间的合理有序增长，形成布局紧凑、功能复合和人性化的城市形态，有利于土地集约利用，降低城市运营成本，促进低碳出行、绿色发展以及区域综合竞争力提升。TOD开发模式在新加坡、日本已有相当广泛的应用，国内广州、珠海、南京等地走在实践前列。

基于以上理论研究和实践分析，结合企业自身发展定位和资源特点，按照新型城镇化建设的“增长、绿色、包容”三大发展目标，四川铁投集团提出在城镇新区综合开发建设

---

① TOD(Transit－Oriented－Development)是国际上通行的城市开发模式，它基于交通引导土地利用开发，可促进城市空间的合理有序增长，最终形成布局紧凑、功能复合和具有人性化的城市形态。

② PPP(Public－Private－Partnership)公私合营模式，是指政府与私人组织为了提供某种公共物品和服务，将部分政府责任以特许经营权方式转移给社会主体(企业)，政府与社会主体建立起“利益共享、风险共担、全程合作”的共同体关系。

③ DFBO(Design－Financing－Construction－Operation)，本文所提出的“参与规划、多元融资、优质建造、自主运营”“四位一体”城镇新区综合开发管理模式。

中实施"参与规划、多元融资、优质建造、自主运营"(DFBO)的四位一体模式(见图1)。其基本运作思路如下:

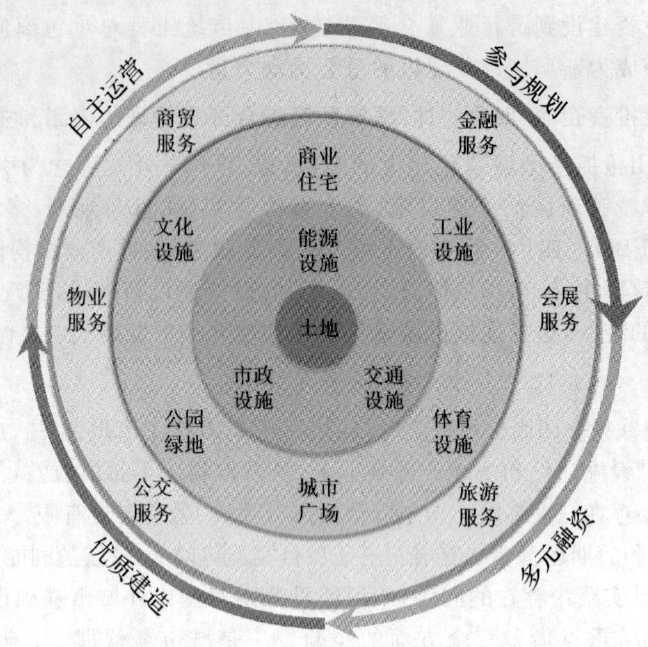

图1 "四位一体"城镇新区综合开发管理业务领域

一是项目合作方式上推进"政府主导、市场主体、社会运作"。政府通过规划引导、政策支持等,优化资产运营环境,激发市场资源配置的活力,提高企业参与城市建设经营的积极性,促进城市资源的增值和城市基础设施的建设发展。企业依靠投资城镇新区综合开发项目,拉动主营业务增长,进一步拓展产业链,挖掘利润合理的业务领域和产业环节,提升企业盈利能力和可持续发展能力。在市场作用的推动下,更多资金雄厚、实力突出的社会资源以灵活的方式参与到城镇新区综合开发项目的投资建设经营,形成良好的风险分担和利益共享机制。

二是项目开发内容上推进交通基础设施建设和土地资源综合利用的整合开发。通过发挥交通产业平台功能,在实施铁路、公路项目投资建设的同时,运用TOD理念主动介入城市新区规划设计环节,以PPP方式获取沿线土地经营资源,将交通建设、土地整理、商业物业等进行有机结合、统一开发,实现土地开发收益最大化,构建"土地整理—增值收益—项目再开发"的循环投入机制。

三是项目实施流程上推进"参与规划、多元融资、优质建造、自主运营"(DFBO)四位一体。充分发挥企业投融资、市场开拓、建造施工等综合比较优势,积极向规划设计、运营管理产业链两端和价值链高端延伸,掌控行业价值链核心环节,获取更多的投资收益;运用股权基金、债权融资、项目融资、资本运营等开展多元融资,保障项目资金需求;并通过资源联合、战略协作等方式,借助外部资源增强后期招商、运营服务能力,逐步实现城市基础设施开发建设的全产业链覆盖。

（二）整合资源，提升“四位一体”综合开发能力

城镇新区综合开发项目投资规模大、建设周期长、涉及面广，要求企业具备强大的资源整合能力和全产业链运作能力。在明确开发思路之后，四川铁投集团首先组建成立四川铁投城乡投资建设集团，作为城市新区综合开发的投融资、工程建设及运营管理实施主体，然后通过内部产业协同、联合外部资源，强化人才、技术、品牌支撑，全方位提升“四位一体”综合开发能力。

1. 内部产业协同

大力发掘勘察设计、运营养护、物资设备、材料检测等施工产业链潜力，引导水电、房地产、矿产等多元产业竞相发展，通过实施内部产业协同和上下游业务的一体化串联，实现城镇新区综合开发业务板块与现有产业的整体联动，从而体现规模效应，增加综合盈利能力。比如，四川铁投集团以现有和未来投资建设运营的多条地方铁路和BOT高速公路为纽带，实施沿线土地资源开发和广告资源、服务区物业等相关资源的整合开发，以此拉动内部土木施工、能源开发、地产销售等专业板块的发展，达到交通设施建设、内部产业提升和城市开发的互动平衡。

2. 联合外部资源

依托四川铁投集团在国内交通行业的强大影响力和信用基础，与银团、保险、基金等金融机构建立战略合作关系，形成多渠道融资能力；充分利用社会优质资源，与信誉良好的材料供应商、设备供应商、专业承包商、咨询机构等建立长期稳定的合作伙伴关系，并与优秀的设计咨询公司、建筑公司、物业公司等结成战略联盟，全面提高政府公关能力、规划设计能力、项目融资能力和工程建设能力。

3. 强化人才、技术、品牌支撑

人才方面，四川铁投集团近年来加大对城镇新区综合开发开发建设业务所需的规划设计、商业营销、运营管理类的选拔和储备，尝试将部分现有的优秀经营管理人才定向培育为城市综合运营类人才，并积极吸纳市场上的专业性复合型人才和团队，探索实施与之匹配的考核激励、薪酬体系。技术方面，四川铁投集团在发挥现有工程总承包专业技术的同时，强化对市政工程、城市管网、公共设施、保障房社区等新领域的科研攻关，以及新工艺、新材料的开发应用，促进城市绿色、节能、低碳发展。品牌方面，四川铁投集团对标国内外同行，转变提升地方融资平台、传统施工企业的形象，立足四川、面朝全国、走向海外，强化市场影响力和品牌美誉度，努力打造国际化现代化的城市运营商形象。

（三）加强市场研究和项目筛选，规避项目风险

抓好前期可行性研究，筛选优质项目，是保障城镇新区综合开发项目良好收益的前提。在项目前期，四川铁投集团特别强调对项目主体、项目标准、项目保障方式等加以全面细致的考证，并注重构建全过程风险防控体系。

1. 分析项目可行性

对开发项目所在地的区域土地市场状况进行调研分析，包括城市定位、产业结构、经济社会发展状况，以及宗地性质、周边配套，区域经济环境、区域土地供地市场、区域房地

产市场的分析等。根据调研情况，运用 SWOT 工具对项目进行初步定位，进行财务测算及财务评价，制定项目资金投入计划，拟定一套初步开发方案。

2. 研判政府偿债能力

四川铁投集团提出，项目所在地方政府原则上偿债率、负债率不超过当年可支配财力的一定比例。若项目业主为地方政府所设的平台公司，则要求业主公司净资产足以覆盖项目总回购款；负债率不得超过 70%，无不良信贷记录；主体债项评级达到 2A 标准，以保证项目的有效回购。比如，与政府签订协议明确项目回款方式和周期，包括要求政府提供关于项目实施的会议决议、项目的回购资金安排计划、项目纳入年度财政预算的决议等文件，同时为项目寻求其他主体的信用担保，或将相关资产进行抵质押。

3. 明确分类开发方式

依据项目的经营性质和经营前景，四川铁投集团将城镇新区综合开发项目具体划分为土地资源项目（一级整理、二级开发）、交通设施项目（路、桥、隧）、工商设施项目（工业园区、商业物业）、公共项目（保障房、公园绿地）四大类，并以此制定相应的分类开发、建设、运营管理办法。重点锁定土地资源开发项目、交通设施开发项目，通过合理界定项目开发规模和时序，执行分级实施、滚动开发，利用资金的循环进出，以较小资本金投入撬动较大规模项目。

4. 构建全过程风险防控体系

从项目立项开始，实施法律顾问制度，在项目考察环节，充分关注因重大政治经济政策变动带来的潜在风险，在合同签订中明确各方的权责利，落实担保条款，对可能出现的违约行为约定应对措施。在投资环节，注重投融资计划的可持续性，合理安排资金、资源投入，实施科学合理的偿债计划，降低项目运行风险。当项目出现资本金不足、合同违约、采购超预算、建设中断等重大风险时，及时启动投资退出程序。

（四）参与规划设计，把握项目实施主动权

城镇新区综合开发项目规划设计环节具有较高附加值，既是实现政府城市建设需求、打造产融新城的初始环节，也是企业延伸市场营销前端，实现项目效益最大化的关键环节。为此，四川铁投集团通过以下三个手段，着力提升城镇新区综合开发项目规划设计能力。

积极参与区域综合规划。四川铁投集团是制定省内地方铁路、高速公路等交通规划的主体力量，在区域规划设计方面具有一定的影响力，能准确把握交通路网布局、节点等关键信息，通过优化交通布局规划来引导沿线土地资源开发及城镇新区基础设施建设，从而实现人口、居住、就业等要素的合理配置。

打造自身设计平台提升服务。四川铁投集团下属公司有专门的设计院，以“前期研究引领市场开发”，围绕城市产业特征和功能布局，深入挖掘客户需求，延伸设计业务前端营销；主动把握项目定位，提出项目关键点，运用专业技术手段，协助政府完善项目设计。

引入外部资源强化专业能力。四川铁投集团重视新型城镇化建设中的绿色、智能建筑的设计与研究，积极联合中建西南建筑设计院、天津市建筑设计院等行业优质资源，持续提升城镇新区综合开发项目规划设计水平，通过优化设计，节约工程造价，降低项目风险，增加项目附加值，实现政府和企业共同价值。

(五)开展多元融资,提供项目资金保障

四川铁投集团综合运用债券融资、股权融资和项目融资等金融工具,支撑城镇新区综合开发项目大量的多层次、多元化的资金需求。

债权融资方面,四川铁投集团每年承建300亿元的工程项目,拥有大量沉淀资金,在有效运用信贷支持的同时,积极开发企业债、中期票据、保险基金等融资工具有效吸聚社会资金,保障项目投资建设资金需求。

股权融资方面,四川铁投集团进一步发挥投融资带动作用,通过创立城市开发建设基金,引进战略投资者、股权基金、信托基金等参股项目公司,提升可控资本金规模,吸纳社会资金共同参与城镇新区综合开发建设,促使融资结构由“企业自有资金+银行贷款”的单一模式向“企业自有资金+信托+股权基金+银行贷款”的多元化融资方案转变。

项目融资方面,除发挥BT、BOT等项目融资的优势之外,加大与政府谈判力度,力争参与到项目的设计、施工等专业环节,将承揽工程获取的设计、施工等利润作为项目资本金进行再投入,通过内部资金循环实现持续滚动开发,发挥资金杠杆效应,实现以较小资本金投入带动大规模项目。

此外,四川铁投集团在项目开发建设过程中探索运用夹层融资、资产证券化等金融创新手段,将已建成基础设施项目予以转让变现,实现由资产到资金的转化。同时将不同产业平台的整体负债风险进行内部配置,用不同的主体对接不同的金融产品,满足项目实施的需要,如见表1所示。

表1 “四位一体”城镇新区综合开发项目多层次融资体系

融资载体	融资工具	案例
产业投资集团	信贷、企业债券、中期票据、融资券、融资租赁、理财产品等	四川铁投集团与各大银行签订信贷支持协议;发行固定利率的短期融资券等
二级经营平台	上市公司、信贷、各类债券、土地开发捆绑融资、资产证券化、保险、基金等	下属上市公司四川路桥发行企业债,通过定向增发在资本市场募集项目建设资金等
交通项目公司	BOT/BT项目融资、股权转让等	如成自泸、宜泸、成绵复线BOT高速公路,重庆双碑隧道工程等
其他衍生资源经营公司	合资合作、委托经营、经营权转让等	与中航油集团成立合资公司,经营油料销售项目;与深圳品牌实业集团成立合资公司,实施现代商贸物流经营等

(六)坚持优质建设,发挥专业建造能力

在城镇新区综合开发项目的建设环节,四川铁投集团通过创新项目管理体制,充分发挥施工建造领域的专业技术能力,加强现场质量管控等,确保项目的优质高效建设。

1. 建立责权清晰的管控模式

为适应城镇新区综合开发项目的复杂管理需求,明确政府、企业各自的权责利,四川铁投集团结合PPP公私合营模式,探索实施与当地政府合作成立“项目公司+政府管委会”的项目管理新模式。该模式强调让政府通过市场化手段在项目公司中占股份，形成严谨的公司治理结构，更好地体现政府与企业的分工协作关系，减少政府、企业之间的决策沟通成本，提高项目执行效率。如在内江城南新区整体开发中，由四川铁投集团下属公司四川川瑞发展投资公司、内江市平台公司内江鑫隆公司及川瑞发展子公司瑞银方达三家共同出资设立项目公司——内江新城发展投资公司，全权负责项目投融资、招商、建设和运营管理工作；内江市中区政府成立内江市城南新区开发建设管理委员会，负责项目立项、规划编制、行政审批、土地收储等，并承担项目开发涉及的征拆、安置、补偿等政府职能工作，政府同时聘请项目主体公司提名的人员担任管委会副主任，从而形成“二块牌子一帮人马”的管理格局，有效保障四川铁投集团在项目全过程的参与度、控制力和影响力。

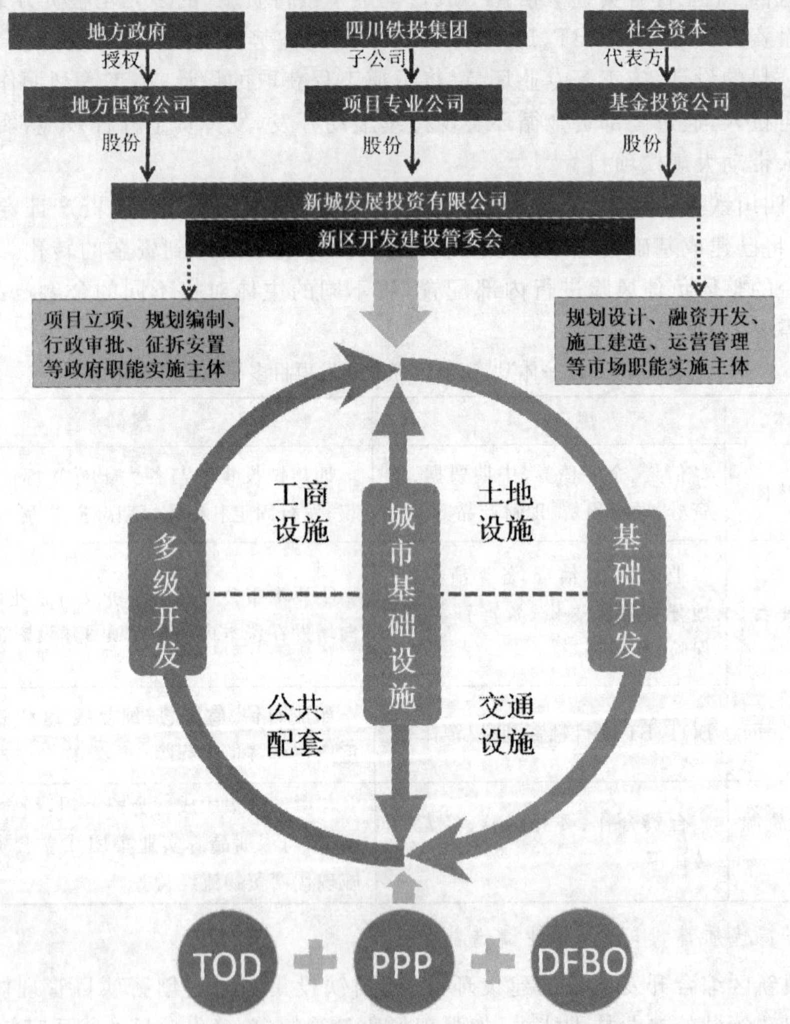

图 2 “项目公司＋政府管委会”的项目管理模式(示意图)

2. 提升项目专业建造水平

一是积极推行项目标准化、信息化、集约化，实现精细化管理目标。结合城镇新区综合开发项目的各项标准、规范、办法，持续完善管理制度、业务流程、岗位职责等，形成统一规范的工程项目管理制度体系；完善成本核算，运用信息化等手段加强流动资金动态管理，确保工程进度、成本、安全等综合管理的科学协调运行。

二是健全质量管理责任体系。强化安全质量协同管理，加大对项目管理者的激励考核；加强现场施工组织，不断优化施工方案，使质量管理贯穿于城镇新区综合开发规划设计、施工建设和后期管理的全过程。

三是加大新技术研发和新工艺应用。顺应现代城市发展新趋势，创新传统施工工艺，加大新型材料应用推广，加快推动建筑标准化、工业化和住宅产业化，实现建筑“绿色、低碳、智能”，全面提升城市内在品质。

(七)实施自主运营，提高项目盈利水平

四川铁投集团通过市场调研，明确项目经营性质，将城镇新区综合开发项目划分为土地资源项目、交通设施项目、工商设施项目、公共配套项目四大类，并按照项目实际和经营预期，分别制定三类运营方案：

建成移交。城区道路、市政管网、保障房等公共服务，是城市的基本功能设施，普遍具有很强的公益性质，但经营效益较差。对于此类项目，四川铁投集团为保障后续项目开发的参与权，会依靠自有资金先期进入，在完成土地一级整理以及配套工程打造后，将建成项目按约定移交给政府，从中获取施工利润或土地出让分成。

持有经营。对于经营前景良好的项目，四川铁投集团通过提升规划水准，高标准建设基础配套，实行土地多级联动开发，以此获取更多的土地增值收益。对于独立经营性较强的项目，通过多渠道融资建设，建成后实行自我持有运营，并以投资回报、施工利润、后期综合运营收益形成的稳定现金流来弥补项目前期建设投入。

委托经营。对于自身不擅长经营的工业、文化体育、垃圾处理站、自来水厂等功能设施等，四川铁投集团通过市场化运作，引进关联公司、战略伙伴或有竞争力的社会投资者从事联合开发。在项目建成之后进行委托经营，以此保持合理的资产结构和充分的经营现金流，推动对外再融资、提供项目配套资金和还贷。

三、国有产业投资企业“四位一体”城镇新区综合开发管理的效果

(一)初步形成了城镇新区综合开发管理新模式

“四位一体”城镇新区综合开发管理以“项目效益最大化、区域土地价值最大化、企业整体利益最大化”为目标，通过“政企合作、公私合营”，搭建起了政府、企业、社会三方资源协作共赢的平台，形成“风险共担、利益共享”的机制，使资金投入、土地利用与基础设施开发建设形成了良性互动，大大提高了城市基础设施的投资建设效率和科学化运作水平，有利于推动城市经济、社会、环境之间的协调发展，促进“以产兴城、以城促产、产城相融”，更好地推进地区新型城镇化建设。

(二)成功实施多个项目，经济效益和社会效益明显

通过实施“四位一体”城镇新区综合开发管理，四川铁投集团已经基本建成达州西外新区国际新城和成都天府新区视高产业园起步区，正在实施的重点项目包括成都青羊百仁项目、内江城南新区、西昌城市新区等，项目的平均利润水平高于施工主业 10 个百分

点以上。通过创新项目开发模式，有效解决了传统城市基础设施项目分散、资金投入短缺、运营收益低下等难题，依靠资金高效循环投入，在提升产业规模的同时，促进了内部产业协同，有效优化了资产负债结构。该模式践行可持续城市经营理念，从短期开发变成一种对城市负责的长期建设行为，带动区域的土地价值、建筑价值和产业价值的提升，得到了内江、乐山、宜宾等地政府和合作方的认可，建成项目所产生的社会、环境效应也得到了当地城镇居民的认同。

（三）为企业转型升级、可持续发展开辟了有效途径

通过成果的实施，四川铁投集团依靠设计引领和投资拉动，广泛涉足省内交通道路沿线的土地整理、市政道路、城市新区、商业地产开发建设等，显著提高了整体经营绩效，并为铁路公路、水电能源开发、矿产资源等其他产业协同发展提供了有效的资金支持，为企业长远发展奠定良好根基。

（成果创造人：孙　云、方　跃、张　锋、武文涛、刘　平、赵彬兴、王韦玮）

邮政企业信息化引领的战略转型

浙江省邮政公司

浙江省邮政公司(以下简称“浙江邮政”)是中国邮政集团的全资子公司,负责区内邮政通信网的建设、运行、经营与管理,承担邮政普遍服务义务,主要经营邮政专营业务,受政府委托提供邮政特殊服务以及商业化、竞争性邮政业务。目前,浙江邮政下辖有11个地市邮政分公司、62个县(市)邮政局、4个二级邮区中心局和11个直属单位,共有服务网点5177处,从业人员3.3万人;2013年营业收入61.01亿元,业务规模在全国各省市中列第五位;固定资产62.85亿元,资产规模在全国各省市中列第三位。

一、邮政企业信息化引领的战略转型背景

(一)应对信息时代邮政行业发展面临挑战的需要

随着社会信息化的发展,邮政的同类或替代产品不断涌现并迅速更新换代,邮政主营的信函通信、报刊发行业务由于电子传媒的崛起以及政策性瓶颈,发展趋缓的态势越来越明显;金融理财业务由于同业竞争日趋激烈,加上一些金融创新产品的出现,客户资源也面临大量流失的风险。邮政传统的生产作业方式以劳动密集型为主,信息化水平低,管理的成本高而效率低,对市场和客户的反应迟钝,形成了业务发展上典型的“草本化”的现象(“草本化”是指业务发展像草一样根浅叶疏,因为没有培育和积累而难以茁壮成长;“木本化”是指业务在信息平台扎根,经过不断的培育和改造,像树木一样根深叶茂,就可以长成参天大树)。这种粗放式、“草本化”的经营管理模式已经无法满足时代和企业发展的实际需要。同时,由于邮政企业信息化水平相对薄弱,数据资源的浪费现象非常普遍。此外,邮电分营以来,在邮政发展取得明显成效的同时,企业管理的深层次问题尚未完全解决。长期以来,邮政企业的内控管理存在三个较为明显的薄弱环节:一是企业的内控管理缺乏系统性和一体化;二是缺乏稳定的、信息化的流程管理;三是缺乏富有执行力的内控环境。

(二)信息时代的到来也对邮政企业的转型发展提供了难得的战略机遇

首先,以网上购物为核心的电子商务蓬勃发展,而且浙江的电子商务一直走在全国前列,2013年浙江省网络零售总额已占全社会消费品零售总额的25%,总量约占全国1/5。浙江邮政在利用信息化改造传统邮政、拓展新兴业务方面也进行了有益的探索。一是浙江邮政电子商务平台建设不断推进,功能不断完善。二是浙江邮政坚持以信息化引领,充分发挥邮政的网络和功能优势,加快邮政发展向提供现代服务转变,在代理信息、金融保险、物流配送等业务上实现了突破性的发展,尤其是基于电子商务平台衍生的诸如代理信息、代收代付等便民服务业务越来越受到社会的青睐。同时,邮政传统业务如寄递业务、报刊发行业务、汇兑储蓄业务等,通过信息化的改造和提升,可以极大地增强其边际效益。在市场竞争中,企业信息化程度越高,技术含量就越高,准入门槛也越高,竞争实力就越强。

(三)邮政企业“三流合一”的资源优势和体制改革基本完成,为浙江邮政推进战略转型奠定了良好的基础

邮政作为社会公用性服务行业,拥有遍布城乡的服务网络和完善的金融服务体系,兼具实物流、信息流、资金流“三流合一”的服务功能,在电子商务时代推进物流业务一体化、专业化、社会化、信息化、自动化、标准化以及全球化方面具有得天独厚的行业与资源优势。邮政体制改革基本完成后,经过近年来的发展,中国邮政已经初步形成邮政业务、金融业务、速递物流业务三大板块分业经营、资源共享、专业化管理的发展新格局,成为现阶段中国特色邮政事业的最大特色和亮点。三大板块分业经营后,邮政的业务体系发生巨大改变,作为邮政主要利润源的速递和金融业务(主要是负债业务)从专业化经营变成独立经营,普遍服务业务、商业化业务和代理业务(增值业务)成为邮政企业的“三驾马车”,邮政企业推进信息化转型发展,可以在新的起点上更好地发挥主体优势,实现发展业态的转型升级,建立起符合现代企业制度的经营管理体系。

二、邮政企业信息化引领的战略转型内涵和主要做法

浙江邮政提出加快从经营产品向经营平台转变、从邮政服务提供商向平台运营商转变的新思路,着力构建“面向社会、纵向到底、横向到边”的网格化信息平台,打造一个开放型的城乡信息综合服务平台,不断拓展现代邮政服务新领域、新业务;同时,用信息化手段不断改造和提升传统邮政业务,大力推进函件、报刊、金融等传统邮政业务的信息化改造,实现邮政资源重构、无缝对接、合理利用,强化企业经营和内控管理,将业务管理和内控制度转变成稳定的、常态化的、有执行力的管理信息化流程,从而推动企业从传统企业向适应信息时代要求的现代企业转型。主要做法如下:

(一)明确战略转型的指导思想、工作思路和工作方法

1. 确立战略转型的指导思想

浙江邮政根据中国邮政集团加快邮政企业战略转型的工作部署,以全省 1432 个邮政电子化支局为基本节点,在城乡之间建立起从“草本”业态向“木本”业态转型、提供现代邮政服务的信息网络综合服务平台。在城市,延伸到信息化报刊亭、E 邮站、便民服务站,并且通过新型投递网连接“千企万户”;在农村,依托信息化村邮站与即将建成的邮政物流分销平台,深入“千乡万村”。对现有的,尤其是邮务类业务,通过信息化手段改造提升,努力向木本靠拢;新开发的业务、代理金融类和速递物流类业务在信息化平台上衍生叠加,向社会提供触角更为广泛、更具有竞争力的现代邮政服务。2013 年年初,浙江邮政提出“用信息化改造和提升传统邮政,用信息化平台拓展现代邮政服务新领域”的战略愿景。

2. 制定战略转型的工作思路

2011 年以来,浙江邮政提出“以信息化引领,实现向加大创新驱动转变、向深化企业内控转变、向提供现代邮政服务转变”的总体工作思路,为浙江邮政的战略转型指明方向。信息化引领,就是培养各级管理者的信息化意识,善于用信息化的思维思考问题,用信息化的手段发现、分析和解决在生产、经营、管理、服务中遇到的问题。加大创新驱动,就是对各地在经营、管理、服务等方面一些具有显著成效的创新点,设立专项创新基金,

通过一年以上的实践，以项目评比方式进行奖励。深化企业内控，就是围绕内控项目和企业经营管理的重要环节，用信息化固化流程，将内控制度转变成稳定、常态化、有执行力的内控实践，强化流程管理和程序监控，增强管理制度和业务流程在经营管理中的刚性和约束力。提供现代邮政服务，就是要用信息化手段贯穿邮政企业生产、经营和管理全过程，为客户提供方便，为商家创造价值。

3. 提炼战略转型的工作方法

浙江邮政提炼推进战略转型落地的四个行之有效的工作方法，简称"1＋3"法则——"1"是"一以贯之"，"3"是"三个落到底"，即"直白落到底、理性落到底、文化落到底"。"一以贯之"：主要指在企业的愿景和总战略明确后，需要纲举目张，分阶段、分层次整体推进，使之贯穿企业生产、经营、服务、管理的全过程；"直白落到底"：在企业战略转型的具体实践中，考虑到各级邮政部门和员工对企业战略转型思路理解的差异性，需要一些"直白"的方式让员工便于理解接受、便于操作实施；"理性落到底"：将最前沿的管理学研究成果与转型实践相结合，促使各级邮政企业和员工拓宽视野，更加科学、更加系统、更加坚定地落实企业转型的战略思路；"文化落到底"：通过提炼"以信为本、韧者常青"的企业文化核心理念，通过无形的文化力量推动企业转型战略落地。

（二）构建"面向社会"的城乡邮政综合服务信息平台，积极拓展现代邮政服务新领域

1. 建设覆盖"千乡万村"信息化村邮站和物流分销平台

2011 年至 2012 年，在全省农村完成 2.6 万个村邮站建设，基本实现"村村建邮站"目标。同时基于村邮站的平台，整合营业网点、投递资源，搭建县一乡一村的农村物流分销平台，在省会杭州建设省级分销仓储中心，在市、县级层面建设物流分销仓储和物流分销中心 120 余个。至 2013 年年底，全省共建成信息化村邮站 9689 个，已占总数的 41%，利用信息化村邮站的综合服务平台，为农村提供销售汽车客票、飞机票和缴水电费等公用事业费用代收代缴及资金账户转移、小额支付等一系列便民服务，实现"普遍服务＋便民服务"双层功能。同时，利用村邮站信息化功能开办农村网购、小额保险、体育彩票等服务项目，也取得显著成效。

2. 建设连接城市"千企万户"的邮政综合服务网络

一是推进新型报刊亭建设，打造新型报刊亭"文化＋便民服务"综合服务功能。通过全省报刊亭的信息化联网、加装 LED、接入便民服务系统等举措，将报刊亭打造成老百姓家门口的文化亭、便民亭、信息服务亭。二是加快推进城市新型投递平台建设，打造新型投递网"商务投递"服务新功能。通过商务投递信息系统的开发应用，实现电话预约、实时反馈投递信息、外部作业质量监控等功能，确保投递信息上网反馈率和信息反馈准确率。三是以智慧城市建设为切入点，推进投递终端 E 邮站建设，依托 E 邮站，实现邮政服务向社区渗透，加快布局城市服务新网络。E 邮站以"突破城市投递最后 100 米"为切入点，以智能交换箱与便民服务功能相结合的方式，按照"政府主导、社会支持、邮政运作"的模式，主动"挺进"社区、校区及大型厂区，加快布局城市终端服务网络，并且面向各个快递公司开放平台，面向城市居民提供包裹自取和其他便民服务。该项目在杭州先行试点，初步闯出了邮政自有网点、政府机关、物业、院校、社区、小区（加盟）、报刊亭等七种建

站方式，全省已建设站点 1573 个。

3. 积极推进邮政电子商务示范园建设，积极发展电子商务

浙江邮政于 2013 年率先创办浙江金义邮政电子商务示范园，给予“一园一策”的特殊政策，并以“一园多点”的模式推进后续发展。园区占地 60 亩，总建设面积 10 万平方米，定位为“产业集聚、加快孵化、示范引领、模式创新”。示范园融合了邮政三大板块的优势资源，为电商企业量身提供集中收寄、物流配送、商务交流、服务代理、创业培训、生活配套等全方位的综合一体化服务，在快速形成集聚和示范效应的基础上，助推地方政府培育一大批中小电商企业和电商专业人才。目前，示范园的小包收寄量稳定在 1 万件/天左右，高峰期突破 2 万件/天。同时，在义乌跨境电子商务园区征地 120 亩，建立“中国邮政跨境电子商务义乌基地”，重点开发国际商务平台客户，推广仓储、集货一体化服务模式。

4. 以“数字媒体(LED)”为载体打造城乡信息发布平台

一是在网点标准化建设中，注重完善“数字媒体(LED)”的发布功能，依托全省 1432 个电子化支局，建设邮政“数字媒体(LED)”信息发布综合平台，通过联网发布邮政业务和其他公益性信息。二是在新型报刊亭加载 LED 显示屏，并实现了全省报刊亭的信息化联网，将新型报刊亭打造成快捷高效、受众面广的亮丽的“屏幕媒体”信息发布平台，形成全国唯一一个联入近 2140 座报刊亭 LED 屏的信息发布体系。三是在城市“E 邮站”和部分有条件的村邮站建设中也复制了这一模式。目前，邮政的所有标准化网点、新型报刊亭、“E 邮站”和部分信息化村邮站已实现全省联网信息发布。

(三)以企业“大数据”的深度开发和应用来改造提升传统邮政业务，加快邮政发展从“草本”业态向“木本”业态的转变

1. 建立客户信息应用平台，促进客户“信息数据”的深度开发和应用

在函件业务管理上，将信息系统应用与客户资源的开发管理相结合，通过系统整合分散在单个营销人员中的客户资源，并在此基础上推进客户价值管理。截至 2013 年年底，函件综合信息系统已采集客户信息 1.2 万多个，录入量收入 1.7 亿元，有效提升邮政函件的专业化管理水平。报刊客户管理系统通过调整了刊订阅清单的信息设置，把原来只为投递所用的订阅信息，转换成细分市场、开展差异化营销的依据，将客户数据转化到报刊客户管理系统上来，从而实现对报刊客户的属性分析、深度挖掘、关联分析等功能。通过开发金融营销管理系统，建立客户信息化管理平台，对营销人员、营销机构、营销绩效、营销活动等进行管理。

2. 依托城乡邮政综合信息服务平台，拓展邮政服务范围

浙江邮政城乡综合服务信息平台建成后，通过信息化手段不断叠加符合群众需求的系列扩展服务功能。农村村邮站除了传统邮政业务(函件、包裹等收寄和投递，报刊订阅等)，目前信息化村邮站开办现金充值、缴费类、农村简易金融服务、农村物流、医疗服务等便民服务业务如下表所示，让农村居民真正享受到了和城里人一样全方位的服务。城市新型报刊亭、便民服务站开展现金缴费、充值类、票务类、实物销售及其他便民业务。

3. 以客户价值管理为核心，建设覆盖全省的邮政电子地图查询系统

自主开发建设国内首个实现全省覆盖的电子地图查询系统，使得邮政的数据库的资源得到充分利用。邮政电子地图通过邮政物理网络和信息虚拟网络的对接，将全省720余万条用户数据标注在电子地图上，可以按照客户查询条件自动生成数据目标，在电子地图上选定目的地后，按照设定的关键词进行信息搜索。2013年，以电子地图为基础的“生活圈”直邮产品实现收入2717万元。

（四）构建“纵向到底”的邮政业务综合管理信息平台，推进业务经营管理的一体化

1. 构建业务综合管理信息平台，推进业务经营管理一体化

目前，浙江邮政的每项业务都建有信息化的管理平台，而且都直接延伸到基层支局。2012—2013年，为推进传统邮政业务的发展，浙江邮政先后完成了函件、报刊、金融三个客户综合管理系统的建设并顺利上线运行，三个系统均以业务的流程管理和客户管理为重点，通过把管理数据转换为经营的数据，转化成为新的生产力，在业务发展上取得了显著成效。

2. 构建网上邮政服务新平台，加快邮政业务与互联网的融合

一是开展企业门户网站建设。浙江邮政申请注册拥有一级域名的企业门户网站，除了常规的信息发布功能，将网上业务查询、业务办理、电子商务等功能全部整合到该网站中。二是构建邮政服务“微”平台，加快网络服务新产品的开发步伐。以11185客服为切入点，建成涵盖新浪微博、腾讯微博、微信在内的邮政官方微平台服务体系。目前，“微信平台”对的人工服务的替换率已经达到10%以上，用信息化手段“替换”人工劳动的作用非常明显。同时，通过运用微平台、二维码等新技术，研发客户端软件“E站邮局”，集成网上数据查询、明信片制作、票务销售等功能，实现邮政服务的电子化、网络化；通过搭建报刊发行“微平台”，推广报刊网上订阅及手机订阅等功能，2013年大收订期间实现网络订阅流转额832万元，占全国的42%，手机订阅量占全国47%。

3. 提升邮政内部生产作业的信息化、自动化水平。

以生产运行的流程管理和数据管理为重点，自主研发邮政网络运输动态监控系统。该系统通过信息化手段，实现邮政网运KPI的实时动态监控和数据自动统计分析等管理功能，确保邮政运输的质量、效率和效益。目前，网运KPI系统应用已经延伸至全省各县（市）局。2013年网运KPI共设指标32项，数据显示比系统实施前均有较明显提升。浙江邮政自主研发的进口邮件分拣管理系统，实现进口分拣封发关系库规范化管理和进口分拣质量的校验、网上信息自动名址匹配等功能。通过系统对接，实现所有给据邮件预处理的自动化，有效降低分拣生产作业人员的工作压力。浙江邮政还专门开发国内小包信息预处理系统，成功实现业务揽收、处理和网运系统的对接，推进信息一体化。目前，仅杭州市的大宗处理平台日均收寄电商小包已突破3万件，高峰时达5万多件。

（五）构建“横向到边”的企业内控管理信息平台，用信息化思路深化企业内控

自2011年以来，浙江邮政着力构建“横向到边”的企业内控信息平台，用信息化思路深化企业内控，加快企业内控管理和考核机制从注重结果向注重过程的转变。

1. 以损益核算系统和用户欠费系统的推广应用为重点，增强对企业效益的管控能力

随着量收系统和损益核算系统的推广应用，使一线经营管理单位对效益管控有了更为明晰和直观的手段，实现经营单位由费用管控模式向利润目标管理模式转型，同时，对经营单位采用"收入＋利润"的考核机制，将网点利润与员工利益挂钩，激发所有员工努力创造利润的主动性与积极性。

在用户欠费管理内控实践中，通过财务预警系统和在函件、报刊、金融三个业务客管系统中加载用户欠费管理系统，实现与电子化支局系统、财务系统、量收系统的有效对接，实现基础数据及用邮数据的共享，为各种欠费数据的处理和监控提供了有效手段。从源头上规范业务系统欠费操作流程，加强欠费的管控力度。

2. 依托信息平台推进人力资源科学管理

一是推进薪酬集中管理。通过在全省推广应用薪酬集中管理系统，将所有员工的薪酬发放纳入系统管理，强化薪酬标准，规范薪酬列支渠道，建立员工易岗易薪、薪档晋升、津贴补贴调整等规范统一的业务管理流程，并通过与财务数据的对比稽核，能实时监控到异常情况，形成有效的闭环管理。

二是推进员工工时的信息化精细管理。依托工时管理信息平台，加强日常工时监控管理，通过人力资源部门加强与业务部门的沟通协调，按照职责分工，形成常态化的联动机制；切实发挥业务部门工时管理主导作用，全面建立根据业务量变化规律合理配备人员和弹性排班的制度，推行动态排班，将工时管理系统建设成为基层生产主管科学开展劳动组织管理的有效工具。

三是创新远程学习模式。实现邮政教育网与微信移动平台"线上线下"的学习与交流。通过企业员工远程培训网络系统为全省员工提供业务、技能、管理等丰富的培训资源；利用"邮人微课"微信学习平台，并在内容编排与筛选上不断推陈出新，贴合员工实际，创新员工学习培训模式。

3. 依托信息平台构建企业风险防控体系

一是以信息化手段提升邮政重点区域和重要场所的安保水平。建设远程集中监控系统，并通过叠加金融集中授权系统、业务库异地值守系统、ATM 人体接近报警系统等邮政重点场所的有效监控，较好地提升管理效率，降低管理成本。

二是推进全省合同审批和"三重一大"项目的信息化监督管理。自主开发建设合同管理系统和"三重一大"风险管控系统，把全省合同审批和"三重一大"决策制度的全部流程纳入信息化管理。合同管理系统通过对合同审批的分级管理和归口负责制度，实现对全省邮政合同的网上审批和监控，防止出现合同漏洞，为企业运营把好政策关、法律关，降低企业经营风险；"三重一大"风险管控系统通过对企业重大决策、重要干部任免、重大项目投资、大额资金使用的实时监控管理，强化对"三重一大"决策制度执行情况的监督与落实。

三是建设金融远程集中授权系统，降低企业运营成本。通过金融集中授权系统的开发和应用，将邮政金融网点业务系统、集中监控系统、指纹认证系统有机结合、无缝衔接，将原分散的网点综合柜员现场授权方式，改造为地市集中远程授权方式，极大地降低企业的运营成本。

三、邮政企业信息化引领的战略转型效果

(一)获得显著经济效益

在邮政行业遇到市场和政策瓶颈,整体发展趋缓的形势下,浙江邮政逆市提速,业务发展连续三年高于全国平均增幅,2013 年的同比增长率更是达到 12.71%,高出全国平均增幅 4.34 个百分点。2013 年浙江邮政函件、金融、报刊业务增长率分别为 36.38%、9.03%、3.18%

2013 年,浙江邮政"一金两包"(金融和国际、国内小包)业务收入达到了 34.57 亿元,占了业务总收入的 56.67%;新增收入达到 6.8 亿元,对业务收入增量的贡献度达到 98.84%。2013 年,浙江邮政函件业务收入达到创纪录的 17.04 亿元,同比增长 36.38%,增幅全国排名第一;2013 年实现报刊收入 5.88 亿元,同比增长 3.17%,高出全国 8 个百分点。

(二)拓展了邮政服务新领域,促进了企业电子商务发展

随着信息化平台的推广运用,邮政企业的"商业智能"日渐显现,提供现代邮政服务的能力进一步增强。基于信息化村邮站、报刊亭的便民服务业务、农村简易金融服务获得突破性发展。2013 年,村邮站累计提供便民扩展服务 1502 万笔,同比增长 379%;服务金额 22.12 亿元,同比增长 259%;全省新型报刊亭累计提供便民服务 481 万笔,交易金额 3.55 亿元。截至 2014 年 6 月底,全省累计建成开放性的"E 邮站"1500 余个,其中社会快递公司使用率达 96%,其共享性、便利性得到社会的广泛认可。

(三)提升了企业的社会效益

信息化村邮站、新型报刊亭、E 邮站等建设有效构建了"一城一乡"两个信息网络综合服务平台,面向社会,直接为百姓服务。信息化打通了邮政为民服务的通道,形成了一个对外开放平台。城乡综合服务平台,功能日益完善,越来越被企业、政府所看好,纷纷要求合作。同时,通过构建"公共服务+现代邮政服务"的可持续发展新模式,即通过信息平台提供公共服务聚集人气,提高了邮政的社会信誉度,实现企业的社会效益;另一方面,通过聚集人气,开发商业化业务,提升企业的经济效益,使公共服务均等化与老百姓的需求贴得更近,做得更实。

(成果创造人:鞠　勇、王　玮、李金良、张俊晓、顾忠民、陈胜达、俞　亥、金　聚、郑守祥)

大型装备制造企业海外并购管理

潍柴动力股份有限公司

厂景

潍柴动力股份有限公司(以下简称“潍柴动力”)由潍柴控股集团有限公司作为主发起人,联合境内外战略投资者于2002年创建,是一家同时在香港和深圳两地上市的公众公司。母公司是山东重工集团有限公司。潍柴动力2013年末资产总额超过785亿元,2013年实现销售收入583亿元,净利润38亿元,是目前中国综合实力强的汽车及装备制造集团之一。

一、大型装备制造企业海外并购管理的背景

(一)转型发展的战略思考

1. 过度依赖单一行业倒逼战略转型

潍柴动力在2005年之前一直是单一发动机企业,主要客户集中在重卡和工程机械行业,企业受宏观经济环境及其周期性波动影响大,市场风险加剧。基于此,潍柴动力开始纵向一体化和相关多元化战略转型,加快进入上下游业务,并致力于打造多条黄金产业链。2005年潍柴动力吸收合并湘火炬,建立了商用车黄金产业链。2009年潍柴集团和原山东工程机械集团、山东汽车集团三家企业联合组建山东重工集团,进入工程机械业务。如何进一步拓展工程机械业务,建立工程机械黄金产业链成为企业转型发展和升级的战略考量。

2. 国际业务发展失衡刺激全球布局

潍柴动力国际业务收入占总体业务收入比重相对较低,在“十二五”战略中,潍柴动力致力于全球化发展,未来在国际市场的收入将占总收入的1/3。2009年,潍柴动力以不足300万欧元收购了法国具有百年历史的发动机制造商博杜安。在此过程中,潍柴动力认识到参与国际竞争是集团加快结构调整和技术升级、实现转型发展的必由之路。

(二)并购标的的精准捕捉

潍柴动力以产业链延伸与整合为核心,不断拓展和完善核心业务的产业化布局。通过持续性的全球搜寻,潍柴动力精准锁定凯傲集团这一目标标的。凯傲集团总部位于德国,是欧洲工业叉车市场的领导者,全球第二大工业叉车制造商。林德液压则是高压、静液压技术和系统解决方案的全球领导者。2012年9月3日,潍柴动力与凯傲集团签署战略合作协议,收购凯傲集团及其下属林德液压业务。

(三)走出去的三大机遇

1. 国家支持带动的政策机遇

我国为企业"走出去"参与全球竞争创造了良好的政策环境，并积极支持和鼓励有经济实力、有技术和品牌优势的企业并购国外企业。潍柴动力战略重组凯傲林德，既得益于国家创造的良好政策环境，也是对国家和山东省产业政策的积极响应。

2. 欧债危机带来的抄底机遇

2006 年，高盛联手 KKR 基金公司，从林德集团手中购入凯傲集团业务，希望短期内获利套现。但由于欧美出现经济危机，凯傲集团财务状况恶化。两基金公司希望能引进战略股东，尽快实现上市后退出。但 2011 年，凯傲的主要业务指标已经回到金融危机前的水平，并呈现明显向好的态势，而企业整体估值处于历史较低水平，而这为潍柴动力并购优质资源及快速获取核心技术创造了难得机遇。

3. 财务资源优化配置的战略机遇

由于近年来国内经济面临下行压力，人民币货币贬值风险较大，而欧元短期将继续呈现贬值趋势，此时对于人民币走出去是一个绝佳的历史机遇。潍柴动力依靠雄厚的资金实力投资凯傲集团及并购林德液压，对于优化财务资源、保证投资收益无疑是一次难得的战略机遇。

(四)公司发展四大现实需求

1. 掌握全球领先液压技术

潍柴动力希望通过并购林德液压，快速进入高端液压业务，迅速占领液压行业的制高点。依托潍柴和林德现有的资源优势，通过适应性开发合作，在中国建立领先的中高端液压研发制造基地，实现液压产品在工程机械、农林机械等多领域配套的全面突破。加快打造国内一流的液压动力系统和工程机械黄金产业链，推动工程机械产业发展和升级。

2. 推进业务结构战略调整

国际化是潍柴动力"十二五"阶段的重要战略之一，收购兼并是开拓国际市场的重要举措之一。从业务性质来看，通过国际收购将有助于公司做大工业车辆业务。从战略协同角度考虑，交易可以带动公司内部轻型发动机、结构件等零部件的配套，凯傲也可借助潍柴动力在亚太地区的实力拓展这一战略市场。

3. 提升全球经营管理水平

面对大环境的挑战，潍柴动力可持续发展的困难和压力不断加大，企业管理水平与国际化企业的差距明显。因此，潍柴动力要实现自己的战略目标，就需要"走出去"，广泛参与全球竞争，向国际先进学习，在管理上与国际接轨。凯傲集团在业务模式、管理体系和全球营销等各领域的全球领先水平将会给潍柴动力带来全方位的提升。

4. 引领中国装备制造技术升级

潍柴动力始终坚持以振兴中国装备制造业为己任。我国在高端装备制造业"十二五”规划中明确要重点发展液压产品，在装备制造业调整和振兴规划中也提出大力发展液气密行业的要求。通过将全球领先的高压液压技术和中国低成本制造优势完美结合，将彻底改变高端液压核心技术长期被国外垄断的局面，有助于推动中国工程机械产业向价值链高端拓展，真正实现从中国制造向中国创造的转变。

二、大型装备制造企业海外并购管理的内涵与主要做法

潍柴动力在与凯傲集团的战略合作实践中，在“产品经营和资本运营”的双轮驱动战略指导下，牢固树立“战略协同、链合创新”的原则和目标，在执行过程中创新实施“战略导向、优势协同、系统设计、高效整合”的“四步走”并购策略，成功实施海外投资并购战略。主要做法如下：

（一）战略导向，标的企业高度契合潍柴发展诉求

潍柴动力的战略愿景是成为以整车整机为龙头，以动力系统为核心，成为全球领先、拥有核心技术、可持续发展的国际化工业装备集团，实现进入世界企业500强的目标。潍柴动力以战略为基础，在并购实践中制定严格的符合自身业务发展诉求的遴选标的原则，包括战略选择、协同效应、文化融合等七项。经充分论证，凯傲集团完全符合潍柴动力战略诉求。

1. 业务优势

潍柴动力通过战略重组凯傲进入叉车领域，进一步深入拓展工程机械领域，延伸终端市场业务，缓解对单一行业的过度依赖，实现稳定的资产增值和业务成长。成功掌握全球领先、极具市场前景的高压液压高端技术，充分发挥林德液压高端技术优势及先进制造理念与潍柴动力规模生产成本优势及本土化管理经验，将在液压领域再造一个“潍柴动力”。通过零部件供应、分销网络与供应链的共享，在全球范围内同凯傲、林德协作，促进潍柴动力现有业务的拓展以及全球化的升级。双方在业务领域的协同，有助于潍柴动力深化结构调整，快速抢占行业制高点，创造性配置全球资源，全面参与国际竞争。

2. 技术实力

潍柴动力坚定不移走创新驱动之路。凯傲集团，拥有世界领先的叉车技术和丰富的研发经验。在传动效率上，其领先技术使其拥有较同行业低20%多的成本，从而拥有更灵活的定价优势；在传动性能上，其液压驱动已成为市场标准，技术及设计屡获嘉奖；拥有能源回收、生物柴油及天然气动力叉车、可调泵等方面的专利技术。

3. 品牌地位

凯傲集团采用多品牌战略，实行差异化品牌管理，以满足特定区域的市场需求。其旗下六大品牌中，林德和施蒂尔这两个品牌服务全球高端市场。芬威克是法国最大的物料搬运产品供应品牌，而欧模是意大利市场上的佼佼者。宝骊品牌主打经济型市场，沃塔斯则是印度最顶尖的两家市场领导品牌之一。

（二）优势协同，充分整合资源确保战略目标落地

1. 签署战略合作协议，奠定未来合作基础

在交易方案之外，潍柴动力及其关联公司与凯傲集团签署《全面战略合作协议》。双

方初步确定的合作项目包括分享最优实践经验、发动机、气缸、电动机、驱动及其他零配件供应、分享分销网络和供应链及合并中国经济型叉车业务等方面。为实现既定战略落地，潍柴动力在项目组中设置“战略落地”小组模块，专门负责挖掘潍柴动力与凯傲及林德之间的协同效应，并合理配置资源，多途径、多方式实现协同效应的最大化。

2. 签署长期供货协议，确保配套业务稳定

为稳定林德液压对于凯傲的市场配套，潍柴动力与凯傲就林德液压剥离后的供货安排签署了《框架供应协议》，明确林德液压新公司是向林德物料搬运供应合同产品和备件的战略供应商，从而确保林德液压新公司产品配套的稳定性。

3. 着眼核心竞争优势，搭建液压动力平台

双方协同的一个最重要的领域在于林德液压与潍柴动力及其关联公司在液压动力系统的协同研发及其市场推广上。潍柴动力拥有车用动力总成和船用动力总成两条产业链，在工程机械产业链上，潍柴动力拥有配套工程机械用发动机。为打造液压动力总成平台，潍柴动力利用母公司在工程机械产业链的优势，通过多种途径配置行业优质资源，丰富产业链条。

（三）顶层设计，公司利益导向创新交易方案

为实现既定战略意图，潍柴动力在凯傲项目过程中整体设计方案，设定了“增资＋上市＋并表”三步走的系统执行方案，坚持顶层设计，确保项目执行高效。

1. 项目实施总体方案及时间进度

Ⅰ期，25％凯傲股权及70％林德股权。2012年，潍柴动力与凯傲集团最终确定的交易方案为潍柴动力投资7.38亿欧元收购凯傲集团及其下属林德液压业务。其中，以4.67欧亿通过增资形式收购凯傲集团25％的股份，以2.71亿欧元向凯傲集团收购其下属林德液压业务70％的股份。此外，潍柴动力被赋予几项认股期权，在未来一定条件下有权继续增持林德液压合伙企业余下的30％股权至持有其100％股权。同时，在凯傲集团IPO时，潍柴动力通过约定的认购期权，有权增持凯傲集团股权至上市后凯傲公司股本的30％。截至2012年12月27日，上述收购已完成股权交割。

Ⅱ期，5％凯傲期权。2013年年初，潍柴动力积极配合凯傲集团上市工作，同时为增强凯傲集团的控制力，潍柴动力通过行使认股期权以进一步提高在凯傲集团的持股比例。2013年6月28日，凯傲成功上市，潍柴动力投资3.28亿欧元使持股比例增至30％。

Ⅲ期，3.3％凯傲期权。潍柴动力在2013年下半年启动了3.3％股权再增持工作，即潍柴动力向凯傲集团现有股东Superlift购买其持有的占凯傲集团已发行总股本3.3％的股权，并于2014年1月15日完成交割，从而持有凯傲集团33.3％股权。尤为关键的是，公司通过与Superlift的捆绑协议安排，潍柴动力在对方股份减持至33.3％以下时，将拥有凯傲集团的控制权。

2. 交易方案亮点

一是一揽子交易方案注重超前布局。一揽子交易方案的设计是本次交易的另一复杂性所在，同时也是本次交易的主要创新点。即投资凯傲集团少数股权及收购林德液压

业务多数股权。一方面确保潍柴动力可以优于竞争对手顺利收购林德液压这一优质资产；另一方面也为潍柴动力工程机械全球产业布局以及与凯傲集团的长期战略合作奠定基础，为未来进一步控股凯傲集团做好铺垫。

二是增量并购改善标的公司资产负债结构，为 IPO 做好准备。潍柴动力突破传统的并购模式，不与交易对方进行直接的对价交易，而是采用了将并购资金注入标的公司，改善标的公司资产负债结构，使标的公司财务费用大幅降低，当年实现盈利，为标的公司成功上市做好充分准备。对标的公司原有股东设置公司 IPO 后通过证券市场退出的机制，一方面使原有股东配合潍柴对标的公司进行整合、保障生产经营正常进行；另一方面使原有股东配合潍柴实施在标的公司的长远发展战略。

三是期权与 IPO 赋予灵活交易空间。由于本次交易与凯傲集团的 IPO 工作交叉同步进行，因此潍柴动力不仅需要确保Ⅰ期交易的成功完成，也需要以超前眼光，提前对下一步的交易操作有所考量和准备。通过一系列期权的安排，交易双方得以在未来的进一步操作中留有灵活性，规定双方的义务和权利，并有助于双方未来战略意图的实现。交易团队确定了林德液压的两个买入期权和两个卖出期权、以及凯傲集团的两个买入期权。通过这些期权，潍柴动力可以在未来进一步增持林德液压和凯傲集团，获得任命凯傲集团监事会主席的权力，并对高盛及 KKR 有意出售的股权享有优先购买权，为潍柴动力未来控股凯傲集团、深入国际化进程和全球化战略提供战略灵活性。

四是捆绑协议确保无新增对价实现并表。潍柴动力欲在持股比例 33.3%的情况下实现合并报表，基本商业判断是凯傲第一大股东高盛及 KKR 已投资凯傲达 7 年，作为基金其将逐步减持退出。为此，潍柴动力决定与高盛及 KKR 在凯傲进行 IPO 时签署“捆绑协议”，约定持有凯傲股份比例低的一方需要在股东大会上就联合投票事项跟随持股比例高的一方进行投票。当高盛及 KKR 持股比例低于潍柴动力时，潍柴动力可以实现对凯傲合并财务报表，从而实现销售收入规模的跨越式增长。

3. 财务及人力资源配置

在财务资源配置方面，根据项目融资需求和市场情况，制定初步融资构想，向具备全球融资实力的各大银行发出征询函，共收到 15 家中外资大型银行反馈的融资方案，并进行面对面的探讨与交流。通过对比分析各家银行建议的融资方案，秉承成本最低的原则，结合政策性银行的低融资成本和国家给予的相关优惠政策，在 2012 年 10 月将目标锁定国家开发银行。随后，公司积极与国开行进行沟通，申请国开行内部重大项目、中德中小企业合作项目等相关重点专项项目指标，将融资成本进一步降低。最终潍柴动力利用自有资金及国开行贷款及时高效地完成项目融资工作。

在人力资源保障方面，为有效保障项目整体、系统的推进，项目在不同阶段根据业务工作内容不同，成立了职责清晰、高效专业的相关职能小组。在协议签署阶段，初步交易共识达成后，潍柴动力与中介顾问团队在短时间内配置了规模适中、经验丰富、业务能力强、后勤保障足的项目团队。项目组共包括五个小组：项目总体管理组、业务组、交易综合组、法务组和财务组。在项目正式启动前，项目组制定了成熟的项目制度文件和项目联系表，明确了项目文化。同时，公司聘请了一支强大的专业机构团队，在德国法兰克福聘请了当地的会计事务所和律师事务所协助交易，配合公司推进税务、法务以及政府部门的沟通、监管机构的报批等工作。在交割执行阶段，为推进战略落地及业务整合工作，业务组调整为战略落地组，负责凯傲与集团的协同效应落地，最大化发挥公司与凯傲集团战略合作的协同价值。项目进入执行阶段后，交易剥离成为工作重点。为此，项目组在业务组之外，新设了现场工作组，负责 HR、IT 和业务剥离；同时，基于审批的重要性，审批组从交易综合组中分立，负责政府机构报批；原交易综合组和法务组合并，成为法务综合组，分管项目和法务。项目组的有效调整，保证了交割阶段各项工作的顺利开展。

(四)高效整合，并购整合一体化实现平稳过渡

潍柴动力在并购执行过程中，独具特色的创新是实现“并购整合一体化”，在交易过程中完成整合方案设计与论证，交割后组织实施，大大提高了整合效率。

1. 超前介入保证接管团队无缝衔接

项目过程中，潍柴动力对项目交割后的管控进行超前布局，安排一名执行总裁加入项目组，整体协调液压业务剥离和后续运营管控工作。为更好地促进集团与凯傲集团、林德液压之间的沟通交流，潍柴动力于交易执行阶段便派驻 4 名公司人员担任其高管助理，协助开展中国业务，推动集团管控和战略落地。在整合人员的选择上，一部分选择了对交易有着深刻理解的项目组成员，另一部分则由集团在交割完成之前通过内部招聘方式完成，并提前进行培训，提早参与项目国内工作协调。

2. 双边文化深度融合谋求共同发展

项目组通过建立文化融合整体沟通管理架构，以及关键人才系列沟通活动等举措，促进双方在文化方面形成了包容互信、无缝对接的良好关系。一方面，对于德方团队进行文化沟通层级分类，形成五类人员，由双方文化融合领导小组及 HR 团队，分别对应层级设定分工协作方式及沟通活动内容，建立整体沟通管理架构，为后续文化融合打造基础。另一方面，项目团队分四阶段构建以关键人才系列沟通活动为主体的系统文化融合活动，包括文化理解及信息调研、文化融合模式设计、重点文化活动开展和文化融合后续延伸。

3. 全面推进业务整合，充分发挥协同效应

在业务整合工作上，项目组对应设置了 IT 小组、人力资源小组和业务组等工作小组，对凯傲及林德液压资产、业务、人员等情况进行充分调研和规划。一方面，通过项目人员在剥离过程中的深度参与，实现林德液压业务、资产、人员的完整剥离，为运营管控团队的后续管理进行良好铺垫。另一方面，项目组自尽职调查阶段开始，即充分利用内外部资源，对凯傲集团和林德液压业务进行详尽、完整的业务尽职调查，与两公司团队保持顺畅、良好的沟通，为后续的业务整合提供良好的基础。

4. 提前筹划确保人员稳定及赢得工会支持

潍柴动力提前筹划人员及工会的安排，识别评估工会组织对交易结果造成影响的因素，重视研究员工与工会组织签订的协议中能够影响交易进程及未来商业计划的事项，从而可以在交易结束之前按照自身需要就修改工会宪章并与工会组织进行进一步的谈判。

项目过程中，潍柴动力高层与凯傲员工及工会组织进行了多次会议，同时选派部分骨干员工及工会领导前往中国，对潍柴及旗下子公司进行参观考察，使其对本次收购项目充满信心、给予支持。潍柴动力与凯傲签署协议具体约定转让员工的范围、不同类别员工进行转让涉及的法定通知程序、与工会的洽商及养老金、信托、员工责任安排。此外，潍柴动力与林德物料搬运签署了有关员工责任的赔偿协议。通过此方式，潍柴动力锁定了人员及工会安排成本和风险。

三、大型装备制造企业海外并购管理的效果

凯傲项目的成功实施，加快了潍柴动力战略落地的步伐，推动了产品结构调整和技术升级，形成了新的战略增长点。通过快速掌握全球领先高端液压技术，打造了企业液压动力总成优势及全球液压系统制造中心。凯傲项目是中国企业走出去的积极探索，项目中梳理实践出一套企业并购、链合、整合系统方案，对于商业界具有重要的研究价值。

（一）配置全球产业资源，实现集团战略落地

潍柴动力战略投资凯傲集团及并购林德液压，实现了公司产品结构调整、产业升级、国际化产业布局的战略诉求，有利于发挥集团间协同效应，实现工程机械业务做强做大。同时，公司借此快速掌握全球领先的液压技术，有助于工程机械产业的升级换代。

1. 实现集团产品结构升级，加快全球资源配置

潍柴动力通过投资凯傲集团，掌握了全球顶级叉车资源，商业模式更趋均衡合理。与此同时，公司通过德国优质产业资源的配置，平衡了市场周期，有效平抑了市场波动风险。另一方面，通过收购林德液压，潍柴动力拥有了高端液压技术，进入了液压传动的高端市场，掌握了工程机械领域的核心资源。

2. 深化集团业务协同，实现 1＋1＞2 效应

通过此次战略重组，公司配置了优质的工程机械叉车资源和核心液压件资源，通过发挥集团内的协同资源优势，实现了 1＋1＞2 的目标。作为协同的重要表现，潍柴动力旗下扬柴产品将向凯傲的叉车长期供应发动机。

（二）增资凯傲助推上市，企业投资效益显著

潍柴动力以增资入股方式投资凯傲集团，确保所投入资金用于凯傲业务发展，使凯傲资本负债结构得到优化，同时为凯傲集团积极配置资源，使其成功扭亏为盈并获得法兰克福股票交易市场 IPO 资格。凯傲集团上市后的股价表现佐证了潍柴动力投资的战略决策正确可靠。据测算，潍柴动力累计对凯傲投资 8.91 亿欧元（不含林德液压业务），平均每股价格 27.05 欧元/股。以 2014 年 6 月 27 日收盘价 31.50 欧元/股计算，账面投资收益约 1.47 亿欧元。

（三）如期实现合并报表，公司取得跨越式发展

按照 2013 年度经审计的财务数据，潍柴动力合并总资产为 785.22 亿元，合并净资产为 343.27 亿元，合并营业收入为 583.12 亿元；凯傲公司合并总资产为 507.36 亿元，合并净资产为 135.54 亿元，合并营业收入为 370.61 亿元。

潍柴动力对凯傲公司实现并表后，在 2014 年潍柴动力中期报告中体现投资收益 16

亿多元。潍柴动力对凯傲合并报表，将在规模和结构上都实现质的飞跃，取得跨越式发展。同时，公司海外收入比例提高 1/3 以上，初步实现公司国内外业务的均衡发展。

（四）全球范围影响广泛，并购社会价值凸显

潍柴动力战略重组凯傲林德后，充分践行社会责任，致力于标的公司的长远发展，带动了当地税收和就业，在当地取得了极佳的社会口碑。凯傲项目的成功实施树立了中德企业界合作的典范，成为中国装备制造企业海外并购的经典。本次并购项目受到了全球工商界的广泛关注，国内外媒体进行了广泛的宣传报道，极大提升了潍柴品牌的全球形象。该项目的交易设计由于其复杂性、系统性和创新性，更是被总结提炼后成为欧洲商学院的重要案例。

（成果创造人：谭旭光、江 奎、董 平、徐新玉、孙少军、戴立新、郝庆贵、屈重洋、张正强）

装备企业以用户为中心的“四位一体”协同发展

徐州徐工基础工程机械有限公司

成果主创人：公司总经理孔庆华

徐工集团成立于 1989 年，是中国工程机械行业规模最大、产品品种与系列最齐全、最具竞争力的大型企业集团，2013 年营业收入实现千亿元，位居世界工程机械行业第 5 位。徐州徐工基础工程机械有限公司(以下简称“徐工基础”)于 2010 年 3 月成立，专注于旋挖钻机、水平定向钻机及掘进机等基础工程机械的发展，2014 年预计营业收入达到 25 亿元，旋挖钻机市场占有率 25%，居行业第一；水平定向钻机市场占有率高达 36.4%，稳居行业第一。

一、装备企业以用户为中心的“四位一体”协同发展背景

(一)顺应基础工程机械行业发展，满足用户对产品特殊需求的需要

基础工程机械行业产品有客户集中度高、圈子小、连带关系较为明显等特点，传统的工程机械销售模式是仅依靠制造商，单向的为用户提供商品。随着基础工程机械行业竞争日益激烈的发展趋势，在供大于求的市场中，用户对产品功能的多样化、融资平台的便捷性、售后服务的及时有效性、操作机手的专业化、施工工法的安全性、施工工程的承包及项目结款的及时性等提出了更高的要求，涉及产品售前售后“一揽子解决方案”。而对于刚刚成立四年的徐工基础，人员平均年龄仅 26 岁，人才队伍专业化能力和经验储备不足，销售服务体系不完善，对技术研发、施工工艺、用户群的信息搜集等方面积累较少，无法满足用户特殊需求快速扩张的需要，企业价值创造瓶颈越发凸显。而服务于企业的上下游，供应商、经销商有比企业更专业化和更丰富的人力、信息、技术等资源，联合他们能给用户提供优质的售前、售后服务。有效的整合市场上下游价值链资源，实现价值链创新协同联动，提升企业价值创造能力，方能满足用户特殊需求。为此，徐工基础创新发展模式，由制造商联动供应商、经销商，制造商作为上下游协同的主体，共同为用户服务，成为基础工程机械行业新的管理模式。

(二)助力徐工快速发展的需要

为进一步提升徐工集团在行业整体的竞争优势，实现“千亿元、国际化、世界顶级”的“十二五”战略目标，从 2009 年开始，徐工落地实施“汉风计划”，将下属企业裂变成立专业化产品发展的企业或独立事业部制的组织体系。2010 年初将徐工基础单独孵化独立，明确“快速打造成跻身集团主战舰队强势板块”的发展战略。运营四年来，徐工基础以每年不低于 40%的规模迅速增长，利润每年翻番，实现两大主机产品行业市场占有率行业

第一,已进入集团内中型企业矩阵,创下集团内五年发展综合经济效益最好、发展速度最快、运行质量最高、资产价值最优的企业。

二、装备企业以用户为中心的“四位一体”协同发展内涵及主要做法

基于工程机械行业的利好前景、用户对产品的特殊需求、支撑徐工集团“十二五”战略目标的需要,徐工基础创新发展模式,通过树立协同发展理念,从信息平台、联合投资、资源共用、智库支持、理念融合五个方面构建徐工基础与上下游供应商、经销商协同发展体系,高效联动,为用户提供超值服务和卓越产品,构建起了以用户为中心的“用户、制造商、供应商、经销商”四位一体协同发展体系。主要做法包括:

(一)确立“四位一体”协同发展理念,建立协同发展的组织保障体系

徐工基础发挥制造商在价值链的纽带核心主导地位以及协同创新主体作用,在“三商一体共为用户”的变革思想指导下,改变传统价值链上下游线状管理模式,树立协同发展理念,以最终用户需求作为导向和牵引,整合价值链上下游的人才、技术、信息、文化等资源,构建以用户为中心的“用户、制造商、供应商、经销商”四位一体协同发展体系,有效带动自身和上下游企业竞争力的共同提升,驱动了各价值链环节协同发展体系良性运转。

为了保障以用户为中心的“四位一体”协同发展体系的高效实施与运行,徐工基础成立由总经理孔庆华任组长、各分管领导任副小组,技术中心、营销服务中心、相关职能管理等部门负责人为成员的协同推进领导小组,与供应商协作成立“技术专家委员会”,与经销商协作成立“工法专家委员会”,对“四位一体”协同发展体系运行过程中出现的各类问题及时予以专项研究、快速解决、全力提供技术支持,引导协同价值链共同树立以用户为中心的价值共赢理念,通过植入文化建设、整合创新资源,建立系统高效、有文化内涵的协同发展体系。

(二)建立“四位一体”协同发展服务体系

1. 理念融合,营造统一文化

徐工基础将徐工集团“担大任、行大道、成大器”的核心价值观和“严格、踏实、上进、创新”的企业精神等文化理念精髓融入对供应商、经销商的管理要求中,与其共同制定“要成为世界上最具核心竞争力的工程机械企业集群”的企业愿景和社会责任。对供应商企业会派驻专业技术人员组织定点帮扶计划,在每年组织的“3.15”和“质量月”服务万里行活动时,联合供应商,走访用户,帮助用户现场解决产品质量问题,将徐工基础“一心为用户”的理念融入供应商管理文化中。对经销商,在全面扶持的同时,每年在端午节、中秋节等传统节日,企业领导和各级干部走出去,到经销商、用户工地“走访慰问”,进行徐工文化的交流与传承。

2. 搭建信息共享平台,实现信息互动共享

徐工基础构建以制造商为核心的信息共享平台,实现多方信息共享。通过定期召开用户、经销商、供应商座谈会,就企业产品发展规划、新产品方案设计、行业动向等研讨论证,使各方更快、更多、更好地掌握行业前沿动态,快速决策。对有独立经营体系的钻杆、

钻具、导向仪等供应商，通过零部件销售方向搜寻同行发展趋势的信息和用户的购车信息。在维护产品时，经销商通过走访用户，帮助用户解决疑难问题，反馈给制造商，加快制造商产品质量改进；制造商在服务产品时，将供应商的质量问题及时反馈，提高供应商服务和质量改进。多方信息的共享，在满足用户需求的同时各方实现自身快速发展。

3. 联合投资建立“维修服务基金”，为用户提供更优质更快捷服务

徐工基础发挥制造商的核心主导地位，利用资金纽带作用，多方进行联合投资。建立“维修服务基金”，协同服务最终用户。为了更快的帮助用户解决问题，企业和供应商一起建立起以“维修服务基金”为核心的一揽子协议，各出资 50%。当产品发生故障时，先从基金中支出维修费用，保证用户在最快的时间里恢复施工。故障解决后，再对责任进行认定。此种“先实施维修，保证用户使用，再分析责任”的做法，能将服务时间平均缩短 30%以上。

4. 建立专家智库，助力用户解决难题

徐工基础作为价值链的盟主，整合各方资源，建立智囊团，形成智库，提供最专业支持。徐工基础从供应商中优选行业专家、实战专家和自己的专家联合，成立“技术专家委员会”。徐工基础整合经销商的人脉资源，专门成立“工法专家委员会”。同时，企业对入库各类专家实行聘用制，约定服务期限及内容，发放聘书、签订服务协议。目前徐工基础已有多方 100 多位专家，定期通过建立工法俱乐部、创建徐工钻机工法案例微博及徐工钻机微信平台、召开座谈会等方式沟通交流。他们针对用户需要及复杂地层进行研究、分析、定制人性化、成套化的施工解决方案。在疑难项目中，进行现场指导，制定针对性施工工艺，有效的为企业发展提供了智力支持。

(三)以用户为中心推进技术改进和管理变革，为用户提供卓越产品

1. 突出需求导向，实施技术适应性改进

徐工基础始终坚持技术开发市场化，以满足用户需求为己任，创立了以市场为驱动的逆向多维协同产品研发流程：先开发市场，定价格、再匹配参数做样本，后研发产品，最后完成设计并投产。这种研发流程大大缩短产品研发时间，提高产品对市场的适应性和竞争力。徐工基础每年组织 2～3 次由研发、服务等人员构成的走访分队，深入施工现场对用户进行走访，与操作机手座谈，征集用户的意见及建议，分析、论证产品适应性改进，通过产品可靠性试验快速响应市场。徐工基础现已发展为同行业产品规格覆盖面最齐全的企业，且不断扩展完善产品型谱，以适应不同的工况要求，在技术上引领基础工程行业国内外的发展。

2. 推行精益管理，保障产品卓越品质

徐工基础充分利用产品生产流程和制造工艺的技术领先优势，以准时制生产为最终目标，努力向从“成堆”生产到“成线”再到“流动”再到“准时”的生产模式改进，建立行业首条水平定向钻流水线。遵循流程分析、布局改善、工序优化、标准作业、持续改善五个步骤全面推行精益生产模式，对车间进行了单元式布局调整，建立了具有全覆盖、齐套性、批次性、时段性特色的物流配送系统，运行以“拉”代“推”的柔性生产方式以及一系列

库存降低方法，构建了精益物流体系；强化工业智能化和信息化等技术的运用，通过全面生产维护活动与SAP、MES等企业信息化系统集成，实现精益管理与智能制造的融合。建立三大主机调试试验台，旋挖钻机试验台是行业首例，拥有自主知识产权，提高调试效率、保障产品质量。全力挖潜产能，旋挖钻机的产量由年产100台提升到600台；水平定向钻机由2009年的月产不足25台提升到最高月产100台，年产由220台提升到1000台。

3. 培养特色文化，打造钻级人才队伍

徐工基础积极倡导忠诚于企业、取信于用户的经营理念，持续围绕“担大任、行大道、成大器”核心价值观念和“诚信、尊重、创新、奋斗”的徐工文化开展宣传活动，提升员工对徐工文化主流价值观的高度认同感和自豪感，打造“忠诚信用，艰苦奋斗，尽职尽责，为人表率”的干部队伍。全面开展“员工双百工程”，让员工的活动参与率和关爱率都达到100%，体现徐工特色文化。创新人才培养办法，以技术、营销人才为核心，快速打造“知识化、技能化、职业化、专业化、国际化”的卓越钻级人才队伍。分别围绕“钻级市场精英”、“钻级技术标兵”、“钻级管理引擎”、“钻级技能蓝领”四类人才进行培养。实施人才培养帮带“项目制”，使得技术水平参差不齐的员工在项目过程中相互帮带、学习与提升，快速缩短差距，提升整体团队技能；“钻级新秀”项目中实施双培双选工程，培养目标明确，双向选择，有助于新进技术员工更好的适岗和定岗。构筑全方位、全员化的职工教育和培训体系，畅通人才成长路径，激发员工创造力，促进企业持久发展动力。

（四）协同供应商，为用户及时服务

1. 质量控制前移，提升产品的供货质量

徐工基础对供应商质量控制开展“走出去 质量前移”战略，帮促供方完善质量管理体系，制定《供方检验员备案管理制度》，对供方检验员进行培训，合格后颁发证书，并在企业备案，纳入企业质检体系，实行供货免检。企业技术人员深入供应厂家，对加工制造设备及能力提出要求，出台《供应商产品免检管理办法》，对制造过程的记录进行规范管理，对现场的涂装管理、工艺布局、质量管控文件记录、人员从业资格等，现场召开问题讨论会，形成《供方现场检查整改通知书》，并跟踪落实改进完成情况。同时加大对大型结构件等主机配套供应商的技术工艺指导，以批量订单带动供应商大规模、高质量的发展。督促供应商提高对下料、焊接、涂装等关键工序的质量要求，供应商纷纷引进数控等离子下料、自动焊等先进工艺，建设喷漆房，配套质量显著提高。截至2014年6月，11家“钻级”供应商达到免检水平，小型水平定向钻配套件达到免喷涂水平。

2. 遵循流程导向，强化供应商管理

徐工基础在管理方式上以流程导向强化供应商管理，与供应商签订合作协议，明确协同发展的战略意义，并确立制造商的协同“盟主”地位。通过ERP规范与供应商关联的业务流程，同时引导供应商逐步建立信息化管理平台，创新管理工具，推广SRM供应商管理系统，提高工作效率。采用“请进来，走出去”方式，以座谈会、交流会、慰问等形式与供应商充分交流，至2014年6月份徐工基础组织23家关键配套厂家开展质量专题交流会30多次，就现场质量问题和外部市场批量、重大反馈，重点研讨，关注解决质量难题，及时满足生产进度需求，同时推动供应商竞争力的提升，逐步转向专业化、规模化。给供应商设定进入门槛，对供应商技术能力、设备水平提出标准要求，促进其工艺技术、设备工装等保证能力的提高。对供应商进行分级管理，根据供货量、物料类型、质量、服务等特性，将供应商分为"钻级""重要""普通"三类。同时对供应商实施月度供货业绩考核、季度量化评价、年度综合评审，制定《供应商绩效评价管理办法》《供应商质量索赔办法》等制度，强化过程的监督考核机制。将供货业绩、考核评价结果与供货比例及阳光付款挂钩，运用年度绩效评价，淘汰末位供应商，对供应商管理做到公正、公开、公平，保障供应商和企业良性合作。

3. 高效协同联动，提高产品服务及时性

徐工基础协同供应商完善市场服务体系，为用户提供及时有效的服务。供应商根据徐工基础的问题反馈，于 1 小时内给予用户回复，并组织其备件和服务人员，同时联合徐工基础服务人员及时共同为用户解决问题，服务承诺：服务地距离供应商 500 公里之内的，24 小时之内到达现场；500 公里到 1000 公里之内，在 48 小时之内到达；1000 公里到 3000 公里之内，72 小时之内到达。本着"用户面前不推诿，先解决产品问题，快速响应，高效服务"的原则快速到达现场。处理完毕后，及时将处理结果反馈给徐工基础服务部，形成闭环。同时，企业建立反馈机制，用户向制造商、供应商提供产品质量改进的建议和意见，一经采纳予以奖励。这种双向的高效联动，有效的促进产品质量改进，并提高产品服务的及时性。

（五）协同经销商，满足用户超值需求

1. 探索多种营销方式，为用户提供个性化服务

针对局部热点市场，徐工基础引入快销行业的"团购"方式，制定特色"团购"方案，为经销商提供抢占市场先机的机会，更帮助企业提高产品市场占有率。徐工基础联合经销商，为用户提供可定制化、人性化的产品组合方案，帮助用户寻找工程、承接项目。尤其企业经营的主打产品旋挖钻机、煤矿掘进机属于单台价值量较大的工程机械品种，一般用户很难实现全款支付。采取按揭形式，通过经销商向用户提供融资按揭平台，解决用户自有资金相对短缺的现状；对不具备融资按揭资质的经销商企业实施直销方式，以徐工集团内部融资租赁为平台，帮助用户开展融资按揭业务。2014 年上半年通过经销商平台进行的融资按揭金额达到 10 亿元，通过徐工集团融资平台达到 2 亿元。随着经济全球化、信息技术的快速发展，徐工基础借助现代网络信息技术构建 400 热线、阿里巴巴商务平台以及徐工微博等，为顾客提供网络在线服务、信息咨询，及时收集客户建议，跟踪落实服务改进，实现快速反馈。

2. 培养全能机手，满足用户超值需求

随着桩工行业的市场不断加大，机器的市场容量也在日益增加，机手的作用越来越凸显。徐工基础立足于用户实际需要，与经销商联合投资，致力于培养"懂产品原理、会熟练操作，能维修保养、可现场培训、善施工工法"的五项全能操作手，提供超值服务，成功探索一条市场化运作的操作手培训模式。徐工基础在机手培训上实施"一体化"教学模式，在课程设置上根据客户需求制定具有针对性的专业培训课程，并突出"实战"特色。

培训班采用技能训练、学术讲座、实习考察、“零距离”工地实战模式、座谈会等形式丰富培训载体。根据机手技能水平的高低，分为首席机手、高级机手、优秀机手三个档次，在机手服务中采用市场化的运作方式，机手的价值工资由用户根据机手的级别和实际的服务效果来承担。除价值工资外，企业和经销商共同承担机手的基本工资，增强机手的归属感。“五项全能机手”同时具备现场培训的能力，能够帮助用户培养自己的施工队伍，进行现场的传帮带，并组织理论及实践考试，将培训合格人员发放企业认定的资格证书。四年来徐工基础先后成功组织了旋挖钻机和定向钻机操作手培训班，向市场输送了一大批可用之才，打造了国内钻机操作手的“黄埔军校”。在用户购机时增加钻机操作手培训，累计培训800余名用户机手，解决了新用户的现场接机、保养维护、小故障处理等问题，提高用户使用设备技术水平，降低设备故障率，极大地提高了用户满意度。采取“市场化”的运作管理模式，维护徐工形象和经销商客户的关系，同时也为用户降低了50%的机手使用成本。

3. 全面扶持经销商，规范经销商管理

徐工基础与经销商签订合作协议，确立制造商协同“盟主”地位，并全面扶持经销商。制定《经销商管理手册》全面规范合作激励机制，根据经销商营业规模、营销资源配备情况、组织结构、营销模式等各方面要素，将经销商分为特约经销商、专营经销商和战略经销商三个级别。各类经销商的晋级管理依据严格的晋级和降级管理指标和规范的年度评定。为提高市场把握能力，徐工基础将优质“机头”提升为经销商，对信用度高、行业影响力大的直接客户，适时合理引导成为企业经销商。全面加强经销商信息化管理，引入CRM管理系统，包含潜客信息管理、销售信息跟踪管理和合同评审单提报等功能。帮助经销商把握市场行情，分析市场动态。加大对经销商的全面扶持，通过组织对经销商产品技能培训、工法支持、机构管理、网点布局、服务能力提升、财务管理等工作，进一步推动经销商专业化队伍的建设。不定期组织市场走访，开展“全国质量服务万里行”用户走访活动，收集市场质量反馈信息，进行消化吸收，提高产品可靠性和稳定性；对用户设备进行免费保养维修，有力地支持了经销商的市场开拓及关系维护，赢得用户对公司产品信任，提高经销商对用户的把控和管理。

三、装备企业以用户为中心的“四位一体”协同发展效果

（一）产品质量和技术能力快速提升，用户满意度不断提高

徐工基础先后主持制定并参与桩工、非开挖行业标准3项，2013年企业被评定为江苏省标准化示范先进单位，承担着江苏省知识产权战略推进项目，四年来徐工基础累计开发出新产品22项，获得国家专利近80项，获得中国机械工业科技进步奖6项，使基础工程机械产品系列化、标准化，成为同行业产品规格覆盖面最齐全的企业，也是徐工集团最具发展潜力的专业化高新技术型企业。项目的开展提升了各类人才快速成长，增强了徐工基础人才队伍的综合素质和实力，企业江苏省333人才5人，江苏省首席技师2人，青年员工杨冶、毛伟获得2013年全国旋挖钻机操作机手大赛冠军、季军，青年员工吴东夺得第九届“振兴杯”技能竞赛设备安装维修组全国冠军。项目实施后，产品质量不断提升，外协供应商一次报验合格率由90%提高到95%，平均无故障时间由757小时延长到

992 小时，用户满意度由 2012 年的 84.24%上升到 2014 年的 90.47%。

（二）促进企业快速发展

徐工基础借助以用户为中心的“四位一体”协同发展体系的实施，四年内迅速发展成为基础工程机械行业的龙头企业，经营规模实现快速扩张，营业收入每年以不低于 50%增长，从 2009 年的 2.8 亿元增长到 2013 年 16.9 亿元，利润从 899 万增长到 11805 万元，人均劳动生产率持续创新高，达 28 万元/人，每亩地创造的产值高达 1100 万元以上，属国内制造业领先水平。

（三）促进了上下游企业的快速发展

以用户为中心的“四位一体”的协同发展体系的实施落地，在促进徐工基础自身发展的同时也带动经营链上下游竞争力的共同提升，与供应商、经销商共成长。四年来，徐工基础共培养年供货量超过 5000 万“钻级”供应商 11 家，超千万的“重要”供应商 40 家，平均规模增长 10 倍以上，关键零部件的配套产能由月不足十台增长到月百台以上，得到跨越式提升。培养适应徐工企业文化的经销商 75 家，其中规模过亿的经销商达 7 家。

（成果创造人：李锁云、孔庆华、胡玉美、张忠海、张世伟、张　锐、陈以田、张丽娜、何经纬、周祥华）

电信运营商适应移动互联网的战略转型

中国电信集团公司

改革转型中的中国电信

中国电信集团公司(以下简称“中国电信”)成立于 2002 年,是国家出资设立的中央企业,是中国特大型通信信息企业,主要经营固定电话、移动通信、互联网接入及应用、卫星通信、ICT(信息通信技术)应用等综合信息服务。截至 2013 年年底,中国电信总资产超过 6700 亿元,人员超过 60 万人,营业收入超过 3800 亿元。

一、电信运营商适应移动互联网的战略转型背景

(一)应对移动互联网业务替代,实现企业生存发展的需要

近年来,信息通信市场各种新技术新业务飞速发展,网络电话(如 Skype)、即时通信(如 QQ)、协同通信(如微信)等低成本、便捷使用的产品不断涌现发展,用户越来越习惯于使用移动互联网方式进行沟通交流,对以电话为主体的传统电信业务形成了强烈的替代效应,导致语音、短信等传统业务的增长呈现快速下滑态势,并逐步由正转负。国际电信联盟(ITU)数据显示,2010 年以后,国际主流电信运营商普遍陷入收入全面下滑困境。作为一家 80%以上的收入和资产均在传统电信业务领域、承担着 60 万用工重荷的特大型国有企业,如何生存下去,成为中国电信的严峻课题。

(二)持续提升企业竞争力,争创世界一流的需要

中国电信作为以重资产为特征的传统电信运营商,在企业运营效率、新兴业务发展、创新能力和社会影响力等方面距离先进电信运营商都有较大差距,与处于价值链高端的移动互联网企业差距更是巨大。此外,在国内电信市场竞争中,由于三大运营商基础业务同质化严重,导致价格战不断,使移动互联网时代本来就面临严峻挑战的电信运营商更是雪上加霜。如何摆脱困境,打造企业核心竞争优势,并逐步向世界一流企业看齐,成为中国电信必须解决的难题。

(三)把握发展机遇,服务社会经济信息化的需要

在传统电信业务艰难发展的同时,互联网经济却以每年 50%以上速度迅猛增长,并日益渗透到社会生活的方方面面。移动互联网、物联网、云计算等新技术、新业务的诞生,更加快了社会经济运行互联网化进程。为此,我国政府将信息化建设上升为国家战略,“两化融合”和“信息消费”等政策纷纷出台,旨在促进我国经济结构调整和转型升级,同时也将带来数以万亿元计的巨大市场空间,中国电信战略转型面临难得的历时机遇。

更重要的是，电信业属于国民经济的基础性、先导性产业，中国电信必须加快转型，承担起服务于经济社会发展的责任。

二、电信运营商适应移动互联网的战略转型内涵和主要做法

中国电信的战略转型是从传统基础网络运营商向世界级综合信息服务提供商转变，内容涵盖业务/产品、网络、平台、体制机制等企业经营的方方面面。在转型开始，中国电信就系统地谋划和科学制定转型战略，明确转型方向、定位、目标和路径，把转型上升为企业的头等大事，通过业务与服务转型、网络与技术转型、体制与机制转型，推动转型战略的有效执行。主要做法如下：

（一）深刻洞察企业内外部环境变化，开展企业战略转型顶层设计

中国电信在充分分析国内外行业发展和竞争环境的基础上，立足国民经济和信息产业发展的大视野，结合企业内部能力和优势资源，明确企业使命、愿景、战略定位，提出转型方法、目标和路径，制定并下发战略转型指导意见，统筹推进企业战略转型。

1. 明确企业使命、愿景

转型之初，针对全球主流运营商传统业务普遍出现负增长，信息通信产业价值不断向互联网和信息技术应用领域转移的趋势，提出“让客户尽情享受信息新生活”的企业使命，旨在打破语音、短信等传统通信业务领域的局限，不断创新服务形式，提供丰富多彩的信息服务。在此基础上提出“建设世界级综合信息服务提供商”的企业愿景，以信息业务的多样化和综合化提供为重要特色，致力于打造世界一流企业。

2. 明确战略定位和转型路径

在提出企业使命和愿景的同时，中国电信进一步提出战略转型的业务方向、发展模式和战略定位。即在规模发展移动、有线宽带等通信业务的基础上，大力拓展ICT（信息通信技术）、移动互联网、物联网、云计算等新一代信息技术应用，推动企业从话务量经营向流量经营转变；通过多业务、多平台、多网络、多终端的融合及价值链的开放合作，为客户提供便捷、丰富、差异化、高性价比的综合信息服务，成为智能管道的主导者、综合平台的提供者和内容应用的参与者。

智能管道的主导者是指通过用户可识别、业务可区分、质量可控制、网络可管理，提供客户感知良好、运营管理方便、业务开通灵活的差异化业务和服务，成为客户首选、综合能力最强的网络。综合平台的提供者是指通过资源整合、门户统一、账号经营、能力开放，提供标准化、模块化、集成化的运营环境，促进业务快速部署和规模复制。内容和应用参与者的核心是遵循移动互联网运营规律，通过战略合作、资本合作和业务合作等多种形式，引入优质社会资源，不断丰富业务和应用，快速形成竞争力。

为了把握战略转型关键思路，尽快实现企业使命、愿景和战略定位，中国电信从市场为导向、客户为中心出发，结合经济社会互联网化的发展方向、特点和规律，提出去电信化、差异化和市场化的“一去两化”推进方法。“去电信化”是指解放思想，转变传统路径依赖，按照互联网思维和规律融入信息服务大行业，恰如其分地满足客户需求；“差异化”是指不断创新产品和服务，满足客户日益多样化的需求，增强企业核心竞争优势；“市场化”的重点是推进企业内部市场化，转换内部经营机制，提高员工积极性，增强企业内生

动力。

3. 明确战略转型目标和路径

作为战略转型的有机组成部分，需要推动业务与服务、网络与平台、体制与机制等运营要素的重构和创新。为此中国电信将调整业务和收入结构作为重点任务，明确"打造一个新型中国电信"的目标，即到2017年，在行业内收入市场份额持续提升的基础上，流量、互联网业务和ICT应用等新兴业务收入占比达50%。在实施路径上，以业务与服务转型为先导，推动业务结构和服务模式的转变；以网络与平台转型为基础，打造智能管道和综合平台；以体制与机制转型为支撑，激发企业内生动力，使转型落到实处。

(二)推动业务与服务转型

业务领域的变迁和服务模式的变革是中国电信战略转型成功与否的标志，为此，中国电信从转型开始，就以去电信化的思维，在信息服务大行业中，不断拓展新业务和新服务，创新商业模式，建立差异化优势。

1. 拓展新业务，打造新的业务增长点

转型之前，中国电信的语音、短信和有线宽带等传统业务收入占比超过80%。为此，中国电信转型之初就把业务转型作为核心任务，基于电话、电视、电脑终端，面向个人、家庭和政企客户，先后推出号码百事通业务(语音搜索)、IPTV(网络电视)业务、移动互联网业务和ICT(信息通信技术)应用等信息业务，促进企业从话务量经营向流量经营转变，形成固定通信、移动语音、新兴业务(包括流量、互联网业务、ICT应用)等三大业务板块。

面向个人客户，中国电信改变以往单纯提供语音和短信业务的做法，充分利用中国电信114查号、黄页和声讯业务的资源，在业内率先提炼和推出全新的号码百事通业务(语音搜索)，满足用户日常生活和工作各类信息查询需求。此后进一步推出包括订房、订票等在内的商旅业务，赢得广大用户认可，此外，于2010年大规模布局和拓展易信、支付、视讯、游戏、音乐、动漫等移动互联网业务，形成涵盖互联网娱乐传媒、电子商务和本地生活服务等三大业务体系。其中，易信用户规模已突破1亿户；支付业务年交易规模超过3000亿元，覆盖水、电、燃气交费等民生应用；视讯、游戏、音乐、阅读等业务的用户和收入迅速增长，受到资本市场青睐。

面向家庭客户，中国电信改变以往单纯提供固定电话和有线宽带的做法，针对家庭客户内容应用匮乏、亟须填充的问题，打造基于固网宽带和电视终端的IPTV(网络电视)业务，为家庭客户提供丰富多彩的视频内容和增值业务，包括直播电视、视频点播、电视回看和时移电视等核心视频业务，以及游戏、卡拉ok、理财、电视杂志、气象、教育、健康、信息、商城、社区等10多种增值业务，得到消费者的广泛喜爱，目前用户规模已超过3000万户。此外，改变以往单产品的经营模式，推出"天翼e家"融合业务，集固网语音、有线宽带、移动语音、IPTV等业务为一体，供用户自主选择，且一人付费，全家共享。截至2013年年底，"天翼e家"客户达6500万户。

面向政企客户，中国电信改变以往简单提供线路出租、固定电话和有线宽带业务的做法，基于移动互联网和信息化发展大趋势，联合多家合作伙伴，将业务领域拓展到网络管理及安全应用、数据中心托管及灾难备份、信息化规划与咨询等多个方面，推出“天翼领航”融合业务，为政府、企业、社会组织提供智慧政务、智慧产业、智慧民生等定制化ICT整体解决方案，满足当前城市管理、企业管理和社会管理的复杂需求。截至2013年年底，中国电信在207个城市，全面推广“城市综合运行与管理”、“安防联动与应急指挥”、“一体化政务服务体系”等典型应用，为党政军、二十多个行业、2100万企事业单位提供针对性的信息化解决方案，构建400多个全国性的信息通信应用网络。

2. 创新商业模式，建立差异化竞争优势

音像、图文等不同信息内容传输占用的流量资源差异巨大，继续沿用以往按时长计费的办法已经不适应移动互联网时代的要求，中国电信于2011年开始推进按流量计费的流量经营，分别为各类手机用户和电脑用户推出不同的流量产品资费套餐系列，并专门为手机用户制定以语音为中心、流量为补充，以及以流量为中心、语音为补充的资费套餐系列，用户可以根据自己的需要选择合适的资费套餐。由于流量经营更好地处理不同用户占用流量资源的公平性问题，因此深受广大用户的理解和欢迎。

同时，适应移动互联网用户（前向）免费模式对传统电信业务用户（前向）收费替代十分明显的情况，中国电信推动多种业务从前向经营向后向经营（即从向消费者收费转向向商家收费）的拓展，包括基于流量资源的后向经营（如看广告送流量、看广告送WIFI时长、内容和流量打包销售等）、精准广告业务，并打造免流量的手机视频购物平台，建立“前向收费＋后向收费”的盈利模式。

3. 创新客户服务模式，适应客户对移动互联网服务的需求

在移动互联网时代，业务与服务一体，不可分离，业务的转型必然带来服务的转型。为此，中国电信自2010年开始建立新媒体客服体系，打造“微博客服、易信客服、微信客服”三位一体的新服务模式。新媒体客服为用户提供套餐余量和账单查询、充值交费等服务，解决用户交费难、查询难、订购难等问题。目前新媒体客服用户规模已经超过1亿户，新媒体客服自助服务量稳步提升，月均服务量超3000万人次，有效分流了传统服务渠道的人工受理量。

（三）推动网络与平台转型

网络与平台转型作为中国电信的战略转型基础，以去电信化的思维，面向信息服务大行业，充分利用现代通信和互联网技术，推进网络宽带化、智能化转型，打造集约化、开放化的平台架构，最大限度地支撑业务发展和商业模式变革。

1. 推进网络宽带化、智能化，提升用户使用感知

电信行业宽带不宽的问题一直饱受用户和社会的诟病，为提升用户感知，并响应国家提出的“加快建设宽带、融合、安全、泛在的下一代国家信息基础设施”的要求，中国电信于2011年在业内率先实施“宽带中国·光网城市”计划，在全国范围内加快光缆普及进程，提升宽带速率，同时推出“宽带在线智能提速”产品，满足客户随时提速、按需付费的需求，并为云存储、高清网络电视、游戏等业务提供差异化速率保障。截至2013年年底，中国电信FTTH（光纤到户）的覆盖家庭已超1亿户，成为世界上规模最大的光宽带互联网。

与此同时，面对移动互联网时代用户需求越来越多样化、个性化的特点，借鉴国外运营商发展3G/4G移动网络的经验，中国电信通过移动网络的智能管道建设，支撑流量经营，实现定向内容、定向用户、定向业务计费。重点推出“自助式流量积木套餐”、“达量提醒一键恢复”、“用户和业务分级保障与定向流量计费”等产品。目前，大多数省份已经建立以客户为中心的多维度的感知体系，为新兴业务拓展、商业模式创新、建立差异化优势、提升网络价值奠定坚实基础。

2. 建设综合平台和云资源服务平台，促进资源和能力的对外开放合作

通过集约运营和管理，将分散在各处的资源和能力进行整合和封装，打造互联网化的综合平台。该平台以智能管道为基础、以统一账号为核心，整合中国电信的通信、支付、定位、内容和应用等能力，为移动互联网用户和合作伙伴提供“一点接入、全网服务”。目前，综合平台的合作伙伴近万家，能力调用日均超过1亿次，帮助亿万用户体验到了丰富多样的新产品，也帮助移动互联网合作伙伴降低获取新用户的成本。

中国电信在云计算服务提供方面具有管道优势和IDC（互联网数据中心）存储资源的强大优势，但这些资源分散在各地，没有产生整合效果，更没有向平台层和应用层拓展。为此，中国电信于2011年成立云计算公司，负责建设高标准的云计算基础设施和服务平台，推进云计算集约化、专业化运营。按照“绿色、高效、创新”理念，率先在内蒙古和贵州集中建设国内规模最大的云计算基地，加上已有的北京、上海、广州和成都等四大云资源池，为客户提供一流的云计算资源平台化服务。目前，内蒙古云计算基地是亚洲最大的互联网数据中心园区，百度、阿里巴巴、腾讯等国内知名互联网企业已纷纷入驻。

（四）推动体制与机制转型

中国电信以去电信化的思维，遵循移动互联网发展规律，推进新兴业务的专业化、市场化、公司化运营，按市场化规则，理顺企业经营实体利益关系，并建立长短期相结合的考核和激励约束机制，为战略转型提供制度保障。

1. 划小核算单元，引入内部市场化的经营机制

中国电信借鉴“阿米巴经营模式”，构建内部市场化机制，从基层生产单元开始划小核算，把每一个生产单元转变为相对独立的经营主体，竞标选择生产单元的负责人，明确生产单元的责权利，在承诺发展目标的基础上，下放投资、成本使用、人员使用和考核、收益分配等权利，促使生产单元千方百计用好资源，激励基层员工想方设法加快发展。截至2013年年底，划小核算覆盖了95%以上的基层生产单元，增强了基层活力，提升了投入产出和资源利用率。

2. 建立基地、孵化双驱动模式，推动新兴业务专业化运营

中国电信在组织架构、经营决策、资源配置、产品开发和运营模式、人员管理与激励等方面将新兴业务与传统业务相对分离，先后设立8个互联网业务基地和16个行业信息化应用基地，开展专业化和公司化运营。其中，阅读、游戏、音乐、动漫、物联网等八个互联网业务基地已实现公司化改制，2013年互联网业务基地用户规模突破10亿户，同比增长70%。

为建立常态化、规范化的风险管控和创新孵化体系，中国电信于2012年3月正式启

动创新孵化基地。通过提供便利的创新环境，向创业团队开放中国电信覆盖全国的网络资源、营销渠道和研发设施，吸引内外部创新力量，开发有竞争力的创新产品。截至2013年年底，累计征集900个内部项目和100个外部项目，经过筛选，131个项目入围，其中68个项目通过评审后进入创业园区孵化，而孵化毕业的6个项目已实现公司化运作。

3. 建立混合所有制经营模式，推动新兴业务快速发展

为了加快新兴业务的发展，注入移动互联网企业的基因，中国电信改变传统上纯粹依靠自我积累的单一发展模式，推进混合所有制改革。通过引入外部战略投资者、财务投资者、员工持股等，借力资本运作方式引入机制、稀缺能力与资源，打造具有竞争力的新兴业务运营格局。

2013年，视讯业务(天翼视讯)完成首次私募，实现股权多元化，估价19亿元，私募总金额3.8亿元。同年，中国电信和网易公司合资成立浙江翼信科技有限公司，网易占股27%，双方整合旗下优质资源，在资本、人力、产品开发、市场推广等方面深入合作，推出移动社交通信“易信”业务，实现运营商、互联网公司、用户的共赢。近期，中国电信旗下游戏业务(炫彩互动网络科技有限公司)引入顺网科技和中国文化产业投资基金作为战略投资者，分别持股22%和8%。与此同时，中国电信还积极探索员工持股改革，激发内生动力。

4. 建立转型评估考核方法，为战略转型提供制度保障

转型初期，中国电信提出包括电话增值业务、有线宽带业务、互联网业务、ICT应用等在内的“非语音收入占比”指标，衡量战略转型效果。该指标被广泛认可，受到国内各运营商重点关注，甚至成为工信部、国资委衡量行业转型的一个重要标准。2013年又进一步提出包括流量、互联网业务和ICT应用等在内的“新兴业务占比”指标，为考核、投资、成本配置等方面的工作提供了有效指引。

此外，中国电信根据转型推进的需要，改变以往年度业绩考核的单一形式，建立长短期相结合的考核和激励约束制度，对所属单位负责人的经营业绩，实行年度考核与任期考核相结合、考核结果与奖惩相挂钩的制度。年度考核重点关注年度的业务收入和财务目标，以及转型创新的进展；任期考核侧重中长期发展目标，以及市场竞争能力提升。通过该制度的实施，促进下属单位既实现业务收入稳步增长，又实现业务结构持续优化；既确保国有资产保值增值，又持续提升企业创造价值的能力。

三、电信运营商适应移动互联网的战略转型效果

随着战略转型不断向纵深推进，中国电信这个“百年老店”焕然一新，走出了转型促发展的新路子，服务社会经济信息化的作用也更加凸显，赢得了社会各界广泛认可。

(一)推动了企业的转型发展，创造了显著的经济效益

收入、利润迅速增长。在全球电信运营商普遍经营困难，许多运营商收入负增长情况下，中国电信营业收入和利润水平一直保持正增长。2013年，中国电信主营业务收入同比增长11.2%，利润增长17.4%，在全球电信运营商中均名列前茅。

用户规模快速扩张。中国电信的服务领域，从转型之前的传统通信拓展到互联网业务、ICT应用等更为广阔的信息服务领域，并借助信息服务带动传统通信业务的规模发

展，传统通信业务用户总数从 2010 年的 3.4 亿户快速增长到 2013 年的 4.6 亿户，增长 35%。其中，更具发展潜力的有线宽带、移动用户数占基础电信业务总用户比，从 2010 年的 48%迅速攀升至 65%。

结构调整取得实质性突破。目前，中国电信主营业务形成结构更趋合理的固定通信、移动语音、新兴业务三大主要业务板块，非语音收入占比从 2010 年 57%提升到 2013 年 69%，其中流量、互联网业务和 ICT 应用等新兴业务 2013 年增长 30%，收入占比达 25%。

竞争能力稳步提升。2011 年，中国电信在行业内的收入市场份额实现了"V 型"反转，此后持续提升，年均提升 0.7 个百分点，2013 年收入市场份额达 25.6%。运营效率和效益明显提升，2010 至 2013 年，主营业务收入利润率从 5.5%提升到 6.5%，劳动生产率从 71 万元/人提升到 100 万元/人。

部分新兴业务在移动互联网业内确立了行业地位，并建立一定的差异化竞争优势。如号百商旅业务在移动互联网业内排名第三；ICT 业务在电信业内市场份额第一；IPTV 用户达到 3000 万户，居全球第一；易信业务在移动互联网业内排名第二。新兴业务建立的差异化优势有效带动了传统业务发展，如 ICT 业务在 2013 带动移动业务发展 2000 万户。

（二）提供了丰富、便捷的社会信息化服务

随着转型的深入，中国电信服务社会信息化的能力不断提升，其发展成果不断惠及社会经济发展，惠及政府、企业和民生。在政府和社会管理领域，中国电信已在 207 个城市深度开展智慧城市的合作，利用中国电信的智慧城市综合解决方案和平台，助力服务型政府的建设，提升社会管理水平；在医疗卫生领域，中国电信定制开发的整体解决方案"数字医院"，极大促进了"看病难看病贵"问题的解决，有效改善了人民群众的医疗保健水平。目前，已有 1 万多家中小医院使用"数字医院"应用，覆盖 2000 万人等等。

（三）得到了社会各界的广泛认可，提高了企业声誉

中国电信的战略转型得到了行业内外、资本市场的肯定和认同。2014 年，中国电信在世界 500 强中的排名较 2010 年提升 50 位，跻身全球电信运营商前 10 名。中国电信连续多年被《财富》《财资》等投资界主流媒体评为全球最受赞赏公司、最具潜力中国企业等多项荣誉；先后被国内外权威机构授予亚洲最佳管理公司（第一名）、全方位杰出企业白金奖、最佳企业社会责任奖、亚洲最受尊崇企业等多个奖项。

（成果创造人：王晓初、杨　杰、陶　萍、肖金学、郑奇宝、马　杉、
张建斌、秦　健、蔡　翔、陈仕俊、陈显才、冯彦松）

以建设国际物流枢纽岛为目标的"一体两翼"战略实施

舟山港股份有限公司

成果主创人：公司董事长、党委书记孙大庆

舟山港股份有限公司（简称"舟山港股份"）成立于2011年5月，前身为舟山港务集团有限公司，是舟山市港口国有资产产权经营、资本运营、港口基础设施建设及临港产业开发的重要平台。注册资本6亿元，至2013年年末，共有控股企业26家，合营联营15家，参股1家，在册员工1300余人，资产总额达到87亿元，营业收入8.4亿元，利润2.27亿元。经过短短几年的建设与发展，舟山港股份已经形成了港口装卸仓储、港口配套服务、港口综合物流三大业务板块，拥有港口装卸、仓储、拖助、海运、船代、货代、理货计量、船舶交易、保税、二程物流配送等多家企业，港口整体功能、配套设施完备。2011年国务院正式批复设立舟山群岛新区，标志着浙江舟山群岛新区建设已上升为国家战略。舟山港股份立足实际，着眼长远，以建设国际物流枢纽岛为目标，制定和实施"一体两翼"战略，努力发展成为一家以港口码头产业为核心业务，以港航服务产业、物流延伸产业为支撑的多元化发展的现代综合港口物流服务商，最终向世界一流港航系统服务集成商迈进。

一、以建设国际物流枢纽岛为目标的"一体两翼"战略实施背景

（一）发挥区位优势，建设国际物流枢纽岛的需要

当前，长三角经济一体化已上升为国家战略，2013年长三角货物吞吐量18.8亿吨，外贸吞吐量8.9亿吨，其中煤、油、矿三大货类外贸进口量分别完成5500万吨、7200万吨和2.0亿吨。舟山群岛新区真正能够体现全球一流水平最具国家战略意义，最具稀缺价值的就是舟山优越的战略地位，丰富的港口资源，舟山国际物流枢纽岛的建设有利于集中建设大宗物资国家战略储备基地，利于长三角周转，保障国家重要战略物资的供应安全。

（二）加快开发海洋经济，促进地区经济发展的需要

建设大宗商品交易中心，打造国际物流岛是舟山群岛新区在现有资源基础上水到渠成的选择，舟山依托自身资源优势，把发展海洋经济作为主攻方向。改变过去港口项目招商开发的模式，推动舟山港域由"业主港"向"地主港"模式转变，逐步消除港航物流的产业链和价值链短、港口辐射带动作用小的"过路"经济的弊端。形成以港口物流、临港工业、海洋旅游和现代渔业为主的特色鲜明的海洋产业体系和较为齐全的海洋产业发展结构，带动相关产业链，增加附加值，带动舟山经济，增强舟山对长三角地区、全国和亚太地区的辐射。

(三)推动企业转型,提高企业竞争力的需要

舟山港股份在新区建设热潮下,从支柱产业寻找突破口,实现产业引领,港航物流业成为众望所归。在装卸、中转、运输组织等基础上,统筹码头集散功能,深化加工、配送、贸易等功能,拓展金融、信息、保税等功能,延伸物流产业链,构建港口综合服务体系,向综合商贸型的港口物流转型,促进舟山经济快速发展和海洋经济综合开发,提高企业的竞争力。

二、以建设国际物流枢纽岛为目标的“一体两翼”战略实施内涵和主要做法

舟山港股份围绕国家区域发展总体战略和海洋强国战略,重点发展油品、铁矿石、煤炭及粮食等散货业务,围绕港口装卸仓储“一体”主线,建设战略性港口项目;以港口配套服务为“左翼”,有效提高港口运行效率;以港口综合物流体系为“右翼”,全面提升本港全程物流体系附加值。主要做法如下:

(一)统一思想,研究制定“一体两翼”战略

舟山港股份通过SWOT分析,综合评定优劣势,制定“一体两翼”战略,即以“港口装卸仓储”为主体,港口配套服务和港口综合物流为“两翼”,三者如同一架飞机的主体舱和两个翅膀,融为一体,相互依存,相互发展。港口装卸仓储作为主体舱,是基础业务,利用舟山区位和深水资源优势,围绕矿、油、煤、粮等大宗货物,搭建现代化、专业化的大型深水码头,打造战略能源的物质集散平台;港口配套服务为“左翼”,是保障业务,利用码头集散平台,发展引航调度、拖助、船舶代理、货运代理、理货计量等与码头运行相配套的一体化港口服务体系;港口综合物流为“右翼”,是重点发展业务,基于码头平台和配套服务的基础上,重点发展二程船配送、物流园区,物流金融、物流定制等高附加值的物流价值体系,建设以本港为枢纽的全程物流体系。舟山港股份加快港口开发建设,推进基础性、战略性重大港口项目建设,逐步从传统的码头装卸转型为向客户提供“门到门”服务的港航供应链服务提供商,形成“一体两翼”的业务格局。

(二)围绕港口装卸仓储“一体”主线,加快建设战略性港口项目

1. 以平台掌控为根本,加强港口开发建设力度

一是加强港口岸线开发的统筹规划。由政府组建专门岸线收储公司,合理开发和有效利用岸线资源,进一步巩固政府在舟山港口开发中的主导地位,提高了对港口核心资源和核心平台的掌控力,为货主码头向业主码头转型奠定基础。

老塘山五期矿砂作业现场

二是加强核心平台的掌控和建设推进力度。2012年完成鼠浪湖项目公司股权的收购工作,舟山港股份持股从10%提高到51%,该项目工程建设规模为年矿石设计吞吐量5200万吨,建设30万吨级卸船码头一座,布置2个30万吨级矿石船泊位,水工结构按照靠泊40万吨散货船设

计，总投资预算为49.1亿元。除此外，2013年年初老塘山五期20万吨级减载平台投入运行，外钓应急油品30万吨级码头也按计划顺利推进。

三是加速码头作业设备升级，提高作业效率。舟山港股份采取适时更新和改造码头设备技术加速码头运转和提升承载能力，抓好设施完善、工艺改进、流程优化等工作，提高港口生产经营的效率和效益，以满足日益增长的船舶大型化和作业高效化的要求。在码头建设的过程中注重港口机械设备与码头吞吐能力的匹配程度，购置或更新现有的装卸设备，提高原有设备的装卸能力，以适应大型化、专业化码头的要求。2012年添置了一台1800吨/小时的桥式卸船机，大大地提高作业效率。

2. 实施货种多元化，扩大市场份额

舟山港股份重点突出"水水中转"的多元化业务。油品业务方面，抓住我国原油对外依存度逐年上升的机会，加快建设新的深水原油码头，增加原油吞吐量。铁矿石方面，继续与国内货主企业合作，加强与国外资源商的联系，开展铁矿石运输"由海入江"服务，通过与江阴港、南通港、如皋港等深化合作，确定了港港对接。服务客户上做到资源共享、优势互补，也为海进江直减业务奠定了强力的后方支持；煤炭方面，与各大电厂、钢铁厂、水泥厂及化工企业建立长期合作关系，继续加大煤炭吞吐量；粮食业务，主要包括舟山中海粮油、中粮东海粮油等货主为主的大豆、菜籽等货种接卸，并开展大豆二程运输，提供门到门的物流服务，在粮食深加工上与厂方建立长期供货协议；兼顾发展集装箱业务，加快建设水水中转为特色的集装箱中转基地，大力发展国际中转业务，稳步建设集装箱配套港口设施。加强与国内外港口投资互利合作，在金塘港区与宁波港开展集装箱业务合作，增加航班密度，扩大航线范围。

（三）以配套服务为"左翼"，有效提高港口运行效率

1. 利用资源，探索进出港"一条龙"服务

舟山港股份已形成集引航调度、拖助、船舶代理、货运代理、理货计量等与码头运营相配套的"一条龙"港口服务体系。围绕客户需求，提供周到服务，充分利用系统货运网络资源，实现货运服务延伸及网络资源共享，形成货运及关联性业务的互动。在配套服务链条上形成无缝对接，从船舶代理和货物代理为始端，主动对接好下一环拖助、理货、供应等环节，形成整体营销、主动服务、环环相扣的配套服务环节链条，帮助客户实现货物快速进出港。

2. 完善功能，积极开展配套服务

首先，在拖助配套服务上，建造盘峙、老塘山、野鸭山、马岙、六横五个拖轮工作基地，拥有拖轮23艘，使轮驳作业范围涵盖整个舟山港域；增加单船拖助能力，2012年投用2艘6800马力大功率港作拖轮，点面结合使舟山港具备了为全球40万吨级最大矿石船舶提供拖助服务的能力。其次，发挥舟山港域引航调度中心作用，针对外轮离港后第二天进长江，上海港有引航计划的即对老塘山码头离泊外轮提供上半夜的引航服务，以对接外轮进江计划，为船东（货主）提供优质的进江减载港口服务。再次，拓展保税港口配套服务，实施外锚地国际性船用燃料油加注业务，通过简化审批手续，缩短审批时间，减免相关费用，降低船东加油成本，为国际航行船舶提供具有保税功能、价廉质优的燃料油，以吸引客户。

3. 发挥各自优势,提高客户满意

在配套服务链条上,船舶代理、货运代理、理货计量各个点各有优势,借用优势,扩大品牌,提高客户满意度。理货业务上,做到计量器械精确,协助海关监管,起到货物交接中间人作用。以传统件杂货理货为立足点,稳定委托性散货水尺计量业务,抓住交通运输部颁发的交水发(2011)638号文件关于加强水路运输易流态化固体散装货物安全管理的规定之际,大力拓展易流态化固体散装货物取样制样监装业务,2013年水分检测4147万吨。代理业务上,实行计划、外勤一体化的服务模式,提供“全天候、全方位、全过程”的服务承诺,推进企业管理奖,顾客完全满意度(TCSS)和ISO体系建设,做到服务更精细、营销更有效、职能更充分、行动更迅速,确立舟山外代在船代行业中市场份额、客户满意度的绝对领先。2013年船舶代理净吨3382万吨,货运代理量2860万吨,约占舟山公共船代市场的30%份额。

(四)以港口综合物流体系为“右翼”,全面提升本港全程物流体系附加值

1. 发挥港口优势,加强港航联动

与现代港口物流相对标,发展大宗商品航运服务业,组建大型船舶运输团队;参与国家战略物资的运输,提高“海进江”“海进河”的运输能力,以港口开发建设带动航运业发展,以航运业发展推动港口业。继4艘6500吨级的“舟港海”系列散货船投产后,2012年又有两艘4.5万吨级散货船相继投入运营,具备了一支总运力近12万吨的自有二程船队,海上运力得到增强。

2. 推进大宗商品交易,创新物流模式

一是推进大宗商品交易。目前已集聚大量矿、煤、粮、油等大宗商品资源商、贸易(交易)商、需求商以及金融、口岸等配套服务机构,形成了以浙江舟山大宗商品交易所、浙江船舶交易市场、舟山水产品交易中心为核心平台,初步成为新区大宗商品商贸、交易中心;通过培育一批规模以上大宗商品贸易和现代物流企业,助力交易平台完善;以贸易带动上下游,延伸物流服务链。

二是研究和创建新的物流模式。以发展全程物流、打造港航物流系统服务集成商为理念,组织商业模式设计,组建设立物流企业。舟山中远物流有限公司设立后,借助中远物流的品牌、网络、人才、技术等优势,在巩固传统的船用品物流业务的基础上,加快搭建第三方、第四方物流平台,探索发展金融供应链物流服务、大宗商品质押监管、代理采购等新业务。在保税燃油基础上,进一步探索保税矿砂,由传统装卸、中转、运输的物流方式向保税物流转变。为改善群岛新区投资环境,目前加快对接上海自由贸易园区,着手开通舟山保税港区与上海外贸集装箱内支线班轮工作,开发“前港后园”物流发展模式,借鉴上海自由贸易园区成功经验和方法,为建设自由贸易园区、自由港区提供建设性意见。培育和壮大物流企业,依托港口和物流园区提供物流解决方案,拓展延伸服务,如货代船代、二程船运输、仓储加工、贸易、物流金融、信息服务、交易结算等。

3. 拓展服务功能,增强客户黏性

一是在合作的策略上,以现有业务结构为基础,延伸物流供应链。以中转运输为主

线，延伸二程运输、仓储、加工、代理贸易、物流金融等业务，构筑一体化的供应链物流服务，利用各自的有利条件将港口服务向腹地延伸，在合作上联营结盟。

二是在合作的推进中，通过港港联手，提供一站式供应链解决方案。利用现有在长江流域形成的战略合作网络，强化同苏州、南京、武汉等沿江大港的合作，联手为长江沿线的大型钢厂、石化企业、粮油企业等提供整合物流服务，扩大并掌控客户资源。

三是在业务的黏度上，以港口运营、仓储等优质客户的代理采购为切入点，快速做大国际贸易业务，并利用优质客户的原材料采购需求，进行精准营销。把现有客户资源直接转化为国际贸易的资源，以腹地钢厂、电厂为重点，探索深度合作，积极稳妥地开拓新的经营业务，延伸港口供应链。

四是在服务的特点上，突出重点物流。重点发展铁矿石、煤炭、粮食、油品、化工等散货业务，服务国内需求、重视国际中转，率先在重点品类上实现突破，并提供特色物流，拓展海产品的冷链物流、保税物流等地域特色物流服务。

4. 推进“三商”集成，谋求全程服务覆盖

集成港口装卸仓储、港口配套服务、港口综合物流的服务商，形成“三商集成”，发挥综合化的系统集成优势。重点打造三条服务核心链：港口装卸仓储服务链，运用信息化手段提高经营效率，提升客户满意度，加强现有码头运营服务能力；提升舟山港股份在港口投资、建设运营能力和掌控能力，扩大码头布局，加强服务基础；港口配套服务链，强化现有货代船代、理货计量等业务实力，提高配套服务能力；综合物流服务链，强化二程船运输能力，发展物流园区，物流金融、物流定制等高附加值的物流价值体系。

（五）创新突破资本束缚瓶颈，确保“一体两翼”战略实施进程

1. 理顺步骤时序，推动外部融资手段的多元化

舟山港股份按照“经营性企业，市场化运作”要求，立足自身，创新资本运作。根据发展各个阶段的资金需求，制定了资本运作“五步走”战略，适时采取不同融资手段。积极引进战略投资、发行中期票据、加快上市进程、打通境外融资通道及发行短融券、积极拓展资本市场再融资。目前已完成前两步，引进战略投资获得资金 7.03 亿元，发行中票获得资金 7.4 亿元。在各方努力下，舟山港股份于 2014 年 4 月获得了 IPO 预披露。

2. 加强统筹安排，提高内部企业资金的使用效率

为了提高资金利用率，舟山港股份及所属企业设立公共“资金池”。以资金运营管理中心为平台，采用虚拟资金池管理模式，对成员单位的资金实行集中管理。各所属企业结余费用汇总到公共账户，所需费用内部调剂，按实结算，充分利用内部的资源，提高资金利用效率，实现资金集中配置、资金有偿共享、资金操作简便、资金风险可控、资金效用最大。

3. 强调政企协同，寻求政策支持

在“以港兴市、全面跨越”的号召下，舟山市政府培育和引导一批市场化程度高、战略引信性强的企业，实施混合所有制改革先行先试，舟山港股份借机加强与政府之间的合作，积极参与政府政策导向性的重大项目，同时争取对企业发展有利的政策支持，在财政、税收等方面给予政策性倾斜，以建设公共码头和港口公益性基础设施，优先开发公共

岸线资源,促进政企之间的相互支持,发挥协同效应。

(六)深化企业体制改革,推动"一体两翼"战略不断深入

1. 完善决策体系,建立产权清晰的法人治理结构

按照现代企业管理要求,舟山港股份对全资、控股企业建立产权清晰、权责明确的现代法人治理结构。重点做好董事、监事、高层管理人员的委派,建立和实施所属企业"三会"议事规则、财务人员委派考核机制,防止重大决策风险。

2. 强化集团化管理,完善母子管控体系

在梳理分析 23 项核心职能的基础上,围绕舟山港股份战略定位、战略目标,综合分析舟山港股份对所属企业的管控要素,采用"战略+操作""战略+财务""财务型"三种管控模式,强化集团化管控;2011 年着手制度创新工作,形成 260 项制度汇编,在执行中不断改进完善;另外,贯彻实施质量环境职业健康安全三标一体标准化管理体系,实现与现代企业管理要求相并轨。

3. 整合优化资源,形成主业突出的业务体系

2011 年起,稳步推进内部资源整合工作,主要对集团资产、业务板块、内部机构及工程管理等方面作有机地整合。在业务板块上,在突出港口生产主业的同时,进一步完善物流服务体系,加快搭建贸易平台,拓展延伸产业链条,做大产业规模;实施企业资产重组,整合重叠交叉业务,剥离转让非主营业务,使主业更加突出。

4. 采取"网格化管理",深化推动改革步伐

舟山港采取"网格化管理、组团式服务"方式,负责股份制改革工作。成立了"3+1"工作小组即三个企业股改实务操作小组和一个企业股改思想教育工作小组,确保组织保障到位,人员责任到位。历时 7 月全面完成职工股股权收购,收购率达 100%。2012 年至 2013 年进一步深化"网格"作用,对股改后部分盈利能力弱的企业实施帮扶,积极开拓市场、优化人员配置、改革用工模式,扭亏增效,实现人力、资产效益最大化。

(七)加强企业人才队伍建设,凝聚"一体两翼"战略执行力

1. 重规划,塑氛围,强调队伍建设的统筹协调

在深入调研的基础上,编制了"十二五"人才发展规划,围绕经营管理者、专业技术人才和高技能实用人才等队伍建设,积极采取"请进来教、走出去学、岗位上练、特殊性聘"等方式,加大各类人才的引进和储备力度,并规范完善员工招聘、录用、调配等办法,形成上下统一的标准化人力资源管理体系,明确了队伍建设工作的整体目标和要求。

2. 外引进,内练兵,坚持人才培养的"两条腿"走路

一是加强校企合作,通过与浙江交通职业技术学院及浙江国际海运职业技术学院合作开展高技能人才的订单式教育培养工作,不断加大各类人才引进培养力度,现有 38 名订单班学员正式在舟山港股份公司钓浪公司上岗。二是实施岗位练兵,开展了品牌员工创建、师徒结对和技能大比武等活动,通过形式多样,内容丰富的各类活动载体,激发了内部争先创优、勇争第一的工作干劲。三是加强培训,先后组织了经管干部和业务骨干赴上海海事大学集中培训和多期新员工上岗培训班,并谋划了企业学校的筹办工作,丰

富员工培训方式，完善了人才培育的长效机制。

3. 以公平公正为纲，打造队伍绩效考核和员工晋升机制

一是完善激励机制。在部分企业先行推动市场化的行业激励方案、激活企业持续增长的动力的基础上，逐步形成市场化薪酬机制；二是创新完善协调协作机制和工作激励机制，创新人事制度、依据能力水平，确保实现“干部能上能下、员工能进能出”的目标；三是深化干部人事制度改革，开展干部岗位公开竞聘选拔工作，打造公开透明的人才晋升机制，2013 年选拔任用司管干部 14 名。

三、以建设国际物流枢纽岛为目标的“一体两翼”战略实施效果

（一）推进国际物流枢纽岛建设新进程

舟山港股份“一体两翼”战略，为提高装卸和仓储等配套服务能力，提高码头吞吐量在全港中的比重，及提升行业地位，加快项目建设进度，自有码头数量不断增加。2011—2013年，舟山港股份项目建设共投资逾 90 亿元。第一步，重点发展海洋工程装备部件、船舶配件、电子产品、国际服务外包和海洋生物医药等产业所保税物流、加工及相关增值业务，以加快建设舟山港综合保税区。第二步，加快建设国际物流枢纽岛建设，推进国际化市场体系建设，探索自由贸易园区，推进贸易投资便利化。第三步，借鉴国际先进经验，提高资源配置能力和对外开放水平，创造条件，在舟山群岛新区进行建立自由港区的改革探索。

（二）带动地方和区域经济的协同发展

2013 年，山港年货物吞吐量 3.14 亿吨，比 2012 年增加了 2400 万吨，增幅 8.3%，外贸吞吐量为 1.08 亿吨；2013 年全市船舶运力保有量 531.8 万载重吨，比 2012 年净增 26.7 万吨。相比同期，上海港 2013 年货物吞吐量 7.76 亿吨，比 2012 年增长 5.5%。2013 年全球港口货物吞吐量排名第一的宁波－舟山港年货物吞吐量 8.1 亿吨，成为全球第一个 8 亿吨大港，比 2012 年增长 8.8%，其中舟山港约占 39%。到 2013 年年底，浙江省舟山市海洋经济总产出超过 400 亿元，增长 20.1%，海洋经济增加值为 143 亿元，占全市 GDP 比重的 68%，成为全国海洋经济比重高的城市，也是最具海洋特色的城市。

（三）提升国有港口企业的核心竞争力

在新形势下，舟山港股份在政府和“两区”规划的强力支持下，“一体两翼”战略促进舟山港股份快速发展。截至 2013 年年底，舟港股份资产总额达到 87 亿元，是 2011 年年底的 1.70 倍；净资产达到 29.45 亿元，是 2011 年年底的 1.43 倍；2013 年营业收入 8.4 亿元，利润总额 2.27 亿元，是 2011 年利润的 1.32 倍，年货物吞吐量 2013 年达到 4924 万吨，近几年随着港口建设投入的加大，舟山港股份年吞吐能力每年均以 20%的速度增长。2014 年上半年，利润总额、吞吐量分别达到 1.66 亿元、2698 万吨，在海运港口行业疲软的情况下继续大幅增长。在综合实力不断壮大的同时，企业信息化、精细化运作使得经济增长方式由粗放型向集约型转变。

（成果创造人：孙大庆、张振兴、石焕挺、杨成军、董　平、朱幼苗）

茧丝绸企业提升核心竞争力的产业化经营管理

鑫缘茧丝绸集团股份有限公司

生物酶前处理

鑫缘茧丝绸集团股份有限公司（以下简称“鑫缘集团”）成立于1994年，注册资金1.1亿元，是一家国有参股的股份制公司，隶属纺织丝绸行业。集团下属14家分公司、90家茧站，控股15家丝绸加工生产企业，1家小额贷款公司，1家生物科技有限公司，1家房地产公司。主营业务有桑蚕茧、桑蚕丝、绢丝、真丝绸、丝绸家纺、丝绸服装、丝绸文化创意、桑蚕茧丝资源开发生产、加工、销售等。年产优质桑蚕茧2万吨、优质中国名牌产品桑蚕丝3000吨、中国名牌产品真丝绸2000万米、丝绸服装700万件套、丝绸家纺500万件套等，蚕茧、生丝、真丝绸、蚕丝被产销量位居全国丝绸行业前列。鑫缘集团在全国丝绸行业中首创“公司＋基地＋农户＋工厂＋科研院所”的产业化经营体制，成为我国专业从事桑蚕良种繁育、养蚕、制丝、丝织、丝绸服饰家纺、桑蚕茧丝资源利用等研发生产的农业产业化国家重点龙头企业。

一、茧丝绸企业提升核心竞争力的产业化经营管理背景

（一）响应国家政策，振兴我国桑蚕茧丝产业的战略需要

茧丝绸产品一直是我国重要的出口商品。随着我国入世过渡期的结束和国家“东桑西移”战略的实施，茧丝绸生产区域分布已经发生了较大变化。为满足国内外丝绸市场需求，加快海安县茧丝绸资源的优化配置，充分发挥鑫缘集团茧丝绸生产的比较优势，尽快提高茧丝绸产品在国内外市场上的竞争力和占有率，不断发展和壮大茧丝绸产业，为产业发展和区域经济发展提供有力支撑。2009年6月，国务院将“江苏沿海地区（南通、盐城、连云港）发展规划”列为国家战略，规划中明确提出“将海安蚕桑建成全国一流的优质原料茧、高效蚕业基地”。国务院发布的《纺织工业调整和振兴规划》提出“在全国发展以‘公司加农户’为主要形式、具备自主创新能力和自主品牌的丝绸企业。”充分体现国家对桑蚕茧丝绸产业的高度重视，因此，茧丝绸产业化经营完全符合国家经济发展的战略要求。

（二）实现农企双赢，维护产业稳定发展的需要

“三农”问题党中央国务院历来十分重视。我国从事栽桑、养蚕及茧丝深加工人员达1亿人，占全国农业人口的1/8。桑蚕茧丝产业既是高效农业，更是富民产业。鑫缘集团前身是由海安县丝绸公司等单位组成的股份制公司，主营业务主要是蚕茧的收烘和转卖，后道加工乏力，企业机制不灵活、效率低，企业缺乏市场竞争力；单一化经营，使得企

业社会影响力小，利润微薄，不利于海安茧丝绸产业稳步发展。由此，“公司＋高校院所＋基地＋农户”的茧丝绸产业化经营提上重要议事日程，搭建产业、市场与蚕农之间的桥梁，推广新技术带动蚕农增收和企业发展，实现农企双赢，以促进社会主义新农村建设。

（三）实现茧丝绸循环经济综合利用的需要

桑蚕茧丝绸产业本身是生态绿色产业。鑫缘集团通过产业化经营来推进以茧丝绸产业循环经济为重点内容的生态产业工程，符合国家循环经济、节能减排及纺织行业发展等产业政策。根据国务院《“十二五”节能减排综合性工作方案》提出的大幅度提高能源利用效率，显著减少主要污染物排放总量的总体要求，鑫缘集团制定相应循环经济实施方案，以桑蚕茧丝副产品综合利用开发为导向，开发集成桑树枝条、蚕沙、蚕蛹、缫丝精炼废水等循环经济综合利用技术，实现综合利用，以提高桑蚕茧资源综合利用附加值，提高栽桑养蚕的经济和社会效益。

二、茧丝绸企业提升核心竞争力的产业化经营管理内涵和主要做法

鑫缘集团以“创新茧丝绸产业，永当行业标杆”为愿景，不断优化“公司＋基地＋农户＋工厂＋科研院所”的产业化经营体制，形成上下游联动的产业链，实现多方共赢发展。创建优质基地，与蚕农抱团发展；延伸产业链条，集成壮大企业；实施科技创新，深化产学研合作；实施品牌战略，打造丝绸文化创意品牌；发展循环经济，促进产业持续健康发展，形成桑蚕种选育繁育、栽桑养蚕、蚕茧收烘、缫丝、绢纺、织绸、服装、服饰、丝绸家纺、丝绸文化创意及桑蚕茧丝副产物开发利用等一条龙生产经营体系，成为国内桑蚕茧丝绸行业最具特色的产业化经营模式和最为完善的产业链。主要做法包括：

（一）明确产业化发展方向，完善保障机制

1. 制定提升核心竞争力的产业化发展战略

鑫缘集团根据自身发展实际做出“完善中间，延伸两头”的决策，实施三大转变：产品经营从传统粗放出口为主逐步向精深加工出口跨越，新品研发从借外智为主逐步向自主创新跨越，产品类别从委托加工为主逐步向自主品牌产品输出跨越），推行“公司＋蚕业合作社＋农户＋工厂＋科研院校”的产业化经营体制，强化与基地蚕农、工厂、顾客等各方的利益连接，以集团工业园区为平台，发展深加工，培育蚕桑生产基地，扶持蚕农栽桑养蚕，延伸茧丝绸产业链。通过从产业链发展中谋求应变市场竞争的商机，并用后道产业的盈利反哺产业基地建设。

丝线整理

2. 完善产业化经营保障机制

鑫缘集团加强保障机制建设，建立产业化经营管理工作流程，及时对管理组织机构进行必要的调整和改革，建立健全一整套适合产业化经营发展的规章制度。一是实行合同产销制度。按“订单”组织生

产，减少生产的盲目性，用制度保证合同信誉的兑现；二是执行保护价格制度。当市场价格低于保护价格时，企业按保护价收购农户蚕茧；三是完善风险防范机制。对各种风险源进行有效控制，使农业产业化经营得到最大限度的安全保障。

（二）完善服务网络，创建优质基地

1. 高点规划标准建设，打造“一村一品”特色

鑫缘集团制定桑蚕茧丝绸产业发展规划，通过对桑园布局进行高起点规划，建立现代蚕业科技园，实施万亩标准化桑园示范基地建设。打造现代高效蚕业的“一村一品”特色，推进产业基地的规模化经营，建设标准化示范基地12万多亩，带动11.4万户蚕农增收。桑园基地推行“五化”：路沟渠配套硬质绿色化、桑园拓植良种化、小蚕共育专业化、种养管理标准化、生产经营规模化，将栽桑养蚕做成海安生态农业和观光农业亮点。海安县海安镇新丰村目前桑园面积已扩大到1702亩，占总耕地面积的71.3%，该村养蚕农户蚕茧收入1189.4万元，亩桑收入6988.25元，771户农户养蚕户均蚕茧收入15426.72元，成为远近闻名的蚕桑专业示范村。

2. 建立蚕业合作社，实行全程跟踪服务

鑫缘集团在国内茧丝绸行业率先推广组合售茧的基础上，引导蚕农建立170个蚕业合作社，提高蚕茧组织化生产和社会化服务程度。蚕业合作社由村干部、蚕农、组合组长、蚕桑指导站、集团基层分公司等多方共同参与。通过蚕业合作社与蚕农签订桑蚕鲜茧产销合同，带动基地区域内蚕农栽桑养蚕，同时在资金和组织上保障蚕业合作社的有效运行。合作社对入社的蚕农实行产前、产中、产后全程跟踪服务，发挥很好的组织协调和技术指导作用。形成以鑫缘集团为龙头，科研院所为技术支撑，县镇两级蚕桑技术服务站、茧丝绸分公司蚕茧收烘站、蚕业合作社为主体，数千名蚕桑科技示范户为辐射点，蚕农为基础的蚕业技术服务网络，把集团与蚕农、丝绸企业实行紧密型利益连接。蚕桑科技示范户为蚕农推选，进行科学技术示范与推广，每月给予补助。

3. 采取契约形式，实行保护价收购

鑫缘集团与海安县11.4万户蚕农签订桑蚕鲜茧产销合同，承诺技术服务、实行保护价收购、每亩给予百元的新品种桑苗补助等条款，以契约的形式向蚕农承诺：在行情正常时，以高于国家当期鲜茧收购指导价和国家规定的其他农副产品比价，不低于周边地区收购价格收购蚕茧；在行情低迷时以保护价收购蚕茧。在实际收购过程中认真履约，以维护合同的严肃性。2012年至2013年，茧丝绸经受行情和虫害的影响，为保护基地蚕农的生产积极性，鑫缘集团对产业基地蚕农生产的蚕茧实行保护价收购。2012年蚕茧收购执行均价为40.16元/公斤，比全国蚕茧综合均价高出6.14元/公斤，成林桑园平均亩收入达5500元，优质高产村组农户亩桑收入超过6000元。2013年春期蚕茧收购均价达50.66元/公斤，比全国春茧均价高出6.31元/公斤。2013年订单基地采购额过10亿元，较好地保障蚕农的收益，增强蚕农应对市场行情波动、抵御和化解市场风险的能力。

4. 蚕茧科技进村入户，建立服务长效机制

鑫缘集团组织基层90个蚕茧收烘站近233名员工常年深入田间地头和农户家中，

为蚕农栽桑养蚕提供技术指导。每年向蚕农编制印发《农家蚕事》等栽桑养蚕的技术宣传资料 24 万份，并通过广播、电视、报纸等媒体，适时宣讲栽桑养蚕的技术要领，病虫害防治措施。建立科技服务超市和科普服务站，投入资金购置书籍、电脑，接入宽带网络，以服务桑蚕茧丝绸特色产业为主线，积极探索建立“送科技下乡，促蚕农增收，发展壮大茧丝绸产业”的长效机制，构建集科技咨询、科技培训、新技术和新品种及科技成果示范推广、信息网络、配套技术物资供应于一体的服务体系，做到有店面、有队伍、有网络、有基地、有成果、有品牌。

5. 资金扶持基地栽桑养蚕，鼓励建设标准示范桑园

鑫缘集团持续投入大量资金用于培育蚕桑生产基地，对桑园良种更新以资金补助蚕农，对标准示范桑园基地给予补助；资助推行蚕农产业经营，蚕农当上产业工人；在推广优良桑蚕品种、办理蚕桑保险等方面，给蚕农直接的资金补贴。同时重点投入资金用于全面推广抗逆性较强、丝质品位较高的优良蚕品种的补助。同时建立良种示范圃，大力试验、繁育推广优良桑品种和优质高产蚕品种，在不增加桑园面积的情况下，通过更新老桑、优良桑、蚕品种的改良与推广，研究推广新技术，组装配套先进技术，蚕业生产水平大幅度提高，单位面积发种量、优良蚕品种比例、蚕茧质量、生产效率、经济效益等多项指标均位于全国同行业先进水平。

（三）促进后道生产企业集成壮大，延伸产业链条

1. 引进高端设备，保障园区建设

鑫缘集团建设后道产业工业园区，建立茧丝绸后道产业研发生产基地，在不断完善集团工业园建设的同时，投资引进先进生产设备，仅缫丝、捻丝、绢纺设备就达 2000 多台套，先进的意大利剑杆织机 96 台套，建成 20 条真丝服装、家纺、蚕丝被、床上用品先进生产线，形成年产桑蚕生丝 3000 吨、真丝绸 2000 万米、真丝服装 700 万件、真丝家纺产品 500 万套的生产能力，建成桑蚕生丝、真丝绸、服饰和真丝家纺产品生产基地，形成从缫丝、绢纺、丝织到服装、服饰、真丝家纺等完整的丝绸生产加工产业链。

2. 建立产业联结机制，激励产业发展壮大

鑫缘集团按照茧丝绸产业制造流程，分别设立缫丝、绢纺、丝织到服装、服饰、真丝家纺等一条龙产业链生产子企业，每家子企业生产产品都是后一道流程企业生产产品的原料，整体连接机制增强。鑫缘集团与控股子企业之间，集团控大股，各子企业自负盈亏，按照现代企业制度，按占股比例分配经营利润。鑫缘集团建立一整套机制和制度实行总体管控，针对各子企业发展特点，分别制定产业经营目标、考核细则及风险环节应对机制，明确考核主体及承担风险主体责任；在遭遇经营危机时，可为各子企业提供资金帮扶，共渡难关。

3. 推行“厂站挂钩”新机制，实现抱团发展

“厂站挂钩”是鑫缘集团积极引导和扶持全县茧丝绸加工企业共同发展而推出的蚕茧收烘新模式。鑫缘集团创造性地建立“统一经营，厂站挂钩，风险抵押，自负盈亏”的蚕茧收烘经营管理体制，建立“风险抵押，考核到站，绩效分成”的蚕茧生产收烘运营模式。一是调优茧源配置。蚕茧由鑫缘集团统一组织收烘经营，丝厂和集团所属分公司茧站共同参与挂

钩区域内蚕茧收烘，蚕茧由挂钩丝厂直接使用，部分蚕茧由集团调拨平衡，蚕茧资源就地得到加工增值。二是调活价格机制。鑫缘集团和厂站挂钩的丝厂根据政府蚕茧收购指导价，调研制定合理的市场收购价格。三是调活开秤时间。丝厂和分公司茧站可以根据挂钩区域内的蚕茧化蛹程度灵活掌握开秤时间。四是调强运行机制。与丝厂和蚕农利益相对接，明确各方权利与义务，调动各方面的积极性。视基层茧站为缫丝企业的第一车间，通过不断加强管理，改善技术，投资先进设备，为缫丝企业提供优质原料，以提升缫丝企业的产品质量和档次，并通过压缩中间费用，让利于缫丝企业，使缫丝企业发挥成本优势，增强市场竞争能力，实现产业共赢。同时，从缫丝能力、诚信经营、善待员工、依法纳税等四个方面进行考核，与全县13家缫丝企业的利益紧密挂钩。在经营行情波动时，提供资金扶持，增强了共同抵御市场风险的能力，带动全县涉及49家相关企业的共同配套发展。

（四）依托科技创新，深化产学研合作

1. 打造平台，组建技术创新战略联盟

鑫缘集团凭借自身在行业中的号召力和影响力，主动担当起组织和引领中国茧丝绸产业创新发展的重任，参与发起设立由国内丝绸领域著名高校、科研院所、中央企业和行业重点骨干企业等29家单位组建的以企业为主体、市场为导向、产学研相结合的茧丝绸技术创新战略联盟。建立院士领衔、国务院特殊津贴专家、省中青年专家、国家蚕桑专家等组成的创新团队。与苏州大学、中国农科院蚕研所、江苏科技大学、江苏省农科院等高校科研院所紧密合作，围绕茧丝绸产业的新材料、新工艺、新技术、新产品，着眼国际前沿，共同商定科研课题，共同组织技术攻关。如与苏州大学合作开发天然彩色桑蚕茧丝产品，经过数十年的不懈攻关，以蚕品种为突破口，创制天然色彩的优质原料茧，并在国内率先进行天然彩色蚕茧的饲育、收烘、缫丝、织造及精练生产加工关键技术研发与产业化，该项科研成果荣获江苏省科技进步一等奖和中国纺织科技进步一等奖。鑫缘集团先后推进实施国家科技支撑计划项目、国家循环经济项目、国家星火计划项目等30多个项目，形成新产品135个，从而确保企业科技创新始终走在国内同行业前列，奠定中国丝绸行业科技创新领跑者的地位。

2. 制定标准，推进国家级蚕桑标准化示范区建设

鑫缘集团推进国家级蚕桑标准化示范区建设，先后担纲《生丝》《生丝试验方法》《蚕丝被》等多项国家标准的制定，参与《桑蚕丝针织服装》《丝绸缫丝加工管理规程》《纺织行业品牌培育管理体系通用要求》等多项国家行业标准的制定，承担江苏省循环经济标准化项目和江苏省高新技术标准化项目。鑫缘集团组织蚕桑专业技术人员研究制定《丰产桑园栽培技术规程》《桑树病虫害防治技术规程》《蚕病防治技术规程》等7项蚕茧生产技术标准，被江苏省质量技术监督局认定为江苏省地方标准。配套制定鑫缘集团深加工产品标准，制定“鑫缘”牌蚕茧收烘技术规程、“鑫缘”牌桑蚕生丝、高档弹力真丝绸、真丝针织内衣、蚕丝被等企业产品技术标准。鑫缘集团由此成为我国茧丝绸行业众多产品技术标准的权威。

3. 鼓励发明创造，加快推进科技创新升级

鑫缘集团在企业内部积极鼓励和实施科研攻关、技术革新和发明创造，推行TRIZ创新方法，在集团内部员工中培养一批国内行业中知名的技术和管理专家。鑫缘集团员工研制

的计算机辅助缫丝生产和管理系统在国内行业中被广为推广，多人被评为省市技术拔尖人才。“十一五”以来，鑫缘集团获得国家专利168件，其中发明专利24件，获省以上科技进步奖13项，员工发表论文46篇。鑫缘集团在天然彩色茧加工技术、功能性丝绸面料和丝绸家纺、丝绸文化创意、桑蚕丝资源开发利用等关键技术上达到国际先进水平。

（五）打造循环经济，实现多方共赢

1. 实施节能减排

鑫缘集团进行草木染、天然彩色茧等技术的研发与产业化，是丝绸行业的重大突破，从蚕桑副产物提取天然色素用于丝绸面料，可避免因印染对环境带来的污染，有效减少丝绸印染环节的化工原料污染排放。缫丝厂是典型的耗能大户，鑫缘集团采用膜分离提取技术回收水资源和水中的丝胶蛋白，桑蚕丝生产污水回收利用率从35%提高到95%，并通过废水循环利用，年减少废水排放150万吨，企业工业用水重复利用率超过60%；用农作物秸秆、树根（枝）等可再生资源替代锅炉燃煤，年减少煤炭消耗3万吨，相应减少二氧化硫排放360吨，减少烟尘排放800吨。

2. 实行蚕桑资源副产物综合利用

鑫源集团以推行“减量化”、“再利用”、“资源化”为原则，构建茧丝绸生态产业链和循环经济标准化示范体系，优化“资源—生产—流通—消费—再生资源”流程，开展蚕丝资源综合利用示范推广工作，挖掘潜力，变废为宝。在桑蚕茧丝副产物综合开发利用方面，鑫缘集团有诸多创举：桑叶制茶、雄蚕蛾酿酒、蚕蛹提取蚕蛹油等等，既保护和改善了环境，也提高了资源综合利用率。如针对蚕丝脱胶加工中废水COD高、对环境污染大、丝胶回收难、丝胶蛋白大量流失及丝胶的工业化回收和应用问题，研究发明等电点沉淀与超滤及纳滤一体化回收丝胶技术，以及采用膜分离方法回收丝胶过程中膜堵塞的关键技术难题，在国内外首次实现丝胶的工业化回收。《丝胶回收与综合利用关键技术及产业化》项目荣获2013年国家科技进步二等奖。

（六）培育产业化品牌，打造创意产品

1. 注重品牌培育

鑫缘集团建立品牌培育管理体系，以精品树品牌、质量技术强品牌、产业发展做大品牌、提升影响力做响品牌，传承丝绸文化，深度延伸茧丝绸产业链，创建全国茧丝绸服饰家纺产业知名品牌示范区，带动全国茧丝绸产业发展；建立产品质量追溯和品牌营销管理机制；探索多品牌发展战略，采用专卖、连锁、区域代理、网上销售等营销策略，先后在全国25个大中城市建立营销网络，覆盖国内市场；拓展自主品牌出口的营销模式，在20多个国家和地区具有较强的影响力。

2. 打造丝绸文化创意产品

鑫缘集团瞄准国际、国内先进生产技术水平，以本地区优质真丝绸为原料，采用电脑控制技术及数码喷墨印花技术开发丝绸文化艺术创意新产品，率先建立新型丝绸文化艺术创意新产品的生产加工体系，并将数码印花丝绸并用于文化创意服饰、工艺品及文化旅游产品等丝绸文化艺术新产品开发，在本地区开发应用高档丝绸艺术系列新产品的深加工技术，并形成规模化、产业化生产，着力建成全国最大的新型丝绸数码印花高档生态丝绸文化艺术新产品的研发生产和出口基地。创造出国内领先的丝绸文化艺术产品，引领我国丝绸产业转型升级。

三、茧丝绸企业提升核心竞争力的产业化经营管理效果

(一)企业经济运行质量显著提升

鑫缘集团实行产业化经营战略后，经受住了2008年以来国际市场持续疲软的考验，连续6年生丝出口居全国同行第一，销售收入较之改制前增长了6倍以上，近3年主要经济指标大幅度增长，2011年至2013年销售收入分别为28.07亿元、30.53亿元、35.3亿元，利润为1.25亿元、1.33亿元、1.43亿元，税收为1.12亿元、1.24亿元、1.35亿元。鑫缘集团跻身中国纺织服装行业主营业务收入100强，出口100强，中国丝绸行业10强企业，综合经济实力位居全国茧丝绸行业第一。

(二)产业辐射带动效应显著

鑫缘集团辐射带动农户超过20万户，为社会主义新农村建设作出了积极贡献。全县有5万多人从事茧丝绸产业，被命名为“中国茧丝绸生产基地”。2013年整个茧丝绸产业链年产值超过80亿元，出口创汇近2亿美元。全县农民人均收入20%和财政收入14.5%均来自茧丝绸产业。鑫缘集团响应国家“东桑西移”的号召，将“公司＋基地＋农户＋工厂＋科研院所”的产业化经营体制成功复制到广西，让最新科技成果最大程度上惠及西南山区农民。目前，鑫缘集团已在环江培育蚕桑生产基地10万亩，带动农户8万多户。

(三)产业化经营管理效益凸显

鑫缘集团通过加强产业化经营管理，已由单一型企业成长为集桑蚕良种繁育、栽桑养蚕、蚕茧收烘、缫丝、绢纺、捻线、织绸、服装、家纺于一体的现代企业集团，形成了功能完备、具有较强竞争力的精品产业链。蚕丝被的品质国际领先，生产规模和市场占有率全球第一。2012年9月，国家质检总局命名“海安县鑫缘茧丝绸工业园区”为全国茧丝绸服装家纺产业知名品牌创建示范区，成为全国首批13个园区之一；2013年，鑫缘集团被国家工信部认定为“全国工业品牌培育示范单位”。

(四)取得良好的生态环境效益

鑫缘集团回收水资源和水中的丝胶蛋白，年减少废水排放150万吨，企业工业用水重复利用率超过60%；用农作物秸秆、树根等可再生资源替代锅炉燃煤，年减少煤炭消耗3万吨，相应减少二氧化硫排放360吨，减少烟尘排放800吨。鑫缘集团被列为第二批国家循环经济示范试点单位，也是目前全国丝绸行业唯一的一家企业。

(成果创造人：储呈平、陈忠立、孙道权、孙宁芩、杨俊峰)

水泥设计企业以技术装备与工程管理为驱动的走出去战略实施

天津水泥工业设计研究院有限公司

马来西亚 HUME 一线项目

天津水泥工业设计研究院有限公司(以下简称“天津水泥院”)成立于1953年,是中国最早建立的国家骨干工业设计院之一,也是中国建材行业实力最雄厚的甲级设计院。2000年勘察设计单位改制,天津水泥院成为中央企业工委(2003年后为国务院国资委)直接管理的10家设计院之一。2005年,根据国务院国资委的安排,天津水泥院重组进入中国中材集团有限公司。

天津水泥院现有总资产30亿元,从业人员1054人,其中各类专业和技术人员1028人,占企业总人数的98%。拥有建材行业甲级设计资质、建筑施工壹级资质等多项各类资质,以及直接对外经营权和对外承包工程资格。以水泥工程总承包业务为主,具有从技术研发、工程咨询、工程设计、设备成套、工程建设、工程监理、生产调试直至生产运营服务的水泥工程完整产业链,是全球首屈一指的水泥工程总承包商。截至2013年年底,天津水泥院已累计在中国以外的全球23个国家承接了71个水泥工程总承包项目。

一、水泥设计企业以技术装备与工程管理为驱动的走出去战略实施背景

(一)国内水泥行业产能严重过剩带来发展挑战和机遇

20世纪末以来,我国国民经济持续快速发展、基础设施更新改造和房地产行业增长迅速,带动了水泥需求较快增长,水泥行业固定资产投资居高不下。水泥工业发展很快,但同时也出现了总量严重过剩、产业结构不合理、行业集中度低等问题。近年来,我国政府出台了一系列遏制水泥行业盲目扩张的政策,严格限制新建水泥生产线,水泥行业固定资产投资持续下滑。水泥工程企业在国内的生存空间受到严峻挑战,单靠国内市场已经不能满足企业生存和持续发展的要求。水泥工程企业必须走向国际市场,寻求新的生存和发展空间。

为化解水泥行业过剩产能,国家在遏制国内新增产能的同时,也鼓励水泥企业走出去,参与国际市场竞争。发改委等八部委2006年联合印发的《关于加快水泥工业结构调整的若干意见》提出,鼓励日产2000吨以上大型水泥设备出口,对符合信贷条件的项目,银行积极提供必要的出口信贷支持;支持有实力的大型企业(集团)走出国门开展水泥建设工程总承包和直接投资办厂,使我国水泥工业由产品输出向资本、装备、技术、管理、服

务等配套输出的国际化经营方向发展。

（二）国际水泥工程市场需求旺盛带来发展机遇

随着经济全球化时代的到来，各国更加深刻地认识到，国与国的较量实质是综合实力特别是经济发展水平的较量。发展经济成为世界各国的共同要务，东南亚、印度、中东、非洲、俄罗斯、巴西等众多区域和国家经济发展增速较快，基础设施建设十分强劲，对水泥的需求量持续增大。近年来世界水泥需求年增长均保持在5%左右，水泥行业投资也稳步提高，水泥工程建设市场需求旺盛，为国内生存空间变窄的中国水泥工程企业拓展发展空间提供了难得的市场机遇。

（三）天津水泥院具备实施走出去战略的资源与能力

天津水泥院在60余年的发展历程中，伴随中国水泥工业由小变大、由弱变强，自身也不断发展壮大，从传统设计业务先后拓展到装备制造业和工程总承包市场，在技术装备和工程管理等方面具备雄厚的综合实力，为成功走出去奠定了坚实的基础。

天津水泥院是中国水泥行业的第一设计院，设计了我国半数以上的新型干法水泥生产线，创造了国内国际水泥工程设计总量之最，先后获国家级和行业级优秀工程设计奖95项，性能指标达到国际先进水平，其中多项设计成果在中国水泥工业发展史上具有里程碑意义。

天津水泥院是中国水泥技术装备的领头羊。从引进、消化、吸收到自主创新，拥有完整的具有自主知识产权的700～1万t/d系列规模的新型干法水泥生产技术装备。进入21世纪，先后在天津、徐州、常熟、淄博等地建立了装备加工制造基地，实现了水泥工业生产线主机设备的全部自主制造。

天津水泥院是中国水泥工程总承包市场的开拓者。作为建设部推广的以工程设计单位为龙头进行工程总承包的首批试点单位之一，充分发挥设计院在工程设计、工程质量、工程造价和进度管理等方面的优势，在国内先后承担了太行邦正、广东郁南、都江堰拉法基等大量工程总承包项目，积累了丰富的工程建设和管理经验。

二、水泥设计企业以技术装备与工程管理为驱动的走出去战略实施内涵和主要做法

天津水泥院根据自身特点制定走出去战略，依靠技术装备和工程管理双轮驱动，以完整的具有自主知识产权的700～1万t/d系列规模的新型干法水泥生产技术装备为支撑，按照国际通行的EP（工程设计＋设备采购）、EPC（工程设计＋设备采购＋施工）等工程承包方式，通过水泥建设工程带动水泥技术、装备和服务的出口，在建设过程中充分关注业主利益和个性化需求，从“走出去”“站住脚”到“融进去”“树品牌”，成功拓展了国际市场。主要做法如下：

越南福山项目

（一）实施差异化的市场战略，以个性化服务占领市场

国际水泥项目分布广，各国业主和项目特点差异大，还有一些覆盖全球的国际

巨头。根据国际水泥市场的特点，天津水泥院认识到，只有考虑不同客户、不同项目的实际需求，实施差异化的市场战略，并提供个性化的服务，才能打开并占领国际水泥市场。为此，天津水泥院对国际市场开拓进行总体规划，明确发展路径，即紧抓高端大客户和重点区域，继而打开全球市场。

多年来天津水泥院紧密跟踪服务好法国拉法基、德国海德堡、俄罗斯欧洲水泥集团等高端大客户，重点开发东南亚、西亚、东欧和非洲等重点区域，积极拓展南美区域尤其是巴西水泥市场。通过参加莫斯科外商投资论坛、非洲水泥贸易峰会等国际展会、论坛，大力宣传服务卓越的水泥工程总承包商形象。国际项目从零到有，从少到多，国际市场占有率不断提升，仅 2013 年国际市场新签合同额就折合 16 亿美元，国际市场份额超过 20%。

在全球金融危机和欧债危机的背景下，"中国资金"正成为未来我国对外承包工程业务增长的强劲推动力，特别在一些水泥市场比较保守的国家，如果不采取资本支持的方式是很难进入当地市场的。天津水泥院积极与中国进出口银行、中国银行、中国出口信用保险公司等金融机构开展合作，与中国信保签署全面合作协议，成功签约越南、马来西亚、哈萨克斯坦、埃及等多个国家的多个项目。

（二）重视科技创新与技术进步，提升核心竞争力

作为一家科技型企业，天津水泥院始终把科技创新作为企业发展的中心环节，紧紧围绕市场需求，着力打造符合自身特点的科技创新体系，培育一支数量多、水平高的研究队伍，拥有水泥节能环保国家工程研究中心、国家级企业技术中心、博士后工作站等国家级创新平台，有约 6000 万元的仪器设备，30 多个试（实）验室，1983 年由联合国开发计划署援助建立的中国水泥发展中心也设在这里。高素质的人才队伍加之高端的研究机构和设备，是进行科技创新的坚实保障。

天津水泥院自成立以来一直站在中国水泥工业技术发展的最前沿，是水泥行业技术进步的引领者和推动者。在代表当代水泥生产先进水平的新型干法水泥生产技术装备方面，天津水泥院大力推进关键技术创新和系统集成创新，开展大量新技术、新工艺、新装备的开发与应用，实现新型干法水泥生产线在大型化、高可靠性、低投资、节能降耗和满足环保要求等方面与国际先进水平的接轨。天津水泥院拥有完整的具有自主知识产权的 700～1 万 t/d 系列规模的新型干法水泥生产技术装备，多项技术达到国际先进水平。

在推动水泥工业向生态友好型和环保型转变方面，天津水泥院一直积极致力于资源综合利用、节约能源、环境保护等领域的研究，在水泥生产技术装备的高效低耗和大型化、清洁生产和生态工程等相关领域取得大量实用性成果和创新性成果。率先研发应用促进低碳经济和循环经济的几项技术：一是水泥窑协同处置工业废弃物、污泥、生活垃圾技术；二是矿渣、粉煤灰等大宗工业废弃物在水泥生产中的资源化利用技术；三是水泥窑高效除尘、脱硝技术。

天津水泥院在多专业协同方面也走在行业前列，通过三维技术平台实现多专业之间的协同设计，并且已经在印度尼西亚海德堡万吨线、欧洲水泥集团米哈伊洛夫万吨线、布基纳法索、印度和巴西石油焦磨等多个项目上使用，效果显著。

(三)引进吸纳国际标准,保证工程设计业内领先

天津水泥院的工程设计业务一直保持行业领先水平,为用户提供700~1万t/d系列不同规模、不同类型新型干法水泥生产线的优质设计。密切结合节能、低碳、环保等行业发展方向和产业导向,着力在深化设计、专业化设计、精细化设计上进行发展,在新型干法水泥生产线技术创新、设计优化、国产化低投资等方面不断取得新突破,实现水泥工程项目建设工期短、工程质量好、投资省、运营费用低的效果。

在工程设计方面,认可和接受中国标准的国家和业主还不多,欧洲标准和美国标准是世界各国较为普遍认可的国际标准。要更好的适应国际化要求,就必须掌握欧洲标准和美国标准,为各国客户提供国际化的服务。早在2003年,天津水泥院就开始美国标准的研究转化工作;2007年,采用美国标准在土耳其项目上获得成功。2011年,欧洲标准规范转化成功;2012年,贝宁和阿尔及利亚等EPC项目率先采用欧洲规范设计,并通过了国外咨询公司严格的图纸审批,之后几内亚和土耳其项目陆续采用欧洲规范设计并获得成功。2013年,印度尼西亚海德堡万吨线、厄瓜多尔、沙特阿拉伯等大型项目均自主采用欧标和美标设计。随着欧标和美标设计的普及应用,天津水泥院成为中国第一家同时掌握欧标、美标土建设计能力的单位,顺利地实现了与国际标准的接轨。

(四)打造高端装备产业,专业品质锻造国际知名品牌

水泥工程总承包项目里,价格占比最大的是装备,装备对于工程造价、工期控制、安装调试及后期服务等都具有决定性的影响。为此,天津水泥院一直致力于水泥生产装备的国产化,研制开发大量具有国际先进水平的大量新型装备、节能设备、环保设备、自动化控制设备,其中第四代行进式稳流冷却机、专用大型破碎机、立式辊磨、大型辊压机、高效选粉机、气震式袋收尘器等多项产品处于国际先进水平。

在此基础上,积极推动技术成果产业化,以天津水泥院的装备板块为核心,集合中国中材集团有限公司内优势装备企业组建中材装备集团有限公司,形成专业产品、专业制造、专业服务的大型技术装备产业化平台,年生产成套能力超过30万吨,已跻身于国际知名水泥装备供应商的行列。具有满足700~1万t/d不同规模的新型干法水泥生产线专业设备加工制造能力,基本涵盖新型干法水泥生产的全部专业设备,供应承建项目的绝大部分设备,既能更好地满足业主需求,也能更好地发挥天津水泥院总承包业务模式的优势。采用与国际接轨的DIN、IEC和ISO等国际标准,建立适应国际市场的质量技术控制标准体系和质量管理运行体系,为客户提供中等价格、中高端品质的装备,产品质量得到了国际高端客户的认可和好评。

(五)持续优化工程管理模式,不断增强国际市场适应能力

为了适应不同市场、不同业主和不同项目的特点,天津水泥院不断调整自身业务模式和管理模式,努力提升全球化资源配置的能力,多层次覆盖市场需求。结合企业资源分布状况,天津水泥院目前实施区域化的项目管理模式,将所承建国际项目划分为欧洲、环地中海、非洲、亚太四大区域市场,在各区域设立区域经理,各区域经理对所分管的区域项目负责统筹管理和调配资源。

依托区域和项目平台,开展属地化经营,开拓属地市场,以"本土化战略"推进国际化

经营发展。目前,天津水泥院已经在俄罗斯、越南、埃及等地设立办事处,在印度尼西亚设立合资公司,按照国际化规则进行运作。

(六)做好风险管控,为国际业务保驾护航

天津水泥院所承建项目分布在 20 多个国家和地区,很多境外项目地域偏僻、环境恶劣,如埃及项目位于沙漠腹地,老挝项目所在地常年高温多雨,甚至有一些项目所在区域社会动荡、时有战事。天津水泥院从每个项目的市场信息搜集开始,深入研究项目所在国的政治局势、法律法规、自然环境、风俗习惯、货币及汇率的稳定性等基本情况,有针对性地制定各类风险防控策略和措施,逐个编制安全及突发事件应急预案,从项目投标到验收的每一个环节都实施严密的监控和管理。同时,根据项目具体情况,天津水泥院有针对性地选派优秀的项目经理,组建高素质的项目管理团队,选聘合格的分包商和驻外员工,这些措施也为海外项目风险管控提供了保障。

(七)承担企业社会责任,实现和谐共赢

天津水泥院海外项目分布在东南亚、西亚、东欧、中东、非洲等多个区域的 20 多个国家,风俗人情各有不同。在经营活动中,天津水泥院积极推进社会责任实践,遵守当地劳工、环保、税务、海关等法律,促进当地居民就业,尊重当地的文化习俗,实施对项目所在地的扶贫济困和公益活动,促进所在区域的社会、经济发展,赢得项目所在地居民、社区、政府的认同和信赖。例如,马来西亚项目部坚持包容开放、本土化的项目管理策略,大量雇用当地劳工,为项目所在地的发展提供就业岗位,同时非常重视当地劳工的技能培训和安全教育。项目建设突出节能环保,采用国产化的先进水泥生产工艺技术装备,各项环保指标都达到或超过马来西亚国家标准,工厂投产 4 个月后,当地村民还不知道工厂已经投产。先后四次对项目所在地附近的小学进行捐赠,支持当地教育文化事业的发展。

三、水泥设计企业以技术装备与工程管理为驱动的走出去战略实施效果

(一)经济效益显著

通过多年的持续实践,天津水泥院已经成功的走出去,顺利由大型工业设计院转型发展成为以国际业务为主的工程公司,无论是在合同额、营业收入还是在利润等方面,国际业务都成为重要来源,如表 1 所示。

表 1　2008～2013 年主要经济指标　(单位:万元)

年份	全年新签合同总额	国际市场合同占比	营业收入			毛利率	利润总额	
			总额	国际占比			总额	国际占比
2008	483150	88.46%	187465	86.05%	15136 万美元,2665 万欧元	12.62%	10672	67%
2009	149060	90.85%	278334	65.05%	8434 万美元,2013 万欧元	9.45%	5299	53%
2010	238947	75.37%	388722	58.43%	20487 万美元,23317 万欧元	9.26%	12816	47%
2011	489762	24.70%	306744	57.42%	12266 万美元、10406 万欧元	15.84%	24699	75%
2012	502813	41.90%	336858	46.74%	11529 万美元、6390 万欧元	14.95%	22037	80%
2013	743019	80.90%	335836	33.86%	21361 万美元、5463 万欧元	10.16%	20182	65%

（二）国际业务得到了极大的拓展

一是项目数量多、分布广。截至2013年年底，天津水泥院所承建国外项目已达71个，遍及越南、马来西亚、巴基斯坦、哈萨克斯坦、俄罗斯、埃及、美国、巴西等23个国家，是中国承建国外水泥工程项目数量最多、分布最广的企业之一。二是项目产能规模大。所承建项目以日产2500吨、日产4000吨、日产5000吨、日产6000吨和日产1万吨生产线为主，体现了天津水泥院强大的技术装备、工程管理等综合实力。三是与高端客户合作良好。天津水泥院与法国拉法基、德国海德堡等国际水泥行业巨头都保持着良好的合作关系。除在中国与上述企业合作了诸多项目外，在国外，与拉法基集团主要合作了印度RAJASTAN、印度SONADIH、洪都拉斯粉磨站等项目，与海德堡集团主要合作了印度尼西亚万吨线、俄罗斯TULA、哈萨克斯坦CASPI等项目。四是在业内创造了很多的“第一”，填补了多个项目所在国的多项空白。例如，印度尼西亚海德堡日产1万吨水泥线项目和俄罗斯欧洲水泥集团米哈伊洛夫日产1万吨水泥线项目是目前世界上最大的水泥生产线之一。

国际项目的开发，成功带动了我国技术和装备出口。近年来天津水泥院所承接项目的装备国产化率普遍达80%以上，有些项目甚至达到了装备国产化率100%，例如，哈萨克斯坦标准水泥厂日产2500吨水泥线、老挝日产2500吨水泥线和马来西亚HUME日产5000吨水泥线等项目。

（三）获得了社会认可

天津水泥院所承建项目在国内外屡获嘉奖。越南西宁和松涛项目双获“越南工程建设质量金杯”。越南西宁项目荣获全国第五届优秀工程总承包项目奖银钥匙奖，土耳其TRACIM项目获得全国第五届优秀工程总承包项目奖铜钥匙奖。越南福山项目荣获中国建筑工程质量最高奖——“2009年度中国建筑工程（境外工程）鲁班奖”。埃及NAHDA项目获得建材行业优秀工程总承包一等奖，埃及GOE项目获得业主颁发的工程纪念金质奖章。2009年，天津水泥院荣获全国勘察设计行业国庆60周年“十佳工程承包企业”，于2013年被建设部授予“全国先进工程勘察设计企业”荣誉称号。

（成果创造人：徐培涛、王芳协、孙金亮、俞为民、玄立峰、王兆明、李蔚光、孙海泉、吴芝堃、常　斌）

石油企业以可持续发展为目标的战略评估与调整

中国石油天然气股份有限公司华北油田分公司

华北油田分公司员工风采

中国石油天然气股份有限公司华北油田分公司(以下简称“华北油田公司”)是中石油旗下的地区分公司、上游油气企业,是中国石油驻冀企业的牵头单位,在全国能源战略布局中占据重要地位。现有员工4.18万人,资产总值495.2亿元,年生产油气当量500万吨,2011年、2012年经济总量分别达到338亿元、341亿元。公司产业划分为勘探开发、多种经营、综合服务三大板块和常规油气、新能源、对外合作、多种经营、矿区服务、生产服务及其他六项业务。勘探区域集中在冀中、内蒙古中部、山西沁水盆地,开发管理55个油田、8个油气田、1个煤层气田。39年来,华北油田累计生产原油2.62亿吨、天然气117.6亿立方米。

一、石油企业以可持续发展为目标的战略评估与调整背景

(一)战略评估与调整是战略管理的重要环节

战略是全局性的计划和策略,具有全局性、长期性、谋略性等特点,需要同企业内外部环境高度匹配。在战略实施过程中,企业内外部环境不断变化,要求企业对战略进行相应的动态调整。因此,根据企业外部环境和内部结构的变化,适时地进行战略的评估与调整,是企业战略管理过程中的重要环节,是确保企业科学发展的关键。

(二)战略评估与调整是确保公司战略可行的必然要求

我国目前处于经济结构调整和社会转型的重要时期,经济发展长期向好的基本面没有变,经济稳中回升的基础尚不稳固,深层次矛盾和结构性问题突出,资源环境约束日益强化,同时,世界石油需求保持稳步增长,石油供应较快增加,国际油价运行区间收窄并有所下移、呈现总体走弱趋势,油气市场竞争加剧、风险加大。作为国有重要骨干企业,中石油集团公司肩负着保障国家能源安全的重大责任和历史使命,与国际大石油公司相比,油田公司在盈利能力、管理效率、创新能力、队伍素质、品牌价值、国际化经营等方面都有差距,为此,要求油田公司动态适应环境的变化,加快改革创新步伐,以提升竞争能力。华北油田公司在“十二五”战略目标实现过程中,通过战略评估与调整,突出油气主业优势,科学合理布局结构,优化配置生产要素,确保公司的战略目标规划符合实际、确实可行,以掌握发展的主动权,创造发展的新优势,持续提升公司价值,从而确保公司战略的实现。

(三)战略评估与调整是实现公司可持续发展的必然选择

实现公司战略发展目标及规划,必须基于公司自身资源和能力的特点,分析内外部环境,适时审视、评估公司战略发展阶段方向,及时纠偏,沿着正确的战略方向推进。华北油田公司作为资源型企业,有着资源型企业固有的特点。由于特殊的潜山油藏地质特点,经过近40年的开采,油田经历了一个产量由急剧增长到快速递减,再到逐渐稳定的过程,华北油田公司只有积极面对资源劣质化、提效空间小、技术人才不足等困难,实施战略评估与调整,整体优化业务布局,有效盘活开发企业资源,积极拓展高端高效市场,充分发挥创新驱动作用,才能不断适应环境和形势的变化,实现公司可持续发展。

二、石油企业以可持续发展为目标的战略评估与调整内涵和主要做法

华北油田公司以全局性、长远性、战略性视角,判断和把握内外部环境面临的影响因素,构建以可持续发展为目标的战略评估体系,组织开展公司环境分析、战略实现程度和成长性评价,研究确定特色地区能源公司发展定位和“资源、市场、多元化”发展战略,优化业务布局,盘活企业资源,准确把握企业资源投入的底线标准,培育发展优质高效产业,推进企业有质量、有效益、可持续发展。主要做法如下:

(一)明确指导思想,建立战略评估与调整管理体系

为进一步掌握新形势、新环境下油田科学发展的规律,华北油田公司通过开展战略课题研究、重点工作专项调研,摸清企情,适时进行战略评估与调整,确保战略目标的实现。

公司战略评估与调整的指导思想:围绕公司“十二五”战略规划,跟踪研究公司发展战略、战略目标,科学组织战略评估。通过战略实施效果与战略目标的对比分析,找出偏差,及时对公司发展战略、发展定位和战略目标进行优化调整,把握重点,整体统筹,持续优化调整产业结构,形成符合华北油田实际、更为清晰的战略管理体系。

公司战略评估与调整的管理组织:成立公司战略管理委员会,作为公司战略的管理机构,领导与指导战略研究、战略实施、战略评估及战略调整工作。战略管理委员会下设办公室,具体负责战略信息、情报的收集、整理、应用;组织战略项目研究、开展战略评估与调整工作,制定工作流程,修订完善公司战略管理程序文件,绘制战略评估与调整管理流程图。

公司业务战略管理部门根据部门职责范围对公司业务战略的执行情况进行评估,并向战略管理委员会办公室提交战略评估报告。战略管理委员会办公室委托相关研究机构,根据各业务部门提交的业务战略评估报告,完成总体战略评估报告,经战略管理委员会办公室组织讨论修改后,报公司战略管理委员会审议,公司党政联席会议审定后执行。

二连草原

(二)科学调研分析,构建战略评估体系

结合公司"十二五"期间内外部环境变化,对既定的发展战略重新审视,特别是对涉及公司长远发展的关键性因素进行研究探索,构建以可持续发展为目标的战略评估体系,从三个方面对公司战略进行综合评估如图1所示。

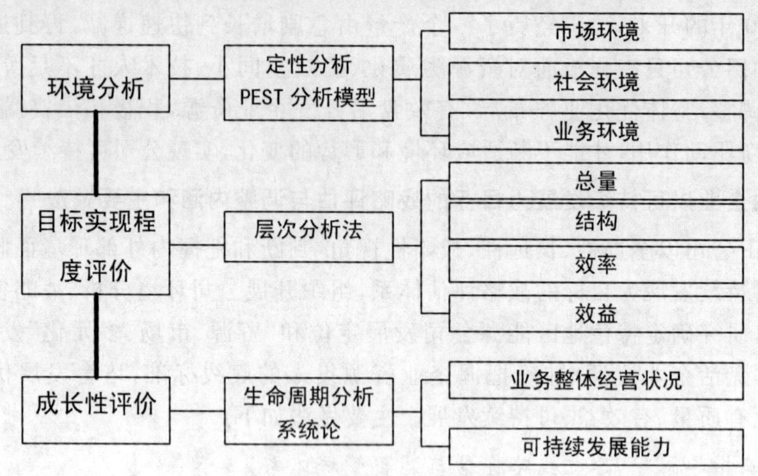

图1 战略评估体系构建

其中,环境分析运用定性分析、PEST分析模型等原理对公司市场环境、社会环境、业务环境进行分析评价;战略目标的实现程度评价采用数学模型进行定量评估,设计综合性的评估指标,确定目标层、准则层、指标层等3个层次,涵盖所有的业务板块,定量评估总体战略实际完成程度;成长性评价运用生命周期分析、系统论等原理,对公司未来的发展前景进行分析。

战略目标的实现程度评价是公司进行战略评估与调整的重点,通过运用层次分析法,构建评估战略实现程度评估模型,结合公司既定战略目标中的关键指标,以及影响战略实现的诸多关键因素,评价总体战略在一定时期内的实际完成程度与战略目标的差距及原因。

1. 明确战略目标实现程度评估内容

选取总量、结构、效益、效率四类因素作为准则层目标,并选取体现各因素影响的下级子因素12项,作为指标层目标如图2所示。

2. 确定总量类指标的取值依据

经济总量:该指标体现的是公司经济发展能力,为公司各项业务的年度营业收入的总和,包括目前的勘探开发、综合服务与多种经营三大业务板块全部业务的收入之和。

油气总量:该指标仅涉及到勘探开发板块,体现的是公司主营的油气勘探开发业务的贡献量,在战略目标中有明确的数量要求。根据集团规定,综合服务与多种经营业务不能涉足油气勘探开发业务,其间接获取的油气量需转换到勘探开发业务板块。

社会责任:该指标体现的是企业目前承担社会责任的程度,一方面体现企业对社会的贡献,另一方面反映履行部分社会职能的投入量。该指标涉及所有三个业务板块,其

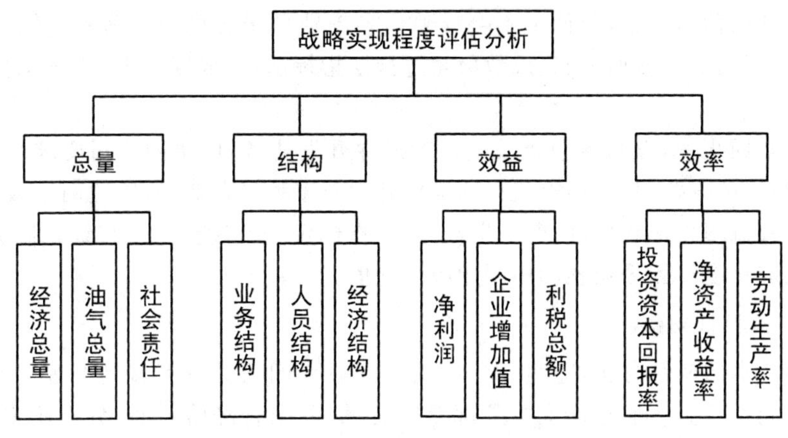

图 2 战略实现程度评估指标体系

取值为目前承担的公共安全、市政管理等 34 项社会职能每年的投资与经费合计后，减去某些职能所收费用后的数额。从企业角度看，该比值越低，表示企业分离社会职能越彻底，因此在评估取值上以 2010 年的比值作为评估基数，考虑到物价上涨和其他因素的变化，按照年增 10%作为年度社会责任的比较标准。

3. 确定结构类指标的取值依据

三项结构类指标表示的都是三个数值的比值，反映的是三个数值的相对比例，三数值总和为 100，取值范围为 0～100，计算公式如下：

$$指标数值(\%)=100-\sqrt{\frac{(x_1-y_1)^2+(x_2-y_2)^2+(x_3-y_3)^2}{3}}$$

其中，$A(x_1,x_2,x_3)$为当前结构的比值；$B(y_1,y_2,y_3)$为目标结构的比值。

业务结构，定义为勘探开发、综合服务、多种经营三大业务板块营业收入的比值，反映的是各业务在经济总量中所占份额；人员结构，定义为公司员工中，管理、技术、操作员工所占员工总量的比值，该指标只涉及勘探开发与综合服务业务；经济结构，定义为投资、成本、营业收入三项经济指标的比值，该指标只涉及勘探开发业务。

4. 确定效益类指标取值依据

效益类的三项指标采用通用的财务指标，反映的是公司总体的效益情况，数值上不会反映出各项业务单独的经营效益，其完成度取值均基于 2010 年的实际数值，当完成数值超过预期指标后，完成度为 100%，具体取值方法如下：

净利润，该指标仅包括勘探开发与多种经营业务，不包括综合服务业务。以 2010 年的实际净利润为基数，每年增加 10%作为年度预期完成的目标值。

企业增加值，该指标仅包括勘探开发与综合服务业务，以 2010 年的实际企业增加值为基数，每年增加 8%作为年度预期完成的目标值。

利税总额，该指标涉及公司所有业务，以 2010 年（“十一五”末）的实际利税总额作为年度预期完成的目标值。

5. 确定效率类指标取值依据

效率类指标采用通用的经济统计指标，反映的是公司总体运营效率情况，主要体现的是主营业务的营运效率，数值上不会反映出各项业务单独的经营效率，其完成度取值均基于 2010 年的实际数值，当完成数值超过预期指标后，完成度为 100%，具体取值方法如下：

投资资本回报率，该指标仅涉及上市的勘探开发业务，以集团公司要求的 12%作为衡量标准；净资产收益率，该指标仅包括勘探开发与多种经营业务，以这两个板块在 2010 年的净资产收益率为比较标准；劳动生产率，该指标仅包括勘探开发与综合服务业务，衡量标准为相应年度集团公司各油田的相应平均值。

6. 明确指标权重依据

从企业的本质属性分析，总量、结构、效益和效率四项关键因素具有等同的重要性，因此设置相同的权重。通过征询内外部专家意见，并结合经验比对，分别确定下一层各具体指标的权重，并计算出各指标在完整指标体系中的权重值如表 1 所示。

表 1 战略实现程度指标权重

序号	准则层	权重	序号	指标	权重	总权重
1	总量	25	1	经济总量	70	17.50
			2	油气总量	20	5.00
			3	社会责任	10	2.50
2	结构	25	1	业务结构	30	7.50
			2	人员结构	20	5.00
			3	经济结构	50	12.50
3	效益	25	1	净利润	40	10.00
			2	企业增加值	40	10.00
			3	利税总额	20	5.00
4	效率	25	1	投资资本回报率	50	12.50
			2	净资产收益率	25	6.25
			3	劳动生产率	25	6.25
	合计	100				100.0

从指标权重分布上看，经济总量最高，经济结构、投资资本回报率、利润总额、企业增加值次之，具有一定的合理性，可参考作为衡量年度战略实现程度的评估标准。

（三）实施战略评估，评价公司战略执行情况

1. 开展战略环境评估分析

“十二五”以来，华北油田公司内外部环境变化带来五个方面新的机遇与挑战。

一是党的十八大关于全面建成小康社会的部署推动国内能源需求持续增长，中石油集团公司三个 60%的发展目标以及难采储量开发政策，都为华北油田公司加快发展带来了机遇，但同时也对油田的资源掌控能力和油田开发水平提出了挑战。

二是根据国资委政策，中石油集团公司提出以效益为中心，有助于集团公司投资向经营指标综合排名靠前的地区公司倾斜(华北在13家油田中排第五)，但同时也给华北油田公司的效益、产量以及成本控制、经营管理带来新的挑战。

三是国家“十二五”期间颁布的《天然气利用政策》对完善价格机制提出新的要求，中石油集团公司储气库建设的谋划，给华北油田公司大力发展煤层气业务、燃气业务和储气库业务带来了机遇，但也给提高煤层气单井产量、有效发展LNG业务、优质高效建设华北储气库群带来了挑战。

四是中石油集团公司“三个大庆”建设，为华北油田公司拓展对外合作和劳务服务提供了巨大的发展空间，但也对企业的市场开拓能力、特别是人才队伍保障和组织结构支撑作用的发挥，带来了挑战。

五是矿区住房、社保、大社区等民生工程持续推进，促进了华北油田和谐发展，但中石油集团公司对矿区服务系统人工成本增长不再考核剔除，对未上市业务解困扭亏提出了要求，给油田的综合服务、生产服务业务深化改革、增效创收、技术提升、市场开拓带来了挑战。

2. 开展战略目标实现程度评价

根据2011年和2012年相应指标的实际完成值，按照上述数学模型、取值方法与权重进行计算，得出年度的任务完成比例。根据2010年到2012年单项数据变动趋势的自然增长幅度，推测出2013～2015年各项指标数值，并计算战略实现程度。根据预测结果，到2015年战略目标实现程度为91.67％，其中经济总量与油气总量差距最大，仅相当于目标的81％、70％。

从而得出以下结论：一是战略实现程度均与预期存在差距；效益与效率指标完成度高于总量、结构类指标的实现程度。二是总量指标中，油气总量的实现程度偏低，对总体战略目标的实现影响大，同时华北油田公司承担了较多的社会职能，也成为制约发展的一个重要因素。三是结构调整中，业务结构与人员结构的调整趋势与规划目标一致，但调整速度慢；经济结构与中石油股份公司平均水平存在差距，出现了单位投资与吨油收入偏高、单位成本偏低的现象。四是效益类指标全面超出预期目标，但受劳动生产率偏低的影响，超出幅度呈现减小趋势，效率指标完成度未达预期。

3. 开展公司成长性评价

华北油田公司“十二五”期间，经济总量较“十一五”末实现连续递增，2012年达到341.2亿元，较2010年增加86.2亿元；新能源和多元开发业务得到快速发展，资源与市场基础趋于稳固，经济结构由常规油气一元主导向多元化发展转变，三大板块经济总量已呈现出由7∶2∶1向5∶2∶3的变化趋势；总体经营业绩保持良好的上升态势，主要经营业绩指标中的总量指标都呈现增长趋势。

公司业务结构变化与战略发展目标相符、方向明确。围绕实现建设地区能源公司的战略发展目标，开展油气生产相关业务领域拓展，常规油气业务维持核心业务地位不变；煤层气的勘探开发方面已充分利用资源、市场、渠道优势，抢占了发展先机，在市场竞争中处于有利地位，但生产能力有待提高，技术支持力度有待增强；储气库业务人力、技术资源与管理能力还不能完全适应快速发展要求；对外合作业务具备相关专业的技术资源、管理与操作方面的人力资源，以及相应的管理能力，为该项业务的有序拓展奠定了坚实基础。

(四)依据评估结论，动态调整公司战略

从评估结论看，公司战略定位与发展方向明确，战略目标实现存在一定难度，但总体差距不大，必须立足以问题为导向，对战略发展目标进行适当调整，确保实现。

1. 优化公司战略发展定位

根据战略评价结果，结合公司中长期发展规划，公司发展定位由“建设具有一定经营规模和华北油田特色的地区能源公司”，优化为“建设特色地区能源公司”的战略发展定位，即以油气业务为核心，常规油气及新能源业务协调发展，国内外市场同步扩展，经济总量稳步提升，业务结构更加合理，产业链较为完善，三大板块和六项业务统筹协调、整体运作的跨地区、面向国际的经营企业。建设特色地区能源公司，要始终坚持立足油气资源，发挥能源多元、业务多元的优势，构建上下游一体化、三大板块、六大业务整体协调发展的格局(见图 3)，走可持续发展道路。

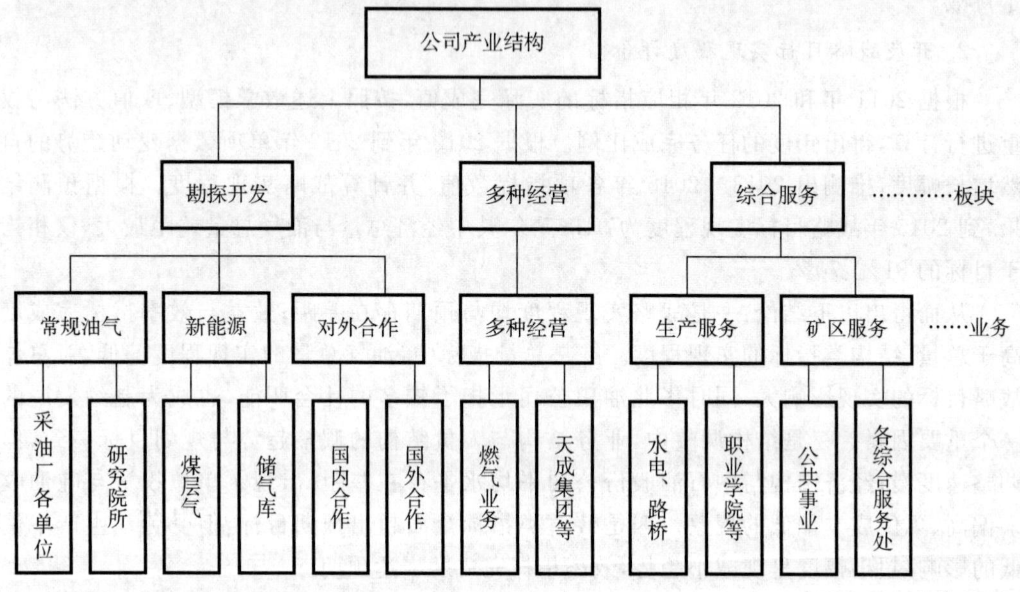

图 3　华北油田公司产业结构框图

2. 调整公司发展战略

根据公司建设特色地区能源公司的发展定位，公司将原有的“持续、有效、稳健、和谐”战略调整为公司科学发展的总要求，研究确定实施“资源、市场、多元化”发展战略。资源战略核心是稳油增气，稳油就是确保原油现有产量规模，实现硬稳定；增气就是强力发展天然气、煤层气、储气库和 LNG 业务，促进公司经济效益大幅增长。市场战略的关键是引进来、走出去，积极构建开放型经济体系，统筹公司内外两个市场，从根本上解决矿权区保护、内部资源不足、发展空间有限、冗余人员过多、内部结构优化等问题。多元化战略的重点是充分发挥资源优势，紧跟油气主营业务发展，不断延伸产业链条，坚持有进有退、有所为有所不为，构建上下游一体化发展的格局，打造具有较大规模和较高效益的产业集群，拓展发展空间，扩大规模总量。

（五）调整产业发展路径，促协调持续发展

1. 树立底线思维

一是保持当量规模10%增长率的底线。核心是确保常规油气、新能源、对外合作等重点业务持续稳健、高效快速发展。“十二五”期间必须实现各项生产经营任务指标，探明石油地质储量1.25亿吨、控制石油地质储量1.25亿吨、预测石油地质储量1.75亿吨，发现亿吨级规模整装储量1～2个；探明天然气地质储量100亿立方米，探明煤层气地质储量2000亿立方米；年产原油421万吨、商品量407万吨；年产天然气5.5亿立方米、商品量4亿立方米；苏里格天然气产量8亿立方米，为下步发展积蓄实力、奠定基础。

二是经济增加值、税前利润、油气成本等关键绩效指标的底线。上市业务每年要坚决完成经济增加值、税前利润、油气成本等关键绩效指标；托管业务亏损不得突破下达的控制指标。

三是安全环保质量的底线。要持续深化质量管理体系建设，坚决杜绝重特大质量事故发生；强化安全监督审核，杜绝一般A类生产事故和井喷失控事故的发生；严格落实环保管控措施，杜绝一般及以上环境污染事件的发生。

四是反腐倡廉、和谐稳定的底线。坚决贯彻“反腐倡廉必须常抓不懈，拒腐防变必须警钟长鸣”的工作要求，健全完善惩治和预防腐败体系，严格落实党风廉政建设责任制；加强协调联动，强化各类矛盾纠纷的排查化解调处，推进各项民生工程的落实，夯实矿区和谐稳定基础，杜绝影响和谐稳定事件的发生。

2. 构建各板块业务整体协调发展的格局

在勘探开发板块，坚决掌控资源，巩固扩展矿权，有效动用现有资源，稳油增气，实现资源科学高效开发利用。一是常规油气业务方面，常规油气勘探开发要保持17%的投资回报率水平，以此为基准科学决策储量资源的开发动用，即使油气当量规模扩大也要坚持12%的投资回报；难采储量开发以6.5%的投资回报率为底线，论证筛选适宜区块投入开发，力争达到8%～10%的投资回报水平。提高产能到位率、油田采收率，降低自然递减率、综合递减率，原油产量在421万吨，实现稳中有升。二是在新能源业务方面，煤层气开发要保持8.7%的投资回报率，努力向12%的目标迈进，不低于6.5%的投资回报率。加强技术攻关，提高单井产量，实现规划目标。确保每年新建产能10亿立方米以上，积极开辟内蒙古霍林河、冀中大城两大新区，确保年产量2015年达到25亿立方米，2020年达到40亿立方米。储气库业务实行“仓储模式”运营，以收支平衡、适度创效为经营目标，承接好油气主营业务人力资源转移。完成一期苏桥储气库群工程验收投产，加快二期工程建设步伐，启动三期水层建库研究，确保2013年工作气达到23亿立方米、2015年达到70亿立方米，打造京畿最重要的用气调峰基地。三是对外合作业务方面，采取“技术＋管理＋服务”或“技术服务承包”的发展模式，充分发挥技术、管理及人力资源潜力，提升核心竞争能力和品牌效应，有效拓展合作空间和服务领域。在矿权区内外，2015年合作开发实现油气当量100万吨，2020年要达到200万吨。

多种经营板块领域，推进市场巩固与拓展，通过掌控上游资源、布局市场网络、开发核心技术、打造名牌产品获得竞争优势，不断扩大创收规模，力争 2015 年经济总量达到 150 亿元以上。多种经营业务整体投资回报率不得低于 8%。华港燃气等支柱产业要力争达到 12%，实现自我积累、优化发展。发挥轻烃资源优势（储气库轻烃增量），加快廊坊轻烃厂建设，扩张轻烃加工产业；围绕煤层气上游产业链，做大工程技术管理服务业务；LNG 业务立足中石油管道气、油田自产气以及江苏如东、唐山曹妃甸进口 LNG，有效掌控资源，同时全面放开下游市场合作，实现资源的就地转化利用，充分挖掘效益潜力，力争 2015 年实现营业收入 120 亿元、利润超 10 亿元。

综合服务板块总体保持收支平衡，坚持围绕油气主营业务，找准生产建设和生活服务节点，面对市场、进入市场，退出无效业务，分流低效业务，培育高效业务，提供多样化服务，在市场中求得生存发展。

生产服务及其他业务，在加快减亏、扭亏，在收支平衡的基础上，实现有效发展。物资供应向仓储物流、集团采购方向发展；供电逐步向电力行业的上端寻求战略合作，转向电力供应的中游业务；疏理相关业务，寻求战略合作，提供工业与部分民用领域的现代信息技术服务，定位于面向工控领域及通用民用领域的专业化整体解决方案提供商；路桥施工要打造特色服务，提供专业化保障，实现由工程施工向管理施工转变，提升核心发展能力；职业教育保持适度办学规模，强化培训业务建设，积极争取政策及资金支持，扩展生存发展空间。

矿区服务业务保持收支平衡，保证项目投资不超，转移富余人员，增强生存发展能力。由管理矿区向经营矿区转变，实现管理专业化、经营市场化、服务社会化，不断增强降本增效能力，生产和生活保障能力稳步提升，服务品质不断提高，服务业务可持续发展。

3. 采取务实创新的工作举措

紧紧围绕特色地区能源公司的发展定位和战略规划，加强组织架构的顶层设计和统筹谋划，加强人力资源管理，优化绩效考核体系，完善科技创新体系，驱动转型升级，有力保障产业发展目标顺利实现。进一步优化体系框架顶层设计，完善体系文件中的管理责任条款。围绕人权、财权、物权、事权，强化关键环节管控，实现公司主要管理流程体系文件全覆盖；加快管理和信息技术融合，形成统一的管控平台，促进风险防控和管理水平的全面提升；强化人力资源开发的整体筹划，按照产业优化布局的要求，重新核定各业务板块人力资源配置目标，严格控制常规油气业务用工规模，大幅度压缩非核心业务用工数量，重点保障新能源业务用工需求；持续完善经营政策，根据发展战略，不断完善战略指标、业绩指标、管控指标“三位一体”的考核体系，强调责权利均衡对等，突出关键指标和个性化战略目标的考核引领，健全完善差异化的公司管控模式；完善科技创新体系，集中科研资源和力量，深入开展“常规油气稳产、煤层气上产”关键技术难题攻关，同时构建“双序列”人才体系，激发科研人员的创新主动性，搭建研产一体化平台，进一步加快科研成果的转化和实际应用。

三、石油企业以可持续发展为目标的战略评估与调整效果

结合内外部环境变化和华北油田公司“十二五”发展实际，认清了面临的优势与劣

势，对公司战略进行了重新审视与研究，并进行适度的调整，战略管理进一步加强，形成了符合华北油田实际、更为清晰靠实的战略发展体系，在谋划长远、推进企业整体协调可持续发展上发挥出积极作用。

通过成果的实施，产业结构日趋完善，勘探开发做优做强，保持了常规油气总量规模，新能源业务快速发展；多种经营发展优势创效产业，不断开拓国内外市场，走规模效益型发展之路；综合服务业务单位承担着服务保障职能，通过社会化、市场化发展途径，走出一条求新自强增效之路。经济结构由常规油气一元主导向多元化发展转变，三大板块经济总量已呈现出由 7∶2∶1 向 5∶2∶3 的变化趋势；油气上下游产业链纵向延伸、横向扩张集群发展的地区能源公司建设格局已具雏形。经济运行质量得到全面提升，企业经营指标综合评价、人均劳动生产率、投资资本回报率在集团公司继续保持先进水平。

（成果创造人：黄　刚、姜立增、高联益、陈兴德、黄　金、胡可上、杨　光、王　青、董少华、刘俊英、路婉瑶、翟金生）

森工企业以生态建设为中心的绿色转型

中国内蒙古森工集团根河森林工业有限公司

成果主创人:公司总经理高希明(右)与副总经理于海俊

中国内蒙古森工集团根河森林工业有限公司(以下简称"根河森工")是内蒙古大兴安岭森工集团(林管局)所属国家大型一档森工企业,位于大兴安岭北段西坡呼伦贝尔根河市境内,1954 年建局。生态功能区总面积 632,424 公顷,有林地面积 55.66 万公顷,森林总蓄积 4,593 万立方米,森林覆盖率 88.09%。经过 60 年的开发建设,根河森工已发展成为集生态建设、森林经营、森林旅游、林下经济开发为一体,各项基础设施配套完善、产业门类齐全、社会功能完备的综合型林业经济实体,累计为国家输送优质木材 2,014 万立方米、各类锯材 132.43 万立方米、更新造林 201 万亩、上缴利税 6.86 亿元。

一、森工企业以生态建设为中心的绿色转型背景

(一)实施绿色转型符合国家整体战略需要

2010 年国家二期天保工程和《大小兴安岭林区生态保护和经济转型规划》(简称《规划》)的出台实施,将大小兴安岭林区的经济转型与可持续发展上升到国家战略,明确林区是我国维护生态安全的重要屏障、是应对气候变化的重要支撑区、是储备木材资源的战略基地,突出强调了林区的地位和作用,并对重点扶持发展的 12 个小城市的产业发展进行了定位。其中,根河市的产业发展定位是森工城市、旅游新城,重点发展生态旅游、种苗、绿色食品加工等产业。自治区和内蒙古森工集团也明确将发展生态旅游、绿化苗木、绿色林特产品培育加工等绿色产业作为产业转型发展方向。

(二)实施绿色转型是企业生存发展的必然选择

《规划》要求从 2011 年起内蒙古大兴安岭林区大幅度调减采伐量,并逐步停止天然林采伐。根河森工从 2010 年的 22.2 万立方米木材产量调减到 2011 年的 10.91 万立方米,调减幅度 49.1%。而根河森工的支撑产业主要依靠木材采伐和森林经营,非林非木产业、森林旅游业虽然大有希望,但是对企业经济的贡献率还比较低,天保工程政策性投入和木材收入占企业总收入比例达 90%,独木支撑的产业格局难以为继。因此,必须围绕生态建设,不断推进绿色发展,才能顺利推进企业产业结构的转型升级。

二、森工企业以生态建设为中心的绿色转型内涵和主要做法

根河森工以科学发展观为指导，坚持生态优先和生态建设产业化、产业发展生态化的原则，充分发挥根河森工森林资源丰富、林下资源富集、旅游景观独特等优势，依托原有的产业基础，实施生态建设与绿色产业发展“双轮驱动”的发展战略，全力发展森林旅游业、种苗绿化业，将其培育成企业支柱产业，大力发展森林畜牧业和绿色食品加工业，打造职工致富增收新的经济增长点，从而实现多元发展、多极支撑的具有林区特色的转型发展，达到森林要绿、产业要兴、百姓要富的目标。主要做法如下：

（一）科学制定战略规划，引领企业转型发展方向

1. 制定清晰明确的企业愿景和战略目标，推动战略转型

为实现林业经济向林区经济转变，向生态主导型经济转变，根河森工确立“建设成生态安全环境优美，产业结构合理、经济成分优化、企业管理科学、职工安居乐业、文明程度提高的全国一流森林生态管理主体和现代林业企业”的企业愿景目标。

为有效落实《规划》，实现企业愿景目标，根河森工坚持以经济转型促生态保护，制定《根河森工公司生态保护和经济转型实施方案》、《根河森工公司经济社会发展第十二个五年规划及2025年远景目标纲要》。确定经济转型升级的战略重点：以增加就业和经济总量为出发点，坚持打生态牌，走发展路，由现有的森林经营、木材生产等传统基础产业向生态旅游、绿化种苗、森林畜牧业、绿色食品加工等新兴接续产业发展，实现多元经营、绿色转型。明确转型发展目标：深入实施《规划》，分三步走，基本完成企业经济转型和结构调整。第一步，到2013年基本完成布局调整，夯实产业基础；第二步，到2016年，基本完成经济转型，提升产业层次；第三步，到2018年，基本完成结构调整，实现可持续发展。到规划期末，初步形成新的产业支撑体系，林业系统产业总产值达到3.23亿元，把根河森工建设成为内蒙古最大的绿化种苗基地、打造最具北疆特色的生态旅游休闲度假胜地、林区最大的绿色林特产品培育加工基地。

为此，根河森工遵循科学民主、上下互动的原则，通过战略研讨务虚会、考察调研、成立专门工作组等形式，编制经济管理体制改革、产业转型升级发展、森林经营、森林管护、民生和社会事业发展等12个专项规划方案，以及根河源国家湿地公园总体规划及重要节点地区详细规划等，并分解落实到经营目标责任制和年度绩效考核中，保证转型发展规划目标的有效落实。

2. 转变落后理念，形成绿色发展共识

为有效指导企业转型发展，开展以创新发展、转型崛起为主题的大学习、大讨论活动。通过加强企业文化建设、召开研讨务虚会、举办干部轮训班、下基层宣讲等各种宣传形式，破除职工陈旧观念，重新定义“忠诚敬业、创新发展、构建和谐、回馈生态”的企业精神内涵，确定将“尚德务实、追求卓越”作为企业核心价值观，让

公司办公楼

每一名职工都从根源上摆脱观望的心态，让每一名职工都专心致志谋发展，形成解放思想、刻不容缓，加快发展、只争朝夕，求真务实、不容懈怠的强烈共识。

（二）创新体制机制，增强转型产业发展活力

1. 调整组织结构，适应转型发展需要

加强人力资源管理，成立劳动力管理办公室和企业内部劳动力市场，在生产淡季对全公司各单位富余职工进行动态调剂。深化森林经营作业组织方式改革，按照“森林经营以管护为主、木材生产为辅，管理与生产经营完全分开”的原则，将 9 个林场变更为森林管护所，其职能转化为森林管护和森林资源林政管理，实现由木材生产型向森林经营管理型转变；在木材生产、森林抚育、造林等森林经营项目上全面实行招投标，市场化运作，各森林经营工队实行跨生态功能区作业，提高森林经营培育的质量和成效。对财务核算体制进行改革，建立起“森林管护、木材生产、森林经营”三套财务核算模式，实行分类核算，分灶吃饭。

2. 吸引多元投资，发展混合所有制经济

转型产业项目加大招商引资力度、创新经营体制和管理机制，走投资主体多元化之路，发展混合所有制经济。在森林旅游业、林下经济开发等产业发展中，灵活采取多种合作方式。例如，根河森工 2011 年联合满归森工公司等成立股份制的根河假日旅游公司，负责旅游项目的开发、指导和营销，具体经营交由项目所在区域单位和职工，收入分成；在种苗产业上，鼓励职工发展苗木产业，由根河森工优惠向职工供应苗木，职工负责种植，根河森工负责优先销售职工个人种植的苗木，仅今年上半年就向职工销售苗木 80 余万株；在绿色食品、食用菌培植等林下资源开发上，采取招商引资、民营的方式等，发展多经产业和家庭经济。

3. 成立专业公司，借助政策支持，推动转型产业发展

根河森工近几年先后获得园林绿化、道桥施工、水暖电管道资质，成功组建森泰园林绿化公司、森光水暖管道公司、筑路公司等，积极对外发展、承揽工程项目，解决富余职工就业，增加经济总量。积极争取国家、自治区兴林政策、转型项目，2013 年通过野生动物驯养观赏区建设、种苗基地建设、科技示范推广等项目获得国家、自治区项目建设资金 1300 多万元，有效解决转型发展资金不足的瓶颈。

（三）全力发展森林旅游业，打造最具北疆特色的生态旅游休闲度假胜地

1. 加大投入，完善硬件设施

根河森工采取招商引资、争取自治区旅游发展基金、主体企业投入、参股企业投资建设等市场化运作模式，完善景区景点和旅游基础设施建设。申报根河源国家湿地公园，于 2012 年获得国家林业局审批，并获得全球环境保护基金项目（GEF）的支持。根河森工遵循保护优先、适度科学开发的原则，先后投入 2000 余万元在根河源国家湿地公园建设中国北方最大的大兴安岭房车露营基地，开发建设“冷极湾漂流”、冷极湾栈道和观景台等，开设高尔夫体验区、山地环路自驾游、沙滩野炊、民俗表演、拓展训练等休闲娱乐项目。同时，开发特色旅游，涵盖贮木场工业旅游及苗圃、森防站科普知识游等。

2. 发展冰雪旅游项目

以极端天气为载体，申请注册“中国冷极”商标品牌，以亲雪、游雪、玩雪为主要内容，建设大兴安岭北部雪地摩托雪上运动体验基地，借助知名媒体加大宣传。2013 年 12 月 24～25 日与根河市旅游局联合举办首届中国“冷极节”，安排丰富多彩的冰雪活动，充分展示当地独特的民族、民俗和冰雪特色，赢得游客的一致好评。与金河森工公司开发建设中国冷极村，形成呼伦贝尔冬季旅游精品线路。

3. 挖掘文化内涵，积极进行推介营销

突出森林、湿地、冰雪、民俗等特色旅游资源，加强对森林文化、历史文化、民俗文化、企业文化的研究力度，展示根河林区的森工文化、生态文化、冷极文化、使鹿文化。例如，组建“生态旅游讲解团队”，通过森林生态实地体验和森林生态知识培训，把博大精深的森林生态文化展示给游人；围绕当地敖鲁古雅使鹿鄂温克独特的“使鹿文化”，展现民俗特色等。

为了加大宣传力度，开设根河假日旅游网站，在国内知名网站建立专题版块，利用新浪微博等扩大宣传渠道。积极开拓国内旅游市场，先后组成推介组对广州、上海、北京等地 30 余家旅行社进行宣传促销活动，与中青旅、国家森林旅行总社等 12 家旅行社签订合作协议。

（四）倾力发展种苗绿化业，建设内蒙古最大的绿化种苗培育基地

1. 培育资质，加大苗圃基础设施投入

2012 年根河森工成功获得城市园林绿化三级资质，2013 年在原中心苗圃基础上成立林区第一家具有园林绿化规划资质的内蒙古森泰园林绿化有限公司。以此为依托，瞄准绿化市场，确定“长短结合、以短养长”的发展方针，计划到“十二五”期末，将根河种苗基地建设成为保障林区苗木供应、服务自治区造林绿化工程、面向全国提供优质苗木的全区最大种苗培育基地。

遵循“长短结合、以短养长”的经营理念，在保证更新造林用苗的基础上逐步减少兴安落叶松的育苗面积，加大力度培育市场需求量大的绿化苗木、乡土树种及花卉，用后者收益来培育生长慢、占圃期长的绿化树种，如云杉、樟子松等。加大基础设施的投入，设置根河、好里堡、木瑞三个育苗、定植区，购置移动喷灌机组等苗圃机械设备，修建贮水池、围栏、排水设施，维修实验室、贮藏室等基础设施，提高苗圃育苗能力。

2. 举全局之力开展苗木移植

根河森工动员全体员工，从每年 4 月末就开始起苗工作，随后抽调1,800 余名职工在三个育苗基地进行大苗定植和一年生容器苗的装杯培育工作。在种苗移植工作中，公司党政领导亲自带头，充分发挥企业内部劳动力市场调节作用，统筹安排企业富余职工就业，春秋季将管护所及其他单位富余劳动力临时调配到育苗基地参与育苗工作。

3. 加强苗木销售

根河森工主动与森工集团、自治区和国家林业局协调，积极争取种苗基地建设的优惠政策和专项资金支持，争取国家良种补贴资金 450 万元。建立公司网站，参加展销会，

赴额尔古纳、海拉尔、满洲里、陈旗等地联系绿化工程，先后承揽根河市兴安、惠泽馨苑、宜居等棚户区小区绿化项目等，所承建的工程均被评为优质工程。

（五）努力发展绿色食品产业，打造“中国冷极”品牌

采取多元合作方式，由根河假日旅游公司授权，2013 年与满归森工公司合作开发冷极山泉，2014 年成立根河冷极商贸公司，开发的冷极蓝莓果干、冷极蓝莓口服液、冷极山珍等冷极印象系列产品，深受广大消费者的喜爱，在根河市内和北京设有销售部。与北京银建天信商贸公司合作开发冷极产品，将林区冷极产品推向市场，培育生态绿色有机食品加工品牌，创建大兴安岭林区特色旅游商品基地。

（六）着力发展森林畜牧业，开发林下资源

林区有丰富的林下资源，根河森工在转型发展中调整思路，扭转多年来单纯依赖木材资源的经营方式，发挥生态优势，树立人与自然和谐发展的森林经济观、资源观。争取自治区专项资金在根河源国家湿地公园建立野生动物驯养观赏区，发展森林畜牧业和特色旅游业，从芬兰引进驯鹿以扩大、改良当地驯鹿种群结构和规模，传承鄂温克“使鹿文化”，支持三少民族发展。充分利用丰富的林下野生资源，加强林下野生经济植物资源管理，制定《根河森工公司林下野生经济植物资源管理办法》，对全公司生态功能区的林下野生经济资源进行全面普查，建立林下资源档案，积极组织职工家属有序进行山野果采集，增加职工收入。

三、森工企业以生态建设为中心的绿色转型效果

通过成果的实施，根河森工实现了木材减产不减收、职工转岗不下岗的目标，转型产业布局基本确定，初步实现了林业经济向林区经济转变，传统林业向现代林业转型。森林旅游业、种苗绿化业已经显现效益，绿色食品加工业、林下经济及森林畜牧业正向着规模化、产业化方向发展，企业综合实力显著增强，职工工资从 2010 年的 22928 元，增加到 2013 年的 34971 元。全国天保二期启动会、内蒙古自治区企业经营管理现场会、林区天保工程现场会等均在根河森工召开，成为林区转型发展的旗帜。

（成果创造人：高希明、于海俊、王连成、杨建民、陈金平、冉令凯、韩文胜、敖立伟、郭海涛、高帅婷、张丽云、吴　迪）

区域勘察设计企业多元业务转型管理

湖南省交通规划勘察设计院

成果主创人：院长彭建国

湖南省交通规划勘察设计院（以下简称“湖南省交通设计院”）是隶属于湖南省交通运输厅的国有企业，成立于1960年，原为事业单位，1984年实行事业单位企业化管理，2001年12月经湖南省交通运输厅批准改制为科技型企业。湖南省交通设计院是一个持有国家工程勘察综合类、公路全行业、水运全行业、市政公用、建筑、工程咨询等10类甲级资质及4类乙级资质的综合性大型勘察设计单位，具有对外经营权，被认定为湖南省高新技术企业。

一、区域勘察设计企业多元业务转型管理的背景

（一）适应勘察设计市场环境变化的需要

2010年以前，随着国家基础设施建设投资力度的加大，湖南省交通设计院抓住了良好的发展机遇，承揽了省内众多高速公路的设计，年均完成高速公路初步设计460公里，施工图设计430公里，省内市场占有率53％，实现年均合同额6.4亿元，营业收入4.3亿元，年均纳税5640万元。2011年以来，受国家宏观调控加强、经济增长开始回落、基础设施建设投资放缓等因素的影响，行业发展从过去高速增长阶段进入到稳定发展阶段，营业收入进入下降轨道，市场形势非常严峻，湖南省交通设计院遭遇市场萎缩、生产能力过剩、收费困难、后劲不足等发展瓶颈，持续发展面临很大的压力。因此，湖南省交通设计院必须适应市场的变化，增强危机感与紧迫感，加快多元转型调整步伐，促进企业的科学持续发展。

（二）国家宏观经济新布局为多元业务转型提供了机遇

进入“十二五”时期，国家在宏观经济布局方面调整加快，如加快西部建设、加快水运发展，加强城镇化建设，在发展高速公路的同时加强干线公路建设和农村公路建设等，为湖南省交通设计院多元业务转型提供了机会。以水运发展为例，根据全国交通“十二五”规划，长江等内河航运作为当前和今后一段时期全国交通运输建设和发展的重点，投资规模明显扩大，政策支持力度明显增强。根据湖南省人民政府《关于进一步加快水运发展的实施意见》，将用20年的时间，投入约1700亿元，到2030年建成畅通、高效、平安、绿色的现代化内河水运体系。到2020年，投入680亿元，基本建成以长江为依托，洞庭湖为中心，“一纵五横十线”为骨架的高等级航道网。因此，开拓水运建设相关业务，将为湖南省交通设计院创造新的增长点。

(三)企业的资源与能力优势为多元业务转型提供了可能

经过多年的发展,湖南省交通设计院"立足湖南,服务全国,走出国门"的战略目标已初步实现,得到了持续发展、科学发展,勘察设计收入稳步增长,科研能力不断提升,拥有一支专业技术配套、实践经验丰富和发展后劲较强的人才队伍(专业技术人员的比例达到了85%),以及一批获得国家、省部级奖励的专业领军人物,形成了具有较强经济实力和品牌影响力的综合设计院,为湖南省交通设计院持续发展奠定了良好的基础。湖南省交通设计院从2011年开始,推进多元业务转型。

二、区域勘察设计企业多元业务转型管理的内涵和主要做法

湖南省交通设计院面对竞争日趋激烈的勘察设计市场环境,以国家加大宏观调控、优化经济布局为契机,立足优势,主动求变,以多元业务整合为龙头,以经营机制转换为抓手,以强技术、强人才为支撑,以文化品牌为引领,制定勘察设计企业多元转型的发展战略并予以实践,实现逆势发展。主要做法如下:

(一)基于企业竞争优势,确定转型方向和路径

1. 明确发展理念,确定转型方向

湖南省交通设计院综合分析本院的业务发展情况,认为自身仍属于区域型勘察设计企业,发展区域上主要立足于湖南省内,行业上主要立足于公路(特别是高速公路),业务形态上立足于勘察设计,随着市场的急剧变化,必须朝着多元业务发展,向综合型的工程咨询设计企业转型。湖南省交通设计院经过对市场的深入调研和分析,明确以市场为导向、以责任价值为本质特征的企业发展新理念,提出转型发展的方向是"以交通勘察设计为主,立足湖南,面向全国,拓展海外,建设成为竞争力强的国际工程咨询公司"。

2. 明确工作思路,确定转型路径

抓住国家宏观经济布局调整的机遇,跨区域、跨行业,跨产业链拓展业务领域,在保持原来本省公路主导专业的基础上,注重"走山路"、"走水路"和"走西路";在业务范围上跨行业发展,坚持"公路+水运+市政+项目养护+试验检测";整合产业链资源,坚持"一业为主,三头延伸",开辟工程审查咨询、工程总承包等业务,促进企业的持续发展。

(二)以国家经济布局调整为契机,推动区域扩张和业务多元转型

1. 推动区域扩张

一是"走山路",把做好国省干道和农村公路建设的技术服务摆到重要位置上来,加大投入,从原来承接高等级公路向积极承接低等级公路转型,利用较强的技术优势抢占低端市场,2012年、2013年承接干线公路项目分别较前一年增长70%、67%。二是"走水路",紧紧抓住内河水运系统建设机遇,加大人力物力投入,水运

创下四个世界第一的
湖南湘西矮寨大桥

设计部门由原来港口与航道处1个处室拓展为港口和航电枢纽两个处室，新引进中级技术人员和注册人员20余人。三是“走西路”，着眼西部大发展所带来的市场，积极参与竞争，多角度全方位地开拓西部市场。如湖南省交通设计院在四川承接雅泸高速公路，在新疆寻找市场机遇，承担工程咨询等项目。

2. 优化业务结构

一是稳定核心业务。巩固高端市场，进占低端市场；巩固公路市场，强力拓展水运市场，积极推进市政市场。立足本省，确保本省市场占有率达60%；面向全国，继续扩大外省市场份额，争取每年承接2个以上外省勘察设计项目。

二是开拓相关业务。加强调研，做好技术储备，加强人才培养，开拓老路旧桥的设计、科研、养护与施工市场，积极开展工程审查咨询业务，加强湖南省交通设计院“湖南省企业重点实验室”的建设，加大试验检测人才的培养力度，做强试验检测。

三是拓展国际业务。加快实施海外战略，加强对外承包工程业务的拓展力度。稳步推进老挝桥梁项目的建设，着手启动道路项目；巩固老挝市场，继续拓展1～2个项目，辐射拓展东盟其他国家市场（马来西亚、柬埔寨等），争取完成勘察设计总承包工作，积极发展中东的伊朗及中亚的哈萨克斯坦市场；探索适合本企业的海外市场开发模式，依托已建项目，摸索总结勘察设计企业国际工程项目总承包管理的经验模式；建立适应于国际工程市场拓展、合同谈判、项目管理的风险识别和防范体系。

四是推进工程总承包。利用良好的资质条件，积极推进向“一业为主、两头延伸、横向拓展”模式的转变，发展以设计为龙头的工程总承包和项目管理业务，不断拓展业务领域。实现资源整合和合理转移，使产业链更加完备，使湖南省交通设计院成为全过程服务的供应商。

3. 培育专业优势

湖南省交通设计院明确公路设计以“畅通、高效、安全、绿色”为主题，把复杂立体交叉设计、道路安全评估、市政道路设计、复杂边坡处治作为公路工程专业的重点突破方向，在设计中体现较高的科学技术含量和设计水平。

明确桥梁工程要确保在全国的技术领先地位，力争在新结构桥梁、特殊复杂结构桥梁方面有所突破，更加关注桥梁美学设计。加强跨海特大桥梁、城市桥梁设计的项目承接，提升大跨径桥梁设计技术和科技含量，打造企业的核心竞争力，树立品牌优势。

加快发展隧道专业，积极争取城市隧道、地下工程项目，努力占领隧道勘察设计市场，不断提升品牌影响力，使隧道专业形成拳头专业。把水下隧道、超长深埋隧道设计作为“十二五”期间隧道工程的重点发展方向，力争进入城市地下设计市场，开展隧道加固设计的研究工作。

明确航电枢纽和港航专业要抓住湖南省水运大发展的难得机遇，稳占本省水运设计的高端市场，适度发展省外和沿海水运设计市场。以湘江长沙综合枢纽设计为契机，在湖南省“一纵五横十线”为骨架的高等级航道网和省内重要港口、港区建设中发挥积极的作用。

（三）转换经营机制，以变革推进转型

面对勘察设计市场环境发生的深刻变化，湖南省交通设计院精心谋划，组织各层次员工多次开展务虚会，进行广泛的调研和深入的思考，建立有效的充满竞争力的市场应对机制。在经营思路上，更注重提高全员经营意识，调动一切积极因素，采取各种有效措施，加大市场拓展力度。改变过去由院集中经营的模式，确立“生产处室自揽业务、承包经营”的业务管理模式，经营权和部分收费权下放生产处室；在业务范围上，巩固公路市场，积极承接水运项目，大力开拓市政、检测、加固养护业务，稳步推进海外市场。在业务管理上，实行分块负责，调整领导分工，院领导划定分管专业，纵向到底，对任务承接、生产组织、进度、质量及后期服务等全权负责，并划分三个公路处室分管区域，把14个地州市划为三大块，每个公路处负责一大块，扎根当地，深耕细作，对口做好国省干线公路的前期工作和技术服务。

完善激励和约束机制，实行“双目标”考核，即对生产各部门合同额和收费额的双重考核。既要求全员经营，勇闯市场，加强合同的签订和合同管理，密切跟踪勘察设计项目进程；同时，督促各部门加大收费力度，完成收费目标。

加强生产管理，如采取措施全面加强合同的规范化、专业化、动态化管理，降低成本，实现项目效益的最大化；对大型生产项目实行主管院长领导下的总负责制，对项目实施全面的研究与判断，加强对项目总体进度、质量和技术的分析和把握，加强各部门、各专业的协调与配合，明确责任，密切跟踪，提高管理效率；在生产后期服务中，适应市场的变化，调整思路，制订完善项目负责人担任设计代表、安全质量、首问负责、限时服务、标准化服务等十项制度，为湖南省交通设计院转型升级提供保障。

（四）以技术为先导，促进多元业务的整合

1. 保持传统主导专业的技术优势

公路桥梁勘察设计一直是湖南省交通设计院的主导专业，在高速公路、特大桥梁、特长隧道专业具有行业领先的技术优势。为适应业务多元转型和区域扩张需要，湖南省交通设计院不断加大在高速公路、特大桥梁、特长隧道方面建设及安全保障等方面的科研投入力度，加强课题研发，2011年、2012年、2013年三年共承接外部科研课题64项（其中政府计划课题39项）、院自行立项课题96项，有35项外部课题成果和43项院课题分别通过鉴定验收，其中交通部西部课题“矮寨悬索桥关键技术研究”成果取得了塔梁分离式悬索桥新结构、轨索滑移法悬索桥加劲梁架设新工艺、CFRP碳纤维材料岩锚体系以及深切峡谷风场观测新技术等一系列创新成果，整体属于国际领先水平。

2. 面向新市场，积极研发新技术

将市政、养护、试验检测作为新业务大力培植，并将危桥改造、智能交通、测绘地理信息、地下工程等业务列为拓展重点。为此，突破公路、桥梁和隧道结构状况无损检测、全寿命养护与管理、结构物安全预警与保障、土地循环利用和快速恢复等方面的核心技术，鼓励发明创造，丰富与发展原创性智力成果，构建新兴专业的技术支撑体系。

3. 开展标准化建设助推转型

积极参编《公路钢管混凝土拱桥设计规范》、《公路悬索桥设计细则》、《桥梁用黏滞液体阻尼器》等9项行业标准，颁布《关于干线公路设计车辆轴载检测及费用规定》、《公路及市政设计处岩土工程勘察管理指导意见》、《水运工程项目设计界面规定》、《老路改建设计备忘录》等近40项技术管理规定,并将“高速公路改扩建工程外业勘测指南”、“二级公路隧道通用图”“水运工程标准施工招标文件(内河码头第七章)范本”等20项标准化研究纳入院科技计划予以重点实施,确保业务质量、提高工作效率用。

4. 推进信息化建设为企业转型提供保障

一是根据转型需要,开发或引进计算机应用软件,确保满足生产及管理需要。二是根据市场要求注重信息系统的动态开发,及时了解外部环境和用户需求的变化,建立信息齐全、数据准确、适应与跟踪能力强的信息系统。如2012年合作开发的“生产经营管理系统”,主要功能包括招标信息分析过滤、业主信息管理、合同管理、收费管理、支付管理、分包管理等经营工作,能对涵盖全网络各主要网站的招标信息进行自动搜索,并生成11种月报或年报表,实现相关管理及信息查询功能,为跨区域拓展业务提供了极大的便利。三是注意收集积累、及时发布并动态更新院内通知信息。如每天在互联网上发布全国范围内的招标信息公告,以便为业务部门及时跟踪市场。同时,完善院各部门子网站功能,提高资源及信息共享,创建各种类型的管理表单,方便管理者查询分析。

(五)完善人才管理制度,保障转型需要

1. 建立人才引进与培养制度

制订《人才招聘管理办法》,实行多元化专业稀缺人才公开招聘引进制度,在报纸、网络或重点大学发布招聘广告,吸引各类稀缺高级人才前来应聘。在人才培养方面,主要采取如下措施。一是对引进的多元专业发展方向的学生等后备力量实行“1+1”传帮带培养制度,即指定一名经验丰富的专业技术人以一对一的方式进行培养。二是充分利用现有人力资源进行业务转型培养。如,湖南省交通设计院根据市场变化新成立的工程咨询、智能交通设计、桥梁养护等生产部门所需员工,都是从公路勘察设计部门抽调人员组成,通过组织相关培训、参观学习以及交流等使其尽快熟悉新的工作,掌握新的专业技能。三是实施《专业带头人制度》,按照确定的专业带头人的条件,由院专业技术委员会每个专业评选出一名专业带头人。要求专业带头人、特别是多元业务发展方向专业带头人制订本专业开展活动计划,组织各种专业技术交流、专业攻关等。对专业带头人进行动态管理,每两年复评一次,对在促进本专业发展方面作用不明显的专业带头人及时进行更换。四是建立博士后科研工作站,培养高端人才。

2. 构建人才激励机制

一是行政激励。院注重从青年职工中发现人才、培养人才,通过在青年中开展职业生涯设计、青年论坛、演讲比赛、青年岗位能手评比、勘察设计技能比赛等活动,为青年搭建成长平台,对涌现出来的业务、管理尖子,以公开选拔方式输送到管理岗位。二是物质激励。为支持、鼓励企业人才发挥主导作用,明确分配导向,即:收入向新发展专业倾斜,向一线、向骨干倾斜。对新成立的业务多元化发展的生产处室,在业务起步阶段采取减少收费或者不收费,甚至给予资金扶助等办法,确保新成立的业务部门人才待遇,使其安心工作,专心开拓业务市场。每年修订《收入分配管理办法》,强调拉开档次、按劳分配,将收入分配权下放到生产处室,各处室根据员工完成的工作量及工作质量,进行收入分配,上不封顶,下不保底。三是精神激励。首先,充分利用舆论宣传的影响力,对多元化专业，通过会议、网络、简报、广播等进行广泛宣传，使院职工对多元化业务的发展深入了解，增添发展信心，主动地、自觉地置身于多元化业务发展进程中。其次，引导职工积极参与多元化业务转型发展决策。对有市场潜力的新兴专业，组织职工进行充分讨论，充分发挥各自见解，为新业务发展集思广益。再次，对为院多元化转型发展做出突出贡献的职工，通过授予和向上级推荐授予荣誉称号，肯定职工成绩，激发职工积极性。最后，开展人文关怀，支持员工工作，关心员工生活，稳定职工队伍。

3. 强化人才约束机制

加强对中层管理人员和专业技术人员的考核、管理，强化人才约束机制，采取了三条措施。一是加强劳动合同考核。对合同到期的员工，以多元业务技能考核为重点，组织专家组按岗位要求进行严格考核，没有达到多元业务专业要求的延长考核期或者不再续签劳动合同。二是对中层管理人员实行年度考核和任期考核。年度考核在年底进行，由指标评价、领导评价、内部互评三部分组成，考核等级采用“分类分级”和“强制分布”的原则确定。同一级别干部考核在前10%的为优秀，在后10%的为不称职。连续两个年度考核均为不称职的，应当主动辞职；年度考核综合排名在最后三名以及连续三个年度考核分类排名在最后一名的，应当责令辞职。任期考核一般一年一次，由院领导和人才资源、党群、纪检监察等部门组成考核小组进行，考核不合格的中层干部予以解聘。三是探索职称/技术等级和执业资格考核管理。按技术岗位的设置和任职条件，根据员工的实际工作能力进行聘用。特别支持和鼓励多元业务发展所需专业的资质考试，保证参考人员学习时间，并对通过资质考试的员工给予奖励。

（六）塑造文化品牌，引领转型发展

1. 凝练企业文化品牌

湖南省交通设计院在几十年企业文化发展基础上，面向多元化市场，深入调研，精心提炼，将“精心绘通天下”作为企业文化品牌。“精心”是精细精致、精确精巧、精益求精的意思，对员工“立责任、讲担当、求务实、倡勤勉”的从业要求；“绘”展现桥梁养护、交通规划研究、智能交通设计等专业工作性质与特点，都是用“绘”出的图纸作为产品；“通”体现多元专业都是从事交通的行业特征；“通天下”是通达中国和世界的意思，展现多元化专业的工作成果和发展愿景。在“精心绘通天下”文化品牌中，“精心”既是对“绘”的要求，也是实现“通天下”的保障；“绘”是多元专业工作内容、性质所具有的特点，也是“通天下”的工具和手段；“通天下”是“绘”的目标，也是“精心”的原动力。

2. 注重文化品牌落地

抓好职业道德教育。把提升全院员工的职业操守作为“精心绘通天下”文化品牌的核心内容，通过责任教育不断提升员工的职业道德，打造德才兼备的优秀团队。将对员工的职业道德要求，融入各项管理制度，打造独具特色的制度文化，规范员工职业道德的养成。

举行仪式耳濡目染。长期坚持不懈举行文化仪式，编制《实用礼仪手册》规范接待礼仪、接待程序等，在全院年轻职工中进行选拔，组成升旗仪仗队，在每年元旦、五一、国庆后举行全体员工参加的升旗仪式，振奋员工精神。每年为先进人物、先进集体举行颁奖，为企业多元业务转型发展营造良好氛围。

三、区域勘察设计企业多元业务转型管理的效果

(一)成功实现了转型

通过近几年的多元发展,湖南省交通设计院成功实现了转型,业务覆盖区域、行业、产业都得到了延伸,走出了一条成功的"山路、水路和西路"。一是在区域上,由省内走向了省外(特别是西部省份)、国外,先后在广东、四川、贵州、老挝承接了项目。二是实现跨行业发展,由以"公路+水运"为主,转型为"公路+水运+市政+路桥养护+试验检测",2013年市政、路桥养护、试验检测业务发展较快,占总业务收入的28%。三是实现了"一业为主,多头延伸",业务范围由"勘察+设计"转型为"工程咨询+勘察+设计+工程总承包",2013年院总承包营业收入占总业务收入的29%,已大大超过全国行业14%的平均水平。

(二)经营业绩稳步提升

通过成果的实施,2011年实现勘察设计新签订合同额2.36亿元,总收入3.83亿元;2012年签合同额5.19亿元,总收入4.13亿元,合同额增长119%,收入增长7.6%;2013年保持了稳定发展势头,收入增长27%,各项经济指标在全国省级交通设计院中居于前列,企业综合实力日益增强。

(三)社会影响力显著提高

通过近几年的强力转型升级,湖南省交通设计院的品牌影响力和美誉度有很大提升,相继有京珠国道主干线湘潭至耒阳高速公路荣获国家环境保护百佳工程奖、湖南省临湘至长沙高速公路和湖南省常德至张家界高速公路荣获国家环境友好工程大奖。累计获得国家级、部省级优秀工程勘察设计、咨询、科技进步奖300余项,其中国家科技进步一等奖1项,国家科技进步二等奖5项,国家优秀工程勘察、设计金质奖7项,国家环境友好工程奖3项,詹天佑土木工程奖3项。

(成果创造人:彭建国、胡建华、王跃明、刘义虎、罗　宁、王　维、彭　立、许第慧、向建军、马　慧、詹　燕、邓　勇)

传统煤炭企业打造能源综合解决服务商的转型升级

山东能源集团有限公司

成果主创人：公司董事长、党委书记卜昌森

山东能源集团有限公司（简称“山东能源集团”）是由原新汶、枣庄、淄博、肥城、临沂、龙口六家矿业集团于2010年整合重组而成的国有大型能源企业，注册资本100亿元。截至2013年年底，员工总数22万人，资产总额2256亿元，拥有全资、控股及参股等各类企业416户。山东能源集团坚持以煤为基、适度多元，初步形成了煤、电、油、气、运协同发展的运营格局。2013年实现原煤产量13166万吨、营业收入2297.23亿元、利润42.05亿元，分别位列煤炭行业第4位、第3位、第3位。

一、传统煤炭企业打造能源综合解决服务商的转型升级背景

（一）应对煤炭市场饱和、效益下滑严峻形势的需要

随着国家“转方式、调结构”的不断推进，我国十多年的投资拉动的增长模式结束，煤炭行业发展出现拐点。“黄金十年”全国煤炭产量由2003年的16.67亿吨增长到2013年的36.8亿吨，再加上每年3亿吨左右的进口煤，2013年全国煤炭供给量接近40亿吨，并且约有16亿吨新增煤炭产能将在“十二五”期间释放。与产量不断增长形成鲜明对比的是，受钢材、水泥等重点用煤行业萎缩及国家强化节能减排措施等因素制约，煤炭消费量增长减缓，2013年全年消费量36.1亿吨，增速由2003年的20%降至2.6%。与此同时，我国GDP增长质量及煤炭利用效率在不断提高，每万亿元所消耗的煤炭量由2000年的1.26亿吨降到2011年的0.75亿吨以下。因此，煤炭产量供大于求、市场饱和的局面短期内难有改观，煤炭市场竞争已进入服务竞争时代，必须通过了解和管理客户关系中的服务要素获得新的竞争优势。

（二）满足用户能源品种多样化需求、提供“一站式服务”的选择

随着建设“美丽中国”进程的不断加快，我国严格控制能源消费总量、抑制不合理能源消费，先后出台大气污染防治行动计划等多项节能减排措施，并采取发展煤制油、煤制气等措施推进煤炭的清洁利用，加强能源输配网络和储备设施建设，多渠道增加能源供应，我国能源消费由以煤为主的传统格局向煤、电、油、气、新能源、可再生能源多轮驱动转变。与此同时，众多能源消费需求大省及钢铁、电力等主要能源消费行业，从节约用能成本、提高效率的角度出发，由过去的与能源生产商、中间商、运输商等多头合作，逐渐升级为“一站式”服务需求，希望通过减少交易环节，获取集能源生产、加工、销售、运输配送、技术支持、金融服务等一条龙服务。在这种背景下，煤炭企业需要认真研究能源消费需求变化，延伸产业链条，加快产业结构优化升级，更好地满足客户个性化的能源消费需求。山东能源集团从2012年

3月开始，加快产业结构布局调整，大力发展能源、化工、装备制造、现代服务四大产业，全面打造能源综合解决服务商推动传统煤炭企业转型升级发展。

二、传统煤炭企业打造能源综合解决服务商的转型升级内涵和主要做法

在单一煤炭市场饱和、效益下滑严峻形势下，为了满足用户能源品种多样化需求，提供"一站式"服务，山东能源集团加快调整企业战略、产业及产品结构、组织机构等企业运营关键要素，积极获取优质资源、提高能源综合服务质量，强化信息化与科技创新，将传统煤炭企业打造成为能源综合解决服务商。主要做法如下：

（一）学习先进经验，促进观念转变，确定打造能源综合解决服务商思路

面对"黄金十年"后严峻市场形势，山东能源集团认识到传统煤炭企业单一的挖煤卖煤、增量提价的运营模式已无法适应当前市场竞争。在认真学习先进企业转型升级经验的基础上，最终确定打造能源综合解决服务商的转型升级思路，以客户需求为出发点，做好客户细分、价值主张、渠道通路、客户关系、盈利模式、核心资源、关键业务、重要合作、成本结构等"九大构成要素"的管理，在盈利模式上，由过去靠增产提价向以满足客户综合能源需求转变；在服务对象上，由单一的产品市场向能源产品和技术服务市场拓展；在运营模式上，由"卖产品"向"卖服务"转变；在实现载体上，由传统煤炭企业仅向市场提供煤炭产品升级到为客户提供能源产品、技术及融资等综合性服务。通过打造"四个服务商"，将企业建成能源综合解决服务商，实现转型升级，即：依托能源产业基础，加快储配渠道建设，为客户提供从"井口"向"炉口"延伸的一站式能源供应服务，打造常规能源供应服务商；依托现有煤炭产业，推进煤炭清洁利用，为城市经济圈建设提供安全、清洁、高效的能源供应，打造城市清洁能源供应服务商；依托企业在能源、化工、装备制造等方面的技术、品牌优势和专业团队，打造生产技术解决服务商；依托控股商业银行、国际贸易公司及财务公司等融资平台，打造能源供应链金融解决服务商。

为此，制定打造能源综合解决服务商实施意见，确立按照分析现状与知识培训同步、细分客户与市场定位同步、完善渠道与改进服务同步、广泛宣传与选点带面同步、创新研究与巩固提升同步的"五步"推进思路。

（二）调整企业运营关键要素，为打造能源综合解决服务商创造条件

1. 调整企业战略，获取更多资源满足客户能源需求

山东能源集团将打造能源综合解决服务商作为企业战略规划的重心，重新梳理各产业发展规划和新的效益增长点。从发挥各产业板块聚合效能、更好地为客户提供综合性能源供应角度，找准企业打造能源综合解决服务商的优势和薄弱点，据此优化产业布局选点，并以优质动力煤、电力、煤制气、页岩油等项目为重点，先后在国外加拿大、澳大利亚、缅甸及国内陕西、内蒙古、吉林、新疆等地获取了大量资源，已建成多处千万吨矿井。

千万吨级现代化矿井新巨龙公司

2. 调整产业及产品结构，为客户提供多样化能源产品和服务

打破传统煤炭企业固守的"一煤独大"，以客户需求为导向，延伸产业链条，重点发展以煤、电力、页岩油炼油、铁矿等为主能源产业，以"三机一架"、再制造、快速装车站等为主的装备制造产业，以煤制气、水煤浆等为主的化工产业，以能源生产服务、供应链金融服务等为主的现代服务产业，为客户提供多样化的能源产品和服务。

3. 调整企业组织机构，更好地满足打造能源综合解决服务商需要

成立以企业主要负责人为组长、其他领导班子成员为副组长、相关职能部室负责人为成员的领导小组和专业工作机构，全面负责打造能源综合解决服务商各项工作统筹推进。组建煤炭营销中心和煤炭研究院，对权属单位煤炭实行统购统销，并负责煤炭产品改性提质和清洁利用研究，更好满足客户对各类煤炭产品需求。组建财务公司，对权属单位资金实施集中管理，提高资金使用效率。成立国际贸易公司和国泰融资租赁公司，并在新加坡、香港及上海、深圳等地区开设子公司，依托山东能源集团丰富的供销渠道及资金规模优势开展供应链金融服务和矿山设备租赁服务等。组建海外事业部，统筹管理海外能源产业的布局和发展，组建内蒙古盛鲁公司与贵州矿业公司两家区域性能源企业，统筹推进内蒙古与贵州各类资源项目建设。

4. 加强渠道通路建设，为客户提供便捷的能源配送服务

加快物流节点和煤炭储配基地建设，以更低的物流成本、更便捷的物流服务促进营销、赢得市场。参股蒙西至华中铁路，为蒙煤外运奠定基础。建设日照港国家级储配煤基地和龙口港省级储配煤基地，实现能源储备、存储加工及物流配送一体化。加快省内外物流园区建设，更好地服务于煤炭配送和周边市场消费需求。抓住铁路部门实施"百千战略"机遇，成为省内第一家开通"直达班列"的企业，并借助京杭大运河推进"铁水联运"。依托丰富便捷的物流节点、物流园区及铁路、航运，培育将煤炭产品直接送达指定场地和"炉口"的配送能力，有效缩短货物在途时间，降低客户安全库存和资金占用，实现多方共赢。

（三）加快优势资源开发建设，打造常规能源供应服务商

加快优质煤炭资源开发。突出效益目标，做大煤炭产业，培育新的经济效益增长点。在现有年产1.2亿吨煤炭基础上，加快推进山东、陕西、内蒙古、新疆等24对、核定产能6320万吨基建矿井建设。抓住煤炭市场下行时机，积极获取优质煤炭资源，在加拿大马鹿河、澳大利亚昆士兰等地区获取优质焦炭资源百亿吨；内蒙古盛鲁公司成为鄂尔多斯第一家获得资源整合主体资格的国有企业，获得25亿吨优质资源。

加快油页岩炼油产业发展。山东能源集团在掌握油页岩中颗粒炼油技术基础上，加快学习应用小颗粒炼油技术，综合收油率达80%以上，收油效率国内最高。建设山东龙口及吉林桦甸集油页岩加工、炼油、瓦斯气体发电为一体的油页岩综合利用基地，形成年处理油页岩200万吨、年产页岩油20万吨规模，页岩油产量居全国第二位。加快"走出去"，推进缅甸页岩油炼油合作项目前期勘探工作。

加强煤炭供应服务管理。凭借自产1.3亿吨、外购1亿吨煤炭及近亿吨的综合洗选能力，依托专业化的煤炭电子商务平台——中国能源矿产交易中心、专业化的煤炭应用

研发平台——山东能源煤炭应用研究院、专业化的煤炭储配体系——“1＋3＋N”煤炭物流储备配制运送网络(1个国家级煤炭储备基地、3个省级储配基地、N个省外煤炭物流节点园区)，颠覆传统意义上的直接销售原煤或提供单一产品的纯“卖方”模式，通过大力实施煤炭“绿色”开采、煤炭产品深度研发，为客户提供从“井口”向“炉口”延伸的一站式煤炭供应解决服务，成为客户的外部研发中心、成本控制中心和原料方案供应中心，实现煤炭由“卖产品”向“卖服务”转型，打造煤炭供应服务商。先后与济南钢铁、莱芜钢铁联合攻关，使两家公司气肥煤炼焦配比由原来的5%提高到20%，吨钢成本下降800元，山东能源集团的气肥煤年销量也因此增加了120万吨。

(四)推动煤炭清洁利用，打造清洁能源供应服务商

实施精煤战略。针对原煤燃烧污染物排放量较高等问题，实施精煤战略，通过煤炭洗选脱硫脱硝提升产品“清洁度”，有效减少煤炭燃烧过程中污染物排放量，由卖“粗粮”向卖“细粮”转变，推动煤炭清洁利用。开展选煤厂技术会诊，并实施工艺、技术和配件设施升级改造，提高原煤入洗能力和洗煤回收率。

加快推进煤电一体化建设。按照煤炭宜煤则煤、宜化则化、宜气则气的工作思路，采取参股、控股等形式加快煤电一体化建设，由煤炭运输变为电力输送。在省内现有热电联产装机容量基础上，抓住国家发展特高压及“蒙电入鲁”机遇，在内蒙古、新疆等煤炭资源富集地区地规划建设超过5000万千瓦坑口电厂。加快推进内蒙古盛鲁公司2×350MW综合利用热电联产项目及4×1000MW超超临界空冷机组发电项目、菏泽新巨龙2×1000MW电厂项目及枣庄、泰安生物质能发电项目前期工作。

加快推进煤制天然气建设。加快煤炭转化项目建设，打造鄂尔多斯、呼伦贝尔为重点的蒙东、蒙西两大煤炭化工基地，推动煤炭由单一燃料向燃料与原料并重转变。积极引进战略合作者，与浙江能源集团合作开发新疆伊犁20亿立方米全国最大的煤制天然气项目，2014年下半年投产运营；内蒙古恒坤化工1.2亿立方米LNG项目单机试车成功，实现了LNG甲烷化工艺的重大突破，填补了国内空白；加快内蒙古100亿立方米煤制天然气项目前期工作。

加快推进水煤浆产业发展。加强水煤浆技术攻关，研究掌握浮选精煤制浆、水洗精煤制浆和煤泥制浆三大水煤浆生产技术系统，主持制定国家水煤浆行业标准，并建设八一煤电公司示范型水煤浆生产线及以煤泥水煤浆为燃料的全国首座新建水煤浆热电厂，建设年产75万吨的全国最大的商品水煤浆产销中心，被国家水煤浆中心制浆技术研究所确定为山东实验基地。加快推进与济南公用事业局合作，打造以城市供暖和工业供汽为主的水煤浆利用产业。

(五)依托先进技术及装备制造能力，打造生产技术解决服务商

依托煤炭生产领域的管理、安全、技术、人才等核心能力，采取向客户提供管理咨询、基建技改、技术服务、生产承包、整体托管等形式，为用户提供集勘探、设计、建设、生产、运营、咨询、服务、成套技术输出于一体的“全产业链”煤炭生产技术解决服务，建设“没有资源的资源开发企业”。先后在山西、陕西、内蒙古、甘肃、新疆等省份，成功合作12座矿井、托管4个采煤面生产，年原煤产量900万吨。与古交煤焦集团签订技术服务协议，不

仅全面托管其下属五家煤矿，还将组织管理团队，全权负责其集团层面的管理运营，实现从单一矿井托管到整个集团托管的新突破。

依托采掘装备产业基础和矿山设备再制造国家工程研究中心，山东能源集团突破原有低端的单机设备生产、辅助来料加工运营模式，努力构建"研发—设计—制造—租赁—再制造—再设计"循环价值链条，由单一产品营销转变为提供设计方案、咨询论证、安装调试、智能诊断、远程维护甚至托管运营等多元化服务。同时，聚焦装备制造、管理、融资租赁三方优势，以设备租赁为纽带，以设备投资入股及售后回租、产品抵押融资、设备租赁等方式，更好地满足客户对采掘技术装备多方面需求。山东煤机装备集团采取"补偿贸易"方式建设延安北铁路专用线和装车集运站项目，开展煤炭外运、洗配煤等业务，负责建设装车系统及后期的运营、维护、保养，并从该每吨装卸货物中提取收入，开拓盈利新模式，取得良好的经济效益和社会效益。

（六）搭建融资平台，打造能源供应链金融解决服务商

为能源供应链客户提供金融服务。在风险可控前提下，山东能源集团发挥综合授信优势，借助丰富的煤炭营销及大宗物资采购等供销渠道，与合作银行、国际贸易公司及企业财务公司联合搭建融资平台，面向供销商企业群提供集国际采购、电子交易、物流监管、金融服务为一体的综合型供应链服务，使能源产业链上下游客户分享更便利的融资渠道和更低的融资成本，实现多方共赢。

为矿山设备采购客户提供融资租赁服务。山东能源集团依托先进的采掘技术装备生产能力，在产品销售上由过去单纯的销售模式升级为销售金融一体化的租赁模式。通过经营租赁或融资租赁，租赁公司即时向能源集团付款，终端用户则逐年支付租赁费用，有效解决供应链中下游资金问题。

（七）强化信息化与科技创新，为打造能源综合解决服务商提供保障

1. 打造能源电子商务交易平台

建设中国矿用物资网、中国矿产资源交易中心等电子商务交易平台，为客户提供行业资讯、在线询价、竞价销售、各类解决方案、业务招标、需求反馈等多种服务，并将大宗物资采购和 2 万吨以下的煤炭产品交易全部实现网上运行，初步构建专注于矿产资源、清洁能源及大宗物资行业的第三方电子商务交易及服务平台。截至 2013 年年底注册用户超过 2000 个，交易额突破 100 亿元，荣获"工信部电商集成示范工程"。积极引入物流监管和金融服务，加快与山东能源集团 ERP 系统对接，建立覆盖企业各产业板块的动态监控系统，实现板块之间快速协调运作及对客户需求的快速反应。

2. 开发煤炭品质评价及比价系统、客户关系评价系统

为快速捕捉市场交易信息和客户需求信息，最大化实现客户价值，与中国煤炭科学研究院及山东大学合作开发山东能源集团煤炭品质评价及比价系统和客户关系评价系统。提出煤质指标对商品煤利用性能的影响及升贴水参数，建立商品煤内在价值与煤质指标关系模型，开发商品煤内在价值与指导价格比较软件系统，形成价格发现和制定机制。同时，针对客户关系分类不同，适配价格优惠、付款结算、运输配送、综合信息等方面的服务，全面提升客户忠诚度和合作黏度。

3. 加强煤炭综合利用研究

通过引进、合作等方式网罗国内外煤炭应用行业领军人物，结合山东能源集团煤炭品种和客户需求，以冶金、电力、化工、建材等行业为定向服务目标，重点加强洁净煤利用及污染物减排技术研究、煤炭洗选及加工技术研究、咨询与技术服务等，构建“人无我有、人有我优、人优我精”的产品研发体系，打造企业核心竞争力。例如，与武汉钢铁合作，对动力煤进行喷吹变性实验，实现动力煤部分替代冶金煤，提高产品附加值，增加产品销量80万吨，拓展煤炭的盈利空间，推动由“以产定销、以需定销”向“引导客户消费、创造客户需求”转变。

三、传统煤炭企业打造能源综合解决服务商的转型升级效果

(一)取得了良好的经济效益

山东能源集团通过为客户提供质优价廉的煤炭等产品解决方案，提升了市场竞争力，2013年实现商品煤销量10195万吨，比上年同期增加586万吨。在全国煤炭形势出现跳水式下滑、煤炭企业大面积亏损的背景下，2013年实现利润42.05亿元，位列国内省管煤炭企业首位和同行业第3位，经济效益明显高于全国省管煤炭企业同行，保持了稳健发展态势。例如，山东矿管集团依靠“煤矿生产技术解决方案服务商”模式，2013年托管矿井生产原煤900多万吨，实现收入37.46亿元、利润2.45亿元。淄矿集团埠村煤矿依托生产管理和技术优势，输出专业生产技术人员和管理团队，对外开展矿井专业化服务，依靠商业模式创新实现了由资源枯竭型企业向综合性服务企业转型发展。

(二)创造了积极的社会价值

通过打造能源综合解决服务商，山东能源集团建立煤矿充填开采国家工程实验室，推广“矸石充填置换煤炭技术”，减少煤矸石污染，累计以矸换煤超过1500万吨，提高资源回收率；淘汰高能耗、重污染、工艺落后产能，突出抓好污水、空气污染、固体废物、噪声污染等工作，实现了污染物达标排放；开展煤矸石、粉煤灰等废弃物“变废为宝”攻关，加强废气、瓦斯、余热、矿井水、洗煤水等综合治理再利用。加快煤变电、煤变气等综合利用，为煤炭终端用户最大限度减少燃煤过程中污染物排放。

(成果创造人：卜昌森、王　勇、李正明、朱　昊、崔振浩、李会战)

基于一体化成长战略的特色优质烟叶开发管理

中国烟草总公司安徽省公司

成果主创人：安徽省烟草专卖局(公司)党组书记、局长、总经理同武

中国烟草总公司安徽省公司(以下简称“安徽省烟草公司”)成立于1980年，是中国烟草总公司全资子公司，下设16个市级烟草公司、皖南烟叶有限责任公司和华环国际烟草有限公司，分别负责卷烟批发销售、烟叶生产经营和复烤加工。资产总额275.97亿元，员工1.1万余人。2013年，实现烟叶生产、卷烟批发经营收入453.77亿元，利税109.38亿元。

一、基于一体化成长战略的特色优质烟叶开发管理背景

(一)实现企业一体化转型成长的需要

为应对控烟履约背景下，我国烟草行业发展空间日益收窄、卷烟消费水平逐步提升的需要，2007年，安徽省烟草公司提出以建立充满活力、可持续发展的烟草企业为主题，以转变业务增长方式为路径，同步实现内生式成长和纵向一体化成长战略。内生式成长战略是通过优化资源配置，创新管理模式，突出企业内部知识资源的创造、积累与利用，实现卷烟流通与烟叶开发两项主业的收入与利润平稳增长，增强企业综合竞争实力；纵向一体化成长战略是通过推动与产业链下游主体的深度融合与一体化，坚持以卷烟工业企业需求为导向，带动烟农、卷烟零售户等产业链薄弱环节的发展，实现产业链共生共赢。在烟叶开发环节，安徽省烟草公司将特色优质烟叶开发作为烟叶开发业务转型成长的核心，着力创新烟叶开发管理方式方法，提升烟叶生产加工水平，不断满足卷烟工业企业原料加工需求。

(二)发展中式卷烟品牌，应对市场竞争的需要

一方面，发展中式卷烟品牌是我国烟草行业应对跨国烟草企业竞争的迫切需要。本世纪初，以英美烟草公司为代表的跨国烟草企业加速开拓我国卷烟市场，国产卷烟品牌缺乏与国际卷烟品牌的竞争力。国家烟草专卖局提出了“大市场、大企业、大品牌”的重要战略，明确了要加快发展能够适应卷烟消费者需求、具有独特香气风格与口味特征、拥有自主知识产权和核心技术的中式卷烟品牌。另一方面，由于我国种植的普通烟叶品质不高、风格特色不明显，高档中式卷烟品牌只能选用津巴布韦、巴西等产地的进口特色优质烟叶，作为形成卷烟香气的主要原料配方。为此，国家烟草专卖局明确提出烟叶生产环节要重点发展国产特色优质烟叶的要求。与国内其他烟叶产区相比，安徽省烟叶生产既无规模优势，也无品牌、用工成本等优势，要形成稳固的烟叶市场地位，必须走开发特色优质烟叶之路。安徽省皖南地区具有规模化开发“皖南焦甜香”特色优质烟叶的生态

条件。安徽省烟草公司进一步在皖南地区展开生态环境普查，发现与宣城市华阳河流域相接近的生态条件区域广泛，具有规模开发皖南特色优质烟叶的生态条件和土壤资源，为安徽省烟草公司特色优质烟叶开发提供了条件。

（三）发展现代烟草农业，履行企业社会责任的需要

2007年，中央一号文件《关于积极发展现代农业扎实推进社会主义新农村建设的若干意见》，要求通过加大投入力度，推进农业科技创新，健全发展现代农业的产业体系等手段，促进农民增收、农业发展和农村面貌改变。同年，国家烟草专卖局响应中央号召，制定印发《关于发展现代烟草农业的指导意见》，通过推进传统烟叶生产向现代烟草农业转变，构建适应卷烟大企业、大品牌规模要求的原料保障体系，加大反哺烟草种植力度，促进烟农收入持续增加。

二、基于一体化成长战略的特色优质烟叶开发管理内涵与主要做法

安徽省烟草公司以烟区布局调整为基础，以特色优质烟叶生产技术为支撑，建设农工商深度合作的特色优质烟叶开发基地，加大基础设施建设与生态维护，建立“公司＋合作社＋烟农”的新型生产管理模式，实现传统粗放式烟叶生产向现代烟草农业的转变，为“中华”、“黄山”等知名中式卷烟品牌提供了重要原料保障，促进了企业转型成长。主要做法如下：

（一）开发优良种植区，实行特色优质烟叶开发公司化经营

2007年起，在各级政府的大力支持帮助下，安徽省烟草公司开始整合烟区资源，变革组织架构，推动皖南特色优质烟叶发展。首先，积极争取地方各级政府的支持，开发优质烟叶种植区。安徽省政府牵头实施北烟南移工程。同时，由安徽省政府牵头建立“皖南特色优质烟叶发展联席会议”制度，制定《皖南烟区烟叶生产可持续发展规划》，重点在宣城、芜湖、黄山三市规划出适宜“皖南焦甜香”特色优质烟叶种植的基本烟田57.6万亩，并在土地经营权流转、土地整理、农业用电用水、农业信贷保险、农业补贴等政策措施上予以充分保障。其次，加大企业内部资源整合力度。成立安徽省烟草公司特色优质烟叶开发领导小组，制定特色优质烟叶开发的总体思路，以现代烟草农业建设为统领，集中优势资源，规模开发“皖南焦甜香”特色优质烟叶。整合烟区资源，剥离原分属于宣城、芜湖、黄山三市烟草公司的烟叶生产经营业务，组建安徽皖南烟叶有限责任公司（以下简称“皖南烟叶公司”），专业化经营皖南特色优质烟叶开发。在皖南烟叶公司建立现代产权制度、企业管理体系与运行机制。

（二）建立特色优质烟叶生产技术体系

1. 建设开放式的技术创新体系

安徽省烟草公司积极建设产学研相结合的自主创新体系，以烟叶生产技术中心为技术创新平台，本着资源成果共享、研发平台共建的原则，与上海烟草集团、安徽中烟公司合作设立联合实验室，引入中国农科院青州烟草研究所、水稻研究所，中科院南京土壤所，以及清华大学、中国科技大

黄山市祁门县烟田

学、河南农业大学等科研院所，提升特色优质烟叶开发技术水平。

2. 研究特色优质烟叶风格形成机理

安徽省烟草公司与科研院所合作，通过开展《皖南烤烟特殊香气风格形成机理及配套技术研究》项目，重点研究皖南烟区冲积沙壤土、河滩沙壤土、粉沙土和水稻土等 4 种典型土壤类型，并开展微生物变化动态、物质基础研究及质量评价、成熟期烟叶基因表达谱差异、叶片显微和超显微结构差异、碳氮代谢规律等方面的研究，全面系统掌握“皖南焦甜香”特色优质烟叶风格形成机理，为“皖南焦甜香”特色优质烟叶开发奠定坚实的技术基础。该项研究成果获得中国烟草总公司科学技术进步二等奖。

3. 建立特色优质烟叶生产标准体系

2007 年以来，安徽省烟草公司围绕生态、品种、栽培、安全等重点研究内容，累计开展 64 项有利于特色风格彰显的配套生产技术研究，掌握“土壤改良、保温育苗、小苗高垄深栽、四段八步烘烤工艺”等“皖南焦甜香”烟叶生产十大关键技术，在延长大田有效生育期、提高烟叶成熟度、提高上部烟叶可用性和化学成分协调性等方面取得突破。在此基础上，安徽省烟草公司制定“安徽省烤烟综合标准体系”，由基础标准、生产技术标准、产品质量标准、管理与服务标准等 70 个标准构成，其中国家标准 5 个、行业标准 6 个、地方标准 8 个、企业标准 51 个。同时，从关注产品质量安全的角度，建立“安徽省烤烟生产加工安全质量标准体系”。围绕“皖南焦甜香”烟叶品牌，从质量要求、生态环境要求、生产技术、管理规范四个方面，组织制定“皖南焦甜香”特色优质烟叶 10 项系列标准，不断推进烟叶标准化生产。

(三)建设农工商深度合作的开发基地

安徽省烟草公司牵头，与上海烟草集团以及安徽、湖南、浙江中烟工业公司等国内重点卷烟工业企业深度合作，以“工业企业提需求、烟草商业做执行、烟农专心搞种植”为原则，建设“工商农”一体化的特色优质烟叶开发基地。

1. 创新土地长期流转机制

安徽省烟草公司探索主导“双向”土地经营权流转机制建立。首先，从农户到村委会到公司的“一次流转”。基于依法、有偿、自愿的原则，以村委会为流转主体，将农民的土地经营权按照 12 年期限流转到村委会，再由村委会集中流转到皖南烟叶公司。其中，流转租金由皖南烟叶公司按照 300 斤/亩中籼稻国家保护价，折算成现金支付给农民，三年一核定，有效保障农民利益。其次，从公司到烟农的“二次流转”。皖南烟叶公司有条件的将土地经营权转包给有知识、懂技术、会经营的烟农。

为保证土地经营权的合法、合规、有序流转，安徽省烟草公司规范流转协议签订内容，明确田块位置、面积、种植作物、流转期限、租金支付、补贴方式等，保证土地经营权所有者和承包者的合法权益。此外，安徽省烟草公司严格规范土地经营权长期集中流转过程管理，每项土地经营权流转均报当地政府行政主管部门备案，做好资料收集、整理、归档管理。目前，安徽省烟草公司共实现公司主导的长期集中流转土地 10 万余亩。

2. 改善基地基础设施建设

安徽省烟草公司通过科学规划、统一布局，按照 3 年轮作要求，规划建设基本烟田；

坚持与基地建设同步开展烟叶生产主要配套设施，包括烟水、烟路配套、密集烤房和土地整理等。2007年以来，安徽省烟草公司配套基础设施建设项目41183项，补贴金额10.31亿元。其中，建烟水配套项目4466项、投入资金2.28亿元，机耕路2494条、投入资金1.54亿元，育苗工场33个、投入资金0.25亿元，密集烤房25907座、投入资金5.32亿元，烟草农用机械8277台套、投入资金0.77亿元，土地整理6项、投入资金0.15亿元。

3. 推进品牌基地单元建设

品牌基地单元是安徽省烟草公司针对特定卷烟工业企业的烟叶原料需求，按照5万担(250吨)左右烟叶产量为单位划定的烟叶生产子基地。基地单元实行连片规模种植，并完全按照卷烟工业企业要求开展烟叶种植生产，保持种植制度一致，同时，执行一套生产技术方案和技术标准、一套业务流程和工作标准。卷烟工业企业需要对基地单元的烟叶销售负责。目前，安徽省烟草公司建成7个基地单元，基地单元种植面积达到12万亩，生产特色优质烟叶1.75万吨。其中，与上海烟草集团公司共建2个“中华”品牌基地单元，与安徽中烟工业公司共建3个“黄山”品牌基地单元，与湖南中烟工业公司共建1个“白沙”品牌基地单元、与浙江中烟工业公司共建1个“利群”品牌基地单元。

4. 建设综合性科技示范园

安徽省烟草公司引入三方合作机制，与重点卷烟工业企业、科研院所展开深度合作，共建科技示范园。科技示范园内各个主体角色定位清晰。卷烟工业企业负责项目科研经费、场地租赁费用和相关仪器设备投入，并配备相关专业技术人员；负责对所提供仪器的固定资产管理；组织开展卷烟工业企业烟叶原料配套研究。安徽省烟草公司负责科技示范园的基础设施建设、日常运行和管理，建立相应的各项管理制度，配备相关人员，确保科技示范园的正常运行；负责工业企业所提供仪器的日常维护工作；根据科技示范园工作计划，组织开展农业方面的相关研究与技术推广工作。科研院所等单位负责每年指派二名副高以上人员长期驻点(时间不少于90天)，组织实施相关科技研究；跟踪国内外在相关领域的最新研究成果，在科技示范园内进行集成、示范、推广，构建适应特色、优质、高效、生态、安全农业发展要求的中式卷烟烟叶原料技术体系和管理体系。科技示范园注重科技成果转化。通过研究形成特色优质烟叶生产新技术，将科技成果在示范园进行小规模试验，建立并完善技术推广方案。

(四)建立“公司＋合作社＋烟农”生产管理模式

安徽省烟草公司通过广泛调研，确立通过扶持发展烟农合作社，培育职业化烟农队伍，实行“公司 ＋合作社＋烟农”的烟叶生产管理模式。

1. 明确角色定位，划分服务职能

安徽省烟草公司作为特色优质烟叶开发的管理服务主体，为烟农提供一整套服务，包括烟叶收购、提升“皖南焦甜香”烟叶品牌影响力、技术支撑、资金扶持等。为进一步提升服务烟农种植能力与水平，安徽省烟草公司力推与烟农合作社的一体化，实行“一社一站”，即每一个烟农合作社相应建立一个基层烟叶工作站，负责为烟农合作社和烟农提供专业化技术服务、生产管理、收购管理和培训指导，作为连接烟农合作社和烟农的桥梁和纽带。烟农则是烟叶生产的种植主体。

2. 扶持发展烟农合作社

首先，无偿提供烟叶生产设施设备。安徽省烟草公司依法依规建设育苗工场、烘烤工场，购置农业生产机械设备，供烟农合作社无偿使用。烟农合作社负责设施设备的日常管理与维护。

其次，协助建立烟农合作社管理机制。一是健全烟农合作社的组织机构，完善烟农合作社“三会”制度，社员（代表）大会是烟农合作社的最高权力机构，理事会负责经营决策，监事会负责运营监督，具体运营实行总经理负责制。二是健全烟农合作社章程、工作制度、社员管理制度，以及育苗、土壤改良、起垄移栽、全程植保、采烤和分级 6 大环节专业化服务管理、资产管护等 10 项业务服务制度，并配套制定作业流程。同时，建立健全人事用工、财务、物资等 9 项综合管理制度。

第三，积极向烟农合作社输入经营管理人才。为解决烟农合作社管理服务专业人员缺乏的问题，保证烟农合作社正常运营，一是以协议形式委派技术员担任烟农合作社经理和服务队长，具体负责专业化服务的组织实施、经营管理以及经营性资产管护；二是大力培养“三师一手”技能人才，帮助烟农合作社培养农民农技师、烘烤师、分级师、农机手，成为合作社服务烟农的主力军。

截至 2013 年年底，皖南烟区共建立跨行政村、跨乡镇、跨县市区域的烟农合作社 8 个，实现烟农 100％入社。同时，烟农合作社开发利用闲置期间基础设施，积极拓展设施农业，利用闲置期间的育苗工场生产特色瓜果蔬菜，烤房生产平菇等，多元化经营品种达到 5 大类 13 个小品种。2013 年，8 个烟农合作社利用育苗大棚 182 个、烤房 120 座，社均创收 10 万余元。

3. 培育职业化烟农队伍

一是建立职业化烟农动态认证考评机制，引导烟农向种烟专业大户、家庭农场主转变。安徽省烟草公司制定三维 14 项认证标准体系，即诚信标准、技能标准、综合知识三个维度，其中诚信标准包括合同履约率、等级结构比例、关键技术到位率、烟叶交售纯度、预约交售、违法违规次数六项指标；技能标准包括对烟叶栽培、烘烤、分级和机械操作四项技能的鉴定；综合知识包生态维护、专业化服务、扶持政策和管理技能等知识掌握情况。每年组织一次认证和复评，通过职业化烟农认证的烟农，依据种植规模、资本投入以及认证标准达标情况划分为普通职业化烟农、专业大户和家庭农场主三类。建立“过程＋结果”的职业化烟农考评机制，过程指标包含培训到位率、诚信度、专业化服务配合度等三大指标，结果指标则是年度产量和质量结构两大指标。实行奖励与淘汰机制，平均淘汰率约为 5％。通过职业化烟农认证考评机制，皖南烟区发展职业化烟农 1319 人，占烟农总数 55.7％。

二是建立多层次、多形式的烟农培训机制，持续开展培训。在培训层次上，与所在地职业技术学院联合办学，建立培训基地；与村委会联合建立烟农学校。培训基地侧重培训烟农合作社管理人员、家庭农场主和种烟专业大户，重点在于宣贯烟叶种植政策、烟叶种植新技术、专业化服务组织与管理等；分散在各村的烟农学校侧重培训种植农户，重点培训烟叶种植技术的实际操作规范和要领。在培训形式上以理论教学、案例教学为主，辅以现场教学，定期组织技能比武和劳动竞赛。皖南烟叶公司平均每年培训超过2万人次。

三是建立烟农福利和风险保障体系，为烟农提供基本保障。安徽省烟草公司按照人均800～1300元/年标准，为职业化烟农配套养老保险、意外伤害险等一系列福利待遇，让职业化烟农享受“准职工”福利待遇；联合市县政府，建立烟叶生产灾害保障基金，购买烟叶种植商业保险，最高补贴标准600元/亩，专门用于烟叶灾害救助，降低烟农种植风险。同时，统筹用好国家及行业补贴政策，实施质量结构奖、诚信奖等。

（五）提升特色优质烟叶复烤加工水平

1. 加强特色优质烟叶复烤加工质量保障

烟叶复烤加工是烟叶原料进入卷烟工业企业之前的最后环节，加工水平直接影响到中式卷烟品牌的质量。安徽省烟草公司充分发挥信息化管理系统、中控室的生产过程工艺控制功能，推进现场作业标准化，加强生产过程质量和工艺控制水平，实施全过程生产信息收集和质量分析。根据不同卷烟品牌的加工工艺需求，采取不同的工艺路径实施复烤加工，从而降低产品质量波动，提高烟叶资源利用率。

2. 实现特色优质烟叶复烤加工质量改进

结合“皖南焦甜香”特色优质烟叶品质特征，推进保香保润加工工艺研究、片烟储存醇化研究，在复烤加工环节进一步提升“皖南焦甜香”特色优质烟叶品质和特色。例如，安徽省烟草公司与上海烟草集团合作实施复烤加工片烟质量均匀性调控研究项目，创新使用近红外光谱仪检测烟碱，通过RFID、扫码设备、电子标签和配方高架库，改变和优化烟叶复烤加工流程，将复烤加工从按等级比例投料，改变为按照烟碱值区间自主投料加工的菜单式配方模式，加工后的“皖南焦甜香”特色优质烟叶片烟烟碱CV值控制在3%以内，远低于行业平均值6%。

（六）实施生态维护和产品质量追溯

1. 多措并举开展生态环境保护

安徽省烟草公司采取有力措施保护烟叶产区生态环境。一是结合皖南烟区实际，大力推广烟稻隔年轮作种植模式，实施烟稻1∶1轮作，积极整合利用大农业资源对烟稻实施一生管理，保护和优化特色优质烟叶生产的土壤环境，保障特色优质烟叶的品质与安全。2013年，烟稻轮作比例超过80%。二是实施土肥管理。通过稻草还田、深耕冻垡、土壤改良等一系列措施，改善土壤结构。开展土壤基本情况调查，绘制土壤基础肥力分级图，推广测土配方施肥，制定到户、到田施肥方案，每亩减少氮肥使用14%左右。三是开展统防统治。烟农合作社按照“预防为主、药后操作、减少操作”原则，开展病虫害统防统治服务，协调运用物理防治、生物防治等措施，2013年，烟叶生产期间施药次数由5次减少到3次，每亩减少农药用量40%以上，病毒病发病率由4.9%减少到0.8%。四是落实清洁生产。通过加强农药施用及农残控制、规范肥料施用、及时清理残膜、及时清理病残体及烟杆、统一回收包装物、烤房除硫等一系列措施，维护烟田环境，减少大气污染。

2. 建立产品质量全程追溯体系

为适应中式卷烟品牌不断提高的烟叶质量要求，保证产品安全，安徽省烟草公司开发应用全程质量追溯信息系统,集成生产信息、分级信息、工商验级、追溯查询四个模块。在烟叶生产环节,烟叶质量信息通过二维码和射频技术贯穿烟叶物流全过程,赋予每件小包装烟叶以唯一的“质量身份证”,打通从农业生产到复烤加工的供应链信息流。在复烤加工环节,整合复烤加工环节信息,打通复烤加工环节质量信息追溯链,实施烟箱电子标签等应用系统,实现对每个包装箱特色优质烟叶原料理化指标的透明查询。通过全程质量追溯信息系统,打造质量信息全环节追溯链,打通皖南特色烟叶供应链信息流,实现工商信息共享和工业企业对烟叶质量的追溯到户、追溯到岗,实现质量管理与安全性控制贯穿烟叶生产全过程。

三、基于一体化成长战略的特色优质烟叶开发管理效果

(一)促进了安徽省烟草公司的一体化成长

通过特色优质烟叶开发管理,实现了烟叶生产业务转型,推动了与产业链下游主体的深度融合,带动烟农、卷烟零售户的发展,实现产业链共生共赢,“皖南焦甜香”烟叶享誉全国,特色风格和内在质量获得客户广泛好评,烟叶产量从 2006 年 0.91 万吨增长到 2013 年 2.4 万吨,烟叶开发产值年均增长 15.4%,烟叶利税年均增长 30.4%。

(二)支撑了中式卷烟品牌的发展

上海烟草集团与安徽、湖南中烟等卷烟生产企业连续 3 年对“皖南焦甜香”烟叶跟踪评价和使用分析证明,其工业生产可用性、“配伍性”均好于国内其他产区优质烟叶,能够部分替代津巴布韦等进口烟叶,作为中高端中式卷烟品牌的调香主料烟。目前,“皖南焦甜香”烟叶成功进入“中华”品牌原料配方,成为“黄山(天都)”高端品牌主原料配方,在“黄山(红方印)”“白沙”“利群”等知名品牌中,都能大比例使用,为支撑中高档中式卷烟快速发展发挥了重要作用。

(三)推进了现代烟草农业建设

通过特色优质烟叶开发,扶持培育了烟农合作社组织和职业化烟农队伍,实现了规模化种植、机械化操作、集约化生产。截至 2013 年年底,“皖南焦甜香”烟叶种植面积达到 17 万亩,较 2006 年增加 10.8 万亩;全面实现育苗和烘烤工场化,翻耕、整地、起垄、剪叶等环节机械化作业率实现 100%,中耕培土机械化作业率达 90%。与 2006 相比,劳动生产率提高 39%,土地生产率提高 70%,投入产出率提高 15%,亩均种烟用工从 30.5 人日减少到 17 人日,亩均种稻用工从 7 人日减少到 3 人日,实现了简单种烟、轻松种稻。通过特色优质烟叶开发,烟农户均种烟规模达到 71 亩,户均收入 36.1 万元,户均效益约 12 万元,加上“烟后稻”收入累计效益达到 16 万元,极大地带动了农民致富。

(成果创造人:闫　武、董建江、王新胜、邵伏文、王道支、王　辉、朱训伟、张　宁、汪海生、薛宝燕)

传统服装批发市场适应行业变革的转型升级

广州白马服装市场有限公司

成果主创人:白马市场总经理程九洲

广州白马服装市场(以下简称"广州白马")于1993年1月8日开业,是国内首个现代商厦式的室内服装市场,建筑面积6万平方米,有来自泛珠江三角洲地区、长江三角洲地区等全国各地及港澳台、韩国等地的服装厂商1100多家,产品辐射全国31个省、市、自治区,在俄罗斯、中东、东南亚、西欧等五大洲70多个国家均有采购商进入,透过白马这一销售平台年交易额超过100亿元。

一、传统服装批发市场适应行业变革的转型升级背景

(一)应对服装产业严峻市场环境挑战的需要

近几年,全球贸易增速放缓,宏观经济疲弱,中国经济正经历前所未有的转型困境,服装行业的出口及内销均受到不同程度的打击,纺织行业经济增长减速态势仍在延续,市场整体运行形势非常严峻。一是生产成本持续上涨,内需增长动力不足。二是线上销售豪夺线下市场,电商对实体市场形成巨大冲击。三是服装行业经营模式变革对专业市场经营产生压力。四是庞大体量新市场的入市,使市场竞争日趋白热化。全面打破原有供给平衡,对有限的优质客户资源的争夺将进入白热化阶段。而在实体市场供给不断增加的同时,线上市场的发展在不断侵蚀线下市场份额。面对严峻的市场竞争态势,白马如何应对市场变化,如何巩固广东服装流通批发的龙头地位,突破专业市场的流通困局,驱使白马必须加快转型升级步伐。

(二)提升企业竞争力的需要

随着中国服装市场日益开放,传统单一的服装批发市场模式面对更多新的流通渠道的挑战,加之新市场的不断涌现,在规模、硬件水平等方面对老市场带来较大威胁,通过转型升级提高广州白马的竞争力显得越来越迫切。一是市场硬件老化,促使白马推进转型升级。广州白马作为一个老市场规模仅6万平方米,硬件也日渐老化,市场规模、购物环境与国内其他新兴服装专业市场相比都有较大差距,无法适应现代化大都市建设与发展要求,新一轮转型升级尤为紧迫与必然。二是上市物业资产的保值增值。2005年12月,白马市场作为越秀房地产信托基金的核心资产在香港联交所成功上市,实现了从产业经营向资本经营的成功转型。但是,如何保持与提升白马核心竞争力,使上市物业保值增值,增强投资者的信心,更好地回报股东,是广州白马必须要面对的新课题。

（三）适应现代化新型城市化建设与发展

目前广州市的专业市场分布从空间布局上看，有高达54%的市场集中在内层圈（即三大老城区），40%的市场位于中层圈，仅6%的市场位于外层圈。老城区由于历史原因致使交通拥挤、用地紧张，从而导致物流与商流矛盾突出，升级转型呼声持续已久。2008年，广州市政府就针对专业批发市场改造提出了“内层圈搬走一批，中层圈改造一批，外层圈新建一批”的升级策略，并推动“现金、现货、现场”（“三现”）的传统交易向展贸型现代交易方式转型。广州市委、市政府明确提出以专业批发市场为核心开展传统商贸业转型升级，并出台《广州市关于推动专业批发市场转型升级的实施意见》，确定中心城区严控新增以“三现”方式为主的低端专业市场、规范提升存量市场的要求。这意味着白马可借助广州南国大都市的商贸优势，开展综合性专业市场服务，发展服装展示、洽谈、签约、宣传、品牌推广等功能，借助原有的口碑，沿着专业市场产业链的横向发展；同时通过实体市场和电子商务的协同与互动，扩大市场规模。

二、传统服装批发市场适应行业变革的转型升级内涵和主要做法

广州白马面临市场老化、行业变革、竞争激烈、电商冲击等困境，从“坐商”到“行商”，突破实体市场规模的有限性，进行渠道的延伸，实现规模效益最大化；持续强化“品牌孵化器”功能，提升产品附加值及客户质量，实现品牌效益最大化；大力发展电子商务，实施线上线下全渠道策略，进一步提升规模经济效应、客户黏性及单一租户效益贡献度。主要做法如下：

（一）构建现代化交易平台

白马作为传统批发市场，积极围绕市场变化，率先推进由“传统散批型批发市场”向“现代展贸型专业市场”的定位调整与转型升级，逐步淡化现场交易的基础业态，逐渐舍弃“低端跑量”的经营思路，打破传统服装市场“三现”为主的现货交易模式，转变为注重商品陈列、品牌形象展示、购物体验、信息集聚、时尚发布、贸易洽谈、订货代理、网上贸易的现代化服装专业市场交易平台。

1. 市场硬件全面升级，持续改善安全环境

“环境舒心”一直是白马市场经营方针的首要任务，与时俱进地打造舒适、时尚的经营环境，为商户、采购商提供一个安全、舒心的交易环境，才能留住商户、吸引采购商。从2006年开始，白马每年投入约1000万元对市场进行持续的升级改造。2006年，对消防系统进行全面的优化调整与改造，对市场消防安全提供有效保障；2008年，对已使用达十几年的供电电缆进行全面的更换，提高了大厦电缆使用的安全可靠性；2011年，完成中央空调系统改造，有效解决大厦供冷不足的问题，改善大厦的经营环境；此外，广州白马还对电

市场外景

梯、消防、弱电、给排水等系统进行了全方位改造，进一步改善优化市场安全环境。

2. 完善市场配套，优化提升市场经营环境

基于市场品牌化发展战略，广州白马于2010年斥资1300多万元进行三楼定位调整升级改造；同时进行七、八楼品牌营销专区改造、一楼11、12通道布局优化调整改造、二楼全层以及各楼层公共区域的翻新改造，进一步突显市场商品陈列功能、品牌形象展示功能。同时，为满足客户品牌展示、产品发布，白马于2010年及2014年对一楼中庭进行全面提升改造，使目前的白马中庭成为时尚发布、休闲餐饮以及举办各类活动的多功能场所，为客户举办产品发布会、品牌信息发布、进行贸易洽谈与订货代理等多模式经营提供便利。此外，白马还进行的士通道改造、改造加装大厦正门口LED屏，加强对外信息播放、进行七楼咖啡厅形象提升优化改造、积极引进品质检测中心等等，进一步优化完善市场功能配套，打造现代化市场交易平台。截至2014年8月，累计投入用于白马服装市场升级改造的资金总额已超过1亿元。通过一系列改造，广州白马市场整体形象得到提升，市场配套功能得到完善，向环境舒适、注重商品陈列、品牌形象展示及购物体验的“现代购物中心”衍变。

（二）开展专业化管理服务

白马始终坚持“环境舒心、经营放心、服务贴心、不断创新”的服务质量方针，创新性的提出“管理就是服务”的理念，把自身定位从物业管理公司提升到服装产业综合服务运营商及专业市场品牌运营商。

1. 优化完善市场管理制度

2011年，广州白马重新梳理优化市场管理服务体系，率先在全国同行业中通过ISO90001：2000国际质量管理、ISO14000环境管理体系以及OHSAS18000职业健康管理三体系的认证，以领先的管理理念、国际化的管理标准、专业化的管理品质实现运营管理模式与国际标准接轨。同时，白马市场于2010年通过广东省商贸流通企业安全生产标准化的达标认证。2013年成为首家荣获“广州市物业管理示范大厦”称号的服装批发市场。市场从无序的、粗放的管理升级为具备行业领先的国际、国家标准的专业化、规范化管理。

2. 建立维护客户俱乐部

广州白马服装市场客户俱乐部，集合市场内的优质核心客户，俱乐部成立十年来，目前已拥有111名会员，是客户沟通、市场共管、增值服务、创新发展的优质综合运营沟通交流平台。会员们积极为白马市场的发展献计献策，支持白马的管理以及决策；而白马也为会员们提供“简单、快捷、有效”的优质服务，提供“公平竞争、行业自律、多方合作”的市场平台，从而加强市场与商户之间、商户与商户之间的沟通协作。

3. 为商户提供多方面培训

白马公司近年来均有计划地为商户提供产品研发、品牌运营、销售技巧、营销推广、服务规范等全方位的培训和提升。提供国际市场流行趋势信息、市场动态，提供服装产业的服务信息，组织商户进行经营经验分享交流，全面提高现有商户的运营水平，从而实

现对商户的服装品牌的“孵化”作用。2011 年，公司出资聘请资深服装营销专家对全场 1100 多户商家开设了店长培训班及店员培训班，3 年来共培训店长 900 多名，店员 7000 多人，帮助商家提升销售技巧与礼貌礼仪，同时提升自身的服务意识。此外，每年均安排资金分别聘请营销、品牌运营、企业管理、金融以及法律专家，为商家的老板们开设专题讲座。

(三)建设多元化销售渠道

基于市场变化以及白马品牌化发展战略，白马市场近年来积极引导并不遗余力的推进商家品牌化发展，以及引导商家销售渠道多元化。通过日常宣传、品牌奖项评比、提供培训服务、鼓励商家店铺装修提升形象等手段，帮助商家提升品牌意识，引导商户品牌化、多元化的经营发展模式。牵头以品牌巡展、组织召开供需对接会、洽谈会、帮助场内商家拓展渠道，协助品牌落地，实现销售提升。积极与百货商业协会、知名百货企业等对接洽谈，为商家搭建打通百货渠道。积极挖潜，于各楼层设置试衣间，以尽可能满足商家零售渠道畅通的需要。白马市场官方网站白马服装网为场内优质商家优先提供品牌运营扶持，通过网上即时行业咨询推送、电商知识技能培训、网上展厅开发、与天猫等知名第三方平台合作等方式，协助商家拓展电商渠道。开展密集的国际交流活动，拓展商户视野，创造更多商机。

白马市场商家销售渠道类型已从过去多以散批为主的较单一的经营模式，转变为集散批、代理、订货、加盟、专卖、零售、贴牌、百货、电商等多元化发展模式，渠道体系遍布全国各地，并辐射海外欧美、俄罗斯等 70 多个国家或地区。

(四)实施精准化与社会化营销

1. 全方位立体化的营销推广

组建专业的营销团队，以及充裕的营销资源投入，保证了市场、商户享受到专业的营销服务。每年投入超过 500 万元的资金用于市场和场内品牌的营销推广，并整合行业杂志、平面媒体、网络推广及地铁、公交、电视电台等媒介资源，打造全方位、多渠道、立体化的营销推广体系，不断巩固和强化市场品牌的影响力。同时，积极利用自媒体，联合全国性专业媒体(如纺织服装周刊)、中央电视台等，从市场管理、品牌打造、转型升级等各方面进行媒体推广，增加曝光率，提升市场和场内品牌的知名度和公信力。

2. 充分利用新媒体营销，推进全渠道营销战略

充分利用新媒体营销，致力打造 O2O(Online To Offline)电子商务综合服务平台，推进广州白马的全渠道营销战略。2013 年 7 月，白马官方微信(微信号：baima_market，下称白马微信)正式运营，目前已累计粉丝超过 12 万名，发展迅猛。白马微信采取 1＋1(服务号＋订阅号)双号运营模式，并将与白马服装网网上展厅有效对接，PC 端与 WAP 端同步信息，使营销更加精准化社会化，为商家提供更为便利的产品发布渠道，提升白马的品牌知名度及市场竞争力，增加了商家的黏性。

(五)打造品牌化服装

白马积极打造中国服装“品牌孵化基地”。通过租户结构优化等一系列品牌培育手

段，培育出数十家国内知名品牌，使白马成为中国乃至世界的潮流风向标。

1. 经营定位与商户结构的不断升级，推动市场品牌化发展

近几年白马公司结合市场变化，商家从批发到加盟、代理等经营模式的不断转变，同时基于市场品牌化发展的定位，积极进行经营定位与商户的调整优化，逐层优化租户结构。广州白马将七、八楼由原来的仓库及办公区打造升级成更能体现品牌完整度和个性化的中高档、旗舰式的“优质品牌营销区”，为本土服装品牌提供一个展示自我，与国际接轨的精彩舞台。将三楼小面积商铺改造成为展贸式写字间。扩大单个商铺的面积，减少商铺数量，调整租户结构，以全新形象打造时尚女装品牌营销中心；这一于旺市中关闭改造的举措，是白马品牌孵化器经营思路的最好体现。2013 年，对八楼进行再次装修改造，调整租户，引进品牌客户，丰富产品结构，优化租户结构。

2. 创立并实施品牌准入制，商户结构不断优化

广州白马创立并实施品牌准入制度，对进入市场经营的商户从其产品研发能力、生产加工能力、渠道建设能力以及品牌运营能力等四个维度 20 多项指标对商户进行全面考核评价，通过实地考察、综合评审、客户面谈等环节精选商户，严控商家素质。这一机制保障白马场内商户的素质，降低采购商的采购风险，使商户结构不断得到优化。同时，对于场内经营的商户，进一步实行分级分类管理，按设定的标准对客户进行分级并提供相对应的服务，更好地提升市场的客户服务水平，提高客户的满意度与忠诚度。

3. 通过组团参展、品牌评选及标杆交流，提升商家品牌意识

一是积极组织商户参加国内外各类大型展会，不断培育商家的品牌意识。白马每年除了商户定期前往欧洲的法国、意大利和英国以及亚洲的日本韩国考察市场、捕捉流行趋势外，广州白马也不定期组织商户前往境外进行考察、交流。目前，白马公司已经与香港贸发局、韩国东大门市场协会等组织建立了良好的往来交流关系，同时也定期组团参加日本东京时装周、韩国（首尔）国际纺织展览会、美国拉斯维加斯 MAGIC 时装展等国际性服装行业展会。除了国际性的盛会，白马每年还带领优质品牌参观中国服博会（CHIC）、柯桥纺博会、深圳服装展会，在香港时装节、广州国际服装节等国内大型展会设展，考察北京、辽宁、山西等多地市场；2014 年 3 月，广州白马携手场内铠琪、安纳云妮、柔装等八大优秀女装牌首次组团参展中国服博会，会议期间加盟洽谈不断，订单交易不绝。

二是推荐商户参加品牌评选活动，帮助商家提高品牌知名度。自 2010 年起，白马每年评选十大品牌，并推选 35 家品牌商户荣获由中国纺织工业联合会流通分会组织评比的“中国服装成长型品牌”，25 家商户荣获“中国服装优秀渠道品牌”，在帮助商家提高品牌知名度的同时，也大大提升了白马的知名度及影响力。

三是组织商家参观标杆企业。多次前往潮汕、普宁、佛山、中山等地，参观优秀服装企业的公司与生产基地，并进行座谈交流，使商家学习分享到优秀企业品牌运作的成功经验，在企业运营管理、品牌运营、营销策划等有所借鉴，帮助商家提升自身品牌的建设与发展。

（六）建立示范化产业

1. 从“坐商”到“行商”，拓展建立供需对接的高效渠道

从 2009 年起，白马全面启动以“服中国，服世界”的白马影响力工程，实施“上半年走

出去，下半年引进来”的营销推广策略，上半年积极带领白马商家开展全国巡展和渠道对接，下半年邀请全国各地采购商前来白马参加服装采购节，核心思想就是整合资源，抓渠道建设，从“坐商”到“行商”，实现渠道下沉，建立供需对接的高效渠道，提升市场占有率。至今，全国巡展已在北京、郑州、西柳、等地举行了八站。

2. 策划举办白马服装采购节，扩大白马乃至商圈的品牌影响力

王牌活动白马采购节也自2007年开始连续举办八届，活动期间主要邀请来自全国多地40多个龙头专业市场现场考察及供需对接、促进流通，并在采购节期间率先发布下一季最新服饰，以“原创品牌、一手货源和厂家直销”为理念打造白马市场的核心竞争力。采购节从最初白马自身的营销活动到初具规模的行业盛事，白马服装采购节开创全国服装行业由专业市场牵头承办大型服装采购节的先河。如今的白马服装采购节已成为集行业商务交流、时尚新品发布、供需渠道对接及电子商务拓展于一体的综合性行业商贸平台。

（七）建立电子化商务平台

1. 打造资讯平台

目前，白马资讯平台全面建成及升级，在白马场内经营的1100多个品牌均拥有和实体市场一对一相对应的网上“白马展厅”，除了产品信息发布及商品展示，还可在全国范围内实现招商加盟，解决传统渠道招商费时费力的缺陷，降低招商成本，提高招商效率和质量。新的“白马展厅”的升级，更是从采购商需求角度，进一步优化产品展示和浏览体验，将使品牌和产品的信息在网上得到最及时、最全面的发布，老采购商将可以足不出户通过私密展厅了解厂家最新产品；新采购商将在白马展厅快速找到心仪品牌，实现线下采购。目前白马服装网日均流量已突破2万。

2. 开展网上交易

广州白马启动B2C品牌直销平台打造。借助白马商家云集的产地优势，为场内品牌提供电商销售渠道，以较高的性价比吸引消费者，实现网上交易功能。经过一年的探索，白马电商交易平台升级转型B2B业务，并建立以分销为核心的B2B交易平台，商家通过与白马服装网合作，实现布局全渠道的营销模式。为此，白马投入超过上百万元打造商家管理系统，实现一套系统通全网。由于白马服装流通领域超高的知名度、影响力和在电子商务方面的投入和重视，白马服装网成功入围天猫供销平台2014核心供销业务合作商。白马将组织优质品牌进驻天猫供销，获取淘宝800万主网店店主采购资源，网上交易有望取得重大突破。

3. 开辟移动端交易

2013年8月，白马正式注册微信订阅号和服务号，启动双号运营策略。服务号定位：整合实体商户商品、产品信息，结合市场服务，实现交易服务为目标；订阅号定位专业资讯媒体，为行业提供及时专业的服装资讯。为推动移动端建设，白马投入资金建设WIFI系统，目前已完成建设并投入使用，成为国内第一家实现免费WIFI全覆盖的大型服装专业市场，为商家开展移动电子商务提供基础配置。

通过五年的尝试，白马累计投入3000多万元，初步形成“资讯＋服务＋交易”多平台

运营,"PC+移动"双渠道运作,打造白马O2O电子商务综合服务平台。电商业务的发展,为白马服装市场的转型升级,为白马品牌的上网触电提供的良好的基础平台。

三、传统服装批发市场适应行业变革的转型升级效果

(一)获得显著经济效益

通过转型升级,广州白马各项经济指标取得了提升:上市后租金水平比上市前翻了一番,而目前592元/平方米·月的租金水平,也比2006年上市之初的426元/平方米·月提升了近40%。2013年白马大厦的资产估值为39.8亿元,比2006年上市之初的27.24亿元提升了46%。2011~2014年,白马市场与租户共贡献税收4.23亿元,比2008~2010年税收贡献(3.13亿元)上升了35%。

(二)取得良好社会效益

广州白马近几年通过软、硬件多管齐下的转型升级,产生了良好的社会效应,白马市场带动成就了中国第一服装商圈流花商圈,目前以白马为核心的流花商圈的产值超过500亿元。随着白马的升级,周边各个市场如红棉、壹马、天马、新大地、站西等主要市场纷纷效仿白马的升级改造,作为龙头市场的白马,极大地带动了商圈的整体发展。

实现品牌孵化效应,白马如同一座服装界的"黄埔军校",凯撒、哥弟、歌莉娅等一大批优秀的服装品牌从白马逐渐走向全国、走向世界。白马市场产品辐射国内外70多个国家和地区。多年来,荣获"中国十大服装专业市场""全国文明市场""中国服装品牌孵化基地""中国纺织工业先进集体"等荣誉称号。

(成果创造人:程九洲、张　劲、黄秋权)

军工企业以结构调整为中心的转型升级

内蒙古第一机械集团有限公司

成果主创人：公司董事长、党委书记白晓光

内蒙古第一机械集团有限公司(以下简称“一机集团”)前身为内蒙古第一机械制造厂，经过60年的建设与发展，一机集团已成为中国机械制造行业集冶炼、铸造、锻造、机加、冲压、热处理到整机装配、试验调试一体化的特大型工业企业。进入“十二五”以来，一机集团以科学发展、转型升级为第一要务，深化体制改革与结构调整，成为覆盖包头、北京、天津、太原、深圳等全国重点区域的跨地区、股权多元、以军为本、以车为主、军民协调发展的现代化军民结合型车辆制造集团。2013年实现营业收入116亿元，同比增长20%，实现利润4.5亿元，同比增长20%。

一、军工企业以结构调整为中心的转型升级背景

(一)以结构调整为中心的转型升级是主动适应国家、行业发展和形势变化的客观要求

党的十七届五中全会指出“坚持把经济结构战略调整作为加快转变经济发展方式的主攻方向。坚持把科技进步和创新作为加快转变经济发展方式的重要支撑”、“坚持走中国特色新型工业化道路，改造提升制造业，优化结构，改善品种产量促进制造业变大变强。”兵器工业明确“十二五”时期调整转型的目标和方向，即建立质量效益型的可持续发展模式，调整转型的路径就是全面推行全价值链体系化精益管理战略。一机集团作为国有大型军工企业全员劳动生产率只有行业平均水平的80%、国防科技工业的70%、中央企业的50%。结合外部形势和环境的广泛、深刻变化，一机集团必须全面开展以产业、产品、市场等结构调整为中心的转型升级。

(二)以结构调整为中心的转型升级是企业做强做优、实现战略目标的有效途径

一机集团作为一个传统的制造业企业，正站在一个新的发展起点上。从大环境来讲，具有六方面有利因素：一是我国工业化、城镇化尚未完成，仍有很大发展潜力与空间，制造业大有可为；二是随着创新驱动战略的深化实施，企业技术创新政策环境将进一步改善；三是国家通过深化科技教育领域综合改革，建立集聚人才的体制机制，促使人口红利转变为人才红利；四是随着化解产能过剩、推动企业兼并重组、促进自主创新和技术改造升级、推进产业转移等政策效力的逐步发挥，结构调整步伐加快；五是国家针对军品科研生产能力调整，将进一步优化军工企业集团能力及结构布局；六是国家对军民融合发展的政策支持力度继续加大，将推动军民融合进入深度融合发展阶段。从一机集团自身

来讲，具有三方面有利条件：一是经过60年发展，特别是通过近些年在市场中搏击成长，一机集团以科技、管理和人才建设为标志的综合实力不断提升，为新的发展奠定了坚实基础；二是一机集团以军为本、以车为主、军民结合、协调发展的产品产业结构具备了较强的抗风险能力；三是60年优秀的文化积淀，不断增强的企业文化力，引导职工铸魂固本，担大任，行大道、成大器，坚持国家利益至上，坚持敢为人先、艰苦奋斗，是企业发展最宝贵的依托。

（三）以结构调整为中心的转型升级是企业冲破自身发展瓶颈、提升核心竞争力的必然选择

一机集团经营改革发展还面临着“两多三少”的突出矛盾，即一是人员总量多，仍有各类人员1.8万人，是行业平均水平的3～4倍。二是精益不够浪费多，管理相对粗放，很多环节和流程亟待改善。三是科技创新、经营管理领军人才少，科技领军人才占比仅为1/50、管理人才更是严重不足。四是高附加值产品少，产品结构不合理，高附加值产品不足40%，其余大部分都是技术含量不高、靠打价格战竞争的产品，获利水平较低。五是民品新的经济增长点少，现有民品，主要是无论是铁路车辆，还是石油机械、工程机械和车辆零部件，几乎都是20世纪80年代开发的产品。近年来形成有潜力、有发展空间的民品不多，缺乏持续发展能力，发展后劲不足。因此，迫切需要加快产品产业结构调整和转型升级步伐，冲破企业发展瓶颈、提高发展质量和核心竞争力，增强发展后劲。

2011年8月，一机集团新一届领导班子组建成立，在全集团创新实施了以结构调整为中心的转型升级措施。经过两年多的推进，取得了积极成果，企业核心竞争力大幅提升，发展质量和效益大大增强。

二、军工企业以结构调整为中心的转型升级内涵和主要做法

一机集团深入推进以“两个中心、四条路径、五项支撑、一个愿景目标”为主要内容的发展思路，加快企业转型升级步伐，即：以结构调整为中心，着力做强做优核心板块、专业发展支撑板块、多元激活辅业板块、培育壮大新兴板块，着力改革创新、科技领先、管理精益、人才强企、文化塑魂，建设中国第一、国际一流军民结合车辆集团，全面提升企业核心竞争力。主要做法如下：

（一）以思想观念转变为先导，增强转型升级的紧迫感和主动性

一机集团主动转变观念。一是树立以市场为中心的思想，牢牢把握市场在资源配置中的决定性作用，把“有没有市场、市场认不认可”作为开展工作的根本标准。二是更加注重经营的质量和效益。三是更加注重管理，树立精益的理念，加强管理制度、业务流程和运行机制建设，加强成本管理。四是融入市场谋划发展以产品夺取市场竞争力，由低附加值产品逐步向追求高技术、高附加值产品转型，

公司鸟瞰图

由重视国内市场转向同时稳步开拓国外市场。五是破除小富即安、小进则止的思想，树立永不满足、勇于创新的思想。把加快以结构调整为中心的转型升级，作为一机集团广大干部职工的共同认识和自觉行动。

(二)按照科学合理、精干高效的原则，推进组织体系调整

一机集团根据军民结合型企业的特点，对原有组织结构、功能定位、职责分工等进行优化调整。组建战略发展部，承担资源配置和统筹新园区建设以及提升企业转型升级能力，更全面地支撑董事会战略与投资委员会职能的履行，进一步推进军民融合发展，实现由做项目向做产业转变，为产品产业调整提供管理支撑。组建科技与信息化部，进一步统筹军民品科技资源，加快军民品科技自主创新体系建设，加大国家和地方对科技创新优惠政策的争取力度，理顺一机集团科技管理体制的关系，加大军民品新产品开发力度。组建市场部，统筹推进军民品市场开拓，加大新产品推介力度，大力优化市场结构。组建人力资源与绩效考核部，强化人才育成，优化人员结构，有效调整分流人员总量，同时完善分配激励机制，强化考核，调动积极性。组建精益管理部，推动精益管理全面落地，两年来实现降本增效超亿元。通过职能部门调整改革，职能部门总数由最初 19 个减少到 16 个，进一步适应结构调整、转型升级的要求。

(三)以完善产业链、开发新产品为契机，推进产品产业结构调整

2011 年，一机集团将产品产业划分为四大业务板块，即核心板块、支撑板块、辅业板块和新兴板块。其中核心板块方面，包括军品、铁路车辆、石油机械、车辆零部件和推土机。支撑板块方面以精密设备维修、动力能源、信息工程、进出口业务、物流产业为主体。辅业板块方面以房地产、建筑安装、餐饮宾馆、医疗卫生、综合服务等为主体。新兴板块方面重点发展几大新兴产品，培养的新的经济增长点，包括稀土永磁节能电机、新能源客车行星变速器、高铁转向架铝合金枕梁辆等。军品经过两年多的科研攻坚，并积极探索企业内部军品合同制管理模式，已经形成轮履结合、轻重结合、车炮一体化的产品格局，增强军品产业链市场化管理意识和水平；铁路车辆形成敞、平、罐、篷、漏斗、专用 6 大系列 40 多个品种，实现产品由 70 吨级向 80 吨级的跨越式转型升级，80 吨级通用敞车、铝粉罐车、水泥罐车等新产品研发取得突破，并完成上路试验。载重 100 吨铝合金敞车、漏斗车完成试制，具有自主知识产权重载转向架及适应独联体、东南亚等宽轨、米轨外贸车辆完成试制和批产。石油机械形成抽油杆系列、油管、套管系列等石油钻具产品，最新开发 PDC 钻头、螺杆钻具、双台肩钻铤、高抗扭杆钻杆产品，目前处于行业领先水平。车辆零部件业务强化自主研发，完成制动器、重型精锻曲轴、钢板弹簧等产品研制并批量生产；推土机系列借鉴日本小松技术和嫁接军工技术，利用国防动员线能力优势，在 320、230 马力基础上，实现向 420、160、130 马力延伸，产品实现系列化。军民融合 AT 变速器开展试验研究并取得较好成果，宇通公司新能源汽车行星变速器完成样机研制，一汽军车扭杆实现批量供货，围绕北奔三代军车项目开展防护驾驶室研制。高铁大型铝合金枕梁系列铸件研制成功，抗侧滚扭杆装置研制取得突破。稀土永磁节能电机研制取得突破，样机已小批量生产并交付用户试用。4×4 轻型战术车辆新签合同 172 台，总价值超 2 亿元，在产业化、市场化方面实现新突破。

(四)围绕核心业务做强做优,进行资源整合和结构调整

在企业内部,对同一项业务多家单位都干的予以合并,组建新的专业化公司;对原经营单位没有优势和能力搞好的业务,调整到具有专业化优势和条件的单位;对发展无望的产品和业务采取措施,确定将重卡管件、重卡散热器和底盘筋板三项低效产品退出。围绕相关资产证券化和热加工业务脱困发展,进行集团与旗下上市公司北方创业的资产重组,涉及置换资产近5亿元。注册成立铸造有限公司、特种技术装备有限公司。静压铸造生产线实现分立,组建富卓铸造有限公司,并推行经营者、技术管理骨干持股试点。在宏远电器等4家子公司开展规范公司治理结构试点,明确董事会在企业经营决策中的核心地位。与兵工物资集团合资组建包头中兵物流有限公司,业务范围进一步拓展,业务流程进一步优化。进出口公司完成与兵器工业集团兄弟企业北方公司车辆公司的增资扩股,通过嫁接北方公司外贸市场和渠道,全面提升集团化外贸经营规模和运营能力。与宇通公司就行星变速器研制生产签订合作协议,三年内将达产15000台。与包钢集团签署落实战略合作协议项目实施意见书,在大型铸件、铁路车辆、石油机械、弹簧用钢、节能电机、推土机等方面展开全方位合作。与北大工学院签订战略合作协议,与长春理工、哈工大、哈工程等院校建立合作关系,围绕科技创新展开合作。

加强技术改造和基础条件建设,建设"两个中心、七大基地",即装甲车辆企业研发中心、装甲车辆工艺技术中心等两大中心,以及特种装甲钢专业化铸造基地、特种钢专业化锻造基地、大型复杂结构件生产基地、中重型传操及行动生产基地、自动装填系统及动辅系统生产基地、坦克装甲车辆总装总调及在线检测示范基地、坦克装甲车辆交装培训基地等七大基地。民品推进重载快捷铁路车辆项目,形成年产万台的生产能力。稀土永磁节能电机100台能力生产线建成投产。建设中国兵器高端装备产业园区,橡胶弹性元件扩能项目建成,4100吨铝合金铸件项目完成厂房及办公楼建设,石油机械抽油杆生产线改造项目实现竣工投产。

(五)强化市场研究和营销,提高结构调整的针对性

一机集团建立各分(子)公司为主体的两级市场研究决策和信息分析体系。军品密切关注和跟踪订货信息,以市场化的思路、方法拓宽订货渠道和领域;加强与北方公司等联系,推动已签约军贸合同生效,争取新项目签约;适应转型需要,增强主动出击意识,加强与兵科院等沟通协作,面向海、空、二炮等积极开发产品、争取项目。铁路车辆密切跟踪、主动适应管控、采购等新变化,以质量和服务为前提,进一步密切与各方关系,保证国铁车、自备车等订货份额稳中有升。石油机械以扭亏脱困为重点,完善营销机制,提升品牌影响力,通过兵器工业集团战略合作协议等平台,巩固与中石油、中石化下属相关企业的合作关系。车辆零部件着眼外部市场,进一步创新营销手段,细化营销策略,推动制动器、曲轴、桥壳、板簧等产品在陕汽、一汽、北汽以及重汽等外部市场开发上实现新突破。推土机着力做好市场开发和质量控制,完善商务政策、价格策略和产品组合,依托总部军品渠道推动产品军方订货。着力新兴板块产品营销,大力推进民品外贸工作,注重大客户开发、维系与管理,逐步调整客户结构,谋求战略合作关系。加强合同管理,坚持诚信守法,关注和有效防控市场风险。

(六)全面推行精益管理,提高产品质量

积极学习对标先进企业精益管理,确立以精益理念为统领,以实现全覆盖、贯穿全过程为基本要求,以精确设计、精准生产、精品制造、精心管理、精打细算、精干高效为支撑,全面深入推进精益管理,使一机集团整体管理水平达到兵器第一、国内一流的目标。持续推进降低生产成本,深化精细管理、降本增效专项工程,并选取工艺、采购、制造、营销过程中 25 个降本项目进行深入挖潜,特别是通过采购配套体系挖潜,军品几个典型装备产品成本都实现不同幅度下降。开展精益管理的 46 个精益示范区在制品下降 57%,物流距离缩短 23%,人员效率提高 18%,设备故障频率降低 45%。连续三年持续获得"真金白银"近亿元,制造成本率同比下降 2.7 个百分点。目前,一机集团已将精益管理从精益生产示范区建设扩展到研发设计、物资供应、市场营销以及财务管理、人力资源等经营管理各个环节,与此同时,持续深入开展合理化建议活动,注重建议的评审和落实,进一步提高建议质量,将持续改善的精神融入公司业务流程之中,每年投入奖金超过 300 万元。

不断提高专业管理、基础管理水平。以全面预算管理为牵引,加大预算执行力度,着力运行质量提升和资源优化配置,着力推动财务预算和业务预算的深度融合。围绕全面预算、成本费用管理、资金筹划、财税筹划、价格等业务,不断强化集团化管控和策划,为经营决策有效提供财务支撑,财务成本持续下降。深入推进集团化安全管控模式,以责任制落实为核心,抓好科技强安,强化安全监管,加大隐患整治力度,确保安全管理体系有效运行。多年未发生重伤以上事故,安全生产标准化保持一级企业水平,被评为国家级安全文化建设示范企业,被内蒙古自治区评为安全文化、安全承诺示范企业,实现安全生产"零事故"。在注重安全工作的同时,一机集团同样注重产品质量,积极推行集团化、精益化质量管理,质量体系不断完善,质量损失持续降低,产品实物质量进一步提高;开展装备精整和质量整顿活动。并在设备管理中大力推行 TPM 管理模式,运用信息技术进行远程监控和效能检测,主要设备故障频率同比下降 17%。

(七)优化人才结构,为转型升级提供人才保证

加强人力资源开发,建立人才发展通道。编制人才发展规划,明确岗位说明书。量出为入,严控人员总量,综合分析减人预算目标、主营业务规模、劳动生产率等目标,制定个性化的人力资源补充方案。三年来,通过到龄退休、政策性减员、清理"两不找"人员等措施,实现净减员工 5000 多人,内部调剂 1000 余人。畅通人才发展通道,建立实施科技人员和技能人员职业发展通道,首批科技人员入级 439 人,技能人员入级 1042 人。同时开展各类人才的选拔、推荐,建立公司级科技带头人和技能带头人制度,拓宽技术人员、技能人员的职业发展空间。

搭建高端人才引进和培养平台,夯实智力基础。建立国家级企业技术研究中心和院士专家工作站,科技研发人员达到 4000 余人,吸引外部车辆行业骨干专业技术人才 13 人,获国务院政府特殊津贴 11 人。同时注重对技能人才的锻炼和培养,成立 3 个国家级技能大师工作室,共有 6 人获全国技术能手荣誉称号,2 人获得国家技能人才培育突出贡献奖。积极探索"借脑"等灵活用人方式,解决对紧缺和特殊专业人才的需要,如外聘德

国专家就铸造业务发展进行优化设计和技术攻关，取得良好成效。与清华、北理工、哈工大等10余所重点高等院校建立长期合作关系，积极开辟企业外部人力资源基地，2013年签约“211”及“985”重点院校毕业生53人。

人才分层分类管理，创新培养模式。通过建立全方位全过程培训体系，以发挥培训对战略实现的支撑作用。分层分类的构建新员工培训体系、中层专项培训体系、高层管理培训体系，采用“点菜式”（即根据各单位及职工个人的需求进行培训）培训方式，对职工分级分类进行个性化、差别化的岗位培训。对科技、营销、管理和技能队伍中的骨干层职工进行职业生涯设计，有步骤、有目标地提供内外部培训机会和轮岗锻炼，加强培养，促进整体能力的提升与观念转变。推进领导人员公开选拔和年轻化建设，中层领导人员平均年龄下降了1.2岁，其中80后增加4名。选派中层管理人员赴先进企业和国内著名高校进行实地学习。

（八）创新考核评价体系，构建绩效激励机制

进一步完善绩效考核评价方法和手段，更加突出经济效益、发展后劲和运行质量，加大成本费用率、全员劳动生产率、精益管理等反映经济效益指标的考核权重，降低主营业务收入在综合绩效考核中的比重，将精益管理的考核结果与单位负责人年度绩效薪酬直接挂钩，同时，重点关注对核心技术培育（或丢失）、人才引进（或流失）指标的考核。通过实行差异化考核、个性化管理，大大激发各单位提高效益、开拓市场的积极性。

推进多项薪酬分配制度改革。通过梳理分析薪酬管理现状，明确倾向关键人才、倾向一线员工、适当拉开一二线收入差距的分配导向。对科技人员，根据能力、业绩贡献，分成领军层、骨干层和成长层等三个职业发展层级、十个技术职级，实行全新的岗位职级薪酬制。对技能人员，职业发展分为基础通道和高端通道，基础通道是以高级工－技术能手－技师－高级技师的纵向发展和一专多能多岗位横向发展为职业目标的职业发展通道体系，高端通道是以各单位技能带头人－公司级技能带头人－兵器集团技能带头人－兵器集团首席技师为高端目标，不同的职业发展层级给予相应的薪酬激励。同时，按照市场运行规则，构建符合行业和市场价值取向的职业经理人、高层次人才、核心骨干薪酬激励机制，打破传统的分配结构，畅通一流人才、一流业绩，获得一流报酬的渠道，极大地激发了员工的潜能，为企业结构调整提供了动力源泉。

三、军工企业以结构调整为中心的转型升级效果

（一）生产经营实现快速发展

一机集团主营业务收入由2011年的76亿元增长到2013年的116亿元，增速达到26.6%；利润由2011年的2.7亿元增长到2013年的4.5亿元，增速达33.3%；新产品贡献率年均超过50%；外贸收入同比增长69%；高回报率、低风险大客户收入达到85%；车辆核心主业收入占到总体收入90%以上。各分子公司经营活力进一步被激发。军品品种产量创历史新高。北方创业产销铁路车辆3413台，收入超20亿元，利润达到2.5亿元；宏远电器公司收入1.3亿元，利润2500万元；瑞特公司产品结构调整成效明显，收入首次超1亿元，较年初目标超额近2倍；北方风雷公司、铸造有限公司等经营困难单位成功减亏。在生产经营稳健发展的同时，职工人均收入增长14%，经营改革发展的成果充

分惠及广大职工身上。

（二）产品竞争力显著增强

一机集团在中国机械企业500强的排名上升至45位，“第一机械”品牌位列中国机械品牌100强第52位，行业地位和影响力得到显著提高，四次荣获“全国五一劳动奖状”，十三次荣获全国“安康杯”竞赛优胜企业，荣获全国职工职业道德建设标兵单位和中央企业先进集体。除圆满完成国家交付的各类生产任务外，多种外贸装备实现出口。铁路车辆市场占有率提高到10%以上，2013年一次性签订神华合同10亿元，成功续签印度尼西亚600辆敞车、签订埃塞俄比亚10种车型1100台采购合同，累计销售3413辆、收入20.2亿元。2014年上半年更是与神华集团签订2800辆、18.3亿元大订单，成为铁总路外最有影响力的企业。石油机械通过不断努力，成为国内主流市场核心供应商，进一步巩固与中石油、中石化下属相关企业的合作关系，2014年上半年实现扭亏为盈，大地石油成功开发华北、大港、华油等外部市场，钻杆收入增长50%以上，钻铤和抽油杆增长10%以上，收入同比大幅增长。北方风雷公司通过代表了世界钻具生产规范和技术要求的最高水平的NS－1国际认证。工程机械大马力推土机市场占有率达到15%，行业排名上升至第二位。

（三）取得良好社会效益

实施以结构调整为中心的转型升级后，在社会和用户中树立起良好的企业形象，并辐射和带动了地方一大批相关产业的发展和人员就业。在全面深化改革的同时，深入推进实效型政工，大力培育以感恩文化为特征的兵工文化，深入开展社会公德、职业道德、家庭美德教育，绿化、硬化、美化居民小区，投资兴建一大批文化、体育、休闲场所，不仅改善了职工生活环境，丰富了文化生活，而且成为包头市城市建设的重要景观，为地方环境社会发展做出了重要贡献。

（成果创造人：白晓光、王　彤、赵　耀、李金奎、陈　谦、陈静宇、邢　凯、秦海军、李文华、杜畅畅、李　红、王　丽）

市场营销与服务创新

促进分布式光伏并网的服务管理体系建设

国网浙江省电力公司嘉兴供电公司

成果主创人、浙江省电力公司副总经理孔繁钢现场指导分布式光伏并网工作

国网浙江省电力公司嘉兴供电公司(以下简称“嘉兴供电”)成立于1962年,是国家电网公司下属的地市级供电企业,以建设和运营嘉兴电网为核心业务。至2014年6月底,拥有供电客户182万户,员工2405人。2013年,嘉兴电网网供最高负荷600万千瓦,全口径售电量357亿千瓦时,全社会用电量385亿千瓦时,均位列浙江省第三。嘉兴供电曾获得全国文明单位、全国五一劳动奖状、全国“安康杯”竞赛“连胜杯”、全国电力行业质量特别奖、全国供电可靠性金牌企业(A级)等荣誉。

一、促进分布式光伏并网的服务管理体系建设的背景

(一)促进新能源和经济发展的需要

大力发展分布式光伏发电,有利于促进战略性新兴产业持续健康发展,有利于优化能源结构、保障国家能源安全,有利于改善生态环境、转变城乡用能方式,有利于落实稳增长、调结构、促改革、惠民生政策和培育新的经济增长点。2012年以来,国家提出大力支持分布式光伏发电等新能源发展,完善光伏并网管理和服务,建立简捷高效的并网服务体系。浙江省是全国光伏产品生产和出口大省。嘉兴市将光伏为代表的新能源产业作为六大战略新兴产业之一。近年来,受全球光伏市场需求增速减缓等因素的影响,国内光伏企业生产经营面临困难,全国光伏产业发展面临严峻形势。在此背景下,培育太阳能光伏产品内需市场,提高太阳能光伏产品在国内的消化能力,对保护民族光伏产业发展、推动光伏产业转型升级非常重要。

(二)落实国家电网公司战略的需要

支持分布式光伏等新能源发展,是国家电网公司为落实国家能源战略、服务战略新兴产业、促进经济发展方式转变而做出的重大战略部署,是国家电网公司履行政治责任、社会责任和经济责任的重要体现。2012年,国家电网公司明确提出“欢迎、支持、服务”分布式光伏发电的政策,向社会公告《国家电网公司关于做好分布式光伏发电并网服务工作的意见》等文件。2013年以来,国家电网公司进一步出台一系列规范性文件,从管理和技术两个方面,对基层供电企业做好分布式光伏并网服务工作提出原则要求。作为国家电网公司的基层单位,需要认真落实国家电网公司分布式光伏并网服务承诺,认真贯彻落实有关原则,结合实际细化管理制度和技术标准要求,大力推进分布式光伏发电应用。

（三）解决光伏并网服务难题的需要

电网规划与建设配套难。分布式光伏发电利用太阳能发电，受日夜更替、天气变化的影响较大，出力不具备规律性，在接入公共电网后，需要公共电网作为备用，同时余量上网电量需要公共电网及时消纳，对公共电网提出新要求。为提高电网系统接纳光伏发电的能力，保障光伏发电项目及时并网，供电企业要加强与光伏发电相适应的电网建设和改造，积极发展融合先进储能技术、信息技术的微电网和智能电网技术，完善智能电网建设、通信网架建设等电网配套规划建设，建立完善的电网规划并建设配套支撑体系，以确保配套电网与光伏发电项目同步建成投产。由于分布式发电可就地平衡部分负荷，而且分布式发电类型、容量、安装地点、消纳方式以及投入时间等都难以预测，项目不确定性大，随着分布式光伏发电的大量接入，将导致配电网网供负荷预测难度加大，给配电网规划带来不确定性，整体上增大配电网建设和改造的规模及难度。

安全并网和稳定运行难。分布式光伏发电大多采用就近接入方式，接入点多、分布面广，接线形式复杂多变，自动化、信息化程度较低，因此保障分布式光伏发电安全并网比常规电源项目更困难。分布式的光伏发电系统接入公共电网，使配电网中电源点增加很多，电源点分散、单点规模小、电压波动性大，具有不稳定性，显著增加运行管理难度，常规的运行管理策略和模式难以适应，将可能在电网调峰、安全备用、电压稳定和频率安全稳定等方面带来一定影响，增加了大电网稳定运行的难度，给配电网安全稳定运行管理带来新问题。另外，用户自行建设的并网安全保护设备可靠性参差不齐，对供电企业人员检修作业、用户用电安全和电网可靠运行等带来不利影响。用户内部安装分布式光伏电源后，由于许多用户缺乏对发电设备运行管理的经验，很可能因错误投入发电设备，引发人身触电安全事故。许多用户自建的低压配电网线路联络结构复杂，在电网停电时，分布式光伏的并网发电，还可能发生不同用户间的串供问题，给相关用户带来意外触电风险。因此，只有针对分布式光伏发电并网的特点，研究应用新技术、制定管理新措施，才能确保大量分布式电源接入配电网后的安全稳定运行。

并网服务和监控管理难。基层供电企业既是光伏发电接入、提供技术服务、协同保障供电的主体，又承担着光伏发电的计量、统计、上网电费支付服务等责任。在并网服务方面，分布式光伏发电并网申请受理、现场查勘、接入系统方案编制、接入系统方案审查、设计文件审查、并网验收及调试、装表、合同签订等相关工作刚起步，难免出现并网时间长、流程复杂等各种问题，需要基层供电企业通过解决所暴露的问题，加强梳理、改进服务、完善流程，使并网配套服务逐步规范化、标准化。在监控管理方面，与传统的无源配电网相比，光伏发电系统的接入使配电网变成有源网而变得更加复杂，电网运行需要监视的信息类型和范围增加，需要协调控制的对象增加，需要监控的分布式光伏发电单

成果主创人：公司总经理韩志军

个站点的容量小且点多面广，监控管理难度大；同时分布式光伏项目的投资主体为用户，且大多数为第三方投资建设和运维，设备为用户自行采购，种类多、标准不一，使得光伏项目的信息接入难度较大。

电费结算等政策落实难。政府相关主管部门就光伏发电补贴、上网电价、项目管理等陆续出台一系列配套政策。新政策的出台无疑为光伏企业和光伏项目投资者带来实质利好，但是政策比较宏观、缺乏细则，地方执行时无据可依、没有前例可参考，使政策难以落实。

二、促进分布式光伏并网的服务管理体系建设的内涵和主要做法

嘉兴供电立足分布式光伏发展和供电企业实际，围绕“为分布式光伏发电提供优质高效服务，让广大投资者和电力用户满意，让政府放心”的目标，认真贯彻落实国家电网公司“欢迎、支持、服务”分布式光伏发电并网的政策，坚持抓住管理创新和技术创新两条主线，确定“欢迎支持、便捷高效、安全可靠、互利共赢”的指导思想，制定“实施‘一口对外’、做到‘两个确保’、落实‘三项承诺’、实行‘四个统一’”的原则，进一步整合服务资源，简化、优化、规范分布式光伏发电并网的接入方式和管理流程，探索构建分布式光伏并网服务“五位一体”管理体系，即组织保证体系、规划建设体系、技术支撑体系、服务保障体系、运营监控体系，形成分布式光伏并网的“嘉兴模式”。主要做法如下：

（一）建立组织保证体系，确保规范有序推进

1. 建立机构落实职责

嘉兴供电构建服务分布式光伏并网的高效架构，成立以企业一把手为组长的分布式电源并网领导小组，负责与政府主管部门沟通联系，决策部署有关分布式光伏并网接入的重大事项。领导小组下设规划设计组、技术管理工作组、并网服务及营销政策组，构建决策层、管理层两级组织机构。规划设计组重点负责智能配电网规划编制，技术管理组重点负责技术规范、典型设计等的制定完善以及适应分布式光伏接入的技术研究，并网服务及营销政策组重点负责建立和完善服务分布式光伏高效、便捷接入的“一口对外”机制。

2. 加强内外协同联动

为加快分布式光伏项目推进速度，嘉兴供电主要领导定期走访调研政府主管部门、光伏项目业主，并主动选派骨干驻点嘉兴市光伏产业发展办公室，加强政府、供电企业、项目业主“三位一体”协调联动，配合建立光伏产业发展办公室双周例会、“一对一”的项目服务等工作推进机制，集中协调解决光伏并网难题。同时积极参与编制嘉兴市“1＋6”（中国光伏科技城）屋顶光伏发电项目管理体系文件和《关于进一步扶持光伏产业发展的政策意见》等地方性文件，全方位支持浙江省光伏产业“五位一体”创新综合试点建设，搭建起政府与供电企业共同服务光伏发电的桥梁。

3. 建章立制规范管理

为规范分布式光伏发电并网服务管理，嘉兴供电出台《分布式光伏发电并网服务管理办法》《居民家庭分布式光伏发电并网服务规定》《分布式光伏发电调度运行管理规定》

《分布式光伏发电并网验收实施细则（试行）》等 10 项管理制度，规范分布式光伏并网申请、并网验收、并网运行等 10 多个环节的管理，进一步统一分布式光伏并网管理模式、工作流程和管理规则，构建分布式光伏全过程、规范化的并网服务管理制度体系，同时通过加强光伏人才培养和业务培训，确保国家和国家电网公司相关政策的落地显效。

4. 强化内部管控考核

嘉兴供电建立分布式光伏全过程管控机制、双周例会机制和周报机制，实时跟踪分布式电源项目进展，及时协调解决项目建设与并网服务中的难题。建立分布式电源并网服务常态稽查机制，营销部门利用用电信息采集、稽查监控、营销业务应用系统等信息化手段，实施分布式光伏发电并网服务工作质量和主要环节完成时限的在线稽查监控。建立分布式光伏发电项目并网服务回访常态机制，定期开展客户回访和满意度调查，定期提出分布式光伏发电项目并网服务工作的改进建议。建立健全分布式电源并网服务责任追究制度，对分布式电源并网服务过程中发生重大差错的责任事件，严格追究责任。

（二）健全规划建设体系，保障接入全额消纳

1. 制定配套电网规划

结合嘉兴配电网滚动规划，开展分布式电源接入研究，超前预测分析嘉兴分布式电源发展状况以及分布式电源接入对电网运行的影响，科学安排“十二五”分布式电源接入配套工程的规模和投资。根据秀洲光伏产业园区规划，园区将有大量间歇性分布式光伏发电并网，将影响传统电网的电能质量、供电可靠性，需要坚强智能电网的支持。为此，嘉兴供电与浙江省电科院联合开展嘉兴高新技术产业园区内分布式光伏接入配电网的仿真计算，完成光伏园区 61 兆瓦光伏电网全部消纳能力评估。及时编制《秀洲中国光伏产业园区智能配电网规划》，结合分布式光伏项目的建设计划，确定区域内的电网规划方案，通过补强该区域的配电网网架，增强区域内分布式光伏的接入能力，提高用户的供电可靠性。同时，结合每年开展的嘉兴全市配电网滚动规划，在规划中统筹考虑光伏项目的接入，研究确定配套电网项目并纳入投资计划，全力保障分布式光伏接入可持续发展。

2. 落实配套电网项目

嘉兴供电明确所有接入公共电网的光伏发电项目，其接网工程以及接入引起的公共电网改造部分由供电企业建设；明确接入用户侧的分布式光伏发电，接入引起的公共电网改造部分由供电企业投资建设。积极开辟分布式光伏配套项目绿色通道，优先安排分布式光伏发电接入项目计划，简化计划外新增分布式光伏发电接入项目管理流程，保障分布式电源配套电网建设，保证分布式光伏发电上网电量的全额消纳。

3. 加快智能电网建设

智能电网具有较强的自愈能力和分布式电源接纳能力，对分布式光伏并网过程中可能出现的问题的自适应能力强，是分布式光伏大规模并网和发电功率全额消纳的基础。自 2012 年起，嘉兴供电积极开展嘉兴“智慧城市－智能电网”建设试点，不断加快建设网架坚强、广泛互联、高度智能、开放互动的“能源互联网”，提高电网安全性、可靠性、灵活

性和资源优化配置水平，支撑分布式光伏等新能源大规模集中接入。嘉兴供电通过应用现代信息、通信、控制等先进技术，建成电力地理信息系统、智能公变监测终端系统、营配贯通业务应用系统、配网抢修指挥系统和城市核心区配网自动化系统等智能化系统以及19个“双电源、双线路、双接入”配网项目，着力构建以集成、互动、自愈、兼容、优化为主要特征的柔性配电网络，通过需求侧响应实现与电力用户的友好互动，逐步形成分布式发电、供电、用电互补互动和整体坚强可靠的智能配电网，提升配电网接纳分布式光伏并网的能力。

（三）强化技术支撑体系，确保安全稳定运行

1. 细化技术标准要求

嘉兴供电认真贯彻落实国家及国家电网公司、浙江省电力公司分布式光伏相关技术标准，细化分布式光伏通信接入、继电保护及自动化、并网验收等相关技术要求，制定《嘉兴电网分布式光伏发电并网技术细则》《嘉兴电网分布式光伏发电通信接入技术细则》《嘉兴电网分布式光伏发电信息采集技术细则》《分布式光伏接入配电网继电保护配置及整定技术细则》和《嘉兴电网分布式光伏发电并网验收实施细则》5项技术规范，统一并网技术标准，提高分布式光伏项目并网规范化、标准化水平，保障分布式光伏安全接入电网。

2. 编制推广典型设计

为提高光伏并网服务速度和规范性，嘉兴供电编制推广《10kV接入分布式光伏发电项目接入系统典型设计》《居民光伏接入系统典型设计和典型方案》《居民光伏接入并网箱标准化设计技术规定》，实现分布式光伏接入并网的“标准化、简单化、快捷化”，大大缩短接入系统方案设计和评审时间，并为设备招标、降低分布式电源接入系统建设和运营成本创造条件，实现分布式电源与电网建设的和谐统一，有效节省光伏项目业主投资。针对居民光伏布点从零星逐步发展为成片区集聚等特点，嘉兴供电在出台相应典设的基础上，开展大型集聚型光伏小区的光伏接入专题研究，并对该类型的光伏接入提出更加细致优化的接入设计建议。

3. 研发安全并网装置

嘉兴供电兼顾安全性和经济性，编制分布式光伏并网接口装置功能规范，并与南瑞继保公司共同研发“六个功能合一”的分布式光伏并网一体化装置，实现一个装置代替传统至少需要三个装置才能实现的功能，可为光伏电站建设方节约至少7万元的设备成本。通过该装置，供电企业可在远方对光伏电站进行实时控制和有效管理，防控光伏并网对电网的电能质量影响和孤岛运行时的倒送电风险。

4. 探索安全运行管理

嘉兴供电强化分布式光伏安全风险管控，制定安全职责明晰的分布式光伏并网验收流程，并根据电网实际情况和分布式光伏的不同并网方式编制针对性的事故应急预案，积极指导用户制定应急预案，建立地县两级调度事故处置联动机制，提高故障情况下的快速响应能力，确保分布式光伏安全可靠并网和稳定运行。同时统一安排地县两

级分布式光伏电站设备检修计划，积极探索电网检修时分布式光伏发电系统向电网倒送电的安全措施，认真开展国家电网公司系统专用低压断路器和反孤岛装置挂网试点应用工作，首次实现电网检修时自动断开分布式光伏发电系统等功能，保障检修人员和设备的安全。光伏专用低压断路器和反孤岛装置经过一年多挂网试点后，通过了中国电机工程学会技术鉴定，为进一步提高光伏并网接入的安全性提供了工程示范和运行经验。

（四）创新服务保障体系，提供优质高效服务

1. 简化统一服务流程

嘉兴供电减少用户委托开展接入系统设计、拟定和审批接入运营方案、计量方案设计和评审等常规电源并网接入等环节。同时，全面梳理分布式光伏发电并网申请受理、现场查勘、接入系统方案编制、接入系统方案审查、设计文件审查、并网验收及调试、装表、合同签订等业务，强化内部协同，按照简化优化的原则制定《35千伏（10千伏）分布式电源并网服务流程、并网验收流程》《380（220）伏分布式电源并网服务流程》《10（20）kV光伏接入系统审批流程》等业务流程，并固化到营销业务信息化系统中，实现服务模式统一、服务流程统一、服务时限统一，大幅提高服务效率，大大缩短客户从申报到并网的时间。

2. 提供便捷高效服务

嘉兴供电遵循“内转外不转”的原则，以客户服务中心为对外服务窗口，整合内部服务资源，以营销部为主体完善服务机制，以运维检修部等专业部门协同配合强化技术支撑，以发展策划部为主体完善电网配套规划，建立多专业部门协同运作的并网服务新体系，在全市供电营业厅配置专席窗口，开辟绿色通道，配置专职客户经理，主动联系走访分布式光伏项目业主，深入了解项目规模、现场实际情况以及并网需求，“一口对外”提供政策指导、技术咨询、业务受理、并网发电等“一条龙”的快速、便捷服务。

3. 落实全程免费政策

嘉兴供电不收取分布式光伏并网项目系统备用容量费，不收取随电价征收的政府基金及附加费，免除分布式光伏接入系统方案设计费，免除分布式光伏接入系统方案审查费，免费安装并网关口表和发电量计量表，免费并网验收和调试，大大减轻分布式光伏项目业主负担。

4. 主动实施差异服务

嘉兴供电根据分布式光伏并网接入电压等级，面向不同类型用户编制《分布式光伏发电项目并网服务手册》，为10千伏接入、380伏接入、220伏接入（居民光伏）三种类型用户提供分布式光伏接入全过程服务导航，实现服务规范统一。同时，多种渠道加强政策宣传，将手册放置在嘉兴市62个营业厅供用户免费取用、查询，并结合走访活动向政府部门、企业和居民用户发放，向政府及社会公告联系方式、服务环节及时限，提醒光伏项目业主各环节重点注意事项，一次性告知分布式光伏项目工程设计施工资质要求、设备要求和运维要求，并承诺10千伏接入服务时限不超过45个工作日、380伏不超过40

个工作日、居民220伏不超过35个工作日，大大缩短平均并网服务时间。

5. 确保电费及时支付

制定《分布式光伏上网电量结算管理细则(试行)》，明确工作流程、细化职责分工、优化完善工作表单，为电费及时支付奠定基础。2013年，嘉兴供电加强与财税部门沟通，促使嘉兴市出台《鼓励居民光伏发电有关涉税事项管理要求》，明确居民可到当地税务部门代开普通发票，妥善解决居民光伏发电上网的票据问题，打通居民光伏发电余量上网"有电无票"的结算瓶颈，确保居民用户利益，实现居民光伏项目的上网电量及时规范结算。2014年，嘉兴供电积极与国税部门沟通，与其签订《委托代征协议书》，实现居民光伏供电发票企业代开业务。发票问题解决后，嘉兴供电实现居民光伏发电项目的上网电量按时结算、购电电费及时支付、电价补贴足额发放。

6. 主动创新服务内容

嘉兴供电开展分布式光伏接入典型用户分析并形成分析报告，指导用户开展分布式光伏投资，为政府及企业决策提供支撑。根据报告，测算得出不同类型分布式光伏投资回报年限，分析光伏输出功率(发电量)与天气、气候因素的关联性，为负荷预测、有序用电管理、优化光伏接入和运行管理等提供数据支撑。

(五)构建运营监控体系，实现综合智能管控

1. 优化光伏调度运行

嘉兴供电主动承担国家电网公司分布式电源地县一体化调度管理试点工作，加强地县一体化并网调度协议管理，严格按照国家电网公司范本签订并网调度协议，深入开展分布式光伏调度控制管理、分布式光伏负荷预测研究、分布式光伏接入点信息库管理等工作，定期组织分布式光伏发电站运行操作人员统一培训，构建自上而下、统一调度、分级管理的分布式电源调度运行管理模式，确保分布式光伏平稳有序接入和安全、优质、经济运行。

2. 建立信息采集流程

嘉兴供电试点开展分布式光伏信息接入工作流程的探索和实践，制定《嘉兴电网分布式光伏发电信息采集技术细则》，建立一套分布式光伏电站信息采集与验收流程，包括分布式光伏发电项目信息采集、信息传输通道建设、"遥信、遥测、遥控"信息联调验收等各环节，明确各部门职责，为嘉兴电网分布式光伏信息接入奠定基础。

3. 建成智能管控系统

该系统管辖嘉兴区域的分布式电源，支持混合通信、多运营商接入，是集数据采集、监控、协调控制、发电预测、效益分析、产业分析等功能于一体的综合系统。该系统可以将分布式光伏项目建设历程、所属区域、所属线路、所属用户(运营商)、设备概况等信息通过自动生成关联图等图形方式进行展示，实现光伏项目台账信息的可视化。该系统对外可实现与气象局气象系统等平台的信息交互，向政府和社会提供信息展示、综合评价等服务；对内可服务于电网调控、运维检修、营销服务等部门，满足业务部门对分布式电源管理的业务需求，实现分布式光伏发电信息的精益化管理。

4. 加强运营动态监控

嘉兴供电以分布式电源智能管控系统为依托，实现全市分布式电源信息全接入，应用信息化技术初步建立分布式光伏信息统计和监测体系，并及时发布嘉兴市分布式光伏发电运营信息，面向不同的对象提供差异化服务，使各用户全方位掌握光伏发电、并网及结算等相关信息，实现区域内分布式电源的统一调控和运营。同时，通过分布式光伏发电信息统计与监测，及时发现问题，及时评估政策实施效果，及时向政府主管部门提出相关政策完善意见。

三、促进分布式光伏并网的服务管理体系建设的效果

(一)初步建成完整体系，提升并网服务水平

嘉兴供电构建分布式光伏并网服务“五位一体”管理体系，统一分布式光伏并网服务管理模式、技术标准、工作流程、服务规则，形成流程、制度、标准、职责、考核“五位一体”推进模式，建立简捷高效的并网服务管理体系。

积极应用自行编制的各类技术规范、管理制度和典型设计，简化并网服务流程，取消委托开展接入系统设计、拟定和审批接入运营方案、计量方案设计和评审等流程，免去居民用户初步设计工作，免费为居民办理项目备案、代开增值税发票等工作，强化内部协同，有效提升分布式光伏并网接入的规范化水平、标准化水平和服务效率，实现分布式光伏并网接入的规范有序。通过对内强化流程管控，对外实施差异化服务策略，积极有效应用各类技术标准和典型设计，提高并网服务效率，大幅缩减并网服务时限，分布式光伏项目平均并网时间缩短3天。

建成分布式电源智能管控系统，实现对嘉兴全市分布式光伏发电的实时监测，为政府、企业提供信息数据和决策支持，为负荷预测管理、有序用电管理、分布式电源协调控制、电网运维检修安全风险分析、电源接入方案辅助分析等提供有效支撑，分布式电源运营管理水平大幅提高、管理成本大幅减低。

嘉兴供电及时完成秀洲高新技术产业园区区域智能配电网规划，通过企业内部电网建设项目和技改项目的形式逐步实现区域智能配电网规划项目的落地实施，推动分布式光伏并网接入区域电网的配套建设，大大提高区域配电网智能化水平，保障秀洲光伏产业园区的可持续发展，确保优质高效服务浙江光伏产业“五位一体”创新综合试点。

(二)取得丰硕创新成果，确保安全可靠并网

嘉兴供电《国内首套混合通信环境下区域分布式光伏信息采集与运行监控系统》达到国际先进水平，《分布式光伏并网接口一体化装置》达到国际领先水平；挂网运行的光伏专用低压断路器和反孤岛装置通过中国电机工程学会技术鉴定；编制10项管理制度、5项技术规范、2项典型设计、分布式光伏服务手册、分布式光伏典型用户分析报告，形成一系列理论及实践成果，其中居民分布式光伏典型设计编写、区域电网配套规划编制、分布式电源智能管控系统等成果处于国内领先水平。

分布式光伏发电安全可靠并网。截至2014年6月底，嘉兴全市已受理光伏项目总计186个，装机总容量250.74兆瓦，已并网运行光伏项目总计102个，总并网容量156.34兆瓦，受理容量和装机容量分别占浙江省的41.38%、48.27%，受理和装机容量均列浙江省第一；并网装机容量占国家电网公司系统的10%。

（三）社会效益日益明显，发挥着示范推广作用

截至 2014 年 6 月底，嘉兴地区分布式光伏并网发电量为 5187.85 万千瓦时，累计节约标煤 20751 吨，减少粉尘排放量 14109 吨、二氧化碳排放量 51717 吨、二氧化硫排放量 1552 吨、氮氧化物排放量 773 吨。按照浙江省光伏产业“五位一体”创新综合试点方案，到 2015 年年底，嘉兴市将力争投产分布式光伏并网装机容量 50 万千瓦。届时嘉兴地区的分布式光伏发电项目每年发电量将达到 5 亿千瓦时，每年累计可节约标煤 20 万吨，减少粉尘排放量 13.6 万吨、二氧化碳排放量 49.85 万吨、二氧化硫排放量 1.5 万吨、氮氧化物排放量 0.75 万吨，大大缓解嘉兴市节能减排压力，有效促进大气污染防治工作。

根据嘉兴有关部门发布的数据，1 兆瓦分布式光伏发电项目的光伏组件及相关产品生产可实现 850 万元 GDP 增长，按照嘉兴市分布式光伏已并网 156.58 兆瓦计算，则嘉兴供电已促进嘉兴地区 GDP 增长 13.31 亿元。按照嘉兴市 2013 年单位 GDP 能耗 0.62 吨标煤/万元、单位能耗税收 0.28 万元/吨标煤的标准，根据 2014 年、2015 年、2016 年并网发电量预测，嘉兴市分布式光伏并网发电可节约标煤数量再生产可增加的 GDP 和税收效果显著（见表 1）。分布式光伏发电的产能特点与电网负荷特点相吻合，太阳光照较强的中午时段产能最大，而电网负荷的高峰时段恰好与之相对应，可有效减轻电网的调峰压力，有效缓解迎峰度夏期间有序用电压力，进一步提升电力供应保障能力，大大减少有序用电对经济发展的影响。

表 1　嘉兴市并网发电节约标煤数量再生产可增加的 GDP 和税收表

时间	并网发电量/（万千瓦时/年）	节约标煤/（万吨）	GDP 增加/（亿元）	税收增加/（亿元）
2014 年（按 2014 年中并网容量估算）	15000	6	9.68	1.68
2015 年（按 2014 年年底并网容量估算）	30000	12	19.35	3.36
2016 年（按 2015 年年底并网容量估算）	50000	20	32.26	5.6

2012 年以来，全国人大、全国政协、国家发改委、科技部、工信部、国家能源局等多位领导，多次到嘉兴现场调研指导分布式光伏发电应用工作，研究推进分布式光伏发展政策措施，具体指导解决嘉兴分布式光伏试点工作困难，对嘉兴分布式光伏发展工作的探索和实践给予肯定。20 多家供电企业和相关单位前来调研，有效促进和提升了全国分布式光伏并网服务工作水平。

（成果创造人：孔繁钢、韩志军、朱　炯、王坚敏、王文华、张海春、黄　颖、厉　俊、王　广、曾建梁、陈国恩、沈欢庆）

实现港口功能与内陆物流服务有效融合的无水港建设与管理

天津港物流发展有限公司

公司侯马无水港

天津港是世界等级最高的人工深水港，是中国北方最大的综合性港口，是天津滨海新区对外开放的门户、建设中国北方国际航运中心和国际物流中心的核心载体。天津港通达世界180多个国家和地区的500多个港口，辐射占中国面积52%的14个省、市、自治区，是连接东北亚与中西亚的纽带。

天津港物流发展有限公司(以下简称"物流发展公司")是天津港为整合港口物流资源、实施产业化经营而构建的立足港口的大型旗舰物流企业。公司成立于2009年4月1日，注册资本10.9亿元，拥有员工3000余名，下属物流堆场总面积达200万平方米，同时拥有30万平方米以上全封闭仓库，堆存能力超过5万TEU；自有各类机械设备900余台(套)；拥有600个"天津港物流"自备箱，方便货物在整条物流链上安全、顺畅周转。2013年，公司实现集装箱出入库量160万TEU，营业收入12.5亿元。

一、实现港口功能与内陆物流服务有效融合的无水港建设与管理的背景

无水港就是建设在内陆地区，在没有水、没有码头的地方建立的港口，它是设立在内陆具有报关、报检、仓储、订舱、运输等服务功能的物流中心，无水港设置海关、检验检疫等监管机构，聚集船代、货代、银行、保险等航运要素，通过陆路运输通道与港口实现无缝对接，是港口功能向内陆腹地的延伸，具备除船舶装卸功能之外的港口全部功能。

(一)无水港建设是加快我国新兴物流业发展的迫切需要

面对全球经济一体化进程的不断发展，传统观念中的物流业在快速变化，物流元素逐渐丰富，原本单一的物流结构也日趋庞杂，多式联运和综合物流服务需求的增加促进物流业向多元化发散。物流行业中海运和港口业首当其冲，在经营模式、市场开发、发展方式等方面急需创新。随着港口功能的不断拓展，港口必然要向内陆地区谋划新的布局，内陆无水港应运而生。无水港必须发挥自身优势，以装卸和储存业务为依托，扩大产品增值服务的范围，推动物流集聚区的产生和发展，无水港也会真正成为综合物流平台和服务中心。

(二)无水港建设是促进天津港增强港口核心竞争力的客观要求

从国内、外港口发展历程来看，建设无水港是港口不断发展的必然选择。物流是经

济发展的动脉，港口是各条脉络的枢纽。港口没有强大的内陆腹地经济发展支撑，没有源源不断丰富的物流通过港口，那么港口自身的地位与作用就得不到发挥，经济效益也就随之下降。同时，随着中国经济的发展，传统的港口业务已趋于饱和，面临着货源分流，码头装卸业利润空间逐渐摊薄等问题。对天津港来说，外延式扩张发展的思路已不再适用，依靠吞吐量高速增长提升盈利能力的经营模式也难以为继。

借鉴国外无水港建设先进经验，天津港通过无水港的建设解决了港口发展难题，内陆地区的货物直接进出港口，减少了物流环节，加快了货物周转，降低了物流成本，提升了物流业服务水平，实现了天津港与内地企业的双赢发展。通过港口功能的延伸，改善了内陆地区的经济发展环境，促进了东中西地区互动和区域经济协调发展。发展无水港，对于天津港的做大做强、进一步提升物流板块的建设具有强大的推动力。

(三)无水港建设是物流发展公司拓展自身物流板块的必然选择

物流发展公司是天津港重点打造第三方物流、积极开展第四方物流的骨干企业，肩负天津港港口物流业从传统物流向现代物流转型的重大责任，迫切需要不断拓展功能、扩大规模、占领市场，以物流发展促进港口发展。物流发展公司在天津港北疆、南疆港区的业务都是传统港口模式的物流服务，由于港口业务已趋于饱和，很难取得物流功能的新突破，发展遇到了瓶颈，急需全力开拓新型的物流业务模式，拓宽物流业务服务网络；无水港正是物流发展公司完善辐射、覆盖内陆腹地物流网络势在必行的举措，对拓展内陆物流业务至关重要，始终作为公司物流建设的首选重点项目。

物流发展公司根据《国务院关于天津北方国际航运中心核心功能区建设方案的批复》(国函〔2011〕51号)精神，以天津港“四大产业”中的“物流板块”为依托，积极大胆地实施内陆无水港建设。物流发展公司协助天津港集团打造的无水港体系，将为内陆企业提供全方位的优质服务，促进内陆地区物流业务发展，实现天津港物流产业的新突破。

二、实现港口功能与内陆物流服务有效融合的无水港建设与管理的内涵和主要做法

物流发展公司按照“政府引导，部门支持，企业推动，市场化运作”的基本原则和“尊重科学、因地制宜、功能具备、方便快捷”的建设要求，在各地政府、口岸部门、合作伙伴的大力支持下，积极推进无水港建设，发挥港口优势，将港口功能与物流服务有效融合，延伸港口物流服务，促进物流产业集聚，服务内陆经济，取得显著成效。主要做法如下：

(一)明确原则，制定科学合理的建设规划

1. 合理布局、规划无水港建设原则

天津港无水港建设，遵循“政府推动、部门支持、市场主导、企业运作”的原则，按照节点式和链条式发展模式，由物流节点向物流链方向打造，建立国际物流链；由单一物流项目单点、运输节点形成物流网络，依托国际航运中心，使内陆地区与国际市场无缝接轨。把天津港的主要功能前移到中西部内陆地区，既改善了中西部地区的物流环境，又提升了中西部地区的管理和服务水平，提高了效率与效益，也使得天津港有了强大的货源支撑，增加了箱量，提高了效益。

2. 以市场为基础，做好无水港建设的总体规划

天津港无水港建设以市场需求为基础，结合当地的物流、交通等相关规划，审慎选址建设无水港。在无水港的选址建设阶段，紧紧依托出口加工区、区域优势产业集聚区等市场需求大、需求相对集中的地点开展无水港建设。在选点布局上，紧紧围绕国家对天津的城市定位，以建设北方国际航运中心和国际物流中心为目标，综合考虑市场需求、产业结构、交通条件、区域规划等因素统筹规划无水港。

3. 点面结合、点线同步，建设物流通道

根据天津港内陆腹地与天津港的距离，铁路运输将是天津港未来集疏运的主要运输模式。结合国家铁路运输发展战略规划，完成内陆无水港的节点和班列建设规划。在建设过程中采用“轴辐式”的网络布局结构，即在无水港的枢纽节点与天津港之间开行常态化集装箱班列。同时，为保障班列有足够货源，由一般无水港节点向枢纽节点提供货源。这种轴辐式的网络结构通过在枢纽节点之间提供大密度服务班次，全面提高内陆节点与沿海港口之间的服务频度，全面提升内陆无水港的竞争力。

(二)因地制宜，采取多种建设和运营模式

1. 灵活操作，构建有利于无水港发展的机制

物流发展公司在无水港的建设中充分发挥市场机制的作用，整合现有运输、仓储等物流基础设施，加快盘活存量资产，通过资源的整合、功能的拓展和服务的提升，满足物流组织与管理服务的需要，实现规模化运营，达到预期的经济效益。实际操作中，物流发展公司采取业务型合作与资本型合作两种建设和运行模式，一种是由内陆独资建设和运营，与天津港实施业务对接，如保定无水港等；另一种是与内陆成立合资公司共同建设、共同运营，如石家庄无水港、惠农无水港等。

2. 多途径促进无水港建设，发挥物流产业集聚作用

物流发展公司积极引导和鼓励大型物流企业、代理企业参与无水港的建设和运营，促进无水港投资渠道多元化；以资本为纽带参与包括铁路在内的通道建设；借助多年运作港口的成功经验，在黄河三角洲的开发以及腹地物流硬件基础设施的建设中开展资金、人才、技术等方面的合作，促进物流产业聚集。

3. 推动腹地物流基础设施建设，完善物流载体实施

物流发展公司在建设中牢牢把握与当地经济、产业发展协调、配套运行，突出其供应链节点的属性和物流运行的特色。发展多式联运，加强集疏运体系建设，使铁路、港口码头、机场及公路实现“无缝对接”，提高物流设施的系统性、兼容性，合理布局物流园区，完善中转联运设施，防止产生新的分割和不衔接。重点包括：一

公司自备箱现场作业

是建设好项目区的供水、供电、道路、通讯等基础设施；二是建立园区内的设施，直接与铁路干线连接，形成全面的运载体系；三是内部修建专业的大吨位运输车辆通行区域，维护基础设施的养护。

无水港功能规划主要分为综合办公区（办理进出口通关、订舱、签发提单、换单等手续）、集装箱作业区（进行装卸、搬运、空重箱堆存、拼箱和拆箱等作业）、卡口（集装箱进出港区大门登记存档、验放、责任交接）、生活服务区等。

4. 阶梯发展，无水港向区域营销中心形式迈进

区域营销中心作为天津港在内陆地区的窗口单位和区域性宏观管理机构，负责区域内的协调服务，统筹管辖营销资源，对全区域市场进行开发和管理。区域营销中心立足所在城市，向周边地区辐射，目前已建立银川、西安、内蒙古、张家口、石家庄 5 个区域营销中心。

（三）将港口功能与物流服务有效融合，拓展无水港功能

1. 拓展无水港功能，提升竞争力

不断完善国际中转、国际配送、国际采购、国际贸易、航运融资、航运交易、航运租赁、离岸金融服务等八大功能。与船公司、物流企业合作加大航线开发力度，为腹地企业提供更为便捷的服务。进一步提高物流信息化水平，打造现代物流信息平台，实现无水港与天津港的无缝对接。发挥天津东疆港保税区的政策优势，将启运港退税等功能延伸到无水港；完善无水港的国际货物报关、报验、订舱、中转、配送等功能，增加部分无水港的散货物流功能，建设具有综合物流中心功能的无水港，实现港口功能向内陆腹地的延伸。

2. 加强口岸合作，创新通关模式

海关总署加强了对区域间口岸合作工作的指导，推动天津与内地开展区域间口岸合作，使无水港成为服务带动区域经济的重要载体。天津海关与 23 个地区签订了区域通关协议，实行“属地申报、口岸验放”，并在此基础上形成了无水港通关模式，实现了报关、查验和放行的一站式服务。天津检验检疫局推行“三集中”和“无纸化报检”，创立了出口货物“属地报检、口岸出单”和进口货物“属地报检、口岸转检”的“天津模式”，与腹地 14 个检验检疫局签订了直通合作协议。天津海事局也创新建立了海事监管危险品集装箱货物“异地装箱、电子申报”制度。几年来，口岸部门数十次和天津港一起走访腹地各无水港，与当地监管部门密切合作对接，为腹地企业提供了极大便利，使通关效率不断提高，物流成本明显降低。

3. 积极开发新业务、新模式，拓展物流服务功能

一是大力开展全程物流业务。全程物流示范项目是物流发展公司的一张高端物流创新牌，是基于供应链管理的综合物流解决方案，实现了门到门服务，从整体上提高了物流效率和客户的经济效益。物流发展公司按照供应链理论对企业生产的原材料采购、库存、配送、产品的生产过程、产成品的库存、销售以及配送等所有环节实行的全程综合服务，已建成新疆番茄酱、PVC 树脂等 40 余项全程物流示范项目。

二是搭建"线上无水港"平台。"线上无水港"平台是天津港面向国内无水港客户推出的港口在线服务网站，这是国内港口推出的首个线上系统。2014 年 4 月，"线上无水港"平台正式上线，西安无水港成为首家试用"线上无水港"平台的单位之一。该平台设有包括在线查询、网上订舱、网上报关、网上保险、多式联运、随行配送等在内的多个模块。无水港的客户登录平台后，可实时查询船舶动态、货物信息，自助完成订舱、报关、多式联运、堆场拆装、保险等环节的网上操作。

三是物流发展公司利用丰富的客户源和自身完善的港口物流功能，打造综合性贸易和融资平台，相继展开了采购、代理采购与销售、交易融资、商品质押融资及质押监管等与贸易相关的物流业务。与多家银行建立战略合作框架，拓展港口物流金融服务功能，合作双方在金融服务，动产及货权质押、抵押授信业务，市场开发等方面实现资源共享、优势互补，探索港口及港区内企业与银行间的新型合作关系。目前已成功操作了番茄酱、杏酱"定购定销"业务、果汁等农副产品贸易，年营业收入直线攀升。

(四)加强与当地合作，服务内陆经济发展

1. 服务腹地经济发展，深化区域经济合作

物流发展公司与内陆腹地企业合作，已建无水港 23 个、区域营销中心 5 个，集装箱班列 15 条，服务辐射京津冀及中西部地区 14 个省、市、区，同时天津港近 500 平方公里的直接经济腹地，70%以上的货物吞吐量和 50%以上的口岸进出口货值来自天津以外的各省市，30 平方公里的东疆保税港区和 120 平方公里临港产业区的开发建设，为腹地企业提供了广阔的发展空间。

天津港支持腹地企业借助港口优势在滨海新区发展，延伸无水港服务功能。积极促进内陆腹地开展国际贸易，使内陆进出口企业缩短了运输时间，节约了物流成本，为内陆腹地经济参与国际市场创造有利条件，促进内陆地区外向型经济的发展。

2. 给予优惠政策支持，提供优质配套服务

进一步落实《滨海新区关于加快北方国际航运中心建设若干意见》，支持腹地无水港的发展，给予多项政策支持。在港口操作上，对出离国际陆港的货物实行港口手续、码头场地、装卸作业"三优先"原则，并积极研究新的优惠政策，在更多地惠及客户等方面给予全方位的协助和支持。

(五)强化无水港管理，完善依托无水港的内陆物流服务网络

1. 多点开花，基本形成多层次立体化的物流网络体系

物流发展公司积极加强与内陆地区有关部门和企业的联系，广泛寻求合作契机，积极运作，稳步推进。已经在石家庄、包头、德州等内陆地区建立了 23 个无水港，项目总规划建设规模约 600 万平方米，总设计吞吐能力超过 300 万标准箱。物流发展公司开通了十五条班列，并拥有二连浩特、满洲里和阿拉山口三条过境通道，已经基本形成了布局合理、辐射广泛、系统完整的无水港物流网络体系。

2. 强化考核激励机制，提高工作积极性

物流发展公司注重构建内部无水港建设支持保障体系，设立了专门的机构，制订了

《内陆无水港考核及奖励等级评定标准》《驻外人员管理制度》等一系列管理制度，形成了派出、招聘、运营考核与激励等多项制度，管理无水港的业务发展，培养高素质的内陆无水港管理人员。

3. 制定有效措施，加大扶持力度

围绕无水港业务，物流发展公司打造了专门的对接平台，出台了多项支持无水港运营的政策和制度，在港口操作、费收、技术服务等方面给予全力支持。在港口操作上实行"港口手续优先、港口资源优先、港口作业优先"；在港口费收取上给予适当扶持，经无水港操作的货物免收超期搬移、退关转船等费用；在无水港信息化建设上无偿移植自有知识产权的相关系统，免费提供相应技术服务。

4. 加强现代化物流人才建设

一是贯彻"人才发展三原则"，积极搭建成长成才平台，包括：环境吸引人才、平台培育人才、和谐成就人才，为员工提供成就事业的和谐载体。

二是建立健全人才培育机制，加强高端人才的引进。以"人才兴企"经营战略为引领，加快人才队伍建设。制定《员工职业教育培训计划》，通过远程电视教学、互比互看劳动竞赛、导师带徒等活动载体提高内部员工素质；采取学历教育和在职培训相结合的办法，加快培养物流服务方案设计、物流综合管理、客户管理等中高端人才，提高员工综合素质，建设一支具有较高视野和业务操作能力的员工队伍。

三是为内陆腹地输送智力，建立物流人才储备。把天津港的经营理念带入内陆，定期为当地业务员进行培训，为内陆腹地培养物流人才，带动内陆物流人才建设。

三、实现港口功能与内陆物流服务有效融合的无水港建设与管理效果

(一)无水港建设取得显著成效，内陆物流网络初步形成

物流发展公司已在全国中西部 12 个省市区创建了无水港群，已建设无水港 23 个。华北地区的北京、河北、内蒙古、山西共计 14 个；西北地区的宁夏、陕西、甘肃、新疆共计 5 个；山东、河南等地共计 4 个。

天津港无水港的建设，基本覆盖了"三北"部分地区近 500 平方公里的国土面积，使这片区域的人流、物流、资金流与信息流向天津港汇聚，天津港的枢纽与核心作用凸显，23 个无水港和天津港形成扇形物流网络，成为内陆离不开的、最便捷的物流输出输入渠道。

通过实施无水港战略，将港口功能延伸到内陆地区，为企业降低了物流成本，为客户提供了高效便捷的服务；同时，天津港向内陆地区派驻人员，市场开发的阵地实现了前移，业务触角实现了延伸，拓展了天津港市场开发的空间和深度。

(二)有效促进了内陆经济发展和社会稳定

目前天津港每万吨货物吞吐量就可以创造 GDP 约 194 万元和 17 个工作岗位，港口每亿元的建设资金投入将可实现近万人就业，极大带动了区域经济发展。通过以天津港为枢纽的内陆物流管道，无水港地区的产品、商品运送到全国乃至世界各地，内陆腹地所需的生产生活资料和商品的运进，所需的一切报关、通关、集装箱安排、车皮调

度等一系列业务，都由物流发展公司承担，这对于内陆地区商品流通，活跃经济所带来的促进与变化无疑是革命性的。特别是由于物流的顺畅，对于当地公共设施的完善，功能的提升，提高当地企业效益和老百姓的生活质量，解决就业等问题，都起到了促进作用。

无水港的建设，同时又促进了社会和谐。番茄酱是新疆的主打出口产品，也是天津港重要的腹地货源，每年约有100万吨经天津港出口国外。番茄酱在新疆的生产和运输有很强的季节性，因为有的货源地进入初冬就交通中断，物流发展公司从大局出发，积极抢运新疆地区番茄酱，充分利用物流节点，在番茄酱发货源头对客户的发货数量做出研判，为番茄酱的顺利接卸寻找到了科学机制，获得了新疆地区生产企业的认可和好评，既长久地保持了物流货源，也为新疆社会稳定做出了贡献。

（三）促进了企业发展，取得了显著经济和社会效益

1. 经济效益攀升，企业蓬勃发展

无水港的创建，使内陆腹地23个无水港所在地区直接降低了物流成本、提高了经济效益，同时也提高了办事效率和内陆货源的流通效率。无水港物流运行时间数据表明，中部地区缩短1～2天，西部地区缩短3～4天，综合物流成本下降20%以上。

随着无水港业务的深入拓展，物流发展公司各无水港集装箱操作量和收入逐年稳步提升，集装箱操作量年增幅超过20%，多个货类也取得了突破性的进展。

番茄酱作为天津港重要的腹地货源，2013年，全年接卸13万余吨，实现收入1300万元。

乌海PVC树脂业务于2010年1月开始运作，是“门到门”物流示范项目，2013年共操作1.46万标准箱，创收880万元。

2. 无水港建设促港口发展，影响力不断扩大

无水港发展有利于发挥天津港对外开放门户的作用，提升口岸总体规模、综合实力和国际竞争力，形成以天津为中心城市的区域经济共同体，推动天津建设北方国际航运中心和国际物流中心。

2013年，天津港货物吞吐量突破5亿吨，排名世界港口第四位，集装箱吞吐量突破1300万标准箱，排名世界第十一位。预计到2017年，天津港货物吞吐量有望达到6亿吨。

（成果创造人：刘学良、赵　明、张友明、马全胜、孙　彬、刘重清、陆有宝、寇成阳、王培伟、杨　毅、张雅文、宋竹青）

通信企业基于信息化平台的促销资源管理

中国电信股份有限公司湖北分公司

成果主创人:公司总经理李洪波

中国电信股份有限公司湖北分公司(以下简称“湖北公司”)是中国电信在湖北省设立的分支机构,是湖北省内重要的基础网络运营商和综合信息服务提供商,拥有覆盖全省城乡、通达世界各地的通信信息服务网络,能够向客户提供固定电话、移动通信、卫星通信、互联网接入及应用、多媒体视频等综合信息服务。截至2013年年底,湖北公司资产总额超220亿元,经营收入规模超120亿元,从业人员达2万人。本地交换设备容量1500万门,宽带网络总容量超过900万线,2G网络全省城区无线覆盖率达到100%,3G和4G网络已覆盖所有城区、郊区、乡镇镇区、大型施工工地、车站、风景区,以及国、省、市、县、乡交通干线;各类在网用户总数累计超过2300万户,是湖北省内最大的综合信息服务提供商。

一、通信企业基于信息化平台的促销资源管理的背景

(一)提升通信企业核心竞争力的需要

近年来,中国电信紧紧把握信息通信产业日益呈现的大变革、大融合的发展趋势,定位于“智能管道的主导者、综合平台的提供者、内容和应用的参与者”。2010年以来,中国电信明确提出在全集团内部开展销售费用效能监察,加强营销资源使用管控,不断提升发展效益。湖北公司积极践行中国电信集团公司战略,通过集中管理和配置,建立健全促销资源管理系统和体系,优化资源配置,确保重点市场业务发展,严控低效资源使用,有效防范风险,提升企业核心竞争力,进一步提升企业效益,促进企业持续、健康、稳健发展。

(二)提高集约化营销管理水平的需要

湖北公司每年促销配置需求因文字表达不清等原因退回申请人的数量达到500条以上;因用户协议缺乏约束,协议期内降档、重复补贴等违约用户的占比高达7.6%;因缺乏效益管理,低价值终端补贴用户占比达到1.8%,终端补贴用户总体补贴率高达25%,个别促销活动的补贴率甚至超过100%。因此,湖北公司在2010年提出营销政策集约化管理的概念,逐步采用促销信息标准化管理方式规范促销设计,统一营销策略。

（三）规范促销资源管理的需要

以终端补贴结算为例，每年无促销活动的补贴结算、超过促销补贴额度的结算、终端代收款等非成本费占用终端补贴成本、无任何依据结算等违规行为所涉及终端补贴成本比例高达50%。同时各分公司还不同程度的存在疑似套取终端、实物、佣金的现象，甚至出现个别员工因内外勾结套取终端行为而被辞退的情况。

随着移动互联网迅速发展，资源有限和规模突破发展间的矛盾表现得越来越突出，如何提升促销资源使用效率、有效防范经营风险是湖北电信必须面对的课题。湖北公司从2010年开始不断研究和探索解决方法，快速推进各类促销资源信息化建设，为促销资源的统一、规范化管理提供了支撑和保障。

二、通信企业基于信息化平台的促销资源管理的内涵和主要做法

湖北公司创新管理思维，充分利用现代化信息手段，改变大型通信企业促销资源粗放式管理的传统模式，以集约规范管理为基础，以科学高效的信息化平台为保障，以促销资源贯穿事前、事中、事后的全生命周期管控为重点，以公开、公平、公正的透明管理方式为手段，实现企业促销资源的精细化管理，有效提升企业资源的使用效率，规避企业发展的各类风险，支撑全面系统的横向评估，有力保障企业稳定有序发展。主要做法如下：

（一）明确促销资源信息化管理目标及思路

1. 以市场为导向，搭建促销资源规范管理体系

统一促销信息视图，规范促销资源使用标准，建立促销资源管理流程，明确职责分工，健全稽核体系和考核办法，强化量质并重发展，确保经营策略能够贯彻执行，促成集约化促销资源管理。

2. 以效益为目标，实施促销资源全生命周期风险管控

基于促销信息数据、用户级促销资源数据和用户行为数据，从事前、事中、事后三个阶段严格把关促销政策的效益及风险，建立促销资源效益评估机制，深入开展效益评估分析和用户行为分析，研究企业效益和风险，指导企业经营管理。建立风险预警派单机制，通过预警派单强化促销资源事后管理，有效提升促销资源的使用效率。

3. 以信息化为抓手，构建促销资源闭环管理平台

构建促销资源的信息化平台，实现促销资源的闭环管理，并依托系统功能实施风险管控，促使促销政策能够按管控要求执行，资源投入能够以促销政策为依据精确管控，确保用户综合现金流为正，规避成本被滥用、套利的风险。

成果主创人、公司总经理李洪波（右一）与副总经理杨峰（右二）在营销活动现场

（二）建立健全促销资源管理体系

1. 建立标准化促销信息视图

湖北公司收集了各大通信企业的各种促销政策，经过梳理和归纳，制定了湖北电信统一的促销政策标准信息视图框架，并依托系统固化促销信息标准化申报模板，从而规范促销策划行为，强化了促销资源的效益管理。

促销信息标准化申报模板是基于用户角度设计的填报模板，规避了用户难以理解的技术术语，便于营销策划人员从用户角度去思考和理解促销信息。

在促销信息中明确促销政策的使用范围和管理规则，将用户参加促销的前提条件、促销规则和参加促销活动后与用户的约定一一细化。

通过模板的固化，使营销策划人员在申报时能够完整地填写促销信息，并对每一项的具体规则进行明确，从而保证策划的促销实例不发生偏差，计费配置人员也能够更准确的理解营销策划人员所需要的计费配置内容。

同时，湖北公司建立了统一的佣金标准，将渠道佣金与促销补贴资源和用户贡献挂钩，通过测算模型确保用户贡献不会出现倒挂，从而有效防止养卡。

2. 建立体系化资源管理规范

为做好促销资源的效益管控和风险管控，湖北公司制定了一系列的促销资源规范化管理办法。

一是策划集约化管理。要求所有促销活动均需要进行集中申报和审批，只有经过审批的促销政策才能在系统中进行配置和上市销售，确保公司要求的补贴方向、标准、重点能够贯彻落地。

二是效益规范化管理。制定了促销补贴的效益管控原则，要求在促销策划阶段严格执行“首付现金流为正，预存和赠送话费分月返还、补贴与贡献挂钩、约定最低消费”四项原则，严格执行补贴优惠排重、受理范围限制、终端类型限制等管控要求，确保促销活动效益，防止过度补贴。

三是资源信息化管理。要求所有促销资源的使用均按照促销申报中的促销资源补贴额度执行，禁止手工报账行为，全部促销资源的结算均需要通过系统报账，防止执行走样。

四是风险全过程管理。强化事前、事中、事后的全过程评估管控，一方面全省统一制定了业务稽核、结算稽核、终端稽核的多层级稽核管理办法，另一方面依托系统建立了促销活动预警派单管理机制、综合现金流管控体系和终端补贴离网用户预警派单回收考核管理体系，从而达到防风险、提效益的目的。

（三）优化促销资源管理流程

湖北公司通过省市联动和多部门协同，梳理并优化了促销资源管理流程和规则，细化了工作职责和具体分工，确保各环节工作人员能够围绕促销资源信息化平台做好促销资源的管理工作。

促销资源管理流程由促销活动集中审批配置、促销资源集中结算管理、收入保障业务稽核管理、促销效益评估预警派单等主要流程组成。

1. 促销活动集中审批配置流程

湖北公司促销策划阶段依托在系统中对审批流程的固化，通过逐级审批确保将已知风险阻隔在促销活动上市前。

为保证促销定价与促销实例的一一对应关系，不出现促销信息缺失的情况，在原促销启用流程中，营销策划人员需通过批量查询的方式选取历史的促销实例申报模板才能重新启用促销审批流程，从而避免出现无实例信息的促销活动被启用的情况。

在此基础上，CRM 系统还做出了促销上市拦截规则，即 PPM 系统中没有促销实例信息的促销将无法上市销售。

2. 促销资源集中结算管理流程

湖北公司在促销活动补贴资源发生后，一方面对补贴资源进行有效管理，确保促销资源的使用能够按照促销策划的要求执行；另一方面，各类促销资源的结算管理人员负责核对系统计算的结算数据，明确结算对象，收取发票，最后负责完成结算报账工作。

为确保业财数据一致，各资源管理系统与财务辅助管理系统之间建立了双向接口，财务辅助管理系统将每笔完成结算的报账单信息回传到各促销资源管理系统，各促销资源管理系统对应促销资源进行报账时间和账期的打标记录，从而能准确地保障业财数据的一致性。打标后的结算数据还将提供给经营分析系统，经营分析系统对每月促销资源结算支出进行具体的统计分析。

3. 促销效益评估预警派单流程

湖北公司促销活动开展后，通过效益评估的方式针对存在风险的活动和资源发出有效预警，并派单到相关责任人处理。促销效益评估预警派单根据不同的预警内容和派单对象，均制定了相关的预警派单的闭环流程，明确了各流程环节的处理时间要求和考核方式，同时由稽核人员负责监督执行。

4. 促销资源保障稽核管理流程

湖北公司贯穿促销活动策划、受理、结算和派单的执行监督过程，确保促销资源管理各环节工作人员能够按照规范和要求开展工作，从而有效规避内外勾结套取促销资源等风险。

(四)构建促销资源信息化支撑管理平台

湖北公司促销资源信息化支撑管理平台涉及促销活动的全部管理流程，主要包括促销信息管理、终端补贴管理、话费补贴管理、实物补贴管理、合作分成管理、佣金奖励管理、收入保障稽核、促销资源评估等促销资源信息化管理模块，通过各模块间的数据信息共享，搭建起基于用户级的促销资源信息化管理平台，形成促销资源管理的信息数据库，为提升促销资源管理能力提供有效的保障和支撑作用。

主要模块功能：

一是促销信息管理模块，通过将促销信息视图系统固化为促销申报模板，辅以模板固化促销管理规则和各类校验手段，保证了促销申报要素齐全、准确，避免了促销信息的错填、漏填，以及不按规范要求申报促销的情况出现。通过省公司对促销 IT 配置的集约化管理，确保计费配置、业务受理管理规则与促销信息的关键要素保持一致，保证了促销政策执行时不走样，有效的防范了违规补贴、重复优惠等风险。

二是终端补贴管理模块，主要是通过系统管理各营业网点的移动终端进销存，同时获取用户受理促销信息和终端销售信息，将终端补贴成本结算依据细化到用户级，实现了成本支出有据可查。为确保实际销售政策与审批政策严格一致，终端补贴的结算金额由系统严格限制在促销活动补贴额度和终端价格以下，从而有效解决终端补贴给谁结算、结算多少、为何结算的问题。

三是实物补贴管理模块，主要是通过实物进销存信息的闭环管理，实现库存预警、灵活调配能力。在实物补贴发生后通过用户业务受理登记单打印实物补贴信息和定期组织营业厅库存盘点等方式，避免虚假实物补贴行为和实物套取行为的发生；规定在业务受理时选择赠送实物的价值不允许高于促销活动的实物补贴额度。

四是合作分成管理模块，移动终端合作分成的信息化管理主要是通过将终端销售信息、用户受理信息和促销信息汇集到计费系统，用于精确计算每个月的收入分成金额，管控分成额度，形成用户级的分成金额数据，最终完成移动终端合作分成的减收和核算，有力地解决了在复杂条件下人为计算容易错误结算、不按规范要求结算等问题。

五是佣金奖励管理模块，主要是依托建立社会渠道视图，在系统中以最小颗粒度计算和记录佣金奖励。例如，对于基础佣金、达量佣金等基于用户号码计算的佣金均落到用户级，渠道补贴等非用户级的佣金则落到网点级，从而实现佣金的精细化管理，有利于实现渠道发展与企业效益的平衡，有利于杜绝不计成本养渠道和无效渠道养卡等问题。另外，通过系统界面向社会渠道代理商清晰展现每日预期收益、每月实际收益清单和违规处罚清单，确保佣金支付透明，强化了渠道服务的支撑作用。

（五）创新促销事前管理方式，依托信息化平台开展促销策划全生命周期管控

通过系统流程化管理促成营销政策的集约化，并通过营销政策字段化、条目化方式实现了营销政策规范性自动校验拦截、预评估功能辅助政策审批以及促销数据信息多系统共享等功能。为做好事前评估工作，促销信息申报时还辅助展现了核心管控指标，有助于简化集中审核工作，提高工作效率，从而全面评估活动风险，使促销活动效益及风险一目了然，对于硬性指标则直接对违规的促销进行流程拦截，便于提高策划水平，把握实施要点。

一是严格补贴率控制标准。按照集团公司要求将单产品套餐的促销活动补贴率控制在 42%以内，融合套餐的促销活动补贴率控制在 25%以内。

二是制定风险评估控制标准。风险评估控制标准分为单项指标和综合指标，综合指标分级显示促销活动风险程度，风险过高则发出红色预警，系统自动进行流程拦截。

（六）创建用户级资源管理体系，实现促销资源精确化和系统化的事中管理

为保障促销资源的投入产出能够安全可控，湖北公司基于促销资源信息化平台的精确数据建立了多种管控方式。通过全流程系统化闭环管理，准确的提供了促销资源补贴依据，明确了促销资源补贴对象，实现了结算金额的精确化管控，确保了综合现金流为

正，规避了成本流失风险。

1. 开展综合现金流管控，有效防止养卡等行为

综合现金流管控是采用事后追溯机制，将用户的实际贡献与促销资源、SP/CP 费用以及各类佣金奖励挂钩，从而始终保证用户贡献大于企业成本支出，杜绝渠道养卡行为，同时保障代理商的利益。

在综合现金流管控的基础上，佣金管理系统还辅助了疑似养卡稽核、门店效益评估功能，形成了三层效益管理体系，有效杜绝养卡。疑似养卡稽核主要目的是通过对养卡行为的研究，查找和发现养卡行为，一旦核实养卡情况则给予代理商相应的处罚，例如：用户重入网套取佣金、用户发展达量套取佣金等。门店级效益评估的主要作用是横向比对各门店的综合效益，根据门店养卡套利必然效益差的原则，对效益差的无效渠道引入清退流程。

2. 制定终补用户离网预警派单回收考核体系，防止套机等行为

为降低套机套利风险，特别是担保、租机等负现金流终端补贴的套机风险，基于渠道管理系统建立了终端补贴用户离网预警和派单功能。每月渠道系统根据终端补贴结算用户和结算金额以及当前用户状态和用户贡献等信息对协议期内的终端补贴用户中沉默用户进行预警，对欠费违约的用户进行预警派单，对不能履行协议约定的用户收回终端补贴成本，从而降低套机套利风险。

各分公司稽核人员负责监督派单和考核执行情况，在监督过程中发现存在内外勾结套取终端行为的将直接报监察室处理。湖北公司根据下辖各分公司终端补贴离网用户利润情况进行通报和考核。

3. 健全终端串码管理奖惩机制，防止串货行为

为防止移动终端虚假销售和终端串货，湖北公司从三个方面有效加强移动终端串码管理。

一是建立终端串码核查机制。对于销售终端串码存在未注册、注册不匹配以及智能机无流量或流量记录终端串码不匹配的情况，湖北公司统一组织对下辖各分公司不匹配率排名前 10%的网点进行派单，分公司在接到派单后组织进行现场库存实物与系统库存串码的比对核查，如发现违规行为则给予处罚。对于跨省串货，由湖北公司统一分析评估，若发现有终端批量串货到外省的情况，将派单到分公司对实物库存和用户的真实性进行核查。

二是建立终端串码封存机制。建立了自注册封存和终端销售封存机制，即已经注册串码的终端和外省已销售的终端不允许再在本省进行捆绑销售。

三是建立终端串货投诉奖惩机制。省内建立了投诉奖惩机制，如果有营业厅发现自己库存的终端被其他营业厅冒用，将可以向省、市分公司发起投诉并提供实物证明，分公司进行核实后处罚不当行为人，同时奖励投诉人。

4. 建立促销活动预警派单机制，确保企业发展效益

系统化实施促销活动风险预警派单机制，强化流程信息管理，明确责任人和派单处理规则。利用信息化平台，每月根据在售促销活动的预警报表对各促销活动的申报人进

行预警派单，派单内容中显示对应该促销发起人所预警派单的促销编码、促销名称、促销活动到期时间以及11种预警要素的事中评估结果展示。

接收派单人员需在规定时限内通过批量勾选促销活动列表并选择停售、继续预警、特殊原因不再预警等处理方式进行派单回执。选择停售则被选择的促销进入快速通道直接派单到计费部门进行停售处理；选择特殊原因不再预警，需填写不再预警原因，该促销进入不再预警派单的范围，并可随时再选择恢复；选择继续预警则需接收派单人员对促销活动出现预警的原因进行具体分析，对促销活动进行调整和完善。湖北公司每月通报派单处理情况，以达到降低企业经营风险的目的。

（七）通过常态化和信息化的综合效益评估，形成管理闭环，实现事后管理及纠偏

通过CRM系统的受理促销信息，结合PPM中促销资源预补贴数据以及各系统汇总的促销资源实际结算数据在经营分析系统中进行促销活动的事后评估分析，全面衡量用户参加促销活动的执行情况、收益情况和存在的风险，对已经开展的活动进行全面的总结分析，对移动用户发展规律进行研究。

三、通信企业基于信息化平台的促销资源管理的效果

（一）有效提升企业促销资源管理效率，获得了良好的经济效益

通过实施基于信息化平台的促销资源管理，2013年，每月终端补贴用户中协议期内降档、重复补贴等违约用户占比及低价值终端补贴用户占比分别下降到0.4%、0.7%以下，终端补贴用户总体补贴率下降到19%以下，整体效益得到明显提升。成本使用效率也得到了有效的提高，仅从终端补贴成本看，每年节省成本8300万元以上，若加上话费补贴、实物补贴等其他补贴形式，每年将至少节省2.7亿元超标补贴支出（含话费抵扣）。

通过对促销资源的信息化管控，有效控制了促销资源结算中的各种违规行为。以终端补贴为例，终端补贴成本每月违规使用比例已下降到目前的1%以下，每年可为企业节省成本支出约2亿元以上。实物补贴、合作分成等其他补贴形式更是从无到有的转变，每年可为企业节省的成本也至少有千万元。

通过渠道效益的立体管控，有效切断了代理商套机、养卡利益链，提高了渠道发展的有效性和用户发展质量，每年可为企业渠道费用成本节省支出0.7亿元以上。

（二）促进企业管理水平不断提高

通过实施基于信息化平台的促销资源管理，有力推动了企业精细化管理水平的提升，促销资源精确到用户级的管理，有效防范了移动业务发展过程中的各类风险，也为营销资源划小工作奠定了基础。促进了企业各级人员转变思想观念，重视企业价值提升，规模发展的同时更注重量质并重发展。企业通过促销资源管理做到了每分钱支出均具有支出的依据，支出的金额都详尽可查，准确地掌握了企业资源使用方向，形成了促销资源的长效管理机制，为企业的发展起到关键性的支撑作用。

同时也促进了促销策划人员水平的整体提升，使促销设计有标准、有规范，通过层层把关有效提升了促销资源的使用效率，最大限度地降低了无效损耗，提高了促销资源使用质量，缓解了企业营销资源紧缺与用户规模发展间的矛盾。

（三）推动了集团管控能力的提升，提高集团集约管理水平

2012～2013 年，中国电信集团公司市场、审计、监察等部门在湖北公司调研时对促销资源管理工作给予了高度肯定。2013 年 12 月，湖北公司应集团公司要求，对其他兄弟省进行了集中培训。2014 年 2 月，集团公司将湖北公司促销资源信息化管理工作方法向全集团复制推广，有力推动了集团促销资源管控力度，有效支撑了企业战略转型。

（四）实现促销资源的公开透明化管理，有效防范企业经营风险

通过建立健全促销资源的管理标准和管理流程，构建了促销资源使用的监督体系，规范了资源使用行为，防范了权力人员滥用职权或不作为获取不当利益的行为，有效杜绝了内外勾结套利、挪用促销资源等各种违规行为的出现，实现了促销资源的公开透明化管理。

（成果创造人：李洪波、杨　峰、杨　华、刘跃涟、陶代金、
肖　艳、石　磊、戴　敏、孟　晖、欧阳波）

电信运营商基于 B2B 的业务开拓

中国联合网络通信有限公司广西壮族自治区分公司

成果主创人:公司总经理鲁东亮

中国联合网络通信有限公司广西壮族自治区分公司(以下简称“广西联通”)是以固定通信、移动通信和数据通信为主营业务的全业务电信运营商。截至2013年年底,广西联通下辖14个市级分公司、113个县域分公司,总资产达到928亿元,员工总数7831人,收入增幅连续三年高于当地行业水平10个百分点以上,收入规模实现三年翻番。

一、电信运营商基于 B2B 的业务开拓的背景

(一)创造竞争优势,低成本渠道扩张的需要

广西联通为扭转在现有竞争格局中的弱势地位,提倡错位竞争,从供应链出发,通过改革传统供应链弊端、降低代理商在供应链上的成本的方式吸引代理商,弥补渠道补贴不足的劣势,树立自身的竞争优势。

传统供应链模式是产业上游到下游多环节层层顺次传递的单项多级流转体系。以手机销售过程为例,从生产线到消费者需要经过手机生产厂商、国包商、省包商、地包商和渠道店铺多个环节。在这种单向多级的流转体系下,成本层层加码,信息层层衰减;产品流转效率低下,上柜时间延长,降低了代理商在市场中的反应速度,无形中也增加了供应链各利益主体的成本。因此,当供应链的层级减少、流程优化后,在供应链上原本需要消耗的成本将作为利润回归代理商,实现低成本渠道扩张的目标。

(二)改变资源配置方式,提升资源效益的需要

提升资源配置的效率是诸多大型企业面临的难题,由于组织结构复杂、业务模块多、分支机构广,通信运营商已经形成了营销资源按照规模在各区域业务间进行分割的传统资源配置模式。另外,由于预算科学性和管控穿透性的局限等各种限制因素的存在,导致营销资源层层截留、营销末梢出现利益寻租的现象。资源无法横向自由流动,天然割裂了资源趋利性与流动性之间的关系。以效率效益为标准,还原资源逐利性本质,重构资源趋利的流动性机制,是改革传统资源配置方式、提升营销资源使用效益的关键要素。构建新型高效的资源配置方式,是实现广西联通业务与运营良性发展的需要。

(三)借助互联网,提升业务发展管理水平的需要

国家工业与信息化部制定的《电子商务“十二五”发展规划》的一项重点任务就是深

化大中型企业电子商务，促进实体购销渠道和网络购销渠道互动发展，提高供应链和商务协同水平，提升企业发展业务管理水平。广西联通借力电子商务、加大传统电信产业与互联网的融合力度，探索新型商业模式，是开展业务发展管理创新的重要组成部分。

二、电信运营商基于 B2B 的业务开拓内涵与主要做法

广西联通创建了产业互联网平台——沃易购 B2B 垂直电子商务平台，旨在打造一个产业各方联系紧密、信息传递无障碍、资源配置平衡高效的自适应、自生长的和谐商业生态圈。在产业内简化交易流程，优化供应链，降低供应链成本，为产业上游拓宽渠道规模，向产业下游提供商品直供、信息展示和互联网金融服务，以大数据分析为手段管控生产过程；在企业内部通过沃易购平台构建资源集中分配机制，优化管理流程，建立柔性自适应组织。最终广西联通建立起以沃易购平台为支撑点的“集中化、扁平化、透明化、端到端”的业务发展管理模式。主要做法如下：

（一）确立基于 B2B 互联网平台业务发展管理模式的目标和管理思路

广西联通在认真研究产业特点和平台经济实质的基础上，借鉴国内外电子商务平台的运营经验和优秀案例，提出“整合上游资源、撬动下游渠道、管控生产流程、实施跨界经营，支撑模式转型”的基于 B2B 互联网平台的业务发展管理思路。

基于 B2B 互联网平台的业务发展管理就是指以沃易购平台为支撑点，利用沃易购平台“商品直供、资源整合、渠道服务、信息传递、过程管控、跨界经营”六大功能，带动产业上下游共同改变传统产业的经营模式，助力企业管理机制和组织结构的转型。在产业销售业态上，从供应链的物流、信息流和资金流出发，优化改革传统供应链，提升供应链效率继而提高产业上下游的经营效率，以提供交易服务的方式向产业上下游传输价值，吸引产业内各利益相关主题加入沃易购平台生态圈内，实现整合上游资源、撬动下游资源。在生产过程上，挖掘企业信息资源潜力，消除“信息孤岛”现象，汇聚生产过程各环节数据，以大数据分析为手段，实现生产过程全面管控。以生产过程全面管控为根本，凭借对产业的深刻理解积极开展与商业银行间合作，开发具有电信运营产业特征的金融产品，实现向金融界横向拓展的跨界经营。在组织结构上，利用沃易购集中信息池和资源池的角色，实时提供各经营单位的发展潜力和盈利能力两方面的数据作为分配依据，实现资源的横向调拨和端到端配置，还原资源的趋利流动性，达到资源配置的效益最大化。

（二）建立互联网化的多功能业务发展支撑体系

1. 简化交易流程，实现商品端到端直供销售

广西联通以“快”为出发点检视供应链的各个环节，通过沃易购平台，不再有国包商或地包商的层级身份区别，只有买家与卖家之分。供货商通过网上店铺展示自己的产品信息，代理商只需要在网页上下单并支付，商品就由供货商直接发送

沃易购运营基地成员讨论工作

到代理商。商品流通环节从原有的三至四层缩减为现在的一层，卖家与买家间直线连接，真正实现商品端到端交易。同时，借助专业化的物流公司，实现城镇地区 1 天到货，偏远山区 2～3 天到货的快速物流，大大缩短商品在供应链上的流通时间。商品在供应链上快速流转，可以为企业赢得宝贵的时间窗口，利用时间差占领市场。

为掌控终端的流通情况，沃易购平台建立起终端监控系统，供货商在发货时会在平台上为每部终端记录 15～19 位手机串号(EMIS)，这个串号将会跟随终端直至销售过程完结。当终端出入库时，沃易购平台可以同步合约终端的信息，在调配过程中实现终端号卡一体化的信息完整流转过程。通过终端监控系统，企业可以实时监控商品在供应链上的流通情况，确保商品在供应链上的快速流转，并为企业实施精准营销提供依据。另一方面，基于终端号卡一体化的监控信息，企业可以向渠道末梢代理商提供用户二次充值和机卡匹配的情况，帮助代理商开展二次营销维系用户，提高用户质量。

2. 降低供应链成本，提升代理商利润空间

采购成本。互联网平台的一大特性即为集中客观地展示不同供货商同类产品的价格，价格的直接比对和代理商的价格敏感性驱使供货商压低产品价格。中小代理商如今在沃易购平台上可以拿到国包商一级批发价，以往被省包商和地包商占据的行业利润如今重新分配给代理商和国包商。

交易成本。借助平台的搜索功能代理商可以迅速找到目标商品并且比对多项产品信息，降低了商品搜索成本；借助互联网信息爆炸的方式沃易购平台快速扩散热点资讯，彻底改变以往层层传递的政策宣贯模式，避免代理商因信息传递衰减而增加成本。

机会成本。快捷的交易流程确保了代理商可以随时采购商品，降低库存水平，提高库存周转率，减少了库存积压的风险和占据资金的机会成本。代理商可以实时根据市场动态做出采购决策，把握市场先机，提升盈利能力。

促销成本。沃易购平台通过规模建立的双边网络效应向上游整合大量的营销资源，将分散在供应链各环节的资源通过沃易购平台进行分发，代理商从中获得了大量营销资源，减少了在促销环节的资源投入，大大节省了促销成本。

3. 构建定制化数据超市，实现全流程信息监控

一是代理商行为数据分析。沃易购平台建立完善的数据分析体系，系统地集聚与分析代理商的行为数据，涵盖了登录数据、注册数据、购买数据、销售数据等。针对登录数据，通过统计代理商的用户访问量和网页浏览数，分析区域点击率和登录次数，沃易购平台可以动态获取代理商登录平台的具体情况，从而获悉代理商对平台的依赖度和信任度；对于注册数据，沃易购平台根据代理商绑定银行卡的相关数据实时获取各地市代理商的注册情况，通过数据比对可分析出代理商的真实性和有效性；对于购买数据，沃易购平台从时间维度、地域维度确认代理商的交易额度、营业规模、库存周转率等数据的准确性；针对销售数据，通过建立代理商进销存管理系统，平台能实时获悉代理商的销售信息，包括友商渠道的终端销售情况等。

二是终端交易数据分析。沃易购平台通过记录代理商对 W 制式终端的选择轨迹可获取其关注点，进而评估产品的价值提升空间；对比分析代理商所下订单与支付订单的

数据差异，沃易购平台能够挖掘出有潜在购买力的优质代理商，以及分析终端产品政策的实用性和有效性，从而进行精准营销。

三是号卡交易数据分析。通过对号卡交易数据的分析，沃易购平台可全面掌控号卡的交易及销售行为，并且寻找客户关注点。对号卡的激活量与激活时间进行分析，评估号卡销售的有效性；对消费者的充值行为分析，评估用户的真实性和稳定性。继而根据号卡的真实销售情况和用户使用情况评估号码、资费、产品适用范围对号卡销售的影响并预估新产品的适用范围，预测产品销量。

4. 建立预警与评价体系，指导生产经营

沃易购平台在打破传统产业多层级结构的同时，建立起以报表体系、预警机制和评价反馈体系为支柱的便捷信息传递系统，把指导生产经营的高价值信息在第一时间推送给平台上各个主体。

第一，报表体系。沃易购平台的报表体系主要分为渠道拓展、渠道能力提升、销售监控、业务管控四大模块，面向渠道经理、代理商和联通管理人员三大主体。渠道经理可以通过渠道拓展和渠道能力提升两大模块的报表系列了解到平台上渠道的注册数据、登录次数、产品订购情况等数据，实时获悉代理商在平台上的活跃度，针对性地采取管理措施，提升管辖渠道的活力。渠道经理还可在平台上获取机卡匹配数据、用户在网时长、中高端用户占比等数据，进一步确认代理商的有效性及可发展空间的大小。代理商可以通过销售监控、业务管控模块的报表了解到自身的进销存情况，包括采购商品的物流信息、库存水平和周转率、终端号卡的销售激活情况，帮助代理商掌控其经营情况。其次，对于二次充值和机卡分离情况代理商也可以得到实时反馈，辅助代理商精准营销、维系客户。同时，平台以台账的方式向代理商展示盈利数据，代理商可根据盈利数据对自己的经营情况进行评估，提高其经营效率。而联通管理人员则根据不同权限可以获取四大模块的报表结果，掌握经营的整体情况，为绩效考核和产业政策制定提供依据。

第二，预警机制。沃易购平台对业务管理过程中的关键指标设立阀值，对触发阀值的情况及时向各类主体发送信息提醒。面向代理商，平台就库存安全边际、用户余额、订单处理时限、还款期限等设立了预警，保障代理商日常交易活动的顺利开展；渠道经理可以得到渠道注册率、签约率、渗透率和活跃率的预警提示，帮助渠道经理有针对性的开拓渠道和维系渠道；针对供货商服务质量的提升，平台设立了以售后预警为主的预警机制，督促供货商做到投诉处理及时、问题解答高效、售后维修快捷。

第三，评价反馈体系。在互联网平台上，评价反馈机制的建立保障了代理商和供货商之间的信息无缝对接。当代理商拿到订单产品后，可以就供货商服务、产品卖点和销售盈利情况给出评价。供货商可以通过这些信息调整自身的服务和产品营销策略，提升业务管理能力。

第四，信息传递机制。沃易购平台建立了多方位的信息传递功能，借助网页广告、手机客户端、短信发送通道、微信订阅号、地市 QQ 千人群等传播渠道，加速平台信息向代理商渗透的效率。

5. 提供互联网金融服务，形成发展的杠杆效应

沃易购平台利用对产业链的掌控优势，推出账期模式和银行模式两种互联网融资模

式以解决中小代理商融资难的问题。账期模式是指所有通过资质评估的广西联通代理商,都可以获得由广西联通联合各大终端供货商提供的一定账期的信用额度支持的融资方式。对代理商来说,可以在沃易购平台上先采购、后付钱,先赚钱、再支付,最长可以获得 15 天的信用账期。银行模式则针对需要进行贷款结算的代理商,在沃易购平台下单采购商品时,银行通过沃易购平台即时发放信贷,在供货商发货后,银行将款项支付给供货商,代理商在还款期限内随借随还,信用额度循环使用。如果出现违约情况,广西联通先行向银行偿还借款,然后逐月从代理商后续酬金中予以回收,同时将代理商违约信息传递至人民银行征信系统,最大程度降低违约风险。

其中,银行模式是广西联通与各大商业银行合作,首创的基于完整供应链的金融服务。在向代理商提供金融服务的同时,广西联通与各大金融机构共同分享贷款收益,创造了新的赢利模式,由此进入传统电信业务收益与互联网金融收益双轮驱动的增长阶段。

(三)建立运营机制,保障平台有序运营

1. 建立多边共赢的营销机制,形成平台生态圈

一是快速准入机制。沃易购简化了加入平台生态圈的流程,尽可能吸引更多的供货商和代理商,成功掀起电子商务平台的跨边网络效应。因此,只要符合资质条件和品质保证的供货商,都可以成为平台的终端供货商,从而为平台聚集更多的上游供货商终端资源。代理商通过沃易购注册四步法即可在平台上进行线上交易,利用互联网运营门槛低的特点,沃易购平台汇集了更多有购买能力的下游渠道资源。

二是六项承诺机制。沃易购平台向代理商做出价格最低、快速发货、100%正品、支付无忧、合约奖励直返、售后保障六大项承诺,快速发货、100%正品、支付无忧和售后保障的承诺消除了代理商对于线上交易的产品质量与资金使用安全性的担忧,降低了代理商尝试互联网平台服务的成本;而价格最低、合约奖励直返则给了代理商更直接的利益驱动从而把采购重心从线下转到沃易购平台上来。

三是积分机制。代理商可以通过每日签到、购买商品和评价商品的活动获取积分,累计的积分可作为平台上的虚拟货币,帮助代理商优先购买热销商品,或是通过折现的方式以更优惠的价格购买终端或者号卡。通过积分回馈方式奖励对平台黏性高的用户,调动代理商的积极性和参与活跃度。

四是促销机制。沃易购平台高频率地发布多项促销活动,包括限时限量购买商品的秒杀活动、达量即降价的团购活动、按购买量自动调整价格的阶梯价格等刺激代理商的购买欲。并且,热门机型预售活动可以增加产品的展示时间,为供货商提前锁定需求。

2. 以效率和效益为标准,建立资源集中分配机制

沃易购平台打破了原有的按经营单位条块分割进行资源配置的模式,将营销资源区分为基础资源和增量资源两类:基础资源按照历史数据结合县域分公司收入规模进行保障性配置,维持存量收入可持续经营;增量资源则是包括了 3G 终端补贴和增量渠道达量补贴等决定发展速度和质量的营销成本。沃易购作为资源池的支撑点和配置点,帮助广西联通建立起以效率效益为标准,以资源自由流动为特点,以分配依据透明可考为原则

的资源集中分配原则。

广西联通按照百元可控成本增收和收入环比增幅两个维度对县域分公司进行排序,县域分公司的排名决定了激励资源的分配系数,再结合分公司收入占比和移动出账用户占比两个指标确定资源的分配额度,从而保证创收能力高和用户质量优的县域分公司可以优先满足资源需求。

(四)改善管理流程,建立柔性自适应组织

广西联通确立了以"集中化、扁平化、透明化、端到端"为原则,以沃易购平台为手段的"去中心化"体制改革方案,打造柔性的自适应性的组织结构。

1. 决策下放、资源上收,实现"哑铃型"组织结构

广西联通结合公司实际采用去中心化的方式,决策权限下移,减少层级,做到组织结构扁平化;同时,重新定位各管理层级的职责,实现区公司做强、市公司变瘦、县公司做大的"哑铃型"组织结构,使资源的配置变得更合理有效。

广西联通借助沃易购平台的信息高效传递和资源集中配置的特性,理顺各层级的考核管控机制和资源配置规则,建立起以县公司为单位的效益责任传递机制,形成区市县一致的合力;沃易购平台逐步取代市公司的上下层级信息传递功能,这是精简市公司结构、压缩管理层级、实现"哑铃型"组织结构的重要手段。

2. 横向自主协调,建立自适应的组织生态系统

广西联通重新梳理了业务需求和职责分工,优化部门设置,构建矩阵结构,实现部门之间职责相互联系、信息共享和沟通协作。同时,通过沃易购平台构建的统一信息传递系统,实现各项关键指标的实时透明反映,对工作结果加以控制,保证各部门经营活动协调一致。

在业务发展的管理模式上,沃易购平台建立以最小经营单元为核算单位的组织体系。所有最小经营单元通过沃易购平台都具有自主采购、自主决策、自主核算的功能,资源无须经过上级管理部门,形成横向调配、自动流转的体系,在风险可控的基础上大大提高了决策效率和运营效率。

广西联通根据柔性自适应的组织生态系统的需要制定了配套的人员、薪酬优化方案与职业发展规划,培养高层次、创新型人才,为企业组织结构的持续优化奠定基础。

三、电信运营商基于 B2B 的业务开拓效果

(一)实现了便捷交易,供应链效率大幅改善

沃易购平台构建了基于互联网平台优化供应链的业务管理模式,实施全流程互联网化的经营模式变革,大幅提升供应链运营效率。代理商采购成本较之前平均下降 5%~10%,产品上柜时间由原来的 7~10 天降低到 1~3 天,平均单店手机销售种类较之前增加 5~10 款。

2014 年,在措施完善和管理规范的基础上,沃易购平台各项业务指标表现优秀,表明沃易购平台在通信产业着陆成功。截至 2014 年 8 月,累计销售终端超过 153 万台,号卡交易量突破 141 万张,累计成交金额超过 20 亿元。沃易购平台已经成为广西壮族自治

区交易量最大的电子商务平台。

(二)成本降低,为产业链上下游创造了更多赢利空间

为打造广西联通商品电商化的运营模式,沃易购平台向供货商提供灵活、稳定、高效的业务运营环境,快速降低其运营成本。同时,沃易购平台上的供货商实现了商品交易全过程的精细管理,结束了以往靠人工进行过程管控的模式,节约了人力成本。

目前,通过沃易购平台销售的终端零售价格较原来下降超过 10%,同时沃易购平台给予代理商更多的优惠政策,如合约返利、佣金奖励等。代理商的提货成本大大降低,促使终端零售价下降,惠及大众。

(三)渠道规模大幅增加,用户结构优化

沃易购平台利用强大的多边网络效应,整合产业链上下游资源,向代理商提供包括丰富品类、价格优惠、稀缺产品和营销政策在内的资源包,同时搭配以资源配置为中心的驱动机制,变成本扩张为"资源+机制"的扩张模式,实现渠道大规模增长,提升了企业竞争力。在渠道拓展成本不变的情况下,渠道规模由原来的不足 8000 个提升到目前的 1.7 万个,翻了一番还多。其中新增渠道的活跃度和活跃数量较存量渠道更优。

受佣金奖励的驱动,在沃易购平台全面信息传递体系的帮助下,代理商开展精准营销,维系优质客户的积极性被调动起来,优化了广西联通的用户结构。沃易购平台上线以来,用户二次充值率从 37.1%提升至 61.6%,中高端客户占比提高近 15 个百分点,有效用户发展率、终端合约占比和 3G 手机出账率等衡量用户结构的重要指标都有明显提升。

(四)公司业务快速发展,经营业绩持续领先

2013 年广西联通全业务经营评价指标排名中国联通南方 21 省第 1 名,收入增长率连续三年保持在 20%以上,新增市场份额达到 37%,位于广西三家电信运营商之首。

2013 年运营成本同比增长 13.6%,低于收入增长率 6.8 个百分点;百元可控成本创收、市场成本占收入比均在中国联通名列前茅。

2013 年,广西联通主营收入达到 43.4 亿元,同比增长 20.2%,高于全国平均水平 6.5 个百分点,高于行业平均水平 10 个百分点。其中,3G 业务收入实现 20 亿元,同比增长 65%。自沃易购平台上线以来,客户规模持续扩张,移动出账客户超过 550 万户,同比增长 6%,其中 3G 出账客户超过 260 万户,同比增长 112%。在南方 21 省的各项指标排名中,广西联通 3G 手机累计有效发展率排名第 2,3G 手机存量客户保有率排名第 2,2G 客户出账率排名第 3,2G 活跃客户占比排名第 2。

(成果创造人:鲁东亮、郑　勇、梁亚平、李　珩、
杨蕙榕、梁家醒、黄　滟、李沁璇、高　平)

电信运营商面向下一代互联网的带宽资源开发利用管理

中国联合网络通信有限公司北京市分公司

成果主创人：公司总经理汪世昌

中国联合网络通信有限公司北京市分公司（以下简称“北京联通”）隶属于中国联合网络通信集团有限公司，长期致力于首都信息化基础设施建设，为政府机构、公众客户、商企客户提供固定电话、移动电话、数据传输、互联网和宽带接入等电信基础业务及增值服务。北京联通资产规模近500亿元，利润贡献多年保持联通集团首位，现有固定电话用户716万户，移动电话用户1871万户，宽带用户428户，市场占有率居全国之首。

一、电信运营商面向下一代互联网的带宽资源开发利用管理的背景

（一）贯彻落实国家政策、推进信息化建设的需要

在国家发展战略指引下，通信行业进入全新发展时期，为运营商带来三大机遇。一是“宽带中国”光纤入户。北京联通“光进铜退”建设工程紧锣密鼓，计划到“十二五”期末实现城市光纤入户100M带宽全覆盖，农村20M带宽全覆盖。二是IPv6规模化商用。下一代互联网以IPv6协议为基础，网络规模更大、传输速率更快、安全性更高、实时交互更及时、上网更方便、更易于管理、社会及经济效益更显著；北京联通IPv6改造从试验阶段进入试商用阶段，为培育新型互联网市场奠定基础，蕴含上百亿价值空间。三是“智慧城市”建设。北京成为全国首批下一代互联网示范城市，北京联通成为宽带基础建设主力军，广泛部署IPv6，形成十大智能应用体系的试点应用，助力智慧北京建设与发展。

（二）适应网络发展趋势、推动产业发展的需要

在互联网内容提供商（以下简称ICP）、宽带用户及电信运营商三方当中，ICP受制于带宽的高价格及家庭用户的低带宽，难以形成收费用户规模，提供高品质、高带宽业务的动力不足；家庭用户则因宽带提速并不能带来产品体验的显著提升，缺乏为高带宽付费的意愿；而电信运营商在新一轮宽带提速和价格战之后，缺乏热点产品，资费模式单一，投资回报周期过长，传统宽带商业模式进入窘境。为此，电信运营商需要拓展带宽资源的盈利能力，与ICP共同提升产品与服务水准，扩大通信市场整体规模，实现多方共赢，带动产业的良性发展。

（三）应对市场竞争挑战、实现企业转型的需要

近年来，中国电信大力发展“宽带中国一光网城市”战略，中国移动细化推进“四网协同、全业务、移动互联网”战略，中国联通全面实施“移动宽带领先和一体化创新战略”，三大运营商共同聚焦宽带提速及单一业务的融合发展，全力推进互联网增值业务，寻求与竞争对手形成差异化优势，市场角逐日趋激烈。同期，一部分 ICP 和新型互联网公司转变为虚拟网络运营商，凭借灵活的机制和精准的市场把控能力，向传统电信领域发起挑战。北京联通具备网络、用户、渠道等资源整合优势，是互联网的规划、建设和维护方，更是云计算、大数据、物联网应用等关键能力的提供方，有实力引领行业应用，在下一代互联网市场中抢占先机。

二、电信运营商面向下一代互联网的带宽资源开发利用管理的内涵及主要做法

北京联通突破技术应用瓶颈，在超大规模 IP 城域网上实现 IPv4 和 IPv6 双栈服务，构建面向下一代宽带互联网的运营聚合平台，打造具有定制应用能力的宽带运营系统，促成运营商、内容提供商与用户的三方共赢；利用物联网、云计算、大数据等前沿技术，配合精准化投资与建设管理，提升智能网络管理水平；实现以商业模式、建设运营、管理支撑为核心的三重创新，最终形成宽带资源开发利用管理体系，为寻求宽带收入可持续增长、提升带宽资源价值、培育新型业务市场、构建智慧城市奠定基础，更为推动下一代互联网创新应用、打开上百亿市场价值空间做出积极贡献。主要做法如下：

（一）明确目标，确定带宽资源开发利用管理的工作思路及实现机理

带宽资源开发利用管理体系的目标是：提高网络价值，重构价值链核心，提升用户感知，重塑竞争力。其总体思路是：从商业模式、网络建设、运营管理三个维度推进创新建设与实践，形成能力开放、运营聚合、智能管理、价值提升、合作共赢的带宽资源利用开发体系，寻求可持续健康发展模式，拓展互联网应用市场价值空间。

该管理体系的实现机理是牢牢把握电信运营商的传统优势 B，辅以多种手段 X，在商业经营、建设运营、管理支撑三个维度推进 B+X 创新模式，实现体系运转，如图 1 所示。

三个 B+X 管理模式是一个双闭环共生共促结构：顺时针闭环由市场需求引起，形成商业经营模式创新，进而带动建设运营模式创新，最终促成管理支撑模式创新并为商业经营提供更有价值的指导；逆时针闭环由管理需求引起，形成管理支撑模式创新，进而优化建设运营模式，最终提升对商业经营创新的支撑能力并为管理支撑创新提供持续动力。在三大模式的双闭环流转中，管理体系得以有序而高效的运行。

创新小组修改“B+X”创新成果

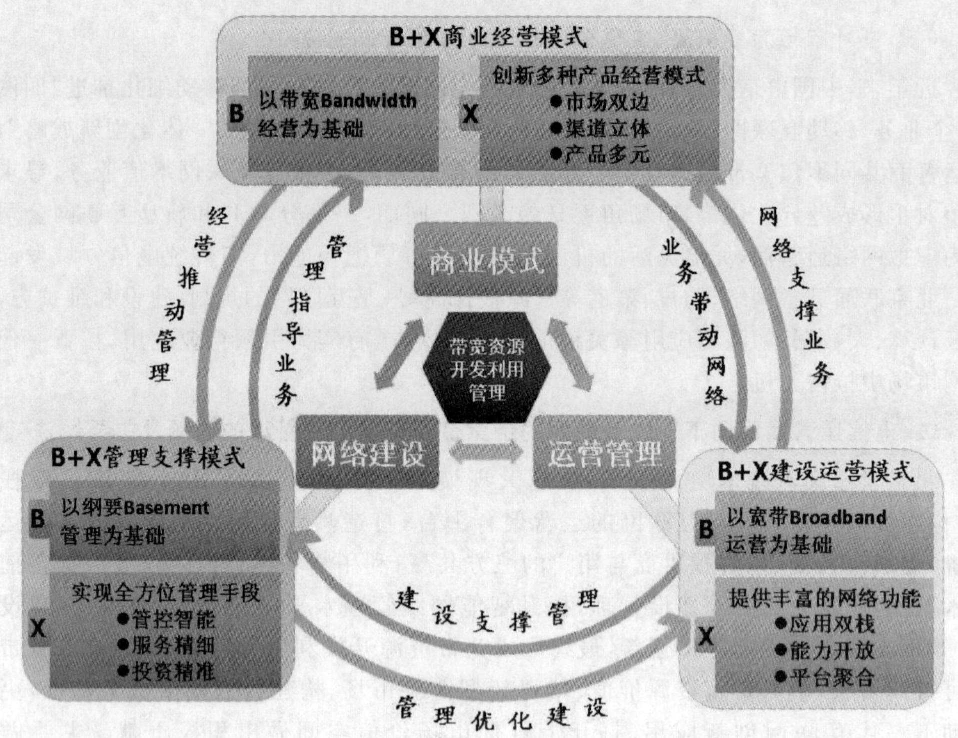

图 1　带宽资源开发利用管理体系图

(二)创新商业经营模式,满足上下游用户资源需求

在 B+X 模式中,商业经营模式创新展现出可持续发展的效力:以 B(Bandwidth)用户包月带宽为基础,满足其普通上网需求,B 之外的带宽则开放给互联网企业共同经营;运营商为绑定的互联网业务 X 提供与之匹配的定向带宽,从而提升业务体验,吸引用户为高品质业务付费。其中,X 可以是高清视频、高速下载等单一业务,也可以是组合业务,根据公众用户需求自由选择或根据商务用户需求进行打包推送。互联网企业为用户提供差异化会员服务,并将所获收益与运营商分成。

1. 建立双边市场机制,创新经营模式

北京联通针对流量经营进行产品创新,从传统的单一向下游用户收费的单边模式向双边模式转化。

一是创新上收费业务,与 ICP 合作共赢。

北京联通主动聚合多种内容应用,以自有品牌面向目标用户,促使用户购买 ICP 付费服务,ICP 则向运营商申请定向带宽并与运营商收入分成。

在上收费的后向宽带提速模式中,运营商并未直接向宽带用户收取费用,但通过与 ICP 的合作获得了分成收益;ICP 则提升了服务品质,用户最终得到升级体验,达成用户、运营商和 ICP 的三赢。随着用户黏性的提升,ICP 会员数量将稳步增长,对 IDC 资源租用的需求进一步扩大,运营商不仅提升了 IDC 收入,更能有效减少用户离网(转用其他网络接入),提升用户对高速率宽带的付费意愿。

在收费业务中，北京联通还创新带宽800模式。该模式类似于话音800模式，由ICP向北京联通付费，为用户购买定向带宽X，培养用户使用高带宽业务的习惯。例如：向用户开放网络电影在线播放＋50M定向带宽提速，在有效吸引用户的同时，提高网络视频流畅度，确保自身服务品质。

二是拓展下收费业务，提升高速带宽体验。

优化面向终端用户的下收费业务，集成ICP业务和定向带宽保障举措，为用户打造定制套餐，用户通过购买运营商定制套餐获取聚合业务的使用权限，获得丰富、超值的业务体验，ICP同步获得收入分成。

例如：北京联通宽带应用联盟汇聚优酷等多家互联网网站平台，整合成为统一的应用套餐包；用户购买套餐包后，当访问相关网站时，即可享受运营商自动匹配的带宽加速服务，升级上网体验。

在下收费模式中，北京联通创新推出终端特权捆绑模式，将手机、电视、机顶盒与宽带套餐捆绑，用户承诺在网时长并支付一定数额预存款后，可在承诺期内获得终端＋业务＋增值带宽的使用权限。

2. 推出多种套餐组合，拓展市场空间

在宽带产品设计上，北京联通以用户需求体验为中心，通过带宽的上下行及速率组合，丰富业务设计和套餐设计，推出内容定向（为特定ICP内容提供带宽提速服务）产品，通过在网络侧对用户上网习惯、消费行为进行分类，实现在用户访问同类网站或应用时，主动提供精确信息推送和增值服务。

3. 构建立体销售渠道，促进合作经营

北京联通将常规销售渠道与ICP渠道相互打通，打造立体化业务销售渠道，形成ICP互联网渠道＋营业厅＋电子渠道页面推送＋电视屏幕的立体业务销售新格局，使业务推广覆盖面更广，速度更快，显著降低推广成本，为最终用户付费购买提供切实便利，用户续费率大为提升。

（三）整合现网资源，突破下一代互联网技术应用瓶颈

1. 全局改造城域网IPv6，引导用户迁移

随着国家发改委2012年启动下一代互联网试商用项目，北京联通应机而动，对本地IP城域网设备进行改造，实现网络及相关支撑系统对IPv6的支撑，保障多业务综合接入与承载，使网络在IPv6、接入控制、QoS等方面得到提升，IP城域网业务控制层及以上层面的网络设备全面具备IPv4/IPv6双栈能力。改造项目新建40余台、扩容400余台网络路由器及交换机设备，对AAA系统、DNS系统、网管系统、视频业务平台进行改造升级，初期具备支撑130万IPv6宽带接入用户的能力。

2013年，北京联通宽带IP城域网具备IPv6业务的接入能力和IPv6用户规模放号能力。北京联通结合IPv6与智能管道技术，与ICP合作在城域网部署智能提速业务管理平台，使网络具备IPv4、IPv6流量分别统计及分开计费能力，并具备动态调整用户IPv4、IPv6接入速率能力。当用户采用IPv6访问网络时，智能提速平台可前向/后向动态提高用户访问带宽，并通过提示信息通知用户使用IPv6的优势，提升用户访问的优先

级和带宽，从而有效提升用户体验，引导用户向 IPv6 网络迁移。

IPv6 是物联网、云计算、大数据等新应用的技术保障，其广阔的地址量将会为智慧城市的信息化开辟广阔空间。

2. 构建运营聚合平台，开放网络资源能力

北京联通搭建能力开放的运营平台，BSM 系统根据加载到本平台第三方增值业务系统的不同需求完成相应认证、支付或订购、管理三大功能。新平台可聚合互联网业务应用及智慧城市业务平台，吸引更多合作伙伴进入智能管道系统，整合双方优势资源，合作开发产品，为用户提供丰富新颖的高带宽集成定制服务。

电信网络实现能力对外开放，要求网络能够识别业务，并能按照业务的体验需求，配置网络资源，提供端到端的 QoS 保障机制（接入网－核心网－业务平台－移动终端），建立集中化的业务运营和管控平台。

上述变化是对电信网运维管理的重大突破。首先，将互联网企业及智慧城市业务平台的需求导入到能力开放平台，通过特定的 API 对外开放机制，向服务提供者提交不同的网络计算资源需求，提升用户资源和网络资源效能。其二，通过北京联通策略控制系统（宽带认证计费系统平台，简称 BIAS），根据已制定的网络策略，将业务需求转换为网络需求，实现网络能力设备（BRAS 设备）随业务需求实时调整的智能管理。

3. 建设基于特定应用的带宽运营系统

基于特定应用的带宽运营系统提供了优化解决方案。该系统采用开放网络带宽的方式为用户服务，为特定应用申请更好的带宽保障；用户可根据需求，针对不同应用进行定向带宽提速。

提速的实现方式是用户使用 ICP 客户端发起带宽调整请求，ICP 向宽带能力开放平台转发用户请求，能力开放平台将收到的信息转发给宽带策略控制平台，控制平台生成业务策略信息下发给网络接入控制点，控制点接收信息并执行控制策略，为用户分配额外的上下行带宽资源；新分配的带宽只能由用户访问的业务独享占用，确保带宽品质。

（四）运用新型信息技术，提升智能化管理水平

1. 大数据引导精细化服务

引导营销：在数据仓库基础上，统一采集、存储数据，通过集中分析处理，形成挖掘能力，进而触发智能营销渠道，将个性信息分类送达需求用户，再结合营销反馈，对分析模型、推广方式及产品设计提出修正参考。

刻画用户全息视图：将传统用户属性和互联网行为属性相结合，研究用户对不同类型内容的关注程度，刻画其兴趣点，形成用户信息标签；再根据内容分类标签，构建用户兴趣模型，形成客户信息数据资源库，实现业务的最佳推荐和精确投放。

2. 云存储优化数据配置

引入云计算技术，提供云计算、虚拟主机等方式，对 ICP 聚合平台的资源进行管理；通过提供云主机、云存储、云安全等产品，优化系统资源配置比例，降低总能耗，降低运维成本，实现科学调控和部署；与 ICP 合作时，通过虚拟平台实现共享，最大限度适应互联

网新需求；拓展数据存储方式，提高ICP对自有数据和资源的优化配置及灵活管理能力；通过资源的自动化管理，降低边际管理成本；同时以云计算为基础，需求广泛的市场切入点，促生更多创新服务。

(五)完善综合保障机制，精准管理投资建设

1. 调整组织架构，完善制度机制保障

在组织保障方面，成立投资管理委员会，负责指导、决策公司整体规划，审查并通过各专业规划，实行投资问责；各专业部门分别归入业务经营、网络建设、业务管理三大专业组，促进项目决策，划定优先级，确保协同效率。

在制度保障方面，截至2013年年底，发布投资管理细则16个，在总体规划、需求管理、投资动态管理、项目管理、评价考核、安全生产、质量管理、资源统计共8个方面进行全过程管理，建立长效机制。一是修订《固定资产投资后评价管理办法》，建立三级指标(评价层、分析层、操作层)后评价制度体系，制定分专业评价模板，开展后评价。二是制定《投资考核管理指标细则》，为督促各部门履行职责，并对未完成既定目标且差距明显的部门进行问责，作为公司对各部门考核的辅助手段。

2. 以市场为驱动，按需进行精准投资

在投资方向上，将需求划分为市场效益型与网络支撑型两大类，本着市场主导、投资增收的原则，实行差异化管控。

市场效益型需求是为满足多样的业务发展，由各级业务部门提出，经过专业建设部门确认，以业务发展和用户投诉等数据作为依据，实行四级填报、三级审核，保证数据真实、准确；网络支撑型需求以构建基础网络架构为目标，由网络运行主管部门提出，通过对标分析，提出并审核方案，按期实施，保障业务发展。

宽带接入网络建设按照两大要素进行项目排序。要素一是规划目标的刚性需求；要素二是对不同项目综合打分度排序，排序靠前的项目进入规划项目库，作为初选项。项目立项筛选遵循如下原则：根据投资增收比等指标控制投资安排，按投资优先级排序，投资回收期满足要求，具备启动实施条件；在项目建设阶段，确定“分批安排，动态调整，把握节奏”的原则，综合考虑“收入序时进度、投资增收比、网络利用率”三大因素，项目库与需求库间定期滚动，提升公司整体投资效益。

3. 优化流程管理，快速响应业务需求

分级授权：对投资额50万元以下的项目，授权分公司市场部门审批通过后，即可按照建设流程启动立项。投资额50万元(含)以上的项目须经分公司审核通过后，报公司市场部门审批。

简化流程：为满足宽带定向提速等新业务快速开通与实施的要求，建立项目实施的绿色通道，将项目流程从串行工作模式优化为并行工作模式。

环节把控：在项目设计中重点管控建设规模和造价，在项目采购中重点比价，管控材料的规范性和减少差异，扩大公开招标与集中采购的范围；在项目实施中，重点管控建设标准，把控项目安全和质量管理；在项目验收与决算中，重点管控关门时间，及时交资转固管控决算与立项的差异。

4. 加强考核评价，确保投资增收达标

项目实施完成后，制定分专业评价模板，从总体评价、专业评价、项目评价三个维度开展常态化后评价：总体评价控制投资规模、确保投资增收达到预期目标，关注总体投资效能；专业评价控制投资结构，确保投资方向符合集团要求，根据建设类型按经济效益、网络覆盖、网络改善、客户感知等不同指标进行评价；项目评价控制投资精准，确保收入承诺兑现，实行分专业、常态化跟踪评价。

以建设带宽运营系统平台为例，新增的“资源开放平台”在原有的 BSM 平台上进行改造升级，“策略服务平台”在原有的 AAA 平台上进行改造升级，由此大幅度节省建设成本。2013 年，北京联通业务平台建设投资较 2012 年减少 30%。

三、电信运营商面向下一代互联网的带宽资源开发利用管理的效果

（一）宽带业务显著增收，经济效益突出

在带宽资源开发利用管理体系建设与实践过程中，北京联通宽带互联网收入增势明显。2013 年总体业务收入较 2012 年增长 12%。其中，宽带互联网收入增长率从 2012 年的 9.5%增长到 2013 年 12.15%，预计 2014 年将达到 13%。

同期，差异化新产品对不同用户群形成需求吸引及习惯引导，大量低端用户向中端用户迁移，部分中端用户向高端用户迁移，用户结构不断优化。2013 年，4M 以上用户占比较 2012 年提升 80%。

在迁移过程中，用户对运营商新形成的“网络＋业务＋体验”的独特能力逐步形成依赖，用户黏性和 ARPU 不断提升。ARPU 值从 2012 年年底 130 元/户/月，提升到 2013 年年底 140 元/户/月，预计到 2014 年年底将超过 150 元/户/月。

在增收的同时，北京联通通过对网络流量的精细化管控，对非法 VoIP、宽带私接业务进行打击，维护自身合法权益，减少直接经济损失，2009 年至 2012 年累计挽回专线和企业产品收入流失约 2.8 亿元。

在网络运营方面，推行管理创新后，北京联通 FTTH 端口占用率由 2012 年年底的 21%提升到 2013 年年底的 26%，预计 2014 年年底将达到 46%。

（二）智慧城市信息化提速、社会效益显著

北京联通以运营商特有的资源及技术优势，在本地网全面实现下一代互联网 IPv6 的部署，有力支撑了智慧北京十大智能应用体系建设。智能应用以固移融合一体化解决方案为核心，在节约政府通信成本的同时，满足政府统一通信、移动办公、移动执法、视频监控等各项功能，有效提升政府效能；智慧社区安居应用体系为普通市民提供智能安防和居家养老等方便快捷的便民服务；智能旅游应用体系为非本地居民提供足不出户了解北京人文地理风貌的途径，进而促进首都旅游业的发展。

（三）行业合作进入良性发展

带宽资源开发利用管理体系的推广实施，使北京联通与互联网 ICP 从网络、渠道、用户到内容、套餐、收入等方面产生紧密合作，从市场竞争演变为合作共赢。带宽资源管理体系一方面实现高带宽的价值变现，将单纯依靠带宽提升的同质竞争转向业务体验的差

异化竞争；另一方面构筑互联网时代ICT生态圈的核心控制点，避免被管道化的风险，互联网企业借助运营商宽带业务的套餐捆绑，解决用户带宽不足的问题，实现收费用户的规模增长，将高品质业务价值变现；对用户而言，在基础带宽每月固定费用之外再支付有限费用，即可得到业务品质与使用体验的显著提升，付费意愿更强。由此，互联网内容应用的主要参与方从内容、网络到用户，均呈现良性发展的正循环。

带宽资源开发利用管理体系为电信运营商的业务模式、市场策略、产品引导、渠道推广、合作运营、网络建设、运维管理、规划发展、投资管理等提供了新型管理模式与服务支撑模式，相关产品本地商用效果明显，具有标准模板和推广体系，具备在通信行业推广应用的实际价值，有助于推动互联网产业的良性发展。

(四)用户满意度稳步提升

2013年，公众用户对北京联通客服满意率较2011年提升3.9%，宽带修障服务满意率提升4%。2013年全年，公司总经理热线投诉数量较2012年下降26%；用户升级投诉(向联通集团及各类政府受理机构发起投诉)降幅达82%，其中宽带网升级投诉下降超过90%。2013年12月，微博投诉(用户向联通官方微博发出投诉)较去年同期下降71%，ADSL/LAN障碍投诉数量降低32%，新装机用户整体满意率上升3.3%，报障用户整体满意率上升9%。

(成果创造人：汪世昌、杨力凡、秦吉波、王学毅、刘鸿胜、伊 力、李 涛、张迎春、张 敬、秦壮壮)

通信运营商基于大数据和客户事件的全触点实时营销管理

中国移动通信集团山东有限公司

成果主创人:公司总经理颜永庆

中国移动通信集团山东有限公司(以下简称"山东移动")隶属于中国移动通信集团公司,组建于1999年7月,2000年11月在美国纽约和香港上市,为中国移动(香港)有限公司内地全资子公司之一。公司拥有电信全业务运营资质,年主营业务收入超过300亿元。

一、通信运营商基于大数据和客户事件的全触点实时营销管理的背景

(一)适应互联网企业和行业激烈竞争的需要

互联网企业对移动通信市场的蚕食加剧。通信行业竞争白热化,客户发展和业务发展下降,发展放缓。根据三家电信运营商年报数据,三大运营商2013年营销投入同比都增长10%以上,这一方面与激烈的竞争环境有关,另一方面也与运营商的粗放管理和单一的营销手段有关。营销费用的持续增长,进一步压缩了企业利润。

(二)适应客户话语权逐步提高、需求快速变化的需要

客户占据选择主动权,话语权提高,维权意识提高,传统强行广告式营销遭遇客户抵制,传统营销方式效益降低,无法适应需求的快速变化。一方面,为争夺客户,三家运营商的营销政策不断推陈出新,能否及时跟上对竞争至关重要。另一方面,随着互联网的普及,客户对传统纸质、平面媒体等的关注度大为下滑,按照传统方式继续加强类似渠道的营销投入,投入产出效率较低,急需挖掘更高效的营销方式。

(三)充分利用现代信息技术、提升企业营销管理水平的需要

营销的低成本、精细化、客户价值提升等成为企业收入增长的迫切任务。营销信息化手段急需建设。企业自身大量资源利用不足。与客户的海量接触机会没有充分挖掘。企业大数据价值没有充分利用。缺乏必要的信息化工具辅助一线人员开展营销。同时,粗放式营销管理带来的问题急需改善,营销管理水平急需提高。此外,薪酬管理导向未对营销给予足够的重视。高价值业务的营销结果没有体现在员工的绩效考核中,员工缺乏有效激励。一线人员营销积极性较低。

二、通信运营商基于大数据和客户事件的全触点实时营销管理的内涵与主要做法

山东移动改变传统无针对性的广告式"推销"模式,以客户体验为中心,建立集中高效的营销管理组织结构,整合、利用并建设信息化手段,从大数据挖掘中获取客户特征标

签，在与客户的各个接触点互动时，全面开展实时营销，从而在业务与市场竞争、服务改进、合作伙伴提升、企业内部组织变革转型等多方面获得效益。主要做法如下：

（一）转观念：改变传统营销理念，树立客户体验为中心的精细化营销新理念

1. 以峰终理论指导营销的客户体验设计

“峰终理论”中，“峰”和“终”时的体验决定对一段体验的好坏评价，而跟好坏感受的总的比重以及体验长短无关。“峰”时就是“关键时刻”或“关键接触点”，也就是客户事件发生时和客户触点发生时，“终”时就是客户与企业无接触的时刻。山东移动的营销管理，首先要做好客户触点时的营销，充分利用与客户的各种触点机会。“峰时”营销，满足客户产品需求、存量发展需求，避免推销，“终时”不打扰客户，尊重客户私人空间，提高客户满意度，实现企业和客户双赢。

2. 以大数据和客户事件开展精细化营销

以客户标签细分锁定潜在营销目标客户。转向客户体验为中心以后，营销案的设计是基于大数据分析基础上的运营决策行为，根据客户的个性化标签，确定营销的潜在目标客户群，这个客户标签在实时营销过程中也要进行实时匹配。

以客户事件决定营销开展时机。营销潜在目标客户确定以后，是否触发营销需要结合客户事件确定。当营销案中定义的潜在目标客户的客户事件发生时，营销案才进行触发。此时智能服务营销系统对客户标签、客户事件、营销其他规则等进行匹配，按照预定的营销流程和规则，触发营销内容。

以触点决定可能的营销送达方式。在客户标签和客户事件都匹配营销规则的场景下，根据客户与运营商的触点方式，决定采用哪一种合适的方式将营销最终送达客户。

3. 以实时触点营销替代静态批量营销

实时营销管理模式是山东移动的创新，更贴近客户当下时刻的状态和需求，提升客户感知，降低客户对营销的反感，提高营销成功率。因营销目标客户并不事先生成，可节约 IT 系统支援，在营销策略变更时，快速变更上线，营销的实施效率得以提高。

山东移动办公场所

营销目标客户是动态实时计算出来的，而非静态提取后批量发送。在 IT 系统能力建设支撑基础上，只需要定义出潜在目标客户标签规则、营销流程和营销规则，即可开展营销，营销的目标客户在客户事件和触点过程中实时匹配判断完成。当营销过程需要对营销案进行调优时，直接调整营销规则后可立即生效，大大提升营销效率。

营销具有时效性，在客户“峰”时送达。当客户事件和触点发生时，营销与服务融合在一起，形成体验式营销，客户对运营商的营销接受程度最高。新的营销

管理模式下，运营商的支撑系统可以在秒级完成相应的营销机会识别、营销内容推送，在触点发生时，可以在客户服务、业务办理过程中同步开展营销。

营销内容、方式根据客户事件实时变化。由于并不能准确预知客户事件行为，且客户的各种属性、状态是实时变化的，因而营销必须实时处理上述内容并完成营销内容推送。整体上的实时营销管理模式，保证对客户的营销内容始终是“适合的、恰当的”。例如，当客户有不同的标签属性时，例如流量达到500M时，推送5元包100M叠加包，当流量使用达到2G时，推送20元包1G流量包。

(二)调结构:调整营销结构，建立集中高效的营销管理组织

1. 建立集中统一的营销指挥中心

职能统一归口，管理一体化。以“管理集中化、运营专业化、机制市场化、组织扁平化、流程标准化”为指导思想，建立全省统一的营销指挥中心。成立职责集中、省市联动的协同组织架构，统一规划营销活动，统一协调营销资源，职责上各司其职，分工负责。

梳理和强化各单位营销管理职能。强化公司的集中审批、管控、策略制定职能，全面负责营销的统一策划、管控、调度、审批；弱化地市级分公司的营销策划职能，增强其营销执行管理职能，更多的关注营销的执行落地、执行调度、执行监控、执行跟踪等管理。一线人员则全力关注营销的落地执行。

扁平化营销组织机构。对整体营销组织结构进行扁平化、集中化调整。调整后，管理层级由6个降为4个，员工数量下降20.38%，精简的人员调整至集团客户及一线渠道经理，加强对集团客户和代理商的日常走访及服务维系。

2. 构建集中统一的营销管理流程

集中统一承载营销管理流程。建立以营销策划、资源分配、营销审批、营销执行和营销效果评估为主要环节的闭环营销管理机制，实现全省营销流程闭环和标准化，并实现由集中统一的信息化平台承载营销全流程。

全省标准化营销管理闭环流程。构建完整的运营流程体系，提升对业务的分析能力和对业务发展的预判能力，实现新业务客户需求管理、营销指导；营销效果评估促进流程优化，提高营销效率，形成闭环的统一营销管理流程。

实行营销主要过程的“六统一”。从业务入口、产品宣传到服务支撑，实行营销手段标准化，实现统一业务入口、统一产品合约与推广制度、统一产品购买体验标准、统一业务开通体验标准和反馈、统一结算与酬金、统一营销支撑管理等内容。

3. 构建集中统一的营销资源管控模式

分公司严禁自建IT系统，将全省各地市的IT系统收编整合，统一建设。集中营销政策审批权限，分公司不再拥有营销短信发送端口权限。营销资源统一调度，打通跨专业、跨部门的营销协同。不同专业和部门的营销计划统一调度，且在统一的同一个IT系统上承载，从管理要求和实际控制手段上，使营销统筹变得可能。

（三）建系统：整合现有信息系统，建设智能服务营销平台

山东移动面向业务支撑的IT系统中，CRM（客户关系管理）系统包含市场营销、销售管理、客户服务、渠道管理、客户管理、产品管理、资源管理等多方面的功能。经分系统是以企业决策支持、市场经营分析和一线营销服务支撑为服务目标，以客户为中心，以数据仓库为基础数据平台的智能支撑信息系统，拥有丰富的数据源和企业级数据仓库。

1. 积极引入新技术，打好大数据基础

借鉴互联网架构，践行去IOE理念，引入成熟开源框架，基于X86平台构建分布式计算与存储平台，在保障系统可靠性和可水平扩展基础上，大幅降低系统总拥有成本（TCO）。采用Flume计算框架实现文件和消息的采集与解析。采用多种爬取技术。引入Hadoop 2.0、Spark与Storm计算框架，丰富数据共享机制。

从2011年开始进行经分系统云化改造，实现基于X86架构的分布式云计算技术在移动省级经分系统中的真正落地应用。应用在云平台生产环境上运行的性能提升明显，比原经分总体性能提升5～6倍。充分发挥云平台在大数据量并发查询方面的优势，为业务人员提供在线大数据分析服务，提升营销支撑能力。新技术的引用，极大地提升了数据分析能力和大数据平台的服务能力，提高了全触点实时营销的能力基础。

2. 整合分散的IT资源，形成整体支撑能力

一是聚合企业内外部海量数据资源，形成大数据能力基础。业务受理数据、客户资料、客户通信业务使用数据、账单数据、终端数据等，通信信令数据、上网行为数据、网元数据，以及面向公司运营决策的财务、人力、采购等数据统一汇总到业务支撑系统，企业全部运营信息齐备，统一管理、整合、挖掘，形成对客户营销的全视图、全视角的洞察。

二是打通前后台数据与应用能力，统一收敛营销功能。新建设的智能营销服务平台，跨接前台CRM系统和经分大数据系统，后端的大数据分析、智能挖掘的结果，可以与前台客户接触、业务受理的CRM系统结合，打通经分系统和前台CRM系统各自的能力，使营销整体上既有智能数据支持，也有精确的营销接触管控。另外，在管理上，将分散在原有各系统中的部分营销能力、分公司的营销功能，统一到智能营销服务平台进行承建、管控，实行统一管理和调度。

3. 智能、实时、主动、协同的智能服务营销平台

该平台跨接CRM系统和经分大数据平台，增加营销管理、触点管理、渠道协同、营销规则与策略管理、营销评估、事件管理、客户标签/画像管理等重要功能，与CRM系统、BOSS系统等整合，连接后端数据智能和前端客户接触管控，形成整合的、统一管控的营销支撑平台。

一是实现智能推荐、智能管控。收敛目前众多分散的营销管理模块，统一存储客户营销交互历史信息，集中管控对客户的营销计划，统一对各渠道的营销入口和出口，增加智能化流量管控、智能化调度能力，形成智能化综合营销平台。

二是具备实时捕捉、实时营销。通过对客户消费行为、客户画像、消费心理的实时分析，形成商机，实现通信使用、服务过程与营销过程实时结合（如支持4G时代客户流量使用中的在线服务推送、营销交互和业务即时订购）。根据经分对客户标识的粗体轮廓，结

合客户实时行为进行实时判断选择营销策略。

三是主动挖掘、主动营销。利用扩充的海量数据源，通过经分系统各模型主动挖掘客户需求信息，集中存放。当CRM、BOSS系统的客户服务事件或客户通信行为发生时，利用最佳营销时机，选择最合适的营销渠道，主动向客户或窗口人员推送营销内容。

四是协同营销、闭环管理。整合各分散的营销平台功能和数据，针对各营销渠道进行适配，形成快速营销支撑能力和渠道交叉营销、协同营销能力。支持营销全流程管控，实现从营销策划、审批、执行、效果分析等过程的闭环管理。

（四）重运营：充分挖掘客户资源，开展多种形式的全触点实时营销服务活动

1. 对客户进行360度特征分析

一是利用客户全息数据进行数据分析获得客户标签。在完成整合企业运营数据后，智能营销服务平台可获得客户全息明细数据。在此基础上，利用大数据技术进行挖掘分析，得到客户全视图的基本轮廓，从客户属性和客户特征等方面勾勒出客户轮廓，建立客户特征库。客户标签就是基于所获取的客户属性和客户特征，基于业务特征规则和客户标签规则，采用一种类自然语言方式对客户特性进行重新描述，如："股民"、"学生"等。

二是尽可能精细化的360度客户画像。为适应各种营销活动的精细化要求，避免营销需求开展时因客户标签不足无法精细化画像，大数据平台围绕客户各特征，提前挖掘出尽可能全息的客户画像。目前山东移动的客户标签，已经覆盖客户自然属性、价值属性、消费属性、产品选择属性、业务使用属性、社会交往圈属性、各种行为偏好属性、终端属性等80多个大类1200多个客户标签，并且这些标签还可以随着营销精细化的需要，继续拓展标签数量。客户标签的丰富提高了营销的精细化程度。

2. 客户事件立体化全覆盖

客户事件是通信运营商的客户在通信业务使用、业务与服务办理、属性状态变化等时刻，发生的操作、动作、行为或特征变化等行为。客户与通信运营商之间的所有互动事件均可用于营销。山东移动已经开发出112种客户事件，包括业务与服务办理、通信业务使用、属性状态变化等多个方面。凡是客户发生与通信运营商有互动的时刻（比如话费扣费、长途通话、网上营业厅办理套餐等），都视为客户"峰"时，进行事件管理，以便挖掘可能的营销机会，所有的"峰"时点形成客户事件的全方位立体覆盖。

3. 构建客户全触点实时营销能力

所有触点具备营销推送能力。在与客户所有可能的触点上，能够根据营销策略，组合选取合适的触点，向客户推送与触点匹配的营销内容。如短信触点适合推送广告型营销内容或简单业务受理的营销，面对面适合推送较复杂的营销。

可营销的触点可自由组合。同一营销案，可以组合选择多种触点，当客户与任何一个触点接触时，在该触点优先推送营销内容，其他触点则不再进行推送，避免重复打扰客户。

不同触点可有不同的接触、推送策略。根据每一类触点和其发生场景的特点，制定适合的营销策略，使客户在任何接触点中，都有机会接受营销推送。

统一协调管控触点。所有触点的列表和定义，统一管控；所有触点需要获取的营销推送，都统一由同一个信息化平台推送。所有触点的接触信息统一存放，营销结果统一

存储。不同接触渠道的协同机制，都统一调度。例如，如果向客户进行投诉回访时，建议客户更换4G手机，如客户考虑该建议，当客户到营业厅办理业务时，营业员现场向客户展示手机并继续跟进营销。

（五）强机制：调整员工绩效考评机制，为营销服务转型提供机制保障

1. 优化业务分流流程，打好营销服务转型基础

一是增强自助终端、电子渠道的业务承载能力，优化业务操作系统的办理效率。自助终端增加到26项功能，网上营业厅、短信营业厅等电子渠道可提供80多项业务办理服务。对业务办理一台清、免填单打印、身份证自动扫描识别、营业厅全流程电子化等软件功能进行优化改造，提高营业员的操作效率。

二是加强营业厅低价值业务分流引导。要求营业厅内所有人员熟练掌握可以分流到自助终端、短厅、网厅和掌厅的业务类型和办理方式。同时指导各地市制定业务自助办理的海报、展板、宣传单页等，方便客户熟识掌握。

三是考核机制倒逼一线人员优化流程，重视业务分流工作。营业员要获得较高薪酬，需要提升各自的高价值业务的办理数量，尽量花费少一些时间在低价值业务上。在营业厅一线末端生产单元，营业厅内团队成员会自主积极的考虑如何创新改进工作，加大低价值业务分流占比，提高营业员的生产价值。

2. 优化内部考核激励机制，推动企业管理转型

一是建立全员营销的企业文化。通过一线营销之星排名，全体一线员工由服务型转向营销服务综合型，大力提倡和贯彻“营销机会无处不在”的服务文化，全体员工理解、认同并践行这种企业文化，实现“要我营销”到“我要营销”的根本转变。

二是建立体验式营销模式。不再根据自身的KPI发展需要、不再以企业自身为出发点，而是更多考虑客户的感受、体验，改变过去对客户粗暴的“短信广告轰炸”，使客户在服务过程中不知不觉地接受营销推荐，最大限度提高“峰终”体验。

三是强化量化薪酬考核机制，考核内容向营销倾斜。营销与薪酬息息相关，一线人员不再仅仅给客户提供业务办理和服务。丰富的营销触点、协同的营销渠道、集中的智能化的服务营销系统，与客户各接触点均存在营销机会，各级营销管理和执行者营销意识得到加强，全员关注如何充分利用营销商机提高业务发展。

四是建立以营销能力为导向的激励机制。在物质上，按照营销效果的价值计算薪酬，切实体现正向激励，多劳多得；在精神上，定期嘉奖通告，树立服务体验营销典范。此外，把营销活动与员工的职业生涯相关联，培养、挖掘有服务营销能力的员工，把日常的“相马”和营销活动的“赛马”结合起来，适才适岗，优化配置。

三、通信运营商基于大数据和客户事件的全触点实时营销管理的效果

（一）提升企业营销管理水平，管理创新效益显著

1. 企业员工整体生产力提升

在管理成本投入上降低20%以上。原有各分公司重复的营销管理人员释放到生产一线，补充了市场竞争短缺的人力资源，大大提高了整体生产力。

2. 营销支撑和运营效率提升

新的营销管理模式启用后，营销上线时间缩短为2天，营销案上线周期缩短87%；营销成功率提升20倍以上；营销成功后的退订率下降约50%。

3. 营销费用投入产出效率提升

精细化的营销由新营销管理模式下的相关管理人员和智能营销服务平台共同完成，充分利用自有渠道开展营销，营销成本至少节约25%以上。精细化营销缩小了营销的目标客户群，营销成功率、精度提高。单个营销所需的人力成本降低、IT系统消耗的资源降低。营销成本的投入产出效率得到提升。

4. 合作伙伴竞争能力提升

随着合作伙伴经营模式的转型，一些无法适应变革的合作伙伴，没有能力按照新的代办酬金模式获取足够的酬金，无法继续存在，逐步退出山东移动运营商合作列表。适应转变的合作伙伴，则逐步占据退出的合作伙伴的客户群体，有实力按照运营商的要求继续增强协助运营能力，综合竞争能力得到加强，忠诚度提高，实现合作双方共赢，整体提升市场竞争能力。

(二)促进了业务与收入发展，企业效益模式逐步转型

1. 企业营销经济效益显著

2013年，全触点实时营销管理模式创造直接经济价值约6.54亿元，情景营销收入根据营销业务规则计算约1.18亿元；通过智能营销平台，专项语音外呼营销约2.58亿元；短彩信按照营销约1.84亿元；代理商及自办厅一线员工主动营销约9400万元。

2. 营销能力提升节省酬金支出

一线营销效率提升、一线量化薪酬改革使49%的低值业务被分流到其他渠道，营业台席低价值业务办理压力减轻，营业时间节省52%，营业员投入更多的时间开展高价值营销工作。

3. 一线人员人均生产效益提高

新的营销模式下，为一线生产服务人员捕获客户触点中的营销机会提供了极大的助力，营销针对性增强，成功率提升，增加了企业的收入，提高了一线人员的人均产出效益。通过统计发现，人均月营销成功数上升到50余个，提高233%。

4. 新型集约化企业建设初见成型

规模化优势重要性认识得到加强。营销费用压降、新增市场向存量经营转型。逐步改变以前以地市级区域独立运营的分散作战模式，打通各部门跨专业的部门壁垒，整合企业营销资源，以集约化提高对客户和市场的快速响应，以集约化加强政策、制度、流程的执行力，以规模化提升运营效益。

(三)转变了客户服务理念，客户满意度不断提升

1. 企业运营的互联网意识提高

强化客户至上理念。以客户为中心，关注客户的行为(事件)、关注客户的需求、关注

客户体验。从企业海量大数据中，挖掘客户的潜在需求，寻找客户维系和价值提升机会。重视与客户零距离营销。让客户在接触互动时，感觉到运营商时时在客户身边提供所需服务，满足相应的需求，让客户感到运营商“理解”自己的诉求。

2. 客户服务中的营销意识加强

一线人员营销意识提高。一线人员努力尝试在服务过程中开展营销，普遍重视对营销机会的挖掘，逐步关注营销技巧提升。除必须做好常规服务质量外，更关注营销能力的锻炼。营销成为与一线人员收入等息息相关的事情。

3. 内外部客户满意度得以提升

实现全触点实时营销管理后，一线人员营销业绩增加，带来收入提升，工作积极性提升，员工满意度增强，形成企业健康持续发展的基础。同时，外部客户满意度也从2012年的81.63%提升到2013年的82.21%。

（成果创造人：颜永庆、陈文跃、陈丕海、赵建福、程　进、杨仕荣、王新印、顾建华、朱祥磊、王海峰、范鹏翔、许玲玲）

以便捷和安全服务为目的长途汽车联程客运管理

山东省交通运输集团有限公司济南长途汽车总站

成果主创人：总站站长赵宪勇

山东省交通运输集团有限公司济南长途汽车总站(以下简称“总站”)是全国规模最大的国有公路客运站和交通主枢纽之一。目前占地110亩，设有48个微机售票窗口，168个发车位，发车方向辐射全省各地、市、县及邻省96个地区，日发班次3012个，日发送量5.3万人次，高峰时日发送量高达13万人次。自1998年以来，连续十余年创下国内公路客运站售票收入、旅客发送量、发车班次三项全国第一，被社会各界誉为“中华第一站”。2013年，总站又创造了突出的业绩，全年安全发送旅客975.66万人次，实现票款收入7.45亿元；实现营业收入12818.32万元，实现利润5072.3万元。

一、以便捷和安全服务为目的长途汽车联程客运管理的背景

(一)应对高铁等运输方式的挑战，适应客运市场竞争的需要

近年来，其他运输方式获得了快速发展，特别是铁路提速及高铁不断开通、客运专线相继开建，对长途汽车客运发展带来了巨大的影响与冲击。以山东省为例，高铁及动车开通后，山东省各地级市长途汽车站旅客发送量一改以往增长态势，均出现下滑。特别是开通高铁的沿线城市，客流量显著下降。面对激烈的市场竞争，如何对现有运输管理模式进行创新，在不增加或少增加投入的基础上，开通高铁延伸不到的站点，经济、高效地组织旅客运输工作，成为市场竞争对各长途汽车站提出的挑战。

(二)适应行业严格管控的需要

近年来，长途汽车交通事故频发，交通主管部门对班车安全进行了严格规定，对线路的审批进行了严格控制。线路资源是长途汽车客运发展的核心，这种情况下，总站日发班次下降10%以上，班次竞争力严重下滑。此外，凌晨停车休息等一系列安全管理规定的实施，致使长途汽车快捷、便利的优势有所削弱。

(三)挖掘企业潜力，形成新的核心竞争力的需要

公路运输有着灵活、便捷的独有优势，能够做到家到家、门到门，这是铁路、航空等其他运输方式不能比拟的。通过联程客运，将公路运输优势更好的发挥，实现不同运输区段的有效衔接，各种车型的有效配合，不仅能够实现各公路客运企业内部资源整合和企业间资源共享，促进企业调整组织结构、运力结构和经营结构，挖掘和利用企业的潜在能

力,形成企业及行业的核心竞争力,从而实现企业的可持续发展。同时也能够更加有效的满足旅客的出行需求,使旅客出行更加便捷。

二、以便捷和安全服务为目的长途汽车联程客运管理的内涵和主要做法

联程客运模式从系统的观点出发,充分利用四通八达的公路网络资源,发挥总站在公路客运方面的影响力,以方便旅客为宗旨,以提高公路客运组织效能为根本,对长途汽车客运系统统筹规划,在一定的时间及不同的运输区段,以长途汽车客运场站为节点,发挥汽车站的纽带、贯通和衔接作用,实现一次收费,一票到底,全程负责的点到点的新型运输组织方式。该模式通过规范制度、强化队伍建设、提升服务质量等方式,实现旅客便捷安全出行,成为企业的核心竞争力,在与高铁等客运方式的市场竞争中获得一席之地。主要做法如下:

(一)调查研究,设计联程客运方案

总站自 2011 年 10 月起抽调客运生产核心部门总调科、与旅客接触最紧密获取旅客信息最多最便利部门售票处、热线、服务台和企业管理主责部门企管科等相关部门骨干人员组成管理创新课题小组,并由总站站长亲自任组长、客运生产分管领导任副组长,开始探索实施长途汽车联程客运管理,全力推进长途汽车联程客运管理模式。

专题课题组分别从旅客潜在乘车需求、现有线路资源及拟实行联程客运线路三方面进行细致的调研,并将各方面信息进行比对汇总,进行了联程客运可行性论证。

在分析旅客潜在乘车需求方面,管理创新课题小组以客户关系管理(CRM)为基础,与旅客接触和服务中了解他们在总站乘车时遇到的问题和对总站线路的意见和建议。课题小组通过旅客购票咨询、服务台现场问询、热线 96369 旅客电话咨询等多种渠道,利用专项统计表,对旅客乘车需求进行了全面细致的调查。并且对总站暂时没有直达班车的站点进行了统计汇总,找出了旅客的潜在乘车需求,了解开展联程客运管理模式的客观乘车需求。

在现有线路资源分析方面,一方面,找出因中转换乘旅客较多而实载率上升的线路,并对换乘站点及换乘原因进行分析,分析其是长期性原因,还是特定时间所造成的短期客流上升原因;另一方面,对实载率相对较低的线路进行调研分析,对其沿途线路的站点和到达站的发车时间、票价以及发车密度情况进行摸底,详细了解可供开展联程客运管理模式的具体线路。

签署联程客运协议

在开展联程客运线路分析方面,管理创新课题小组通过对市场需求与线路站点供应两方面信息进行比对,得出可以通过中转、延伸等方法达到旅客需求的结论,从而有效提高班车实载率。同时对参与联程客运业务的车辆进行挑选,不仅对各班次的运行时间,达到站点进行仔细核对,而且对节点站到最终目的地的发车时间、票价、发车密度、车型、车辆状况等相关情况进行全面掌控,为联程客运合理配

置线路资源和班车提供了科学的数据和理论依据,确保了总站的联程客运管理模式创新项目切实可行。

经过第一步调研与可行性论证,总站共计整合可供开展长途汽车联程客运管理模式的线路 32 条,通过这些线路扩充站点 59 个。总站通过对选择的 32 条线路进行研究,按照合作方不同,分别设计出两种方式可供选择,一种为站站联合的点对点合作方式,另一种为站车联合的点对线合作方式。

(二)以保障旅客便捷安全出行为原则,确定联程客运的合作方式

1. 站站联合的点对点合作方式

总站与对方车站进行合作,以对开车辆作为纽带,旅客购买联程客票,乘坐两站之间班车到达对方站后,由对方站提供联程客运服务,为旅客事先预留出座号,旅客无须换票直接换乘至最终目的地的班车。具体流程为:旅客来总站乘车,购买联程客运线路客票,实行一站式客票服务。旅客乘坐联程客运线路班车到达节点站后,由节点站的导乘员引导,凭一站式客票乘坐节点站到目的地的班车。节点站检票员填写联程客运结算单,并注明票号,按照月度或季度频次,与总站进行相应结算。

此种合作方式,适合高等级公路客运场站之间开展联程客运,将对方站作为换乘枢纽。车站与车站间联合签订联程客运协议,确保高等级公路客运场站能够提供规范的服务,同时有信息化系统作为支撑,有规范开展联程客运的各类资源支持。例如,通过总站信息平台了解到鄂尔多斯是西部经济重点发展地区,旅客也有需求,但目前总站没有去该地的线路,包头车站有去往鄂尔多斯的线路,因此,总站与包头车站进行联程客运合作,将站点延伸至鄂尔多斯,满足了旅客的需求。

这种合作方式需要本方客运场站与每一个换乘枢纽站逐一进行洽谈,较为耗费时间。另外,旅客转乘只能在客运场站内完成,灵活性欠佳。

2. 实施站车联合的点对线合作方式

通过车站与班车联合签订联程客运协议,由班车业户联系运行途中的每一个站点或相关班车。旅客到达节点站或服务区后,由班车业户联系客运场站帮助旅客办理转乘,或者在与转乘班车联系好后,在高速服务区、接驳站或其他约定地点进行转乘。具体流程为:旅客来总站乘车,购买联程客运线路客票,实行一站式客票服务。在节点站内中转的,旅客乘车后,由班车业户与节点站进行联系,留出相应班车座号,到达节点站后,由班车业户为旅客购买所乘由节点站与最终目的地的班次线路客票,引领旅客到指定检票口乘车;在高速服务区或其他接驳站进行联程客运的,旅客乘车后,由业户与中转班车直接联系,约定好转乘地点,在转乘地点安排旅客换乘到达最终目的地班车。

此种合作方式具有很强的灵活性与便利性,能够通过与一个班车业户洽谈,解决线路上多个节点站的联程客运问题,适合个体业户与线路班线上节点较多的情况进行联程客运,将线路作为纽带。但同时,存在一定的监管风险。

3. 针对线路的具体情况确定合作方式

针对两种联程客运管理方式,总站对选定的 32 条联程客运线路进行进一步的细致分析,根据是否为集约化经营车辆、对方站等级及信息化程度等维度,对 32 条线路进行

细分，划分为适合点与点合作方式的 13 条线路和适合点与线合作方式的 19 条线路，分别进行合作。

（三）规范服务制度、加强监督，确保联程客运质量

1. 制定服务规范，严格内部管理打好基础

公路客运不仅涉及满足旅客多样化乘车需求，同时涉及优质规范服务与道路运输安全。总站采取制度先行方式，分别对两种联程客运管理方式进行流程设计，同时针对共性内容，制定服务规范与监督流程，确保“一事一流程，事事有流程”，具体包括《联程客运售票工作规范》《联程客运班车运行服务承诺》《客运站联程客运服务承诺》及《客运站联程客运结算流程》等相关服务规范，确保了各项制度规范对联程客运工作的约束与规范作用。

2. 规范合作双方责任，保证旅客出行顺利

为理清责任、规避风险、细化落实，在点与点合作方式上，与节点站洽谈，签订《联程客运合作协议》，在点与线合作方式上，与班车业户签订《联程客运责任协议》，更加明确节点站与承载双方应负的责任，有效保障了旅客在联程客运过程中应享有的权益，加强了车站对节点车辆的监督和管理。

3. 建立节点站班次更新告知制度，做到即时、准确、严密

为便于节点站班次信息及时更新，制定了《联程客运站点更新流程》。对实行点与点合作方式的联程客运，具备信息化条件的，利用远程网络，对系统班线进行即时更新，不具备信息化条件的，规定节点站线路更新后，立即电话通知总站进行相应线路更新。对实行点与线合作方式的联程客运，规定班车业户每周对节点站班次进行详细了解，遇到更新的，立即通知总站进行相应更新。

通过制定此流程，能够最大限度保证总站客运系统中的联程客运线路相关站点的准确性与实时性。

4. 加强服务监督管理

联程客运管理涉及的环节多，任何一个环节出现问题均会影响服务质量与旅客的再次选择，因此，对联程客运管理模式的运作过程进行更加严格细致的监督是必须的。总站制定了《联程客运服务监督流程》，采取 GPS 及 3G 视频监控抽查、神秘顾客制度、向购买联程客运一站式客票的旅客发送服务监督卡并进行回访等多种形式，多措并举做好服务监督工作。

由集团公司监控中心通过 GPS 抽查车辆安全行驶情况，通过安装在车内的视频探头，通过 3G 视频实时监控驾乘人员服务情况，对在行车过程中发现的安全隐患或服务质量问题，通过向班车发送语音提示信息督促进行纠正，同时严格记录、合理处罚。

每季度至少组织一批不少于 20 人次的神秘顾客对服务过程全程进行监督，对出现的问题以问题通报形式进行整改与处理。

服务监督卡上详细印制了联程客运的流程、监督电话，便于旅客清晰明了地进行换乘，同时能够便于旅客在出现问题时及时和总站联系，由总站为其尽快解决问题。通过

旅客预留的联系方式，定期对旅客进行电话回访，详细了解联程客运全程的运行情况，倾听旅客意见和建议，便于进一步优化流程与提升服务标准，进一步达到旅客满意。

(四)强化队伍建设，通过试点与营销全面推广联程客运

1. 进行专题培训，规范试点

2011年12月开始推进线路试点工作，总站对调度员、售票员、热线员及开展联程客运的司乘人员进行联程客运专题培训，使员工能够掌握联程客运管理模式，将联程客运服务规范融入自身工作中。对联程客运班线的驾驶员，实行培训准入制度，做到选拔有标准、上岗有流程、服务有规范。每位司机在上岗前都要有严格的审验流程，总站对每位司机进行人脸识别、酒精测试、五证一卡一证明(驾驶证、行驶证、营运证、客运证、从业资格证、安全例检卡、驾驶员即时证明)审验，全部通过方可报班发车。

总站将省外超长线路班次作为联程客运试点线路，仅春运期间恩施中转昆明旅客一例，就创造了10万元的客票收入，为今后长途线路节点工作打下了坚实的基础；同时由于西部大开发，去往鄂尔多斯和乌鲁木齐等西部城市的旅客逐步增多，开通了鄂尔多斯、大柳塔等长途线路的联程客运。参加试点的恩施、鄂尔多斯、大柳塔等线路实载率均提升15%以上，联程客运旅客满意度达到95.51%。通过前期试点成功以及联程客运制度的建立和健全，启动省内乡镇一级的联程客运工作，制定出相应的线路站点进行优化，保证旅客的到达率，同时不断发掘更多的中转站点，完善联程客运工作。

通过线路试点工作的开展，联程客运不仅满足了旅客的乘车需求，检验了两种合作方式的科学性、实用性与可行性，同时也对前期制定的各项制度规范进行了验证。

2. 进行周密部署，营销推广

2012年3月初，经过两个月的试点工作，在对试点工作做出阶段性总结后，总站全面启动联程客运，以省外超长线路与省内乡镇短途线路相结合的原则，层层筛选，逐一落实，全站范围专门下发联程客运调度通知，并通过网站、微博等大力向旅客推介。

一是热线96369、服务台受理咨询部门推荐。在热线96369彩铃中增添联程客运相关内容，通过彩铃宣传。在旅客通过电话咨询或服务台现场解答旅客问询时，对问询到的联程客运站点，积极向旅客推荐。

二是购票过程中推荐。在售票窗口摆放“温馨提示牌”，将联程客运线路站点以新增线路方式向旅客进行宣传。同时旅客通过售票窗口购票、咨询到联程客运班次时，售票员向旅客推荐联程客运班次，对于购买联程客运班次客票的旅客，出售客票的同时，向旅客发放联程客运服务监督卡。

三是借助大众传媒进行推广。针对广大社会群体，通过宣传班次更新的方式，借助报纸等大众传媒，对总站新开通的32条联程客运线路、59个新增站点进行重点宣传推广，扩大旅客认知度与市场影响力，使开通联程客运的32条线路上的59个新增站点能够最快速的被旅客认知。

四是借助总站网站、微博、微信等新兴媒体推广。针对经常来总站乘车及关注总站的老顾客，在总站网站上增添联程客运板块，并放在突出位置，在总站微博中不定期发布联程客运相关信息，并突出置顶。

(五)开展增值服务,提高旅客满意度

一是依托总站学子直通车、农民工直通车、病员康复直通车、家到家直通车、旅游直通车五大直通车以及旅客接送专车,对符合联程客运条件的旅客,推出上门接送服务。对上门接送有需求的旅客,只需一个电话,总站服务人员就能让旅客体验到购票、上门接送、候车检票的一站式心贴心服务。

二是针对旅客购票需求,开通了网上售票、网上订票、电话订票、网点购票、邮局购票、高校购票等多种购票方式,在春运期间还推出了流动售票车,直接上门售票,订票满五张的旅客,总站还送票上门,极大方便了旅客购票。

(六)听取旅客意见,不断总结、改进联程客运管理

为巩固公路客运联程客运管理模式的创新效果,进一步推进联程客运工作的深入扎实有效开展,总站组织相关部门管理人员及业务骨干,于 2012 年 12 月底召开了联程客运管理模式总结推进会。总结推进会对开展联程客运管理模式近一年来的经验进行了总结,同时对存在的问题逐一列出并讨论具体详细的解决方案。推进会共归纳出设计运输流程、服务标准等三个大类 16 个小项的问题,指定了具体责任人负责解决。

在总结提升的基础上,对相关制度、规范、流程进行了完善与细化,共修改了 6 个文件,修改涉及的条款共 46 项,并将相关制度全部纳入到 ISO9001 质量管理体系当中。通过总结提升与进一步完善,总站将相应工作制度化、流程化、标准化,以制度为保障,不断完善联程客运体系,使联程客运模式成为应对班次竞争优势下降的重要措施。同时也为下一步复制联程客运模式,更加充分地发挥总站线路资源、提高班车实载率、提升效益发挥更大的作用。

三、以便捷和安全服务为目的长途汽车联程客运管理的效果

(一)开辟多条联程客运线路,取得良好经济效益

以便捷和安全服务为目的长途汽车联程客运管理,充分挖掘了现有班次的潜能,将总站现有线路资源与对方站线路资源进行了充分对接与整合,经过 33 个月的运行,现已有联程客运线路 32 条,增加站点 59 个,方便了 10.94 万人次出行,参与联程客运的班车上座率提高 15%~30%,因联程客运开辟站点增加的售票收入达到 505.09 万元。在 2012 年年底对联程客运管理模式进行总结与进一步提升后,2013 年 1 至 6 月份,通过联程客运管理模式的有效运作,联程客运开辟站点增加的售票收入达到 512.33 万元。自实施联程客运以来,有效利用了总站的现有线路资源,通过合理调配整合现有线路,提高了班车的上座率,增加了运营车辆的收入,进一步丰富和完善了总站的站点覆盖面,有利于进一步完善运输网络,总站的市场影响力日益加强,枢纽站的优势进一步加强。

(二)实现了安全、便捷的联程客运,受到广大旅客好评

通过开展以便捷服务和安全为目的长途汽车联程客运管理,满足了旅客需求,提升了总站社会形象。

自联程客运服务实施以来,有效利用了总站的线路资源,缩短了旅客转乘、换乘的时间,极大地方便了旅客出行。同时结合总站开展的优质服务活动,提高了总站的知名度,

扩大了总站在社会上的美誉度。联程客运推出以来,经综合统计测算,总体旅客满意度从 91.9%上升到实施后的 94.7%。其中联程客运线路旅客满意度更是达到 98.6%,高于总体旅客满意度 3.9 个百分点。受访旅客对联程客运的评价中,便捷、安全、优质的印象尤为突出,这充分说明联程客运已经受到了旅客的认可与欢迎。

(三)积累了市场开发和对外合作的经验,拓宽了企业发展道路

一是可以通过公路客运企业内部资源整合和企业间资源共享,促进企业调整组织结构、运力结构和经营结构,挖掘和利用企业的潜在能力,形成企业及行业的核心竞争力,有利于强化行业内部企业间的协作,有效提升公路客运实载率,提高公路客运的运输效率和效益。通过实施联程客运,进一步丰富了总站的班次资源。充足的班次资源已经成为效益增长的基础,成为总站各项业务发展的优质载体,对相关业务的发展起到了桥梁作用,夯实了基础,同时也为吸引潜在客户群发挥了重要作用。在货物联程客运方面,拓宽了发货渠道,能够降低货物运达和中转的成本,提高了货物在中转过程中的安全性,保证了货物的到达率,减少了商务事故的发生。

二是有利于进一步整合优势线路资源,进一步提高行业组织化程度,促使进一步打破原有传统运输组织管理方式,形成外向型、市场化的运营模式,更有利于对市场竞争环境变化做出快速响应,主动拓展更大的发展空间,以便更好地应对市场竞争。联程客运管理模式,通过支线与干线、中小型客车与大型客车的有机结合,减少了旅客出行时间,缩短了运输距离,合理布局城市之间的运输路径,合理调整区域之间的运输供给,提高了公路客运节能减排的水平和效能。

以便捷和安全服务为目的长途汽车联程客运管理,是总站应对现有市场竞争、进行商业模式创新的一项重要举措,联程客运充分发挥公路客运灵活机动、通达程度深的比较优势,在拓展发展空间、提高组织化程度、提高运输效率、节能减排等方面,巩固了总站班次资源丰富的竞争优势,增强了总站的市场竞争力,提升了总站的品牌影响力,为促进交通事业的发展做出了积极的贡献,发挥着积极的引领作用。总站先后荣获"全国文明单位"、"全国五一劳动奖状"、"全国青年文明号"、"全国百家用户满意服务单位"等荣誉称号。

(成果创造人:赵宪勇、韩　杰、李　奇、韩红军、张新亮、张传满、毕冬梅、杨　锐、张　俊)

电信运营企业装维服务的产品化管理

中国电信股份有限公司江苏分公司

成果主创人：公司总经理、党组书记肖金学

中国电信股份有限公司江苏分公司（以下简称“江苏电信”）是特大型国有通信企业——中国电信集团在江苏行政区域范围内设立的分公司，也是江苏省内基础骨干电信运营企业和服务历史悠久的通信运营商。江苏电信成立于2007年7月。截至2013年年底，从业人员总数约8万人。主要经营固定电话、移动通信、互联网接入及应用、卫星通信等综合信息服务。“十一五”期间共上缴税费超百亿元。2013年，江苏电信蝉联“全国文明单位”，荣获“全国模范和谐劳动关系企业”等荣誉称号。

一、电信运营企业装维服务的产品化管理的背景

（一）承接“宽带中国”战略目标

我国于2013年推出“宽带中国”国家级战略，提出“到2015年，初步建成适应经济社会发展需要的下一代国家信息基础设施”、“到2020年，我国宽带网络基础设施发展水平与发达国家之间的差距大幅缩小，国民充分享受宽带带来的经济增长、服务便利和发展机遇”的分阶段发展目标。江苏电信面向客户与网络的装维服务能力成为实现宽带网络基础设施发展、推进战略目标实现的基础保障。通过有效的队伍与运营机制建设，强化专业服务能力、提高服务效率成为江苏电信肩负的社会责任与重要使命。

（二）满足客户通信业务服务需求

2002年之前，用户需求主要是固定电话，装维处于固话时代，线务员主要以装维固话业务为主，技能要求较低。而家庭用户主要以1部话机为主，服务界面清晰，电信方只要负责到进线处即可。2002～2009年，用户需求成长为进入“固话＋宽带＋ITV”时代。市场竞争日趋激烈，单点固话和上网的模式不能满足大部分用户的需求，用户需要运营商提供多点上网、终端调测、新增信息点、网络应用等服务。2009～2013年，用户需求升级为“固话＋宽带＋综合应用”时代。用户需求日益多样化，室内布线及维护更加复杂。除传统的装机需求外，室内多点布线接入、路由模式、无线上网、手机上网、在线应用等增值服务需求旺盛。需求的多元化与多量化拓展了用户服务的内涵和外延，大大提高了对运营商装维能力的要求。如何更好地满足用户多样化需求，提高用户服务质量，成为电信运营企业的重大课题。

(三)接应国有企业全面深化改革要求

国有企业必须适应市场化新形势,提高企业效率、增强企业活力,使市场在资源配置中起决定性作用。从电信运营企业自身看,习惯于将"关注网络指标"作为对网络运营与装维服务工作的主要评价方向,造成企业为实现各项指标的连年提升消耗大量资源与人员精力,而过度的追求普遍性指标对于接受服务的客户来说完全难以感知。在全面深化改革的要求下,需要企业主动思考如何在保障网络质量的基础上,将装维工作的重心转变为"关注客户感知",由被动维护转变为主动维护,通过合理配置有限的维护资源、管理客户预期从而满足客户更多新业务领域的服务需求,确保企业资源真正实现向客户倾斜、向高价值业务倾斜。

(四)保障企业可持续发展

面向客户的新业务与服务的不断提供,给江苏电信装维工作带来巨大的成本与人员压力。

首先,用户对增值服务的需求种类多样复杂,很多已超出装维人员的工作范围。由于用户没有清晰的概念,经常因为非服务范围内的项目投诉运营商,甚至成为投诉热点。同时由于维护能力和素质的差异,同一地区的装维人员的维护标准和操作规范也有区别,执行尺度不一致,容易造成用户误解甚至投诉,影响感知。

其次,为确保用户满意度,减少投诉,面对用户一些增值服务需求,装维人员不得不延长现场工作时长,完成大量超额工作。但额外付出的工作量无处体现,无法获得实质性回报,效能指标要求和维系用户感知之间的矛盾越来越突出,甚至很多装维人员因压力过大而离职,造成队伍不稳定,进一步增加维护压力。

此外,由于代维成本不断增加,使维护成本压力增大。由于用户许多增值需求增加了装移机辅材的额外消耗,造成成本上升。同时,这些增值服务需要更多的维护人员支撑,人工成本也不断增加,而运营商提供的这些服务却没有相应的收入支撑,从而造成恶性循环。

二、电信运营企业装维服务的产品化管理的内涵与主要做法

装维服务产品化(装维延伸服务)是江苏电信为接应"宽带中国"战略、适应互联网时代用户需求,探索出的一条通过市场化机制为用户提供差异化服务的改革之路,是指在装维服务标准化的基础上,将标准外服务明码标价转化为系列产品提供给用户,从而拓展电信产品内涵,使装维服务价值得到客户认同。主要做法如下:

江苏电信倾力保障 2014 年南京青奥会

(一)明确实施目标,转变服务观念

以前,电信运营企业的网络运维部门一直作为企业的成本中心在运作,很少意识到维护工作其实也是在为企业创造价值。面对用户不断增长的信息服务需求,江苏电信通过合理配置各类资源,最大限度满足用户差异化的装维需求。装维服务产品化就是将装维服务的内容标准化、规范化，并按市场规律进行定价，提供给用户。装维产品化的实施，使服务内容标准化、后端服务价值显性化，一方面提高对用户的服务质量，另一方面也增强后端部门的效益意识，变“运维”为“运营”。

江苏电信坚持以用户需求为导向，清晰服务界面，通过新型商业服务模式的构建，实现客户、装维人员、企业“三赢”的和谐经营生态系统。从用户角度，按照不同需求，及时、高质量地满足用户差异化的装维需求，提高用户满意度；从装维人员角度，分清装维服务界面，超值服务体现价值，提高装维人员的满意度，减轻工作压力，提高一线人员工作积极性和收入；从企业角度，打造稳定、高效的运维队伍，合理控制运维成本，提升企业形象。

（二）确定装维服务产品边界，做好实施准备

1．明确装维服务标准，梳理服务产品目录

装维服务产品化的基础是梳理企业标准服务界面，确定免费服务和延伸服务的边界，进而对固话、宽带、ITV 等正常外线产品明确定义，制定安装时的服务项目与服务标准内容，规范操作。江苏电信通过周密调研、成本核算、费用测算等方式，确定装维服务产品化实施的项目目录，包括增加额外信息点（固话、宽带、ITV 等）、室内布线、调通自购设备、无线路由调测等，为下一步明确产品名称、服务标准、操作规范、收费标准，真正实现市场化的装维服务模式创造基础条件。

项目启动初期，江苏电信对不同地区抽样用户进行了调研，并和装维一线进行了座谈，深入了解用户当前的普遍业务需求和使用习惯，主要包括：固话以 1～3 个信息点需求为主，宽带以 1 部台式机加笔记本、手机、pad 等无线终端上网为主，ITV 一般以一个固定信息点为主；用户如果进行自助服务，无线和路由等宽带类调测方法的知晓度较高，固定电话调测方法的知晓度很低，且固定电话多点需求的用户一般位于农村，或是属于老人独自居住的情况；同时由于宽带信息点的使用需求较大，需要综合考虑装维员工作效率因素，将标准服务界面中固定电话的信息点数量定为不超过 3 个，宽带和 ITV 信息点数量定为各 1 个。

江苏电信同时收集和汇总用户最希望得到的延伸服务项目及装维员当前最常遇到的延伸服务需求，将这些需求中出现频率最高的三类进行归并，即：布线、信息点调测、无线和路由功能调测。针对这三类需求，江苏电信开发第一批延伸服务项目。

2．精细测算成本费用，论证价格依据

为保证科学准确的体现服务价值，江苏电信根据选定的装维服务产品化项目，从人力、技术、材料等角度进行分解，并开展严格测算。

首先，江苏电信从市场决定资源配置的角度对装维服务产品化的科学性开展仔细论证，通过积极与上级对口部门及省、市两级物价部门进行沟通汇报，取得相关许可，确认该类收费行为属市场行为，价格应由市场需求调节确定，无需向物价部门报备。

其次，通过科学方法对费用进行合理测算。江苏电信调研当前电器维修、有线电视维修等市场行为收费标准后，按照电信一线装维岗位职责内容与工作流程将装维人员日

常工作量化分解，将各环节涉及的收入、工时、路程、材料等逐一核算，并秉着有利用户的原则向下取整，进而测算出合理的服务单价。

最后，对于测算后的服务与材料费用结果，面向客户做好价格公示。对装维服务中可能用到的所有材料在营业厅进行实物和标准价格展示，获得客户认可，让客户明白放心消费。对于服务现场收费，江苏电信统一制作资费卡片，供装维现场展示给用户，进行收费界面确认。资费卡片针对不同业务场景与服务内容进行区分描述，明确各项收费项目与价格标准，同时对于不需要收取费用的场景进行列举说明，为客户提供监督依据。

（三）细化实施流程，加强服务风险点操作规范

重点工作是围绕服务风险点，进行关键点把控，同时规范操作流程，提升用户的接受程度。

1. 统一所有客户接触点解释口径

企业统一编写营业/营销、客服话务、装维现场的解释脚本并上传知识库，各相关条线开展培训和考试，确保所有客户接触点熟知标准服务内容和延伸服务项目内容，对外服务口径正确统一。

修订用户协议，完善标准服务界面概念、补充有偿延伸服务相关内容，要求营业人员在用户办理业务时在用户协议联上圈示。同时，要求各地在营业厅内展示与服务界面、延伸服务相关的单页、海报等宣传材料。

2. 制定延伸服务实施流程

在受理环节，制定统一的延伸服务留单规范，话务员接到客户需求后，必须询问用户姓名、地址、业务号码、联系人及联系电话、具体服务需求等。同时，由于租住户、员工等非户主的人员发起延伸服务请求，后期托收时可能导致收费异议，为避免发生类似情况，要求受理延伸服务需求时必须核实户主身份信息。

在工单流转环节，延伸服务单需要和普通装维工单一样通过综合调度系统进行流转和管控，到岗 2 小时内需和用户联系，预约上门时间，并按照预约时间上门。如发生催装，2 小时内必须响应，并和用户约定上门时间。

在现场施工环节，要求装维人员在实施上门服务时必须向用户现场展示资费卡片，告知标准服务范围和延伸服务收费标准，由用户自主确认服务需求后，按照用户的要求施工。对有服务需求的用户提供服务后，装维人员能够获得一定酬金，工作积极性和主动性得到提升，保证延伸服务质量；对无服务需求的用户，则有效减少装维员工时，节省人力资源投入。现场服务完成后，在服务确认单上填写服务项目，请用户签字确认，非公众客户需加盖单位或公司章。

在回访和托收录入环节，在综调系统 IT 功能改造完成前，由各地落实扎口人根据确认单将延伸服务托收条目录入本地外挂系统，扎口录入责任人在录入前必须进行电话回访，确保整个延伸服务过程尊重用户意愿、如实收费。如核查发现装维员现场费用计算错误，则按有利用户的原则处理。如托收录入时发生错误，在次月初托收完成前录入系统支持修改；如错误的录入已于次月完成托收，发现后以调账形式及时处理，并由责任人负责和用户致歉，获取谅解。

在动态管理环节，对于各客户接触点反馈的问题及回访时收集的用户意见，及时分析归纳，不断完善服务项目和工作流程。

3. 精心组织培训宣贯

针对不同岗位员工编写培训教材并组织开展培训，其中前端侧重规范宣传解释口径和如何受理，后端侧重规范现场服务和确认单填写。市场部负责牵头组织对营业员、客户经理、投诉处理人员的宣贯及培训，要求按照前台人员解释口径答复用户；网运部负责牵头组织对装维人员、客户服务调度中心话务员的培训，确保按装维人员解释脚本答复用户；企信部负责牵头对装维延伸服务外挂收费系统录入操作流程进行培训。

培训完成后组织对所有参训人员进行考试，达不到要求的实行复培，确保各环节在实际工作中严格按照流程规范执行。

4. 制定收费管理规定和考核办法

为杜绝装维人员私自收费、乱收费的情况，江苏电信重点强化管控，制定详尽的收费管理规定和考核办法下发各部门和代维公司，严格执行收费标准和管理要求，明确施工规范，保障服务界面收费工作正常有序开展。

针对不按规定收费、超标准收费、因收费服务不规范以及和客户沟通脚本不规范引发客户投诉等情况明确考核。

（四）健全推进机制，保障落地执行

装维服务产品化工作涉及面广，工作的实施推进需要企业多部门配合、前后端联动，其中企业管理层特别是一把手的重视，是项目顺利启动、实施以及成功的基本保证。江苏电信管理层多次召开总经理专题办公会议，对项目的提出、试点、效果评估以及全省推广进行决策和指导。试点市分公司的总经理亲自担任项目实施组长，就试点过程中出现的困难进行指导和协调，拍板解决问题。

为落实进展要求，江苏电信对各级部门的具体工作职责进行明确，主要包括：

省公司由市场部牵头明确产品适用对象、资费标准及费用减免流程，并将收费产品和标准向物价局进行报备。负责组织各渠道人员培训，统一宣传口径，明确发票开具规范等。面向客户方面，负责明确具体业务服务约定并组织制定用户补充协议，牵头协调进行服务标准、延伸项目公示等。

省公司网络运行维护部负责统筹全省装维服务产品化的推广，牵头梳理、确定标准装维服务界面，明确装维延伸服务收费项目，组织制定服务标准和服务规范。负责开展费用测算，并组织支撑系统的需求制定和开发等。同时负责组织客户调度中心、话务人员以及装维人员的培训等。

省公司客户服务部牵头明确装维标准服务、延伸服务解释口径和服务脚本，并协调客户接触点统一服务口径等。

各市公司负责按照省公司层面的工作职责进行相应细化，具体开展落地实施。

推进过程中实行首问负责制。

（五）开发 IT 系统支撑，固化操作流程

江苏电信开发“装维服务产品化”支撑系统，由省公司统一对装维产品化服务工作进

行管控。

系统根据用户需求及用户所在区域进行判断分析，向相应线务员派发工单。当线务员接受工单后，系统根据客户服务需求自动给出所需材料的建议供线务员参考。当线务员完成服务后，由用户通过页面确认或回执单签字确认服务质量和收费情况，系统自动获取客户的确认信息。整个服务单完工后，向计费系统提供相应计费信息，以供结算费用。为体现差异化服务，重要客户通过减免审批服务费用，很好地改善了客户感知。通过系统支撑管理，实现费用和账目清晰可查，有效规范收费，提高服务质量和工作效率，减少管理成本。

在系统功能实现的基础上，江苏电信进一步打通“装维服务产品化”支撑系统和业务支撑辅助系统间的接口，通过“装维服务产品化”支撑系统录入用户的收费项目和金额后，可送至“业务支撑辅助系统”，然后通过该系统和“融合计费账务系统”的原有接口，实现计费录入和账单可查。

（六）层层稽核，避免收费错误

制定施工操作规范，对装维人员不符合规范的服务操作一律不认可工作量，不予结算费用。具体要求包括：装维人员与用户确认工作量及材料使用量，在收费确认单上签字确认。原则上，除装维人员签名外，其他内容均由用户填写；未经用户签字确认或替代用户签字的视为无效服务，收费确认单信息不完整、字迹潦草无法识别的视为无效服务，经核查签名用户与户主不一致、回访户主时不予认可的视为无效服务，无效服务不予结算延伸服务费用；弄虚作假一经查实，除不予结算费用外，还将按照提供的虚假费用5倍予以处罚（电信公司扣罚到外包公司，外包公司落实到人）。

为落实责任，江苏电信建立“现场班组检查、装维中心专人录入、装维中心主管稽核收费”的三级检查制度。现场班组检查施工质量和收费信息；专人录入系统进行核对；中心主管每周再次稽核收费金额，避免收费错误。

明确装维人员结算单价，严格稽核服务细项和收费金额。装维延伸服务中使用的线材、槽板、辅材等全部由电信公司提供，不予结算；装维延伸服务上门费、调测费及布线人工费等与装维实施人员直接挂钩，要求不低于70%的费用付给装维人员；如发生用户托收暂未到账的情况，由电信公司通过装维费用先补全用户欠费部分，结算给代维公司，保证装维人员的正常劳动付出获得应有收益。

（七）市场化考核激励，激发装维一线员工内生活力

为确保工作落地执行到位，江苏电信结合装维服务产品化的工作模式特征，针对一线人员设计配套考核激励办法，进一步保障实施成果直观有效。江苏电信对后端服务工作实施划小承包，按照“片区”将装维职责承包到人，以科学测算为依据制定与装维人员接单量和服务质量密切挂钩的考核激励体系，在保证服务质量和客户满意度的前提下，对延伸服务进行收入提成，多劳多得，上不封顶，极大激发装维人员的积极性。实施后，一线装维人员由原来的被动服务转变为主动服务，服务效率与服务量提升，实现装维人员投入的减少。在此模式下，装维人员人均收入提高8%，单人最高分成收入达2300元。通过绩效体系的优化实施，装维人员的绩效水平与岗位脱钩，转而与业绩、能力挂钩，真

正体现多劳多得。

（八）项目推广评估及后续完善计划

在对一线装维队伍的调研反馈中，员工普遍认为工作的推进除提供新的渠道合理增加装维员收入外，公司提供的标准服务界面确实能解决日常工作中的实际问题，提高工作效率，减少用户误会甚至投诉的情况。

在对用户的回访调查中，绝大部分用户表示对明确的服务界面与收费标准能够承受，重点要求是收费后要提供到位的服务。项目实施后，全省申诉、投诉情况均低于预期，该项目得到用户群体的普遍接受。

在此基础上，江苏电信将继续完善和补充延伸服务产品化项目，目前已在本地网试点如夜间上门、用户处多媒体盒移位等新的延伸服务项目。同时，综调系统和掌调系统的IT功能优化已基本完成，延伸服务项目的费用录入和托收将不再需要其他外挂系统，可以统一通过综调系统和掌调系统进行，能够进一步提高装维工作的效率和稽核准确性。

三、电信运营企业装维服务的产品化管理的效果

（一）助力信息社会，提高用户感知

通过运维服务产品化的实施，用户可以通过定价单，全面了解各项装维服务的科目和具体定价，自主选择需要的服务项目。由于装维服务按照市场规律收费，用户改变了原来尽可能多的要求运营商提供各种服务的习惯，而是根据价格和自身需要，理性选择所需服务。经过有效引导和管理用户期望，使用户理解装维服务价值并逐渐接受，从以往描述故障“骗”装维人员上门到主动付钱要求服务，巧妙解决“无限”的客户需求与有限的服务资源间的矛盾。

由于对每项服务都制定统一的服务标准和服务内容，相应收费公开透明，使由客户端原因导致的申告量减少25%以上，用户自行处理的比例由30%提升到约90%，基本消除由于服务界面不清引发的投诉，极大提高用户服务满意度，营造良好的社会影响。

（二）创新服务模式，实现行业突破

项目的实施建立起新型维护服务商业模式。项目从组织设计到落地实施，科学性与可操作性得到逐步论证，已在企业内部系统推进。2012年5月，中国电信集团公司在江苏召开装维服务产品化试点总结和现场会，要求全集团推广。目前，江苏电信维护服务产品化已拓展到政企客户服务领域，推出客户私网监控、网络安全等服务产品。

（三）优化资源配置，保障企业发展

装维服务产品化通过有偿服务的方式体现维护服务的价值，拓展电信产品的内涵，增加企业收入来源。项目实施后，江苏电信已经向近2万名用户提供装维产品服务，累计达到4万多个服务项目，为企业创造收入130万元。

从人力资源投入角度看，项目实施后一线装维人员日均无效益工单减少0.5件，节约工时30分钟。目前全省日均工单为6.1件/人，相当于减少8%的日均工作量，为企业折合节约装维人员800人。

从装维人员收入角度看，由于装维服务产品化运作的市场收入向装维人员提成，一线装维人员有效工时显著提升，目前全省1万名装维人员中每月有10%左右的人参与装维服务产品化项目，月均收入达20万元，相当于人均增加月收入200元，一定程度上降低企业的运维成本，缓解装维队伍紧张的局面。

从维护成本的角度，装维工作使用户均辅材下降6.5%，大幅节约成本。

(四)促进企业和谐，激发员工活力

项目实施后，明确了各项服务的收费标准，避免大量用户不考虑价格、无限扩大自身服务要求的行为，大幅减轻装维人员工作量，工作压力相应下降。同时在市场化绩效管理机制的驱动下，企业按照装维人员的接单情况和完成情况进行收入提成，充分调动维护服务人员的积极性、主动性和创造性，有效保障服务质量，提高用户满意度。

(成果创造人：高同庆、肖金学、孙维平、陈国忠、赵艳梅、曹小忠、汪　平、吴定平、宗润梁、沈才良、罗　勇、卜延军)

服务“三农”和小微企业的普惠金融业务开发

中国邮政储蓄银行股份有限公司

成果主创人：公司董事长李国华

中国邮政储蓄银行股份有限公司（以下简称“邮储银行”），成立于2007年，截至2013年年底，邮储银行拥有营业网点39707个，从业人员35万人，服务客户近6亿人；资产规模超过5.58万亿元，个人本外币存款余额超过4.57万亿元。

一、服务“三农”和小微企业的普惠金融业务开发的背景

在普惠金融的相关领域，邮储银行有一定的比较优势。一是凭借中国邮政普遍服务资源，有70%以上的网点资源分布在县和县以下地区，在服务“三农”、服务中小企业中发挥积极的作用。二是在其他大型商业银行收缩县级以下金融服务，集中资源抢占城市高端业务市场时，邮储银行继续发展农村金融服务，建设金融服务空白乡镇的网点，在网点分布和产品设计上面向普通百姓和小微企业，为履行普惠金融服务奠定一定的基础。

但实践中，由于普惠金融成本较高、资源有限、协同效应不明显，在保障普惠金融服务的覆盖面和持续性方面有三大挑战：

第一，制度可持续性挑战。金融机构的制度具有完备性，同一时期的制度内外协调、激励与约束到位并协同发挥作用，能够保障对发展普惠金融的支持，能使邮储银行的普惠金融可持续发展和价值最大化目标相一致。

第二，运营可持续性挑战。普惠金融服务面对的是庞大的小型、微型客户群体，在同等规模下，要付出更多的网点和人员投入，邮储银行网点平均客户量较大，而单点资产规模和盈利规模相对于其他商业银行较小。

第三，财务可持续性挑战。在普惠金融领域，一直存在着坚持扶贫目的的“福利主义”与坚持机构可持续发展的“制度主义”的争议。普惠金融不是简单的“扶贫”，作为商业银行，经济资本回报、盈利能力增长是最基本的要求。要在发展普惠金融的过程中达到财务上的持续增长，只有通过管理创新实践去解决。

二、服务“三农”和小微企业的普惠金融业务开发的内涵与主要做法

邮储银行基于对外部发展环境、自身比较优势的充分研究，通过科学的战略设计、针对性的产品和市场布局、关键的核心能力设计，将企业的社会责任与自身发展需要紧密结合起来，通过“自营＋代理”运营模式和“两头突破”的经营机制，解决普惠金融“制度可持续”的问题；通

过把握重点业务领域，拓展城乡金融服务，解决普惠金融"运营可持续"的问题；通过产品创新、风险控制、渠道战略、品牌建设等的实施，形成支撑普惠金融持续发展的基础能力，探索"大银行做好小贷款、小贷款成就大事业"的有效路子，解决普惠金融"财务可持续"的问题，形成适合大型商业银行的、可持续的普惠金融发展机制、模式和做法。主要做法如下：

（一）深化普惠金融体制机制改革，确保制度可持续

邮储银行在普惠金融发展战略设计上，基于邮政资源的比较优势，差异化运营，实施普惠金融发展战略。

1."自营＋代理"运营模式

"自营＋代理"模式是指邮储银行"自营"和邮政公司"代理"相结合的运营模式。邮储银行成立初期，将基数庞大的储蓄、汇兑网点全部自主管理有一定难度。同时，邮政企业的运营模式也对邮政储蓄收入来源有持续性的要求，基于此，经国务院同意并经银监会核准，确定邮储银行自营网点和邮政企业代理网点并存的经营管理模式，将网点划分为邮储银行自营网点和邮政代理网点。其中自营网点 8108 个（占比 20.4%），主要分布于城市地区，代理网点 31599 个（占比 79.6%），县及县以下机构占代理网点总数的 76%。代理网点作为邮政金融体制改革产生的特殊机构，既满足邮储银行服务"三农"和社区的需要，又确保邮政普遍服务的履行。

"自营＋代理"的模式，一是适应农村与城市金融的不同特点，从制度上确保邮储银行在实施普惠金融服务时，让所有百姓享受更多的、更方便的金融服务，有金融服务网点覆盖面的支撑；二是中国邮政在普遍服务上有独特优势，邮政金融业务的开办，大部分是在农村现有邮政网点上叠加的，利用邮政整体资源，普惠金融的成本相对较低。从长远看，随着经济发展水平的提高，这样的运营模式也将为邮储银行带来新的发展空间。

2."两头突破"的经营机制

一是从"小"处和"底层"突破，夯实基础。邮储银行将服务"三农"、社区、中小企业，作为实施普惠金融战略的突破点。选择小微贷款作为主力军，发展小额贷款、个人商务贷款、小企业贷款三大小微产品系列。

二是从"大"处和"高端"突破，抢占金融竞争制高点。在金融市场，通过集中资金批发运用，在金融市场业务这个"制高点"占据一席之地。在公司业务上，围绕现金管理、财政代收付等业务，在服务大型网络型企业上打开突破口，以此为基础，逐步向传统主流公司业务领域延伸。目前，邮储银行逐步打造出以零售业务为基础、公司和同业协调推进的"一体两翼"发展格局，形成互相支撑、共促普惠金融发展的业务格局。

邮储银行为少数民族客户提供金融服务

（二）明确普惠金融业务发展重点，形成规模经济优势

1. 积极支持金融服务"三农"

邮储银行一开始就设计"连锁店＋信

贷作坊"的小额信贷服务模式。"作坊"是指小额贷款比较依赖于人工加工信息，财务报表都需要信贷员编制，而且信贷基层组织比较分散，贷款的申请、审批、发放都在当地。"连锁"是指信贷产品、信贷技术是标准化、全国统一的，总行通过全国集中的计算机系统和科学的产品设计，加强贷前、贷中、贷后各环节的风险控制，保证监督的及时性。

邮储银行将农户小额贷款作为切入"三农"贷款的核心产品。以存单质押贷款起步，以农户联保贷款、农户担保贷款为重点，开启小额贷款发展历程，带动银行业对这一领域的关注。近年来，邮储银行结合日益多元的"三农"融资需求，深入开展"一行一品"工程，陆续推出"粮农宝"粮食直补资金担保贷款、烟农小额贷款等一批创新贷款产品，服务三农专项产品达30余个。

邮储银行小额贷款笔均约6.3万元，额度虽小但作用不小，真正用到农户身上。国际小额贷款组织(MIX)最新统计表明，邮储银行小额贷款业务规模居于世界前列。

2. 积极支持小微企业发展

邮储银行认真贯彻银监会小企业贷款"六项机制"要求，形成多层次、广覆盖的小微企业金融服务体系，机构网点可持续发展能力不断增强。一是注重科学设计产品。在信贷技术、资金管理上进行创新，严防风险。设计额度循环使用的贷款模式和灵活的还款方式，最大限度帮助小微企业节省利息开支，降低融资成本，同时也满足小微企业资金需求"短、小、频、急"的要求。二是注重建立专营机构。按照"集中作业、专业经营"的理念，在地市分行成立335个小企业信贷中心，建成包括药材、石材等在内的200个总行级特色支行。三是注重推动产品创新。在担保方式上不断调整，开发有地方经济特色的信贷产品，极大丰富小微企业贷款产品线。四是注重商业模式升级。采取提高单户授信额度、灵活调整担保方式、延长贷款期限等差异化的信贷政策，满足不同类型的中小企业需求。五是注重将"融资"和"融智"结合。自2010年起，邮储银行连续四年向企业和个体经营者推出"创富大赛"活动，旨在实现政府引导发展方向、银行提供融资机会、学者保障智力支持、社会力量广泛参与，形成多头并进促进小微企业稳健运营、快速发展的新局面。

3. 积极助力社区金融服务

邮储银行已将消费贷款作为服务城乡社区的战略性、基础性业务，致力于为广大城乡居民提供全方位、多层次的消费金融服务。邮储银行消费贷款呈现"两低一高"特点。笔均贷款金额低，平均25万元左右，主要满足居民普通消费金融需求；不良贷款率低，全行个人消费贷款不良贷款率为0.08%，低于银行业平均水平；首套住房贷款比例高，首套住房客户占比达95%。此外，邮储银行还积极拓宽消费贷款服务的地域范围，持续加大对县域地区的信贷资源支持力度，对培育县域地区消费意识、改善消费环境产生积极影响。同时，邮储银行直接融资与间接融资双管齐下，大力支持重大民生工程建设项目，对棚户区改造及城市基础设施建设等领域提供强有力的金融支持。

4. 积极融入基本公共服务领域

一是在医疗保险领域，绿卡通华西健康卡就是典型案例。四川省分行联合四川大学华西医院，在该院的诊疗卡上加载金融服务功能，实现异地预约挂号、刷卡缴费、就诊记录查询、健康档案管理等核心功能,持绿卡通华西健康卡的用户可通过邮政金融网点的自助挂号机、成都114话务中心实现多渠道的快捷预约挂号服务,华西医院向患者提供最长30天的专家门诊,实现华西医院与176家远程协同医疗网络平台的医疗资源共享,主要辐射西部十个省、自治区和直辖市的100多个地区,一定程度缓解老、少、边、穷地区百姓"就医挂号难、专家一号难求"的问题,为持卡人提供一站式医疗和金融服务。

二是参与社保卡的发行。浙江省分行通过开发省内社保通讯前置系统,实现省内各地社保卡系统与总行系统的连接;充分发挥"自营+代理"的比较优势,为持卡人和特殊人群、困难群众提供便捷灵活的服务,同时,积极推进社保卡金融账户在社保待遇发放上和城市公共领域的应用,引导持卡人的消费偏好,提升邮政普惠金融服务的社会影响力。

三是成为国家"新农保"经办的主要合作机构。在邮储银行代理新农保的地区,农民只要"跑一趟路、对一个窗口、填一张表",就可完成新农保账户开立。财政拨付的资金,在当天就可达到最偏远山区的农民账户,真正做到政府放心、百姓满意、社会认可。

5. 积极拓展电子渠道

邮储银行积极推进金融服务电子化、积极尝试开展互联网金融,大胆推进农村地区移动支付等渠道的应用,以电子化降低普惠金融服务成本。在不断巩固和保持物理网点渠道优势的同时,结合移动支付、互联网金融的发展,积极扩充电子渠道建设,通过线上线下结合的方式提高金融服务覆盖面,积极探索解决普惠金融成本较高问题的有效方式。

邮储银行电子银行起步虽晚,但进步很快,目前已经形成以ATM为基础,包含手机银行、网上银行、电视银行在内的全方位服务体系。邮储银行已布放ATM机约5万台,其中一半位于县及县以下地区,有效改善农村地区的用卡环境。邮储银行在手机银行、网上银行建设中充分考虑县域地区客户的金融服务需求,注重拓展县域地区的网银客户。邮储银行十分关注老年人的金融服务需求,由总行开发电视银行业务,以更好地服务老年客户。

邮储银行于2012年5月启动农村手机支付项目,推出基于贴膜技术的农村移动支付产品。率先在湖南省衡阳市衡山县云岭村和四川省成都市郫县战旗村开展试点。针对农村地区客户"低端手机较多、不会上网"的特点,邮储银行创新性的通过手机贴膜卡摆脱传统手机支付产品必须依赖手机上网功能的束缚。将一张薄如纸片的贴膜卡与手机SIM/UIM卡贴合,与客户的邮储银行绿卡或存折账号绑定,客户通过SIM/UIM卡功能菜单的操作即可实现手机支付各项功能。这一举措弥补了偏远地区固话线路覆盖不足的缺口。在业务需求上,重点满足农村地区客户汇款、便民缴费、助农取款、农资结算和贷款等需求,在流程上减少客户与后台系统交互次数;在风险管理上,形成以实名制管理、支付限额管理、双重密码认证、客户身份双重认证等在内的一系列措施。

6. 积极投身公益事业发展

邮储银行积极整合社会多方资源,打造良好的服务生态环境,启动大学生村干部专项招聘。已招聘的大学生村干部大部分在基层工作,成长为金融服务"三农"的新生力量。举办创富大赛活动,搭建政府、银行、媒体、学术界四方参与的平台,吸引数十万人参与，成为集“融资服务、创业指导、商业模式交流、品牌宣传”于一体的小微企业创业创富综合助力平台。举办“邮储银行杯第六届全国大学生网络商务创新应用大赛”，帮助大学生创造出一批有创意、能落地的优秀互联网商业项目。

(三)强化普惠金融能力建设，实现可持续经营发展

1. 普惠金融的成本控制

一是发挥绩效考核的导向作用。推行全员绩效考核，将员工新增效益工资与绩效考核挂钩，发挥绩效考核对员工的激励作用。在效益指标中重点突出人均、点均产能，强调资源占用，强化投入产出比概念，真正做到以效益为中心，约束分支行盲目上规模、做大业务的情况。

二是优化资金资源分配机制。以经济增加值(EVA)为准绳，下达经济资本占用计划，加强经济资本扩张管控。加强内部资金定价(FTP)管理，引导资金向高效益领域流动。在建设资金使用方面，优先支持生产楼房建设、信息化项目、终端机具改造领域，用在能增强竞争实力的地方。在成本配置上，既和发展、效益指标挂钩，也适当考虑各地生活、消费水平的差异，进行更加合理的分配。

三是实施严格的人力资源管理和人工成本管控。大力推进业务转型和管理升级，走内涵式发展道路。包括四方面：科技替代人——通过电子渠道、智能终端、计算机系统等，替代基础性的人员操作和一些事务性的工作；流程解放人——持续推进流程优化，提高劳动生产率；机制激活人——在考核上加强对人均利润、人均经济增加值等的考核；文化凝聚人——邮储银行将“进步与您同步”的理念引入自身文化，为员工提供持续成长的平台。

2. 普惠金融的风险控制

为有效解决普惠金融发展风险高、风险难以管理的问题，邮储银行秉承“研究风险先于业务开办，实现风险管理与业务发展的平行推进”的指导思想，从文化建设、信贷技术、人员管理、合规建设、系统支撑以及社会金融生态环境建设等方面，全面做好普惠金融的风险控制。

一是十分重视合规文化建设，从业务条线、风险合规条线、审计条线等多个条线和维度开展丰富多样的内控合规文化建设活动。其中，业务条线相继开展“信贷业务管理年”、“信贷业务发展管理质量年”等活动，制定并落实信贷员“八不准”，打造“高效、阳光、快捷”的信贷文化；风险合规条线相继开展“合规管理年”“业务行为规范年”“重点业务‘四项机制’评价”“监管政策下基层”以及“‘全行学监管规定、做规范业务’合规知识竞赛”等全行大型主题风险文化建设活动；审计条线持续开展“内控和案防制度执行年”活动，逐步培育良好的合规文化。

二是在信贷技术上，创造性地提出符合邮储银行实际的“五法、五P”微贷技术。在信贷调查中通过“看、拍、问、听、要”的“五法”，发挥五种调查方法的有效作用，注重企业及企业主软信息，了解企业经营状况的第一手资料，手工编制企业财务报表；在授信审批时，做到关注借款人(People)、融资用途(Purpose)、还款能力(Payment)、担保(Protection)和借款人展望(Perspective)，确保风险可控。在贷后管理方面，秉承“下管一级、监

控到底"的原则，依靠先进的IT信贷管理系统，开展定期非现场及现场检查，摸排风险隐患。在资金管理方面，借鉴"资金池"的管理经验，采取差别化的内部资金定价，通过对小微企业贷款实行较低的内部资金价格，引导分支机构加大小微企业信贷投放。

三是积极推进关键人员岗位轮换，管控风险。通过实施审批人员派驻、审查岗、信贷员岗轮岗等制度，强化岗位制约，从机制上遏制人员内部道德风险，既保护信贷队伍，也确保资产质量保持在良好水平。

四是建立"三道防线"内部控制。邮储银行从建行之初就确立"风险为本、内控优先"的发展理念。各级业务经营机构、业务管理部门和每个员工是第一道防线，风险合规部门为第二道防线，内部审计等部门为第三道防线。"三道防线"有效联动，强化"全机构、全人员、全业务、全流程"的全面风险管理体系建设。

五是不断加大信息科技投入力度，建立较为完善的信用风险管理系统体系，包括信贷风险管理系统、信贷管理系统、资产分类系统、统一授信管理系统等，将信用评级模型、敞口管理工具、限额管理等功能集成入信贷系统，实现授信业务流程、业务发展监测、风险预警发起、信贷业务管理、报表数据分析等综合功能。

3. 普惠金融的品牌建设

初创期。邮储银行成立之初，就被赋予"服务三农、服务社区、服务中小企业"的市场定位，根据自身"新(银行)、老(机构)、大(网络)"特点确立普惠金融的发展战略。通过品牌传播，邮储银行可持续、低成本地向遍布城乡的广大小微型客户群体，推广普惠金融理念，深化普惠金融内涵，提升公众金融知识素养，打造"负责任的大型零售商业银行"形象。邮储银行确定"普之城乡，惠之于民"的品牌定位和"进步与您同步"的品牌口号，并作为普惠金融的重要理念长期使用。为尽快在全社会树立全功能商业银行的新形象，邮储银行选择网点数量庞大这个核心竞争优势为突破口，确定"3.6万个网点的全功能商业银行"的传播主题，集中运用央视、广播、户外大牌等媒介资源，迅速打开品牌工作局面，有效提升品牌知名度。

成长期。2011年以来，邮储银行的品牌建设围绕社会和行业热点，积极服务于自身经营管理的重点需求，持续通过在央视、央广的广告投放，不断宣传新产品、新服务，强化全功能商业银行的定位，突出普惠金融的业务特色。同时，以"服务实体经济，助力小微企业"为宗旨，以小额贷款、个人商务贷款、小企业贷款三种产品为依托，以活动为抓手，全力打造"创富"品牌，为个人创业者和小微企业提供"产品展示、商业模式交流、融资支持和品牌推广"四位一体的创富平台，在社会上营造鼓励中小微企业创业、创富的良好环境，有效带动和扩大社会就业，推动国家经济转型升级和城乡经济统筹发展。此外，邮储银行还积极为上海世博会、广州亚运会、西安世园会提供金融服务，借助活动强化邮储银行普惠金融的品牌形象。行领导带头在全国性权威媒体主动发声，出版普惠金融专业书籍，邮储银行的品牌传播实现"居高声远"的效果，与普惠金融业务发展形成良好的协同效应，普惠金融品牌的知名度和影响力迅速扩大。

成熟期。为服务于"把邮储银行建设成为具有一定国际影响力的有特色的大型零售商业银行"的战略目标，邮储银行的品牌建设将于2015年进入成熟期。在该阶段，邮储银行以普惠金融作为品牌建设的基础，以持续推广"创富、普惠、诚信"的品牌理念、实现普惠金融商业可持续发展目标，深化对普惠金融品牌的诠释，丰富普惠金融内涵和传播元素，在深入挖掘普惠金融的品牌内涵和精神气质的基础上，从业务产品、专业能力、社会责任等多个方面，全方位地开展品牌管理工作，以全方面、立体化的品牌传播，拓展普惠金融品牌传播的深度和广度，持续提升邮储银行在世界银行业中的品牌价值。

三、服务“三农”和小微企业的普惠金融业务开发的效果

通过实施普惠金融可持续发展战略，邮储银行不仅实现自身的持续快速发展，而且达到“四个协调”的成效，即经济效益与社会效益相协调、员工发展与企业发展相协调、发展定位与资源禀赋相协调、发展能力与管理水平相协调，赢得社会各界的高度肯定。

（一）实现自身财务可持续发展

在综合效益方面，2013 年，邮储银行收入突破 1544 亿元，同比增长 12.1%，累计实现收入 6034 亿元，年均增幅近 50%。利润方面，2013 年利润总额达到 351 亿元，创历史新高，自成立以来，年均增幅近 100%。

在综合实力方面，邮储银行存款额从成立之初的 1.3 万亿元跃升至 5 万多亿元；信贷类资产业务从零起步，目前余额达到 1.49 万亿元；信贷资产不良率仅 0.51%，拨备覆盖率高达 379%，资产质量居于银行同业先进水平。据央视市场研究中心公布的权威数据反映，截至 2013 年年底，邮储银行品牌知名度由 2007 年的 48.3%提升至 76.2%。

（二）取得良好的社会效益

邮储银行已充当起中国普惠金融的先行建设者、小额信贷的主要提供者、社会责任的重要承担者、实现国家战略使命的坚定推动者。

在小微贷款领域，累计发放小微贷款 1500 多万笔、金额超过 1.8 万亿元，帮助 700 多万户小微企业解决融资难题。按照一个小微企业带动 5 人就业计算，邮储银行间接带动就业 3500 多万人。

在基础金融服务领域，凭借广覆盖的服务渠道、先进的计算机系统以及规范的管理和内控体系，成为各地财政公共服务落地的主平台。在城乡统筹养老金发放、家电下乡补贴、种粮补贴等众多面向基层的财政转移支付资金领域，邮储银行都是客户认可度最高的服务机构之一。

在三农服务领域，建设助农取款服务点近 10.9 万个，在村里就可以进行小额取款。截至 2013 年年底，累计发放消费贷款 4200 多亿元，其中在县域地区累计发放消费贷款 1390 多亿元，约占全部消费贷款的 33%。从实施效果看，邮政储蓄银行推行的银行卡助农取款服务得到农村居民、服务点商户和当地政府的一致好评，在农村地区基本形成“政府满意、商户乐意、农户如意”的多赢局面。

（成果创造人：李国华、徐学明、赵志刚、
刘志军、韩四喜、刘存亮、谷楠楠）

大型化工企业基于落袋价格分析的销售管理

中国石化化工销售有限公司

成果主创人：公司党委书记、总经理李成峰

中国石化化工销售有限公司（以下简称“化工销售公司”）是中国石化的下属全资子公司，负责中国石化所属企业生产的石化产品的资源统筹、市场营销、产品销售、物流运作、客户服务以及中国石化所属企业生产所需相关化工原料的采购和供应工作，并开展物流设施及海外化工业务的贸易和投资，年经营化工产品逾 5050 万吨。化工销售公司总部位于北京，设有华北、华东、华南、华中、江苏五家区域性分公司，在全国各主要消费集中地和物流集散地设有 24 个营销网点，在境外设有香港公司，依托香港公司在越南、新加坡、台湾、迪拜、休斯敦设有 5 个办事处。2013 年年末，拥有员工总数 2496 人，资产总额 272.3 亿元，2013 年实现销售收入 3415 亿元，利润总额 12.87 亿元。

一、大型化工企业基于落袋价格分析的销售管理的背景

（一）适应市场竞争与企业发展的需要

由于经济增长放缓和产能相对过剩，中国石化化工板块效益形势越发严峻，挑战和压力前所未有。主要体现在：一是外部环境复杂性增加，国内外经济形势变化不确定性增强，ACFA、海湾合作组织谈判意向增强，国际货币、财政等宏观政策和去产能化等产业政策影响；二是竞争异常激烈，竞争主体增多，低成本化工原料路线带来产业冲击；三是受产业链发展影响，客户要求越来越高，议价能力增强，来自下游行业的压力加大。化工销售公司要应对激烈的市场竞争，一是靠合理定价，把应得的效益拿回来，二是靠降低销售成本，或者挖掘潜力，而提高价格要看客户的接受程度，降低成本要查找内部的“跑冒滴漏”，这就对化工销售公司的销售管理提出更高的要求和挑战。

与此同时，近年来化工销售公司经营规模快速提升，经营范围显著扩大，内部管理难度加大，主要体现在销售管理上存在着一系列难题。一是业绩评价及考核缺乏可比性，以销量、利润或发票价格进行业绩考核，未考虑成本因素，难以科学衡量评价。二是对定价有效性和利润增长点缺乏高透明度定量分析，对销售政策合理性和使用情况缺乏有效检验，导致企业利润流失或使客户承受能力下降。三是客户管理比较粗放，尚未形成对产品、市场、客户基于利润贡献的定量细分，客户价值难以衡量，导致差异性的定价难以实现。因此，如何转变经营理念、提升销售管理水平和销售能力，创造价值、提升效益，成为化工销售公司最重要、最迫切的任务之一。

(二)提高销售管理水平的需要

落袋价格是指从发票价格中减去那些针对这些交易而付出的物流成本、信用和资金成本等,剩下的部分也可以称为实收价格,是实际获得的产品净价。而在此基础上再减去采购成本和管理成本就形成了落袋利润,这是企业真正利润的来源。通过对落袋价格瀑布的分析和管理,可以系统地对形成和影响价格的所有关键要素进行对比分析,可以直观地查找各种价格漏损,为进一步挖潜增效、提升价格和效益奠定基础。

对于销售企业,价格管理是核心,而价格管理实质上包含三个层面。一是行业战略,即考虑行业的供给、需求和成本变动,确定整个行业的价格水平,确定自身的价格策略。二是产品/市场战略,即相对于其他竞争对手,应该如何进行价格定位获得最佳的性能价格比。三是交易定价,针对每个客户和每笔交易进行的价格决策,如各种折扣、支付和交付方式等策略。近年来,通过加强宏观研究和产业研究,化工销售公司在行业定价和产品定价管理上已经取得一定成效,但交易定价管理尚无手段。因此,开发适用于化工销售公司的落袋价格分析系统工具,成为化工销售公司树立落袋理念、创新销售管理的系统支撑。

(三)化工销售公司具备推行落袋价格的基础

经过几年的开发建设,化工销售公司已经建立起先进的信息系统,建成以 ERP 系统为核心,涵盖客户关系管理系统(CRM)、物流信息系统(LIS)等的业务运行体系,实现所有业务在线运行、在线分析和在线监控,培养和聚集了一大批经验丰富、高水准的销售与市场研究人员,对于落袋理念实施和系统建设,无论是从专业上还是从系统支持上都具备相应的能力。

基于上述原因,化工销售公司从 2011 年开始推进基于落袋价格分析的销售管理。

二、大型化工企业基于落袋价格分析的销售管理的内涵与主要做法

化工销售公司为掌握各销售环节过程成本,科学评价销售业绩,实现精细营销,通过设计开发符合化工销售业务实际的落袋价格分析系统,并开展有效应用,促进资源和定价优化,实现交易定价科学、折扣管理清晰、客户评价合理、内部员工绩效管理等工作目标。主要做法如下:

(一)借鉴落袋价格理论,明确销售管理新思路

通过学习研讨,化工销售公司确定引入落袋价格分析理念,建立适合化工产品销售管理的交易定价分析工具,并通过运用系统分析,优化和改善经营效果。同时,根据该理论明确未来销售管理的新思路。一是定价管理,通过提高成本透明度,实现合理定价;减少利润漏失,最大程度获取价值。二是销售组织能力提升,销售组织通过提升对产品、客户、市场的分析,并将分析结果有效地转化为行动以改善业绩。三是更加全面与合理的设定考核指标。

(二)认真进行历史数据分析,建设符合销售业务实际的落袋价格分析系统

建设化工销售落袋价格系统面临很多困难和挑战。一是化工销售公司业务模式多样,业务流程复杂,区域分公司及其营销网点内部交易多。二是化工销售公司业务数据需要来自多个系统,包括 ERP、LIS、CRM、数据仓库(BW)等,各系统集成关系复杂。三

是在一个界面展示海量业务数据，实现多种指标、多种维度的业务分析的技术难度很高。

针对这些困难和问题，项目建设的初始阶段就明确分阶段建设目标，按时间节点推进系统建设，强化过程控制。整个项目建设主要包括：开发准备，系统设计，系统配置和原型制作，系统实施和上线应用等阶段。

从项目整个建设的过程看，科学设计化工销售落袋成本瀑布是项目开发的关键因素。在项目开发初期，化工销售公司组织强有力的团队，本着“一切业务皆可量化、一切费用皆可分摊”的思路和原则，细化分析公司现有海量经营数据和业务流程，围绕价值链开发设计符合化工销售公司业务实际的落袋利润模型。其关键举措包括：首先，通过统一的数据设计，集中抽取多个数据源，采用多种信息化技术手段，将各个系统数据统一集成到落袋数据库。其次，完成营销业务过程中的各项费用分摊逻辑的设计，各项费用均与订单挂钩，全部费用或者精确匹配，或者合理分摊，均细化到每笔销售订单，特别是对各项物流成本和财务票据成本的分摊，充分体现营销活动过程的特点。第三，在项目设计过程中，不仅考虑单纯的销售活动过程，还设计将整个化工产业链生产企业的每套生产装置成本录入数据库并与产品关联，形成对化工销售公司、生产企业以及中国石化三个层次的落袋分析。

化工销售公司落袋价格瀑布模型最终形成 75 项指标，按照级别可分为三个层级。含以下与定价和落袋利润相关因素：

市场价格。作为比较和衡量内部价格的基础，市场价格为该产品在典型市场上的第三方成交估价。

市场差价。市场价格与基准价格之差，通过公司定价与市场价格的比较，可以有效衡量公司定价在市场上的优势或者劣势。

基准价格。化工销售公司的产品报价，这是定价的起点。

基价调整和调后基价。包括产品、物流以及其他调整，反映在基准定价的基础上，因产品等级、生产装置以及运输方式等的不同而在定价上产生的价格调整。

折扣调整。包括数量折扣、客户折扣、现金折扣等，反映根据交易数据和客户的不同以及支付方式的不同等因素给予的折扣。

手工加价。客户经理对于特定客户和交易的加价，反映客户经理的议价能力。

发票价格。最终给客户开具的发票价格。

以上几个大项能够清晰的反映每个交易发票前的各种价格调整和折扣等价格政策，通过分析这些政策使用的合理性，找到销售收入减少的依据。

隐含成本。包括免息成本、信用成本、存货占用等反映在发票外给予客户的隐性折扣，它不一定实际发生，但理论上存在发生的可能性。

公司国内首艘乙烯运输船“鹏顺号”

物流费用。包括配送费用、进货费用、仓储费用，反映每笔交易实际发生的运费和仓储成本。

落袋价格。反映真正为公司带来利润的落袋价格，具体为发票价格扣除各项隐含成本、税项以及物流费用。

采购价格。反映每笔业务的采购成本。

落袋利润。落袋毛利扣除销售费用、管理费用以及财务费用之后的利润，反映公司的真正盈利水准。

基于以上指标，落袋价格分析系统将上述所有项目匹配或分摊到每一张销售订单上，再将订单上的维度与之对应，可以实现不同层面，不同精细程度的比较和分析。主要的维度包括销售组织机构、产品线和产品、生产企业、时间维度（年、月、日、周）、客户经理、客户、客户营销属性（包括渠道、等级、所在地区等），通过这些维度的选择，可以在系统中灵活选择和应用，进行相应的比较和分析。

在系统分析和展示功能设计上，系统实现三个功能：一是数据精细度高，所有的成本费用能够细化到每一笔订单。二是系统工具的分析操作界面非常友好直观，采用独特的视觉化图表分析，可视性强，操作简单。三是分析方法多样，有 27 种分析方法，每一种方法都可以从各个角度透视销售业务的过程。

（三）持续加强培训和应用推广，使落袋价格分析系统工具得到广泛应用，落袋分析理念深入公司各层面

培训和推广分两个阶段：

一是业务试点和模型验证阶段。化工销售选择在华北区域分公司进行试点，华北分公司制定运用落袋价格分析工具开展分析的具体行动计划，主要工作包括：选取 3～4 个大客户或是某一区域的小客户进行试点，运用落袋价格分析系统开展 3～4 个具体分析；以试点单位的具体行动计划为基础，总结提炼化工销售未来的应用推广路线图。

通过上线试点期间的组织，使试点区域分公司和相关产品线业务人员掌握应用该系统开展关键分析的基本技能并能够在未来的推广中培训其他用户；维护人员能够对系统开展日常维护；对利用落袋价格分析系统可获得的价值创造潜力有明确的认识，对价值的路线图有清晰的规划。充分挖掘落袋价格分析系统的分析力，发掘落袋利润流失的原因，提出针对性的举措提升落袋利润，推动深入的价值创造。

二是推广应用阶段。经过试点并完善系统功能后，化工销售公司集中组织开展系统的分层次的培训推广工作，管理层带头学习，广泛开展学习讨论和应用竞赛，组织开展内部培训师培训，同时要求在公司每周例会、每月经济活动分析会以及产品线月度例会上，利用该系统深入开展专题分析，分析营销政策，查找潜在问题，提出改进措施。2011 年，连续开展 10 余次用户系统培训及系统管理培训，并完成远程培训课件制作。2012 年，开发标准课件及用户手册，开展持续的全员培训，使落袋利润分析应用的理念充分融合到公司的日常管理行为中，促进分析文化的形成。2013 年，组织开展落袋价格分析系统应用案例征集和优秀案例评选活动，并编辑出版《化工销售价格分析系统案例汇编》。

（四）应用落袋价格分析优化销售管理

1. 开展定价策略管理，产品定价得到优化

化工销售公司将落袋价格和成本因素纳入定价体系，使定价更贴近市场变化，反应

客户真实需求。通过价差分析及量价分析，优化定价策略，控制出货节奏，实现量价双赢。一是对标分析。分析产品结算价和市场标杆价之间的差距，找到导致价差的因素以便尽量缩小差距；将定性因素尽量定量化，贴近市场制定产品基价，力争引领市场价格。二是定价分析。细分市场分析，优化定价策略，争取效益最大化。三是量价分析。分析产品的量价配合情况，优化客户经理的出货频次。通过优化结算时间点提升利润，避免低价区销量偏多，高价区销量偏少，提高客户经理控制出货节奏的能力。

2. 折扣管理实现精细化

在实际应用中，各产品线积累了许多折扣分析管理的方法，取得较好效果。如通过评估折扣和优惠的合理性，调整销售政策，减少利润流失，提高效益。合理使用各种销售和优惠政策，分析客户利润率和折扣的关系，以利润贡献分级管理客户折扣；分析客户折扣与销量的关系，检验销售政策执行的合规性和有效性；分析客户利润率和承兑免息成本的关系，取消对负利润客户的承兑免息销售政策；分析客户利润率与运输成本的关系，适当调整销售政策和物流方式以降低成本；分析产品区域差价与销量的关系，取消非营利区域的区域差价优惠政策。

3. 开展落袋利润及物流费用分析，为产品销售流向优化提供重要参考。

化工销售公司深入剖析 2011 年涤纶短纤产品客户物流费用与落袋利润发现，西北、东北地区客户的物流费用较高，对落袋利润的影响较大。因此该产品销售部门采取三项利润提升措施：一是优化区域价差，增加高物流成本区域的价差，减少漏损，2012 年实行东北地区客户加价 50～100 元/吨的区域销售政策；二是优化物流方式，对西北地区客户采用火车运输减少物流费用；三是优化客户结构，进一步开发生产企业周边客户，减少高物流费用地区产品的投放。通过这几项优化，大大改善产品营销的效果。

4. 利用落袋分析系统开展客户管理，细化价值和成本分析，促进科学管理

一是开展客户落袋利润分析。根据客户落袋利润率分配产品资源；分析导致落袋利润为负的原因，采取措施止血出血客户；分析同一市场合约客户和现货客户的落袋利润差异，指导差异化定价策略。二是客户维护成本管理。根据客户运输成本及利润率情况，向客户转移部分物流成本；对部分仓储成本过高的客户，尽量采用直接供货，避免仓储环节。三是客户分级管理。根据客户的落袋利润率划分客户等级，执行分级销售政策；将落袋利润引入客户评价，促进客户价值管理理念的形成。

5. 开展不同层面的资源配置管理，实现资源价值最大化

在日常销售管理中，资源如何合理配置是困扰各个层面的问题，化工销售公司在落袋价格分析系统上线后，在优化总部、区域、客户各个层面的资源配置方面有了更好的工具，也开展许多探索。如：公司总部层面优化跨区域资源调拨、各区域分公司根据区域内客户的需求及价值贡献优化资源计划；各产品线根据客户经理不同价值贡献优化客户经理间的资源配置；客户经理开展客户间的资源配置。

6. 利用落袋分析系统细化绩效管理，建立了利润导向的绩效评价机制

化工销售公司利用落袋价格分析系统，建立起以利润为导向的考核评价机制，应用

于销售人员、销售团队的绩效管理。一方面实现多指标纵横比较业务单元业绩。将销售经理和销售团队的绩效从销量、价格、利润等多个指标进行衡量，分析不同时间周期销售业绩的变化，实现业务单元之间的横向比较。另一方面提供销售人员绩效考核的重要参考，有助于全面合理地制定考核指标。特别是通过客户经理业绩热图分析，对客户经理销量、销售额及利润进行多维度比较，销售收入、销售量和落袋利润三项重要业绩指标的比较情况也能够一目了然。

三、大型化工企业基于落袋价格分析的销售管理的效果

（一）落袋理念的应用，使企业经营理念实现重要转变，推动分析文化养成

第一，各层面人员由关注传统的销售价格，到关注落袋价格和落袋利润；评价销售人员由产品销售发票价格转变为关注落袋价格，由关注经营规模到关注经营质量，产品链由关注销售利润到关注生产企业成本利润和化工产业链整体利润。

第二，企业文化建设实现重要进展，形成一致共识。一是只有算清楚成本账，才能算清楚效益账，落袋理念使企业找到挖潜增效的潜力和价值创造的方向。二是既要能算清楚大账，也要能算清楚小账，只有实现每一笔投入的精细分摊，才能看清楚每一笔交易的价值贡献。三是既要化洞见为行动，也要化理念为文化。

（二）通过落袋价格分析系统整合销售数据，提高信息化应用水平，使企业销售管理实现重要突破

一是实现各项折扣、费用透明化，营销策略的制定和调整更具针对性；二是能够科学评价客户贡献，实现客户精细管理；三是能够监控营销政策执行效果，动态优化营销过程；四是能够细化到每个订单的成本分析，营销过程更加显性化；五是业务透明，促进干部员工廉洁从业。

（三）落袋价格分析应用的创新实践，为国内大型企业开展销售管理提供良好借鉴

化工销售公司落袋理念的引入和落袋价格分析系统的建设实践过程，在国内具有首创性。近几年的推广应用有力促进了销售管理的改善，在中国石化举办的“中国卓越营销论坛”上，化工销售公司专题介绍了应用落袋价格理念的管理实践，国家部委相关部门以及一些大型央企对落袋价格工具提升销售管理水平的作用予以高度评价。

落袋价格分析系统的应用，为化工销售公司更好地开展经营活动带来开创性的提升，公司的经营水平不断提高，保证了企业的稳定健康发展。采用落袋价格分析系统开展销售管理以后，单位产品销售折扣 2012 年同比下降 0.16 元/吨，2013 年同比再降 0.16 元/吨；产品销售隐含成本支出 2012 年同比下降 7.27 元/吨，2013 年同比下降 2.2 元/吨；单位产品物流费用 2012 年同比下降 2.16 元/吨，2013 年同比下降 5.7 元/吨；按这几项成本节约成本额计算，仅 2013 年节省成本达 1.63 亿元。

（成果创造人：李成峰、赵起超、李锁山、郑　伟、
陈永凯、罗　武、张小伟、薛敬芝、罗淇元）

以标准箱为核心的城际城市物流体系建设

山东高速物流集团有限公司

成果主创人：公司总经理刘日辉

山东高速物流集团有限公司（以下简称“山东高速物流集团”）成立于 2011 年 8 月，是由山东高速集团出资设立的大型国有物流企业，注册资本 50 亿元。公司主营业务包括大宗贸易、港口及物流园区建设、实体物流三大板块。2013 年实现营业收入 114 亿元。

一、以标准箱为核心的城际城市物流体系建设的背景

（一）抓住政策机遇，提升城际城市物流运营管理水平的需要

近年来，国家和各级地方政府都非常重视现代物流业的健康发展，国家先后出台一系列政策规定，逐渐消除政策壁垒，指导行业发展方向，大力支持发展现代物流产业。同时，各地方政府和各级行政部门也纷纷出台具体操作办法，山东省就相继出台具有实际指导意义的产业政策，为山东省物流产业发展奠定基础并创造良好的发展条件。

与此同时，我国物流业仍存在散、乱、弱、小现象。物流产业组织不畅、环节过多；物流行业标准不统一；行业集约化程度低，缺乏专业化综合型骨干物流企业；便捷、环保、标准的城市配送设施不健全；干线运输和城市配送缺乏有效的一体化衔接；信息化程度不高；服务质量和效率较低，无法满足客户个性化、全方位需求。山东高速物流集团抢抓政策机遇，创新城际城市物流发展模式，为提升行业运营管理水平而不懈努力。

（二）发挥企业资源优势，实现企业战略落地的需要

发展现代物流也是山东高速集团调整产业布局、优化产业结构、转变发展方式的需要。山东高速集团发展物流业具有得天独厚的优势：一是拥有完善的交通基础设施网络，包括 2000 余公里的高速公路、多条地方铁路、控股的山东海运公司以及正在建设的部分港口码头；二是雄厚的资产规模，山东高速集团总资产超过 3000 亿元，投融资和资本运作能力较强，可为物流资源整合、收购、兼并提供有力保障；三是“山东高速”具有较高的知名度和品牌美誉度，能够很好地吸引合作方，争取客户源；四是信息网络和金融服务优势，例如在山东省内高速公路全面使用 ETC 电子收费系统、实现不停车收费，推出“满易网”货运信息交易平台，控股的威海商业银行可提供多种金融支持服务。

山东高速物流集团努力借鉴同行业先进经营理念，依托山东高速集团的公路、铁路、港航等综合交通运输体系的优势，对传统物流业务模式进行大胆创新，努力打造以“构建大网络，搭建大平台、服务大客户”为特点的高端物流产业。

基于如上原因，2011 年，山东高速物流集团通过借鉴海运班轮公司运营模式，研发了“高速标准箱”，并以此为核心开展城际干线运输与城市配送高效衔接的一体化物流服务体系建设。

二、以标准箱为核心的城际城市物流体系建设的内涵与主要做法

该物流体系集标准、集约、高效、便捷、环保等于一体，以陆运标准集装箱为装载单元，将城际干线运输与城市配送有机高效衔接，改变传统陆运物流的组织模式，通过打通物流运输的中继梗塞，解决物流配送“最后一公里”问题，建立新型物流服务体系。主要做法如下：

（一）明确企业战略和愿景，提出城际城市物流体系构想

山东高速物流集团从战略高度出发，始终把实体物流作为重要业务支撑，将“物流平台的建设者、标准的制定者、资源的整合者、行业的引领者”作为企业愿景，将“以市场为导向，以创新为动力，以管理为基础，以效率为核心，以经济及社会效益为目的”作为企业使命。围绕企业愿景与使命，山东高速物流集团明确实体物流的发展目标：通过 10 年时间、三大步骤实现跨越式发展，促进山东高速物流集团成为全国大型知名物流企业。具体规划步骤为：

2011～2013 年：探索经营期。借鉴海运集装箱运输经验，创新公路货运模式，初步建设运营。

2014～2015 年：整合布局期。实现整合资源，快速布局。完成省内 17 地市的运输线路布局；初步整合干线运输及配送网络的社会资源；完成省内重点城市物流园区及其他场站布局。

2016～2021 年：战略扩张期。省内城际、城市运输继续增加线路密度及频次，逐步向全国复制平台，推广模式，拓展物流细分行业领域，客户群形成初步规模。

（二）深入市场调研，科学设计业务模式和组织体系

1. 广泛市场调研，精准行业分析

2011 年年底，山东高速物流集团对国内外物流公司、物流场站、集装箱及配套运输设备和物流信息平台开展广泛考察、深入调研。以省内公路货运市场为重点，深入走访代表性物流企业 500 余家，收集调研问卷 2000 余份，访谈 150 多次，考察集装箱、车辆制造厂家近 20 家，考察典型物流园、信息技术企业共 15 家。

成果主创人：公司副总经理亓传代

调研发现，当前公路物流发展趋势如下：一是物流行业迫切需要统一标准并建立规则；二是物流行业进入专业化细分与供应链整合阶段，已逐渐形成仓储、运输、配送有机结合的社会化系统；三是物流行业需龙头企业引领、优化，改善散乱、无序的物流市场；四是现代物流企业向网络

化、规模化发展。城际长途干线运输和城市市内配送衔接不畅，涉及多次装卸倒运，效率低，货物损耗大，成本高，成为制约物流行业发展的一项顽疾。

经过实际调研、反复论证，山东高速物流集团提出以标准箱为核心的城际城市物流体系。该体系致力于解决以上物流行业的顽固性问题，具备可行性。相对于传统的模式，具有良好的规模经济效益。

2. 创新业务模式，规范运营流程

从架构模式看，该体系以高等级公路和沿线服务设施为基础，以“标准箱”为集装单元、新能源车辆为载运工具，以“物流分拨园区、场站”为节点、智能化物流信息系统为支撑，构建“资源节约型、环境友好型”的物流体系，建立国内领先的城际干线运输网络和城市配送网络高效衔接的一体化、标准化、开放式物流服务平台。

从运营流程看，整个公路运输作业体系由市内配送网络、干线运输网络和衔接两大运输网络的物流场站三部分组成。第一步，中小物流企业等客户将装满货物的标准箱送至始发场站；第二步，标准箱装载至各新能源干线运输车辆进行城际间干线运输；第三步，车辆到达终点或中转场站，将目的地为该场站的标准箱装卸下并装载至专用的新能源城市配送车辆上进行市内配送。该过程实现全部机械化、可视化、标准化，并将甩挂和甩箱相结合，全面规范运营流程。

(三)加强团队建设，为项目实施提供组织保障和人才储备

2011 年 8 月，山东高速物流集团成立建设项目领导小组和实施小组。领导小组为项目的决策机构，组长由法人代表担任，公司班子成员和相关专家为领导小组成员，主要负责决定项目实施方案、总体思路制定和人、财、物协调等重要事项；下设市场研发、技术装备、园区事业、安全运营、经费和综合办公等 6 个实施小组。领导小组和实施小组之间形成统一领导、分工负责、相互配合、紧密协调的管理体系。在项目实施过程中，各实施小组紧紧围绕项目进度控制目标，加强对各项工作的计划、组织、协调和有效控制，以保证各项任务圆满完成。

为加快推进项目实施，山东高速物流集团摒弃单独依靠自身力量、自力更生的传统做法，借助外脑，多方吸收人员组成工作组共同完成。一方面加强与高校合作，先后与山东科技大学、山东交通学院、山东现代物流供应链管理研究发展中心签订产学研合作协议，加强人才储备、技术交流。另一方面，实施人才引进工程，从社会、海外等市场广泛吸收优秀人才。

(四)加强技术攻关，研发制造标准箱及配套运输设备

山东高速物流集团组织研发人员，结合城际城市物流体系的要求，加强技术攻关，对物流场站、集装箱及配套运输设备和物流信息平台进行集中研发和功能设计，进行关键技术攻关，并根据技术、商业、组织、运营等方面的可能条件对研发阶段的关键技术进行检查、修正和持续性改进创新。

1. 自主研发标准箱

标准箱是城际城市物流体系的核心单元。山东高速物流集团融合绿色、低碳、轻量化理念，研制出用于城际运输和城市配送的专用标准箱。

标准箱器具产品的标准化分为大箱、中箱和小箱等系列，满足货物单元的通用性和多样性。另外，通过研发保温箱及其他种类标准箱，实现在普货运输基础上开展特种、应急、冷链等特种物流业务。其中，保温箱能够保证温控货物在10小时以内的运输过程中温度变化不超过5摄氏度，能够有效保证货品保鲜并降低传统冷藏、保鲜货物的运输成本。标准箱在细微之处创新，已获多项国家专利，比如，从材料上和密封方式上解决物理耐用性和安全性问题；从标准箱与运输载体衔接禁锢的创新设计、城际配送车辆自行装卸设计上解决装卸便利性问题。

2. 配套运作，研发配套运输设备

标准箱配套设备的设计要充分满足标准箱的操作便利性，满足干线运输与城市配送的循环利用、快速交互，满足一体化协同运输的基本要求。

为满足多个中等尺寸标准箱单层运输和小型标准箱双层运输的需要，研制低底盘专用挂车及与之配套的LNG新能源专用牵引车等城际干线专用运输车。

为满足小型和中型标准箱城市配送高效装卸的需要，利用人机工学原理，研制具有自行装卸功能的新能源城市配送专用车。

通过低底盘仓储平车、高密度微型电动动力、液压技术的集成，研制具有自行功能的城市配送点装卸及仓储设备。

为缩短车辆停驶和货物出库时间，加快货物周转速度，山东高速物流集团完成标准化场站物流装备体系的总体设计，研制机械化、自动化、智能化的标准化场站专用装备。

3. 加强管理，强化企业专利保护

总结提炼专用物流装备研制过程中的创新点，形成自主知识产权并加以保护。同时，构建城际城市物流体系下的专用装备标准，提升物流装备的标准化水平。目前，标准箱已经获得中国船级社出具的集装箱样箱认可证书及中国船级社试验证书，箱体等6项设计已获得国家专利。

（五）科学设计全新的城际城市标准化作业体系

1. 建立“分散一集中一分散”的整体作业架构

以原始货物单元为货运单元进行集货是传统做法，每个物流企业直接面对终端客户。很多中小物流企业由于知名度较小、客户群不稳定，集货难度大，考虑长途运输的成本，总是等货量积累到车辆满载时发货，导致发货不及时，信誉自然受到影响，使后期揽货运输更加艰难。

相对而言，采用标准箱物流体系，可以整合同一时点的多批次、小批量物资，进行集合运输，发挥标准箱的三个优势：一是作为周转容器，其容积较小，结合城际干线运输模式，可实现小批量、多频次发货，减少单个客户成本，并保证运输时效；二是作为储存容器可以自由放置客户端，由终端客户自行装箱，省去物流公司装箱的苦恼，同时保证终端客户的隐私；三是结合物流体系，实现安全、高效、准时的运输服务。山东高速物流集团承担干线运输部分和城市配送，中小工商企业和物流同行从事集货、分发、短途配送，两者互补，形成有效合作关系。该体系为现有的中小工商企业、零担快运企业、专线企业、快递企业等提供开放式平台，便于协同运作。因此，开放式的标准箱物流平台有更广泛的客户定位，并可通过规模发展形成竞争优势。

2. 运用“甩挂＋甩箱”的现代运输组织方式

国家推广的物流甩挂运输中，大都采用整车甩挂模式，可以提高整车物流业务效率，但不能实质上提高零担货物效率。标准箱系统在城际干线运输网络中采取“整车甩挂＋标准箱甩挂”的新型物流组织方式，最大化地提升中转效率。

具体来说，城际干线运输网络中，起始场站到终端场站实现整车甩挂，起始场站到过路场站可进行标准箱甩挂，即把过路场站所需的标准箱卸下至该场站或加装新标准箱。在市内配送网络中实现标准箱甩箱作业。同时，甩挂运输使汽车运输班车化，相应提高车辆每运次的载重量，从而提高运输生产效率。另外，物流体系的甩挂模式将有效促进“大吨小标”整改工作。该甩挂运输模式较传统运输模式平均单位运输成本下降 10％～20％，单位运输周转量能耗下降 15％～20％。

3. 设计“城际城市运输配送无缝衔接”的流程

传统的运输组织中，城际城市衔接的重点和难点环节就是分拣。货物由终端客户自行集货到物流公司指定地点进行集货，对货物进行分拣作业后，进行装车和长途运输，到达目的地后，再次对货物分拣，然后进行市内配送。由于货运单元是原始货物包装单元，形状不一、散乱无序，集货后分拣很难实现自动化，需要大量的人工，时间延迟，同时由人工作业引起的串货货损率高，成本高、效率低、服务准确度低。物流体系针对这些问题，经过重新选定货运单元“标准箱”，把分货问题变为分箱，标准箱在骨干运输网络与城市配送网络之间循环利用，有效衔接干线运输与城市配送，实现城际城市运输配送的无缝衔接，提高货物运输质量，节约包装成本，减少分拣环节，提高物流效率。

例如，物流公司集货 3000 件，都是非标准货物，从济南发往青岛的货物有 1400 件。传统模式为：需要人工从网点店、途径汇集的 3000 件中分拣 1400 件货物，再进行装车运输，到达青岛后，需要将 1400 件货物全部卸下，然后进行市内配送。标准箱运输模式为：集货中发往同一配送区域的货物装入一个标准箱，发往青岛地区的 1400 件货物装入 14 个标准箱，由一辆干线车完成干线运输，装车只需装 14 只标准箱即可。箱体识别采用信息化系统，装卸采用叉车，减少货运单元的数量和人工作业，干线运输完成后，标准箱卸下至青岛场站，相应的城市配送车辆装载对应区域的标准箱进行市内配送。经统计，使用标准箱后，每天可节约分拣时间 3－5 小时，大大降低人工成本。

4. 运用“固定班期＋临时班期”的调度方案

为提升运输灵活性和效率，在城际干线网络与城市配送网络高效衔接基础上，实现定点定线班期化运输，保证物流服务的准时性。该模式以实现时效性物流整体费用最小化为目标，通过智能软件、人工调度等实现班次排列优化，实现物流成本最低和时效最强的双重管理目标。具体来说，采用固定班期运行达到日常所需，同时，可以根据货量情况安排和增减运输班次，便于统筹去程和回程。两种模式配合不仅方便全面运输管理，还增强运输灵活性、时效性，使客户享有更多发货和收货的选择，享有更高效率的运输服务。从另一角度，通过班期化运作，使客户逐渐配合该运作模式，长期合作的客户甚至从生产、发货机制等做相应的调整和配合，从而培养客户习惯，增加客户黏度，出现更多的服务拓展新领域。

(六)加强信息技术应用,搭建"硬件＋软件"一体化平台

标准箱物流体系具有设施设备创新等硬件优势和流程优化、开放式的信息化等软件优势,通过"硬件＋软件"平台广泛整合货物资源,尤其是通过场站仓储、干线运输、城市配送的全过程信息化管理和自动化运作,凸显平台的成本优势及运输的效率优势。

1. 夯实基础,精准采集,完善信息系统硬件开发

山东高速物流集团十分重视物流信息技术应用,切实把信息技术作为实现公司管理理念、精细化管理、管理创新的有效工具。通过广泛调研,确定建设标准箱独有的信息管理平台,该平台以顾客为管理核心,具备服务化、集成化、模块化、高效化特点,能"随需而变",为企业创造独特价值。

2. 统筹规划,突出应用,全力打造信息化管理平台

该平台采用射频识别(RFID)、全球定位系统(GPS)、北斗、地理信息系统(GIS)等物联网技术实现标准箱的智能化识别、定位、追踪、监控和管理;自主研发应用于物流体系的"箱管系统",通过改进算法,智能分析,实现标准箱的科学分拣、调度、配送,有效提高物流效率、降低物流成本;研究通过创新开放式接口便于与客户信息系统对接,实现信息共享。物流过程可视可控,保证货物全程可追、可视、可控、防损。信息平台建设不仅为城际城市物流运营体系提供一体化信息服务,同时生成大量技术创新所需的原始数据,有助于技术创新方向的确定和研发工作的开展。

(七)精心选择试点线路,以点带面逐步推开

1. 以线串点,完善和强化干线网络建设

物流体系建设研发之初便充分考虑到运营模式的固化和可复制性,采取先省内运作、再全国推广的运作模式。山东高速物流集团根据山东省近五年货量变化情况和前期对合作企业的调研,以济南—青岛线路开始干线试运营,依次开通省内各重要城市间线路。2014 年上半年,实现网络覆盖全省 17 个地级市及主要县级市,每条线路都按照规划定时定点开车,初步形成"陆上班轮"的运输局面。截至 2014 年年底,山东高速物流集团完成山东省内网络铺设,计划用 1～2 年时间建成成熟的省内运输网络。2016～2021 年该体系业务模式将进行全国复制推广,以线串点全面铺开,实现全国范围内的扩张。

2. 同步实施,加快推进场站及标准化示范基地建设

山东高速物流集团已建成济南、青岛等标准箱场站,潍坊标准箱场站作为"标准化示范基地"已开工建设,预计 2015 年投入运营。2015 年年底完成济南、潍坊、青岛、临沂、济宁五大中心物流园区的建设。

3. 以点带面,尝试和开展城市配送试点项目

山东高速物流集团在省内重点物流节点城市(如青岛、临沂)开展城市配送试点项目。结合其他板块业务,研发适合的城市配送模式,固化业务模式与流程,并完成信息系统建设,尽快将业务发展模式由适应市场逐步向引领市场转变。

三、以标准箱为核心的城际城市物流体系建设的效果

(一)探索出一条城际城市物流发展的新路

标准箱物流体系解决了城际城市运输衔接中突出的“卡脖子”问题,为客户提供标准化、网络化、个性化的供应链整合服务,进一步打造企业集约化竞争的新优势,在各类城市运输主体间加强网络开放、互联互通、整合利用。另外,该体系持续的技术和管理创新融合能够提高山东高速物流集团的品牌形象,增强企业的生命力,提高企业在市场上的竞争能力。

“以标准箱为核心的物流体系”初步实施的效果良好,并得到中国物流与采购联合会、中国集装箱标准化委员会、山东省国资委、山东省交通运输厅、山东省经信委等多部门的高度评价和认可。目前,该项目已被山东省交通运输厅列为“山东省标准化物流试点项目”“山东省第二批甩挂试点项目”,并列入山东省科技创新项目计划,获得“2013 年全国交通运输企业科技创新一等奖”“山东省国资委商业模式创新一等奖”。

(二)推动企业物流业务的快速发展,取得较好的经济效益

体系运营以来,山东高速物流集团营业收入和利润结构持续向好。2013 年,山东高速物流集团完成营业收入 114 亿元,实现较好的经济和社会效益。2014 年上半年,山东高速物流集团取得营业收入 57.78 亿元,同比增幅 21.25%,各项成本费用实现优化调整,上半年营管费用率控制在 0.57%,远低于期初预算,为实现全年利润目标提供了保障。

成果实施后,完成货运单数 60 万单,货物准点率 99%,为客户节约成本 2000 多万元,节省资金成本 5%以上。经过测试,甩挂运输方式比传统单车运输方式百吨公里燃油消耗节省 0.68 升,下降 10.9%。试点路线合计将节省燃油 419 吨,折合标准煤 610 吨,减少二氧化碳排放量 1242 吨,若按柴油时价计算,相当于节省人民币 300 多万元。省内市区共同配送站点覆盖率达 90%以上,货物在共同配送中心集中存储和配载分拨,中心城区入城货运车辆总数减少 35%左右。

(三)为促进公路物流业集约化发展做出有益的探索和尝试

标准箱物流体系构建了资源集约、低碳高效、功能完善、保障有力的城际城市物流融合式服务平台体系,从物流流程的前端设计、运营管理、中转换装、配送运输到末端接卸的整个配送过程进行优化,产生良好的社会效益和生态效益。一是社会资源整合效果明显,包括运力资源、信息资源和货物资源整合。二是创新成果产生的产品极具推广价值。标准箱与配套车辆可以应用到城际公路运输、城市配送等物流领域,仅标准箱与社会车辆、船只进行结合,就可以延伸到海运、铁运领域。信息平台可以应用到标准化运输中,集成物联技术应用,未来子模块可以应用到各项物流业务中,推进物流软件技术进步。三是降低运输成本,实现低碳环保。应用的 LNG 燃气和电力等新能源运输工具及标准箱,低噪音、低排放甚至零排放,有利于节能减排、建设宜居环境。

(成果创造人:刘日辉、亓传代、冯宪阳、魏现立、赵延飞、
郝士杰、郑晓燕、孙海云、张　锋、贾向南)

基于移动互联网圈群的跨界精准营销

中国电信股份有限公司广东分公司

成果主创人:公司副总经理杨小丰

中国电信股份有限公司广东分公司(以下简称"广东电信")隶属于中国电信股份有限公司,是中国电信集团公司最大的省级分公司,总资产近1000亿元,年收入占中国电信股份有限公司的1/5。2000年以来,累计向国家上缴税收近350亿元。广东电信下辖21个市分公司、135个县(区)分公司、1195个营销服务中心,服务网点覆盖广东城市和乡村。截至2012年,广东电信天翼3G、固话宽带、政企客户总用户数超过6100万户。

一、基于移动互联网圈群的跨界精准营销的背景

(一)应对移动互联网时代下新型消费群体迅速崛起的需要

在"以人为本"的互联网思维指引的新商业文明时代下,消费者拥有无上的选择权,面对每天都在更新、降价的产品和服务,可以随心所欲地选购自己想要的一切。轻点鼠标、手机随身就可以获取信息或完成购买。同时单纯购物远不如为追求商品体验而消费带来更大的满足感,成功品牌为体验消费设定出独特的标准,并通过数字技术帮助品牌不断地强化消费体验。广东电信顺应移动互联时代背景,充分发挥自身优势,面向新型消费群体开展了一系列有针对性的传播活动。

(二)整合多方资源,积极应对移动互联机遇和挑战的需要

移动互联网时代,各个行业间界限正在逐步被打破,在一个大的概念范围内行业之间已是你中有我、我中有你,难以分辨一款产品应该属于那个行业。同时,消费者的体验需求已经扩散到越来越多的领域,用户体验层面也随之改变,对任何一款产品的需求不再仅仅要求满足功能上的基本需求,而是渴望产品与生活中其他相关产品的一种综合体验,传播环境的改变对运营商全价值体验的整合能力提出挑战。

(三)顺应移动互联圈群效应的趋势,提升传播效应的需要

现代交通和网络通信技术的每一次进步,都在扩展着人们的生活半径,这不仅仅表现在拉近了人们之间的距离,更让很多在年龄、职业、兴趣爱好等方面具有共同特性的群体走到一起,形成了各种个性鲜明的用户圈群。同时用户需求越来越多元化,个性化需求日益突出。传播层面也需要企业提出更加精细化的解决策略,针对细分客户提供不同的传播组合,更有效、更节约地将品牌、产品的信息传播出去,精准推送给目标客户。

（四）提升品牌竞争力，创新营销模式的需要

进入移动互联时代，坐等顾客上门的时代过去了。用户接触信息的渠道日趋多样化，传播环境越来越复杂，运营商们都逐渐认识到：投入的传播资源越来越多，但取得的效果却止步不前，甚至倒退。创新营销模式是提升品牌竞争力的需要。

二、基于移动互联网圈群的跨界精准营销的内涵和主要做法

广东电信在“开放、合作、创新、共赢”的原则指引下，打造了一个具有鲜明移动互联网特色的营销平台。以移动互联网用户人文特征集聚的圈群为目标，针对“体育、旅行、音乐”三大圈群用户，采取跨界整合营销方式，以迎合圈群需求并融合品牌信息的内容营销吸引用户持续关注，借助移动互联网的滚雪球传播特点，提升用户体验感知，不断放大圈群效应，最终搭建一个圈群成长与电信业务共生发展，向用户持续输出电信品牌信息，以精准完成品牌形象提升和营销促进两大任务的可持续发展的营销平台。广东电信开展了三大主题营销活动：联合广州恒大的体育营销、多方资源共同参与的带上天翼去旅行以及联合中国好声音的音乐营销。三大主题营销活动在基于移动互联网圈群的跨界精准营销的创新模式下，取得了非常不错的效果。主要做法如下：

（一）以精细化的圈群营销，深入挖掘用户价值

1. 释放圈群巨大传播影响力，具备辐射传播效应

圈群是一个具有相同社会属性的阶层，也可以是一个区域内本身具备很强的社会联系、社会属性相近的群体。圈层运动的最初表现是欧洲近代产生的“文化沙龙”，作为一种社会性的圈层，它的稳定比今天营销性的“圈群”更强。移动互联网时代，做好圈群营销，对于建立用户的品牌忠诚度具有积极作用。现在很多人要购买一个产品，会上互联网对信息进行收集，到各类论坛上去寻找其他人的使用感受等。因此，各种由网友自行组建的圈群就成了这些信息的聚合点，这些信息不仅对圈群内的人产生影响，对于圈群外的目标客户的影响力也是巨大的。

2. 找准方向，做深、做透

一是聚合最优的圈群用户。主要选择“体育圈、旅行圈、音乐圈”三大圈群用户。体育方面，两大球（特别是足球）在广东深受用户喜爱，聚集了一大批铁杆粉丝群，规模巨大，且圈群效应非常明显；旅行方面，广东独特的地理位置为旅游爱好者提供了绝佳的体验环境，无论是境内游还是境外游，广东旅游市场常年火爆；音乐方面，由于受到港台音乐圈的影响，广东始终处于流行音乐的前线阵地，音乐氛围非常好。发烧级、领袖级的圈群用户，在圈群中具备非常大的影响力，可成为品牌话语者，为品牌背书。

明星大V齐聚澳门——以旅行营销引领天翼生活

二是借势热点事件激发圈群效应

倍增。广东电信以三大热点事件作为引爆，开展三大主题类活动：体育方面，借势冲击亚冠的广州恒大，联合品牌营销活动；旅行方面，以“明星＋高端定制”为话题，吸引中高端用户的关注；音乐方面，借势手机交易节，整合了三场以上演唱会，超多的明星、天天上演的华丽表演成为当时热门的社会话题。

3. 聚焦球迷圈群，联合广州恒大开展体育营销

在与广州恒大的合作中，广东电信借助恒大冲击亚冠的热点事件及广大球迷的巨大影响力，将天翼与球迷、恒大紧密地结合在一起，通过战略合作、合作伙伴关系、形象代言、定制粉丝专属手机、精准广告传播、线下公关等一系列品牌活动，持续填充品牌内涵，打造了以球迷圈群为核心，不断提升品牌影响力和号召力的体育营销平台。

一是定位球迷，双方传播资源交叉影响，拉近与球迷距离。比赛前天，河体育中心东门竖立醒目签名板，并在背景板展示天翼 LOGO、天翼互动活动信息，三场比赛签名板吸引签名人数达 1.2 万余人，影响人数近 6 万人次。

比赛现场 2 分钟 LED 闪屏广告及 CCTV5、广东体育等央视、省市级电视台直播，视频网站转播画面捕捉，影响球迷人群超过 8000 万人。恒大新闻官网、官方微博与电信互动，精准传播价值过千万元。各大平面、电视、网络门户、球迷联盟论坛、微博粉丝刊发/转发/转载，泛众传播价值超 5000 万元。

二是开发针对足球迷的天翼手机套票。广东电信与恒大足球俱乐部首次联合发行中超手机套票，共发行 2.7 万张；同时通过官方微博、微信系列活动的开展，聚合到越来越多的球迷用户，影响球迷过千万，形成了持续不断地黏合目标客户的活动平台。

三是开展充值优惠活动，刺激球迷参与，带动业务发展。在“为亚冠充啊”活动中，广大球迷积极参与，12 天合计参与预存 25237 笔，共 1298 万元，日均充值 108.1 万元，环比常规日预存量提升 4.3 倍。

同时将中国电信 iPhone 新品、抢亚冠门票活动信息传递给足球迷，配合软文、微博、球迷联盟论坛的传播，共计影响广东 500 万名球迷。

（二）以跨界思维整合多方资源，发挥多品牌协同效应

1. 通过多品牌联合营销，让品牌联想更具张力

跨界合作意味着需要打破传统的营销思维模式，避免单独作战，寻求非业内的合作伙伴，发挥不同类别品牌的协同效应。跨界营销的实质，是实现多个品牌从不同角度诠释同一个用户的某个生活特征。

2. 跨界合作品牌筛选原则

在选择跨界合作品牌的问题上，广东电信在六大原则的指导下，积累了一批“合作共赢、为我所用、实现突破”的合作伙伴，为系列活动的开展提供了强大的支撑和保障。

一是资源相匹配。联合与中国电信在品牌实力、营销思路、企业战略、消费群体、市场地位等方面具有一定共性和对等性的品牌，门当户对。

二是品牌效应叠加。多品牌联合在优劣势上进行相互补充，从而丰富品牌的内涵和提升品牌整体影响力。如旅行文化与天翼网络优势相结合，满足了客户需求，使品牌得到了提升和认同。

三是消费群体高度重叠。联合品牌在品牌调性、目标消费群体均保持高度重叠，与天翼具备一致或者重复消费群体。

四是非竞争性品牌。各个品牌商家不可存在此消彼长的竞争关系。

五是品牌理念一致性。双方的品牌在内涵上有着一致或者相似的诉求点或代表有相同的消费群体、特征，才能在跨界营销的实施过程中产生由A品牌联想到B品牌的作用，实现两个品牌相关联或者在两个品牌之间在特定的时候画上等号。

六是用户为中心。从过去关注自身向关注消费者转移，关注消费者需求，提供消费所需，企业更多强调消费者的体验和感受，因此对于跨度营销来讲只有将所有的工作基于这一点才会发挥作用。

3. 带上天翼去旅行(南澳站)跨界整合营销传播

带上天翼去旅行活动通过"名人效应＋高端品牌"的联动，在不到3个月的时间获得了千万级的媒体曝光，高效地聚合中高端客户群，将天翼业务融入消费者生活中，争取中高端客户的品牌偏好，活动融合了3G生活、娱乐、汽车、游轮、旅游等元素，所有的元素发生碰撞，开创了新颖的跨界整合营销模式。

广东电信与南澳大利亚旅游局、华为集团、新加坡航空公司、华纳威秀主题公园集团、广州乐富葡萄酒有限公司、广州海航威斯汀酒店展开合作，并依据合作资源制定整体活动方案。

首先，资源整合，大大减少营销成本。各家企业和公司在餐饮、酒店、航空、通信等都利用各自的优势资源，提供了全程的强有力支持，极大地节约了活动成本。除此之外，合作伙伴还通过自有媒体对各自会员、VIP客户、车友会等中高端群体进行精准传播，使活动信息深入传达至目标群，极大地提升了天翼在中高端客户中的品牌形象。

其次，改变单纯的业务推广模式，向深度互动体验营销模式转变。带上天翼去旅行打造了一种全新的移动互联时代的旅行方式：出门前，用它查天气；行路时，用天翼导航；危难时，翼聊是求救神器；无聊时，爱音乐给你节奏；休息时，有掌上电影院；娱乐时，爱游戏帮你联机，无处不在、无处不快的天翼网络让喜怒哀乐及时分享，可以让你扔掉电脑、PAD、小说、MP3、地图等25公斤重的行囊，轻松出行，从而在旅行中强化天翼产品体验，在体验中提升品牌认同。

同时合作品牌也通过自身资源，为客户在旅途中提供多元化、多形式、贴心的、一流的服务。如新加坡航空、海航威斯汀酒店让客户体验到了国际航空、酒店的顶级服务；南澳大利亚旅游局、华纳威秀主题公园集团则让客户感受到澳大利亚天雕地凿的自然之美和蓬勃大气的澳洲文化，让用户对品牌产生真正的热爱。

(三)以"内容为王"的传播思维，创新社会化传播

1. 移动互联网时代下，社会化传播两大特征

一是逐热化，即"不借势，就造势"。信息化社会，消费者面对海量信息，永远都将眼光、注意力聚焦到最热门、最具话题性的事物上；而企业则借此争夺消费者眼球，借助消费者自身的传播力，依靠轻松娱乐的方式，潜移默化地引导市场消费，获得持续性积极、正面的影响。

二是末端化，即“要流量，更要销量”。企业总是努力地、最大限度地接近顾客，尤其是在促进用户购买转化的营销末端。企业与客户有效接触的核心目的是实现最大化营销，并获得品牌忠诚。

2. 聚焦内容营销，丰富社会化媒体传播内容

在传播上以社会化媒体阵营为主，通过媒体粉丝、达人粉丝、名人明星粉丝、品牌粉丝进行扩散，制造话题热点，吸引圈群用户关注。同时通过传统媒体进行持续深入的报道，极大地扩大了传播覆盖面及到达率。

3. 持续不断地为用户创造可被传播的内容或话题

在社会媒体形态中，有价值的内容(讲故事)成为营销的核心，在公共关系中添加内容营销策略和社交媒体计划时，故事是这一切的基石，创造出的故事将使更多人参与话题，在故事中提升品牌口碑。

4. 充分发挥意见领袖的传播价值，成为品牌话语者

与部分意见领袖合作，通过意见领袖传播品牌价值。对于每个消费群体，都至少有一、两个意见领袖，他们在互联网关于产品使用经验和感受的发言，对于品牌推广起到积极作用，能迅速获得其粉丝的认可，以实现低成本的营销。

例如，广东电信联合广州恒大在冲击亚冠期间，借势开展了一系列话题炒作活动：“里皮成为广东电信 iPhone5s 第一用户”“队员获赠电信版 iPhone5s”“埃里克森赠送天翼版 iPhone5s 给自己的母亲”等事件。

又如，在好声音巡演活动中，明星学员造访营业厅，进行现场签售，举行线下歌迷见面会，为营业厅聚集了人气，在粉丝中引起了巨大轰动，微博微信进行疯狂转发。最终整个活动取得了品牌形象、业务销售双提升的营销效果。

(四)打造可激发互联网圈群效应持续发展的营销平台

广东电信抓住移动互联的消费特征，从平台结构、资源配置、组织模式三个方面打造了一个基于圈群效应的营销支撑平台。

1. 打造完整的平台结构

营销平台主要基于三大圈群用户需求，以跨界的品牌联合方式，主要围绕业务体验、传播扩散、营销组织三个层面进行提升。

2. 高效的资源配置方式

充分调动自身资源和外部资源为项目服务。从自身资源看，省市联动，明确分工，利用各部门、各渠道的营销和传播资源进行“面上造声势，点上促销售”的推广活动；同时联合与项目相关的外部资源，开展联合推广，通过各自的传播渠道对用户进行交叉影响。

3. 快速反应、高效运作的组织模式

组织架构精细化。项目由市场部牵头，对运作、统筹负责；渠道部门对方案、管控负责；公客部配合线下推广；县区公司对客户、执行负责。

团队沟通高效化。为适应移动互联项目运作快速反应的特点，针对项目推出三大沟通机制。一是集团、省、市三级联动机制，定期汇报，保证整体项目按集团指导方针进行。

二是定期联席会议制度，出席方包括策划、执行、资源提供方等，确保活动稳步、高效推进。三是对外无缝沟通机制，与项目具体执行单位实时保持沟通，确保项目按计划落实。

例如，在中国好声音巡演活动中，广东电信搭建了精细化运作的活动管理团队（三大部门、1个分公司、1个专业团队，打造最高规格娱乐营销活动）；实行进度管控；在活动前期、中期、现场、后期有序引导、开展立体式传播。

三、基于移动互联网圈群的跨界精准营销的效果

（一）业务销售促进明显，带来非常可观的经济效益

广东电信通过覆盖全省的三大主题传播活动，直接带来约5亿元的业务收入，近500万的新增用户，千元智能机销售与同期相比翻番，提升120%，同时也吸引了超过40人万的中高端用户加入天翼品牌。整体业务收入达到了同期的4～5倍。

（二）提升了品牌美誉度，形成良好的社会影响

广东电信三大主题活动的开展，通过自有媒体和大众媒体的报道，使活动的传播声量推向高潮。得到传统主流媒体、互联网门户网站自发报道，投入不足千万元，整体媒介价值却高达数亿元，官方微博、微信粉丝数急剧增加，粉丝高度关注，项目直接影响超过3亿人群，营造了很好的品牌传播氛围。在体育、旅行、音乐方面的三大主题活动都得到了广东用户的一致好评。

（三）可复制的活动模式实现规模化地推广

广东电信通过在体育营销、旅行营销、音乐营销几个层面的实践，积累了丰富的运作经验，构建了一个基于互联网思维的营销新体系：即通过整合多方资源，借势热点或创造热点，以个性化圈群为主要传播对象，同时辐射周边消费者，并通过社会化媒体的传播扩散，形成强大的影响力，配合产品促销、体验、公关等内容，最大化地提升品牌影响力和号召力，最终实现品牌形象提升和营销促进两大任务。

广东电信融合了“跨界＋互联网＋移动宽带”三大元素，深入到用户移动互联生活的方方面面，与用户产生强关联，主要体现在：由提供移动信息化解决方案向提供移动互联全方位信息生活方式的转变，由广撒网的大众化传播模式向聚合圈群的精准传播模式的转变，满足用户单方面的通信需求向满足用户移动互联网的多元化信息需求的转变，由以往单一的品牌形象和促销宣传向引爆移动互联内容营销的转变，由短期的营销活动向可持续发展的营销平台的转变。

（成果创造人：钟　平、杨小丰、王湘江、谢　崴、陆玮仑、高建森、吴　宇、王艺霏、陈　虹、杜莹莹、王　俊、陈　峻）

大型钢铁企业海外市场拓展

唐山钢铁集团有限责任公司

成果主创人：公司董事长、党委书记王兰玉

唐山钢铁集团有限责任公司（以下简称“唐钢”）是河北钢铁集团的骨干企业，全国特大型钢铁企业，主要产品为板、棒、线、型四大类140多个品种。改革开放以来，唐钢共产钢1.55亿吨、实现利税450亿元。近年来，连续荣获“全国五一劳动奖状”、全国首批“资源节约型环境友好型”企业试点单位、“河北省明星企业”等荣誉称号。

一、大型钢铁企业海外市场拓展的背景

（一）推进钢铁企业国际化符合国家对外贸易政策

国家发改委、商务部和工信部等有关部门已经联合研究相关政策措施，其中包括了钢铁企业“走出去”的对策研究和体现中国国情的铁矿石进口贸易模式和进口秩序问题，除继续鼓励钢铁企业“走出去”，参与海外矿山投资之外，还鼓励企业积极参与海运市场、码头、海外矿山基地、钢铁工业园及相关配套设施建设。

国家《钢铁工业“十二五”发展规划》明确提出：促进国际交流合作，完善中外钢铁交流机制，促进各方在信息、技术、管理等方面的沟通。适时调整产品进出口贸易政策，积极应对国际贸易摩擦。建立高效协调机制，支持企业有序开发境外资源。引导具有国际竞争力的境外钢铁企业集团参与国内兼并重组和合资合作。支持大型优势企业围绕低碳制造技术开展国际合作。从贯彻落实国家鼓励企业实施“走出去”战略的角度看，钢铁企业拓展海外市场具有良好的政策环境，可以发挥表率作用。

（二）推进国际化是企业转型发展的关键路径

伴随着国内经济的快速发展，中国钢铁业产量逐年递增，国内钢铁企业对外合作大多数仅限于在原料方面。国际矿业并购中，澳大利亚、美国、加拿大占了七成，中国仅占6%。在产业链的初端国际资本在积极抢占国际矿业的未来制高点和增强垄断控制力。中国钢铁企业在全球钢铁资源掌控上难以与国际资本抗衡，只有在产品制造过程和钢铁产品的终端寻找出路。

2009年以来，钢铁行业产能过剩的问题日益严重，国内钢铁市场竞争日趋白热化，钢铁企业如何转型发展是一个重大课题与挑战。唐钢提出“用开放性思维，全行业视野，国际化定位，解决企业生产经营及转型发展过程中的难点问题”。同时，钢铁企业国际化也

是应对经济全球化的必然趋势。因此，从我国钢铁行业转型发展的角度看，企业拓展海外市场是提升市场竞争能力、摆脱国内市场困境的重要选择。

（三）推进国际化是唐钢发展的战略选择

唐钢始建于1943年，是我国转炉炼钢的发祥地，经历70多年的风雨历程，已跻身国际先进行列，成为中国重要的精品板材和建材生产基地。唐钢的生产原料进口量占比近90%，产品出口占比接近30%，国际化经营已到相当高的程度，加之唐钢有毗邻港口的区位优势，从唐钢自身发展的角度看，包括战略、产业布局都形成独特优势，全力推进国际化发展已经成为唐钢的经营方针。

近年来，唐钢积极实施国际化战略，拓展国际交流平台，拓宽合作领域，全面加快国际化发展步伐。明确提出"国内领先、国际一流"的发展目标，与此对应的是产品一流、队伍一流、效益一流、环境一流；提出"建设最具竞争力钢铁企业"的战略目标。为此，唐钢全面优化改善生产经营环境，为实施国际化战略奠定良好基础。同时，唐钢着力提高国际化经营能力，完善内部组织体系、优化人员配置，建立以市场为导向的生产组织模式。

二、大型钢铁企业海外市场拓展的内涵与主要做法

唐钢充分发掘自身优势，探索构建国际化经营管理的新模式，创新科学发展路径，转变生产组织模式，着力构建全面贴近国际市场、极具竞争力的管控体系，以国际化为阶梯，推进转型升级，提质增效，在内涵式发展过程中，从借船入海开始，不断实现质的进步和跨越式发展。主要做法如下：

（一）创新经营发展理念，迎接国际化新挑战

唐钢从2009年开始，在应对金融危机的挑战中，树立"我们左右不了市场，但可以左右自身工作"的理念，为不断提高工作水平、战胜市场困难提供了强大动力；在艰巨繁重的生产经营任务面前，树立"责任大于能力"的理念，使广大职工的工作标准、行为习惯得到明显提升和转变；面对钢铁行业激烈的市场竞争形势，树立"要做没做过的事、没做成的事、没做精的事，各项工作争创行业一流"的理念，使各项工作在不断学习赶超中取得历史性突破；在行业实施结构调整、推进产业升级的发展趋势下，提出"以精细化管理为手段，实现生产经济运行"的理念，使企业管理水平不断提高，循环经济发展迈出坚实步伐；面对企业与社会、企业与自然和谐发展的要求，提出"打造精品唐钢"理念，推动企业清洁生产工作的全面开展。

唐钢与浦项LED项目展开合作

走出去、实施国际化战略肯定要遇到这样或那样的困境，但唐钢为此做好了充分准备，包括技术储备、产品储备、人才储备，坚信只要坚定信心，有针对性地制定适合唐钢的国际化战略，就一定可以成功。正是由于拥有坚定的信心，使唐钢在全球钢材市场不景气的时候迈开国际化步伐，充分利用公司所拥有的国际一流的

设备、技术、人才，成功打入海外市场，并一步一步地走向深入。

(二)培育创新氛围，强化国际化企业人才基础

为增强职工创新能力，提升职工技术素质，公司在不断完善人才管理办法、健全人才培养机制、拓宽人才成长渠道的同时，以各专业技术领军人才命名成立职工创新工作室，着力进行技术创新，并围绕技能人才培育这一主题，努力打造技能人才的“成长摇篮”和绝技绝招的“传承系统”。2012年8月，作为全国首批50家国家级技能大师工作室之一，郑久强国家级技能大师工作室揭牌成立。除此之外，公司现有3个省级、7个市级、18个公司级职工创新工作室，覆盖公司各主要生产线，在关键技术攻关、解决技术难题中发挥着重要作用。2012年11月，意大利人劳瑞斯加入唐钢，成为唐钢历史上首位外籍员工。公司专门成立劳瑞斯工作室，这是公司第一个外籍员工牵头负责的职工创新工作室，包括博士在内的10名技术人员与劳瑞斯一道立足生产线开展技术攻关工作，很快解决了三镀锌线钢带未钝化部分过长等多个技术难题。目前，劳瑞斯工作室已经成为冷轧生产线上的关键一环。

加快公司国际化发展，要学习国际化人才的优秀品质。随着公司国际化发展步伐的加快，思维方式、工作方式和工作态度都要与国际接轨。国际化的唐钢需要劳瑞斯这样的国际化人才带来新思想、新理念，特别注意保护好这些人才身上珍贵的“特质”，包括求真务实的职业精神、开明开放的包容胸怀、勇于进取的创新意识，让这些“特质”为企业注入新的活力。

(三)强化高效率、快节奏的生产组织管理

通过融入国际市场，唐钢不断提升自身经营理念、生产组织、内部管理、工艺技术等方面的标准，以强化市场营销理念为先导，在冷轧着实开始了一场以用户为中心、以精细化管理为手段的生产组织与管理模式大变革。

以高效满足用户需求为目标，推进制度化、标准化、规范化管理。冷轧出口带来直接的结果是产能快速释放，导致生产组织难度空前加大，生产线布局不合理、库区不足的矛盾日益突出。为此，唐钢及时提出以精细化管理手段确保生产高效、可控、经济运行的目标。积极参与国外每一笔订单合同的评审，掌握用户对产品的各种需求，超前谋划生产组织细节。整顿和规范生产秩序，强调生产的计划性和调度的权威性，提高机时产量，优化物流走向，合理控制中间库存，大幅加快生产节奏，确保出口产品交货期。出口合同生产周期由最初的15～30天，减少到1～8天。延伸管理链条，制定产品运输过程管理规定，加强与运输方及港口的沟通协调，减少运输和存贮中对产品造成磕碰或包装破损。为满足出口产品运输要求，减少冷轧产品在海运过程中的锈蚀、碰伤等现象，将包装改为全铁皮精包装，后来又开发出“可视化包装”专利，确保冷轧产品“完美”交到国际客户手中。

坚持“用户的要求就是最高标准”的理念，强化全员、全方位、全流程质量管理与控制。为得到国际贸易商对唐钢产品的长期认可，冷轧提出“质量是生命、产品是孩子”的理念，针对外商反映的产品缺陷，多次邀请专家深入生产现场，提出和解决影响质量的工艺技术问题。充分利用ERP系统，建立全过程质量跟踪和控制系统。完善和推进质量

点检确认和岗位作业指导书制度。出台工艺技术检修制度,强化工艺设备与操作控制的有机结合。采取优化工艺参数、精细化操作、建立重点用户档案、开展直接缺陷攻关等措施,以过硬的工作质量和持续改善的过程控制,确保最终产品质量。

实行主动延伸管理,实现现场到市场用户的无缝衔接,增强对市场的快速反应能力和对用户的服务保障能力。将真诚服务理念贯穿于出口产品生产、包装、外发到售后服务等全方位、全过程。为全面对接市场,掌握终端用户的真实需求,冷轧将技术科改为市场技术科,派出技术人员到意大利和巴西等市场跟踪了解产品的使用情况和直接用户对产品性能的具体要求;2011 年 6 月,冷轧积极推动唐钢海外服务中心欧洲事业部成立,专门负责欧洲地区的钢材销售工作,探索建立国际化的服务和销售网络。冷轧高度关注国际市场和售后服务,建立常态化国际技术服务交流机制。加快研究国外产品标准和市场需求,研究为客户提供全面服务的方式。提出"卖产品就是卖服务"、"用户对产品的任何要求就是我们工作的最高标准"等服务理念,全面提升国际化服务水平。

(四)探索适应国际化经营管理的新模式

唐钢的国际化进程并不急于一步就实现,而是首先打基础,在夯实基础的前提下不断深化,使入股外国企业和合资建厂水到渠成。

唐钢国际化战略具有稳步前进的特点。从唐钢国际化发展历程看,分五个阶段,而且一环扣一环稳步发展,从最初的紧紧抓住机遇、借力德高公司的销售网络到技术支持、利用外资、入股德高公司和合作建厂,从钢铁贸易拓展到技术、资源和融资等多个领域,合作不断深入。

1. 以满足用户要求为导向,赢得客户信任

唐钢的国际化战略实施缘于产品。唐钢冷轧生产线建成后正赶上全球金融危机,设备开工率不足,产品质量也不稳定,市场需求不足,几乎没有订单,处于闲置状态。2009 年 10 月,唐钢冷轧厂从瑞士德高公司得到一个订单,总量 6000 吨,品种是特殊规格的镀锌板,产品技术难度相当大。开工后,随着工作的逐步推进,生产过程中出现各种难题,生产遇到极大挑战。同时,由于接下订单时已近交货期,所以直到德高公司的取货船进入京唐港,唐钢仍然没有生产出 1 吨合格的成品。根据合同规定,船到港后,每天不交货的罚金都是等比增加,在这样巨大的压力下,冷轧厂的职工半个月没离开生产线,反复对比调整各种参数。尽管在此单生产时遇到很多困难,但唐钢始终有一个信念,就是无论如何也要生产出用户所需的产品。最终,在与德高公司的共同合作下,经过长时间努力,所有数据终于耦合,生产出第一批满足合同要求的产品。之后,德高公司主动承担货船滞留的罚款,产品也最终被送到德高公司在北美以及南美的客户手中。此次生产镀锌板给唐钢带来了信心,坚定了敢为天下先的理念,同时,这次合作过程中唐钢敢于担当和极其负责任的态度给德高公司留下极深刻的印象,为唐钢开拓国际市场、实施海外发展战略探索出新途径。

彼此信任的良好合作由此开始,德高公司随即追加一份 2.6 万吨的普通镀锌产品订单。之后,由唐钢生产、德高公司销售的产品源源不断地经过德高的销售渠道供应到全球各地的市场。在此合作中,唐钢与德高公司形成紧密的合作关系:德高公司对唐钢产

品同等条件下优先采购，即只要唐钢设备能生产的产品，唐钢优先承接生产订单；唐钢生产不了或能力无法满足的，再去其他厂家采购，表明德高公司对唐钢公司产品在质量和交货时间上给予的充分信任。

2. 扩大生产技术合作，培育合作机制

德高公司做销售有一个特点，即对其用户所采购的产品在使用中出现的任何问题全权负责，而不是回溯到生产厂家，如果产品质量出了问题，德高公司会认为是自己技术把关不到位，这种先进的服务用户的理念对德高公司而言必须要严密监控供应商的产品质量。在唐钢大量生产出口产品的过程中，德高公司要求派出技术专家团队监督生产，唐钢认为，德高专家团队做监督一方面是为了自己的销售理念和用户利益要求产品质量，同时在另一方面也必然会带来先进的技术、管理模式和思维的改进。德高公司有一个技术团队，自 2009 年至今长期服务于唐钢的各个产线。

随着唐钢与德高公司合作的深入，从 2011 年开始，专家团队改为一部分常驻，另一部分根据需求安排。除直接的指导和传授，在遇到双方都不能够解决的问题时，德高还把其他优秀的合作伙伴介绍给唐钢，鉴于德高的市场地位和国际视野，这样的引荐对唐钢来说也是另外一种财富。唐钢在 2011 年与德高公司建立半年一次高层互访关系、达成每年固定贸易量框架协议的基础上，2012 年 2 月，唐钢又与德高公司签订为期两年的技术合作协议，德高公司将帮助唐钢改造生产工艺流程，确定品种开发方向，这标志着唐钢与德高公司的合作已经从一般贸易层面拓展到包括技术、管理、服务等方面的全面战略合作，为进一步提升唐钢参与国际市场竞争的“软实力”奠定了坚实基础。

借助德高公司成熟的技术服务和网络渠道，唐钢品牌在国际市场上的竞争力与影响力日益增强。在深化与德高公司合作的基础上，唐钢拓宽国际销售渠道，与德国奥特沃夫、蔻依林特、德国 BE、芬兰远东等其他国际钢铁贸易集团建立了长期合作关系。

随着国际化的深入推进，唐钢加大对国际化合作业务人才的培养。每年选派 10 名高级技术管理人员到德高总部学习技术管理，为唐钢在其他国际合作或者分厂分部储备力量。唐钢计划以这种方式扩充人才库。

3. 推进风险共担，建立高品质资金融入渠道

唐钢与德高公司进一步的深化合作，体现在通过产品预付让唐钢与德高公司双方建立利益共同体。2012 年，唐钢和德高公司在北京签署钢铁产品出口结构性资金协议。根据协议，以德高公司提供担保，德意志银行、荷兰银行、新加坡星展银行、新加坡大华银行、法国外贸银行、汇丰银行等 6 大国际银行，一次性向唐钢提供 2.7 亿美元货款作为订货预付款，订单主要为冷轧产品，产品全部由德高公司销往国际市场。2013 年 3 月 20 日，唐钢入股德高公司暨 12 亿美元钢材出口结构性资金协议签字仪式在北京举行。这些钱的融资利息非常低，效益可观，对于唐钢是极大的信任和强力的支持。而德高公司作为融资担保方，在真正意义上成为唐钢的利益共同体，12 亿美元要靠钢铁产品出口销售偿还，如果销售不利无法偿还，德高和唐钢同样承担责任。压力共担，利益共享，思维模式随之转变，经营关系也自然理顺了，同等条件下德高一定优先销售唐钢的产品。

4. 全面战略合作，入股德高国际贸易控股公司

唐钢与德高的合作范围从简单的钢铁贸易拓展到技术、资源和融资等多个领域。

2013 年，唐钢公司参股德高国际贸易控股公司(DITH)，占有 10%的股份。对于唐钢和德高公司来说，这次入股把双方的利益正式结合在一起，开创合作的新纪元。

这次入股，使双方的关系更进一步，给彼此带来可观的效益，同时也孕育着新的合作方式。唐钢参股德高国际贸易控股公司后，唐钢在前期收益的基础上得到更多的结构性资金和德高国际贸易控股全年全球销售 2300 万吨钢铁产品利润的 10%，这其中当然包括唐钢自产产品的 10%利益反馈。不但如此，唐钢还借助德高遍布全球的销售网络完成海外布局，德高全球销售网络具有很强的深度、广度和影响力。而德高公司得到的是一个 2000 万吨级钢厂的供货能力，在能力范围内生产任何德高需要的产品，而且这个大规模供应商产品的质量和稳定性是有保证的，是通过过去几年的合作证明了的。德高在中国市场和其他国际贸易商竞争的过程中多了一个稳固的支点。

5. 深度扩大合作范围，合作建厂

2012 年 9 月 13 日，唐钢与德高合作建设冷轧项目的启动仪式在西安举行。这一项目也是唐钢建厂 70 年来第一个完全采用国际化模式组织项目建设和生产运营的产业项目。根据唐钢与有关合作方的约定和签订的商务合同，德高公司将在项目建设及未来生产过程中为唐钢高强汽车板项目提供全程的技术服务和管理支持。

唐钢高强汽车板项目将改变唐山作为钢铁大市只能生产中低端钢铁产品的现状，有效提升本地钢铁产业在行业的分量和位置。该项目坚持工艺现代化、装备大型化、生产集约化、能源资源循环化、经济效益最佳化的高起点发展目标，以科技含量高、经济效益好、资源消耗低、环境污染少为特点，将开辟转型升级的新路径。该项目蕴藏着巨大的产业深加工衍生效应，拥有非常可观的后续产业链延伸潜力，将有力带动唐山地区耗钢产业的大发展，焕发制造业活力、拉动地方经济发展。该项目已成为唐山市及河北省的技术创新支撑项目。

三、大型钢铁企业海外市场拓展的效果

(一)2009 年以来唐钢国际化经营取得显著的经济效益

从我国钢铁行业来看，唐钢的国际化道路起步较晚。2008 年开始钢材出口，当年出口量不过 7 万吨，然而唐钢积极利用后发优势，厚积薄发，从 2009 年开始产品出口量连年跃升，到 2012 年达到 155 万吨。唐钢的产品出口量能够有突飞猛进的增长，不仅与企业领导高瞻远瞩制定企业国际化战略并实施密切相关，更始于唐钢和德高公司不断深化的合作。在 2012 年 155 万吨的出口产品中，由德高公司代理销售的产品就有 116 万吨。唐钢与德高公司的合作，是一个不断深化的过程，从代理销售出口量一步步增长、技术管理经验传授、担保融资、合作建厂及投资入股，可以说唐钢和德高的合作实质性地促进了唐钢国际化的进程，树立了产业链延伸深度合作的典范，形成了唐钢的特有发展模式。

(二)通过拓展海外市场、加强国际化经营管理，对唐钢摆脱行业困境、增强市场竞争能力、实现有效发展发挥了重要作用

唐钢实施国际化经营与管理提升了企业发展的质量。唐钢领导团队始终保持着清晰明确的发展战略，在国际化进程中，通过观察和比对看清了自己的实力和能与之匹配

的策略，拥有后发优势。唐钢与德高公司的合作对于唐钢来说是产业链下游延伸与国际化的高效结合。从产品模式和生产组织结构来说，没有人比全球最大的贸易商更了解客户，没有人在全球范围内比其综合服务能力更强，从物流、库存、销售、配送到客服，德高公司能够真正做到“把鱼从鱼头吃到鱼刺”。正是因为唐钢与德高公司结合的匹配度极高，给双方都带来实在的收益，使唐钢走上国际化发展的捷径。

（三）唐钢国际化经营管理所取得的成功经验为我国钢铁企业实施“走出去”战略、提高国际竞争能力起到示范作用

1. *唐钢国际化经营管理提升企业的软实力*

唐钢的国际化战略业绩斐然。通过入股德高公司和结构性预付款给唐钢带来的收益和资金链有效流通带来的价值是不争的事实。唐钢的冷轧产品生产线在与德高公司合作之初几乎从零开始摸索，到能够生产技术过硬的产品并出口全球，就是唐钢从德高公司获取到先进生产技术和管理方法的体现。国际化经营带来订单的同时也带来先进的市场理念、文化、管理和技术，这是比订单更宝贵的“软实力”。此外，能够生产质量过硬、畅销的产品给唐钢人带来的信心具有不可估量的价值，同时，双方的密切合作也奠定了唐钢生产性能更好的产品的坚实基础。

2. *唐钢国际化经营管理提升了企业的品牌价值*

出口量带来国际影响力，产品就是名片，唐钢的实力、产品已被越来越多的国际企业认可。唐钢的国际化道路在不断拓宽：与韩国浦项钢铁公司着手 LED 技术合作；与哈斯科公司着手生物制乙醇项目。正是有了与德高公司成功的合作才让唐钢为国际伙伴所信赖，也让唐钢在国际化经营中更加应对自如。

3. *唐钢国际化经营管理为钢铁企业“走出去”提供了典型示范*

唐钢国际化经营管理的锐意探索与成功实践，最重要的是企业有明确的战略措施，并加以贯彻执行，同时，有勇于担当的精神和真诚，获得合作伙伴的信任，进一步发展和加深合作关系，进而给企业带来丰厚的回报。唐钢未来的战略目标是“建设最具竞争力的钢铁企业”，最具竞争力企业一定是一个国际化的企业，从现实情况与发展速度看，唐钢的进步与成绩已与发展目标越来越近。

唐钢实施“走出去”战略是经营模式创新，特别是关系到多方利益时，在实行战略投资者的股份制合作、重视引进国内投资公司资金、重视融入合作方资金投资、以股份制形式减少投资风险等方面对中国钢铁企业有良好的示范作用。

（成果创造人：于　勇、王兰玉、田　欣、李一栋、赵丽树、
王亚光、谭文振、张爱民、崔喜元、王东林、王　静）

中小企业信用担保业务的开发与管理

深圳市中小企业信用融资担保集团有限公司

成果主创人：公司董事长胡泽恩

深圳市中小企业信用融资担保集团有限公司（以下简称“深圳担保集团”）成立于1999年，是全国首批中小企业信用担保机构试点之一。经过15年探索发展，深圳担保集团已成为全国担保行业领军企业，业务立足于深圳，服务全广东，并向长三角、环渤海地区辐射，是目前广东省最大的融资性担保机构。集团形成以中小企业融资性担保为主体的一站式融资服务链条，业务品种涵盖信贷市场担保、工程市场担保，并已向高端资本市场担保进军。

自1999年财政拨款2000万元起步，截至2014年6月底，深圳担保集团累计服务企业上万家，累计担保金额1393亿元，累计担保项目15776个，风险赔付率仅0.02%，服务能力及风险控制水平均居国内首位，在国家发改委组织的全国担保机构信用评级中获评最高资信等级AAA级。

一、中小企业信用担保业务的开发与管理的背景

（一）打造以中小企业法人为主体的融资性担保是高端服务业的需要

高端服务业瞄准的是高端市场，其理念是实现服务和被服务者的“双赢”，以谋求两者长远利益为目标。目前，我国担保分为三个层次：最低层次的担保为个人消费贷款担保（如住房贷款担保、汽车贷款担保等），中间层次的担保为履约担保、招投标担保、预付款担保等非融资性担保，上游担保主要是指以中小企业法人为主体的融资性担保。

中小企业融资性担保的服务对象是中小企业。在我国，中小企业数量占企业总数的99.2%，融资难是中小企业发展中的首要难题，旺盛的融资需求伴随中小企业发展的各个环节。与其他担保机构相比，融资性担保机构在成立条件、审批流程等方面要求更加严格，经营业务范围也更加宽泛。根据2010年3月国家七部委联合发布的《融资性担保公司管理暂行办法》的规定，设立融资性担保公司应当具备规定的实缴注册资本等严格条件。中小企业融资性担保为主的信用担保是典型的资本密集型和知识密集型行业，是高端服务业，要求担保机构具有较高的管理能力。

（二）打造中小企业信用担保机构体系的需要

经过15年发展，我国中小企业信用担保行业已成为一个初具规模、潜力巨大的新兴

金融服务行业。以中小企业融资性担保为主业的战略定位对于中小企业信用担保机构的长远发展具有更积极的意义:一是融资性担保技术含量高、产品附加值高,有利于担保机构提升核心竞争力、实现业务结构升级,实现担保机构可持续发展。二是融资性担保要求担保机构对客户发展情况有深入、全面的了解,双方之间的合作关系紧密有利于发展长期稳定的客户关系。三是与非融资性担保相比,融资性担保具有显著的杠杆放大效应。在帮助中小企业发展的同时,融资性担保发挥着扩大就业、培植税源、繁荣经济和稳定社会等社会效益。

(三)打造中小企业一站式融资担保业务链条的需要

深圳担保集团根据中小企业发展实际情况,从零起步,明确中小企业信用担保高端服务业战略定位,并以此为依据,制定了中长期战略目标:充分利用国家、广东省及深圳市的扶持政策,充分发挥自身多年积累的业务优势和管理专长,不断丰富融资服务产品,实现直接融资与间接融资相结合、融资性担保与非融资性担保相结合、主干业务与外延业务相配套,为不同行业、不同发展阶段的中小企业提供全过程、全方位的担保服务,贯通中小企业融资渠道,成为中小企业信得过的忠实伙伴,进一步巩固全国担保行业的标杆企业地位,打造以中小企业融资性担保为主业的链条式、一体化、综合性集团经营融资服务平台。

二、中小企业信用担保业务的开发与管理的内涵与主要做法

中小企业信用担保机构的高端服务业战略定位与实施,确立以中小企业融资性担保为主业的业务发展定位,以持续不断的业务品种创新、服务模式创新为动力,实现信贷市场担保、资本市场担保、工程市场担保相结合的链条式融资担保服务框架,重点推进集合产品,并以全面的风险管理体系为保障,以全新的信息化技术手段为依托,以高素质、复合型、年轻化的人才队伍为基础,实现中小企业信用担保机构高产业带动性、高附加值、低资源消耗的"绿色"可持续发展目标。主要做法如下:

(一)以中小企业融资性担保为主业,打造一站式融资担保业务链条

融资性担保是深圳担保集团的核心业务,是15年来深圳担保集团占最主要地位的业务品种。

1. 巩固拓展信贷市场担保业务

信贷市场担保是深圳担保集团最核心的业务,除贷款担保外,还开发出产业技术进步资金担保、科技研发资金担保、出口外贸基金担保、贸易融资担保等融资性担保业务以及自有资金的委托贷款业务。为满足企业短期、较为紧急的融资需求,深圳担保集团下设小额贷款公司、典当行给企业提供配套服务。

成果主创人:公司总经理黄倬炜

风险共担的银保合作机制。为充分利用商业银行在信息拥有、资信评估、信贷审核、监控手段等方面的优势，深圳担保集团始终坚持与银行实行风险共担的合作机制，这使担保业务和银行贷款业务的管理和审核在相互独立的基础上，互补性地结合起来。目前，深圳担保集团已与32家银行（总行、分行级）签订了合作协议。合作原则可概括为“一票否决”“二八分担”“三项担保”“六月代偿”。

“一票否决”是指担保机构和银行对借款企业进行独立评审，有一方未通过评审，项目就被否定。“二八分担”是指担保贷款逾期后，企业未偿还款项中的80%由担保机构承担，20%由银行承担。“三项担保”是指担保机构的担保范围为贷款本金、贷款到期前按借款合同约定利率计算的利息及贷款逾期后按同期央行规定的逾期利率计算的逾期利息三项。“六月代偿”是指在担保贷款逾期后的六个月内，担保机构择机代偿，代偿后担保机构对债务进行追偿。目前，深圳担保集团45%以上的项目来自于银行推荐，项目向银行推荐的一次通过率超过96%，银行合作渠道畅通。

创新授信模式批开发。深圳担保集团创新授信模式，推出“中小企业诚信榜”，对优秀、诚信的企业客户进行授信，免抵押、免质押、免留置予以担保。迄今为止，深圳担保集团已于2003年、2004年、2006年、2009年、2012年成功举办了五届“诚信榜”，共推出706家“诚信中小企业”，每家企业分别获得担保集团授予的200万元至3000万元不等的信用授信额度，总授信额度高达177亿元，未出现过风险坏账。通过褒扬诚信，让中小企业充分体会到“诚信有价”，以点带面推动企业信用体系建设。

目前，深圳担保集团已成立南山分公司、福田分公司、宝安分公司、龙华分公司、罗湖分公司来稳固深圳市场，同时充分利用深圳担保集团的品牌效应，通过实施“走出去”战略，积极拓展珠三角、长三角及环渤海三个经济带的业务市场。

2. 深入推进资本市场担保业务

2006年6月，深圳担保集团在充分调研的基础上，提出“中小企业捆绑发债”构想，研究设计了“统一冠名、银行担保、独立负责、分别反保、集合发行”的发行方案。方案提出后得到国家开发银行的积极响应和深圳市政府的大力支持。当月，深圳市政府正式决定在全国率先组织发行中小企业集合债券，市贸工局作为发行牵头人。首批筛选出28家较为成熟、成长情况较好的企业作为共同发行人，申报发行额度15.14亿元，并于当年10月上报国家发改委。全国首支中小企业集合债于2007年11月正式获准发行。这支5年期固定利率的债券最终发行规模10亿元，联合发行企业20家，这标志着中小企业以“集合亮相”的方式登上债市直接融资舞台，也标志着我国中小企业信用担保机构正式迈入资本市场担保领域。“集合”的思路有效解决了单个中小企业独立发行规模小、流动性不足、信用等级不足的问题，扫除了中小企业债市直接融资的障碍。

2009年11月，中国银行间市场交易商协会发布《银行间债券市场中小非金融企业集合票据业务指引》，为中小企业债市直接融资开辟了一条新的渠道。与发行中小企业集合债需在国家发改委审批相比，集合票据发行仅需在银行间市场交易商协会注册，审批环节更短、融资用途更为灵活、成本更低。

目前，我国已成功发行的中小企业直接融资产品中，90%以上均为专业担保机构为债项提供担保增信。因此，担保机构为集合票据提供担保增信是一种行之有效、可复制的操作模式。深圳担保集团瞄准机会，成立专业集合产品部，配备精英力量，大力推进此项业务。截至2014年6月底，深圳担保集团已成功组织发行了17支中小企业债券产品，为42家中小企业通过债市直接融资21.85亿元。是全国首家成功实施、具备跨地域担保能力的地方性担保机构，资本市场评级AA+级。

3. 非融资性担保业务、投资业务等业务配套发展

一是非融资性业务。目前，深圳担保集团操作的非融资性担保业务主要包括工程履约担保、诉讼财产保全担保等，此外，也在有计划有步骤地开发其他非融资类担保业务品种，将非融资性担保服务作为中小企业融资服务链条中的有效补充。

二是投资业务。担保机构以自有资金进行投资业务，是增加收益、补偿风险损失、保证资本保值增值和持续经营的一条重要渠道。相对于风险投资机构，中小企业信用担保机构开展投资业务有着先天的优势。一方面客户基础好，选择面大，市场资源充裕。另一方面担保机构对企业长期扶持，客户忠诚度高，便于获得有利的对价方案。深圳担保集团可为中小企业带来持续性的融资担保支持，因此，在投资方案谈判中，便于获得较为有利的方案对价。

深圳担保集团在投资策略的选择上，关注企业成长性。对于成长期的企业，采取“担保+期权”的方式，先为企业提供信贷担保等一揽子融资服务的支持，当企业发展到相对成熟的阶段，再通过约定的价格获得企业一定比例的股权。对于一些确实较为成熟的项目，则直接以股权投资的方式进入，当企业需要债券融资时，提供相应的担保服务。

2011年年初，深圳担保集团组建成立专业化的创投资公司，以更好地开展投资业务。截至目前，累计投资企业25家，已退出企业19家，累计实现投资收益2.23亿元。投资客户中有茂硕电源、海联讯等10家企业已成功上市。

三是其他业务。深圳担保集团为中小企业提供信用担保的过程，也是帮助中小企业规范管理、提升企业综合能力的过程。深圳担保集团不断完善与担保相关的配套业务，第一，进一步办好已成立的典当公司、小额贷款公司；第二，在为客户提供免费咨询服务的基础上，组建专业化、规范化、商业化的咨询服务机构，为中小企业提供融资担保、经营管理、营销、财务会计、信用管理、税务和法律等方面的咨询培训服务；第三，选择适当时机参股银行、证券公司、咨询公司、资产评估机构等机构，初步构建起担保、投资、资产管理、基金与证券管理、典当与拍卖、资产评估、投资及财务顾问、培训与咨询等跨领域的集约化经营模式，争取对中小企业进行链条式的融资支持服务，实现深圳担保集团的品牌延伸；第四，配合政府相关部门，继续做好相关扶持中小企业的政策性资金管理等工作。

(二)科学管理，构建“四全”风险管理体系

以中小企业为主要服务对象的中小企业信用担保机构具有天然的高风险性。深圳

担保集团自成立之初，即着手建立风险管理体系，创建了中小企业信用担保机构“四全”风险管理体系，即以“全面的风险意识、全员参与的风险管理、全过程的风险控制、全新的风险管理手段和方法”为核心，以有效的管理制度和运行机制为基础，以高业务素质和高思想品质的担保队伍为主体，以计算机系统为控制平台的综合管理体系。如图1所示。

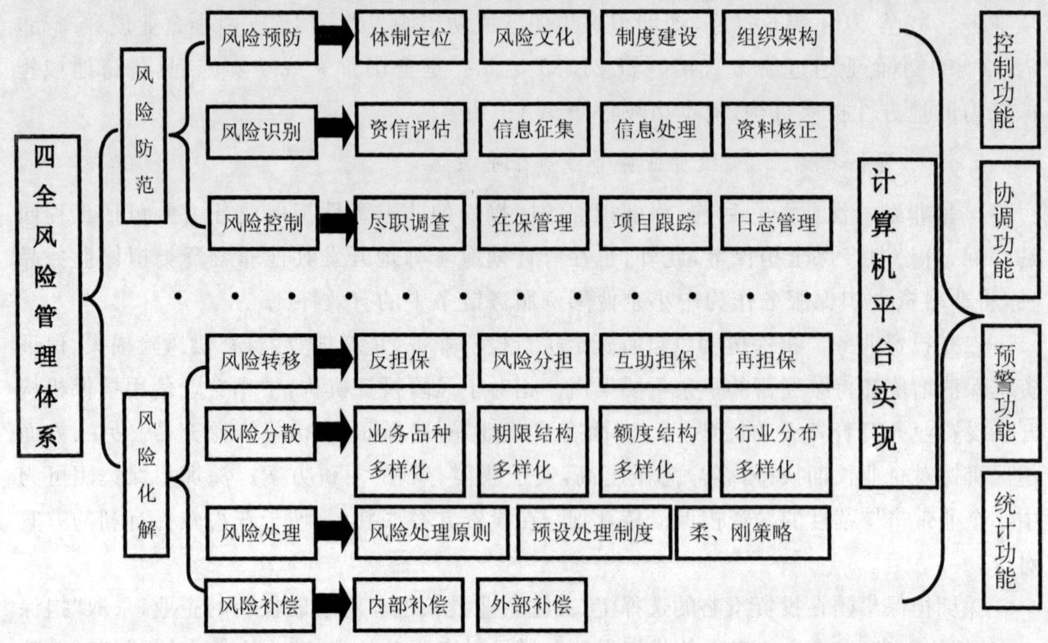

图1 四全风险管理体系框架图

在风险识别方面，深圳担保集团形成了详尽而全面的调研体系与操作指引、财务因素与非财务因素相结合的分析方法以及对现金流量的核查及分析的方法与经验，并搭建了“5C”分析框架——对借款人的道德品质（Character）、还款能力（Capacity）、资本实力（Capital）、担保（Collateral）和经营环境条件（Condition）五个方面进行全面的定性分析，以判别借款人的还款意愿和还款能力；在风险控制方面，加强了对于包括企业成长性、第一还款来源、核心竞争力、主要经营者素质等几个关键因素的把控，找准了中小企业风险防范的脉搏。

深圳担保集团还与深圳一家软件公司合作，通过业务流程梳理再造，自主研发出信用担保机构首个担保管理信息系统 GMIS 1.0（Guarantee Management Information System），获得国家版权局颁发的计算机软件著作权登记证书。

GMIS 是“四全”风险管理体系中的重要组成部分，是全过程业务管理、风险管控的技术保障，实现了对工作、对人的实时监控和管理，实现了担保企业的全过程管理和监控，为信用担保机构的项目管理、风险控制、项目跟踪等提供了强大的支持。在国家发改委的大力支持下，GMIS 系统在广东、江苏、山西、山东、宁夏等 24 个省市自治区地区 300 多家担保机构推广应用。

（三）以人为本，推进以风险文化为核心的企业文化建设

1. 五湖四海的用人唯贤原则

深圳担保集团秉承“五湖四海、任人唯贤”的用人原则，在人才引进上，采取公开招聘，人才地域多元化、专业结构复合型、知识文化兼容并包。员工受教育程度较高，硕士研究生以上学历占84%，一半以上具有复合型知识背景，留学归国人才占28%。55%的员工年龄在30岁以下，平均年龄31岁，是一支年轻而充满干劲的队伍。

2. 建立了科学有效的激励约束机制

在员工考评上，讲学历但不唯学历论，重在贡献。公司根据“讲敬业、讲贡献、讲创造性劳动”的原则考核员工，结合企业文化，建立了科学有效的激励约束机制，注重培养员工的思想品德、文化素养和业务素质，鼓励员工积极发挥主观能动性，创造性地工作。在员工的发展通道方面，实行技术、管理双轨制，使业务型人才和管理型人才都拥有广阔的发展空间，讲求“事业、感情、待遇”三留人。

3. 熔炼风险文化为核心的企业文化

深圳担保集团一直遵循“严谨、稳健、高效、安全”的八字经营方针，是担保集团风险文化的核心。

深圳担保集团将风险防范放在了各项工作的首位，在业务拓展、制度建立和完善、人才队伍的培育过程中不断地予以提炼和深化。在风险文化的形成和构筑中，领导班子以身作则，担当机构风险文化构建的带头人，在全公司形成了廉洁务实、严谨高效、团结进取、敬业乐业的优良作风。

深圳担保集团重视对全员的风险教育，采取新员入司时的基础教育与入司后的阶段性教育相结合的方式，加强全员的风险意识。基础教育侧重于理论知识，阶段性教育侧重于操作实践。深圳担保集团每季度的运行分析会都要进行风险点评和风险教育。作业上采取自我学习、实践体验与老对新的“传、帮、带”相结合。

4. 打造新时期学习型组织

一是提供良好的培训机会。集团建立多层次继续教育、业务培训体系。每年组织多期专项业务培训，邀国内知名经济、金融领域专家授课。公司提供在职继续教育补贴，鼓励员工参加在职学历学位教育。2009年起，深圳担保集团与清华大学合作，组织了清华·深圳担保集团青年骨干培训班，选拔优秀青年员工走进清华课堂，进行了为期两个多月的课堂学习、专题调研及论文撰写。在青年骨干培训班基础上，选拔青年后备干部，构建人才梯队结构。

二是鼓励员工开展课题研究。深圳担保集团把完成一定质量、一定数量的课题研究任务作为各部门年度考核指标之一。每年下发研究任务至各部门，由各部门内部筛选后择优上报。优秀课题研究成果集结成书，出版发行。2009年年底，深圳担保集团根据十年探索实践经验的阶段性总结出版了《中小企业信用担保规制与探索》，58名员工的课题研究成果收录其中。

5. 关心员工，创建和谐组织

深圳担保集团奉行简单和谐、有张有弛的文化理念。积极发挥工会的作用，除了每月给员工庆生外，还组织了各种各样丰富多彩的工会活动，如红色之旅、拓展训练等，出版了企业电子刊物，受到员工欢迎。公司工会下设足球队、篮球队、摄影爱好者俱乐部，每年多次组织文体活动。

深圳担保集团运行15年来，骨干队伍稳定、人际关系简单、干群关系和谐，形成了“团结、紧张、严肃、活泼、高效、务实”的独特文化氛围，得到员工的认同和珍惜。

三、中小企业信用担保业务的开发与管理效果

(一)上万家中小企业获担保支持，产业升级带动作用明显

截至2014年6月底，深圳担保集团为上万家中小企业的15776个项目提供担保1393亿元，仅2013年，就为2278家中小企业提供贷款担保211亿元，担保金额与企业数量保持省内同行新纪录，两度荣登代表行业担保能力最高水平的“中国担保500亿元”上榜机构榜单，上榜“2009年万亿元担保规模上榜机构30强”。2012年8月，荣获全国首家中小企业融资担保规模累计上千亿元的担保机构，深圳担保集团担保能力居全国领先水平。

截至2014年6月底，深圳担保集团累计为中小企业新增销售收入3634亿元，创造新增税收333亿元，新增就业174万人，社会效益显著。截至目前，已有62家中小企业在其担保支持下发展成为上市公司，拟上市企业超过240家。深圳市民营领军企业的50%、优强中小企业的31%、民营50强企业中的34%、小巨人企业中的70%、“中国名牌”生产企业中的32%、“深圳知名品牌”的25%，曾获得过深圳担保集团的支持。2013年12月，深圳担保集团获得由国家工业和信息化部授予的“国家中小企业公共服务示范平台”荣誉称号。

(二)经济效益十五年持续增长，确保国有资产保值增值

截至2014年6月底，净资产24.34亿元，较1999年年底市财政出资的2000万元起步资金翻了数十倍，国有资产保值增值目标实现。2011～2013年，深圳担保集团收入、利润连续三年过4亿元。近三年，总收入年平均增长6%，利润年均增长1%。2013年，实现总收入45544万元，实现利润35340万元，净资产收益率16%，人均创收285万元、人均创利221万元，人均经济效益14年增长十倍，经济效益保持15年持续增长，创以融资性担保为主业的中小企业信用担保机构人均效益国内同行最高纪录。

(三)风险控制水平创中国企业新纪录

深圳担保集团15年累计代偿率始终控制在0.2%以下，2008年成功申报“深圳企业新纪录”“广东省企业新纪录”“中国企业新纪录”。截至2014年6月底累计代偿余额2469.74万元，累计代偿率0.02%，再度刷新由自身保持的中国企业新纪录，居国际领先水平。

(四)引领行业发展，发挥国有经济先导性作用

15年来，在市政府的重视支持下，深圳市中小企业信用担保行业发展迅速。2005年，深圳市信用担保同业协会成立，深圳担保集团被推举为会长单位，通过行业协会贯彻

市政府政策意图，在行业自律、沟通协调、统计研究等方面发挥积极作用。

作为国家发改委指定的全国中小企业信用担保机构孵化服务基地，深圳担保集团每年组织两期全国担保高级研修班。2009 年，主编出版了我国担保行业第一本实务案例教材——《信用担保实务案例》；2010 年，将十年践行高端服务业战略定位的管理探索经验与创新研究成果结集出版——《中小企业信用担保规制与探索》，为全国担保机构建设提供了范本。2012 年，将五年的中小企业债市融资实践经验总结出版——《中小企业债市融资》，为中小企业债市融资提供参考和借鉴。

（成果创造人：胡泽恩、黄倬炜、张亦文、匡　萱、汤　琪、李　明、高晓慧、张杰清）

通信企业适应移动互联网竞争的新媒体客服体系建设

信元公众信息发展有限责任公司

成果主创人:公司总经理
叶利生

信元公众信息发展有限责任公司(以下简称“信元公司”)成立于2008年7月9日,是中国电信集团公司(简称“中国电信”)的全资子公司,现有员工353人。主要承担中国电信全网集中运营的新媒体客服、互联网应用业务及增值业务的运营服务工作,以及全国性的互联网平台、增值业务平台和内容应用平台的建设、运行维护、系统开发、持续改进和完善工作。

一、通信企业适应移动互联网竞争的新媒体客服体系建设的背景

(一)适应移动互联网时代客户需求新变化的需要

面对移动互联网竞争的挑战和用户服务需求的变化,中国电信提出“一去两化”战略转型(去电信化、市场化以及差异化),开始加速移动互联网产品/业务创新差异化,积极拓展爱音乐、天翼视讯、爱游戏、天翼视讯、翼支付、车联网、号百等互联网应用基地及专业分公司体系,从传统语音通信向基于流量经营的信息服务转型。用户结构逐步转向3G用户为主,翼支付、天翼视讯等新兴互联网应用用户突破3亿户,占全业务收入23.6%,拉动收入增加6.2pp,成为企业收入的主要增长点。

基于在线客服、微信、微博、易信等社交媒体的客户服务诉求呈现几何级数增长。传统通信企业无法及时快速处理客户反映的复杂互联网应用服务问题,迫切需要建立与互联网应用相匹配的全网一体化集约运营的新媒体服务体系。

(二)支撑中国电信经营发展转型的需要

随着电信3G用户数突破1.1亿户,占比电信全部用户的45%,3G用户/移动用户占比达到48%,用户结构逐步转向3G用户为主。移动互联网应用业务用户数几何倍数增长和互联网应用服务复杂化,传统以呼叫中心为主、偏重售后的服务模式,不可能与业务发展保持同比例增长;互联网思维对传统营销服务模式的颠覆越来越明显。大量企业把原来的营销服务主战场逐步向新媒体转移,尤其是易信、微博、微信作为社交媒体中新的“杀手级”应用覆盖近10亿用户,已成为国内企业开展客户服务和营销推广的主阵地。互联网化营销拓展正在替代传统媒体广告,电子渠道销售正在替代传统实体渠道门店,网上负面舆情快速扩散形成公共舆论危机,流量业务成为客户咨询投诉的首要问题,这些都对通信企业原有营销服务模式构成了巨大的冲击。通信企业需要按照互联网的思

维改造传统营销服务模式，打造面向移动互联网时代的新媒体客服体系，获得业务发展核心竞争能力，树立优秀的企业形象。

（三）新型社交媒体的飞速发展为企业开展客户服务创新提供了新手段、新方式

随着移动互联网技术的发展，互联网与传统电信类业务融合渗透进一步加快，OTT、IM、Facebook、微信、微博等新兴互联网应用对传统通信企业的业务体系、客户结构、服务模式等冲击巨大，已经无法满足以“用户为中心、体验至上、低成本、高效运营、快速响应”为特征的移动互联网竞争需要。虚拟运营商进入、宽带市场放开、营销成本压降、营改增实施等产业环境的变化进一步加剧了通信企业间的市场竞争，通信企业服务体系不得不进行转型。

同时，移动互联网下用户服务需求也发生了巨大变化，正在从“有信号、打得通、不掉话”转变为“上网快、资费好、服务细”，即由传统的基本通信应用转向基于流量的丰富信息服务。79.9%的网民使用手机上网解决娱乐、办公、购物、社交等需求，上网时长11.8小时/周；95%的用户使用社交媒体，社交媒体成为用户上网第一入口；智能手机成为用户上网终端首选，越来越多的用户期望在手机屏幕上获得问题的最终解决。

二、通信企业适应移动互联网竞争的新媒体客服体系建设的内涵和主要做法

自2010年起，信元公司以客户体验感知为中心，开展了构建面向移动互联网的全网集约化端到端新媒体服务管理体系的创新，采取了建设全网一体化“一级平台、两级运营、三大体系、四大管控激励约束机制”等措施，取得了持续降低客服成本、提升服务水平、助力企业发展及新客户开拓的良好效果。主要做法如下：

（一）明确客户服务创新的目标，建立全网一体化的新媒体客服平台

信元公司按照移动互联网“集中”“交互”“快速”“闭环”的特征，让微博、微信、易信、app等成为服务的主要入口，从服务功能、服务方式、服务流程、服务体系等多方面入手，完善流量查询、订购等核心互联网应用服务功能，利用市场化机制大力拓展新媒体客服、在线客服、“10000知道”等互联网便捷自助服务，主动为用户提供从售前到售后的端到端全程准确透明的服务信息，充分利用移动互联网手段进行客户感知评估、舆情管理、维系挽留等，开展端到端的同业对标贯穿、产品服务前置、服务风险预警分析等工作，整合打造“一级架构、两级运营、三类服务、四大管控”的集约化新媒体客服体系，实现“适应客户需求、助力人工分流、降低服务成本、支撑互联网运营、带动企业规模发展，具有较强竞争力和价值创造力优势的集约新媒体客服体系”的目的。

中国电信构建了“一个架构平台”的全网一体集约化新媒体客服体系。信元公司统一负责梳理中国电信全集团新媒体客服平台功能需求，建设全网共享服务的支撑平台，并负责平台日常运营管理，各省将个性化功能以微应用的形式加载上线；统一制定全网统一的管理规范，明确日常工作方向和相关要求。

中国电信包含31个省级分公司和众多基地分公司，以及号百、终端等专业分公司。信元公司作为支撑全网集中运营的新媒体客服承接单位，也需要与全国31省级和基地分公司、专业分公司力量共同协作。信元公司快速推进功能支撑平台建设，分5步将全网互联网客服逐步承接到新媒体客服体系，先后对接省公司、基地专业分公司、其他客户

服务中心等，实现服务纳入全网共享和工单双向流转，打造全网一体的新媒体客服体系。

新媒体客服平台聚焦与用户流量及互联网应用相关的使用量较大的“咨询、查询、订购、充值”等服务，与后台 BOSS 系统相连接，对于客户标签、订购关系、流量明细、费用明细等关键信息能实现准确、及时地灵活调用。平台以 31 省级计费系统、平台用户信息、智能语义库等为基础数据，具体包括用户前台和管理员后台两大模块。前台对客户呈现简约、易用的交互界面，实现了用户接入身份识别、电信用户手机号绑定，快速查询套餐余量、账单、积分，提供套餐余量、账单查询的文本展示及详情图表展示功能、热点服务信息、客服功能链接等服务。后台管理提供 31 省及基地专业分公司日常运营管控的数据统计、活动发布、内容采编、权限配置等管理功能。平台接入智能语义库（支持 31 省分权维护）及 31 省座席，实现“1＋31”联动。

（二）建立“三大体系、两级运营”的管理组织

1. 改造服务组织结构，组建两级运营部门

2010 年，信元公司以响应市场需求和实现低成本高效率运营为目标，针对组织结构进行调整，设立中国电信全网集中化的新媒体客服部，基于“集中运营，服务全网”的目标，建立集团与省的两级运营架构及运营团队，系统化推进新媒体客服向售前服务和售中生产渗透，形成了“1＋31”的微博客服管理模式和“1＋N 个应用”的易/微信客服管理模式。

微博客服集团运营“中国电信客服”账号，各省运营“中国电信××客服”账号，在功能和服务界面等方面和集团保持统一。面向用户提供的服务功能分为集团级、省级两块。集团级功能通过接入集团级渠道实现对底层数据的统一调用，省级功能由省公司结合省内个性化需求，调用省内数据，开发功能，通过平台标准化接入能力接入社交媒体客服平台，统一用户入口及出口展现。建设集团级服务应用，为前台用户提供快速的集团级服务响应；同时封装标准化接入能力，快速接入 31 省级个性化功能，解决了集团级应用在省落地难的问题，充分调动了省公司使用、推广的积极性。

2. 完善运营管理规范，提升集约管理水平

制定全网统一的新媒体客服业务管理规范，建立完善全网统一流程和运营制度，全集团统一设立“中国电信客服”互联网开放平台公共账号的微博、微信客服体系，包括名称、头像、账户信息、服务用语、后台处理等服务流程。各省微博客服统一名称为“中国电信××客服”，××为省份公司名称。新媒体客服账号头像及更新由信元公司统一规范下发，各省公司须符合统一规范要求并及时更新。由信元公司统一配置易信/微信客服服务菜单，各省在集团账号下根据各自需要完成服务菜单优化建设，可视情况拓展服务功能。通过新媒体客服提供功能辅导，提供应用推荐下载、使用秘籍等；结合视频网站、专业博客或论坛，实施功能辅导和应用分享、使用秘籍等，定期进行微博关键字搜索，针对用户质疑、错误描述及时进行解释与纠正。

3. 加强运营大数据精确化分析，提升运营效率及能力

为适应新媒体的快速响应机制，日常管理沟通除采用公文、邮件等传统方式外，还加入了 QQ 群、易信群等方式，实现了有效信息的快速传递和无缝衔接。运营团队利用开

放接口，自主开发了微监测应用和运营数据管理系统，实现运营数据的自动搜集汇总，并对31省级、各基地、业内相关社交媒体发布的内容、转发、评论等进行统计，建立大数据分析机制，为精确营销提供数据支撑，提升精细化运营能力。

（三）完善新媒体客户服务标准、规范，形成三大类核心服务内容

1. 拓展社交新媒体流量查询/充值缴费服务

信元公司于2010年在通信企业中率先借鉴互联网经验，面向3G、4G智能机用户，聚焦高频查询、热点办理和优惠获取，依托中国电信微博、易信、微信公众账号为客户提供套餐余量、账单查询、充值交费等15项全网服务，并支持营业厅网点查询、优惠资讯等本地化特色服务，形成互联网式自助/互助为主、在线客户为辅的组合服务方式。

2. 推出“10000知道”自助/互助服务

信元公司不断开辟建设与外部环境和客户需求相适应的新媒体服务体系，以客户“易懂、好用、爱用”为导向，推出移动互联网“10000知道”自助服务。“10000知道”知识管理团队专岗专人负责客服知识库的运营管理；实现全国统一的两级客户版知识库，通过打通集团与31省级公司数据接口，实现了对产品、套餐、活动等知识进行统一搜索、统一开放；规范全集团内部各知识来源部门协同配合流程，完成知识的采编、审核和反馈；统一发布知识，各渠道共享同一知识源，确保“企业内外同步、信息传递一致”。借助现有创新引入互联网UGC(用户生成内容)模式的问答平台建立爱问社区，使“10000知道”实现了从一个单纯的信息服务窗口转化成为一个深度互动社区；通过能力开发、界面集成等手段，将“10000知道”搜索入口嵌入到其他电信服务渠道和产品线中，为用户提供了搜索、问答等多种服务界面，分流了传统客服压力。

目前，中国电信集约运营平台上线运营超过2年，在行业内形成首创的示范作用。2013年，“10000知道”客服知识数超过173万条；日均页面访问量达8万次，月自助搜索量达34.1万次；爱问社区累计解决问题总量达123万条；有效降低了客服成本和提升了服务效率。

3. 延伸互联网应用类增值业务服务

一是统筹管理以互联网络应用平台为核心的增值业务，集约化提供一线客服支撑，突破传统地域分割经营的界限，实现“一点接入、快速加载、全网服务”。

二是以移动互联网的思维来提升服务，依托QQ、WEB等多种在线服务方式，先后为189邮箱、互联星空、天翼卖场、政企定位调度、能力开放平台等提供集中高效的在线客服方式，在节约成本提高效率的同时提供极简、智能的特色服务，提升了用户体验感知。

三是推动服务前置，变被动支撑为主动服务，通过优化客服预案下发流程，帮助、指导省公司快速解决投诉难点、疑点；同时，建立了省投诉数据分析模型以及投诉案例分析机制，实时监测客服工单异常变化情况，满足客户响应快速需求，有效减少服务风险。

四是持续完善3G流量详单查询及展现功能，有效区分和规范套餐内外及流量包等信息；针对超过套餐内流量的用户，针对性推送流量包/加餐包订购信息和流量充值信息；针对累计超过10G的大流量用户，暂停用户手机上网、及时预警客户，防止客户出现大额上网费用。

五是在工信部12项提醒要求的基础上，进一步规范实现受理、缴费、查询、回馈全生命周期的入网/安装、协议到期、套餐加载、变更、优惠返还、流量、异常费用等30多项服务提醒，明确15项规定动作和5项自选动作，增加客户对全生命周期各环节流量类和互联网应用类服务信息的了解，保障客户的透明消费。

(四)建立四大管控和激励约束机制，不断提升服务能力和水平

1. 建立服务前置审核机制，助力企业宣传推广

信元公司建立了服务前置审核机制，制定服务前置审核办法，产品上市前通过服务前置预警，解决80%的问题；同时，严格控制新媒体客服的信息推送频次、时间段，多级审核服务内容，以帮助客户使用智能手机及互联网应用等为主的内容力求简洁。

2. 开展对标贯穿体验及分析预警，完善用户体验感知

建立对标贯穿体验、服务分析和风险预警机制，形成全员服务意识和文化。一是组织开展对基础服务和集约化重点产品等主题贯穿体验活动，完善重点产品业务、渠道触点等服务细节，优化基础服务。二是坚持纵向服务分析月度通报和横向服务质量沟通制度，对各类热点服务问题和互联网舆情进行风险预警，有效规避生产运营中的潜在服务风险。三是建立闭环用户体验工作机制，由用户自发提出建议，最终被采纳的创意将转化为产品功能优化、服务改进等提升举措。四是充分调动新媒体客服工作组成员开展用户体验工作，采用排班监测机制将功能模块细化到个人，将评估筛选的优化建议及时纳入平台开发计划，提升平台的服务水平。

3. 固化常态化服务质量稽查机制，推动闭环整改

一是固化三类服务质量监督稽查，通过日常服务稽查将80%的质量问题提交专业部门整改，建立前后端服务质量沟通机制，产品上市后通过督办处理、严格考核，推进市场、网运、IT、终端等发现及整改问题。

二是利用新媒体客服平台对客户信息进行监测，收集用户反馈，建立主动收集用户建议的机制。

三是组建由客服人员和用户参与的团队，建立了“人工＋应用”相结合的“7×24”常态化监控管理体系，对监测到的用户咨询投诉及时与用户主动联系确认，并联系所属省公司快速解决问题，规范咨询投诉处理的闭环流程。

四是运营团队人员定期进行人工搜索监测，对有关中国电信的咨询、建议、投诉进行全面监控和及时处理，引导舆论导向，及时发布服务通知等。

五是增加由草根意见领袖主导的产品与服务体验分享机制，开展“我是客服”和“客服好声音”等企业形象传播类活动，真正实现口碑传诵及用户自我培育的良性循环，提升影响力。

4. 建立市场化激励机制，快速提升内外部影响力

信元公司通过引入市场化“划小”内部结算机制，发挥资源投入最大化效率，激励全集团形成整体推进合力。一方面结合抢盘和市场“划小”，通过资源协同提高服务资源的使用效率。将易信、微博、微信的资源协同利用，同时实施服务资源抢盘方案，将各省级

公司的执行效果与服务资源支撑力度动态匹配。另一方面，为给客户提供高质量的差异化服务，信元公司整合多方资源，积极开展跨行业、跨领域的服务合作，采取多种方式大力拓展与外部资源的互换，通过新媒体客服体系合作达成共赢局面，快速提升新媒体客服规模及影响力。

（五）积极拓展营销功能，助力新业务发展、新客户开拓

1. 开展互联网应用业务宣传类活动，助力新客户规模拓展

建立公司内部服务群，利用新媒体客服渠道为各部门快速发布互联网应用业务推广信息、加载服务知识，加强对集团互联网应用类业务/服务的支撑，助力其规模发展。同时通过众多受众群体的转发和互动，增加了受众客户数量，进一步提升了中国电信互联网应用业务的规模发展。

2. 开展业务改进和服务能力提升类活动，助力企业发展

为提升中国电信产品竞争力，先后开展“服务建议征询”、“客服建议征询”等系列活动，共收集用户建议近 7 万条，整理出 100 多项建议并优化跟进，通过新媒体客服渠道聆听用户声音，将声音传递到产品生产经营的各环节，满足用户需求，改进产品和服务。

3. 策划系列人文互动活动，提升中国电信品牌形象

策划开展“我是客服”和“客服好声音”等企业形象传播类活动，拉近与用户距离，提升影响力。“我是客服”活动通过中国电信 31 省级公司客服微博全国联动，通信多家主流网站转发，全国活动转发量 2860 万、评论量 658 万，中国电信客服微博单条活动微博转发量突破 200 万、曝光量 1843 万，参与投票人数 115.3 万人，活动页面最高浏览 PV 量 1903.5 万。在“客服好声音”活动中，@中国电信客服和 31 省级公司客服微博联合宣传，让用户对客服代表有了更为直观的了解。

三、通信企业适应移动互联网竞争的新媒体客服体系建设的效果

（一）明显提升客户满意度和降低投诉率

新媒体客服运营团队大胆探索和创新，聚焦微服务，实现了服务内容的人文化和服务界面的友好化，足不出户就可以在新媒体服务渠道进行话费查询、余额查询、套餐余量查询以及充值交费、业务办理等功能，不仅省去了到营业厅排队的时间，还能享受一些在线优惠，对在网用户维系起到了良好的效果，增强了用户黏性，降低了离网率。截至 2014 年 3 月中国电信离网率为 3.4%，低于上年同期，2013 年总体满意度 83.7 分，固定上网、固定电话和移动话音满意度分别为 70.8 分、79.2 分、78.5 分，较上年分别提升 0.3 分、0.3 分、1.4 分，行业排名领先。3G 上网客户满意度 72.9 分，行业排名第一。

（二）有效分流传统服务压力，降低服务成本

新媒体客服是中国电信贯彻“一去两化”战略，推进服务转型的重要举措，是落实国资委管理创新和降本增效要求的利器。其运营情况及影响力获得社会和客户的广泛认可，新媒体服务体系取得了初步的成效。

目前新媒体客服用户规模达到 1 亿户、月服务量合计超 2600 万，自助服务量稳步提升，人工分流效果初显，节约成本 5760 万/年（以部分省级 10000 号每通电话人工成本

0.6 元/次计算)。新媒体客服体系先后荣获国资委颁发的“中国企业微博运营最佳案例”奖、第一财经赢销中国颁发的“最佳新媒体服务奖”,入选《网络舆情》刊发的“2013 年央(国)企微博运营优秀案例盘点”等。

(三)助力企业经营发展,彰显企业社会责任

信元公司充分利用新媒体客服聚集的庞大粉丝群以及高活跃度,为中国电信全集团 31 省级公司及基地专业分公司快速发布业务推广信息、加载服务知识、开展精准营销,保障良性的媒体舆论导向,同时通过众多受众群体的转发和互动,增加了受众客户数量,进一步提升了中国电信品牌形象。2013 年开展业务宣传、企业宣传等活动 82 次,均得到用户的广泛关注,取得良好效果,转发评论总量有效互动 2353 万次,曝光总量超 3 亿人次。

新媒体客服创新了公益模式,有效助力中国电信品牌形象的提升,彰显企业社会责任正能量。2013 年新媒体客服开展微公益之“免费午餐让爱传递”“翼点感动系列活动之快乐课桌”“走近残疾人家园”“走近生命的希望”等 18 次公益传播活动,分享阅读人群达 40 万余次,影响 24 万人参与关注公益事业,活动也得到社会名人及湖南广电媒体等的大量转发和评论;新媒体客服的传播和分享已影响近 6000 人捐助,劝捐额达 1029 万元。中国电信新媒体客服充分发挥自身的新媒体优势,紧急实行“7×24”小时内容发布机制,及时告知通信领域抗震救灾的工作进展情况;快速搜集发布用户关于求救、寻人、报平安等信息,利用客服微博自身的覆盖群体和影响力进行快速传播;建立与其他运营商微博的外部联动,共同传播通信企业在抗震救灾中的进展情况,为用户提供全方位的通信保障。相关博文在全国客服微博体系传播量超过 2000 万人次,获得社会各界的好评。

(成果创造人:朱正武、叶利生、齐力焕、胡静余、赵涤尘、黄智敏、陈银星、荣　蓉、赵铁山、赵玉栋)

供电企业全流程客户满意度评价体系的构建与实施

国网福建省电力有限公司

国网福建省电力有限公司(以下简称“福建电力”),下辖9个市供电公司和62个县供电公司,资产总额934.06亿元,为全省1465万户客户提供供电服务,2013年售电量1463.9亿千瓦时;固定资产投资147.46亿元;资产负债率70.48%,实现利润23.24亿元;员工人数约5.03万人,年劳动生产率62.28万元/人;综合业绩连续两年保持国家电网公司A级。

成果主创人:公司客户服务中心主任王凌

一、供电企业全流程客户满意度评价体系的构建与实施的背景

(一)增强对客户多样化诉求全面响应能力的需要

随着社会进步和经济的发展,消费者个性化需求越来越多,新需求的涌现越来越快且期望越来越高,对客户服务提出更高要求。移动互联网、社交媒体等新技术也驱动新的客户需求。由于电能不能储存,决定了营销和生产同样重要,客户对服务是否满意,决定企业发展战略;随着公众维权意识增强,社会监督力量逐渐强大,对于垄断企业而言,“客户导向”更成为立命的根本。因此,提升对客户多样化诉求的及时感知、传递和响应能力愈发重要。

(二)推进企业内部管理持续提升的需要

面对客户期望的不断提升和需求的多样化变化,企业内部管理质量标准是否合理,是否满足客户期望,现有质量标准是否缺失,是否已执行到位,都最终影响着客户满意度的持续提升。而企业服务标准化管理往往侧重于对服务质量达标的管控,缺少对质量标准合理性的动态论证,制约了内部管理提升。因此,企业需要科学的、可量化的问题识别分析的方法体系。

(三)建设一流电网企业品牌的需要

福建电力作为国家电网公司最南端的子公司,是直接面向台湾,对接南方电网的窗口,其服务水平高低直接影响供电企业作为国有企业和中央直属企业的形象。

二、供电企业全流程客户满意度评价体系的构建与实施的内涵和主要做法

全流程客户满意度评价(Closed-loop Customer Satisfaction Assessment,简称CCSA)体系,是以客户诉求为中心,通过将企业各业务范畴(全业务)由外部客户向内部服务层、内部支撑层逐层分解、逐级追溯,找到各流程节点间的交互(全接触);依据客户感知

五维度，梳理出外、内部评价点及其评价内容（全感知）；系统性地针对各个评价点，查找引起客户不满意的两类企业内部管理问题，即质量标准不合理、服务水平不合格；将问题落实到后台支撑的具体环节，指导后台业务改进；展开闭环管理，实现以客户需求为导向的企业内部管理变革。主要做法如下：

（一）总体思路与体系架构设计

以“始于客户需求，终于客户满意”为宗旨，结合企业“把握关键、可量化、易操作”的原则，引入业务管理工作实践经验，开展体系总体架构设计，搭建价值层、流程层、评价层、改进层四层级逐层深入的 CCSA 体系“蝴蝶模型”架构。

CCSA 体系架构的设计理念是“双转换、双持续、双和谐”，即，实现由外部客户感知向内部管理执行、由价值层向改进层的转换，推进内部 PDCA 管理持续改进、外部客户期望和习惯的持续引导，最终实现客户需求与服务提供、服务提供与配套管理的和谐统一。

价值层。将客户的价值感知转化为企业内部的价值认同。梳理出客户服务的三维视角（门好进、脸好看、事好办），向内转换为内部管理服务品质五要素（信息透明、服务优质、流程高效、结果有效、安全可靠）。定义电网企业全流程评价的客户感知五维度（质量高、办理快、态度好、信息准、够安全）。

流程层。将外部服务接触感知转化为企业服务蓝图。由外向内梳理各业务范畴的全流程蓝图，识别外部全渠道接触点，映射到内部全过程交互点（体现“客户层—内部服务层—内部支撑层”三层之间的交互），并进一步识别关键交互点，指引后续评价。

评价层。将外部服务质量感知转化为内部测评点。依据客户感知五维度，找出评价点，获取数据指标（满意度、期望值、服务水平、质量标准“四要素”），进而确定评价指标（客户不满意点、执行不合格点、标准不合理点“三不点”）。

改进层。将客户的期望和消费习惯，转化为内部整改的约束条件，同时反作用于客户的引导。针对“三不点”，按照层层归因、级级追溯原则，将改进举措落实到后台支撑的具体环节。

（二）工作方法

遵照“蝴蝶模型”的四个层级，通过严谨的步骤（六步法），导出评价的核心内容（四要素，三不点，归因和举措），完成一个周期的评价；通过对连续多个周期进行后评估，实现内部管理改进、外部客户满意度提升和期望引导的 PDCA 闭环管理。“六步法”，是指体系设计的核心步骤，按照“把握关键、可量化、易操作”的原则，设计评价体系。

（三）评价指标

1. 指标体系构建

先确定评价点（体现全业务、全接触、全感知）；再获取数据指标（“四要素”数据）；进而确定评价指标（“三不点”及客户不满意点变化）。

评价指标体系的详细内容，将结合评价实施实际展开说明。评价实施遵照 CCSA 体系架构的具体构成，基于评价指标体系，以年度为周期开展。

2. 指标获取

识别评价点。评价点是评价指标（“三不点”）和数据指标（“四要素”）的评价标的/

对象。评价点的识别体现 CCSA 的全业务、全接触、全感知。全业务：涵盖内部四个核心服务主题（停电及故障抢修、高压新装及增容、缴费及欠费复电、客户基础信息管理）；全接触：针对各主题，由外（服务项目的全渠道、全接触）向内（核心服务主题的全过程、全交互）梳理出反映当前业务流程现状的关联图、全流程蓝图，分析交互点（包括外部及其可追溯到的内部交互点，是"客户层—内部服务层—内部支撑层"三层之间的交互）；全感知：依据客户感知五维度（"质量高、办理快、态度好、信息准、够安全"），对各个主题的关键交互点归纳评价点（外部及其对应内部评价点），再针对每个评价点设计测评的满意点和对应的问点（是否满意、可容忍、期望）、服务质量指标，为获取数据指标"四要素"做准备。

识别评价点的过程是评价指标体系设计的内核，实施六步法的前四步，即，梳理关联图、设计流程蓝图、分析交互点、设计评价点及其评价内容。围绕四个核心服务主题，共梳理业务流程图 53 张，交互点 440 个，评价点 274 个，对应满意点、问点 56 个，服务质量水平指标 58 个。

依据"把握关键、可以量化、容易操作"的原则要求，归纳的关键成果有：分析关键交互点 100 个、评价点 126 个，设计外部问题 186 个、内部问题 280 个。

获取数据指标"四要素"。数据指标：即"四要素"数据，是评价指标（"三不点"）判定的数据基础，"四要素"由满意度、期望值、质量标准和服务水平构成。实施"六步法"的第五步，即是获取数据指标的过程。首先，设计可供第三方调研的测评方案、问卷、指标采集方案等。依据评价点和满意点考察问题的设计，对测评对象进行归类和细分，设计出测评方案初稿 4 套，调研问卷初稿 41 份，服务水平指标采集方案 4 份。其次，委托第三方开展满意度调研。选择有资质的第三方调研公司开展内外部满意度和期望调研，并通过调研监理工作保证调研质量。以 2011 年为例，外部样本 14384 个（置信度 99%），内部 3741 个（置信度 95%）。再次，汇总统计内外部满意度调研的结果，获取客户满意度和期望数据，同时采集内部质量标准和服务水平数据。针对 126 个关键评价点，找到对应的四要素数据，判定评价指标"三不点"。判定评价指标"三不点"同为"蝴蝶模型"的评价层的主要内容。

评价指标包括："三不点"以及客户不满意点变化。其中，"三不点"的判定是进行满意度评价的起点环节，目的是发现问题，体现由外部客户满意度向企业内部管理问题的映射，通过对数据的分析判断，找到引起客户不满意的管理症结，指导后续归因和改进。客户不满意点变化，是后评估的主要评价指标。

客户不满意点。是客户期望与服务现状水平的不匹配点。按照 80/20 原则，对满意度排序末尾 20%的评价点展开分析。分为全省共性不满意点和地区个性不满意点，全省共性不满意点除按上述判定规则确定的点以外，还包括超过 5 个地市公司判定某调研点为"不满意点"的点。针对内外部客户不满意点，基于客户期望值、质量标准值和服务水平值的采集和对比，找出质量标准不合理点、服务水平不合格点。

服务质量标准不合理点。是客户期望和服务质量标准的不匹配点。如：缺少质量标准或质量标准低于客户期望。

服务水平不合格点。是服务质量标准和服务水平现状的不匹配点。如：服务水平低于质量标准。

判定“三不点”的过程，是实施“六步法”的第六步。

(四)应用评价结果指导改进

1. 归因

归因和举措的目的是查找问题和解决问题。针对各个主题，针对外部客户不满意点深入归因。以 2013 年“停电次数多”和“停电时间长”为例，基于“三不点”判定结果，开展向内的级级追溯，确定原因归口部门，由归口部门牵头开展原因归集工作，归集出 6 个原因，并确定归因层级分类和原因归属部门；进行影响度的赋值和排序，再按照帕累托原则，确认累计影响度超过 80%的前 5 个原因为关键原因。

2. 举措

针对各个主题的外部客户不满意点，基于归因结果制定针对性举措。将举措分解落实至省公司及各供电公司的各责任部门(单位)。同样以 2013 年“停电次数多”和“停电时间长”为例，针对归因结果，基于客户期望、服务标准、现状水平，明确服务改进目标并制定改进举措，完成了一个周期的评估。

3. 后评估

在完成上一个周期评估的基础上，开展后评估，辨析满意度变化情况，找到满意度变化问题点，评估归因准确度和改进情况，指导再归因工作。一是通过“四象限分析法”，将当年度外、内部评价点的满意度水平与上一年度进行比较，确定“客户满意度变化”指标，划分为“持续不满意点”、“新增不满意点”、“持续满意点”、“新增满意点”，分别采取重点改进、重点关注、巩固、总结等策略，有针对性地开展持续改进。如，对“停电次数多”等 5 项持续三年不满意点，采取重点改进的策略，在充分总结以往归因经验的基础上，进一步深入归因整改，将不满意点的整改落实情况纳入企业负责人绩效考核指标。2012 年的“四象限分析”结果显示，共有持续不满意点 7 个，新增不满意点 5 个，新增满意点 7 个。二是实施归因失效点再诊断，通过思维导图法，对比分析四要素数据，找到满意度变化问题点，评估归因准确度和改进情况，指导再归因工作。

4. 持续改进

围绕客户不满意点，开展大周期和小周期持续改进。建立常态化评价运作机制，明确大、小周期的运行操作方式，并进行过程管控，及时发现常态运作过程中存在的问题，实现周期性、量化监测、闭环管理的常态运作模式。

落实年度评价(大周期)持续改进。第一，建立不满意点常态化改进机制，将改进目标完成情况纳入绩效考核。一是将年度不满意点改进列入“用电满意提升工程”和“服务能力提升工程”年度目标，进行常态化整改。着重根据持续不满意点和各地区突出不满意点，制定年度客户服务工作细则，明确不满意点(如 2013 年欠费复电不及时等 22 条)的提升目标和提升方案，在《客户服务工作指导意见》中要求年度提升目标完成率 100%，并将提升目标完成率纳入企业绩效负责人指标。第二，运用多维手段，监督举措落实。一是通过 CCSA 季度沟通会，跟踪举措落实。每季末组织召开全省季度举措推进沟通会，通报客户不满意点服务改进举措完成情况，分析不满意点提升或消除的情况，查找举措落实不到位原因，并提出下一阶段具体的改进措施。二是开展明察暗访，监督举措执行情况。着重针对客户不满意点，对营业厅、抢修、抄表、装表人员等客户服务人员，进行服务执规和服务质量考评。三是常态开展营销现场稽查。以营销指标为稽查导向，设定每月稽查主题，依托稽查监控系统监测数据组织开展现场稽查工作，每月深入 1 个地市、1 个县公司，开展 1 至 3 个主题的专项稽查。第三，通过全面服务点评，及时反馈管控成效。一是通过供电服务分析报告，监督不满意点改进。以月、季、半年、年为周期，定期发布供电服务分析报告，监督和跟进全省和各单位不满意点改进情况，实现闭环管控。二是通过季度投诉分析会，专题分析不满意点改进情况。将各业务投诉受理量的降低视为不满意点改进的直观体现之一。每季度召开投诉综合分析会，分析当季度全省投诉总体情况，点评管控成效，提出下一季度投诉管控的要求；针对投诉“重灾区”，每月开展现场调查和分析诊断，会同各所涉专业，采用“三不点判定法”进行剖析诊断，要求责任部门整改，并通过月报“回音壁”进行成效管控。

开展常态评价（小周期）持续改进。为了区别年度全流程客户满意度评价（大周期），将按周、按月为周期的常态客户不满意点挖掘、分析、整改工作称为小周期。小周期的特点是客户诉求发现早、服务整改见效快。主要通过全流程典型案例穿透分析和服务专题穿透分析，即针对发现的客户不满意典型事件或共性问题，深究“三不点”，层层归因追溯，进而提出改善措施，持续改进，是 CCSA 应用的拓展。第一，常态开展全流程典型案例穿透分析。其客户不满意点分别从客户致电 95598 的投诉工单、潜在投诉工单、回访不满意工单及日常诉求当中获取。一是基于典型不满意投诉事件，触发各专业问题整改。监控日曲线，以周、月为周期，对重复投诉、国网督办工单、疑似弄虚作假工单等典型不满意投诉事件逐单实施全流程现场穿透。要求由各市、县公司各专业部门负责牵头完成本专业典型案例分析，提交省客户服务中心初审，省公司营销部再审，提出是否需要进一步穿透的要求，并将投诉穿透分析核查情况纳入省公司周早调会、月度例会及营销主任会通报。对发现的标准不合理点，通过服务协同会触发职能部室完善服务标准；对发现的执行不合格点，通过提醒函等方式触发执行部门整改。截至 2014 年 8 月底，共完成 107 单典型案例穿透分析。为进一步促进推广，省客户服务中心组织 2 次全省各地市各专业层面的培训，并对穿透不深入、分析问题不透彻的地市公司，开展专门辅导。同时，建立了优秀典型案例评选机制，要求各地市单位每季度至少选送 2 个上报，优秀典型案例的入选情况纳入各单位绩效奖励，并编辑成册促进分享。二是基于潜在投诉的工单，推进投诉隐患的限期整改。建立潜在投诉工单的判定规则，由省客户服务中心逐周分析潜在投诉，对发现的客户不满意点进行全省摸排和调查，采用 CCSA 分析思路，先后触发了窗口发票领取的专题改进、三明等地在窗口监测中发现问题的限期整改，按周触发低电压、频繁停电重复致电台区，抢修服务不满意工单等问题。三是基于回访不满意工单及日常客户诉求，查找地市共性问题并改进。地市公司通过对回访不满意工单及日常诉求进行分析统计，找到客户集中不满意点，进行全流程穿透分析。

第二，开展服务专题分析。建立“一把手一月一点评”机制，开展服务专题分析，引入全流程改进提升的思想，由省客户服务中心负责选题、调研、穿透分析、提出建议，通过综合监督例会的方式，触发至公司决策层，形成由总经办督办的改进事项，促使营销与生产专业协同改进，建立了跨专业管理协同机制，例如 2014 年先后触发了业扩突增应急机制、计量装表施工队伍的服务管理、业扩停电安排等改进事项。选题主要来自全省共性问题，如业扩停电安排，选取原因："停电安排不及时"是当年 1～5 月全省高压业扩回访工单中客户最不满意的评分项(66.3%)，且为 2012、2013 年持续不满意点"高压业扩用电申请手续办理不够简便"各单位归因分析中的重要原因。

(五)支撑保障

1. 组织保障

评价实施运作的策略保障。CCSA 体系构建与实践工作自 2011 年 1 月开始，调动内外部专家上百名，投入大量时间和精力，综合了全球最领先的管理理念和管理实践，采取试点先行、全面推广、深化改进的策略逐步深入开展，覆盖地区由点及面，业务范畴由一及多，评价应用由浅及深、由粗及精。

常态化管理的组织保障。在整个过程中，领导重视是前提(大脑)，健全的组织架构是基础(骨架)，专门的责任枢纽部门是核心(心脏)。领导重视：省公司、各地市公司领导层高度重视，亲自挂帅，大力推动，勇于争先。健全的组织架构：以省公司营销部为决策制定层，指导和推动工作开展；省客户服务中心为执行监督层，培训、跟踪和督导工作执行，同时依托省客户服务中心组建调查大队，开展周期性、专题性、常态性及其他临时性调查；地市公司服务快速响应中心为 CCSA 常态开展的核心运作部门，推动评价和改进执行。专门的责任枢纽部门：依托地市公司营销部，成立了服务快速响应中心，它是地市公司供电服务指挥枢纽，其通过建立公司、部门、班组三级服务协同网，纵向贯通，上接国网 95598、政府 12345、12315、12398、数字城管等各类客户咨询、求助、报修、举报，下联具体执行班组；横向协同，集中调配生产、建设、检修、规划、营销等公司内部五大专业服务资源，以扁平指挥实现客户诉求的快速响应，内部管理问题和举措的快速稽查、快速解决。主要体现在以下三点：第一，全流程客户满意度经大周期评价和后评估后制定的改进措施，由快响中心形成督办工单，研判专家以"日预警、周通报、月考核"对措施实施情况进行跟踪、协调、督办、反馈、考评；第二，运用"全流程客户满意度评价"工具常态开展小周期满意度调查和评价，搜集整理在每天发生的客户诉求中发现的"三不点"，及时分析披露，组织专家团队或专业部门针对不满意点，层层追溯归因，提出整改和完善措施，再滚动更新全流程客户满意度提升措施工单，继续督办、跟踪；第三，通过比对不同阶段客户诉求数据，对实施措施的效果进行定量分析，考量措施实施后的群体反应，验证评价措施的实际成效，再对措施的下一步实施方向进行修正、提高和优化，不断循环改进。

2. 机制保障

一是建立服务提升能力考评机制，将"客户满意度提升目标值的完成情况""提升举措整改完成率"等纳入企业负责人 KPI 指标。针对指标，采用系统采集数据、参考 95598 投诉数据、专人检查等方式，分月、季、年跟踪落实指标完成情况、举措落地和常态化建设情况，并对评价结果定期通报与考核。

二是建立服务快速响应机制，以客户为导向，围绕三大核心业务(接派单管理、抢修服务协同、业扩集中派单)和三大工作抓手(快响平台应用、服务协同网、服务补救策略),推进省、市、县三位一体的服务快速响应服务体系建设。2013 年上半年在福州、泉州试点实现省、市、县三位一体;统一固化业务研判标准,完善业务预警内容,建立服务快速响应周、月、季服务点评与典型案例分析机制。进一步理顺营业窗口、95598、互动网站、现场等四大服务渠道与地市快速响应中心的客户诉求对接与传递机制。

3. 技术保障

一是全面整合客户营配基础信息。为提高客户需求和基础信息收集效率,公司在开展全流程客户满意度评价的同时,大力开展客户营配调信息贯通工作。以福州公司为例,2013 年年初,对营配系统中低压设备台账及关系进行全面比对核实,梳理了包括高压新装增容、计量装置改造、配网负荷迁移在内的 20 个设备异动流程,增加信息一致性的流程约束,实现营配信息异动同步。截至 2014 年上半年,10 千伏公专变已全部在电网 GIS 上建立线一变拓扑关联,营配公专变一致率 100%。市、县 GIS 低压拓扑建模均完成 100%,营配变箱户一致率达 99.9%。市、县公司 582.1 万只表箱、1464 万只电能表已全部在 GIS 建立变一箱一户关联。目前公司可通过客户评价的少量信息,拓扑出关联资料和相似数据,为提升客户满意度调查工作效率提供了有力保障。

二是搭建服务快速响应信息平台。2013 年 10 月,福建公司服务快速响应信息平台上线,整合了配电地理信息 GPMS 系统、营销业务应用 SG186 系统、配网生产抢修指挥平台、营销稽查监控平台、配电自动化系统、营业窗口视频监控系统、用电信息采集系统等资源,设置业务处理工作台、监控面板等,增强了辅助研判、停电管理、应急管理、数据分析统计等功能,实现"多种研判辅助信息一个界面调阅,多个监控界面同一窗口呈现"功能,提高数据挖掘和辨析的能力,除了对关键数据进行监控外,还能对服务渠道、服务事件即时监控,提前发现问题,发出电网风险处置预警、业务流程实时预警、供电可靠性和超重载、低电压预警,再运用 CCSA 工具归因整改,将问题解决在客户感知之前。

三、供电企业全流程客户满意度评价体系的构建与实施的效果

(一)建成全面评价体系,提升对客户诉求的感知、传递和响应能力

客户满意度指数由 2011 年的 72.48 提升至 2013 年的 73.27。这一体系,让企业内部各个部门、环节清楚地认知规划为生产、生产为服务的价值传递过程,真正感知其自身在优质服务中的定位、要求和影响,理解企业各内部服务、支撑部门的上下协同、左右配合的必要性,推动以客户为中心的全员服务理念的全面落地。

(二)外部客户体验大大改善,内部管理水平显著提高

从外部客户感知看,客户的诉求得到有效解决,与 2011 年比较,2013 年全省电力客户的投诉量减少了 20.74%,95598 热线服务电话回访满意率提升 3.28 个百分点;至 2014 年上半年,客户诉求件减少 41.18%。客户问题一次解决率提升了 7.18 个百分点。

从内部管理看,与 2011 年比较,2013 年,95598 热线服务电话工单处理及时率提升至 99.45%,故障平均修复时长缩短 36.78%,欠费复电时长缩短 35.32%,高压客户供电方案答复时限平均缩短 8.86%,城网客户年户均停电次数减少至 1.2 次,农网客户年户均停电次数减少至 2.5 次。

（三）推动企业整体业绩改善，示范效应显现

2013 年，全面提升供电服务水平，增加企业收益 12326 万元，拉动电量增长 109.57 亿千瓦时，同比增长 8.09%，增幅较同期上升 4.08 个百分点。2012 年，CCSA 体系入选"福建省打造优质软环境作表率十佳举措"经验，并获国家电网公司 2012 年度管理创新优秀成果奖。

（成果创造人：张　磊、王　凌、陈卫中、熊益红、许志永、闫晓天、林女贵、叶　强、黄　婷、莫桑比、柯镇亭、吴国耀）

供电企业基于云平台的社区服务管理

江苏省电力公司苏州供电公司

成果主创人：公司党委书记、副总经理吴英姿

江苏省电力公司苏州供电公司（以下简称“苏州供电公司”）是国家电网公司大型供电企业之一，营业区辖苏州常熟、张家港、太仓、昆山4个县级市和姑苏、吴中、相城、吴江、工业园区、高新区（虎丘区）等6个区，拥有营业客户428万户。2013年企业供电量1145亿千瓦时，是首个年供电量超千亿的地级市公司。先后荣获“全国文明单位”“全国五一劳动奖状”“国家电网公司双文明单位”“国家电网公司先进集体”等荣誉称号。

一、供电企业基于云平台的社区服务管理的背景

（一）供电企业保障服务质量的需要

供电企业在服务电力客户时，在传统上比较重视企业客户，往往忽视居民客户的服务，致使居民客户难以享受与企业客户同样的优质供电服务。虽然居民客户的用电量只占企业总供电量的10%，但居民客户却占企业总用电客户数的90%。这就需要供电企业采取相应的措施，让居民客户在用电过程中享受到与企业客户同样的优质服务。

（二）供电企业提高管理水平的需要

电力营销工作点多面广、作业分散、流程复杂、时效性高、与客户接触点多。苏州是新型工业化、经济国际化、城乡现代化的外向型地区，世界500强企业落户苏州达134家，辖区客户服务要求高、敏感性强、维权意识强烈。随着电力监管力度的加大，客户对供电质量、服务质量和透明公开的要求明显提高。苏州供电公司一度面临供电投诉总量居高不下、服务反应能力仍需提高的困境。面对为众多的居民客户提供供电优质服务，解决投诉总量居高不下、服务反应较慢的问题，需要拓展和创新管理模式和服务手段。

（三）供电企业提升服务水平的需要

2006年，苏州供电公司创新成立社区客户经理服务团队，以“亲情电力进社区”为平台，由客户经理与社区一对一结对，为居民客户提供与大客户一样面对面、零距离的电力管家式服务。面对信息化、多元化、需求个性化，尤其是“苏南现代化建设示范区”的新形势，如何为人民群众提供更高效、更便捷、更优质的服务，促进供电服务从单项供给型向智能互动型转变，是社区客户经理服务团队面临的新课题。加强对“亲情电力进社区”品牌的维护和管理，不断发展完善云服务系统，最后形成云服务管理体系。

二、供电企业基于云平台的社区服务管理的内涵和主要做法

苏州供电公司以“为群众服务、让群众满意”为目标，创新社区客户经理为民服务载体，自主开发创立了“亲情电力云服务”系统，采取信息化、集成化的手段，通过管理端、队员手机端和公众端，建立端对端、点对点的实时管控平台，建立“任务下达、应急通道、交流平台、工具箱”四大模块，为居民提供“基础(Basic)服务、应急(Emergency)服务、特色(Special)服务、定向(Target)服务”四大类别的最好(BEST)服务。同时相应地变革服务的组织体系，以纵向支撑、横向协同的标准化管理网架，输出差异化服务，并通过完善服务流程、创建为民服务常态长效机制，满足了客户个性化需求，架起了供电企业联系群众、服务群众的桥梁，赢得了社会认可、群众满意。主要做法如下：

(一)确立社区客户经理云服务战略

为提高供电服务水平、提高电力营销管理水平和保障供电服务质量，经过多年的实践经验总结，逐步制定出“亲情电力”云服务战略，并形成一套社区客户经理为苏州各社区提供“亲情电力”云服务的制度，这些制度包括社区客户经理的组织制度、岗位职责，社区客户经理的管理制度、服务流程及激励制度等。

1. 社区客户经理战略的目标

以各部门员工为主体并具备相应任职资格和能力，以电力营销部管理的工作团队，为提高对社区居民客户服务质量和效率成立社区客户经理。社区客户经理战略的目标是为了充分发挥社区(街道、物业、村委会)与居民联系密切的优势，通过开展常态化、规范化、品牌化的社区供电服务活动，不断提高居民客户满意度，打造社区、电力、居民三位一体的用电服务新平台。

2. 社区客户经理战略的内容

自2006年“亲情电力”社区服务网络启动至今，社区客户经理团队结合国家电网优质服务主题，开展“亲情电力”服务活动。以流动服务车为载体，为社区居民开展用电业务咨询、用电故障报修、征求客户意见、受理用电投诉、计划停电公告、上门便民服务、节约用电宣传、安全用电宣传等沟通服务，解决社区居民遇到的实际用电问题。同时，积极组织各项社会公益活动，组织进农村、进学校、进企业、进政府活动，开展各类用电讲座、帮困助学、为孤寡老人进行上门特别服务、社区安全节电大家谈、阳光校表、电力之星夏令营等活动。

社区客户经理志愿服务队现场为居民进行线路排查

2013年以来，苏州供电公司全面开展营销精益化管理年活动，构建大到架构、小到节点、层级清晰、标准明确的精益化管理模式，建立营销精益化管理持续改进机制，推动营销管理和服务理念向精益化模式转变。

(二)建立网格化亲情服务组织架构

1. 社区客户经理团队的构成

社区客户经理是指深入居民社区、牵头开展社区供电服务的工作人员。该团队分为系统管理组与执行管理组。系统管理组分为活动、宣传、培训、团队管理五个组。由22名核心队员引领的176名客户经理,形成对284个社区的服务全覆盖。该团队通过积极开展经常化、规范化、个性化的活动,面对面听取社区和居民客户对供电服务的意见和建议,充分发挥街道、社区、物业与居民联系密切的优势,加强供电部门与居民客户之间的沟通,及时提供各类供电服务信息,减少供电服务方面的纠纷,缓解因信息不畅引起的矛盾,提高居民客户的满意度,精心打造具有苏州特色的"亲情电力"服务品牌。

2. 社区客户经理团队的职能

系统管理组通过常规的管理规范全面细化到信息云平台上,全面提高工作效率和系统效能。执行管理组按照姑苏区、新区、园区、相城区、吴中区等行政区域设立区域组长。每个区域组长管理若干个小组长,小组长可按照不同街道进行设置。小组长管理社区客户经理,每一个社区客户经理对应一个或若干个社区。每一个社区设定一个专门指向服务终端的端口,向下推送系统管理组通知等相关信息;社区管理员向上推送服务需求;社区管理员对常见问题进行模糊查询与搜索。形成区域组、街道小组、社区客户经理、社区四个层级,一一对应,由点到线、由线及面,形成服务队运作"上下联动、左右互动"的网格化组织架构。

(三)实现现场服务的信息化管控

1. 通过系统管理端,实现现场服务数据智能处理

系统管理端分为视图查询、管理分析、应急任务、日常任务(即任务安排)、工具箱、交流平台和社区通道七大模块,实现查询、分析和下达三大功能。通过这些模块可以对社区客户经理现场服务数据进行智能处理,实现服务的智能化。

主要系统管理端各模块具有以下功能:

视图查询模块。帮助管理人员在"社区地图"上实时了解、查看社区客户经理现场服务进度;实时了解社区(公众端)上传的服务需求和需求的紧急程度;实时知晓流动服务车的服务轨迹;掌握社区服务"二十四节气表"、队员服务积分和培训计划。

管理分析模块。进行社区用电问题分析,帮助管理人员按月、季度、年调看全市所有社区反应的用电问题"饼图",用电问题按电费异议、计量问题、安全隐患、便民改造、用电指导、临时用电、停电问题、用电故障、投诉举报、其他等十类问题,点选任意一类问题,都以列表形式显示该类问题集中出现的区域、解决进度和详细描述。此外,还可生成日常任务执行表、应急任务执行表和客户经理服务积分表。

日常任务模块。包括流动服务车、服务沟通会、客户服务、用电宣传和培训计划。

应急任务模块。分为由管理端发起的应急服务和由客户经理端或社区端发起的应急服务。

社区服务模块。包括社区问题解答、应急申请处理、活动推广应询、用电资讯推送。

管理人员可利用日常任务模块的"服务沟通会"菜单栏定向下达会议通知;利用社区服务模块的"活动推广应询"菜单面向社区(公众)端征求各类服务(宣传)活动意向,实施"订单式"服务;利用"用电资讯推送"菜单有针对性地面向社区(公众)端推送有关该社区的停电信息,向不同的社区推送有针对性的供电资讯。

2. 通过队员操作端,实现现场服务移动作业终端

社区客户经理端主要实现签到、点选、求助、上传、客户签字、工具箱等六大功能。队员每月定期走访"一对一"服务社区,现场扫"二维码"完成"服务开始"签到,当离开社区后系统默认完成"服务结束"签到,自动统计服务小时数。队员可实时接收到公司下达的"规定动作",以"点选"方式领取任务。"点选"系统默认开始计时,办理完结默认结束,系统自动记录服务时长。队员遇到棘手问题,可查询"云"数据库提供的海量服务案例,寻求类似问题的解决途径和方法。队员接到服务社区用电问题,不能解决时,可向系统上传申请,通过应急通道,分别由小组长、区域组长、管理层(按服务专长的优先权)领取解决。如果具备典型性,办结此申请后将生成新的服务案例,充实云系统。同时也可将在社区开展的爱心服务上传系统,完成服务小时数的自动累积。所有客户的服务需求办理完结,需要客户在客户经理终端屏幕签字,最大限度满足客户的被认同感,有助于服务满意度提升。工具箱功能包含结对社区用电配置信息、社区特殊服务需求、"智慧电力"APP、服务队微信群、社区 QQ 群。特别是"智慧电力"APP 是现今解决客户服务问题最具特色的功能软件,可实现居民客户缴费和欠费纪录查询,完成电价构成解析、电量使用解析、电器使用解析,帮助客户理性用电。

3. 通过公众应用端,架起用户与企业的沟通桥梁

公众应用端有横向查看、定点查询和上传需求三大功能。可以通过让社区之间相互查看接收到的供电服务纪录,增强对供电服务的理解度,通过"始于客户需求"督促社区客户经理服务能力不断自主提升;让居民客户通过"智慧电力"APP 查询到自己的缴费情况;社区(公众)端上传用电需求,在云系统生成"任务",由系统推送至社区客户经理或服务队核心成员处理,从而架起用户与供电企业的桥梁,确保公众愉快、舒心地消费。

(四)通过云处理实现服务标准化

1. 应急服务云传递

为促进供电服务从单项供给型向智能互动型转变,社区客户经理团队依据多年社区服务经验在"云服务"系统中建立管理端与社区客户端双向应急需求递交通道,通过"四级"应急通道和"三色"任务菜单,实现应急服务云传递,以标准化管理输出差异化服务,满足客户个性化需求。

2013 年 7 月 3 日,"云服务"平台接到硕房庄社区服务中心增容请求,系统实时监控到任务请求后,通过智能评估分析后第一时间派发任务工单,安排专人现场查勘,24 小时后完成了该社区的零散用户增容处理。"供电公司的新服务载体,让社区居民在家门口就能及时反映用电问题,享受到'专业化、智能化、差异化'的用电服务,非常受大家欢迎。"留园街道硕房庄社区居民代表如此称赞"亲情电力云服务"的高效、便捷。

2. 社区服务云储存

通过“亲情电力云服务”系统固化《社区服务二十四节气表》，整合流动服务车、服务沟通会、服务记录、安全用电宣传、队员培训计划等常规内容，具备队员配备社区地图和服务车流动轨迹的视图查询功能。在日常指令下达与任务操作的同时，队员坚持每月至少一次进社区，实时掌握公众推送的服务需求，滚动修订服务计划和特困家庭信息，为更多有困难的人定向提供帮助。系统搭建交流平台，供社区居民与服务队员沟通交流、答疑释惑。设立的工具箱收录企业相关政策法规、常见疑难问答与典型服务案例等信息，方便各用户端查询。服务队成员上传服务中的典型案例，供队员互动点评、相互借鉴，团队的整体服务水平在互动学习中得到提升。

3. 数据分析云统计

“云服务”系统能够统计分析电费异议、计量问题、安全隐患、便民改造、用电指导、临时用电、停电问题、用电故障、投诉举报、其他问题等十大类用电问题数据。服务队成员可按月、季、年调看全市所有社区对某一类用电问题的统计图表、集中出现问题的区域和问题解决进度情况。近年来，就居民普遍关注的“停电通知、电表计量、电费缴纳”等问题，推广停电通知周全化、电费催交礼仪化、电表校验公开化“三化”服务。通过推行苏州通卡、电费充值卡、网上支付宝等缴费方式，与中国邮政合作在农村推行“福农卡”、与连锁超市合作新增缴费点等形式，打造“10分钟居民缴费圈”，广受居民好评。以“用电诊断书”方式为居民合理使用“峰谷电”作诊断、送建议。目前苏州市区的居民用户每季都能收到为其量身定做的《居民客户家庭用电建议书》。

4. 业务流程云管控

社区客户经理团队建立起网格化管理架构和网络化协同，实现了由点到线、由线及面，上下联动、左右互动，纵向支撑、横向协同的业务流程管控。系统内的社区地图可实时查询队员的归口社区、服务动态和流动服务车的服务轨迹。云服务系统会及时向队员推送日常任务待处理工单和应急服务新消息提醒。根据队员刷二维码进入社区的签到、离场时间自动计算出现场服务时长。帮助队员成功推算公众端发生服务需求的紧急程度，协助用电客户测算家中空调、热水器等大型用电设备能耗情况，对比同期电量，估算本月电费，还可依据智能评分管理体系，自动生成服务积分表，用于队员工作考评。

（五）通过制度夯实“亲情电力”品牌

1. 加强培训管理，提升服务水平

苏州供电公司的社区客户经理志愿服务队的培训由培训管理组归口管理。主要包括入职培训和在职培训。

入职培训主要指对新人员入职前进行的上岗培训，包括岗前学习和见习期训练两部分。其中，岗前学习集中培训理论知识，包括组织文化和制度培训、基础知识培训（主要为服务规范、供电法律法规等基础知识）和专业知识培训（主要为电费电价、计量装置等专业知识）。见习期培训内容主要为行业新动态、新知识、业务变更、新技能等。

在职培训主要进行岗位知识、专业技能、规章制度、操作流程的培训。其目的是丰富和更新所需知识，提高服务能力。包括专业培训、转组培训、升职培训三类。

2. 实行积分考核，完善评价体系

基层社区客户服务队和队员均实行积分管理。依据国家电网公司竞赛考核评分标准和省公司细化的供电抢修类、营销服务类两个专业考核评分标准评定服务队积分，通过劳动竞赛、成果发布等形式，加强交流，共享经验，评选优秀，提升社区客户经理团队建设管理水平。对服务队队员实行“品绩管理”，围绕职业素养和工作业绩两个方面，制定服务队员晋级、淘汰制度，对积分靠前的队员，在职业通道、劳模选树、“金牌队员”评选等方面优先推荐，对连续两年积分靠后的队员末位淘汰，保持队伍纯洁性和先进性。

3. 深化窗口建设，提升服务内力

苏州供电公司坚持通过创建文明行业和营业窗口规范达标等活动，全面展示公司的服务文化。员工是服务的主体，客户对服务的体验来自于和公司服务人员的接触过程，来自于电能产品的消费过程。坚持“内强素质、外塑形象”的方针，培养员工具备自信、可信，知识、知礼的素质，具备持续改进的意识和能力。专门邀请有关高级专家和学者，为所有营业厅服务员进行优质服务强化培训。以服务礼仪为轴心，通过封闭式强化训练，使营业服务人员都懂得且能运用业务受理中的标准服务礼仪规范，塑造高质量专业服务形象。引导服务员以积极的心态对待人生和工作，打造金牌营业员，提高整体服务水平。注重对社区客户经理进行深度培训，仅在流程优化过程中为适应转变而进行的培训就达20多次，努力将员工培养成为客户可信赖的代理人。目前，苏州市区及各市(县)9个营业窗口全部获得国电华东公司规范化服务达标窗口称号，苏州市区和各市(县)供电公司全部成为江苏省文明行业(文明单位)。

4. 通过“四增四减”，满足用电需求

一是增加快速服务举措，减少用户往返次数。实施居民业扩报装“1＋1”流程，即对16千瓦以下零星单相居民新装、增容项目，开展一次临柜受理业扩报装申请，根据客户预约时间一次上门完成供用电合同签订、业务费用收取、工程实施及装表接电，缩短业扩办理时间，减少用户往返营业厅次数。

二是增加安全改造力度，减少用户安全故障。针对城区老新村计量装置的封闭性改造，消除表箱安全隐患，减少跳闸、短路、火灾等事故的发生，加大社区宣传指导力度，增加居民使用电力的安全性和可靠性，以及居民对供电公司企业品牌和形象的认可度。

三是增加故障抢修布点，减少抢修时间。针对居民普遍关注的故障抢修问题，结合一流配电网建设，在吴中区、相城区增设配电抢修布点，强化城乡一体化抢修优质服务功能，保障故障保修、抢修过程高效快捷。

四是增加互动服务功能，减少沟通交流距离。拓展完善微信服务应用，推广实施“掌上电力”，搭建互动服务平台，实现与居民零距离沟通。

三、供电企业基于云平台的社区服务管理的效果

(一)成功塑造“亲情电力”服务品牌，社会效益显著

苏州供电公司坚持“用电无小事、用心无难事”的工作信条，察民需、惠民利、连民心，

用心服务客户群众，努力使“亲情电力云服务”成为“幸福民生连心桥”，成功打造“亲情电力进社区”服务品牌，获得媒体的广泛赞誉。新华社《内参选编》、中央电视台、新华网、人民网、人民日报、新华日报等媒体先后报道40多次。

2012年，苏州320万户的居民用电量达75.25亿千瓦时，苏州供电公司社区客户服务队仅利用“峰谷电”就减少居民客户电费支出5.98亿元。同年，还为苏州市区38个保障性住房项目优化用电方案，减少投资1200多万元，惠及27661户低保家庭。

(二)坚持锻造“亲情电力”高效团队，管理效益凸显

1. 处理问题高效，惠民便民大幅提升

2012年7月至2013年6月，苏州供电公司社区客户服务队共出动流动服务车98次；与街道、社区累计展开服务沟通会21次；“亲情电力云服务”在5区28个街道284个社区全覆盖，累计开展服务5142人次；累计开展用电宣传632次；解决电费异议问题136次；会同市技术监督局为居民用户现场校表17户，为57户居民客户提供远程校表服务，先后分三期组织312人次参观计量中心电表检定基地；处理各类隐患、缺陷1448条，义务为居民客户安全用电检查6612户次；新增便民电费缴费点473个；累计对318户进行现场用电指导，为客户提供优化用电建议121条；累计出动抢修5040人次，抢修2022户。

2013年迎峰度夏的两个月，苏州供电公司社区客户服务队在云服务系统的信息推送下累计出动抢修840人次，抢修337户，巡视2190户。社区客户服务队还借助云服务系统平台主动感知客户用电需求，自动从苏州市政府2014年236项重点工程中抽选20户重点工程客户，在制造、研发、通信、学校、商业、医疗、房地产、媒体等行业中选取关键客户185户，以服务队队员走访、座谈、系统平台反馈等形式共征集“客户意见征集表”219份，征求到的客户意见258条，并全部完成对所提交意见的再反馈和优化提升。

2. 团队成长迅速，优秀成员不断涌现

苏州供电公司社区客户服务队致力于社区客户经理建设常态化和发挥作用长效化。通过“亲情电力”云服务管理制度的考核、评比、激励于一体的科学机制，鼓励每位社区客户经理在服务发展、服务民生的实践中，展现智慧、能力，发挥激情和活力，实现自身价值。

苏州供电公司社区客户经理领头人韩克勤再获全国“三八红旗手”、2011全国经济女性年度公益人物、中央企业金牌青年志愿者等称号，被国网公司树为“爱心大使”，入选“中国好人榜”，当选党的十八大代表。在榜样的带领下，团队中优秀成员不断涌现，社区经理周文勇获“全国用户满意服务明星”称号；社区经理陈东获“全国优秀志愿者”称号；社区经理俞晓文获“国家电网公司服务之星”称号。此外，社区客户经理顾艳被里河社区评为“最佳义工”；殷鉴被金厦社区称为社区“女婿”。2014年，社区客户经理团队主创人孙洁荣获“江苏省十佳文明职工”，并被授予“江苏省五一劳动奖章”。

(成果创造人：吴英姿、李敏蕾、文　锐、刘　珊、
席　斌、韩克勤、马晓东、孙　洁、郭　健)

中小企业实现跨越式发展的市场开拓

息烽开磷塑料包装有限责任公司

成果主创人:公司副总经理李开屏

息烽开磷塑料包装有限责任公司(以下简称“开磷包装”)是国有大中型企业贵州开磷(集团)有限责任公司的全资子公司,专业从事各类塑编包装制品的生产。开磷包装现有普通编织袋生产线2条、彩印覆膜袋生产线1条、内黏袋生产线4条、集装袋生产线1条,各类塑编生产设备300多台(套),具备各类小型编织袋1亿条、集装袋50万条的年生产能力,年销售收入1.8亿元,实现利税1000万元。开磷包装按照“依托主业、面向市场、滚动发展、由小到大”的发展思路,以开磷集团的雄厚实力为背景,以精良的生产设备和现代工艺、严密的质量控制、完善的服务体系、诚实守信的经营理念,努力开拓内外两个市场,致力于塑料包装产业的不断发展,将开磷包装建设成贵州省乃至西南地区规模最大的现代化塑料包装企业。

一、中小企业实现跨越式发展的市场开拓背景

(一)适应行业激烈竞争,塑造独特优势的需要

我国塑编产业历经40多年的艰难发展,产品产量和产值已经是世界第一,整个塑编行业的发展面临严峻的竞争。一是行业集中度低,盲目投资重复低端建设情况严重,供大于求的矛盾相当突出,全国塑编产能严重过剩。偷工减料和伪劣假冒产品屡屡出现,损害了塑编行业的整体利益和形象;二是塑编产业机械化、自动化水平不高,劳动力匮乏,劳动用工成本越来越高;三是原辅材料价格整体呈逐年上涨趋势,加大了塑编行业的生产成本和经营负担。贵州地处内陆,塑编生产主要原料聚丙烯、聚乙烯都从省外购进,采购成本和运输成本相对较高,贵州塑编企业生存日益艰难。到2009年贵州规模以上塑编企业只剩3家。为了生存和发展,贵州塑编企业必须进行转型升级调整,创新扩展和提升塑编产品质量、技术水准,提高市场竞争力。

(二)走出经营困境,推动企业发展的需要

开磷包装作为贵州开磷集团的配套包装企业,依托开磷磷化工业的发展而扩大,从建厂之初300万条的年生产能力,到2008年形成4000万条/年的生产规模,基本满足了开磷集团内部各单位的用袋需求。但由于与主体企业紧密相连,内部市场相对封闭,管理、分配机制僵化,缺乏竞争压力和创新动力,缺乏长远的发展战略规划,设备、工艺技术、管理水平跟不上行业的发展,导致竞争力低下。由于长期脱离外部市场运行,干部职

工“等、靠、要”思想严重，危机意识不足，创新意识不够。随着许多国有塑编企业的倒闭，开磷包装的生存危机逐步凸显。

（三）响应集团发展战略要求，把握发展机遇的需要

贵州开磷（集团）是国家在第二个五年计划期间建设的全国三大磷矿石生产基地之一，是我国最大的磷矿石地下开采企业和季戊四醇生产企业，高浓度磷复肥生产能力位居行业第二位。按照省委省政府实施工业强省战略和更好更快发展的要求，贵州开磷集团进一步提出了建设千亿企业的“新三步”发展战略。在未来的10～15年间，贵州开磷集团将进一步提高资本运营能力，加快企业上市步伐，借力资本运作实现跨越发展，使开磷销售收入增长到1000亿元。随着开磷集团实体经济的增长，需要包装的实物总量不断增加，这为开磷包装的进一步发展提供了广阔的空间和难得的历史机遇。

二、中小企业实现跨越式发展的市场开拓内涵和主要做法

开磷包装以集团公司“打造千亿开磷”战略为指导，通过调整组织结构，规范企业制度，完善内部管理和激励机制，紧跟行业技术进步，开发差异化新产品，抢占市场先机。丰富产品结构，巩固市场地位。多措并举，开拓销售渠道，建立了内外市场相互促进、相互补充的营销体系。持之以恒开展“6S”现场管理，提升工艺质量保证能力。大力开展企业文化建设，培育高素质员工队伍，为市场开拓提供人才保障和智力支持。企业发展进入快车道，在较短的时间里实现了跨越式发展，成为国内目前最大的内粘袋生产企业和贵州省规模最大的塑编企业。主要做法如下：

（一）开展战略分析，明确企业发展总体思路

1. 加强开磷企业文化建设，为企业实现跨越式发展奠定文化基石

开磷包装在50多年的发展建设中，逐步形成了以“利于天下、惠及员工”为宗旨，以“负重攀越、勇往直前”为精神，以“诚信务实、知恩图报、团结协作、自强不息”为核心价值观的企业文化体系。开磷包装用开磷企业文化培养锻造每一位员工，指导规范管理思想和行为，创造了企业良好的社会形象，为市场开拓奠定了坚实的基础。

2. 明确企业发展方针和目标，为企业实现跨越式发展指明方向和道路

根据“一切围绕市场、一切围绕职工”的企业方针，明确了“依托主业、面向市场、滚动发展、由小到大”的发展思路，组织编制了开磷包装《未来十五年（2009－2023）发展规划》，力争用三个五年的时间，围绕内外两个市场各占50%，开发工业包装和食品包装，使销售收入分别增长到2.6亿元、6亿元和10亿元，把开磷包装建设成为机制灵活、产品多样、具有较强市场竞争力并在同行业具有较强影响力的大中型企业，真正实现塑料包装产业

工人定期对设备进行保养

化发展的目标。

（二）调整优化组织结构，规范企业制度

开磷包装对组织结构进行了优化调整。优化调整后的生产系统按产品专业化原则设置两个生产部门和设备部，引入竞争和相互制约考核机制，增强企业活力。新增中控部、销售部、开发办，加强了工艺技术管理、生产安全管理、市场营销、产品开发力量。为防止机构增加带来人浮于事、推诿扯皮、效能低下的弊端，开磷包装按精干高效的原则配备人员，在调整过程中严格控制管理人员数量，部级机构虽然从7个增至11个，但没有增加1名干部和管理人员。通过建立完善岗位职责、管理标准、工作标准，明确管理职责，理清管理流程，规范管理行为，并在实际运行中不断规范调整。为了解决需要多部门协同的专项工作，开磷包装按一事一办原则成立专门委员会或工作组，弥补职能管理分工过细的不足。通过组织结构的不断优化调整，提高了专业化管理能力，提升了市场变化的应对能力，适应了规模化发展的管理需要。

（三）贴合市场需求，开展技术攻关，完善产品结构与性能

开磷包装确定了“精品包装”战略，以高端用户为目标市场，开发优质优价产品，形成差异化市场竞争力。

1. 紧跟行业技术进步，开发差异化新产品，抢占市场先机

开磷包装组织生产技术人员和管理人员开展全国塑编行业调研，了解到国内有一设备厂商正在消化吸收国外技术，开发内黏袋生产线。内黏袋改变了传统的人工套内膜工艺，将内膜分为双层结构并在圆织时织入，通过特殊加热设备将内黏与外袋黏合在一起，实现生产自动化，减少人工成本，提高产品质量。但该技术还处于试验阶段，工艺技术还不够成熟，并且内黏袋能否成功取代套内膜袋，获得用户认可，还面临着很大的市场风险。为此，开磷包装组织工程技术人员加强与厂家的沟通，从使用的角度为设备厂商完善设备工艺技术设计，同时加强与用户的沟通，通过样品试用得到用户的初步认可。在认真组织进行经济、技术、市场可行性分析的基础上，果断决策采用“滚动发展、分期实施”方式实施该项目。2008年首先投资建设了第1条内黏生产线，在试生产过程中摸索改进工艺操作技术，对设备设计不合理的地方开展小改小革，经过2个月的试生产运行调试，生产线实现了达标达产，并且为设备厂商改进设备提供了很多宝贵的意见、措施。在此基础上，2009年又投资建设了3条内黏袋生产线，使内黏袋生产能力达到6000万条/年，一跃成为国内最大的内黏袋生产企业。内黏袋生产线设备自动化程度高，生产效率和产品质量都得到大幅提高，产品一经推出便得到认可，优异的质量、合理的价格、差异化产品，使内黏袋迅速完全占领内部市场，通过开磷化肥的示范效应和品牌影响力，富余的生产能力还实现了外部销售，成功打入了中化涪陵、赤天化等大型肥企的包装市场。

2. 适应市场变化，丰富产品结构，巩固市场地位

一是加大技改力度。开磷包装加大技改力度，从提高设备自动化程度、增加产品规格型号、提高产品质量、降低产品成本等方面对原有设备进行升级改造，三条普通袋生产线通过增加彩印机、淋膜机、成筒印刷机、自动切缝机、超声波缝纫机等设备及技术改造，不但设备自动化程度大幅提高，产品质量好，而且生产的品种规格多样，形成从几公斤的

手提袋到印刷精美的彩印袋、特殊包装的阀口袋，以及原有的涂膜袋、内衬膜袋等品种，极大地增强了产品市场竞争力。

二是顺应物流运输方式的转变，成功开发集装袋新产品。2011 年年初，开磷集团公司为降低包装成本和物流运输成本，提高装卸效率，开始推动集装袋运输方式。但当时开磷包装没有集装袋的生产能力，为了抓住市场转型机遇，果断决策立即上马集装袋项目，与开磷集团公司运输方式转变同步推进。开磷包装一面维修厂房、订购设备，一面开展职工培训，通过干部职工的辛勤努力，半年就建成一条 20 万条/年的集装袋生产线。7 月 1 日正式投产，生产集装袋 11.5 万条，实现当年投产，当年见效。2013 年又继续增加投资，将年生产能力提高到 50 万条，全年生产销售 35 万条。集装袋的成功开发，丰富了开磷包装的产品结构，形成了新的产值、效益增长点。

三是发挥现有生产设备潜能，拓宽塑料编织产品应用领域。根据集团矿山井下生产向深部延伸，大量使用通风筒布，现用风筒布价格较高、铺设不便的问题，开磷包装积极与开磷集团矿业总公司合作，开展了内粘、覆膜筒布在矿山井下通风系统中应用的研究，通过双方的努力，成功开发了塑编风筒布产品并在 2013 年获得了国家发明专利。

四是积极开展技术和项目储备。开磷包装认真研究精细化工等产品的包装需求，开展了包装物系列产品的调研，探索了方底阀口袋、功能性包装袋、真空镀铝或珠光编织袋、复合液体包装袋、透明包装袋等产品的生产技术，储备了包装产品新项目。结合开磷服务产业发展养殖业、副食品加工业及绿色食品配送等业务需求，积极开发高品质食品包装产品。通过新产品开发，不断丰富产品品种和结构，适应市场需要，拓展产品销售范围，实现规模效益。

（四）多措并举，开拓销售渠道

以内部市场为基础，积极开发外部市场，建立内外市场相互促进、相互补充的营销体系，是开磷包装实现跨越式发展、做强做大的关键。

1. 细分目标市场，集中力量覆盖

2011 年以前，开磷包装没有对外销售，由于长期脱离外部市场运行，对外部市场非常陌生，销售人才缺乏。为迅速打开局面，开磷包装主要领导亲自带头跑市场，对省内包装市场进行充分的调研、分析，把化肥行业、饲料行业中的大企业作为目标客户，针对每个客户的具体情况制定专门方案措施，充分满足客户个性化需求。完善售后服务体系，让生产技术人员和销售人员组成服务小组定期开展客户走访，充分发挥他们懂生产技术、懂产品质量、与用户专业沟通能力强的优势，同时也让他们熟悉、了解市场需求，更好地为用户服务，实现市场与生产无缝对接。通过努力，2011 年年初步建成外部市场销售网络，对外销售 328.61 万条，实现首战告捷。通过外部市场销售，让干部职工看到了自身的差距，同时更看到自身优势所在，极大增强了参与市场竞争的信心和决心。2013 年对外销售迅速增长到 2170 万条，占全部销售量的 24.6%。在跑市场的过程中，也培养锻炼出了一支优秀的销售人才队伍。

2. 拓展营销渠道，开拓省外市场

开磷化肥营销网络通过 10 多年的建设，已形成遍布全国的完善体系，具有强大的市场营销能力。由于塑编包装与化肥的高度关联性，利用这个平台是最快捷和最具实效性的。为了进一步拓展省外市场，开磷包装加强与开磷化肥营销公司的沟通合作，得到他们的理解和支持，开磷包装销售人员通过和化肥营销人员一起跑市场、一起参加培训、一起搞驻点促销，不但在实践中学习了营销知识，更在其中寻找到塑编产品销售的商机，和一些省外大型肥企建立了稳定合作关系，健全完善了开磷包装的营销网络。

3. 开展各类营销活动，推动形象建设

为了迅速扩大“开磷塑料包装”的知名度，开磷包装加入了中国塑料包装协会，参与组建了贵州省包装联合会，积极参加全国塑料及塑编行业的博览会、展销会以及化肥行业、饲料行业的各类交流活动，通过网络、论坛、现场派发宣传资料、电话联系、登门拜访等方式，积极宣传推介开磷包装和开磷企业文化，提高开磷包装知名度和美誉度，促进对外销售工作。

(五)开展“6S”现场管理，提升产品工艺质量保证能力

开磷包装从2009年年底开始在全公司范围内推行“6S”管理，通过4年持之以恒的努力，逐步形成“6S”管理长效机制，管理工作已实现常态化、制度化，员工良好行为规范和清洁文明工厂意识逐渐形成，干净整洁、规范有序的现场环境实现长期保持，为安全、质量、设备、成本等各项管理工作提升奠定了坚实的基础，工艺质量管理水平有了大幅提升。

在推行过程中，始终坚持“自主管理、规范高效、持续改进、厉行节约”的原则，通过与质量管理工作的有机结合，形成了具有开磷包装特色的“6S”管理运行机制。

1. 将“6S”管理纳入日常工作范围

“6S”管理是抓好现场管理的重要手段和方法，开磷包装没有将“6S”管理当作一场活动对待，而是将其纳入日常的常态工作。推行初期制订了具体工作方案，做到有计划、有步骤、有措施、有责任、有考核、有奖惩，积极推进、稳步实施。通过长期坚持，不断强化，员工逐步实现“心态变—行为变—习惯变—人格变—人生变”，提升员工素养。

2. 从细节抓起，坚持员工良好行为习惯的养成训练

“细节决定成败”是“6S”管理工作的最好诠释。开磷包装从现场的每一细节抓起，从水杯、扫帚、标识标牌、桌椅板凳、门窗玻璃、地面沟渠、每一件工器具、每一条标识标线等具体的物品、设施以及现场人员具体动作进行规范，将管理要求内化、固化为员工的基本素质。为了推进“6S”管理工作，开磷包装在每周各部室组织自查自纠的基础上，将“6S”管理工作纳入每周一例行的“安全、质量检查”的重要内容，主要领导和分管领导只要没有离开公司都亲自参加检查讲评，对“6S”管理工作提要求、作安排，每次检查都要形成正式的检查通报下发，职能部门对检查发现的问题要跟踪整改结果，在下一次会议上要进行通报，没有整改落实的要进行处罚，高频次、强有力的检查考核手段，为“6S”管理工作的稳步推进提供了坚实的机制保障。通过点滴积累，实现从量变到质变的飞跃。

3. 领导和领导机关率先垂范，发挥模范带头作用

要求一般员工做到的，开磷包装要求各级管理人员首先要做到，并且标准要求更高、

检查考核更严，明确告诉员工倡导什么、反对什么，形成上行下效、相互促进、共同提高的良好氛围。

(六)培育高素质员工队伍，为市场开拓提供人才保障和智力支持

开磷包装高度重视人才队伍建设和人力资源开发，用开磷"用军队式的纪律管理人、学校式的教育培养人、家庭式的温馨关心人"的管理思想指导人才强企战略的实施，培养了一支结构合理、业务精湛、充满活力的专业人才队伍，打造出一支忠诚可靠、执行有力、技能全面的员工队伍，为产品开发、技术创新、市场开拓提供人才保障和智力支持。

1. 编制人力资源规划，明确各阶段目标

配套开磷包装未来发展规划，2010 年组织编制了《人力资源十年发展规划》，明确了未来十年人力资源开发管理模式、体系建设和发展目标。每年结合开磷包装生产经营实际，在开展教育培训需求调研的基础上，制订年度教育培训计划。采取引进、内培、外培等多种途径，通过集中理论讲解和现场实际操作等多种形式，开展多层次、多专业的技术技能培训。以班组长和职能部门管理人员为重点，加强管理基础知识和业务技能的培训，提升基层人员管理素质。重视职工思想政治教育，把思想政治培训统一纳入培训计划并认真组织实施。

2. 加强履职能力建设，提升管理人员队伍素质

加强对各级管理人员的业务检查和业绩考核，将年度考核成绩与岗位聘用联系起来，促使各级管理人员努力提升素质，积极做出贡献。针对工艺技术难题、新产品开发等关键课题，由中高级管理人员带头组织开展技术攻关，使他们多学习、多思考，增强创新能力。将中高级管理人员培训与日常工作结合起来，开展互教互学活动，推进了业务知识的学习和交流，提高组织协调能力和沟通表达能力。定期开展业务知识培训和业务讲评，不断提高各级管理人员的业务水平。认真抓好自学成才奖励制度的落实，充分发挥人才激励机制的积极作用。通过多层次、多渠道的培养，进一步提升管理人员队伍素质。

3. 实施青工培养"四有"工程，为企业持续发展做好人才储备

从 2009 年开始，开磷包装每年都根据发展需求招收大中专毕业生，为了让他们更好更快成才，指定中高级管理人员担当他们的"爸爸""妈妈"，从工作、学习、生活上全面关心引导他们，结合本人所学专业和公司生产经营实际，认真组织他们开展课题调研、专业技术培训、职业生涯导航等活动，做到"四有"，即在培养的过程中做到有关心、有事做、有跟踪、有效果。四年来，相继有 9 名大中专生竞聘到车间主任级岗位、有 2 名竞聘为班长，成为开磷包装生产经营骨干。在开磷包装取得的 5 项专利中，就有 7 名大中专毕业生参与研究。每年选送技术骨干到职业院校接受正规、系统的职业技能培训，满足公司快速发展需求。

三、中小企业实现跨越式发展的市场开拓的效果

(一)市场竞争能力显著增强

经过 4 年的发展，开磷包装形成了年产 1 亿条小型塑编包装袋和 50 万条集装袋的生产能力，成为国内目前最大的内黏袋生产企业和贵州省规模最大的塑编企业。产品种类

规格齐全，有内衬膜袋、涂膜袋、内粘袋、彩印袋、阀口袋、集装袋、吊袋等，能满足客户多样化的包装需求。市场开拓成效显著，外部市场销售份额逐年增长，内外市场相互补充、互为支撑的营销体系基本形成，与省内外 35 家大型化工企业和饲料企业建立了长期合作关系。生产装备机械化、自动化水平大幅提升，工艺质量保证能力、技术创新能力、新产品开发能力显著增强，产品质量得到了用户的一致好评。开磷包装在行业内已具有一定的知名度和美誉度。

（二）生产经营指标、持续盈利能力大幅提高

通过产品开发、市场开拓，开磷包装步入了良性发展的快车道，各项生产经营指标实现了跨越式增长，持续盈利能力、抵强市场风险能力大幅提高如表 1 所示。

表 1　各项生产经营指标对比分析表

经济指标	2008 年	2013 年	增幅
产量/万条	3221	8821	173%
产值/万元	6553	18038	175%
利税/万元	374	902	141%
资产利税率	11%	13%	

（三）人才队伍建设取得显著成效

企业员工大中专以上学历人数从 2008 年的 18 人，增长到 2013 年的 50 人；获得专业技术职称人员从 2008 年仅有 3 名中级职称，增长到 2013 年的 3 名高级职称、3 名中级职称、15 名助理级职称；企业技术工人队伍中，2008 年仅有 3 名高级工，到 2013 年有 1 人获得技师、13 人获得高级工、11 名获得中级工、5 名获得初级技能等级证；连续 2 年获得发明和实用新型专利共 5 项。专业人员队伍和技术工人队伍人员充实、结构合理，为企业加快发展提供了坚实的人才保障。

（四）获得社会认可

开磷包装领导班子连续 4 年获得开磷集团公司“四好”班子表彰；连续 4 年在开磷集团每季度组织的安全生产综合检查考核中排名前 2 名，连续 4 年实现轻伤及以上事故“零”目标，取得了安全标准化三级企业证书；产品质量保证能力得到用户和政府职能部门的高度认可，取得了食品包装生产许可证、危化品包装生产许可证、出品产品质量许可证。管理能力和管理水平的大幅提升，为企业快速发展提供了强有力的管理支撑。

（成果创造人：丁兰琴、李开屏、彭维龙、邹玉蓉、涂　华、常有娣、谢帅军、鲍　雨、王朝晖、张天坤、乔占寿、周　璇）

通信企业大数据驱动的营销管理变革

中国联合网络通信有限公司天津市分公司

成果主创人：公司总经理、党委书记韦海波

中国联合网络通信有限公司天津市分公司（以下简称“天津联通”）是中国联合网络通信有限公司在天津市的分公司，下辖18家区县分公司，员工8000余人。固定资产200余亿元。主营移动通信、固定通信、宽带和多媒体服务、数据及增值业务等综合电信服务。承担应急及重要通信保障任务。2013年出账客户规模达900多万户，主营业务收入近70亿元，新增业务收入市场份额达59.6%，新增移动收入市场份额达80.4%。荣获2013年度天津市“五一劳动奖状”。

一、通信企业大数据驱动的营销管理变革背景

（一）移动互联网时代为营销管理创新提供机遇

移动互联网时代，微信、QQ、微博等互联网新业务快速发展，通信企业以语音为代表的传统业务持续萎缩，短信业务替代效应明显，移动数据流量及其业务收入增幅高达70%和55%，非话业务收入在全行业收入中占比已超过55%。这预示着以数据流量为代表的多样化、个性化信息消费的商机及其价值诉求将成为通信企业新的发展机遇。

移动互联网时代要求通信企业从营销意识、营销策略和营销管理上持续创新，建立以客户为中心的营销策略，以更契合客户的通信产品、更快捷便利的营销渠道、更敏锐及时的市场反应，不断满足客户通信、信息、娱乐、生活等各方面移动互联网的差异化需求，成为移动宽带的领跑者。

（二）激烈的市场竞争对传统营销方式提出挑战

3G牌照发放后，经过三年的迅猛发展，移动通信市场空间的天花板初现，客户价值下降。2012年4月，天津本地移动通信市场的普及率已达109%，公司移动业务客户发展及收入增长的步伐放缓。虚拟运营商、三网融合趋势下广电公司即将加入等因素也加剧了行业的竞争和市场地位的重构，对优质客户和潜在客户的争夺更为激烈，公司面临着越来越严峻的外部竞争与挑战。

2012年，友商正式发售iPhone，使企业丧失了以明星终端合约产品快速抢夺市场的优势。企业必须梳理现有产品结构，快速开发具有市场竞争力的新产品体系，但传统的产品设计难以把握客户的消费心理和迫切需求，且缺乏快速响应、快速开发、快速部署的产品迭代体系，因而企业的产品设计理念亟须改变。

“得渠道者得天下”，为了扩大市场占有率，企业通过不断增加渠道佣金成本，巩固与

社会渠道的合作关系。2012 年上半年,社会渠道的佣金占收比已达 25.35%;社会渠道发展的 3G 低质客户是自有渠道发展低质客户的 2.6 倍且 3G 客户的 ARPU 和户均流量分别是自有渠道发展客户的 70.5%和 68.77%。可见,社会渠道发展移动业务客户不但成本高,而且质量较低。2012 年,出账客户中自有渠道发展占比为 29.6%,其中电子渠道发展客户的占比仅为 5.7%。因此加强对社会渠道管控,提升自有渠道的发展水平,是提升市场竞争力的必然选择。

通过对 2012 年三季度业务订购成本的对比分析,营业员单笔业务平均成本为 0.59 元,而网上营业厅单笔业务平均成本仅 0.09 元,约为线下实体渠道的 1/7。2012 年,我国网购用户规模已达 2.42 亿,网购市场交易额达 12594 亿元,较 2011 年增长 66.5%,客户依赖实体门店的消费模式正在转变。为获得渠道竞争优势,企业必须顺应移动互联网形势下客户消费习惯的变化,大力发展线上渠道,抢夺市场先机。

(三)实现营销增长目标,必须提升营销能力

天津联通在"十二五"规划中确定了主营业务收入提升 50%,自有渠道营销占比超过 50%的目标。为此,对自有渠道扁平化管理,对营业厅营业员、网格客户经理等实施积分量化考核的薪酬体系。由于客户相关数据分布在公司多个部门所管辖的系统中,难以对客户信息进行有效应用,无法全面掌握市场竞争态势、客户需求及匹配合适的营销策略。企业普遍利用经验采用普众式、盲目式营销,营销效果难以达到预期,并且重复的无效营销造成客户反感。而通过加大线上营销渠道的运营投入提升营销能力,由于缺乏营销手段创新,业务受理量并未明显提升,线上渠道的优势和价值没有得到充分发挥。

要实现营销能力提升,必须依靠云计算、大数据等现代信息技术手段,通过对客户信息的全面采集、高度集成、科学建模和高效应用细分客户,挖掘客户需求及偏好,锁定目标客户,采用合适的营销策略,提供客户满意的服务渠道和产品,形成精准营销的能力,提高客户忠诚度、满意度,提升营销效益和核心竞争力。

二、通信企业大数据驱动的营销管理变革的内涵和主要做法

为满足移动互联网时代客户多样化、个性化需求,应对电信市场激烈竞争,实现公司营销增长目标,天津联通通过调整营销组织架构,借助大数据平台和智能化营销系统等工具,实现以满足客户需求为导向的产品设计变革、线上/线下协同的渠道管理变革及以精准营销为核心的营销模式变革。通过加强人才队伍建设,为营销管理变革提供人才支持。主要做法如下:

(一)以大数据应用为抓手,明确营销管理变革总体思路

为增强企业核心竞争力,天津联通提出依托大数据,持续推进"以客户为中心"的业务创新、渠道创新、发展模式创新的总体思路。

1. 以满足客户需求为导向,推进产品设计变革

通过洞察客户购买产品、使用行为、交际圈等消费特征,分析产品与客户需求的匹配程度,不断对产品进行优化和创新,实现"以产品为中心"到"以客户为中心"的产品设计模式转变,充分满足不同客户群体差异化的通信需求,提升产品黏性和市场竞争力。

2. 实现线上/线下协同的渠道管理变革

将线下渠道为主的营销模式调整为线上渠道为主、线上/线下渠道协同的营销模式。强化线上渠道服务能力，快速完成客户向线上渠道迁移。实现线上资源整合和线下服务联动，统一发布标准化营销策略，建立渠道间的信息共享和传递机制，实现线上/线下营销渠道的协同，形成发展合力。在提升公司营销效率的同时，大幅节约了营销成本。

3. 实现以精准营销为核心的营销模式变革

改变拼成本、降价格、守网点的被动式、粗放的营销模式，转变为以精准化营销为核心的主动营销模式。依据大数据挖掘客户特征和使用行为，为每位客户建立全景式的客户画像，精准定位目标客户和匹配针对性营销策略，提高营销的成功率，满足客户差异化、个性化需求，实现客户与公司的双赢。

（二）实施组织架构调整，为大数据驱动营销变革提供组织保障

设置合理的组织架构是推动营销管理变革的基础。按照集约化、扁平化的原则，打破原有组织架构，以原产品创新部、信息导航中心、电子商务部、呼叫中心外呼团队、存量维系中心等5个部门为基础，吸纳数据分析管理相关人员，合并组建第19个营销单位—互联网事业部，负责所有线上渠道运营、为线下渠道提供助销服务和对公司各单位提供大数据支撑工作，与其他18个区域营销单位一样，在市场营销部统一营销政策、成本管控下，承担相应业务发展、收入、维系等考核指标。18个区域营销单位在市场营销部等业务管理部门的指导下，利用互联网事业部提供的精准助销数据，在区域所辖的线下渠道开展营销维系工作，并分别成立决策支持团队，在市场营销部的指导下，利用大数据平台做好专业或区域范围内的数据分析工作，提出营销创意，报市场营销部审核后，由区域营销单位执行。

互联网事业部下设营销策划室、业务运营室、数据支撑室。在市场营销部的产品、营销成本、佣金、激励等政策指导下，营销策划室组织公司营销产品和活动的落地执行，负责线上渠道营销活动的策划、产品设计、方案制定、资源配置、营销管控等工作。业务运营室负责线上渠道的运营，为线下渠道提供精准数据实现助销工作。数据支撑室负责大数据平台建设、数据管理、数据分析和数据建模工作，参与产品和活动的设计、前评估、后评价等工作，为市场营销部、互联网事业部及各区域营销单位提供决策支持及精准化营销相关数据支撑，充分发挥大数据对营销管理变革的驱动作用。

（三）搭建大数据平台和智能化营销系统，为营销变革提供数据平台和工具

1. 搭建大数据平台，有效整合数据资源

由市场营销部、互联网事业部、信息化事业部、呼叫中心、网络公司网管中心等相关单位成立工作组，互联网事业部作为项目建设单位，整合分散在各单位的数据资源，建立统一的“一点存储、统一管控、多点应用、体现价值”大数据平台，支撑实现以客户需求为中心的新业务能力和新运营能力的转型。

2009年，将数据范围扩展到OSS、MSS域，演进成大数据平台。建立起产品域、客户域、收入域、事件域、合作伙伴域、渠道域等九大域数据仓库，对市场营销部、集团客户事

业部、客户服务部、产品创新部、电子商务部等营销服务部门、18个区域营销分公司等提供数据支撑。2012年,利用云技术提升数据仓库的运算能力和分析能力,扩充上网行为域、位置域数据,初步建立大数据平台。到2012年年底,大数据平台已经集成90%以上的经营管理类数据,覆盖BSS、OSS、MSS、DSS、网管系统、客服系统、结算系统等18个业务系统,积累的数据量超过200T,成为企业唯一的大数据平台。

2. 建设智能化营销系统,实现渠道协同营销

智能化营销系统于2012年11月投入运营,实现营销策划、营销审核、营销实施、反馈评估、营销活动策略库“四步一库”的闭环营销流程,利用大数据平台提供的精准目标客户匹配营销策略,将目标客户和营销策略推送至网上营业厅、微信厅、手机营业厅、沃管家、116114等线上渠道及自建营业厅、网格经理、VIP经理、集团客户经理等多个线下渠道,实现各渠道的协同和联动。同时也提供营销人员营销进度的跟踪和营销效果的评估,不断优化和创新营销活动。该系统的功能包含客户画像、运营分析、营销维系、适配策略、渠道协同、系统管理等六大功能模块。

(四)以满足客户需求为导向,推进产品设计变革

依托大数据平台对客户需求进行全方位的采集和分析,实现从“以产品为中心”到“以客户为中心”的产品设计模式转变。2012年前,通常由市场发展和竞争设计产品,很难贴近客户需求;大数据平台上线以来,公司不断洞察客户消费习惯,根据客户需求不断优化和创新通信产品,将契合客户需求的产品推荐给合适的客户。通过对客户购买产品、使用时间、使用内容、使用习惯、交际圈等数据的挖掘,分析产品与客户需求的匹配程度,确定是在现有产品体系上进行产品优化还是依据客户需求创新产品,采取固移融合捆绑优惠、语音包、流量包等措施不断提升产品竞争力。由于产品开发周期短、实施快、针对性强,充分满足客户通信需求,沃家庭自由版、沃3G津卡、滴滴打车卡、微信沃卡等创新型产品取得良好效果。

(五)实现线上/线下协同的渠道管理变革

严控自建营业厅等线下实体渠道的拓展,充分整合线上渠道资源,扩大服务范围,通过业务促销、业务奖励等手段引导客户由线下服务转线上服务,发挥线上渠道业务信息传播快速、营销部署周期短的优势,为客户提供更加便捷的营销服务。首先,强化线上渠道服务能力,提升客户线上服务体验。在原有网上营业厅、手机营业厅、短信营业厅等线上渠道基础上,增加微信营业厅、沃管家等新业务渠道,并依托总部/省分两级电商平台的支撑能力,不断提高各类线上渠道的业务完整性和交易服务能力,快速响应客户查询、业务受理、实物派送等需求。其次,制定线上渠道的优惠政策,加强与第三方互联网渠道的合作,提升线上服务的吸引力和影响力,利用线上渠道营销成本低的特点制定线上渠道的优惠政策,将线上渠道节约的成本让利于客户,让客户感受到线上服务的实惠。2014年“5·17网购节”,针对手机营业厅、网上营业厅分别给予活动期内1折和2折的优惠政策,引导客户选择线上渠道订购;实施线上渠道专属服务差异化运营,吸引特定客户群转为线上服务。公司的4G热门产品DIY套餐只通过线上渠道办理,2014年6月DIY套餐已达4G总发展客户的25.12%。通过与淘宝、京东等第三方互联网电商平台

合作,让客户在多个互联网渠道了解产品信息,在最习惯的渠道完成交易,进一步强化线上渠道的营销服务能力和影响力。最后,挖掘客户上网行为,快速完成客户向线上渠道的迁转。通过大数据分析客户上网偏好、使用电子账单、电商支付等上网行为,结合客户年龄、学历、职业等基本信息,引导客户向最适合的线上营销渠道迁转。对有手机上网行为但没有访问过公司线上渠道的客户,引导以浏览网页为主的客户使用网上营业厅,引导经常使用微信的客户使用微信营业厅,引导频繁使用APP软件的客户使用手机营业厅和沃管家;对于没有手机上网行为的客户,通过短信push、10010语音播报、实体渠道网上营业厅体验等方式引导客户使用线上渠道。2013年,线上渠道的受理量占比已达58.2%。

建立线上/线下渠道的协同机制,提升营销效率和客户感知。改变短信群发、电话群呼的营销方式,将线上/线下渠道的接触形式和内容细化,依托智能化营销系统打造线上资源整合,线下服务联动,实现线上渠道的网上营业厅、手机营业厅、微信营业厅、沃管家等和线下实体营业厅、10010、网格经理、VIP经理等营销渠道和服务手段的协同。对营销活动的产品、服务、业务卖点等进行明确定义,统一发布营销策略,建立渠道间信息共享和传递机制,形成线上/线下渠道的协同。客户接触的任何一个渠道都可以获取标准化的客户营销服务策略,向客户进行展现、告知、提醒、引导客户办理业务。例如,客户在手机营业厅看到"5·17网购节"的活动规则后,致电其客户经理和10010客服,都可以获取一致的活动规则。客户在任何渠道办理公司一项推荐业务后,其他渠道同时过滤掉该条营销策略,避免重复营销对客户造成打扰。智能化营销系统从不同渠道统一收集受理信息、营销进度及效果,经过汇总和分析,共享给营销管理人员优化营销活动,提升营销成功率和服务能力,降低投诉。

(六)实现以精准营销为核心的营销模式变革

建立服务于精准化营销的多角度、多维度、多层次的客户细分策略。一是将客户从基础特征的方面按照自然属性、客户类型、联系信息、工作信息、家庭信息、集团信息、在网时长和状态等进行细分。二是将客户从业务使用特征方面按照语音、短信、彩信和流量等进行细分。三是根据客户基础业务、增值业务、融合业务和营销活动偏好等建立客户产品需求分析模型。四是根据客户历史换机行为、双卡客户、手机操作系统偏好、使用终端机型等建立客户终端偏好分析模型。五是收集客户入网、缴费、业务变更、咨询投诉、故障申告等受理渠道信息建立客户渠道偏好分析模型。六是将客户从消费特征方面按照收入构成、消费能力、消费特征、结算收支和账务信息等进行细分。七是建立客户营销评价、维挽评价、生命周期评价和客户体验评价等分析模型。八是对客户通信附着基站的地理位置信息进行分析,从位置和轨迹方面将客户经常驻留区域分成住宅、商圈、校园、车站和机场等类型。九是对客户访问互联网海量数据进行收集,通过网络爬虫技术获取客户访问URL对应的互联网页面,通过分词过滤、权值计算和特征合并等分析客户上网访问及应用使用行为,按照不同权重和预测算法,形成客户在资讯、社交、视频、音乐、购物等方面的可量化的上网偏好。基于以上客户细分,为每位客户建立全景式的客户画像,结合客户所处生命周期所体现的不同特点,对潜在客户、衰退期客户和稳定期客户有针对性地开展维系和价值提升工作。对于潜在客户分析其与本网客户的通信行为、咨询信息等情况，挖掘其对本网业务的需求，通过简要交互，即可在产品库中快速定位最匹配的产品；对于衰退期客户通过消费能力、消费特征、合约到期情况、使用量波动情况和友商网站查询情况，定位公司服务缺陷，寻求弥补措施，开展维系挽留工作；对于稳定期的客户通过对客户全面信息的分析挖掘亟待满足的需求。公司通过对客户需求的全面掌握，选择合适产品，在恰当的时机，以客户习惯的渠道，开展营销工作。例如，2013年开展的“存量客户优惠换机活动”，通过对近3个月客户上网搜索关键字、当前活动到期时间、终端型号、终端使用时间、业务量异动和办理补卡业务等方面信息的数据建模，从230万3G存量客户中锁定4.6万户具有潜在换机需求的营销目标客户；通过探索分析客户的消费能力、消费意愿、终端偏好、渠道偏好和合约终端的政策等方面的信息，为客户匹配合适的终端合约营销策略和推广渠道，对客户开展差异化营销，营销成功率高达28.39%。

公司通过对客户特征和需求的分析，由原来的粗放式营销方式转变为如今的精准化营销方式。首先，大规模营销变为微营销。每次营销活动的客户规模由原来的全网客户或几十万客户缩减至几万户，每个营销活动的执行周期由原来平均23天变化为当前的平均5天。其次，普众式营销变为个性化营销。在营销策略制定环节，由原来的一个策略面向所有客户变成现在的“一户一策略”。例如，正在开展的套餐适配活动，根据每个客户最近三个月的通话、短信、上网流量等数据为客户推荐一个满足其使用需求且略有富余的优选套餐，适配后16.12%的客户可通过套餐升档减少原超套费用支出，满足客户减少通信费用和公司改善套餐结构的需求，实现客户利益和企业利益双赢。最后，阶段营销变为实时营销。通过大数据平台实时监控客户业务使用行为，敏锐洞察客户超套餐费用过高等行为异动情况及新产生的业务需求，将营销信息推送至线上/线下渠道实施营销工作。针对VIP客户，由VIP经理直接电话沟通，体现对VIP的关怀服务。针对频繁接触公司线上渠道的客户，在接触线上渠道时完成信息推送。其他客户通过服务短信提醒等方式迅速传递营销信息，及时把握稍纵即逝的商机。通过精准定位优质客户，匹配合适的营销策略，在提高客户满意度的同时，提升发展质量、优化客户结构、积极推进公司收入快速增长，公司市场份额持续提升、效益实现突破。

（七）加强人才队伍建设，为营销管理变革提供人才支持

为适应大数据驱动的营销管理变革要求，通过内部竞聘和社会招聘等方式录用业务能力强、技术好、敢于创新的人才充实到数据分析团队和线上渠道运营团队。至2013年6月底，互联网事业部营销策划、线上渠道运营、数据分析和挖掘人员已达137人，18个区域分公司均组建了包含2至5人的数据分析、决策支持团队，保障不断提升企业整体决策支持水平、精准营销支撑能力和线上渠道的运营效果。严格控制增加营业员、网格经理等线下实体渠道的营销人员。通过提高营销人员技能的方式提升线下营销渠道营销服务能力，对无法满足能力素质要求的营销人员，通过调岗，安排其他合适的岗位，实现线下实体营销渠道减员增效。组织培训不同层面的营销管理人员，累计组织培训班超40期，参训人员2000余名。一年来，先后7次对市场营销部、互联网事业部、18个区域营销公司的近百名营销策划人员举办营销变革专题培训；聘请专家开展技术及业务培训；市场营销部不定期组织各类营销人员开展大数据平台、智能化营销系统、辅助销售系

统等系统操作技能培训;组织对《精准化营销工作管理规范》《信息安全和客户隐私保护管理规定》等管理制度和流程的培训等等。

三、通信企业大数据驱动的营销管理变革的效果

(一)提升营销管理水平和市场占有率

2013 年,天津联通创新和优化 50 余项产品,部署执行 200 余项精准化营销活动,平均成功率达 19.87%,营销成功率较传统营销模式提高 3.75 倍。优化渠道发展模式,逐步实现线下渠道向线上渠道的迁移,至 2013 年年底,线上渠道的受理量占比已达 58.2%,同比增加 27.41%。营业员、网格经理等线下营销人员的平均工作业绩同比提升 10.03%,对精准化助销工作一致称赞。在公司营销能力提升的同时,公司客户结构得以明显改善,中高端客户占比同比提升 13.32%。通过优化营销组织架构和流程,精简线下渠道营销队伍,强化线上渠道运营能力,提升各级营销管理人员大数据应用水平和营销人员的精准化营销能力,整体的营销管理水平得到明显提升。

整体竞争力得到提升。2013 年,净增客户 51.37 万户,同比增加 45.24%;主营业务收入 67.10 亿元,同比增长 8.79%;区域市场新增收入市场份额达 59.6%(其中新增移动业务收入市场份额达 80.4%)。市场占有率显著提高,新增收入市场份额稳居区域同行业首位。

(二)客户忠诚度、满意度得到提升

客户黏性和忠诚度不断增强。2013 年,3G 存量保有率 83.07%,同比提高 9.1%,列中国联通各省级分公司首位;宽带存量保有率 88.9%,列中国联通北方十省级分公司第一;客户的满意度达 96.7%,同比提升 4.7%,位居中国联通各省级分公司前列。

(三)推动区域信息化发展

2013 年,全年共成功推荐 3G 流量包 92.8 万户;引导客户安装手机热门应用软件 460 余万个;3G 客户户均流量提升 107.49M,同比增加 78.17%。丰富公众客户日常交流、餐饮、购物、打车、移动支付等移动互联网应用;持续推进光纤宽带改制,共发展和保有光纤宽带 84.58 万户。通过推广移动办公、移动执法、汽车信息化等各类行业应用,提升区域政企客户的信息化水平。为助力智慧天津建设履行社会责任,得到天津市政府及公司集团总部的高度认可。

(成果创造人:韦海波、许德祥、吕瑞新、姚　民、张　晖、许　剑、常　亮、王天阳、滕　悦、王彦峻、冯　松、王　健)

以实现重大活动“四强三零”为目标的供电保障管理

江苏省电力公司南京供电公司

成果主创人:公司总经理李作锋

江苏省电力公司南京供电公司(以下简称“南京供电公司”)隶属于国网江苏省电力公司,是国家电网公司 28 家大型供电企业之一,担负着南京市 11 个区的供电任务。截至 2014 年 6 月,服务电力客户 335.2 万户;共有员工 6350 人。拥有 35 千伏及以上变电站 262 座、主变总容量 3836 万千伏安,拥有 35 千伏及以上输电线路(含电缆)6570 公里。连续 3 年荣获国家电网公司“大型供电企业业绩标杆”称号。先后荣获“全国文明单位”“全国五一劳动奖状”“全国用户满意服务企业”“全国实施用户满意工程先进单位”“全国安全文化建设示范企业”等多项荣誉称号。

一、以实现重大活动“四强三零”为目标的供电保障管理的背景

(一)彰显国家形象的需要

重大活动一般指省级以上人民政府组织或认定的、具有重大影响和特定规模的政治、经济、科技、文化、体育等活动。重大活动因其影响力和规模,是展现国家形象和综合实力的重要窗口。第二届亚洲青年运动会(简称“南京亚青会”)和第二届夏季青年奥林匹克运动会(简称“南京青奥会”)于 2013 年和 2014 年在江苏南京举办。举办重大活动是一个复杂的系统工程,电力保障是重大活动筹备和举办工作中的重要环节,供电企业的责任十分重大。

(二)服务社会经济发展的需要

电力行业作为国民经济和社会发展的基础产业以及重要的公用事业,肩负着重要的政治、经济和社会责任。实践证明,有坚强的电力保障,社会经济才能持续发展。

近年来,我国经济实现持续快速增长,用电需求保持平稳较快增长,用电负荷屡创新高。《电力工业“十二五”规划研究报告》指出,2020 年全国用电量将达到 8 万亿千瓦时以上。因此,支撑社会经济发展,保障城乡居民生活用电的可靠供应,是目前供电企业的首要工作任务。

(三)提升企业管理水平的需要

供电企业向社会持续提供安全可靠的电力,出色完成重大活动保电任务,深入实践“服务党和国家工作大局、服务电力客户、服务发电企业、服务社会发展”的宗旨,严格执

行供电服务“十项承诺”、员工服务“十个不准”、调度交易服务“十项措施”，提升客户满意度，追求一流服务品质，就要不断提升自身管理水平。

二、以实现重大活动“四强三零”为目标的供电保障管理的内涵与主要做法

南京供电公司构建和实施重大活动“四强三零”电力保障管理体系，从强化组织管理、强化运行管理、强化末端治理和强化体系支撑入手，确保重大活动电力保障“供电零差错、电网零闪动、服务零投诉”。主要做法如下：

（一）明确总体思路，确保体系成功构建

1. 明确战略目标

南京供电公司的整体战略目标是“建设电网坚强、资产优良、服务优质、业绩优秀的现代公司”，战略途径是“转变电网发展方式，转变公司发展方式”，工作思路是“抓发展，抓管理，抓队伍，创一流”，工作方针为“集团化运作，集约化发展，精益化管理，标准化建设”。在对北京奥运会、上海世博会、新加坡青奥会、广州亚运会、深圳大运会等重大活动的电力保障案例分析的基础上，结合对当前电力保障管理体系存在的主要问题的剖析，明确重大活动电力保障管理体系构建与实施的总体目标：从2012年开始，通过构建和实施重大活动“四强三零”电力保障管理体系，实现南京亚青会等重大活动电力保障“供电零差错、电网零闪动、服务零投诉”；管理经验推广应用于所有客户电力保障工作。

2. 规划实施路径

通过系统性的分析总结，提出三年三步走的实施路径。2012年，全面强化基础管理，初步构建管理体系；2013年，通过南京亚青会、海峡两岸企业家紫金山峰会等重大活动保电实践，检验实施效果，并深化体系构建；2014年上半年，应用于南京青奥会保电筹备工作，典型管理经验应用于所有客户电力保障工作。

3. 确定体系内容

以强化组织管理为基础，以强化运行管理、强化末端治理为主要做法，以强化体系支撑为前提，最终提升公司电力保障工作管理水平，确保重大活动电力保障“供电零差错、电网零闪动、服务零投诉”。

（二）强化组织管理，实现全面覆盖管控

1. 建立多方合力的组织机构

明确职能部室和基层单位在重大活动电力保障工作中的职责，整合内部资源，确定在重大活动筹备阶段设立电力保障领导小组和专业工作组的组织机制，完善政府主管部门、供电企业、社会各界共同参与的重大活动电力保障工作常态运行机制。

供电指挥中心人员在奥体中心体育场配电箱旁执行保电任务

在市政府层面组建由市政府办公厅、组委会相关部门、江苏能源监管办、省经信委、市经信委、省电力公司、南京供电公司等单位组成的重大活动电力保障部。在南京供电公司层面，成立以党政主要负责人为组长的重大活动电力保障工作领导小组，下设办公室和客户服务、安全保供、规划建设、科技信息、宣传监察、后勤保障六个工作组，强化纵向联动、增进横向交流，协同推进电力保障工作。

2. 组建高效顺畅的指挥体系

重大活动举办前的2至3个月，按照活动运行要求，整合重大活动电力保障部和重大活动电力保障工作体系中直接服务活动运行的职能，成立供电指挥中心，形成兼顾日常管理和应急处置两方面功能的“三纵两横”电力保障运行指挥体系（“三纵”指电网侧电力保障运行系统、客户侧现场电力保障运行系统、客户内部电力保障运行系统。“两横”指运行指挥体系的指挥层、执行层两个层面）。在纵向上实现指挥层和执行层的有机衔接和高效运行，在横向上整合电力供应和使用的各个单元，做到职责清晰、协同保障，完全覆盖。通过多次开展联调联试，对体系中的各单位协同运作加以磨合，确保体系运转高效顺畅。

3. 形成科学完备的工作制度

编制保电规范，建立全面的工作标准和程序。修订施行《电力保障实施办法》和应急预案体系，实现1项总体（综合）预案、20项专项预案、51项现场处置方案的三层设置。在重大活动筹备阶段组织编制总体工作方案及各专业保障工作方案，制定专项保电方案和工作手册，以此指导公司各部门（单位）做好重大活动电力保障工作。

会同相关管理和技术单位，联合编制《客户供配电设施建设和维修改造规范》，对客户10(20)千伏和低压配电系统、临时电源、监控系统和继电保护、应急照明系统供电、电力设备和电缆选择、自备应急电源配置、电源质量、用电安全设施配置等技术要求做出统一规定，指导客户开展供配电设施建设和维修改造工作。编制《电力保障工作规范》《电力保障值守工作规范》《客户大负荷试验技术规范》《客户内部供配电系统查验规范》《客户变配电所（室）运行值班管理规范》《客户单电源改造技术规范》等规范，指导重大活动相关客户做好电力保障工作。

注重闭环管理，建立严密的计划管控机制。在重大活动的筹备阶段，制定电力保障工作专项行动计划，在每年年初编制电力保障工作月历表，将各重大活动电力保障工作计划纳入全年工作计划中，并进一步细化为周计划。

采用周通报、月分析的方式，定期盘点保障工作任务，通过再评估、回头看等措施检验工作质量，结合绩效考核形成闭环管理的工作机制。按照定员、定岗、定责的要求，逐站点、逐线路、逐客户落实保障看护责任。以签订责任状、建立督导检查机制为手段，要求全体保障人员恪尽职守，严密监控，严防死守，确保万无一失。

加强组织协调，建立全方位的事务管理机制。常规事务管理做到定期召开周例会，会议议程为各工作组汇报本周工作完成情况和第二周工作安排，公司领导协调解决问题并做工作部署。重大事项决策做到不定期召开领导小组会议，负责企业电力保障重大事项决策;由重大活动电力保障部召集相关单位不定期召开专题工作会议,负责跨单位的电力保障重大事项决策。

开展"问题大扫除",建立短板排查工作机制。在重大活动电力保障筹备冲刺阶段,全面开展"问题大扫除",进一步查找工作短板,举一反三梳理出现的问题。对查找出的问题,采取有效措施加以解决。提前做好各种应急预案,确保出现突发情况能及时妥善处置。

明确事件定级,建立层级清晰的应急处置机制。根据突发事件对活动和客户的影响,分为问题和事故两级。问题的影响较小,基本能够自行处置到位,不影响客户正常运行,对活动不造成影响。事故一般为电网突发事件或客户内部严重用电故障,对活动造成影响,有一定的财产损失或人身伤害。发生各类突发事件时,根据相应工作程序和应急预案做好应急处置工作。

(三)强化运行管理,夯实电网安全基础

1. 升级改造供电网络,优化客户电源结构

对南京配电网的网络结构、装备水平、运行水平等方面进行详细梳理,找出配电网存在的分段不合理、重复联络、线路卡脖子、分段负荷无法转移等各类问题;对供电区域划分、配电网负荷预测、电动汽车及分布式电源接入、目标网架、技术经济比较、配电通信网等进行专题研究,动态修订、实施南京配电网规划。

在重大活动筹备阶段,要查找电网存在的问题,制定电网薄弱环节解决方案,按客户电源配置要求制定并实施供电网络升级改造及运行方式调整方案。

2. 制定分级检修策略,开展全面排查治理

将重大活动相关客户分为A、B、C三个等级。将涉保设备分成涉保直供设备及非直供设备(对涉保直供设备有影响的包括同母线设备和联络设备)。结合A、B、C三级客户的划分,将涉保电网侧设备分为特级、一级、二级三个等级。特级设备为A级客户直供设备;一级设备为A级客户的非直供设备和B级客户直供设备;二级设备为B级客户的非直供设备和C级客户直供设备。结合客户等级和设备等级,科学制定分级检修策略,合理分配人员力量,使有限的人员能够满足现场保电需要。利用安全大检查、迎峰度夏等各类安全生产专项工作,运用红外测温、超声波等技术手段,彻底消除电网运行隐患。

3. 建立政企群联机制,强化电力设施保护

与市公安局建立警企联防机制,形成政府支持、全民参与、警企共建的电力设施保护平台;密切联系市经信委、综治办、住建委、公安局,连续多年开展电力设施保护工作专项整治活动;加强对专业巡线队伍的管理,落实岗位责任制,提高专业巡线到位率;积极探索市场经济条件下群众护线工作的新路子、新办法,充分调动群众护线员的积极性。与武警总队、属地派出所、保安公司建立协同联动机制,组建1000千余人的志愿者服务队参与重大活动期间电力重要场所的安保值守;协调武警和保安值守重点变电站,由属地派出所和街道分别指定责任人,与保电人员共同做好输配电线路安保值守工作。

(四)强化末端治理,提升供电保障能力

1. 加强用电工程管理,确保无差错化送电

落实《供配电设施建设和维修改造规范》要求,对设计图纸严格把关。工程施工阶段,进行全程不定期现场检查,对隐蔽工程实行边建设边验收边整改,加快工程建设进度,严保工程质量。工程竣工验收阶段,选调用检、计量及客户经理专业的资深人员联合组成验收专家组,对各项目的供配电设施进行验收,现场对各开关设备进行实际操作及试验,书面提出验收意见,在客户书面逐条整改落实并回复后,组织复验。启动投运阶段,详细编制启动方案,严格按送电规范要求开展启动投运工作。

2. 强化用电基础管理,多重保障客户供电

在活动筹备阶段构建包括营销中层领导、专职(班组长)、责任用电检查员在内的客户保电挂钩工作小组,开展重大活动相关客户和城市运行客户用电安全隐患排查活动,及时向客户下达用电安全隐患整改通知单,限期整改,跟踪落实情况,确保通知、报告、服务、督导到位。指导客户编制《事故预案》和《应急演练方案》,开展应急演练。

编制客户"一户一册"技术档案资料。包括:电力保障手册、客户应急预案、往来函件、用电检查结果通知书等 15 项档案。结合现场检查和技术档案,便于指导客户整改。通过"一户一册"档案的交底,帮助现场保障人员对客户情况和前期工作情况进行全面了解,更快地投入保供电工作。

在重大活动筹备阶段组织专业技术人员深入调研相关客户用电设备和负荷需求,实地勘查现场供电条件,为客户量身定制由市电、临时发电机组、UPS 共同保障的"多重保险"供电方案并协助落实,确保客户供用电万无一失。

3. 形成完备应急机制,夯实安全保障基础

建立风险预防预警机制。严格执行《电网及人身安全风险分级管理规定》,调度部门在编制南京电网年度方式时,注意听取营销、生产、基建等部门的意见和建议,做到生产与基建、变电与线路、一次与二次设备检修相结合,提高设备可用系数和停电合理性,降低供电事故风险;编制发布特殊气候条件预警与电网特殊运行方式预警。2012 年以来,累计发布《特殊气候条件预警通知单》6 份,恶劣天气预警短信 3360 条;《电网风险预警通知书》526 份,其中红色预警 4 次;橙色预警 23 次;黄色预警 72 次;蓝色预警 427 次。

建立应急物资储备机制。包括建立电网抢修应急物资储备机制和建立客户抢修应急物资储备机制。电网抢修应急物资储备机制是指由设备运维单位负责储备应急抢修物资,公司物资供应中心储备部分通用物资供应急使用,健全供应商服务网络,确保应急物资在抢修需要时能迅速到位。客户抢修应急物资储备机制是指客户自行储备消耗性备品备件和工具类的常用应急物资。供电公司联系厂家就近储备一定数量的通用型、必要的非通用型设备和公用大型设备,确保发生突发事件后可及时供货到现场。

(五)强化体系支撑,提升综合服务能力

1. 注重培训演练,打造优秀的保障队伍

配优配强人员。挑选各专业业务水平高、责任心强的员工参加电力保障工作,组建专家团队,增强队伍力量。目前,直接参与到电力保障日常工作中的员工达到828人,涉及电网规划、工程管理、电网调控、输变配电运维检修、用电检查、装表接电、安全监督、信息通信、新闻等16个专业,80%以上人员具有大学以上学历,一线人员100%具有高级工及以上的技能等级。

加强业务培训。结合岗位培训、岗位竞赛、单元制技能培训以及电力保障专项培训,分专业分层次组织电力保障体系中所有人员参加各类课程培训,努力提高其业务技能;将外协单位工作人员纳入业务培训与专业管理范围,开展集体企业、外协队伍等施工单位的业务培训和同场竞技,打造金牌伙伴。自2012年以来,累计组织培训535班次,培训人员2.2万余人次。

此外,还重视客户内部电气技术人员的技能培训,联合相关管理单位多次为其开展专业培训。

强化实战演练。制定、实施各专业应急演练计划。通过桌面推演、联调联试、专项演练、合成演练等方式磨合电网侧和客户侧的保电体系,有效提升应急处理和协调能力。

2. 结合七比七赛,形成专项的激励制度

不定期开展专项劳动竞赛(“七比七赛”)。即比服务规范,赛窗口及现场服务水平;比服务品质,赛服务热线客户回访满意率;比服务效率,赛工单办理及时率;比服务质量,赛工单办理合格率;比服务态度,赛杜绝服务类投诉;比服务基础,赛投诉及报修下降率;比服务责任,赛“五零”管控(零供电服务负面舆情,零投诉属实性认定错误,零负面典型案例,零重复投诉,零推诿)。对在重大活动电力保障工作中贡献突出的员工给予表彰。

完善以物质奖励和精神奖励相结合的激励制度。通过宣传报道、评选岗位之星、服务之星等多种方式及时肯定员工在电力保障工作中的优秀表现,激发员工的工作活力和激情。同时将电力保障工作与业绩考核指标挂钩,积极拓展员工上升渠道,充分发挥激励的导向作用,提高员工的工作积极性。

3. 实施文化引领,营造浓厚的工作氛围

塑造“七彩”电力保障文化。结合企业文化建设,塑造独特的“七彩”电力保障文化。“七彩”,以“赤”寓意热情、活力,对应以共产党员服务队为载体,创先争优服务客户;以“橙”寓意平安、幸福,对应以电网安全稳定运行为中心,提供安全保供服务;以“黄”寓意迅速、光明,对应以石城供电抢修服务队为主体,打造电力“急诊室”;以“绿”寓意环保、希望,对应以科学规划建设为基础,建设绿色电网;以“青”寓意青春、朝气,对应以“青春光明行”主题志愿活动为载体,发挥青年作用;以“蓝”寓意创新、智慧,对应以科技创新为手段,建设智能电网,提供绿色电能;以“紫”寓意和谐、优雅,对应以供电优质服务为重点,坚持“你用电,我用心”,铸就一流供电服务品质。

搭建“爱立方”志愿服务平台。“诚信、责任、创新、奉献”的核心价值观是南京供电公司和员工实现愿景和使命的信念支撑和价值追求。在推进企业文化传播、落地和评价“三大工程”中，率先构建并应用“爱立方”志愿服务平台，助力“三大工程”的有效实施。同时成立“共产党员服务队”，以“爱立方”志愿服务平台为载体，制定活动安排表，精心组织，做好宣传发动，部署工作任务，明确相关要求，充分调动基层广大党员参与志愿活动的积极性，引导员工主动、自主参与，全方位服务重大活动电力保障。

开展各类专题活动。以电影、实物模型等声光电互动方式向员工和群众介绍电力生产传输过程、智能电网作用与功能，展示公司运营成效；加强对保电工作的新闻报道。定期发布重大保电新闻，通过邀请媒体走进重大电力工程现场、举办新闻发布会等多种形式，主动通报保电工作进展。

深化电力保障文明创建。通过培育、挖掘和弘扬身边的岗位明星、先进标兵，引导党组织和党员履职尽责创先进、立足本职争优秀。通过宣传在重大活动电力保障工作中涌现出的感人事迹，弘扬企业精神和核心价值观，营造积极向上的工作氛围，促进公司文明素质提升。

（六）建设智能保障系统，提升信息化水平

1. 建设智能化变电站系统，提升调控效率

按照“全站信息数字化、通信平台网络化、信息共享标准化”的要求积极开展变电站的智能化改造。智能变电站内的所有设备均按统一的标准建立信息模型和通信接口，实现设备间无缝连接，并按统一通信标准接入变电站通信网络。全站采用一体化监控系统实现全站数据处理、集中监控和数据通信，不仅对主设备实施在线监测，还将监测的范围延伸到站内环境温湿度及空调、水泵、消防、照明、风机、门禁、有害气体、红外周界等情况。故障查找的时间较常规变电站缩短近50%，大大提升了供电可靠性。

智能变电站通过一键式顺控功能，可以按照倒闸操作票的要求自动执行操作票，极大地提高了倒闸操作的效率。例如，在开展停电检修时，常规变电站需要在电脑中输入断开开关、拉刀闸等多条指令，操作大约要半个小时；而在智能变电站，只需要输入一条指令就能完成以上所有操作，时间仅需要3分钟，效率提高了近10倍。

2. 建设配电网自动化系统，提升服务水平

以“统一规划、统一建设、统一标准”为原则，对南京配电网设备进行自动化改造，并完成相关配电线路的光纤通信全覆盖，在2012年年初步建成南京配电网自动化系统。全面覆盖变电站站内直至10(20)千伏配变的所有配调管辖设备，实现站内图、联络图、单线图多维多屏全方位电网运行状态信息展示，并基于可靠完善的图模信息实现不同维度监视图形的实时切换，快速、准确、灵活的展示所有调控设备的逻辑关系及试点区域内设备的实时运行情况。实现配电线路的遥测、遥信和遥控功能，快速隔离配电线路故障，恢复非故障段的供电，将故障隔离在最小范围，缩短停电时间。配电网自动化系统的实施应用，显著增强对超大规模的配电网驾驭能力，进一步提升配网运行管理和优质服务水平。

3. 建设保电应急指挥系统，提升驾驭能力

研发客户侧保电应急指挥系统，解决长期困扰客户端保电指挥决策缺乏信息系统支持的问题。该系统利用无线网络构建客户侧保电指挥人员和保电工作人员之间的信息传递通道。保电指挥人员利用该系统进行保电任务管理，并实时监测客户方设备运行状态；可结合内嵌的数字化保电手册、典型操作票等保电预案数据库，及时下达指令调配现场保电人员、车辆、物资并监测其到岗情况。保电工作人员利用配套的个人数字终端和保电在线监测仪，可及时接收各项任务指令，查询保电区域内接线情况和保电预案，回传保电在线检测仪实时监测的客户方设备运行参数，为保电指挥提供辅助决策。保电应急指挥系统实现了对保电指挥和应急处置的全过程管理、日常保电工作的信息化管理、应急预案的数字化改造，大大提高保电工作效率和客户满意度。

三、以实现重大活动“四强三零”为目标的供电保障管理的效果

（一）出色完成保电任务，获得显著的社会效益

2012 至 2014 年上半年，南京供电公司实施 166 项电网保障工程和 8 个智能电网示范区工程，着力为南京建设一张安全、高效、绿色、和谐的坚强电网；同时主动服务国际赛事、国际论坛（会议）、外事等重大活动，提前了解相关客户用电需求，开辟绿色通道，优化工作流程，全程跟踪服务，切实当好“电参谋”、客户的“电管家”和“电保姆”。近两年来，出色完成南京亚青会、海峡两岸企业家紫金山峰会、丹麦女王访宁、南京青奥会等重大活动电力保障任务，实现“供电零差错、电网零闪动、服务零投诉”。被南京市委市政府表彰为亚青会筹办工作先进集体，被国家能源局评为“2013 年度供电可靠性 A 级企业”。

深化与系统内外主流媒体的合作。在南京亚青会、青奥会等重大活动期间，制定专项宣传方案，在人民日报、中央电视台和新华社发稿 56 篇，在新华网、人民网等主要网络媒体发稿 2170 篇，在江苏电视台、《新华日报》等省级媒体发稿 372 篇，在《中国电力报》、《江苏电力报》等系统内媒体发稿 713 篇，讲保电故事，传保电声音，得到社会各界好评。

（二）提升基础运营水平，获得良好的管理效益

加强内部资源整合，将承担保电任务与日常工作紧密结合，完善政府主管部门、供电企业、社会各界共同参与的电力保障工作常态运行机制，建立扁平化、高效化的运行指挥体系，形成“统一指挥、专业处置、沟通顺畅、反应迅速、运转高效”的电力保障组织体系，进一步强化人员队伍、信息系统和应急机制等基础建设，有效提升电力保障管理水平。进一步夯实了电网安全基础，显著提升了电网安全运行水平，配电网服务指标明显提升。2013 年，南京城区配电网运行可靠率由 99.98％提高到 99.999％，客户端电压合格率由 99.869％提高到 99.9％，城区客户平均停电时间少于 5 分钟，达到国际先进水平。截至 2014 年 6 月 30 日，公司实现连续安全生产 3026 天。

（三）实现企业客户双赢，获得较好的经济效益

南京供电公司将重大活动电力保障管理经验推广应用于所有客户电力保障工作中，

做好供电服务工作，保持客户用电的稳定性，避免停电给客户带来损失，有利于公司稳固电力销售市场并扩大电力销售量，实现公司与客户的“双赢”。2012 年，公司售电量 373.83 亿千瓦时，同比增长 8.62%；2013 年，公司售电量 420.8 亿千瓦时，同比增长 12.56%；2014 年上半年，公司售电量同比增长 11%。

（成果创造人：李作锋、姜 宁、胡 宏、沈培锋、杨建萍、甘海庆、汪 超、汪自虎、常 飞、刘政生、陈 迪）

以客户需求为牵引的供电服务管理

国网山东省电力公司淄博供电公司

成果主创人：公司总经理李建鹏

国网山东省电力公司淄博供电公司（以下简称“淄博公司”）属大型一类供电企业，负责淄博市六区三县的输配电管理、电力供应和服务。辖有35千伏及以上变电站159座，变电总容量突破1486.27万千伏安，输电线路3232公里，售电量288亿千瓦时，在册员工1600人，资产总额44亿元，服务客户145万户440余万人，居山东省第三位。

2009年，淄博公司实施以客户满意为导向的精益营销管理，建立面向客户的全过程营销服务管控体系，初步实现供电服务由“业务导向”向“客户导向”的转变。2011年，拓展服务内涵，创新服务方式，增加服务渠道和领域，做到供电服务超前于客户需求，实施以客户需求为牵引的供电服务创新管理。先后荣获“全国文明单位”“全国五一劳动奖状”“全国思想政治工作优秀企业”“全国职业道德建设先进单位”和“全国一流供电企业”等荣誉称号。

一、以客户需求为牵引的供电服务管理背景

（一）落实国家电网“一强三优”战略部署的需要

近几年，国家电网提出建设电网坚强、资质优良、服务优质、业绩优秀的“一强三优”战略目标。落实“一强三优”战略，就要以客户需求为牵引，拓展服务范围、创新服务方式，确保客户用电安全可靠，实现供电服务规范高效，积极推动供电服务智能互动。

（二）实现淄博公司自身良性发展的根本要求

淄博地区地理位置特殊，电力用户分布分散，是典型的组群式城市。特殊的地理特性给供电服务提出很高要求。淄博是老工业城市，化工、陶瓷等高危产业较多，对供电质量和供电服务水平要求高；随着社会经济文化的不断发展和网络技术的日新月异，客户个性化和多样化需求增强且动态多变。传统的供电服务形式单一、覆盖面相对狭窄，对社会弱势群体、高危客户、重要客户等特殊客户群体的服务需求不能实现100%完全响应和超前响应；在电费缴纳方式、业务办理时限和流程与客户现实需求之间存在很大差距；客户服务指挥层级多、响应速度慢等与客户需求也越来越不适应。如何从客户的需求出发提供供电服

务，让客户从被动的接受方转变为服务方式制定的参与方，如何更好、更快捷、更便利的服务客户、改善民生，已经成公共基础企业必须面对和解决的问题。

（三）信息化、数据化技术手段的广泛应用提供了强力支撑

建立明确的"客户需求为牵引"的价值理念，必须采用信息化、数据化技术手段，树立"客户需求信息捕获、客户需求信息挖掘、客户需求信息分析、供电服务方案提出、全方位协同督办"五位一体的指导思想。通过广泛应用 SAP 系统、PMS 生产管理系统、营销业务系统、信息采集系统等信息化、数据化信息系统，解决传统供电服务无法处理海量异构数据及跨部门、跨业务、跨时间、跨信息平台等复杂信息集成的问题。通过准确监控客户需求，形成客户需求中心数据仓，对客户需求做出预测和响应，为供电服务方式的制定和策划提供依据。

二、以客户需求为牵引的供电服务管理内涵和主要做法

以客户需求为牵引的供电服务创新管理，通过挖掘客户个性化需求和企业自身良性发展的需求，以按需服务为理念，以客户需求中心数据仓库为基础，建立客户需求服务大营销统一视图，提供全方位、跨专业的综合性供电服务，打破供电企业按照各业务部门职责对供电服务进行条块分割、缺乏整体规划的局面，实现供电服务创新管理。主要做法如下：

（一）明确总体思路和目标，完善工作机制

通过组织再造、流程优化和企业内外协同管理，为客户提供具有针对性的特色服务。从客户和第三方等多维度对服务结果进行评价，明确当前服务系统运行状态及瓶颈所在，对供电服务创新管理进行反馈优化，持续提升服务能力，实现以客户需求为牵引的供电服务转型。

1. 明确总体思路和目标

建立客户服务需求分级管理机制，引入精细化服务管理理念，提高服务效率；提出供电服务创新管理的主要指标和目标指数，实现客户差异化需求全覆盖。

2. 完善工作机制

需求调研机制。构筑"中心数据仓库"，完善运行流程，执行调研监控制度，实现客户需求的实时监测和动态调研。

成果创造团队

分类响应机制。根据供电客户用电地址、用电分类、用电性质、用电负荷等信息确定分类响应班组（科室），客户分类响应机制由属地发起，如超出响应范畴，可根据用电分类，反馈专业管理班组，如专业管理班组超出响应范畴，可根据用电负

荷反馈专业部室，给予客户响应反馈。实现供电客户响应全覆盖。

督办落实机制。成立供电服务督办领导小组和考核小组，明确服务督办范围，落实督办实施方法和步骤。将供电服务督办考核小组考核处罚意见提交供电服务督办领导小组审查通过后执行，严格考核奖惩。对未完成督办的问题和事项，给予诫勉，落实不力的给予一定经济处罚。

回访反馈机制。制定《客户回访管理办法》，对新装及变更业务客户、投诉客户、故障报修客户等重点回访客户逐户回访；35 千伏及以上的大电力客户每年回访不少于一次；其他客户可抽样回访，比例不低于 10%。建立客户回访档案库，统一客户回访流程、统一分类管理模式、统一统计上报程序。以电话回访为主，兼有定期走访、回函、座谈会、发放"连心卡"等形式。内部实施服务行为明察暗访，及时通报不规范服务行为，按照"发现问题不核实处理不放过，整改措施不落实不放过，客户回访不满意不放过"的原则进行彻底整改。

保障评价机制。以客户关系管理、客户体验管理、客户价值管理、服务质量缺口分析模型等国际先进的服务管理理论为基础，建立内部服务指标考评奖惩制度，实现供电服务的客观、公正评价。

（二）挖掘客户信息，细分客户需求

1. 搭建需求调研平台

搭建客户需求调研平台，进行客户服务需求调研、汇总、分析。客户反应的需求，由相关业务部门、供电所专责人记录汇总上报；主动收集的需求，由专责人定期走访客户获得，将需求记录上报分中心，挖掘、分析获得的需求。

2. 科学细分客户需求

将客户需求表现在服务属性组合需求和服务水平组合两方面，不同服务及服务水平组合形成不同的需求模块，最终根据服务模块规划和模块组合获得某一需求细分区段偏好程度最高的模块化组合服务。

按照客户需求分析流程，掌握客户需求信息，掌握地方经济发展规划，在常规供电服务的基础上，了解各类客户的实际情况和服务需求现状，按照客户分类和需求分类制作调研情况表。按照客户分类、服务分类和地理位置将供电服务进行地域网格划分，按照"分格管理，责任到人"的原则，构建起"网格服务队—网格小组—网格员"三级管理机构。对所属网格进行全层面管理，形成"网格化"个性服务全覆盖模式，确保随时掌握客户需求信息。

（三）调整组织架构，优化服务流程

1. 建立以客户需求为牵引的组织架构

改变对客户的需求重视不够和服务行为监控协调力度不足的局面，由专门部门、人员负责，多渠道调查、分析、落实客户的用电需求。以客户需求引领工作流程、部门工作职能、部门管理制度等发生改变，始终满足客户动态多变的用电需求，对服务行为进行全过程监控，对综合用电业务实施全面协调。与过去的组织架构相比，实现以客户需求指导生产、营销全面协同的服务管理新模式。

2. 预测客户潜在需求，优化服务流程

实施客户经理制服务。客户经理对客户业务流程实施全过程管理，负责与客户业务的衔接和协调，对项目按照考核时限要求进行协调和督办。定期开会，跟进客户业务需求进度，协调客户工程，针对客户的需求提供专门服务提升业务办理效率。系统梳理业务流程，简化、取消影响工作效率的管理节点，提高业务运转效率和客户满意度。

3. 引入第三方反馈，提高服务质量

开展供电客户满意度第三方测评反馈机制。以客户满意度指数(CSI)为核心，围绕形象、客户期望满足程度、感知服务、感知价值和客户忠诚五大二级指标展开。建立客户满意度指标体系来体现供电服务品质现状。分别考察不同类型客户的满意度，找到不同细分客户对供电服务的需求差别，以增强未来服务的针对性和有效性。根据供电服务的表现，不同类型客户未被满足的需求和建议，结合自身工作的特点，为未来进一步提高服务满意度提供方向性建议。第三方调查对居民客户进行入户访问和拦截访问，对单位客户进行上门面访，投诉用户采用电话访问，低满意度客户采用电话回访，通过对比查找差距。

(四)开展五化服务，精准响应客户需求

1. 配电服务监测精确化

配电监控系统采用分层分布式结构，整个系统分成管理分析层、采集通讯层和监测层。管理分析层负责整个系统的数据整合管理，达到对配电设备运行状况的有效预测与故障预警。采集通讯层由低压集中器和网络组成，负责数据采集及通信功能。监测层实现对配电设备电压异常、负载异常、台区重复停电预判的监控、测量、记录和报警功能。电压异常情况监测预警取每个工配台区的额定电压和每日96个时间点台区总表三相电压值获得。低电压值与额定电压的偏差小于等于－10%，则告警；过电压值与额定电压的偏差大于等于－10%，则告警。负载异常情况监测预警取台区总表的96个时间点的三相电压电流读数，匹配营销业务系统的综合倍率获得。重复停电预判断。三相电压读数、正向有功点亮读数共7个读数均为采集成功时的时点；以停电之前连续10个时点电量读数增长平均值作为标准，判断停电前后电量是否存在较大增长；统计表计停电、复电事件信息。

2. 客户需求响应个性化

通过电力用户需求响应数据的分析挖掘，改变“人工＋设备＋经验判断”的半自动生产经营方式，打造高度灵活的数据驱动的电力供应链。通过质量更好、粒度更细的设备信息数据、电网运行信息数据和电力用户用电量数据，使电力生产供需管理变得更为有效。对客户用电数据进行能效分析，实现用能监测、能耗分析、能效诊断、负荷自动响应等功能，为客户提供节能建议，指导客户科学用电。利用电力行业数据给用户提供更加丰富的增值服务内容，让用户了解自身用电习惯并根据需要进行调整，使电力收费过程更透明。定期组织专业人员主动上门为企业开展效能诊断，了解用电需求，帮助企业分析用电问题产生的原因，结合实际提出具有针对性的节能增效举措，指导企业科学用电，帮助企业降低能耗和生产用电成本。

3. 用电业务办理差异化

业务办理协商制。业务人员主动征询客户要求，以最短的时限、最优的流程满足客户需要。及时为客户提供用电申请办理进程查询服务。

多种业务办理方式供选择。客户可以通过电话、网络办理报装业务申请。

大客户享受 VIP 服务。对申请报装容量 1 万千伏安或 10 千伏专线及以上的大客户实行客户经理负责制，并由客户服务分中心领导挂包。

随时开通特殊需求绿色通道。如了解到客户办理的是紧急灌溉排涝服务、重点项目、弱势群体、救灾用电等情况，则开通“绿色通道”办理业务。

4. 咨询投诉服务亲情化

提供亲情化咨询投诉服务。客户服务人员经常遇到客户用电咨询，如得不到满意的答复，极易造成客户投诉，需要客服人员亲情化的服务来化解客户的误解。对用电咨询业务类型根据需求进行分类，对负责解决客户反映问题的相关人员列表说明，实现基层供电单位责任到人。

5. 客户缴费方式便捷化

方便客户电费缴纳，丰富缴费方式。在营业厅设置更加人性化的功能分区，重新策划布局，营造温馨、和谐的服务环境；对特殊群体实行走收、特约委托收费服务；引导客户实行方便、高效的代收、代扣、网上银行缴费、分次划拨管理、充值卡缴费等缴费方式；指导客户正确使用卡表购电、负控购电等缴费服务方式。

缴费方式，客户做主。根据客户之前有无既定缴费方式展开不同的前期工作。对新客户确定缴费方式前期，要先由抄表班长对新客户划分抄表区段，并选定抄表人员，然后进行缴费方案的拟定工作。对老客户其先前已经有固定的缴费方式，可以提出方案，修改缴费方式，也可让客户改变缴费方式。对特殊客户缴费的前期工作不仅要对其申请的合理性进行判断，还要判断该客户是否符合特殊客户的申请条件。凡符合条件者，要建立特殊客户档案。

简化缴费方案的拟定和审批。抄表人员在充分考虑客户需求和自身实际的基础上拟定缴费方案并报请抄表班长审批，抄表班长如认为不合格，则退回重新拟定；如认为合格，则交付抄表人员与客户协商。与客户协商过程中，客户如果认为方案未满足要求，或有所疏漏，可要求重新拟订方案，若客户满意，则双方可以签订协议，如果涉及第三方，还要与第三方签订相关协议。

修改相关资料，通知相关人员。签订缴费协议后，抄表人员要负责修改相关资料，通知相关收费人员、财务报账人员。

定期回访，及时修订。抄表人员要定期回访客户以随时修改完善。要实现"业务窗口零投诉，工单处理零差错、专业服务零死角"。保证人员着装统一、微笑服务；环境洁净整齐、气氛温馨。

（五）建设坚强智能电网，确保电网安全可靠运行

1. 电网资产数据式管理，建设坚强电网网架

将设备资产信息进行立体化分层管理，逐层梳理和拆分淄博公司所有设备资产信息，以设备资产的最小组成部件为基本单元，建立设备资产信息的数据模型库，实现从设备采购到使用、报废的整个设备周期的闭环管理。建立设备和资产的对应关系，建成相应的设备运行和资产维护数据库，进行设备运维检修成本经济效益管理。

2. 电网设备智能化运维，提升电网的安全稳定性

实施基于客户需求的电网智能化运检。建立电网运检策略制定的数字化辅助系统，采集各种电网设备运检规则信息数据。根据这些规则数据对知识库随时进行扩充、修改、更新，增强系统的诊断预测、辅助决策能力。安装电力基础设施布置传感器，建立设备运行维护策略制定的智慧化平台，分析电网设备生产运行状态，提供控制和优化策略、辅助故障诊断，实施电网设备的智慧化检修。通过对设备运行维护数据、调度自动化系统的设备负荷电流和电力用户的用电需求数据制定设备运行维护策略，实现电网设备运行维护策略制定与电力调度信息和电力用户需求的智慧互动。开展电网设备协议状态检修管理。电网检修充分吸收客户意见，实现检修同步、带电检修或检修时间协商。坚持"逢停必检、应修必修、修必修好"的原则，严格执行检修工艺，保证检修质量，严格执行验收制度，实现检修质量的可控、在控。开展客户设备协议代维。基层供电单位根据客户意愿，开展客户设备有偿协议代维工作，免除客户的后顾之忧。

3. 电网异常事前预测，优化电网预警抢修模式

电网异常事前预测，实现电网预警抢修，减少非计划维护时间和次数，提升供电可靠性。以全地域、全天候、高效能的应急通信为保障，实现电网设备事前异常状态监测预警。从分析提供"未来"突发事件发展趋势，对电网故障进行科学预测和安全评估，发现潜在威胁，进行故障预测，避免级联式停电。不同的维度和层次对数据进行分析，实现信

息互动，提高作业质量和规范。将电网故障预警、应急准备、抢修响应、供电恢复四个阶段进行集中管理，结合电网内部的MIS系统、EMS系统、PMS生产管理系统、营销系统、GIS系统信息，实现电网设备应急抢修的闭环。

4. 服务全过程调度监控，实施无缝隙全覆盖服务

根据客户服务综合调度需求，实现服务调度快速反应，生产、营销服务资源整合和服务信息共享，部门联动，实现服务全范围、全覆盖、全过程。完善营销服务调度例会，打造95598客户服务系统、调度平台、协调反馈、监控平台，围绕95598服务调度暴露的热点、难点问题，提升服务水平，实现服务需求新信息无障碍传递。突出95598权威，强化95598分析和解决问题的能力。完善服务设施，提供功能完善环境优越的服务条件。加强队伍建设，提高从业人员服务能力。完善综合服务调度平台，接受服务信息，核实客户需求，协调跨部门组成的服务队伍，反馈服务结果。

5. 社会资源有效利用，实施第三方合作

通过供电企业与第三方缔约方式，实现利用社会资源的管理流程化、规范化，建设与电相关问题协调处理平台，帮助客户解决用电难题。

签订服务协议。协议内容主要包括服务内容、服务方式、服务质量、收费标准、权利义务、违约责任、服务期限等主要条款。

落实服务范围。按照《电力法》产权分界规定，供电企业不承担维修责任，但作为电力客户，发生问题时首先想到的是供电企业，当向供电企业求助时，供电企业应当拓展服务范围，通过有合作关系的第三方，帮助客户协调解决用电难题。

加强服务行为管控。通过服务协议，加强第三方服务队伍的业务指导，服务标准化、规范化培训，收费合理情况监控，同时供电部门对服务客户进行事后回访，随时掌控第三方的服务行为，确保服务质量和客户满意。对造成客户投诉的根据合作协议可解除合作关系。

（六）健全保障体系，确保转型稳步推进

1. 加强培训，提高员工专业服务素质

实施公司、部门两级信息化培训，将员工培训纳入考核制度。组织所有专业人员学习、掌握基本服务知识、工作流程、管理制度、服务时限等内容；通过聘请专家授课，掌握系统应用、实施过程及工作要求。开展服务知识、服务技能培训和优质服务劳动竞赛，引导员工在深化亲情服务、注重贴心服务、细节服务和个性化服务中优化供电服务软环境建设。

2. 建立服务品质评价模型和服务目标评价体系

以提高需求服务质量指数，作为对供电服务质量的评价指标，建立评价平台，实现从原因变量到效果变量的有效控制，达到对按需服务评价的公正、公平、公开。

结合基层供电服务单位实际，建立“二变三版六维”客户需求服务品质评价模型。在客户需求服务质量中掌握原因变量、结果变量两大变量因素，确立面向服务能力、服务感知和服务成效的全面供电服务品质管理理念，从服务资源、服务基础、服务行为、服务绩效、服务结果、服务形象六大维度建立基于客观量化指标的营销服务品质评价模型。

根据客户需求分类，对相关业务服务指标进行提炼梳理，明确主要指标。根据客户服务的主要指标，建立三级扇形评价体系，评价过程按照从一级指标到三级指标逐级深入细化评价。

3. 加强绩效考核管理，推进服务实施效果

制订服务《绩效考评办法》，实行日点评、月考核。

通过供电检查、行风测评及第三方客户满意度调查等外部监督方式，掌握客户的满意程度，了解客户服务是否满足客户需求。以专业制度实施与维护流程进行服务找差，以客户满意度管理来修正服务缺陷，强化对调查结果的应用，对检查发现的承诺、监督指标未达标情况以及不规范的经营、服务行为提出整改要求，对供电品质管理机制运行情况提出改善建议，有效解决客户不满意项的整改，有效改善服务薄弱环节，使营销服务构成一个循序渐进、螺旋式上升的闭环。

4. 实施全程监控，确保服务监督无死角

成立服务协调、服务监控平台，实施动态监控，确保服务行为事前、事中、事后全过程受控，实现内部服务行为始终受控，建立服务行为信息收集、评估、反应、反馈、改进的高速运转机制，不断提升服务水平和质量。

三、以客户需求为牵引的供电服务管理效果

（一）提升客户需求响应能力和服务水平

淄博公司通过实施以客户需求为牵引的供电服务，创新管理窗口业务办理速度，平均时长 4.5 分钟，与往年相比减少了 3.1 分钟。增设报修服务网点 23 个、缴费服务网点 1600 余个，极大的提高故障抢修速度，比向社会承诺的时间平均减少 11 分钟。故障处理到达现场时间城区实现 30 分钟以内、农村 45 分钟以内，比原有时间缩短 25 分钟。配电自动化在直供区全面实施，215 条配电线路实现全覆盖，智能配网工程项目建设走在全省前列，供电可靠率 99.93%。完成 15 万户“一户一表”改造，业扩流程时限工单合格率 97.4%，与往年相比提升 3.2 个百分点。客户满意率实现 98.96%，并实行第三方认证，比原有提升 8 个百分点。建成以客户需求为牵引的营销服务品牌，形成以公司营销服务为中心，以五个客户服务分中心和三个县公司为支撑的具有鲜明特色的服务载体，以变电、配电等业务部门为保障，打造“善小”志愿者服务品牌、劳模彩虹工作室、共产党员彩虹服务队等系列服务品牌。围绕“善想、善为、善于奉献”，落

实33项具体措施，打造“三善”共产党员服务队；围绕客户需求“来了就办、办得最快、办得满意”，实施“三面四点”工作法，打造“三办”服务窗口，满足客户多样化和个性化的服务需求。

(二)提高企业的业务指标水平和经济效益

电网企业以客户需求为牵引，实施供电服务创新管理，促使淄博公司在成果实施过程中抓目标责任分解，各项指标得到全方位提升。2014年上半年，淄博公司在同行业对标综合评价中位列全省第3名；生产专业指标在全省排名第2名；营销服务、安全管理、人力资源等专业指标均排全省第1。指标提升的同时也为公司带来了显著的经济效益，仅2014年上半年，淄博公司售电量完成115亿千瓦时，年销售收入增长18.55%，电费回收率继续保持100%。成果通过近三年的实施运行，按照复合因素分离计算法(CSP法)综合管理效益为8100万元。

(成果创造人：李建鹏、胡朝贞、亓晓华、王先明、翟　建、
王　强、季素云、孟　成、李　东、薛中洲)